bis 1803 bzw. 1805

Oberloiben

Wölbling

Arnsdorf

Traismauer

hldorf
1802

Wildshut
1816–50

tmoning

Haunsberg

U-Lebenau

Laufen   Mattsee   Höchfeld

Halmberg   Anthering   Neumarkt

Raschenberg   Wildenegg
1286–1505/65

U-Plain   Neuhaus

Staufenegg

Glanegg   Wartenfels

Wolfgang

Hüttenstein

Berchtesgaden
1385–1404
1611/12
1803–1810–1816

Golling

Abtenau

Werfen

Lichtenberg

Haus   Gröbming
bis 1803 bzw. 1805

Bischofshofen

Goldegg   St. Johann

Radstadt

Zell   Taxenbach   Wagrain

prun

Rauris   Großarl

Tamsweg

Gastein   St. Michael

Moosham

Gmünd

Rauchenkatsch

Friesach   Hüttenberg

Althofen
bis 1803 bzw. 1805

Stall   bis 1490 (1503–1555)

St. Andrä i. L.

Lienz   Lengberg   bis 1810

Salzburg auf alten Landkarten

1551–1866/67

Wilhelm Schaup

Salzburg auf alten Landkarten 1551–1866/67

Salzburg 2000

Schriftenreihe des Archivs der Stadt Salzburg, Nr. 13

Schriftenreihe des Salzburger Landesarchivs, Nr. 13

Salzburg Studien. Forschungen zu Geschichte, Kunst und Kultur, Bd. 3

in Zusammenarbeit mit dem Salzburger Museum Carolino Augusteum

Die Deutsche Bibliothek – CIP Einheitsaufnahme

Wilhelm Schaup:
Salzburg auf alten Landkarten 1551–1866/67 /
Mit Vorwort von Erich Marx, Fritz Koller und Peter F. Kramml /
Mit Beitrag von Ingrid Kretschmer . –
Salzburg : Stadtgemeinde, 2000
(Schriftenreihe des Archivs der Stadt Salzburg, Nr. 13)
(Schriftenreihe des Salzburger Landesarchivs, Nr. 13)
(Salzburg Studien. Forschungen zu Geschichte, Kunst und Kultur, Bd. 3)
ISBN 3-901014-69-1

Redaktion
Gerda Dohle, Oskar Dohle, Peter F. Kramml

Satz und Layout
Erich Marx

Repros
Rupert Poschacher

Graphik und Umschlag
Friedrich Pürstinger

Druck
Salzburger Druckerei

Copyright © by Wilhelm Schaup
Salzburg 2000

Inhaltsverzeichnis

Zum Geleit 7

Ingrid Kretschmer
Salzburger Landeskarten aus vier Jahrhunderten ... 9

Salzburger Landeskarten 1551–1866/67

Einführung 15
    Grenzen der Erfassung 15
    Kartographische und bibliographische Daten 15
    Schema der Katalogisate 16
        1. Katalognummer: Gruppe und Type der Karte 16
        2. Autor, Schlagwort, Jahr 16
        3. Beschreibung, Literatur zur Kartenfamilie 16
        4. Titel, Zusätze, andere Texte 17
        5. Maße und Formate 17
        6. Maßstab und Maßsystem 18
        7. Graduierung, geogr. Länge des Bezugsortes Salzburg 19
        8. Druckart und Druckträger 19
        9. Rückseite, typographische Kennzeichen 20
        10. Publikationsart, Faksimile 21
        11. Standort, Signatur 21
        12. Literatur zur katalogisierten Karte 21
    Abkürzungsverzeichnis 22
    Fremdsprachige Abkürzungen und Vermerke 23
    Siglen der Standorte und Literaturnachweise 24

Katalog 27
    0 Die Landtafel von Setznagel 27
    1 Ortelius und die Folgekarten 31
    2 Mercator und die Karten des 17. Jahrhunderts 64
    3 Guetrather und die Karten des 18. Jahrhunderts .. 105
    4 Salzburg im Bayerischen Reichskreis 134
    5 Die Jahre des Wechsels: 1803–1816 186
    6 Salzburg als Kreis Oberösterreichs 1816–1849 222
    7 Salzburg als eigenes Kronland 1850–1866/67 271
    8 Thematische Karten 300
    9 Ausgewählte Karten mit Landesteilen 334

Anhang 361
    Gedichte auf Salzburger Karten 363
    Französischer Revolutionskalender 364
    Daten zur Eisenbahngeschichte 365
    Quellen- und Literaturverzeichnis 367
    Kartenregister 373
    Kartenmacher und Verlage 385
    Abbildungsnachweis 394

Dank des Autors 395

Zum Geleit

Salzburg ist das einzige geistliche Fürstentum des ehemaligen Heiligen Römischen Reiches, das bis heute im wesentlichen in seinen alten Grenzen als eigenes Land erhalten geblieben ist. In dieser Sonderstellung wurzelt nicht nur ein sehr starkes Landesbewußtsein, sondern auch jene Faszination, die von den Zeugnissen der ehemaligen Stellung Salzburgs als eigenständiges Fürstentum ausgeht. Zu den Münzen und Medaillen der Salzburger Fürsterzbischöfe sind es vor allem die historischen Karten des Landes, die durch die Verbindung von ästhetischem Reiz alter Graphik und den vielseitigen kartographischen Informationen Sammler und Salzburg-Liebhaber besonders ansprechen.

Diesem faszinierenden Zauber der Salzburger Landeskarten, besonders der kartographischen Darstellungen des ehemaligen Erzstiftes und des kurzlebigen Kurfürstentums, aber auch jener des Landes während der Zugehörigkeit zur Habsburgermonarchie, ist der Autor des vorliegenden Buches bereits vor mehr als vier Jahrzehnten erlegen. Als der in Salzburg geborene, einer Brauer-, Bankiers- und Offiziersfamilie entstammende Wilhelm Schaup damals mit einer Ortelius-Karte des Erzstiftes den Grundstock zu seiner späteren Sammlung legte, hatte er sich bereits über die Grenzen Salzburgs hinaus als Journalist und Schriftsteller einen Namen gemacht. Allen Salisburgensien-Sammlern wurde er durch das „Lieblingskind" unter seinen Büchern, die 1967 erschienenen „Altsalzburger Photographien" zum Begriff. Es war dies die erste Herausgabe historischer Salzburger Photographien in Verbindung mit lokalen zeitgenössischen Quellentexten. Als „der Schaup" blieb dieses Buch für Jahrzehnte ein Standardwerk. Gewidmet war es seinen Lehrern Egon Lendl und Hans Sedlmayr, als deren erster Doktorand an der neuen Salzburger Universität er seine kriegsbedingt unterbrochenen Studien abschließen konnte.

Der weitere berufliche Werdegang führte Schaup über das EFTA-Generalsekretariat in Genf und die Generalintendanz des ORF 1973 wieder nach Salzburg, wo er als erster Geschäftsführer das neu gegründete „Salzburger Institut für Raumforschung (SIR)" aufbaute. In seiner zwölfjährigen Tätigkeit wurden wissenschaftliche Grundlagen für die Raumordnung und Raumplanung im Bundesland Salzburg erarbeitet, die „Salzburger Ortsnamenkommission" ins Leben gerufen und mit Unterstützung seiner Gattin Else, einer gelernten Bibliothekarin, die damals größte Fachbibliothek West-Österreichs geschaffen.

Nach seiner Pensionierung übersiedelte Schaup in das Tessin und hatte endlich Zeit, sich noch intensiver dem ihm als Sammler bewußt gewordenen Desiderat der Salzburger Geschichte zu widmen. Er begann mit der Katalogisierung aller 1551 bis 1866/67 gedruckten Landeskarten von Salzburg. Seine Intention war es dabei nie, eine neue Geschichte der Kartographie Salzburgs zu verfassen, sondern er wollte von allem Anfang an eine systematische Aufnahme der gedruckten Karten des Landes Salzburg in Katalogform erstellen, um dem Kartensammler, dem Bibliothekar und auch dem Antiquar die leichte Identifikation loser Einzelblätter bzw. deren Zuschreibung zu ermöglichen.

Im Verlauf von eineinhalb Dezennien hat er keine Mühen und keinen finanziellen Einsatz gescheut, um persönlich oder durch entsprechende Fachleute eine möglichst vollständige Aufnahme zu bewerkstelligen. Die Arbeiten an der ins Auge gefaßten Katalogpublikation waren in den Grundzügen bereits vor mehreren Jahren abgeschlossen. Das Streben des Autors nach möglichster Vollständigkeit und Überlegungen zur bestmöglichsten Veröffentlichungsform ließen aber die Drucklegung noch geraume Zeit ruhen und das Gesamtwerk damit auch reifen.

In Kooperation von Archiv der Stadt Salzburg als erfahrenem Verleger, dem Salzburger Landesarchiv als Stätte kartographischer Forschung und Standort zahlreicher Salzburger Landeskarten und dem Verein „Freunde der Salzburger Geschichte" liegt nunmehr ein stattliches Endergebnis vor. Wilhelm Schaup schuf mit seinem systematischen, kommentierten und annotierten Katalog der gedruckten Landeskarten Salzburgs eine moderne Karto-Bibliographie von überregionalem Rang. So wie vor mehr als drei Dezennien mit den „Altsalzburger Photographien" legt er erneut ein Standardwerk vor, das für Jahrzehnte Bestand haben wird und für das sich wohl ebenfalls – nun unter Salzburgs Kartenliebhabern – sehr bald die Kurzform „der Schaup" einbürgern wird.

In diesem Sinne möchten wir Professor Dr. Wilhelm Schaup unseren tiefsten Dank aussprechen und freuen uns, daß wir dieses wichtige Werk der interessierten Öffentlichkeit vorlegen dürfen.

Mit tiefer Betroffenheit haben wir während der Drucklegung dieses Bandes die Nachricht erhalten, daß Herr Prof. Schaup in der Schweiz bei einem tragischen Unfall ums Leben gekommen ist. So hat er zu unserem größten Bedauern das Erscheinen seines Buches nicht mehr erleben können, das damit zu seinem wissenschaftlichen Vermächtnis geworden ist.

Fritz Koller   *Peter F. Kramml*   *Erich Marx*

Ingrid Kretschmer

Salzburger Landeskarten aus vier Jahrhunderten

So genannter Mappen Kundschaft
ist auch von angenehmster Belustigung

Odilo GUETRATHER

Mit dem vorliegenden umfassenden Werk von Wilhelm SCHAUP verfügt Salzburg als zweites österreichisches Bundesland über eine moderne Karto-Bibliographie seiner gedruckten Landeskarten, die das reiche kartographische Erbe dieses Raumes eindrucksvoll dokumentiert. Die im Hinblick auf Territorialentwicklung und Angliederung an Österreich gegebene Sonderstellung der jüngsten österreichischen Länder, Burgenland und Salzburg, findet ihren Ausdruck unter anderem nicht nur in einer abweichend verlaufenden Abdeckung der Flächen mit Landkarten sondern auch in ihrer wissenschaftlichen Aufarbeitung durch annotierte, beziehungsweise kommentierte Bibliographien.

Das Burgenland hatte als jüngstes österreichisches Bundesland (nach dem Ersten Weltkrieg aus hauptsächlich deutsch und kroatisch besiedelten Teilen westungarischer Komitate gebildet und 1921 der Republik Österreich angegliedert) bereits 1970 eine „Bibliographie der Karten und Pläne" von Karl ULBRICH erhalten, die im Rahmen einer allgemeinen Gesamt-Bibliographie des Burgenlandes entstand.

Genau 30 Jahre später liegt für Salzburg, dem zweitjüngsten österreichischen Bundesland, eine heutigen Anforderungen gerecht werdende Karto-Bibliographie vor, die sich in mehrfacher Weise vom älteren Werk unterscheidet. Sie versteht sich als systematischer, kommentierter und annotierter Katalog der gedruckten Landeskarten Salzburgs, somit aller kartographischen Darstellungen, die das ehemalige selbständige Erzstift, das kurzlebige Kurfürstentum, das Herzogtum, bzw. den Salzburger Kreis und schließlich das Kronland Salzburg allein oder in Verbindung mit den Nachbarländern wiedergeben. Diese Karto-Bibliographie dient somit nicht nur einer kartographiehistorischen Periodisierung des Kartenschaffens, sondern ebenso landeskundlicher Forschung und schließlich jedem Kartensammler und Antiquar bei der Identifikation loser Einzelblätter und somit der Klärung ihrer Herkunft.

Da bisher keine systematische Aufnahme der Landeskarten Salzburgs besteht, versucht die vorliegende deskriptive und kommentierte Karto-Bibliographie, diese Lücke im regionalen kartographiehistorischen Schrifttum zu schließen.

Die Gliederung erfolgt in zehn Kartengruppen, deren bibliographischen Zitaten entsprechende Einleitungskapitel vorangestellt sind. Die Bibliographie, die auch thematische Karten einschließt, endet vor dem Einsetzen der Dritten Landesaufnahme Österreichs (1869–1887). Dieses umfassende Werk, das erste dieser Art in Österreich, erschließt somit Landeskarten Salzburgs aus vier Jahrhunderten und geht in Aufbau und Ausführung über die Bibliographie der Karten und Pläne des Burgenlandes weit hinaus.

Salzburg als historisch-politische Einheit

Die Bearbeitung Salzburgs erfolgte nicht von ungefähr. Von der territorialen Kontinuität dieses Raumes geht vielmehr eine besondere Faszination aus, die einerseits vor allem im 20. Jahrhundert auch politisch spürbar wurde, andererseits auch das Interesse aller Freunde historischer Landkarten verdient. Denn von allen geistlichen Fürstentümern des bis 1806 bestehenden Heiligen Römischen Reiches Deutscher Nation existiert nur Salzburg noch heute als österreichisches Bundesland weitgehend in den seit dem 13. Jahrhundert festgelegten Grenzen, wenn auch die Landesfläche von weit über 10.000 auf heute 7.154 km^2 geschrumpft ist. Eine Sonderstellung in der politischen und territorialen Landesentwicklung nimmt zweifellos die Periode 1803 bis 1816 ein, als Salzburg als einziges Land des alten Reiches in knapp mehr als einem Jahrzehnt sechs verschiedene Herrschaftsformen erlebte und dennoch aus diesen turbulenten Jahren schließlich 1816 als weltliches Herzogtum hervorging, das verwaltungsmäßig zunächst als Kreis Oberösterreichs, seit 1850 als eigenes Kronland der Österreichischen Monarchie angegliedert wurde. Entscheidend für diese einzigartige territoriale Entwicklung war das Jahr 1803, als das selbständige Erzstift nach 1200-jähriger geistlicher Herrschaft im Zuge der Säkularisierung des Napoleonischen Zeitalters nicht eingezogen oder aufgelöst wurde, sondern diese Wirren als vergrößerter und ranghöherer Staat überstand. Das ehemals geistliche Fürstentum bildete 1803 die Entschädigung für den habsburgischen Erzherzog FERDINAND III. für den Verlust der Toskana. Die Fläche des Fürsterzbistums wurde um Berchtesgaden, Eichstätt und Teile von Passau vergrößert und in ein weltliches Herzogtum mit Kurwürde umgewandelt. Das somit entstandene Kurfürstentum, das zwar nur bis 1805 bestand, rettete der ehemals zweitgrößten Diözese der katholischen Kirche die politische Kontinuität als selbständiger Staat und dessen Fürstenhut ziert auch das heutige Landeswappen. Diesen wenigen Jahren und der nachfolgenden Periode der ersten Zugehörigkeit zu Österreich (1805–1809) kommt in der Salzburger Kartographiegeschichte eine herausragende Rolle zu. Die kurze Zeit der französischen Militärverwaltung (1809) beendete die Angliederung Salzburgs an das Königreich Bayern

(1809–1816), ehe nach Abtretung kleinerer Landesteile an Bayern (z. B. Rupertiwinkel) sowie an Tirol (u. a. Zillertal) Salzburg als Herzogtum an die Österreichische Monarchie zurückkam. Diese endgültige Angliederung einer lang gefügten politischen Einheit an Österreich, die Kaiser FRANZ I. durchsetzte, sollte wohl 100 Jahre später politisch entscheidend werden, als nach dem Ersten Weltkrieg 1918 die Österreichisch-Ungarische Monarchie in die Nachfolgestaaten zerfiel. Ohne das Territorium Salzburgs hätte der „Reststaat", die heutige Republik Österreich, seine Mitte verloren und nach dem Verlust Südtirols an Italien in der heute bestehenden Form kaum gebildet werden können. Die Erhaltung einer historisch-politischen Landesindividualität, wie sich diese im heutigen Bundesland Salzburg darstellt, hatte somit zweifellos für die Geschichte des Gesamtstaates „Republik Österreich" im 20. Jahrhundert existentielle Bedeutung. Es ist daher spannend, dem Land Salzburg eine eigene moderne Karto-Bibliographie zu widmen, die am Ende des 20. Jahrhunderts solche Reflexionen in Landeskarten nachvollziehbar macht.

Die erste gedruckte Landeskarte Salzburgs

Die von Marcus SETZNAGEL (ca. 1520–1580) geschaffene erste, 1551 in der Salzburger Offizin von Hans BAUMANN im Druck erschienene Regionalkarte Salzburgs, deren topographische Daten einem ganzen Stammbaum von Folgekarten als Grundlagen dienten und die in ihren Grundstrukturen bis in das frühe 18. Jahrhundert erkennbar bleibt, gibt bis heute viele Rätsel auf: Wir kennen weder Lebensweg noch Auftraggeber des Autors, bis heute konnte ferner kein einziger Originalabzug dieser Regionalkarte (Holzschnitt) aus der Mitte des 16. Jahrhunderts aufgefunden werden. Dennoch ist ihr Erscheinen durch einen berühmten Zeitgenossen belegt, denn der niederländische Kartograph und Verleger Abraham ORTELIUS benützte sie als Vorlage für sein bekanntes Atlaswerk „Theatrum Orbis Terrarum" (Antwerpen 1570), in dem er die Namen der Autoren seiner Grundlagenkarten nannte und diesem auch eine Liste bekannter Kartographen der Zeit beigab.

Das originäre Kartenbild der Regionalkarte „Das Landt vnd Ertzstifft Salzburg mit den anstossenden Coherenzen" ist heute durch drei erhaltene Abzüge von Nachdrucken aus dem 17. Jahrhundert bekannt, von denen sich seit 1984 ein Exemplar im Besitz des Salzburger Landesarchivs befindet (Nachdruck von einem neugeschnittenen und drei originären Druckstöcken aus 1640), während je ein Exemplar weiterer Auflagen in der Kartensammlung der Bayerischen Staatsbibliothek in München (Nachdruck aus 1650) und in der Niedersächsischen Staats- und Universitätsbibliothek in Göttingen (Nachdruck aus 1654) erhalten ist.

1669 wurden in Salzburg die BAUMANNsche Offizin und die Druckstöcke durch Felssturz vom Mönchsberg vernichtet. Obwohl bis heute durch erhaltene Abzüge kein Beleg erbracht werden kann, sind Nachdrucke der Karte wohl auch zwischen 1551 und 1640 anzunehmen, da in der Mitte des 17. Jahrhunderts innerhalb von 14 Jahren drei nachweisbare Neudrucke erfolgten. Nach Vernichtung der Druckformen waren aber ab 1670 keinerlei Nachdrucke des nunmehr weit über 100-jährigen Kartenbildes mehr möglich.

Der Gesamtaufbau der gesüdeten Karte, die auffallende Genauigkeit der topographischen Elemente des weit über Salzburger Territorium hinausgehenden Kartenfeldes, das reichhaltige Namengut und die hochrangige dekorative Ausgestaltung lassen Schlüsse auf das Umfeld der Kartenerstellung zu, obwohl die Aktenlage über die Kartenerstellung selbst höchst dürftig ist. Sie muß aber im Rahmen der kartographiehistorischen Entwicklung gesehen werden, denn es lag mit dieser ersten gedruckten Landeskarte Salzburgs zum Zeitpunkt ihrer Herstellung eine hochrangige Regionalkarte vor, die rund 150 Jahre unübertroffen blieb, da man in Salzburg erst wieder gegen Ende des 17. Jahrhunderts (1695) eine topographische Neuaufnahme durch den bekannten Landestopographen Georg Matthäus VISCHER anstrebte, die aber nicht zur Ausführung gelangte.

Bis in das frühe 16. Jahrhundert ist das Territorium von Salzburg zwar durch Identifizierung vereinzelter Flußläufe und Toponyme auf mittelalterlichen Manuskriptkarten erkennbar, doch die Schaffung neuzeitlicher Landeskarten, die auf Geländedaten beruhen und auch eine Drucklegung erlebten, setzte im süddeutsch-österreichischen Raum – ähnlich wie in anderen europäischen Regionen – nicht vor der ersten Hälfte des 16. Jahrhunderts ein. Dieses wird daher in der Kartographiegeschichte nicht zu Unrecht auch als Jahrhundert der Regionalkarten bezeichnet.

Eine entscheidende Rolle für die innovative Aufwärtsentwicklung der Regionalkartographie in diesem Raum, der schließlich auch Salzburg die erste gedruckte Landeskarte verdankt, spielen die Universitäten Wien (gegründet 1365) und Ingolstadt/Bayern (gegründet 1472). Seit den 1490er Jahren standen beide geistigen Zentren in regem gegenseitigem Austausch von Lehrern und Studierenden, da beispielsweise die Vertreter der zweiten Wiener Schule für Mathematik und Kartographie (erste Hälfte des 16. Jahrhunderts), wie Johannes STABIUS, Konrad CELTIS, Georg TANNSTETTER oder Wolfgang LAZIUS, in Ingolstadt und Wien lehrten (CELTIS, STABIUS) oder in Ingolstadt immatrikuliert waren und in Wien lehrten (LAZIUS, TANNSTETTER) und wieder Schüler als Professoren für Ingolstadt ausbildeten (Johannes AVENTINUS war Schüler von CELTIS und STABIUS, Peter APIAN Schüler von TANNSTETTER).

Diese vielfältigen Beziehungen im süddeutsch-österreichischen Raum wirkten sich auf die Lehre der Mathematik und Entwicklung der Regionalkartographie offensichtlich besonders positiv aus, denn zwischen 1520 und 1570 entstanden – teilweise in vielfältigen Kooperationen – herausragende Originalkarten, zu denen auch die erste gedruckte Landeskarte Salzburgs zu zählen ist. Als eine der ersten erschien von AVENTINUS, ab 1515 an der Universität Ingolstadt lehrend, die erste Bayern-Karte (ca. 1:750.000, Holzschnitt, Landshut 1523), die mit einem Gradnetz versehen ist und erstmals auch Teile Salzburgs auf einer gedruckten Karte wiedergibt.

Die Gestaltung von Titel und Wappenleisten wurde für die Folgezeit beispielgebend. 1525 trat der in Leipzig und Wien ausgebildete Peter APIAN (1495–1552) als Lektor für Mathematik und als Drucker in den Dienst der Universität Ingolstadt. Er betrieb bis 1540 eine sehr leistungsfähige Druckerei und war fast 25 Jahre als Lehrer für Mathematik, Astronomie und Kosmographie tätig. Als eine der ersten Karten druckte er in Ingolstadt die von LAZARUS geschaffene und von TANNSTETTER revidierte „Tabula Hungariae ..." (Holzschnitt, Ingolstadt 1528), die erste bekannte gedruckte Regionalkarte Ungarns, die ein Jahrhundert als kartographisches Vorbild diente.

Unter APIANs Schülern ragen mehrere Kartenautoren hervor: ab 1538 war Wolfgang LAZIUS, der – zumindest quantitativ – bedeutendste österreichische Kartograph des 16. Jahrhunderts, immatrikuliert, 1542 nahm nachweislich Marcus SETZNAGEL das Studium in Ingolstadt auf und ab 1548 ist Johannes SAMBUCUS, Schöpfer zweier Ungarn-Karten für das „Theatrum Orbis Terrarum" des Abraham ORTELIUS (Antwerpen 1570), in Ingolstadt immatrikuliert.

Die in Ingolstadt gelehrten und gepflegten mathematischen und topographischen Methoden zur Erstellung von Originalkarten gipfelten schließlich in dem Kartenwerk von Peter APIANs Sohn, Philipp APIAN (1531–1589), der seinem Vater 1552 auf dem Lehrstuhl für Mathematik und Astronomie an der Universität Ingolstadt nachfolgte. Er führte zwischen 1554 und 1563 die erste Landesaufnahme Bayerns durch, indem er in sechs Sommern durch Breitenbestimmung, Triangulation mit dem Kompaß und Routenaufnahmen entlang der Gewässer originäre topographische Daten ermittelte. Das Kartenwerk „Bairische Landtaflen" (24 Blätter 1:135.000, Holzschnitt, Ingolstadt 1568) zählt zu den bedeutendsten Originalkartenwerken des 16. Jahrhunderts überhaupt.

Vergleicht man die SETZNAGEL-Karte mit den Kartenblättern Bayerns aus 1568, so fallen zwangsläufig viele Gemeinsamkeiten auf, die über die Wappenleisten weit hinaus gehen. Auch wenn die Salzburg-Karte kein Gradnetz enthält, so besticht vor allem die erstmalig richtige Wiedergabe des Längstales der Salzach und der zahlreichen Nebenflüsse. Zumindest für das Territorium von Salzburg sind wohl Routenaufnahmen entlang der Haupttäler anzunehmen, so daß das Gewässernetz in einer bis dahin nicht erreichten Genauigkeit aufscheinen konnte. Die Karte Salzburgs aus 1551 muß daher wohl im Verbund mit dem genannten Kartenwerk gesehen werden, sie unterscheidet sich aber von den „Bairischen Landtaflen" durch einen wesentlich kleineren Maßstab, der mit ca. 1:416.000 angegeben werden kann. Während die 24 Blätter der „Bairischen Landtaflen" auch wegen ihrer topographischen Genauigkeit zu den Spezialkarten zu zählen sind, weist die Karte Salzburgs von SETZNAGEL den Charakter einer Übersichtskarte auf. Gerade dieses Merkmal machte sie aber vermutlich als Gebrauchskarte sehr gut verwendbar, da – wie der erhaltene Nachdruck aus 1640 belegt – nach Zusammenfügung der vier Teile (vier Holzstöcke dienten als Druckformen) ein Blatt von rund 61 x 81 cm und damit ein Format entstand, das sich auch heute für Gebrauchskarten (z.B. Wanderkarten) besonders bewährt hat. Der auf dem Kartenblatt enthaltene, 32-zeilige gereimte Text nimmt speziell auf die Kartennutzung Bezug. Es ist daher wohl davon auszugehen, daß es sich bei der ersten gedruckten Landeskarte Salzburgs um eine stark nachgefragte Gebrauchskarte handelte, die bis Mitte des 17. Jahrhunderts in Ermangelung einer Neuaufnahme des Landes immer wieder von den zunächst erhalten gebliebenen Druckstöcken nachgedruckt wurde. Da aber Holzstöcke im Gegensatz zu Kupferplatten keine Aktualisierung der topographischen Inhalte zulassen, blieb der Karteninhalt bei diesen Nachdrucken unverändert.

Versuche der Neuaufnahme Salzburgs im 18. Jahrhundert

Bis Ende des 17. Jahrhunderts blieb die SETZNAGEL-Karte Salzburgs die einzige Originalkarte des Landes, die man einerseits bis zur Vernichtung der Druckstöcke als Gebrauchskarte offensichtlich immer wieder nachdruckte und deren Drucke andererseits seit der zweiten Hälfte des 16. Jahrhunderts als Vorlagen für Nachstiche und weitere Bearbeitungen dienten. Die Salzburg-Karten der frühen niederländischen Atlaskartographie (Abraham ORTELIUS, Gerard de JODE, Gerard MERCATOR) beruhen auf dieser Vorlage und überliefern daher die SETZNAGEL-Karte in Form kleinmaßstäbiger Atlaskarten. Auch andere Druckwerke des 17. Jahrhunderts, die Salzburg-Karten enthalten, wie z.B. Chroniken oder Topographien, stützten sich auf diese Vorlage. Nur in Teilen brachte man Verbesserungen ein.

Da der an den Landestopographen Georg Matthäus VISCHER (1628–1696), der beachtliche Originalkarten von Oberösterreich (12 Blätter, ca. 1:145.000, 1669), Niederösterreich (16 Blätter, ca. 1:145.000, 1670) und der Steiermark (12 Blätter, ca. 1:200.000, 1678) geschaffen hatte, 1695 ergangene Auftrag zur Neuaufnahme Salzburgs nicht mehr zur Ausführung gelangte, verfügte das Land Salzburg bis zum Beginn des 18. Jahrhunderts über keine neue Originalkarte. Die in den Atlanten von Johann Baptist HOMANN enthaltene bekannte Salzburg-Karte geht auf die Karte des Odilo GUETRATHER zurück, die letztmals Salzburg als selbständiges Fürsterzbistum zeigt.

Die großen Leistungen der frühen großmaßstäbigen Landesaufnahmen des 18. Jahrhunderts blieben aber auch im Fürsterzbistum Salzburg nicht unbeachtet. Fast zeitgleich mit der ersten trigonometrischen Aufnahme Tirols durch Peter ANICH (ab 1760) und der Ersten Landesaufnahme der österreichischen Länder (Josephinische Landesaufnahme, 1764–1787) schuf in Salzburg Joseph Jakob FÜRSTALLER als neues Originalkartenwerk den „Atlas Salisburgensis" (34 Blätter, ca. 1:57.000), der aus Darstellungen einzelner Pfleg- bzw. Landgerichte bestand. Die 1765 fertiggestellten Manuskriptkartenblätter sind allerdings heute verschollen, nur zwei Kopien belegen das Werk. Gegen Ende des geistlichen Fürstentums wurde in Salzburg zwar noch ein „Mappierungszimmer" gegründet, doch blieb die Fläche des Fürsterzbistums bis Ende des 18. Jahrhunderts von einer trigonometrischen Landesaufnahme unerfaßt und stand daher im Hinblick auf großmaßstäbige Originalkarten hinter seinen Nachbarländern zurück: Von Tirol war der von Peter ANICH geschaffene „Atlas Tyrolensis" (20 Blätter, ca. 1:103.800, Wien 1774) im Druck erschienen, Oberösterreich verfügte über das von den Blättern der Josephinischen Landesaufnahme abgeleitete Kartenwerk „Mappa von dem Land ob der Enns" (12 Blätter, 1:86.400, Wien 1787).

Die Zweite österreichische Landesaufnahme in Salzburg

Nach der kurzen Zeit des Kurfürstentums wurde Salzburg im Jahr 1805 erstmals an die Österreichische Monarchie angegliedert. Es zeugt von einem erstaunlichen Weitblick der österreichischen Verwaltung, die Zweite Landesaufnahme (Franziszeische Landesaufnahme) der österreichischen Länder (seit 1804 des Österreichischen Kaiserstaates) in dem neu erworbenen Herzogtum Salzburg zu beginnen und diese in der kurzen Zeit der ersten Zugehörigkeit zu Österreich (bis 1809) auch zu vollenden. Obwohl die Zweite Landesaufnahme erst 1806 mit der ersten Militärtriangulierung einsetzte, auf der die Meßtischaufnahmen beruhten, entstanden zwischen 1807 und 1808 für das Herzogtum Salzburg 31 Manuskriptkartenblätter im Maßstab 1:28.800 (1 Wiener Zoll auf der Karte entspricht 400 Wiener Klafter oder 1000 Schritten in der Natur). Die Ausführung oblag dem Generalquartiermeisterstab unter Mitwirkung des aus dem Salzburger „Mappierungszimmer" hervorgegangenen Geometers und Kartographen Franz A. LANGLECHNER. Von den mehrfarbigen handgezeichneten Originalaufnahmesektionen, die sich heute in der Kartensammlung des Österreichischen Kriegsarchivs befinden, wurden Kartenwerke in reduziertem Maßstab abgeleitet, die ab 1811 im Druck erschienen, als Salzburg bereits dem Königreich Bayern angegliedert war. Das Spezialkartenwerk wurde länderweise herausgegeben. Für Salzburg lag das Kartenwerk „Carte des Herzogthums Salzburg ..." (15 Blätter, 1:144.000) bereits im Jahr 1811 vor. Die im Kupferstich vervielfältigten Kartenblätter weisen eine Geländedarstellung mit Böschungsschraffen auf, enthalten aber nur ganz wenige Höhenangaben (trigonometrische Punkte). Auf den halben Maßstab reduziert, erschien ferner 1812 die „General-Charte vom Herzogthum Salzburg" (ein Blatt, 1:288.000). Damit war Salzburg, als das Herzogtum 1816 an die Österreichische Monarchie zurückkam, mit gedruckten Spezial- und Generalkarten vollständig abgedeckt. Die Katastralvermessung des Österreichischen Kaiserstaates wurde 1817 eingeleitet. Die Aufnahme Salzburgs erfolgte zusammen mit Oberösterreich in den Jahren 1823 bis 1830 hauptsächlich im Maßstab 1:2.880.

Um 1830 zählte somit Salzburg neben Ober- und Niederösterreich zu den kartographisch am besten erschlossenen Teilen des Österreichischen Kaiserstaates. Alle Übersichts- und Gebrauchskarten, kleinmaßstäbigen Atlaskarten und thematischen Karten konnten sich auf die nun öffentlich zugänglichen topographischen Kartenwerke abstützen. Relativ wenig bekannt waren um 1830 allerdings noch die Höhenverhältnisse, da Höhenmessungen erst ab 1860 systematisch vorgenommen wurden. Die Ausstattung von Spezialkartenwerken mit Höhenkoten und Höhenlinien ist ein Kennzeichen der Kartenwerke der Dritten Landesaufnahme (1869–1887), die aber in diese Karto-Bibliographie nicht mehr mit einbezogen sind.

Salzburger Landeskarten
1551–1866/67

Einführung

Der vorliegende Katalog ist aus der Kartei der Kartensammlung des Verfassers entstanden. Daraus ergibt sich seine Zielsetzung: Er möchte in erster Linie ein brauchbares Werkzeug für Sammler, Historiker, Bibliothekare und Antiquare zur Identifizierung der alten Karten Salzburgs bilden. Er will und kann jedoch keine Geschichte der Kartographie Salzburgs und keine Fortsetzung der Dissertation von Karl FLESCH sein (1).

Diesem Konzept entsprechend, wird auf Fußnoten verzichtet, und Anmerkungen werden (außer in der Einführung) an den relevanten Stellen des Textes eingefügt.

Grenzen der Erfassung

Objekte der Katalogisierung sind ausschließlich gedruckte und generell sammelbare Karten des Landes, die man einer der folgenden vier Gruppen zurechnen kann. Manuskriptkarten, Spezialkarten einzelner Gerichte oder Gaue, Reliefs (dreidimensionale Darstellungen) und ortsfeste (Wand-)Karten werden nicht registriert.

(1) Echte Landeskarten Salzburgs

Sie kommen erst relativ spät auf den Markt und zeigen als Inselkarten nur das Landesgebiet oder als Rahmenkarten formatfüllend auch die Grenzbereiche der Nachbarländer. Der Anteil der Landesfläche am Kartenfeld erreicht mit fast 50% seinen Spitzenwert.

(2) Erweiterte Landeskarten

Gemäß kirchen- und machtpolitischer Tradition wird mit dem Landesgebiet auch fast ganz Kärnten dargestellt. Zu diesem Typ zählen die ältesten Landeskarten, auf denen das Erzstift bestenfalls bis zu 25% der Feldfläche einnimmt.

(3) Karten von Bayern in zwei Kategorien

Die „Kreiskarten" dokumentieren die Zugehörigkeit des Erzstiftes zum „Bayerischen Reichskreis", wogegen auf den Karten des Königreichs das annektierte Land im bayerischen „Salzachkreis" aufgegangen ist. Der Anteil der Landesfläche am Kartenfeld beträgt bei dieser wie auch bei der vierten Gruppe etwa 10 bis 12,5%, kann aber in begründeten Fällen bis unter 5% sinken.

(4) Karten des Erzherzogtums Österreich

auf denen Salzburg als Kreis von Oberösterreich oder als selbständiges Herzogtum zur Gänze erfaßt wird.

Übersichtskarten der deutschsprachigen Kronländer, des Österreichischen Reichskreises, der Monarchie oder Mitteleuropas werden nicht als „Landeskarten" verzeichnet – obwohl sie natürlich auch Salzburg zeigen.

Unter diesen Voraussetzungen ist nur eine pragmatische Verwendung des Begriffs „Landeskarte" möglich. Weder die Nennung Salzburgs im Kartentitel, falls ein solcher überhaupt vorhanden ist, noch der Maßstab bilden allein definitorische Kriterien. Nach der „Spezialkarte" von 1810 kann man immerhin den größten Maßstab einer selbständigen Karte mit 1:144.000 annehmen, während der kleinste Maßstab 1:1,500.000 nur in Ausnahmefällen überschreitet. Stets nimmt das grob dreieckige Landesgebiet wegen seiner ungünstigen Form auch bei bester Nutzung nur einen relativ geringen Teil der vorgegebenen rechteckigen Fläche ein.

Letzten Endes müssen die im graphischen Bild erkennbare Absicht des Kartenmachers und die persönliche Entscheidung des Kartenliebhabers als maßgeblich dafür akzeptiert werden, ob er ein Blatt noch als „Landeskarte" gelten läßt. Sie soll wohl in jedem Fall die administrative Einheit Salzburg während einer bestimmten Geschichtsperiode in ihrer ganzen Ausdehnung allein oder mit Nachbarländern in nützlicher Größe zeigen, wobei die Salzburger Exklaven in Bayern, Kärnten, Niederösterreich, Steiermark und Tirol außer Betracht bleiben. „Landeskarten" können folglich auch aus mehrteiligen Kartenwerken stammen, wenn deren Teilblätter selbständig zu bestehen vermögen und wenn das Land dank dem Blattschnitt den Schwerpunkt der Darstellung bildet. Eine Auswahl von Karten, die nur Teile des Landes oder dieses in sehr kleinem Maßstab zeigen, die aber aus kartographischen, historischen oder künstlerischen Gründen das Interesse des Sammlers verdienen können, ist als letzte Gruppe am Ende des Katalogs verzeichnet.

Der zeitliche Rahmen der Katalogisierung war einfacher festzulegen: Ihr Beginn ist durch das Erscheinen der ersten gedruckten Landeskarte in der Mitte des 16. Jhs. vorgegeben. Als Obergrenze der Aufnahme wurden die Jahre 1866/67 gewählt und zwar sowohl wegen ihres außen- und innenpolitischen Gewichtes, als auch wegen des raschen Übergangs zu modernen kartographischen und drucktechnischen Methoden, die Karten in kürzester Frist vom individuell geprägten Zeugnis eines künstlerischen Handwerks zu einem Massenprodukt der industrialisierten Vervielfältigung machten.

Kartographische und bibliographische Daten

Ohne Vollständigkeit der Erfassung beanspruchen zu können, werden alle dem Verfasser bekannt gewordenen Landeskarten registriert. Da die Möglichkeiten zur Konsultierung der Originale aus persönlichen Gründen begrenzt waren, dürften nicht wenige Blätter noch der Entdeckung harren. Überdies weist die Katalogisierung sicher manche Irrtümer und Fehler auf. Für alle Mängel wird mit der in „Atlantes Austriaci" übernommenen Feststellung KOEMANs um Nachsicht gebeten, daß das Streben nach Vollständigkeit die Vorlage einer Bibliographie blockieren kann und daß es allemal besser sei, einen mangelhaften Katalog zu publizieren als gar keinen (2).

Einführung

Das erfaßte Kartenmaterial wird nach praktischen und kartographiehistorischen Gesichtspunkten in zehn Gruppen gegliedert. Eine durchgehend gleiche Systematik bei der Bildung dieser Gruppen ist nicht realisierbar. Nur die Gruppen 1, 2 und 3 lassen sich von einem gemeinsamen Archetypus 0, der Landtafel des „Ahnherrn" SETZNAGEL ableiten, die als Wurzel eines ganzen Karten-Stammbaumes zumindest indirekt und allmählich immer weniger deutlich, bis ins 18. Jahrhundert faßbar bleibt. Die Gliederung und Abgrenzung der weiteren Gruppen erfolgt hingegen nach formalen Gesichtspunkten, die 1803, 1816 und 1850 mit historischen und politischen Zäsuren übereinstimmen. In den Gruppen sind die Karten chronologisch gereiht und typologisch zusammengefaßt. Daraus ergibt sich, daß längerlebige „Kartenfamilien" mit dem Hinweis „Fortsetzung" bzw. „Fortsetzung von" in verschiedene Gruppen aufgeteilt werden. Fallweise kann es sich empfehlen, eine spätere, unveränderte Auflage einer Karte unter Überspringen der Zeitgrenze noch in der früheren „Stammgruppe" zu dokumentieren.

Schema der Katalogisate

1. Katalognummer: Gruppe und Type der Karte
2. Autor, Schlagwort, Jahr
3. Beschreibung, Literatur zur Kartenfamilie
4. Titel, Zusätze, andere Texte
5. Maße und Formate
6. Maßstab und Maßsystem
7. Graduierung, geogr. Länge des Bezugsortes Salzburg
8. Druckart und Druckträger
9. Rückseite, typographische Kennzeichen
10. Publikationsart, Faksimile
11. Standort
12. Literatur zur katalogisierten Karte

Die Aufnahme der Daten erfolgt nach den „Sonderregeln für kartographische Materialien RAK – Karten", Band 4 der Regeln für die alphabetische Katalogisierung RAK. Hg. von der Kommission des Deutschen Bibliotheksinstituts für Alphabetische Katalogisierung unter Vorsitz von Klaus HALLER. Dr. Ludwig Reichert Verlag, Wiesbaden 1987. Kleine Abweichungen von den Regeln sollen allgemeinen Lesegewohnheiten entgegenkommen. Abgesehen von Umstellungen in der Datenfolge betrifft dies die Schreibweise des Maßstabs in der in Österreich bevorzugten Form, wie z. B. 1:1,250.000 statt 1:1 250 000 oder 1:1250000. – Weiters wurden verwendet: WOLFF, Hans: Die Erschließung von Altkarten an der Bayerischen Staatsbibliothek. In: Bibliotheksforum Bayern, Jg. 14, 2, München 1986, S. 105–121; und ders.: RAK, RSWK und die Katalogisierung von Altkarten im Bibliotheksverbund (Bericht). In: Kartographiehistorisches Colloquium Wien '86, Vorträge und Berichte. Reimer, Berlin 1987, S. 213–221.

1. Katalognummer: Gruppe und Type der Karte

Die Katalognummern werden nach dem Prinzip der Dezimalklassifikation gebildet. Die erste Zahl bezeichnet die Gruppe, in der die Karten nach übergreifenden Merkmalen zusammengefaßt worden sind. Die weitere Numerierung erfolgt in chronologischer Ordnung innerhalb bestimmter Kartentypen.

2. Autor, Schlagwort, Jahr

Als Autor gilt primär jener Kartenmacher, der die Aufnahme, die Reinzeichnung und/oder den Stich besorgt hat. Ist dieser Name nicht feststellbar, können ersatzweise Mitarbeiter, Herausgeber, Verleger oder andere Beteiligte genannt werden. An Personaldaten sind – soweit bekannt – nur die Geburts- und Todesjahre angeführt. Die Schreibung der Namen entspricht jener auf dem Original, sofern nicht eine Normierung nach dem „Lexikon zur Geschichte der Kartographie" zweckmäßig erscheint (3). Für mehrteilige, vor allem niederländische Namen gelten deren heimische Regeln. Daher heißt es im Text beispielsweise „Pieter VAN DER AA" oder bei Verzicht auf den Vornamen „VAN DER AA", während im Personenregister der Haupteintrag unter „Aa, Pieter van der" erfolgt.

Das Schlagwort möchte in Verbindung mit dem Namen des Kartenmachers und der Jahreszahl die kurze Definition einer Karte erleichtern. Ist es dem Kartentitel entnommen, steht es in „Anführungszeichen", wird es als illustrativer Begriff frei gewählt, fehlen diese.

Als erste Jahreszahl wird nach Möglichkeit das Jahr der Erstausgabe der Karte angegeben. Bei fehlenden Datierungen steht ein ermitteltes Erscheinungsjahr in (runden), ein nur geschätztes Erscheinungsjahr in [eckigen] Klammern. Ebenso erfolgt die Jahresangabe, wenn eine Karte in mehrere Atlas-Auflagen übernommen wurde. Überdies hat man nicht selten ältere Titelblätter mit oder ohne Korrektur neu aufgebundenen Atlanten vorangestellt und umgekehrt die Titel von in Lieferungen erschienenen Atlanten oft mit dem Jahr der letzten Lieferung datiert, um das Gesamtwerk aktueller erscheinen zu lassen. Datierungen in Bibliothekskatalogen werden mit großer Vorsicht übernommen, da Übertragungsfehler unerwartet häufig vorkommen.

3. Beschreibung

Die Beschreibungen der Karten und Atlanten beschränken sich meist nicht auf die Schilderung des graphischen Bildes, sondern schließen kurze Angaben zur Person des Kartenmachers, über den Verlag und zum historischen Umfeld ein.

Hinsichtlich der Stellung von Titel, Zusätzen, Inserts und Auszier sind zu unterscheiden:

Kartenfeld: Die durch den Kartenrahmen begrenzte Nettofläche des Kartenbildes.

Rahmen: Eine oder mehrere, auch ornamental gestaltete Begrenzungslinien des Kartenfeldes bzw. die von ihnen eingenommene Fläche.

Ober-, Unter-, Seitenrand: Die Fläche zwischen dem Kartenrahmen und dem Blattrand.

Füllt die Geländedarstellung das Kartenfeld bis zum Rahmen, so handelt es sich um eine **Rahmenkarte**. „Schwimmt" hingegen der dargestellte Raum im Kartenfeld, spricht man von einer **Inselkarte**, deren Charakter oft durch Weiterführung der Gewässer und die Eintragung von Orten gemildert wird.

4. Titel, Zusätze, andere Texte

Bei Landkarten bildet das lose Blatt die kleinste physische Einheit, die zur Katalogisierung an die Stelle des Bandes tritt. Daher gilt bei kartographischen Materialien die gesamte Vorlage als Haupttitelseite. In dieser Datenkategorie müssen folglich alle Texte der Karte zitiert werden, soweit es sich nicht um Toponyme handelt, die zum Karteninhalt, der Situation, gehören. Weist eine Karte keinen Titel auf, so wird ihr ein Behelfstitel zugewiesen oder das Schlagwort als solcher verwendet.

Während für den allgemeinen Katalogtext nur die Grundschrift verwendet wird, sind die Karten- und Atlanten-Texte möglichst genau nach den Regeln einer „diplomatischen Abschrift" vom Original kopiert und durch « » (Guillemets oder Chevrons) hervorgehoben. Einfache Zitierungen, Behelfstitel und nicht durch Autopsie verifizierte Texte stehen in der Grundschrift zwischen gewöhnlichen „Anführungszeichen". Kürzungen sind ohne Verzicht auf wesentliche Aussagen durch drei Punkte gekennzeichnet.

Großbuchstaben (Versalien), Schrägschrift (Kursive) und (halb-)fetter Druck entsprechen der Vorlage ebenso wie die Interpunktionen und diakritischen Zeichen. Auch die in fremdsprachigen Titeln häufig recht willkürlich gesetzten Akzente werden der Vorlage entsprechend übernommen. Größere Anfangsbuchstaben sind meist nicht korrekt zu übertragen, wie auch keine Möglichkeit besteht, die Schrifttypen und ihre Grade originalgetreu wiederzugeben und zwischen dem langen und dem runden „s" zu unterscheiden. S p e r r u n g e n werden nach Möglichkeit und ohne Berücksichtigung des Zeilenfalls kopiert. Ist dies aus Platzgründen nicht möglich, so erfolgt ein Hinweis. In einer anderen Farbe als Schwarz gedruckte Textteile werden mit einer Anmerkung einfach unterstrichen. Fehlt die Anmerkung, so entspricht die Unterstreichung der Vorlage. Ist ein einzelner Buchstabe unterstrichen, wird damit dessen Kürzung im Original gekennzeichnet. Endungskürzel sind ähnlich der historischen Schreibweise mit „9" (auch hoch- oder tiefgestellt) angegeben. Die Gliederung der Texte im Original wird mit den Zeichen | für eine neue Zeile und mit ‖ für einen neuen Absatz angezeigt. Im Original fehlende aber gesicherte Angaben stehen in (runden), geschätzte und unsichere in [eckigen] Klammern. Bei Folio-Ausgaben und anderen auf ganze Bogen gedruckte Karten werden die vier Seiten des einmal gefalteten Druckbogens mit (a), (b), (c), (d) bezeichnet. Die Karte steht daher im Normalfall auf (b) und (c), ein Rückseitentext, wenn vorhanden, auf (a) und/oder (d).

5. Maße und Formate

Gemäß den „Regeln für die alphabetische Katalogisierung" (RAK) werden zuerst die Längen der Unterkanten von Karte, Platte, Bogen und Atlas angegeben, die parallel zu den Druckzeilen verlaufen, und dann die Höhen, sodaß bei Hochformaten zuerst die kleinere Zahl steht. Diese Regel gilt auch für geteilte Karten: Zuerst kommt die Zahl der Teile in der Horizontalen.

Obwohl die Größenangaben an sich ein wichtiges Unterscheidungsmerkmal wären, ist Vorsicht geboten. Dehnung oder Stauchung des Papiers, Kaschierung und Restaurierung können mehrere Prozente der Blattgröße erreichen. Stehen nur Xerokopien zur Verfügung so ist zu bedenken, daß diese die Vorlage immer etwas größer wiedergeben. Verluste im Falz durch die Bindung treten dagegen selten auf. Besonders Folioformate wurden fast immer auf „Stegen" (angeklebten Papierstreifen) mit „Wechselheftung" gebunden, bei der zwei lediglich aus je einem Bogen bestehende Lagen mit nur einem Faden verknüpft werden, um eine zu starke „Steigung" des Rückens (dicker als der Buchblock) zu vermeiden.

Im Katalog stehen an erster Stelle die Maße der Karte. Darunter sind prinzipiell die Abmessungen bis zum Außenrand des Kartenrahmens zu verstehen und nicht die Nettogröße des Kartenfeldes, da eine Karte nicht wie ein Gemälde vom Rahmen zu trennen ist. Die Maße ungewöhnlich breiter Rahmen mit Ornamenten, Wappen, Ansichten und anderer graphischer Auszier werden ebenso wie Texte im Kartenrand separat angeführt.

Die Maße der Platte können ein Hinweis dafür sein, ob identisch aussehende Karten von derselben oder von verschiedenen Platten herrühren. Werden die Plattenmaße bei Neuauflagen nicht wiederholt, weil sie gleich geblieben sind, so ist daraus zu schließen, daß mit der alten Platte weitergedruckt wurde. Die Verwendung einer neuen Platte ist am verläßlichsten daran zu erkennen, daß sich der Abstand zwischen dem Außenrand des Kartenrahmens und dem Rand der Platte ändert. Für diesen Nachweis hat Markus HEINZ eine verblüffend einfache Meßmethode entwickelt (4).

Fragwürdig mag in einer Bibliographie die im Handel für ein individuelles Stück notwendige und übliche Angabe der Blattgröße erscheinen, da sie oft nur von Zufällen der Bindung und des Beschnitts abhängt. Falls das Blatt aber in Originalgröße vorliegt und aus einem Atlas stammt, sind Rückschlüsse auf dessen Größe ebenso gut möglich, wie durch die Maße des Titelblattes. Zu den Atlas-Maßen ist allerdings zu bedenken, daß es vor allem bei teuren Druckwerken nicht üblich war, diese schon gebunden anzubieten. Dem Käufer blieb die Kollation der Bögen und die Wahl des Einbands freigestellt. Gerade bei Atlanten sind auch Neu-Bindungen mit

Einführung

Beschnitt des Buchblocks nicht selten, sodaß die angeführten Maße keineswegs als Norm gelten können. Wenn die Karte gefaltet oder zur Faltung vorgesehen war und eventuell in einem Schuber oder auf Leinwand aufgezogen geliefert wurde, können zur Blattgröße auch Zahl und Maße der Teile und die Gesamtgröße mit Trennfugen angegeben werden.

In der Literatur und in Auktionskatalogen findet man noch häufig die seit dem 16. Jahrhundert üblichen Formatbezeichnungen. Sie sind primär nicht als Größenangaben zu verstehen, sondern geben die Falzungen des „gebrochenen" Bogens bzw. die Zahl der dadurch entstandenen Blätter und erst in der Folge die Höhe des Buchrückens an. Ist ein Buch breiter als hoch, so wird der Formatbezeichnung „Quer-" oder „Oblong" beigefügt. Nach den „Preußischen Instruktionen", die auch für unsere Bibliotheken bis zur Einführung der RAK in den 70er Jahren gegolten haben, war folgende „Gesamtreihe" der Formate entsprechend der Rückenhöhe in Zentimetern in Gebrauch:

Rückenhöhe		Bezeichnung
bis	15 cm	Duodez
bis	18,5 cm	Klein-Oktav
bis	22,5 cm	Oktav
bis	25 cm	Groß-Oktav
bis	30 cm	Lexikon-Oktav
bis	35 cm	Quart
bis	40 cm	Groß-Quart
bis	45 cm	Folio
bis	55 cm	Groß-Folio
über	55 cm	Imperialfolio

6. Maßstab und Maßsystem

Obwohl der Maßstab die informativste Größe unter den mathematischen Daten einer Karte ist, muß man immer wieder in Karto-Bibliographien oder Katalogen dessen höchst oberflächliche Behandlung feststellen, die schon ULBRICH kritisiert hat, weil „in der Fachliteratur den Maßverhältnissen zu wenig Sorgfalt zugewendet wird" (5).

Der vorliegende Katalog nennt stets den „beabsichtigten Maßstab". Wenn er auf der Karte nicht genannt und kein Linearmaßstab vorhanden ist, erfolgte die Ermittlung mit Hilfe des Gradnetzes – falls die Karte ein solches aufweist. Mangelte es an diesen Möglichkeiten, so blieb nur der Versuch, den „beabsichtigten Maßstab" aus dem „tatsächlichen" zu erschließen und zwar als Mittelwert aus zumindest je vier horizontalen und vertikalen Meßstrecken, deren wahre Längen bekannt waren. Die einfache Formel dafür: Kilometer in der Natur dividiert durch Millimeter auf der Karte mal 1,000.000 ergibt den Maßstab.

Die ungeraden Resultate der Berechnungen wirken zunächst verwirrend, da uns das Verständnis für alte Maßsysteme fehlt. Beispielsweise bedeutet der Maßstab 1:864.000 jedoch nichts anderes, als das handliche Verhältnis von 1" = 3 Ml., das heißt: 1 Zoll auf der Karte entspricht 3 Meilen in der Natur. Dies war man seinerzeit gewohnt, wie wir 1:300.000 sofort als ein Zentimeter auf der Karte entspricht drei Kilometer in der Natur verstehen. Bei der Maßstab-Ermittlung darf man jedoch nicht annehmen, daß immer ein glattes Zoll-Meilen-Verhältnis angestrebt wurde. Häufig hat der Kartenmacher eine Vorlage einfach mit dem Pantographen soweit verkleinert oder vergrößert, wie es das vorgegebene Bogen- oder Atlasformat erforderte.

Das größte, häufig unlösbare Problem bei der Maßstab-Ermittlung bildet die Feststellung des Maßsystems, d. h. welche der in fast unübersehbarer Vielfalt gleichzeitig in Gebrauch gewesenen Meilen für den Entwurf verwendet wurde. Einen Wegweiser lieferte im Rahmen der Erschließung historisch wertvoller Altkartenbestände die „Arbeitsgruppe Berlin-Göttingen-München" (6), und immer noch wertvoll ist KLIMPERTs „Lexikon der Maße..." (7).

Immerhin ist die geodätisch als 15. Teil eines Äquatorgrades bestimmte Meile, die zuerst „gemeine" oder „deutsche" und seit Mitte des 18. Jahrhunderts auch „geographische" genannt wurde, die häufigste auf unseren Karten. Die wahre Länge des Grades am Äquator mit 111,3066 km kennt man aber erst seit dem 18. Jahrhundert. Bis dahin nahm man sie viel zu klein an (z. B. COLUMBUS mit nur 84 km!), sodaß die geographische Meile alter Karten mit ca. 5.000 bis bestenfalls 6.700 m zu veranschlagen ist (8). Die Differenz zur wahren Länge wäre daher bei der Maßstab-Ermittlung mit mindestens 10% zu berücksichtigen.

Die folgende Tabelle nennt die am häufigsten angegebenen Längen einiger viel gebrauchter Meilen. Abweichungen sind in den Einer- und Dezimalstellen häufig zu finden und in den Zehner-Stellen nicht ungewöhnlich.

Große deutsche Meile	8.562,00 m
Österreichische Postmeile	7.585,94 m
Preußische Meile	7.532,48 m
Gemeine deutsche oder geographische Meile	**7.420,44 m**
Rijnlandsche Mijl	6.278,93 m
Amsterdamer Mijl	5.662,66 m
Mille Gallica = 1 Wegstunde (20 je Grad)	5.565,33 m
Französische „Lieue de 25 au degré"	4.452,26 m
Französische Postmeile	3.898,07 m
Gemeine italienische Meile (60 je Grad)	1.855,11 m
Statute (British) Mile	1.609,33 m
Ältere „London Mile"	1.523,98 m
Römische Meile = 1.000 Doppelschritte = 8 Stadien	1.478,75 m

7. Graduierung, Länge des Bezugsortes

Während mit dem Äquator die Null-Linie der Breitenmessung festliegt, bietet die Erdkugel keinen natürlichen Ausgangspunkt für die Bestimmung der geographischen Länge. Die willkürliche Fixierung dieser „relativen Dimension" (9) ergibt daher auf alten Karten für den gleichen Ort fast ebensoviele Längen wie Kartenmacher am Werk waren, wenn diese nicht von vornherein auf die Eintragung von Längengraden verzichteten. Die Geschichte des Null-Meridians ist somit auch eine Geschichte der Kartographie (10).

Von den gut zwei Dutzend Null-Meridianen HAAGs kommen für uns jene in Betracht, die durch eine der atlantischen Inseln laufen. In der folgenden Tabelle sind ihre Lage und die auf Minuten gerundeten Längen westlich von Greenwich angeführt, sowie die auf den jeweiligen Null-Meridian bezogene Länge der Stadt Salzburg. Sie soll Rückschlüsse auf den verwendeten Null-Meridian ermöglichen, obwohl dessen Nachweis an Hand einer Regionalkarte höchst unsicher ist. Die Länge von Salzburg stimmt auf älteren Karten meist mit keinem Null-Meridian genau überein. Beispielsweise kann man auf der populären MERCATOR-Karte von Salzburg und Kärnten die Länge für die Stadt nach dem Null-Meridian von São Miguel mit 35° 40' messen, während sie richtig 38° 52' E betragen sollte.

Lage des Null-Meridians	Greenwich-Länge	L von Salzburg
1. AZOREN		
Flores	31° 18'	44° 20' E
Corvo	31° 05'	44° 07' E
Fayal	28° 45'	41° 47' E
São Miguel	25° 50'	38° 52' E
2. KANAREN („Insulae fortunatae")		
Ferro, W-Kap	17° 40'	30° 42' E
Teneriffa, Pico de Teide	16° 38'	29° 40' E
Fuerteventura, SW-Kap	14° 25'	27° 27' E
Fuerteventura, Mitte	14° 05'	27° 07' E
3. KAP-VERDEN		
São Vicente	25° 00'	38° 02' E
Santiago	23° 40'	36° 42' E
Boa Vista	22° 53'	35° 55' E
4. MADEIRA		
Porto Santo	16° 20'	29° 22' E

Zur Vereinheitlichung der Längen griff man 1634 auf den antiken Null-Meridian durch Ferro, die westlichste der „Inseln der Glückseligen", zurück oder auch auf eine fiktive „St. Pauls Insel", die auf gleicher Länge genau im Äquator liegen sollte. Wegen der Schwierigkeit, von diesem Meridian aus exakt zu messen, bestimmte man ihn 1720 auf Vorschlag von DELISLE mit 20° westlich von Paris – womit ein zweiter Null-Meridian, eben jener von Paris, eingeführt wurde. Die Engländer benützten seit 1767 den Meridian von Greenwich, der weltweite Anerkennung fand und nach dem die Stadt Salzburg auf 13° 2' E liegt.

Die geographische Breite des Bezugsortes wird in dem Katalog nicht eigens verzeichnet. Abweichungen von der korrekten, auf Minuten gerundeten Breite von 47° 48' würden nur Rückschlüsse auf die Genauigkeit der Zeichner und Stecher erlauben, aber nicht als kartographische Aussage zu werten sein.

Eine Besonderheit zum Stichwort „Graduierung" bildet die vereinzelte Eintragung des Meridians vom Gusterberg bei Kremsmünster. Der recht exponiert im Alpenvorland aufragende Berg diente ab 1822 als Ursprung des Koordinatensystems der k. k. Katastralvermessung der Kronländer Oberösterreich und Salzburg sowie des Königreiches Böhmen. Die Wahl des Berges war sowohl durch seine günstige Lage für die Triangulierung begründet, wie durch die Nähe des Benediktinerstiftes Kremsmünster, dessen Sternwarte eine hervorragende Rolle in Astronomie und Geodäsie gespielt hat. Seit Juni 1994 steht auf der Bergkuppe ein Denkstein nahe dem Gasthof „Zum Baum mitten in der Welt" (11).

8. Druckart und Druckträger

Im Zeitraum der Katalogisierung waren für den Landkartendruck drei Verfahren in Gebrauch: Als H o c h d r u c k der Holzschnitt (eventuell der Holzstich), die Typometrie und die Strichätzung, als T i e f d r u c k der Kupfer- und Stahlstich sowie die Radierung und als F l a c h d r u c k die Lithographie oder Steindruck (samt Steingravüre) und der Zinkdruck. Bei allen diesen Verfahren sind die Bezeichnungen für die Technik und für deren Produkt gleich. Beim Hochdruck übertragen die erhöhten bzw. stehengebliebenen Teile der Druckform die Druckerschwärze auf das Papier, sodaß Schrift und Zeichnung leicht eingedrückt sind. Diese „Schattierung" ist das sicherste Erkennungszeichen.

Beim Tiefdruck übertragen nur die vertieften Teile der Druckplatte die Farbe auf das Papier. Der Abdruck bildet daher bei kräftigen Linien ein feines Relief, das unter Umständen ertastet oder im Schräglicht gesehen werden kann. Manchmal lassen Reste der mit einer zweizinkigen Gabel gezogenen Schriftlinien den Kupferstich sofort erkennen. Als untrügliches Zeichen gilt ferner der Eindruck der Plattenränder, der aber infolge Beschnitts bis zum Kartenrand oder wegen eines zu kleinen Druckbogen oder nach mehrfacher Befeuchtung und Pressung des Blattes fehlen kann. Beim

Einführung

Flachdruck zeigen sich keine Vertiefungen oder Erhöhungen, da druckende und nichtdruckende Partien in einer Ebene liegen. Die dreizinkige Schriftgabel des Lithographen hinterläßt im allgemeinen keine Spuren.

Farbe (Kolorit)

Bei der Katalogisierung der Karten wird auf deren Kolorierung von Hand oder durch den Druck von mehreren Platten dann hingewiesen, wenn die Farbe vom Autor als Mittel der Information vorgesehen war und er ihre Bedeutung auf der Karte erklärt. Ursprünglich erschienen die meisten gedruckten Karten ohne Farben, und speziell bei italienischen und deutschen Verlegern war die Kolorierung lange wenig üblich, außer das Blatt bzw. der Atlas ging als Sonderfertigung an hochrangige Kunden. In den Niederlanden fand die farbige Karte hingegen schon früh weite Verbreitung. Im allgemeinen wurden aber die meisten Karten sowohl ohne als auch mit Kolorit angeboten.

Den Charakter des Kolorits prägte der künstlerische Stil der Zeit, sofern sich die Farbgebung nicht auf einfache Grenzmarkierungen beschränkte. Zuerst waren die Farben im allgemeinen eher kräftig und leuchtend, zumeist mit Weiß bzw. Eiweiß gemischt. Sie erhielten somit eine deckende Qualität wie in der Gouache-Malerei, was oft die Lesbarkeit der Namen und Signaturen beeinträchtigt. Ein günstigeres Kolorit, das die Karte mit hellen, leichten Tönen ziert und ihren Informationswert nicht mindert, ist etwa ab 1600 festzustellen.

Gelegentlich nutzte man dunklere Schattierungen oder Höhungen durch Kontrastfarben, im sog. „Fürsten-Kolorit" sogar durch Gold und Silber, um besonders dekorative Wirkungen zu erzielen. Die zartesten und malerischsten Farbtöne erreichte um die Mitte des 18. Jahrhunderts das Rokoko, in dem Koloristen bis zum „Enlumineur du Roi" aufsteigen konnten. Der Buntdruck von Landkarten setzte sich erst mit der Lithographie rasch durch, da diese die Verwendung mehrerer Platten mit Farbauszügen viel einfacher und billiger ermöglichte als der Kupferstich.

Druckträger, Wasserzeichen

Aus der Beschränkung des Katalogs auf gedruckte Karten ergibt sich, daß wir es ausschließlich mit Papier als Druckträger zu tun haben. Andere Materialien, wie Pergament, Leder und Textilien, sollten aus konservatorischen Gründen nur in dafür eingerichteten Sammlungen aufbewahrt werden. Bis in die 2. Hälfte des 19. Jahrhunderts kam allein handgeschöpftes „Hadernpapier" zur Verwendung, das in mächtigen Papiermühlen aus Stoffabfällen hergestellt wurde. Diese alten Qualitätspapiere sind bei sorgsamer Lagerung praktisch unverwüstlich und vergilben kaum. Die Erhaltungssorgen für Bibliothekar, Sammler und Restaurator beginnen im wesentlichen erst mit der Verwendung von Holzschliff- und Maschinenpapier.

Als Besonderheit begegnen uns vor allem im Biedermeier öfters Karten, die auf getöntes Büttenpapier gedruckt sind. Dazu heißt es in einer Enzyklopädie von 1840: „Den meisten weißen Papieren gibt man durch eine geringe Menge blauen Färbstoffes einen schwach bläulichen Schimmer, welcher an sich angenehm ist, und (wie das Waschblau beim Bläuen der Wäsche) einen oft vorhandenen Stich in das Gelbliche unmerklich macht". Die für den Kartendruck verwendeten Tonpapiere haben allerdings meist nicht nur einen „bläulichen Schimmer", sondern sind deutlich von Erbsengrün bis zu Hellblau gefärbt, was sich günstig auf die Plastizität der Geländedarstellung auszuwirken pflegt.

Seit der Mitte des 15. Jahrhunderts sind Wasserzeichen, früher meist Papierzeichen genannt, die für Qualitätspapiere übliche Markierung durch Buchstaben, Symbole, Wappen usw. Obwohl sie ein wesentliches Indiz für die Herkunft des Druckträgers bilden, werden sie leider bei der Beschreibung alter Karten selten erwähnt. In diesem Katalog sind sie nach Möglichkeit angeführt, doch können sie nicht unbedingt als Erkennungsmerkmal gelten, da das Papier für in größerer Auflage oder über einen längeren Zeitraum gedruckte Karten häufig von verschiedenen Papiermühlen bezogen wurde.

9. Rückseite, typographische Kennzeichen

Ist die Rückseite einer Karte unbedruckt, so entfällt dieses Stichwort, sofern sie nicht handschriftliche oder gestempelte Seitenzahlen und Angaben über den Karteninhalt aufweist. Bedruckte Rückseiten werden möglichst genau beschrieben, da der Text nach Ablage der Lettern auch bei gleichbleibendem Kartenbild in der Regel neu gesetzt wurde und die Zuschreibung zu bestimmten Atlanten bzw. Auflagen ermöglicht. Neben dem Text kommt den typographischen Kennzeichen Pagina, Signatur und Kustode besondere Wichtigkeit zu.

Die P a g i n a ist die gedruckte Blattnummer, bei der es sich um eine Seiten- oder Bogenzahl handeln kann. Selten kommt noch die ältere Foliierung vor, bei der zwei einander gegenüber stehende Seiten als Einheit betrachtet werden und daher in „Folianten" die gleiche Nummer tragen.

Die (Bogen-)S i g n a t u r oder das Alphabet ermöglicht dem Buchbinder beim Kollationieren des Buchblocks die Kontrolle auf Vollständigkeit. Bis zum Ende des 18. Jahrhunderts verwendete man dafür 23 Groß- oder Klein-Buchstaben des Alphabets (I und J, sowie U, V und W galten als je ein Buchstabe), die nach Bedarf vervielfacht werden konnten. Nach diesem System bezeichnet daher die Signatur GGg die erste Seite des 53. Druckbogens: A–Z = 23 plus AA–ZZ = 23 plus Aaa–GGg = 7. Verstöße gegen diese Regel sind keineswegs selten.

Als K u s t o d e (Kustos, Reklamante) bezeichnet man das auf jeder Seite rechts unten vorweg gedruckte erste Wort oder die erste Silbe der nächsten Seite. Wesentlich seltener ist die Wiederholung des letzten Wortes einer Seite in der linken oberen Ecke der folgenden. Die Kustoden sichern ebenfalls das richtige Zusammentragen des Buchblocks und erleichtern dem Leser den Übergang.

10. Publikationsart, Faksimile

Die Angabe zum Stichwort „Publ.-Art:" lautet bis etwa 1800 am häufigsten „Atlasblatt aus: ...", gegebenenfalls mit Anführung der Siglen in den Bibliographien von DÖRFLINGER-HÜHNEL (AA), KOEMAN (KOE), MEURER (MEU), PASTOUREAU (PAS), VAN DEN BROECKE (OAM) und VAN DER KROGT (KK), wenn diese nicht in den Literaturnachweis gestellt werden. Ist die Karte als Separatdruck oder als Buchbeilage erschienen, wird dies vermerkt. Gehört die Karte zu einem „Kartenwerk", so kann es sich um selbständige oder unselbständige Teilblätter handeln, die meist an Hand vorhandener oder fehlender Rahmenleisten, Titel oder Maßstäbe, sowie Anleitungen zur Montage in den Rändern etc. leicht zu unterscheiden sind. Falls die Karte oder ihr Herkunftsatlas als Faksimile vorliegt, wird dieses unter eigenem Stichwort, aber ohne Standortangabe, genannt.

11. Standort

Die Siglen (Kennungen) der Standorte sind im alphabetischen Verzeichnis aufgeschlüsselt. Sie stimmen mit jenen des Literatur-Nachweises überein, falls Veröffentlichungen der Sammlungen zitiert werden. Meist sind mehrere Standorte angegeben, wobei darauf verzichtet wird, zwischen losen Stücken und Karten in Atlanten zu unterscheiden. Von Ausnahmen abgesehen, in denen eine Autopsie nicht durchführbar war, scheint stets der Standort des konsultierten Blattes (Atlas) auf und damit zumindest eine Stelle, wo ein Belegstück eingesehen werden kann. Diesem Nachweis kommt dann besondere Bedeutung zu, wenn die Karte als Buchbeilage erschienen ist, da diese kaum katalogisiert werden und ohne Kenntnis der Band-Signatur nicht auffindbar sind. Fehlt bei einem Standort die Signatur, so wurde diese nicht mitgeteilt oder es existiert (noch) keine.

Wenn eine Standort-Angabe fehlt, ist die Existenz des Stückes zwar durch historische Zeugnisse wie Besprechungen und Annoncen oder durch sein Vorkommen im Handel (Auktionskataloge) belegt, sein Verbleib war aber nicht feststellbar. Leider gilt auch hier die von den Autoren der „Atlantes Austriaci" gemachte Erfahrung, daß ca. ein Sechstel der literarisch nachgewiesenen Drucke als verschollen gelten muß.

12. Literatur

Die ausgewertete und/oder weiterführende Literatur ist bei den Beschreibungen genannt, wenn sie eine ganze Kartengruppe oder Familie betrifft, als letzte Kategorie des Katalogisats aber dann, wenn sie nur die jeweilige Karte bzw. deren Herkunft zum Thema hat. In beiden Fällen wird keineswegs Vollständigkeit angestrebt, sondern versucht, dem Leser eine Auswahl möglichst informativer und leicht erreichbarer Arbeiten zu nennen. Personen-Lexika wie BONACKERs „Kartenmacher ...", LISTERs „Old maps ..." oder TOOLEYs „Dictionary ..." und ähnliche werden zwar im Literatur-Nachweis angeführt, hier aber nicht zitiert, da sie keine weiterführende Literatur darstellen. Öfter als zweimal benützte Quellen scheinen mit den Kennungen auf, unter denen sie im Literatur-Nachweis zu finden sind. Lediglich ein- oder zweimal herangezogene Spezialwerke werden in dem Katalogisat vollständig zitiert, sodaß sich Siglen für diese erübrigen.

Anmerkungen

Die hier meist stark verkürzten Titel sind im Literaturverzeichnis vollständig zitiert.

(1) FLESCH, Karl: Geschichte der Kartographie. Wien 1926.
(2) Atlantes Austriaci, 1. Bd., S. X nach KOEMAN: Atlantes Neerlandici, Bd. 1, S. X.
(3) KRETSCHMER, Ingrid, DÖRFLINGER, Johannes, WAWRIK, Franz (Hg.): Lexikon zur Geschichte der Kartographie. Wien 1986.
(4) HEINZ, Markus: A research paper on the copper-plates of the maps of J. B. Homann's first world atlas (1707) and a method for identifying different copperplates of identical-looking plates. In: Imago Mundi, vol. 45, 1993, S. 45–58.
(5) ULBRICH, Karl: Der Kartenmaßstab und seine Bestimmung. In: MÖGG, Bd. 98, Heft I, Wien 1956, S. 145–162.
(6) Bayerische Staatsbibliothek, Kartenabt.: Anleitung und Sonderregeln ... ergänzte Fassung, München 1992.
(7) KLIMPERT, Richard: Lexikon der Münzen, Maße und Gewichte ... Berlin 1885.
(8) HARTNACK-GREIFSWALD, Wilhelm: Die „Milliaria Germanica communia". Ein Beitrag zur Geschichte der deutschen Kartographie des 16. bis 18. Jahrhunderts. In: Mitt. des Reichsamts für Landesaufnahme, Berlin 1939/40, S. 133–146, 207–222.
WOLFF, Hans: Cartographia Bavariae. Weißenhorn 1991, S. 37.
(9) MEURER, Peter H.: Die geographische Länge als relative Dimension. In: IJK 23, 1983, S. 97–103.
(10) HAAG, Heinrich: Die Geschichte des Nullmeridians. Gießen 1912, Leipzig 1913.
KRETSCHMER, DÖRFLINGER, WAWRIK (Hg.): Lexikon zur Geschichte der Kartographie. Wien 1986.
TIETZE, Wolf (Hg.): Westermann Lexikon der Geographie. Bd. 3, Braunschweig 1970, S. 610.
(11) KRETSCHMER, Ingrid: Mitten in der Welt. In: KN 2/95, S. 81.

Einführung

Abkürzungsverzeichnis

Die Auflösung jeder Abkürzung gilt auch für die jeweiligen Ableitungen (z. B. Sbg. für Salzburg und Salzburger).

In Originalzitaten und Editionstexten ergibt es sich in einigen Fällen, daß Abkürzungen mit zwei verschiedenen Bedeutungen vorkommen. Die richtige Bedeutung der jeweiligen Abkürzung ergibt sich in allen Fällen aus dem Sinnzusammenhang, nachfolgend sind beide angeführt.

Abb.	Abbildung(en)
akadem.	akademisch
Akad.	Akademie
Alb.	Album
Anm.	Anmerkung(en)
Anst.	Anstalt
arab.	arabisch
artist.	artistisch
Aufl.	Auflage(n)
Ausg.	Ausgabe(n)
bayer.	bayerisch
bearb.	bearbeitet
B	geographische Breite
Bibl.	Bibliothek
Bd.	Band, Bände
BN	Bogennummer
BS	Bogensignatur
briefl.	brieflich
brit.	britisch
Buchb.	Buchbinder
ca.	circa
C. M.	Conventions-Münze
d. Ä.	der Ältere
d. J.	der Jüngere
ders.	derselbe
dies.	dieselbe
dt.	deutsch
E	Ost(en), östlich
engl.	englisch
Erstaufl.	Erstauflage
etc.	et cetera
Ex.	Exemplar(e)
f.	folgende Seite
ff.	fortfolgende Seiten
Faks.	Faksimile
fing.	fingierte
Fl., fl.	Gulden (Florin) bzw. flumen
Forts.	Fortsetzung
franz.	französisch
geb.	geboren
gebd.	gebunden
gem.	gemein
gen.	genannt
geogr.	geographisch
geom.	geometrisch
Ges.	Gesellschaft
gest.	gestorben bzw. gestochen
gez.	gezeichnet
H.	Heft
Hg.	Herausgeber
hg.	herausgegeben
hs.	handschriftlich
ital.	italienisch
Jh.	Jahrhundert(e)
Jhs.	Jahrhunderts
K	Kustode
k. b.	königlich bayerisch
k. k.	kaiserlich königlich
Kl.	Klafter
königl.	königlich
Kr.	Kreuzer
L	geographische Länge
lat.	lateinisch
Lfg.	Lieferung
li.	links
lith.	lithographisch
lt.	laut
M.	Meile(n)
Mi.	Mitte
Min.	Ministerium
Mitt.	Mitteilung(en)
MW	Mittelwert
N	Nord(en)
n.	nördlich
Neuaufl.	Neuauflage
NF	Neue Folge
niederl.	niederländisch
NÖ.	Niederösterreich
nö.	niederösterreichisch
o.	oben
o. J.	ohne Jahr
OÖ.	Oberösterreich
oö.	oberösterreichisch
österr.	österreichisch
Pag.	Pagina (Seite)
re.	rechts
rheinl.	rheinländisch
röm.	römisch
Rs.	Rückseite
S.	Seite(n)
S	Süd(en), südlich
Sbg.	Salzburg
schwed.	schwedisch
sog.	sogenannt
Sp.	Spalte
s/w	schwarz-weiß
u.	unten bzw. und (in Zitaten)
u. a.	unter anderem
u.U.	unter Umständen
v.	von
W	West(en), westlich bzw. Währung
w. o.	wie oben
Wr.	Wiener
W.W.	Wiener Währung

Fremdsprachige Abkürzungen und Vermerke

Für Autor, Kartograph und Zeichner:

admodum	nach Art von = Verfasser
auct., auctor(e)	Verfasser, Urheber
del., delineavit	gezeichnet von …
delineator	Zeichner
des., designavit	gezeichnet von …
dess., dessiné	gezeichnet von …
dessin(at)eur	Zeichner, Kartograph
descr., descripsit	beschrieben von …
describebat	beschrieben von …
dressé	gezeichnet von …
elucubratus	ausgearbeitet von …
in., inv., invenit	ersonnen, entworfen von …
opera	Werke
pinx., pinxit	gemalt von …

Für Stecher und Lithograph:

cael., caelavit	gestochen von …
caelator	Stecher
c(h)alcograph(f)ia	Atelier für Kupferstich
c(h)alcograph(f)us	Kupferstecher
elaboratus	ausgearbeitet von …
engraved	gestochen von …
engraver	Stecher
f., fe., fec., fecit	gemacht = gestochen, geschnitten von …
gravé	gestochen von …
gravura	(Kupfer-)Stich von …
ill., illustravit	illustriert von …
in., inc., incidit, incisus	gestochen, graviert von …
levé, levez	gestochen von …
Lith(ographus), lith.	Steindrucker
s., sc., sculp., sculpsit	gestochen, geschnitten von …
scr., scrip. (-sit)	geschrieben von … (Stecher der Schrift)
sculptor	Stecher, Graveur

Für Drucker und Verleger:

appressus	gedruckt von …
apud	bei … (verlegt oder gedruckt)
auctus	erweitert
aug., augmenté	vermehrt, erweitert von …
bibliopola	Buchhändler
chez	bei …
denuo	neuerlich
edit. (-a, -us, -um)	herausgegeben von …
emendata	verbessert, vermehrt durch …
exc., excud. (-it, -ebat)	gestaltet von …
excusor librorum	Buchdrucker
excusum	gedruckt bei …
ex officina	aus der Offizin …
ex(s)tat	erschienen bei …
form., formis	Platte, Druckform von …
impr., impressit (-us)	gedruckt von …
in lucem	erschienen, veröffentlicht von …
nunc	jetzt bei … (Zweitauflage)
per	durch, bei …
presso	bei … (verlegt oder gedruckt)
prostat (-ant)	stehen zum Verkauf bei …
publié	herausgegeben von …
qm. (quondam)	vormals … (bei Firmen)
renouvel(l)é	neu bearbeitet von …
sumpt., sum(p)tibus	auf Kosten von …
typis aeneis	mit ehernen Lettern, Druckformen

Andere häufige Vermerke:

c. p., cum priv(ilegio)	mit Druckerlaubnis und Urheberschutz
C. P. S. C. M.	Cum Privilegio Sacrae Caesareae Maiestatis
C. P. S. C. R. A. M.	Cum Privilegio Sanctae Caesareae Regalis Apostolicae Maiestatis
Jung., iungere	(Einzelblätter) verbinden, zusammenfügen
P. d. S. M. I.	Privilège de Sa Majesté Impériale
S. C. M. G.	Sacrae Caesareae Maiestatis Geographus
S. R. I.	Sancti Romani Imperii
Vicar. Imperii	Reichsvikariat

Druck- und Verlagsorte:

Amberes, Antorf(f), Anv(u)ers	Antwerpen
Aug. Vind.	Augusta Vindelicorum = Augsburg
Colonia	Köln
Fruxinus	Freising
Norim(berga), Noris	Nürnberg
Patavia	Passau
Ratisbon(n)a	Regensburg
Stadt am Hoff	heute Stadtteil von Regensburg
Ursellis (Vrsellis)	Oberursel im Taunus, Hessen

Einführung

Siglen der Standorte und Literaturnachweise
in alphabetischer Reihenfolge; vergleiche dazu auch das Literaturverzeichnis.

AA	Atlantes Austriaci	HÖD	HÖDLMOSER, Carl
ADB	Allgemeine Deutsche Biographie	HRS	HELLWIG + REINIGER + STOPP
ADE	ADELUNG, Johann Christof	IBN	Index bio-bibliographicus notorum hominum
AKL	Allgemeines Künstler-Lexikon	IGM	BERTHAUT, Le Colonel
BAG	BAGROW, Leo	IJK	Internationales Jahrbuch für Kartographie
BBB	BOSL, Karl	IM	Imago Mundi
BEN	BENZING, Josef	IMH	IMHOF, Eduard
BER	BERNLEITHNER, Ernst	JCB	John Carter Brown Library, Providence, Rhode Island, USA
BIG	Bibliotheca Geographica	JÖC	JÖCHER, Christian Gottlieb
BLL	British Library, London	KAR	KARROW, Robert W. Jr.
BNM	Biblioteca Nacional, Madrid	KAW	Österr. Staatsarchiv, Kriegsarchiv, Wien
BNP	Bibliothèque Nationale, Paris	KAWK	Kant. Amt für Wirtschafts- und Kulturausstellungen Bern
BÖC	BÖCKH, Franz Heinrich	KAY	KAYSER, Christian Gottlob
BON	BONACKER, Wilhelm	KBH	Koninklijke Bibliotheek, Den Haag
BRB	Bibliothèque Royale Albert I., Brüssel	KBTI	Kantonsbibliothek des Tessin, Lugano
BSM	Bayerische Staatsbibliothek, München, ESlg = Einbandsammlung	KGS	Generallandesarchiv Karlsruhe
BTh	Bibliotheca Theresiana, Theresianische Akademie, Wien	KK	VAN DER KROGT, Peter
BVB	Bibliotheksverbund Bayern (EDV-Katalog)	KN	Kartographische Nachrichten
CAV	CAVELTI-HAMMER, Madlena	KOE	KOEMAN, Cornelis
CH	Cartographica Helvetica	KONS	Konsistorial-Archiv Salzburg
DBF	Dictionnaire de biographie française	KRE	KRETSCHMER, Ingrid
DBI	Dizionario biografico degli Italiani	KUFR	Kantons- und Universitätsbibliothek, Freiburg, Schweiz
DES	DÖRFLINGER + WAGNER + WAWRIK	KUP	Karls-Universität, Kartensammlung, Prag
DMM	Deutsches Museum, München DMA = Archiv, Veröffentlichungen	LAR	LAROUSSE, Pierre
DÖR	DÖRFLINGER, Johannes	LCW	Library of Congress, Washington D.C.
DRG	Deutsche Rundschau für Geographie und Statistik	LEP	LEPORINI, Heinrich
DUM	DUMLER, Josef	LGB	Lexikon des gesamten Buchwesens
ENI	Enciclopedia Italiana	LGK	KRETSCHMER + DÖRFLINGER + WAWRIK
ESP	ESPENHORST, Jürgen	LIN	LINDGREN, Uta
FBA	(SLEZAK, Friedrich:) Freytag-Berndt & Artaria	LIS	LISTER, Raymond
FFH	Fürstl. Fürstenbergische Hofbibliothek, Donaueschingen, BRD	LMK	Landesmuseum für Kärnten, Klagenfurt
FLE	FLESCH, Karl	MAR	MARSCH, Angelika
FRA	FRANK, Adolf	MCS	Map Collectors' Series
FUH	FUHRMANN, Franz	MDD	OETTINGER, Eduard Maria
GIO	GIORDANI, Else	MdW	Modelle der Welt
GLA	GLASER, Hans sen.	MEU	MEURER, Peter H.
GS	ZAISBERGER, Friederike	MGSL	Mitteilungen der Gesellschaft für Salzburger Landeskunde
GUG	GUGITZ, Gustav	MIC	MICHAUD, Joseph François
GV	Gesamtverzeichnis des deutschsprachigen Schrifttums	MÖGG	Mitteilungen der Österreichischen Geographischen Gesellschaft
HAA	HAAG, Heinrich	MPM	Museum Plantin Moretus, Antwerpen
HAB	Herzog August Bibliothek, Wolfenbüttel, BRD	MÜL	MÜLLER, Guido
HAR	HARMS, Hans	MW	Mercator's World
HEI	HEINZ, Günther	NDB	Neue Deutsche Biographie

Einführung

NEB	NEBEHAY, Ingo	SNB	Széchényi Nationalbibliothek, Kartensammlung, Budapest
NKL	NAGLER, Georg Caspar	SO	Speculum Orbis
NLC	Newberry Library, Chicago (TBT = Two by Two)	Sp-S	SPIEGEL-SCHMIDT, Alfred
NMM	National Maritime Museum, Greenwich	SSAu	Staats- und Stadtbibliothek Augsburg
NMP	ehem. Kartensammlung Nationalmuseum Prag, jetzt Tschechische Akademie der Wissenschaften	SSM	Tschechische Akademie der Wissenschaften, Geographisches Institut, Kartensammlung, Prag
NND	Neuer Nekrolog der Deutschen	SStW	Schottenstift Wien (Benediktiner-Abtei Unserer Lieben Frau zu den Schotten)
NÖLB	Niederösterreichische Landesbibliothek, St. Pölten	StBK	Augustiner-Chorherrenstift Klosterneuburg bei Wien
NSUG	Niedersächsische Staats- und Univ.-Bibliothek, Göttingen	StBM	Benediktinerstift Melk, Niederösterreich
OAM	VAN DEN BROECKE, Marcel P. R.	StLB	Steiermärkische Landesbibliothek, Graz
OBÖ	Amt der oberösterreichischen Landesregierung, Linz	StSP	Erzstift St. Peter, Kartensammlung, Salzburg
ÖBL	Österreichisches Biographisches Lexikon	SUBE	Stadt- und Universitätsbibliothek, Bern
ÖBUB	Öffentl. Bibliothek der Universität Basel		Ryh = Karten der Ryhiner-Sammlung
ÖGG	Österreichische Geographische Gesellschaft		Mül = Mülinen, Bürgerbibliothek
ÖHS	Österreichischer Hof- und Staatsschematismus	SWS	Privatsammlung Wilhelm Schaup
ÖKL	SCHMIDT, Rudolf	SWW	Sammlung Woldan der Österr. Akad. d. Wissenschaften, Wien
ÖMK	Österreichisches Museum für angewandte Kunst, Wien	THB	THIEME, Ulrich und Felix BECKER
ÖNB	Österreichische Nationalbibliothek, Wien	TMC	The Map Collector
	a.B. = „alter Bestand" der Kartensammlung	TOO	TOOLEY, Ronald Vere
	Alb. = Albertina-Bestand der Kartensammlung	UBA	Universiteitsbibliotheek Amsterdam
	FKB = Fideikommiß-Bibl. der Kartensammlung	UBAu	Universitätsbibliothek Augsburg
	HSS = Handschriftensammlung	UBEi	Universitätsbibliothek Eichstätt
	K = „neuer Bestand" der Kartensammlung	UBEr	Universitätsbibliothek Erlangen
	MGI = ehem. Bestand des Militärgeographischen Instituts in der Kartensammlung	UBL	Universiteitsbibliotheek Leiden
		UBM	Universitätsbibliothek München
ÖNE	GRÄFFER, Franz	UBS	Universitätsbibliothek Salzburg
OÖLA	Oberösterreichisches Landesarchiv, Linz	UBU	Universiteitsbibliotheek Utrecht
OÖLM	Oberösterreichisches Landesmuseum, Linz	UBW	Universitätsbibliothek Wien
PAS	PASTOUREAU, Mireille	ULB	ULBRICH, Karl
PBF	Provinciale Bibliotheek van Friesland, Leeuwarden	USBB	Universitäts- und Staatsbibliothek Bamberg
PGM	Petermanns Geographische Mitteilungen	VIE	VIERTHALER, Franz Michael
PIL	PILLWEIN, Benedikt	WAG	WAGNER, Carl
PMP	Postmuseum Prag	WAW	WAWRIK, Franz
POR	PORTHEIM, Max von	WIL	WILL, Georg Andreas
PRE	Staatsbibliothek Preußischer Kulturbesitz, Berlin, jetzt: SBB	WLG	Westermann Lexikon der Geographie
PZB	Pädagogische Zentralbücherei der Stadt Wien	WOL	WOLFF, Hans
REG	REGELE, Oskar	WSLB	Wiener Stadt- und Landesbibliothek
RUG	Rijksuniversiteit van Gent	WUR	WURZBACH, Constant von
RYH	RYHINER-Kartensammlung der SUBE	WUT	WUTTE, Martin
SAD	Stads- of Athenaeumbibliotheek Deventer	ZAI	ZAISBERGER, Friederike
SBAu	Stadtbibliothek Augsburg	ZBLU	Zentralbibliothek Luzern
SBB	Staatsbibliothek zu Berlin, früher: PRE	ZBSO	Zentralbibliothek Solothurn
SBSH	Stadtbibliothek Schaffhausen	ZBZH	Zentralbibliothek Zürich
SKL	HASLINGER, Adolf	ZED	ZEDLER, Johann Heinrich
SLA	Salzburger Landesarchiv	ZIL	ZILLNER, Franz
SMCA	Salzburger Museum „Carolino Augusteum"		
SMS	Privatsammlung Peter Matern, Salzburg		

0 Die Landtafel von Setznagel

0.1
Markus Setznagel (ca. 1520/25–1580)
Erstauflage 1551 (1554)

Bis heute konnte noch kein Exemplar der ältesten Landeskarte Salzburgs aus der Mitte des 16. Jhs. gefunden werden. Ihr Erscheinen bezeugt aber Abraham ORTELIUS: Er hat die Landtafel als Vorlage für eine Karte seines berühmten „Theatrum" benützt (→ 1.1) und nennt Marcus SECSNAGEL aus Salzburg als deren Urheber (auch SECZNAGEL, SCEZNAGRUS, SEEZNAGEL, ZECSNAGEL). Zwei Generationen jünger ist dagegen ein Hinweis von Martin ZEILLER in Matthäus MERIANs „Topographiae Bavariae" (1644, S. 62, c 2): „Wiewol etliche Orth davon kommen, die auch in einer anno 1551 bey Hansen Baumann zu Saltzburg getruckten Landtafel stehen, so Marx Setznagel von Salzburg gemacht hat." Weitere anderthalb Jahrhunderte später schrieb Franz Michael VIERTHALER in seinen „Reisen durch Salzburg" (Salzburg, 1799. – Reprint, Salzburg 1983.) in einem kurzen kartenhistorischen Überblick (S. 22ff.), daß Salzburg «die älteste Specialcharte ... seinem Bürger, Marcus Secznagel» zu verdanken habe, und daß diese «im sogenannten Ortelius auctus zu finden» sei. Ferner erwähnt er in dem Kapitel „Geschichte der Typographie" die «Salzburgische Landtafel» aus dem Jahre 1551 als Druck der BAUMANNschen Offizin (S. 80).

VIERTHALERs Angaben wurden bis zur jüngsten Untersuchung durch Friederike ZAISBERGER immer wieder zitiert. Diese hat anhand eines neu aufgetauchten dritten Nachdrucks der Landtafel aus der Mitte des 17. Jhs. nachgewiesen, daß die um das Wappen PARIS LODRONs und aktuelle Impressen bereicherten Drucke von den Originalplatten stammen – außer dem linken oberen Viertel, dessen Druckstock nachgeschnitten worden war. Nach ZAISBERGERs Befund hat der aus Rothenburg ob der Tauber stammende Hans BAUMANN (gest. 1570) die Landtafel als Gemeinschaftswerk von SETZNAGEL und dem Salzburger Chronisten, Formschneider und Hofkanzleischreiber Christoph JORDAN (ca. 1520–1602) erstmalig „wohl 1554" gedruckt.

Da unser Wissen über verschollene Karten nur auf archivalischen Quellen beruhen kann, bleibt der Vorgang rätselhaft. Außer der Nennung bei ORTELIUS existieren keinerlei zeitgenössische Belege über die Landtafel und deren Auftraggeber. Dies ist umso merkwürdiger, als der Salzburg regierende Herzog ERNST selbst Karten angekauft hat und gerade kartographische Arbeiten ausführlich in Werkverträgen, Protokollen, Briefen usw. überliefert zu sein pflegen, wie wir sie von der geplanten Landesaufnahme durch Georg Matthäus VISCHER kennen. Allerdings könnte vielleicht eine Manuskriptkarte des berühmten Schweizer Politikers, Geschichtsschreibers und Kartographen Ägidius TSCHUDI (1505–1572) eine Art zeitgenössischen Beleg darstellen. Unter seinen in der Stiftsbibliothek St. Gallen bewahrten, durchwegs nordorientierten(!) Manuskriptkarten von Österreich befindet sich eine 33 x 44 cm große, auf ca. 1560 datierte Federzeichnung (Cod. 644: 198–199) im Maßstab von etwa 1:576.000 (1" = 2 Meilen), die verblüffend den Nachdrucken der SETZNAGEL-Karte ähnelt, worauf schon BERNLEITHNER hingewiesen hat. KARROW bemerkt dazu sogar: „Apparently based on the lost 1551 impression of SECSNAGEL's map." Dem weitgereisten TSCHUDI, der die Eidgenossenschaft am Augsburger Reichstag vertrat, wäre die Kenntnis des Originals ohne weiteres zuzutrauen.

Unerklärlich ist vor allem das restlose Verschwinden aller Drucke angesichts der wahrscheinlich gar nicht so kleinen Auflage, die unter Berücksichtigung der lokalen Gegebenheiten und mit einem Seitenblick auf die Kartenproduktion in anderen Ländern auf 200 bis 300 Exemplare geschätzt werden kann. Der Absatz muß gesichert gewesen sein, sonst hätte man die Landtafel nicht ein Jahrhundert lang nachgedruckt. Die Katastrophe vom 16. Juli 1669, als vom Mönchsberg abstürzende Felsmassen mit 13 Häusern und zwei Kirchen etwa 300 Menschen unter sich begruben, vernichtete zwar die Offizin „in der Johannisvorstadt" mit ihrem Inventar und damit auch die Druckstöcke, doch hatte dieses Ereignis wohl keinen Einfluß auf das Fehlen aller originalen Drucke.

Literatur: BAG-85 S. 539. – BER-64-65-68. – BSM-50 S. 40. – DES S. 70. – GS S. 177. – KAR S. 475ff. – LGK S. 697. – VIE-99. – ZAI.

Die Angabe BERNLEITHNERs (BER-68 S. 174) über den Titel der Erstauflage trifft nicht zu, weil noch kein Exemplar von dieser gefunden werden konnte. Tatsächlich zitiert er den Titel der ORTELIUS-Bearbeitung von 1570. Ebenso unrichtig der Hinweis: «Das gegen Westen orientierte Original ...» – es ist gesüdet.

Zu TSCHUDI: BERNLEITHNER, Ernst: Aegidius Tschudis Manuscriptkarten österr. Gebiete. In: MÖGG 105, Wien 1963, S. 243–253. – LGK S. 828.

0.2
Nachdrucke

Der große, von vier Blöcken gedruckte Holzschnitt kann in seiner monumentalen graphischen Wirkung mit den Karten von Philipp APIAN, Johannes AVENTIN und vor allem von Erhard REYCH verglichen werden, dessen genordete Oberpfalz-Karte von 1540 (BSM-44 Taf. 29, S. 51) SETZNAGEL als Vorlage gedient haben dürfte (ZAI S. 75). Die Landtafel zeigt mit nicht weniger als 419 Toponymen das Gebiet zwischen Braunau und dem Fuß der Karawanken bzw. zwischen dem Achensee und der Traun. Außer Salzburg umfaßt sie also – abgesehen von den Randzonen Tirols, der Steiermark, Oberösterreichs und Bayerns – den größten Teil Kärntens, als wäre das Herzogtum ein Vorland des Erzstiftes. Dies entspricht alten geopolitischen Interessen der Erzbischöfe des hohen Mittelalters und der Salz-

0   Die Landtafel von Setznagel

burger Missionierung der Karantanen, obwohl diese Mitte des 16. Jhs. schon seit Jahrhunderten obsolet geworden waren. Analog zur Entwicklung Tirols und der Schweizer Eidgenossenschaft hätten manche Metropoliten ihr Land über den Lungau hinaus gern zu einem vollkommenen Paßstaat vergrößert statt nur die nördlichen Zugänge ins Gebirge zu beherrschen und damit die kürzeste Verbindung zwischen den Ebenen beidseits der Alpen – von Golling bis Gemona del Friuli sind es nur 145 km – in der Hand zu haben (GS S. 34).

Die Darstellungstreue der nach Süden orientierten Tafel ist trotz überbreiter Gewässer und gewisser Verzerrungen bemerkenswert gut. Den seltsamsten Fehler bildet eine orographisch unmögliche Flußkreuzung von Drau und Gail bzw. von Puster- und Lesachtal. Sie sollte als eine Art „Kennmarke" auf vielen Folgekarten erstaunliche Verbreitung finden. Im allgemeinen stimmt der Verlauf der Flüsse aber weitgehend mit der Wirklichkeit überein, sodaß man Peilungen mit dem Kompaß annehmen kann, der sicher nicht grundlos auf der Tafel figuriert. Sogar der Salzach-Ursprung ist korrekt verzeichnet.

Als gröbste Verzerrung im Gewässernetz fällt die Verschiebung der Drau nach Süden zwischen der Schleife von Sachsenburg und Lavamünd ins Auge. Die Lage der Siedlungen entspricht zumeist den realen Verhältnissen. Obgleich Längen- und Breitenangaben fehlen, dürfte SETZNAGEL wenigstens teilweise über astronomische Ortsbestimmungen verfügt haben, vielleicht ein Ergebnis seines Studiums bei Peter APIAN in Ingolstadt (ab 1542, ZAI S. 76).

Alle wichtigeren Orte sind mit charakteristischen und oft lokalhistorisch wertvollen Ansichten wiedergegeben. Die Geländedarstellung unterscheidet trotz vieler schematischer Maulwurfshügel deutlich zwischen Alpenvorland, Mittel- und Hochgebirge. Auffallend ist die Verschiebung des Lungaus nach Norden, die uns jahrhundertelang begleiten wird. Sie ist zur Gänze im ersten Block links oben enthalten und offenbar dem Streben nach Platz- und Materialersparnissen zuzuschreiben, das durch den Nachstich dieses Blocks verstärkt wurde. Der Titel zieht sich als Kopfleiste oberhalb des Kartenrahmens über die ganze Breite – in der Mitte vom Legatenhut unterbrochen. Innerhalb des Rahmens laufen oben und unten breite Bordüren: Die obere mit dem Allianzwappen des Erzstiftes und Erzbischof PARIS LODRONs (1619–1653) unter dem Legatenhut und je vier Wappen der Suffragane links und rechts (Freising, Passau, Regensburg, Brixen / Chiemsee, Gurk, Seckau, Lavant), die untere mit den Wappen der acht Städte des Erzstiftes (Salzburg, Friesach, Hallein, Laufen, Mühldorf, Tittmoning, Radstadt, St. Andrä).

Im Kartenfeld stehen vier mit Doppelstrichen abgegrenzte Inserts:

1) Rechts oben im Eck mit Blattwerkkartusche: Lobgedicht auf SETZNAGEL.
2) Links Mitte: Gereimte Anleitung für den Gebrauch der Karte mit säulenartiger Blattwerk- und Maskenkartusche. Rechts unten im Eck des Inserts Schneidmesser und Formschneider-Sigle von Christoph JORDAN, über dem Meisterzeichen fragliches Monogramm «S F» – vielleicht als „Setznagel Fecit" zu deuten.
3) Darunter: Erklärung der Farben vor üppigem Hintergrund mit zwei Reihern, Blattwerk und Widderkopf, gerahmt von Genien mit übergroßem, gespreiztem Zirkel und altem Mann mit Globus (PTOLEMÄUS?). Die

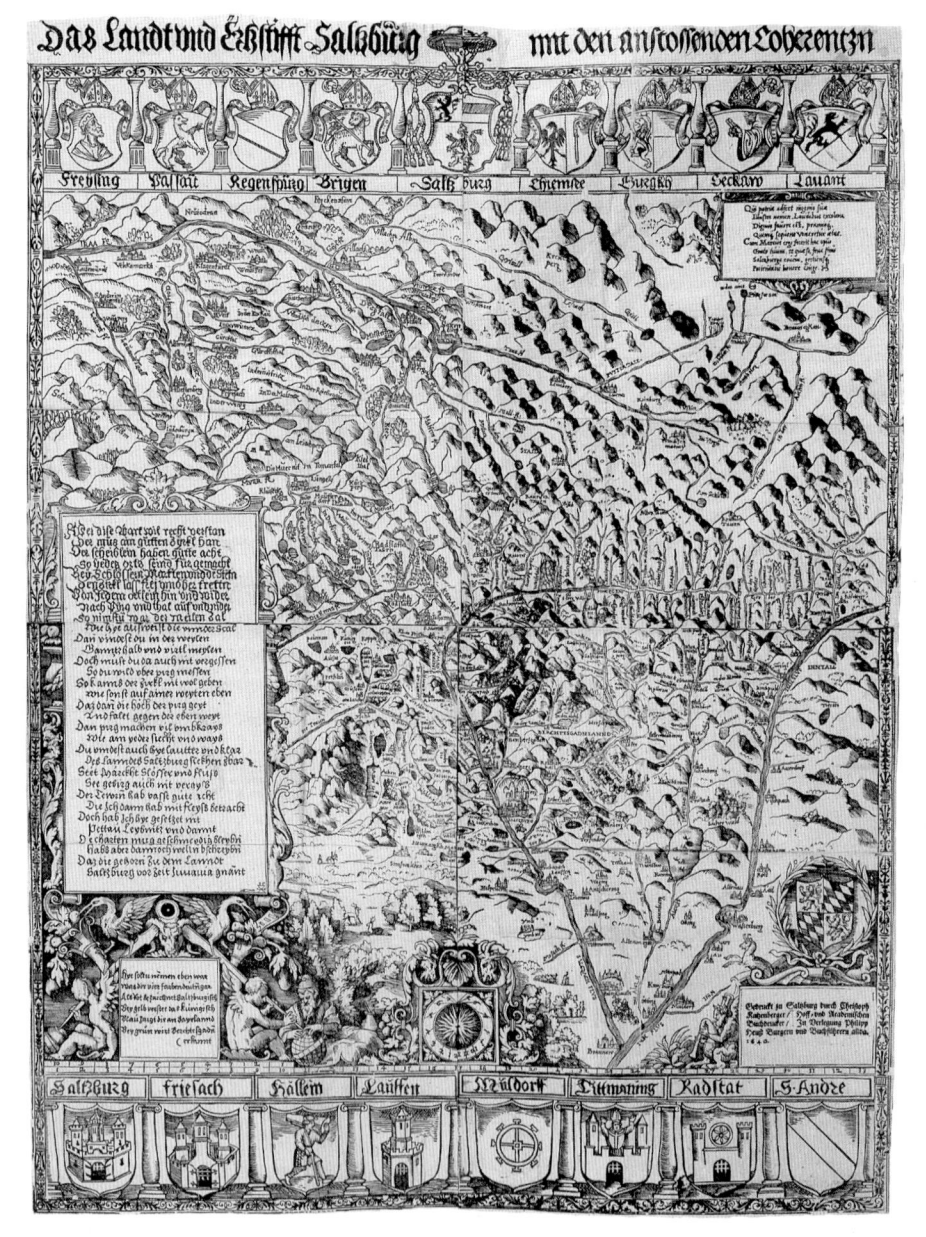

Abb. 1: Nachdruck der Landtafel von Setznagel: Salzburger Exemplar von 1640 ohne Kolorit.

0.2

0.2

Abb. 2: Nachdruck der Landtafel von Setznagel: Münchner Exemplar von 1650, mehrfarbig handkoloriert.

0   Die Landtafel von Setznagel

Kolorierung in vier Farben war also schon vom Autor vorgesehen. ZAISBERGER weist überdies darauf hin, daß durch die Bezeichnung des gelb angelegten Gebietes als „königlichem" ein terminus ante quem fixiert ist, da FERDINAND I. erst 1556 seinem Bruder KARL V. als Kaiser folgte (S. 70/71).

4) Rechts unten im Eck: Druckvermerk mit Jahreszahl, Dudelsack spielender Faun, darüber im Lorbeerkranz das Wappen von Herzog ERNST von Bayern, der 1540 bis 1554 als nicht geweihter Erzbischof regierte.

Unten Mitte: Zifferblatt eines „Sonnenkompaß" (wie bei REYCH, aber «12» unten wegen Südorientierung) im Doppelrahmen mit reichem Blattwerk. Zwischen den unteren Inserts und der unteren Randbordüre graphische Maßstabsangabe als Leiste bis 33 Meilen über die ganze Breite, links über den ersten 10 Meilen linksläufig mit gleicher Einteilung wiederholt. – Sehr großzügig gerechnet nehmen diese Inserts samt graphischer Auszier etwa ein Viertel des Kartenfeldes ein. Ebenfalls ca. ein Viertel beansprucht die Landesfläche und rund die Hälfte entfällt auf die Nachbarländer.

Ebenso erstaunlich und rätselhaft wie das Fehlen eines Erstdrucks der Landtafel ist der Umstand, daß bis 1984 nur zwei Nachdrucke bekannt waren. Sie bezeugen auf jeden Fall, daß SETZNAGELs großartiges Werk ein Jahrhundert lang Bestand hatte. Daraus ist ferner zu schließen, daß schon vor 1640, dem Druckjahr des neu aufgetauchten dritten Exemplars, Nachdrucke hergestellt wurden – wenn dies noch so spät innerhalb von 14 Jahren zumindest dreimal notwendig war. „Es ist undenkbar, daß … nur 3 (in Worten: drei) Stück erhalten geblieben sein sollten." (ZAI S. 55).

Literatur: BSM-19 S. 32. – BSM-44 S. 64f., Abb. 41; S. 118, 247; S. 404, 2.20. – BSM-50 S. 40f., Abb. 24; S. 197, K 1.35. – GS S. 177f. – KAR S. 476, 68/1.6 (ohne Bezugnahme auf ZAI und irrige Standortangabe SMCA statt SLA). – SLA S. 4, L.1. – Sp-S S. 1335. – ZAI S. 51ff.
Zu ETZLAUB: BBB S. 189. – Zu REYCH: KAR S. 451–452, 63/1.

1640

Titel: «Das Landt vnd Ertzstifft Saltzburg – (Legatenhut) – mit den anstossenden Coherentzn».

Zusätze: «Gedruckt zu Saltzburg durch Christoph | Katzenberger / Hoff= vnd Academischen | Buchdrucker / In Verlegung Philipp | Heuß Burgern vnd Buchführern allda. | 1640.».

Maße: Gesamt 61,5 x 81,5 cm in vier Blöcken zu ca. 30,5 x 41 cm.
Maßstab: 1 : 416.666 (lt. ZAISBERGER); 1" = 1,5 Sbg. M.
Druckart: Holzschnitt, das obere linke Viertel nachgestochen, die drei anderen original von der Erstauflage. Ortsnamen und Städtebildchen größtenteils gegossen und in Ausschnitte der Holzstöcke eingesetzt. Noch nicht kolorierter Abdruck.
Wasserz.: In allen vier Teilen: Doppeladler mit Kleeblattkrone, Sichel im Herzschild = Papiermühle Lengfelden bei Salzburg (ZAI S. 53).
Standort: SLA: Graphik XIV.6.
Die sehr gut erhaltene, 1984 aufgetauchte und aus der Sammlung Graf ORTENBURG für das Salzburger Landesarchiv erworbene Karte wurde erstmalig im Oktober 1988 in der Ausstellung „Salzburg im Bild gedruckter Karten 1551–1988" im Landesarchiv öffentlich gezeigt. Dazu erschien ZAISBERGERS Monographie, die KARROW nicht bekannt war. Er folgt BERNLEITHNERs unbegründeter Vermutung einer Jubiläumsausgabe ohne Nennung des Neudrucks von 1640 und gibt trotzdem drei Standorte an: Neben München und Göttingen das Salzburger Museum C. A. statt des Landesarchivs.

1650

Zusätze: Re. u. «Getruckt im Jahr/ | 1650.».
Maße: Gesamt 60,8 x 83,5 cm.
Druckart: Holzschnitt, entsprechend der Farbenerklärung koloriert.
Wasserz.: Nur Sichel im Teil 3 erkennbar.
Standort: BSM: Mappe IX/147n.
Die stark restaurierte Karte gehört seit jeher zum katalogisierten Bestand der Kartenabteilung der Bayerischen Staatsbibliothek. Es ist unrichtig, wenn BERNLEITHNER schreibt (1965, S. 17 und 1968, S. 175): „Erst in letzter Zeit wurde ein bisher unbekannter Nachdruck der Secznagelkarte in der Bayerischen Staatsbibliothek in München aus dem Jahre 1650 gefunden, dürfte also ihre(!) Entstehung einem Jahrhundertgedenken zu verdanken haben." Der „unbekannte Nachdruck" war sogar im Frühjahr 1942 in Salzburg in der Ausstellung „Berge, Burgen und Basteien. Die Ostalpen in alten Karten" im Karabinierisaal der Residenz als Leihgabe zu sehen. – Katalog mit gleichem Titel von Ulf SEIDL u. a. Hg: Das Gaupropagandaamt Salzburg und das Stellv. Gen.-Kdo XVIII. A. K. (WPr.). Daß die Vermutung eines „Jahrhundertgedenkens" nicht zutrifft, beweisen die anderen Neudrucke. Als Maße der Karte werden rätselhaft 287 x 280 mm (BER-64 S. 199; BER-65 S. 17) und 187 x 180 mm (BER-68 S. 175) angegeben.

1654

Zusätze: «Getruckt im Jahr | …no 1654.».
Maße: Gesamt 62,2–62,9 x 83,5 cm.
Standort: NSUG: KS Inv. Nr. 1, Mappe A 0226/II.
Dieser Nachdruck ist am schlechtesten erhalten und in dunklen Farben zu kräftig koloriert. Außerdem wurde die Karte auf Leinwand kaschiert, sodaß das Wasserzeichen nicht zu erkennen ist.

1 Ortelius und die Folgekarten

Die ältesten Landeskarten haben ihre gemeinsame Wurzel in SETZNAGELs Landtafel und/oder in deren Bearbeitung durch ORTELIUS. Diese und die Mehrzahl der Folgekarten nehmen immer wieder unter voller Namensnennung Bezug auf SETZNAGEL. In den Kartentiteln steht durchwegs nur der Name des Erzstiftes, obwohl nach dem Vorbild der Landtafel auch der größte Teil Kärntens und die Randgebiete der anderen Nachbarländer dargestellt werden. Weitaus die meisten Karten sind nach Süden oder Westen orientiert und besitzen keine Graduierung. Erst eine spanische Folio-Ausgabe von 1640/41 wurde als später Nachzügler trotz Westorientierung mit Gradangaben versehen. Sonst weisen nur zwei Untergruppen der Epitome-Ausgaben Nordorientierung und Graduierung auf. Damit ist teilweise eine starke Verarmung des Karteninhalts verbunden. Als besondere kartographische Eigenheit fällt die Übernahme von SETZNAGELs irrealer Flußkreuzung in der Nähe von Toblach auf. Der Quellbezirk der Drau «Fontes Draui» besteht aus vier Quellseen und einer Flußquelle. Die Längsachsen der meisten Seen des Salzkammerguts verlaufen fast parallel N–S. Ihre Größenverhältnisse entsprechen dagegen im allgemeinen besser der Wirklichkeit als auf den Karten des jüngeren MERCATOR-Typus.

Für die Klärung der Herkunft loser Karten sind die Rückseitentexte maßgebend, sofern es sich nicht um einen der seltenen Separatdrucke mit leerer Rückseite handelt. In den Folio-Ausgaben beginnt der Begleittext zu den Karten immer auf der ersten Seite (a) des Druckbogens und läuft bei Bedarf auf dessen vierte Seite (d) über. Die Innenseiten (b) und (c) sind der Karte vorbehalten. Bei den kleinen Formaten stehen die Landesbeschreibungen fast immer ihrem Objekt gegenüber auf der Rückseite der vorhergehenden Karte.

1.1
Folio-Ausgaben von und nach
Abraham Ortelius (1527–1598)

Der angesehene Antwerpener Humanist und Kartograph Abraham ORTELIUS (auch ORTELS, OERTEL, ÖRTEL, HORTEL, BARTOLUS, Bartholus ARAMEIS; der Großvater war aus Augsburg zugewandert) hat für sein ab 1570 publiziertes großartiges und bahnbrechendes Lebenswerk „Theatrum Orbis Terrarum", das – ohne diese Bezeichnung zu führen – der erste Atlas in heutigem Sinne war, „die besten Karten zeitgenössischer Autoren europaweit gesammelt und auf ... entsprechende Größe umgearbeitet" (WAW S. 58). Als Stecher fast aller Platten beschäftigte er Frans HOGENBERG (1535–1590), später die Gebrüder Ambrosius und Ferdinand ARSENIUS (= AERTSEN). Dem Erzstift Salzburg ist in allen Ausgaben bis auf zwei eine eigene Karte nach SETZNAGELs Landtafel gewidmet.

Das „Theatrum" zeichnet sich durch seine vorher unbekannte sachliche, künstlerische und formatmäßige Einheitlichkeit mit im wesentlichen stets gleicher Gliederung aus. Sein Titel steht in einer mächtigen, von Säulen gefaßten Renaissance-Nische mit Allegorien der vier Erdteile und von Feuerland. Die Schrifttafel trägt in allen lateinischen Ausgaben (außer in der von 1601, Ort 33) nur die drei Worte des Titels in fünf Zeilen großer Antiqua-Versalien. Ähnlich kurz ist noch der Titel der deutschen Ausgabe 1580, Ort 16. Die anderen Ausgaben weisen lange Titel in der betreffenden Sprache auf. Unter den Texten, die dem Kartenteil vorangehen, verdient der berühmt gewordene „Catalogvs Avctorvm Tabvlarvm Geo-Graphicarvm ..." besondere Beachtung: In einer Zeit, die den Begriff und den Schutz geistigen Eigentums kaum kannte, verzeichnete er in der Erstauflage 86 alphabetisch nach 87 Vornamen gereihte Autoren der benützten Karten (WALDSEEMÜLLER wird zweimal angeführt) und andere Geographen, von denen manche nur durch diese Nennung überliefert sind. In der postum erschienenen Ausgabe von 1603 ist die Liste auf 183 Namen erweitert. Für unseren Autor lautet der Nachweis: «Marcus Secsnagel Salisburg. *Ditionem Salisburgensem; Salisburgi.*»

Während für die Kartentexte – Titel und Zusätze – in allen Ausgaben immer Latein verwendet wird, sind die Begleittexte auf den Rückseiten der Karten in der jeweils gewünschten Sprache verfaßt. Ihre Länge wechselt stark je nach Umfang des von ORTELIUS als wissenswert betrachteten Inhalts. Da für die Landesbeschreibung von Salzburg, die in den späteren Ausgaben öfters mit dem Distichon von PIGHIUS endet, der Raum auf Bogenseite (a) ausreicht, bleibt (d) immer unbedruckt. Die Texte wurden stets neu gesetzt, nicht nur weil man die Lettern für andere Drucke benötigte, sondern vor allem wegen ihrer ständig praktizierten Aktualisierung. Außer für eine deutsche Ausgabe in Fraktur benutzte man nur Antiqua. Der Satz ist einspaltig mit wechselnden Breiten von ca. 15 bis 22 cm umbrochen, wobei die Zeilenlänge von 19 cm überwiegt. Zierinitialen unterschiedlicher Höhe und Ausführung kommen häufig vor. Die letzten Zeilen des Schriftblocks sind meist mit beidseitigen Einzügen symmetrisch verkürzt. Rechts unter dem Text auf (a) steht immer die Bogennummer, die oft als Pagina mißdeutet wird. Bogensignaturen und Kustoden fehlen. Nur eine einzige, nicht autorisierte deutsche Ausgabe in Großfolio-Querformat fällt gänzlich aus diesem Schema (→ S. 36, Johann KOLER, 1572).

Die verschiedenen Sprachen der Texte und die Bogennummern ermöglichen es, fast alle losen Karten bestimmten Atlasausgaben zuzuordnen. Daher werden diese nach Sprachen zusammengefaßt und die Bogennummern hervorgehoben. Als bibliographisches Hilfsmittel sind die KOEMAN-Siglen in Kurzform (ohne KOE) und VAN DEN BROECKEs OAM-Nummern angegeben. Nach diesen beiden Autoren und MEURER sollen insgesamt 46 Folio-Ausgaben mit kleinen Varianten erschienen sein: 32 des „Theatrum", elf Ergänzungen „Additamenta", deren Karten stets in die nächste Atlasausgabe eingearbeitet wurden, ein Ortsregister „Nomenclator Ptolomaicvs" und zwei Erweiterungen mit Karten zur Bibel und zur antiken Geschichte („Parergon"). Diese Ergänzungen scheinen im Katalog nicht auf, da die Karte von Salzburg immer im „Theatrum" publiziert wurde.

Der neuartige Atlas war bei seinem Erscheinen das teuerste bisher gedruckte Buch, das je nach Blattgröße von 5 Gulden 10 Stüber bis 7 Gulden 10 Stüber, in einer kolorierten Vorzugsausgabe sogar bis zu 24 Gulden kostete. Zum Vergleich: Für eine große Weltkarte zahlte man ca. 5 Gulden, was etwa einem guten Monatsverdienst entsprach, während eine LUTHER-Bibel um 2½ Gulden zu haben war. Nach Peter H. MEURERs jüngster Berechnung (CH 16, 1997, S. 38) kann für den Gulden ein Umrechnungskurs von ca. sFr. 1.200 bzw. DM 1.400 oder öS 10.000 angenommen werden. Landkarten waren also im 16. Jh. ungefähr zwanzigmal teurer als heute.

Das „Theatrum" hatte trotzdem den durchschlagenden Erfolg eines „Bestsellers": Noch im Erscheinungsjahr 1570 erreichte es drei weitere Auflagen und hielt dann erstaunlicherweise jahrzehntelang der Konkurrenz durch die „moderneren", nordorientierten und mit Graduierung versehenen MERCATOR-Karten stand. Sein Umfang wuchs von ursprünglich 70 Karten bis zum Tode ORTELIUS' auf 119 und schließlich auf 167 Karten an. Nach VAN DEN BROECKE lagen die Auflagehöhen zwischen 75 und bis zu 500(!) Exemplaren, und MEURER zufolge hat allein der Antwerpener Verleger Christopher PLANTIJN (um 1520–1589) bis 1580, also in zehn Jahren, über 1.200 Exemplare verkauft. Insgesamt sollen 7.300 Atlanten gedruckt worden sein, von denen heute noch ca. 1.600 (22%) existieren. Obwohl das Salzburger Blatt in der niederländischen Ausgabe von 1598, Ort 31, und in deren überarbeiteter Fassung von 1610, Ort 40, fehlt, gibt VAN DEN BROECKE seine Auflage mit ebenfalls 7.300 Drucken an, davon 4.250 in der ersten und 3.050 in der zweiten Fassung. Insgesamt sollen ca. 925 lose Blätter (13%) erhalten geblieben sein.

Die Verkleinerung der Landtafel auf das Atlasformat bedingte bei gleichem Geländeausschnitt eine Reduzierung des Maßstabs. In der Literatur variiert er von 1:430.000 (KOE III, S. 35), was eher zur Landtafel passen würde, bis zu erstaunlichen 1:840.000 (WUT S. 56). Häufig wird er mit 1:713.500 angegeben (nach BER-65 S. 15 und BER-68 S. 174), was auf der Annahme basiert, ORTELIUS hätte bereits die wahre Länge der geographischen Meile mit 7.420,44 m gekannt. Zu seiner Zeit hielt man diese Meile aber noch für wesentlich kürzer, sogar bis zu ca. 6.700 m, was einen Maßstab von 1:644.740 erbrächte. Überraschend genau stimmt mit diesem Verhältnis der Mittelwert des tatsächlichen Maßstabs von 1:639.000 überein. Außerdem läßt die Österreichische Karte 1:500.000 sofort erkennen, daß der Maßstab der Bearbeitung bei etwa 1:600.000 liegen muß. In einer handschriftlichen Einfügung «Die Karte ist im Maßstabe c. 1:563.000 gezeichnet» kommt FLESCH (S. 35) diesem Verhältnis relativ nahe.

Den Karteninhalt dominiert das Gewässernetz, das – von der erwähnten Flußkreuzung abgesehen – auffallend richtig gezeichnet ist. Die Geländedarstellung beschränkt sich auf schematisierte Gruppen von Maulwurfshügeln. Als Signaturen finden sich nur Ortsiglen mit Ringlein, die nicht zu genau genommen werden dürfen. Die Verzerrungen sind sehr unterschiedlich, wie das von Guido MÜLLER konstruierte Verzerrungsgitter erkennen läßt. Der Fehler-Mittelwert zahlreicher Distanzmessungen beläuft sich jedoch nur auf ca. -3%. Das Maximum wird in Ost-West-Richtung etwa im Raum Pongau–Mittelpinzgau erreicht, z.B. Mittersill–Altenmarkt 62,5 statt 71,5 km (-13%) oder Rattenberg–Friesach 174 statt 196,5 km (-11,6%). In der Nord-Süd-Richtung schwanken die Abweichungen zwischen -1,5% (St. Wolfgang–Zell am See 66 statt 67 km) und +15,6% (Braunau–Villach 223 statt 193 km). Als origineller Schreibfehler scheint im Raum Gastein bei ORTELIUS neben «In der Gastrin» und «Gasten fl.» noch ein «Gastenenener Taurn» auf – nicht nur „Gastenener", wie öfters falsch kopiert.

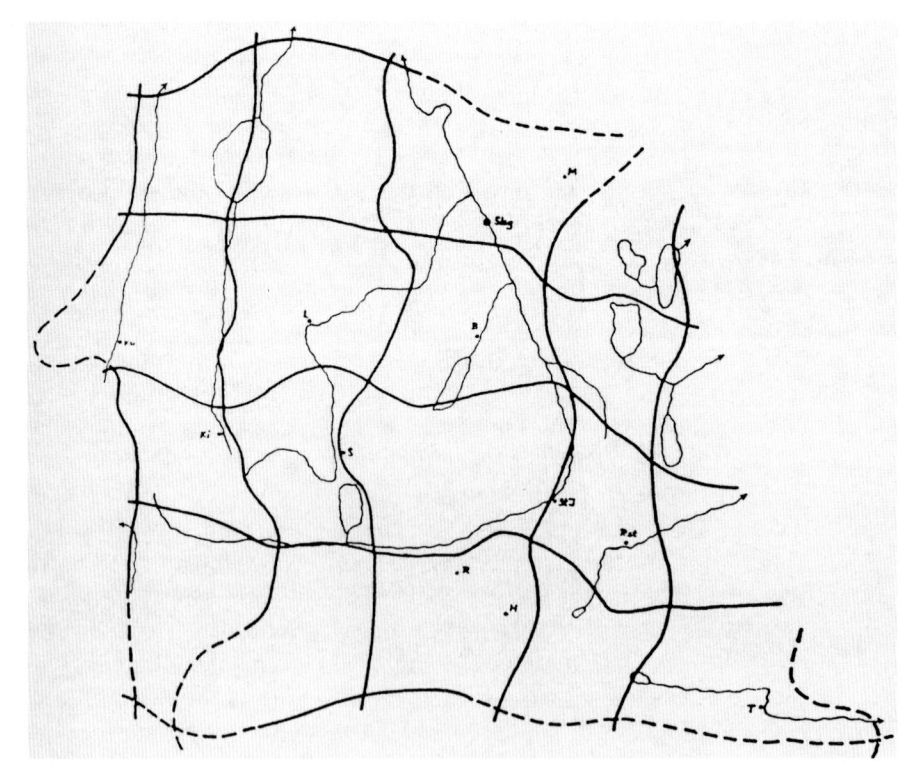

Abb. 3: Verzerrungsgitter der Karte von Ortelius nach Setznagel, 1570.

Abb. 4: Karte von Ortelius nach Setznagel mit der Stadtansicht.

1   Ortelius und die Folgekarten

Literatur:
BAGROW, Leo: A. Ortelii Catalogus cartographorum. In: Petermanns geographische Mitteilungen, Erg.-Hefte, 1. T. Nr. 199, 2. T. Nr. 210. Perthes, Gotha 1928 und 1930. – Reprint: Acta Cartographica XXVII, 1981, S. 67–357. (Durch VAN DEN BROECKE und MEURER überholt).
BROECKE, Marcel P. R. van den: How rare is a map and the Atlas it comes from? Facts and speculations on production and survival of Ortelius' Theatrum Orbis Terrarum and its maps. In: TMC, No. 36, Sept. 1986, Tring 1986, S. 2–12, Abb., Tab. Tlw. überholt durch:
– ders.: Ortelius Atlas Maps. An illustrated Guide. HES Publishers, 't Goy-Houten (Utr.) 1996. – Als „OAM Nr. X" zitiert.
MEURER, Peter H.: Fontes Cartographici Orteliani. Das „Theatrum Orbis Terrarum" von Abraham Ortelius und seine Kartenquellen. VCH-Acta humaniora, Weinheim 1991.
ADB Bd. 24, S. 428. – ADE Bd. 5, Sp. 1197. – BER-64-65-68. – DES S. 63, 70, 71, Tafel 14. – BSM-65 passim. – KAR S. 1–31. – KOE III S. 25–83. – LGK S. 561ff. – LIN S. 32, Tafel 12; S. 191f. Dok. 57. – MÜL S. 369, Abb. 3. – TBT S. 9, 14f. – WAW S. 58–64. – WUT S. 56f. – ZAI S. 12, Abb. 3; S. 15–19, Abb. 7. – ZED Bd. 25, Sp. 2037.
Zu HOGENBERG: ADB Bd. 12, S. 650. – ADE Bd. 2, Sp. 2085. – FUH S. 356. – ZED Bd. 13, Sp. 465.
Zu PLANTIJN: VOET, Leon: The Plantin Press (1555–1589). A bibliography of the works printed and published by Christopher Plantin at Antwerp and Leiden. 6 Bd. Verlag van Hoeve, Amsterdam 1980/83. – ADB Bd. 26, S. 237. – LGK S. 610. – THB Bd. 27, S. 135.

1.1.1
„Pergament" mit Stadtansicht (OAM 107)

Als einzige Karte des ganzen „Theatrum" bearbeitete ORTELIUS die Landtafel SETZNAGELs mit erstaunlicher künstlerischer Freiheit. Während er sonst nur wechselnde Rahmenmuster mit vielfältigen Kartuschen verwendete und mehrere Karten in einen Kreis stellte, wählte er für Salzburg die Manier des Trompe-l'oeil: die detailgetreue, illusionistische Abbildung eines auf einen Rahmen gespannten, etwa dreieckigen Pergamentblattes, das – teils eingerissen und eingerollt – rechts unten den Blick auf die Stadt Salzburg freigibt. Diese Ansicht ähnelt so weitgehend einem Holzschnitt aus der BAUMANNschen Werkstatt, daß man dieselbe Vorlage annehmen muß. Über dem Stadtbild schmücken den Ausschnitt das umkränzte Wappen des Administrators Herzog ERNST von Bayern, das Stadtwappen in Rollwerk und ein schmales, flatterndes Schriftband.

Gegenüber der Vorlage hat ORTELIUS die Karte um 90° gedreht und nach Westen orientiert. Dadurch erreichte er für diese einzigartige erste Fassung, daß lange und überbreit gezeichnete Strecken der drei wichtigsten Flüsse, Inn, Salzach ab Bischofshofen und Drau, etwa parallel zu den Kartenrändern verlaufen und die graphische Geschlossenheit des dreieckigen „Pergaments" erhöhen. Die ganze Zeichnung beansprucht ca. 57% des Kartenfeldes, wovon weniger als ein Viertel (oder nur 15% des Feldes) auf das Salzburger Gebiet entfallen. Ungeklärt ist der Grund für die unterschiedlichen Bezeichnungen des Erzstiftes im Text als Diözese und auf der Karte als Gerichtsbezirk, dessen Grenzen ebensowenig eingetragen sind wie jene anderer Länder.

Titel: Re. o. im Eck freistehend: «**SALISBVRGENSIS IVRISDICTIO**: | *nis, locorumque vicinorum vera descriptio Auctore | Marco Secznagel Salisburgense*.».

Zusätze: Unter dem Titel Maßstabsleiste für 10 M. = 104 mm und «*Scala miliarium*». – Li. o. freistehend: Huldigungsgedicht auf SETZNAGEL. – Darunter: «*Cum privilegio.*» und Kompaßrose. – Im Schriftband: «VRBIS SALIS BVRGENSIS GENVINA DESCRIPTIO.».

Maße: Karte: 43,5 x 33,2 cm; Platte: 43,7 x 33,7 cm; Blatt: ca. 53 x 38 cm. – Atlas: ca. 28 x 40,5 cm bis 30 x 45 cm.

Maßstab: 1:644.740; 1" = 2,5 Rhein. M. (?).

Druckart: Kupferstich, Ortssiglen teils punziert. Meist mehrfarbig handkoloriert.

Literatur: OAM S. 154, mit Liste aller Ausgaben, ihrer Sprachen und der BN.
HARMS, Hans: Themen alter Karten. Eigenverlag, Oldenburg 1979. S. 36f., Abb. 10 (Stadtansicht).
KAR S. 7, 1/38; S. 475, 68/1.2 (für alle Ausgaben bis 1594).

LATEINISCHER TEXT
1570

Rückseite: BN: 28.
Titel: «S A L I S B V R G E N S I S | D I O E C E S I S.» fast über ganze Satzbreite, beide Zeilen in gleichem Schriftgrad. O und E bei Nachdrucken auch getrennt wie in Ort 2. – Einfache Initiale «F» in doppelter Größe, Text als einspaltiger Block mit ca. 18 cm Breite und 29 Zeilen in zwei Absätzen ohne Einzug umbrochen, letzte vier Zeilen stufenweise verkürzt.
Die Angabe „fol. 51" für die Bogennummer der Erstausgabe bei BER-65 S. 15 und BER-68 S. 174 ist falsch.

Publ.-Art: Atlasblatt aus Ort 1, A-D:
«THEA | TRVM | ORBIS | TERRA | RVM». – Kolophon mit Jahreszahl: «*Auctoris ære & cura impreßum absolutumque apud Aegid. Coppenium Diesth, | Antverpiae XX Maii. M.D.LXX.*».

Faksimile: Abraham ORTELIUS: Theatrum Orbis Terrarum. Elsevier-Sequoia, Lausanne 1964.
– ders.: Salisbvrgensis Dioecesis. Schuler-Verlag, Stuttgart 1966.
– ders.: The Theatre of the whole world. Theatrum Orbis Terrarum Ltd., Nico Israel, Amsterdam 1967.
– ders.: Theatrum Orbis Terrarum. Rinsen Company, Kyoto 1992.

Standort: BRB: VH 14.322 LP. – NSUG: 2 Geogr. 153a. – PBF: J 77. – SBB Haus 1: 2° Kart. B 128–28. – SMS. – UBS: R 17.955 III (Karte fehlt).

Literatur: KOE III S. 34f.

1571

Rückseite: BN: 28.
Titel: «... D I O E C E S I S.» gleich breit wie vorher, aber zweite Zeile um einen Punkt kleiner. – Text wie 1570, Ort 1.

Publ.-Art: Atlasblatt wie vorher aus Ort 2:
Kolophon: «... Antverpiae | M.D.LXXI.».

Standort: BRB: VH 14.323 LP. – SBB Haus 1: 2° Kart. B 129–28.

Literatur: KOE III S. 36.

1573

Auf Grund des durchschlagenden Erfolgs der ersten Ausgaben entschloß sich ORTELIUS, der Reklame und Verkaufsstrategie perfekt beherrschte, zu einer Überarbeitung und Erweiterung der neugesetzten Texte. Die Einleitung bereicherte er mit Epigrammen und Gedichten auf ihn selbst sowie mit einem Brief MERCATORs vom 22. November 1570, in dem dieser dem Atlas und seinem Autor höchstes Lob zollte.

Rückseite: BN: 35.
Titel wie 1570, Ort 1, beide Zeilen in gleichem Schriftgrad mit etwas engerem Zeilenabstand oder zweite Zeile wesentlich kleiner: 16,8 cm lang, 10 mm hoch bzw. 5,4 cm lang, 4,8 mm hoch. – Text mit Hinweisen auf die Lage der Stadt und die Bodenschätze des Landes verlängert. Satzbreite ca. 17 cm, 34 Zeilen in zwei Absätzen ohne Einzug umbrochen, letzte fünf Zeilen stufenweise verkürzt.

Publ.-Art: Atlasblatt wie vorher aus Ort 9, A und B:
Zusatz unter der Sockelstufe: «*Opus nunc denuò ab ipso Auctore recognitum, multisquè locis castigatum, & quamplurimis* | *nouis Tabulis atquè Commentarijs auctum.*» (nicht selten hs. ergänzt: «1573»). – Kolophon wie 1570, Ort 1 bis: «... | *absolutumque* | *apud Ant. Coppenium Diesth,* | ANTVERPIAE | M. D. LXXIII.».

Standort: BRB: VH 14.326 CLP. – BSM: 2 Mapp. 134–35. – NSUG: 2 Geogr. 153b (BN fraglich). – SBB Haus 1: 2° Kart. B 135–54<2>. – SWW: K-V: WE 40. – UBW: III 258.371 A.

Literatur: KOE III S. 39f.; VI S. 24.

1574

Rückseite: BN: 35, große Zahl.
Titel ähnlich wie 1573, Ort 9, aber lockerer, erste Zeile 18 cm lang fast über ganze Satzbreite, weiterer Zeilenabstand auch im ganzen Text, dieser mit etwas größeren Typen neu gesetzt, 34 Zeilen, kein Absatz, letzte sechs Zeilen stufenweise verkürzt.

Publ.-Art: Atlasblatt wie vorher aus Ort 12:
Größeres Format: ganzer Bogen 56,5 x 43,5 cm. – Atlas 30,5 x 44,5 cm. – Im Titel Zusatz unter der Sockelstufe wie 1573, Ort 9. – Kolophon: «*Auctoris ære et cura impreßum, absolutumque apud Ant. Coppenium Diesth,* | ANTVERPIAE | M. D. LXXIIII.», darunter quadratische Vignette.

Standort: BRB: II 14.136 C. – BSM: 2 Mapp. 133 b-35. – ZBLU: F1 75 gr. fol.

Literatur: KOE III S. 41f.

1575

Rückseite: BN: 35, kleine Zahl.
Titel und Text unverändert.

Publ.-Art: Atlasblatt wie vorher aus Ort 13:
Zusatz wie vorher. – Kolophon wie 1570, Ort 1 bis: «... | *apud Aegidium Radaeum Gandensem* | *Antverpiae* | M. D. LXXV.».

Standort: BSM: 2 Mapp. 131 a-35. – UBA: 1802 A 5.

Literatur: KOE III S. 43.

1579

Rückseite: BN: 51.
Titel: «... | D I O E C E S I S», zweite Zeile ein Grad kleiner. Text einspaltig ohne Absatz mit ca. 19,5 cm Satzbreite umbrochen, daher nur 32 Zeilen, letzte vier Zeilen stufenweise verkürzt.

Publ.-Art: Atlasblatt und Zusatz wie vorher aus Ort 15, A und B:
Kolophon wie 1573, Ort 9 bis: «... | *apud Christophorum Plantinum,* | *Antverpiae,* | M.D.LXXIX.».

Standort: BRB: V 7584 LP. – BSM: 2 Mapp. 131–51. – ÖNB: 3 Ex.: 393.215-D.K; 393.504-D.K; FKB 272–48. – SBB Haus 1: 2° Kart. B 130–51. – UBS: G 1.229 III.

Literatur: KOE III S. 44f.

1584

Rückseite: BN: 57.
Titel ähnlich wie 1579, Ort 15 A, erste Zeile nur 14,3 cm lang, «D I O E-C E S I S.» ein Grad kleiner. – Text wie 1579, Ort 15 A.

Publ.-Art: Atlasblatt wie vorher aus Ort 21:
Zusatz wie 1573, Ort 9 mit Aktualisierung: «*Opus nunc tertio ab ipso Auctore recognitum,* | ... ». – Kolophon: «ANTVERPIAE, | *Auctoris ære & cura impressum, absolutumque* | *apud Christophorum Plantinum.* | M. D. LXXXIIII.».

Standort: KUFR. – NSUG: 2 Geogr. 153c. – PBF. – SBB Haus 1: 2° Kart. B 131–57. Haus 2: 2° Kart. B 131–57 <a>; 2° Kart. B 131–57 <b>. – SWS.

Literatur: KOE III S. 48f.

1591/92

Rückseite: BN: 61.
Titel: Erste Zeile 17,4 cm lang, «... | D I O E C E S I S» ein Grad kleiner. Zierinitiale «F» in groteskem Rankenwerk mit zwei adorierenden Waldgeistern, ohne Rahmen sechs Zeilen hoch; Text mit 19 cm Satzbreite ohne Absatz einspaltig umbrochen, 31 Zeilen, dazu das Doppeldistichon von PIGHIUS.

Publ.-Art: Atlasblatt wie vorher aus Ort 27, A und B:
Zusatz unter der Sockelstufe wie 1573, Ort 9. – Kolophon eines beigebundenen Nomenclators: «Antverpiae, | In Officina Plantiniana, | Auctoris aere & cura. | M. D. XCII.», aber auf dessen Titelseite «M. D. XCI.».

Standort: HAB: Cb 2° 22. – SMCA: SL 4, L 01.

Literatur: KOE III S. 53f.

1595

Laut VAN DEN BROECKE (OAM 108, S. 155) enthalten bereits einige Exemplare der Atlasausgabe von 1592 und dieser Ausgabe die neu gestochene Version mit einer großen Kartusche an Stelle der Stadtansicht. Der Wechsel ist also noch zu Lebzeiten von ORTELIUS erfolgt, doch gibt es keine Hinweise auf seinen Einfluß. Die Karte wird unter 1.1.2 katalogisiert.

1 Ortelius und die Folgekarten

NIEDERLÄNDISCHER TEXT
1571

Rückseite:	BN: 28. Titel: «Saltzburgs Bisdom.» Buchstaben S und B des Titels sowie der mehr als fünf Zeilen überragende Anfangsbuchstabe «O» des Textes sorgfältig als freistehende Zierinitialen ausgeführt, Text mit 16 cm Satzbreite und 35 Zeilen in zwei Absätzen umbrochen, die letzten fünf Zeilen stufenweise verkürzt.
Publ.-Art:	Atlasblatt aus Ort 3: «Theatre, oft Toon= | neel des Aerdt-bo= | dems: waer inne te | siene sijn de Landt= | tafelen van de gehee | le weerelt: met een | corte verclaringe | der seluer.». – Kolophon: «*Deur versueck ende costen des Autheurs is dit werck ghedruckt by Gielis | van Diest gheswooren Boeckdrucker der C.Mt.* ‖ *Tot Antwerpen M. CCCCC. LXXI.*».
Standort:	UBA: OF 72–27.
Literatur:	KOE III S. 37.

(1573)

Rückseite:	BN: 28. Titel und Text unverändert wie vorher. Die Zuschreibung loser Karten zu einer der beiden Aufl. ist nicht möglich.
Publ.-Art:	Atlasblatt aus Ort 10: «THeatre, oft | Toonneel des Aerdtbo- | dems: waer in te siene | sijn die Landt-tafelen | der gheeelder weerelt: | met een corte vercla= | ringe der seluer.». – Kolophon: Wie vorher «… Antwerpen M. CCCCC. LXXI.». Diese Jahreszahl wurde übernommen. Der Kartenbestand beweist aber, daß die Ausgabe frühestens 1573 erschienen ist.
Standort:	BRB: VH 14.324 C.
Literatur:	KOE III S. 40f.

DEUTSCHER TEXT

Johann Koler (geb. ?, gest. 1593?)
1572

Noch vor oder gleichzeitig mit der deutschen Originalausgabe des „Theatrum" von ORTELIUS brachte der Nürnberger Buchdrucker Johann KOLER (oder KÖLER), von dem Arbeiten aus den Jahren 1563–1578 bekannt sind, einen eigenartigen Raubdruck heraus, der zu den ungewöhnlichsten bibliophilen Raritäten zählt. Seit 1945 war erst einmal ein unvollständiges Exemplar im Angebot der 34. Auktion von REISS & AUVERMAN (April 1986, DM 22.000,–). Lose Karten aus dem Atlas sind in öffentlichen Sammlungen nicht bekannt.

Angesichts des durchschlagenden Erfolges von ORTELIUS „Theatrum" versuchte KOLER mit größter Unverfrorenheit, an diesem zu partizipieren. Er ließ in Antwerpen Karten oder ganze Atlanten aufkaufen und deren lateinischen Text übersetzen, der daher mit jenem der deutschen ORTELIUS-Ausgaben nicht übereinstimmt. Die in Fraktur separat gedruckten und passend zugeschnittenen Übersetzungen wurden über die lateinischen Texte auf die Rückseiten der Karten oder daneben auf eigene Seiten geklebt. Im Unterschied zu den Originalausgaben fertigte KOLER sein Plagiat als Riesen-Querformat in der Größe der nicht gefalteten Bögen. Diese wurden plano am linken Rand gebunden, wobei sich Abweichungen im Format ergaben.

Der erhoffte geschäftliche Erfolg blieb KOLER nach Erscheinen der deutschen ORTELIUS-Ausgabe versagt, obwohl seine Imitation bis 1575 publiziert wurde.

Im KOLER-Atlas der Staatsbibliothek Berlin steht die eingeklebte deutsche Beschreibung von Salzburg unter dem Titel „Des Bistumbs Saltzburg Gebiet" auf Pag. 28 (Rückseite der Karte von Österreich nach Wolfgang LAZIUS) links gegenüber der zugehörigen Karte. Der Satz ist ca. 36 cm breit, aber nur 14 Zeilen hoch und füllt lediglich das obere Drittel der Seite. Das Exemplar in Weimar weist dieselbe Anordnung auf. Das etwas größere und jüngere, aber fragmentarische Exemplar der Herzog-August-Bibliothek in Wolfenbüttel stellt laut MEURER (briefliche Mitteilung) einen Sonderfall mit Texten in beiden Sprachen dar: Die ungefalzten Bogen wurden unverändert plano gebunden. Die rechte Hälfte der Rückseite der Karte von Salzburg trägt daher den originalen lateinischen Text mit ca. 18 cm Spaltenbreite und der BN 35 – sie war also für eine ORTELIUS-Ausgabe von 1573/74 bestimmt. Die Übersetzung folgt mit BN 28 im oberen Drittel der nächsten rechten Seite. Der 57,1 x 43,5 cm große Lederband weist das Titelkupfer der Originalausgabe in der linken Hälfte auf. Rechts wurde ein leerer halber Bogen angeklebt, um das gewünschte Format zu erreichen. Das lateinische Register endet mit dem Impressum der Originalausgabe: „Antverpiae apud Ægidium Radaeum Gandensem, M.D.LXXV" und „Fr. Hogenberg sculpsit".

Maße:	Ex. der SBB: Karte: 43,4 x 33,7 cm; Platte: 43,6 x 34 cm; Blatt: 54,5 x 39,5 cm. – Atlas: 56 x 41 cm.
Druckart:	Kupferstich, Handkolorit, Orte mit goldenen Punkten markiert.
Rückseite:	Li. außen BN 29, in gleicher Höhe der Titel in Antiqua und Fraktur, 8 mm hoch: «**BAVARIA Bayerlandt**.», geschlossener Schriftblock im oberen Drittel des Bogens, 15 Zeilen, 36 cm breit.
Publ.-Art:	Atlasblatt aus: („Theatrum oder Schawplatz des erdbodems") | („warin die Landttafell der gantzen weldt, mit sambt eine der selben Kurtze erklarung zu sehen ist"). – Pergamentband mit Initialen «N/V/W» und «15/74», das Titelblatt fehlt. Im Register: «Saltzburger Bistumb fol. 28». Kolophon: „Gedruckt zu | Nürnberg, durch | Johann Koler. ‖ (Querstrich) Anno M. D. LXXII." – Der Weimarer Atlas besitzt ebenfalls kein Titelblatt, doch ist ihm ein illuminierter Kupferstich „Die vier Erdteile" nach Jost AMMANN vorangestellt.
Standort:	HAB: Cb gr. 2° 91. – SBB Haus 1: 2° Kart. B 134/40–28. – Herzogin-Anna-Amalia-Bibliothek, Weimar: Th. L, 1:73. – Ein Ex. der UBW ist in der Nachkriegszeit in Verlust geraten und auch das fragmentarische Ex. der UBM von 1573 mit nur zwölf Karten wird seit 1981 vermißt.

Literatur:	BAGROW, Leo: The First German Ortelius. Imago Mundi, II. Jg., London 1937, S. 74. – Reprint: Nico Israel, Amsterdam 1970. KRATZSCH, Konrad: Eine wiedergefundene Ortelius-Übersetzung von 1572. In: Marginalien, H. 62, 1976, S. 43–50. – ders.: Kostbarkeiten der Herzogin-Anna-Amalia-Bibliothek Weimar. Leipzig 1993, S. 176ff. ROTH, Johann Ferdinand: Geschichte des nürnbergischen Handels. Ein Versuch. 4 Bde. Boehme, Leipzig 1800/02. S. 62 werden genannt: Johann KOLER (= CARBONARIUS), 1567, Buchdrucker, und Hans Clement KOLER, Buchdrucker, möglicherweise identisch. KAR S. 10, 1/A.4. – KOE III S. 37. – MEU-88, S. 202, 39. – MEU-91, S. 58, 165.

1572

Diese Originalausgabe des „Theatrum" von ORTELIUS in deutscher Sprache stellt den überhaupt ersten deutschsprachigen Atlas in unserem Sinne dar. Sie und die weiteren Auflagen hatten keine Schwierigkeiten, sich gegen das Plagiat von KOLER zu behaupten.

Maße:	Kleineres Atlasformat: Bogengröße ca. 53,5 x 39 cm; Bandgröße ca. 29 x 40 cm.
Rückseite:	BN: 28. Titel: «*Saltzburgisch Bischoffthumb.*» mit ornamentalen S und B in Fraktur. Text in Antiqua mit Zierinitiale «V» negativ auf dunklem Grund in quadratisch gerahmtem Ornament sechs Zeilen hoch, 18,5 cm Satzbreite, 32 Zeilen einspaltig in zwei Absätzen umbrochen, letzte drei Zeilen stufenweise verkürzt.
Publ.-Art:	Atlasblatt aus Ort 5 mit zwei Varianten des langen Titels: Normale Antiqua: «T H E A T R V M │ oder Schawplatz des │ erdbodems, warin die │ Landttafell der gant= │ zen weldt, mit sambt │ aine der selben kurtze │ erklarung zu sehen ist. ‖ *Durch Abrahamum Ortelium.*». Kursive Antiqua: «*Theatrum oder Schaw= │ platz des Erdtbodems, │ warin das die Landtta= │ fel der ganzen Welt, │ mit sambt ainer der selbe │ kurtze erklarung vnnd │ bericht zu ersehen ist. ‖ Durch Abrahamum Ortelium.*» Kolophon nach Hinweis auf das kaiserl. Privilegium von 1569: «*Durch beuelch vnnd becostigung des Autors hatt diß Buch │ getruckht Gielis von Diest geschworner Buchtruckher │ der Kuniglicher Maiestat tzo Antorff. │ M. CCCCC. LXII.*».
Standort:	BSM: 2 Mapp. 133–28. – HAB: 2.1.1 Geogr. 2°. – NSUG: 7.2 GEOGR 154a. – ZBLU: F1 75 a.
Literatur:	KOE III S. 37.

1573

Rückseite:	BN: 28. Titel und Text unverändert wie vorher. Die Zuschreibung loser Karten zu einer der beiden Aufl. ist nicht möglich.
Publ.-Art:	Atlasblatt wie vorher aus Ort 11: Zusatz unter dem Sockel: «Ihietz mitt vielen newen Landttafflen gemehret. M.CCCCC.LXXIII.». – Kolophon: Wie 1572, Ort 5.
Standort:	HAB: Cb 2° 23. – SBB Haus 1: 2° Kart. B 135–28 <2>. – UBS: R 15.838 III.
Literatur:	KOE III S. 41.

1580

Rückseite:	BN: 51. Titel in Zierfraktur: «**Das Bischthumb** │ Saltzburg.». Zweite Zeile drei Grad kleiner. – Text in Fraktur mit prächtiger Zierinitiale «F» ohne Rahmen in reichem Rankenwerk über neun Zeilen, Satzbreite 19 cm, 34 Zeilen im Block, letzte sechs Zeilen stufenweise verkürzt.
Publ.-Art:	Atlasblatt aus Ort 16 A: «Theatrum │ oder │ Schawbuch │ des │ Erdtkreys». ‖ Zusatz unter dem Sockel: «*Opus nunc denuò ab ipso Auctore rᵉcognitum, multisquè locis castigatum, & quamplurimis │ novis Tabulis atque Commentarijs auctum.*». – Kolophon: «In Antorff/ │ Bey Christoffel Plantin/ in verlegung Abraham Ortell/ │ M.CCCCC.LXXX.».
Standort:	BSM: 2 Mapp. 132–51. – SBSH: T* 1. – UBW: III 258.365 E.S.
Literatur:	KOE III S. 45f.

(1589)

Rückseite:	BN: 51. Titel und Text identisch mit 1580, Ort 16 A, eine Unterscheidung loser Blätter ist nicht möglich.
Publ.-Art:	Atlasblatt wie vorher aus Ort 16 B: Wie 1580, Ort 16 A, ebenso das Kolophon mit unveränderter Jahreszahl. Dank der Beifügung von sieben neuen oder überarbeiteten und datierten Karten kann das Erscheinungsjahr aber mit 1589 bestimmt werden.
Standort:	BRB: LP 560.
Literatur:	KOE III S. 51f.

FRANZÖSISCHER TEXT

1572

Rückseite:	BN: 28. Titel: «L' E V E S C H É D E │ S A L T Z B O V R G.». Beide Zeilen in gleichem Schriftgrad. – Zierinitiale «L» in einfachem gerahmten Rankenornament fünf Zeilen hoch, Text mit 17 cm Satzbreite, 35 Zeilen, einspaltig in zwei Absätzen, letzte fünf Zeilen stufenweise verkürzt.
Publ.-Art:	Atlasblatt aus Ort 4: «THEATRE │ DE L'UNIVERS, │ contenant │ les Cartes │ de tout le Mon │ de, avec une brieve Declara │ tion d'icelles. ‖ *Par Abraham Ortelius.*». – Kolophon: «C'est œuvre-cy a esté Imprimé, à la requeste & au despens de l'Au- │ theur, par Gillis de Diest, Imprimeur iuré de sa Maiesté, │ En Anuers, l'An M.CCCCC.LXXII.».
Standort:	JCB: I, 249. – KUFR: Soc. Lect. E 162 (unvollst.).
Literatur:	KOE III S. 37.

1581

Rückseite:	BN: 51. Titel wie 1572, Ort 4, aber zweite Zeile zwei Grad kleiner. – Zierinitiale «L» in ungerahmtem Rankenwerk mit Putto und Vögeln vier Zeilen hoch, Text mit 19 cm Satzbreite, 33 Zeilen, einspaltig in zwei Absätzen umbrochen, ohne Verkürzung der letzten Zeilen.

1 Ortelius und die Folgekarten

Publ.-Art: Atlasblatt aus Ort 17:
«THEATRE | DE | L'VNIVERS, | CONTENANT LES | CARTES DE TOVT | LE MONDE. | AVEC UNE BRIEVE | DECLARATION | D'ICELLES. ‖ *Par* ABRAHAM ORTELIVS.». – Zusatz im Unterrand: «LE tout reveu, amendé, & augmenté de plusieurs Cartes & | declarations par le mesme autheur. M. D. LXXXI.». – Kolophon: «A Anvers, | De l'Imprimerie de Christofle Plantin, pour Abraham Ortel | autheur mesme de ce livre.».

Standort: BNP: Ge DD 570; Ge DD 1215. – SUBE: Kart 583 (unvollst.).
Literatur: KOE III S. 46f.

1587

Rückseite: BN: 57.
Titel und Text ähnlich wie 1581, Ort 17, aber ungerahmte Zierinitiale fünf Zeilen hoch.
Wasserz.: Streitaxt über einem Querbalken.
Publ.-Art: Atlasblatt wie vorher aus Ort 22:
Mit Jahreszahl: «… M.D.LXXXVII.». – In dieser Ausgabe sind bereits alle Karten der ersten span. Ausgabe von 1588 enthalten.
Standort: BRB: V 7582 a LP. – SLA: Graphik XIV.14.
Literatur: KOE III S. 50f.

SPANISCHER TEXT
1588 (1589)

Rückseite: BN: 57.
Titel: «E L   O P I S P A D O | S A L S B V R G E N S E.», zweite Zeile zwei Grad größer. – Zierinitiale «F» in ungerahmtem Rankenwerk, acht Zeilen hoch, mit zwei geflügelten, flötenblasenden, dionysischen Waldgeistern. Text einspaltig im Block umbrochen, 40 Zeilen, dazu lat. Vierzeiler. – Das Ex. der SBB hat nur 36 Zeilen, der Vierzeiler fehlt.
Publ.-Art: Atlasblatt aus Ort 23:
«THEATRO | DE LA | TIERRA | UNIVERSAL | de | Abraham Ortelio, | cosmographo d'el | Rey Nuestro Señor: | Con sus declaraciones traduzidas | d'el Latin.». – «Impresso en Anveres por Christoval Plantino, Prototypographo d'el Rey nuestro | Señor en sus Estados Baxos. Año M.D.L.XXXVIII.». – Die Jahreszahl ist unsicher, es kommt auch 1587 vor, doch kann der Atlas mit 100 Karten offenbar erst 1589 erschienen sein, da er eine Karte von Nieder-Burgund mit dieser Jahreszahl enthält.
Standort: BLL: 9. Tab. 9. – BSM: 2 Mapp. 140 f–57. – SBB Haus 1: 2° Kart. B 139–57.
Literatur: KOE III S. 52.

VARIANTE: FRANZÖSISCHER TITEL

Das National Maritime Museum, Greenwich, besitzt diese Ausgabe mit spanischem Text, aber mit französischer Titelseite.

Rückseite: BN: 46.
Titel und Zierinitiale unverändert, Text nur 36 Zeilen und ohne lat. Vierzeiler. Pag. hs., ebenso ganz re. u. zusätzlich: «57».

Publ.-Art: Atlasblatt aus:
«LE THEATRE | DU | GLOBE TERRESTRE, | Par ABRAHAM ORTELIUS, | TRADUIT DU LATIN EN ESPAGNOL; | OUVRAGE CURIEUX ET INTERESSANT, | Contenant varies cartes enluminées, avec une explication succincte, | sur chaque sujet. ‖ (großes mythologisches Verlagssignet mit Athene und Apollo) EDITION' ORIGINALE IMPRIMEE EN ESPAGNE.».
Standort: NMM: D 7616.

1.1.2
Kartusche an Stelle der Stadtansicht

Wenige Jahre vor dem Tode von ORTELIUS erfolgte ein Neustich mehrerer Blätter des „Theatrum", darunter auch der Salzburg-Karte. Der Stecher war bemüht, die Situation, speziell das Gewässernetz, unter Beibehaltung des Maßstabs möglichst getreu von der alten Platte zu kopieren. Bei den ca. 300 Toponymen erlaubte er sich größere Freiheiten durch verbesserte Stellung oder betonte Ober- und Unterlängen, sodaß sich ein eleganteres Schriftbild ergab. Vor allem aber eliminierte der Bearbeiter das zwar originelle, den einheitlichen Charakter des Bandes jedoch störende „Pergamentblatt". Anstelle der Stadtansicht beherrscht nun eine mächtige Rollwerkkartusche das etwas vergrößerte und von breiten Eierstableisten eingefaßte Kartenfeld. Mit dem Christus-Monogramm zwischen Alpha und Omega gekrönt und mit neun Masken und üppigen Festons geschmückt, scheint sie mit schweren, ausgreifenden Bögen den Betrachter in eine halbrunde Nische einzubeziehen. Auch die beiden Inserts sind von Rollwerk mit Masken umrahmt. Der Kartenausschnitt blieb fast unverändert, von ein paar Maulwurfshügeln abgesehen, die dort notwendig wurden, wo sich vorher das „Pergament" eingerollt hatte. Dadurch erreicht der Anteil der Zeichnung am Kartenfeld über 60%, wovon etwa ein Drittel vom Erzstift eingenommen wird. Die Datierung des Neustiches kann nicht eindeutig erfolgen, da Karte, Atlastitel und Kolophon keine Jahreszahlen aufweisen und nur im Ortsregister 1595 angegeben wird. Laut OAM war die Karte aber schon in „einigen Exemplaren" der Ausgabe 1591/92 enthalten.

Titel: «SALISBVRGENSIS | IVRISDICTIONIS, | *locorumq9 vicinorum vera descriptio* | *Auctore Marco Secznagel* | *15 Salisburgense 76.*».
Zusätze: Li. o. im Eck: Huldigungsgedicht an Secznagel, re. o. Linearmaßstab für 9 M. = 92 mm, darunter: «*Scala miliarium*». – Beschriftung des österr. Gebietes: «*AVS | TRIAE | CONFINIA*» in manieristischen Schnörkeln. – Himmelsrichtungen in Latein in der Mi. am Rand jeder Seite.
Maße: Karte: 45,8 x 38 cm; Platte: 46,2 x 38,5 cm; Blatt: 58 x 47,5 cm.
Maßstab: 1 : 644.740; 1" = 2,5 Rhein. M. (?).
Druckart: Kupferstich, Ortssiglen teils punziert. Meist (kräftig) handkoloriert, besonders die Kartusche.
Literatur: OAM S. 155, mit Liste aller Ausgaben, Sprachen und BN.
KAR S. 23, 1/38a; S. 476, 68/1.5 (für alle Ausgaben 1595–1612).
Bei KOE III, S. 59, wird der Neustich der Karte nicht, wie sonst üblich, mit * markiert, sondern diese analog zur Erstausgabe weiter als Nr. 28 geführt.

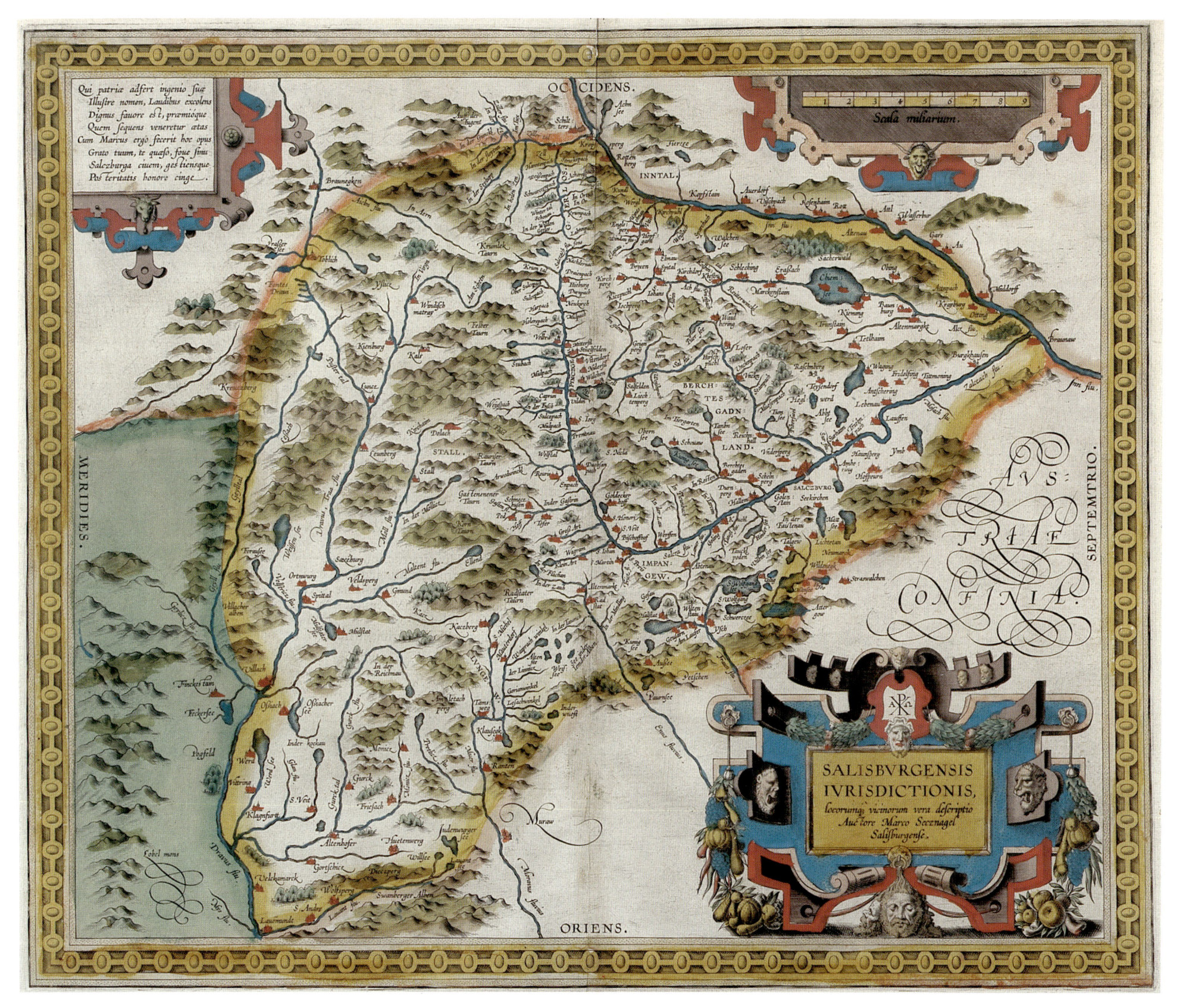

Abb. 5: Karte von Ortelius nach Setznagel mit der Kartusche, ohne Graduierung.

1.1.2.1

1   Ortelius und die Folgekarten

Rätselhaft ist ein von Gustav FORSTNER, Kapfenberg, entdecktes Exemplar (jetzt: SWS), das vor und nach «*Salisburgense*» die Jahreszahl „*15 — 76*" aufweist. Der lateinische Rückseitentext und die BN 67 entsprechen der Ausgabe von 1603. Trotz eingehender Untersuchungen in Fachinstituten konnte die für die Jahreszahl verwendete Technik nicht zweifelsfrei festgestellt werden. Die meisten Experten sprachen sich für eine handschriftliche Eintragung mit schwarzer Tusche aus. Wegen einiger scharfen Konturen wurde auch die Verwendung einer Stahlfeder vermutet, doch kamen diese erst Anfang des 19. Jhs. allgemein in Gebrauch!

1.1.2

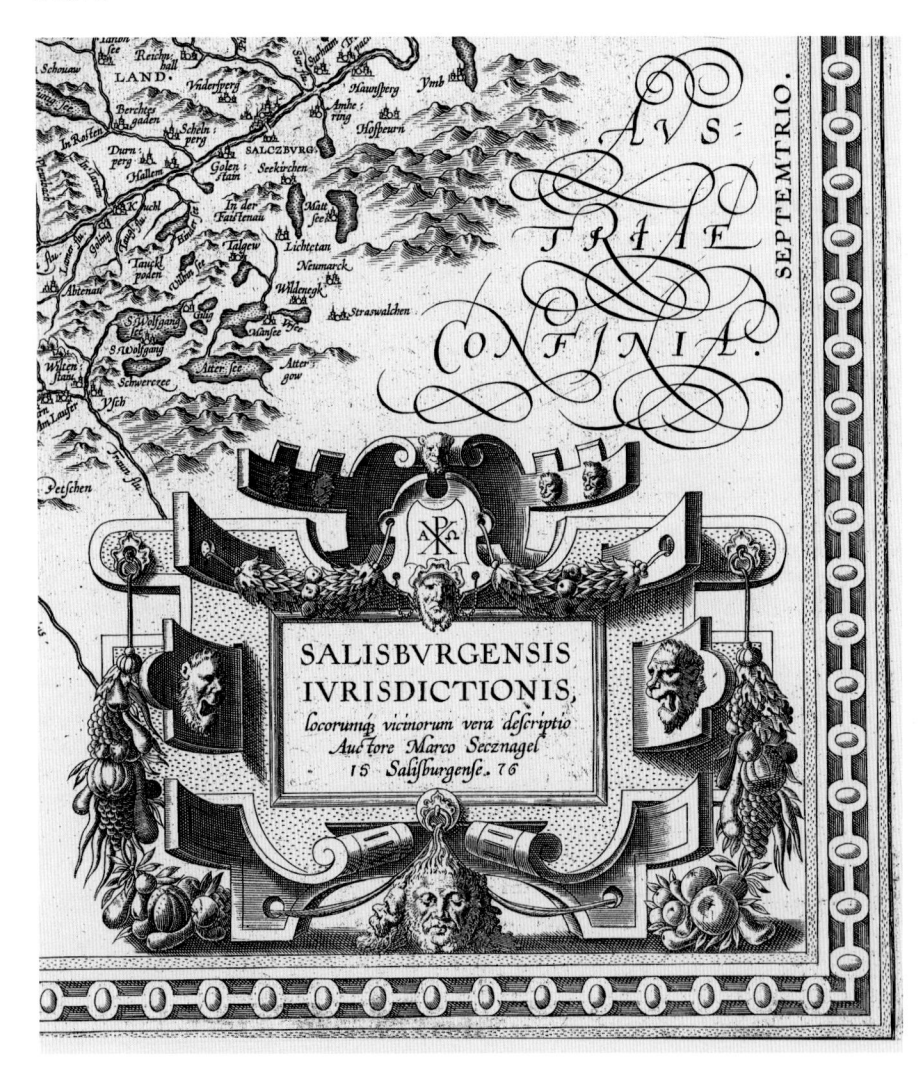

Abb. 6: Jahreszahl „1576" in der Kartusche.

1.1.2.1
Ohne Graduierung (OAM 108.1)

Wie bei allen Ausgaben mit der Stadtansicht fehlen auch auf dieser nach Westen orientierten Karte Längen- und Breitengrade. Die lateinischen Namen der Himmelsrichtungen stehen in den Seitenmitten im Feld.

LATEINISCHER TEXT
(1595)

Rückseite: BN: 64.
Titel und Text ähnlich wie 1591/92, Ort 27, aber erste Zeile einen Grad größer und nur 16,8 cm lang, ungerahmte Zierinitiale «F» sieben Zeilen hoch, Satzspiegel fast 2 cm niedriger, 31 Zeilen ohne Absatz, dazu PIGHIUS-Vierzeiler.

Publ.-Art: Atlasblatt wie vorher aus Ort 29:
Zusatz wie 1573, Ort 9 bis 1579, Ort 13 «Opus nunc denuo…».

Faksimile: Abraham ORTELIUS: Theatrvm Orbis Terrarvm. Editione Giunti, Florenz 1991.
– ders.: Salisbvrgensis Ivrisdictionis. Salzburg Edition, Archiv Verlag, Wien 1994.

Standort: HAB: 1.3 Geogr. 2°. – NSUG: 2 Geogr. 153d. – ÖNB: 393.217-D.K. – SBB Haus 1: 2° Kart. B 132–64. – SMCA: 91/55. – SMS. – ZBZH: EE 6 (unvollst.).

Literatur: KOE III S. 56.

1601

Dieser Atlas trägt einen von allen anderen lateinischen Ausgaben abweichenden neunzeiligen Titel, der vermutlich von dem Antwerpener Verleger Johannes MORETUS (Jan MORET, 1543–1610) gewünscht wurde.

Rückseite: BN: 64.
Titel und Text ähnlich wie (1595), Ort 29, aber Zierinitiale «F» nur sechs Zeilen hoch. «64» 5 cm weit vom lat. Vierzeiler abgesetzt.

Publ.-Art: Atlasblatt aus Ort 33:
«**THEATRVM** | **ORBIS** | **TERRARVM**, | ABRAHAMI ORTELI. | Quod ante extremum | vitae suae diem, postre= | mum recensuit, nouis | Tabulis et Commentarijs | auxit atque illustrauit ‖ ANTVERPIAE, EX OFFICINA PLANTINIANA, **Apud Ioannem Moretum.** | Anno CIƆ. IƆ CI.».

Standort: HAB: Cb gr. 2° 55. – SBB Haus 2: 2° Kart. B 133–67. – SMCA: SL 5, L 01. – SWS.

Literatur: ADB Bd. 22, S. 224; Bd. 26, S. 240. – KOE III S. 59. – ZED Bd. 21, Sp. 1622.

1603

Rückseite: BN: 67.
Titel ähnlich 1595, Ort 29, aber nur 14 cm breit, zweite Zeile zwei Grad kleiner. Ungerahmte Zierinitiale «F» sechs Zeilen hoch, Text mit 19,5 cm

Breite wesentlich lockerer gesetzt, 34 Zeilen und lat. Vierzeiler füllen die ganze Seite.

Publ.-Art: Atlasblatt wie 1595 aus Ort 36:
Zusatz unmittelbar unter der Schrifttafel: «ABRAHAMI ORTELI ANT-VERP. | GEOGRAPHI REGII.». – Zusatz in der Sockelstufe und im Unterrand: «TABVLIS ALIQVOT NOVIS VITAQ. AVCTORIS | ILLV-STRATVM. EDITIO VLTIMA. | ANTVERPIÆ, | APVD IOANNEM BAPT. VRINTIVM. | ANNO CIƆ. IƆ. CIII.».

Standort: BSM: 2 Mapp. 139–67. – KUFR: Fb 277. – ZBZH: T 33.
Literatur: KOE III S. 61f. – Zu Jan Baptist VRINTS d. Ä. (1552–1610): THB Bd. 34, S. 580.

1609

Rückseite: BN: 64.
Titel und Text fast identisch mit 1603, Ort 36, Satzbreite 19,5 cm, 34 Zeilen und lat. Vierzeiler.

Publ.-Art: Atlasblatt wie vorher aus Ort 39:
Zusatz wie 1603, Ort 36 bis «... REGII.». – Im Unterrand nur: «ANT-VERPIÆ | APVD IOANNEM BAPT. VRINTIVM. | Anno M. DC. IX.». – Die Einleitung enthält einen ungewöhnlichen Hinweis auf den Atlas MERCATORS in der Ausgabe von Jodocus HONDIUS mit großen Porträts von beiden und einem ehrenvollen Nachruf.

Standort: KUFR: Fb 278.
Literatur: KOE III S. 66.

1612

Rückseite: BN: 71.
Titel und Text (außer BN) identisch mit 1609, Ort 39.

Publ.-Art: Atlasblatt wie vorher aus Ort 41:
Zusatz im Unterrand wie 1609, Ort 39, aber: «ANTVERPIÆ, | EXTAT IN OFFICINA PLANTINIANA, | M. DC. XII.».

Standort: BRB: V 7582 D. – SWW: K-V: WE 61.
Literatur: KOE III S. 66f.

FRANZÖSISCHER TEXT

1598

Rückseite: BN: 66.
Titel und Text ähnlich wie 1581, Ort 17, aber ungerahmte Zierinitiale «L» in Rankenwerk mit zwei Faunfiguren sechs Zeilen hoch, 19 cm Satzbreite, nunmehr 33 Zeilen einspaltig in zwei Absätzen umbrochen, Schlußzeilen nicht verkürzt, BN re. u.

Publ.-Art: Atlasblatt aus Ort 32:
«THEATRE | DE | L'VNIVERS, | ... || *Par* ABRAHAM ORTE-LIVS.». Wie 1581, Ort 17, ebenso Zusatz im Unterrand, mit Jahreszahl: «M. D. XCVIII.». – Kolophon: «A ANVERS, | De l'Imprimerie Plantini-enne, pour Abraham Ortel | autheur mesme de ce Livre. | M. CCCCC. XCVIII.».

Standort: BRB: III 16.720 D. – BSM: 2 Mapp. 138–66. – KONS.
Literatur: KOE III S. 58f.

SPANISCHER TEXT

1602

Bei dieser Ausgabe kommen Drucke von einer beschädigten Platte vor: Am linken Rand der Karte ist der oberste Teil der äußersten, sehr fein punktierten Rahmenleiste auf ca. 30 mm Länge und 5 mm Breite bis zum Eck ausgebrochen, sodaß das Papier an dieser Stelle unbedruckt blieb.

Rückseite: BN: 67.
Titel, Text, Initiale und Umbruch wie 1588, Ort 23.

Publ.-Art: Atlasblatt aus Ort 34:
«THEATRO | D'EL ORBE | DE LA TIERRA || DE ABRAHAM OR-TELLO. | El qual antes el estremo dia | de su vida por la postrera vez | ha emendado, y con nuevas | Tablas y Commentarios | augmentado y esclarescido.». || Zusatz im Sockel und im Unterrand: «EN ANVERES, | EN LA EMPRENTA PLANTINIANA, | A COSTAS DE IVAN BAP-TISTA VRINTIO | ANNO M. DCII.».

Standort: BRB: II 19.532. – BSM: 2 Mapp. 255 c–67. – SMCA: SL 6, L 01. – SMS (mit Plattenschaden).
Literatur: KOE III S. 60f.

1612

Auch die dritte spanische Ausgabe enthält – ebenso wie der Atlas von 1602 – etliche Karten, deren lateinische Texte nicht übersetzt wurden.

Rückseite: BN: 70.
Titel, Text und Umbruch der Landesbeschreibung entsprechen der span. Erstausgabe von 1588, Ort 23, mit einer neuen Zierinitiale «F» in Ran-kenwerk mit Früchtegirlanden, ohne Flötenbläser.

Publ.-Art: Atlasblatt wie vorher aus Ort 43:
Zusatz wie 1602, Ort 34, aber nur im Unterrand: «... || En Anveres, | Se Vende En La Libreria Plantiniana, | M.DC.XII.».

Standort: BLL: 9 Tab. 11, 12. – BNM (unvollst.).
Literatur: KOE III S. 67f.

DEUTSCHER TEXT

1602

Rückseite: BN: 66.
Titel und Text wie 1580, Ort 16 A. – Das Ex. der NSUG enthält einen Druck mit BN 67.

Publ.-Art: Atlasblatt aus Ausgabe mit dt. Titel, Ort 35:
«Theatrum oder | Schawbuch der | gantzen Welt. || Wie es der hocher-fah- | rener Abraham Ortelius | kurtz vor seines lebens ende u- | bersehe und mit newen Tafeln | und Commentarien gemehret | und verziret hat. || MDCII». – Kolophon: «In Antorff | Anno M.DCII.».

Standort: MPM: A 776.2. – NSUG: 2 Geogr. 154 c.
Literatur: KOE III S. 61.

1   Ortelius und die Folgekarten

1602

Rückseite: BN: 67.
Titel in Zierfraktur wie 1580, Ort 16 A, aber einzeilig: «**Das Bischthumb Saltzburg.**». – Text wie vorher, aber 35 Zeilen.

Publ.-Art: Atlasblatt aus Ausgabe mit lat. Titel (nicht in KOE):
«THEA | TRVM | ORBIS | TERRA | RVM». – Variante mit lat. fünfzeiligem Titel in der gewohnten Form statt des weitläufigen dt. Titels. Zusatz unter der Schrifttafel wie 1603, Ort 36: «ABRAHAMI ORTELI ANTVERP. | GEOGRAPHI REGII.». – Kolophon wie Ort 35.

Standort: HAB: Cb 2° 24.

ENGLISCHER TEXT
1606

Die einzige englische Ausgabe des Theatrum war nach dem Erfolg der Epitome von 1602/03 (→ 1.2.3, S. 51 KOE Ort 62; 1.2.4, S. 52 KOE Ort 65) der erste in England von den Druckern und Verlegern John NORTON (tätig 1587–1612) und John BILL (tätig 1604–1630) mit einer geschätzten Auflage von etwa 250 Exemplaren publizierte große Weltatlas (Format ca. 32 x 50 cm). – Laut Mitteilung VAN DEN BROECKEs soll es auch mehrere „bootleg versions" (Raubdrucke) des Theatrum mit handgeschriebenen englischen Übersetzungen der Ländertexte auf den unbedruckten Kartenrückseiten geben, doch sind Standorte nicht bekannt.

Rückseite: BN: 64.
Titel: «The Bishopricke of SALCZVRG.». – Zierinitiale «F» über acht Zeilen mit sitzendem Engel in Blattwerk. Text einspaltig, 39 Zeilen und lat. Vierzeiler mit engl. Übersetzung: «Where *Hadriana* old did stand, which since they *Iuuaue* call'd | (a garrison towne to Roman State) there *Robert* was enstall'd | First Bishop of the sea, who them did bring to cheer full light | Of Gospell cleere, which yet they hold, it now is *Salczburg* hight.».

Publ.-Art: Atlasblatt aus Ort 37:
«THEA | TRVM | ORBIS | TERRA | RVM ‖ ABRAHAMI ORTELI ANTVERP. | GEOGRAPHI REGII. ‖ THE THEATRE OF THE WHOLE | WORLD: SET FORTH BY THAT | Excellent Geographer Abraham Ortelius. ‖ LONDON, Printed by IOHN NORTON, Printer to the Kings most excellent Maiestie in | Hebrew, Greeke and Latine. 1606.». – Kolophon: «Printed for John Norton and | John Bill, 1606.». – Der 30 x 46,5 cm große Atlasband enthält in zwei Teilen 118 + 38 Karten. Im Inhaltsverzeichnis des 1. Teils («THE FIRST TABLE»): «Salczburgh bishop. 64.».

Faksimile: Abraham ORTELIUS: The Theatre of the Whole World. Theatrum Orbis Terrarum Ltd., Nico Israel, Amsterdam 1968.

Standort: BLL: C.23.e 12g. – JCB: II, 41.

Literatur: KAR S. 27, 1/S. – KOE III S. 62f.

ITALIENISCHER TEXT
1608

Rückseite: BN: 72.
Titel: «L A D I O C E S I | **D I S A L T Z B V R G O.**». Zweite Zeile um einen Grad größer. – Zierinitiale «D» in ungerahmtem Blattwerk, sechs Zeilen hoch, Text mit der ungewöhnlichen Satzbreite von fast 21 cm einspaltig umbrochen, 34 Zeilen, dazu lat. Vierzeiler mit Prosaübersetzung in Italienisch.

Publ.-Art: Atlasblatt aus Ort 38:
«**THEATRO | DEL MONDO** | DI ABRAHAMO ORTELIO: | Da lui poco inanzi la sua morte | riueduto, & di tauole nuoue, et | commenti adorno, & arricchito, | con la vita dell'Autore. ‖ *Traslato in Lingua Toscana* | *dal Sigr. Filippo Pigafetta*.». – Im Unterrand: «I N   A N V E R S A, | APPRESSO GIOVANNI BAP^TA. VRINTIO, | CIƆ. IƆC. VIII.».

Standort: ZBSO: GB II 16.

Literatur: KOE III S. 64f.
Zu PIGAFETTA (reisender Historiker, Kartograph, 1533–1604): ADE Bd. 6, Sp. 177. – JÖC 3. T., Sp. 1561. – ZED Bd. 28, Sp. 137.

1612

Rückseite: BN: 72.
Unveränderter Text, Zuschreibung loser Karten ist nicht möglich.

Publ.-Art: Atlasblatt wie vorher 1608 aus Ort 42:
«THEATRO | DEL | MONDO | …». – Im Unterrand: «I N   A N V E R S A, | SI VENDE NELLA LIBRARIA PLANTINIANA, | M. DC. XII.».

Standort: MPM: A 935f.

Literatur: KOE III S. 67.

1.1.2.2
Mit Graduierung (OAM 108.2)
(1640)

Nachdem MORETUS, der Schwiegersohn von Christopher PLANTIJN, schon 1601 eine lateinische Ausgabe des „Theatrum" mit der unveränderten ORTELIUS-Karte von Salzburg (BN 67) publiziert hatte, plante sein Sohn und Nachfolger Balthasar d. Ä. (1574–1641) seit 1628 eine verbesserte Ausgabe. Diese konnte er erst kurz vor seinem Tode als Konkurrenzunternehmen zu dem 1630 von BLAEU publizierten „Atlantis Appendix" verwirklichen. In Ermangelung neuer Texte verwendete MORETUS die spanische Ausgabe des „Theatrum" von 1612.

Die Karten erhielten bei unveränderter Beibehaltung der Westorientierung eine komplette Graduierung, wobei sich die Längen wie bei den Karten von MERCATOR auf den Null-Meridian von Sâo Miguel in den Azoren bezogen. Die Skala wurde in den innersten, mit dem feinen Stichel punktierten Streifen des Rahmens gestochen. Entgegen den Hoffnungen des Verlegers dürfte die Nachfrage schwach und die Auflage sehr klein gewesen sein, da bisher nur zwei Exemplare nachzuweisen waren. Sie gelangten blattweise in den Handel bevor sie wissenschaftlich bearbeitet werden konnten. Die Karte von Salzburg gleicht in allen sonstigen Details und mit dem rückseitigen Typentext völlig der Ausgabe von 1612, von der vermutlich auch die Titelseite der Atlanten übernommen wurde. Obwohl es sich bei dieser Ausgabe um die letzte bekannt gewordene handelt, existiert eine überarbeitete, mit 1666 datierte Karte von Ungarn, deren Herkunft ungeklärt ist (OAM S. 20).

Zusätze:	Himmelsrichtungen wie bisher in Latein in Seitenmitte im Kartenfeld.
Graduierung:	Exakt gestochene, schmale Minuten-Skala mit Querstrichen in drei Längen, alle 10' und volle Grade beziffert. L von Salzburg: 35° 36' E.
Publ.-Art:	Atlasblatt Nr. 70 aus: Titelseite und Kollation unbekannt.
Standort:	NLC: Ayer *135 07 1612. – 2. Ex. 1993 bei Reiss & Auvermann (49. Auktion, Nr. 3558), Käufer unbekannt.
Literatur:	OAM S. 155, aber Hinweis nur auf Breitengrade. SCHILDER, Günter: Monumenta Cartographica Neerlandica. Uitgeverij ‚Canaletto', Alphen aan den Rijn 1987, II, S. 159 f.

1.1.2.2

Abb. 7: Graduierung der Karte mit der Kartusche.

Abb. 8: Epitome: „Pergament" mit Stadtansicht.

1.2.1

1.2
Epitome (Oktav-Atlanten)

Wegen der exorbitant hohen Preise großer Atlanten war deren Absatz von vornherein auf eine elitäre Kundschaft beschränkt. Die Herausgeber versuchten daher sehr bald, durch das Angebot von Einzeldrucken, vor allem aber durch billige Taschenausgaben, neue Käuferschichten zu gewinnen. Der Siegeszug dieser überwiegend querformatigen Bändchen, die „Epitome", „Atlantes minores", „Compendium", „Auszug" und „Spiegel der Welt" genannt wurden, begann in den Niederlanden 1577 mit der Taschenausgabe des „Theatrum". Die Anregung dazu soll von dem Stecher Philip GALLE (1537–1612), einem Freund des ORTELIUS, stammen.

Aufschlußreich für die Verkaufsstrategie der Verleger ist die Abfassung der Texte der ersten Epitome in Versen, die der dichtende Lehrer M. Pieter (Peeter) HEYNS (1537–1598), ebenfalls ein Freund ORTELIUS', verfaßt hat. Auf die Normal-Fassung in Prosa wird im folgenden nicht eigens hingewiesen. Die Bändchen trafen in ganz Europa auf eine so große Nachfrage, daß sie während fast 150 Jahren in sechs Sprachen von mehreren Herausgebern abgesetzt werden konnten. MEURER zählt allein 17 Ausgaben von den Platten GALLEs und acht italienische Auflagen von 1598 bis 1724(!).

In Anbetracht der Zielsetzung, billige Atlanten für jedermann zu produzieren, kann es nicht überraschen, daß die meisten Drucke typographische Mängel aufweisen, die auf das Druckverfahren zurückzuführen sind. Man druckte nämlich nach Herstellung des Kupferstich-Abzugs der Karte auf deren Seite noch in Buchdruck allfällige Übertitel, Texte, Seitenzahlen und Kustoden und anschließend auf die Rückseite der Karte den Text, eventuell mit Pagina und Kustoden. Daß dabei die Druckzeilen nicht immer parallel zum Kartenrand zu stehen kamen, ist nur selbstverständlich. Daher „hängen" Texte und Kärtchen oft schief und exzentrisch auf dem Blatt. Sie weisen nicht selten Druckfehler auf, und die Paginierung erfolgte häufig durch Stempelaufdruck in abweichenden Typen. Da sämtliche lose Karten dieses Formats aus Büchern stammen, sollten sie stets Seitenzählungen (auch durch Foliierung) aufweisen, was aber nicht immer der Fall ist. Die zu den Karten gehörenden Texte stehen bei den gewöhnlichen Querformat-Ausgaben meist links auf der Rückseite der vorhergehenden Karte.

In Anlehnung an die von KOEMAN (III, S. 72) gebotene Systematik werden alle Epitome nach ORTELIUS in vier Typen zusammengefaßt:

1.2.1 „PERGAMENT" MIT STADTANSICHT
1.2.2 „PERGAMENT" MIT KARTUSCHE
1.2.3 ROLLWERKKARTUSCHE
1.2.4 NORDORIENTIERUNG UND GRADUIERUNG

Innerhalb dieser Typen erfolgt wie bei den Folio-Ausgaben die weitere Gruppierung nach Autoren und Sprachen in chronologischer Reihung. Trotzdem wird es sich öfters als unmöglich erweisen, ein loses Blatt sicher einem bestimmten Atlas und Jahr zuzuschreiben, da sich manche Karten und Rückseitentexte verschiedener Ausgaben vollkommen gleichen. Die Orientierung der Karten entsprach zunächst jener der Vorlagen. Erst als der Antwerpener Verleger Johannes KEERBERGEN ab 1601 eine Konkurrenzausgabe mit Texten von Michel COIGNET publizierte und die Platten von den Brüdern ARSENIUS neu stechen ließ, wurden alle nach Norden orientiert und mit Skalen der Längen- und Breitengrade versehen.

Die Karte von Salzburg ist in der auf ORTELIUS zurückgehenden Fassung in den vier Versionen in etwa 50 Epitomen enthalten und weiters noch in den „Atlantes minores" der MERCATOR-Nachfolger (→ 2.4). Ihr Inhalt macht eine auffallende und enttäuschende Wandlung durch: Solange das „altmodische" Pergament-Motiv beibehalten wird, zeigen dessen beide Versionen trotz der Verkleinerung auf etwa 1:2,500.000 weitgehend die gewohnte Darstellung mit detailreichem Gewässernetz und rund 125 Toponymen. Die beiden „modernen" Versionen mit der Rollwerkkartusche füllen zwar das ganze Kartenfeld, sie weisen aber eine frappante Verarmung des Inhalts auf. Beispielsweise fehlen alle Seen außer dem Chiemsee und dem viel zu groß geratenen (Traun)-„Zee". Sonst werden nur die wichtigsten Flüsse und etwa 30 Orte angeführt. Der Haupttitel steht entsprechend der Type ohne oder mit Kartusche immer im Kartenfeld. Der Landesname wird fast immer als mehr oder weniger primitiv gedruckter oder gestempelter Zusatz im Oberrand – nicht selten mit dem Druckfehler «SALIBVRGVM» – wiederholt. Die Rückseite der Karte ist zumeist mit den Beschreibungen Bayerns oder Böhmens bedruckt.

1.2.1
„Pergament" mit Stadtansicht

Die im allgemeinen ca. 11 x 8 cm kleinen Karten sind generalisierte Kopien der ersten Bearbeitung der SETZNAGEL-Landtafel durch ORTELIUS en miniature. Das Motiv des illusionistischen Pergamentblattes, das den Blick auf die Stadt Salzburg freigibt, wird ebenso getreu wiederholt, wie die Stellung des Titels, des Maßstabs und des Gedichtes. Trotz der Verkleinerung der weiterhin gewesteten und nicht graduierten Karte kam es zu einigen kartographischen Verbesserungen. U. a. merkte ein Bearbeiter, daß es die „berühmte" Flußkreuzung von Drau und Gail nicht geben kann. Daher wurden die beiden Flußläufe – zuerst kaum erkennbar und dann immer deutlicher – voneinander getrennt.

Im Ober- und auch im Unterrand finden sich häufig Kopf- bzw. Fußtitel, Karten- oder Bogennummern und Signaturen. Die für den Erstdruck und die folgenden Auflagen verwendeten Platten, außer für die in Italien gedruckten Ausgaben, stammen von Philip GALLE. Die Bände haben fast durchwegs Oktav-Querformat von etwa 19 x 14 cm. Auf Hochformate wird ausdrücklich hingewiesen.

Titel:	Re. o. im Eck freistehend: «Salisburgensis Iurisdictio».
Zusätze:	Unter dem Titel Linearmaßstab für 11 M. – Li. o. im Eck freistehend: Gedicht auf SETZNAGEL. – U. Mi. im Kartenfeld nochmals: «Salcz= | burg».
Maßstab:	ca. 1 : 2,250.000
Druckart:	Kupferstich, verschiedene Partien häufig handkoloriert.
Literatur:	WAW S. 65 ff. (2 Abb.). Zu GALLE: ADB Bd. 8, S. 331. – THB Bd. 13, S. 105.

NIEDERLÄNDISCHER TEXT
1577

Zusätze:	Im Oberrand: Mi.: «S A L I S B V R G V M. 28.» (Nummer im „Theatrum"); ganz re. BN: «22». – Im Unterrand halbre.: «H 2».
Maße:	Karte: 10,9 x 8 cm; Platte: 11,1 x 8,2 cm; Blatt: 18 x 13,2 cm.
Rückseite:	Niederl. Beschreibung der Oberpfalz in 16 Verszeilen. Titel: «N O R T - G E V O F T B E Y E R S C H E P H A L T Z.». Re. u. Kustode: «NORI-».
Publ.-Art:	Atlasblatt aus Ort 47: «S P I E G H E L D E R W E R E L T, | G H E S T E L T I N R Y M E D O O R | M. PEETER HEYNS: | (vier Zeilen kurze Inhaltsangabe, Bezugnahme auf ORTELIUS.)». | «PSALM | Comt, en besiet (großes Druckersignet) XLV. | de wercken des Heeren. | T'ANTWERPEN, | Ghedruckt by Christoffel Plantyn, hooft-drucker der Coninclycke M^{teyt}. | voor Philips Galle. | M. D. LXXVII.». – Im Inhaltsverzeichnis („Tafele der Caerten"): «Saltzburg 22». – Da der Stich dieser ersten Epitome nicht befriedigend war, wurden die meisten Karten gegen neue ausgetauscht.
Standort:	BRB: II 25993 A. – ÖNB: 47.K.24 (Prunksaal).
Literatur:	KOE III S. 74f. – WAW S. 65 ff. (2 Abb.). Zu HEYNS: ADE Bd. 2, Sp. 1994. – ZED Bd. 12, Sp. 2011.

1583

Titel, Zusätze und Rückseitentext blieben unverändert wie in 1577, Ort 47, sodaß lose Blätter nicht eindeutig zugeordnet werden können.

Publ.-Art: Atlasblatt aus Ort 49:
«SPIEGHEL DER WERELT | (zuerst wie vorher, aber zwischen den vier Zeilen mit Inhaltsangabe und ORTELIUS-Bezug und dem Druckersignet zusätzlich zwei Zeilen mit Hinweis auf Ergänzung zu den Ereignissen unter der Herrschaft des Herzogs von Anjou) ‖ T' ANTVVERPEN, | By Christoffel Plantijn, voor Philips Galle. | M. D. LXXXIII.». – Die zweite niederl. Ausgabe enthält elf Karten mehr als jene von 1577, Ort 47.

Standort: RUG: BL 8403[1].
Literatur: KOE III S. 74f.

FRANZÖSISCHER TEXT

1579

Zusätze: Im Oberrand Mi.: «S A L I S B V R G V M.». – Im Unterrand halbre.: «D 2» und Kustode: «NORTGEV,».

Rückseite: Franz. Beschreibung der Oberpfalz in Prosa: «NORTGEV, OV PALATINÉ DE BAVIERE.». Geschlossener Schriftblock in zwei Absätzen. Re. u. Kustode: «NORICVM.».

Publ.-Art: Atlasblatt aus Ort 48:
«LE **MIROIR DV MONDE,** REDVIT PREMIEREMENT EN | RITHME BRABANCONNE PAR M. P. HEYNS; | Et maintenant tourné en prose Françoise: ... (sechs Zeilen über den Inhalt mit Berufung auf ORTELIUS) ‖ (großes Druckersignet und Psalm 46, Vers 9) | A ANVERS, | De l'Imprimerie de Christophle Plantin, pour Philippe Galle. | M. D. LXXIX.». – Die Ausgabe in Prosa enthält die gleichen 72 Karten wie die vorige niederl. Fassung von 1577, Ort 47.

Standort: BRB: II 23182 A. – BSM: Mapp. 19–27.
Literatur: KOE III S. 74.

1583

Zusätze: Im Oberrand: Mi.: «S A L I S B V R G V M. fol. 51.»; ganz re.: «27». – Im Unterrand: Mi.: «H 3»; ganz re. Kustode: «NORT-».

Rückseite: Wie 1579, Ort 48, aber Kustode «NORI-».

Publ.-Art: Atlasblatt wie vorher aus Ort 50:
Titel wie 1579, Ort 48, aber geänderte Jahreszahl in der letzten Zeile: «M. D. LXXXIII.».

Standort: BLL: Maps C 2 b 20, 21.
Literatur: KOE III S. 75.

1588

Zusätze: Im Oberrand: «S A L I S B V R G V M.»; ganz re.: «54».

Rückseite: Franz. Landesbeschreibung von Bayern: «LE PAIS DE BAVIERE.». Einfacher, geschlossener Textblock mit 19 Zeilen, der für dieselbe Ausgabe zumindest zweimal mit gleichem Inhalt, aber leicht differierendem Zeilenfall gesetzt wurde. Ohne Kennzeichen.

Publ.-Art: Atlasblatt aus Ort 52:
«EPITOME | DV THEATRE DV MONDE | D'ABRAHAM ORTELIVS: | Auquel se représente, tant par figures que charactères, la vraye | situation, nature, & propriété de la terre universelle. | *Reveu, corrigé & augmenté de plusieurs Cartes, pour la troisiesme fois.* ‖ (großes Druckersignet) A ANVERS, | De l'Imprimerie de Christofle Plantin, pour Philippe Galle. | M. D. LXXXVIII.». – Diese dritte franz. Ausgabe trägt erstmals die Bezeichnung „Epitome" im Titel.

Standort: BRB: II 15048 A. – SWS.
Literatur: KOE III S. 75.

1590

Zusätze: Im Oberrand: Mi.: «S A L I S B V R G V M.» in etwas zarteren Typen; ganz re.: «54».

Rückseite: Franz. Landesbeschreibung von Bayern wie 1588, Ort 52.

Publ.-Art: Atlasblatt aus Ort 54:
Atlastitel ähnlich wie 1588, Ort 52, bis zum Ende der Kursiv-Zeilen: «... A ANVERS, | De l'Imprimerie Plantiniene, pour Philippe Galle. | M. D. XC.». – Die Ausgabe gleicht jener von 1588, Ort 52, doch wurden die Texte neu gesetzt.

Standort: BRB: III 38045 A. – BSM: Mapp. 35–54.
Literatur: KOE III S. 76.

[1598]

Laut KOEMAN soll Zacharias HEYNS, der Sohn Pieters, im Jahr 1598 in Antwerpen eine französische Neuauflage unter dem Titel „Le Miroir du monde" mit leicht vergrößerten Holzschnittkarten herausgegeben haben. Es war bisher nicht möglich, diese neue französische Ausgabe nachzuweisen.

LATEINISCHER TEXT

1585

Diese Ausgabe war die erste der wenigen in Hochformat. Der sehr gefällig wirkende und mit Illustrationen bereicherte Band ist 16 x 21 cm groß. Die kleinen numerierten Landeskarten stehen über oder zwischen dem in lateinischen Hexametern gedichteten Text. Die unveränderte Karte von Salzburg nimmt die obere Hälfte einer linken Seite ein, 15 kursive Verszeilen die untere.

Zusätze: Im Oberrand: Mi.: «S A L I S B V R G V M, *27.*»; li.: «*48*». – Im Unterrand ganz re. Kustode: «In».

Rückseite: Forts. der lat. Landesbeschreibung von «BAVARIA» in 27 kursiven Verszeilen. – O. ganz re.: «*47*». – Im Unterrand re. Bogensignatur: «*H*» und ganz re. Kustode «SALIS-».

Publ.-Art: Atlasblatt aus Ort 51:
«THEATRI | **ORBIS TERRARVM** ENCHI- | RIDION, | MINORIBVS TABVLIS PER | PHILIP- | PVM GALLÆVM | EXARATVM: | Et Carmine Heroico, ex variis Geographis | & Poëtis collecto, | *Per* HVGONEM FAVOLIVM *illustratum.* ‖ (großes

1   Ortelius und die Folgekarten

	Druckersignet) A N T V V E R P I Æ	Excudebat Philippo Gallæo Christophorus Plantinus. ‖ M . D . L X X X V .».
Standort:	BRB: VB 7594 A. – SStW: 28.h.41.
Literatur:	KOE III S. 75. Zu Hugo FAVOLI(US) (1523–1585): ZED Bd. 9, Sp. 320.

1589

Zusätze:	Im Oberrand: Mi.: «S A L I S B V R G V M.»; ganz re. über Karteneck: «54».
Rückseite:	Titel: «B A V A R I A.», lat. Landesbeschreibung. Text mit «BAVARIA» und Initiale «B» über zwei Zeilen beginnend, durchlaufender Blocksatz, zwei Absätze, keine Kennzeichen.
Publ.-Art:	Atlasblatt aus Ort 53: «EPITOME	T H E A T R I	ORTELIANI,	Præcipuarum Orbis Regionum delineationes,	minoribus tabulis expressas, breuioribusque	declarationibus illustratas, continens.». ‖ (Verlegervignette mit Motto: «VIRTUTE ET | CONSTANTIA») «ANTVERPIÆ,	Philippo Gallæo excudebat Christophorus Plantinus,	M. D. LXXXIX.».
Standort:	BSM: Mapp. 34–54. – SBB Haus 1: quer-8° Kart. B 140/1–54. – SMS. – SWS.
Literatur:	KOE III S 75f. – ZAI S. 16.

1595

Titel, Zusätze und Rückseitentext blieben unverändert wie in 1589, Ort 53, sodaß lose Blätter nicht eindeutig zugeordnet werden können.

Publ.-Art:	Atlasblatt aus Ort 56: «EPITOME	T H E A T R I	ORTELIANI …» wie 1589, Ort 53 bis «…continens.», dann: «*Nova editio, multis locis emendata, & octodecim novis tabulis aucta.* (Verlegervignette mit Motto) ‖ ANTVERPIÆ,	Philippo Gallæo excudebat Arnoldus Coninx.	Anno M. D. XCV.».
Standort:	BSM: Mapp. 13 g-54, 36–54. – SStW: 30.h.76. – ZBZH: Rn 386.
Literatur:	KOE III S. 76.

ITALIENISCHER TEXT

1593

Zusätze:	Im Oberrand: Mi.: «V E S C O V A T O D I S A L T Z B V R G O.»; ganz re. über Karteneck: «53». – Im Unterrand re.: «H 5».
Rückseite:	Ital. Landesbeschreibung von Bayern: «B A V I E R A.». Geschlossener Textblock mit 21 Zeilen ohne Kennzeichen.
Publ.-Art:	Atlasblatt aus Ort 55: «THEATRO	D' ABRAHAMO ORTELIO,	RIDOTTO IN FORMA PICCOLA, ‖ Augumentato di molte Carte nuoue nelle quali sono breue-	mente descritti tutti li Paësi al presente conosciuti. Tradotto	in lingua Italiana da Giouanni Paulet. Al Ill.mo Sor. Il Sor.	PIETRO DI HENNIN CONTE DI BOVSSVU. ‖ (Druckersignet) IN ANVERSA	NELLA STAMPARIA PLANTINIANA,	M. D. XCIII.	*A le spese di Philippo Gallo.*».
Standort:	BRB: VH 14329 A. – SWS. – UBA: 1802 G 20.
Literatur:	KOE III S. 76.

1598

Diese erste in Italien von der eigenen ersten italienischen Kupferplatte gedruckte Epitome zeichnet sich durch ihre ungewohnte, aber sehr geschmackvolle Gestaltung aus: Das über 200 Seiten starke Bändchen mit 109 Karten hat Oktav-Hochformat unter der ständigen Kopfzeile «Il Theatro del Mondo.». Die Karten nehmen durchwegs wie „En-tête-Vignetten" die obere Hälfte der rechten Seiten ein. Der zugehörige Text beginnt jeweils links (verso) und endet auf der unteren Hälfte der Kartenseite. Ornamentaler graphischer Schmuck, große Zierinitialen und aufwendige Verlagssignets sind in den italienischen Ausgaben häufig zu finden.

Zusätze:	Im Oberrand: Mi.: «D E L M O N D O.» (Überlauf vom li. stehenden «IL THEATRO»); ganz re. über Karteneck: «109». – Im Kartenfeld Mi. u.: «SALCZ	BVRG». – Im Unterrand Mi.: «SALISBVRGVM». – Unter der Karte Schluß der Landesbeschreibung. – Kustode ganz re. u.: «BA-».
Maße:	Karte: 10,5 x 7,5 cm; Platte: 10,6 x 7,8 cm; Blatt: 14 x 18,5 cm. – Atlas: 14,5 x 20 cm.
Maßstab:	1 : 2.250.000; 1" = 8 M.
Rückseite:	Im Oberrand: Mi.: «I L T H E A T R O»; ganz li.: «110», darunter ornamentale Zierleiste. – Darunter Titel: «BAVIERA», Beginn der Landesbeschreibung mit Zierinitiale «L» über sechs Zeilen.
Publ.-Art:	Atlasblatt aus Ort 69: «I L T H E A T R O	DEL MONDO	DI ABRAAMO ORTELIO.	NELQVALE DISTINTAMENTE SI DIMOSTRANO	in Tauole tutte le Prouincie, Regni, & Paesi del	Mondo, al presente conosciuti;	… ‖ (große Verlagsvignette) I N B R E S C I A,	*Appresso la Compagnia Bresciana. M D XCVIII.*	Con licenza de' Superiori.».
Standort:	BRB: II 87801 A. – BSM: Mapp. 68 b. – SWS.
Literatur:	KOE III S. 82.

[1600]

In einer Salzburger Privatsammlung befindet sich ein von KOEMAN nicht registrierter, sehr sorgfältig ausgeführter Nachstich der Karte mit der Stadtansicht. Er ähnelt den folgenden italienischen Ausgaben in Hochformat, muß aber aus einem 16–17 cm breiten und 10,5–11 cm hohen Taschenatlas stammen. Auffällig ist das Fehlen des Landesnamens im Oberrand und der Abdruck eines Kustoden unter der Karte. Die zugehörige Landesbeschreibung folgt gegenüber auf der nächsten rechten Seite.

Titel:	Re. o. im Eck: «SALISBVRGENSIS IVRISDICTIO.».
Zusätze:	Unter dem Titel Linearmaßstab für 11 M. – Li. o. im Eck freistehend: Huldigungsgedicht auf SETZNAGEL. – Im Kartenfeld Mi. u.: «SALCZ	BVRG». – Im Unterrand Mi.: «S A L I S B V R G V M» am Rahmen in nur 1,2 mm hohen Typen; ganz re. und tiefer: «*denza,*» (kann fehlen).
Maße:	Karte: 10,5 x 7,5 cm; Platte: 11 x 8 cm; Blatt: ca. 16 x 10 cm.
Rückseite:	Ital. Beschreibung von «BAVIERA.» (Titel unter Zierleiste oder ohne Titel), Initiale «S» in Rankenwerk über zwei Zeilen, kursiver Schriftblock 11,7 x 7,5 cm, Kustode *sali,*». Die Seiten sind nicht paginiert.
Publ.-Art:	Unbekannt.
Standort:	SMS.

1 Ortelius und die Folgekarten

VENEZIANISCHE AUSGABEN IN HOCHFORMAT

Nach dem größeren „Vorläufer" von 1598, Ort 69, sind von 1655 noch bis 1724 neun weitere Auflagen im kleinen Hochformat (ca. 10 x 14 cm) mit italienischem Text in Venedig gedruckt worden, was die Popularität der handlichen Taschenatlanten beweist. Bis auf Schrifttypen und Umbruch der Titelseiten ähneln sich alle Ausgaben weitgehend. Dies gilt auch für die Seitenfolge, sodaß es oft nicht möglich ist, lose Landeskarten bestimmten Ausgaben zuzuschreiben. Im Unterschied zu allen anderen Epitomen stehen sie hochgestellt auf der Schmalseite (unterer Rand im Bund) jeweils auf den linken Seiten, der dazugehörende Text als geschlossener Block seitenfüllend rechts gegenüber. Der Karteninhalt entspricht zur Gänze dem Typ „‚Pergament' mit Stadtansicht", jedoch finden sich abweichende Titel und Zusätze.

Bei drei der venezianischen Ausgaben (KOE: 1679 Ort 72, 1683 Ort 73 und 1684 Ort 74) handelt es sich nicht um Atlanten, sondern um Reiseführer mit kurzen Landesbeschreibungen und nur vier Übersichtskarten der Kontinente, aber ohne Landes- oder Regionalkarten. – Das fast 1400 Seiten starke „Anfiteatro di Europa" von Giovanni Nicolo DOGLIONI (1548–1629), Venedig bei G. SARZINA, 1623, enthält zwar 34 ORTELIUS-Epitome, aber nicht die Karte von Salzburg, obwohl das Erzstift im Text behandelt wird.

1655

Diese Ausgabe wurde von den aufgestochenen Platten der 1598 in Brescia hergestellten Auflage des „Theatro" gedruckt.

Titel: Re. o. im Eck in wenig exakt gestochenen Antiqua-Versalien: «SALIS-BVRGENSIS IVRISDICTIO.».

Zusätze: U. Titel Linearmaßstab für 11 M. – Li. o. im Eck freistehend: Huldigungsgedicht auf SETZNAGEL. – U. Mi. im Kartenfeld in Antiqua wieder: «SALCZ | BVRG». – Im Unterrand Mi.: «S A L I S B V R G V M».

Maße: Karte: 7,5 x 10,4 cm; Platte: 8 x 11 cm; Blatt: ca. 9 x 13,5 cm.

Rückseite: Kopfzeile: «Il Theatro del Mondo», re.: «109». Darunter Mi.: «**B O E - M I A**.». Landesbeschreibung als geschlossener Block mit Zierinitiale «L» über fünf Zeilen. – Ganz u. re. außen Kustode «VE-» als Beginn des Titels der Beschreibung von Salzburg auf S. 111: «VESCOVATO DI | SALTZBVRGO.».

Publ.-Art: Atlasblatt aus Ort 70:
«**T H E A T R O** | D E L M O N D O | *DI ABRAAMO ORTELIO:* | Nel quale distintamente si dimostrano in | Tauole, tutte le Prouincie, Regni, | & Paesi del Mondo: | *Con la descritione delle Città, Territorij, …* | Ridotto à intiera perfettione, & in questa picciol forma, | per maggior commodità de'Viaggianti. | *C O N L A T A V O L A* delle cose più degne, che nell'Opera | si contengono. ‖ (großes barockes Verlagssignet mit Engel auf einem Turm, Querstrich) Venetia. Appresso il Turrini.». – Das hier fehlende Erscheinungsjahr steht in einer Widmung. Insgesamt umfaßt der Atlas 109 Kupferstichkarten.
Variante der Titelseite: Nach «… Viaggianti». Querstrich und Widmung: «*All'Illustriss. & Reuerendiss. Signor mio, Signor, &* | *Patron Colendissimo* | IL SIG. ABBATE HONDEDEI ‖ (Verlagssignet wie vorher, Querstrich) Venetia. Per il Turrini.».

Standort: BSM: Mappe 40–110. – ÖNB: 47.L.48 (mit Widmung). – SLA: Graphik XIV.15. – SWS. – UBS: R 15.037 I (mit Widmung).

Literatur: KOE III S. 82.

1667

Für diese Ausgabe wurde dieselbe zweite Platte wie 1655 verwendet, aber aufgestochen in ihrem zweiten Zustand. Die Unterschiede sind beim Vergleich von Ortsnamen (z. B. Matrei) und in der Punktierung bzw. Schraffur der Seen zu erkennen.

Rückseite: Wie vorher, aber statt Zierinitiale nur einfaches «L» über fünf Zeilen. Kopfzeile, Pag., Titel und Kustode gleich.

Publ.-Art: Atlasblatt aus Ort 71:
«**T H E A T R O** | D E L M O N D O | DI ABRAAMO ORTELIO. | Nel quale distintamente si dimostrano, … | *C O N L A T A V O L A DELLE COSE PIV* | *degne, che nell'Opera si contengono.* ‖ (Querstrich) *ALL'ILLVSTRISSIMO SIGNOR* | P I E T R O Q V E R I N I | NOBILE VENETO. (großes groteskes Maskensignet mit Blattwerk) VENETIA, Per Scipion Banca. MDCLXVII.».

Standort: BSM: Mapp. 41–110. – NLC: Ayer *135 07 1667.

Literatur: KOE III S. 82.

1697

Diese Ausgabe wurde von der dritten italienischen Platte gedruckt. Außerdem sollen schon 1679 und 1683 je eine Ausgabe von dem Verleger CURTI und 1684 eine weitere von seinem Konkurrenten BREGNA (Daten beider unbekannt) publiziert worden sein, doch Belegstücke fehlen.

Titel: Re. o. im Eck in kursiven Antiqua-Versalien: «*SALISBVRGENSIS IVRISDICTIO.*».

Rückseite: Ganz re.: «111». Titel Mi.: «**B O E M I A**.». Ital. Beschreibung von Böhmen als ganzseitiger Block mit einfacher Initiale «L» über zwei Zeilen. U. re. außen Kustode: «VES-» als Beginn des Titels der Beschreibung von Salzburg auf S. 113: «VESCOVATO DI | SALTZBVRGO.».

Publ.-Art: Atlasblatt aus Ort 75:
«**T H E A T R O** | D E L M O N D O | DI | ABRAAMO ORTELIO. | Nel quale si dà notizia distinta di tutte le | Prouincie, Regni, e Paesi del | Mondo. | *Con la descrittione delle Città, Territorij, …* | Ridotto à intiera perfettione, … | *Con la Tauola delle cose più degne, che nell Opera* | *si contengono.* ‖ (längliches Druckersignet mit Maske in Rollwerk) I N V E N E Z I A, MDCXCVII. | Per Domenico Lovisa. | *CON LICENZA DE SVPERIORI.*».

Standort: SBB Haus 2: 8° Kart. B 138–112.

Literatur: KOE III S. 83.

1724

Für diese vermutlich letzte Auflage des „Theatro" wurden die Platten teilweise nach jenen der Ausgabe 1697 neu gestochen. Da Titel, Zusätze und Rückseitentext unverändert blieben, sind lose Blätter nicht eindeutig zuzuordnen.

Publ.-Art: Atlasblatt aus Ort 76:
«**T H E A T R O** | D E L M O N D O. | DI ABRAAMO ORTELIO | … (Titel weiter gleichlautend, aber in zarteren Typen neu gesetzt. Statt

	Druckersignet Leiste mit drei zierlichen Blütenornamenten) I N V E-N E Z I A, MDCCXXIV.	Per Domenico Lovisa.	*CON LICENZA DE SVPERIORI.*».
Standort:	SBB Haus 2: 8° Kart. B 138/5–112.
Literatur:	KOE III S. 83.

1.2.2
„Pergament" mit Kartusche

Dem „Caert Thresoor" des Buchdruckers und Verlegers Barent LANGENES (tätig ca. 1590–1605?) aus dem bis dahin als Verlagsort unbekannten Middelburg entstammt eine der originellsten Karten Salzburgs: Das alte, manieristische ORTELIUS-Motiv des etwa dreieckigen, sich teilweise einrollenden Pergaments ohne Graduierung wird zwar beibehalten, den Platz der Stadtansicht nimmt aber nun eine Titelkartusche aus scharfkantigem Beschlagwerk mit neun „Nietenköpfen" ein. Der hohe, schmale Zwickel links unten zeigt statt Hügel und Baum ein leeres Feld.

Der Erfolg des preiswerten niederländischen „Caert Thresoors" veranlaßte Peter BERTIUS (Petrus, Pierre BERT, BERTS, 1565–1629) zur Herausgabe einer lateinischen Version mit geändertem Titel. Von dieser (und dem Original) lassen sich wiederum weitere gleichartige Atlanten verschiedener Verleger in französischer und deutscher Sprache ableiten, sodaß KOEMAN in einem übersichtlichen Schema über deren gegenseitige Abhängigkeit zwischen 1598 und 1650 nicht weniger als 16 Ausgaben nachweisen kann. Es ist aber nicht einmal an Hand der Plattenmaße immer möglich, lose Blätter verläßlich einer dieser Ausgaben zuzuordnen. Im folgenden werden nur die wichtigsten verzeichnet.

Titel:	«Salisburgen	sis Diœcesis» mit „langen" «s» und mit Schluß-«s».
Zusätze:	Li. o. im Eck: Statt Huldigungsgedicht Doppelkreis mit Himmelsrichtungen. – Re. o. frei im Kartenfeld: 1" langer Linearmaßstab für 10 M.
Maßstab:	1 : 2,821.300; 1" = 10 geogr. M.
Druckart:	Kupferstich.
Literatur:	KOE I S. 60–66; II S. 252–261.

Barent Langenes

NIEDERLÄNDISCHER TEXT
(1598)

Zusätze:	Im Oberrand Mi.: «'tBisdom van Saltsburch.»; ganz re. über dem Karteneck: «343». – Im Unterrand re. Signatur: «Y 4».
Maße:	Karte: 12,4 x 8,5 cm; Platte: 12,7 x 8,7 cm; Blatt: ca. 15,5 x 11 cm.
Rückseite:	Ganz li. o.: «344». – Titel: «Beschryvinghe van't Bisdom Saltsburch.». Text in voller Breite mit einfacher Initiale «O» über drei Zeilen, in drei Absätzen umbrochen. – Ganz re. u. Kustode: «te reysen:».

Publ.-Art:	Atlasblatt aus Lan 1 (77): «CAERT THRESOOR,	Inhoudende de tafelen des gant=	sche Werelts Landen/met beschryvingen verlicht/tot lust	van den Leser/nu alles van nieus met groote costen eñ arbeyt toegereet. ‖ (großes Titelkupfer: Acht Gelehrte an einem Arbeitstisch mit Globen, Kompaß, Uhr und Folianten.) Tot Middelburch by Barent Langenes / ende men vintse te coop by Cornelis Claesz.».
Standort:	BLL: Maps 39.a.2. – ÖNB: K I 124.205. – SWS. – UBA: 1802 G 6.
Literatur:	KOE II S. 254f., Tafel 32.

Abb. 9: Epitome: „Pergament" mit Kartusche.   1.2.2

Peter Bertius

LATEINISCHER TEXT
1600

Zusätze:	Im Oberrand: «DESCRIPTIO SALISBVRGENIS(!) DIOECES.» (110 mm lang, 3 mm hohe Typen. Druckfehler nur in diesem Übertitel; auf li. S. 352 steht zweimal korrekt «SALISBVRGENSIS»). – Ganz re. über Karteneck: «353».
Maße:	Karte: 12,4 x 8,7 cm; Platte: ca. 13 x 9,7 cm; Blatt: ca. 17 x 12 cm. – Atlas: ca. 18,5 x 12,5 cm.
Rückseite:	Übertitel: «DESCRIPTIO ARCHIDVCATVS AVSTRIÆ.» in 3 mm hohen Typen. Ganz li.: «354». Darunter in vier Zeilen Ende der Beschreibung von Salzburg. Querstrich, neuer Titel: «DESCRIPTIO ARCHI-

DVCATVS AVSTRIÆ.» in 4 mm hohen Typen, 13 Zeilen Landesbeschreibung im Block mit einfacher Initiale «A» über zwei Zeilen. – Ganz re. u. Kustode: «eo».

Publ.-Art: Atlasblatt aus Lan 4:
«P. BERTII | **TABVLARVM GEOGRAPHICARVM** | CONTRACTARVM LIBRI QVATVOR. | *Cum luculentis singularum Tabularum explicationibus.* ‖ (Titelkupfer: Gelehrtenstube wie im „Caert Thresoor", Lan 1) AMSTELODAMI, | Apud Cornelium Nicolai, Anno M.DC. Veneunt autem Arnhemij apud Ioannem Ioannis.».

Standort: BLL: Maps 39, a. 6. – NSUG: 8 GEOGR 153. – SWW: K-I: WE 51. – UBM: 8 H.aux. 625 (Libri quinque).

Literatur: KOE II S. 256.

1602

Zusätze: Im Oberrand: «DESCRIPTIO SALISBVRGENSIS DIOECES.» (94 mm lang, 2 mm hohe Typen); ganz re.: «323».

Rückseite: Titel wie Übertitel der Karte. Ganz li.: «324». – 16 Zeilen Landesbeschreibung in einem Block mit einfacher Initiale «S» über drei Zeilen. U. abgestrichen, ganz re. Kustode: «AVSTRIÆ».

Publ.-Art: Atlasblatt aus Lan 5:
«P. BERTII | TABVLARVM **GEOGRAPHICARVM** | CONTRACTARVM | Libri Quinque, | *Cum luculentis singularum Tabularum* | *explicationibus.* | EDITIO SECVNDA. | AMSTELODAMI, ‖ Apud Cornelium Nicolai, ANNO CIƆ. IƆ. CII.».». – Diese Titelseite in einfachem Buchdruck folgt einem gestochenen Frontispiz mit gekürztem Text (siehe Ausgabe 1606).

Standort: KBH: 509, L 17. – NSUG: 8 GEOGR 153e (1603). – SMS. – SWS. – UBM: 8 H.aux. 627. – UB/SB Regensburg: Hist. pol. 281.

Literatur: KOE II S. 256.

1606

Zusätze: Im Oberrand: «DESCRIPTIO SALISBVRGENSIS DIOECES.» (117 mm lang, 3 mm hohe Typen); ganz re.: «323».

Rückseite: Wie 1602, Lan 5.

Publ.-Art: Atlasblatt aus Lan 7:
«P. BERTII | TABVLARVM | GEOGRAPHICARVM | CONTRACTARVM | Libri Quinque, | *Cum luculentis singularum Tabularum* | *explicationibus.* | EDITIO TERTIA. ‖ *Apud Cornelium Nicolai, Anno 1606.* | AMSTELODAMI.». – Der Text ist in Buchdruck einem großen Oval der aufwendig gestochenen Titelseite eingesetzt. Diese zeigt die Allegorien der vier Erdteile, sechs Medaillons mit den Porträts der größten Geographen und zwei Steintische mit Globen, Kompaß und Meßgeräten.

Standort: SBB Haus 2: 8° Kart. B 196/27. – SStW: 30.h.74. – SWS.

Literatur: KOE II S. 257.

FRANZÖSISCHER TEXT

1602

Die um vier Karten vermehrte französische Fassung von LANGENES „Caert-Thresoor" hat Jean de la HAYE übersetzt und herausgegeben, wobei Drucker und Verleger mehrfach wechselten. Die Karte von Salzburg blieb unverändert, sodaß nur fallweise die Rückseitentexte Zuschreibungen ermöglichen.

Zusätze: Im Oberrand: Mi.: «Saltsbourg.»; ganz re. neben dem Karteneck: «371». – Im Unterrand re. am Rahmen: «AA 2».

Rückseite: Ganz li. o.: «372». – Titel wiederholt: «Description de Saltsbourg.» zwölf Zeilen überlaufender Text in voller Breite. Querstrich, neuer Titel: «Description d'Austriche.», noch drei Zeilen Text mit gleichgroßer, einfacher Initiale «A». – Ganz re. u. Kustode: «pays est».

Publ.-Art: Atlasblatt aus Lan 3 oder Lan 6:
«THRESOR DE CHARTES, | **CONTENANT LES TA-** | **BLEAVX DE TOVS LES PAYS DV MONDE,** | enrichi de belles descriptions, reveu & augmenté. ‖ (Titelkupfer mit acht Gelehrten wie vorher.) Imprimé par Christoffle Guyot, *l'An* 1602. Pour CORNEILLE NICOLAS.». – Außer unter Namen CORNEILLE NICOLAS scheint der Verleger auch als CLAESZ., CLAESZOON und Nicolay CORNELIS auf (um 1550–1609).

Standort: BSM: Mapp. 24–371/372. – SMS.

Literatur: KOE II S. 256, 257.

(1609)

Rückseite: Wie 1602, Lan 3 oder Lan 6.

Publ.-Art: Atlasblatt aus Lan 9:
«*THRESOR DE CHARTES,* | **CONTENANT LES TABLEAUX,** | DE TOVS LES PAYS DV MONDE, ENRICHI | de belles descriptions, reveu & augmenté. ‖ (Titelkupfer mit acht Gelehrten wie vorher.) Imprimé par Matthias Becker, pour HENRY LAVRENTZ.».

Standort: SMS. – SWS. – UB Genf.

Literatur: KOE II S. 258.

DEUTSCHER TEXT

1612

Zusätze: Im Oberrand: ganz li.: «394»; Mi.: «P. BERTII II. Buch».

Rückseite: Im Oberrand: Mi.: «Von dem Bisthumb Saltzburg.»; ganz re.: «393». – Text über die volle Breite: noch neun Zeilen Landesbeschreibung der Pfalz, Querstrich, neuer Titel: «Von dem Bisthumb Saltzburg.», sieben Zeilen mit großer Initiale «D» über drei Zeilen. Ganz re. u. Signatur: «Bb v» und Kustode: «dann».

Publ.-Art: Atlasblatt aus Lan 10:
«PETRI BERTII | **Geographischer eyn oder zusammengezogener Tabeln** | Fünff vnterschiedliche Bücher. In deren I. die gantze Welt in gemein. | II. EVROPA. III. AFRICA. IV. ASIA. V. AMERICA. | vorgebildet vnd beschrieben wirdt. ‖ (Titelkupfer wie bei LANGENES) Gedruckt zu Franckfurt durch Matth. Beckern / In Verlegung Heinrich Lorentzen. Im Iahr 1612.».

Standort: BSM: Mapp. 2. – UBW: I 331.418 A.

Literatur: KOE II S. 258.

1   Ortelius und die Folgekarten

1.2.3
Rollwerkkartusche

Mit dieser neu gestochenen und etwas verkleinerten, aber weiterhin nach Westen orientierten Bearbeitung der ORTELIUS-Epitome vollzieht sich eine weitgehende Abkehr vom graphischen Erbe der Vorlage. Der Inhalt der Karte wurde drastisch reduziert. Das Gewässernetz zeigt nurmehr die wichtigsten Flüsse – z. B. in Salzburg den Oberlauf der Enns und die Salzach. Deren einzige, unbeschriftete Zuflüsse sind die Saalach und ein aus Lammer, Taugl und Almbach kombinierter Phantasiestrom. Die Toponyme beschränken sich im Landesbereich auf zwei Fluß- und sieben Ortsnamen. Den graphischen Schmuck bildet nurmehr eine bescheidene, ca. 48 x 18 mm kleine Rollwerkkartusche mit dem Landesnamen im rechten unteren Eck des Kartenfeldes. Gradangaben fehlen nach wie vor.

Titel:	«**SALISBVRGVM**» in großen Antiqua-Versalien.
Zusätze:	Himmelsrichtungen in Latein in der Mi. am Rand jeder Seite. – Im re. o. Eck des Kartenfeldes in Doppelstrichrahmen Linearmaßstab für 9 M. – Im Kartenfeld über der Kartusche groß: «**Austriæ | confinia.**».
Maße:	Karte: ca. 10,5 x 7,5 cm; Platte: ca. 11 x 8,5 cm; Blatt: bis zu 16,5 x 13 cm. – Atlas: bis zu 17 x 13 cm.

1.2.3

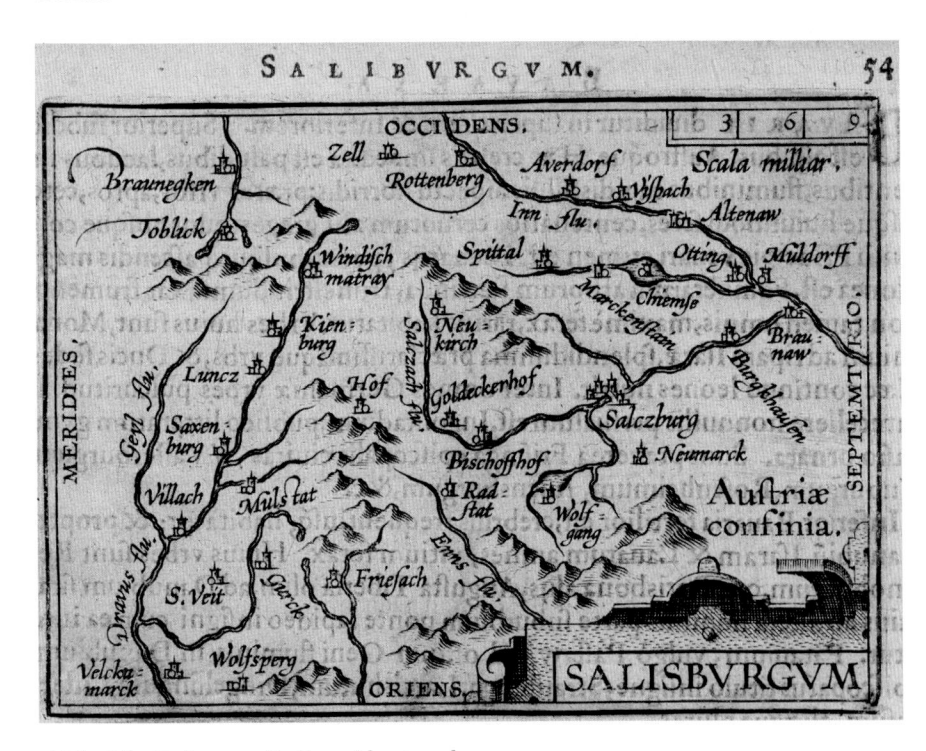

Abb. 10: Epitome: Rollwerkkartusche.

FRANZÖSISCHER TEXT
1598

Zusätze:	Im Oberrand: Mi.: «S A L I S B V R G V M.»; ganz re. «62».
Rückseite:	Franz. Landesbeschreibung von Bayern wie 1588, Ort 52, mit gleichem Titel, Text und Umbruch, keine Kennzeichen.
Publ.-Art:	Atlasblatt aus Ort 57: «EPITOME | **DV THEATRE DV MONDE,** | D'ABRAHAM ORTELIVS. | Auquel se represente, tant par figures que characteres, la vraye | situation, nature, & proprieté de la terre vniuerselle. | *Reueu, corrigé & augmenté de plusieurs Cartes, pour la derniere fois.* || (großes Druckersignet) A A N V E R S , | DE L'IMPRIMERIE PLANTINIENNE, | Pour Philippe Galle. | M. D. X C V I I I.». Das «X» in der Jahreszahl ist häufig unleserlich oder es fehlt ganz.
Standort:	BRB: VI 33234 A. – SMS.
Literatur:	KOE III S. 76 f.

1601

KOEMAN registriert diese Ausgabe nach dem einzigen ihm bekannten Exemplar in der Florentiner Nationalbibliothek. Laut Auskunft der Direktion ist dieses nicht mehr vorhanden. Titel, Zusätze und Rückseitentext dürften jenen der französischen Ausgabe von 1590, Ort 54, gleichen.

Publ.-Art:	Atlasblatt aus Ort 59: «Abrégé | du | Théatre, | contenant la description des principales parties & régions du monde, | représentées en petites cartes, & illustrées de sommaires expositions. | Dernière édition, corrigée en plusieurs lieux, & augmentée de quelques cartes nouvelles. || A Anvers, I. B. Vrients, | M.D.CI.».
Standort:	Unbekannt.
Literatur:	KOE III S. 77.

1602

Zusätze:	Im Oberrand: Mi.: «S A L I S B V R G V M.»; ganz re.: «62».
Rückseite:	Wie 1598, Ort 57.
Publ.-Art:	Atlasblatt aus Ort 60: «ABREGE | **DV THEATRE** | D'ORTELIVS, | Contenant la description ... | *Dernière édition, corrigée en plusieurs lieux, et augmentée de quelques Cartes nouuelles.* || (Erdkugel mit Umschrift wie 1601, Ort 58.) A ANVERS, | CHEZ JEAN BAPTISTE VRIENTS, | Anno 1602 *Auecque Priuilege.*».
Standort:	BRB: II 87800 A.
Literatur:	KOE III S. 77.

LATEINISCHER TEXT
1601

Zusätze:	Im Oberrand: Mi.: «S A L I S B V R G V M.(!)»; ganz re.: «54».
Rückseite:	Wie 1589, Ort 53: Übertitel: «B A V A R I A.», Landesbeschreibung mit «BAVARIA» und Initiale «B» über zwei Zeilen beginnend, durchlaufender Blocksatz, zwei Absätze, keine Kennzeichen.

Publ.-Art:	Atlasblatt aus Ort 58: «EPITOME	**THEATRI**	ORTELIANI,	...	*Editio vltima, multis locis emendata, et nouis aliquot tabulis aucta.*» ‖ (Erdkugel mit Umschrift: «CONTEMNO, ET ORNO: MENTE, MANV.» Christusmonogramm). «ANTVERPIÆ,	APVD IOANNEM BAPT. VRIENTIVM	ANNO, M. D CI. *Cum gratia et Priuilegio.*». – Am Ende des «INDEX TABULARUM» Druckernachweis: «Typis Henrici Swingenij.». – Karte auch in der engl. Ausgabe des „Atlas minor Gerardi Mercatoris a. J. Hondio ...", Amsterdam 1607.
Standort:	BRB: VH 14333 A. – BSM: Mapp. 13 h-54, 38–54, 38 a-54. – MPM: R 51.40. – SWS. – ZBLU: F1 98–12.
Literatur:	KOE III S. 77. – SLA S. 6, L.8 (ohne Hinweis auf Fehler im Titel).

ITALIENISCHER TEXT

1602

Zusätze:	Im Oberrand: Mi.: «V E S C O V A T O D I S A L T Z B V R G O .»; ganz re. über dem Karteneck: «53». – Im Unterrand re.: «H 5».
Rückseite:	Ital. Landesbeschreibung von Bayern wie 1593, Ort 55.
Publ.-Art:	Atlasblatt aus Ort 61: «BREVE COMPENDIO	**DAL THEATRO**	ORTELIANO.	Contenendo la delineatione de tutti li Regioni principali, del mondo,	stampate in tauole piccole, & Illustrate con breui declarationi.	*La postrema editione in molti luoghi emendata ...* ‖ (Erdkugel mit Umschrift wie 1601, Ort 58.) IN ANVERSA	APPRESSO GIOANNI BATTISTA VRIENTIO.	ANNO, M. DII. (statt richtig: M.D.CII.) Con gratia & Priuilegio.».
Standort:	BRB: III 27595 A. – UBA: 1802 G 15. – ZBSO: Rar 495.
Literatur:	KOE III S. 77f.

ENGLISCHER TEXT

[1602]

Zusätze:	Im Oberrand: Mi.: «T H E D I O C E S O F S A L I S B V R G .»; ganz re. über dem Karteneck: «54».
Rückseite:	Engl. Landesbeschreibung von «B A V A R I A.». Einfache Initiale «I» über zwei Zeilen, 19 Zeilen Text in sechs Absätzen, keine Kennzeichen.
Publ.-Art:	Atlasblatt aus Ort 62: «AN	**EPITOME OF ORTELIVS**	HIS THEATRE OF THE VVORLD, VVHEREIN	the principal regions of the earth are described in smalle Mappes.	VVith a brief declaration annexed to ech mappe ...	*It is also amplyfied with new Mappes wanting in the Latin editions.* ‖ (Erdkugel mit Umschrift wie 1601, Ort 58.) AT LONDON, PRINTED BY JOHN NORTON.». – Lt. KOEMAN wurden für diese erste englische Ausgabe die Karten der lateinischen Version von 1601, Ort 58, verwendet.
Standort:	BLL: Maps C 2 b 11.p.
Literatur:	KOE III S. 78.

1 Ortelius und die Folgekarten

1.2.4
Nordorientierung und Graduierung

Der bei 1.2.3 begonnene Bruch mit der Tradition erreicht seinen Abschluß: Unter Beibehaltung des drastisch reduzierten Karteninhalts werden die von den Brüdern Ambrose und Ferdinand ARSENIUS (= AERTSEN) neu gestochenen Karten nach Norden orientiert und in ein Gradnetz gestellt, dessen Längen sich auf den von MERCATOR verwendeten Null-Meridian von San Miguel (mit einem Fehler von ca. 3°) beziehen. Die Maßstäbe variieren zwischen 1:2,250.000 und 1:2,592.000, was für den Zoll 8 oder 9 geographische Meilen ergibt.

Den graphischen Aufputz bilden lediglich einfache Platten- und Rollwerkkartuschen für den Haupttitel, der im Blatt Salzburg auf einer kleinen Voluten-Konsole in der rechten oberen Ecke steht. Gegen das Kartenfeld ist die Platte links und unten mit einer Rahmenleiste gefaßt. Nach dem kartographischen Bild könnte man versucht sein, die Blätter den „Atlantes minores" der MERCATOR-Nachfolger (Gruppe 2) zuzuordnen. Tatsächlich leiten sie sich aber von ORTELIUS ab, auf den sich auch alle Herausgeber ausdrücklich berufen.

In den meisten, von KEERBERGEN, VRINTIUS und PLANTIJN herausgegebenen Epitomen in Queroktav steht der Atlastitel im großen Mittelfeld einer antiken, durch vier Pilaster gegliederten Fassade – zuerst von kräftigen, ovalen Voluten gerahmt, später frei auf der rechteckigen Platte. Diese

Abb. 11: Epitome: N-orientiert mit Graduierung.   *1.2.4*

1   Ortelius und die Folgekarten

flankieren in Nischen Allegorien der Geographie und der Hydrographie. Der Architrav zeigt in Medaillons die sieben berühmtesten Geographen des Altertums und der Neuzeit. Unter dem mittleren Schriftfeld ist ein großer Kompaß zwischen Himmels- und Erdgloben zu sehen. Für die Ausgaben in Englisch, Deutsch und Italienisch wurden neue Titelkupfer gestochen oder auf ältere zurückgegriffen. Die Texte hat Michel COIGNET (1542 oder 1549–1623) verfaßt.

Titel:	«SALISBVRGENSIS | ARCHIEPISCOPATVS.».
Zusätze:	Li. u. im Kartenfeld Linearmaßstab für 6 M., darunter: *«Scala milliarium»*. – Himmelsrichtungen in Latein an jeder Seite.
Maße:	Karte: 12–12,2 x 8–8,3 cm; Platte: ca. 12,4 x 8,5 cm; Blatt bis zu 18 x 13 cm. – Atlas bis zu 19 x 13,5 cm.
Maßstab:	ca. 1 : 2,300.000.
Graduierung:	Im einfachen Strichrahmen 5'-Skala, volle Grade beziffert. L von Salzburg: 35° 35'–42' E.
Literatur:	Zu COIGNET: MdW S. 253. – ZED Bd. 6, Sp. 633.

LATEINISCHER TEXT

1601

Zusätze:	Im Oberrand: Mi.: «S A L I S B V R G V M.» klein, aber 55 mm lang; ganz re. über dem Karteneck: «54».
Rückseite:	O. Mi. Titel: «B A V A R I A.». Landesbeschreibung von Bayern in Latein als einspaltiger, 20 Zeilen langer Textblock mit einfacher Initiale «B» über drei Zeilen, keine Kennzeichen. – Die Landesbeschreibung von Salzburg steht li. gegenüber der Karte auf der Rs. des vorhergehenden Blattes.
Publ.-Art:	Atlasblatt aus Ort 63: «Epitome | THEATRI ORBIS TERRARVM | Abrahami Ortelij | *De nouo recognita, aucta, et* | *Geographica ratione restaurata,* | à | Michaele Coigneto | Mathem. | Antverpiano. ‖ (im Sockel:) ANTVERPIAE SVMPTIBVS IOANNIS KEERBERGII ANNO M.D. CI.».
Standort:	BRB: II 14447 A. – BSM: Mapp. 37–54 – MPM: R 61.15. – SStW: 99.f.96.
Literatur:	KOE III S. 79.

1609

Diese lateinische Ausgabe trägt einen französischen Titel und entspricht inhaltlich der folgenden Edition. KEERBERGENs Platten benützte zunächst VRIENTS und für die weiteren Ausgaben PLANTIJN.

Zusätze:	Im Oberrand: Mi.: «S A L I S B V R G V M.» in größeren Typen, aber nur 44 mm lang; ganz re.: «66» (nicht immer vorhanden).
Rückseite:	Landesbeschreibung der Oberpfalz in lat. Sprache. – Titel: «NORTGOIÆ IN BAVARIA PALATINATVS.». 21 Zeilen Text mit einfacher Initiale «B» über zwei Zeilen in einem Block umbrochen, keine Kennzeichen.
Publ.-Art:	Atlasblatt aus Ort 67 A: «L'Epitome | DV THEATRE DE L'VNIVERS | d'Abraham Ortelius: | *Nouuellement recogneu, augmenté,* | *et restauré de meseure Geographique,* | *par* | *Michel Coignet* | *Mathemat. d'Anuers.* ‖ (Im Sockel:) ANTVERPIAE SVMPTIBVS IOANNIS BAPT. VRINTII AN. M.DCIX.».
Standort:	BRB: IV 58.678 A.
Literatur:	KOE III S. 80.

1609

Zusätze:	Im Oberrand: Mi.: «S A L I S B V R G V M.» wie vorher; ganz re.: «66». – Im Unterrand re.: «K 5».
Rückseite:	Landesbeschreibung von Bayern in Latein wie 1601, Ort 63, mit gleichem Titel aber neu gesetzt. Einfache Initiale «B» nur über zwei Zeilen, keine Kennzeichen.
Publ.-Art:	Atlasblatt aus Ort 67 B: «Epitome | THEATRI ORBIS TERRARVM | Abrahami Ortelij | … (Titel wie 1601, Ort 53 bis:) Michaele Coigneto | Mathem. | Antuerpiano. ‖ (im Sockel:) ANTVERPIAE SVMPTIBVS IOANNIS BAPT. VRINTII AN. M.DCIX.».
Standort:	LCW: G1006.T7 Vault. – SMS. – SWS.
Literatur:	KOE III S. 80.

1612

Zusätze:	Im Oberrand: Mi.: «S A L I S B V R G V M.» wie vorher; ganz re.: «66». – Im Unterrand re.: «K 5».
Rückseite:	Wie 1609. Lose Blätter können aus beiden Aufl. stammen.
Publ.-Art:	Atlasblatt aus Ort 68 A, B: «Epitome | THEATRI ORBIS TERRARVM…» wie 1601, Ort 63, bis zum neuen Druckernachweis: «ANTVERPIAE EXSTAT IN OFFICINA PLANTINIANA. M. DC. XII.». Titel ohne Volutenrahmen. – Die Ausgabe gibt es in zwei Typen: Bei Type A sind die Seiten mit leeren Manuskriptblättern durchschossen, bei Type B fehlen diese. Die Karten entsprechen jenen der Ausgaben 1601, Ort 63 und 1602, Ort 64.
Standort:	Type A: MPM: R 61.14. – Type B: BRB: II 33992 A. – UBW: I 260.450 A.
Literatur:	KOE III S. 80f.

FRANZÖSISCHER TEXT

1601/1602

Die beiden Ausgaben sind bis auf die verschiedenen Atlas-Titelseiten nahezu identisch, sodaß lose Blätter nicht eindeutig zuzuordnen sind. Daher wird auf die Katalogisierung beider Ausgaben verzichtet und nachstehend der Titel des Exemplars der UBW wiedergegeben.

Zusätze:	Im Oberrand: Mi.: «L E D I O C E S E D E S A L I S B O V R G.»; re. über dem Karteneck: «54».
Rückseite:	Franz. Landesbeschreibung: «B A V I E R E.», einspaltiger, 22 Zeilen langer Textblock mit einfacher Initiale «L» über zwei Zeilen, keine Kennzeichen. – Landesbeschreibung von Salzburg li. gegenüber der Karte auf der Rs. des vorhergehenden Blattes.
Publ.-Art:	Atlasblatt aus Ort 64: «L'Epitome | DV THEATRE DE L'VNIVERS | d'Abraham Ortelius. |

*Nouuellement recogneu, augmenté, | et restauré de meseure Geographique, | par | Michel Coignet | Mathemat. d'Anuers. ‖ (im Sockel:) ANTVERPIAE SVMPTIBVS IOANNIS KEERBERGII ANNO M.DCII.».

Standort: BRB: VI 26350 A. – BSM: Mapp. 39–54. – SBB Haus 2: 8° Kart. B 147–54 (1601). – SWS. – UBW: I 260.451 A (1602).
Literatur: KOE III S. 79.

ENGLISCHER TEXT
1603

Diese Ausgabe enthält dieselben nordorientierten Karten wie die lateinische Fassung von 1601, Ort 63, und stellt daher die verlegerische Antwort auf die englische Ausgabe Philip GALLEs von 1602, Ort 62, mit westorientierten Karten dar. – Das Titelkupfer zeigt eine wesentlich vereinfachte große Tempelfassade auf mächtigem Sockel, mit Giebel, Triglyphenfries und zwei korinthischen Säulenpaaren, die ohne allegorischen Schmuck die Schrifttafel flankieren.

Zusätze: Im Oberrand: Mi.: «THE BISHOPRICK OF SALTZBVRGH.»; ganz re. über Karteneck «54».
Rückseite: Engl. Landesbeschreibung: «B A V A R I A.». Einfache Initiale «B» über zwei Zeilen, Text mit 23 Zeilen in einem Block umbrochen.
Publ.-Art: Atlasblatt aus Ort 65:
«ABRAHAM ORTELIVS | HIS EPITOME OF THE THEATER | OF THE WORLDE. | NOWE LATLYE SINCE THE LATINE | Italian, Spanishe, and Frenche editions, Re: | newed and Augmented, the Mappes all newe | grauen according to Geographicall measure. By | MICHAEL COIGNET, Mathematitian of Antwarpe, *Beeinge more Exactlye set forth, And amplefyed with | larger descriptions, then any done | heere to fore.* ‖ (im Sockel) AT LONDON | Printed for IEAMES SHAWE, and are to be | Solde at his shoppe nigh Ludgate. (li.:) ANNO (re.:) M. DC. III».
Standort: BLL: Maps C.2.b.10. – SWS.
Literatur: KOE III S. 79 f.

DEUTSCHER TEXT
1604

Die Karten dieser deutschen Ausgabe entsprechen bis auf vier jenen der französischen von 1602, Ort 64. Die Seitenzählung erfolgt nach dem selten gewordenen System der Foliierung. – Das prächtige, detailreiche Titelkupfer zeigt unter dem Sternbild des Großen Bären links und rechts neben der manieristisch gerahmten Schrifttafel die Allegorien der Astronomie und der Geographie, die auf Erd- und Himmelsgloben Distanzen abgreifen, dazwischen Kompaß und astronomische Meßgeräte.

Zusätze: Im Oberrand: Mi.: «S A L I S B V R G. E P I S C.» in 7 mm Abstand vom Kartenrahmen; ganz re. fol.: «95». – Im Unterrand ganz re. Kustode: «Das».
Maße: Karte: 12 x 8 cm; Platte: 12,3 x 8,5 cm; Blatt: 16,8 x 11,4 cm. – Atlas: 17,4 x 11,9 cm.

Rückseite: Ganz li. o. fol.: «96». Landesbeschreibung: «Das Hertzogthumb Beyern.» in Fraktur, außer den lat. Namen. Einfache Initiale «B» über zwei Zeilen, Text in drei Absätzen. Ganz re. u. Kustode: «BAVA-». – Die Beschreibung von Salzburg steht li. gegenüber der Karte mit der gleichen Pag. «95».
Publ.-Art: Atlasblatt aus Ort 66:
«Außzug | auß des Abrahami Orte- | lÿ Theatro Orbis Teutsch | beschrieben durch | LEVINVM HULSIUM | Francfort am Main. | M. DC. IIII». – U. in eigenem Rahmen über ganze Breite: «PROSTANT APVD IOHANEM KEERBERGIVM ET LEVINVM HVLSIVM.».
Standort: BSM: Mapp. 33–95. – NLC: Ayer 135 O7. – ÖNB: 393.203-A.K. – ZBLU: Fl 65 12.
Literatur: KOE III S. 80.
Zu HULSIUS (HULST, gest. 1605 oder 1606): ADB Bd. 13, S. 335.

ITALIENISCHER TEXT
1612

Zusätze: Im Oberrand: Mi.: «V e s c o v a t o d i S a l t z b v r g o.» in kleinen Typen; re. abgesetzt: «53». – Im Unterrand re. teils in den Rahmen gestempelt: «H 5».
Rückseite: Ital. Landesbeschreibung: «B A V I E R A.», 21 Zeilen in einem Block mit einfacher Initiale «A» über zwei Zeilen, keine Kennzeichen.
Publ.-Art: Atlaslatt aus:
«C O M P E N D I O | DAL THEATRO DEL MONDO | DI ABRAHAMO ORTELIO | *La postrema editione, corretta di nouo, et di alcune tauole aumentata.* ‖ (Verlags-Signet: Großer Globus mit Umschrift und Christusmonogramm) IN ANVERSA, | Si vende nella LIBRARIA PLANTINIANA | M. DC. XII.». – KOEMAN hat diese Ausgabe nicht registriert. Am meisten ähnelt sie der 1602 von VRIENTIUS gedruckten ital. Ausgabe (Ort 61).
Standort: SWS. – ZBZH: EE 1404.

OHNE ÜBERTITEL UND RÜCKSEITENTEXT

In einer Salzburger Privatsammlung befindet sich ein Exemplar dieser Karte in etwas größerem Format, das mit keiner bekannten Version übereinstimmt. Der zusätzliche Titel im Oberrand und die Pagina fehlen, die Rückseite weist keinen Text auf. Der Druck wirkt etwas flau und durchsichtig, in der Farbgebung eher grau als schwarz. Der Druckträger ist altes, handgeschöpftes und geglättetes Büttenpapier mit Teilen eines Wasserzeichens, das drei zusammenhängende Schildchen in einem Halbkreis erkennen läßt. Die Herkunft dieser Karte war bisher nicht festzustellen.

Titel: «SALISBVRGENSIS | ARCHIEPISCOPATVS.».
Zusätze: Li. u. im Kartenfeld Linearmaßstab für 6 M., darunter: «Scala milliarum». – Himmelsrichtungen in Latein an jeder Seite.
Maße: Karte: 13,7 x 9,3 cm; Platte: 14,4 x 10,2 cm; Blatt: 18,7 x 13 cm.
Maßstab: ca. 1 : 2.160.000; 4 Zoll = 30 M.
Graduierung: Im einfachen Strichrahmen 5'-Skala, volle Grade beziffert.
L von Salzburg: 35° 41' E.
Standort: SMS.

1.3
Karten aus Kölner Atlanten

Während die Karten der unter 1.2 katalogisierten Epitome nur verkleinerte und vereinfachte Kopien von Folio-Ausgaben sind, stellen die „Karten aus Kölner Atlanten" zwar ebenfalls kleine, aber eigenständige und kartographiehistorisch bedeutsame Entwürfe dar. Sie zeigen, wie „Köln um die Jahrhundertwende in Europa führend als Verlagsort für ‚Atlantes minores‘, d.h. Gebrauchs- und Reiseatlanten" war (MEU S. 41). Die Gruppe umfaßt drei unterschiedliche Darstellungen, die in Werken einiger Autoren z. T. in verschiedenen Plattenzuständen publiziert wurden, wobei sich wenigstens teilweise hinter unterschiedlichen Namen nur eine einzige Person verbergen dürfte. Als Wegweiser durch diesen bibliographischen Irrgarten dient das Standardwerk Peter H. MEURERs, auf das sich die folgenden ausgewählten Karten und Atlanten beziehen. Die MEURER-Siglen bestehen aus drei Buchstaben und der laufenden Nummer: Drei Großbuchstaben kennzeichnen Atlanten, ein großer und zwei kleine Buchstaben die Karten.

Hauptmerkmale der drei Kartentypen:

- 1.3.1 Große Itinerar-Karte (MEU: Ioc 64, Etz 59, Met 121)
  Nach Norden orientiert.
  Titel rechts oben auf hängender Tafelkartusche.
  Karte: ca. 17,8 x 13,4 cm; Platte: 18,4 x 14 cm.
  Straßen als punktierte Doppellinien eingezeichnet.
  Drei „Zielorte" im Kartenrand.

- 1.3.2 Kleine Itinerar-Karte (MEU: Qua 154, Eic 70)
  Nach Norden orientiert.
  Titel rechts oben in kleiner Hängekartusche.
  Karte: ca. 12,6 x 9,3 cm; Platte: 12,7 x 9,3 cm.
  Keine Eintragung von Straßen.
  Ein „Zielort" im Kartenrand.

- 1.3.3 NAGEL-BUSSEMACHER-Karte (MEU: Qua 14)
  Nach Westen orientiert.
  Titel rechts unten in Beschlagwerkkartusche.
  Karte: ca. 26,5 x 18,2 cm; Platte: 26,8 x 18,4 cm.
  Keine Eintragung von Straßen.
  Nennung von SETZNAGEL und der Kartenmacher.

Die Maße sind Durchschnittswerte mit Abweichungen bis zu etwa 2 mm, die durch unterschiedlichen Papierverzug oder auch durch die Verwendung neu gestochener Platten verursacht sein können. Bei der kleinen Itinerar-Karte decken sich häufig Karten- und Plattenränder.

Literatur: MEURER, Peter H.: ATLANTES COLONIENSES. Die Kölner Schule der Atlaskartographie 1570–1610. Fundamenta Cartographica Historica, Bd. 1. Verlag Pfaehler, Bad Neustadt a. d. Saale 1988. – Hier zitiert: MEU: Seite bzw. Sigle (auch nur Sigle ohne MEU).

1.3.1
Michael von Eitzing (ca. 1530–1598)
Frans Hogenberg (1535–1590)
Große Itinerar-Karte (MEU: Ioc 64, Etz 59, Met 121)

Als „Itinerarium" bezeichnete man in der Antike für rein praktische Zwecke bestimmte Straßenverzeichnisse, die alle an der Strecke liegenden Orte und Stationen, deren Distanzen und auch die Schiffahrtslinien nach Art moderner Kursbücher anführten. In der graphischen Form von „Itinerar-Karten", wie sie in der „Tabula Peutingeriana" erhalten geblieben ist, waren sie Vorläufer der Reisekarten. Die Renaissance der Itinerare als Reiseführer für Pilger begann mit den Kreuzzügen und erreichte mit Rom-Führern Ende des 16. Jhs. ihren Höhepunkt. In der Kartographie versteht man dagegen unter Itinerar die Routenaufnahme noch nicht vermessener Gebiete (LGK S. 680ff.).

Der aus Oberösterreich stammende Diplomat, Publizist, Historiker und Kartograph EITZING (AITZING, AITSINGER, EYTZINGER), der u. a. den manieristischen „Leo Belgicus" (eine Karte der Niederlande im Umriß eines sitzenden Löwen) erfunden hat, brachte 1579/80 die erste Ausgabe des „Itinerarium Orbis Christiani" mit 83 Karten anonym und undatiert in Köln heraus. In späteren Auflagen wird neben dem Verfasser auch HOGENBERG als Stecher und Verleger genannt. Mit der Sonderausgabe „Itinerarium Europae" dürfte die Edition des IOC – etwa um 1590 – eingestellt worden

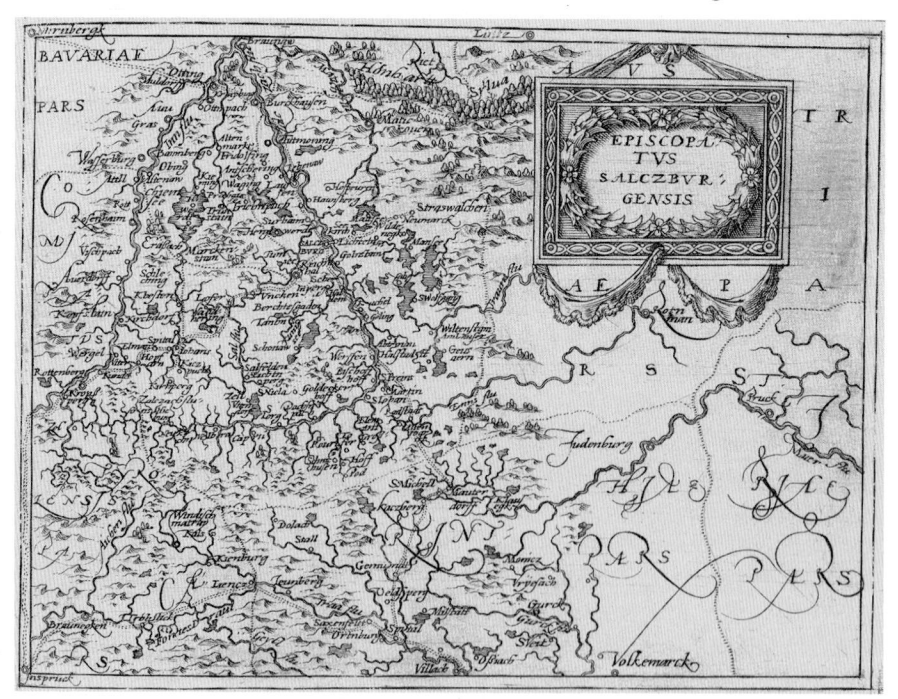

Abb. 12: Große Itinerarkarte mit drei Zielorten.

sein. Der größte Teil der Platten fand später für die METELLUS-Atlanten Verwendung (MEU S. 123). Auf die umstrittene Identität der Autoren, vor allem von Matthias QUAD, Cyprianus EICHOVIUS und Conrad LOEW wird hier nicht eingegangen.

Die von EITZING entworfene und von HOGENBERG gestochene Karte von Salzburg läßt sich trotz eigenständiger Bearbeitung auf ORTELIUS und DE JODE zurückführen, jedoch ist sie nach Norden orientiert. Graduierung, Nordpfeil und Maßstabsleiste fehlen. Den Blickfang bildet eine große, rechteckige Titelkartusche, die rechts oben an zwei Bändern hängt und unten mit zwei halbkreisförmigen Girlanden geschmückt ist. Den Titel umrahmt ein ovaler Lorbeerkranz, dessen Hintergrund zwei verflochtene Bänder im Rechteck einfassen.

Die wesentliche Aussage der Karte liegt in der Eintragung der Hauptverkehrswege mit doppelten und der oft stark verschobenen Grenzen mit einfachen Punktlinien, entsprechend der Absicht des Autors, die Wege nach Rom zu weisen. Grobe Verzerrungen, die überdies in Ost-West- und Nord-Süd-Richtung stark variieren, machen die verläßliche Ermittlung des beabsichtigten Maßstabs unmöglich. Vermutlich soll dieser 1:1,584.000 oder 1" = 5½ Meilen (4" = 22 Meilen) betragen.

Nach MEURER wurde die Karte von Platten in vier Zuständen, teils mit Varianten, gedruckt, von denen aber nur zwei für uns relevant sind, die mehrere Herausgeber publizierten (S. 116ff.):

(1.): Ohne Zählung, Rückseite leer, Karte plano (im „Itinerarium Orbis Christiani").

(2.): Doppel-Numerierung: Im Unterrand ganz rechts Nr. 54, unten links im Kartenfeld Nr. 59. Rückseite mit lateinischem Text (im „Itinerarium Germaniae", „Itinerarium Europae" und in den METELLUS-Atlanten).

„Itinerarium Orbis Christiani"
1579/80

Die in fast allen Ausgaben des IOC mit unterschiedlicher Einordnung enthaltene Karte (Ioc 64, Etz 59, Met 121) entspricht dem Zustand (1): Sie ist unnumeriert und die Rückseite leer wie bei allen diesen Kartenblättern.

Titel: «EPISCOPA= | TVS | SALCZBVR= | GENSIS».
Zusätze: Im schmucklosen, ca. 5 mm breiten Doppelstrichrahmen drei Zielorte: o.: «Nurnbergk» und «Lintz», u. li.: «Inspruck».
Maße: Karte: 17,8 x 13,4 cm; Platte: 18,4 x 14,3 cm. – Atlas: 23 x 18 cm.
Publ.-Art: Atlasblatt aus MEU: IOC 1 bis IOC 9:
«ITINERARIUM ORBIS CHRISTIANI | Itinerario di tutti i Paesi Christiani | Wegweiser des gantzen Christenthumbs (Fraktur) | *La Guide des chemins de tous les Pais de la Chrestienté*».
Standort: BSM: 4 Mapp. 48a, Mapp. 48–7. – ÖNB: 47.S.23 und 47.S.24 (Prunksaal). – SBB Haus 2: 8° Kart. B 149, B 149 R. – SLA: Graphik XIV.39.
Literatur: SCHULER, J. E. (Hg.): Der älteste Reiseatlas der Welt (Itinerarium orbis Christiani). Vorwort von Alois FAUSER und Traudl SEIFERT. Mit Faksimile. Schuler Verlagsges. Stuttgart 1965.

ADB Bd. 5, S. 777. – BSM-44 S. 321 (Abb. 252), S. 323 (Abb. 254), S. 430 K 14,1. – BSM-50 S. 224, K 6.4. – JÖC 1. T., Sp. 174. – KOE III, S. 103. – MEU S. 105 ff., 122 ff. – SLA S. 17, L.46. – WAW S. 74 ff. (2 Abb.). – ZED Bd. 8, Sp. 2435.

„Itinerarium Germaniae"
1588

Die von „AITSINGER, österreichischer Autor" verwendete Karte zeigt den Zustand (2) mit «54» unter dem rechten unteren Karteneck, «59» links unten im Kartenfeld und leerer Rückseite wie bei allen Kartenblättern.

Publ.-Art: Atlasblatt Nr. 59 aus MEU: ETZ 2, ETZ 3:
«AD | HISPANIÆ ET | HVNGARIAE REGES | TERMAXIMOS. | **DE EVROPAE** | VIRGINIS, TAVRO IN- | SIDENTIS, TOPOGRAPHICA ATQUE | HISTORICA DESCRIPTIONE, | LIBER, | **QVATVOR ORBIS PAR-** | TIBVS DISTINCTVS: ... | A FRANCISCO | HOGENBERGIO INSI- | GNI ARTIFICA | ORNATVS. | *MICHAELE AITSINGERO* | *Austriaco authore.* | COLONIAE AGRIPPINAE, | Apud Godefridum Kampensem. | Anno CIƆ. IƆ. LXXXVIII.». – Der Text ist fast zur Gänze in unterschiedlich großen Versalien gedruckt und zentriert umbrochen. Das manieristische Titelkupfer stellt die auf einem Stier reitende, mit Krone und Szepter geschmückte Europa in Gestalt einer Karte des Kontinents dar. Der Zwischentitel steht auf einer reich mit Symbolen reich verzierten Plattenkartusche. Er beginnt mit den Worten «ITINERARIV (= ium) | GERMANIAE PROVINCIAS CONTINENS ...» und enthält einen ausführlichen Kommentar.
Standort: BNP: Ge.FF.720 (ETZ 3). – ÖNB: 47.Jj.69 (Prunksaal).

„Itinerarium Europae"
[1590]

Die Karte in dieser „Sonderausgabe" entspricht dem Zustand (2) von 1588, ist aber so wie fast alle in diesem Werk enthaltenen Karten nicht gefaltet, sondern im Format des Titelblattes plano eingebunden. Lose Blätter können nicht eindeutig zugeschrieben werden.

Publ.-Art: Atlasblatt Ioc 64 aus MEU: IOC 8:
Der Titel ist unverändert, der Zwischentitel auf der großen Plattenkartusche beginnt aber mit den Worten «ITINERARIV (= ium) | EVROPAE PROVINCIAS CONTINENS ...».
Standort: SWW: K-II: EU 49.

Johannes Metellus (um 1520–1597)
„Germania superior"

Die in den Atlanten des Johannes Matalus METELLUS (Jean MATAL) Sequanus (für seine Herkunft aus Burgund) enthaltene Karte (MEU: Met 121) ist identisch mit der IOC-Karte (MEU: Ioc 64) im Zustand (2), d. h.

daß sie von derselben Platte mit beiden Nummern gedruckt wurde. Der einzige Unterschied zwischen diesem Blatt und der Karte im „Itinerarium Europae" von ca. 1590 (MEU: IOC 8 und 9) besteht darin, daß die Rückseite nicht mehr leer oder mit einer anderen Karte bedruckt ist, sondern eine lateinische Landesbeschreibung von Salzburg aufweist, die inklusive Bogensignatur und Kustode in allen METELLUS-Atlanten gleich ist. Da sie hochformatig gebunden sind, weisen die Karten einen Mittelbug auf.

Literatur: MEU S. 148 ff., 162–196.

1598

Maße: Karte: 17,6 x 14 cm; Platte: 18,1 x 14,4 cm; Bogen: bis zu 36,5 x 27,5 cm. – Atlas: ca. 19 x 28 cm.

Rückseite: (a): Titel über die ganze Satzbreite (12,8 x 23,5 cm): «SALTZBVR-GENSIS EPI= | SCOPATVS.» (1. Zeile 7 mm hoch, 2. Zeile nur 5 mm). Text der Landesbeschreibung in einer Spalte durchlaufend umbrochen, in der unteren Hälfte das Gedicht von CELTIS. Einfache Initiale «S» über zwei Zeilen, erstes Wort in Versalien. Unter der letzten Zeile Mi. BS: «Ll», ganz re. Kustode: «horarum».
(d): Forts. des Textes über die ganze Seite mit nur einem Absatz, keine Kennzeichen.

Publ.-Art: Atlasblatt «Ll» (Met 121) aus MEU: MET 5:
«GERMANIA SVPE= | RIOR 38. INFERIOR QVAE | ETIAM BEL-GIVM DICITVR, | 16. TABVLIS AENEIS DESCRIPTA. | (elf Zeilen Inhaltsangabe) ‖ *Iohannes Matalius Metellus Sequanus, cuius etiamnum laudata viget memoria ...* (acht Kursiv-Zeilen Würdigung des Autors, darunter Blattwerk-Zierstück, darunter Impressum): COLONIAE AGRIPPINAE. | EXCVDEBAT IOANNES CHRISTOPHORI TYPOGRAPHVS. | ANNO DOMINI M. D. XCVIII.». – Die Größe der tlw. gesperrten Versalien verringert sich von 8 mm bis 3 mm. Alle Texte sind zentriert, die letzten Zeilen zurückspringend.

Standort: ÖNB: 47.Mm.43 (Prunksaal). – SWS. – UBW: II 259.017 A Adl.

„Itinerarium Europae"

1600

Die Karte ist mit jener der Ausgabe von 1598 identisch. Die Titelseiten ähneln sich weitgehend.

Publ.-Art: Atlasblatt «Ll» (Met 121) aus MEU: MET 6:
«EVROPA | **TABVLIS AENEIS** 166 | SECVNDVM RATIONES | GEOGRAPHICAS | DELINEATA. ‖ DORSIS TABVLARVM ... (acht Zeilen Inhaltsangabe, Querstrich) ‖ *IOANNES MATALIVS ME-TELLVS SEQVANVS VIR VNDEQVAQVE* | *docdißimus.*». (Fünf Kursiv-Zeilen Würdigung des Autors, darunter Blattwerk-Zierstück und Impressum wie 1598, aber neue Jahreszahl.) «ANNO DOMINI CIƆ DC.». – Unterschiedliche Größe der Versalien-Zeilen und Umbruch wie 1598.

Standort: NSUG: 4 Geogr. 152;1. – SBAu: 4 GS K 51. – SBB Haus 2: 4 Kart. F 80–0.

«Speculum orbis terrae».

1602

Auch in diese unter neuem Titel erschienene Ausgabe und in die letzte von 1606 wurde die Karte samt Rückseitentext unverändert übernommen.

Publ.-Art: Atlasblatt «Ll» (Met 121) aus MEU: MET 11:
«**SPECVLVM OR-** | **BIS TERRÆ:** | Quo omnes eius partes visui offeruntur... (Text wieder in Buchdruck, erste Zeile 10 mm hoch, neun Zeilen Inhaltsangabe, dann fünf Kursiv-Zeilen Würdigung des Autors) *IOANNES NATALIVS*(!) *METELLVS SEQVANVS I. C. (cuius effigies hic specta-* | *datur)* ... (im Hochoval großes Kupferstich-Porträt METELLUS' von Crispin de PASSE, datiert 1593, darunter Huldigungsgedicht von Petrus XIMENIUS in sechs Kursiv-Zeilen) ‖ *V R S E L L I S ,* | Ex Officina Typographica, Cornelij Sutorij. | (Querstrich) Anno CIƆ IƆ CII.». – Der Satzfehler „Natalius" fand mehrfach Eingang in die Literatur.

Standort: BSM: 2 Mapp. 123.

1.3.2
Matthias Quad von Kinckelbach (1557–1613)
Kleine Itinerar-Karte (MEU: Qua 154, Eic 70)

1602

Der vielseitige Kartograph, Kupferstecher und Verleger QUAD (QUADT, QUADEN), der seit 1587 in Köln arbeitete und dessen fruchtbarste Periode zwischen 1592 und 1609 lag, benützte wahrscheinlich auch die Pseudonyme EICHOVIUS und/oder LOEW. Seine kleine Itinerar-Karte weist fast genau den gleichen Bildausschnitt auf wie die große und führt denselben Titel. Als Vorlage diente QUAD die Karte aus dem anonymen IOC, die auch METELLUS übernahm. Ihre auffallenden Kennzeichen sind die primitive Darstellung des Gewässernetzes und die Namen der Nachbarländer in zahlreichen, teils manieristisch verschnörkelten und schwer lesbaren Buchstabengruppen. Der unschön gestochene Titel steht auf der hängenden Plattenkartusche in einem einfachen Oval statt in dem Lorbeerkranz. Von den drei Zielpunkten wurde nur „Inspruck" übernommen. Da man auf die Eintragung von Straßen verzichtete, wirkt der überdies falsch positionierte Zielpunkt aber sinnlos.
Die Qualität aller Karten der Itinerarien QUADs ist gering und ihr Informationsgehalt kleiner, als es durch das Format bedingt wäre. Eine Graduierung weisen nur wenige Karten auf, und auch die Himmelsrichtungen fehlen häufig. Dasselbe gilt für die Linearmaßstäbe. Trotz dieser Mängel rühmt QUAD auf dem Titelblatt ausführlich den großen Wert des „Itinerariums" für „Magnaten, die mit Delegationen reisen" und für Kaufleute etc. Tatsächlich sind wegen ihres häufigen Gebrauchs nur wenige Itinerarien bzw. Karten erhalten geblieben.

Titel:	«EPISCOPA	TVS	*Salczbur*	*gensis*».
Zusätze:	«*Inspruck*» im li. u. Eck des Doppelstrichrahmens.
Maße:	Karte: 12,7 x 9,3 cm; Plattenrand meist am Kartenrahmen; Blatt: ca. 18,5–20 x 14–15 cm. – Atlas: ca. 18,5 x 14,5 cm (Ex. der ÖNB) – 21,3 x 16,2 cm (Ex. der SBB).
Maßstab:	1 : 2,304.000; 1" = 32.000 Kl. = 8 M.
Rückseite:	Entweder leer oder mit verschiedenen Karten bedruckt, wie u. a. „Saxonia Inferior", „Stiremarche", „Thvringia" (Ex. der SBB).
Publ.-Art:	Atlasblatt Nr. 36 (Qua 154) aus MEU: QUA 11: «ITINERARIVM	VNIVERSÆ GERMANIÆ, QVO	CONTINENTVR ITINERA EX SE-	QVENTIBVS GERMANIÆ VRBIBVS OPPI-	disq; longe celeberrimis egredientia, nempe:». Vierspaltige Liste von 26 Städten, dabei «SALTZBVRGO seu IV-	VA<u>N</u>IA(!) 221.», dann die Anpreisung. Weiterer Titel: «*Authore Mathia Quado Sculptore.*	*Vrsellis, ex Officina Typographica Cornelij Sutorij.*	(Querstrich) ANNO M.DCII.». – Der Titel wurde in verschiedenen Schriftgraden gedruckt und sein Wortlaut änderte sich mit den Ausgaben. – Die Karte ist auch in einem nach Kundenwunsch zusammengestellten Itinerar von 1603 enthalten (QUA 15), das die von Augsburg nach Nord- und Nordwesteuropa führenden Straßen beschreibt und regulär keine Karten oder nur solche dieses Raumes enthält.
Standort:	HAB. – NSUG. – ÖNB: 47.Nn.144 (Prunksaal. Mit zusätzlichen zwei Zeilen im Titel: „Additae sunt ... Tabulae Geographicae", 24 Karten, darunter Salzburg, Rs. leer. Zweites Ex. 47.T.42 mit 36 Karten ohne Salzburg). – SBB Haus 2: Ps 3170 Kart. LS HM.
Literatur:	MEU S. 228 f., 234 f.

Cyprianus Eichovius (Daten unbekannt)

1604

Der Deutschland-Atlas von EICHOVIUS (Cyprien EICHHOF, EICKHOVIUS), der mit QUAD identisch sein könnte, enthält in einer Ausgabe die im QUAD-Itinerar von 1602 publizierte kleine Salzburg-Karte.

Publ.-Art:	Atlasblatt Eic 70 (= Qua 154) aus MEU: EIC 3: «**DELITIARVM GERMANIÆ,**	TAM SVPERIORIS QVAM INFERIORIS,	INDEX	(umfangreiche Inhaltsangabe in zwei Textblöcken, darunter Vignette) ‖ *Authore Cypriano Eichovio.*	*Vrsellis, ex Officina Typographica Cornelij Sutorij.*	(Querstrich) ANNO M. DCIV.». – Die Schriftgrade des Titels wechseln zeilenweise auch in diesem Atlas sehr stark. In einer textlich unveränderten Variante, die keine Karten enthält (ÖNB: 47.T.43), steht nach „Index" ein Punkt, und die Vignette ist durch einen weiteren Textblock in Buchdruck ersetzt.
Standort:	BSM: Rar. 4379,5–19. – HAB. – SSAu: 4 Gs 591# Beibd. 3.
Literatur:	MEU S. 96–104. – MIC Bd. 12, S. 594 f.

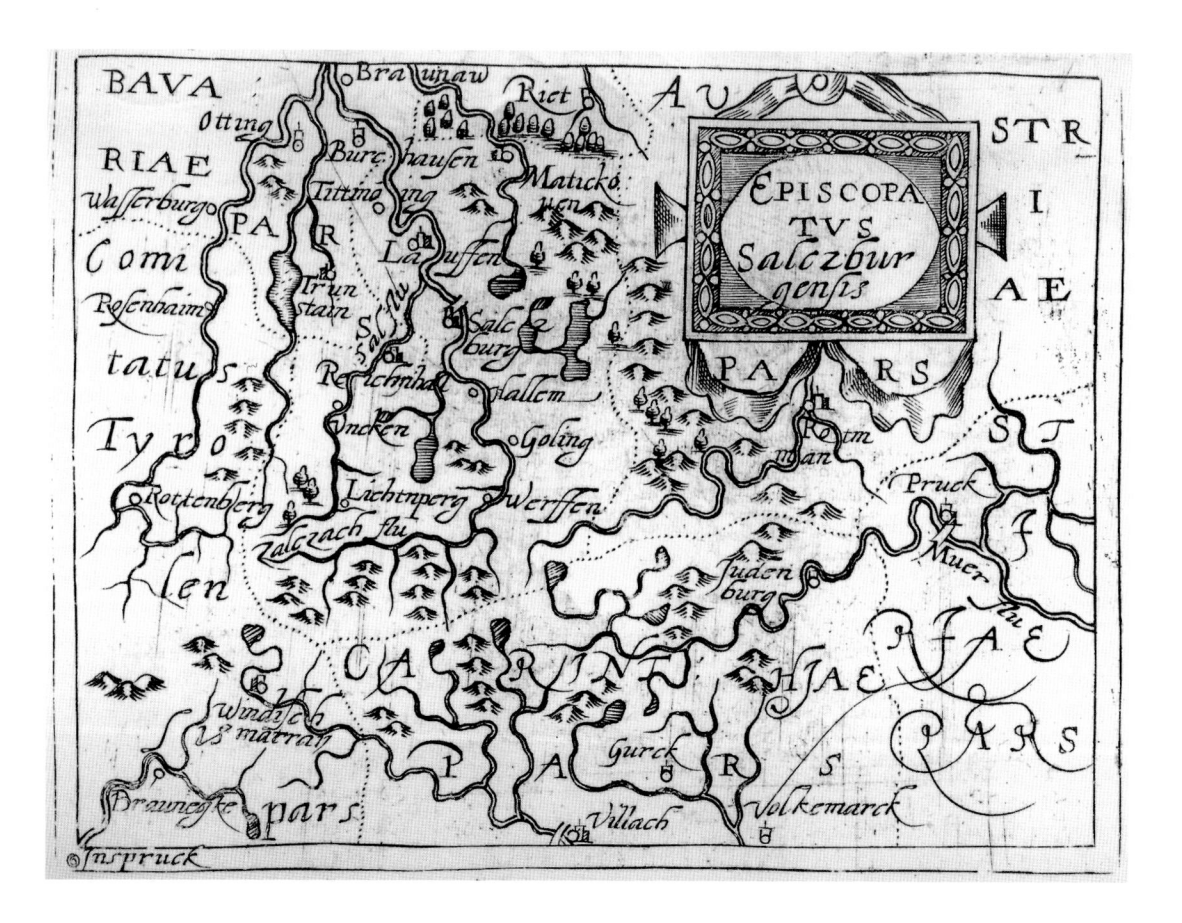

1.3.2

Abb. 13: Kleine Itinerarkarte mit einem Zielort.

1.3.3

Johann Bussemacher (tätig um 1580–1613)
Heinrich Nagel (tätig um 1590–1600)

„Salisburgensis Jurisdictionis" (MEU: Qua 14)

14

QUAD nahm die Karte von NAGEL und BUSSEMACHER von 1590 in drei Werke auf: In die „Europae ... universalis et particularis descriptio", in das „Geographisch Handtbuch" und in dessen lateinische Ausgabe „Fasciculus geographicus". Als Vorlage diente die Bearbeitung der SETZNAGEL-Landtafel durch ORTELIUS, wie aus der Nennung SETZNAGELs im Titel der weiterhin nach Westen orientierten Karte und aus der Übernahme charakteristischer Fehler, darunter auch der Bezeichnung «Gastenenener Taurn», hervorgeht. Anderseits ist die Kreuzung von Drau und Gail wenigstens soweit gemildert, daß sich nurmehr die Ufer beider Flüsse berühren. Das Blatt liegt bei kartographisch gleichem Inhalt in zwei Versionen vor, die sich in der graphischen Aufmachung, durch die Datierung und durch die Nennung BUSSEMACHERs (BUSSEMECHER, BUXEMACHER; Kölner Kupferstecher und Verleger) unterscheiden. Der als Stecher aufscheinende Heinrich (Henricus) NAGEL ist sonst kaum belegt.

Literatur: BONACKER, Wilhelm: Matthias Quad von Kinckelbach (1557–1613) and his „Geographisch Handtbuch". → 1600, Faksimile.
ADB Bd. 27, S. 1. – ADE Bd. 6, Sp. 1090. – DES S. 70. – MEU S. 197–235. – SLA S. 5, L.5. – THB Bd. 27, S. 486. – WAW S. 85ff. – ZAI S. 18f.
Zu BUSSEMACHER: ADB Bd. 3, S. 667. – MEU S. 41, 197ff. – THB Bd. 5, S. 292. – Zu NAGEL: MEU S. 202ff. – THB Bd. 25, S. 329.

„Europae Descriptio"

Die Karte von 1590 ist erst 1592 in dem Europa-Atlas erschienen. Dieser kam zunächst ohne Texte und ohne Blattzählung heraus, aber ab der dritten Auflage mit Länderbeschreibungen von QUAD auf den Rückseiten der Karten und Bogennummern, sodaß die Zuschreibung loser Karten möglich ist. Gegenüber der Vorlage weist die Karte bei gleicher Orientierung und fast gleichem Blattschnitt Qualitätseinbußen und beträchtliche Verzerrungen auf. Das überbreite Gewässernetz, willkürlich gezeichnete Maulwurfshügel und die im Kartenfeld verteilten Buchstaben «SALIS BV= R GENSIS | DE SC R I PT IO» beeinträchtigen das Bild.

1590

Titel: «*Salisburgensis Jurisdictionis | locorumque vicinorum vera | descriptio Auctore Marco. | Secznagel Salisburgense ‖ Johann Bussemecher excudit*». – Der Titel steht re. u. im Eck in einem breiten Zierrahmen mit Maske. Bei der undatierten und vereinfachten Version ohne Wappen fehlt die letzte Zeile.

Zusätze: Re. o. im Eck Linearmaßstab ohne oder mit breitem Zierrahmen, darüber freistehend: «*Henricus Nagel fecit*», darunter: «*Scala Miliarium*»; darunter Wappen von Herzog ERNST von Bayern wie bei ORTELIUS oder leeres Feld. – Li. o. im Eck freistehend: Lobgedicht auf SETZNAGEL, darunter Baumgruppe und Stadtwappen von Salzburg oder leeres Feld. – Knapp li. vom Titel freistehend: «*Coloniæ Agrip. | 1590*» oder leeres Feld. – Himmelsrichtungen in Latein an jeder Seite.

Maße: Karte: 26,6 x 18,2 cm; Platte: 26,8 x 18,4 cm; Blatt: ca. 36,5 x 27 cm (mit starken Schwankungen).

Maßstab: 1:1,152.000; 1" = 4 M.

Graduierung: Fehlt.

Druckart: Kupferstich, meist zumindest teilkoloriert, Farben häufig zu kräftig und deckend aufgetragen.

Rückseite: Leer, wie bei allen Kartenblättern dieser Ausgabe.

Publ.-Art: Atlasblatt Nr. 21 (Qua 14) aus MEU: QUA 1:
«EVROPAE | TOTIVS ORBIS TER= | RARVM PARTIS PRAE= | STANTISSIMAE, VNI= | VERSALIS ET PARTI= | CVLARIS DESCRIPTIO (Stern, Schwungstrich, zwei Kursiv-Zeilen mit Motto für den Leser) ‖ C O L O N I A E | *Ex officina typographica Jani Bussemechers.* | ANNO MD XCII.». – Das aufwendige, schon barock anmutende Titelkupfer ist vom Doppeladler gekrönt. ATHENE und ARES flankieren die große Schrifttafel, und in einem Sockelmedaillon reitet EUROPA auf dem Stier. – Die Karte könnte auch aus der zweiten Aufl. stammen. Diese soll mit derselben Jahreszahl erschienen sein, doch ist das einzige bekannt gewesene Ex. verschollen (MEU: QUA 2).

Standort: BSM: 4 Mapp. 29–20. – SMS. – SSAu: 4 Gs K 17. – UBEi: 193/1 Q 144. – UBM: 1 Q 144.

Literatur: MEU S. 208f., S. 210f., Abb. 155.

1594

Rückseite: (a): Der einspaltige lat. Text ist samt Titel und Pag. mit einfachen und doppelten Linien gerahmt. Titel: «S A L I S B V R G V M .» 7,7 cm lang), Zierinitiale «S» in Laubwerk über vier Zeilen, CELTIS-Gedicht im unteren Viertel, BN «14», kein Kustode.

Publ.-Art: Atlasblatt Nr. 14 (Qua 14) aus MEU: QUA 4:
«EVROPAE | TOTIVS ORBIS TER= | RARVM ... DESCRIPTIO ...». Gleiches Titelkupfer wie 1592 bis zur letzten Zeile mit der Jahreszahl: «ANNO MD XCIIII.».

Standort: BSM: 4 Mapp. 83 z und 83 zb-14. – SWW: K-III: EU 53.

Literatur: KAR S. 476, 68/1.4 (zu den Ausgaben 1594, 1596 und zum „Handtbuch" 1600, 1608). – MEU S. 210f.

1596

Rückseite: (a): Der Text ist mit gleicher Zierinitiale ebenso gerahmt und umbrochen wie 1594, das CELTIS-Gedicht steht aber über der vorletzten Zeile. Titel: «S A L I S B V R G V M .» (10,3 cm lang), kleine BN «16», ganz re. Kustode: «lium».
(d): Forts. der Landesbeschreibung, letzte vier Zeilen stufenförmig einspringend, darunter 24 x 24 mm großes, dreieckiges Rankenwerkornament.

Publ.-Art: Atlasblatt Nr. 16 (Qua 14) aus MEU: QUA 5:
«EVROPAE | TOTIVS TERRARVM | ORBIS ... DESCRIPTIO ...». Gleiches Titelkupfer wie 1594 mit unveränderter Jahreszahl. Zusätzlich

1   Ortelius und die Folgekarten

Abb. 14: Karte von Nagel und Bussemacher, 1590.

1.3.3

1 Ortelius und die Folgekarten

	großer Buchdruck-Innentitel über die ganze Seite mit Zusätzen wie: «TABVLIS NOVEM	ET SEXAGINTA EXPRESSA … ‖ PER	MATTHIAM QVADVM CHALCOGRAPHVM. (zwei Kursiv-Zeilen mit Motto für den Leser, darunter große Blattwerkrosette) ‖ IMPRIMITVR COLONIAE	TYPIS LAMBERTI ANDREAE, LAMINIS VE=	ro ac sumptibus Iani Bussemechers. Anno à Christo nato	1596. Mense Augusto.». – Ebenso wie dieser Titel ist auch das Kolophon mit 1596 datiert.
Standort:	NSUG: 4 Geogr. 378. – SBB: 4° Kart. F 46. – SWS. – UBM: 4 H.aux. 185#1 und 8 Mapp. 7. – UBW: II 259.626 A.
Literatur:	MEU S. 215f. – Zu ANDREA (tätig 1590/98): ADB Bd. 1, S. 447. – NDB Bd. 1, S. 283.

„Geographisch Handtbuch"
1600

Das „Handtbuch" hat kartographiehistorische Bedeutung, weshalb es auch als Faksimile erschienen ist: Es handelt sich um den ersten Weltatlas eines deutschen Verfassers in deutscher Sprache in der von niederländischen Herausgebern entwickelten Form. MEURER hält das Werk mit seinen 82 Kupferstichkarten für das „bedeutendste Kölner Atlasunternehmen". Die Anregung dazu soll von BUSSEMACHER ausgegangen sein, während QUAD zunächst wohl nur als Stecher tätig war und erst später namentlich hervortrat.

Rückseite:	(a): Re. o. im Eck: «24». – Titel: **Das Bisthumb Salczburg.**. – Der einspaltige dt. Text ist nicht gerahmt, Zierinitiale «F» mit knieendem Engel in Blattwerk über fünf Zeilen. – Re. u. Kustode: «Philo=».
	(d): Forts. der Landesbeschreibung mit neun Zeilen, davon die vier letzten stufenförmig einspringend, darunter kreuzförmiges Rankenornament als stehender, 34 mm großer Rhombus.
Publ.-Art:	Atlasblatt Nr. 24 (Qua 14) aus MEU: QUA 6: «Geographisch Handt=	buch.	In welchem die gelegenheit der	vornembsten Lantschafften des gantz-	en Erdtbodems in zwej und achtzig	in kupffer geschnittenen Taffeln furgebildet.	Mit	beygefüegter notwendiger Beschrei-	bung und auslegung derselben… ‖ Zugericht durch	**MATTHIS QVADEN**	Kupfferschneider». – Das Titelkupfer zeigt eine portalartige Architektur mit Erd- und Himmelsglobus. Wie bei ORTELIUS umrahmen die Allegorien der vier Kontinente eine große Schrifttafel mit dem ausführlichen Titel. Im Sockel trägt eine kleine Tafel das Impressum: «COLN AM REIN	*Bey Iohan Buxemacher Kunst-*	*drucker vff S. Maximini strass daselbst.*	**M D C**.».
Faksimile:	Matthias QUAD: Geographisch Handtbuch. Theatrum Orbis Terrarum Ltd., Nico Israel, Amsterdam 1969.
Standort:	KONS. – SBB Haus 2: 4° Kart. B 197/1-24. – SMCA: SL 8b, L 01. – SMS. – SStW: 23.e.5. – SWS. – UBM: 2 H.aux. 40.
Literatur:	MEU S. 218f.

„Fasciculus geographicus"
1608

Um dem „Handtbuch" internationalen Absatz zu sichern, wurde es mit lateinischen Texten als 19 × 28 cm großer Welt-Atlas neu aufgelegt und mit fünf neuen Stichen auf 87 Karten erweitert und „Fasciculus geographicus" benannt.

Rückseite:	(a): Der lat. Text ist wieder mit einfachen und doppelten Linien gerahmt, Umbruch wie in QUA 5, CELTIS-Gedicht über der vorletzten Zeile. Titel: «**S A L I S B V R G V M .**» in größeren Typen, 9,5 cm lang; re. daneben BN «25». Zierinitiale «S» in Laubwerk über vier Zeilen. Re. u. Kustode: «lium».
	(d): Forts., letzte sechs Zeilen stufenförmig einspringend, darunter 40 mm breites und 45 mm hohes Rankenwerkornament.
Publ.-Art:	Atlasblatt Nr. 29 (!, richtig 25) (Qua 14) aus MEU: QUA 7: «**FASCICVLVS**	**GEOGRAPHICVS**	Complectens	PRAECIPVARVM TOTIVS	orbis Regionum tabulas circiter	centum. vna cum earundem E-	narrationibus. ‖ Ex quibus, *TOTIVS MVNDI SITVS* … ‖ In ordinem hunc compendiosum redactus	per Matthiam Quadum Sculptorem.». – Vom Titelkupfer des „Handtbuchs" QUA 6 wurde das dt. Impressum übernommen und nur die Jahreszahl auf «M D CVIII.» geändert.
Standort:	BSM: 4 Mapp. 84-25. – ÖNB: FKB 273-63. – SBB Haus 2: 4° Kart. B 197/13-25. – SLA: Graphik XIV.16. – SMCA: SL 8a, L 01.
Literatur:	MEU S. 222f. – WAW S. 85.

1.4
Gerard de Jode (1509–1591)
Cornelis de Jode (1568–1600)
„Saltzbvrgensis Episcopatvs"

Verglichen mit dem Erfolg von ORTELIUS' Theatrum hat der Atlas DE JODEs (JUDAEIS, JUDAEUS, IUDDEIS) ein unverdientes Schicksal erlitten. Der Antwerpener Kupferstecher und Verleger konnte diesen erst als alter Mann herausbringen – nach langwierigen Vorarbeiten und Überwindung zahlreicher Schwierigkeiten, wie der durch ORTELIUS bewirkten Verzögerung des kaiserlichen Privilegs. Das schließlich „Speculum" genannte Werk stellt den wahrscheinlich schönsten, sicher aber einen der besten Atlanten der Renaissance in Groß-Quart dar. Es umfaßt in einem Band zwei Teile zu 27 bzw. 38 sehr sorgfältig gestochenen Karten, wobei der zweite Teil Deutschland gewidmet ist und das Blatt Salzburg enthält. Ebenso korrekt wie ORTELIUS nahm auch DE JODE eine Autorenliste mit 92 Namen in das Speculum auf, darunter wiederum SETZNAGEL als Urheber der Karte von Salzburg.

Trotz seiner kartographischen Qualität konnte sich der nüchtern gestaltete Atlas gegen das seit acht Jahren bestens eingeführte Theatrum nicht durchsetzen, sodaß DE JODE erst ein rundes Jahrzehnt später eine Neuauflage plante, die er aber nicht mehr erlebte. Seine Witwe und sein Sohn Cornelis brachten die zweite Auflage mit erweitertem Inhalt und deutlichen „kosmetischen" Maßnahmen heraus. Für diese liefert das Blatt Salzburg und dessen Rückseitentext ein besonders schönes Beispiel. Auch dieser

Ausgabe wurde kein durchschlagender Erfolg zuteil. Nach dem frühen Tod von Cornelis erwarb Johann Baptist VRIENTS Platten und Rechte. Von ihm kamen sie an Christoph PLANTIJNs Schwiegersohn Jan MORETUS (1543–1610) und gingen später verloren. Auch DE JODEs Name teilt häufig dieses Schicksal, wenn das Speculum, nicht zuletzt dank dem Lob Cornelis', dem Verfasser des Vorwortes Daniel CELLARIUS (Rektor des Gymnasiums in Hoorn, Nordholland, gest. 1593) zugeschrieben wird.

Der Atlas ist wegen seiner kleinen Auflagen einer der seltensten und wertvollsten des 16. Jhs. Von der ersten Ausgabe sind ca. ein Dutzend Exemplare bekannt, von der zweiten soll etwa die doppelte Zahl erhalten geblieben sein. Einzelblätter sind relativ selten und verhältnismäßig teuer. Wegen des verzögerten Erscheinens des kompletten Werkes wurden die meisten Karten schon Jahre früher als Separatdrucke vertrieben, sodaß Blätter ohne Text auf der Rückseite öfters vorkommen.

Die Salzburg-Karte im Hochformat ist nach Süden orientiert. Sie wird von einer 6,4 cm hohen Titelleiste beherrscht, die sich oben über die ganze Breite des Kartenfeldes erstreckt und mit streng symmetrischem Beschlagwerk eine angenagelte Kupferplatte imitiert. Einen weiteren Blickfang und das Merkmal für die Zuschreibung zu einer der beiden Auflagen bildet ein infuliertes, mit Legatenkreuz und Krummstab hinterlegtes Wappenschild am linken Rand unter der Mitte des Kartenfeldes.

Wegen ihrer Orientierung nach Süden und der Übernahme des Namensgutes sowie des Geländeausschnittes stimmt diese Karte nach ZAISBERGER am besten mit dem SETZNAGEL-Original überein. Nur links unten im Eck erfolgte eine Erweiterung durch den Weilhardt-Forst und den sichelförmig um Ried verlaufenden Hausruck. Im Mündungsgebiet von Salzach und Mattig in den Inn finden sich knapp untereinander zwei Ortssiglen, die beide mit Hinweispfeilen als «Braunaw» bezeichnet sind. Sonst hat DE JODE bei den Toponymen für zahlreiche Verbesserungen der Schreibweise gesorgt.

Wie bei der Vorlage fehlen Gradangaben und ein Nordpfeil. DE JODE erläutert aber stets die Lage des dargestellten Gebietes recht ausführlich im letzten Teil der Landesbeschreibung. Zum Salzburger Blatt schreibt er (in leicht gekürzter Übersetzung): „Ich halte es für überflüssig, die Grenzlinien dieses Gebiets (= Salzburg) mit einzuzeichnen, zumal sie sich sogleich aufdrängen, wenn man die Tafel Bayerns betrachtet, von dem es selbst ein Teil ist. Untersucht man seine Lage nach den Himmelsrichtungen, so beginnt es im Westen unter 32° 53' der Länge, wo Rosenheim am Inn liegt, und endet im Osten bei 35° 2', wo Friesach an der Metnitz errichtet ist. Im Süden beginnt es in den Julischen Alpen unter 46° 42' nördlicher Breite, wo Villach am Zusammenfluß von Drau und Gail liegt, und dehnt sich nach Norden bis zu 48° 27', wo Braunau am Zusammenfluß von Inn und Mattig liegt ... Somit beträgt seine Länge von Untergang bis Aufgang 19 germanische oder 76 italische Meilen (ca. 140 km), die Breite aber von Süd nach Nord 26¼ germanische oder 105 italische Meilen (ca. 195 km)."

Die Wahl des Groß-Quart-Formats bedingte die neuerliche Verkleinerung des beabsichtigten Maßstabs. Für dessen Ermittlung bieten die Entfernungsangaben DE JODEs in der zitierten Lageerklärung einen Anhalt. Andererseits entspricht die Länge der Maßstabsleiste mit 78,5 mm genau 3 rheinländischen Zoll. Das Verhältnis von 1" = 3⅓ Meilen ergibt einen numerischen Maßstab von 1:799.860. Der tatsächliche Maßstab beträgt im Mittel nur 1:861.220 und ist damit um ca. 7% zu klein. Die Verzerrungen der Karte entsprechen weitgehend jenen der Vorlage und sind ebenso unterschiedlich innerhalb des Kartenfeldes. Beispielsweise wären nach dem beabsichtigten Maßstab die Entfernungen Burghausen–Hofgastein um 8,3%, St. Wolfgang–Zell am See um über 20%, Kitzbühel–Radstadt um über 16% und Rattenberg–Friesach um fast 25% zu klein.

Literatur: ADB Bd. 14, S. 106. – BER-64-65-68. – BSM-65 passim. – DES S. 70. – KAR S. 476, 68/1.3 – KOE II, S. 205–212. – LGK S. 366f. – MdW S. 276. – MEU-88 S. 22ff., 124f., 202ff. – SLA S. 6, L.9, L.10. – TBT S. 9, 20f. – WAW S. 69ff. – ZAI S. 20ff. – ZED Bd. 14, Sp. 1043. Zu den Stechern DEUTECUM: LGK S. 161.

1.4.1
Wappenschild leer
1578

Titel: «SALTZBVRGENSIS EPISCOPATVS | seu Iuuauiensis diœceseos Chorographia acuratißima elaborata | ab Marco Setznagel Saltzburgensis. ‖ Gerardus de Iode excudebat.».

Zusätze: Wappenschild aus unbekanntem Grund leer. Dem 1560 gekürten Eb. JOHANN JAKOB Kuen-Belasy wurde erst 1579 wegen eines Schlaganfalls ein Koadjutor zur Seite gestellt, doch regierte er nominell bis zu seinem Tode 1586. – Darunter Maßstabsleiste «Scala Miliarium» für 10 M. – Re. u. im Eck freistehend: «Ioannes à Deutecum | Lucas à Deutecum fecerunt.». – Himmelsrichtungen in Latein in der Mi. am Rand jeder Seite.

Maße: Kartenfeld: 23,8 x 28,2 cm; mit Strichrahmen und Titelkartusche: 24,6 x 35 cm; Platte: 24,8 x 35,3 cm; Blatt: 24,8 x 35,5 cm. – Atlas: 33 x 43 cm.

Maßstab: 1:799.860; 1" = 3⅓ M.

Druckart: Kupferstich, Titelleiste und andere Partien häufig handkoloriert.

Rückseite: (d): Titel: «SALTZBVRGENSIS DIOECESIS.»
Einfache Initiale «S» über zwei Zeilen, Text in zwei Spalten umbrochen, in der re. das CELTIS-Gedicht auf Salzburg, die letzten sechs Zeilen gestuft zurückspringend, keine Kennzeichen.

Publ.-Art: Atlasblatt aus Jod 1:
«SPECVLVM | ORBIS | TERRARVM». Der Titel steht in einem verzierten Hochoval mit den zwölf Tierkreiszeichen zwischen zwei spitzen Pyramiden, die Sonne und Mond tragen; im Sockelbereich Allegorie der Geographie mit Globen und den Genien «HYDROGRAPHIA» und «HOROLOGIOGRAPHIA». Einführung von Daniel CELLARIUS. – 2. Teil: «SPECVLVM GEOGRAPHICVM | TOTIVS GERMANIÆ IMPERIUM | REPRÆSENTANS». – Im Inhaltsverzeichnis: «XV: Franconiæ Orientalis et Saltzbvrgensis Epis.», daher auf den Innenseiten (b) und (c) des Bogens li. Franken, re. Salzburg.

1 Ortelius und die Folgekarten

Faksimile:	Gerard DE JODE: Specvlvm Orbis Terrarvm. Theatrum Orbis Terrarum Ltd., Nico Israel, Amsterdam 1963.
Standort:	Atlanten: BSM: 2 Mapp. 174. – Schloß Wolfegg, Kr. Ravensburg, Württemberg. – StLB: Tr. 1348 IV. (unter dem Namen des CELLARIUS). – USBB: 559/ND 8570 DY 9645. – Karte: SMCA: SL 7, L 01. – SWS.
Literatur:	KOE II S. 206f.

1.4.1

Abb. 15: De Jode: Leeres Wappenfeld der ersten Auflage.

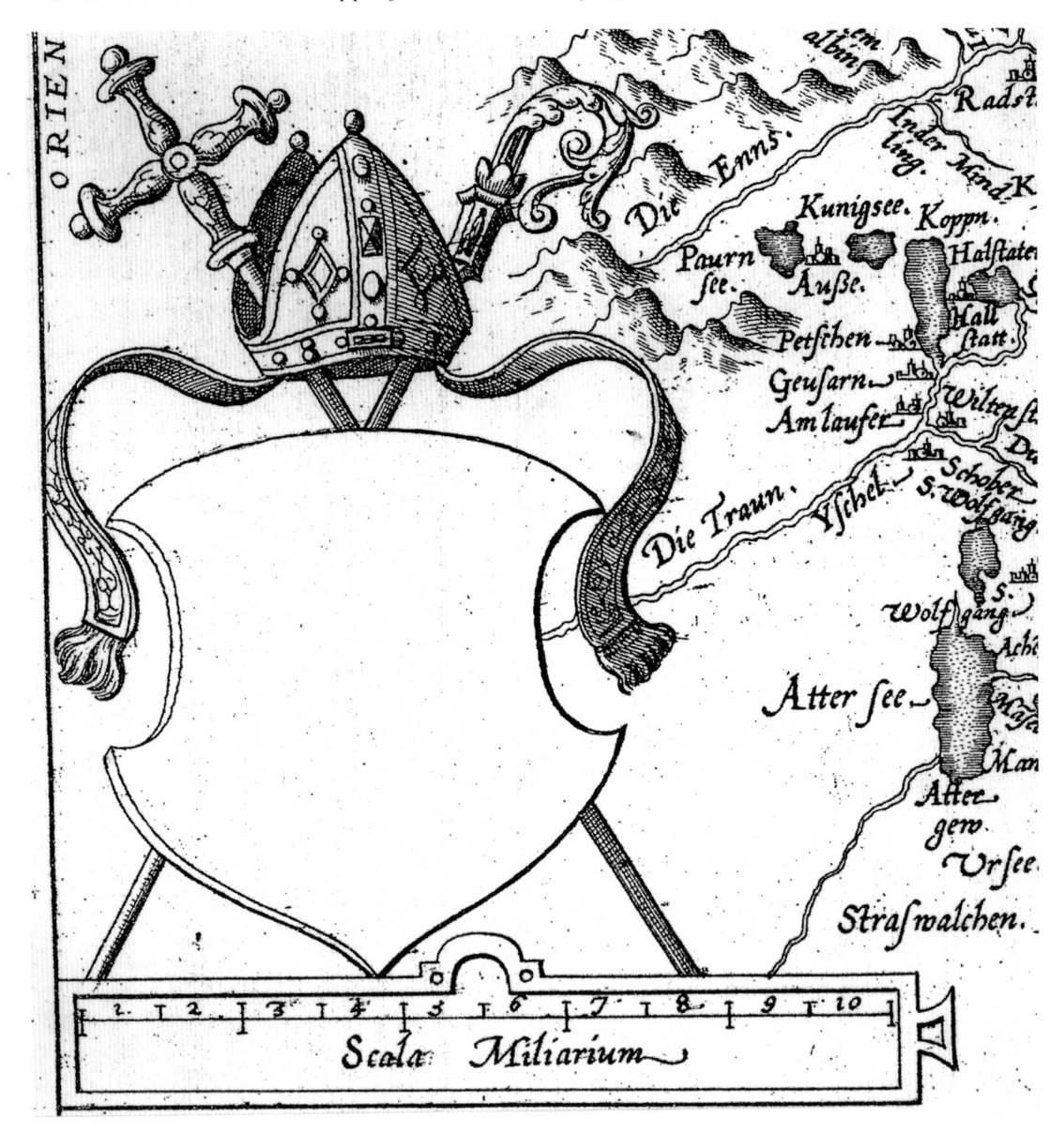

1.4.2
Wappenschild ausgefüllt
1593

Titel:	Wie in der Erstaufl.
Zusätze:	Wappenschild quadriert: 1 und 4 Landeswappen, 2 und 3 einfaches Wappen WOLF DIETRICHs von Raitenau (1587–1612/1617). – Sonstige Zusätze unverändert.
Maße:	Karte und Platte wie 1578; Blatt: 24,6 x 35 bis 25 x 35,5 cm. – Atlas: 30,8 x 41 bis 32 x 43 cm.
Rückseite:	Typographisch wesentlich aufwendiger gestaltet. – (a): Re. o.: «Fol. 21.». – Titel: «SALTZBVRGENSIS ET TRE-	VERENSIS EPISCOPATVS.». Zweite Zeile einen Grad kleiner. Trotz dieses Titels beginnt der Text über Trier erst auf Seite (d). – Zierinitiale «S» sieben Zeilen hoch im Rankenwerk, inhaltlich unveränderter Text wie vorher zweispaltig umbrochen mit CELTIS-Gedicht und Lagebeschreibung, die letzten sechs Zeilen gestuft zurückspringend. – Signatur unter der re. Spalte: «Yy», Kustode re. u.: «TREVI». – Innenseiten des Bogens: (b): Karte von Salzburg, (c): Karte von Trier.

Bei BER-65 S. 17 und BER-68 S. 175 wird irrtümlich der Titel des Rückseitentextes mit dem Kartentitel vermengt, obwohl die Abb. diesen zeigen. Im Bildtext zu Abb. 9 bzw. Tafel VIII ist sowohl „terrarum" (statt „terræ") als auch das Jahr 1578 (statt 1593) falsch, wie schon in BER-64, S. 199, Abb. 2.

Publ.-Art:	Atlasblatt aus Jod 2 (Ex. der UBW bzw. der SWW): «SPE=	CVLVM	ORBIS	TERRÆ ‖ ANTVERPIÆ. ‖ Sumptibus Viduæ et Heredu Gerardi de Iudæis, 1593.». – 2. Teil (Ex. der SWW: Dekoratives Titelkupfer mit kleiner Deutschland-Karte): «GERMANI=	A	GEOGRAPHICIS	TABVLIS	ILLVSTRATA. ‖ Per Cornelium	de Iudæis Ant= verpianu. (= -um)». – Kolophon: «VIDVA ET HÆREDES GERARDI DE	IVDÆIS, SVIS SVMPTIBVS, (Ex. der SWW ohne Komma) HOC	OPVS GEOGRAPHICVM CVRAVE-	RE IMPRIMI APVD ARNOLDVM	CONINX,	ANTVERPIÆ, ANNO CIƆ	IƆ XCIII.». Öfters mit ungewöhnlichen Trennungen, wie z. B. bei „Germani=	a" oder in der Jahreszahl. Außer mit diesem Titelkupfer kommen Bände mit zusätzlichem oder nur mit Buchdruck-Titel und mit abweichendem Kolophon vor.
Standort:	Atlanten: BSM: 2 Ex.: 2 Mapp. 175, 176. – NSUG: 2 Geogr 155d. 55a. – ÖNB: 393.693-D.K (Titelblatt der 1. Aufl.). – SBB Haus 2: 2° Kart. B 150–48 und 53a. – SWW: K-V: WE 45 (Titelblatt der 1. Aufl.). – UBW: III 258.377 E.S. (Titelblatt der 1. Aufl.). – Karte: KONS. – SLA: Graphik XIV.17. – SMS. – SWS.
Literatur:	KOE II S. 209f.

1.4.2

Abb. 16: De Jode: Zweite Auflage mit Wolf-Dietrich-Wappen.

2 Mercator und die Karten des 17. Jahrhunderts

Die (mit einiger Toleranz!) im 17. Jh. erschienenen Landeskarten gehören drei völlig verschiedenen Typen an. Zunächst und vor allem handelt es sich um den Entwurf MERCATORs, dessen Bearbeitung der veralteten ORTELIUS-Karte ab 1585 bis gegen Ende des 17. Jhs. in so zahlreichen Auflagen, Filiationen und Ausgaben erschienen ist, daß Peter VAN DER KROGT ihre bibliographische Erfassung als „Albtraum" bezeichnet (IM 48, 1996, S. 149–160). Unabhängig davon entstanden in der zweiten Hälfte des 17. Jahrhunderts in Salzburg selbst durch Privatinitiative zwei weitgehend originäre Karten: DÜCKHERs Beilage zu seiner Chronik (→ 2.5) und MARITHs pompöse Karte der Kirchenprovinz, die alle anderen zeitgenössischen Produkte übertrifft (→ 8.3.1).

Gerard Mercator und Erben

Gerard MERCATOR (latinisiert aus KREMER, auch DE CREMERE, RUPELMUNDANUS, Gheert SCELLEKENZ, 1512–1594), der größte Geograph, Kartograph und Kosmologe des 16. Jhs., begann 1585 mit der Lieferung eines Kartenwerkes, das er in Anlehnung an die griechische Mythologie „Atlas" nannte. Diese Bezeichnung einer Sammlung analog bearbeiteter und präsentierter Karten setzte sich rasch und weltweit durch. Nach MERCATORs Tod publizierte 1595 sein jüngster Sohn Rumold (1546 oder 1548–1599) das berühmt gewordene Gesamtwerk.

Literatur: AVERDUNK, Heinrich und J. MÜLLER-REINHARD: Gerhard Mercator und die Geographen unter seinen Nachkommen. In: Petermanns Geographische Mitteilungen, Erg.-Heft 182. Perthes, Gotha 1914. Reprint: Theatrum Orbis Terrarum, Amsterdam 1969.
KRÄMER, Karl: Mercator, eine Biographie. Mercator-Verlag, Duisburg 1980.
WOLFF, Hans (Hg.): 400 Jahre Mercator, 400 Jahre Atlas. „Die ganze Welt zwischen zwei Buchdeckeln", eine Geschichte der Atlanten. Bayerische Staatsbibliothek: Ausstellungskataloge, 65 (= BSM-65). Konrad Verlag, Weißenhorn 1995.
ADB Bd. 21, S. 385 ff. – DES S. 25, 84 ff., Tafel 21, S. 87. – JÖC 3. T., Sp. 451 f. – KAR S. 376–406, 56/33(33), zu den Vorlagen: S. 7, 1/38 und S. 475, 68/1.2. – KK S. 31 ff. – KOE II S. 280–549. – LGK S. 485 ff. – MdW S. 288. – ÖNB S. 307, Nr. 8.1. – SLA S. 7, L.12. – THB Bd. 20, S. 57 ff.; Bd. 24, S. 407. – WAW S. 78 ff. – ZAI S. 26 ff., Abb. 16, 17, 18. – ZED Bd. 19, Sp. 882.

Jodocus Hondius und Söhne

Um 1604 kaufte der Kupferstecher und Kartograph Jodocus HONDIUS d. Ä. (Joost DE HONDT, 1563–1612), der als junger Mann in London mit Kartenstichen und den ersten englischen Globen große Anerkennung gefunden und 1593 in Amsterdam einen Verlag gegründet hatte, die Platten von MERCATORs Atlas. 1606 brachte er diesen erweitert um 37 Blätter neu heraus, „womit Amsterdam sich definitiv eine Weltposition auf dem Gebiet der Kartographie erwarb" (SCHILDER, LGK). Für das Verlagssignet wählte er ein Wortspiel mit seinem Namen und dem Geburtsort Wakken: Man konnte den abgebildeten „De wackere Hondt" neben einem Globus auch als „DE HONDT von Wakken" lesen.

Außer den Folio-Ausgaben in fünf Sprachen wurde ab 1607 als „Atlas minor" auch eine billige Version in kleinem Format angeboten, deren Karten meist HONDIUS' Schwager Pieter VAN DEN KEERE (Petrus KAERIUS) gestochen hat (→ 2.4.3). HONDIUS' Söhne Jodocus d. J. (1593–1629) und Henricus (1596/97–1651) sowie deren Schwager JANSSONIUS führten den Verlag weiter. Dabei sind laut Peter VAN DER KROGT allein zwischen 1628 und 1639 18 Atlasausgaben nebeneinander unter den Namen HONDIUS oder JANSSONIUS erschienen, sodaß man keine exakte zeitliche Grenze zwischen beiden Herausgebern ziehen kann. Noch in seinem Todesjahr 1629 verkaufte Jodocus seine Platten an den großen Konkurrenten BLAEU (→ 2.2).

Literatur: ADB Bd. 13, S. 69 f. – BAG S. 496 f. – BSM-19 S. 45, 67. – DES S. 25 et pass. – KK S. 33 ff. – LGK S. 319 f. – MCS V, 1968, No. 48, S. 44. – MdW S. 273. – THB Bd. 17, S. 435 ff. – ZED Bd. 13, Sp. 352. – Zu VAN DEN KEERE: LGK S. 407 f.

Johannes Janssonius

Der aus einer Amsterdamer Verleger- und Druckerfamilie stammende Johannes JANSSONIUS (Jan JANSZOON, John JOHNSON, ca. 1588–1664) war der Schwiegersohn von Jodocus HONDIUS und neben dessen Söhnen sein Nachfolger. Dieser führte mit seinem Sohn Hendrik das Druckhaus als scharfer Konkurrent von BLAEU in der Tradition MERCATORs weiter, ohne aber selbst Karten zu entwerfen oder zu stechen. Seine Hauptwerke, mit denen er BLAEU wohl übertraf, waren der „Atlas Novus" in vier Sprachen, der „Atlas Maior", der einen Umfang von elf Bänden mit über 500 Karten erreichte, und ein achtbändiges Städtebuch der ganzen Welt mit 500 Stichen. Dem erbitterten Ringen der Häuser JANSSONIUS und BLAEU zwischen 1629 und 1672 verdanken wir die größten Atlanten der Kartographiegeschichte, deren Karten sich infolge gegenseitigen Plagiierens oft bis zur Identität ähneln.

Literatur: BSM-19 S. 68. – BSM-44 S. 57, 117, K 5.1. – DES S. 112 et pass. – KK S. 35 ff. – KOE II S. 344–549; IV S. 266–275. – LGK S. 356 f. – MCS V, 1968, No. 48, S. 48. – MdW S. 276. – ZAI S. 26.

Kennzeichen der Folio-Ausgaben

Diese nach den „alten" KOEMAN-Nummern gereihte und mit den KK-Nummern ergänzte Übersicht der Kennzeichen der Rückseitentexte – Sprache, Pagina, Bogensignatur, Kustode – soll ohne Anspruch auf Vollständigkeit die rasche Identifizierung loser Folio-Drucke erleichtern.

2.1 Mercator, Hondius, Janssonius

2.1.1 Rollwerkkartusche

Me 9 / 1:001
1585
Latein – Y – ortus-
Saltzbvrg Archiepiscopatvs

Me 13A / 1:011A
1595
Latein – Y – cum
Saltzbvrg Archiepiscopatvs

Me 14 / 1:012
1602
Latein – Y – Re-
Saltzbvrg Archiepiscopatvs

Me 15 / 1:101A
1606
Latein – 257 – Sssss
Saltzbvrg Archiepiscopatvs

Me 16 / 1:102D
1607
Latein – 257 – Rrrrr – Exhis
Saltzbvrg Archiepiscopatvs

Me 19 / 1:111
1609
Französisch – 259 – Sssss
Levesche de Saltzbvrg

Me 20A / 1:103A
1611
Latein – 261 – Ttttt
Saltzbvrg Archiepiscopatvs

Me 22 / 1:104A
1613
Latein – 268 – Bbbbbb – nes abri-
Saltzbvrg Archiepiscopatvs

Me 23A / 1:112
1613
Französisch – 275 – Aaaaaa – ges.
Levesche de Saltzbvrg

Me 26A / 1:113
1619
Französisch – 279 – Eeeee – Qui
L'Evesche de Saltzbvrg

Me 27A / 1:105
1623
Latein – 278 – Hhhhh – nes abri-
Saltzbvrg Archiepiscopatvs

Me 28A / 1:114
1628
Französisch – 517 – Ppppp – Qvi
L'Esveche de Saltzbovrg
Typ 2. Karte datiert 1627.

Me 29A / 1:107
1630
Latein – 292 – Ppppp – nes abri-
Salzbvrg Archiepiscopatvs

Me 34 / 1:221
1632
Ohne Rückseitentext, ohne Pagina
Salzburg Archiepiscopatus(?)

Me 36A / 1:311
1633
Französisch – 517 – Ppppp – Qui
L'Evesche de Saltzbourg

Me 37 / 1:321D
1633
Deutsch – Nnnn – 325 – gegen
Von dem Bisthumb Salzburg

Me 41A / 1:341.1A
1636
Englisch – 189–4.O – called
The Description of the Bishoprick of Saltzbovrg, And the Dukedome of Carinthia.

Me 45 / 1:323.1
1636
Deutsch – 325–5 K – gegen
Von dem Bisthumb Salzburg.

2.1.2 „Altarblock" mit zwei Wappen

Me 51A/B
1:401.1Aa, 1Ab
1638
Latein – PPPPP

Salisburgensis Episcopatvs

2.1.3 Barockkartusche, zwei Genien

–
–
Latein – PPPPP
Ohne Me- und KK-Nr., o.J.

Me 48 / 1:332
1637
Niederländisch – Duytslandt – PPP
Het Aertz-Bisdom Saltz-bvrgh.
Statt der bisherigen Nr. 49 und 49* nun Kartennummer 465.

Me 69 / 1:431.1A
1638
Niederländisch – Duytslandt. – PPP
Het Aertz-Bisdom Saltz-burgh

Me 100°
1:411.1E, 1:412.1E
1642
Französisch – MMMMM
L'Archevesché de Saltz-bourg

Me 107 / 1:415.1L
1649
Französisch – MMMMM
L'Archevesché de Saltz-bourg

Me 120 / 1:421.1A
1638
Deutsch – FFff
Das Bischthumb Saltzburg

Me 130(1) / 1:424.1H
1645
Deutsch – Aaaaa (eee)
Das Bischthumb Saltzburg

2 Mercator und die Karten des 17. Jahrhunderts

2.1.4 Titelleiste, Wappen, drei Amoretten

Me 57/60
1:403.1J, 1:404.1L
1647/49
Latein – Zzzz
Salisburgensis Episcopatus

Me 76 / 1:433.1J(H)
1645
Niederländisch – Duytslandt. – YYY
Het Aertz-Bisdom Saltz-bvrgh

Me 82 / 1:435.1O
1652
Niederländisch – BS unbekannt
Het Aertz-Bisdom Saltz-bvrgh

Me 110 / 1:416.1O
1652
Französisch – Allemagne – GGGg – au
L'Archevesché de Saltzbourg.

Me 131 / 1:425.1J
1647
Deutsch – Teutschlandt – Aaaaa
Das Bischthumb Saltzburg(?)

Me 134 / 1:425.1L
1649
Deutsch – eee über Aaaaa
Das Bischthumb Saltzburg(?)

Me 182 / 1:428
1658
Deutsch – AAAaa
Das Bischthumb Saltzburg(?)

Me 184 / 1:407.1
1666
Latein – vicum
Saltzbvrgensis Episcopatus.

2.2 Blaeu – Ausgaben
Titelleiste, Wappen, drei Amoretten

Bl 4
1634
Deutsch – Iii
Bischthumb Saltzburg

Bl 5
1635
Deutsch – Iii
Bischthumb Saltzburg

Bl 7A
1635
Deutsch – Iii
Bischthumb Saltzburg

Bl 9
1635
Niederländisch – Gg – Duytslandt
Het Aertz-Bisdom Saltz-burgh

Bl 14
1635
Latein – UU
Salisburgensis Episcopatus

l 16 A
1638
Französisch – Gg – seigna
L'Archevesche de Saltz-bourg

Bl 21 A
1640
Latein – 56 – Iii – Germania – CARIN
Salisburgensis Episcopatus

Bl 23 A
1644
Latein – 56 – Iii – Germania – CARIN
Salisburgensis Episcopatus

–
1645
Latein – 56 – Iii – Germania – CARIN
Salisbvrgensis Episcopatvs

Bl 23 B
1649
Latein – 56 – Iii – Germania – CARIN
Salisbvrgensis Episcopatvs

Bl 26 A
1642
Niederländisch – 47 – Yy – Duytslandt – Het
Het Aertz-Bisdom Saltz-Burgh
Vermutl. ebenso Bl 29A, 1647
und Bl 29C, 1649.

Bl 29 A
1647
Niederländisch – 47 – Yy – Duytslandt
Het Aertz-Bisdom Saltz-Burgh

Bl 31 A
1641
Deutsch – 47 – Zz – Teutschlandt – vnd
Das Bischthumb Saltzburg.

Bl 31 B
1647
Deutsch
Das Bischthumb Saltzburg.

Bl 33
1649
Deutsch – 47 – Zz – Teutschlandt – dung
Das Bischthumb Saltzburg.

Bl 56
1662
Latein – 81 – li – Germania – urbem
Carinthia – Saltzbvrgvm.

Bl 57
1664
Niederländisch – 47 – Yy – Duytslandt
Het Aertz-Bisdom Saltz-Burgh.

Bl 58
1663
Französisch – 34 – Cc – Alemagne – la
L'Archevesché de Saltzbourg.

Bl 59
1667
Französisch – 53 – Ccc – Alemagne – bpurg
L'Archevesché de Saltzbourg.

Bl 60 A
1662
Spanisch – 98–99 – Oo – Alemania
El Arcobispado De Satzburg.

Bl 61
Deutsch
Fragliche Ausgabe

2.1
Mercator, Hondius, Janssonius

Ebenso wie ORTELIUS' Bearbeitung der SETZNAGEL-Landtafel umfaßt die MERCATOR-Karte außer Salzburg fast ganz Kärnten, das nun im Titel genannt wird. Das Erzstift nimmt daher weniger als ein Viertel (22%) der Rahmenkarte ein. Ihren großen Fortschritt bildet die Nordorientierung und die Vereinheitlichung der Graduierung. Den einfachen Strichrahmen des Kartenfeldes betont eine kräftige, meist schwarz-weiß markierte Minuten-Skala, auf der alle 10' und vollen Grade beziffert sind. Auf den Karten aus dem Hause BLAEU fehlen zumeist oben und unten die Angaben der Längengrade. Die von MERCATOR selbst berechneten Längen beziehen sich auf den Null-Meridian von Sâo Miguel in den Azoren. Nach diesem liegt Salzburg auf rund 35° 40' Ost mit Abweichungen von 35° 23' bis 35° 43'. An den Seiten des Kartenfeldes stehen fast immer die Himmelsrichtungen in Latein.

Die Karte wirkt zwar moderner als die von ORTELIUS, doch ist ihre Abhängigkeit von SETZNAGEL nicht zu verkennen, sodaß sein Verschweigen befremdet. Mit Benützung zusätzlicher Quellen hat MERCATOR etliche Fehler beseitigt, wie z.B. die Flußkreuzung von Drau und Gail, doch sind ihm neue Fehler und Verzerrungen vor allem des Gewässernetzes unterlaufen. Der Salzach-Ursprung ist aber richtig eingezeichnet. Am meisten fällt das Mißverhältnis zwischen den Seen des Salzkammerguts ins Auge, von denen allein Wolfgangsee und Traunsee benannt sind. Dieser ist mit nur 24,5 km² Fläche über fünfmal größer gezeichnet als der Attersee mit 45,9 km²! Auch die Salzburger Tauerntäler zeigen teilweise gravierende Abweichungen von der Natur, wie das Gasteiner Tal, das von Südost nach Nordwest und das Großarltal, das streckenweise von Ostnordost nach Südsüdwest verläuft. Die enorme Verschiebung des Lungaus nach Norden (Verzerrungsgitter bei MÜLLER, Abb. 4) wurde bis gegen Ende des 18. Jhs. von den meisten Kartographen vertrauensvoll übernommen.

Der Entwurf MERCATORs blieb bei seinen Erben und Nachfolgern wie auch bei dem Konkurrenten BLAEU immer erhalten, sodaß deren Folio-Ausgaben trotz mehrfach neu gestochener Platten und wechselnder Auszier als Mitglieder einer Familie erscheinen. Ihre vier „Zweige" sind durch die Anordnung des Titels in verschiedenen Kartuschen oder in einer Kopfleiste gekennzeichnet:

2.1.1 ROLLWERKKARTUSCHE
2.1.2 „ALTARBLOCK" MIT ZWEI LANDESWAPPEN, OHNE AMORETTEN
2.1.3 BAROCKKARTUSCHE MIT ZWEI GENIEN
2.1.4 TITELLEISTE, ZWEI WAPPEN, DREI AMORETTEN

Die vier Kartentypen kommen in drei leicht unterschiedlichen Maßstäben vor, für die sich kein „handliches" Verhältnis zwischen Zoll und Meilen feststellen läßt. Tatsächlich erweist es sich gerade am Salzburger Blatt wegen der krassen Verzerrungen im Süden und Südosten als unmöglich, den beabsichtigten Maßstab empirisch zu ermitteln: Streckenmessungen ergeben Verhältnisse von 1:336.600 bis 1:746.850(!) bei einem Mittelwert von ca. 1:470.000.

Ein Unterscheidungsmerkmal aller Folio-Ausgaben bilden die rechts nahe dem unteren Rand stehenden Meilenleisten mit ein- oder zweizeiliger Beschriftung und ihre Zusätze. Bei MERCATOR und seinen Nachfolgern zeigt die Leiste immer 4 Meilen an, bei BLAEU ist sie auf 5 Meilen verlängert. Daneben stehen rechts und/oder links die Namen des Autors bzw. der Bearbeiter, fallweise mit Druckort, Jahreszahl und Privilegium.

Das Format der Folio-Karten beträgt zuerst mit Rahmen 47,5 x 34 cm, die Plattengrößen liegen bei 48 x 34,5 cm. Mit dem Neustich der Platte beim Wechsel zur barocken Genienkartusche und der späteren Einführung einer Kopfleiste vergrößerte sich das Format auf ca. 49,5 x 38 cm bei einer Plattengröße von 50 x 38,5 cm. Die Größen der Blätter (bis zu 62 x 51 cm) und der Atlanten variieren beträchtlich. Die Bände weisen Formate von 30 bis 34 cm Breite und 41 bis 52 cm Höhe auf (ohne Sonderanfertigungen zu berücksichtigen). Im folgenden werden Maße nur dann angegeben, wenn sie von diesen Standardwerten wesentlich abweichen. Bis auf kleine Verschiebungen des Geländeausschnitts im Norden stimmen die Karteninhalte weitgehend überein. Im allgemeinen verläuft der Oberrand an der Linie Wasserburg–Tittmoning–Mattsee–Straßwalchen.

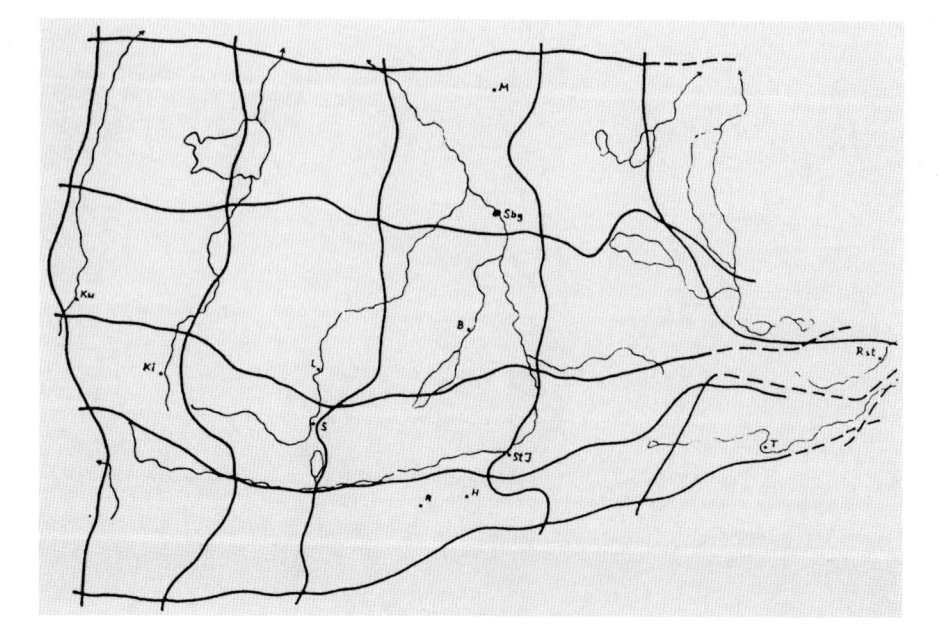

Abb. 17: Verzerrungsgitter der Karte von Mercator.

2   *Mercator und die Karten des 17. Jahrhunderts*

Die Karten sind innerhalb der vier Typen in Sprachgruppen zusammengefaßt und nach Herausgebern und Erscheinungsjahr gereiht. Bei einigen Ausgaben kommen zusätzliche Varianten mit durchgezogenen Gradnetzen oder Findegittern vor. Von allen Typen der MERCATOR-Karte existieren Exemplare mit unbedruckter Rückseite.

Wie in der Gruppe 1 werden zur Publikationsart die Siglen in KOEMANs „Atlantes Neerlandici" ausgewiesen. Dazu kommen bei den Folio-Karten von MERCATOR, HONDIUS und JANSSONIUS zusätzlich die Siglen aus dem ersten Band der Neubearbeitung des „KOEMAN" durch Peter VAN DER KROGT (ohne „KK" immer zu wiederholen). Im allgemeinen ist zur Zitierung der Atlas-Titel zu bedenken, daß deren Texte sehr häufig nicht mit dem aufwendigen Titelblatt gestochen, sondern separat in Buchdruck hergestellt und in freigelassene Felder eingeklebt wurden. Damit wird der Nachweis der Herkunft loser Karten weiter problematisch.

Abb. 18: Karte von Mercator mit der Rollwerkkartusche.

2.1.1

2.1.1
Titel in Rollwerkkartusche

18   Der älteste, noch auf MERCATOR zurückgehende Typ der Folio-Ausgaben wird von einer ca. 10,5 x 9 cm großen, stark gegliederten und meist kolorierten Rollwerk-Titelkartusche beherrscht. Sie steht rechts oben in einem freien Raum des Kartenfeldes östlich des Traunsees auf österreichischem Gebiet, dessen Name dekorativ nahe den Ecken der Kartusche in vier Buchstabengruppen «Au= – striæ | con= – finia» angeordnet ist. MERCATORs Erben und deren Nachfolger ließen diese graphische Auszier bis 1633 unverändert.

Titel: «SALTZBVRG | archiepiscopatus | cum ducatu | CARINTHIÆ.».

Zusätze: Maßstabsleiste mit vier «*Miliaria Germanica | Communia*»
Weitere Zusätze re. und/oder li. neben dem Maßstab werden als wichtige Unterscheidungsmerkmale bei den Katalogisaten angeführt. Himmelsrichtungen in Latein in der Mi. an jedem Seitenrand.

Maßstab: ca. 1:464.000 (4 M. = 5,7 cm).

Graduierung: Die Felder der Minuten-Skala sind zuerst durch Querstriche getrennt und in den späteren Ausgaben schwarz-weiß markiert.
L von Salzburg: 35° 36' 30".

In der Titelzeile fehlt manchmal der Punkt nach „Carinthiæ". Die Karten der ersten drei Auflagen bis 1602 unterscheiden sich nur durch kleine Abweichungen auf Seite (a) des Bogens. KOEMAN (II S. 298) zitiert dafür das letzte Wort der ersten Zeile der kurzen Würdigung des hl. RUPERT, das hier als „Leitwort" hervorgehoben wird. Die Zuschreibung loser Blätter ist bei den späteren Ausgaben an Hand der Sprache, der Paginierung und der Bogensignatur fast immer möglich, wenn die Rückseite bedruckt wurde. Blätter ohne Rückseitentext, aber mit Mittelknick und Klebespuren, stammen aus den sog. „Reichsatlanten" (Me 34, 1632). Die sehr seltenen plano erhaltenen Karten sind Separatdrucke.

2.1.1.1
„Per Gerardum Mercatorem" (KK: 2720:1A.1)

Auf den ersten Ausgaben der MERCATOR-Karte mit der Rollwerkkartusche wird im Zusatz rechts neben der Meilenleiste nur dieser genannt: «*Per Gerardum Mercatorem | Cum priuilegio*».

LATEINISCHER TEXT

1585

Rückseite: **Latein. – Ohne Pag. – BS: Y. – Leitwort: ortus-.**
(a): «SALTZBVRG ARCHIE= | PISCOPATVS» (9 bzw. 5 mm hoch). Neun Kursiv-Zeilen Historie des hl. RUPERT nach Sebastian MÜNSTER. Die erste Zeile endet mit «ortus-». Darunter Hinweis: «Meridiani positi sunt iuxta rationem paralleli | 47 10. ad circulum maximum.». Darunter in Seitenmitte konsolenartiges Rollwerk-Ornament mit tragendem Putto, ca. 10,5 x 7,7 cm groß (KOE II S. 298, Vign 4). Knapp darüber ganz re. Bogensignatur «Y».
(d): Nicht bedruckt.

Publ.-Art: Atlasblatt aus Me 9 (49) / 1:001 (49):
«GERMA | NIAE | tabulæ geogra= | phicæ. | *Per Gerardum Mercato= | rem Jllustriß. Ducis Juliæ | Cliuiæ &c. Cosmographum | Duysburgi editæ.* (diese Nennung fehlt in den späteren Ausgaben.) ‖ (u. im Rollwerk kleine Tafel:) Cum Privilegio.». – Der Atlastitel steht in der Mi. einer imposanten Rollwerkkartusche (16 x 23 cm) am Beginn des dritten Abschnitts des ersten Teils des späteren Atlasses. Ein Gesamttitel fehlt noch, die ersten beiden Abschnitte haben entsprechende Titel.

Standort: BSM: Mapp. IX.147 l; 2 Mapp. 38 a, 6–51 (Sammelatlas). – HAB. – ÖNB: 798.975-D.K. – SBB Haus 1: 2° Kart. B 179–50; Haus 2: 2° Kart. 18206–24:R.

Literatur: KAR S. 401, 56/115 (mit Hinweis auf SETZNAGEL, KAR 68/1). – KK I S. 43 ff. – KOE II S. 287 f.

1595

Der vollendete einbändige Atlas umfaßte 107 meist noch von MERCATOR selbst entworfene Karten. Die Titel der Teile und Sektionen wurden übernommen. Das Titelkupfer (23,5 x 39 cm) zeigt den Namen gebenden sagenhaften Numiderkönig in einem großen, von korinthischen Säulen flankierten Rundbogen nicht als Träger des Himmelsgewölbes, sondern als Begründer der geographischen Wissenschaft beim Vermessen des Himmels und der Erde. Auf Schrifttafeln zu seinen Füßen und im Sockel stehen Titel und Autorenvermerk. Im datierten Kolophon werden MERCATORs Erben als Herausgeber genannt.

Rückseite: **Latein. – BS: Y. – Leitwort: cùm.**
(a): Titel, Texte, Umbruch und Ornament größtenteils identisch mit der Erstausgabe. Die erste Zeile der Historie des hl. RUPERT endet mit «cùm».

Publ.-Art: Atlasblatt aus Me 13 A (49) / 1:011A (49):
«ATLAS | SIVE | COSMOGRAPHICÆ | MEDITATIONES | DE | FABRICA MVNDI ET | FABRICATI FIGVRA. ‖ *Gerardo Mercatore Rupelmundano, | Jllustrißimi Ducis Juliæ Cliuiæ & Mon- | tis etc. Cosmographo Autore. | Cum Privilegio.* ‖ DVISBVRGI CLIVORVM». – Kolophon: „Sumptibus Hæredum Gerardi Mercatoris ... Anno 1595."

Faksimile: Gerard MERCATOR: Atlas ... Einführung und Biographie von Domino Gualtero GHYMMIO. Culture et Civilisation, Editions, Brüssel 1963. – Dito: CORON-Verlag, Stuttgart 1978; Lachen am Zürichsee 1992.

Standort: BLL: C.3. c.1. – BSM: 2 Mapp. 114–49. – ÖNB: 47.C.15 (1+5A); 393.698-D.K; III. – SBB Haus 1: 2° Kart. 64/284–49; Haus 2: 2° Kart 15356–45. – SMCA: SL 17,L 01. – StLB: 303. – SUBE: Ryh 4607:2. – SWW: K-IV: WE 47.

Literatur: BSM-50 S. 224, K 6.3. – KK I S. 50 ff. – KOE II S. 299 f. – ZAI Abb. 16, S. 28.

1602

Rückseite: **Latein. – BS: Y. – Leitwort: Re-.**
(a): Titel, Texte, Umbruch und Ornament größtenteils identisch mit der Erstausgabe. Die erste Zeile der Historie des hl. RUPERT endet mit «Re-». Darunter der Meridian-Hinweis wie bisher und auf der Spitze stehendes Quadrat (6,5 x 6,5 cm) aus Zierornamenten.

| Publ.-Art: | Atlasblatt aus Me 14 (49) / 1:012 (49):
Die Karten des Deutschland-Teils (26 bis 51) wurden von MERCATORs Erben unverändert in die Neuaufl. übernommen. Der Haupttitel ist identisch mit jenem der Ausgabe von 1595. |
|---|---|
| Standort: | BLL: C.3.c.5. – NSUG: Rara'2 Geogr. 155/a. – SSAu: 2° GsK 66. |
| Literatur: | KK I S. 56ff. – KOE II S. 302. |

2.1.1.2
Henricus und Jodocus Hondius (KK: 2720:1A.2)

Die Nachfolger übernahmen die MERCATOR-Karte mit der Rollwerkkartusche unverändert in ihre zahlreichen neuen Auflagen. Neben der Meilenleiste verblieb rechts der Zusatz: «*Per Gerardum Mercatorem | Cum priuilegio*», links wurde aber neu eingefügt: «*Amstelodami, Sump= | tibus Henrici Hondij …*» mit Jahreszahl.

LATEINISCHER TEXT
1606

| Rückseite: | **Latein. – Pag.: 257. – BS: Sssss.**
(a): Re. o. Pag. für die Textseiten. – Titel: «SALTZBVRG AR | CHIEPISCOPATVS.», zweite Zeile einen Grad kleiner. Text: Neun Kursiv-Zeilen über die Gründung durch RUPERT. Zwei Zeilen recte: «Meridiani positi sunt … ad | circulum maximum.». Zwischentitel: «Salisburgensis Episcopatus». Zierinitiale «S» in Rankenwerk über sieben Zeilen. Landesbeschreibung, 18 cm Satzbreite einspaltig mit dem PIGHIUS-Distichon und Marginalien. U. Mi.: Bogensignatur, ganz re. letzte Wortsilbe «uit.» (kein Kustode).
(d): Li. o.: «258»; Mi.: Über- und Zwischentitel wiederholt: «Salisburgensis Episcopatus.». – Text weiterlaufend wie vorher, gegen Ende CELTIS-Gedicht; Zwischentitel: «Carinthia Ducatus»; Landesbeschreibung über zwei Drittel der Seite, ohne Initiale, einfacher Block, Marginalien. |
|---|---|
| Publ.-Art: | Atlasblatt aus Me 15 (49) / 1:101A (97):
«GERARDI MERCATORIS ‖ ATLAS | SIVE | COSMOGRAPHICÆ | MEDITATIONES … ‖ (eigene Schrifttafel:) *Iam tandem ad finem perductus … auctus ac | illustratus a Iudoco Hondio …* ‖ (im Sockel:) *Excusum in ædibus Iudoci Hondij Amsterodami. 1606.*». – Der Atlas ist wie sein Vorgänger gegliedert, jede Sektion mit eigenem Titel und Kartenindex. Für den gestochenen Haupttitel wurde der Triumphbogen der Ausgabe von 1595 als Mittelteil übernommen und pompös o. mit dem Namen MERCATORs und seitlich mit den Allegorien der vier Erdteile erweitert. |
| Standort: | BSM: 2 Mapp. 115–97. – SMCA: SL 17, L 01. – ZBLU: F1 60 (1). |
| Literatur: | KK I S. 61ff. – KOE II S. 302f. |

1607/08
2. Auflage

| Rückseite: | **Latein. – Pag.: 257. – BS: Rrrrr. – Kustode: Exhis.**
(a): Pag. und Titel wie 1606. Text: Acht Kursiv-Zeilen über RUPERT, einzeiliger Hinweis auf Orientierung der Meridiane, Landesbeschreibung einspaltig mit Zierinitiale «S» über zehn Zeilen, Marginalien, PIGHIUS-Gedicht. U. Mi.: Signatur, ganz re. Kustode.
(d): Übertitel, Pag. und Umbruch wie 1606. Zwischentitel «Carinthiæ Ducatus», einfache Initiale «C» über drei Zeilen. |
|---|---|
| Publ.-Art: | Atlasblatt aus Me 16 (49) / 1:102C (99):
«GERARDI MERCATORIS ‖ ATLAS | SIVE | COSMOGRAPHICÆ | MEDITATIONES …» (weiter wie vorher, unter der kleineren Schrifttafel:) «EDITIO SECUNDA *qua et | ampliores descriptiones & novæ Tabulæ Geographicæ accesserunt.* ‖ *Sumptibus Cornelij Nicolai & Judoci Hondij, Amsterodami, 1607*». |
| Standort: | SBB Haus 2: 2° Kart. B 181–98<a>. – SSAu: 2° GsK 68. – UB Gent: Hi 9225. |
| Literatur: | KK I S. 68ff. – KOE II S. 307f. |

1611/19
4. Auflage

Während eine dritte Atlas-Auflage nicht ausgewiesen ist, gibt es laut KK die 4. Auflage in fünf Ausgaben mit den Jahreszahlen 1611 und 1612 (die hier katalogisiert sind) sowie 1613 (Latein, 1:104), 1616 (Französisch, 1:112) und 1619 (Französisch, 1:113) im sonst unveränderten Atlas-Titel. Bei der Ausgabe 1613 erwies sich in allen geprüften Exemplaren die letzte Ziffer als grobe handschriftliche Korrektur der Ziffer 2. Eine Widmung an die belgischen föderierten Provinzen stammt schon aus dem Jahr 1607. Der vierte Teil bringt nach einem kurzen Zwischentitel mit Nennung MERCATORs in der Rollwerkkartusche „Germaniae …" einen eigenen Einführungstext mit Register. Dort erfolgt die Reihung nach dem politischen Rang: Kaiser, Kurfürsten, Erzbistümer usw. (Salzburg als Nummer 27). Die Karten blieben gleich.

1611

| Rückseite: | **Latein. – Pag.: 261. – BS: Ttttt.**
(a): Die Paginierung bezieht sich weiterhin nur auf die Seiten mit Text. Dieser ähnlich wie bisher, aber überarbeitet und neu gesetzt mit 20 cm Satzbreite. Titel: «**S A L T Z B V R G   A R - | C H I E P I S C O P A T V S.**». PIGHIUS-Gedicht freistehend in Seitenmitte. Einzeiliger Meridian-Hinweis. – U. Mi.: Bogensignatur; ganz re. Kustode.
(d): Li. o.: Pag. – Über- und Zwischentitel wie vorher, ebenso CELTIS-Gedicht, Rest der Landesbeschreibung nur ein Viertel der Seite. Größerer Zwischentitel: «CARINTHIÆ DVCATVS.», Text mit einfacher Initiale «C» über drei Zeilen, geschlossener Satzblock ohne Absatz, Marginalien. |
|---|---|
| Publ.-Art: | Atlasblatt aus Me 20 A (49) / 1:103A (103):
Haupttitel wie vorher: «GERARDI MERCATORIS ‖ ATLAS | SIVE COSMOGRAPHICÆ | MEDITATIONES … | (mit Zusatz:) Denuò auctus». Statt der unteren Schrifttafel das Verlagssignet: Der „wachsame Hund" mit Erdkugel, Himmelssphäre und Inschrift: «EXCUSUM SUB CANE VIGILANTI». Daneben li. und re. auf der Sockelstufe: «EDITIO — QVARTA», darunter: «*Sumptibus & typis æneis Iudoci Hondij, Amsterodami An. D. 1611.*». |
| Standort: | BTh: III 20.732. – KBH: 395 A 9. |
| Literatur: | KK I S. 74ff. – KOE II S. 314ff. |

1612

- Rückseite: **Latein. – Pag.: 268. – BS: Bbbbbb. – Kustode: nes abri-.**
- Publ.-Art: Atlasblatt aus Me 22 (49) / 1:103B: Haupttitel wie vorher, aber «... *Amsterodami An. D. 1612.*».
- Standort: BLL: C.18. e. 15 (Prachtex. von König JAMES I.). – KBTI: 5808. – ZBLU: F1 60 (2). – ZBSO: S II 12.
- Literatur: KK I S. 74 ff. – KOE II S. 318 ff.

1623
5. Auflage

- Titel: «... CARINTHIÆ» ohne Punkt.
- Rückseite: **Latein. – Pag.: 278. – BS: Hhhhhh. – Kustode: nes abri-.**
  (a): Ähnlich wie 4. Aufl., 1612/13, Me 22. Titel 11 und 7 mm hoch, ohne Punkt nach «...patus», re. o.: neue Pag. – Nur acht Kursiv-Zeilen RUPERT-Historie. Landesbeschreibung mit Zierinitiale «S» über zehn Zeilen. – U. Mi. neue Signatur; re. gleicher Kustode.
  (d): Wie 4. Aufl., aber li. o.: «279».
- Publ.-Art: Atlasblatt aus Me 27 A/B (49) / 1:105 (109): «GERARDI MERCATORIS ‖ ATLAS ‖ …» wie 4. Aufl., 1612/13, Me 22, aber: «EDITIO — QVINTA» und Namensänderung: «*Sumptibus & typis æneis Henrici Hondij, Amsterodami An. D. 1623.*». – Im Teil „Germaniae…" wieder Blatt 27. Im Index «Saltzburgensis Archi. 278».
- Standort: BTh: IV 20.306. – ÖNB: FKB 272-35=3788; 393.231-D.K. – SBB Haus 2: 2° Kart. B 184-109. – SLA: Graphik XIV.24 - StSP. – UBS. – ZBLU: F1 60 (3).
- Literatur: KK I S. 85 ff. – KOE II S. 330 ff. – SLA S. 7 L.12.

1630 (1627)
10. Auflage

- Rückseite: **Latein. – Pag.: 292. – BS: Pppppp. – Kustode: nes abri-.**
  (a): Ganz re. o. «292». – Titel: «S A L T Z B V R G | ARCHIEPISCO-PATVS.». – 1. Absatz kursiv: Mission des hl. RUPERT. Einzeiliger Meridian-Hinweis. Landesbeschreibung mit Zierinitiale «S» über elf Zeilen. U. Mi. Signatur, ganz re. Kustode.
  (d): Li. o.: «293». – Titel: «Salisburgensis Episcopatus.». Forts. der Beschreibung, CELTIS-Gedicht. Zwischentitel: «C A R I N T H I Æ D V-C A T V S ». Landesbeschreibung mit einfacher Initiale «C» über drei Zeilen.
- Publ.-Art: Atlasblatt aus Me 29 A (49*) / 1:107 (117): Haupttitel: «GERARDI MERCATORIS | ATLAS | SIVE | COSMO-GRAPHICÆ | MEDITATIONES | DE | FABRICA MVNDI ET | FABRICATI FIGVRA. ‖ (statt des Verlagssignets Schrifttafel:) Primum à Gerardo Mercatore inchoatæ, | deindè a Iudoco Hondio Piæ memoriæ ad | finem perductæ, | Iam verò multis in locis | emendatæ, et de novo in lucem editæ. ‖ EDITIO DECIMA | *Sumptibus & typis æneis Henrici Hondij, Amsterodami An. D. 1630.*».
- Standort: BSM: 2 Mapp. 116.3-24. – SBB Haus 1: 2° Kart. B 184/1-116. – Staatsarch. Wien: Bibl. G 246 (hs. datiert 1631). – SUBE: Ryh 4706:4. – SWW: K-IV: WE 76. – UBA: 1803 A 8.
- Literatur: KK I S. 92 ff. – KOE II S. 339 ff.

Reichs-Atlas
1632

Erst 1632 erschien ein von KOEMAN nicht registrierter Atlas sowohl bei HONDIUS (undatiert) wie auch bei JANSSONIUS (1:221, 32), der das Blatt Salzburg/Kärnten von 1627 mit der Rollwerkkartusche enthält und fast völlig dem sog. „Experimental-Atlas" JANSSONIUS' von 1632 (Me 34) gleicht. Die Rückseiten der 90 bzw. 85 Karten sind nicht bedruckt, aber öfters nach dem Inhaltsverzeichnis handschriftlich paginiert (hier „32" oder „37").

- Titel: «SALTZBVRG | archiepiscopatus | cum ducatu | CARINTHIÆ» (ohne Punkt).
- Publ.-Art: Atlasblatt aus 1:222 (37): «THEATRUM IMPERII | **GERMANICI**. | CONTINENS | Tabulas accuratissimas, Regnorum, Ducatuum, Archie- | pscopatuum(!), Comitatuum, Aliarumque Provinciarum | & Regionum, quæ jure referuntur ad decem illos | Circulos, in quos constitutiones Sacri Imperij | recentiores, Germaniam dividunt, qua- | rum catalogum sequens pagi- | na indicabit. ‖ (Verlagssignet: Hund mit Globus und Motto, darunter:) AMSTELODAMI (Strich) | Sumptibus & typis æneis HENRICI HONDII.». – Die Titelzeilen sind zentriert, die letzten sieben stufenförmig eingezogen. – Der Titel der mit 1632 datierten JANSSONIUS-Ausgabe 1:221 ähnelt diesem mit Kürzungen.
- Standort: BSM: 2 Mapp. 180-37. – ÖNB: 47.C.18 (Prunksaal).
- Literatur: KK I S. 135 ff. – Nicht in KOE.

Experimental-Atlas
1632

Die sehr seltenen sogenannten „Experimental-Atlanten" mit 85 Karten enthalten im zweiten Teil Deutschland mit der Karte von Salzburg und Kärnten von 1627. Wie der undatierte „Reichs-Atlas" von HONDIUS weisen die Atlanten nur eine nüchterne Typensatz-Titelseite mit dem Verlagssignet auf.

- Titel: «SALTZBVRG | archiepiscopatus | cum ducatu | CARINTHIÆ.» (mit Punkt).
- Rückseite: Unbedruckt, fallweise hs. paginiert.
- Publ.-Art: Atlasblatt Nr. 32 aus Me 34 (49*) / 1:221: «**THEATRVM** | IMPERII | **GERMANICI**…». Bis auf den geänderten Zeilenfall und den Namen des Verlegers fast mit dem HONDIUS-Titel identisch. Nach dem Verlagssignet des „wachsamen Hundes": «AMSTELODAMI, | Sumptibus & typis æneis IOANNIS IANSONII. | CIƆ. IƆ. C. XXXII.».
- Standort: KOEMAN nennt zwei Ex. in Privatbesitz und eines in der Chambre des Députés, Paris, E,A.: 93.
- Literatur: KK I S. 135 ff. – KOE II S. 353 ff.

FRANZÖSISCHER TEXT
1609

- Rückseite: **Französisch. – Pag.: 259. – BS: Sssss.**
  (a): «LEVESCHE DE | SALTZBVRG.»
  (d): «DVCHE DE CARINTHIE.»

2   Mercator und die Karten des 17. Jahrhunderts

Publ.-Art: Atlasblatt aus Me 19 (49) / 1:111:
Atlas-Titelseite von der 2. Aufl. 1607 mit geänderter Jahreszahl, häufig mit franz. Text überklebt. – Im 4. Teil: „Germaniae tabule geographicae … Sumptibus et typus aeneis Judoci Hondii. Amsterodami 1609." – Von den 147 Karten dieser Ausgabe entfallen auf den Deutschland-Teil 29 in Doppelfolio.

Standort: BNP: G 531. – Stadtbibl. Ulm: 19006 2°.

Literatur: KK I S. 98 ff. – KOE II S. 311 ff.

1613/16

Rückseite: **Französisch. – Pag.: 275. – BS: Aaaaaa. – Kustode: ges.**
(a): Re. o.: «275». – Titel: «L EVESCHE DE | SALTZ-BVRG .» (11 und 7 mm hohe Typen). Sieben Zeilen kursiv Historie des hl. RUPERT. Darunter einzeiliger Hinweis recte auf Orientierung des Mittelmeridians. – Landesbeschreibung einspaltig, Zierinitiale «L» in Rankenwerk über acht Zeilen, Marginalien. Re. u. Signatur und Kustode.
(d): Ganz li. o.: «276». – Übertitel: «L'EVESCHE DE SALTSBVRG .». Sechs Zeilen Schluß der Landesbeschreibung. – Zwischentitel: «DVCHE DE CARINTHIE .». Landesbeschreibung wie (a), einfache Initiale «C» über drei Zeilen.

Publ.-Art: Atlasblatt aus Me 23 A (49) / 1:112:
Haupttitel: «GERARDI MERCATORIS | L'ATLAS | OU | MEDITATIONS | COSMOGRAPHIQVES | DE LA | FABRIQVE DU MONDE | ET FIGURE DICELVY | De Nouveau reveu et augmenté | Excusum Sub Cane Vigilanti | DERNIERE EDITION ‖ Sumptibus et typis æneis Iudoci Hondij, Amsterodami An. D. 1613.»
Lat. Titel: «ATLAS | SIVE | COSMOGRAPHICÆ | MEDITATIONES | DE | FABRICA MVNDI ET | FABRICATI FIGVRA. ‖ *Gerardo Mercatore Rupelmundano,* | *Jllustrißimi Ducis Julie Clivie & Mo-* | *tis etc. Cosmographo Autore.* | Cum Privilegio. ‖ DVISBVRGI CLIVORVM».

Standort: Schiffahrtsmuseum Amsterdam: A III 34. – SWS.

Literatur: KK I S. 103 ff. – KOE II S. 322 f.

1619

Rückseite: **Französisch. – Pag.: 279. – BS: Eeeeee. – Kustode: Qui.**
(a): Ganz re. o.: «279». Titel: «L'EVESCHE DE | SALTZBOVRG .». Sieben Kursiv-Zeilen RUPERT-Historie, einzeiliger Meridian-Hinweis, Landesbeschreibung wie 1613, aber Initiale «L» über zehn Zeilen und PIGHIUS-Distichon etwa in Textmitte. Re. u. Signatur und Kustode.
(d): Ganz li. o.: falsche Pag. «278» statt 280. Unter dem gesperrten Übertitel Gedicht von CELTIS, zweispaltig umbrochen und zwei Zeilen Schluß der Landesbeschreibung. Zwischentitel: «DVCHE DE CARINTHIE .». Landesbeschreibung wie 1613.

Publ.-Art: Atlasblatt aus Me 26 A (49) / 1:113:
Haupttitel: «GERARDI MERCATORIS | L'ATLAS | OU | MEDITATIONS | COSMOGRAPHIQVES …» in Franz. mit geänderter Jahreszahl und Zweittitel in Latein wie in der Ausgabe 1613. Karte weiter im Teil „Germaniae".

Standort: BLL: Maps C.22.d.34. – KUFR. – SBB Haus 2: 2° Kart. B 185/3–105 (Titelblatt fehlt).

Literatur: KK I S. 109 ff. – KOE II S. 326 ff.

1627/28
10. Auflage

Rückseite: **Französisch. – Pag.: 517. – BS: Pppppp. – Kustode: Qvi.**
(a): Ganz re. o.: «517». – Mi. Titel: «L'ESVESCHE(!) | DE | SALTZBOVRG .» (7, 4 und 12 mm hohe Typen). Sieben Kursiv-Zeilen RUPERT-Historie nach Sebastian MÜNSTER, einzeiliger Meridian-Hinweis. Landesbeschreibung einspaltig über ganze Breite, Zierinitiale «L» in Rankenwerk über zehn Zeilen, PIGHIUS-Gedicht, Marginalien. – Re. u. Signatur und Kustode.
(d): Ganz li. o.: «520». – Übertitel: «L'Evesché de Saltzbourg.», darunter zweispaltig umbrochenes CELTIS-Gedicht. Zwischentitel: «DVCHE DE CARINTHIE .». Landesbeschreibung, Umbruch wie (a), einfache Initiale «C» über drei Zeilen, Marginalien.

Publ.-Art: Atlasblatt aus Me 28 A (49*) / 1:114 (109):
Haupttitel in Latein wie in der Ausgabe 1627/30 mit Jahreszahl 1628.

Standort: BSM: 2 Mapp. 116,3–517. – KONS. – SBB Haus 2: 2° Kart. B 185/5–2,31. – SMCA: SL 15, L 01. – SUBE: Ryh 4607:3. – SWS.

Literatur: KK I S. 115 ff. – KOE II S. 334 ff.

1633

Rückseite: **Französisch. – Pag.: 517. – BS: Pppppp. – Kustode: Qvi.**
Text und Umbruch auf (a) und (d) wie in der Ausgabe 1627. Lose Blätter sind nicht verläßlich zuweisbar.

Publ.-Art: Atlasblatt aus Me 36 A (49*) / 1:311.2:
Haupttitel: «GERARDI MERCATORIS ET I. HONDII. ‖ ATLAS | OU | REPRESENTATION DU | MONDE VNIVERSEL, ET | DES PARTIES D'ICELUI, | FAICTE EN TABLES ET | DESCRIPTIONS TRES- | AMPLES, ET EXACTES: | Divisé en | DEUX TOMES. | Edition nouvelle. | … ‖ A | AMSTERDAM | chez Henry Hondius, | *demeurant sur le Dam, a* | *l'enseigne du Chien vigilant.* | A°. D. 1633.». – Die Karte Salzburg/Kärnten findet sich gegen Ende des ersten Teils des zweiten Bds., der Deutschland und Italien enthält. Als Titel für den Deutschland-Teil wird der Haupttitel tlw. wiederholt.

Standort: BSM: 2 Mapp. 118 b,2–44. – ÖNB/K: FKB 272-37.

Literatur: KK I S. 145 ff., 157 ff. – KOE II S. 358 ff.

DEUTSCHER TEXT
1633 (1627)

Mit dieser Ausgabe, die bei HONDIUS und/oder bei JANSSONIUS in zwei Versionen erschien, haben die Verleger den Namen „Atlas Novus" eingeführt. Sie ersetzten relativ rasch 14 Karten des Altbestandes durch Neustiche, darunter auch das Blatt Salzburg/Kärnten durch den Typus mit Barockkartusche (2.1.3).

Titel: Ohne Punkt in der Rollwerkkartusche.

Druckart: Kupferstich mit Handkolorit auf Qualitätspapier. Wasserzeichen: Adler mit Krone (?).

Rückseite: **Deutsch. – Pag.: 325. – BS: Nnnn. – Kustode: gegen.**
(a): Im Oberrand: ganz re.: «325»; Mi. Fraktur-Titel: «Von dem Bisthumb

2   Mercator und die Karten des 17. Jahrhunderts

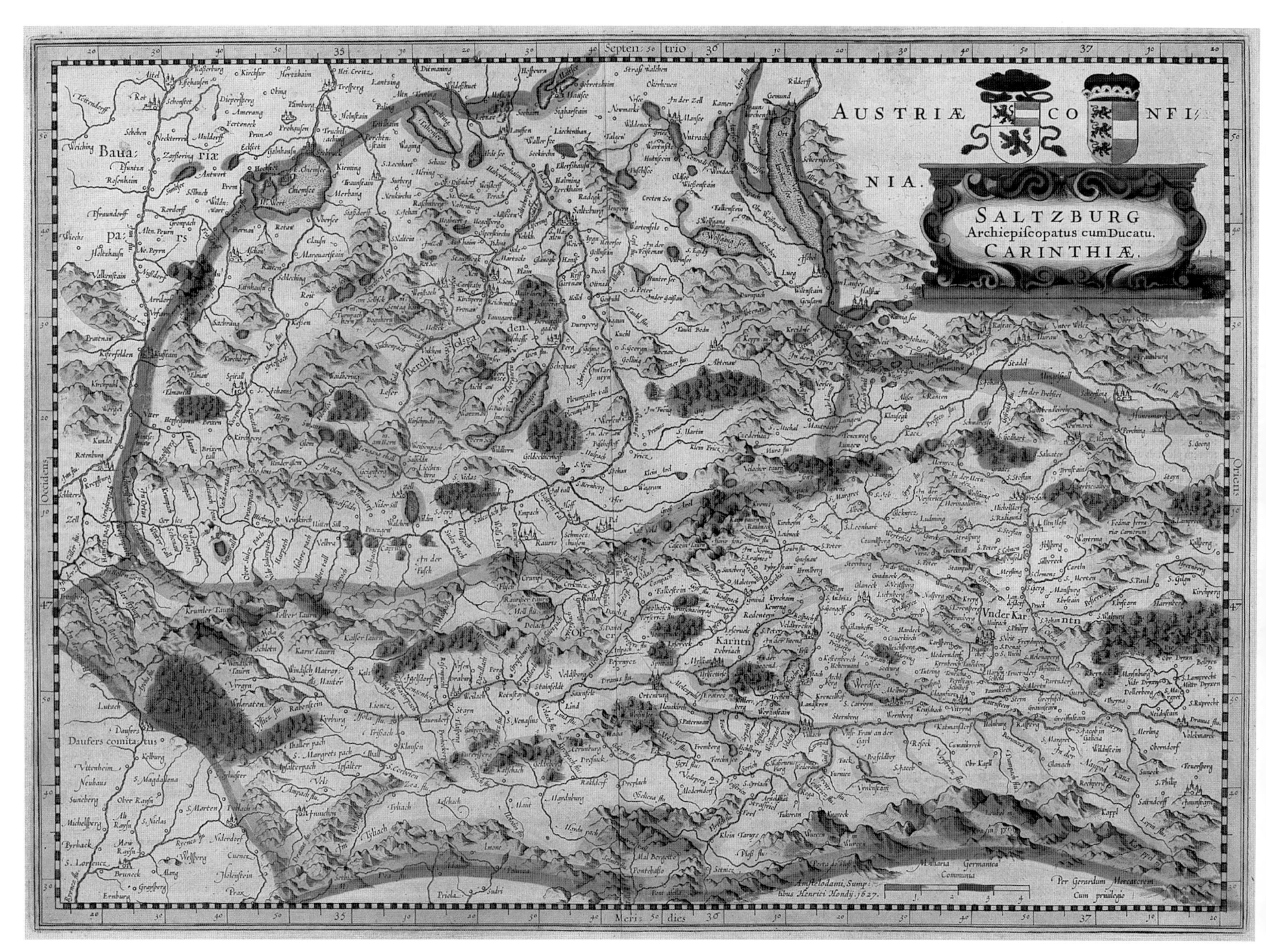

Abb. 19: Mercator-Karte von Hondius mit freistehendem Wappen.   2.1.2

Saltzburg.», Zierinitiale «S» über neun Zeilen. – Landesbeschreibung zweispaltig mit Trennlinie umbrochen. Als letzter Eb. wird unter Übergehung von fünf Nachfolgern Herzog ERNST genannt, der schon 1554 auf seine Herrschaftsrechte verzichtet hatte. PIGHIUS-Verse in der ersten Spalte, Marginalien. Im untersten Siebentel neuer Titel: «Von dem Hertzogthumb Kärnthen.». Zierinitiale «D» über die verbleibenden sechs Zeilen. Umbruch wie oben. Unter der Mi. der re. Spalte Signatur, ganz re. Kustode.
(d): Geschlossener, mit Trennlinie zweispaltig umbrochener Textblock über die halbe Seite, Marginalien. Ganz li. o.: «328». Mi.: Titel: «SALTZBVRG vnd KARNTHEN.» (Namen in Antiqua, «vnd» in Fraktur). Unter dem Text ca. 12 x 8,5 cm große Masken-Schlußvignette mit reichem Rankenwerk.

Publ.-Art: Atlasblatt aus Me 37 (49*) / 1:321 A–D. 1:322: «GERARDI MERCATORIS ET I. HONDII. ‖ ATLAS | NOVVS | Das ist/ | Abbildung der | gantzen Welt/ mit al= | len darin begriffenen Län= | dern und Provintzen: | … | Mit Beschreibung | der selben. ‖ A AMSTERDAM | chez Henry Hondius, | demeurant sur le Dam, a | l'enseigne du Chien vigilant. | A°. D. 1633.». – Als Titelblatt des Bds. mit 161 Karten wurde meist das der franz. Ausgabe von 1633 verwendet und der Text überklebt. Außer der zitierten Verlagsangabe (D) gibt es noch drei (A–C) mit gemeinsamer oder Einzelnennung von JANSSON und HONDIUS.

Standort: BSM: 2 Mapp. 117–79. – KAW: A III 4d. – SBB Haus 1: 2° Kart. B 187–83. – SMS (ohne Rs.-Text). – UBW: IV 136.236.
Literatur: KK I S. 165 ff. – KOE II S. 365 ff.

„Großes Weltbuch"
1636 (1627)

Dieser zweibändige deutsche Atlas enthält die Karte von 1627, er ist aber erst 1636 mit 140 teils wesentlich älteren Karten erschienen. Der kleinen Auflage folgte rasch die verbesserte deutsche Ausgabe von 1638, in deren Titel der Name MERCATORs nicht mehr aufscheint. Die allgemeinen Texte und die Landesbeschreibungen sind in Fraktur gedruckt, alle lateinischen Bezeichnungen oder Zitate in Antiqua.

Rückseite: **Deutsch. – Pag.: 325. – BS: KKkkk (Nnnn). – Kustode: gegen.**
(a): Ganz re. o.: «325». – Titel: «Von dem Bisthumb Saltzburg.». Große Zierinitiale «S» über neun Zeilen, Landesbeschreibung zweispaltig umbrochen mit PIGHIUS-Gedicht und Marginalien. – Neuer Titel: «Von dem Hertzogthumb Kärnten.». Zierinitiale über sieben Zeilen, Text nurmehr sechs Zeilen zweispaltig, Marginalien. Unter der re. Spalte Signatur, ganz re. Kustode.
(d): Ganz li. in der Titelzeile:. «328». – Titel: «S A L T Z B V R G   und   K Ä R N T H E N.» (Namen: Antiqua). Forts. der Landesbeschreibung von Kärnten, Marginalien. – Unter dem Text (30 Zeilen) ca. 12 x 10 cm große, dekorative Vignette: Maske mit Federkrone in üppigem Rankenwerk.

Publ.-Art: Atlasblatt aus Me 45 (49*) / 1:323.1: «Der | ATLAS | Von | GERARD MERCATOR | Vnd | JVDOCVS HONDIVS.» (auf Vorsatzblatt:) «GERARDI MERCATORIS ET I. HONDII. ‖ Newer Atlas | oder Grosses | **Weltbuch** | Das ist | Eine gantz newe aus= | führlich vermehrt vnd | verbesserte abbildung der | gantzen Welt, mit allen dero= | selben Königreichen, Ländern | vnd Provintzien, auch von Oost: | vnd West Indien genugsam vnd | Volkom̄ener bericht zufinden ‖ Alleß in Zwei Theille | vnderscheiden:». – Im Sockel vor dem Doppeladler volutengerahmter ovaler Schild mit Inschrift: «Ambsterdam/ | Bey | Johan Jansson. | Anno 1636.». – Titelblatt wie in der engl. Ausgabe.

Standort: KONS (Karte). – StLB: 258002^VI. – UBW: IV 136.237. – ZBZH: RRK 638, 639.
Literatur: KK I S. 173 ff. – KOE II S. 384 ff.

ENGLISCHER TEXT
1636 (1627)

Der zweibändige englische Atlas enthält die MERCATOR-Karte «Saltzburg and Carinthia» von 1627. Außerdem ist das Erzstift auch auf einem schönen zweiteiligen Stich (Pag. 185) erfaßt, der den Lauf der Donau im Maßstab 1:1,152.000 (1" = 4 Meilen) zeigt, wegen des zu geringen Flächenanteils Salzburgs aber nicht als Landeskarte registriert wird.

Rückseite: **Englisch. – Pag.: 189. – BS: Oooo. – Kustode: called.**
(a): Re. o.: «189». – Titel: «the description of the Bishoprick of | **SALTZBOVRG**, | And the Dukedome of | CARINTHIA.». Zierinitiale «T» mit zwei bocksbeinigen Satyren in Rankenwerk über sieben Zeilen. Text zweispaltig mit Mittellinie umbrochen. Gegen Ende der re. Spalte Zwischentitel: «CARINTHIA» mit einfacher Initiale «C» über vier Zeilen. Signatur unter der re. Spalte (O ist der Buchstabe, nicht Null), ganz re. Kustode.
(d): Li. o.: «*190*». – Übertitel in der Mi.: «the description of Carinthia». Gleicher Umbruch, Text fast seitenfüllend. Beide Spalten sind nur in etwa der halben Aufl. dekorativ durch ein 9,5 cm breites und 4,2 cm hohes Pflanzenornament abgeschlossen, das von sitzenden Bären gehalten wird.

Publ.-Art: Atlasblatt aus Me 41 A (49*) / 1:341.1A: «GERARDI MERCATORIS ET I. HONDII. ‖ **ATLAS** | *OR* | A Geographicke | description of the Regions, | Countries and Kingdomes of | the world, through EUROPE. | ASIA, AFRICA, and | AMERICA, represen- | ted by new & ex- | act Maps. | Translated by HENRY HEXHAM, | Quater-maister to the Regiment of | Colonell GORING.». Im Sockel vor dem Doppeladler volutengerahmter ovaler Schild mit Inschrift: «*Printed ad* | AMSTERDAM, | *By* HENRY HONDIUS, | *And* | JOHN IOHNSON. | *Anno 1636.*». Titelblatt mit theatralischer Säulenarchitektur, knieendem ATLAS und 18 Repräsentanten aller Länder mit ihren Wappen als Umrahmung der Schrifttafel.

Faksimile: Gerard MERCATOR: Atlas … Theatrum Orbis Terrarum Ltd., Nico Israel, Amsterdam 1968.
Standort: BLL: Maps C.3.d.6 (3 Ex.) – SUBE: Kart IV 221 (4.3) und (4.2). – UBA: 1799 A 1–2.
Literatur: KK I S. 199 ff. – KOE II S. 373 ff.

2.1.2
„Altarblock" mit zwei Landeswappen (KK: 2720:1A.3)

Bei dieser Variante handelt es sich um die weitaus seltenste Form aller Bearbeitungen der MERCATOR-Karte. Die Titelkartusche rechts oben ist in der architektonischen Form eines 11 cm breiten und über 5 cm hohen „Altarblocks" gestaltet, der auf seiner Vorderseite die von kräftigen Voluten umrahmte Beschriftung trägt. Auf dem Block stehen die Landeswappen von Salzburg und Kärnten frei ohne Wappenträger oder Zierat. Neben bzw. zwischen den Wappen und neben dem Block sind die Buchstabengruppen der Gebietsbezeichnung «AUSTRIÆ – CO – NFI= | NIA.» verteilt.

Hinweise bzw. Begründungen für die offenbar sehr kurzlebige Verwendung dieser Kartusche wurden bisher nicht bekannt. Ihr rasches Verschwinden ist angesichts der guten graphischen Wirkung nicht erklärlich. Ebenso befremdlich erscheint die Tatsache, daß die Datierung mit 1627 beim Namen HONDIUS die gleiche ist, wie auf Karten mit der Rollwerkkartusche, jedoch der dreibändige Atlas erst 1638 aufgelegt wurde. Noch während seines Erscheinens hat man die Karte Salzburg/Kärnten durch den Neustich mit der Barockkartusche ersetzt (→ 2.1.3).

1638 (1627)

Titel:	«SALTZBURG	Archiepiscopatus cum Ducatu	CARINTHIÆ.».
Zusätze:	Maßstabsleiste mit vier «*Miliaria Germanica*	*Communia*». Li. daneben: «*Amstelodami, Sump=	tibus Henrici Hondij. 1627.*». Re. daneben: «*Per Gerardum Mercatorem	Cum priuilegio*». – Himmelsrichtungen in Latein in der Mi. an jeder Seite.
Maße:	Karte: 47,5 x 34,2 cm; Platte: 48 x 34,5 cm; Blatt: 57,5 x 49,5 cm; Atlas ca. 33 x 50 cm.
Rückseite:	**Latein. – BS: PPPPP.** (a): Beschreibung von Salzburg. Titel über die ganze Breite: «SALIS-BURGENSIS	EPISCOPATVS.» (11 bzw. 8 mm hohe Typen). – Zierinitiale «S» mit Satyren in Rankenwerk über sieben Zeilen, Text zweispaltig umbrochen mit den Gedichten von PIGHIUS und CELTIS, Marginalien. – Unter der re. Spalte mit 2 cm Abstand die Bogensignatur. (d): Kürzere Beschreibung von Kärnten, gleicher Umbruch. Titel ebenso über ganze Breite: «CARINTHIA	DUCATUS.» (13 bzw. 8 mm hoch), Zierinitiale «C» über sieben Zeilen mit springendem Pferd in Laubwerk, Marginalien. – Ca. 12 x 8 cm große Schlußvignette aus Rankenwerk, o. zwei Männer (Jäger?) mit zwei Hunden, u. sitzender Bär.
Publ.-Art:	Atlasblatt aus Me 51 A/B (102, 465) / 1:401: «GERARDI MERCATORIS ET I. HONDII. ‖ **ATLAS**	Novus,	*Sive*	DESCRIPTIO	GEOGRAPHICA	Totius Orbis Terrarum,	Tabulis æneis luculentissi=	mis & accuratissimis	exornata, TRIBVS TOMIS	DITINCTUS.». Im Sockel vor einem Doppeladler volutengerahmter ovaler Schild mit Inschrift: «AMSTELODAMI,	*Apud*	Henricum Hondium	&	Joannem Janssonium.	1638.».
Standort:	BSM: 2 Mapp. 119, 1. – ÖNB/K: Alb. geb. 29, 30 (Me 51 B, ohne Hinweis „Tribvs …"). – SMS. – StLB: 258055 VI. – SWS. – UBW: IV 136.238.
Literatur:	KK I S. 211 ff., 538. – KOE II S. 397 ff.

2.1.2

Abb. 19a: Beispiel für einen schön gestalteten Rückseitentext: Mercator-Karte von Hondius.

2.1.3
Barockkartusche mit zwei Genien (KK: 2720:1B.1)

Dieser Neustich wirkt zarter als die Vorgänger. Der Titel steht rechts oben in einer großen, fast kreisförmigen, von zwei weiblichen, geflügelten, halbfigurigen Genien beidseitig gerahmten und frei im Kartenfeld schwebenden Kartusche. Von den Geniensockeln laufen zwei Festons zu einem Engelskopf in der unteren Mitte der Kartusche. Links und unter dieser steht der Name des überdeckten Gebiets: «AV= | STRIÆ | CONFINIA.» Das Format des neuen Stichs wurde vergrößert und die Darstellung im Norden erweitert. Mattsee und Wasserburg liegen nun über 2 cm vom Feldrand entfernt, der sogar noch Lambach einschließt. Die Maßstabsleiste für 4 Meilen wird links und oben von Bergen eingegrenzt, sodaß die Überschrift einzeilig ist und links kein Raum für einen Text bleibt.

Titel: «SALTZBVRG | Archiepiscopatus | cum ducatu | CARINTHIÆ.».
Zusätze: Linearmaßstab für vier «Milliaria Germanica communia». Re. daneben statt der Nennung von MERCATOR: «Amsterdami | Apud Ioannem Ianßonium». – Himmelsrichtungen in Latein in der Mi. an jeder Seite.
Maße: Karte: 49 x 37,5 cm; Platte: 49,4 x 37,6 cm; Blatt ca. 57–60 x 47–48,5 cm. – Atlas ca. 34 x 50 cm.
Graduierung: 10'-Skala im Rahmen in Klaviertastenmanier, alle 10' und volle Grade beziffert.
L von Salzburg: 35° 38' E.

Rückseite unbedruckt

Eine undatierte Karte ohne Rückseitentext ist in einem Atlas der SBB enthalten, dessen Titelseite fehlt. Deren Text wurde nach einer Ausgabe der JANSSONIUS-Erben von 1666 fingiert.

Publ.-Art: Vermutl. Atlasblatt aus:
„Joannis Janssonii Atlas Contractus, sive Atlantis Maioris Compendium, in quo totum Universum velut in Theatro quam exactissimis Tabulis ante oculos ponitur... Joannis Janssonii Haeredes. Amstelodami."
Standort: SBB Haus 1: 2° Kart. B 345–51.

DEUTSCHER TEXT
1633

Der „Atlas Novus" in deutscher Sprache, 1633 in zwei Versionen bei HONDIUS und/oder JANSSONIUS erschienen, war der erste einer neuen, erfolgreichen Atlasserie, die schließlich von JANSSONIUS' Erben auf zehn Bände erweitert und bis gegen Ende des Jahrhunderts verkauft wurde. Die ersten Ausgaben enthalten die Karte Salzburg/Kärnten mit der Barockkartusche in geänderter Abfolge. Später wird diese durch die Titelleiste mit Wappen und Amoretten ersetzt.

Rückseite: **Deutsch. – BS: Nnnn.**
(a): «Das Bischthumb Salzburg | und Herzogthumb Kaernthen.». Landesbeschreibung, 55 Zeilen, zweispaltig umbrochen, Zierinitiale «V» über neun Zeilen, Marginalien, lat. Vierzeiler in der li., Signatur u. der re. Spalte.
(d): «Das Hertzogthumb Karnthen.». Landesbeschreibung, 37 Zeilen, wie (a) umbrochen mit Zierinitiale «C» über neun Zeilen, Marginalien, Abschluß-Vignette.
Publ.-Art: Atlasblatt aus Me 120 (49*) / 1:421.1A (1:422, 1:424, 1:425):
«Newer | ATLAS, | Das ist | Weltbeschreibung, | Und Vollkommene Abbildung | Aller unterschiedlichen Königreichen, Länder | und Provinzen, | Sampt | Ost- und West-Indien, davon gnugsam und | volkommener bericht zufinden. || AMSTERDAMI, | Apud Iohannem | Ianßonium. | ANNO ...».
Standort: SBB Haus 2: Kart. O 8872. – StSP: 1:423. – UBS: 1A-2C (unvollst.). – UBW: IV 333.004. – ZBZH: T 28–29.
Literatur: KK I S. 347 ff. – KOE II S. 468 ff.

1638/42

Rückseite: **Deutsch. – BS: FFff.**
Landesbeschreibungen wie in der Ausgabe 1633 mit geringen Änderungen und neuer Signatur.
Publ.-Art: Atlasblatt aus Me 120 (49*) / 1:421.1A (1:422, 1:424, 1:425):
«Newer | ATLAS, | Das ist | Weltbeschreibung ...». Gleicher Titel mit verschiedenen Jahreszahlen.
Standort: BSM: 2 Mapp. 87,1–193 (1642). – SSAu: 2 GEOGR 163:1 (1641). –

1644/58

Rückseite: **Deutsch. – BS: AAaaa (Iiii).**
Landesbeschreibungen wie in der Ausgabe 1633 mit geringen Änderungen und neuer Signatur.
Publ.-Art: Atlasblatt aus Me 120 (49*) / 1:421.1A (1:422, 1:424, 1:425):
«Newer | ATLAS, | Das ist | Weltbeschreibung ...». Gleicher Titel mit verschiedenen Jahreszahlen.
Standort: SBB Haus 2: Kart. B 330. – SStW: 108/11–15.

NIEDERLÄNDISCHER TEXT
1637

Rückseite: **Niederländisch. – Duytslandt. – BS: PPP.**
(a): «Het Aertz-Bisdom | SALTZ-BVRGH.». Landesname 15,8 cm lang. Zierinitiale «H» in neun Zeilen hohem Quadrat: Christus vor Kaiphas. 67 Zeilen Landesbeschreibung zweispaltig mit Trennlinie umbrochen, Marginalien. Im Text in niederl. Übersetzung: Vierzeiler des PIGHIUS, Inschrift der Grabplatte des PARACELSUS und Gedicht von CELTIS. Unter der li. Spalte: «Duytslandt.»; unter der re. : Signatur.
(d): «Het Hertoghdom | CARINTHIA.». Der Landesname gleich lang. Zierinitiale «C» in gleich großem Quadrat: Rückkehr der Kundschafter aus dem gelobten Land mit der Weintraube. Text füllt zwei Drittel der Seite, darunter dreieckige Schlußvignette aus manieristischen Arabesken, ca. 12,5 x 5,5 cm.

2   *Mercator und die Karten des 17. Jahrhunderts*

Abb. 20: Mercator-Karte von Janssonius mit der Barockkartusche.

2.1.3

2 *Mercator und die Karten des 17. Jahrhunderts*

Publ.-Art: Atlasblatt aus Me 48 (465) / 1:332:
«GERARDI MERCATORIS ET I. HONDII, | APPENDIX | ATLANTIS, | OFTE | Vervolgh van de gantsche We- | relt- | beschrijvinghe, | ... ‖ Uytghegeven door | IOANNEM IANSSONIUM | Ende | HENRICUM HONDIUM. | AMSTERDAM. By IOANNES IANSSONIUS | Ende | HENRICUS HONDIUS | 1637.». – Der einbändige Atlas enthält 106 Karten. Sieben davon werden als neu bezeichnet, darunter auch unser Blatt mit der Barockkartusche.

Standort: PBF: 118 Aardr. – SMS.
Literatur: KK I S. 195 ff. – KOE II S. 392 ff.

1638/44

Rückseite: **Niederländisch. – Duytslandt. – BS: fff (PPP).**
Text und Umbruch wie in der Ausgabe 1637:
(a): «Het Aertz-Bisdom | SALTZ-BVRGH.».
(d): «Het Hertoghdom | CARINTHIA.».

Publ.-Art: Atlasblatt aus Me 69 (465) / 1:431.1A:
«NIEVWEN | **ATLAS**, | ofte | WERELT BESCHRYVINGE | ende volkome afbeeldinge van | alle Coninckrycken, Landen | ende Provintien, als | meede Oost en West Indien. | alles in | TWEE DEELEN | begrepen. ‖ AMSTERDAMI, | Apud Iohannem | IanBonium. | Anno CIƆ IƆ CXXXVIII.». Weitere datierte Ausgaben 1641, 1642 und 1644.

Standort: BRB: V.B. 7591. – Geogr. Inst. Utrecht: VIII A.a.23. – SBB Haus 2: 2° Kart. B 325–1,84.
Literatur: KK I S. 405 ff. – KOE II S. 414 ff.

1645/58

Rückseite: **Niederländisch. – Duytslandt. – BS: Yyy.**
Text und Umbruch wie in der Ausgabe 1637:
(a): «Het Aertz-Bisdom | SALTZ-BVRGH.».
(d): «Het Hertoghdom | CARINTHIA.».

Publ.-Art: Atlasblatt aus Me 79 / 1:433.1J:
«Nieuwen | **ATLAS**, | Ofte | Vverelt-beschrijvinge, | VERTONENDE | De Voornaemste Rijken ende Lan- | den des gheheelen Aertbodems ... ‖ AMSTELODAMI, | Apud | IOHANNEM IANSSONIUM. | Anno CIƆ IƆ CXXXXV.». Weitere datierte Ausgaben 1647 und 1658.

Standort: KBH: 395 B 9. – PBF: Hof 655 fol.
Literatur: KK I S. 420 ff. – KOE II S. 432 ff.

LATEINISCHER TEXT

1638

Bei 2.1.2 wurde darauf hingewiesen, daß man die Karte von Salzburg/Kärnten mit der „Altarblockkartusche" unerklärlich rasch durch die Karte mit der Barockkartusche ersetzt hat. Trotz dieses neuen Kartenbildes blieb das Blatt inklusive Rückseitentexte und Signatur unverändert, sodaß auf deren Wiederholung verzichtet wird.

Standort: ÖNB/K: 393.229-F.K. – SLA: Graphik XIV.65.
Literatur: KK S. 217.

FRANZÖSISCHER TEXT

1639/44

Die dreibändige französische Ausgabe des „Novus Atlas" erschien ab 1639 offenbar auf getrennte Rechnung der Geschäftspartner HONDIUS und JANSSONIUS, da diese nur einzeln als Verleger aufscheinen. Als Beispiel für alle wird die Karte im JANSSONIUS-Atlas von 1642 registriert.

Rückseite: **Französisch. – BS: MMMMM. – Kustode: seigna.**
(a): Landesbeschreibung, Titel: «L' ARCHEVESCHÉ | DE SALTZ-BOVRG.» (5 bzw. 7 mm hohe Typen). Schöne Zierinitiale "C" über sieben Zeilen: Rückkehr der Kundschafter aus dem gelobten Land mit der Weintraube. Zweispaltig mit Marginalien umbrochen, PIGHIUS-Gedicht. Unter der re. Spalte Bogensignatur und Kustode, ohne Pag. – Ausgabe von 1644: Ohne Gedicht.
(d): Unter kleinerem Kopftitel: «L' ARCHEVECHÉ DE SALTZBOVRG» (4 mm hoch) Schluß des Sbg. Textes. Zwischentitel: «**DVCHÉ | DE CARINTHE**.» (4 und 5 mm). Zierinitiale "L" in Rankenwerk über fünf Zeilen, gleicher Umbruch.

Publ.-Art: Atlasblatt aus Me 100 A (465) / HONDIUS: 1.411 (1639, 1641, 1642). JANSSONIUS: 1.412 (1639, 1640, 1641, 1642, 1644):
Haupttitel: «NOUVEAU | THEATRE | DV MONDE | ov | NOVVEL ATLAS | comprenant | LES TABLES | et | DESCRIPTIONS | De toutes les Regions | de la Terre | DIVISE EN | TROIS TOMES. ‖ AMSTELODAMI, | Apud | Ioan. IanBonium | Anno 1642.».

Standort: SBB Haus 2: 2° Kart. B 328–1,103 (Ausgabe 1644). – SMCA: SL 16, L 01. – SMS. – SWS.
Literatur: KK I S. 279 ff. – KOE II S. 455 ff.

1644/47

Bei den weiteren Ausgaben blieben die Rückseitentexte außer der Bogensignatur fast unverändert. Die Atlastitel variieren geringfügig.

Rückseite: **Französisch. – BS: aaaa (MMMMM).**
Publ.-Art: Atlasblatt aus 1.413:
Haupttitel: «NOVVEL | ATLAS | Ou | THEATRE | DU MONDE: | Comprennant | LES TABLES & DESCRIPTIONS | de toutes les Regions | du Monde Uni- | versel. DIVISE EN | TROIS TOMES. ‖ AMSTERDAMI, | Apud | Iohannem IanBonium | ANNO 1645.».

Standort: Lt. KK ein Atlas in der Nationalbibliothek von Wales und ein zweiter in der Pariser Arsenal-Bibliothek.
Literatur: KK S. 295 ff. – Nicht in KOE.

1646/49

Der von 1647 bis 1653 publizierte vier- oder fünfbändige Atlas enthält bis zu neun Titelkupfer und über 400 doppelblattgroße kolorierte Karten. Wegen immer neuer Zusammenstellungen des Kartenmaterials ist zu vermuten, daß keine völlig identischen Atlanten existieren.

Rückseite: **Französisch. – BS: MMMMM.**

Publ.-Art:	Atlasblatt aus Me 107 (465), 108, 113, 161, 171 / 1:415: Haupttitel: «NOUVEL │ ATLAS │ ou │ THEATRE │ DU MONDE, │ Comprenant │ Les TABLES │ & │ DESCRIPTIONS ... ‖ AMSTELO-DAMI, │ Apud │ Ioannem Ianßonium │ ANNO CIƆ IƆ CXLVII.».
Standort:	BLL: C.6.b.2. – BNM: GM 242–245g. – BNP: Ge.DD. 1263.
Literatur:	KK I S. 310ff. – KOE II S. 459ff.

2.1.4
Titelleiste mit Fransen, zwei Wappen, drei Amoretten

21

Die Kennzeichen der populärsten Type der MERCATOR-Karte sind die Anordnung des geänderten Titels in einer Kopfleiste – bei JANSSONIUS mit, bei BLAEU ohne Fransenbordüre – über die ganze Breite, die Bezeichnung „Auctore" oder „Auct." und die große, rechts oben frei im Kartenfeld stehende Gruppe: Ein massives Gesimse mit Sägezahnschnitt trägt die von drei Amoretten mit Bischofsstab und Lanze gehaltenen Wappen von Kärnten und Salzburg.

Das neue Muster ist von BLAEU eingeführt und von JANSSONIUS genauso skrupellos verwendet worden, wie jener die MERCATOR-Karte als Ganzes akquiriert hatte. Beide haben das Format der Barock-Ausgaben übernommen, wobei die größere Höhe teilweise auf die Kopfleiste entfällt. Diese ist bei BLAEU kräftig vom Kartenfeld abgestrichen und 23 mm hoch. Dagegen ist JANSSONIUS' Titelleiste zwar mit einer Fransenbordüre geziert, aber nur 20 mm hoch. Infolge des etwas kleineren Gesamtformats werden die Ortsnamen Wasserburg, Tittmoning, Hofbeuern und der Flußname Ager, die bei BLAEU zu lesen sind, von den Fransen verdeckt. In der ursprünglichen Fassung, aber mit einem 10'-Netz überzogen, wurde die Karte noch 1683 von PITT in den englischen Atlas (2.1.4.2) aufgenommen.

Titel:	«SALTZBVRG ARCHIEPISCOPATVS, et CARINTHIA DVCATVS. Auctore Ger. Mercatore».
Zusätze:	Maßstabsleiste für vier «*Milliaria Germanica communia*». Re. daneben vor Gebirgslandschaft: «Amsterdami │ *Apud Ioannem Ianßonium*». – Himmelsrichtungen in Latein in der Mi. an jeder Seite.
Maße:	Karte: 48,7 x 37,4 cm; Platte: 49,3 x 37,7 cm; Blatt: ca. 65 x 55 cm. – Atlas: ca. 37 x 57 bis 40 x 55,5 cm.
Maßstab:	ca. 1:464.000; 4 M. = 6,4 cm.
Graduierung:	Skala an allen vier Seiten, jede 10' und volle Grade beziffert. L von Salzburg: 35° 36' 30" E.

Die meisten Drucke sind koloriert – zumindest die Wappengruppe. Bei dieser zeigen nicht selten die für rot-weiß-rot vorgesehenen Felder grüngelb-grüne und vereinzelt sogar blau-weiß-blaue Farben. Da die Legaten- und Herzogshüte sowie zwei Löwen korrekt rot koloriert sind, kann es sich um keine altersbedingte Verfärbung handeln.

2.1.4.1
Ohne Graduierung (KK: 2720:1B.2)
Rückseite unbedruckt

Die Karte mit der Wappen- und Amorettengruppe hat die höchste Auflage der vier Versionen erreicht. Es ist daher verständlich, daß von diesem Typus auch die meisten Exemplare mit unbedruckter Rückseite vorkommen. Da sie nicht datiert sind und vermutlich auch als Separatdrucke verkauft wurden, können sie keiner bestimmten Atlasausgabe zugeschrieben werden.

Standort:	BSM: 2 Mapp. 190 (Sammelatlas „Universum Totale", hs. Pag. 370–371). – KONS. – ÖNB/K: FKB 272-27. – SBB: 0 8861. – SMCA: SL 12, L 01 und SL 14, L 01. – SSAu: MAPP 6035.

DEUTSCHER TEXT
1644/58

Rückseite:	**Deutsch. – Teutschlandt. – BS: Aaaaa (eee).** (a): „Das Bischthumb Saltzburg ..." Landesbeschreibung zweispaltig umbrochen, „Teutschlandt" unter li., Signatur unter re. Spalte. (d): „Das Hertzogthumb Kärnthen." gleicher Umbruch.
Publ.-Art:	Atlasblatt aus Me 130, Me 131 (465*) / 1:424, 1:425: «NOVUS │ **A T L A S**, │ Das ist: │ Welt-Beschreibung, │ Mit schönen neuen auß- │ führlichen Land-Taffeln. │ Inhaltende │ Gantz Teutschlandt. │ Ersten Theils │ Ander Stück. ‖ AMSTELODAMI, │ Apud IOANNEM IANSSONIUM. │ Anno ...».
Standort:	BSM: 2° Mapp. 87-II. – NSUG: RAR'2 Geogr. 163. – SBB Haus 2: 2° B Kart. 331.
Literatur:	KK I S. 364ff., 377ff. – KOE II S. 475ff.

1649

Rückseite:	**Deutsch. – BS: eee über Aaaaa. – Kustode: Bäum.** (a): „Das Bischthumb Salzburg." Landesbeschreibung zweispaltig umbrochen mit PIGHIUS-Gedicht, stark verschnörkelte Zierinitiale «D», Marginalien, unter der re. Spalte überdruckte Signatur. (d): Übertitel: „Das Bischthumb Salzburg." Ende der Landesbeschreibung. – Zwischentitel: „Das Hertzogthumb Kärnthen.", gleicher Umbruch, Zierinitiale «C» über fünf Zeilen.
Publ.-Art:	Atlasblatt aus Me 134 / 1:425.1L: Bandtitel (Erster Bd., zweiter Teil): «NOVUS │ ATLAS. │ Das ist: │ Welt=Beschreibung/ │ Mit schönen newen auß= │ führlichen Land=Taffeln. │ Inhaltende │ Gantz Deutschlandt. │ Ersten Theils │ Ander Stück. ‖ AMSTELODAMI, │ Apud │ IOANNEM IANSSONIUM. │ ANNO CIƆ IƆ CIL.». Gemischter Satz in Antiqua und Fraktur. – Die Karte mit überdruckter Bogensignatur wurde auch für einen Teil der Aufl. des folgenden „Novus Atlas absolutissimus" von 1658 verwendet.
Standort:	SBB Haus 2: gr. 2° Kart. B 330–1,2,97 – SStW: 108/11.
Literatur:	KK I S. 377ff. – KOE II S. 477f.

Abb. 21: Mercator-Karte von Janssonius mit Titelleiste.

„Atlas absolutissimus"

1658

Der elfbändige Atlas stellt – wie es schon der Titel ausdrücken will – die Krönung von JANSSONIUS' Schaffen dar. Er kam in Deutsch, Latein und Niederländisch sowie in einer Prachtausgabe mit Goldprägung (ÖNB) auf den Markt. Die Karte des „Bischthumbs", die auch mit Findegitter geliefert wurde, ist im zweiten, Deutschland gewidmeten Band enthalten.

Rückseite:
Deutsch. – Teutschland. – BS: AAAaa/Aaaaa. – Kustode: Bäum.
(a): «Das Bischthumb Saltzburg.». Landesbeschreibung mit Zierinitiale «D» über sieben Zeilen, zweispaltig umbrochen, Marginalien, unter der letzten Zeile der li. Spalte „Teutschlandt". Signatur unter der re. Spalte, auch gestempelt mit „eee", ganz re. Kustode.
Die Bogensignaturen beginnen nicht mit A, B, C..., sondern mit «Ff» und laufen dann wie üblich weiter bis «Zz», «Aaa» bis «Zzz», «Aaaa» bis «Zzzz» und «Aaaaa» bis «Ggggg», wobei Groß- und Kleinbuchstaben regellos vorkommen.
(d): Kleinerer Übertitel: „Das Bischthumb Saltzburg.", Ende der Landesbeschreibung (8 Zeilen). Zwischentitel: „Das Hertzogthumb Kärnthen.". Text mit Zierinitiale «C» über fünf Zeilen ebenfalls zweispaltig umbrochen, Marginalien.

Publ.-Art:
Atlasblatt aus Me 182 / 1:428:
«NOVUS | **ATLAS** | ABSOLUTISSIMUS. | Das ist/ | Generale | Welt=Beschrei= | bung/ mit allerley schönen | und neuen Land-Charten gezieret ... ‖ AMSTELODAMI, Apud | Ioannem Ianßonium. | ANNO CIƆ IƆ CLVIII.». Re. u. im Eck: «D VBremden (= D. VAN BREMDEN) sculp». – Bandtitel: „... Der Andere Theil/ | begreiffet | Teutschland.". – Das Titelkupfer zeigt unter dem nimbierten Doppeladler Kaiser LEOPOLD I. (1658–1705) mit den Kurfürsten.

Faksimile:
Ioannes IANSSONIUS: Novus Atlas Absolutissimus ... Ernst Battenberg Verlag, München 1977.

Standort:
BSM: 2 Mapp. 80, 2–180; 2 Mapp. 81, 2–181; 2 Mapp. 291 y. – ÖNB/K: Alb. geb. 31–41 (Karte in 32). – SMS. – SBB Haus 1: gr. 2° Kart. B 332–1,2,91 und 91<a>. Haus 2: 2° Kart. B 338–2,84. – UBW: IV 206.962. – ZBZH: T 15.

Literatur:
Zum Titelkupfer Bd. 2: PUTZER, Peter: Kaiser und Reich als Motiv bildhafter Darstellung: Das Kurfürstenkolleg zwischen Verfassungsgeschichte und Kunstgewerbe. In: Forschungen zur Rechtsarchäologie und Rechtlichen Volkskunde, Bd. 16. Schulthess Polygraphischer Verlag, Zürich 1996, S. 11–50, Abb. S. 41.
KK I S. 395 ff. – KOE II S. 504 ff. – LGK S. 356 f. – WAW S. 108 f.

NIEDERLÄNDISCHER TEXT

1645/47

Rückseite:
Niederländisch. – Duytslandt. – BS: ÿÿÿ.
(a): Landesbeschreibung: „Het Aertz-Bisdom Saltz-bvrgh...". Landesname unter li., Signatur unter re. Spalte. Ohne Pag. und Kustode.
(d): Landesbeschreibung: „Het Hertoghdom Carinthia...".

Publ.-Art:
Atlasblatt aus Me 76 (465) / 1:433:
«Nieuwen | ATLAS, | Ofte | VVerelt-beschrijvinge, | VERTONEN-DE | De Voornaemste Rijcken ende Lan- | den | des gheheelen | Aertbodems. | Vermeerdert | Met veele schoone Landt-Caerten nieuwe- | lijcks uyt-gegeven, | en vervat | In drie Deelen. ‖ AMSTERDAMI, | Apud Iohannem | Ianßonium. | ANNO MDCXXXXV. D. v. Bremden sculp.». – Titel der beiden Ausgaben von 1647 mit leichten Änderungen.

Standort:
KBH: 395 B 9. – PBF: Hof 655 fol. – UBL: 1257 C 4.

Literatur:
KK I. S. 420 ff. – KOE II S. 424 ff.

1652

Rückseite:
Niederländisch. – Duytslant. – BS: Aaa.
(a): Landesbeschreibung: „Het Aertz-Bisdom Saltz-Bvrgh ...". Landesname unter li., Signatur unter re. Spalte. Ohne Pag. und Kustode.
(d): Landesbeschreibung: „Het Hertzoghdom Carinthia ...".

Publ.-Art:
Atlasblatt aus Me 82 (465*) / 1:435.10:
«Nieuwen | ATLAS, | Ofte | Werelts-beschrijvinge, ... | EERSTE DEELS | Vervolgh, | Inhoudende | Duytslandt. ‖ AMSTELODAMI, | Apud | IOANNEM IANSSONIUM. | Anno CIƆ IƆ CLII.». – Der fünfbändige Atlas entstand im wesentlichen durch Erweiterung der Neuaufl. der dreibändigen Ausgabe von 1644.

Standort:
BRB: VH 14.344 DLP. – ÖNB: 393.228-E.K. – PBF: 125 A 1.

Literatur:
KK I S. 437 ff. – KOE II S. 436 f.

LATEINISCHER TEXT

1647/58

Die neu gestochene Karte ist im zweiten Teil des vierbändigen „Novus Atlas" enthalten, der ein eigenes, mit 1647 datiertes Titelblatt für Deutschland besitzt. In der nächsten Auflage von 1649 blieb dieser Teil unverändert, sodaß bei losen Blättern nicht festzustellen ist, aus welcher Auflage sie stammen.

Rückseite:
Latein. – BS: Zzzz.
(a): Titel: «SALISBVRGENSIS | EPISCOPATUS.» (13 bzw. 6 mm hoch). Landesbeschreibung mit PIGHIUS- und CELTIS-Gedicht, zweispaltig umbrochen, Zierinitiale «S» in Rankenwerk über neun Zeilen, Marginalien. Unter der re. Spalte Bogensignatur; ohne Pag. und Kustode.
(d): Titel: «CARINTHIA | DUCATUS.» (13 bzw. 6 mm hoch). Text mit Zierinitiale «C» in Rankenwerk über neun Zeilen, umbrochen wie (a), nur drei Viertel der Seite füllend.

Publ.-Art:
Atlasblatt aus Me 57 (465*) oder Me 60 (465*) / 1:403.1J oder 1:404.1L:
Haupttitel: «IOANNIS IANSSONII | NOVUS | **ATLAS** | *Sive* | **THEATRUM** | ORBIS TERRARUM: | *IN QUO* | TABULÆ & DESCRIPTIONES | omnium Regionum totius | Universi accuratissime | exhibentur | IN | QUATUOR TOMOS | DISTINCTUS. ‖ (kleinere Schrifttafel im Sockel) ‖ AMSTELODAMI, | Apud | IOANNEM IANSSONIUM | ANNO CIƆ IƆ C XLVI.» (Erscheinungsjahr laufend aktualisiert).

Standort:
BLL: Maps C.6.b.1. – SMCA: SL 11, L 01. – SWS. – UBA: 1804 A 4–9.

Literatur:
KK I S. 227 ff., 241 ff. – KOE II S. 403 ff., 411 ff. – ULB S. 10, Nr. 9. – WAW S. 104 ff.

„Atlas contractus"

1666

JANSSONIUS' Erben publizierten 1666 – möglicherweise nach einem nicht erhaltenen Vorläufer von 1664 – den nur einbändigen „Atlas contractus" mit 85 Karten, darunter das Salzburger Blatt mit Findegitter. In zahlreichen Atlanten weist das Impressum die später berichtigte Jahreszahl «M.D.LXVI» auf.

Rückseite:	**Latein. – Kustode: vicum.** (a): Mi.: «S A L T Z B V R G E N S I S | A R C H I E P I S C O - P A T U S» (1. Zeile 10, 2. Zeile 8 mm). Landesbeschreibung zweispaltig umbrochen, Zierinitiale «S» in Rankenwerk über acht Zeilen, PIGHIUS-Gedicht kursiv, Marginalien. Ganz re. u. Kustode. (d): Übertitel: «C A R I N T H I A .» (4 mm). Acht Zeilen Schluß der Landesbeschreibung. Zwischentitel: «CARINTHIA.» (10 mm), Umbruch wie (a), Zierinitiale «C» über acht Zeilen.
Publ.-Art:	Atlasblatt (fing. Nr. 50) aus Me 184 / 1:407.1: «JOANNIS JANSSONII | **A T L A S** | CONTRACTUS, | Sive | ATLANTIS MAJORIS | COMPENDIUM: | In quo | TOTUM UNIVERSUM | VELUT IN THEATRO | *Quam exactissimis Tabulis ante oculos ponitur, additisque Regionum* | *omnium Descriptionibus accuratißime illustratur.* || (Widmung und Verlagsvignette) AMSTELODAMI, | Apud JOANNIS JANSSONII p. m. | HÆREDES. || Anno M. DC. LXVI (M.D.LXVI).». – Das Frontispiz zeigt MERCATOR, HONDIUS und BLAEU mit Karten, im Hintergrund ATLAS und Personengruppen vor Arkaden, und die Inschrift: «JOANNIS JANSSONII | ATLAS | CONTRACTUS», li.: «*Z Webbers delineavit*», re.: «*J. Visscher sculpsit.*» und Impressum wie im Titel ohne «p. m.».
Standort:	BNP: Ge DD 4796 (43–44). – BSM: 2 Mapp. 85.1–110. – SBB Haus 2: 2° Kart. B 344–1,50. Haus 1: 2° Kart. B 345–51 (ca. 1680?).
Literatur:	KK I S. 270 ff., 552. – KOE II S. 183 und 506 f.

„Atlas major"

1675/81

In bemerkenswertem Gegensatz zu dem einbändigen Kompendium von 1666 brachten JANSSONIUS' Erben ab 1675 einen bis zu elf Bänden umfassenden Atlas heraus, der im wesentlichen aus alten, aber neu geordneten Karten bestand. Daher finden sich oft alte Signaturen, die mit der neuen Abfolge nichts zu tun haben. – Titel der Karte Salzburg/Kärnten mit Druckfehler.

Dieser „Atlas major" diente als Grundlage für eine fünfbändige „Atlas novus"-Ausgabe, die nach 1680 ohne Text erschienen und nur in einem einzigen Exemplar (in Milwaukee, USA) bekannt ist (KK S. 276, 1:408, nicht bei KOE). Sie enthält unsere Karte.

Titel:	„Salisbugensis(!) Archiepiscopatus …".
Rückseite:	**Latein. – keine Kennzeichen.** Rs.-Texte wie Ausgabe 1647/49.
Publ.-Art:	Atlasblatt aus Me 181 / 1:406.2: Bandtitel: «JOANNIS JANSSONII | ATLANTIS MAJORIS, | SIVE | COSMOGRAPHIAE | UNIVERSALIS. | TOMUS SECUNDUS. | Quo continetur | Germaniæ Pars Septentrionalis | & Orientalis | Amstelodami ANNO 1681.».
Standort:	BSM: 2 Mapp. 82,2–125. – BTh: III 20.314. – UBA: KZ V.9.X.1–11. – UBW: IV 206.961.
Literatur:	KK I S. 255 ff. – KOE II S. 504.

FRANZÖSISCHER TEXT

1652/53

Rückseite:	**Französisch. – Allemagne. – BS: GGGg. – Kustode: au.** Landesbeschreibungen und Umbruch der Seiten (a) und (d) wie in der Ausgabe 1639/44 mit leichten Änderungen, Zierinitiale nur mit Rankenwerk. Landesname unter li., Signatur unter re. Spalte, beide kursiv, ganz re. Kustode.
Publ.-Art:	Atlasblatt aus Me 110 (465) / 1:416: Haupttitel: «NOUVEL | ATLAS, | Ou | THEATRE | DU MONDE, | Comprenant | Les Tables & Descriptions … || AMSTELODAMI, | Apud | Ioannem Ianßsonium | ANNO CIƆ IƆ CLII.». – Der fünfbändige Atlas enthält im zweiten Teil des ersten Bds. 101 kolorierte Folio-Stiche von Deutschland mit eigenem Titelkupfer.
Standort:	BNP: Ge, DD, 1196.
Literatur:	KK I S. 322 ff. – KOE II S. 461 ff.

SPANISCHER TEXT

„Nuevo Atlas"

1653/66

Die in vier Bänden mit teilweise neuer Abfolge geordneten Karten im „Nuevo Atlas" mit spanischem Text stammen fast durchwegs aus der lateinischen Ausgabe des „Atlas Novus" von 1649 – so auch das Blatt Salzburg/Kärnten.

Rückseite:	**Spanisch. – Pag.: 83. – Alemania. – BS: Sss.** Landesbeschreibung: „El Arzobispado De Saltzbvrgo". Kennwort unter li., Signatur unter re. Spalte.
Publ.-Art:	Atlasblatt aus Me 140 / 1:441.1: Haupttitel: «NUEVO | ATLAS, | O | TEATRO | DE TODO | EL MVNDO, | DE | JUAN JANSSONIO … || EN AMSTERDAM, | Por | JUAN JANSSONIO. | ANNO CIƆ IƆ CLIII.». – Deutschland-Teil wie in der franz. Ausgabe von 1652/53.
Standort:	BLL: Maps C.6.d.1. – BNM: GM 263–266g. – UBA: OF 85–39/42.
Literatur:	KK I S. 457 ff. – KOE II S. 483 ff.

2.1.4.2
Mit Graduierung (KK: 2720:1B.3)
„The English Atlas" 1680/83

Der renommierte Londoner Verleger Moses PITT (1641?–1696) wollte den führenden Holländern mit einem überlegenen Produkt begegnen und plante dazu „The English Atlas", ein grandioses Werk in zwölf Bänden mit rund 600 Karten. Diese sollten von den Platten des Johannes JANSSONIUS (2.1.4) gedruckt werden und zwar mit einer Amsterdamer Parallelausgabe bei dessen Schwiegersohn Johannes Janssonius VAN WAESBERGHEN und PITTS Agent Steven SWART (1641–1683). Angesichts der Förderung durch die „Royal Society" und der gut angelaufenen Subskription zog PITT das Projekt viel größer auf, als die tatsächlich vorhandenen Mittel erlaubten und ließ sogar Spezialpapier in Frankreich herstellen. Das ambitiöse, oft verzögerte Unternehmen begann zwar 1680 mit der Vorlage des 1. Bandes, doch endete es schon nach dem 4. Band mit PITTs Konkurs. Zu lebenslanger Schuldhaft im berüchtigten Fleet-Gefängnis wurde er 1685 aber nicht deswegen, sondern wegen eines dubiosen Immobilienhandels verurteilt.

Ungeachtet des finanziellen Desasters bildet PITTs Atlas mit insgesamt 175 Karten eine der glänzendsten Leistungen des englischen Verlagswesens. Die graphische Auszier mit einem prachtvollen Gesamttitel, zwei Frontispizen und Porträts von König CHARLES II. (1660–1685) und der Königin sowie seiner Räte, wirkt ungewöhnlich durch die reichliche Verwendung von roter Farbe für Zierlinien und Teile des Textes. Die Karten der Vorzugsbände haben überdies einen zweifachen Rahmen aus roten Doppellinien. In den 3. Band, der u. a. Süddeutschland enthält, nahm PITT die MERCATOR-Karte von Salzburg/Kärnten auf. Außer der Pagina «XII» bildet das durchgezogene Gradnetz deren Kennzeichen, ebenso wie der rote Rahmen bei Exemplaren aus der Vorzugsausgabe. Sie ist ohne Rückseitentext zwischen den Seiten 206 und 209 eingebunden. 209 und 210 enthalten die Landesbeschreibung.

Zusätze: Re. o. «XII». – Re. u. Maßstabsleiste für 4 dt. M. Re. daneben fehlt der Name, aber Spuren von «Apud» im rasierten Feld beweisen die Herkunft der JANSSONIUS-Platte.

Graduierung: Im zarten Strichrahmen s/w Minuten-Skala, alle 10' und volle Grade beziffert,10'-Netz durchgezogen.
L von Salzburg: 30° 23' E.

Druckart: Kupferstich auf sehr kompaktem, hartem Büttenpapier mit eigenem Wasserzeichen «P(X)», meist nur Seen koloriert.

Publ.-Art: Atlasblatt aus Me 183 / 1:451:
«THE | ENGLISH | ATLAS. | VOLUME III. | CONTAINING THE | DESCRIPTION | Of the Remaining Part of the | EMPIRE | OF | GERMANY. | ... the Palatinate of BAVARIA, Arch-Dukedom of | AUSTRIA ... ‖ By WILL. NICOLSON, M.A. Archdeacon of the Diocess of CARLISLE, | and Fellow of QUEEN'S College, OXON. ‖ OXFORD, | Printed at the THEATER, for MOSES PITT at the *Angel* in St. *Paul's* | Church-yard, *LONDON*. MDCLXXXIII.» (3. Bd.). – In der Vorzugsausgabe sind die unterstrichenen Wörter rot gedruckt und alle Zeilen und die ganzen Seiten werden durch rote Doppellinien getrennt bzw. gerahmt. Das Frontispiz (29 x 46 cm) im 1. Bd. zeigt NEPTUN, EUROPA und GEOGRAPHIA um einen Globus. dahinter ATLAS als Himmelsträger, darüber Putti und Draperie mit «THE ENGLISH | A T L A S». – Das Impressum in Bd. 3 der Amsterdamer Ausgabe lautet: «OXFORD, | Printed at the THEATER for J. JANSONIUS A WAESBERG and S. SWART | Booksellers in AMSTERDAM MDCLXXXIII.».

Standort: BLL: 12-K96.46; 12–28310 (1). – NMM: III 410. – SBB Haus 2: 2° Kart. B 400-3, 12. – SMCA: SL XII. – SMS. – SUBE: Ryh 4607:5. – SWS. – UBW: IV 209.881 A (Vorzugsausgabe).

Literatur: ROSTENBERG, Leonta: Moses Pitt, Robert Hooke and the English Atlas. In: The Map Collector 12, Tring 1980, S. 2–8.
TAYLOR, E. G. R.: The English Atlas of Moses Pitt, 1680–83. In: The Geographical Journal, vol. XCV. The Royal Geographical Society, London 1940, S. 292–299.
KK I S. 467ff. – KOE II S. 506. – WAW S. 137ff.

2.2
Willem Janszoon, Joan und Cornelis Blaeu
Titelleiste ohne Fransen, zwei Wappen, drei Amoretten

Willem JANSZOON (1571–1638), der sich ab 1621 – um eine Verwechslung mit JANSSONIUS zu vermeiden – BLAEU (BLÄUW, BLAUW oder CAESIUS) nannte, und seine Söhne Joan (ca. 1598–1673) und Cornelis (um 1610–1642) gehörten zu den bedeutendsten Verlegern von Atlanten und Globen in den Niederlanden. Die Blätter dieses Schülers von Tycho BRAHE (1546–1601) übertrafen alle bisherigen Karten durch hervorragenden Stich und perfekte Darbietung. In einem rücksichtslosen Konkurrenzkampf mit MERCATORs Nachfolgern HONDIUS und JANSSONIUS gelang es ihm und Joan, sein Unternehmen zum führenden Kartenverlag Europas auszubauen. Dabei scheute er sich nicht, den Namen MERCATORs als Gütesiegel im Titel seiner Kopien zu nennen.

Zunächst gestützt auf 37 Platten, die er „auf eine nicht näher bekannte Art" (WAW S. 98) erworben und auf denen er nur den Namen des Autors durch seinen eigenen ersetzt hatte, begann BLAEU 1629 mit der Herausgabe von Atlanten. Deren Umfang steigerte sich rasch von 60 Karten der Erstausgabe dank der Tüchtigkeit seines Nachfolgers Joan zu einem sechsbändigen Atlas mit ca. 400 Karten (1655). Die Entwicklung des Verlages kulminierte schließlich 1662 mit dem berühmten „Atlas Maior" in bis zu

22

zwölf Bänden, der als Krönung des gesamten Kartenschaffens der Neuzeit gilt. Die elfbändige „Geographia Blaviana" von 1662 (KOEMAN: Bl 56) bildete mit ihren 593 Karten die Grundlage für den einzigartigen „Atlas factice" des Amsterdamer Advokaten Laurens VAN DER HEM in 50 Bänden. Als „Atlas BLAEU – VAN DER HEM" (früher: „Atlas des Prinzen EUGEN") zählt dieses größte Kartenwerk der Welt heute zu den herausragenden Schätzen der ÖNB (389.030-F.K.).

Das Haus BLAEU konnte sich allerdings seines Erfolges nicht lange erfreuen: 1672 vernichtete ein Großbrand fast die gesamte Offizin samt Platten und Lagerbeständen. Ein Jahr später starb Joan. Seine Söhne versuchten vergeblich den Betrieb weiterzuführen. Mit dem Abverkauf des gesamten Inventars ging die Verlagsgeschichte zu Ende.

BLAEUs Nachstiche der MERCATOR-Karte von Salzburg und Kärnten gehören dem Typus 4 mit einigen Änderungen an: Die höhere Titelleiste hat keine Fransen. Die Urheber-Nennung ist auf „Auct." verkürzt. Die Maßstabsleiste wurde von 4 auf 5 Meilen verlängert. Oben und unten fehlen die Längengrade sowie die Bezeichnungen von Nord und Süd, sodaß keine Länge des Bezugsortes angegeben werden kann. Die Unterscheidung der zahlreichen Ausgaben kann meist an Hand der Rückseitentexte erfolgen. Im allgemeinen werden daher lediglich diese ausgewiesen, gleichbleibende Daten aber nicht wiederholt. Wie bei den Ausgaben von JANSSONIUS kommt auch BLAEUs Karte nicht selten ohne Rückseitentext vor. Diese Blätter weisen durchwegs nur einen Mittelbug und häufig Klebespuren auf, sodaß ihre Herkunft aus Atlanten anzunehmen, eine nähere Zuschreibung aber unmöglich ist.

Titel:	«SALTZBVRG ARCHIEPISCOPATVS, et CARINTHIA DVCATVS. Auct. Ger. Mercatore.».
Zusätze:	Auf 3 Zoll verlängerter Maßstab für 5 «Milliaria Germanica communia». Re. daneben: «Amsterdami	*Apud Guiljelmum Blaeu.*».
Maße:	Karte: 49,8 x 38,2; Platte: 50,6 x 38,5 cm; Blatt: ca. 60 x 51 cm bis 65,5 x 56 cm. – Atlas: 35–39 x 53–57 cm.
Maßstab:	ca. 1 : 500.000; 5 M. = 74 mm.
Graduierung:	Nur re. und li. s/w 2'-Skala (die MERCATOR-Nachfolger blieben bei der Minuten-Skala), alle 10' und volle Breitengrade beziffert, nur «Oriens» / «Occidens» in Seitenmitte.
Faksimile:	Viele Atlanten und Einzelkarten BLAEUs sind als Faksimiles erschienen, von denen nur wenige, leicht erreichbare Ausgaben angeführt werden (Siehe LGK S. 97f.).
Literatur:	ADB Bd. 2, S. 686ff.; Bd. 15, S. 20. – DES S. 25, 108. – KOE I S. 67–377. – LGK S. 41, 95 et pass. – MdW S. 247. – TBT S. 9. – WAW S. 94ff., 110ff., 132ff. – ZED Bd. 4, Sp. 13.

Rückseite unbedruckt

Standort:	BSM: Mapp. IX,147 m (vermutl. 1634). – KONS.
Literatur:	BSM-50 S. 226, K 6.16.

DEUTSCHER TEXT

„Novus Atlas"

1634/35

Rückseite:	**Deutsch. – BS: Iii.** (a): «Bischthumb Saltzburg.». Landesbeschreibung mit Zierinitiale «V» in Rankenwerk über zwölf Zeilen, zweispaltig umbrochen, 50 Zeilen, PIGHIUS-Gedicht, Marginalien, Signatur unter der re. Spalte. (d): «Hertzogthumb Kärnthen.». Landesbeschreibung mit Zierinitiale «C» (Putto mit Reichsapfel) über neun Zeilen, zweispaltig umbrochen, Marginalien. Text nur halbe Seite, darunter Vignette.
Publ.-Art:	Atlasblatt aus Bl 4 oder 5 (128): «NOVUS	**A T L A S,**	Das ist	Abbildung vnd Beschreibung	von allen	Ländern des Erdreichs.	Gantz vernewt vnd verbessert. ‖ AMSTERDAMI,	Apud Guiljelmum	et Iohannem Blaeu.	ANNO CIƆ IƆ C XXXIV.» bzw. «… CIƆ IƆ C XXXV.». – Die Zuordnung loser Blätter zu einer der beiden oder der folgenden Ausgabe ist nicht möglich. Das außerordentlich aufwendige Titelkupfer wiederholt das Motiv der mächtigen, säulengerahmten Nische. Zuoberst gruppieren sich um eine Himmelssphäre Allegorien der Künste und Wissenschaften sowie die Ahnherren der Geographie. Im Mittelteil flankieren Allegorien der Erdteile die Schrifttafel des Titels. In der Mi. des mit Girlanden geschmückten Sockels steht auf ovalem Schild das Impressum.
Standort:	BSM: 2 Mapp. 22,1. – SMCA: SL 10, L 01. – SWW: K-V: WE 79.
Literatur:	KOE I S. 88ff.; S. 97, Abb. 8.

1635

Rückseite:	**Deutsch. – BS: Iii.** (a) und (d) unverändert.
Publ.-Art:	Atlasblatt (fing. Nr. 117) aus Bl 7 A (128): Wie 1634, Bl 4, bis «… verbessert. ‖ AMSTERDAMI,	Apud Guiljelmum	Blaeuw,	ANNO CIƆ IƆ CXXXV.». Der zweibändige Atlas mit 197 Karten ist der letzte in dt. Sprache, bevor BLAEU den Titel in „Theatrum" änderte. In der Jahreszahl wurde «I» in «V» korrigiert.
Standort:	BSM: 2 Mapp. 31 m-117. – ÖNB/K: 389.032-E.K; FKB 272-21. – SBB Haus 2: 2° Kart. B 262-1,52.
Literatur:	KOE I S. 97ff.

„Weltbeschreibung"

1641

Rückseite:	**Deutsch. – Pag.: 47. – Teutschlandt. – BS: Zz. – Kustode: vnd.** (a): Ganz re. o.: «47». – Titel: «**Das Bischthumb Saltzburg.**». Landesbeschreibung zweispaltig umbrochen, 58 Zeilen, Zierinitiale «D» über zehn Zeilen, PIGHIUS-Vierzeiler in der li. Spalte, Marginalien. Knapp unter der li. Spalte: «Teutschlandt.», unter der re. Signatur und Kustode. (d): Ohne Pag. – Übertitel: «Das Bischthumb Saltzburg.». Umbruch wie (a): je Spalte sieben Zeilen, Zwischentitel: «Das Hertzogthumb Kärn-

Abb. 22: Mercator-Karte von Blaeu mit Titelleiste ohne Längen. 2.2

then.» je 46 Zeilen, Zierinitiale «C» über sieben Zeilen, Marginalien, keine Kennzeichen.

Publ.-Art: Atlasblatt aus Bl 31 A (62 und 128):
«NOVUS ATLAS, | Das ist/ | **Weltbeschreibung** / | Mit schönen newen außführlichen | Land=Taffeln in Kupffer gestochen/ | und an den Tag gegeben | Durch | G V I L . und I O H A N N E M B L A E V . | Erster Theil. || AMSTERDAMI, | Apud Iohannem | et Cornelium Blaeu. | ANNO CIƆ IƆ C XXXXI.». – Gesamttitel als großes Welttheater mit allegorischen Figuren. Titel des zweiten Bds. gleich bis «vnd JOHANNEM BLAEV», dann nur «Ander Theil», ohne Ort, Verlag und Jahr; ähnlich in den weiteren Bänden mit eigenen Titelkupfern (datiert bis 1656).

Standort: BSM: 2 Mapp. 20,1–62. – SBB Haus 2: 2° Kart. B 265–1,1,62. – ZBZH: T 9.

Literatur: KOE I S. 148 ff.

1647

Rückseite: Text und Umbruch vermutl. wie in der Ausgabe 1641.

Publ.-Art: Atlasblatt aus Bl 31 B:
«NOVVS | ATLAS | Das ist/ | **Weltbeschreibung** / (weiter wie 1641 bis:) Apud Iohannem | Guiljelmi F. Blaeu. | ANNO CIƆ IƆ CXLVII.».

Standort: SBB ehem.: 2° Kart, B 267 (1991 bei Revision in beiden Häusern nicht mehr auffindbar; vermutl. Kriegsverlust). – SUBE: Ryh 8801 : 14 (nur Titelseiten).

Literatur: KOE I S. 153.

1649

Rückseite: **Deutsch. – Teutschlandt. – Pag.: 47. – BS: Zz. – Kustode: dung.**
Text und Umbruch wie Ausgabe 1641 der „Weltbeschreibung", aber mit geändertem Kustoden.

Publ.-Art: Atlasblatt aus Bl 33 (128):
«NOVVS | ATLAS, | Das ist/ | **Weltbeschreibung** / …» wie Ausgabe 1641, aber ohne «Erster Theil» und geändertes Impressum: «AMSTERDAMI, | Apud Iohannem | Guiljelmi F. Blaeu. | ANNO CIƆ IƆ C XLVIIII.».

Standort: ÖNB/K: 389.036-F.K.1. – SBB Haus 2: 2° Kart. B 270-1,1,62. – SUBE: Ryh 4706 : 6.

Literatur: KOE I S. 153 ff.

1667

KOEMAN stellt das Erscheinen einer regulären deutschen Ausgabe von 1667 in Frage und verzichtet auf die Nennung der einzelnen Karten der neun Bände. Tatsächlich sind lediglich zwei Exemplare dieser „Welt-Beschreibung" bekannt, von denen nur eines komplett ist.

Rückseite: Text und Umbruch identisch mit der Ausgabe 1641.

Publ.-Art: Atlasblatt aus Bl 61 (128?):
Karte in Bd. 2: „Atlas Major, | Das ist | Welt-Beschreibung, | Ander Theil | In welches | Teutschlandt, | und dero in Europa gegen Morgen angrätzenden Reichen | … | Mit schönen newen auszführlichen Land=Tafeln in Kupffer gestochen | und itzo | vermehret an dem tag gegeben | durch | Johannem Blaeu. || Zu Amsterdam, | Bey Johannem Blaeu, | MDCLXVII."

Standort: NSUG: GR 2 GEOGR 160c:2 (ohne Titelblatt). – USBB.

Literatur: KOE I S. 292 f.

NIEDERLÄNDISCHER TEXT

„Toonneel des Aerdriicx"

1635

Rückseite: **Niederländisch. – Duytslandt. – BS: Gg.**
(a): Landesbeschreibung: „Het Aertz-Bisdom Saltz-burgh …". „Duytslandt" unter li., Signatur unter re. Spalte.
(d): Landesbeschreibung: „Het Hertzoghdom Carinthia …", gleicher Umbruch.

Publ.-Art: Atlasblatt aus Bl 9 (128):
«**TOONNEEL** | DES AERDRIICX, | Ofte | NIEVWE ATLAS, | Dat is | BESCHRYVING | van alle Landen; | Nu nieulycx uytgegeven, | Door | Wilhelm: en Iohannem Blaeu. || (Im Sockel) AMSTERDAMI, | Apud Guiljelmum | et Iohannem Blaeu. | ANNO CIƆ IƆ C XXXV.». – Dem gewohnten prächtigen Titelkupfer ist ein Frontispiz mit Kurztitel vorangestellt. Der zweibändige Atlas mit 207 Karten, 33 x 50 cm groß, enthält dieselben Stiche wie die lat. und die endgültige dt. Ausgabe vom gleichen Jahr.

Standort: Königl. Niederl. Geogr. Ges. – UBA. – UBL.

Literatur: KOE I S. 101 ff.; S. 112, Abb. 9.

1642/47/49

Die in den drei niederländischen Ausgaben von 1642 bis 1649 enthaltenen Karten Salzburg/Kärnten weisen keine Unterscheidungsmerkmale auf. Die Zuordnung loser Blätter zu einer der datierten Titelseiten der Atlanten ist daher nicht möglich, sodaß sie gemeinsam registriert werden.

Rückseite: **Niederländisch. – Pag.: 47. – Duytslandt. – BS: Yy. – Kustode: Het.**
(a): Ganz re. o.: «47». – Titel: «Het Aertz-Bisdom | SALTZ-BVRGH.» (6 und 8 mm hoch). Landesbeschreibung mit Zierinitiale «H» in Rankenwerk über zwölf Zeilen, zweispaltig umbrochen mit übersetztem CELTIS-Gedicht und PARACELSUS-Grabinschrift. Unter der li. Spalte: «Duytslandt», unter der re. Signatur und Kustode.
(d): Ohne Pag. – Titel: «Het Hertoghdom | CARINTHIA.» (5 und 8 mm hoch). Landesbeschreibung, Umbruch wie (a), Zierinitiale «C» über acht Zeilen, Marginalien, keine Kennzeichen.

Publ.-Art: Atlasblatt aus Bl 26 A (128), 29 A (128), Bl 29 C:
Wie Ausgabe 1635, Bl 9, aber mit unterschiedlichen Verlegernamen:
«AMSTERDAMI, | Apud Iohannem | et Cornelium Blaeu. | ANNO CIƆ IƆ C XXXXII.».
«AMSTERDAMI, | Apud Iohannem | Guiljelmi F. Blaeu. | ANNO CIƆ IƆ C XLVII.».
«AMSTERDAMI, | Apud Iohannem | Guiljelmi F. Blaeu. | ANNO CIƆ IƆ C XLVIIII.».

Standort:	BLL: Maps C.4 b 5 (1649). – SAD (1642). – SBB Haus 2: 2° Kart. B 272–1,1,62 (1649). – UBU (1647).
Literatur:	KOE I S. 136 ff.; S. 144 ff.; S. 147.

„Grooter Atlas"

(1664)

Die neunbändige niederländische Ausgabe, die in zahlreichen Exemplaren erhalten blieb (allein 16 in niederländischen Bibliotheken), wurde häufig durch die Städtebücher BLAEUs auf elf Bände erweitert. Diese weisen ebenso wie die Atlashaupt- und Bandtitel unterschiedliche Jahreszahlen auf. Laut KOEMAN ist das Werk ab 1664 erschienen.

Rückseite:	**Niederländisch. – Pag.: 47. – BS: Yy. – Duytslandt.** Text der Landesbeschreibungen und Umbruch analog zu den lat. und franz. Ausgaben.
Publ.-Art:	Atlasblatt aus Bl 57 (128): Haupttitel: „J. Blaeu | Grooten | Atlas, | Oft | Werelt= | Beschrijving, | … ‖ Uytgegeven | 't Amsterdam, | By Joan Blaeu. | MDCLXIIII." – Karte im 2. Bd.: „Tweede Stuck | Der Aerdrycks= | Beschryving | 't Welck Vervat | Duytslandt, | En | D'Aengegrensde | Landtschappen: Uytgegeven | t'Amsterdam, | By Joan Blaeu. | MDCLXIII.".
Standort:	BLL. – BNP. – UBA. – UBU.
Literatur:	KOE I S. 227 ff.

LATEINISCHER TEXT

„Theatrvm orbis terrarvm"

1635

Rückseite:	**Latein. – BS: UU.** (a): Landesbeschreibung: „Salisburgensis Episcopatus …". (d): Landesbeschreibung: „Carinthia Ducatus …".
Publ.-Art:	Atlasblatt aus Bl 14 (128): «GVLIELMI ET | IOANNIS BLAEV | **THEATRVM** | ORBIS TERRARVM, | Sive | ATLAS NOVVS. | PARS SECVNDA. ‖ (Im Sockel) AMSTERDAMI, | Apud Guiljelmum | et Iohannem Blaeu. | ANNO CIƆ IƆ C XXXV.».
Standort:	BSM: 2 Mapp. 31,1 (1. Bd.), 31,2 (2. Bd.) – durch Brand schwer beschädigt und unbenützbar.
Literatur:	KOE I S. 113 ff.; S. 129, Abb. 12.

1640

Rückseite:	**Latein. – Pag.: 56. – BS: Iii. – GERMANIA. – Kustode: CARIN-.** (a): Titel über ganze Breite: «SALISBVRGENSIS | EPISCOPATVS.» (9 bzw. 6 mm hoch). Landesbeschreibung mit Zierinitiale «I» in Blattwerk über neun Zeilen, zweispaltig ohne Marginalien. Text nur über zwei Drittel der Seite, 7 cm tiefer unter der li. Spalte: «GERMANIA», unter der re. Bogensignatur und Kustode. (d): Titel: «CARINTHIA | DVCATVS.» (ebenfalls 9 bzw. 6 mm). Landesbeschreibung mit Zierinitiale «C» in Blattwerk über neun Zeilen, zweispaltig mit Marginalien. Text füllt halbe Seite.
Publ.-Art:	Atlasblatt aus Bl 21 A (128): Vortitel: «THEATRVM | ORBIS TERRARVM, | SIVE | NOVVS ATLAS.». – Haupttitel: «THEATRVM | ORBIS TERRARVM, | SIVE | ATLAS NOVVS; | in quo | TABULÆ | et | DESCRIPTIONES | omnium Regionum, | Editæ | a Guiljel: et Ioanne Blaeu. ‖ AMSTERDAMI, | Apud Iohannem | et Cornelium Blaeu. | Anno CIƆ IƆ CXXXX.».
Standort:	BSM: 2 Mapp. 28,1. – ÖNB/K: 389.035-E.K. – SStW: 99.a.2. – SWS.
Literatur:	KOE I S. 125 ff.

1644

Rückseite:	**Latein. – Pag.: 56. – BS: Iii. – Germania. – Kustode: CARIN-.** (a): Ganz re. o.: «56». – Titel über ganze Breite: «S A L I S B V R - G E N S I S | E P I S C O P A T V S.» (9 bzw. 6 mm hoch). Landesbeschreibung mit Zierinitiale «I» in Rankenwerk über zehn Zeilen, zweispaltig umbrochen, PIGHIUS-Distichon, ohne Marginalien. – Unter der li. Spalte: «Germania», unter der re. Signatur und Kustode. (d): Titel fast über ganze Breite: «C A R I N T H I A | D V C A - T V S.» (9 bzw. 6 mm hoch). Landesbeschreibung mit Zierinitiale «C» über neun Zeilen, Umbruch wie (a) aber Marginalien, unteres Drittel der Seite leer.
Publ.-Art:	Atlasblatt aus Bl 23 A (128): Titel wie 1640, Bl 21 A, aber: «… ‖ AMSTERDAMI. | Apud Iohannem | Guiljelmi F. Blaeu. | Anno CIƆ IƆ CXXXXIIII.».
Standort:	PBF.
Literatur:	KOE I S. 131 ff.

1645/46

Rückseite:	**Latein. – Pag.: 56. – BS: Iii. – Germania. – Kustode: CARIN-.** (a): Ganz re. o.: «56». – Titel über ganze Breite: « S A L I S B V R - G E N S I S | E P I S C O P A T V S.» (9 bzw. 6 mm hoch). Landesbeschreibung mit Zierinitiale «I» in Rankenwerk über neun Zeilen, zweispaltig umbrochen, PIGHIUS-Distichon, ohne Marginalien. – Unter der li. Spalte: «Germania», re. Signatur und Kustode. (d): Titel fast über ganze Breite: «C A R I N T H I A | D V C A - T V S.» (9 bzw. 6 mm hoch). Landesbeschreibung mit großer Zierinitiale «C» in Blattwerk über neun Zeilen, Umbruch wie (a), mit Marginalien, unteres Drittel der Seite leer.
Publ.-Art:	Atlasblatt aus: Vortitel: «THEATRVM | ORBIS TERRARVM, | SIVE | NOVVS ATLAS.». – Haupttitel: «THEATRVM | ORBIS TERRARUM, | SIVE | ATLAS NOVVS; | in quo | TABVLÆ | et | DESCRIPTIONES | omnium Regionum, | Editæ | a Guiljel: et Ioanne Blaeu. ‖ AMSTERDAMI, | Apud Iohannem | Guiljelmi F. Blaeu. | ANNO CIƆ IƆ CXXXXV.». – Frontispiz: Große Säulenarchitektur mit den Allegorien der vier Erdteile. Dieser lat. Atlas, der in vier Bänden 1645 und 1646 publiziert wurde, entspricht nicht dem vorigen Bl 23 A, da der Paginierungsfehler von „Germania 20 – Episcopatus Hildesheimensis" bereits wie bei Bl 23 B (1649) auf Pag. 28 richtiggestellt ist. Andererseits trägt der Titel die Jahreszahl 1645 und stimmt daher mit Bl 23 B nicht überein.

Faksimile:	BLAEUS Atlas von Deutschland, Bertelsmann Kartographisches Institut, Gütersloh 1972.
Standort:	ÖNB/K: 394.072-E.K. – SWW: K-V: WE 84(1–4).

1649

Rückseite:	**Latein. – Pag.: 56. – BS: Iii. – Germania. – Kustode: CARIN-.** (a): Ganz re. o.: «56». – Titel über ganze Breite: «S A L I S B V R - G E N S I S	E P I S C O P A T V S .» (9 bzw. 6 mm hoch). Landes- beschreibung mit Zierinitiale «I» in Rankenwerk über neun Zeilen, zweispaltig umbrochen, PIGHIUS-Distichon, ohne Marginalien. – Unter der li. Spalte: «*Germania*», unter der rechten Bogensignatur und Kustode. (d): Titel fast über ganze Breite: «C A R I N T H I A	D V C A - T V S .» (9 bzw. 6 mm hoch). Landesbeschreibung von Kärnten mit gro- ßer Zierinitiale «C» in Blattwerk über neun Zeilen, Umbruch wie (a), mit Marginalien, unteres Drittel der Seite leer.
Publ.-Art:	Atlasblatt aus Bl 23 B (128): Vortitel: «THEATRVM	ORBIS TERRARVM,	SIVE	NOVVS AT- LAS.». – Haupttitel: «THEATRVM	ORBIS TERRARUM,	SIVE	ATLAS NOVVS;	in quo	TABVLÆ	et	DESCRIPTIONES	om- nium Regionum,	Editæ	a Guiljel: et Ioanne Blaeu. ‖ AMSTERDAMI,	Apud Iohannem	Guiljelmi F. Blaeu.	ANNO CIƆ IƆ C XLVIIII.».
Standort:	HAB. – ÖNB/K: 389.034-F.K. – UBL.
Literatur:	KOE I S. 134 f.

„Geographia Blaviana"

1662

Joan BLAEUS „Atlas Maior", in elf Bänden mit lateinischem Text ab 1662 erschienen, gilt vielfach als schönstes Werk der Kartographiege-
schichte. Schon 1663 folgte eine 12-bändige französische Ausgabe, die unverändert 1667 neu aufgelegt wurde. Die niederländische Version mit neun Bänden kam 1664 auf den Markt, die spanische Ausgabe in zehn Bänden (darunter Vorläufer) 1658/72 und die elfbändige deutsche ab 1667. Unsere Karte im unveränderten Typ 4 ist in allen Ausgaben dieser berühmten „Geographia" oder „Cosmographia Blaviana" enthalten, erstmalig im 3. Band, 8. Buch, der ersten lateinischen Ausgabe.

Rückseite:	**Latein. – Pag.: 81. – Germania. – BS: Ii. – Kustode: urbem.** (a): Ganz re. o.: «81». – Titel: «C A R I N T H I A.» über ganze Breite (11 mm hoch). Landesbeschreibung mit Zierinitiale «C» in Rankenwerk über zehn Zeilen, zweispaltig umbrochen, Marginalien. Li. u.: «*Germa- nia.*». – Re. u.: Signatur und Kustode. (d): Ganz li. o.: «82». – Übertitel: «S A L T Z B V R G V M .» (11,9 cm lang, 4 mm hoch), Ende der Landesbeschreibung von Kärnten (zwölf Zeilen). Großer Zwischentitel: «S A L T Z B V R G E N S I S	A R C H I E P I S C O P A T V S .» (8 und 6 mm hoch), Zierinitiale «I» in Blattwerk über sechs Zeilen, Umbruch wie (a) mit PIGHIUS-Gedicht. Re. u. Kustode: «muni-».
Publ.-Art:	Atlasblatt aus Bl. 56 (128): «GEOGRAPHIÆ	BLAVIANÆ	VOLVMEN TERTIVM,	QVO	GERMANIA,	QVÆ EST	EVROPÆ	LIBER OCTAVVS,	CON-
TINETVR. ‖ (Kupfer mit allegorischer Szene „Krieg und Tod", darunter Tellurium) AMSTELÆDAMI,	Labore & Sumptibus	IOANNIS BLAEV,	MDCLXII.» (Bandtitel).
Faksimile:	Joan BLAEU: Atlas Maior. Der Atlas des Prinzen Eugen ... Wissenschaft-
licher Kommentar: Robert WAGNER. Akademische Druck- und Verlags-
anstalt, Graz 1979.
Standort:	BSM: 2 Mapp. 18, 3–19. – ÖNB/K: 389.038-E.K.3 und 393.225-E.K.3. – SBB Haus 1: 2° Kart. B 274–3,81. Haus 2: 2° Kart. 4931–3,19 – SWS.
Literatur:	KOEMAN, Cornelis: „Joan BLAEU and his Grand Atlas". Theatrum Orbis Terrarum Ltd., Nico Israel, Amsterdam 1970. SCHILDER, Günter, Bernard AIKEMA, Peter VAN DER KROGT: „The Atlas BLAEU – VAN DER HEM". Kompletter Katalog in 5 Bänden. HES Publi-
shers, 't Goy-Houten, Utrecht, im Erscheinen. KOE I S. 203 ff.

FRANZÖSISCHER TEXT

„Le Theatre du Monde"

1638

| Rückseite: | **Französisch. – BS: Gg. – Kustode: seigna.**
(a): Titel: «L'ARCHEVESCHÉ | **DE SALTZ-BOVRG.**» (5 bzw. 8 mm hoch). Landesbeschreibung zweispaltig umbrochen mit Zierinitiale «C» über sieben Zeilen (Manna-Wunder), zwei Zeilen des PIGHIUS-Gedichtes, Marginalien. Unter der re. Spalte Bogensignatur und Kustode.
(d): Kopftitel: «L'ARCHEVESCHÉ DE SALTZBOVRG.» (3,5 mm). Schluß der Landesbeschreibung. Zwischentitel: «DVCHÉ | DE CARIN-
THIE.» (3,5 bzw. 5 mm hoch). Gleicher Umbruch, Zierinitiale «L» über fünf Zeilen (Evangelist Lukas), ohne Kennzeichen. |
| --- | --- |
| Publ.-Art: | Atlasblatt aus Bl 16 A (128):
«LE | **THEATRE** | DV MONDE | Ou | NOVVEL ATLAS | Conte-
nant | LES CHARTES | et | DESCRIPTIONS | De tous les Pais de la terre | Mis en lumiere | Par | Guillaume et Iean Blaeu. ‖ AMSTERDA-
MI, | Apud Guiljelmum | et Johannem Blaeu. | ANNO CIƆ IƆ C XXXVIII.». – Der einbändige Atlas enthält 120 Karten, das Blatt „Saltz-
bovrg" im ersten Teil „Allemagne". |
| Standort: | ÖBUB: Leseges. R 10, Bd. 1. – SMCA: SL 9, L 01. – SMS. |
| Literatur: | KOE I S. 117ff. |

„Le Grand Atlas"

1663

Alle zwölf Bände dieser ersten französischen Ausgabe des großen At-
lasses sind mit 1663 datiert, wie alle Bände der zweiten französischen Ausgabe mit 1667. Die dritten Bände beider Ausgaben, die unsere Karte enthalten, weisen nur geringe Unterschiede auf.

| Rückseite: | **Französisch. – Pag.: 34. – Alemagne. – BS: Cc. – Kustode: la.**
(a): Ganz re. o.: «34». – Titel: «L' ARCHEVESCHE | DE SALTZ-
BOVRG.» (7 und 10 mm hoch). Landesbeschreibung mit Zierinitiale «C» in Rankenwerk über zehn Zeilen, zweispaltig umbrochen, Marginalien. |
| --- | --- |

Unter der li. Spalte: «*Alemagne.*», unter der rechten Signatur und Kustode. (d): Ohne Pag. – Übertitel: «L' ARCHEVESCHE DE SALTZBOURG,» (4 mm). Forts. der Landesbeschreibung über zwei Drittel der Seite, darunter Zwischentitel: «DUCHE | DE CARINTHIE.» (5 und 7 mm). Landesbeschreibung mit Zierinitiale «L» über sechs Zeilen, zweispaltig umbrochen wie (a), ganz re. u. Kustode «ments».

Publ.-Art: Atlasblatt aus Bl 58 (128):
Haupttitel: «L E   G R A N D | A T L A S , | O V | C O S - M O G R A P H I E | B L A V I A N E …». – Bandtitel: «TROISIEME VOLUME | DE LA | GEOGRAPHIE | BLAVIANE, | CONTENANT | L' ALEMAGNE, | …(gestochenes Signet: Armillarsphäre mit allegorischen Gestalten und Devise.) || A AMSTERDAM, | Chez JEAN BLAEU, | MDCLXIII.».

Faksimile: Jean BLAEU: Le Grand Atlas. Theatrum Orbis Terrarum Ltd., Nico Israel, Amsterdam 1967.

Standort: BSM: 2 Mapp. 285 o.3–20. – ÖNB/K: 389.037-F.K.3 (Bl 59). – SBB Haus 1: 2° Kart. B 275-3,34 (3. Bd. ohne Titelblatt).

Literatur: KOE I S. 246 ff. – TBT S. 9.

1667

Die zweite französische Ausgabe ist in Inhalt und Aufmachung nahezu identisch mit der ersten von 1663. Verschieden sind die Jahreszahlen der Bände und die Kennzeichen auf den Textseiten, die getrennte Zuschreibungen ermöglichen.

Rückseite: **Französisch. – Pag.: 53. – Allemagne. – BS: Ccc. – Kustode: bourg.**
(a): Ganz re. o.: «53». – Titel, Text und Umbruch wie in der ersten Ausgabe, unter der li. Spalte: «*Alemagne.*», unter der re. Signatur und Kustode. (d): Ohne Pag. – Übertitel unverändert, Forts. der Landesbeschreibung nur über ein Drittel der Seite, darunter Zwischentitel, Zierinitiale und Umbruch wie vorher, ohne Kennzeichen.

Publ.-Art: Atlasblatt aus Bl 59 (128):
Haupttitel: «LE GRAND | ATLAS, | OV | COSMOGRAPHIE | BLAVIANE …». – Bandtitel: «TROISIEME VOLUME … || A AMSTERDAM, | Chez JEAN BLAEU, | MDCLXVII.».

Standort: SMS.

Literatur: KOE I S. 267 ff.

SPANISCHER TEXT

„Atlas Mayor"

1658/72

Diese spanische Version ist wegen der durch den Brand verursachten schweren Verluste die seltenste aller Ausgaben der „Blaviana". Um noch auf den Markt zu bringen, was möglich war, entschloß man sich zu Notlösungen. Davon zeugen u. a. geklebte Karten mit Texten in unterschiedlichen Sprachen und die Vereinigung von Drucken aus den verschiedensten Jahren zu einzelnen Atlanten. Die Teilbände sind meist mit 1662 datiert.

Rückseite: **Spanisch. – Pag.: 98/99. – Alemania. – BS: Oo.**
Text der Landesbeschreibungen und Umbruch analog zu den lat. und franz. Ausgaben.

Publ.-Art: Atlasblatt aus Bl 60 A (128):
Haupttitel: „Atlas | Mayor, | sino | Cosmographia | Blaviana, | … || Amsterdam, 1658–1672." – Titel des 3. Bds., der die Karte enthält: „Parte Del | Atlas Mayor, | O | Geographia Blaviana, | que contiene las cartas y descripciones | De | Alemania. || En Amsterdam, | Y la Officina de | Juan Blaeu. | MDCLXII."
Das SMCA besitzt ein Ex. dieser Karte mit span. Text und der Signatur «Sss», ohne Pag. und ohne Kustoden (SMCA: SL 13, L 01). Die Publikationsart des Stückes war nicht feststellbar.

Standort: BNP. – LCW: 4262. – Mar. Mus. Rotterdam.

Literatur: KOE I S. 271 ff.

2.3
Gerard Valk (ca. 1650–1726)
Peter Schenk d. Ä. (1660/61–1718/19?)

Mercator-Karte mit 10'-Netz

[1697]

Drei Generationen der verschwägerten Amsterdamer Kupferstecher- und Verlegerfamilien VALK (VALCK) und SCHENK (SCHENCK) haben im 17. und 18. Jh. maßgeblich zur Verbreitung niederländischer Karten und Atlanten beigetragen. Gestützt auf einen Fundus von rund 700 Platten von bzw. nach MERCATOR, BLAEU, JANSSONIUS, JAILLOT, SANSON, VISSCHER und anderen sowie auf etwa 200 selbst gestochene Karten waren sie in der Lage, den Markt mit Atlanten jeder Art wie mit Separatdrucken zu bedienen. Schon der ältere SCHENK besuchte regelmäßig die Leipziger Messe und erhielt von König AUGUST II. dem Starken von Sachsen den Titel „Hofgraveur" verliehen. Sein Sohn wußte die Verbindung mit Sachsen durch die Herausgabe eines Landesatlas, der bis 1810 gedruckt wurde, lukrativ auszubauen.

Im 15-seitigen Katalog von genau 500 Karten, den SCHENK und VALK ihrer Ausgabe von JANSSONIUS' „Novus Atlas" beifügten, scheinen u. a. die MERCATOR-Karte von Salzburg und Kärnten sowie die Karte des Bayerischen Kreises (→ 4.9) auf. Eine verläßliche Zuschreibung der undatierten Blätter zu einer Atlasausgabe ist aber nicht möglich. Sie könnten noch aus einem der vielen Komposit-Atlanten stammen, für die der Amsterdamer Verlag von COVENS und MORTIER (→ 4.1.2.4) fast alle Karten SCHENKs verwendete.

Vater und Sohn VALK lieferten vor allem zu Beginn des 18. Jhs. diese Atlanten, deren Inhalt nach Wunsch des Kunden zusammengestellt wurde.

Abb. 23: Mercator-Karte von Valk und Schenk mit Gradnetz.

Sie umfaßten jeweils bis zu 100 fast durchwegs überarbeitete oder neu gestochene Karten ohne Text auf der Rückseite. Dafür wurde auch die Version der MERCATOR-Karte mit Fransenbordüre der Titelleiste und zwei Wappen zwischen drei Amoretten nach dem Muster des JANSSONIUS-Stiches von 1666 (KOE III S. 113) noch bis in die Mitte des 18. Jhs. gedruckt. Im Verlagskatalog scheint sie als Nr. 237 auf.

Titel: «SALTZBVRG ARCHIEPISCOPATVS, et CARINTHIA DVCATVS. Auct. Ger. Mercatore.».

Zusätze: Re. neben der Meilenleiste freistehend in Gebirgslandschaft: «Amstelædami | Apud G. VALK, et P. SCHENK.». – Himmelsrichtungen in Latein in der Mi. an jedem Seitenrand.

Maße: Karte: 48,4 x 37 cm; Platte: 48,6 x 37,4 cm; Blatt: 57,2 x 48,8 cm. – Atlas: ca. 35 x 53 cm.

Graduierung: Im zarten Strichrahmen s/w Minuten-Skala, alle 10' und volle Grade beziffert, 10'-Netz durchgezogen (ähnlich PITTs engl. Ausgabe). L von Salzburg: 35° 36' 30" E.

Druckart: Kupferstich, Rahmen, Grenzen, Seen, Städte und tlw. Gebiete meist mehrfarbig handkoloriert.

Publ.-Art: Separatdruck und Atlasblatt aus: «NOVA TOTIUS GEOGRAPHICA TELLURIS PROJECTIO, | Edita Per GERARDUM VALK, | AMSTELODAMI. ‖ (auf gleicher Höhe li.:) *cum Privilegio*.». – Das prachtvolle, nicht signierte Titelkupfer stellt eine mythologische Szene dar. Zu Füßen des Riesen ATLAS haben sich die personifizierten Geographie, Geodäsie und Architektur mit einer Karte und Vermessungsgeräten um einen Globus versammelt, dessen wichtigste Maße zwei Putti notieren. Der Titel steht relativ klein unter dem großen Bild.

Standort: SBB Haus 2: Kart. O 8866 (aufgeklebt, beschnitten) und O 8867. – SLA: Graphik XIV.19. – SUBE: Ryh 4706:8. – ZBZH: KK 48c.

Literatur: KOE III S. 107ff. – SLA S.8, L.15. – ZAI S. 32f., Abb. 18.
Zu SCHENK: ADB Bd. 31, S. 56. – LGK S. 704. – MdW S. 303. – THB Bd. 30, S. 28f. – ZED Bd. 34, Sp. 1223.
Zu VALK: ADB Bd. 39, S. 457. – LGK S. 850. – MdW S. 312f. – THB Bd. 34, S. 48. – ZED Bd. 46, Sp. 153.

Fortsetzung: 4.9

2.4
Quart- und Oktav-Ausgaben nach Gerard Mercator

Das augenfälligste Unterscheidungsmerkmal der von MERCATOR abgeleiteten kleinen Landeskarten, deren Erstausgaben Pieter VAN DEN KEERE (Petrus KAERIUS, COERIUS, 1571–ca. 1646) und Abraham GOOS (um 1590–1643) in verschiedenen Größen gestochen haben, bildet die Form der Titelkartusche. Diese nimmt immer einen frei gelassenen Teil Oberösterreichs im rechten oberen Eck des Kartenfeldes ein und kommt in fünf Typen vor:

2.4.1 ROLLWERKKARTUSCHE
2.4.2 MASKENKARTUSCHE
2.4.3 MUSCHELKARTUSCHE
2.4.4 OHRENKARTUSCHE
2.4.5 PLATTENKARTUSCHE

Im Kartentitel werden immer beide Länder Salzburg und Kärnten angeführt. Zusätzlich tragen viele Karten im Oberrand einen Übertitel, der aber – bis auf wenige Ausnahmen – nur Salzburg nennt. Die Namen der Nachbarländer stehen meist im Kartenfeld nahe dem entsprechenden Abschnitt der Landesgrenze.

Der Karteninhalt und dessen Präsentation bleibt bei allen Karten einer Gattung grundsätzlich gleich und entspricht durchwegs dem MERCATOR-Archetypus. Allerdings sind den Kopisten bei der Übertragung der fremden Ortsnamen manche Irrtümer unterlaufen, wie z.B. bei der Type 1 die Benennung von Friesach als «Frigburg». Wie ein seltsames Markenzeichen dieser Kartenfamilie tritt die Übergröße des wurstförmigen Traunsees auf den Kleinformaten noch stärker hervor als auf den Folio-Ausgaben.

Die verschiedenen Ausgaben jedes Kartuschen-Typs lassen sich meist durch die Übertitel und die Seitenzahlen im Oberrand sowie fallweise durch Bogensignaturen, vor allem aber durch die Rückseitentexte unterscheiden. Alle genannten zusätzlichen Texte sind stets in Typensatz gedruckt, Übertitel und Seitenzahlen auch gestempelt. Bei den Karten handelt es sich ebenso wie bei den Verlags-Vignetten auf den Titelseiten oder im Kolophon immer um Kupferstiche, sodaß sich die Nennung der Druckart erübrigt, wie auch die Wiederholung anderer gleichbleibender Daten.

Literatur: Zu GOOS: LGK S. 274. – Zu KAERIUS: LGK S. 407. – MdW S. 278.

2.4.1
Rollwerkkartusche

Ungeachtet des kleinen Formats ist die Rollwerkkartusche nach dem Muster der Folio-Ausgabe von 1585 mit kunstvollen Voluten, flossenartigen Auswüchsen und dekorativen „Nieten" kaum weniger aufwendig gestochen als ihre Vorlage und füllt ca. 45 x 35 mm groß rechts oben den Eckraum des Kartenfeldes. Graphisch besonders ansprechend wurde bei diesem Typ die Einbeziehung des Linearmaßstabs für 4 deutsche Meilen in den unteren Teil der Kartusche gelöst. Links neben ihr steht in vier Zeilen «AUSTRI | Æ CON | FI= | NIA». Die Namen der anderen Nachbarländer fehlen. Wenn auch schwarz-weiße Drucke vorkommen, überwiegen die meist geschmackvoll mehrfarbig von Hand kolorierten Blätter.

24

2 *Mercator und die Karten des 17. Jahrhunderts*

Abb. 24: Oktavkarte nach Mercator mit Rollwerkkartusche.

2.4.1

Die Karte erschien in unveränderter Form in allen Ausgaben des „Atlas minor" von Jodocus HONDIUS, sodaß sich die Katalogisierung auf die folgenden Beispiele beschränken kann. Der Atlas kam mit 152 Karten, auf deren Rückseiten die Landesbeschreibungen stehen, erstmalig 1607 in lateinischer Sprache auf den Markt. Diesem Erstdruck folgten ohne wesentliche Veränderungen des Inhalts noch neun weitere Ausgaben in Latein, vier in Deutsch, zwei in Niederländisch, neun in Französisch und – auffallend spät – drei in englischer Sprache. Die ÖNB besitzt auch noch eine prachtvoll illuminierte arabische Ausgabe, die 1145 n. d. H. (= 1767) in Istanbul gedruckt wurde.

Titel: «SALTZBURG | CARINTHIA».
Zusätze: Himmelsrichtungen in Latein in der Mi. an jedem Seitenrand.
Maße: Karte: 17,9–18,5 x 14–14,4 cm; Platte: ca. 18,9 x 14,6 cm; Blatt: 21–26,5 x 16–17,6 cm. – Atlas: 22–27 x 17–18,5 cm.
Maßstab: 1 : 1.440.000; 1" = 20.000 Kl.= 5 M.
Graduierung: Im einfachen Strichrahmen 2'-Skala, alle 20', 40' und volle Grade beziffert. L von Salzburg: 35° 35' E.

LATEINISCHER TEXT
1607

Zusätze: Im Oberrand grob gestempelt in der Mi. «SALTZBVRG.» und weit re. «467».

Rückseite: **Latein. – Pag.: 467/468. – Kustode: loco.**
Im Oberrand: ganz li.: «468» (gestempelt?); Mi.: «C A R I N T H I A».
– Forts. der auf S. 466 begonnen Landesbeschreibung von Salzburg. Über die ganze Breite (19 cm) durchlaufender Text mit Marginalien, zweispaltig umbrochenes CELTIS-Gedicht kursiv einmontiert. – Zwischentitel: «Carinthiæ Ducatus.» mit nur zwei Zeilen Text. Darunter ganz re. Kustode.

Publ.-Art: Atlasblatt aus Me 186 (99):
«A T L A S | M I N O R | Gerardi Mercatoris | à I. Hondio plurimis | æneis tabulis | auctus atque illustratus. || AMSTERODAMI. | Excusum in ædibus Iudoci Hondij. | Veneunt etiam apud Cornelium Nicolai. | item apud Ioannem Ianßonium Arnhemi.». – Das aufwendige Titelkupfer stellt eine prachtvolle Barockfassade dar. Im offenen Giebel ein von ATLAS getragener Globus, den zwei Geographen (wohl PTOLOMÄUS und MERCATOR) mit Zirkeln abgreifen. Allegorische Figuren der vier Erdteile und reiche Ornamente umgeben eine große und eine kleine Tafel mit dem Ti-

2 Mercator und die Karten des 17. Jahrhunderts

tel bzw. dem Impressum. Das Vorwort von HONDIUS, in dem er ausführlich seine Quellen nennt, ist mit 15. März 1607 datiert.

Standort:	UBA: 1803 – E 26. – SLA: Graphik XIV.21. – SWS.
Literatur:	KOE II S. 510ff. – SLA S. 8, L.17. – ZAI S. 34, 36 Abb. 20.

1610

Zusätze:	Übertitel und Seitenzahl fehlen, aber häufig hs. paginiert: «458».
Rückseite:	**Latein. – Kustode: Est.** Ganz li. hs.: «459». Landesbeschreibung in einem Block durchlaufend, CELTIS-Gedicht kursiv zweispaltig in den Text montiert. Zwischentitel „Carinthiae Ducatus" mit den ersten vier Zeilen der Landesbeschreibung. Darunter ganz re. Kustode.
Publ.-Art:	Atlasblatt aus Me 189 A oder 189 B: «A T L A S M I N O R, | GERARDI MERCATORIS | à I. HON-

DIO …». – Titel weitgehend unverändert. KOEMAN verzeichnet diese Aufl. als Variante der Ausgabe von 1607, die sogar dieselben Druckfehler aufweise und mit oder ohne Paginierung erschienen sei. Das Vorwort von 1607 wurde übernommen.

Standort:	BNP: G.3105. – UBA; 2008-E 30. – UBU: Geogr. Qu. no. 333.
Literatur:	KOE II S. 519.

1621

Zusätze:	Im Oberrand: Mi. in grobem Buchdruck oder gestempelt: «S A L T Z - B V R G .»; weit re.: «467.».
Rückseite:	**Latein. – Pag.: 467/468. – Kustode: loco.** Wie Ausgabe 1607. Lose Blätter sind nicht zu unterscheiden.
Publ.-Art:	Atlasblatt aus Me 192 oder Me 193: «A T L A S | M I N O R | Gerardi Mercatoris …». Haupttitel wie 1607

2.4.2

Abb. 25: Oktavkarte nach Mercator mit der Maskenkartusche.

bis zum Impressum: «ARNHEMII | *Apud Ioannem Ianßonium 1621.*». – Der prächtige Stich blieb unverändert. – Kolophon mit großem Verlagssignet, darunter: «*A R N H E M I Æ*, | Ex Officina IOANNIS I A N S S O - N I I , Bibliopolæ. | (Querstrich) *ANNO M. DC. XXI* .». – Der Atlas enthält 152 teils handkolorierte Kupferstichkarten als Erweiterung der Erstausgabe von 1607. Eine fast identische lat. Ausgabe liegt mit dem Erscheinungsjahr 1620 vor.

Standort:	BNP: G 3106. – SStW: 99.f.126. – ZBSO: GB 156.
Literatur:	KOE II S. 520.

FRANZÖSISCHER TEXT
1608/13/14

Zusätze:	Im Oberrand: Mi. in Buchdruck: «l'EVESCHE DE SALISBVRG.»; ganz re.: «451».
Rückseite:	**Französisch. – Pag.: 451/452. – Kustode: osieme(?).** Im Oberrand: ganz li.: «452»; Mi.: Wiederholung des Titels «l'EVESCHE DE SALISBVRG.». – Forts. der auf S. 450 begonnenen Landesbeschreibung. Über die ganze Breite (18,5 cm) durchlaufender Satz mit Marginalien. Nach Zwischentitel «DVCHE DE CARINTHIE.». Beginn der Beschreibung von Kärnten mit einfacher Initiale «C» über vier Zeilen. Darunter ganz re. Kustode.
Publ.-Art:	Atlasblatt aus Me 187 (95), Me 190, Me 191: «A T L A S M I N O R ,	DE GEVERARD(!) MERCATOR	Traduid de Latin en Francois par le Sieur	de la Popeliniere Gentilhomme Francois Anno 1608. ‖ AMSTERODAMI	Excusum in aedibus Iudoci Hondij.	veneunt etiam apud Cornelium Nicolai.	item apud Ioannem Ianßonium Arnheimi.». – In Bern (SUBE, Ryh 8801:5 und 6) befindet sich ein mit 28,5 x 20 cm ungewöhnlich großes, undatiertes Titelblatt: «L'ATLAS	DE	GERARD MARCATOR,(!)	De nouveau reveu, toutes les cartes corrigéz, & en	outre augmenté d'vn Appendix,	*Par Joße Hondius*.». Das offenbar dazugehörende Inhaltsverzeichnis nennt u. a.: «l'Evesché de Salisburg 491». – Neuaufl. dieser Ausgabe erschienen in nahezu unveränderter Form 1613 und 1614.
Standort:	ZBZH: NR 1322. – SWS.
Literatur:	KOE II S. 513 ff.; S. 519; S. 520.

DEUTSCHER TEXT
1609

Zusätze:	Übertitel und Seitenzahl im Oberrand fehlen. Fing. Pag.: 465.
Rückseite:	**Deutsch. – Pag.: (465)/466. – Kustode: nen schö=.** Im Oberrand Mi.: «466». – Text in Fraktur, ca. 17 cm Zeilenlänge, Marginalien. Über ca. zwei Drittel der Blatthöhe Forts. der Landesbeschreibung von Salzburg (von S. 464). – Zwischentitel: «Von dem Hertzogthumb Kärnthen.», zehn Zeilen Text mit Zierinitiale «D» über fünf Zeilen. Darunter ganz re. Kustode.
Publ.-Art:	Atlasblatt aus Me 188 (99): «A T L A S M I N O R ,	das ist/	Ein kurtze/ jedoch gründtliche Beschreibung der gantzen Welt	und aller ihrer Theyl:	Erstlich von	GERARDO M E R C A T O R E	in Lat. beschrieben:	Folgendes durch	JODOCUM H O N D I V M	mit vielen Kupffern gebessert und vermehrt:	und endlich	in unsere hoch Teutsche Sprach versetzt.». – Die Übersetzung besorgte Dr. med. Peter UFFENBACH. Lt. Vorwort ist der Atlas 1609 in Frankfurt am Main erschienen.
Standort:	ZBLU: F1 194. – ZBZH: RRK 420.
Literatur:	KOE II S. 517 ff.

ENGLISCHER TEXT
1635

In London publizierte der Verleger Michael SPARKE von 1635 bis 1639 drei englische Ausgaben des „Atlas Minor", die sich durch sorgfältige Gestaltung, sauberen Druck und schöne Kolorierung auszeichnen. Ungewöhnlich ist die Stellung unserer Karte: Sie steht quer zum Zeilenlauf und zu dem großen, dreizeiligen Titel mit der Südseite im Bund.

Titel:	Über der Westseite der hochgestellten Karte im Oberrand: «THE BISHOPRICKE	OF	SALTZBVRG.» (1. Zeile: 12 cm lang, 7 mm hoch; 2. Zeile: 1 cm lang, 3,5 mm hoch; 3. Zeile: 11 cm lang, 8 mm hoch). – Darüber ganz re.: «671».
Rückseite:	**Englisch. – Pag.: 671/672. – Kustode: Valleys.** Im Oberrand: ganz li.: «672»; Mi.: «*The Bishoprick of* SALTZBVRG.». – Forts. der Landesbeschreibung, kursiv gesetztes CELTIS-Gedicht mit engl. Nachdichtung, Marginalien. Nach Zwischentitel «*The Dukedome of* CARINTHIA.». Beginn der Beschreibung Kärntens mit einfacher Initiale «C» über zwei Zeilen. – Ganz re. u. Kustode.
Publ.-Art:	Atlasblatt aus: „Historia mundi: or Mercator's atlas. Containing the cosmographicall description of the fabricke and figure of the world. Lately rectified on divers places, as also beautified and enlarged with new máppes and tables; By the studious industry of Iudocus Hondy. Englished by W(ye) S(altonstall) generosus, & coll. regin. Oxoniae. London, Printed by T. Cootes for Michael Sparke, and Samuel Cartwright. 1635.". Die Titel der 2. und 3. Ausgabe unterscheiden sich wenig von diesem, nennen als Verleger aber nur SPARKE.
Standort:	SLA: Graphik XIV.42. – SMS. – SWS.
Literatur:	KOE II S. 549 (als Ergänzung ohne Me-Nummer aus Bibliotheks-Katalog zitiert). – SLA S. 9, L.18. – ZAI S. 34, 37 Abb. 21.

2.4.2
Maskenkartusche

Unter den Titelkartuschen der Karten in den Atlantes minores wirkt diese zwar am bescheidensten, in ihrem Manierismus jedoch am rätselhaftesten. Auf dunklem, annähernd fünfeckigem Hintergrund steht eine doppelt gerahmte Schriftplatte, deren Ecken – die oberen hornartig zugespitzt, die unteren rechtwinklig vorspringend – diese überragen. Überdies läuft der Plattenrahmen oben in der Mitte in eine Fratze aus, deren Kopfteil groteske „Flügel" ausbreitet, die ZAISBERGER als Walfischflossen deutet (S. 34) – wenn man nicht überdimensionale Ohren erkennen will. Ihr unteres Pendant bildet eine einfachere Maske mit zwei nach außen gebogenen Bärten. Über und unter der Kartusche ist der Landesname «*AUST (—) RIÆ | CONFINIA*» verteilt. Der Linearmaßstab für nur 3 gemeine deutsche oder geographische Meilen wird bei dieser Type nicht in die Kartusche integriert. Der Übertitel nennt neben Salzburg vereinzelt auch Kärnten.

Titel:	«**SALTZBURG** | et | *CARINTHIE*».
Zusätze:	Jeweils im entsprechenden Bereich des Kartenfeldes: «*BAVARIA*», «Ober (—) Karntn», «Vnder | Karntn» und in Zierschrift: «*DAVFERS | COMITATUS*» mit Ortssigle Daufers. Darunter li. im Eck: Platte mit dem Linearmaßstab für 3 M. – Nordpfeil und Himmelsrichtungen fehlen.
Maße:	Karte: 18–18,4 x 13–13,4 cm; Platte: ca. 18,5 x 13,5 cm; Blatt: ca. 23 x 18 cm. – Atlas: ca. 24,5 x 19,5 cm.
Maßstab:	1:1.440.000; 1" = 20.000 Kl. = 5 M.
Graduierung:	Im dreifachen Strichrahmen einfache 6'-Skala, volle Grade an Querstrichen beziffert. L von Salzburg: 35° 38' E.

LATEINISCHER TEXT
[1625]

Der topographische Inhalt der Karte blieb im wesentlichen unverändert, doch ist der Stich besser und der Landesausschnitt größer.

Zusätze:	Im Oberrand: Mi.: «S A L T Z B V R G .»; ganz re.: «463».
Rückseite:	**Latein. – Pag.: 463/464. – Kustode: Dicun-.** Über dem Satzspiegel ganz li.: «464»; Mi.: «C A R I N T H I A .». – Zweispaltig mit Trennlinie und Marginalien umbrochene Forts. der Landesbeschreibung von Salzburg in Latein mit dem Gedicht von CELTIS. Unter der Mi. der re. Spalte neuer Titel: «Carinthiæ Ducatus.», einfache Initiale «C» über zwei Zeilen, elf Zeilen Text. Darunter ganz re. Kustode.
Publ.-Art:	Unbekannt.
Standort:	SMS. – SWS.

1628

Diese Ausgabe gleicht bis auf den etwas geänderten Umbruch und den kürzeren Textbeginn für Kärnten fast völlig der vorigen.

Zusätze:	Im Oberrand: Mi.: «S A L T Z B U R G .»; ganz re.: «467».
Rückseite:	**Latein. – Pag.: 467/468. – Kustode: cujus.** Im Oberrand: ganz li.: «468»; Mi.: «C A R I N T H I A .». – Zweispaltig mit oder ohne Trennlinie umbrochene Forts. der Landesbeschreibung von Salzburg mit dem Gedicht von CELTIS und Marginalien. Erst im letzten Viertel der re. Spalte neuer Titel: «Carinthiæ Ducatus.» und fünf Zeilen Text. Darunter ganz re. Kustode.
Publ.-Art:	Atlasblatt aus Me 194 (97): «**ATLAS MINOR** | GERARDI MERCATORIS | à I. Hondio plurimis æneis Tabulis | auctus et illustratus: denuo recognit9, | additisque novis delineationibus | emendatus. ‖ AMSTERODAMI, | Ex officina | IOANNIS IANSSONII. | CIƆ IƆ C XXVIII.». – Auf dem prächtigen Titelkupfer ist ein übergroßer Triumphbogen mit den Allegorien der Erdteile dargestellt. Über der Schriftafel messen zwei Geographen (PTOLOMÄUS und MERCATOR?) den von ATLAS getragenen Globus. Unter dem Titel steht das Impressum auf einer eigenen ovalen Platte.
Standort:	SLA: Graphik XIV.20. – SWS. – ZBSO: GB 157.
Literatur:	KOE II S. 520ff. – SLA S. 8, L.16. – ZAI S. 34.

FRANZÖSISCHER TEXT
1630

Titel:	Im Oberrand: Mi.: «*L'EVESCHE DE SALISBURG.*»; ganz re.: «**451**».
Rückseite:	**Französisch. – Pag.: 451/452. – Kustode: viere.** Über dem Satzspiegel ganz li.: «452»; Mi.: «*L' EVESCHE DE SALISBURG.*». – Zweispaltig mit oder ohne Trennlinie und mit Marginalien umbrochene Forts. der Landesbeschreibung von Salzburg mit oder ohne Gedicht von CELTIS. Im unteren Drittel großer Zwischentitel: «**Duché de Carinthie.**» für die Beschreibung Kärntens mit einfacher Initiale «C» über vier Zeilen. Darunter ganz re. Kustode.
Publ.-Art:	Atlasblatt aus Me 196 (97): «**ATLAS MINOR;** | *Ou* | *Briefve, & vive description de tout le* | *Monde & ses parties:* | *Composee premierement en Latin par* GERARD MERCATOR, | *et depuis reveu, corrigè, et augmenté de plusieurs Tables nouvelles,* | *par* IVDOCVS HONDIVS: *et traduict en Francois* | *par le sieur de la Popeliniere Gentilhome Francois.*» (Klebezettel in Typendruck über: „Atlas minor Gerardi Mercatoris a J. Hondio plurimis aeneis Tabulis auctus et illustratus denuo recognitus additisque novis delineationibus emendatus.") – In ovalem Volutenschild darunter: «*A AMSTERDAM* | *Chez Iean Iansson.* | *l' An M. DC. XXX.*». – Ebenfalls überklebt: „Amsterodami, Ex officina Joanni Janssonii, 1628." – Die Titelplatte steht vor einem gewaltigen, o. offenen Tonnengewölbe, in dem zwei Gelehrte, vermutl. PTOLEMÄUS und MERCATOR, an dem von ATLAS getragenen Globus hantieren. Weibliche Allegorien der Erdteile sitzen oder stehen auf den Gesimsen und Sockeln des Gewölbes.
Standort:	BNP: Ge. FF.577. – BSM: 4 Mapp. 68-451. – StLB: 8372.
Literatur:	KOE II S. 522ff. – ZAI S. 34

NIEDERLÄNDISCHER TEXT
1630

Zusätze:	Im Oberrand: Mi.: «Beschryvinghe van Saltzburch ende Carinthien.»; ganz re. über Karteneck: «539».
Rückseite:	**Niederländisch. – Pag.: 539/540. – Kustode: veel.** Über dem Satzspiegel ganz li.: «540». – Mi.: «Beschryvinghe van Saltzburgh ende Carinthien.». Text in zwei Spalten ohne Marginalien, li. noch vier Zeilen der schon auf S. 537 (BS: «Yyy») begonnenen Landesbeschreibung von Salzburg, dann Zwischentitel «Van het Hartochdom van Carinthia.» und Beschreibung von Kärnten mit einfacher Initiale «C» über zwei Zeilen. Darunter ganz re. Kustode.
Publ.-Art:	Atlasblatt aus Me 197 (98): «**ATLAS MINOR** | Ofte | Een korte doch grondige beschrij= | vinge der geheeler Werelt met alle hare gedeelten: | Eerstlijc van Gerardo Mercatore | in 't Latijn beschreven ende vervolgens door Iudocum | Hondium met vele Caerten verbetert ende vermeerdert ende in onse Nederlantse sprake overgeset | Door | Ernestus Brinck. ‖ Amsterodami, | Ex officina

| Ioannis Ianssonii. | C|Ͻ |Ͻ CXXVIII» (1630). – Auch in diesem Fall wurde der niederl. Titel in Typendruck über den lat. Titel von 1628 geklebt.

Standort: KBH: 551 J 54. – UBU 333 A. – Stiftsbibl. St. Gallen.
Literatur: KOE II S. 525 ff.

DEUTSCHER TEXT
1631

Zusätze: Im Oberrand ganz re.: «423».
Rückseite: **Deutsch. – Pag.: 423/424.**
Über dem Satzspiegel ganz li.: «424». Mi.: «V O N   K A R N T H E N.». Landesbeschreibung mit Trennlinie zweispaltig umbrochen, Marginalien, einfache Initiale.
Publ.-Art: Atlasblatt aus Me 199 (98):
«A T L A S   M I N O R, | Das iszt: | Eine kurtze | jedoch gründliche | **Be=** | **schreibung der gantzen Welt** und allerjer Theyl, | Erstlich von | Gerardo Mercatore | in Latein beschrieben: | Folgendes durch | Iodocum Hondium | mit vielen Kupffern gebessert und vermehrt: | und endlich | in unsere hochteutsche Sprach versetzt. ‖ Amsterodami, | ex officina | Ioannis Ianssonii. | C|Ͻ |Ͻ CXXXI.».
Standort: KUFR. – LCW: 5932. – UBA: 2001 B 7.
Literatur: KOE II S. 534f. (Nummer fehlt). – ZAI S. 34.

1648

Zusätze: Im Oberrand: «S A L T Z B V R G   V N D   K A R N T H E N.» (11,7 cm lang) oder «S A L T Z B U R G   U N D …» (10,9 cm lang); ganz re. über Kartenecke: «345». – Im Unterrand Mi. tief gestellt: «Xx».
Rückseite: **Deutsch. – Pag.: 345/346. – BS: Xx. – Kustode: diesen.**
Über dem Satzspiegel ganz li.: «346», Mi.: «V O N   K A R N - T H E N.». Text in zwei Spalten mit Marginalien und Trennlinie. Titel: «Von dem Hertzogthumb   K A R N T H E N.». Landesbeschreibung mit einfacher Initiale über vier Zeilen. Darunter ganz re. Kustode.
Publ.-Art: Atlasblatt aus Me 203:
«A T L A S   M I N O R, | Das iszt: | Eine Kurtze jedoch gründliche | **Beschreibung der gantzen Weldt/** | In zwey Theile abgetheilet. | Das Erste begreifft: | (zweispaltig nebeneinander mit je zwei Zeilen:) Groß=Britannien. | Die Mitternächtige Länder. | Teutschland und | Niederland. | Mit vielen schönen newen Kupfferstücken und Land=beschrei= | bungen vermehret und verbessert. ». – Darunter auf kleiner Tafel: «AMSTELODAMI, | Ex officina | Ioannis Ianssonii | C|Ͻ |Ͻ C XXXXVIII.». – Der Name MERCATOR wird nicht mehr genannt. Das Titelkupfer zeigt die aufwendige Barockfassade mit reichem allegorischen Schmuck und die beiden Schrifttafeln wie in der Erstausgabe von 1607.
Standort: SWS. – ZBZH: Atl 808.
Literatur: KOE II S. 541f. – ZAI S. 34f., Abb. 19.

1651

Bis auf das geänderte Erscheinungsjahr im Impressum gleicht diese Neuauflage der vorigen. Lose Blätter können daher aus beiden stammen.

Publ.-Art: Atlasblatt aus Me 204 (345):
Titel wie vorher bis zur Jahreszahl: «C|Ͻ |Ͻ C XXXXXI.».
Standort: ZBLU: F1 23. 8.
Literatur: KOE II S. 541.

2.4.3
Muschelkartusche

Dieser von Pieter VAN DEN KEERE (KAERIUS) vermutlich noch vor 1620 gestochene Typus nimmt eine graphische Sonderstellung ein. Die große Titelkartusche am gewohnten Platz wirkt überdimensioniert, da ihre Ecken in fünffach gedrehte Schnecken auslaufen. Neben der linken oberen Schnecke ist der Landesname «Austriae confinia» schrägstehend der Muschelform angepaßt. Der Linearmaßstab für 4 deutsche Meilen wurde voll in die Muschel integriert.

In der Darstellung der Situation gleicht die Karte weitgehend den beiden kleineren Ausgaben. Das größere Format erlaubt allerdings beträchtlich mehr Toponyme unterzubringen, wie z. B. die Namen fast aller Salzach-Zuflüsse. Der weiterhin stark nach Norden verschobene Lungau ist zweimal untereinander als «Lungew» eingetragen. Der Kupferstich kommt häufiger mit mehrfarbigem Handkolorit als unkoloriert vor. Blätter mit leerer Rückseite sind sowohl als Separatdrucke wie auch in Atlanten erschienen.

Titel: «**SALTZBURG** | archiepiscopatus | cum ducatu **CARINTHIÆ** ‖ *Milliaria Germanica Communia.*» (Meilenleiste).
Zusätze: Re. u.: «*Petrus Kærius cælavit.*». – Jeweils im entsprechenden Bereich des Kartenfeldes: «Baua: riæ | pars», «Ober Kar: ntn», «Vnder Kar: ntn» und «Daufers com:». – Himmelsrichtungen in Latein in der Mi. an jedem Seitenrand.
Maße: Karte: 25–25,1 x 18,1–18,3 cm; Platte: 25,4 x 18,8 cm; Blatt plano: 39 x 26,5 cm (im Atlas stark beschnitten, ca. 29 x 22 cm). – Atlas: ca. 29,5 x 22,5 cm.
Maßstab: 1 : 1.008.000; 1" = 14.000 Kl. = 3½ M.
Graduierung: Im dreifachen Strichrahmen einfache s/w 2'-Skala, alle 20', 40' und volle Grade an Querstrichen beziffert.
L von Salzburg: 35° 34' E.
Literatur: KOE II S. 216ff. – LGK S. 407. – THB Bd. 20, S. 57.

FRANZÖSISCHER TEXT

Joannes van Cloppenburg (Daten unbekannt)

Der rührige Amsterdamer Verleger Jan Evertsz VAN CLOPPENBURG (Johannes Everhardus CLOPPENBURGH, CLOPPENBERG) brachte ab 1630 bis 1636, der seit 1607 geübten Praxis des HONDIUS folgend, kleinformatige Ausgaben der MERCATOR-Karten als „Atlantes minores" heraus. In diesen war das Blatt „Salzburg und Kärnten" stets enthalten, aber in der

2.4.3

Abb. 26: Oktavkarte nach Mercator mit der Muschelkartusche.

ersten französischen Ausgabe ohne Übertitel, ohne Seitenzahl und ohne Text auf der Rückseite. Das spätere reguläre Atlas-Blatt weist Übertitel, Seitenzahlen und Landesbeschreibungen als Rückseitentext auf. In dieser Form ist die Karte noch bis 1738 bei mehreren Verlegern in ca. zehn Ausgaben kleiner Atlanten in verschiedenen Sprachen erschienen.

Literatur: BAG S. 477. – KOE II S. 529 ff.: Me 198. – LGK S. 36.

1630

Zusätze: Im Oberrand: Mi.: «L'EVESCHE DE SALISBURG»; re. über dem Karteneck: «491».

Graduierung: S/w 2'-Skala im Rahmen in Klaviertastenmanier, alle 20' und volle Grade beziffert.
L von Salzburg: 35° 37' E.

Rückseite: **Französisch. – Pag.: 491/492. – Kustode: par.**
Im Oberrand: li.: «492»; Mi.: «L'EVESCHE DE SALISBURG». – Rest der li. gegenüber der Karte auf S. 490 begonnenen Landesbeschreibung. Zwischentitel: «DUCHE DE CARINTHIE», Beginn der Beschreibung von Kärnten in zwei Textblöcken mit Zierinitiale «C» über zwei Zeilen. – Re. u. Kustode.

Publ.-Art: Atlasblatt aus:
«GERARDI MERCATORIS ‖ ATLAS | sive | Cosmographicæ Meditationes | DE | Fabrica mundi et fabricati figura. | *De novo multis in locis emendatus et Appendice auctus* | *Studio Judoci Hondÿ.* | Amsterodami, | Sumptibus Johannis Cloppenburgÿ.». In den Säulensockeln li. und re. «ANNO» und «1630». – Für das Titelkupfer hat auch VAN CLOPPENBURG das Architekturmotiv der mächtigen Rundbogennische übernommen, in der Allegorien der Erdteile und PTOLOMÄUS(?) mit Globen stehen. – Diesem Haupttitel kann zusätzlich ein franz. Buchdrucktitel folgen oder vorangestellt sein. Außerdem gibt es Exemplare mit einer Widmung an die Generalstände und an den Prinz von Oranien.

Standort: SBB Haus 2: qu. 8° Kart. B 194–491 und 211–491. – SUBE: Ryh 8801:5 (Titelkupfer). – SWS.

Henri Du Saucet (Daten unbekannt)

1734

Auffallend späte Verwendung fand die KAERIUS-Karte ohne Rückseitentext noch im zweiten Viertel des 18. Jhs. durch den Amsterdamer Verleger DU SAUCET (SAUZET). Neben einem populär gewordenen Städtebuch brachte er von 1734 bis 1738 einen einbändigen Taschenatlas in zwei Teilen heraus, in den die Karte wieder unverändert aufgenommen wurde.

Zusätze: Im re. o. Rahmeneck: «*92*».
Publ.-Art: Atlasblatt Nr. 92 aus Me 207 (92):
Haupttitel: «ATLAS PORTATIF | COMPOSE DE CCLXXXV. CARTES. | De plusieures habiles Geographes; où sont representées | TOUTES LES PARTIES DE LA TERRE … | Ouvrage Curieux & Utile pour l'étude de la Geographie … ‖ A AMSTERDAM, Chez HENRI DU SAUZET. M.DCC.XXXIV.» (erschienen nach 1737). – Gestochenes Frontispiz mit Kurztitel: «ATLAS MINOR, In quo Totius Orbis partes, | CCLXXXV Tabulis accuratè | delineatis, repraesentantur. ‖ AMSTELODAMI, | APUD HENRICUM DU SAUZET, anno 1734.».
Standort: BSM: 4 Mapp. 99,1–92. – LCW 5970. – SWS.
Literatur: KOE II S. 546.

LATEINISCHER TEXT

Joannes van Cloppenburg

1632

Zusätze: Im Oberrand: Mi.: «SALISBURGENSIS EPISCOPATUS.»; weit re.: «*541*».
Rückseite: **Latein. – Pag.: 541/542. – Kustode: Forum.**
Über dem Satzspiegel ganz li.: «542», Mi.: «SALISBURGENSIS EPISCOPATUS.». Text in zwei Spalten mit Marginalien ohne Trennlinie umbrochen, in der re. Spalte o. das CELTIS-Gedicht, dann noch fünf Zeilen über Salzburg. Darunter einspaltiger Titel: «**Carinthiæ Ducatus.**». Beginn der Landesbeschreibung mit einfacher Initiale «C» über drei Zeilen. Darunter ganz re. Kustode.
Publ.-Art: Atlasblatt aus Me 202/208 (92):
„ATLAS MINOR: Gerardi Mercatoris à I. Hondio plurimis aeneis Tabulis auctus et illustratus. Denuo recognito, additisque novis delineationibus emendatus. Amsterodami ex officina Ioannis Ianssonii …(Jahreszahl).".
Standort: SLA: Graphik XIV.22. – SWS.
Literatur: KOE II S. 540ff. – SLA S. 9, L.19.

Janssonius van Waesbergen (1616/17–1681)

Johannes WAESBERGEN (WAESBERGER), Verleger in Amsterdam, hatte eine Tochter von J. JANSSONIUS d. Ä. geheiratet und nahm aus Verehrung für diesen den Namen JANSSONIUS VAN WAESBERGEN an. In seinen Taschen-Atlanten war die Karte von KAERIUS aus den CLOPPENBURG-Ausgaben enthalten. Eine verläßliche Klärung der Herkunft loser Karten ist kaum möglich, da sie keine Rückseitentexte aufweisen. Sie sind allerdings häufig von Hand beziffert.

Literatur: LGK S. 356, 948, 982.

1673

Titel und Einführungstext der ersten Ausgabe WAESBERGENs sind in Latein verfaßt. Der einbändige Atlas enthält 183 Karten mit unbedruckter Rückseite.

Publ.-Art: Atlasblatt (hs. Nr. 114) aus:
«A T L A S | SIVE | Cosmographicæ Meditationes | DE | Fabrica mundi et fabricati figura … ‖ **Amsterodami.** | *Petrus Kaerius Caelavit.* | Apud Iohannem Ianßonium van Waesberge. | Anno 1673.».
Standort: NSUG: 8 GEOGR 163d.

NIEDERLÄNDISCHER TEXT

Janssonius van Waesbergen

1676

In der niederländischen Ausgabe WAESBERGENs sind die Rückseiten der Karten nicht bedruckt und nur Buchdrucktitel, Vorwort und „Blatt-Wyser" in dieser Sprache verfaßt. Der Band enthält 207 Karten, die der „Blatt-Wyser" numeriert angibt.

Publ.-Art: Atlasblatt Nr. 40 aus Me 206:
Lat. Haupttitel in einem prächtigen Kupfer mit ATLAS und den Allegorien der Erdteile. Text ähnlich wie 1673: «**A T L A S** | SIVE | Cosmographicæ Meditationes | *DE* | Fabrica mundi et fabricati figura. | *De novo multis in locis emendatus novisq. tabulis auctus* ‖ **Amsterodami.** | Apud Iohannem Ianßonium van Waesberge.».
Zusätzlicher Buchdrucktitel: «Nieuwe en beknopte | UYTBEELDINGE en VERTOONINGE | der gantscher **AERDBODEM,** | Getrocken uyt de Oude ende Nieuwe vermaerdtste en beroemste | **LANDT-BESCHRYVERS.** | Uytgebeelt en vertoont in meer als twee hondert | **LANDT-KAERTEN.** | t'Samen gebracht en uytgegeven door J. J. v. W. ‖ (Blattwerk-Vignette) Tot A M S T E R D A M, | (abgestrichen) By JOHANNES JANSSONIUS van WAESBERGE, en Soonen. Anno 1676.».
Standort: BSM: 4 Mapp. 117–40.
Literatur: KOE II, S. 544f.

ITALIENISCHER TEXT

Gregorius Leti (1630–1710)

1689

Der aus Mailand stammende Historiker LETI, der wegen ständiger religiöser Konflikte ein Wanderleben in Frankreich, England, der Schweiz und Holland führen mußte, war unglaublich produktiv: Allein die Bayerische Staatsbibliothek besitzt 188 Titel von ihm – wenn auch mit mehreren Doubletten. U. a. legte er eine zweibändige Geschichte des „Römischen Reiches in Deutschland" von der Gründung Roms bis auf seine Zeit in italienischer Sprache vor. In das Kapitel über die Geschichte des Erzstiftes im 2. Band wurden (vor S. 237) die KAERIUS-Karte mit der Muschelkartusche und (vor S. 239) ein Vogelschau-Plan der Stadt Salzburg (47,5 x 38 cm) aufgenommen, für den die Ansicht in MERIANs bayerischer Topographie von 1644 als Vorlage diente.

LETI verzichtete wie VAN CLOPPENBURG auf den Übertitel und die Seitenzahl im Oberrand sowie naturgemäß auf Rückseitentexte der Beilagen. Es fehlen daher alle Merkmale, um die Herkunft loser Blätter nachweisen zu können. Anhaltspunkte liefern bestenfalls die Faltung auf das Format der Bände von 22 x 28,5 cm und eine passende Klebeleiste.

Publ.-Art.: Kartenbeilage in:
«RITRATTI | HISTORICI, o vero HISTORIA dell' | IMPERIO ROMANO | In | GERMANIA. | Scritta da | GREGORIO LETI. | ... | AMSTERDAMO | Nel M. DC. LXXXIX.». – Die Titelblätter enthalten Widmungen an Kurfürst FRIEDRICH III. von Brandenburg (Bd. 1) und an Landgraf KARL von Hessen-Kassel (Bd. 2). Vorangestellt sind beiden Titelseiten prächtige Frontispize mit einem Porträt des Autors.

Standort: BSM: Res/4 Germ.g. 108.
Literatur: JÖC S. 2397/8.

2.4.4
Ohrenkartusche

Diese Kartentype zeigt eine grundsätzlich gleiche, inhaltlich aber viel stärker generalisierte Situation. Während beispielsweise die Quartkarten am Oberlauf der Salzach bis St. Johann nicht weniger als neun Zuflüsse aus den Hohen Tauern mit ihren Namen verzeichnen, ist auf der Oktavkarte nur ein einziger (die Großarler Ache) ohne Namen eingetragen. Die neue Kartusche steht zwar am gewohnten Platz rechts oben im Eck, sie wirkt aber mit zwei scharfkantigen, wie Ohren angesetzten Henkeln nicht mehr malerisch, sondern hart und konstruiert. Für den Titel und den Linearmaßstab über 5 deutsche Meilen ist eine Tafel mit zwei Rechtecken der Kartusche „aufgenietet". Links neben und unter ihr steht der Landesname

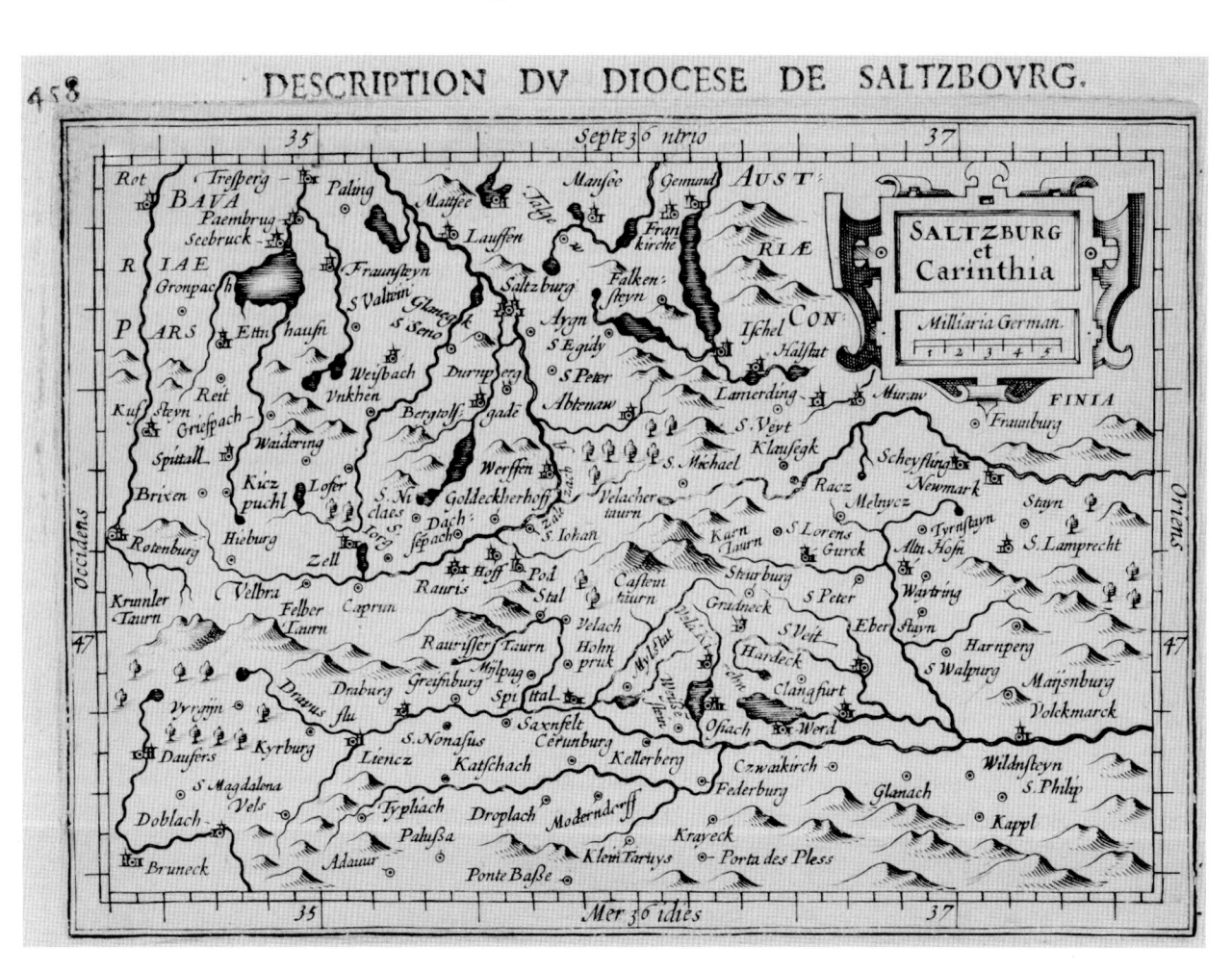

2.4.4

Abb. 27: Oktavkarte nach Mercator mit der Ohrenkartusche.

«*AUST= | RIÆ | CON= | FINIA*» und ganz links beiderseits des Inn der Name «*BAVA | RIAE | PARS*». Tirol und Kärnten sind nicht bezeichnet, obwohl beträchtliche Teile dieser Länder dargestellt werden.

Titel:	**«SALTZBURG | et | Carinthia».**
Zusätze:	Himmelsrichtungen in Latein in der Mi. an jedem Seitenrand.
Maße:	Karte: 13–13,4 x 9–9,4 cm; Platte: 13,5 x 9,8 cm; Blatt ca. 19 x 12,5. – Atlas: ca. 20–21 x 13–13,5 cm.
Maßstab:	1:2,016.000; 1" = 28.000 Kl. = 7 M.
Graduierung:	Im einfachen Strichrahmen 5'-Skala, alle 10' und 30' stärker markiert, volle Grade beziffert. L von Salzburg: 35° 36' E.

LATEINISCHER TEXT

Petrus Bertius (1565–1629)

1616/18

Ein Kennzeichen der kleinen Karte von BERTIUS (Pierre BERT) ist der in Buchdruck gesetzte große Kopftitel im Oberrand. Die Karte steht auf einer linken Seite, der erläuternde Text ihr gegenüber. Die Rückseite der Karte trägt daher die zur vorangehenden Karte gehörende Beschreibung der Rheinpfalz.

Während die Karte in mehreren Ausgaben der „Tabvlarvm Geographicarvm ..." enthalten ist, fehlt sie in dem prachtvollen, dreibändigen „Commentariorvm Rervm Germanicarvm ...", das 1616 in Amsterdam bei Joannes JANSSONIUS mit 101 Ansichten fast aller bedeutender Städte des Reiches, darunter auch von Salzburg, sowie 20 Regionalkarten und sechs Ausschnitten der Tabula Peutingeriana erschienen ist (NSUG: 8 H GERM UN I, 2642. – ÖNB: 38.R.22, Prunksaal. – UBW: II 136.234). 1634 und 1635 brachte Gvilielmvs BLAEV erfolgreich billige Taschenausgaben des Werkes heraus, in denen die Karte des Landes ebenfalls fehlt. Auf der Karte „Bavaria Ducatus" sind Teile des Flachgaus und des Pinzgaus erfaßt (BSM: Mapp. 3 f, 1634. – ÖNB: 62.M.10, Prunksaal, 1635).

Zusätze:	Im Oberrand: ganz li.: «458»; Mi. Kopftitel (11,4 cm lang): «DESCRIPTIO SALISBVRGENSIS DIOECES.».
Rückseite:	**Latein. – Pag.: 457/458. – BS: Ffv. – Kustode: SALIS-.** Im Oberrand: ganz re.: «457»; Mi.: «DESCRIPTIO PALATINATVS RHENI.» (10,3 cm lang). – Text in einem Block (15 x 8,5 cm) umbrochen, einfache Initiale «P» über vier Zeilen. – Im Unterrand abgestrichen halbre. Signatur und ganz re. Kustode.
Publ.-Art:	Atlasblatt aus Lan 11 A: «P Bertÿ | TABVLARVM GEOGRAPHICARVM | CONTRACTARVM | Libri septem. | *In quibus Tabulæ omnes gradibus distinctæ, descriptiones | accuratæ, caetera supra priores editiones politiora, Auctioraqᵥ.* | ad Christianissimum Galliæ & | Navarræ Regem | Lvdovicvm XIII. || Amsterodami | *Sumptibus et typus aeneis* | *Iudoci Hondÿ*.». Der Titel steht in einem großen Oval, das die Allegorien der vier Kontinente umrahmen, das Impressum darunter in einem separaten kleinen Oval.
Standort:	BSM: Mapp. 3 b (1618). – SMS. – UBM: 8 H.aux 626 (1616).
Literatur:	ADB Bd. 2, S. 509. – KOE II S. 258. – ZED Bd. 3, Sp. 1433.

FRANZÖSISCHER TEXT

Petrus Bertius

1618

Zusätze:	Im Oberrand: ganz li.: «458»; Mi. Kopftitel (9,7 cm lang): «DESCRIPTION DV DIOCESE DE SALTZBOVRG.».
Rückseite:	**Französisch. – Pag.: 457/458. – BS: Ff 5. – Kustode: L'Evesché.** Über dem Satzspiegel ganz re. «457», Mi.: «DESCRIPTION DV PALATINAT DV RHIN.». Landesbeschreibung mit einfacher Initiale «L» über vier Zeilen in einem Block (14,7 x 9,7 cm) umbrochen. In der letzten Zeile halbre. Bogensignatur und ganz re. Kustode.
Publ.-Art:	Atlasblatt aus Lan 13 A: «P Bertÿ | TABVLARVM GEOGRAPHICARVM | CONTRACTARVM | Libri septem…». Für die franz. Ausgabe wurde das lat. Titelblatt mit gleichem Text übernommen und nur die Jahreszahl eingefügt.
Standort:	BLL: maps 39.a.8. – BNP: G 9177. – BSM: Mapp. 3–458. – HAB. – UBA: 1802 G 8.
Literatur:	KOE II S. 260f. – ZAI S. 39, Abb. 23, S. 43.

2.4.5 Plattenkartusche

Während die vorstehenden vier Typen häufig und unverändert für zahlreiche Ausgaben Verwendung gefunden haben, sind Karten mit Plattenkartuschen sehr selten und individuell gestaltet. Überdies unterscheiden sich die beiden bekannten Stiche mit derartigen Kartuschen deutlich voneinander, sodaß außer der Abfassung der Texte in Französisch keine gemeinsamen Merkmale für diesen Typ angeführt werden können.

2.4.5.1 Nicolas Tassin (Daten unbekannt, gest. nach 1660)

„Cartes Generales"

1633/44

Die hübsche Bearbeitung eines Atlas minor von Antoine DE FER durch den „königlichen Geographen" TASSIN, die bei dem Pariser Verleger Martin GOBERT erschienen ist, enthält 52 Karten von Deutschland einschlielich der Niederlande, der Schweiz, Österreichs usw. Der samt Titel nur 22 Seiten lange Text bringt sehr kurze, aber recht prägnante Angaben über die erfaßten Länder samt deren Lage nach Länge und Breite, da nur die erste Übersichtskarte «CARTE G#NALE | de la haute | et Basse | Allemaigne» ein Gradnetz besitzt. Die stets genordeten Karten weisen immer eine Kompaßrose auf. Die Darstellung beschränkt sich durchwegs auf das Gewässernetz, die wichtigeren Orte, die gesperrt gedruckten Ländernamen und mehr oder weniger lockere Gruppen von Maulwurfshügeln als Andeutung der Gebirge. Die Verzerrungen sind außerordentlich groß, sodaß z. B. der auf die Umgebung von St. Michael und Tamsweg reduzierte Lungau in der Breite von Werfen liegt.

Ungewöhnlich ist die fragmentarische Form der Titelkartuschen: Sie sind meist als einfache, strenge Plattenarchitektur nur zu etwa zwei Drittel zu sehen. Ein Viertel oder ein Drittel der Platten wird vom Kartenrahmen abgedeckt. Der Linearmaßstab für 3 französische Meilen ist in den unteren Teil der illusionären Platten eingelassen.

Titel:	Re. o· im Eck: «SALTZ= | BOVRG ET | Carinthie»; am Kartenrand: «*50.*».
Zusätze:	Einfache Kompaßrose im Raum Oberkärnten.
Maße:	Karte: 15 x 10,5 cm; Platte: 15,2 x 10,8 cm; Blatt: ca. 18,5 x 15 cm; – Atlas: ca. 19 x 15,5 cm.
Maßstab:	1:1,728.000; 1" = 24.000 Kl. = 6 M.
Druckart:	Kupferstich.
Publ.-Art:	Atlasblatt aus: Haupttitel: «CARTES GENERALES DES | ROYAVMES ET PROVINCES DE LA | HAVTE ET BASSE ALLEMAGNE. | *Reueues, corrigées et augmentées par le Sieur TASSIN* | *Geographe ordinaire de Sa Majesté.* | (Blattwerk-Ornament) A PARIS, | Chez ANTHOINE DE FER ... | (Querstrich) M. DC. XXXXIIII. | *AVEC PRIVILEGE DV ROI.*». Zwischentitel für den Kartenteil in aufwendigem Barockrahmen mit zwei Genien, Grotesmasken, Obst und Blattwerk: «*CARTES GENERALLES.(!)* | *des Royaumes & Prouinces de* | *La haute et baße Alemaigne,*(!) | *Reueües et Corigées par Le S^r. Taßin* | *Geographe Ordinaire de Sa Ma^{te}.* | *A. 1633.*».
Standort:	ZBLU: F1 299.
Literatur:	HRS 33, 34, S. 124ff. – WAW S. 143. – Zu DE FER: LGK S. 220f.

2.4.5.2
Pieter van der Aa (1659–1733)
Atlas von Deutschland
[1710]

Der überaus produktive Leidener Verleger, Buchhändler und Auktionator VAN DER AA bereicherte die kartographische Literatur um „das bedeutendste geographische Bildwerk aller Zeiten ..., die umfangreichste jemals gedruckte Karten- und Ansichtenserie" (WAWRIK). Diese „Anmutige Galerie der ganzen Erde" umfaßte 66 Teile in 25 Bänden mit über 3.000 Kupferstichen. Während von den gedruckten 100 Serien nur wenige komplett erhalten blieben, sind einzelne Blätter nicht selten („Cercle de Baviere" → 4.12). Bei den Karten handelt es sich aber durchwegs um Nachdrucke von älteren Platten oder um Kopien mit teilweise „schrecklichen Verzerrungen ... weshalb seine Publikationen in kartographischer Hinsicht wenig Beachtung verdienen" (KOEMAN).

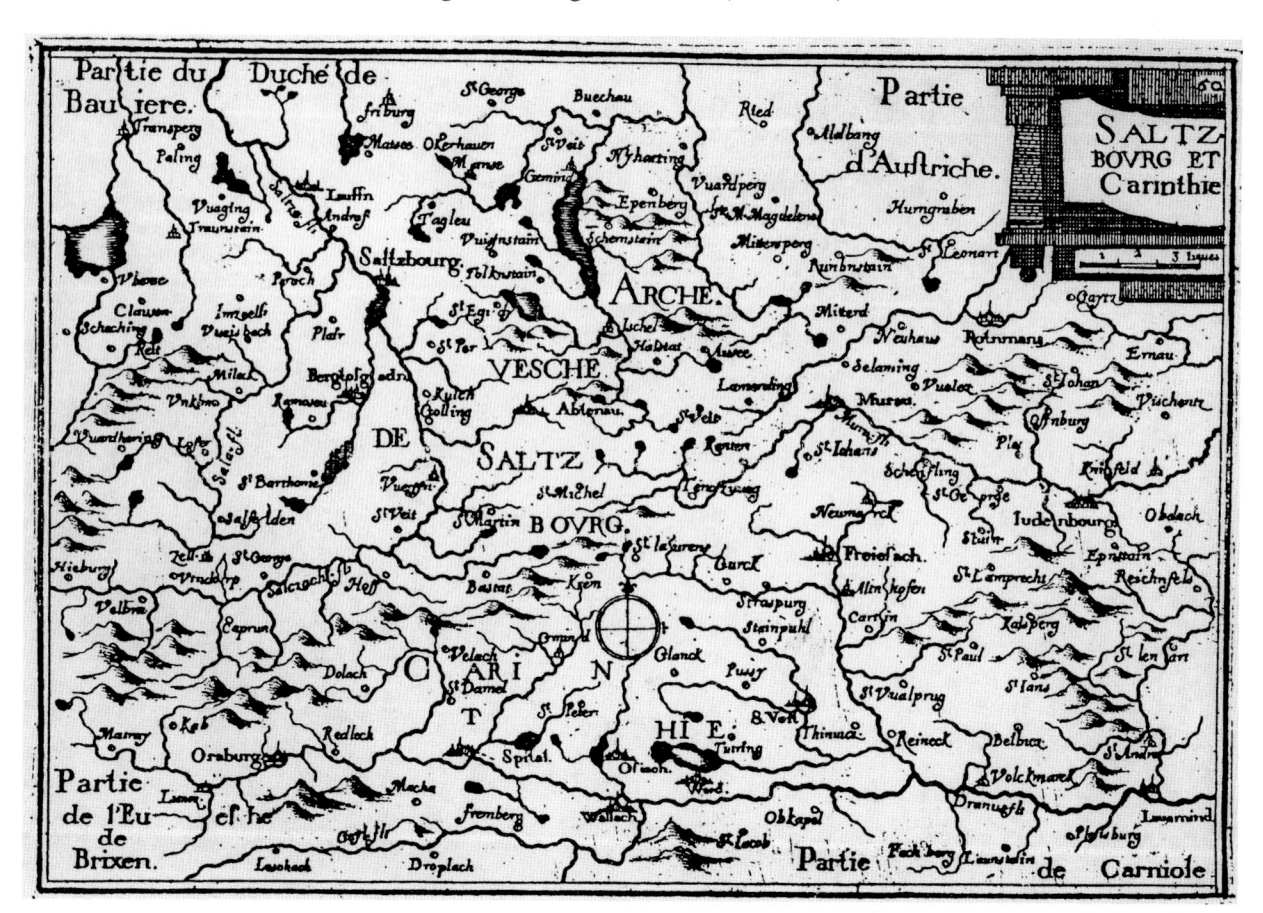

Abb. 28: Oktavkarte nach Mercator mit der Plattenkartusche.

2.4.5.1

2 Mercator und die Karten des 17. Jahrhunderts

Aus seinem reichen Material stellte VAN DER AA einen Taschenatlas von Deutschland mit 48 Karten zusammen. Das Blatt „Salzburg et Carinthie" ist eine Kopie der Karte mit der Maskenkartusche (→ 2.4.2) und unterscheidet sich durch einige graphische Änderungen, die Verwendung französischer Wendungen und die 43 x 25 mm große Titelkartusche. Die wie eine Draperie rechts oben am Rahmen hängende Platte nimmt 3 mm vom rechten Rand entfernt den freien Raum Oberösterreichs ein. Sie ist breit gerahmt, die unteren Ecken sind durch eingezogene Viertelkreise ersetzt.

Titel:	«SALTZBURG | ET | CARINTHIE.».
Zusätze:	Li. u. vom Rand abgesetzt und gerahmt: Linearmaßstab für 4 dt. M. – Re. u. frei im Kartenfeld: Kompaßrose mit Nordpfeil.
Maße:	Karte: 18,2 x 13,3 cm (Kartenfeld: 16,8 x 11,8 cm); Blatt: ca. 20 x 15 cm. – Atlas: ca. 15,5 x 20,5 cm.
Maßstab:	1:1.152.000; 1" = 16.000 Kl. = 4 M.
Graduierung:	Kräftige s/w 6'-Skala, volle Grade an Querstrichen beziffert. L von Salzburg: 35° 38' E.
Druckart:	Kupferstich, Grenzen und Kartenrahmen meist handkoloriert.
Publ.-Art:	Atlasblatt Nr. 30 aus Aa 5, Aa 9: «L'ATLAS | Soulagé de son gros & pesant fardeau: | OU, | NOUVELLES CARTES | **GEOGRAPHIQUES** | Qui contiennent | **L'ALLEMAGNE,** | …(Liste der 48 Karten zwischen Zierstrichen) ‖ Se trouvent à LEIDE, Chez PIERRE VAN DER AA, | Marchand en Livres & en Cartes Géographiques, | dans la Cour de l'Academie. | …». – Der Titel ist von 11 mm breiten Arabesken umrahmt.
Standort:	UBL: Atlas 661.2 (Karte 30).
Literatur:	ADE Bd. 1, Sp. 1. – KOE I S. 9f. – LGK S. 1. – WAW S. 216ff.

Abb. 29: Oktavkarte nach Mercator mit der Plattenkartusche. 2.4.5.2

2.5
Franz Dückher (1609–1671)
Karte zur Chronik
1666

Der erzbischöfliche Hof- und Kammerrat DÜCKHER (DÜCKER, DÜKER) von Hasslau zu Urstein und Winkl, Pfleger von Werfen, hat das erste, mit sechs Tafeln illustrierte Geschichtswerk über Salzburg in deutscher Sprache verfaßt. Es enthält neben einer Ansicht der Hauptstadt einen Nachstich der MERCATOR-Karte von BLAEU ohne Rückseitentext und vor allem DÜCKHERs eigene Karte, eine reduzierte Bearbeitung der Landtafel SETZNAGELs mit Übernahme von Details der Karten APIANs und DE JODEs. Zeichner und Stecher werden nicht genannt, doch darf DÜCKHER die Urheberschaft nach dem Wortlaut der Widmung, die den fehlenden Titel ersetzt, und der Stellung seines Wappens wohl zugebilligt werden.

Wie ihre Vorgänger besitzt die Karte im Doppelstrichrahmen keine Graduierung. Sie ist nach Südsüdosten orientiert und endet am Tauernhauptkamm, dessen Gipfel bis an den oberen Kartenrahmen reichen. Damit wird augenfällig der Anspruch auf Beherrschung auch der Südseite der Alpenpässe aufgegeben. Das Hochgebirge tritt eindrucksvoll hervor, doch läßt die übrige Geländedarstellung in schematischer Maulwurfshügelmanier etwa im Vergleich mit APIAN, der sich um die Wiedergabe individueller Bergformen bemühte, sehr zu wünschen übrig. Der untere, nördliche Teil der Karte wirkt relativ leer, da die Aufnahme im Osten in der Linie Mattsee–Attersee und im Westen entlang des Inn endet. In den leeren Räumen stehen: Links in einer großen Nische die Widmung an Erzbischof GUIDOBALD Graf Thun (1654–1668) mit dessen Wappen; daneben ein vierkantiger Meßstab für 5 Meilen, auf dem ein großer Stechzirkel 3 Meilen umspannt und das Wappen DÜCKHERs einschließt; rechts eine Kompaßrose mit den Abkürzungen «SE, ME, OR, OC». Insgesamt nimmt der Stich über 80% des Kartenfeldes ein, auf die Landesfläche entfallen aber nur 26%.

Obwohl das Blatt eine „ziemlich primitive Darstellung" (ZAI S. 44) und starke Verzerrungen aufweist, ist sein Informationswert beträchtlich. Vor allem sind die Siedlungen weitgehend lagerichtig und meist in korrekter Schreibung eingetragen. Beispielsweise setzt DÜCKHER die Ortssignaturen von Mitter- und Niedernsill auf das südliche Salzachufer. Ferner nennt er eine ganze Reihe kleinerer Orte (u. a. Anif, Hellbrunn, Kaltenhausen, Liefering) und zeichnet von den größeren naturgetreue Ansichten, besonders von der Stadt Salzburg, deren neuen Dom bereits beide Türme zieren (1655). Im Verlauf der überbreit gezeichneten Flüsse sind mit Akribie alle Brücken eingetragen. Die Beschriftung der Alpenübergänge ist korrekter als auf irgendeiner anderen Karte aus dieser Zeit, was besonders beim «Gasteiner Tauern» auffällt. Allerdings stehen die Namen über den höchsten

2 *Mercator und die Karten des 17. Jahrhunderts*

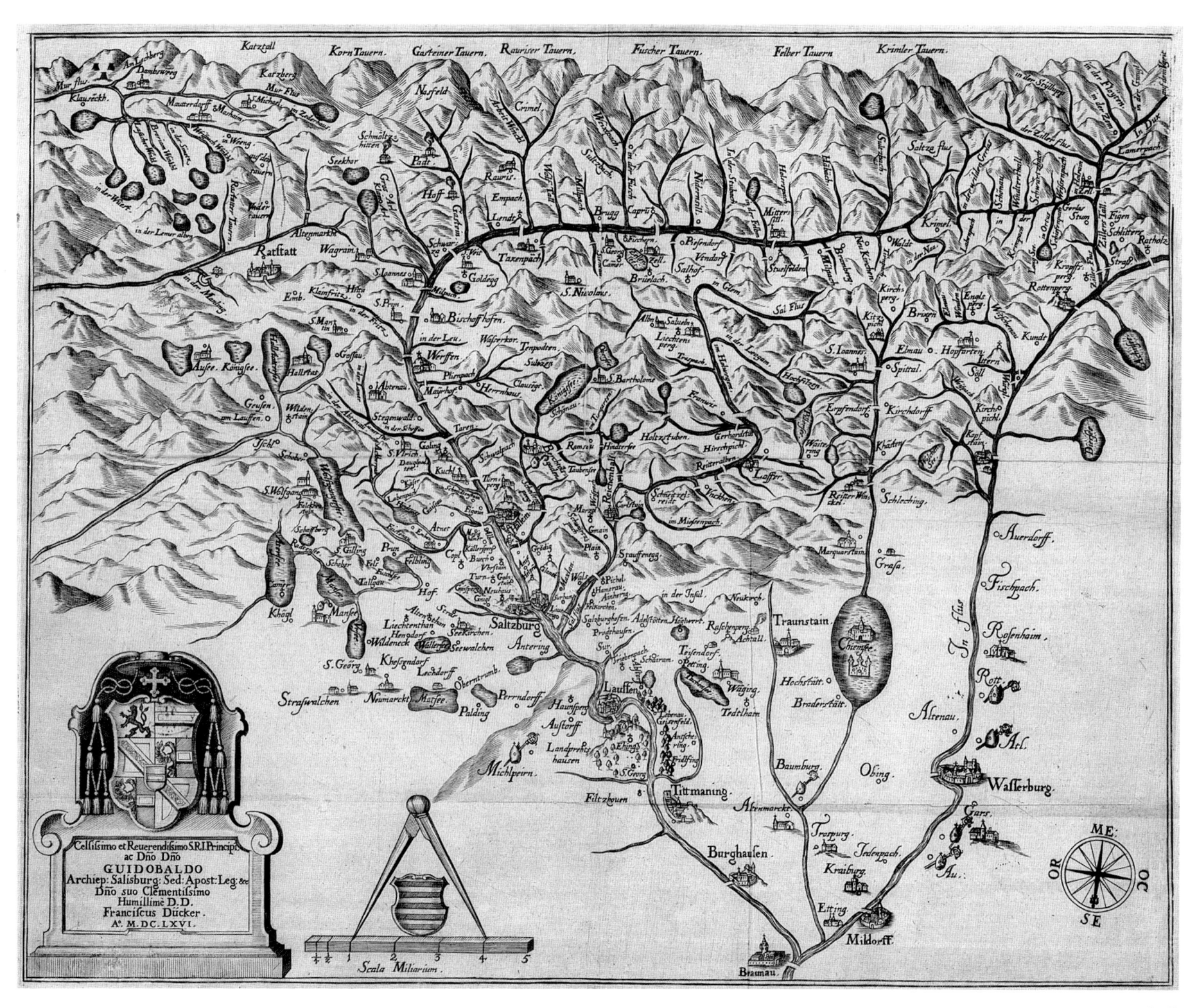

Abb. 30: Karte von Franz Dückher, 1666.

2.5

2   Mercator und die Karten des 17. Jahrhunderts

Bergen und nicht über den Pässen. Falsch ist auch die Bezeichnung der Krimmler Ache als Salzach-Quelle (MARITH → 8.3.1 und GUETRATHER → 3.1 übernehmen diesen Fehler) oder beispielsweise die Nord-Süd-Richtung des Wolfgangsees. Den beabsichtigten Maßstab weist die Meilenleiste mit drei Zoll gleich fünf Meilen aus, was dem Verhältnis 1:480.000 entspricht. Streckenmessungen erbrachten den überraschend genauen Mittelwert von 1:477.200. Meist wird der Maßstab etwas zu groß mit 1:460.000 bis 1:464.000 angegeben.

Widmung:	«Celsissimo et Reuerendissimo S.R.I. Principi, | ac Dño Dño | GUIDO-BALDO | Archiep: Salisburg: Sed: Apost: Leg: &c | Dño suo Clementissimo | Humillimè D.D. | Franciscus Dücker. | A°. M. DC. LXVI.».
Maße:	Karte: 36,6–36,9 x 29,7 cm; Platte: 37,2 x 30,7 cm; Blatt: ca. 38 x 31,5 cm; Bd.: ca. 20,5–21 x 15,5 cm. Auch auf Leinwand kaschiert und gefaltet (3 x 2), Teile je ca. 12,5 x 15,5 cm.
Maßstab:	1:480.000; 3" = 5 M.
Druckart:	Kupferstich.
Publ.-Art:	Kartenbeilage in: «Saltzburgische | **C H R O N I C A**, | Das ist: | Beschreibung deß Lands/ Stifftung | vnd denckwürdiger Geschichten/ auch aller Bischöff/ Ertz=Bischöff | vnd Abbten zu St. Peter/ deß Hoch=Löbl. Ertz=Stiffts Saltzburg: | Mit schönen Kupfferstücken … | Verfast durch | FRANCISCUM Dückher/ von Haßlaw zu Winckl/ | Hoch=Fürstl. Saltzb. Hoff= vnd Cammer=Rath … || (Rosettenleiste) Saltzburg/ | Gedruckt vnnd Verlegt durch Johann=Baptist Mayr/ Hoff= vnd Academischen | Buchdr. vnd Händler. | ANNO M. DC. LXVI.». – Auf dem vorangestellten prächtigen Frontispiz (17,5 x 13 cm, entworfen von «*BurcKhart Schraman. d:*», gestochen von «*Gorg*(!) *Andreas Wolfgang f: Aug:*») sieht man ein romantisches, mit 19 Wappen geschmücktes Höhlenportal, in dem zahlreiche allegorische Figuren KLIO, die Muse der Geschichtsschreibung, und CHRONOS umgeben. – Der Karte folgt als Pag. 3 eine Holzschnitt-Wappentafel.
Faksimile:	Franz DÜCKHER VON HASLAU: Saltzburgische Chronica. – Reprint: Akademische Druck- und Verlagsanstalt, Graz 1979.
Standort:	BSM: Mapp. IX, 148. – ÖNB: 39.R.24. – SLA: Graphik XIV.23. – SMS. – SWS. – UBS: R 35 I (unvollst.); 38.226 I.; R 101.604 I.
Literatur:	PILLWAX, Dr. Johann Carl: Das Leben und Wirken des salzburgischen Chronisten Franz Düker von Hasslau, zu Urstein und Winkl, 1609 bis 1671. In: MGSL Bd. XIV, Salzburg 1874. WAGNER, Robert: Nachwort in der Faksimile-Ausgabe. ADB Bd. 5, S. 456. – BER-65 S. 27f., BER-68 S. 178. – BSM-44 S. 118, 409, K 5.7. – BSM-50 S. 122, Abb. 109; S. 226, K 6.17. – DES S. 20. S. 118/119 (Abb. in Originalgröße). – FLE S. 89ff. – GS S. 178. – NEB I/150, S. 215f. – ÖNB S. 51f., Abb. 18, S. 311, K 11.3 (als Holzschnitt bezeichnet). – SKL S. 107. – SLA S. 10, L.21. – ZAI S. 44/45 (als Holzschnitt bezeichnet). – ZED Bd. 7, Sp. 1555. – Zu SCHRAM(M)AN: THB Bd. 30, S. 275.

3 Guetrather und die Karten des 18. Jahrhunderts

Die Geschichte der Kartographie Salzburgs im 18. Jh. wäre einer speziellen Untersuchung wert: Am Beginn der Epoche stand das Werk GUETRATHERs, in ihrer zweiten Hälfte wirkte FÜRSTALLER als bedeutender Kartograph, und gegen Ende des Jahrhunderts (und des Erzstiftes) wurde noch das „Hochfürstliche Mappierzimmer" gegründet. Dieser Bilanz kommt so großes Gewicht zu, weil während des ganzen 17. Jhs. die Landtafel SETZNAGELs noch als Archetypus anerkannt blieb. Im Gegensatz zu den Nachbarländern war es im Erzstift zu keiner „amtlichen" Landesaufnahme gekommen, sodaß Erzbischof JOHANN ERNST Graf Thun (1687–1709) eine solche 1695 bei Georg Matthäus VISCHER, dem berühmtesten Kartographen Österreichs in der 2. Hälfte des 17. Jhs., in Auftrag gab. Der bereits durch mangelhaft eingehaltene Zusagen belastete Vertrag konnte aber nicht erfüllt werden, da VISCHER am 13. Dezember 1696 starb.

Ohne sich auf eine Neuaufnahme stützen zu können, entwarf zu Beginn des 18. Jhs. der aus einer alteingesessenen Salzburger Familie stammende Benediktiner-Pater Odilo (eigentl. Johann Vital) von GUETRATHER (GUETRAT), Prior des Stiftes Michaelbeuern, aus eigenem Interesse eine Landeskarte. Sie wurde in der Bearbeitung durch HOMANN zur „bekanntesten und verbreitetsten Karte Salzburgs" (FLE S. 102), die zahlreiche andere Herausgeber in mehr oder weniger deutlicher Abhängigkeit von ihrer Quelle übernahmen und dabei einige der schönsten Karten Salzburgs lieferten.

Diese Stiche sind durch die weitgehende Übereinstimmung ihrer Inhalte, des Formats, des politischen Flächen- und Grenzkolorits sowie durch ihre oft prächtige Auszier gekennzeichnet. Daraus resultiert die einheitliche ästhetische Wirkung der meisten Blätter, bei denen es sich – von Teilen aus Kartenwerken abgesehen – um echte Landeskarten handelt: Auf die Wiedergabe fast ganz Kärntens wird verzichtet, sodaß der Flächenanteil Salzburgs am Kartenfeld den vergleichsweise hohen Durchschnittswert von 25% erreicht – von ca. 12,5% auf dem Typ der „HARRACH-Karte" HOMANNs bis zu fast 45% auf den kleinen Landeskarten REILLYs. In der Zeichnung der topographischen Situation sind trotz der primitiven Geländedarstellung markante Fortschritte zu erkennen. Die Konstruktion eines Verzerrungsgitters beweist, daß HOMANNs Karte nach GUETRATHER „den tatsächlichen Verhältnissen eindeutig am nächsten" kommt (MÜL S. 373).

Leider ist das Werk von Joseph Jakob FÜRSTALLER (1730–1775), dem produktivsten Salzburger Kartographen des Jahrhunderts, nur in Fragmenten überliefert. Seine Karten wurden nie gestochen und scheinen daher in diesem Katalog nicht auf. Trotzdem muß auf seinen bewundernswerten „Atlas Salisburgensis" hingewiesen werden, den er am 4. Dez. 1765 Erzbischof SIGISMUND Graf Schrattenbach überreichen konnte – neun Jahre vor dem „Atlas Tyrolensis" der „Bauern-Kartographen" Peter ANICH und Blasius HUEBER. Von FÜRSTALLERs Atlas sind lediglich verstreute Originale und etliche Kopien im Bayerischen Hauptstaatsarchiv erhalten geblieben, während in der Salzburger Universitäts-Bibliothek ein prachtvoller, 116 cm großer Globus von seinen Leistungen kündet. Diesem Erbe dürfte es zuzuschreiben sein, daß Salzburgs letzter geistlicher Landesherr, der josephinisch geprägte Erzbischof HIERONYMUS Graf Colloredo, schon 1784 durch den Hofkammerdirektor Karl Maria Ehrenbert von MOLL (1760–1838) das erwähnte „Mappierzimmer" errichten ließ. Dessen fachliche Leitung war dem Forstmeister JIRASEK anvertraut, dem wir als Kartenmacher noch begegnen werden. Das später „Churfürstliche Mappirstube" bzw. „k.k. pro. Kameral Mappirungs Bureau" genannte Amt, das laut ZAISBERGER mit 15 Fachkräften im Jahr durchschnittlich 120 Karten und Pläne lieferte, wurde 1810 von Bayern aufgelöst. Dort hatte die französische Armee ein „Bureau topographique" mitgebracht, aus dem 1801 auf Befehl von Kurfürst MAX IV. JOSEF (ab 1806 König MAX I.) das bayerische „Topographische Bureau" hervorgegangen war. Von den über 3.300 Aufnahmen größerer oder kleinerer Gebiete Salzburgs durch das „Mappierzimmer" ist offensichtlich keine im Druck erschienen, sodaß die zukunftsweisende Gründung in Vergessenheit fiel (GS S. 179).

Der französische Militär- und Kartographiehistoriker Oberst BERTHAUT erwähnt zu den Konfiskationen, daß man in München unter ca. 200 erbeuteten Blättern auch eine „von Österreichern für das Bistum Salzburg" gezeichnete und noch nicht gestochene Karte gefunden habe und „einige Lücken ausgefüllt" worden seien (IGM I. S. 240). Näheres wird über die Karte zwar nicht gesagt, doch könnte sie mit einer prächtigen kolorierten Federzeichnung der Bayerischen Staatsbibliothek identisch sein (Cod. icon. 180 sf). Die 72 x 63 cm große Inselkarte im Maßstab von ca. 1:240.000 trägt den Titel «CARTE | DU PAYS DE SALZBOURG | réduite au quart d'après | *LA RECONNOISSANCE MILITAIRE* | *faite par l'Etat Major Autrichien* | *en 1797*». Sie wird als „in jeder Hinsicht hervorragende und fortschrittliche Karte" gerühmt und in ihrer Genauigkeit sogar mit einer heutigen Aufnahme verglichen (BSM-44 S. 260f., Abb. 208; S. 424, 12.7 mit irrigem Titel „Kurfürstentum Salzburg 1797"). Die Angabe im Titel über eine Verkleinerung der Karte auf ein Viertel der Vorlage erlaubt anzunehmen, daß als solche die österreichische Kriegskarte von Südwest-Deutschland aus den Jahren 1793/96 gedient hat, die als geheime „SCHMITTsche Militärkarte" mit 198 Blättern im Maßstab 1:57.600 nur in der farbigen Originalzeichnung existiert (BSM-44 S. 162ff., 209f.).

Literatur: MARTIN, Franz: Zur Lebensgeschichte des Salzburger Kartographen Josef Fürstaller. In: MGSL 91, Salzburg 1951, S. 124–131.
NEUREUTHER, Karl: Das erste Jahrhundert des Topographischen Bureaus des Kgl. Bayerischen Generalstabes. Theodor Riedel, München 1900.
NOWOTNY, Otto: Der Manuskript-Erdglobus des Joseph Jakob Fürstaller von ca. 1770. In: Der Globusfreund 40/41, Wien 1992, S. 119–122.
SCHMIDT, Leopold: Karl Ehrenbert Freiherr von Moll und seine Freunde. In: Zeitschrift für Volkskunde, Jg. 47, NF 9, Verlag Schwartz, Göttingen 1938, S. 113ff.
ZAISBERGER, Friederike: (Leben und Karriere von Karl Ehrenbert Freiherrn von Moll). In: Neuerwerbungen im Salzburger Landesarchiv, Schriftenreihe des SLA Nr. 1, Salzburg 1983.
BER-65 S. 32ff.; BER-68 S. 179f. – BSM-44 S. 97. – FLE S. 106ff. – GS S. 178f. und 244ff. (Schilderung der Requisitionen). – MdW S. 91f., 105, 264.

3.1
Odilo von Guetrather (1665–1731)
„Das Hoch-Fürstl. Erzstifft Salzburg"
(1707/08), 1713

31   GUETRATHER bereicherte sein 1713 erschienenes, 320 Seiten starkes Lehrbuch der Geographie mit zwei kleinen, von Georg Matthäus SEUTTER d. Ä. in Augsburg gestochenen Karten, und zwar mit der 13,5 x 13,5 cm großen „Mappa Specialissima oder Privat-Karten, allein vorstellend den Pfarr Umbfang des l. Closters Sanc. Michael Beyrn" sowie einer nur wenig größeren Landeskarte, die unser besonderes Interesse verdient. VIERTHALER rühmte sie als „beste Specialcharte von Salzburg" und laut PILLWEIN „behauptete sie lange Zeit eine große Celebrität".

Bedauerlicherweise hinterließ der Verfasser keine Mitteilungen über die Entstehung der beiden Kärtchen. Mit hoher Wahrscheinlichkeit ist aber anzunehmen, daß die Klosterkarte in der Größe des Originals gestochen wurde, wogegen es sich bei der Landeskarte um die starke Verkleinerung einer bald nach 1707 entstandenen Zeichnung im Folio-Format ihrer Vorgänger handeln dürfte, die später HOMANN zum Stich und Druck erhalten hat. Dafür spricht außer technischen Gründen die überraschende Fülle von Toponymen, die das kleine Blatt aufweist – teils dank der platzsparenden Methode, 45 Ortssignaturen nur zu numerieren und die Namen gesondert aufzulisten. Der Titel steht rechts oben in einem leeren Teil des Gradnetzes. Bemerkenswert und bisher einmalig sind zwei Linearmaßstäbe für deutsche Meilen, die parallel zu den Breitenkreisen bzw. zu den Meridianen verlaufen. Sie gehören ebenso zum pädagogischen Konzept GUETRATHERs wie die zusätzliche Eintragung «60» (Minuten) unter den Zahlen der vollen Breitengrade.

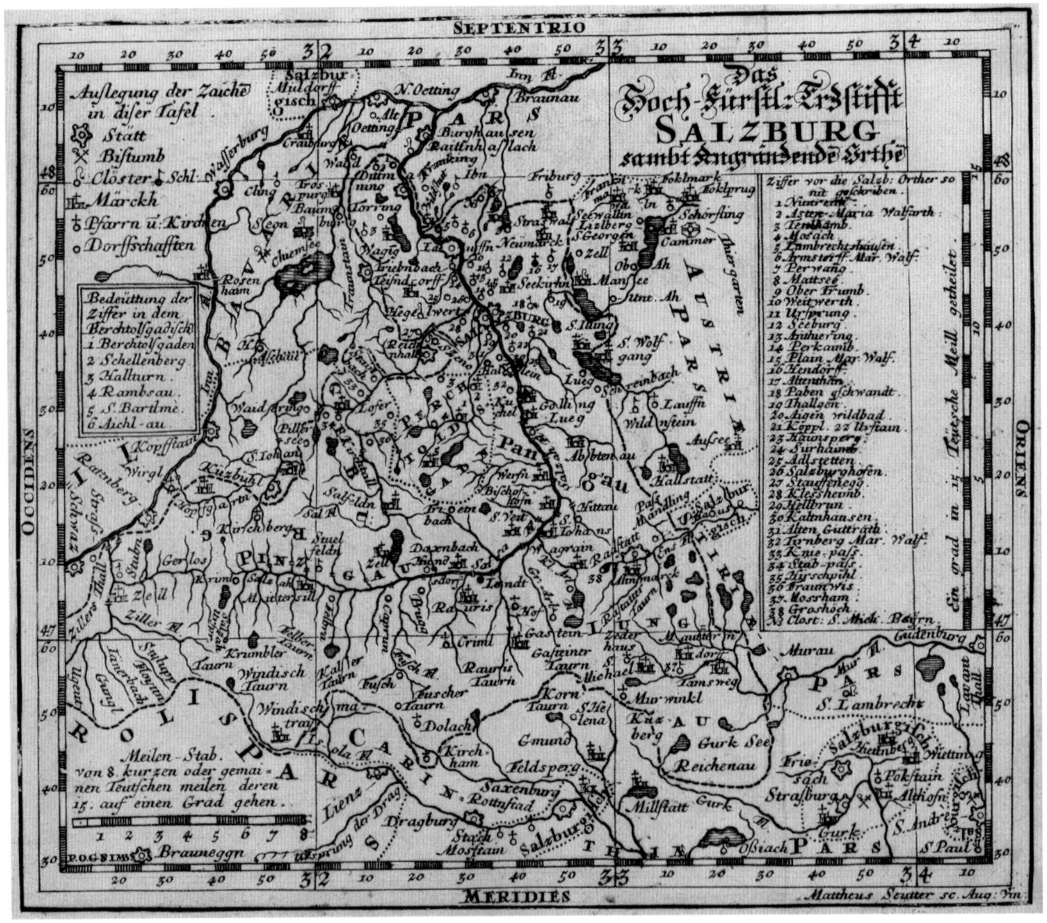

Titel:	«Das | Hoch-Fürstl: Erzstifft | **SALZBURG** | sambt Angränzende Orthe».
	Diesen korrekten Wortlaut des Titels hat wohl erstmalig PILLWEIN in seinem Lexikon Salzburger Künstler angegeben. FLESCH veränderte auf Grund einer Falschlesung das Wort „angränzende" in die eigenartige Wortschöpfung „angründende", die seither in allen Nennungen der GUETRATHER-Karte zitiert und erst von DÖRFLINGER bei dieser Katalogisierung als Irrtum erkannt wurde.
Zusätze:	Re. darunter abgestrichen: *«Ziffer vor die Sbg. Orther so | nit geschriben.»*: Liste von 39 Ortsnamen. – Re. daneben senkrecht stehender Linearmaßstab. – Li. o. freistehend: *«Auslegung der Zaiche | in diser Tafel»* mit sechs Ortssignaturen. Darunter gerahmt wie die Sbg. Ortsliste: *«Bedeüttung der | Ziffer in dem | Berchtolsgadisch[9]»*. – Li. u. freistehend: *«Meilen Stab | von 8 kurzen oder gemai= | nen Teutschen meilen deren | 15 auf einen Grad gehen.»* und Linearmaßstab. – Re. u. im Rahmen: *«Mattheus Seutter sc. Aug. Vin»*. – Himmelsrichtungen in Latein in der Mi. an jedem Seitenrand.
Maße:	Karte: 16,3 x 13,9 cm; Platte: 16,6 x 14,7 cm; Blatt: ca. 17,5 x 15 cm, seitl. eingeschlagen auf das Buchformat, ca. 9,5 x 15,5 cm.
Maßstab:	1 : 1,584.000; 1" = 22.000 Kl. = 5½ M.
Graduierung:	Im doppelten Strichrahmen s/w 5'-Skala, alle 10' und volle Grade beziffert, diese als Netz durchgezogen. L von Salzburg: 32° 33' E.
Druckart:	Kupferstich, Wasserzeichen: Meist nicht identifizierbare Teile.
Publ.-Art:	Kartenbeilage (zwischen S. 266 und 267) in: «Gebrauch | Der | **Land=Karten**: | Das ist: | Eine außführlich= und sehr leichte | Anweisung | Zur | **GEOGRAPHIE**, | Oder | Erkanntnuß deß Erd=Craises: | Wie man | Dessen Mappen auß dem Grund verstehen/ | mit Ergötzlichkeit gebraucht/ auch selbst | einige aufzusetzen erlehrnen möge: | Ohne daß einiges Studium, andere | Wissen= | schafften/ oder Instrumenten hierzu erfor= | erfordert werden. | In solcher Ordnung mit Kupfern gegeben

Abb. 31: Odilo von Guetrather: Das Erzstift Salzburg.

| Von | A.R.P. ODILONE Guetrather/ | O.S.B. in dem löblich= und berühmten Clo= | ster Michael=Beyrn Profess, und | SUB-PRIORN. | CUM PERMISSU SUPERIORUM. | (Querstrich) Salzburg/ | Gedruckt und verlegt von Johann Joseph Mayr/ | Hof= und Universitätis Buchdrucker und Handler/ 1713.».

Standort: Kantonsbibl. Aarau: C 5496. – ÖNB: 227.422-A.K (ohne Karten und Tafeln). – SLA: Graphik XIV.27 (Karte).

Literatur: EGELSEDER OSB, P. Berthold: Pater Odilo noch immer gefragt. In: Michaelibrief, Benediktinerabtei Michaelbeuern 1996, S. 56f.
ADE Bd. 2, Sp. 1668. – BSM-19 S. 126. – BSM-44 S. 120. – DES S. 119, 164. – FLE S. 102ff. – FUH S. 356. – LGK S. 698. – PIL S. 74ff. – SLA S. 11, L.26. – VIE-99 S. 21ff. – WUR 6. T., S. 46f. – → 3.2: HEINZ.
Zur Karte von Michaelbeuern: HARMS, Hans: Themen alter Karten. Eigenverlag, Oldenburg 1979, S. 118, Abb. 51.

3.2
Johann Baptist Homann (1664–1724)

Nach MERCATOR gilt HOMANN als zweiter Wegbereiter der deutschen Atlas-Kartographie. Er gründete 1702 den bedeutendsten deutschen Kartenverlag des 18. Jhs., der Nürnberg zu einem europäischen Zentrum der Kartenproduktion machte und der unter seinen Nachfolgern bis um die Mitte des 19. Jhs. tätig war. Der Verlag publizierte schon 1707 den ersten „Neuen Atlas" mit 37 Karten, 1712 den „Atlas von hundert Charten" sowie einen „Atlas Scholasticus", 1716 als HOMANNs Hauptwerk den „Großen Atlas über die gantze Welt", der von zuerst 126 auf über 200 Karten erweitert wurde und 1719 noch einen „Atlas Methodicus", den ersten deutschen Schulatlas mit 18 stummen Karten – um nur einige Titel zu nennen. Insgesamt schuf HOMANN „mehr als 200 zumeist selbst gestochene Blätter, von denen der größte Teil naturgemäß jedoch keine Originalkarten waren, sondern auf bereits veröffentlichten Vorlagen vor allem niederländischer und französischer Provenienz basierten." (DES S. 156).

Alle Arbeiten HOMANNs zeichnen sich durch qualitätsvollen Stich und dekorative Wirkung der imposanten Kartuschen aus. In kartographischer Hinsicht lassen sie häufig zu wünschen übrig, was sowohl auf das unkritische Kopieren fremder Vorlagen wie auf die zumeist übereilte Produktion der Atlanten zurückzuführen sein dürfte. Charakteristisch für die stets genordeten Karten ist ihr überwiegend gleiches Format und ihr einheitliches Kolorit, das auf der Farbenskala des Hamburger Schuldirektors, Historikers und Geographen Johannes HÜBNER (1668–1731) beruht. Die Verwendung gleicher Farben für gleiche Gebiete macht deren Zugehörigkeit auf verschiedenen Karten leicht erkennbar. Die Längen variieren öfters wegen der Übernahme verschiedener Null-Meridiane.

Literatur: HEINZ, Markus: Beobachtungen zur Karten- und Atlantenproduktion des Verlages Johann Baptist Homann und Homännische Erben. Im besonderen anhand des „Neuen Atlas ueber die gantze Welt 1707". Ungedr. Dipl.-Arbeit, Wien 1992.
– ders.: Über Zweck und Verwendung der Karten Johann Baptist Homanns anhand seines „Neuen Atlas über die gantze Welt" (1707). In: 6. kartographiehistorisches Colloquium Berlin 1992. Hg. Wolfgang SCHARFE. Reimer Verlag, Berlin 1994, S. 153–165.
– ders.: Die Atlanten der süddeutschen Verlage Homann und Seutter (18. Jahrhundert). In: 400 Jahre Mercator, 400 Jahre Atlas. Hg. Hans WOLFF. Konrad Verlag, Weißenhorn 1995, S. 81–94.
– ders.: Ende einer Landkartenplage? Das Homann-Katalogprojekt zur Diskussion gestellt. In: 9. kartographiehistorisches Colloquium, Rostock 1998 (im Erscheinen).
SANDLER, Christian: Johann Baptista Homann, die Homännischen Erben, Matthäus Seutter und ihre Landkarten. Aufsätze 1882–1890. Reprint, Meridian Publishing Co., Amsterdam 1970/79.
ADB Bd. 13, S. 35. – ADE Bd. 2, Sp. 2108f. – BBB S. 370. – BSM-65 passim. – DES S. 156, 164. – DMA-2 S. 21. – LGK S. 315. – MdW S. 261 (FEMBO), 273. – ÖNB S. 321. – THB Bd. 17, S. 423. – WAW S. 197ff.

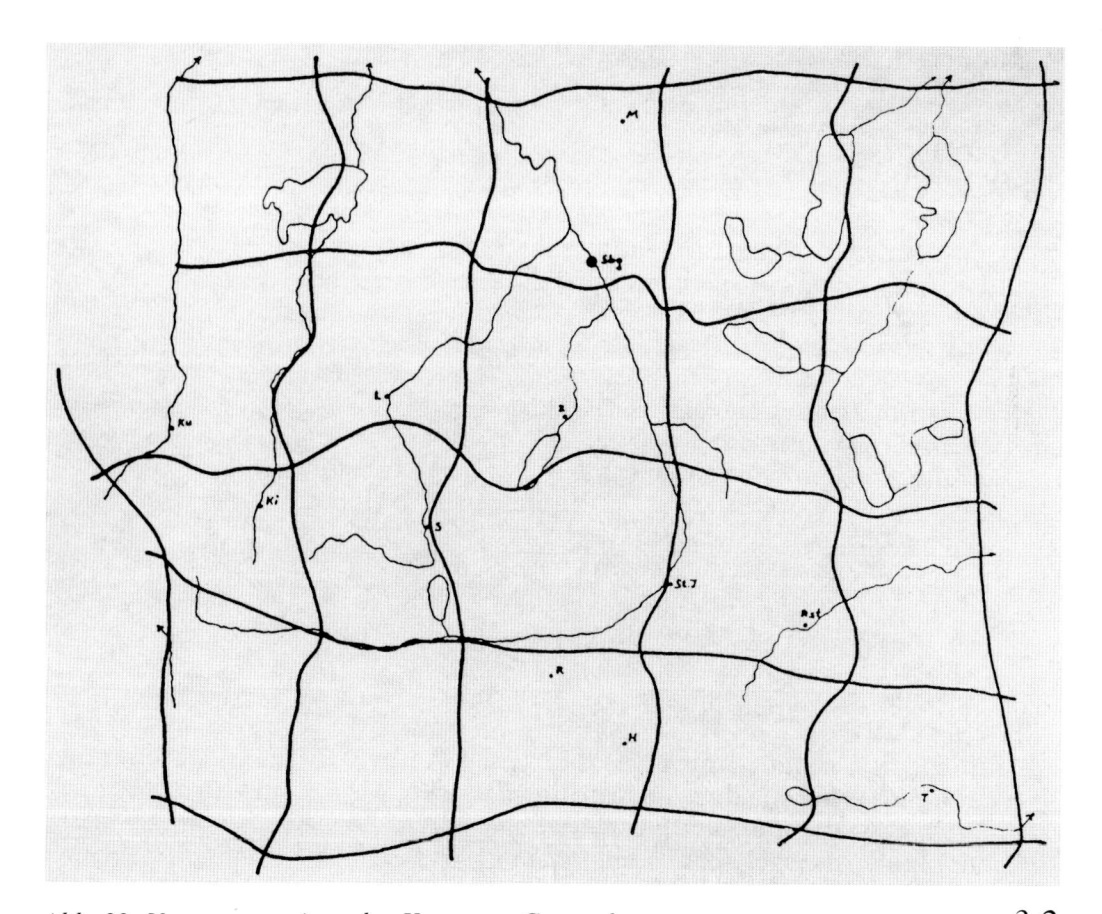

Abb. 32: Verzerrungsgitter der Karte von Guetrather.

Homanns „Harrach-Karte"
(1710/12)

33 Im Titel der laut HEINZ zwischen 1710 und 1712 gestochenen Karte sagt HOMANN, daß ihm der „neue und sorgfältige" Entwurf von GUETRATHER als Grundlage gedient habe. Damit ist sicher nicht das Kärtchen des Geographie-Lehrbuchs gemeint, das kaum von 180 cm² Feldfläche auf 2.622 cm² – das Vierzehneinhalbfache! – hätte „aufgeblasen" werden können, sondern die erwähnte Originalzeichnung in Folio. Diese ist verständlicherweise nicht erhalten geblieben, sodaß man nicht entscheiden kann, wem die Details der Situation, die Zeichenerklärung mit 32 Signaturen und die Geländedarstellung in Maulwurfshügelmanier zu verdanken sind. Zahlreiche Irrtümer besonders bei den Besitzzuschreibungen dürften wohl dem Bearbeiter und kaum GUETRATHER als Kenner des Erzstiftes anzulasten sein, wie etwa die „Einvernahme" des oberen Mölltales mit Döllach, das außer der kleinen Herrschaft Stall nie zu Salzburg gehört hat. Noch erstaunlicher sind grobe Verzerrungen der südlichen Landesteile in HOMANNs Karte des Bayerischen Kreises (→ 4.6), obwohl ihm der Grenzverlauf nach der Bearbeitung der GUETRATHER-Karte hätte bekannt sein müssen.

Der dekorative und informative Titel der Karte steht links oben im Eck in einem Felsentor mit dem Allianzwappen Salzburg-HARRACH (goldene Kugel mit drei silbernen Straußenfedern auf rotem Grund). Links, rechts und unten im Tor symbolisieren Allegorien der vier Elemente mit entsprechenden Attributen den Reichtum des Landes. Ein an das Wappen gelehnter Putto weist auf ein beladenes Salzschiff, den Hintergrund bilden Felsklippen mit Gemsen und Bergknappen.

Rechts oben erfüllt den Eckraum ein ca. 24 x 24 cm großer „Barockhimmel" mit dem Porträt des Erzbischofs FRANZ ANTON Fürst Harrach (1709–1727) im Zentrum. Vom flammenden Herzen der Ecclesia mit Tiara, Hostienkelch und Anker fällt ein Strahl göttlicher Gnade auf sein Herz. Das wiederum gibt ihn vervielfacht an das Erzstift und besonders eine Allegorie der Stadt weiter. Ein Posaunenengel hält den Legatenhut, fünf andere Engel das Pallium und weitere erzbischöfliche Insignien, Weihrauchfaß, Fürstenhut und Schwert. Die Allegorie der weltlichen Herrschaft trägt Friedenssymbole. Ein Schriftband nennt den Titel des Fürsten. Darunter findet sich einer der seltsamsten Einfälle manieristischer Kartographie: Mit «HIERARCHIA SALISBURGENSIS» beschriftet, wird die sichtbare Oberfläche der Erdkugel zur Gänze von der Karte des Landes eingenommen. Diese Darstellungsform verwendete man nicht nur auf Karten (z. B. 3.3, 3.4.1, 8.3.1), sondern auch in der bildenden Kunst, wie z. B. an der Marienstatue vor dem Salzburger Dom (errichtet 1766/71). Umgeben wird der „Salzburg-Globus" von neun Putti mit den Wappen HARRACHs und der Suffragane Brixen, Chiemsee, Freising, Gurk, Lavant, Passau, Regensburg und Seckau sowie den Legaten- und Bischofsinsignien. Ganz unten geben die Wolken einen Blick auf Maria Plain frei. Daneben lagert Juvavia mit dreitürmiger Mauerkrone und dem Kreuz des Ruperti-Ritterordens, gestützt auf einen Salzbottich. – Das Insertkärtchen am rechten Rand hält ein ebenfalls in Wolken schwebender Engel mit Weintrauben als wichtigstem Produkt der salzburgischen Exklaven in Niederösterreich. – Links unten im Eck stehen auf einer schlichten Platte zwei Linearmaßstäbe und die Zeichenerklärung.

Lose Blätter einem der vielen HOMANN-Atlanten systematisch zuzuschreiben ist unmöglich, nicht nur weil sie undatiert sind und die Rückseiten leer blieben. Vor allem kann – nicht nur hier, sondern ganz allgemein bei den Atlanten des 18. Jhs. – keine direkte bibliographische Beziehung zwischen der einzelnen Karte und einem Atlas hergestellt werden. Mit Recht sieht HEINZ das Problem der Katalogisierung der HOMANN-Karten als „Landkartenplage". Die Auflagen entwickelten sich unabhängig voneinander, sodaß es nicht möglich ist, Schlüsse vom meist datierten Titelblatt auf den Inhalt des Bandes oder umgekehrt von den Karten auf die Atlas-Auflage zu ziehen. Die Katalogisierung kann daher nur als Beispiel betrachtet werden. Einen groben Hinweis auf die Datierung gibt die Aufnahme HOMANNs in die Akademie der Wissenschaften in Berlin 1715 und seine Ernennung zum königlichen Geographen 1716. In diesem Jahr erschien der Atlas mit der hier erfaßten Karte.

Titel:	«S. R. I. PRINCIPATVS | et | ARCHIEPISCOPATUS | **SALISBURGENSIS** | cum Subjectis, Insertis, ac Finiti- | mis Regionibus *recenter et accuratè elucubratus* | per | *A.R.P.O. de G.O.S.B.S.* | *in Michael Beyrn*, | operá | IOH. BAPT. HOMANN | Sac. Cæs. Maj. Geogra. | Norimbergæ». – Nach Gewährung des Privilegiums noch gedrängte Einfügung: «Cum Privil. S.C. | M.». – Auflösung der Suspension: „Admodum Reverendum Patrem Odilonem de Guetrather Ordinis Sancti Benedicti Salisburgi (oder Salisburgensis)".
Zusätze:	Insertkarte re. am Rand: «AUSTRIA SALISBURGENSIS», 9,7 x 6,2 cm, mit eigener Graduierung. – Li. u. im Eck: Maßstäbe, Erklärung der Signaturen. – Himmelsrichtungen in Latein in der Mi. an jedem Seitenrand.
Maße:	Karte: 58,3 x 48,7 cm; Platte: 60 x 49,5 cm; Blatt: 60,5 x 53,5 cm. – Atlas: ca. 38 x 57 x 10 cm.
Maßstab:	1:432.000; 1" = 6.000 Kl. = 1,5 M.
Graduierung:	Im schlichten Doppelstrichrahmen s/w Minuten-Skala, alle 10' und volle Grade beziffert, L von Salzburg: 32° 35' E.
Druckart:	Kupferstich mit rotem oder gelbem Flächen- und Grenzkolorit, Wasserzeichen: (a): Lilienkreuz; (d): «I B» (?), darüber Kreuz.
Rückseite:	Unbedruckt, (a) nicht selten mit hs. Paginierung.
Publ.-Art:	Atlasblatt (auch Separatdruck) aus: «Grosser | **ATLAS** | Uber die | **Gantze Welt.** | … | samt einer kurtzen Einleitung | zur | GEOGRAPHIE | … | Von | JOANN PAPTIST(!) HOMANN, | Der Röm. Kays. Majestät Geographo, und Mit=Glied der Königl. Preussischen Societät der Wissenschafften. | (Kupfer: Erdkugel in Polarprojektion) Nürnberg/ | In Verlegung des Auctoris. Gedruckt bey Johann Ernst Adelbulner. | M DCC XVI.». – Diesem ganzseitigen Buchdrucktitel mit eingefügtem Stich folgt ein wieder ganzseitiges großartiges Kupfer: eine barocke Allegorie des auf der Erdkugel stehenden und das

3   Guetrather und die Karten des 18. Jahrhunderts

Abb. 33: Johann Baptist Homann: Karte mit dem Harrach-Porträt.

3.2

Himmelsgewölbe tragenden ATLAS. U. enthält eine ovale Blattwerkkartusche den Kurztitel: «ATLAS NOVUS | TERRARUM ORBIS IMPERIA, | REGNA ET STATUS | ... | Opera | IOHANNIS BAPTISTÆ HOMANNI | ... | NORIMBERGÆ. | ...». – Den 179 Karten auf 126 Blättern umfassenden Atlas leitet eine lange Widmung an Kaiser KARL VI. mit dessen Bild in Harnisch und ganzer Figur ein. Im «REGISTER | des grossen | ATLANTIS.» stehen die Nummern: «84. Circulus (3.) Bavariæ» (→ 4.6) und «88. Archiepiscopatus Salisburgensis.» (diese Karte). Die Karten selbst weisen keine gedruckten Nummern auf, sind aber häufig hs. paginiert.

Faksimile: S.R.I. Principatvs et Archiepiscopatus Salisburgensis ... Edition Salzburg, Archiv Verlag, Wien 1999. Mit Begleittext von Heinz DOPSCH.

Standort: BSM: Mapp. IX, 148 L. – KAW: B IX a 244. – KONS (3 Ex.: Ohne und mit Privil.-Vermerk, versch. koloriert). – NLC: Sack map 8C G5700 1740.S2 no.II:88. – SBB Haus 1: Gelb: Kart. 0 8881 <a>. Haus 2: Gelb: Kart. 0 8880 und 8881; Rot: Kart. 0 8880 <a> und 8882. – SMCA: SL 19, L 01. – SMS. – SStW: 37.a.2 (1725). SUBE: Ryh 4706:9. – SWS. – UBS: 7.026 IV. – ZBLU: F1 21 fol. max.

Literatur: BER-65 S. 31 f.; BER-68 S. 179, 188. – BSM-19 S. 126, Nr. 154. – BSM-44 S. 120, 409, 5.9. – BSM-50 S. 123, Abb. 110; S. 226, K 6.19. – DES S. 164 f., Tafel 51. – FLE S. 102 ff. – SLA S. 12, L.27.

Homännische Erben

Nach dem Tode von HOMANN führten sein Sohn Johann Christoph (der schon 1730 starb), dessen Schwager Johann Georg EBERSBERGER (1695–1760) und dessen Studienfreund Johann Michael FRANZ (1700–1761) den Verlag als „Homännische Erben" zunächst erfolgreich weiter. Später kam er an Georg Peter MONATH (1715–1788) und 1813 an Georg Christoph Franz FEMBO (1781–1848) bzw. dessen Bruder. Georgs Sohn mußte 1852 die traditionsreiche Firma liquidieren.

Die „HARRACH-Karte" wurde unverändert in zahlreichen Auflagen der verschiedensten Atlanten publiziert, zuletzt noch über 50 Jahre nach HOMANNs Tod in dem deutschen Atlas von 1777 mit einer „Allgemeinen Einleitung zu dem Special-Atlas von Teutschland". Fast alle Atlanten sind mit ca. 35 x 56 cm etwas kleiner als HOMANNs Original. Unter den sonst wie bisher nicht datierbaren Ausgaben nennt im Atlas von 1737 eine primitiv nachgestochene Zeile unten in der Titelkartusche das kaiserliche Privilegium. In früheren Ausgaben findet sich der Vermerk im Oberrand: «Cum Privilegio Sac. Cæs. Majestatis.» Die meisten Karten weisen rechts oben gedruckt oder gestempelt die Nummern des Registers auf.

1737

Titel: Beginn unverändert, dann: «... HOMANN | Sac. Cæs. Maj. Geogra. ‖ Norimbergæ | cum Privil. S. C. | M.».

Publ.-Art: Atlasblatt aus:
Der Buchdrucktitel wurde bis zum Verlegersignet (Kupfer: Erdkugel) nicht verändert, dann aber: «Nürnberg, | In Verlegung der Homännischen Erben. Gedruckt bey Johann Heinrich Gottfried Bieling. | MDCC

XXXVII.». – In der 4. Zeile «G» von «Gantze» und «W» von «Welt» als große Zierinitialen. Diesem Titel folgt wiederum die pompöse ATLAS-Allegorie mit dem Kurztitel, dem „Heredes" eingefügt ist, dann die Widmung an KARL VI. wie bei HOMANN und dessen ganzseitiges Porträt – wohl das eindrucksvollste aller Kartographen. – Im «REGISTER | Des grossen | ATLANTIS | Mit hundert Charten.»: «59. BAVARIA.» und «60. Archi= Episcopatus Salisburg.»

Die HOMANN-Karte wurde von den Amsterdamer Verlegern Reinier (1698–1750) und Josua (1704–1765) OTTENS in zahlreiche, nach Kundenwunsch gefertigte Ausgaben des „Atlas Minor" etwa ab 1745 aufgenommen (→ 4.1.2.2). Eine genauere Zuschreibung ist nicht möglich.

Faksimile: The Atlas minor of Reinier and Joshua OTTENS. Bodleian Library, Oxford. Wychwood Editions, Witney (Oxfordshire) 1989. Mit Begleittext von Cornelis KOEMAN.

Standort: ZBLU: F1 22.

Literatur: 3.2. – DES S. 159. – KRE S. 173. – LGK S. 575. – Zu EBERSBERGER: BBB S. 160. – Zu FRANZ: ADE Bd. 2, Sp. 1216.

Fortsetzung: 4.6

3.3
(Georg) Matthäus Seutter d. Ä. (1678–1756 oder 1757)

Der zum Bierbrauer bestimmt gewesene SEUTTER entwickelte sich nach Lehrjahren bei HOMANN in Nürnberg und Mitarbeit bei anderen Verlagen zu einem der bedeutendsten deutschen Kartenstecher und Verleger des 18. Jhs. Die um 1707 in seiner Heimatstadt Augsburg gegründete Offizin stellte die einzige echte Konkurrenz für den Nürnberger Verlag seines ehemaligen Lehrherrn dar. Sie reüssierte weniger dank originärer wissenschaftlicher Arbeiten, als durch die rasche Vorlage von zahlreichen Karten, Globen und Atlanten sowie durch den prächtigen Stich aller Blätter, deren Originale SEUTTER skrupellos nicht nur kartographisch, sondern auch in künstlerischen Eigenheiten einschließlich des Motivs des „Salzburg-Globus" plagiierte.

Als ersten Folio-Atlas legte SEUTTER 1720 den „Atlas compendiosus" mit 20 Karten vor, der über den „Atlas geographicus" (1725) und den weit verbreiteten „Atlas novus" bis zum zweibändigen „Großen Atlas" mit über 400 Blättern erweitert wurde. Daneben umfaßte SEUTTERs erstaunliches Lebenswerk hübsche Quart- und Oktav-Ausgaben sowie vielteilige Wandkarten. Bei seinem Tode wies der Verlagskatalog nicht weniger als etwa 500 Titel auf, darunter die Landeskarte von Salzburg und eine Karte des Bayerischen Kreises (→ 4.11).

Die Zuschreibung loser Karten zu einem der zahlreichen Atlanten ist auch bei den SEUTTER-Stichen nicht möglich. Eine annähernde Datierung ergibt sich nach MEURER an Hand der fünf Zustände der Platten: (1) Auf den ältesten Karten weist sich SEUTTER einfach mit „Ch." (= Chalcographus) als Kupferstecher aus. (2) Ab 1727 tragen die Karten ein Findegitter, dessen Buchstaben mit eigenen Registern korrespondieren. (3) Nach SEUTTERs Ernennung zum „kaiserlichen Geographen" durch KARL VI. im Jahre 1730 für die Widmung des „Großen Atlas" nennt er stets abgekürzt diesen Titel. (4) Auf allen späteren Karten wird das vom Reichsvikariat 1741 erteilte Druck-Privilegium vermerkt. (5) Nach dem Tode SEUTTERs hat Tobias Conrad LOTTER dessen Namen durch seinen eigenen ersetzt, wogegen Georg Balthasar PROBST der alten Adresse nur einen entsprechenden Hinweis beifügte.

Literatur: HEINZ, Markus: Die Atlanten ..., → 3.2.
MEURER, Peter H.: Das Druckprivileg für Matthäus Seutter. In: CH 8/1993, Murten 1993, S. 32–36, 8 Abb.
SANDLER, Christian: Matthäus Seutter und seine Landkarten. In: Mitt. des Vereins für Erdkunde zu Leipzig, Leipzig 1894, S. 1–38. – Reprint, Amsterdam 1964.
ADB Bd. 34, S. 70. – BBB S. 724. – BER-65 S. 31; BER-68 S. 179, 188. – BSM-65 passim. – DES S. 162. – FLE S. 102ff. – LGK S. 738f. – MdW S. 306. – THB Bd. 30, S. 542. – WAW S. 208–212. – ZED Bd. 37, Sp. 727.

3.3.1
Mit Salzburg-Globus

Die Karte Salzburgs wurde von SEUTTER möglichst genau nach HOMANNs Bearbeitung gestochen. Dies trifft vor allem für das Gewässer- und Straßennetz, aber auch für die Situierung der Siedlungen zu. Die Abweichungen überschreiten nicht die mögliche Papierschrumpfung oder -dehnung. Völlig verändert hat sich jedoch der graphische Schmuck des Kartenfeldes.

Den rechten oberen Eckraum nimmt eine prachtvolle Titelkartusche ein, die an Stelle des HARRACH-Porträts der große „Salzburg-Globus" beherrscht, der schon auf dem HOMANN-Original verwendet wurde (3.2). Sein massiver Unterbau trägt die Schriftplatte des Titels. Über dem Globus halten zwei Engel das mit Fürsten- und Legatenhut geschmückte Allianzwappen (oben: Salzburg; unten: HARRACH). Rechts trägt ein Engel acht Mitren der Suffragane und ihre Bischofsstäbe, links fliegen zwei Engel mit den acht Wappen himmelwärts, ein weiterer hält die Wappenkette. Links lehnt sich ein Flußgott mit Wasseramphore, Salzschaff und Wildschwein gegen die Titelplatte, im Hintergrund ragen Felsklippen mit drei Gemsen auf.

Unter diesem pompösen Arrangement, durch die Enns von ihm getrennt, sind der Linearmaßstab für deutsche Meilen und eine Volutengerahmte Platte mit der Zeichenerklärung angeordnet. Im schraffierten Sockel wird das Privilegium nach dessen Gewährung vermerkt. Das von zwei Engeln gehaltene Insertkärtchen des salzburgischen Besitzes in Niederösterreich wanderte in das linke obere Eck des Feldes. Darunter steht ein weiterer Linearmaßstab für «*Salzburgische ordinari Reis-Stunden*».

3.3.1.1
1725

Titel: «S. R. I. PRINCIPAT. | et | ARCHIEPISCOPATUS | **SALISBURGENSIS** | mappa Geographica | delineatus | in qua | Subjectæ appertinent. finitimæ | Regiones et Ditiones | accuratiss. ob oculos ponuntur | cura et studio | MATTH. SEUTTERI, Ch. AUG.». – Später: «... SEUTTERI, S.C.M.GEOGR. | AUG. Vind.».

Zusätze: Analog zu HOMANNs „HARRACH-Karte", → 3.2. – Himmelsrichtungen in Latein in der Mi. an jedem Seitenrand.

Maße: Karte: 58,3 x 49,5 cm; Platte: 58,9 x 50,3 cm; Blatt: ca. 63 x 52 cm. – Atlas: ca. 37 x 54,5 cm, bei Bindung in voller Bogengröße 64 x 56 cm. – Größe des Titelblatts der Normalausgabe: ca. 31 x 52 cm.

Maßstab: 1:432.000; 1" = 6.000 Kl. = 1,5 M.

Graduierung: Doppelstrichrahmen mit s/w Minuten-Skala, alle 10' und volle Grade beziffert.
L von Salzburg: 32° 35' E.

Druckart: Kupferstich, Rahmen, Grenzen und Salzburgisches Territorium meist rot oder gelb koloriert wie bei HOMANN.

Publ.-Art: Separatdruck oder Atlasblatt Nr. 56 aus:
«**ATLAS** | **GEOGRAPHICUS.** | oder | Accurate Vorstellung | der ganzen Welt | In den Nothwendigsten und von dem Hochbe= | rühmten Hamburgischen Rectore, Tit: Herrn | Johann Hübner in seiner Geographi= | schen Einleitung besonders recomman= | dirten **Land=Charten** / | ... mit | sorgfältigstem Fleiß eingerichtet und | in Kupffer gebracht | von Matthæo Seütter, | Burger und Kupfferstecher in Augspurg. | (doppelter Querstrich) Augspurg | in Verlag deß Autoris | MDCCXXV.».

Standort: BSM: 2 Mapp. 170. – SBB Haus 2: Kart. 0 8910.

3.3.1.2
[nach 1741]

Titel: «S. R. I. PRINCIPAT. | et | ARCHIEPISCOPATUS | **SALISBURGENSIS** | mappa Geographica ...» wie vorher bis zum Namen: «MATTH. SEUTTERI, S.C.M.GEOGR. | AUG. VIND.».

Zusätze: Im Sockel unter der Zeichenerklärung: «*Cum Gratia et Privil. S.R.I. Vicariatᵍ, in partibᵍ, Rheni, Sveviæ, et Juris Franconici.*». – Erste Ausgaben ohne diesen Hinweis.

Graduierung: Wie vorher, zusätzlich 10'-Netz mit Findebuchstaben: L A–U, B a–l.

1. Publ.-Art: Atlasblatt S. 38 (auch Separatdruck) aus:
«**ATLAS NOVUS** | SIVE | TABULÆ GEOGRAPHICÆ | TOTIUS ORBIS FACIEM, PARTES, IMPERIA, | REGNA ET PROVINCIAS EXHIBENTES | EXACTISSIMA CURA | IUXTA RECENTISSIMAS OBSERVATION. | ÆRI INCISÆ ET VENUM EXPOSITÆ | A | MATTHÆO SEUTTER. | SAC. CÆS. MAJEST. GEOGR. | AUGUSTÆ VINDELICORUM.».

Standort: KONS. – ÖNB: 393.431-E.K (Prunkex. von FRANZ I. mit 302 Karten); FKB 273/2 (einfacher Atlas, mit Privileg). – SBB Haus 2: Kart. 0 8911 (ohne Privileg); 8911/1. – SUBE: Ryh 4706: 10. – SWS. – UBS: R 17.963 IV. – USBB: Mapp. IX, 149d.

2. Publ.-Art: Atlasblatt (auch Separatdruck) aus dem 1. Bd., fing. S. 87, rot gedruckte Wörter <u>unterstrichen</u>:

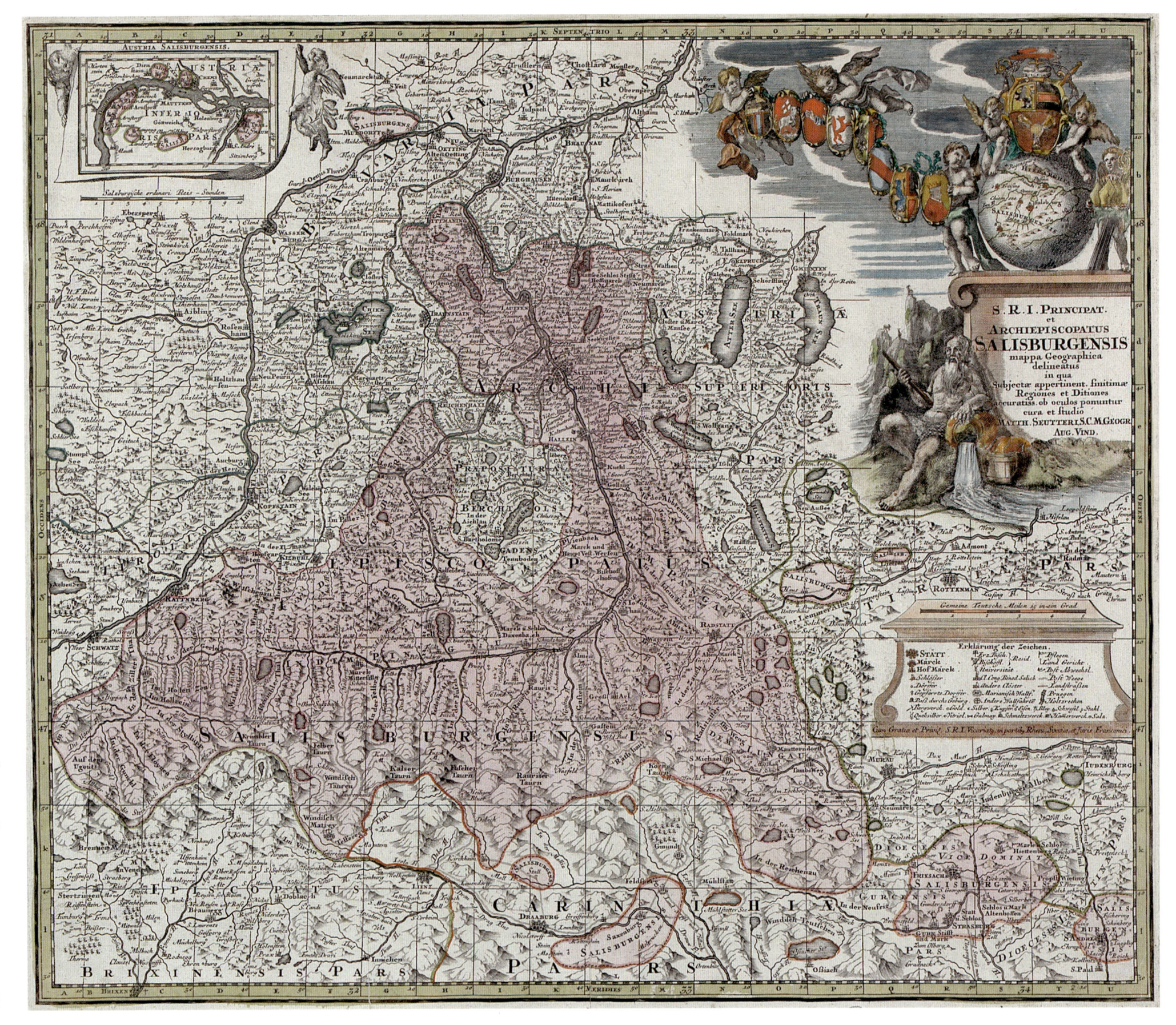

Abb. 34: Matthäus Seutter: „Salzburg-Globus" statt Porträt.   3.3.1

3   Guetrather und die Karten des 18. Jahrhunderts

Abb. 35: Matthäus Seutter: Oktavkarte mit Landeskartusche.   3.3.2

«Grosser | **ATLAS,** | Worinnen enthalten alle die jenige | Geographische Universal- Special- und Particular- | **MAPPEN,** | Mit über die mehrsten gedruckten | Alphabetischen Registern/ | ... | Und | Chronologische | TABELLEN, | Welche da durch besonderen Fleiß / und Mühe | in Kupfer gebracht / und ausgefertiget seynd | Von | Matthäo Seütter / Ihro Röm. Kayserl. und Königl. Majestät | Geographo in Augspurg. ‖ Zu finden in Augspurg in Verlegung des Autoris und zu Wien in der | Straubischen Buch-Handlung.».

Standort: BSM: 2 Mapp. 168,1–87. – KONS. – SLA: Graphik XIV.80.

3.3.2
Oktav, Landeskartusche
(nach 1740, vor 1760)

35   Neben den teueren Folio-Atlanten brachte die Firma in zahlreichen Auflagen Queroktav-Bände mit wahlweise 20 bis 66 Karten heraus, die auch einzeln und in hübschen Etuis als Reisekarten angeboten wurden. Einen Hinweis auf den guten Absatz liefert der Umstand, daß allein die Bayerische Staatsbibliothek elf Exemplare des Salzburger Blattes besitzt. Diese Version der HOMANN- bzw. SEUTTER/LOTTER-Karte erreicht mit einem Anteil der Landesfläche von fast 40 % des Kartenfeldes eine sehr gute Nutzung. Das Erzstift wird mit einem höchst reizvollen Arrangement im Eck rechts oben wie in einem Diorama vorgestellt, das dem jungen Zeichner Albrecht Carl SEUTTER (1722–1762) und dem Stecher Tobias Conrad LOTTER (1717–1777) alle Ehre macht. Den Hintergrund bilden zuoberst das von den Insignien der geistlichen Würde umgebene, vom Legaten- und Herzogshut gekrönte Landeswappen, eine Bibliothekswand mit sitzender ECCLESIA(?) und stehender ATHENE, ein großer Globus und das von Steinböcken belebte Gebirge, zu dem ein breiter Steg führt. Davor steht zwischen Bäumen und einem Jäger die von Rocaillen gerahmte Titelkartusche. Vor ihr sitzt links der „übliche" Flußgott neben einem Salzfaß und (rechts) einem Steinbock. Darunter enthält eine zweite Kartusche den Maßstab und – nach dessen Erteilung – den Hinweis auf das Privilegium. Das Insertkärtchen des Salzburger Besitzes in Niederösterreich gleicht jenem der Folio-Ausgabe, wie überhaupt der Zeichner bemüht war, möglichst den ganzen Inhalt des großen Formats zu bewahren – was dem mit Toponymen überladenem Blatt nicht zum Vorteil gereicht.

Titel: «S. R. I. PRINCIPAT. | et | ARCHIEPISCOPATUS | **SALISBURGENSIS** | mappa Geographica | delineatus | cura et studio | MATTH. SEUTTERI, S.C.M.G. | Aug. Vind.». Auch mit Zusatz: „Im Verlag zu haben bey Joh. Mart. Will in Augsburg."

Zusätze: Unter dem Titel: Linearmaßstab für dt. M. und Vermerk: «*Cum Gr. et Privileg. S.R.I. Vicariat.*». – Insertkarte li. o. im Eck: «AUSTRIA SALISBURGENSIS», 4,5 x 2,5 cm, mit eigener Graduierung. Darunter Maßstab für zehn «*Salzburgische ordinari Reis-Stunden*». – Im Unterrand knapp am Rahmen: li.: «*A. C. Seutter delin.*»; re.: «*Tob. Conr. Lotter sculpsit.*». – Himmelsrichtungen in Latein in der Mi. an jedem Seitenrand.

Maße: Karte: 25,8 x 19,8 cm; Platte: 27,2 x 20,6 cm; Blatt: 28,5 x 22,6 cm. – Atlas: ca. 30 x 23,5 cm.

Maßstab: ca. 1:1,100.000; 3" = 10 M. oder 1" = 4 M.

Graduierung: Im schlichten Doppelstrichrahmen s/w 2'-Skala, alle 10' und volle Grade beziffert.
L von Salzburg: 32° 35' E.

Druckart: Kupferstich, Flächen- und Grenzkolorit (wie Folio-Ausgaben).

1. Publ.-Art: Atlasblatt (Nr. 35 bei 66 Karten) aus:
«ATLAS MINOR | PRÆCIPUA ORBIS TERRARUM IMPERIA, | REGNA et PROVINCIAS, | GERMANIÆ POTISSIMUM, | tabellis ... (von Hand je nach Umfang eingefügte Zahl *50. 60. oder 66.*) exacte delineatis sistens | usui | militiæ ducum ac peregrinantium | maxime accomodatus | opera | MATTHÆI SEUTTERI, | Sac. Cæs. Maj. Geogr. | Aug. Vind. ‖ (im Unterrand: Mi:) *Cum Privileg: S. R. I. Vicariatᵍ. in part: Rheni, Franc: et Suev: iuris.* (li.:) *Iacob Christoph Weyerman inv: et delin:* (re.:) *Martin Gottfrid Grophius, sculps*».
Auf dem großartigen Titelkupfer steht die reich mit Rocaillen gefaßte Schriftkartusche in einer phantastischen Inszenierung barocker Prachtentfaltung. Zuoberst thront EUROPA über der Erdkugel, die von Vertretern aller Rassen, Amoretten, Palmen usw. umgeben ist. Allegorien der Wissenschaft, des Handels und des Krieges beleben mit ihren Attributen den Vordergrund.

Standort: BSM: 4 Mapp. 102 b, 1–35. – KAW: B IX a 261–500 (Einzelblatt). – ÖNB: 225.463-B.K (gebrochen gebd.); 768.253-D.K (plano gebd.). – SBB Haus 1: 8° Kart. B 627–35 (gebrochen gebd.); quer 8° Kart. B 626–35 (plano gebd.). – SMCA: SL 22.1, L 01. – SWS.

2. Publ.-Art: Reisekarte in Etui:
Ovale Titelkartusche: «Nova | Delineatio ARCHIEPISCOPAT, | SALISBURGENSIS | et | Praefecturae BERCHTOLSGADENSIS | cum magna Provinciar | conterminarum parte | prelo. et sumtibus | MATTH: SEUTTERI | S.C.M. Geogr. Aug. V. | Cum Priv S.R.I. | Vicariat:».

Maße: W. o., aber gefaltet auf 7,1 x 10,9 cm Etuigröße.

Standort: SMCA: SL 22.2, L 01. – StSP: Kart.Slg. 315.

Literatur: SLA S. 17, L.47. – Zu WILL: THB Bd. 36, S. 7.

Fortsetzung: 4.11

3.4
Tobias Conrad Lotter (1717–1777)
Johann Martin Will (1727–1806)

Der gelernte Kupferstecher LOTTER aus Augsburg, der 1740 die Tochter des Georg Matthäus SEUTTER d. Ä. geheiratet und seither für seinen Schwiegervater gearbeitet hatte, erbte 1756/57 einen Teil der SEUTTERschen Kupferplatten. Er führte den Verlag unter seinem Namen weiter und änderte oder ergänzte lediglich die Autorenhinweise, sodaß sich eine Wiederholung der Daten größtenteils erübrigt. Ein anderer Teil der Platten ging an SEUTTERs zweiten Schwiegersohn, den Kunstverleger Georg Balthasar PROBST d. J. (1731–1801) bzw. dessen Bruder, den dritten Teil erhielt

SEUTTERs Sohn Albrecht, der aber schon 1762 starb. Den Bestand LOTTERs erbten seine beiden überlebenden Söhne. Ihn erwarb später der schon für SEUTTER tätig gewesene Verleger und Kupferstecher Johann Martin WILL (WILLE, 1727–1806, Schwiegervater von Johannes WALCH, → 4.32), der die Platten unter seinem eigenen Namen weiter benutzte.

Literatur: ZÖGNER, Lothar: Tobias Conrad Lotter 1717–1777. Kartenmacher in Augsburg. In: Kartographische Nachrichten 27, H. 5, Kirschbaum Verlag, Bonn 1977, S. 172–175.
ADB Bd. 34, S. 71. – BER-65 S. 31; BER-68 S. 179, 188. – LGK S. 458f. – MdW S. 285. – THB Bd. 23, S. 409. – WAW S. 243ff. – Zu WILL: LGK S. 459.

3.4.1
Folio mit Salzburg-Globus
[1760/80]

Die häufig angebotene Karte unterscheidet sich von der SEUTTERschen nur durch die Namensnennung in der vorletzten Zeile des Titels. Das HARRACH-Wappen über dem beliebten „Salzburg-Globus" wird beibehalten, obwohl der Fürst schon 1727 gestorben war.

Titel: «S.R.I. PRINCIPAT. | et | ARCHIEPISCOPATUS | **SALISBURGENSIS** | ... | cura et studio | TOB:CONRAD LOTTER, GEOGR. | AUG. VIND.».
Zusätze: Analog zu SEUTTER, 3.3.1.
Maße: Karte: 58 x 49,5 cm; Platte: 58,6 x 50,1 cm; Blatt: 72 x 59,5 cm.
Maßstab: 1:432.000.
Publ.-Art: Atlasblatt (auch Separatdruck) aus:
«**ATLAS NOVUS** | SIVE | TABULÆ GEOGRAPHICÆ | TOTIUS ORBIS FACIEM ...» wie bei SEUTTER (3.3.1.2), aber mit geändertem Namen des Verlegers: zuerst LOTTER, dann WILL.
Standort: BSM: 2 Mapp. 10,2; 2 Mapp. 61 b, 1–71. – KONS. – SBB Haus 2: Kart. 0 8912. – SLA: Graphik XIV.79. – SMCA: SL 20, L 01 (sechs Ex.). – SMS. – StSP: Kart.Slg. 315. – SUBE: Ryh 4706:11. – SWS. – UBS: 7.015 IV.
Literatur: SLA S. 12, L.29.

3.4.2
Oktav, Landeskartusche
[1760/80]

Auch SEUTTERs Oktavkarte (3.3.2) wurde weiter gedruckt und nur im Unterrand zwischen den Namen des Zeichners und des Stechers, der mit dem Verleger identisch war, mit einem Hinweis versehen. Davon abgesehen blieb das Blatt unverändert. Es wird im Register als «*36. Ertz-Bistum Saltzburg.*» geführt.

Zusätze: Im Unterrand: li.: «*A. C. Seutter delin.*»; Mi.: «*Anjezo im Verlag bey Tob: Conr: Lotter, Geogr. in Augsburg.*»; re.: «*Tob. Conr. Lotter sculpsit.*».
Publ.-Art: Atlasblatt aus:
«**ATLAS MINOR** | PRÆCIPUA ORBIS TERRARUM IMPERIA, | ... | opera | TOBIÆ CONRADI LOTTERI, | CHALCOGRAPHI ET GEOGRAPHI. | Aug. Vind.». – SEUTTERS Titelkupfer wurde weiter verwendet, doch die Zahl der Karten hs. auf «tabelli 80» und der Name des Verlegers geändert.
Standort: ÖNB: KC 124.721. – SBB Haus 2: 8° Kart. 13569–36. – SWW: K-II: WE 166.

Fortsetzung: 4.21

3.5
Markus Hansiz (1683–1766)
Salzburger Kirchenprovinz
1729

Der österreichische Jesuit HANSIZ plante die Veröffentlichung einer vielbändigen Kirchengeschichte Deutschlands unter dem Titel „Germania Sacra". Er konnte aber von dem breit angelegten Werk nur die ersten zwei Bände und die Einleitung zum dritten vollenden. Der 1727 erschienene Band 1 enthält die Geschichte des angeblichen Erzbistums Lorch und des Bistums Passau mit vier kleinen und einer großen Übersichtskarte der historischen Entwicklung von SEVERIN, Mitte des 5. Jhs., bis zum Ende der Ungarn-Einfälle im 10. Jh. Band 2 ist der Geschichte Salzburgs gewidmet und Band 3 sollte das Bistum Regensburg behandeln (1755).

Angesichts der Qualität der GUETRATHER-Karte kann es nicht überraschen, daß der Kirchenhistoriker diese in sein Monumentalwerk aufgenommen hat. Das unter einen 10 mm hohen Übertitel gestellte und von Johann Balthasar GUTWEIN (1702–1785) vorzüglich gestochene, nicht signierte Quart-Blatt wird rechts oben im Eck von einem Obelisk vor drei Palmen beherrscht, der das Wappen PARIS LODRONs mit dem Legatenhut trägt. Links umflattern ihn sieben „Engelkindeln" mit den beschrifteten Wappen der Salzburger Städte, ein weiteres sitzt mit leerem Wappenschild vorne am Boden. Unter dem Obelisk lagert am rechten Rand im Kartenfeld eine Stadtgöttin mit Mauerkrone, gestützt auf eine Wasseramphore. Sie hält das Wappen der Stadt Salzburg und ein Engerl bringt zu einem umgefallenen Salzfaß ein zweites. Vier weitere Engel hantieren links oben im Eck mit Zirkel und Meßlatte. Alle Darstellungen stehen ohne Rahmen frei im Kartenfeld. Der Umstich der Karte bedingte eine entsprechende Verkleinerung des Maßstabs, der nur aus den recht exakten Gradangaben und durch Streckenmessungen ermittelt werden kann, da eine Meilenleiste fehlt.

3   Guetrather und die Karten des 18. Jahrhunderts

Abb. 36: Markus Hansiz: Salzburger Kirchenprovinz.

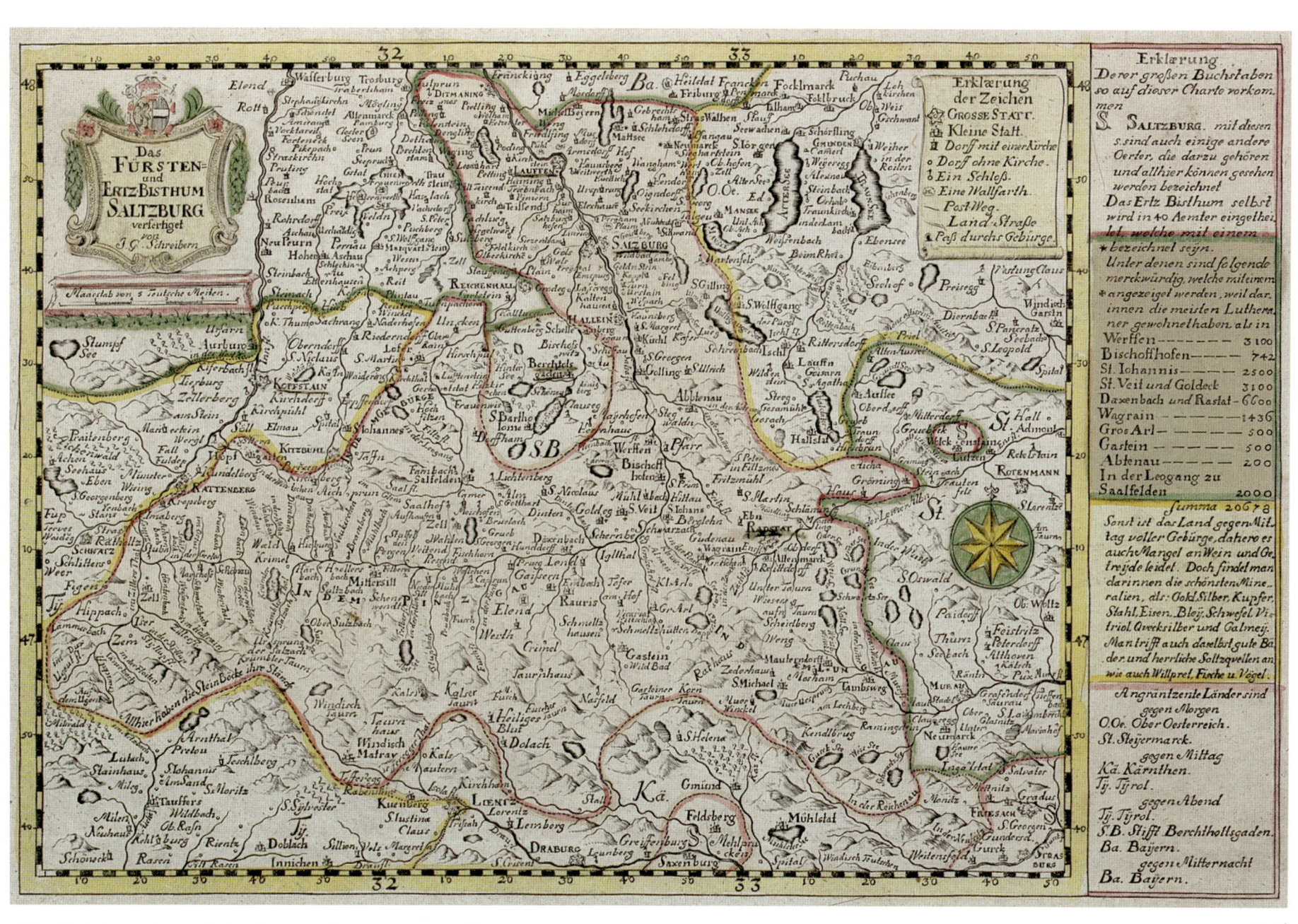

3   Guetrather und die Karten des 18. Jahrhunderts

Abb. 37: Johann Georg Schreiber: Landeskarte mit „Erklärung".   3.6

Titel:	Kopfleiste: «PROVINCIA ARCHIEPISCOPATUS SALISBURGENSIS.».
Zusätze:	Himmelsrichtungen in Latein in der Mi. an jedem Seitenrand.
Maße:	Karte: 36,7 x 26,4 cm, mit Kopfleiste: 28 cm; Platte: 37,3 x 28,2 cm; Blatt: ca. 40 x 34 cm. – Bd.: ca. 24 x 35 x 8 cm.
Maßstab:	1:720.000; 1" = 10.000 Kl., 4" = 10 M.
Graduierung:	Doppelstrichrahmen mit s/w Minuten-Skala, alle 10' und volle Grade beziffert. L von Salzburg: 32° 35' E.
Druckart:	Kupferstich, häufig sehr schön koloriert.
Publ.-Art:	Kartenbeilage in: «GERMANIÆ │ SACRÆ │ TOMUS II. │ ARCHIEPISCOPATUS │ SALISBURGENSIS │ CHRONOLOGICE PROPOSITUS │ AUCTORE │ P. MARCO HANSIZIO, SOC. JESU. │ CUM PRIVILEGIO S. CÆ-SAREÆ MAJESTATIS │ ET FACULTATE SUPERIORUM. ‖ (große, mit Blattwerk etc. geschmückte ovale Vignette; zwei Windgötter über stürmischer See, Motto: „Turbant, sed extollunt", darunter abgestrichen:) AUGUSTÆ VINDELICORUM, │ Sumptibus Martini Happach & Franc. Xav. Schlüter. │ Anno MDCCXXIX.». Außer der Vignette ist der Titel in Buchdruck hergestellt. Frontispiz: Huldigung für Eb. LEOPOLD ANTON Firmian, 16 x 26 cm, dessen Büste auf einem großen Sockel mit drei Engeln und seinem Wappen, signiert «J. J. Sedelmayr sculp. Viennae». – Ansicht der Stadt Salzburg mit Landes- und Stadtwappen, 16,9 x 28,5 cm, signiert «I:Balth:Gutwein sculp. A. V.». Neuerliche Widmung an den Eb. und 16 Seiten „Präfatio" mit einer Bischofsliste. Danach ist die Karte mittels angeklebtem Steg vor der ersten Textseite gefaltet in den über 1.200 Seiten starken Buchblock (ca. 21 x 34 cm) eingefügt, der noch ca. 65 Wappen-Holzschnitte aufweist. Um das Werk auch verbilligt anbieten zu können, waren die drei Stiche nur in einem Teil der Aufl. enthalten.
Standort:	SLA: Graphik XIV.28. – SMS. – SUBE: Ryh 4706:12 – SWS. – UBS: 168.640 III/2. – UBW: 58.956 A. – ZBLU: G3 164.
Literatur:	ADB Bd. 10, S. 542. – BBB S. 303. – SLA S. 12, L.28. – WUR 8. T., S. 333. – Zu GUTWEIN: BBB S. 288.

3.6
Johann Georg Schreiber (1676–1750)
„Das Fürsten= und Ertz=Bistum Saltzburg"

37 Wie alle Drucke des Leipziger Kartographen und Verlegers ist die populäre Landeskarte in der Nachfolge GUETRATHERs, HOMANNs und SEUTTERs sehr ansprechend gestaltet. Als „Markenzeichen" weist sie die für SCHREIBER typische Textspalte mit Nennung politischer oder geographischer Besonderheiten und der wirtschaftlichen Verhältnisse auf. Für Salzburg werden als «merckwürdig» jene Ämter angeführt und in der Karte markiert, «darinnen die meisten Lutheraner gewohnet haben».

Die geschmackvolle Zierde des Oktavblattes bildet seine geschwungene Titelkartusche mit dem Landeswappen und zwei Lorbeer-Festons im linken oberen Eck. Trotz ihres kleinen Formats bieten SCHREIBERs Karten stets vielfältige und manchmal unerwartete, von den Folio-Blättern übernommene Informationen, wie z.B. südlich des Ziller- und Krimmler Tales (in dem auch SCHREIBER wie HOMANN die Salzach entspringen läßt) der Vermerk «Allhier haben die Stein Böck ihre Stände» wie bei HOMANN und SEUTTER. Wegen ihrer Qualität wurden die Karten häufig nachgestochen oder zur Gänze kopiert, wie vor allem von dem Augsburger Verleger Johann Michael PROBST (→ 3.9 und 4.30).

Literatur:	THB Bd. 30, S. 282. – WAW S. 226ff. – ZED Bd. 35, Sp. 1152.

3.6.1
Deutsche Ausgaben
1732

Die ersten Drucke der Karte sind schon im Frühjahr 1732(!) im ersten Band der aktuellen „Ausführlichen Historie derer Emigranten" des Leipziger Pfarrers Christoph SANCKE erschienen, wohl auf Anregung des rührigen Verlegers TEUBNER. Später hat SCHREIBER die Karte inhaltlich unverändert, aber allseitig um ca. 5 mm vergrößert in seinen „Atlas selectus" übernommen.

Titel:	«Das │ FÜRSTEN= │ und │ ERTZ=BISTHUM │ SALTZBURG │ verfertiget │ *von* │ *J. G. Schreibern*».
Zusätze:	Im Steinsockel der Titelkartusche Linearmaßstab für 5 dt. M. – Re. o. im Eck des Kartenfeldes aufgerollt: «Erklärung │ der Zeichen». – Achtstrahlige Kompaßrose freistehend re. im Kartenfeld. «Erklärung» re. neben der Karte mit gleicher Höhe.
Maße:	Karte: 21,4 x 16,6 cm; «Erklärung»: 3,8 x 16,6 cm; Ges: 25,6 x 16,6 cm; Platte: ca. 28 x 19 cm; Blatt: ca. 29 x 21,5 cm. – Bd.: 31 x 22,5 cm.
Maßstab:	1:960.000; 3" = 10 M. – MW des tatsächlichen 1:968.490.
Graduierung:	Strichrahmen mit s/w 2'-Skala, alle 10' und volle Grade beziffert. L von Salzburg: 32° 35' E.
Druckart:	Kupferstich mit Zier-, Flächen- und Grenzkolorit.
1. Publ.-Art:	Kartenbeilage in: «Ausführliche │ Historie │ Derer │ **EMIGRANTEN** │ Oder │ Vertriebenen Lutheraner │ Aus dem │ **Ertz=Bißthum Saltzburg,** │ Worinnen man findet │ I. Eine Geographische Beschreibung/ nebst einer accuraten │ Land=Charte dieses Ertz-Bißthums. │ II. Eine Historische Erzehlung von dessen Ursprunge/ … │ III. Eine gründliche Ausführung derer dortigen Religions= │ Händel … │ IV. Was sich vor/ bay und nach der jetzigen grossen Vertreibung │ daselbst zugetragen. ‖ … (Querstrich) Leipzig, 1732. │ Zu finden in Teubners Buchladen.». – Der erste Teil des über 1.000 Seiten starken Gesamtwerkes enthält die zur Landesbeschreibung gehörende Karte sowie eine Ansicht der Stadt Salzburg und das Bild eines Emigrantenpaares. Noch im Herbst 1732 brachte TEUBNER den zweiten Teil heraus, der vor allem die neue Heimat der Emigranten mit einer Ostpreußen-Karte SCHREIBERs schildert. Die Teilbände III und IV enthalten keine Karten. 1. Aufl. von Bd. 1 wie oben.
Standort:	BSM: 4 H.ref. 423 und 4 H.ref. 740. – SLA: B 03229.

2. Aufl.: «… (Querstrich) Andere (Zweite) Aufl. (Querstrich) Leipzig, 1732. │ Zu finden …».

Standort:	BSM: 4 H.ref. 424.
	3. Aufl.: «... (Querstrich) Dritte Aufl. (Querstrich) Leipzig, 1733.	Zu finden ...».
Standort:	BSM: 4 H.ref. 426.– UBW: I 149.301 A. – UBS: 1.770 I und 1.771 I.
Literatur:	MAR S. 147f., Farbt. 8, Abb. 161–165, S. 260: Bu 17.1.
2. Publ.-Art:	Atlasblatt aus: «ATLAS	SELECTUS	von allen	Königreichen und	Ländern der Welt,	Zum bequemen Gebrauch	in Schulen,	auf Reisen und bey	dem Lesen der Zeitungen.	verfertiget und in Kupffer	gestochen von	Johann George Schreibern	in Leipzig.». – Im «Register zu denen hierinnen befindlichen Karten»: «39. Saltzburg». Die Karten selbst sind nicht numeriert, doch finden sich häufig hs. Eintragungen der Registerzahl. Der Atlas enthält ferner die Karte „Der bayerische Creis" (→ 4.17).
Standort:	BSM: 2 Mapp. 17–56 (Salzburg als 56a). – KONS. – ÖNB: 721.465-C.K. – SBB Haus 2: Kart. 0 8918. – SLA: Graphik XIV.30. – SMCA: SL 28, L 01 (drei Ex.). – SWS. – SWW: K-II: WE 152.
Literatur:	SLA S. 13, L.31.

3.6.2
Niederländische Ausgabe
1732/33

Die Karten SCHREIBERs und alle Illustrationen des Gesamtwerkes wurden von Isaac LE LONG in seine dreibändige niederländische Emigrationsgeschichte „übernommen" – allerdings ohne deren Urheber zu nennen. Die Ansicht der Stadt Salzburg blieb, abgesehen von der Sprache, unverändert, und das Emigrantenpaar druckte er seitenverkehrt. Die Karte ließ er hingegen neu stechen, wobei die etwas verkleinerte Kopie alle Details der Vorlage genau übernimmt – auch ihre graphische Einteilung und den Hinweis auf die Steinbock-Reviere. Darüber hinaus muß man anerkennen, daß das Plagiat die große Tradition der niederländischen Kartenmacher durch den wesentlich schöneren Stich aller Schriften und die bessere Stellung der Toponyme augenfällig beweist.

Titel:	«HET	VORSTENDOM	en	AARTS-BISDOM	SALTZBURG» (zwei Zeilen mit SCHREIBERs Namen gestrichen).
Zusätze:	Im Oberrand re. über Kartenecke: «Pag. 10.». – Re. o. im Eck des Kartenfeldes ein aufgerolltes Blatt mit: «Verklaaringe	der Teekens.». – Freistehend re. 16-strahlige (statt achtstrahlige) Kompaßrose. – Re. neben der Karte die Spalte: «Verklaaringe».
Maße:	Karte: 21,5 × 16,1 cm; «Verklaaringe» 4 × 16,1 cm; Ges: 25,5 × 16,1 cm; Platte: ca. 26,5 × 17 cm; Blatt: ca. 29,5 × 21 cm. – Karte 4 × 2 auf das Buchformat ca. 10,5 × 17 cm gefaltet.
Maßstab:	1 : 1.008.000, 1" = 14.000 Kl. = 3½ M., 4" = 14 M.; oder: 1 : 1.080.000, 1" = 15.000 Kl., 4" = 15 M.
Graduierung:	Wie in der Originalausgabe, die Längen stehen aber nicht auf den Markierungen, sondern li. daneben und die Breiten unter diesen.
Publ.-Art:	Kartenbeilage in (1. Bd. zwischen S. 10 und 11): «Gedenkwaardig en Uytvoerig	HISTORISCH	VERHAAL,	VANDE	Verdrevene Ballingen, uyt het	Aarts-Bisdom van *Saltzburg*:	UYT	Geloofwaardige Historie-Schryvers,	... en andere Gedenk-	Schriften opgemaakt,	En uyt het *Hoogduytsch* vertaalt,	... DOOR	ISAAC LE LONG.	*Met Kopere Plaaten verciert*. ‖ (Verlagssignet) t'AMSTERDAM,	By HENDRIK VIEROOT,	Boekverkoper op de Hoek van den	Nieuwendyk, op den Dam, 1732.» (auch «1733»).
Standort:	SLA: HB A 06265 Sonderbestand (1733). – SWS.
Literatur:	MAR S. 161, 262: Bu 21.1.

Fortsetzung: 4.17

3.7
Jacob Keizer (Daten unbekannt)
„T Aartsbisdom" mit Ansicht der Festung

Die seltene niederländische Oktavkarte des Erzstiftes erhält ihre besondere Note durch eine reizvolle Ansicht der Festung Hohensalzburg – die einzige, die uns bisher auf Landeskarten untergekommen ist. Als Vorlage benützte KEIZER (Jakob KEYSER) einen von niemand geringerem als Georg Matthäus VISCHER (1628–1696) signierten Stich, den ZAISBERGER im Kriegsarchiv München lokalisiert hat (Faksimile: SLA: Graphik XVIII.5). Die bisherige Zuschreibung an den geschätzten Augsburger Kupferstecher Georg Christoph KILIAN (1709–1781) ist unrichtig, da in der Ansicht die schon 1681 vollendete KUENBURG-Bastei fehlt.

KEIZER arbeitete um 1740 in Almelo sowohl als Kupferstecher wie als Zeichner und Entwerfer. Dem Vorwort zum Atlas ist zu entnehmen, daß er Landkarten gesammelt und nach diesen seine eigenen Blätter gestochen hat, die er u. a. für DE LATs Atlanten lieferte. Die ziemlich richtige Wiedergabe des Landes und speziell des Gewässernetzes ähnelt weitgehend der Darstellung SCHREIBERs. Die Verleger beider Ausgaben berufen sich hingegen auf Guillaume DELISLE. Für die Qualität der Karte spricht jedenfalls ihre Wiederverwendung nach ca. 50 Jahren.

Literatur:	KOE II S. 220. – Sp-S S. 1354 („unbekannt"). – THB Bd. 20, S. 237. Zu KILIAN: THB Bd. 20, S. 293. – Zu VISCHER: THB Bd. 34, S. 416. – WUR 51. T., S. 45ff.

Jan (Joan) de Lat (Daten unbekannt)

DE LAT war laut KOEMAN einer der ganz wenigen Kartenhändler und Verleger, der im 18. Jh. nicht in Amsterdam publizierte. Zwischen 1734 und 1750 ist er als „Kunstkarten- und Buchverkäufer" in Deventer nachgewiesen. Mit seinem Teilhaber KEIZER als Stecher brachte er von 1734 bis 1747 acht Taschen-Atlanten heraus, die teilweise in Parallelausgaben in Deventer und Almelo erschienen sind (Hinweis im Karten-Titel). Komplette Exemplare der Deventer-Ausgabe mit dieser Karte sollen nurmehr in der dortigen „Stads- of Athenaeumbibliotheek" und in einer deutschen Privatsammlung vorhanden sein.

3   Guetrather und die Karten des 18. Jahrhunderts

Abb. 38: „'T Aartsbisdom" mit Ansicht der Festung.

| Literatur: | KUILE, G. J. ter Sr.: Uit de kindsheid der typografie in Twente. In: Twentsche eigenheimers. Almelo 1947.
KOE II S. 261 ff. |

1741/42

Titel:	Li. o. im Eck mit Strichrahmen: «T AARTSBISDOM	SALTZBURG	*Gelegen na de Stelling*	*van de* H^r. G. DE L'ISLE	*en Uitgegeven tot*	DEVENTER *by* I. DE LAT	*en tot*	ALMELO *by* I. KEIZER».
Zusätze:	Re. o. im Eck Insert mit eigener Graduierung im Strichrahmen, 7,1 x 4,3 cm: Salzburgs Besitz in Niederösterreich. – Unmittelbar darunter Ansicht der Festung «*T SLOT of VESTING*	*HOOG SALTZBURG*» mit Erläuterungen. – Li. u. im Eck: Maßstab für 5 dt. M. – Burghausen und ein Teil der Salzach ragen in den Kartenrahmen hinein.
Maße:	Karte: 23,7 x 17,5 cm; Platte: 24,3 x 18 cm; Blatt: ca. 29 x 19 cm. Zwei senkr. Büge infolge der Faltung auf das schmale und hohe Atlasformat von ca. 9 x 19,5 cm.
Maßstab:	1 : 960.000; 1" = 13.333 $^{1}/_{3}$ Kl., 3" = 10 M.
Graduierung:	Strichrahmen mit s/w 5'-Skala, alle 10' und volle Grade beziffert. L von Salzburg: 30° 33' E.
Druckart:	Kupferstich und Radierung, Grenzen kräftig, Flächen zart koloriert, ebenso der Festungsberg.
Publ.-Art:	Atlasblatt aus der ersten Ausgabe, undatiert, nach TER KUILE wahrscheinlich von 1741: «NIEU en ACCURAT	GEOGRAPHIES	KAART – BOEKJE.	BEHELST HET	VYFDE PART VAN T'	**DUITSE**	**KEIZER – RYK**	Vervattende onder anderen	een Kaartje van Duitsland,	Boheme, de Oostenrykse en	Beyerse Kreitz, ... t Aardbisdom Saltz=| burg en andere Bisdommen ... ‖ *Zeer dienstig voor alle Reysegiers,*	... *Getekent*	*en te Zamen Gestelt*	*en Uitgegeven tot*	(Übersichtskärtchen der genannten Länder zwischen 45° und 52° n. B., ohne Längengrade.) ALMELO *by* JACOB KEIZER	*Plaatsnyder* *Verkoopt mede*	*alderkande Land - Kaarten*	*zoo groote als Kleine*.». – Im Register der 32 Karten des Atlas: «*27. Aards Bisdom Saltzburg*». Die Karte selbst hat keine Nummer.
Die zweite Ausgabe trägt den Titel: «NIEUW EN ACCURAAT	KAART-BOEKJE,	VERVATTENDE	HET GROOTSTE GEDEELTE	VAN	DUYTSLAND, ... ‖ Te Deventer, in 't ligt gegeven door	Jan de Lat, Konst, Kaart- en	Boekverkoper, 1742.». Sie enthält Karten der Nord- und Ostseeküste und von Mitteldeutschland bis etwa zur Linie Mainz–Bamberg–Pilsen.
KOEMAN katalogisiert nur diese Ausgabe und vermerkt, daß es sich um denselben Taschenatlas handelt, den TER KUILE mit dem Titel von KEIZER separat nennt.
Standort:	SAD: BORG 117. – 2. Ausgabe: SBB Haus 2: 8° Kart. L 2516–18.
Literatur:	KOE II S. 261 ff.: Lat 4.

Jan Barent Elwe (Daten unbekannt)
Dirk M. Langeveld (Daten unbekannt)

Der schlecht dokumentierte Verleger und Buchhändler Barent (Barend, Baret) ELWE, dem seine Kollegen viel Übles nachsagten, hat kaum eigene Karten geschaffen. Zwischen 1785 und 1809 in Amsterdam tätig, brachte er etliche Atlanten – teils gemeinsam mit dem Buch- und Kunsthändler LANGEVELD – nach den Vorlagen anderer unter seinem Namen heraus, nannte aber zumindest im „Reis-Atlas" korrekt die eigentlichen oder vermeintlichen Urheber sowie als „Verbesserer" Willem Albert BACHIENE (BACHINE, 1712–1783, Prediger, Astronom und Geograph in Maastricht). Die Karte des Erzstiftes von KEIZER hat er trotz ihres Alters von der gleichen Platte nachgedruckt und nur den Titel soweit nötig geändert. Dabei entstand zwischen dem Verlagsort und der sehr eng gestochenen Namenszeile ein unschöner Leerraum. Alle anderen Daten entsprechen der Erstauflage. Diesem Blatt folgt im Atlas noch eine hochformatige Karte von Bayern mit dem Erzstift Salzburg (→ 4.28). Auf der „Kaart van ... Carenthien" sind die mittlere Salzach, der Lungau und die Salzburger Exklaven eingetragen.

1791

Titel:	Li. o. im Eck mit Strichrahmen: «T AARTSBISDOM	SALTZBURG	*Gelegen na de Stelling*	*van de* H^r. G. DE L'ISLE	*en Uitgegeven te*	A M S T E R D A M,	*By* I. B. ELWE *&* D. M. LANGEVELD.».
Publ.-Art:	Atlasblatt (Karte Nr. 18 nach fing. Zählung) aus: «VOLKOMEN REIS-ATLAS,	*van geheel*	DUITSLAND,	*Vervat in zeer juiste*	K A A R T E N.	*Op nieuw vervaardigd, naar de*	*laatste ver-*	*beteringen van* BACHINE *en verrykt met eene*	*Ongemeen gemaklyke STEEDEWIJZER,*	*Benevens*	*Eene zo beknopte als volledige*	Geographische beschrijving	*van het gantsche*	D U I T S C H E R IJ K. ... ‖ *te Amsterdam bij*	I. B. ELWE,	MDCCXCI.».
Standort:	SBB Haus 2: Kart. L 2516–18. – SWS. – UBA: 200 F 20.
Literatur:	KOE II S. 104 ff.: El 1.

3.8
George-Louis le Rouge (ca. 1722–1779?)
Titel mit Lilienwappen

1743

Dank seiner dekorativen Auszier und exquisiten Kolorierung zählt das Blatt zu den schönsten Karten Salzburgs. Es wird rechts oben von einer anspruchsvollen Muschelkartusche im Stil des Ancien régime mit eleganten Rocaillen und zierlichem Blattwerk beherrscht. Die Krone über dem reich geschmückten Lilienwappen kündet von dem fast königlichen Rang der CONTI, eines jüngeren Zweiges des bourbonischen Hauses CONDÉ. Die Widmung gilt Prinz Louis François de CONTI (1717–1776), französischer Heerführer, Großprior des Malteser-Ordens in Frankreich und diplomatischer Berater LUDWIGS XV. Sein Wappen umrahmen die Kollanen der beiden höchsten Orden des Königreichs mit ihren Kleinodien: Das achtspitzige Kreuz des Ordens vom Hl. Geist (von HEINRICH III. 1578 gestiftet)

Abb. 39: George-Louis le Rouge: Titel mit Lilienwappen.

und das Medaillon des Ordens des Hl. Michael (von LUDWIG XI. 1469 gestiftet). Der weitere graphische Schmuck der Karte paßt harmonisch zur Titelkartusche.

Als Vorlage verwendete LE ROUGE die Karte von HOMANN in der Fassung LOTTERs. Dabei ließ er das Gewässernetz mit großer Genauigkeit kopieren. Hingegen wurden die Toponyme nicht nur anders angeordnet, sondern auch stark reduziert, sodaß der neue Stich mit französischen Ländernamen wesentlich lockerer wirkt. Die Maulwurfshügel und Waldsignaturen werden ziemlich willkürlich durch Bergsilhouetten ersetzt, die Straßen stimmen mit der Darstellung LOTTERs überein. Merkwürdigerweise enden die Flüsse, Straßen und Grenzen am unteren Rand der Karte schon 10 mm vor dem Rahmen, wogegen die Berge und auch das Kartuschenblattwerk bis an diesen heranreichen.

Die erste Auflage der Karte ist in dem von 1741 bis 1762 publizierten „Atlas général" enthalten. Sie trug zuerst kein Jahr in der Titelkartusche, doch findet man nicht selten die handschriftliche Eintragung „1743". LE ROUGE ließ später den Titel mit dieser Jahreszahl in auffallend grobem Stich ergänzen. Eine weitere Ausgabe ist nach 1764 erschienen. Außer den kostspieligen Atlanten in Folio brachte LE ROUGE u. a. 1748/56 auch einen Handatlas mit dem Titel „Atlas nouveau portatif à l'usage des militaires et du voyageur …" bei dem Pariser Verleger CREPY mit 91 Karten (ca. 19 x 26 bzw. 26 x 19 cm) heraus. Auf den Blättern „La Bavière" und „La Haute Autriche" sind nur kleine Teile Salzburgs erfaßt, sodaß sie nicht registriert werden (SWW: K-II: WE 162).

Titel:	«L'ARCHEVECHÉ DE | SALTZBOURG | DEDIÉ | A S.A.S. MONSEIGNEUR le Prince de CONTY, | Par son tres humble et Obeissant Serviteur, le ROUGE | Ingenieur Geographe du Roy, | A PARIS | rue des Grands Augustins.». – Letzte drei Zeilen auch: «Ing. Géographe du Roy | A PARIS | Rüe des Gr.ds Augustins.».
Zusätze:	Li. o. im Eck in dekorativem Rocaillenrahmen: «RENVOY» (Zeichenerklärung). – Li. u. im Eck in ähnlichem Rahmen zwei Linearmaßstäbe für allgem. dt. und Sbg. Reise-Meilen. – Re. am Rand des Kartenfeldes Insert mit den nö. Besitzungen des Erzstiftes.
Maße:	Karte: 56,5 x 49 cm; Platte: 57,5 x 50,8 cm; Blatt: ca. 66 x 53 cm.
Maßstab:	1 : 432.000; 1" = 6.000 Kl. = 1½ M.
Graduierung:	Strichrahmen mit s/w Minuten-Skala, alle 10' und volle Grade beziffert, kein Gradnetz. L von Salzburg: 30° 35' E.
Druckart:	Kupferstich, ungewöhnlich schönes, vielfarbiges Kolorit. – Wasserzeichen: (a): Malteserkreuz in Ordenskette oder Rosenkranz (LIS Nr. 144?); (d): «G. TBGBE. VS – Signet(?) – HAVNFED(?)».
Publ.-Art:	Atlasblatt aus: 1.) «ATLAS | GENERAL | Contenant le Detail | DES QUATRE PARTIES DU MONDE | principalement | CELUI DE L'EUROPE | PAR LE ROUGE | Ingénieur Géographe du Roi et | S.A.S. M. le Comte de Clermont | Avec Privilege du Roi. ‖ A Paris chez le Sr. Le ROUGE. Ing. Géographe du Roy Rüe des Grds Augustins.». Der Titel steht dekorativ auf einer großen gekrönten Tafel, die von mythologischen Figuren (re. o. Pegasus, li. u. Athene mit Speer und Schild), Globen und Meßinstrumenten umgeben ist. Li. unter dem Bild: «J'aveline sculp.». – Titelkupfer: 34 x 51 cm. – Atlas: ca. 45 x 55 cm, Salzburg auf Blatt 93. 2.) «RECUEIL | CONTENANT | DES | CARTES | NOUVELLES | DRESSEES | Sur des Moreaux Levés sur les Lieux | et les Memoires les plüs Nouveaux | DEDIE | A MONSEIGNEUR LE COMTE | D'ARGENCON MINISTRE DE LA GUERRE | A PARIS | Par et chez le Sr. le ROUGE Ingénieur | Géographe du ROY rüe des grands Augustins vis-a-vis le panier fleuri. | AVEC APPROBATION | ET PRIVILEGE DU ROY | 1742.». – Atlas ca. 35 x 56 cm.
Standort:	1.): BSM: 2 Mapp. 96 m-93. – ÖNB: K I 123.478 (Einzelblatt). – SLA: Graphik XIV.66. – SUBE: Ryh 4706 : 13. – SWS. – 2.): NLC: Ayer 135 L6 1742.
Literatur:	LAR Bd. 10, S. 397. – SLA S. 13, L.32.

Fortsetzung: 4.14

3.9
Johann Michael Probst d. J. (1757–1809)
Johann Georg Probst d. J. (Daten unbekannt)
Kopie nach Schreiber
1791

Der Ruf Augsburgs als Sitz bedeutender Veduten-Stecher und Verleger im 17. und 18. Jh. wurde vor allem von Jeremias WOLFF (1663–1724) begründet. Sein Schwiegersohn Johann Balthasar PROBST (1686–1750) führte die Firma erfolgreich weiter und wurde zum Stammvater einer ganzen Kupferstecher- und Verleger-Dynastie, die auch einen Teil der Verlassenschaft SEUTTERs erbte (→ 3.3, 3.4). Aus diesem Material, dem „Atlas selectus" von SCHREIBER und wenigen eigenen Entwürfen stellten Johann Michael, Johann Georg und Johann Konrad PROBST einen kleinen deutschen Atlas zusammen, der ab 1791 in mehreren Auflagen erschienen ist. Wie seine Vorbilder enthält er eine Karte des Bayerischen Kreises mit Salzburg (→ 4.30) und eine Landeskarte des Erzstiftes. Bei dieser handelt es sich um eine verblüffend genaue Kopie der Karte von SCHREIBER (→ 3.6). Abgesehen von den Namen der Kartenmacher und der Graduierung wurden lediglich der Text der Erläuterungen und die Stellung vieler Ortsnamen verändert. Das graphische Bild, die Situation, der Maßstab und die Maße der Karte stimmen vollständig mit der Vorlage überein.

Titel:	«Das | FÜRSTEN | und | ERZBISTHUM | SALZBURG | *Augsburg bey* | *Joh: Mich: Probst.*».
Zusätze:	Wie bei SCHREIBER: Linearmaßstab für 5 dt. M. unter der Titelkartusche, Zeichenerklärung im re. o. Eck des Kartenfeldes, achtstrahlige Kompaßrose re. im Kartenfeld. «Erklærung» im Kasten re. neben der Karte. – Im Unterrand re.: «*1791 Ian. Gestochen von Johañ Georg Probst, in Augsburg*».
Maße:	Karte: 21,4 x 16,6 cm; «Erklærung» 3,8 x 16,6 cm; Ges: 25,2 x 16,6 cm; Platte: ca. 25,5 x 17,5 cm; Blatt: ca. 25,5 x 18 cm. – Atlas: ca. 27 x 19,5 cm.

Maßstab:	1:960.000; 1" = 13.333 ¹/₃ Kl., 3" = 10 M.
Graduierung:	Im einfachen Strichrahmen s/w 2'-Skala, alle 10' und volle Grade beziffert, li. u. Hinweis: «*Grade der Länge, vom ersten Mittagskreis XX° Westlich von Paris*». L von Salzburg: 30° 38' E.
Druckart:	Kupferstich mit Zier- und Grenzkolorit.
Publ.-Art:	Atlasblatt 62, Atlastitel bisher unbekannt.
Standort:	BSM: 4 Mapp. 82 t-62 (Titelblatt fehlt).
Literatur:	MdW S. 298. – THB Bd. 27, S. 411. Zu WOLFF: BAG S. 535. – BSM-44 S 125, 141. – LGK S. 984. – PRE-24 S. 143.

Fortsetzung: 4.30

3.10
Franz Johann Joseph von Reilly (1766–1820)

Neben SCHRÄMBL war REILLY der zweite Wiener Buchhändler, Kartograph und Verleger, der starken Einfluß auf das Geistesleben seiner Zeit ausübte. Als er im Alter von nur 54 Jahren starb, zeugten über 1.000 Landkarten in zahlreichen Atlanten, darunter vor allem der umfangreichste Atlas von Europa (und damit Österreichs weitaus größtes überregionales Kartenwerk), mehrere geographische Handbücher und etliche Belletristik, wie u. a. eine „Bibliothek der Scherze" in sechs Bänden, von seiner Schaffenskraft. Diese Katalogisierung kann sich aber auf REILLYs Chef d'oeuvre, den „Schauplatz der fünf Theile der Welt", beschränken.

Beeindruckt vom Anfangserfolg des SCHRÄMBL-Atlasses begann der aus einer begüterten schottischen Familie stammende REILLY schon mit 23 Jahren einen billigeren „Universal-Atlas", eben den „Schauplatz", zur überaus populären „Erdbeschreibung" von Anton Friedrich BÜSCHING (1724–1793) auszuliefern („Neue Erdbeschreibung." Fünf Teile in neun Bänden, bei J. C. Bohn, Hamburg 1754/92). „Zur größeren Bequemlichkeit seiner Beschauer und Dauerhaftigkeit der einzelnen Blätter" wählte er das kleinere, handlichere Querformat. Die von bzw. unter Ignaz ALBRECHT gestochenen undatierten Karten beruhen zwar nur selten auf Originalentwürfen, doch wurden ihre Vorlagen immer überarbeitet und einheitlich auf den Null-Meridian von Ferro ausgerichtet. Sie markieren in ihrer fast schmucklosen Nüchternheit ebenso eine neue Ära der Kartographie wie ihre rationalisierte Produktion. In der Regel erschien jede Woche am Donnerstag eine neue Karte mit einer Auflage von wenigstens 1.350 Abzügen. Bis 1806, als das Werk ohne den angekündigten dritten Teil mit den außereuropäischen Ländern eingestellt werden mußte, umfaßte es 830 Karten. Aus seinem riesigen Material stellte REILLY auch mehrere Regionalatlanten mit eigener Numerierung zusammen, darunter als größten den „Atlass von Deutschland".

Da den Generalkarten größerer Gebiete jeweils Spezialkarten der einzelnen Länder folgen, scheint Salzburg im „Schauplatz" mehrfach auf: Als Teil des Bayerischen bzw. als Nachbar des Österreichischen Kreises und allein als souveränes Erzstift. In REILLYs „Post-Atlas von der ganzen Welt" bildet Salzburg zwar den optischen Mittelpunkt der „Postkarte von dem Oesterreichischen Kreise", doch können diese Postkarte und die Karte des Österreichischen Kreises ebensowenig als Landeskarten angesehen werden wie die Karten von Ober- und Unterkärnten, obwohl deren Titel die Exklaven des Erzstiftes eigens anführen. Die Einzeldarstellung des Landes stützt sich, wie REILLY korrekt vermerkt, auf die verbesserte Karte von HOMANN mit weitgehend lagerichtiger Wiedergabe speziell seiner südlichen Teile. Im Verband des Bayerischen Reichskreises wird das Erzstift hingegen auf dessen Karte (→ 4.29) in grotesker Verzerrung präsentiert. Beide Versionen sind gleichzeitig in demselben Atlas auf Folgeseiten erschienen!

Die beiden folgenden Karten des Erzstiftes, dessen Anteil am Kartenfeld (allerdings mit Randüberschreitungen) optimale ca. 45% erreicht, stammen von der gleichen Platte. Sie zeigen besonders deutlich, wie leicht Kupferstiche zu korrigieren sind. Der Titel steht links oben im Eck auf einer schräg angelehnten Steinplatte, die antike Säulenreste und Buschwerk umgeben. Die Geländedarstellung mit vereinzelten Maulwurfshügeln wirkt erstaunlich primitiv. Als Beitrag zur Verkehrsgeschichte sind die Postkurse von Salzburg nach Vöcklabruck, Unken und Kärnten zu beachten.

Literatur:	DES S. 33, 200. – DÖR S. 205–270. – LGK S. 656. – ÖBL Lfg. 41, S. 39f. – WAW S. 264ff. Zu BÜSCHING: LGK S. 126f.

3.10.1
„Das Erzstift Salzburg" ohne Mühldorf, Nr. 156
(1790)

Wie DÖRFLINGER festgestellt hat (S. 208, 214), brachte REILLY die undatierten Karten zum „Schauplatz" ab 4. Juni 1789 in der Reihenfolge ihrer Nummern mit wöchentlicher Lieferung heraus. Die Jahreszahlen der Titelblätter beziehen sich lediglich auf deren Erscheinen. Diese Karte dürfte daher etwa im Herbst 1790 ausgeliefert worden sein. Sie enthält zahlreiche Fehler, die wohl der enorme Zeitdruck verschuldet hat, unter dem REILLY angesichts der wöchentlichen Erscheinungsweise gestanden haben muß.

40

Titel:	«Das | Erzstift | **SALZBURG** | mit der | Gefürsteten Probstey | *BERCHTESGADEN.* | Nro. 156.».
Zusätze:	Unter dem Titel zwei Linearmaßstäbe für «*Salzburgische Reis-Stunden*» und für «*Deutsche M. 15. a. 1. G.*».
Maße:	Karte: 28,7–29,3 x 24–24,5 cm, Platte: 30,7 x 25,8 cm, Blatt: bis zu 47,5 x 32 cm, daher original li. und re. etwa 10 cm breite Ränder. Das Atlasformat variiert von 41,5 x 30,5 cm bis 49 x 32 cm.

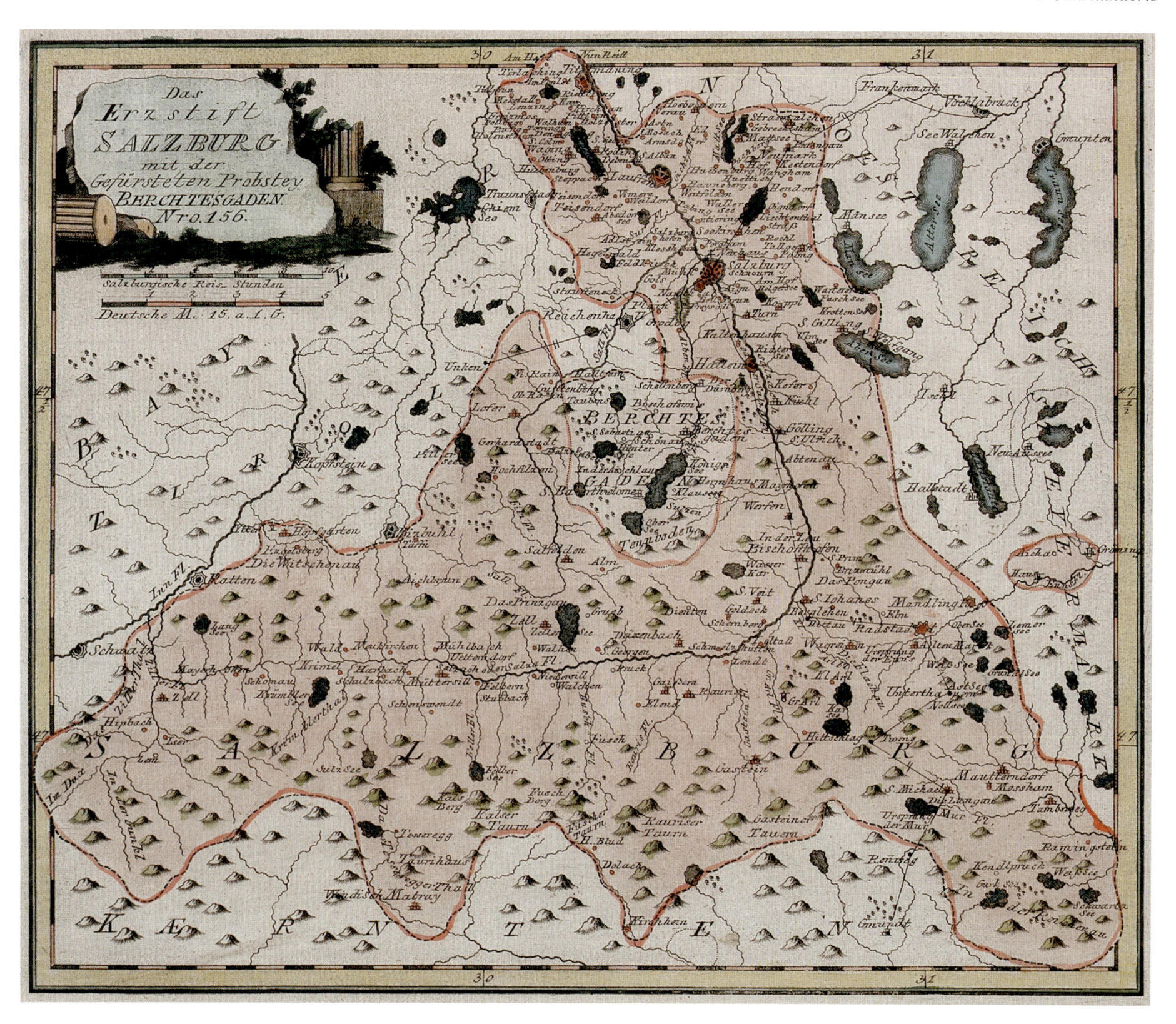

3 *Guetrather und die Karten des 18. Jahrhunderts*

Abb. 40: Franz Johann Joseph von Reilly: Salzburg ohne Mühldorf.

3.10.1

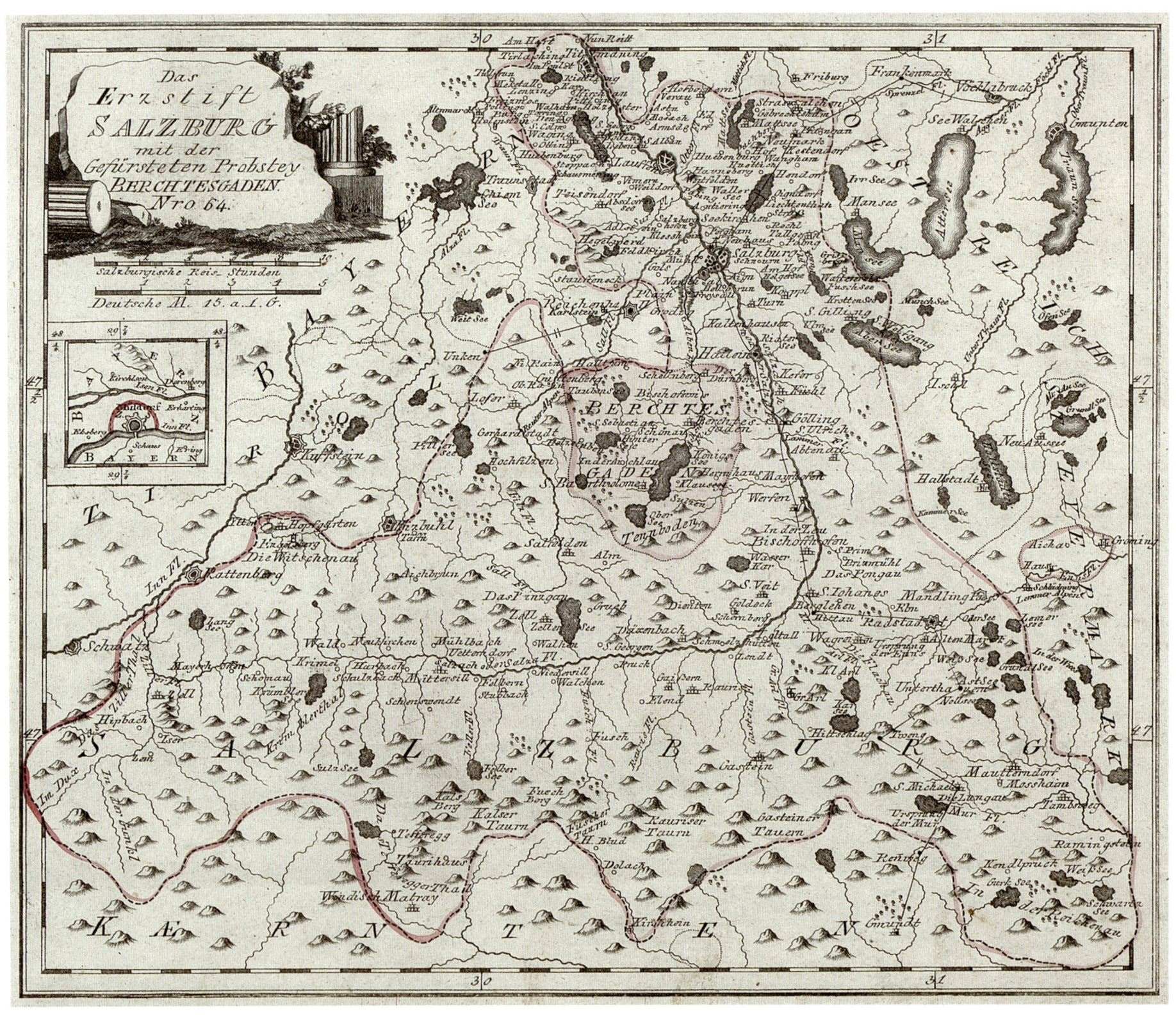

3   Guetrather und die Karten des 18. Jahrhunderts

Abb. 41: Franz Johann Joseph von Reilly: Salzburg mit Mühldorf.

3 *Guetrather und die Karten des 18. Jahrhunderts*

Maßstab:	1:648.000; 1" = 9.000 Kl., 4" = 9 M.
Graduierung:	Im schlichten Doppelstrichrahmen sind die vollen Längen- und die halben Breitengrade beziffert. Die Skalierung einer schmalen s/w 4'-Leiste stimmt mit den Marken der Grade nicht überein. L von Salzburg: 30° 40' E.
Druckart:	Kupferstich, Grenzen meist farbig nachgezogen.
Publ.-Art:	Atlasblatt aus: «SCHAUPLATZ DER FÜNF THEILE DER WELT	MIT BESTÆNDIGER RÜCKSICHT AUF DIE BESTEN	ORIGINALWERKE IN DREY THEILE ZUSAMMENGETRAGEN VON EINER	GESELLSCHAFT GEOGRAPHEN.	NACH UND ZU BÜSCHINGS GROSSER ERDBESCHREIBUNG	HERAUSGEGEBEN	VON	F. I. I. von REILLY.	**ZWEYTER THEIL.**	*Enthælt, 1. Deutschland und die Schweitz ...*	W I E N	1791.». – Schmuckrahmen mit Rosetten, Bändern und Blumen. Im Unterrand: «*Gestochen von — Ignatz Albrecht.*» Allegorisches Titelkupfer des Gesamtwerkes: ATHENE dominiert übergroß die mythologische Szene (ca. 28 x 20,5 cm) und zeigt auf eine Schrifttafel mit dem Haupttitel: «Schauplatz	der	**FÜNF THEILE DER WELT**	...». Darüber Büste des am 20. Feb. 1790 gestorbenen Kaisers JOSEF II. – Ähnlicher Zwischentitel auf eigenem Blatt im Kranz von Schwungstrichen.
Standort:	Provinzarchiv der Schweizer Kapuziner, Luzern (in ungewöhnlich guter Erhaltung). – BSM: 4 Mapp. 90 m. – SStW: 60.b.7. – StBM: 3364 bis 3370. – UBW: III 9.527. – Unvollst.: KONS. – ÖNB: KC 96.349 und KC 95.420. – SLA: Graphik XIV.32. – SMCA: SL 30. – SUBE: Ryh 4701:35; 501:33. – SWS. – ZBLU: F1 94, gr. fol.
Literatur:	AA S. 84ff. und Abb. 3: Rei A (1789–1806), Nr. 156. – DÖR S. 205ff.: Rei 1. – SLA S. 13, L.34.

3.10.2
„Das Erzstift Salzburg" mit Mühldorf, Nr. 64
1799

Etwa ein Jahr nach Vorliegen des Deutschland-Teils des „Schauplatzes" begann REILLY ab 1. Februar 1798 mit den Lieferungen für den eigenen „Atlas von Deutschland" und wenig später mit der Herausgabe anderer Regionalatlanten. Die wöchentliche Erscheinungsweise und das System der Numerierung der Blätter in der Reihenfolge ihrer Vorlage wurden beibehalten, sodaß alle Karten neue Nummern erhielten. Dabei nützte man die Gelegenheit zur Überarbeitung zahlreicher Karten mit zum Teil beträchtlichen Korrekturen und/oder Ergänzungen (AA S. 106). Dies gilt gerade für das laut DÖRFLINGER im April 1799 gelieferte Salzburger Blatt, das sich vor allem durch das Insertkärtchen von Mühldorf stark von der früheren Auflage unterscheidet. In dessen Rand sind links unten Reste der punktierten Grenzlinie zwischen Bayern und Tirol zu erkennen, die auf Nr. 156 durchlaufend vorhanden ist. Außerhalb der Salzburger Grenzen wurden rund 20 Gewässer-, Orts- und Gebirgsnamen neu eingetragen, die meist infolge des Nachstiches etwas kräftiger (schwärzer) erscheinen. Überdies hat man die falschen Ortsnamen „Kopfstein" und „Tesseregg" in „Kufstein" und „Tefferegg" verbessert und die irrtümliche Doppeleintragung von „Teisendorf" eliminiert.

Titel:	«Das	Erzstift	**SALZBURG**	mit der	*Gefürsteten Probstey*	**BERCHTESGADEN.**	*Nro 64.*».
Zusätze:	Unter dem Titel zwei Linearmaßstäbe wie vorher und knapp darunter am li. Rand Insertkärtchen, 45 x 40 mm: Mühldorf im Maßstab der Hauptkarte mit eigener Graduierung.
Druckart:	Kupferstich, Grenzen farbig nachgezogen. – Wasserzeichen: Herz mit «C F», darüber Doppelkreuz mit aufgewinkelten Armen, o.: «4».
Publ.-Art:	Atlasblatt aus: «**ATLASS**	**VON**	**DEUTSCHLAND**	*nach und zu Anton Friedrich Büschings grosser Erdbeschreibung*	in einer	**General=**	und zwey hundert vier und achtzig	**Special= Karten.**	(Querstrich) WIEN	MDCCCIII.	*Zu finden im von Reilly'schen geographischen Verschleiss-Komtoir.*». Die ersten drei Zeilen sind mit wenigen Schwungstrichen verziert. – Das Titelblatt zum Atlas wurde zur oder nach der 285. und letzten Karte im Juli 1803 mit dieser Jahreszahl geliefert.
Standort:	BSM: 4 Mapp. 90 n. – ÖGG: K 35. – SLA: Graphik XIV.120. – SMS. – SWS.
Literatur:	AA S. 106. – Rei A k. – DÖR S. 205ff.: Rei 1 a.

Fortsetzung: 4.29

3.11
Leopold Faber (ca. 1760–1800?)
„Strassenkarte"
1796

Der vielseitige Salzburger Historiograph Lorenz HÜBNER bereicherte seine nur mit den Initialen «L. H.» signierte Landesbeschreibung außer mit einem „Stundenzeiger" noch mit der einzigen Karte, die von Leopold FABER, Maler, Graphiker, Zeichenlehrer und zuletzt „Zeichnungsmeister" bei Fürst Ernst SCHWARZENBERG, Bischof von Raab, bekannt ist. Auf der gemilderten Inselkarte, für die offenbar REILLYs Stich als Vorbild gedient hat, sind die Straßen und Siedlungen in allen Nachbarländern bis zu den nächsten Poststationen und im besonderen die Salzburger Exklaven in Kärnten erfaßt. Der Titel ist links oben in einen großen Felsblock eingemeißelt, der vom Wappen des Erzbischofs HIERONYMUS Colloredo gekrönt und teilweise von einer Alpenlandschaft gerahmt wird. Die Szenerie zeigt die Ressourcen Salzburgs: Auf den Bergspitzen stehen Steinböcke oder Gemsen, im Vordergrund entspringt neben einem Salzfaß ein Fluß mit einem großen Fisch, rechts daneben liegen vor Getreidepflanzen „Steinblöcke" mit den Zeichen der chemischen Elemente als Symbole der Bodenschätze. Auf eine Graduierung hat FABER verzichtet.

Titel:	«STRASSENKARTE	DES	ERZSTIFTS SALZBURG».
Zusätze:	Re. o. im Eck freistehend: «*Erklärung der Zeichen*» mit 31 Signaturen, davon 13 für Bodenschätze. – Re. darunter große sternförmige Kompaßrose. – Li. u. im Eck freistehend Maßstab in dt. Stunden bzw. M. Darunter: «*dessiné et gravé par Leopold Faber*».

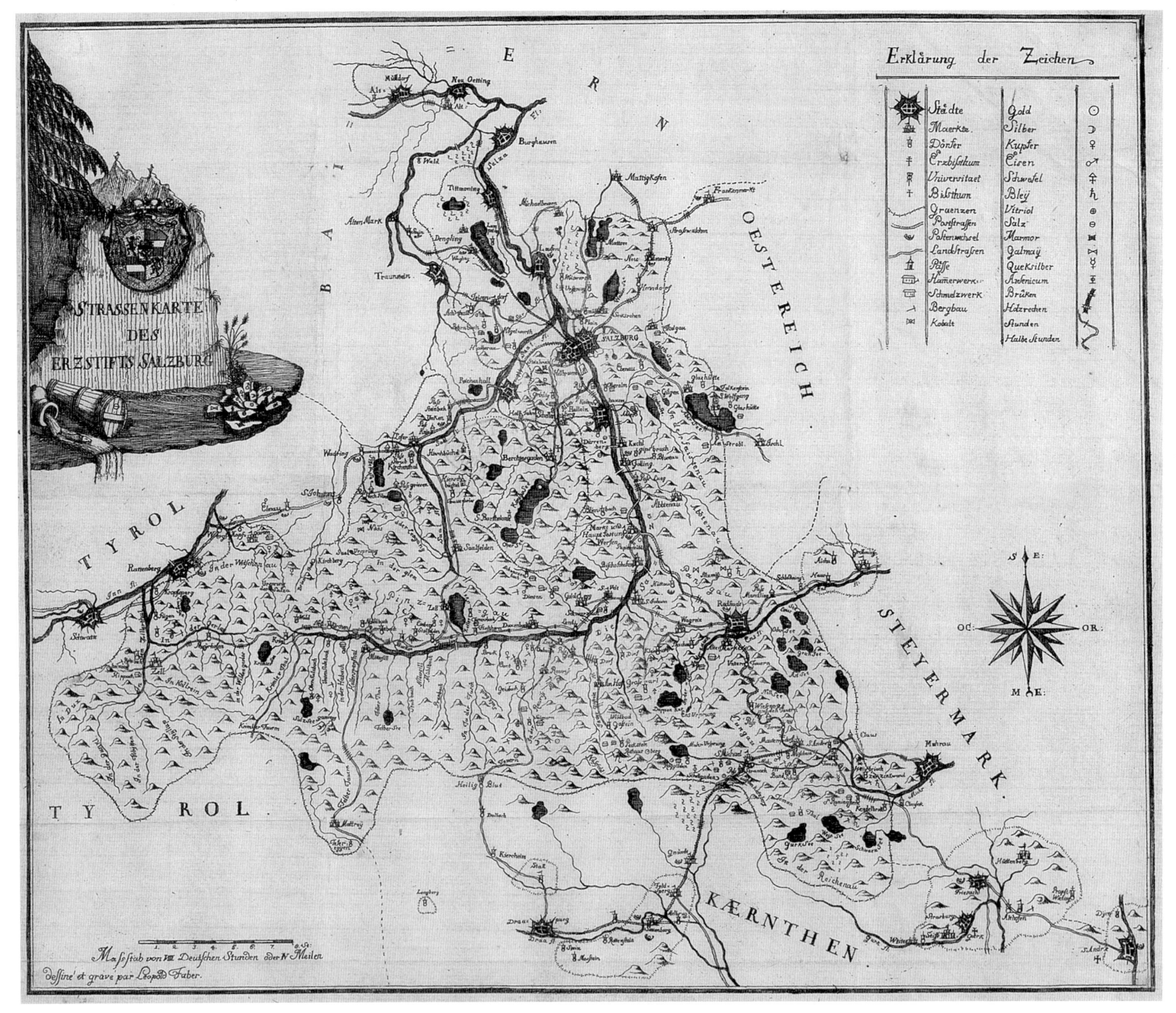

3   Guetrather und die Karten des 18. Jahrhunderts

Abb. 42: Leopold Faber: Straßenkarte, 1796.

3   Guetrather und die Karten des 18. Jahrhunderts

Abb. 43: *Franz Anton Schrämbl: Atlasblatt in Großfolio, 1797.*   *3.12*

3 Guetrather und die Karten des 18. Jahrhunderts

Maße:	Karte: 32,5 x 27,3 cm; Platte: 33 x 27,8 cm; Blatt: ca. 38 x 29 cm. Als Buchbeilage 4 x 2 auf ca. 10 x 15 cm gefaltet, plano unbekannt.
Maßstab:	1 : 720.000; 1" = 10.000 Kl., 4" = 10 M.
Druckart:	Radierung, häufig koloriert.
Publ.-Art:	Kartenbeilage (nach S. 70 und dem „Stundenzeiger") in: «R e i s e	durch das	**Erzstift Salzburg**	zum	Unterricht und Vergnügen.	(Querstrich) von	**L. H.**	*Nebst Stundenzeiger und Strassenkarte.* || (Doppel-Querstrich) 1796	Im Verlage des Verfassers der Beschreibungen	der Hauptstadt und des Erzstiftes.». – Vertrieb durch die MAYRsche Buchhandlung.
Faksimile:	HÜBNER, Lorenz: Reise durch das Erzstift Salzburg zum Unterricht und Vergnügen. Reprint: Salzburg Archiv, Bibliophile Reihe 1, Salzburg 2000.
Standort:	SLA: HB VA 687 (Karte eingebd.). – SMCA: SL 24.2, L 01. – SMS.
Literatur:	FUHRMANN, Franz: Salzburg in alten Ansichten. Das Land. Residenz-Verlag, Salzburg 1980, S. 250f. BIG S. 885. – NDB Bd. 9, S. 722. – PIL S. 45f. – SLA S. 17, L.48. – WUR 9. T., S. 399.

Sofern die Blätter nicht für ihre Montage bis an das Kartenfeld beschnitten wurden, präsentieren sie sich ganz im Stil der Zeit in einem straff gebundenen Lorbeerrahmen. Sie sind durchwegs auffallend schön gestochen, detailreich und doch übersichtlich. Die Geländedarstellung erfolgt mit Schwungstrichen. Das Netz der fließenden Gewässer, die Situierung der Orte und der Verlauf der Hauptstraßen entsprechen recht gut der Wirklichkeit, wogegen die Uferlinien der meisten Seen nicht viel mit den tatsächlichen Gegebenheiten gemein haben. Sie verraten deutlich die angegebene Herkunft von der Deutschland-Karte des französischen Infanterie-Hauptmanns und Militär-Geographen Jean Baptiste Hippolyte CHAUCHARD (→ 4.26).

Literatur:	BIG S. 87. – DES S. 33. – DÖR S. 159–204, 373–384. – ESP S. 304–307; Nachtr. 1995 S. 461. – KRE S. 173. – WAW S. 268–272. – WUR 31. T., S. 254.

3.12
Franz Anton Schrämbl (1751–1803)
Atlasblatt in Großfolio

43

Der von geschäftlichem Mißgeschick verfolgte ehemalige Lehrer und spätere Wiener Verleger SCHRÄMBL aus Troppau und sein monumentaler Atlas spielten laut DÖRFLINGER „beim steilen Aufstieg der österreichischen Privatkartographie in der Josephinischen Ära eine ganz zentrale Rolle." Trotz einiger systematischer und inhaltlicher Schwächen (wie verschiedener Null-Meridiane und variierender Geländedarstellung) zählt der zwischen 1787 und 1800 gelieferte Atlas mit 55 kolorierten Kupferstichkarten auf 133 Imperial-Folio-Blättern in seiner Gesamtheit „doch zu den positivsten Leistungen des … kartographischen Schaffens im Römisch-deutschen Reich" (DÖR S. 204).

In diesem ersten österreichischen Weltatlas bildet die 24-blättrige „Neueste General-Karte von Deutschland" einen herausgehobenen Schwerpunkt mit eigenem Titel und zusätzlicher Blattzählung. Den von Carl Robert SCHINDELMAYER gestochenen Titel ziert ein reizender Kranz stilisierter Heckenrosen und blühender Klematis. Er steht auf dem ersten Blatt der Deutschland-Karte (Nr. 46 im Atlas) links oben in der Nordsee vor den Friesischen Inseln. Die weiteren 23 Blätter weisen weder Titel noch Texte auf, mit Ausnahme von Blatt XXIV, das neben Kroatien die Zeichenerklärung enthält. In der Doppel-Numerierung aller Blätter bedeutet die arabische Zahl die Nummer im Atlasband, die römische Zahl die Nummer innerhalb der Deutschlandkarte, die zusammengesetzt 202 x 216 cm (rund 4,4 m²) mißt. Unser Blatt umfaßt zwischen Rattenberg und Bruck a. d. Mur bzw. zwischen Donau und Drau außer Salzburg noch beträchtliche Teile der Nachbarländer.

3.12.1
1797

Zusätze:	Re. o.: Pag. «No. 64»; re. u.: «XIX».
Maße:	Karte mit Rahmen: 53,8 x 39,5 cm; ungewöhnlich breitrandige Platte: 56,7 x 42,5 cm; Blatt: ca. 58,5 x 45 cm.
Maßstab:	1 : 540.000; 1" = 7.500 Kl.
Graduierung:	Im Rahmen s/w 5'-Skala, volle Grade beziffert und als feines Netz durchgezogen. L von Salzburg: 10° 37' E von Paris.
Druckart:	Kupferstich, mehrfarbig zart koloriert.
Publ.-Art:	Einzelblatt aus dem Kartenwerk: «NEUESTE	GENERALKARTE	VON	**DEUTSCHLAND**	IN XXIV BLÄTTERN.	*Nach Büschings Erdbeschreibung*	*nach Chauchards und anderen neuesten Karten*	*Verbessert herausgegeben*	von	F. A. SCHRÄMBL.	WIEN	*1797.* || K. PONHEIMER scrip.» Dieses im Atlas: 1. Titelblatt: Kupferstich, 88 x 64 cm: Der von einem Lorbeerkranz umgebene Doppeladler sendet sonnengleich seine Strahlen über das ganze Blatt. In Wolken schweben sieben Putti, teils mit Lorbeerkränzen und dem Schriftband mit der Devise: «A. E. I. O. U.», darunter der Titel: «Allgemeiner	**GROSSER ATLAS**	HERAUSGEGEBEN VON F. A. SCHRÆMBL	*im Verlage*	BEY PHIL. JOS. SCHALBACHER	*in Wien*	MDCCC.» 2. Titelblatt: Einfacher Buchdruck in halber Bogengröße, 44 x 64 cm: «ALLGEMEINER	GROSSER	**SCHRÄMBLISCHER ATLASS.** || (große Kopfvignette, Querstrich) || WIEN.	*IM VERLAGE BEY JOSEPH PHILIPP SCHALBACHER*	1800.» (Vornamen des Verlegers in falscher Reihenfolge).
Standort:	ÖNB: FKB 279-10; Alb. Port. 54/46–69; 393.753-E.K. – SBB: 2° Kart. 9809. – SMCA: SL 25. – SMS. – SStW: 108/4. – SWS. – SWW: K-V: WE 208 (1–2).
Literatur:	AA S. 133 ff. und Abb. 7: Schal / Schr A, Nr. 46–69. – DÖR S. 159 ff.: Sch 1/22 (Nr. 46–69).

3.12.2
Artaria-Neuauflagen
1806, 1807, [nach 1807]

Nachdem SCHRÄMBL schon 1800 sein gesamtes Kartenlager und alle Platten an SCHALBACHER hatte verkaufen müssen, sich aber auch dieser gegen seine Konkurrenten nicht durchsetzen konnte, erwarb schließlich Domenico ARTARIA 100 Kupferplatten des SCHRÄMBL-Atlasses. Ab 1806 brachte er das teilweise überarbeitete Material in mehreren verschiedenen Zusammenstellungen neu heraus, darunter wiederum die Deutschland-Karte SCHRÄMBLs und zu dieser ab 1807 das ca. 45 x 49 cm große «**UIBER-SICHTS BLATT** | zur grossen Karte von Deutschland in 24 Blättern | *Entworfen und gezeichnet von Karl J. Kipferling.*» Es zeigt im Maßstab ca. 1:2,750.000 den Raum zwischen Kiel, Gleiwitz, Triest und Brüssel mit einem punktierten Gradnetz, den Blattschnitt der Sektionen und die Stellung der zwei Titel sowie der Zeichenerklärung.

Nach DÖRFLINGER soll ARTARIA mit den SCHRÄMBL-Platten nur mehr Kartenwerke und keine gebundenen Atlanten produziert haben. Jedenfalls findet sich unser Blatt XIX bei den neuen Regionalkartenwerken in einer „Abteilung" mit Südböhmen und den östlichen Teilen des ehemaligen Österreichischen Kreises, in einem Kartenwerk „Bayern" sowie in einer Kombination von Nieder- und Oberösterreich. Eine verläßliche Zuschreibung loser Blätter zu einer dieser Ausgaben von 1806 und 1807 ist nicht möglich.

Anders verhält es sich mit einer undatierten, nach dem Frieden von Tilsit (7. und 9. Juli 1807) erschienenen Ausgabe. In dieser weist Nr. XIX zahlreiche größere Änderungen und Ergänzungen auf, die meist an ihrem schwärzeren Druck zu erkennen sind. Die wichtigste Aktualisierung: Statt als „Erzbisthum" scheint Salzburg nun als „Herzogthum" auf. Von der Bezeichnung „Königreich Baiern" sind nahe dem linken Rand nur die übergroßen letzten Buchstaben „H" und „N" zu sehen. Die Namen der Städte Linz und Salzburg wurden in größeren Kursiv-Versalien neu gestochen. Das Straßennetz erfuhr erhebliche Erweiterungen und zahlreiche Berg-, Tal-, Fluß- und Seenamen, wie auch etliche Orte (z.B. Anif) sind neu eingetragen. Schließlich erhielt die Karte eine Längenzählung nach Ferro.

Zusätze: Bei vollständigen Blättern mit Rahmen ist dieser re. an drei Stellen aufgeschnitten, um Ergänzungen einsetzen zu können: «ŒSTERREICH» zu «ERZHERZOGTHUM», «UM» zu «HERZOGTH» und «IER» zu «STE». Bei beschnittenen und zusammengeklebten Karten: Überlauf der Schriften.

Graduierung: Bezifferung der Längengrade nach dem Null-Meridian von Ferro. L von Salzburg: 30° 37' E.

Publ.-Art: Einzelblatt aus dem Kartenwerk:
Haupttitel mit Schwungstrichen geziert: «*Neueste Special Karte* | VON | **DEUTSCHLAND,** | *IN 24 BLÄTTERN.* | *Nach den lezten Veränderungen, Friedens-Schlüssen* | *und Conventionen, nach Chauchards grosser Karte, und* | *den besten Hülfsquellen mit einem sehr genauen Situations Detail entworfen und bearbeitet.* | *WIEN.* | *Bey Artaria und Compagnie,*»
Franz. Titel in einfachem Oval auf Blatt XX, etwa im Raum des heutigen Burgenlandes: «*Nouvelle Carte* | *d'* (zwischen zwei Strichen) | **A L L E - M A G N E** | *EN 24 FEUILLES* | *d'aprés Chauchard ét les meilleures observations geographiques, divisée* | *suivant les derniers traités etc.* | *a Vienne chéz Artariâ et Comp:*».

Standort: ÖNB: KC 114.956.
Literatur: DÖR S. 377, Anm. 93.

3.13
Louis-Albert-Ghislain Bacler d'Albe (1761–1824)
Blatt IV des „Italienischen Kriegstheaters"
1798/99–1802

Mit dem Kartenwerk des oberitalienischen Kriegsschauplatzes, das er später auf ganz Italien erweiterte, schuf der französische Geograph, Landschaftsmaler und Kupferstecher, Brigadegeneral BACLER D'ALBE die beste kartographische Dokumentation der Feldzüge NAPOLEONs. Sein Werk blieb darüber hinaus schon wegen der Geländedarstellung mittels Schraffen und Schrägbeleuchtung „bis in die 1830er Jahre die bedeutendste ... Karte von O. Italien" (LGK), wofür den beiden Stechern, den Brüdern BORDIGA (Benedetto, 1766–1847, und Gaudenzio, 1773–1837), ein wesentliches Verdienst zufällt.

BACLER hatte die Kämpfe 1796/97 als Chef des topographischen Bureaus mitgemacht. Nach dem Frieden von Campoformido (17. Okt. 1797) begann er als Direktor des „Dépôt de la Guerre" der Cisalpinischen Republik in Mailand mit der Subskriptionsausgabe des 30 Blätter (5 x 6) und eine Übersicht umfassenden Kartenwerks, das noch vom „An 6" (bis Sept. 1798) datiert ist. Dank einem generösen Vorschuß NAPOLEONs konnten erstaunlich schnell zwei Drittel aller Karten publiziert werden, bis die Räumung Mailands am 24. Mai 1799 den Abbruch der Arbeit erzwang. Beim Versuch BACLERs, die Platten in Sicherheit zu bringen, wurde der Transport im Aostatal von „Insurgenten" geplündert. Die 21 Kupferplatten gelangten nach Wien und wurden am 13. Febr. 1802 vom k.k. Kriegsarchiv an den Kunsthändler Karl ARTARIA verkauft. Von diesem kaufte BACLER die Platten zurück, was ihn zusammen mit dem stockenden Absatz an den Rand des Ruins brachte. Seine finanzielle Rettung hatte er NAPOLEON und den Käufen der Armee zu verdanken. Trotz dieser Schwierigkeiten war aber in der Zwischenzeit nicht nur das Kartenwerk von Oberitalien mit teils neu gestochenen Platten und geringfügig geändertem Titel fertiggestellt worden, wofür BACLER Gaudenzio BORDIGA 1801 nach Paris hatte kommen lassen. Außerdem hatte er seinen Plan, der Erfassung ganz Italiens und der Inseln mit weiteren 24 Blättern und einer zweiten Übersicht ver-

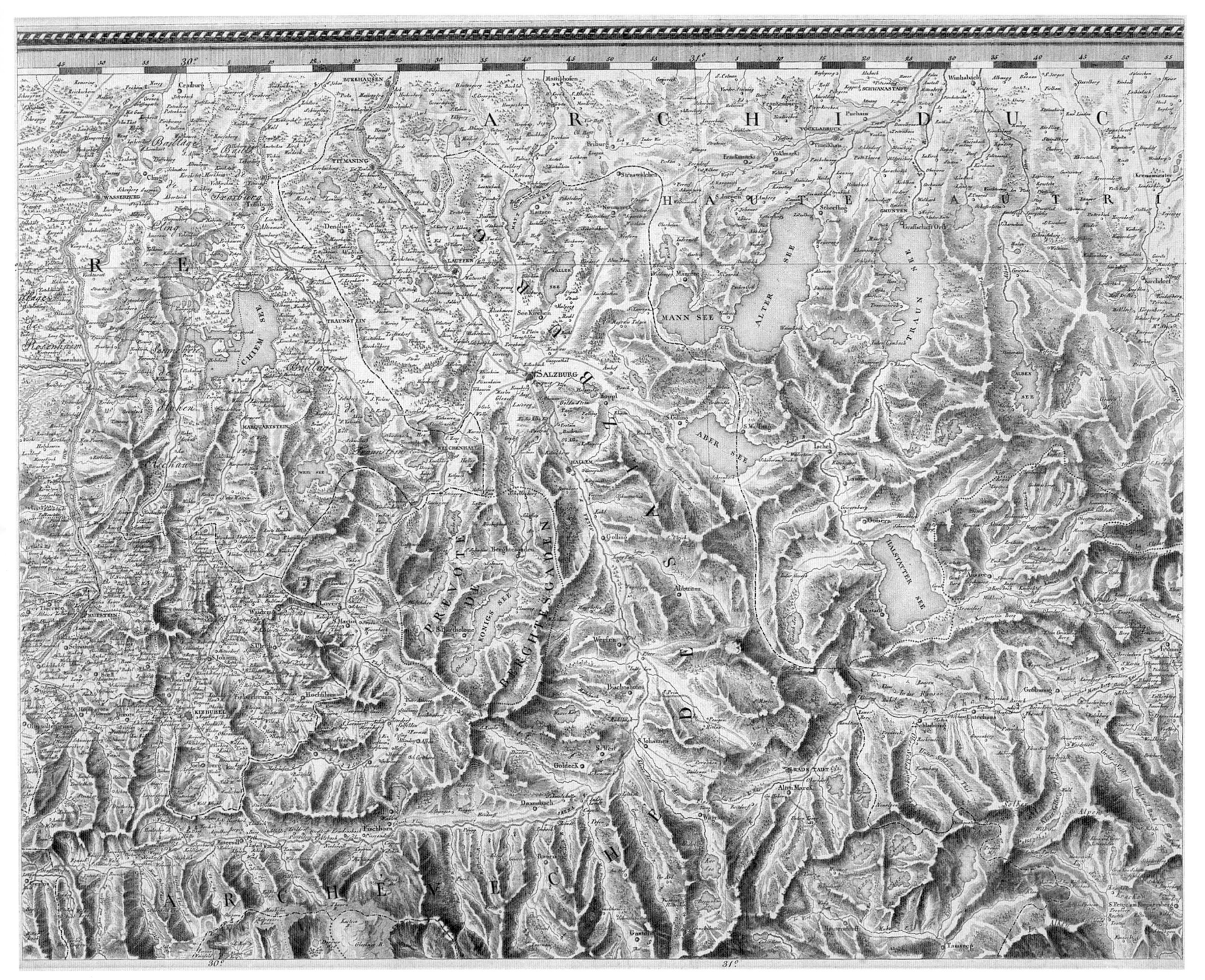

Abb. 44: Louis-Albert-Ghislain Bacler d'Albe: Blatt 4 des „Kriegstheaters".

wirklicht! Alle Platten besitzt heute das „Institut géographique national", das Originalabzüge liefert. Etliche Platten hat man allerdings in der zweiten Hälfte des 19. Jhs. überarbeitet und um die neuen Bahnlinien „bereichert".

Das graphische Glanzstück des Kartenwerks bildet das von BACLER entworfene und von Girolamo MANTELLI (aus Canobbio, seit ca. 1785 in Mailand) gestochene Titelblatt (Nr. XXVI) im linken unteren Eck: NAPOLEON stellt mit blankem Säbel die Italiener unter den Schutz von «Liberté» und «Vérité». Große Texttafeln nennen die Orte seiner Siege und die Beute: neben 150.000 Gefangenen, 200.000 Gewehren, 6.000 Kanonen, 170 Fahnen usw. auch eine „immensité" von Meisterwerken der Kunst und der Wissenschaften „dont la France est enrichie". Ferner enthalten: Blatt I: Kartographische Quellen (denen vielfach fehlerhafte Ortsnamen und arge Verzerrungen des Gewässernetzes zuzuschreiben sind) und Tabelle der Koordinaten; Blatt XXV: Detailkarte der Jonischen Inseln; Blatt XXX: Kurze Geschichte des Feldzugs.

Dank einem günstigen Zufall des Blattschnitts umfaßt das vorletzte Blatt 4 der obersten Reihe das Land Salzburg fast zur Gänze nebst dem Salzkammergut und den angrenzenden Teilen Oberösterreichs und der Steiermark. Lediglich ein schmaler Streifen südlich der Linie Großglockner–Bad Gastein–Tamsweg entfällt auf das Anschlußblatt. Das Kartenbild ist folglich nur am Oberrand mit Schraubenband und Gradeinteilung gerahmt. Links, rechts und unten hat die Karte weiße Kleberänder. Wie alle Einzelblätter weist auch dieses nur seine Nummer, aber keinen Titel oder andere Beschriftungen auf.

Zusätze:	Im Oberrand re.: «*Feuille No. IV.*».
Maße:	Blatt IV: Karte: 64,5 x 48 cm (ohne 3 cm oberer Rahmenteil); Platte: ca. 68 x 54 cm; Blatt: ca. 70 x 55 cm. – Gesamtgrößen: Oberitalien: ca. 323 x 285 cm (ca. 9,2 m²); Unteritalien: ca. 7,2 m².
Maßstab:	1:256.000.
Graduierung:	Im (oberen) Rahmen s/w 5'-Skala, alle 5' und volle Grade beziffert, im Kleberand nur die vollen Grade, diese als Netz durchgezogen. L von Salzburg: 30° 40' E.
Druckart:	Kupferstich, Gletscher leicht hellblau koloriert. Häufig in verschiedener Teilung auf Leinwand kaschiert.
Publ.-Art:	Einzelblatt aus dem Kartenwerk: 1. Teil, 30 Blätter (Mailänder Ausgabe): «**Carte Générale** | *Du Théatre de la Guerre en Italie et dans* | *Les Alpes* ‖ *Depuis le passage du* **VAR** *le 29 7bre 1792 V. S. jusqu' à l'entrée des francais à* **ROME** *le 22 pluviose an 6.me Rép^{ain}* | *avec les limites et divisions des nouvelles Républiques* ‖ (li.:) Gravé par les (Mi:) **Par Bacler Dalbe** (re.:) freres Bordiga | *Capitaine de canonniers attaché pendant toute la guerre au Gal Bonaparte en qualité de chef de son B^{eau} Topographique* ‖ (groß im Sockel:) *An 6me Républicain* (= 1798) | *A Milan chez l'auteur Directeur du dépot de la Guerre*». 1. und 2. Teil, 30 + 24 Blätter (Pariser Ausgabe) mit neuem Titel BACLERS: «*Ingénieur Géographe ...*» und Zusätzen: (li.:) (Premiere Partie) (Mi.:) «*A PARIS CHEZ L'AUTEUR* (re.:) (en trente feuilles) | *Chef des Ingénieurs Géographes du Dépôt Général de la Guerre ...*». Nennung von Alexandre BLONDEAU (gest. 1828) als Stecher des Reliefs. Eigenes Titelblatt für den 2. Teil mit Unteritalien, datiert „Pluviose An 10" (= Jan./Febr. 1802). – Unser Blatt 4 des Nordteils blieb in der Gesamtausgabe unverändert.
Neudrucke:	Institut géographique national (IGN), F-94160 Saint-Mandé. Mit ausführlichen historischen und kartographischen Erläuterungen.
Standort:	BSM: Mapp. II,124 hk. – NSUG: MAPP 3000 (Südl. Teil: MAPP 3374). – ÖNB: FKB K 1a; FKB 281–1; Alb. 149a; Alb. 468–472; Alb. 1101 (alle 1798, Mailand). – SBB Haus 1: Kart. P 5870 <a>. Haus 2: Kart. P 5870 und 3781-i. – SLA: Graphik XIV.55.2. – SWS.
Literatur:	DÖR S. 358, besonders Anm. 23. – IGM I, S. 242ff. – LAR Bd. 2, S. 33. – LGK S. 557. – THB Bd. 2, S. 327. Zu beiden BORDIGA: DBI Bd. 12, S. 503f. – LGK S. 816, 926. – Zu MANTELLI: THB Bd. 24, S. 43.

4 Salzburg im Bayerischen Reichskreis

Auf Grund der Kreisverfassung des Reiches von 1521 gehörte Salzburg zum VIII. oder Bayerischen Kreis und nahm auf der „geistlichen Bank" den ersten Platz ein. Der Erzbischof war – wie der Kurfürst – „kreisausschreibender Fürst" und leitete wechselnd mit diesem das Kreisdirektorium. Als „Primas Germaniae" und „Legatus natus" des Heiligen Stuhls führte er im Wechsel mit Österreich das Direktorium im Reichsfürstenrat. Wegen dieses politischen Aspekts werden ohne Anspruch auf Vollständigkeit jene Kreiskarten erfaßt, die das Erzstift zur Gänze wiedergeben, obwohl sein Anteil an der Fläche des Kartenfeldes selten mehr als 10 % erreicht. Einige Karten des Kreises oder Bayerns, die nur Teile Salzburgs „mitnehmen", sind in Gruppe 9 angeführt.

Viele Kreiskarten bilden dank ihrer prunkvollen künstlerischen Barock- und Rokoko-Ausschmückung Glanzstücke jeder Sammlung, deren Herkunftsatlanten mit den PASTOUREAU-Siglen in den Literatur-Nachweisen angegeben werden. Das Erzstift erfährt allerdings auf keiner Karte jene Behandlung, die der hohe Rang seines Metropoliten erwarten ließe. Auf vielen Blättern steht der Landesname zwar im Titel, der aufwendige graphische Zierat gilt jedoch allein Bayern mit huldigender Präsentation des gekrönten Landeswappens: Herzschild mit Reichsapfel unter dem Kreuz, Hauptschild quadriert: 1 und 3 aufgerichteter Löwe, 2 und 4 weiß-(silbern-)blaue Rauten. Überdies findet sich auch hier die Darstellung des Landes als Globus, wie sie der Absolutismus liebte und die u. a. HOMANN (→ 3.2), SEUTTER (→ 3.3.1), LOTTER (→ 3.4.1) und MARITH (→ 8.3.1) verwendeten.

45

Gegen Ende des 18. Jhs. zeichnen sich immer mehr Karten dieser und der nächsten Gruppe durch die Lagetreue der Situation aus. Sie ist der Triangulation durch César-François CASSINI DE THURY (1714–1784) zu danken. Sein Bericht „Relation d'un Voyage en Allemagne, Qui comprend les Opérations relatives à la Figure de la Terre & à la Géographie ... Paris 1775" enthält als „VIIIe Feuille" (Abb. 45) eine Skizze der Salzburger Dreiecke, ca. 1:75.000, mit starker Verballhornung etlicher Ortsnamen, wie z. B. „Porgham" (Bergheim) oder „Sirzenem" (Siezenheim). Als Basis hatte CASSINI die Linie Maria Plain–Kleßheim gewählt und als dritte Eckpunkte Maria Bühel (bei Laufen) bzw. einen Turm der Festung (VIE-99, S. 18).

Unabhängig von CASSINIs Vermessung weisen die meisten Blätter einen charakteristischen Fehler auf: Die Südgrenze des Landes verläuft häufig in einem nach unten gewölbten, kahnförmigen Bogen mit teilweise grotesken Verzerrungen. Dadurch wird der Lungau weiterhin wie auf den Karten der MERCATOR-Gruppe um ca. 25 km nach Norden verschoben oder er kommt beinahe zum Verschwinden.

Literatur: VOLLET, Hans: Cassini de Thury und seine Reiseberichte zur Triangulation Straßburg–Wien 1761/1762. In: Kartographiehistorisches Colloquium Wien '86. Vorträge und Berichte, Dietrich Reimer Verlag, Berlin 1987, S. 81–89.
BSM-19, S. 97–114. – BSM-44 und 65 passim.

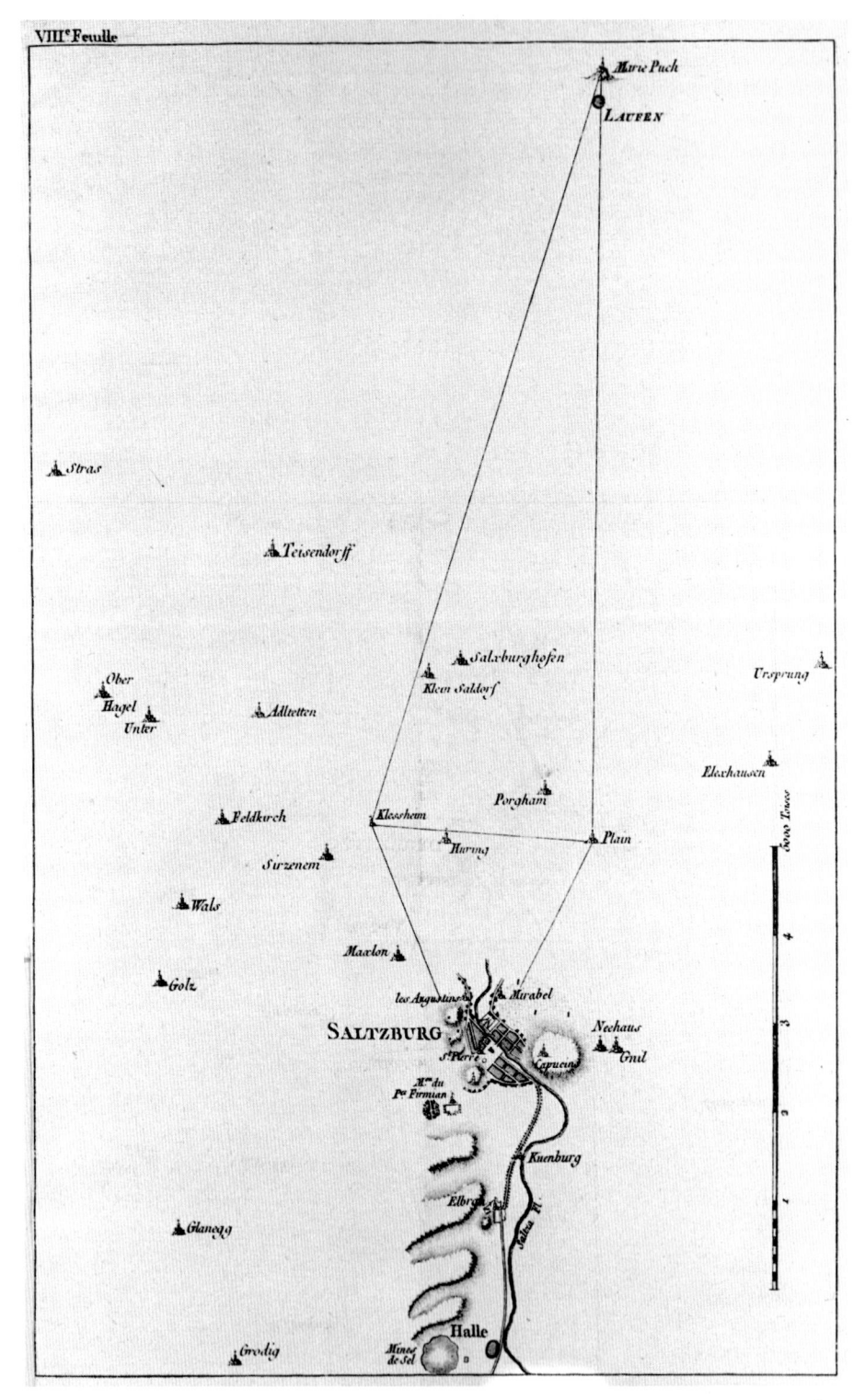

Abb. 45: Cassini de Thury: Triangulation im Flachgau.

4.1
Sanson d'Abbeville, Jaillot und Nachfolger

Der (nach WAWRIK) „allgemein als Begründer der französischen kartographischen Schule angesehene" Nicolas SANSON (I.) wurde als Erster mit dem Ehrentitel „Géographe ordinaire du Roi" ausgezeichnet. Die Vorlagen hat er für seine Entwürfe durchwegs sorgfältig überarbeitet und dabei erstmalig die hierarchische Abstufung der Schriftgrößen eingeführt. „Es ist kein Zufall, daß diese Neuerung zur gleichen Zeit aufkam, als die rechtlichen und philosophischen Grundlagen des modernen Systems souveräner Territorial-Staaten entwickelt wurden" (TBT). SANSONs Tafeln zeichnen sich neben ihrer Aktualität und ihrer inneren Logik durch Übersichtlichkeit, schöne, nicht überladene Kartuschen und durch den sauberen Stich aus. Die Lagerichtigkeit und die Geländedarstellung in Maulwurfshügelmanier lassen dagegen zu wünschen übrig, während die weitgehend korrekte Schreibung selbst komplizierter Ortsnamen angenehm auffällt.

Insgesamt umfaßt das Lebenswerk SANSONs etwa 350 Karten. Sein Erbe übernahmen zunächst seine Söhne Nicolas (II., 1626–1648) und Guillaume (1633–1703). Später gelangten die Platten größtenteils an seinen Neffen Pierre MOULLART-SANSON sowie an seinen ehemaligen Schüler JAILLOT und dann an die beiden ROBERTs. Diese Verbreitung macht meist die Zuschreibung loser Blätter zu einem bestimmten Atlas unmöglich, da die Rückseiten unbedruckt sind und die Jahreszahlen von Karte und Atlas, falls vorhanden, nicht übereinstimmen.

Literatur: LAR Bd. 14, S. 190f. – LGK S. 699ff. – WAW S. 142ff. – ZED Bd. 33, Sp. 2056ff.

4.1.1
Nicolas Sanson d'Abbeville (1600–1667)
„BAYERN / BAVIERE"
1655/79

SANSONs früheste, 1655 gestochene, aber erst 1658 veröffentlichte Bayern-Karte schmückt rechts oben im Eck eine große, wie ein Wappen gestaltete und von Voluten gerahmte Titelkartusche, deren Seitenteile oben von zwei liegenden Löwen mit verschlungenen Mähnen gehalten werden. Das Erzstift Salzburg, das ca. 12 % des Kartenfeldes einnimmt, ist auf diesem Stich und seinen Filiationen zur Gänze oder mit minimalen Einbußen, aber mit der „üblichen" starken Verschiebung des Lungaus nach Nordosten dargestellt. Sie bewirkt, daß z.B. Radstadt östlicher als Aussee und nicht mehr im Kartenfeld liegt. Außerdem ist unter den Salzkammergutseen in der Tradition MERCATORs der Traunsee etwa doppelt so groß eingezeichnet wie der Attersee bzw. der etwa ebenso große Wolfgangsee. Im Register der RYHINER-Sammlung (Band Germania, Sectio Quarta, Bavaria, S. 21) wird festgestellt: «Diß ist die erste bekannte Karte, welche den ganzen bayerischen Kreis abbildet.».

Titel:	«BAYERN. | BAVIERE. | ou Sont les | DUCHÉ, ESLECT^{RAT}, et PALAT^{NAT} | DE BAVIERE. | ARCHEV^{CHÉ} DE SALTZBOURG: | EV^{SCHÉS} DE RATISBONE, PASSAU, | FREISINGUE, et AICHSTET. | PALATINAT DE NEUBOURG, | LANDGRA^{VIAT} DE LEUCHTEMBERG, | Com^{tes} de Chamb, de Hag, d'Ortembourg, &c | Villes Imperiales de Ratisbonne &c. || Par le S^R. SANSON d'Abbeuille, Geogr. ord^{re}. du Roy. | Avecq Privilege pour Vingt Ans. | 1655».
Zusätze:	Li. o. im Eck in kleiner Muschelkartusche drei Linearmaßstäbe für geom. Schritte, franz. und dt. M. – Re. u. im Eck des Rahmens: «R. Cordier Graveur Abbeuille». – Ohne Angabe der Himmelsrichtungen.
Maße:	Karte: 42,2 x 42,5 cm; Platte: 42,8 x 43 cm; Blatt: 60 x 45,5 cm. – Atlas: ca. 37 x 47,5 cm.
Maßstab:	1 : 864.000; 1" = 3 M.
Graduierung:	Im Rahmen s/w 2½'-Skala, alle 10' und volle Grade beziffert, Netz nur tlw. bei den vollen Graden sehr fein durchgezogen. L von Salzburg: 35° 28' E.
Druckart:	Kupferstich auf etwas dünnem Papier mit großem, ornamentalem Wasserzeichen, Grenzen handkoloriert.
Publ.-Art:	Atlasblatt aus: „Cartes | generales | de toutes les parties | du monde, … || Par le Sieur Sanson d'Abbeville, Geographe ordinaire du Roy. A Paris, | … | M. DC. LVIII. | Avec privilege du roy pour vingt ans."
Standort:	NLC: Ayer 135 S19 1692. – SBB Haus 1: 2° Kart. B 370–56. – SMCA: SL 311, L 12. – SUBE: Ryh 4701 : 1. – SWS.
Literatur:	PAS S. 387–436; SANSON V A 1658 [55]. – SLA S. 10, L.22. – SUBE: Mss. h. h. XLV (174). – TBT S. 24f. – ZAI S. 41, Abb. 25.

Mit leicht geändertem Titel („La Bavière Duché, & Palatinat ou Sont …") und Nennung des Verlegers Pierre MARIETTE (1603–1657) bzw. seines Sohnes sowie der entsprechenden Jahreszahl, ist die Karte mit unverändertem Inhalt regelmäßig in den weiteren Atlasauflagen erschienen: 1665 (PAS: V B), 1666 (V C), 1667 (V D), 1670 (V E), 1675 (V F), 1676 (V G) und zuletzt 1679 (SBB Haus 1: gr. 2° Kart. B 375–78 (ohne Titelblatt).

4.1.2
Alexis-Hubert Jaillot (1632–1712)
„LE CERCLE DE BAVIERE"

Der schon zum „königlichen Bildhauer" ernannte JAILLOT war zwar Schüler von SANSON, kam aber erst durch seine Heirat mit der Tochter eines Verlegers und Kupferstich-Händlers zum Kartengeschäft, in dem er großes Geschick zeigte. Zeitweilig in Zusammenarbeit mit den Söhnen SANSONs brachte er zahlreiche inhaltlich unveränderte, jedoch sorgsam neu gestochene Karten vor allem in der Nachfolge seines Lehrers heraus. Als „hervorragender Geograph und Kartograph gestaltete [er] seine Karten zu

Abb. 46: Sanson d'Abbeville: Bayern / Bavière, 1655.   4.1.1

monumentalen Kunstwerken, wozu die repräsentativen Kartuschen, das lebhafte Flächenkolorit … sowie die größeren Blattmaße beitrugen" (WAW). 1681 legte er mit dem berühmten „Atlas Nouveau", dem „luxuriösesten Atlas, der je in Frankreich erschienen ist" (LGK S. 353), sein Meisterwerk vor, das ihm den Titel eines „königlichen Geographen" einbrachte. Vermutlich auf den Atlas gestützt, publizierte der französische Verleger Jean Baptiste COIGNARD (Daten unbekannt) 1694 „La Géographie ancienne, moderne et Historique". Das Werk enthält u. a. eine 35,5 x 22,5 cm große Karte des Bayerischen Kreises, deren rechts oben in einer hübschen Rocaille stehender Titel das Erzstift an erster Stelle nennt, doch ist das von Pierre GARNIÈRE (1663–1721) sorgfältig gestochene Blatt nicht als Landeskarte einzustufen.

Literatur: BSM-19 S. 97. – LAR Bd. 9, S. 880. – LGK S. 353 f. – PAS S. 229–292. – WAW S. 148 f.

4.1.2.1

Über JAILLOTS große Bearbeitung der SANSON-Karte vermerkt RYHINER (S. 23): «Die erste Ausgabe ist von 1675 | Eine zweite Ausgabe erschinn 1692 – zwey zusamen gefaste blat.» Der Druck in zwei Teilen war wegen der ungewöhnlichen Gesamthöhe von rund 80 cm von Vorteil. Die Karte trägt rechts oben im Eck eine üppige, von Rocaillen und Blattwerk gerahmte und vom Landeswappen gekrönte Titelkartusche. Zwei Göttinnen auf Füllhörnern flankieren das Schriftfeld: Links CERES mit Sichel und Ährengarbe, rechts DIANA mit Speer. Neben dieser Kartusche bildet der umfangreiche, drei Zeilen hohe Übertitel einen Blickfang. Die Karte zeigt das Gelände in Maulwurfshügelmanier mit guter Darstellung des Gewässernetzes und der Siedlungen, aber ohne Straßen.

1675

Titel: Im Oberrand über ganze Breite: «LE CERCLE DE BAVIERE, OU SONT LES DUCHÉ, PALATINAT, ET ESLECTORAT DE BAVIERE, L'ARCHIVESCHÉ DE SALTZBURG … ‖ Dresé Par le S^r. SANSON Geographe Ordinaire du Roy».
Haupttitel: «LE CERCLE DE | BAVIERE. | Subdivisé en tous les Estats | qui le Composent. | Dressé sur les Memoires les plus Nouveaux | Par le S^r. SANSON, Geographe Ordinaire du Roy ‖ (Querstrich) A PARIS ‖ chez H. JAILLOT, joignant les grands Augustins, aux deux Globes | Avec Privilege du Roy pour vingt Ans | 1675».

Zusätze: Li. o. im Eck auf Fransendrapierung mit Wildschwein und Hirsch: «Eschelle» mit sechs(!) Linearmaßstäben für 1.000 geom. Schritte, gem. und große franz. M., gem. und große dt. M. und Wegstunden. – Himmelsrichtungen in Franz. an jedem Seitenrand.

Maße: Karte: 55,5–56,7 x 80–80,8 cm; Platten: 56,9 x 86 cm (horizontal geteilt, Höhe ohne Überlappung), davon Übertitel 40 mm; Blatt: 62,5 x 94 cm. – Atlas: ca. 55 x 65 cm.

Maßstab: 1:576.000; 1" = 8.000 Kl. = 2 M.

Graduierung: Im Rahmen s/w 5'-Skala, alle 10' und volle Grade beziffert, alle 30' durchgezogenes Netz mit Findebuchstaben: L A–I in Versalien, B a–h in Kleinbuchstaben; dazu Ortsregister im Textteil.
L von Salzburg: 35° 25' E.

Druckart: Kupferstich, Grenzen handkoloriert.

Publ.-Art: Atlasblatt aus:
«**ATLAS** | NOUVEAV | CONTENANT TOUTES LES | PARTIES DU MONDE, | OU | Sont exactement Remarqués | LES EMPIRES, MONARCHIES, | ROYAUMES, ESTATS, | Republiques & Peuples qui | sy truuent á present. | PAR LE S^r. SANSON | Geographe ordinaire du Roy | (Querstrich) PRESENTE | **A MONSEIGNEUR LE DAUPHIN** | Par son tres-humble, tres-obeissant | et tres-fidele Serviteur, | HUBERT JAILLOT ‖ A Paris … | Avec Privilege du Roy. | M. DC. LXXXI.».
Die wie ein Altarbild gerahmte Schrifttafel bildet das Mittelstück einer mächtigen dreistöckigen Palastfassade, die im Giebel vom Königswappen und von Posaunenengeln gekrönt ist. Die Reiter-Standbilder LUDWIGS XIV. und des Dauphins flankieren «L'HERCULE | FRANCOIS» als Globusträger. Li. und re. vom Titel stehen MARS und ATHENE, u. zu beiden Seiten des Impressums Schlachtenszenen. Der Innentitel ist in gewöhnlichem Buchdruck ausgeführt. – Die gleiche Karte mit der alten Jahreszahl 1675 erschien auch in der Atlasausgabe von 1684, sodaß eine Unterscheidung loser Blätter nicht möglich ist.

Standort: BNP: Est. Xf 17 fol. – Châlons-sur-Marne, Bibl. municipale: Gt 9385 (1684).

Literatur: PAS S. 235 ff.: JAILLOT I Aa 1681 [28] f [29]. – PAS S. 242 f.: JAILLOT I B 1684 [28]. – SUBE: Mss. h. h. XLV (174).

1685

Titel: Im wesentlichen unverändert bis zur neuen Jahreszahl der Karte: «1685». Sie ist aber erst im Atlas von 1689 enthalten.

Publ.-Art: Atlasblatt aus:
Wie 1675 mit Ergänzung: «… JAILLOT | Geographe du Roy. ‖ A Paris … | M. DC. LXXXIX.».

Standort: BNP: Cartes plans, Ge. CC 1002. – BSM: 2 Mapp. 79–43. – SBB Haus 2: 2° Kart. B 380,2–96. – SWW: K-V: WE 117.

Literatur: PAS S. 243 ff.: JAILLOT I C 1689, [28] f [60].

1692

Bei dieser und zwei weiteren von MORTIER in Amsterdam verlegten Ausgaben handelt es sich um niederländische Nachdrucke in zwei Bänden, deren Karten sich nicht von jenen der Ausgabe 1681 unterscheiden. Das Format ist jedoch etwas größer. Lose Blätter sind an Hand der Jahreszahlen und geringer Textänderungen zu identifizieren.

Titel: Übertitel im Oberrand mit «Dresse…» und Jahreszahl «1692». – Haupttitel mit «Chez» (statt «chez») und Jahreszahl «1692».

Maße: Atlas: 53 x 65,7 cm.

Publ.-Art: Atlasblatt aus:
«**ATLAS** | NOUVEAV | … PAR LE S^r. SANSON … | HUBERT JAILLOT | Geographe du Roy.». – Im Sockel Impressum: «A PARIS, | … Avec Privilege du Roy. M.DC.XCII.».
Innentitel: «NOUVELLE | INTRODUCTION | A LA **GEOGRA-**

	PHIE	POUR L'USAGE	DE	MONSEIGNEUR	**LE DAUPHIN.** ‖ …	(Vignette mit Wappen, Krone, Genien und Delphinen) A PARIS	Chez HUBERT JAILLOT, joignant le Grands Augustins, aux deux Globes.	(Querstrich) M.DC.XCII».
Standort:	BNP: Cartes plans, Ge. DD 4796 (64–65). – BSM: Mapp. XI, 28 zlb. – DMM: 1927 C 83. – NLC: Ayer 135 S19 1692. – ÖNB: 181.465-F.K. – SStW: 108/1. – SUBE: Ryh 4701:2.
Literatur:	LIN S. 24, Tafel 4; S. 187, Dok. 23. – PAS S. 246 ff.: JAILLOT I D 1692 [28] f. [52].

1696

Die von zwei Platten gedruckte und stets datierte Bayern-Karte ist vermutlich zum letzten Mal mit der Zitierung des Namens von SANSON im Jahre 1696 bei JAILLOT erschienen. Am sonstigen Wortlaut des Titels und am Aussehen der Karte wurde nichts geändert.

4.1.2.2
„NOVA TABULA"

1696

Den Neustich der Karte aus JAILLOTs Atlas I D von 1692 beherrscht eine Widmung an den Herzog von Burgund, die als Kopfleiste in großer Antiqua über die ganze Breite läuft. Die Titelkartusche in der gewohnten Manier zeigt nun links DIANA und rechts CERES. Im Süden sind das Inntal und die Salzburger Landesgrenzen völlig verzeichnet. Die Verzerrung ist so stark, daß Radstadt und Klagenfurt auf denselben Meridian zu liegen kommen. RYHINER bemerkt zu dieser Ausgabe (S. 24): «ist eine andere Verkleinerung der Sansonischen Karte von zwey bögen, welche Jaillot under seinem eigenem Nahmen herausgegeben hat.».

Titel:	Im Oberrand: «NOVA CIRCULI BAVARIÆ TABULA, AD USUM SERENISSIMI BURGUNDIÆ DUCIS.».
	In der Kartusche: «LE CERCLE DE BAVIERE	Divisé en tous les Estats	qui le Composent	A L'Usage	DE MONSEIGNEUR	LE DUC DE BOURGOGNE ‖ *Par son tres Humble et tres Obejssant Serviteur*	H. JAILLOT. …	1696».
Zusätze:	Einfache Kompaßrose unter der Kartusche. – Li. o. im Eck mit Blattwerk, Bändern, Hirsch und Eber geschmückte Fransendraperie mit fünf Linearmaßstäben für 1.000 geom. Schritte oder ital., gem. und große franz., gem. und große dt. M. sowie Signaturen für Reichsstadt, Abtei und Schloß. – Himmelsrichtungen in Franz. an jedem Seitenrand.
Maße:	Karte: 45,3 x 59,5 cm, mit Übertitel: 60,6 cm; Platte: 46 x 61,5 cm; Blatt: ca. 55 x 65,5 cm. – Atlas (2 Bände): ca. 52 x 66 cm.
Maßstab:	1:720.000; 1" = 10.000 Kl., 4" = 10 M.
Graduierung:	Im Rahmen s/w 5'-Skala, alle 10' und volle Grade beziffert. Findegitter für die L mit A–E an den vollen Graden, für die B mit a–m bei allen 20' durchgezogen. L von Salzburg: 35° 27' E.
Druckart:	Kupferstich mit Flächen- und Grenzkolorit.

Publ.-Art:	Atlasblatt aus: «ATLAS	NOUVEAV …	M.DC.XCVI.».
Standort:	BNP: Cartes plans, Ge. DD 4796 (66–67). – HAB: Gr. 2° Cb. 65. – SBB Haus 2: 2° Kart. B 382-2,38; B 383-2,17; B 385-59. – SUBE: Ryh 4701:6. – SWS. – SWW: K-V: WE 121 (Ausgabe 1695: „Atlas Royal").
Literatur:	PAS S. 254 ff.: JAILLOT I E 1696 [28] f [75]. – SUBE: Mss. h. h. XLV (174).

(1696–1708)

Die Karten der dritten niederländischen Ausgabe, die KOEMAN als ersten Atlas MORTIERs registriert, sind nicht datiert. Das Erscheinungsjahr von Band 1 ist unsicher, da nur das Privileg aus dem Jahr 1696 stammt. Band 2, der unsere Karte enthält, trägt die Jahreszahl 1708. Im Titel und auf den Karten werden stets die Namen der Autoren SANSON und JAILLOT sowie des Verlegers angeführt.

Titel:	Wie 1692, aber ohne Jahr und mit neuem Verleger: „A Amsterdam	chez Pierre Mortier et compagnie	Avec privilege."
Maße:	Karte: ca. 59 x 88 cm. – Atlas (2 Bände): 52 x 63 cm.
Publ.-Art:	Atlasblatt aus: «ATLAS	NOUVEAV …». Titel zuerst unverändert, dann: «Hubert Jaillot	Geographe du Roy.	A Amsterdam	chez Pierre Mortier et compagnie	Avec privilege de Nos Seigneurs les Estats.».
Standort:	NLC: G 1007, 78. – ÖNB: 393.952-E.K.
Literatur:	KOE III S. 11 ff.: Mor I (73). – PAS S. 256 ff.: JAILLOT I F [28] f [83].

1696

Es ist nicht ersichtlich, wieso es 1696 zu einer neuen, diesmal datierten Ausgabe der gleichen Karte gekommen ist, für die der Amsterdamer Landvermesser Gerrit DROOGENHAM (auch Gerard DROGENHAM, keine Daten bekannt) als Stecher zeichnet. Bis auf diesen Vermerk und den Zusatz der Jahreszahl blieb das Blatt unverändert.

Titel:	Im Oberrand: Widmung wie zuvor. In der Kartusche gleich bis zur letzten Zeile: «… *Serviteur*	A PARIS Chez H. JAILLOT. *1696.*».
Zusätze:	Re. u. im Kartenfeld im Eck unter einem Strich: «*Drogenham Mathematicus Sculp.*». – Weitere Zusätze wie vorher.
Publ.-Art:	Bisher nicht festzustellen.
Standort:	ÖNB: FKB 1513. – SUBE: Ryh 4701:5.

[1726–1745]

Eine späte Neuauflage der Karte JALLIOTs brachten Reinier und Josua OTTENS heraus (→ 3.2). Abgesehen von der etwas gequälten Einfügung ihres Namens blieb die Karte unverändert.

Titel:	Im Oberrand: Widmung wie zuvor. Sieben Zeilen unverändert. Letzte Zeile wieder nur: «H. JAILLOT.» ohne Jahreszahl.

Zusätze:	Li. o. im Eck Kartusche mit fünf Linearmaßstäben unverändert, dazu knapp darunter: «*A AMSTERDAM Chez R. & J. OTTENS.*».
Literatur:	KOE III S. 85–93, Verlagskatalog Nr. 88.

4.1.2.3
Louis Cordier (?–1711)
„LE CERCLE DE BAVIERE"

Die von dem vielbeschäftigten Kupferstecher CORDIER (unter Mithilfe seines Bruders Robert?) neu gestochene Karte – nach RYHINER (S. 24) «Eine Verkleinerung der Sansonischen Karte von 2 bögen» – bildet wegen ihrer beträchtlichen Erweiterung im Süden eine eigene Type. Der untere Kartenrahmen verläuft nicht unmittelbar an der Südgrenze Salzburgs, sondern ca. 50 mm weiter im Süden und schließt daher «Der Gross Brenner | Montagne du Grand Brenner», Brixen und «Ponteba» ein. In der Rokoko-Titelkartusche rechts oben im Eck stehen DIANA links und CERES rechts vom Text; links oben Maßstabsfeld auf einer mit Fransen und Bändern gezierten Draperie vor Waldszene mit Hirsch und Eber. Der Jahreszahl des Titels fehlt in zwei Auflagen die letzte Ziffer.

Literatur:	SUBE: Mss. h. h. XLV (174).

1695

Titel:	«LE CERCLE DE BAVIERE	subdivisé en tous les Estats	qui le composent ‖ *Par le S*^r. *SANSON, Geographe Ordinaire du Roy.* ‖ A PARIS ‖ *Chez le S*^r. *JAILLOT Geographe de Sa Maj*^{ste}. *joignât les gr. Augustins, aux 2 Globes*	*Avec Privilége du Roy, pour vingt Ans.*	*169.*».
Zusätze:	Li. o. im Eck fünf Linearmaßstäbe für 1.000 geom. Schritte oder ital., gem. und große franz., gem. und große dt. M. – Li. u. im Eck kleines Insert: «*Cordier, sculpsit*». – Himmelsrichtungen in Franz. an Seitenrändern.
Maße:	Karte: 45,5 x 64,5 cm; Platte: 46 x 65,5 cm; Blatt: ca. 50 x 80 cm. – Atlas (2 Bände): ca. 42,8 x 55,2 cm.
Maßstab:	1 : 720.000; 1" = 10.000 Kl., 4" = 10 M.
Graduierung:	Im Rahmen s/w 5'-Skala, alle 10' und volle Grade beziffert. Keine Findebuchstaben. L von Salzburg: 35° 25' E.
Druckart:	Kupferstich.
Publ.-Art:	Atlasblatt aus: «ATLAS FRANÇOIS,	CONTENANT LES CARTES GEOGRAPHIQUES	dans les quelles sont tres exactement remarquez	LES EMPIRES, MONARCHIES	ROYAUMES ET ESTATS	DE L'EUROPE …	AVEC LES TABLES ET CARTES PARTICULIERES …	D'ALLEMAGNE …	DEDIE AU ROY	Par … A. Hubert Iaillot …». – Im Unterrand: «*A PARIS chez le Sr IAILLOT, Geographe du Roy, joignant les grands Augustins, aux deux Globes, avec Privilege, 1695.*». – Das Titelblatt ist als prachtvolle mythologische Szenerie gestochen (ca. 28,5 x 45,5 cm), in deren Mi. ATLAS, begleitet von CHRONOS, Genien und Posaunenengel die mit drei Lilien markierte Weltkugel trägt. Der Text steht li. u. auf einer großen Draperie.

Standort:	BNP: Cartes plans, Ge, DD. 1280. – NLC: Sack map 8C G5700 1740.S2. – SWS.
Literatur:	PAS S. 263 ff.: JAILLOT II A [82] f [96].

1698, 1700

Beide Auflagen unterscheiden sich von der vorigen nur durch die geänderten Jahreszahlen auf den Karten und im Atlastitel. Unser Blatt trägt aber weiterhin die unvollständige Jahreszahl «169.», sodaß eine separate Zuweisung unmöglich ist. Die Bände messen ca. 42 x 56 cm.

Standort:	BNP: Cartes plans, Ge, DD. 4796 (62–63).
Literatur:	PAS S. 270 ff.: JAILLOT II B [82] f. [58]; S. 283 ff.: JAILLOT II F [82] f [133].

1704

Mit der Jahreszahl 1700 im Haupttitel sind drei Auflagen des „Atlas françois" erschienen (die letzte in nur einem Band), die die Kreiskarte mit der Jahreszahl «1704» enthalten. Eine Zuweisung loser Blätter zu einer der drei Auflagen ist daher nicht möglich. Die Karten und die Titelseiten tragen durchwegs Jahreszahlen, jedoch ganz verschiedene. Sie lassen erkennen, daß die Blätter für Atlanten verwendet wurden, die Jahre später herausgekommen sind als der Titel angibt.

Titel:	Unverändert bis zur Jahreszahl in der letzten Zeile: «1704».
Maße:	Atlas: ca. 44 x 55,5 cm.
Publ.-Art:	Atlasblatt aus: „Atlas françois …" Gestochner Haupttitel wie vorher mit Jahreszahl 1700. – Bd. II mit eigenem Titelblatt und neuer Jahreszahl: „Second volume de	l'Atlas françois	contenant les cartes generales et particulieres	de la Haute et Basse	Allemagne	dedié au Roy …	1704." In der einbändigen Ausgabe besitzt der zweite Teil kein eigenes Titelblatt.
Standort:	Lille, Bibl. municipale 53541.
Literatur:	PAS S. 285 ff.: JAILLOT II G [82] f [177]; S. 289 f.: JAILLOT II I [82] f [190].
Standort:	NLC: G 1007, 781.
Literatur:	PAS S. 291 f.: JAILLOT II J [82] f [157].

4.1.2.4
Pieter Mortier (1661–1711)
Johannes Covens d. Ä. (1697–1774)

[1711]

Der Buchhändler und Drucker Pieter (Pierre) MORTIER gründete den Verlag, der sich nach Eintritt der verschwägerten Maklerfamilie COVENS zum bedeutendsten Kartenherausgeber Amsterdams im 18. Jh. entwickelte. Bei seinen zahlreichen Atlanten handelt es sich nicht allein um Neuaufla-

4 Salzburg im Bayerischen Reichskreis

gen, wie bei JAILLOTs „Atlas Nouveau". MORTIER erweiterte vielmehr seine Vorlagen und schuf selbständige Kartenwerke, wie z. B. einen Kriegsatlas, einen Taschenatlas und einen Seeatlas in drei Sprachen. Die Kreiskarte SANSONs in der Bearbeitung JAILLOTs ergänzte er mit zwei historisch bedeutsamen Karten der Kriegsschauplätze in Bayern und Österreich. Diese enthalten jeweils nur die westliche bzw. die östliche Hälfte Salzburgs, ergeben aber zusammen eine einheitliche Gesamt-Aufnahme des Landes. Außerdem wurde der Atlas um ein Ortsnamen-Register bereichert.

Literatur:	„Covens & Mortier. Stock catalogue of Maps and Atlases, 1721–1763." Reprint des Lagerkatalogs, Einführung: Peter VAN DER KROGT. HES Publishers, 't Goy-Houten (Utrecht) 1992. ADE Bd. 4, Sp. 2148. – BSM-19 S. 97. – KOE III, S. 4–20. – LGK S. 147, 511. – MdW S. 254, 290 – ZED Bd. 21, Sp. 1779.

4.1.2.4.1

Titel:	Haupttitel re. o. in Barockkartusche mit Wappen und zwei Figuren: «LE CERCLE DE ∣ BAVIERE. ∣ subdivisé en tous les Estats ∣ qui le Composent ∣ Dressé sur les Memoires les plus Nouveaux ∣ Par le S^r. SANSON, Geographe Ordinaire du Roy ‖ (Querstrich) A AMSTERDAM ∣ Chez PIERRE MORTIER et Compagnie. ∣ Avec Privilege.». Kopftitel im Oberrand, dreizeilig über ganze Breite: «LE CERCLE DE BAVIERE, OU SONT LES DUCHÉ, PALATINAT ET ELECTORAT DE BAVIERE, L'ARCHEVESCHE DE SALTZBURG, Les Evesches ∣ … (Aufzählung der Kreisglieder) Dressé Par le S^r. SANSON Geographe ordinaire du Roy.»
Zusätze:	Li. o. auf Draperie mit Eber und Hirsch sechs Linearmaßstäbe. – Himmelsrichtungen in Franz. in der Mi. an den Seitenrändern.
Maße:	Karte: 55,3 x 80,2 cm; Blatt: ca. 68 x 90 cm.
Maßstab:	1 : 576.000. 1" = 8000 Kl. = 2 M.
Graduierung:	Im Rahmen s/w 5'-Skala, alle 10' und volle Grade beziffert, diese als Netz durchgezogen.
Druckart:	Kupferstich mit Grenz- und Flächenkolorit, Wasserzeichen undeutlich «W & M» (?).
Publ.-Art:	Atlasblatt aus: „Atlas Nouveau (Bd. 2): Contenant Toutes Les Parties Du Monde, ou sont exactement Remarqués Les Empires, Monarchies, Royaumes, Estats, Republiques & Peuples qui sy trouvent a present. Presenté A Monseigneur le Dauphin Par … Hubert Jaillot./ Par le Sr. Sanson./ Amsterdam: Pierre Mortier".
Standort:	BSM: 2 Mapp. 158,2–132. – SLA: Graphik XIV.44.
Literatur:	BSM-50 S. 124, Abb. 111; S. 225, K 6.14.

4.1.2.4.2

Titel:	„Theatre De La Guerre En Bavière … ∣ Amsterdam: Pierre Mortier.".
Zusätze:	Linearmaßstäbe für 1.000 geom. Schritte, ital. und gem. dt. M.
Maße:	Karte: 56 x 93 cm.
Maßstab:	1 : 576.000.
Druckart:	Kupferstich, teils mit Grenz- und Flächenkolorit.
Publ.-Art:	Siehe 4.1.2.4.1.
Standort:	BSM: 2 Mapp. 158,2–133.

4.1.2.4.3

Titel:	„Theatre De La Guerre En Austriche, Baviere, Souabe, Le Tirol et le Pays aux Environs. / Par Pierre Mortier, Qui vend aussi.".
Publ.-Art:	Siehe 4.1.2.4.1.
Standort:	BSM: 2 Mapp. 158,2–134.

Abb. 47: Covens & Mortier: Le Cercle de Bavière.   *4.1.2.4.1*

Abb. 48: De Wit: Circulus Bavaricus.

4.1.2.5
J. A. Dezauche (Daten unbekannt)
„Le Cercle De Bavière"
1783

Noch ein knappes Jahrhundert nach der Erstauflage wurde die Karte mit praktisch unverändertem Inhalt im höheren Format von dem vielseitigen Pariser Großverleger DEZAUCHE, der u. a. auch die Karten DELISLES als Atlas herausbrachte, neuerlich publiziert. In der reichgeschmückten Titelkartusche nehmen die Göttinnen wieder ihre ursprünglichen Plätze ein: Links CERES, rechts DIANA. Der Titel ist wegen der Nennung des neuen Herausgebers entsprechend länger geworden. Die einfache Kompaßrose unter der Kartusche fehlt, über den Maßstäben links das Wildschwein und rechts der Hirsch.

Titel:	«LE CERCLE DE BAVIERE │ subdivisé en tous les Estats │ qui le composent ‖ Par le S^r. JAILLOT *Géographe Ordinaire du Roy*. ‖ (Querstrich) A PARIS │ *Chéz* DEZAUCHE *Successeur des S^r. De l'Isle et Philippe │ Buache premiers Géographes du roi. Rue des Noyers.* │ Avec Privilége du Roi. │ 1783».
Zusätze:	Li. o. im Eck fünf Linearmaßstäbe für 1.000 geom. Schritte oder ital., gem. und große franz., gem. und große dt. M. – Li. u. im Eck kleines Insert: «Cordier, sculpsit». – Himmelsrichtungen in Franz. an Seitenrändern.
Maße:	Karte: 45,9 x 65 cm; Platte: 46,6 x 66 cm; Blatt: 54,5 x 77 cm.
Maßstab:	1:720.000; 1" = 10.000 Kl., 4" = 10 M.
Graduierung:	Im Rahmen s/w 5'-Skala, alle 10' und volle Grade beziffert. L von Salzburg: 35° 25' E.
Druckart:	Kupferstich.
Publ.-Art:	Atlasblatt (fing. Nr. 31) aus: (1) „Atlas Géographique Et Universel, Avec Privilège du Roi Du 15. Nov. 1781. Par Guil. Del'Isle Et Phil. Buache. │ Dieu Inven. (Titelkartusche)", Teil 1. (2) «**ATLAS** │ GÉOGRAPHIQUE │ *DES QUATRE PARTIES* │ DU MONDE │ PAR │ *GUILLAUME DE L'ISLE* │ ET │ *PHIL. BUACHE* │ … *REVU ET AUGMENTÉ PAR DEZAUCHE.* │ A PARIS …».
Standort:	BSM: 2 Mapp. 98 h, 1–83. – LCW. – SWS.
Literatur:	BSM-19 S. 97 f. – MdW S. 257.

4.2
Frederick de Wit, Vater und Sohn

Der ältere DE WIT (1610–1698) gründete 1648 in Amsterdam einen sehr produktiven Kartenverlag, den sein Sohn (1630?–ca. 1706) weiterführte. Den Arbeiten des Hauses werden hervorragende Qualität, deutlicher Stich, „Aktualität und Reichhaltigkeit des Kartenbildes" sowie „Ausgewogenheit des Kartenschmucks" nachgerühmt (LGK S. 899). Sie gelten als eine der „Glanzleistungen des an künstlerisch ansprechenden Karten nicht armen Barocks" (WAW S. 123). Diese ästhetische Würdigung verdient auch die Karte des Bayerischen Kreises. In gekonnter Inszenierung läßt DE WIT links oben einen geflügelten Putto eine Ecke eines malerisch drapierten Vorhangs mit Fransen halten, auf dem der Titel steht. Rechts oben im Eck führt ein Posaunenengel die eindrucksvolle Galerie der Wappen aller dargestellten Herrschaften an: Bayern, Salzburg, Regensburg, Passau, Freising, Neuburg und Leuchtenberg. Letzterem ist eine eigene Insertkarte gewidmet, die eine breite Leiste von der Wappenreihe abgrenzt.

Weniger rühmenswert sind die kartographischen Qualitäten des Blattes. In unserem Raum fällt die unbefriedigende Zeichnung der Seen des Salzkammerguts ins Auge, ebenso die Verzerrung, speziell der südlichen Landesteile. DE WIT hängt dem ohnedies wieder kräftig nach Norden verschobenen Lungau einen großen Ausläufer gegen Südosten an, der zwischen Kärnten und der Steiermark nicht nur die Salzburgische Exklave Friesach, sondern auch noch das Görschitztal bis Eberstein dem erzbischöflichen Territorium einverleibt. Diese „Erweiterung" Salzburgs scheint einmalig zu sein. Die Verzerrungen variieren beträchtlich: Zu weit im Süden sind u. a. Salzburg um 9', Bischofshofen um 10', Rattenberg und Kaprun um je 11' eingetragen. Zu weit im Norden liegen u. a. Radstadt um 6', Mauterndorf, Tamsweg, St. Michael um je 10' und – als Extremwert – Friesach um 16', also 29,6 km.

Neben den Atlanten und Karten hat DE WIT jun. 1693 auch ein europäisches Städtebuch mit 132 Vogelschau-Ansichten unter dem Titel „Theatrum │ Praecipuarum Totius Europae │ Urbium │ tam ichnographicé quam conspicué │ Delineatarum …" publiziert. Als 47. Stadtplan enthält es die von JANSSONIUS gestochene Ansicht von „Saltsburg", eine vergrößerte Bearbeitung der bekannteren Ansicht MERIANs von 1644.

Literatur:	KOE III, S. 191–216. – LGK S. 899 f. – THB Bd. 36, S. 113. – WAW S. 123 ff. – ZED Bd. 57, Sp. 1602.

4.2.1
„CIRCULUS BAVARICUS"
(1660–1706)

Titel:	«CIRCULUS │ **BAVARICUS** │ in quo sunt │ DUCATUS, ELECTORATUS, │ & PALATINAT BAVARIÆ, │ ARCHIEPISC: SALISBURGI, │ EPISCOPATUS RATISBONÆ, PATAVIÆ, │ & FRUXINI, │ PALATINAT NEOBURGI │ & LANDGRAVIATUS │ LEUCHTENBERGI. ‖ Per F de Wit │ Amstelodami.».
Zusätze:	Re. o. im Eck: Insertkarte der Oberpfalz mit Leuchtenberg, 14 x 10 cm, umgeben von sieben ausgemalten Wappen. – Li. u. im Eck auf einer Plattenarchitektur mit Strauch zwei Linearmaßstäbe für gem. dt. und franz. M. – Keine Angabe der Himmelsrichtungen, kein Nordpfeil.
Maße:	Karte: 56,7 x 48,8 cm; Platte: 57,4 x 49,6 cm; Blatt: ca. 64,5 x 51,5 cm. – Atlas: ca. 34 x 55 cm.
Maßstab:	1:640.000; 3" = 7 M.

4 Salzburg im Bayerischen Reichskreis

Graduierung:	Im Rahmen s/w 10'-Skala, diese und die vollen Grade beziffert. L von Salzburg: 33° 28' E.
Druckart:	Kupferstich, fast alle Blätter sind koloriert (wenn auch nicht immer aus der Zeit) und oft goldgehöht. Die bunte Wappenreihe wirkt sehr dekorativ, weist aber häufig Verfärbungen oder falsche Farben auf (Grün statt Rot und Blau).
Publ.-Art:	KOEMAN registriert zwischen 1670 (?) und ca. 1725 insgesamt 24 Aufl. von DE WITS Weltatlas (darunter drei, die MORTIER bzw. COVENS & MORTIER und Christopher BROWNE, London, vertrieben). In zumindest acht dieser Ausgaben, vermutl. aber sogar in 13, war die Karte von Bayern enthalten. Überdies kam sie als Separatdruck auf den Markt. Da die Rs. leer und keine anderen Zeichen vorhanden sind, ist es unmöglich, lose Blätter einem Atlas zuzuweisen oder genauer als in BSM-50 zu datieren. Auch die nicht seltenen hs. Eintragungen einer Seitenzahl helfen wenig. Ein Ex. in der Sammlung des Verfassers trägt die hs. Nr. 51, obwohl die Bayern-Karte in keiner Atlasausgabe mit dieser Seitenzahl vorkommt. Senkrechte Klebespuren auf der Rs. oder beschnittene Stege verraten die Herkunft eines Blattes aus einem Atlas. Der Titel der DE WIT-Atlanten «ATLAS MAIOR» oder häufig nur «ATLAS» findet sich schon auf dem gestochenen, 25,6 x 44,3 cm bzw. mit dem ersten Impressum 25,6 x 45 cm großen Frontispiz über dem Kopf des auf der Erdkugel stehenden, nach re. gewendeten ATLAS. In nächtlicher Dunkelheit trägt er zwischen Sonne und Mond das Himmelsgewölbe. Dasselbe Motiv verwendet mit geänderter Blickrichtung auch DANCKERTS. Impressum: «TOT AMSTERDAM	Bij FREDERICH DE WIT in de Calverstraet bij	den Dam inde Witte Paskaert.». Die Titelseite zeigt o. eine antike Landschaft mit dem über das Meer fahrenden NEPTUN und einer Fülle allegorischer Darstellungen, wie u. a. GEOGRAPHIA mit Globus und verschiedenfarbigen Putti für die Erdteile. O. große Schrifttafel mit dem Titel: «**ATLAS**	**MAIOR**	F^{er}. DE WIT», u. nebeneinander zwei weitere Impressen: li.: «ex officina	FREDERICI DE WIT.	Amstelodami cum Privilegio Potentissimorum	D. D. Ordinum Hollandiæ et Westfrisiæ.». Re.: «tot Amsterdam by	FREDERICK DE WIT.	met Privilegie van de Grootmogende Heeren	Staten van Hollant en West-Vrieslant.» Eine Jahreszahl findet sich ein einziges Mal (1707), sodaß die Erscheinungsjahre stets nur mit „um 1680" oder nach Erhalt des Privilegiums mit „nach 1688" anzugeben sind.
Standort:	BSM: Mapp. XI, 30; Mapp. XI, 30 ab; Mapp. 30 a; Mapp. 61 b,1–65; 2 Mapp. 7.1–45. – NLC: Ayer 135 W8 A und *135 D18 A, no. [16]. – ÖNB: FKB 272–20 und FKB 282/5. – SBB Haus 2: Kart. M 5720 und 5721. – SMCA: SL 310, L 12. – SUBE: Ryh 4701:8; 301/27.4 – SWS. – SWW: K-V: WE 98.
Literatur:	BSM-50 S. 120, Abb. 107; S. 225, K 6.13. – ZAI S. 42, Abb. 26.

4.2.2
Covens & Mortier

[1740]

1710 erwarben COVENS und MORTIER hunderte Kupferplatten von JANSSONIUS, VISSCHER und DE WIT sowie viele andere große Verlagsbestände. Ihre Neuauflage entspricht inhaltlich völlig der Karte 4.2.1 von DE WIT, aber über dem Maßstabsinsert fügten sie eine Zeile mit ihren Namen ein.

Zusätze:	«AMSTELODAMI *ex Officina I. et C. MORTIER.*».
Standort:	NLC: Sack map 8C G5700 1740. S2 no.II:78. – SUBE: Ryh 4701:9.
Literatur:	→ 4.1.2.4.

4.3
Nicolas Visscher (1618–1679)

In den zahlreichen, zwischen 1634 und ca. 1720 publizierten Atlanten der berühmten niederländischen Kupferstecher-, Kunsthändler- und Kartographen-Familie waren stets Karten von Bayern in verschiedenen Darstellungen enthalten, für deren Datierung die Angabe des Privilegs als Anhalt dienen kann. Das erste Privilegium wurde 1677 erteilt, die folgenden 1682. Bei fast allen Karten bestimmt das künstlerische Herkommen der VISSCHER vom Landschafts- und Historien-Stich den barocken Überschwang der graphischen Auszier. Die große zweiteilige Titelkartusche rechts oben im Eck umrahmt üppiges Akanthusblattwerk mit allegorischen Figuren. Rechts hält ein Putto ein übergroßes Liktorenbündel, links schützt ein pausbäckiger MARS mit Schwert und Schild das von drei Putti umschwärmte Landeswappen. Der Titel selbst ähnelt jenem der Karte von HOMANN. Den unteren Teil, der die Meilenleisten enthält, schließt unten ein Löwenkopf ab. Darunter liegen auf Wolken Geräte des Friedens und des Krieges. Die links oben im Eck stehende Zeichenerklärung wird von einer Früchtegirlande eingefaßt, die oben zwei und unten ein Putto tragen.

Während auf einer großen Karte von Oberbayern nur der Rupertiwinkel erfaßt ist („Bavariæ Pars Superior", BSM-50 S. 121, Abb. 108; S. 227, K 6.23, keine Landeskarte), zeigen die beiden Kreiskarten das Erzstift zur Gänze – wie gewohnt unter Verzerrung seiner südlichen Teile und Verschiebung des Lungaus nach Norden. Die Distanz zwischen Gmunden und dem um 13 km zu weit nördlich liegenden Tamsweg ist um über 14 % zu klein und Mauterndorf um 18,5 km nach Norden gerutscht. Dagegen stimmt die Breite von Radstadt auf 1' genau.

Literatur:	KOE III, S. 150–184. – LGK S. 862f. – THB Bd. 34, S. 414f. – WAW S. 127ff. – ZED Bd. 48, Sp. 1869.

4.3.1
„BAVARIÆ CIRCULUS"

[1680]

Titel:	«S.R.I.	**BAVARIÆ**	CIRCULUS atq. ELECTORATUS	tam cum	ADJACENTIBUS QUAM INSERTIS	REGIONIBUS	accuratisime	IN SUAS QUASQUE DITIONES	divisus	per NICOLAUM VISSCHER Amst: Bat	*cum Privil: Ordin: General:*	*Belgii Fæderati.*».

Zusätze:	Zwei Linearmaßstäbe für gem. dt. und franz. M., in Latein und Niederl. beschriftet. – Zeichenerklärung li. o. im Eck in Latein und Niederl. – Himmelsrichtungen in Latein an jedem Seitenrand.
Maße:	Karte: 45,8 x 56,8 cm; Platte: 46,3 x 57,8 cm; Blatt: ca. 54 x 63 cm. – Atlas: ca. 36 x 55 cm.
Maßstab:	1:620.000; 1" = 3 franz. M.
Graduierung:	Ausgabe ohne Netz: Im einfachen Strichrahmen s/w 2'-Skala, alle 10' und volle Grade beziffert. – Ausgabe mit Netz: Dieses alle 20' durchgezogen mit Findebuchstaben: L a–m, B A–K. L von Salzburg: 35° 17' E.
Druckart:	Kupferstich, meist tlw. handkoloriert.
Rückseite:	Leer. (a) nicht selten mit hs. BN: «31» oder «40».
Publ.-Art:	Atlasblatt aus: «**ATLAS** | MINOR | SIVE | GEOGRAPHIA | COMPENDIOSA, | QUA | **ORBIS** | **TERRARUM** | PER | PAUCAS ATTAMEN NOVISSIMAS | **TABULAS** | OSTENDITUR, | AMSTELÆDAMI | EX OFFICINA | **NICOLAI VISSCHER**.». – Titel in großem und grobem Typendruck, ohne Frontispiz, zusätzlicher Innentitel in Latein, Franz. und Niederl.; Privilegium der Generalstände, ohne Jahreszahl.
Standort:	BSM: Mapp. XI, 30 g. – NLC: Ayer 135 V8 1700. – StLB: 61.916 V. – SUBE: Ryh 4701:16. – SWS. – SWW: K-V: WE 113.
Literatur:	KOE III S. 179: Karten [104] ohne, [104*] mit Netz.

4.3.2
„BAVARIA DUCATUS" nach Mercator
1689

Wie mehrere andere Kollegen hat auch VISSCHER großzügig vom Kartenmaterial MERCATORs Gebrauch gemacht. Dessen Nennung im Titel dürfte weniger im Sinne einer korrekten Quellenangabe erfolgt sein, als aus dem Wunsch, das eigene Werk mit dem berühmten Namen zu schmücken.

Titel:	«BAVARIA | DUCATUS, | *Per Ger Mercatorem.*» in Kartusche re. u. im Karteneck. Unmittelbar darunter in kleinem Rahmen:
Zusätze:	Linearmaßstab für vier «*Milliaria Bavarica*», darunter: «*Apud Nicolaum Visscher cum Privil: Ordin: General: Belgii Foederati:*».
Maße:	Karte: 48,7 x 37,7 cm, Platte: 49,5 x 39,7 cm, Bogen: 66,3 x 43,7 cm; Atlas: 33,5 x 44,5 cm.
Maßstab:	ca. 1:620.000.
Graduierung:	Ohne Skala für die Längengrade; Breitengrade in Klaviertastenmanier, alle 10' und volle Grade beziffert.
Druckart:	Kupferstich mit Handkolorit.
Publ.-Art:	Atlasblatt aus: Unbekannt. Karten in Sammelatlas bzw. Kartenkonvolut des 17. Jhs.
Standort:	BSM: 2 Mapp. 103–46 (ohne Titelblatt). – SBB Haus 2: 2° Kart. F 10-2,29 (ohne Titelblatt).
Literatur:	KOE III S. 179: Karte [103].

4.3.3
Nicolaus Visscher d. J. (1649–1709?)
Pieter Schenk d. J. (1693?–1775)
[1725]

Nachdem schon der Amsterdamer Kartenverleger Pieter SCHENK d. Ä. (1660–1718/19?) am Verlag der VISSCHER beteiligt gewesen war, kamen 1726 aus deren Nachlaß viele Platten an seinen Sohn. Dieser versah sie mit einem entsprechenden Zusatz im Titel und verwendete sie mit Karten aus anderen Quellen für seine Atlanten.

Titel:	Wie 4.3.1 mit knapper Einfügung zwischen der letzten Zeile und den Girlandenhaltern des Rahmens: «*Nunc — apud Petr: Schenk — Iun*».
Standort:	NLC: Sack map 8C G5700 1740. S2 no.II:88.

4.4
Georg Conrad Bodenehr (1673–1710)
Johann Ulrich Müller (1653–nach 1715)

Die Dynastie BODENEHR ist mit einem halben Dutzend tüchtiger Kupferstecher und ambitionierter Verleger in der Kunst- und Kartographiegeschichte Deutschlands vertreten. Sie trugen dazu bei, Augsburg im 18. Jh. zu einem Zentrum des Veduten- und Kartenstichs zu machen und waren auch in Dresden tätig. Besonders bekannt wurden ihre zahllosen Städtebilder und Festungspläne. Ihr größtes Verlagsobjekt war wohl der von Gabriel d. Ä. (1634–1727) und seinem Sohn Gabriel (1664–1758) nach 1714 publizierte „Atlas curieux oder Neuer und Compendieuser Atlas …" mit 101 zumeist kolorierten Kupferstichen. In diesem ist keine Landeskarte enthalten, nur eine schöne Karte von Tirol mit dem westlichen Teil Salzburgs.

Den Wünschen eines weniger zahlungskräftigen Publikums kamen sie mit Taschen-Atlanten entgegen, die sie selbst oder befreundete Verleger anboten. Johann Georg (Hans Jörg) BODENEHR (1631–1704) brachte schon 1677 „Teutschland zu bequemen Gebrauch …" als Rahmenkartenwerk von 32 Blättern im Format 16,5 x 7,5 cm heraus. Der etwa um 1700 erschienene „Atlas minor" ist ein wesentlich umfangreicherer Taschenatlas, dessen undatierte Karten durchwegs keine Titel und keine Signaturen aufweisen. Die meisten dürften von Gerhard J. KARSCH (1690–1716) gestochen worden sein. Zu vorliegendem Blatt erklärt MÜLLER dem «Hoch=schätzbaren Leser» mit Stolz, daß «so klein aber wie die Unserige [Karten, Erg. d. Verf.] / wo ich nicht irre / werden das Liecht noch nie keine gesehen haben.» In den kleinen Atlanten sind nur die Einführung und das Ortsregister regulär auf einander folgende Seiten gedruckt. Im Atlasteil stehen sich immer zwei bedruckte Seiten (oben das Kärtchen, unten der Text) gegenüber, deren Rückseiten wegen des Durchschlagens der Kupferstiche leer blieben.

Literatur: ADB Bd. 3, S. 6f. – ADE Bd. 1, Sp. 1951. – BBB S. 77f. – BSM-44 pass. – THB Bd. 4, S. 167f.

Miniaturkarte
1692

Die Miniaturkarte des Bayerischen Reichskreises, die je nach Ausgabe verschiedene Nummern trägt, zeigt diesen mit teils grotesker Verzerrung seiner Grenzen. Die lappenartigen Auswüchse der Südgrenze Salzburgs erinnern an das Folio-Blatt JAILLOTs (→ 4.1.2). Die Ermittlung des beabsichtigten Maßstabs kann sich daher nur auf die Graduierung und nicht auf Streckenmessungen stützen. Eine Meilenleiste ist nicht vorhanden.

Zusätze: Im Oberrand li. von der Mi. die jeweilige Pag. – Nordpfeil und Himmelsrichtungen fehlen.
Maße: Karte: 7,7 x 6,4 cm; Platte: 8 x 7 cm. – Atlas: ca. 10 x 17 cm.
Maßstab: 1:4,608.000; 1'' = 16 M.
Graduierung: Im Doppelstrichrahmen schraffierte 30'-Skala, volle Grade beziffert. O. bis in den Oberrand vom Böhmerwald und von Regen bis Chamb (heute Cham) durchbrochen.
L von Salzburg: 35° 21' E.
Druckart: Kupferstich, mit und ohne Grenzkolorit.
1. Publ.-Art: Atlasblatt «XXIV» aus:
Lat. Ausgabe:
«*GEOGRAPHIA* | **TOTIUS** | **O R B I S** | **COMPENDIA-** | RIA. | *Singulas ejus Partes,* | *Præfertim* | *In* | **GERMANIA,** | Regna, Principatus, Pro- | vincias, Regiones, Civitates, | ... | *Elaborata à* | JOH. ULRICO MÜLLERO. | (Querstrich) *U L M Æ,* Sumptibus Georgii Wilhelmi **Kühnen/** | Bibliopolæ, Anno M.DC.XCII.».
Standort: BSM: Mapp. 31.
Dt. Ausgabe:
«Kurtz-bündige | Abbild= und Vorstellung | Der | (Zierlinie) **Gantzen Welt/** | Worinnen | Alle in derselben/ sonder= | lich aber in **Teutschland/** | Belegene Königreiche/ Für- | stenthümer/ Provintzen und Landschaff= | ten/ | ... | Außgefertigt von | **Joh. Ulrich Müllern.** | (Querstrich) U L M/ | In Verlag Georg Wilhelm Kühnen/ | Im Jahr 1692.».
Diesem Buchdruck-Titel ist ein von BODENEHR gestochenes und über zwei Seiten reichendes Frontispiz vorangestellt (Platte: 16,2 x 13,7 cm), das auf einem wuchtigen Sockel mit dem Titel die blau gewandete GEOGRAPHIA beim Abmessen der Erde zeigt. Den Hintergrund bilden ein Segelschiff, Palmen und Symbole des Handels. Im Vordergrund flankieren li. Geschütze mit anderem Kriegsgerät und re. Meßinstrumente der Kartographen den Titel: «**ORBIS TERRÆ** | cum | *Suis partibus* | Europa, Asia, Africa, | *et* | America | *per tabulas præsentatus.* | Ulma | A.° MDCXCII. ‖ (im Sockel li.:) Sic defendi — tur. – (re.:) Sic regitur. ‖ (Darunter ganz re.:) *G. C. Bodenehr Sc. Aug.*».
Standort: SStW: 99.f.113. – SWS.
2. Publ.-Art: Atlasblatt «LVII» aus:
Lat. Ausgabe:
«*ATLAS MINOR* ‖ **ORBIS TERRÆ** | *cum Suis partibus* | Europa, Asia, Africa, | *et* | America | *per tabulas præsentatus* | (Ranke) *juncta simul* | GEOGRAPHIA ANTIQUA.». Sockelinschrift und Stechersignatur unverändert.
Dt. Ausgabe:
Vorsatztitel: «Neu=außgefertigter | Kleiner **ATLAS,** | In | Zweyen Theilen | verfasset/ | Von | **J. U. Müllern.**».
Titel (rot gedruckte Wörter sind unterstrichen): «Neu=außgefertigter | Kleiner ATLAS, | Oder | Umständliche Beschreibung, | deß gantzen | Erden=Cräyses/ | Nach seinen | Verschiedenen Theilen/ Käyser= | thümern/ Königreichen/ | ... | Auch jeder Erd=Theil in 163. kleinen | Land= | Cärtlein absonderlich zu beschauen | vor Augen gestellet wird; | Denen curieusen Liebhabern zu Gefallen/ mit | best=möglichstem Fleiß verfasset. | (Querstrich) Franckfurt/ bey Johann Philipp Andrea / Anno 1702.».
Standort: BSM: Mapp. 30.
Literatur: Zu ANDREA: MdW S. 240.
3. Publ.-Art: Atlasblatt «LVII» aus:
Ausgabe ohne Begleittexte:
Die Normalausgaben enthalten das Frontispiz in voller Größe, den ausführlichen Buchdrucktitel und die Texte in Latein oder Dt. Daneben wurde noch eine „Sparvariante" angeboten, die zwar alle Karten enthält, aber keine Texte. Daher messen diese Bände nur die halbe Höhe (ca. 10 x 9,5 cm). Das Titelkupfer wurde bis zur Oberkante der Schriftplatte beschnitten (17 x 8,5 cm), auf der noch ein Fuß und Gewandreste der GEOGRAPHIA zu erkennen sind.
Standort: BSM: 8 Mapp. 5.

1995 war ein Exemplar der Karte im Handel, das aus einer 1708 von KÜHNEN publizierten weiteren Auflage stammen soll. Nähere Angaben dazu fehlen.

4.4

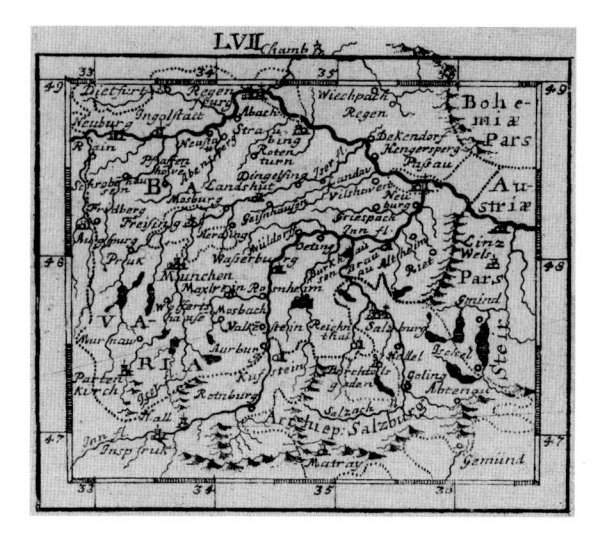

Abb. 49: Georg Konrad Bodenehr und Johann Ulrich Müller: Miniaturkarte des Bayerischen Reichskreises, 1692.

4 Salzburg im Bayerischen Reichskreis

4.5
Justus (Justinus) Danckerts (1635–1701)
„CIRCULUS BAVARICUS"
[nach 1696]

Von der Amsterdamer Kupferstecher- und Verleger-Familie DANCKERTS sollen über 300 Landkarten und neun Atlanten, die sich besonderer Nachfrage erfreuten, herausgegeben worden sein. Charakteristisch für die Atlanten ist deren Titelseite, die fast keinen Text aufweist, sondern als Frontispiz gestaltet ist. Sammler wissen DANCKERTS-Drucke zu schätzen, da sie „sehr attraktiv [wirken, Erg. d. Verf.] und deswegen sogar unter den ohnehin schmucken barocken Karten hervorstechen" (WAW S. 117). Der Karteninhalt wird durch den graphischen Aufputz nie beeinträchtigt. Die Rückseiten der Blätter sind nicht bedruckt.

Die Folio-Karte des Bayerischen Kreises, die unverändert in drei Atlanten erschienen ist und daher als loses Blatt keinem sicher zugeschrieben werden kann, liefert ein gutes Beispiel für diese Beurteilung. Die meist hübsch kolorierte Titelkartusche schwebt rechts oben über dem Böhmerwald in Wolken, die ein Posaunenengel, ein wenig furchteinflößender MARS mit Helm und Schwert und ein kleiner HERKULES mit zu großer Keule, der das Landeswappen mit dem Kurhut hält, heiter beleben. Links neben dem Wappen befinden sich zwei Linearmaßstäbe für gemeine deutsche und französische Meilen. Den Titel rahmen zwei aus Voluten entspringende Akanthusgirlanden mit Früchten und Blumen.

Etwa entlang der Blattmitte dominiert die überbreit gezeichnete Donau das Gewässernetz. Das Erzstift wird zur Gänze dargestellt, die Verzerrung der südlichen Landesteile und die Verlagerung des Lungaus nach Norden entsprechen den übrigen Karten dieser Gruppe. „Rachstat" (Radstadt) liegt außerhalb der Landesgrenzen, Zell an einer Nordbucht des stark gegliederten Sees, beide Arltäler und das Gasteiner Tal verlaufen in Ost-West-Richtung.

Titel:	«CIRCULUS | **BAVARICUS** | in quo sunt | DUCATUS ELECTORATUS | ET PALATINATUS BAVARIÆ | NEOBURGI | ARCHIEPISCOPATUS SALISBURGI ETC | cum | ADJACENTIBUS INSERTIS REGIONIBUS ‖ Amstelodami | per IUSTINUM DANCKERUM cum Privilegio | Ordinum Hollandiæ et West Friesiæ».
Maße:	Karte: 58,7 x 50 cm; Platte: 59,4 x 50,5 cm; Blatt: ca. 61 x 51,5 cm, Kartenrand meist knapp. – Atlas: ca. 32 x 52 cm.
Maßstab:	1 : 720.000; 1" = 10.000 Kl., 4" = 10 M.
Graduierung:	Im Rahmen s/w 4'-Skala, volle Grade beziffert. L von Salzburg: 33° 21' E.
Druckart:	Kupferstich, meist mit gutem Flächen- und Grenzkolorit.
Publ.-Art:	Atlasblatt aus: «ATLAS». – Der Frontispiz-Titel zeigt das schon bei DE WIT (→ 4.2) beschriebene Motiv: Auf der das halbe Blatt füllenden, mächtigen Erdkugel steht ATLAS – hier aber nach li. gewendet – und trägt das Himmelsgewölbe mit kleinem Schriftband über seinem Kopf, Sonne und Mond im Hintergrund. Die ersten beiden Ausgaben ohne weiteren Text, die dritte und umfangreichste mit Impressum im u. Rand: «TOT AMSTERDAM | Bij IUSTUS DANCKERTS in de Calverstraet | in de Dankbaerheijt.».
Standort:	KONS. – NLC: Ayer 135 D18 A. – SUBE: Ryh 4701:7. – SWS.
Literatur:	KOE II, S. 88–97: Dan 3 (31), Dan 4 (46), Dan 5 (47). – LGK S. 150. – MdW S. 255. – THB Bd. 8, S. 343. – WAW S. 117ff.

4.6
Johann Baptist Homann (1664–1724) und Erben
Fortsetzung von 3.2

In den Atlanten HOMANNs finden sich nebeneinander kraß verzerrte und weitgehend richtige Darstellungen des Landes, wie schon zu der HARRACH-Karte festgestellt wurde (3.2). Auf den Kreiskarten blieb die Verzerrung der südlichen Landesteile unverändert erhalten. Wegen der „gruppentypischen" Verschiebung des Lungaus nach Norden liegen «Mautrdorf» auf 47° 18' nördlicher Breite um 10' = 18,5 km und «Teutzweg» (Tamsweg) auf 47° 14' nördlicher Breite um 7' = 12,9 km zu weit nördlich. Laut Karte wären z. B. Mondsee und Mauterndorf nur ca. 55 km voneinander entfernt – knapp 65 % der tatsächlichen Distanz.

In Konkurrenz zu HOMANNs Kreiskarten publizierte der Nürnberger Drucker, Buchhändler und Verleger Christoph RIEGEL (ca. 1670–1714) um 1700 eine Karte (ca. 1:730.000) von „Chur-Bairn Samt demselben incoporirten und angrenzenden Landen: So accurat als jemals … gemacht." (BSM-50, S. 226, K 6.20), die nicht als Landeskarte registriert wird.

4.6.1
Akanthuskartusche
(1702/07)

Eine große, von reichem Akanthusblattwerk gerahmte, zweiteilige Kartusche steht rechts oben im Eck. Im größeren Oberteil befindet sich der Titel, der bis auf wenige Kleinigkeiten und den anderen Namen jenem der Karten von VISSCHER gleicht, rechts oben das Landeswappen mit Kurfürstenhut, von zwei Genien getragen, darunter ein Löwe, links der stehende MARS, vor ihm ein auf einem Löwenfell sitzender nackter Mann. Der kleinere Unterteil enthält die Zeichenerklärung und zwei Meilenleisten; darunter rechts liegender Flußgott, links Ellenbogen auf Felsen gestützt, in der gestreckten Rechten ein Ruder.

50

Titel:	«**BAVARIÆ** | CIRCULUS ET ELECTORAT$_9$ | IN SUASQUASQUE DITIONES | tam cum | ADIACENTIBUS, QUAM INSERTIS | REGIONIBUS | accuratißime divisus | per | Io: BAPTISTAM HOMANNUM | *Norimbergæ*».
Zusätze:	Himmelsrichtungen in Latein an jedem Seitenrand.
Maße:	Karte: 48,2 x 56,3 cm; Platte: 49 x 58,6 cm; Blatt: ca. 50 x 60,5 cm.

4.6.1

Abb. 50: Johann B. Homann:
Bavariae Circulus.

4   Salzburg im Bayerischen Reichskreis

Maßstab:	1:576.000 oder 1:648.000; 1" = 8.000 oder 9.000 Kl.
Graduierung:	Im Rahmen s/w 4'-Skala, alle 20' und volle Grade beziffert. L von Salzburg: 35° 17' E.
Druckart:	Kupferstich, meist mit Flächen- und Grenzkolorit.
Publ.-Art:	Atlasblatt aus: «Grosser | **ATLAS** | …» wie → 3.2. Im «REGISTER»: «84. Circulus (3.) Bavariæ.».
Standort:	BSM: 2 Mapp. 8,3–46, 74m-59. – SBB Haus 1: Kart. M 5740 <a>, 5742/1, 5743/1, 5743/2. Haus 2: M 5740, 5742, 5743. – SUBE: Kart 519 a; Ryh 4701:19.
Literatur:	→ 3.2. – BSM-44 S. 131 ff., Tafel 89; S. 410, Kat. 5.14. – BSM-50 S. 226, K 6.21.

4.6.2.1
Rahmenkartusche
1728

Die Neuauflage unterscheidet sich von der vorigen vor allem durch ihren ausführlichen, zweizeiligen Titel im Oberrand. Außerdem wurde die große, zweiteilige Kartusche rechts oben verändert: Statt des Akanthusblattwerks umgibt ein vielfach geschwungener Rokokorahmen den Titel. Die wappentragenden Putti wirken fröhlicher, der Löwe unter ihnen blickt nach links. Der links neben dem Rahmen stehende MARS sieht den Betrachter an; vor ihm wie vorher ein nackter Mann und ein Löwe. Der untere Teil der Kartusche blieb gleich bis auf den Flußgott, der sich auf dem fast gestreckten linken Arm aufgerichtet hat. In der rechten Hand hält er das Ruder eng an den Oberkörper, der Felsblock ist beseitigt, der Fluß strömt frei aus einer liegenden Amphore. Der Inhalt der Karte ist identisch mit dem der ersten Auflage, doch sind alle Toponyme feiner gestochen. Unter der Südgrenze des „Ertzstiftes" zusätzlich Landesname «DUCAT. CARINTHIÆ», der vorher fehlte.

Das Wiener Kriegsarchiv (B IV a 403) und der Verfasser besitzen Exemplare der Karte, die ein von Hand durchgezogenes Gitternetz mit ¹/₃ Zoll Maschenweite aufweisen. Da es sich nicht um ein Findegitter handelt, könnte damit ein Nachstich vorbereitet worden sein. Der Flußgott der Titelkartusche ist mit völlig gestrecktem Arm dargestellt. Anstelle des Landesnamens von Kärnten finden sich wiederum Gruppen von Maulwurfshügeln.

Titel:	Kopfleiste über ganze Breite: «La Cercle de **BAVIERE**, *qui comprend la Regence d'Amberg, le Palatinat de Neuburg et de Sulzbach, …* | *l'Archeveché de* SALTZBOURG *comme aussi la* Prevauté *de* BERCHLOTSCADEN.(!)». Darunter: «*Cum Privilegio Sac. Cæs. Majestatis*». Haupttitel wie 1. Ausgabe mit geringen Änderungen und Jahreszahl: 2. Zl.: «et» statt «ET»; 5. Zl.: kein Komma nach «ADIACENTIBUS»; 11. Zl. unter «*Norimbergæ*» geteilt «17 — 28.».
Maße:	Karte: 47,8 x 55,3 cm; Platte: 49,3 x 58,7 cm; Blatt: 53 x 62 cm. – Atlas: 34–34,5 x 53–54 cm.
Publ.-Art:	Da die Register-Nummern auf den Karten nicht aufgedruckt sind, besteht nur dann die Möglichkeit einer Zuschreibung, wenn sie hs. eingetragen wurden, was nicht selten der Fall ist.

1.) Mit fing. Nr. 16 Atlasblatt aus:
Frontispiz (S. 1): Das farbenprächtige Prunkblatt (27,7 x 48 cm) zeigt eine riesige Erdkugel, auf der ATLAS mit einem Helfer das Himmelsgewölbe trägt. Um den Globus gruppiert sich die olympische Göttergesellschaft. Darunter Schrifttafel in Voluten und Lorbeer: «ATLAS NOVUS \| TERRARUM ORBIS IMPERIA, \| REGNA ET STATUS \| exactis Tabulis Geographice demonstrans, \| *opera* \| IOHANNIS BAPTISTÆ HOMANNI \| *Sacræ Cæs. Maj. geographi, et Regiæ. Boruss. Societ. Scient. Membri* \| NORIMBERGÆ \| *Cum Privilegio Sacræ Cæsareæ ut et Reg. Maj. Polon.*».
Titelblatt (S. 3): «ATLAS \| MINOR \| XXXVI. \| TABVLARVM \| HOMANNIANARVM \| Coloribus methodice distinctarum. \| Prostat Norimbergæ in Officina Homanniana. \| Cum Privil. Sac. Cæs. Maj. ‖ (Querstrich) Kleiner \| **ATLAS** \| von Sechs und Dreyßig \| Außerlesenen Homanns=Karten/ \| nach Methodischer Ordnung \| illuminirt und eingerichtet. \| Zu finden in Nürnberg in der Homännischen Officin. \| Mit allergnädigstem Kayserl. Privilegio.». ‖ (Querstrich) «Ordo & Index Tabularum» mit «16. Circulus Bavaricus» bzw. daneben: «Ordnung und Register der Karten.» mit «16. Bayerischer Kreyß.».

Standort:	NLC: Sack map 8C G5700 1740 .S2 no.II:85. – ÖNB: FKB 281–14. – SUBE: Ryh 4701:20.

2.) Mit fing. Nr. 35 Atlasblatt aus:
Frontispiz in gleicher Größe (S. 1): Klassische Landschaft um einen Obelisk, auf dem zwei Putti eine Draperie mit dem Titel halten, darunter HELIOS-Relief. Im Vordergrund ein großer Globus, an dem ein geflügelter Genius mit Zirkel hantiert. Li. schreibt ein zweiter sitzend eine «INTRODVC \| TIO \| GEOGRA- \| PHICA». Re. steht im Sternenmantel mit Fernrohr, Astrolabium und Himmelssphäre die Muse der Kosmologie.
Titel: «ATLAS \| HOMANNIANVS \| Mathematico-Historice \| delineatus.». – Unter dem Stich: li.: «*I. Iust. Preisler del. 1762*»; re.: «*Andr. Hoffer sculps.*». – Darunter über ganze Breite: «CVM PRIVILEGIO SACRAE CAESAREAE MAIESTATIS».
Titelblatt (S. 3): «**ATLAS** \| mapparum geographicarum \| generalium & specialium \| **CENTVM FOLIIS** \| Compositum \| et \| quotidianis usibus accomodatum \| accedit \| Introductio in Geographiam \| mathematicam, naturalem & historicam.». – Darunter 14 x 10,3 cm großer Stich der Erdkugel in Polarprojektion mit Sonne und Mond, u.: «*Sebast Dorn Sculps.*». – Darunter: «Impensis Homannianorum Heredum. \| Norimbergae.». – Register (S. 5): «INDEX \| ATLANTIS …», mit Nr. «35. Bayerischer Kreis.». – Auf S. 7 repräsentatives Porträt HOMANNs mit Allongeperücke und Gnadenpfennig von KARL VI.

Standort:	SStW:37.a.2. – SUBE: Kart IV 112. – SWS. – SWW: K-V: WE 142.

4.6.2.2
Teschener Friede
(1779)

Der am 13. Mai 1779 geschlossene Friede von Teschen veranlaßte die HOMÄNNISCHEN ERBEN zu einem Neustich der Karte mit einem entsprechenden Hinweis im Unterrand. Ihr Inhalt blieb auch bei dieser späten Auflage unverändert, einschließlich der starken Verzerrung der südlichen Landesteile und der Nordverschiebung des Lungaus. Daß es sich um einen Neustich handelt, ist vor allem nach der Methode HEINZ durch die erheblich größeren Plattenränder nachzuweisen: Oben 21,1 statt 15,3 mm, rechts 12,2 statt 7,8 mm, unten 21 statt 16,9 mm und links 10,1 statt 6,9 mm.

Außer den Abzügen mit normaler, kräftiger Farbgebung existieren auffällige Stücke dieser Ausgabe, auf denen die Kartusche nur schwach hellgrau eingefärbt und geisterhaft blaß gedruckt ist. Offensichtlich sollte die ganze Titelkartusche durch eine neue Darstellung ersetzt werden. Als die Bearbeitung der Platte noch längst nicht beendet war, mußte sie bereits für eine aktuelle Neuauflage des 36 Karten umfassenden Schulatlas von 1752 verwendet werden.

Titel:	Wie 4.6.2.1 mit einigen Komma- und Akzentänderungen.
Zusätze:	Im Unterrand: «*Das violet blau bedeckte Land haben Ihro Roem: Kaiserl: Maj: durch den Teschner Frieden erhalten.*».
Maße:	Karte: 47,5 x 58,7 cm. Andere Maße wie zuvor, da der untere Plattenrand für die nur 3 mm hohe Schrift reichlich Platz bot.
Publ.-Art:	Separatdruck und Atlasblatt. Mit hellgrauer Kartusche aus: «MAIOR	**ATLAS SCHOLASTICVS**	EX TRIGINTA SEX GENERALIBVS	ET SPECIALIBVS	MAPPIS HOMANNIANIS	quantum ad generalem Orbis & imprimis Germaniæ	notitiam sufficient in gratiam erudiendæ Iuventutis	compositvs	in Vulgarem usum	Scholarum et descentium A. 1752 exhibitus	ab Homannianis Heredibus.». – Darunter «Index» lat. und dt.: «10. Circulus Bavaricus», daneben «01.(!) Bayerische Kreyß».
	Diese verbilligte Ausgabe erschien ohne Frontispiz, ohne HOMANNs Porträt und ohne jeden Begleittext. Die verkehrt gestochene und nicht korrigierte Nummer im dt. Index läßt ebenfalls die überhastete Herstellung erkennen.
Standort:	SStW: 99.a.30. – SUBE: Ryh 4701:21; Kart IV. 111. – SWS.

4.6.3
Franz Ludwig Güssefeld (1744–1808)
„Charte vom Bayerischen Kreise"

Neben SOTZMANN war der Weimarische Forstrat GÜSSEFELD (GÜSSEFELDT) „der bekannteste deutsche Kartograph seiner Zeit" (LGK S. 284), der für die HOMÄNNISCHEN ERBEN, das Landes-Industrie-Comptoir Weimar und für SCHNEIDER & WEIGEL in Nürnberg über 150 Karten entworfen hat. Bei diesen handelte es sich aber kaum um eigene Aufnahmen, sondern um geschickte Kompilationen vorhandener Quellen, weshalb seine Karten „ohne Nachwirkungen auf die kartograph. Entwicklung" blieben (LGK S. 284). Die vorliegende Karte des Bayerischen Kreises ist ebenfalls keine Neuaufnahme, sondern eine Bearbeitung des 1796 in Weimar erschienenen Blattes (→ 4.33.1).

Der Titel steht nicht mehr, wie bei HOMANN und seinen Erben gewohnt, in einer prächtigen Kartusche, sondern dem schlichten Stil des Empire rechts oben in einem zarten, nur unten verstärkten Queroval mit einigen Schwungstrichen. Auf eine Geländedarstellung, wie in der Version von 1796, wurde zu Gunsten der stark vermehrten Toponyme gänzlich verzichtet. Dafür zeigt das Gewässernetz – obwohl teilweise recht fehlerhaft – auch noch kleine Bäche. Die starke Verzerrung der Südgrenze des Landes ist nicht korrigiert. Die Linearmaßstäbe nennen wieder die alten Maße und nicht mehr das „revolutionäre" Meter.

1803

Titel:	«CHARTE	vom	**BAYERISchen**	**KREISE**	*Nach astronomischen Ortsbestimmun-*	*gen, den zuverlässigsten Specialcharten*	*und Beschreibungen entworfen*	*von F. L. Güssefeld.*	(Querstrich) *Nürnberg bey den Homann. Erben.*	*1803.*	*Mit Röm. Kays. allerg. Freyheit.*».
Zusätze:	Unter dem Titeloval vier Linearmaßstäbe für geogr. M., Wegstunden, franz. Kl. und rheinl. Ruthen. – Im Eck li. o. freistehend: Einspaltige Erklärung von 29 Signaturen.
Maße:	Karte: 45,5 x 56 cm; Platte: 48 x 59,5 cm; Blatt: ca. 53 x 66 cm.
Maßstab:	1:648.000; 1" = 9.000 Kl., 4" = 9 M.
Graduierung:	Im einfachen Strichrahmen s/w 2'-Skala, alle 20' und volle Grade beziffert, diese als Netz sehr fein durchgezogen. L von Salzburg: 30° 41' E von Ferro.
Druckart:	Kupferstich, Grenzen und tlw. Flächen handkoloriert.
Publ.-Art:	Separatdruck (siehe Ausgabe 1805).
Standort:	SBB Haus 1: Kart. M 5864.
Literatur:	LGK S. 284. – MdW S. 268. – NDB Bd. 7, S. 289.

1805

Die neue Auflage wurde von der gleichen Platte wie die vorige gedruckt. Sie unterscheidet sich von jener durch die Jahreszahl im Titel und eine Grenzeintragung im Defreggental.

Titel:	Wie vorher, aber «*1805*».
Maße:	Karte: 45,8 x 56,5 cm; Platte: 48,1 x 59,6 cm; Blatt: 54,3-58 x 63-66 cm.
Publ.-Art:	Atlasblatt Nr. 6 (auch Separatdruck) aus: «**GRÖSSERER**	**SCHUL=ATLAS**	von	XXXVI. HOMÄNNISCHEN LANDCHARTEN	zum Nutzen	**DER STUDIERENDEN IUGEND**	zusammengestellt	von	**HOMANNS ERBEN.**	Nürnberg 1806.	*Mit Römisch-Kaiserlicher Freiheit.* ‖ (Querstrich mit Sternen) **Uebersicht.**	(Inhaltsverzeichnis).».
Standort:	BSM: Mapp. XI 46 l und XI 42 l. – SWW: K-V: WE 216.

4.7
Julius Reichelt (1637–1717)
„Le Theatre de la Guerre"

1703

Nach den „Erinnerungen" – wohl besser nach den Entwürfen – von REICHELT, der als Professor der Mathematik auch ausgebildeter Kartograph war, hat Charles Amadeus de BEREY die Karte sehr sauber gestochen. Das Gewässernetz tritt etwas zu stark hervor, das Gelände ist in Maul-

4 Salzburg im Bayerischen Reichskreis

wurfshügelmanier dargestellt, große Städte im Grundriß mit Wällen und Gräben, kleinere als Kirchensilhouetten, Orte und Schlösser als kleine Kreise mit Wimpel. Die Titelkartusche zeigt zwei große und mehrere kleine antike Krieger, Kampfszenen und drei Fahnen: von einem Speer getroffener Bär, Löwe zerfleischt einen Adler – das Motiv wird rechts unten wiederholt – und Fahne mit Komet. Die Kartusche wurde als eigene Platte von ca. 14,5 x 14,5 cm gestochen und mit einem Viertelkreis in die große Platte eingefügt, deren Abdruck weniger kräftig geprägt ist, als jener des Titels. Die Wiedergabe von Salzburg erstreckt sich fast bis zum Tauernhauptkamm mit einer Verschiebung des Lungaus nach Norden um rund 25 km.

Titel:	«LE THEATRE	de la Guerre d'Allemagne	dans les Cercles	DE BAVIERE DE SOUABE	DE FRANCONIE etc ‖ Dressé sur les Memoires du S^r. REICHELT Con^{er}.	et Profeßeur des Mathematiques P. de Strasbourg	Ingenieur Alleman. ‖ A PARIS ‖ Chez BEREY Graveur rue S^r. Jâque devant	la Fontaine S^t. Severin a la Princesse de	Savoye, Avec Privil 1703».
Zusätze:	Li. u. im Eck: In doppeltem Strichrahmen, o. mit Bogen: «Echelle», zwei Linearmaßstäbe für gem. dt. und franz. M.
Maße:	Karte: 54,3 x 46 cm; Platte: 54,7 x 46,4 cm; Blatt: ca. 58 x 49 cm.
Maßstab:	1:691.200; 1" = 9.600 Kl.
Graduierung:	Im schlichten Doppelstrichrahmen s/w 5'-Skala, volle Grade beziffert. L von Salzburg: 35° 23' E.
Druckart:	Kupferstich.
Publ.-Art:	Bisher nicht feststellbar.
Standort:	SUBE: Ryh 4701:14.
Literatur:	JÖC Bd. 3, Sp. 1977. – ZED Bd. 31, Sp. 28.

4.8
Jean-Baptiste Nolin (1657–1708)
Jean-Baptiste-Francois Nolin (1682–1762)
„Cercle de Bavière"

In der Geschichte der Kartographie sind fünf oder sechs NOLINs als Kupferstecher und Kartographen verzeichnet. Der bedeutendste unter ihnen, der ältere Jean-Baptiste, wurde mit dem Titel eines königlichen Graveurs und eines Hof-Geographen des Herzogs von Orléans ausgezeichnet. Seine Arbeiten im Stil des Hochbarock räumen der „Dekoration einen gleichberechtigten, manchmal gegenüber dem kartographischen Inhalt sogar vorrangigen Platz ein" (WAWRIK).

Die von zwei Platten gedruckte Karte wird im rechten oberen Eck von einer großen, martialischen Tafel mit Kriegssymbolen und Fahnen beherrscht. Unten begrenzen sie mit Akanthus umwickelte Kanonen und oben ein halbrunder Bogen, den das Wappen unter dem Kurhut bekrönt. Ein stehender Posaunenengel und ein abgehender Trommler, dazu im Hintergrund Soldaten ergänzen die Szene.

Literatur:	ADE Bd. 5, Sp. 786. – JÖC Bd. 3, Sp. 970. – LAR Bd. 11, S. 1060. – LGK S. 534f. – MdW S. 293. – PAS S. 357ff.: Nolin III [26] [f. 17]. – THB Bd. 25, S. 506. – WAW S. 168ff. – ZED Bd. 24, Sp. 1196.

1704

Titel:	«CERCLE DE	**BAVIERE**	Divisé par Etats	particulierement ceux qui apartiennent	A L'ELECTEUR DE BAVIERE	…	Comprenant aussi	L'ARCHEVECHE DE SALTZBOURG,	…	Par	I. B. Nolin Geographe ord. du roy. ‖ A PARIS	Sur le Quay de l'Horloge du Palais à l'Enseigne	de la Place des Victoires Vers le Pont-Neuf.	Avec Privilege du ROY. 1704.». – Im Rankenwerk der Kartusche: «Guérard fecit».
Zusätze:	Im u. Teil der Titelkartusche drei Linearmaßstäbe für ital., dt. und franz. M. – U. im Kartenfeld: li.: «EXPLICATION» mit Signaturen, daneben klein: «Et a Bruxelle Chez I. (= Jean)	Leonard rüe de la Cour.». – Mi.: weiterer Linearmaßstab für große franz. M.
Maße:	Karte (geklebt): 43,1 x 55,9 cm; Platte: O.: 43,6 x 30,5 cm; u.: 43,5 x 25,7 cm; Blatt: ca. 59 x 77,5 cm.
Maßstab:	Vermutl. 1:576.000; 1" = 8.000 Kl. = 2 geogr. M.
Graduierung:	Im kräftigen Strichrahmen s/w 5'-Skala, volle Grade beziffert. L von Salzburg: 35° 30' E.
Druckart:	Kupferstich, Grenzen und Teile handkoloriert.
Publ.-Art:	Separatdruck.
Standort:	Besançon, Bibl. municipale: 12691. – SBB Haus 2: Kart. M 5725.

1742

Die Neuauflage bietet dasselbe Kartenbild wie die Ausgabe von 1704 – von der kleinen Berichtigung im Titel abgesehen. Auch die Zusätze und der Verweis auf Jean LEONARD in Brüssel wurden übernommen. Statt als Separatdruck ist diese Ausgabe in einem Atlas erschienen.

Titel:	Beginn unverändert: «CERCLE DE	**BAVIère**	Divisé par Etats	particulierement ceux qui apartiennent	A L'ELECTEUR DE BAVIERE	…	Comprenant aussi	L'ARCHEVECHE DE SALTZBOURG,	…», dann neue Adresse und Jahreszahl: «A PARIS	R. St. Iacque à l'ens de la place des	victoires avec priv: du Roy 1742.».
Maße:	Atlas: Buchblock: 37,5 x 51 cm; Bd.: 39,5 x 52 cm.
Publ.-Art:	Atlasblatt Nr. 60 aus: «LE THEATRE	DU MONDE	DEDIE AU ROI	contenant	LES CARTES GENERALES ET PARTICULIERES	DES ROYAUMES ET ETATS	Qui le composent	Dreßées	PAR JEAN BAPTISTE NOLIN GEOGRAPHE	ORDINAIR Du ROI.	A PARIS	Chez l'Auteur Sur le Quay de l'Horloge du Palais	à l'Enseigne de LA PLACE DES VICTOIRES a la descentre	du Pont-Neuf. Avec Privilege du ROY.	1742.».
Standort:	SBB Haus 2: 2° Kart. B 500–60. – SUBE: Ryh 4701:13.

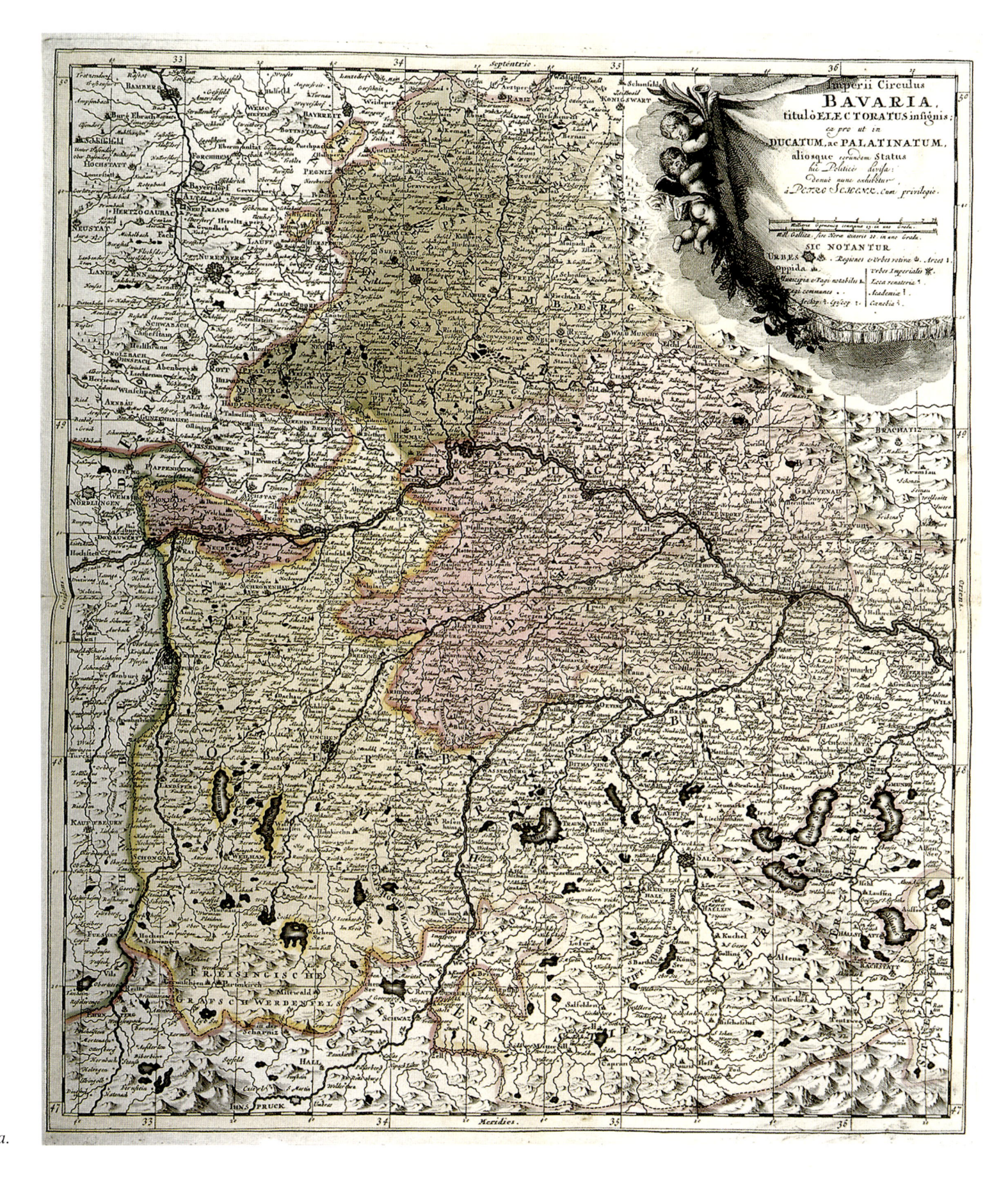

4.9.3

Abb. 51: Peter Schenk:
Imperii Circulus Bavaria.

4 Salzburg im Bayerischen Reichskreis

4.9
Gerard Valk (ca. 1650–1726)
Leonhard Valk (1675–ca. 1750)
Peter Schenk d. J. (1698?–1775)

Fortsetzung von 2.3

4.9.1
„Circulus Bavaricus"
[1706/14]

Ihren um 1706 erstmalig produzierten Atlas lieferten die VALKs auf Wunsch mit der MERCATOR-Karte (→ 2.3, vermutlich von 1697) und mit einer neuen Karte des Bayerischen Kreises. Diese wurde um 1714 in die zweite Auflage und auch in Atlanten von COVENS & MORTIER übernommen, obwohl sie trotz des großen Formats wenig ansehnlich wirkt. Die allzu schmale Titelleiste über die ganze Breite, die außerdem links die Zeichenerklärung und rechts zwei Linearmaßstäbe aufnehmen muß, bildet keinen graphischen Schmuck des Blattes. Im bayerischen Bereich ist die Situation mit zu vielen Ortsnamen, ausgedehnten Waldsignaturen und zahllosen Maulwurfshügeln überladen. Die österreichisch-böhmischen Teile, das Gebiet westlich des Lech und Franken weisen nur das Gewässernetz und wichtigere Orte, aber keine Straßen auf. Die starke Verzerrung der südlichen Teile des Landes Salzburg bleibt erhalten.

Titel:	O. Mi. in der 14 mm hohen Leiste: «CIRCULUS BAVARICUS, in qua Archiep: SALTZBURGI, Episc: RATISBONÆ, PASSAVIÆ et FREISINGIÆ: Præp: BERGTOLS- | GADIÆ: Ducat: Superior: et Inferior: BAVARIÆ, et NEOBURGI; Comitat: PALATINATUS: et Landgrav: LUCHTENBERGÆ. per GER: et LEON: VALK.».
Zusätze:	Linearmaßstäbe für dt. und franz. M. bzw. Reisestunden. – Himmelsrichtungen in Latein an jedem Seitenrand.
Maße:	Karte: 49,5 x 58,5 cm; Platte: 49,8 x 58,7 cm; Blatt: 51,7 x 62 cm. – Atlas: ca. 35 x 55 cm.
Maßstab:	1:676.800; 1" = 9.400 Kl.
Graduierung:	Im einfachen Strichrahmen s/w 5'-Skala, alle 10' und volle Grade beziffert, alle 20' Netz durchgezogen. L von Salzburg: 26° 38' E.
Druckart:	Kupferstich, Rahmen, Grenzen und tlw. Gebiete koloriert.
Publ.-Art:	Atlasblatt aus: → 2.3: «NOVA TOTIUS GEOGRAPHICA TELLURIS PROJECTIO…». – Die Karte ist nicht datiert, sodaß die Herkunft loser Stücke meist nicht festgestellt werden kann.
Standort:	SBB Haus 2: 2° Kart. B 544/3–22 (1706?); B 545–23 (1714?). – SUBE: Ryh 4701:10. – ZBZH: KK 48c.
Literatur:	→ 2.3. – KOE III S. 136ff.: Kartenkatalog: Val [15]; II S. 45ff.: C & M 10, vol. 2 (36), C & M 11 (175) 78. – LGK S. 850.

4.9.2
„Superioris ac inferioris Bavariae", drei Putti
[1735]

Die hochformatige Karte zeigt rechts oben am Platz Böhmens eine von drei Putti getragene Draperie mit Fransenbordüren, auf der der Titel steht. Links unten rahmt sie eine frei schwingende Lorbeergirlande und unten ein Genius, der rechts eine Trompete und links ein leeres, mit dem Kurhut gekröntes Wappenschild hält. Die nördlichen Teile Salzburgs sind in die Landesgrenzen von Bayern einbezogen und mit «BAVARIÆ SUPERIOR» überschrieben; über dem Salzach-Längstal und dem um rund 25 km nach Norden verschobenen Lungau steht «ARCHIEPISCOPATUS SALISBURGENSIS». Insgesamt weist die Karte ungewöhnlich starke Verzerrungen auf. Beispielsweise fließt die Traun von Lambach bis zur Mündung genau von Süd nach Nord.

Titel:	«SUPERIORIS ac INFERIORIS | BAVARIÆ | Tabula Elegantißima Atque Exactißima | Quippe ei Annexæ Regiones, | Ditiones, ac Præfecturæ Finitimæ. | *per Petrum Schenk, Cum Privileg.* | *Ordin, Gen. Holland. et Westfr.*».
Zusätze:	Li. u. im Eck Insert mit zwei Linearmaßstäben für gem. dt. (5 = 58 mm) und franz. M. (6 = 52 mm). – Himmelsrichtungen in Latein am Seitenrand.
Maße:	Karte: 48,3 x 55,7 cm; Platte: 49,2 x ca. 58 cm; Blatt: ca. 51 x 60 cm. – Atlas: ca. 32 x 53 cm.
Maßstab:	1:576.000; 1" = 8.000 Kl. = 2 M.
Graduierung:	Im Rahmen s/w 10'-Skala, volle Grade beziffert, Netz alle 30' durchgezogen. L von Salzburg: 33° 28' E.
Druckart:	Kupferstich, häufig mit Flächen- und/oder Grenzkolorit.
Publ.-Art:	Atlasblatt aus: „Atlas Contractus | sive | Mapparum Geographicarum | Sansonianarum | auctarum et correctarum | Nova Congeries. | Ex Formis Petri Schenk …" oder aus einem anderen seiner Atlanten.
Standort:	HAB. – ÖNB: FKB 282–21. – SBB Haus 1: gr. 2° Kart. B 387–62. Haus 2: Kart. M 5706. – SUBE: Ryh 4701:17.
Literatur:	→ 2.3. – KOE III S. 107ff.: Kartenverzeichnis Sche [17].

4.9.3
„Imperii Circulus Bavaria", zwei Putti
[1740]

Das Land Salzburg wird auf dem Neustich zwar deutlicher, aber ohne Berichtigung der argen Verzerrung im Süden dargestellt. Insgesamt wirkt die graphische Aufmachung des Blattes wesentlich günstiger. Den fransengeschmückten Viertelkreisvorhang der Titelkartusche rechts oben tragen nur mehr zwei bayerische „Engelkindeln". Die Lorbeergirlande wurde gekürzt und der ganze Vorhang verlängert, um die Maßstäbe sowie die vergrößerte und verbesserte Zeichenerklärung aufnehmen zu können.

Titel:	«Imperii Circulus | **BAVARIA,** | titulô ELECTORATUS insignis; | *ea pro ut in* | DUCATUM, ac PALATINATUM, | aliosque *eorundem* Status | *hic Politicè divisa:* | *denuò nunc exhibetur* | *â* PETRO SCHENK. *Cum privilegio.*».
Zusätze:	Unter dem Titel zwei Linearmaßstäbe für dt. und franz. M. – Darunter Zeichenerklärung: «SIC NOTANTUR». – Himmelsrichtungen in Latein an allen Seiten in der Mi. der Kartenrahmen.
Maße:	Karte: 47,5 x 55 cm; Platte: 48,5 x 56,1 cm; Blatt: ca. 52 x 62,5 cm. – Atlas: ca. 32 x 53 cm.
Maßstab:	1:648.000; 1" = 9.000 Kl., 4" = 9 M.
Graduierung:	Im einfachen Strichrahmen s/w 4'-Skala, alle 20' und volle Grade beziffert und als verbessertes Netz durchgezogen. 47. und 50. Breitenkreis im Rahmen markiert, aber nicht durchgezogen.
Publ.-Art:	Atlasblatt (vermutl. Nr. 35) aus: → 2.3: «NOVA TOTIUS GEOGRAPHICA TELLURIS PROJECTIO…». – Es ist meist unmöglich, die Herkunft loser Stücke der nicht datierten Karte genauer festzustellen.
Standort:	BSM: Mapp. XI, 30f. – ÖNB: FKB 282-4. – SBB Haus 1: gr. 2° Kart. B 597/1-55. – SUBE: Ryh 4701:18. – ZBZH: KK 48c.
Literatur:	BSM-50 S. 227, K 6.22.

4.10
Adam Friedrich Zürner (1679–1742)
„Teutschlandes Bayerischer Creiss"

Der außerordentlich produktive Kartograph und Geodät ZÜRNER, der laut TOOLEY (S. 683) fast 1.000 Karten für die Verleger SCHENK, VALK, WEIGEL etc. lieferte, hat keinesfalls diese Fächer, sondern Theologie studiert. Als erste Karte entwarf er eine Aufnahme des Amtes, in dem seine Pfarre lag. Daraus resultierte der Auftrag zur Mappierung von Sachsen, das Hauptarbeitsgebiet des späteren Mitglieds der Preußischen Akademie der Wissenschaften blieb. Daß er aber auch um die anderen deutschen Länder bemüht war, zeigt die Karte des Bayerischen Kreises, als deren Autor ZÜRNER erst im „Vorbericht" zur dritten Auflage von WEIGELs Atlas genannt wird.

Die Karte mutet wegen ihres quadratischen Formats, das beidseitig breite Bogenränder frei läßt, ungewöhnlich an. Noch ungewöhnlicher sind selbst im Rahmen dieser Gruppe die Verzerrungen, die auf einen unterbliebenen Lokalaugenschein und mangelhafte Vorlagen schließen lassen. Beispielsweise fließt der Inn zwischen Innsbruck und Hall in einer gewaltigen Südkurve, Tamsweg liegt auf der geogr. Breite des Paß Lueg und Radstadt nördlicher als Kuchl. Den graphischen Schmuck des Kartenfeldes bildet links oben im Eck die mit Rollwerk, Akanthusblättern und einer Blütengirlande verzierte Titelkartusche, deren Innenfeld nach außen dicker werdende ovale Ringe begrenzen.

Titel:	«*Teutschlandes* | BAYERISCHER | CREISS | *samt dazu* | *gehörigen Pro* | *vintzen*».
Zusätze:	Im re. o. Eck geviertelte Kompaßrose, u. Mi. freistehender Linearmaßstab für 12 dt. M. – Himmelsrichtungen in Latein an jedem Seitenrand.
Maße:	Karte: 16,4 x 16,5 cm; Platte: 16,6 x 16,7 cm; Blatt: 21–22,5 x ca. 18,5 cm, stets auf Buchformat gefaltet. – Atlas: ca. 11,5 x 19 cm.
Maßstab:	1:2.592.000; 1" = 9 M.
Graduierung:	Im schlichten Doppelstrichrahmen s/w 10'-Skala, volle Grade beziffert, alle 30' Netz mit Findebuchstaben durchgezogen, für die L A–K, für die B a–g. L von Salzburg: 33° 32' E.
Druckart:	Kupferstich, Kartusche, Grenzen und Kompaßrose handkoloriert.
Literatur:	ADB Bd. 45, S. 511. – LGK S. 913.

Christoph Weigel d. Ä. (1654–1725)
1723

Die Karte ist offenbar erstmalig in WEIGELs Taschenatlas erschienen. Von den Mitgliedern dieser Nürnberger Verlegerfamilie sind für uns Christoph d. Ä., sein jüngerer Bruder Johann Christoph und noch dessen Sohn Christoph d. J. (1702/03–1777) bedeutungsvoll. Sie verlegten u. a. Schul- und Reiseatlanten von KÖHLER, auf deren Karten des Bayerischen Kreises nur Teile Salzburgs erfaßt sind (→ 9.10), und in mehreren Auflagen zwei kleinformatige Taschenatlanten: Einen Weltatlas mit dem Titel „Atlas portatilis oder compendieuse Vorstellung der gantzen Welt" (von 1717? bis 1745) und als Ergänzung einen Atlas von Deutschland als „Continuirter Atlas portatilis". Die Texte verfaßte Johann Gottfried GREGORII (alias MELISSANTES, 1685–1770), der 1713 in Frankfurt unter dem Titel „Curieuse Gedanken von den vornehmsten und accuratesten alt und neuen Landkarten" das erste fundierte Werk zur Geschichte der Kartographie veröffentlichte. Der BSM-Bandkatalog aus dem frühen 19. Jh. nennt im Haupteintrag den Atlas überhaupt unter seinem Namen.

Publ.-Art:	Atlasblatt aus: «Continuirter | ATLAS PORTATILIS | GERMANICUS. | Oder | Compendieuse Vorstellung | **Teutschlandes,** | Denen Liebhabern der Geographie und sonderlich der Jugend zum Besten/ | nach den zehen Creyßen/ | In 36. saubern und richtigen sowohl gantze Creyße als a parte Gegenden/ | in specie vorstellenden Land=Chärtgen/ | mit einer kurtzen Erläuterung | heraus gegeben. ‖ (Querband über ganze Breite) Nürnberg/ | Verlegt und zu finden bey Johann Christoph Weigeln/ Kunsthändlern. | Gedruckt bey Johann Ernst Adelbulnern. | Anno MDCCXXIII.». – Der Buchdruck-Titel nimmt (wie eine Karte) die beiden Innenseiten des Druckbogens ein.
Standort:	BSM: Mapp. 56 d. – SStW: 99.e.119.
Literatur:	BAUER, Michael: Christoph Weigel (1654–1725), Kupferstecher und Kunsthändler in Augsburg und Nürnberg. In: Archiv für Geschichte des Buchwesens, 23. Frankfurt a. M. 1983. ADB Bd. 41, S. 464. – BBB S. 828. – LGK S. 877. – MdW S. 315. – THB Bd. 35, S. 277ff. – ZED Bd. 54, Sp. 292. Zu GREGORII: ADB Bd. 9, S. 630. – ADE Bd. 2, Sp. 1599.

1733

Die Karte wurde unverändert, aber links oben im Eck des Rahmens mit «VI.» numeriert, in die zweite, von WEIGELs Witwe publizierte und um eine Karte erweiterte Auflage übernommen. Das graphische Bild der Doppelseite des Atlastitels hat der neue Drucker zurückhaltend verbessert.

Publ.-Art: Atlasblatt aus:
«Continuirter | ATLAS PORTATILIS | GERMANICUS…» mit folgenden Änderungen: Die großen und fetten Lettern von «**Teutschlandes**» mit verziertem «T» sind weiß gerahmt. Für «Denen Liebhabern…» steht «Den Liebhabern…»; die Zahl «36» ist auf «37» geändert und statt «a parte Gegenden» heißt es «besondere Gegenden». Über der neuen Zierlinie ist die Zeile «Andere und mercklich verbesserte Auflage.» eingefügt und unter dieser das Impressum: «Nürnberg, | Zu finden bey Johann Christoph Weigels, Kunsthändlers seel., Wittib. | Gedruckt bey Lorentz Bieling, Anno MDCCXXXIII.».

Standort: ÖNB: FKB 282/90. – SWS.

1780

Nahezu ein halbes Jahrhundert nach der zweiten Auflage ist die dritte mit einem knappen „Vorbericht" des Verlegers über Entstehung und Inhalt erschienen. Die Aufmachung des kleinen Bandes und besonders dessen Titel wurden modernisiert, die Karten ZÜRNERs aber unverändert übernommen, sodaß lose Blätter nicht mit Sicherheit zuzuordnen sind.

Publ.-Art: Atlasblatt aus:
«Kurze | G e o g r a p h i e | von | **Deutschland**, | oder | ATLAS PORTATILVS | GERMANICVS | (feiner Querstrich) Nebst | einem Verzeichnis | aller | jezt regierenden hohen Häupter | Deutschlandes. | (Querstrich) In 37 illuminirten Landkärtchen vorgestellt. | (Zier-Querstrich) Nürnberg, | zu finden in der Christoph Weigelischen Kunsthandlung | 1780.». – Dieser Buchdrucktitel nimmt nur mehr eine rechte Seite ein, der Drucker wird nicht genannt.

Standort: SStW: 99.e.111.

Heinrich Niderndorff (1680–1744)

1739

Der Jesuit NIDERNDORFF, Mathematik-Professor an der Würzburger Universität, hat eine vierbändige „Generalis Geographia" verfaßt, die zu seiner Zeit weit verbreitet war und in vielen alten Bibliotheken erhalten blieb. Sie enthält seine überarbeiteten Vorlesungen, wobei er stets korrekt Gewährsleute und Quellen angibt. Als originäres Zeugnis aus der ersten Hälfte des 18. Jhs. besitzt das Werk nicht zu unterschätzende historische Bedeutung, obwohl sein Autor völlig in Vergessenheit geraten zu sein scheint. Die Karten sind an die Außenränder der entsprechenden Textseiten geklebt, damit sie beim Studium neben dem Text zu liegen kommen. Die Kreiskarte ZÜRNERs blieb unverändert.

Maße: Blatt: 27,5 x 20,3 cm; Bd.: ca. 17 x 21,3 cm.

Publ.-Art: Kartenbeilage im 4. Buch an S. 85/86 geklebt:
«**GEOGRAPHIA** | SPECIALIS POLITICA | IN DUAS PARTES DIVISA, | PRIMA PARS | **IMPERIUM** | Sacrum Romano-Germanicum, | SECUNDA PARS | **HIERARCHIA**, | Sacri Imperii Romano-Pontificii | Per totum Orbem Terrarum, | Ex pluribus probatis Authoribus collecta, | & | JUVENTUTI ACADEMICÆ WIRCEBURGENSI | EXPLICATA | à R. P. HENRICO NIDERNDORFF S.J. | Mathescos Professore Ordinario, | … SUMPTIBUS LOCHNERI & MAYERI BIBLIOPOL. NORIMB. | ANNO 1739. | LIBER QUARTUS. | (Abgestrichen:) WIRCEBURGI, Typis Joannis Jacobi Christophori Kleyer, Univers. Typogr.».
Gesamttitel der vier Teile (rot gedruckte Zeilen unterstrichen):
«GENERALIS | GEOGRAPHIA | COSMICA, MATHEMATICA, | NATURALIS, POLITICA, | CUM SPECIALI | Sacri Imperii Romano-Germanici, | ET | Sacri Romani Imperii Pontificii | HIERARCHIA | Per totum Orbem Terrarum, | IV. LIBRIS COMPREHENSA, | Ex pluribus probatis Authoribus collecta, | multis rebus curiosis adornata, | & | JUVENTUTI ACADEMICÆ WIRCEBURGENSI | EXPLICATA | à R. P. HENRICO NIDERNDORFF S. J. | Matheseos Professore Ordinario, | … | SUMPTIBUS LOCHNERI & MAYERI BIBLIOPOL. NORIMB. | WIRCEBURGI, Typis Jo. Jacobi Christophori Kleyer, Univers. Typ. 1739.».

Standort: BSM: Res/4 Geo.u. 81 (zwei Ex.). – UBAu: 02/IV.2.4.29–4. – UBEi: 14/RB 10065 N664–4. – UBM: 0001/4 H.aux. 28. – UB Würzburg: 52/Franc. 708-3/4#4. – USBB: 22/Lyc.o.94,2#4. – ZBLU: F1 137.4.

Literatur: SOMMERVOGEL, Carlos, Hg.: Bibliothèque de la Compagnie de Jesus. Tome cinquième. Nouvelle Edition. Oscar Schepens, Brüssel und Alphonde Picard, Paris 1894, S. 1715f. – NUC Bd. 418, S. 591.

4.11
(Georg) Matthäus Seutter d. Ä. (1678–1756 oder 1757)
Matthäus Roth (um 1690/91–1749)

Fortsetzung von 3.3

SEUTTERs Karte des Bayerischen Kreises kommt in seinen Atlanten in zwei Versionen vor, die sich durch die Porträts des Wittelsbachers KARL ALBRECHT (1697–1745) und durch das zuerst mit dem Kurhut und dann mit der Kaiserkrone geschmückte Landeswappen unterscheiden. Beide Kreiskarten gibt es wie die Landeskarte (→ 3.3) mit oder ohne Findegitter. Salzburg wird zur Gänze dargestellt, wobei der Karteninhalt weitgehend dem der HOMANN-Karten mit Verbesserung der Ortsnamen entspricht. Die Verzerrung der südlichen Landesteile mit Verlagerung des Lungaus nach Norden blieb erhalten.

Besonderes Interesse verdient die Karte wegen ihrer Übernahme in den Atlas des „kaiserlichen Hofkriegsagenten" Matthäus ROTH. Er bezog die Karten aus Augsburg und ließ in Wien nur die zusätzlichen Buchdrucktitel und Textseiten sowie die Ortsregister der zweiten und dritten Auflage drucken. Diese im Titel hervorgehobenen „Particular-Register" faßte er

1731 in einem eigenen Band als „General-Index" zusammen, dessen Angaben allgemein verwendbar sind, da das Gradnetz als Findegitter dient.

In der ersten Auflage von ROTHs „Atlas novus", die 1728 mit 26 Karten erschien, war die Tafel des Bayerischen Kreises noch nicht enthalten. In die auf den doppelten Umfang erweiterte neue Auflage von 1730 wurde die Karte als Tafel 35 aufgenommen. Die dritte Ausgabe stellt uns wegen der Jahreszahl 1736 vor ein Datierungsproblem, da sie die „Kaiserkarte" mit der Reichskrone enthält, auf die erst 1740 Anspruch erhoben werden konnte. Offenbar hat ROTH auch Titelblätter verwendet, die für nicht realisierte Auflagen gedacht waren.

Literatur: Zu SEUTTER: → 3.3. – Zu ROTH: BAG S. 534. – DES S. 162. – DÖR S. 41 f. – WAW S. 213 ff.

4.11.1
Kurfürstenkarte
[1726/30]

Die wie immer bei SEUTTER undatierte Karte muß zwischen 1726, dem Regierungsantritt KARL ALBRECHTs, und 1730, der Verleihung des Titels „Kaiserlicher Geograph", der noch nicht angeführt ist, entstanden sein. Die anspruchsvolle und symbolträchtige Kartusche rechts oben beherrscht ein hochovales Profil-Porträt des jugendlichen Fürsten, dessen Kurmantel die Rüstung fast verdeckt. Über seinen Scheitel hält Mars einen Lorbeerkranz, links begleiten ihn ein großer Posaunenengel und die sitzende Prudentia mit Schlange bzw. Äskulapstab. Die untere Mitte der Kartusche ziert das gekrönte Landeswappen. Rechts daneben sitzt der gewohnte Flußgott, diesmal in Rückenansicht zum Fürsten aufblickend und auf eine Wassertonne gelagert. Zwei große Rocaillen halten Ähren- und Schilfbündel zum sachlich gestalteten Schriftfeld mit abgeschrägten Ecken. Die Maße der Karte variieren, da mehrfach Neustiche vorgenommen wurden.

Titel: «CIRCULUS BAVARIÆ | IN SUAS QUASQUE DITIONES | TAM CUM | FINITIMIS, QUAM INSERTIS | REGIONIBUS | ACCURATISSIME DIVISUS, | ÆRI INCISUS ET VENALIS EXPOSITUS | A | MATTHÆO SEUTTER, AUGUSTÆ-VINDELIC.».

Zusätze: Li. u. Zeichenerklärung auf Tafel mit Früchte- und Blattschmuck: «SIC NOTANTUR». – Re. u. im Eck freistehend: «SCALA» und zwei Linearmaßstäbe für franz. und dt. M. – Himmelsrichtungen in Latein an jedem Seitenrand.

Maße: Karte: 48,5 x 55,8 cm bis 49,6 x 57,2 cm; Platte: 49,2 x 56,5 cm bis 50,2 x 58,4 cm; Blatt: ca. 54 x 65 cm.

Maßstab: 1:648.000; 1" = 9.000 Kl., 4" = 9 M.

Graduierung: Im schlichten Doppelstrichrahmen s/w 4'-Skala, 20', 40' und volle Grade beziffert. Li., o. und u. korrekte Zahlen, re. aber in allen Aufl. «02» und «04» statt «20» und «40». Bei den Drucken mit Suchgitter sind alle 20' durchgezogen, dazu Findebuchstaben: L A–N, B a–s.
L von Salzburg: 35° 17' E.

Druckart: Kupferstich, meist mit Flächen- und Grenzkolorit.

Publ.-Art: Wie 3.3.1.

Standort: BSM: 2 Mapp. 170–55. – KAW: B IVa 404. – SBB Haus 2: Kart. M 5770; 2° Kart. B 620–15. – SUBE: Ryh 4701:34 (ohne Findebuchstaben).

1730

Die Karte blieb unverändert, aber der Name des Autors ist mit dessen neuem Titel ergänzt. Die mit 1730 datierte Ausgabe von ROTH enthält häufig Indexbögen mit den Jahreszahlen 1727, 1729, 1730, 1731, 1734, 1735 und 1738.

Titel: Statt der letzten Zeile nun zweizeilig: «... | MATTHÆO SEUTTER. S. CÆS. MAJ. GEOGR. | AUG. —(Krone)— VIND.».

Publ.-Art: Wie 3.3.1 oder Blatt aus dem ROTH-Atlas:
Kupferstich-Titelblatt SEUTTERs wie 3.3.1.2, dann Buchdruck-Titelblatt ROTHs (rot gedruckte Wörter unterstrichen): «<u>ATLAS</u> | <u>NOVUS</u> | INDICIBUS INSTRUCTUS, | Oder | Neuer mit Wort=Registern versehener | <u>ATLAS</u>, | Bestehend | In 50. Seutterisch=Geographischen | <u>Haupt= und Special-Tabellen</u>/ | Als worüber | Erstlich ein sehr nutzlich=compendioser ... | <u>SPECIAL-INDEX</u> | gedrucket worden/... | <u>Zusammen gesetzt/ und zu bequemen Gebrauch deren Liebhabern</u> | der Geographischen Wissenschaft ... | in offenen Druck heraus gegeben | Von | <u>Matthäo Roth / Kaiserl. Hof=Kriegs=Agenten.</u> ‖ (Signet) <u>Wien in Oesterreich /</u> | <u>Gedrukt bey Johann Peter v. Ghelen / Kaiserlichen Hof=/ Universitäts=/ und</u> | <u>Gemeiner Stadt Wien Buchdruckern / 1730.</u>».

Standort: ÖNB: KA: B IVa 404. – SWW: K-V: WE 150. – UBW: IV 234.219 E.S.

Literatur: AA S. 127 f.: Roth A (1730), 35.

4.11.2
Kaiserkarte
(nach 1742)

Der mit 1736 datierte Atlas dürfte zunächst die „Kurfürstenkarte" von 1730 enthalten haben. Die Wahl des Kurfürsten zum römisch-deutschen Kaiser KARL VII. im Jahre 1742 veranlaßte SEUTTER aber zum Stich einer neuen Titelkartusche, ohne den Inhalt der Karte und deren Zusätze zu verändern. Diese sind nur mit dem Privilegium des Reichsvikariats ergänzt, das schon 1741 erteilt worden war und weiter zu Recht bestand. Über dem Titel zeigt das hochovale Porträt nun en face einen Mann mittleren Alters in glänzendem, ordensgeschmücktem Harnisch und im Hintergrund die alte Reichskrone. Das bayerische Wappen ist einem großen Doppeladler mit Reichsschwert und Reichsapfel in den Fängen aufgelegt, der zwischen beiden Köpfen die Rudolfinische Kaiserkrone trägt. Die figurale Staffage der Kartusche blieb sonst unverändert.

Titel: Wie vorher mit «MATTHÆO SEUTTER. S. CÆS. MAJ. GEOGR.».

Zusätze: Außer den bisherigen in der Zeichenerklärung neue unterste Zeile: «Cum Gr. et Pr. S.R.I. Vicar. in part. Rheni Svev. et Jur. Francon.».

Publ.-Art: Wie 3.3.1 mit Verleger-Nennung: „Bey Johann M. PROBST" oder Blatt aus dem ROTH-Atlas:

4   Salzburg im Bayerischen Reichskreis

Kupferstich-Titelblatt SEUTTERs wie 3.3.1.2, dann Buchdruck-Titelblatt ROTHs (rot gedruckte Wörter unterstrichen): «**ATLAS** | **NOVUS** ...». – Weiterer Titel gegenüber 1730 nur wenig verändert: «**ATLAS,** | Bestehend | In 50. Seutterisch=Geographischen | Haupt= und Special-Tabellen, ... | mit allergnädigster Kayserl. specialen Freyheit | in offenen Druck heraus gegeben | Von | Matthäo Roth, Kayserl. Hof=Kriegs=Agenten. ‖ (Signet: Von großen Engeln getragenes Bindenschild-Wappen mit Kaiserkrone; Doppel-Querstrich.) Wienn in Oesterreich, | Gedruckt bey Leopold Johann Kaliwoda/ Universitäts=Buchdruckern / 1736.».

Standort: BSM: Mapp. XI, 37 q. – KAW: A III 10. – ÖNB: 455.256-F.K. – SBB Haus 2: quer 8° Kart. B 626–34 und 627–34. – SUBE: Ryh 4701:22. – UBW: IV 140.175 E.S.

Literatur: AA S. 129 und Abb. 2: Roth A (1736).

Publ.-Art: Atlasblatt Nr. 22 aus vol. 41 des Doppelbandes 41/42 von: «LA | GALERIE AGREABLE | DU **MONDE** | ... | DIVISEE EN LXVI. TOMES | ... | Les Estampes aiant été dessinées sur les Lieux, & gravées exactement par | Les celébres LUYKEN, MULDER, GOEREE, BAPTIST, STOPENDAAL, & par d'autres Maitres renoncez, | ... | Cette Partie comprend le TOME TROISIÈME de l'EMPIRE d'ALLEMAGNE. ‖ (Großes Verlagssignet: Im Hintergrund ATLAS mit dem Himmelsglobus, im Vordergrund Allegorien der Wissenschaften.) Le tout mis en ordre & execué | *á LEIDE,* | Par PIERRE VAN DER AA, Marchand Libraire, | Imprimeur de l'Université et de la Ville.».

Der über 30 Zeilen lange Titel nimmt in Buchdruck mit den entsprechenden Änderungen der Namen und der Bandnummer jeweils die ganze erste Seite der Teilbände ein.

Standort: NLC: Ayer 135 A2 1729. – ÖNB: K I 108.851; BE 8 H 15.

Literatur: 2.4.5.2.

4.12
Pieter van der Aa (1659–1733)
„Cercle de Bavière"
1729

Im Katalogisat der kleinen Kopie von MERCATORs „Salzburg und Kärnten" (→ 2.4.5.2) wurde bereits erwähnt, daß es sich bei VAN DER AAs Karten durchwegs um Nachstiche handelt, denen KOEMAN wenig Bedeutung zubilligt. Ungeachtet dieser Beurteilung stellt die Karte des Bayerischen Kreises, die schon 1713 erstmalig erschienen ist (KOE I, Aa 6, 29b), ein Musterbeispiel manieristischer Aufmachung dar. Das Kartenfeld steht in einem überbreiten perspektivischen „Holzrahmen", wogegen andere Stiche meist von ornamentalen Bordüren, Wappenleisten und ähnlichem eingefaßt werden. Den Titel schmückt rechts oben im Eck eine Jagdszene, darüber lagert ein Flußgott mit dem heraldisch verzierten bayerischen Wappen. Auf der nächsten Atlasseite (Register-Nr. 23) ist MERIANs bekannte Vogelschau-Ansicht der Stadt Salzburg von 1644 in der größeren Bearbeitung durch JANSSONIUS abgedruckt (48 x 38,5 cm statt 35,5 x 28 cm, kleines Schriftband, nur eine Zeichenerklärung).

Titel: «CERCLE DE | BAVIERE: | *Suivant les* | Nouvelles Observations | de | Messrs de l'Academie Royale | des Sciences, etc. | *Augmentées de Nouveau.* | A LEIDE, | *Chez PIERRE VAN DER AA.* | (Querstrich) *Avec Privilege.*».

Zusätze: Unmittelbar unter dem Titel zwei Linearmaßstäbe für dt. und franz. M.

Maße: Kartenfeld: 28,8 x 24,2 cm; Rahmen: allseitig 5,5 cm; Platte: 41 x 34,3 cm; Blatt: 44 x 36 cm. – Atlas: ca. 24,5 x 37 cm.

Maßstab: 1 : 1.440.000; 1" = 5 M.

Graduierung: Im einfachen Strichrahmen s/w 5'-Skala, alle 30' und volle Grade beziffert, diese als Netz fein durchgezogen.

Druckart: Kupferstich, teils mit Handkolorit.

4.13
Anselm Desing (1699–1772)
„Haupt Karte Bavaria"
1733

Der Benediktinerabt Anselm (Taufnamen: Franz Josef Albert) DESING, der von 1737 bis 1743 als Professor an der Universität Salzburg gelehrt und den „Mathematischen Turm" in Kremsmünster entworfen hat, gab als einer der letzten Universalgelehrten dem Geographie-, Geschichts- und Jus-Studium wegweisende Impulse. Von seinen ca. 15 Lehrbüchern sind laut DÖRFLINGER mindestens vier mit Landkarten ausgestattet. Außerdem hat er wenigstens sieben Erdgloben hergestellt. Die umfangreichste seiner pädagogischen Arbeiten bildete eine insgesamt elf Bände umfassende „Historica Auxilia" oder „Historischer Behülff" mit u. a. fünf bemerkenswerten Religionskärtchen der Erde und elf Detailkarten von Deutschland, darunter eine Bayern-Karte, die trotz des kleinen Maßstabs wegen ihrer Verbreitung und Originalität katalogisiert wird. Auf manchen Karten sind – wie auch bei anderen Autoren dieser Zeit – nicht-katholische Länder mit feinen Schraffen „beschattet", um anzuzeigen, daß sie nicht das Licht des „wahren und allein seligmachenden Glaubens" erleuchtet.

Im letzten Jahr seiner Salzburger Tätigkeit erschien ein Lehrbuch Desings mit dem aufschlußreichen Titel „Hinlängliche Geographie vor die Schule. Auf eine Art vorgetragen und in solche Schranken gefasset, daß Junge Leuthe damit mehr ergötzet als beladen werden ..." (ÖNB: 298.178-B.K). Der Band enthält fünf Karten, darunter eine Übersichtskarte von „Germaniæ Pars Australis" im Maßstab 1 : 4.000.000 (1" = 14 Meilen), die nicht als Landeskarte registriert wird.

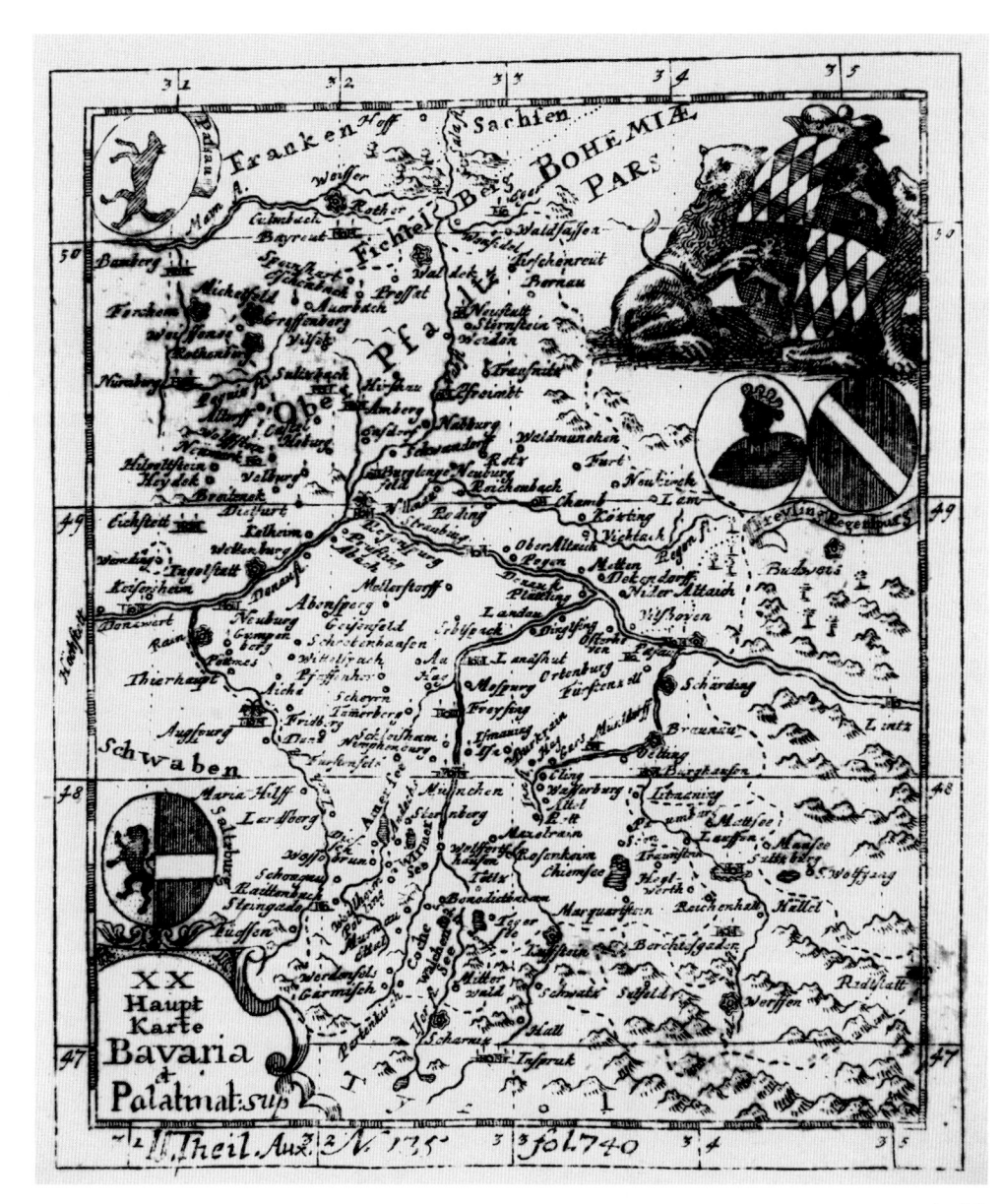

Abb. 52: Anselm Desing: Haupt Karte Bavaria, 1733.   4.13

Titel:	Im li. u. Eck durch Rocaillen vom Kartenfeld getrennt: «XX | Haupt | Karte | Bavaria», Ausgabe 1741 mit Zusatz: «et | Palatinat: *sup*».
Zusätze:	Re. o. im Eck freistehend bayer. Landeswappen, von zwei Löwen gehalten. Darunter die ovalen Wappen von Freising und Regensburg. – Im li. o. Eck Wappen von Passau, li. u. über dem Titel Wappen von Salzburg. – Ausgabe 1741 u. im Rahmen: Hinweis für die Einordnung im «II. Theil. Aux. N. 135 fol. 740». – Nordpfeil und Himmelsrichtungen fehlen.
Maße:	Karte: 11,1 x 13,4 cm; Blatt: 13,2 x 21 cm (Der Oberrand ist so breit, um die quer eingeheftete Karte beim Lesen des Textes herausklappen zu können). – Bd.: ca. 8,5 x 13,8 cm.
Maßstab:	1:3,456.000; 1" = 48.000 Kl. = 12 M.
Graduierung:	Im einfachen Strichrahmen s/w 10'-Skala, volle Grade beziffert, Breitengrade als Linien, Längengrade punktiert durchgezogen. L von Salzburg: 34° 16' E.

4 Salzburg im Bayerischen Reichskreis

Druckart:	Kupferstich, Territorien tlw., Grenzen häufig vielfarbig handkoloriert; Salzburg sattgrün.
Publ.-Art:	Kartenbeilage in (rot gedruckte Zeilen <u>unterstrichen</u>): «Historica | <u>AUXILIA</u> | Historischer | **Behülff** | und | Unterricht von der | <u>GEOGRAPHIA, POLITICA;</u> | Chronologia, Kriegs=Weesen, | Und anderen nach heutiger Art mei= | stens zur Histori zu wissenden Dingen. | Für die | <u>Katholische Jugend</u> | I. Theil | Dessen Innhalt auf dem umgekehrten | Blat zu finden. | <u>Geschrieben von P. Anselmo Desing</u> | O.S. Benedicti, Profess zu Ens= | dorff der Bayrischen Congregation. | Unter Erlaubnus der Oberen und Kayserlichen | Privilegio. ‖ <u>Sultzbach gedruckt bey Christian Holst</u> | 1733. | Verlegts Johann Gastel, Buchhandler zu | Stadt am Hoff.». – Zweite Auflage 1741. Die Titelseite zeigt als erste Karte des Werkes doppelseitig (13,5 x 11,1 cm) die beiden Hemisphären und darunter in der Mitte eine allegorischen Kampfszene um die Teilung des Globus. Li. und re. im Eck zwei Steinsockel mit Inschriften: li.: «NEUER | **ATLAS** | *von* | **XXIX** | Hauptkarten | zu vermehren mit | Neben=Karten. ‖ (im Sockel) MDCCXXXII». Re.: «*CATHOLICAE* | **JUVEN** | **TUTI** | *Maxime* | **LYCEO** | *FRISINGÆ* | *P. Anselm Desing* | *O. S. Benedicti* ‖ (im Sockel) *FACIEBAT*».
Standort:	SLA: HB VBe 213 (2. Aufl. 1741). – SStW: 95.f.66 und 99.g.46 (Atlas separat).
Literatur:	DÖRFLINGER, Johannes: Zu den Karten von Anselm Desing. Bericht, 9. kartographiehistorisches Colloquium, Rostock 1998. ANSELM DESING (1699–1772). Sammelband mit 17 Beiträgen und Katalog zur Ausstellung der Staatlichen Bibliothek Amberg, 23. Juli bis 27. August 1999. Lassleben, Kallmünz 1999. ADB Bd. 5, S. 73. – BBB S. 135. – GV Bd. 28, S. 240. – NDB Bd. 3, S. 614f.

1741, 1746

Die in der Erstauflage der „Historia Auxilia" veröffentlichte „Hauptkarte" von Bayern wurde inhaltlich unverändert in die Neuauflagen von 1741 und 1746 übernommen. Ihr Titel erfuhr aber eine Ergänzung, und in die untere Randleiste fügte man zusätzlich eine Buchbinder-Anweisung ein.

Titel:	«XX | Haupt | Karte | Bavaria | et | Palatinat: *sup*».
Zusätze:	Li. u. zwischen den Längengraden: Ausgabe 1741: «*II. Theil. Aux. N. 135 fol. 740*». – Ausgabe 1746: «*III. Theil. Aux. N. 102 fol. 734*».
Publ.-Art:	Kartenbeilage in: Ausgabe 1741: «*AUXILIA HISTORICA,* | Oder | Historischer | **Behülff,** | Und | Bequemer Unterricht | Von | Denen darzu erforderlichen | **Wissenschafften.** | *II.* Theil, | Volum. I. | (zwölf Zeilen Inhaltsverzeichnis) Verfasset von | P. Anselmo Desing, O.S.B. Ensdorffii &c ... ‖ (Querstrich) Verlegts Johann Gastl, Buchhandler zu | Stadt am Hof/ nächst Regenspurg. 1741.». Ausgabe 1746: «AVXILIA HISTORICA, | (dann unverändert bis) **Wissenschafften.** | *III.* Theil, | (zehn Zeilen Inhaltsverzeichnis. Keine Nennung des Verfassers.) ‖ (Querstrich) Verlegts Johann Gastl, Buchhandler zu | Stadt am Hof/ nächst Regenspurg. 1746.».
Standort:	ÖNB: 38.052-A (1741). – UBW: I 145.389 A (1746).

157

4   Salzburg im Bayerischen Reichskreis

4.14
George-Louis le Rouge (ca. 1722–1779?)

Fortsetzung von 3.8

Donaulauf mit Stadtplänen

1742

Der französische „königliche Geograph" LE ROUGE (LEROUGE) veröffentlichte u. a. eine große, zweiteilige Karte des Donaulaufs, für die neben den Stichen von HOMANN und SEUTTER auch das Kartenwerk „Accurat aufgezeichneter Donau-Strom, von dessen Ursprung biß zu dem Einfall in das schwarze Meer ..." teilweise als Vorlage gedient hat (ÖNB: K A 95.513, inkomplett; K III 117.555, Kopie). Der 9,5 x 17 cm kleine, sehr hübsche Taschenatlas des Augsburger Malers und Kupferstechers Elias BÄCK (BECK, 1679–1747, gen. „Heldenmuth") erschien ca. 1720 und umfaßte in einem Pappeschuber 29 Kärtchen (inkl. Titelblatt), 8,4 x 15,9 cm, im Maßstab 1:1,440.000 (1" = 20.000 Klafter = 5 Meilen). Das nicht beschriftete Erzstift ist zur Gänze auf den Teilblättern „A 3" und „A 4" dargestellt, ohne daß von einer Landeskarte gesprochen werden könnte.

Gegenüber diesen „zivilen" Vorgängern illustriert die Arbeit LE ROUGES das militärische Interesse an Flußübergängen und Festungsstädten. Das östliche der beiden Blätter zeigt mit Bayern auch ganz Salzburg. Die südlichsten Landesteile und besonders der Lungau sind entsprechend den Vorlagen wieder stark nach Norden verschoben. Im Vergleich mit LE ROUGES prächtiger und weitgehend korrekter Salzburg-Karte von 1743 nach GUETRATHER (→ 3.8) überraschen diese Fehler ebenso wie die Schmucklosigkeit des Blattes. Das interessanteste Detail bilden sieben nahezu quadratische Felder am Oberrand, von denen fünf über und zwei in dem Gradnetzrahmen stehen. Sie messen 10–10,5 x 9,5 cm (das mittlere mit dem Titel ist nur 8,2 cm breit) und enthalten Stadtpläne von «SALTZ-BURG», «MUNICH», «DONAWERTH», «RAIN», darunter links «RATISBONNE», rechts «LAUINGEN», mit Befestigungen, Gewässernetz und Brücken, aber bis auf Salzburg ohne jede Verbauung innerhalb der Mauern. Die Nummern der Pläne korrespondieren mit der Karte. Ein modernes Element sind Farbkästchen zur Erklärung des Kolorits.

53

54   Titel: «COURS DU DANUBE | *FEUILLE II*ᵉ. | *Contenant* | **LA BAVIERE** | *suivant les cartes faites sur les lieux* | *Par Homann et Seuter Geog*ᵉˢ. *de l'Empereur* | *A PARIS* | *Chez le S*ʳ. *le Rouge Ingen*ʳ. *Geographe du Roy* | *rue des grands Augustins vis a vis le panier fleuri* | *1742*.».

Zusätze: Im Oberrand über dem Titelfeld: «Nord». – Unter dem Titel rechtsbündig Erklärung der Farben: «a l'Empereur» = blaugrün | «a l'Electeur Palatin» = gelb | «a l'Archevêque de Salczburg» = rot. Re. u. dem Plan von Lauingen: «Remarque» mit Erläuterungen zu den Namen, zu Abkürzungen und zu den fünf Verwaltungsbezirken in insgesamt neun Kursivzeilen. – Li. u. im Eck freistehend: «ECHELLES» mit zwei Linearmaßstäben für franz. und dt. M.

Maße: Karte: 50 x 54,4–53,9 cm (ohne Stadtpläne); Platte: 51 x 64,8 cm; Blatt: 52,5 x 66 cm; gesamt: 50 x 63,9–63,4 cm.

Maßstab: 1:648.000; 1" = 9.000 Kl., 4" = 9 M.

Graduierung: Im Kartenrahmen s/w 20'-Skala für die L und 10'-Skala für die B, alle 20', 40' und volle Grade beziffert.
L von Salzburg: 35° 15' E.

Druckart: Kupferstich. – Wasserzeichen: In der oberen Kartenhälfte unter einem liegenden Halbmond mit fünfzackigem Stern eng gerahmte Buchstaben, unsicher «AWERGATT...», ca. sechs weitere Buchstaben unleserlich. In der unteren Hälfte großes Malteser-Kreuz im Rosenkranz mit ca. 15 cm Durchmesser und Kreuz-Anhänger (LIS S. 94, Nr. 144).

Publ.-Art: Atlasblatt Nr. 92 aus:
3.8: «**ATLAS | GENERAL** | ...».

Standort: BSM: 2 Mapp. 96 m-92. – SUBE: Ryh 4701:24. – SWS.

Literatur: 3.8. – SLA S. 13, L.32.
Zu BÄCK: LGK S. 738. – THB Bd. 2, S. 337.

4.14

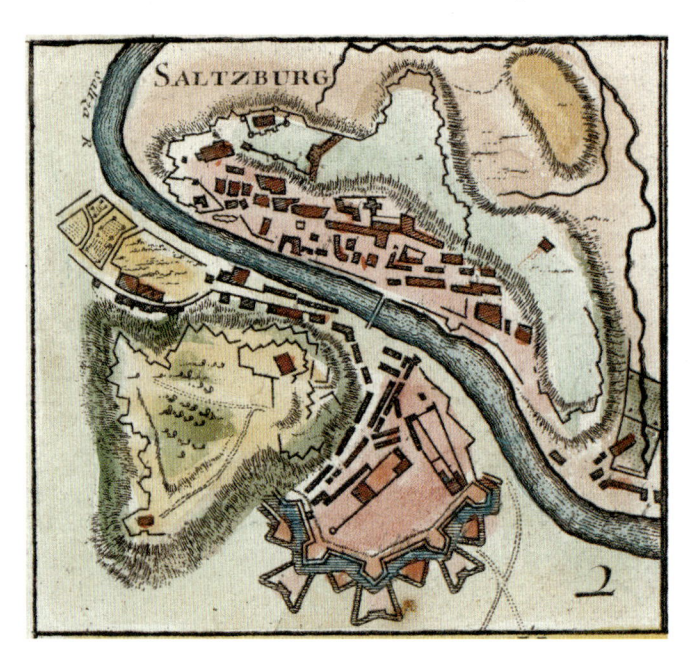

Abb. 53: George-Louis le Rouge: Stadtplan von Salzburg.

4.15
Gottfried Iacob Haupt (Daten unbekannt)

Großblatt „Bavariæ Circulus"

Nach dem Doppelblatt der SANSON-Karte in der Ausgabe JAILLOTs von 1675 (→ 4.1.2) dürfte diese Karte die zweitgrößte des Bayerischen Kreises sein und vor allem eine der seltensten des 18. Jahrhunderts. Von ihrem Schöpfer G. I. HAUPT sind lediglich etwa ein halbes Dutzend Karten aus den Jahren von ca. 1735 bis 1742 ohne ersichtliches Programm bekannt,

158

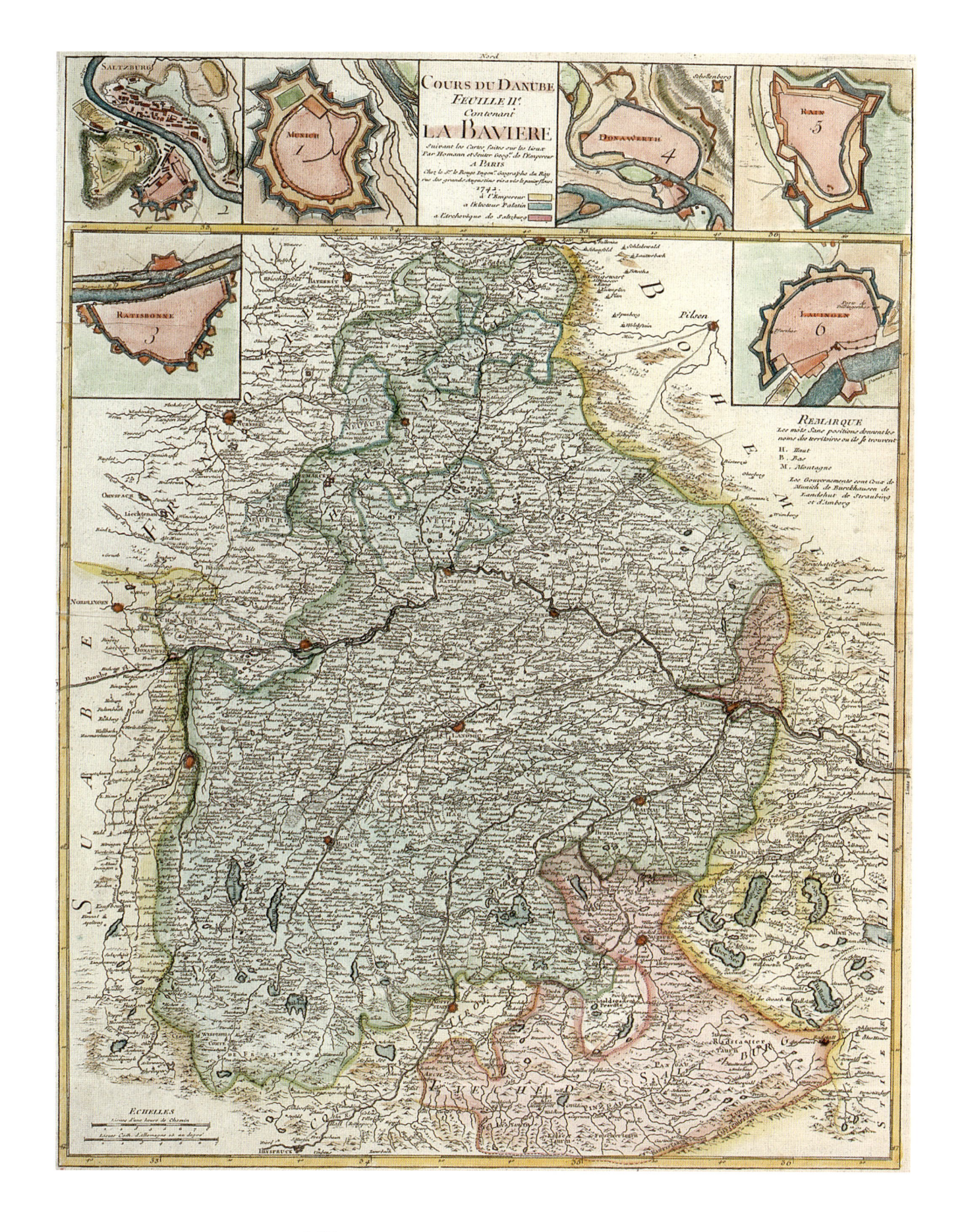

4.14

Abb. 54: George-Louis le Rouge:
Donaulauf in Bayern, 1742.

auf denen er sich teils als Stecher, teils als Verleger ausgibt. Ein originärer Kartograph scheint er jedenfalls nicht gewesen zu sein. Im übrigen ist nur seine Heirat in Augsburg nachgewiesen. Bei der offenbar einzigen Nennung eines „HAUPT, G." als Kupferstecher (TOO-S, S. 48) läßt nur die Jahreszahl 1738 vermuten, daß es sich um unseren Drucker handeln dürfte.

Die schlechte Quellenlage überrascht, da HAUPT eine der prächtigsten Karten seiner Zeit in zwei Versionen geschaffen hat. Den schönsten Schmuck des Doppelblattes bildet der breite, reich verzierte Rahmen, den oben in der Mitte eine allegorische Gruppe von ATHENE und MARS mit dem bayerischen Wappen beherrscht. Von Rocaillen eingefaßt schließen sich links und rechts je zwei Städtebilder an: Landau und München bzw. Ingolstadt und Landshut. Die seitlichen Rahmenleisten zeigen in reicher Rokoko-Zier eine Fülle allegorischer Darstellungen und lateinischer Devisen aus allen Lebensbereichen. Die Basis des Rahmens bilden wiederum vier Städtebilder (links: Donauwörth, Grafenau; rechts: Straubing, Passau) und in der Mitte ein rechteckiges Feld mit je nach Version verschiedenem Inhalt.

Die so aufwendig präsentierte Karte unterscheidet sich inhaltlich und in ihrem Maßstab nicht von der Mehrzahl dieser Gruppe. Zwischen dem im Süden besonders verzerrten Gewässernetz sollen recht beliebig verteilte Maulwurfshügel das Gelände darstellen und mit dem „verschobenen" Lungau liegt Tamsweg («Treutzweg») noch etwas nördlicher als Bischofshofen. Rechts oben im Eck des Feldes steht der auffallend nachlässig und ungenau gestochene Titel auf einer von zwei Engeln gehaltenen üppigen Draperie mit Fransen, reichem Rokokorahmen und Früchtegirlanden.

[1735]

Titel:	«BAVARIÆ | CIRCULUS ET ELECTORAT$_9$ | IN SUAS QUASQUÈ | DITIONES | tam cum | ADIACENTIBUS, QUAM INSERTIS | REGIONIBUS | accuratißime divisus | Per | GOTTF IAC. HAUPT. | AUGUST (—) VINDEL:».
Zusätze:	Im Mittelfeld der unteren Rahmenleiste: Zwei Linearmaßstäbe für dt. und franz. M. und Zeichenerklärung. – Himmelsrichtungen N und S in Latein o. und u. in Seitenmitte im Kartenrahmen.
Maße:	Karte mit Schraubbandrahmen: 47 x 55 cm; mit Schmuckrahmen: ca. 55 x 72 cm; Blatt: 55 x 78 cm; Platten: ca. 55 x 38 cm (o.), 55 x 34 cm (u.).
Maßstab:	1:648.000; 4" = 9 M.
Graduierung:	Im einfachen Strichrahmen s/w 4'-Skala, alle 20', 40' und volle Grade beziffert. L von Salzburg: 35° 16' E.
Druckart:	Kupferstich, mehrfarbig koloriert, Bayern mit Flächenkolorit.
Publ.-Art:	Ungeklärt.
Standort:	Sammlung Stopp, Mainz.

(1742)

Die Wahl des bisherigen Kurfürsten KARL ALBRECHT zum römisch-deutschen Kaiser KARL VII. am 24. Jänner 1742 veranlaßte HAUPT, die repräsentative Karte in einer aktualisierten Fassung auf den Markt zu bringen. Das bayerische Wappen mit dem Fürstenhut wird nun vom kaiserlichen Doppeladler überragt, zwischen dessen Köpfen die Reichskrone die oberste Stelle des Schmuckrahmens einnimmt. Das undatierte Blatt kann also frühestens im Wahljahr erschienen sein. Am eigentlichen Inhalt der Karte und am Titel wurde nichts geändert. Das Mittelfeld der unteren Rahmenleiste enthält aber statt der Maßstäbe als gekröntes Insert ein Kärtchen der Herrschaft Mindelheim mit eigener Graduierung.

Zusätze:	Knapp unter der Titel-Draperie die beiden Linearmaßstäbe für dt. und franz. M. – Insertkarte wie erwähnt. – Himmelsrichtung N in Latein in der Mi. des o. Kartenrahmens.
Publ.-Art:	Ungeklärt. Ein Mittelfalz läßt zwar auf eine Bindung schließen, doch ist keine Atlasausgabe bekannt.
Standort:	BSM: Mapp. XI,0 ha.

4.16
Guillaume Delisle (1675–1726)
„Bavariæ circuli ... nova tabula"
1745

Der weitaus bedeutendste französische Geograph des frühen 18. Jhs., DELISLE (DE L'ISLE), der vor allem mit seiner Berechnung der wahren Länge des Mittelmeeres und der Breite des Stillen Ozeans eine kartographische Revolution ausgelöst und Weltruhm errungen hat, legte selbst nie einen Atlas seiner etwa 100 Originalkarten vor. Erst die beiden zeitweilig marktbeherrschenden Amsterdamer Verleger Johannes COVENS und Cornelis MORTIER haben 1730 postum den ersten DELISLE-Atlas publiziert (dessen Titel nachstehend zitiert wird). Sie benützten überhaupt für ihre zahlreichen Atlanten alle brauchbaren Vorlagen, besonders die Karten von HOMANN, JAILLOT, DE WIT, SANSON, VISSCHER und anderen, sodaß sie über 2.000 Karten anzubieten hatten. Die größte Verbreitung erreichte in mehreren Auflagen der „Atlas nouveau" mit bis zu 138 Karten, der im Titel nur DELISLE nennt.

Neben COVENS & MORTIER und später DEZAUCHE verwendete u. a. auch der sehr rührige Amsterdamer „Boekverkooper" Isaac TIRION (ca. 1705–1765?) zahlreiche Entwürfe DELISLEs für seinen vor 1740 erschienenen „Nieuwe en beknopte Hand-Atlas", dessen erste Auflage nur in einer italienischen Kopie erhalten geblieben ist. Diese wie auch die weiteren bis nach 1784 publizierten fünf Auflagen und eine zweite italienische Ausgabe (Venedig 1750) enthielten eine 31,5 x 27,5 cm große Kreiskarte von Bayern und Österreich im Maßstab von ca. 1:2,000.000, auf der Salzburg weniger als 3% des Kartenfeldes einnimmt, sodaß sie nicht als Landeskarte registriert wird (SLA: Graphik XIV.49).

4.15

Abb. 55: Gottfried Iacob Haupt: Bavariae Circulus.

4   Salzburg im Bayerischen Reichskreis

Die Karte des Bayerischen Kreises ragt dank der Urheberschaft DELISLEs und dem verbesserten Nachstich durch COVENS und MORTIER als wohl qualitätsvollstes Blatt gegenüber den anderen Karten dieser Gruppe durch die Klarheit der Darstellung, die reichhaltige, gut lesliche Beschriftung und die richtige Lage des Lungaus hervor. Vermutlich sind diese Vorzüge auf die Verwendung von GUETRATHERs Entwurf bzw. dessen Bearbeitung durch HOMANN und SEUTTER sowie von SCHREIBERs Salzburg-Karte (→ 3.6) zurückzuführen. Darauf deutet schon die fast wörtliche Übernahme des Hinweises «Allhier haben die Stein Bock ihre Standt und Wexel» hin. Ebenso hat DESLISLE aber auch den falschen Salzachursprung mit einem Quellsee am «Krumbler Taurn» übernommen.

In graphischer Hinsicht handelt es sich um ein prachtvolles Blatt mit großem Übertitel und besonders eindrucksvoller Rokokokartusche rechts oben im Eck. Sie zeigt eine auf Wolken thronende BAVARIA mit dem Szepter in der Rechten, über dem das Auge Gottes erstrahlt. Mit der Linken hält sie gemeinsam mit einem Engel die Rudolfinische Kaiserkrone über das Landeswappen, rechts daneben zwei weitere Putti mit Fahnen, darunter versinkender MARS mit verlöschender Kriegsfackel. Lorbeer, eine mächtige Rocaille, eine Trommel, Pauken, Kugeln, ein Schild und anderes Kriegsgerät umgeben den Haupttitel.

Titel:	Im Oberrand Kopfleiste über die ganze Breite: «BAVARIÆ CIRCULI ET ELECTORATI NOVA TABULA | non solum in suas quasque Ditiones generales sed etiam in particulares præfecturas exactissime divisæ tam cum adjacentibus quam insertis Regionibus.». Haupttitel: «LE | CERCLE | DE | **BAVIERE** | Divisée | en touts les | ESTATS | qui le composent | etc. | A AMSTERDAM | Chez | COVENS et MORTIER | 1745.».
Zusätze:	Li. u. im Eck Baum, fast über halbe Breite „Steinquader" mit Stufe, re. Baum und zwei Weinreben. Auf der Steinplatte zwei Meilenleisten, darunter: «SIC NOTANTUR» und Zeichenerklärung. – Im Rahmeneck re. u. Stechersignum: «*I Condet s.*». – Himmelsrichtungen und Nordpfeil fehlen.
Maße:	Karte: 49,5 x 61,5 cm (ohne Übertitel); Platte: 50,4 x 64,5 cm; Blatt: ca. 56 x 68 cm. – Atlas: ca. 42 x 60 cm.
Maßstab:	1:576.000; 1" = 2 M.
Graduierung:	Im Rahmen s/w 4'-Skala, alle 20', 40' und volle Grade beziffert. L von Salzburg: 30° 31' E.
Druckart:	Kupferstich auf schwerem Papier, Grenzen handkoloriert.
Publ.-Art:	Atlasblatt aus: «A T L A S | **NOUVEAU,** | CONTENANT TOUTES | LES PARTIES DU | MONDE, | Ou sont exactement Remarquées les | E M P I R E S , | MONARCHIES , | ROYAUMES , | Etats, Republiques &c. | Par Guillaume de l'Isle. | *Premier Géographe de sa Majesté.* | (Verlagssignet mit ATLAS als Himmelsträger) | A A M S T E R D A M , | Chez Jean Covens & Corneille Mortier | sur le Vygendam. | MDCCXXX.».
Standort:	SBB Haus 1: Kart. M 5790 ‹a›. Haus 2: Kart. M 5790 – SUBE: Ryh 4701:25. – SWS.
Literatur:	BSM-19 S. 97. – KOE II S. 45ff.: C & M 8 (55). – LAR Bd. 6, S. 359f. – LGK S. 158. – MdW S. 256. – WAW S. 181ff. – ZED Bd. 14, Sp. 1375. Zu TIRION: KOE III, S. 126ff.: Tir 1; Tir 2 (32); Tir 4 (19).

4.17
Johann Georg Schreiber (1676–1750)

Fortsetzung von 3.6

„Der Bayerische Creis"

[1745]

Der „Atlas selectus", aus dem die Karte von Salzburg stammt (→ 3.6), enthält auch eine Übersichtskarte des Bayerischen Kreises im charakteristischen Stil SCHREIBERs. Rechts nimmt wieder die Erklärungs-Spalte ein Sechstel des Feldes ein. Im Kartenfeld steht rechts oben eine hübsche Landschaftskartusche mit dem Titel im Hochoval, das der Kurhut krönt. Links zeigt vor Bergen eine heimatliche CERES mit Kornähre, Weintraube und Salzfaß den Reichtum des Landes. Füllhorn, Bücher und Zirkel leiten nach rechts zu einem geharnischten Schwertträger mit dem Landeswappen, vor dem einer Tonne ein Fluß entströmt. Wie die Spezialkarte von Salzburg wurde auch diese Kreiskarte von PROBST kopiert und in seinen Atlas übernommen (→ 4.30).

Das Erzstift Salzburg ist zur Gänze dargestellt, doch fällt es schwer, Ähnlichkeiten mit der wahren Form des Landes zu erkennen. Der Grenzverlauf erinnert vielmehr frappant an die Silhouette eines Schaukelpferdchens mit Reiter, da die Grenze gegen Tirol, Kärnten und Steiermark beinahe einen Halbkreis bildet. Die grobe Verzerrung macht eine Maßstabsermittlung durch Distanzmessungen illusorisch. Graduierung und Meilenleisten ergeben als MW 1:2,272.200, sodaß der Maßstab 1:2,280.000 anzunehmen ist.

Titel:	«Der | BAYERISCHE | **CREIS** | verfertiget | von | *Joh. George Schreibern* | *in Leipzig*».
Zusätze:	Li. u. im Eck unter einer zeltartigen Drapierung mit Fransen zwei Maßstabsleisten für dt. und franz. M. – Re. u. freistehend große 16-strahlige Kompaßrose. – Re. neben der Karte in Doppelstrichrahmen über die ganze Höhe «Erklærung» der Zahlen und Buchstaben. Darüber oft hs. Paginierung.
Maße:	Karte: 20,8 x 15,9 cm; «Erklærung» 3,7 x 15,9 cm; gesamt: 24,5 x 15,9 cm; Platte: ca. 27,5 x 18,5 cm. – Atlas: 31 x 22,5 cm.
Maßstab:	1:2,280.000; 1" = 31.666 $^{2}/_{3}$ Kl.
Graduierung:	In einfachem Strichrahmen s/w 4'-Skala, alle 20', 40' und volle Grade beziffert. L von Salzburg: 35° 18' E.
Druckart:	Kupferstich, mit Flächen- und Grenzkolorit.
Publ.-Art:	Atlasblatt aus: «ATLAS | SELECTUS | von allen | Königreichen und | Ländern der Welt, | Zum bequemen Gebrauch | in Schulen, | auf Reisen und bey | dem Lesen der Zeitungen. | verfertiget und in Kupffer | gestochen von | Johann George Schreibern | in Leipzig.». – Im «Register zu denen hierinnen befindlichen Karten»: «48 Der Bayerische Creis».
Standort:	ÖNB: FKB 273/127 und 721.465-C.K. – SWS.

Abb. 56: Robert (de Vaugondy): Cercle de Bavière.

4.18
Gilles Robert (1688–1766)
Didier Robert de Vaugondy (1723–1786)

Für die „dynastischen" Verwandtschaftsverhältnisse vieler Kartenmacher bilden die ROBERTs ein schönes Beispiel. Sie sind Ur- und Ururenkel von Nicolas SANSON d'Abbeville und hatten dessen Nachlaß geerbt bzw. gekauft. Das Adelsprädikat „de Vaugondy" und den Titel „Geograph des Königs" erhielt der jüngere ROBERT von LUDWIG XV. Die Karten von Vater und Sohn sind wirklich „Schön und nützlich", wie der Titel der jüngsten Monographie verheißt. Sie zeichnen sich durch feinen Stich, gute Lesbarkeit und in ihrer Frühzeit durch vielgestaltige Rokokokartuschen aus – angeblich um „damit das Wohlgefallen der Madame Pompadour zu erringen" (WAWRIK). Der Zierat der Titelblätter macht die Atlanten zu Dokumenten der Zeitgeschichte. Daher werden sie einzeln beschrieben, obwohl die Karte selbst unverändert blieb und eine Zuschreibung loser Blätter nicht möglich ist. Wegen finanzieller Schwierigkeiten verkaufte ROBERT 1778 seine Platten an Jean FORTIN (1750–1831), von dem sie 1784 an Charles-Francois DELAMARCHE (1740–1817) gelangten, der ROBERTs Karten noch im 19. Jh. nachdruckte.

Was die „Nützlichkeit", d.h. die Genauigkeit und Aktualität betrifft, verwerteten die ROBERTs umgehend alle verfügbaren Leistungen der französischen Wissenschaft, wie deren exakte Meridian-Messungen und die landesweite Triangulation sowie die neuesten Ergebnisse der Forschungsreisen im Pazifik. Sie sind Kronzeugen für die „positive" Geographie ihrer Zeit und ihre zahllosen Arbeiten „repräsentieren den Stand der Kartographie im Frankreich des 18. Jh." (LGK S. 677). Umso bedauerlicher ist es, daß die Karte des Bayerischen Kreises von 1748 diesem allgemeinen Standard nicht entspricht.

Literatur: PEDLEY, Mary Sponberg: Bel et Utile. The Work of the Robert de Vaugondy Family of Mapmakers. Map Collector Publications, Tring 1993. Mit ausführlichem Werksverzeichnis.
ADE Bd. 7, Sp. 129f. – BSM-19 S. 97. – LAR Bd. 13, S. 1255. – LGK S. 676f. – MdW S. 256 (DELAMARCHE), 300. – WAW S. 235ff.

4.18.1
„Cercle de Bavière" – Großoktav

1748

Die kleine Karte wirkt ungewöhnlich gefällig und übersichtlich für das Gebiet zwischen Bamberg und Millstatt bzw. zwischen Kempten und Mauthausen. Ihren Titel rechts oben im Eck trennt ein einfacher Strich vom Feld. Der günstige optische Eindruck täuscht aber und widerlegt in diesem Fall die Anerkennung für ROBERT, besonders was Salzburg betrifft. Es ist auf keiner anderen Karte stärker verzerrt, als auf dieser. Beispielsweise liegen Mittersill und Millstatt auf derselben Breite, Friesach nördlicher als Bischofshofen, das außerhalb der Landesgrenzen verbliebene Radstadt fast auf der Breite von Hallein, Gurk nördlicher als Saalfelden und der Hallstätter See fehlt gänzlich. Überdies stoßen die Salzburger Grenzen in schmalen Keilen nach Westen und Osten vor, um einerseits Rattenberg, andererseits Hüttenberg einzuschließen.

Nach diesem Befund überrascht es nicht, daß zwischen dem durch die exakte Graduierung definierten beabsichtigten Maßstab und dem tatsächlichen der Karte stärkste Differenzen bestehen. Dieser reicht nach Streckenmessungen von 1:1,855.000 bis zu 1:4,541.872(!), sodaß z.B. die Distanzen Burghausen–Friesach um 15,5% zu kurz, Herrenchiemsee–Mittersill um 22,7% zu lang und (als Extremwert) Gmunden–St. Michael um 49,3% zu kurz sind.

Titel:	«CERCLE DE BAVIÈRE | *où se trouvent le* | PALATINAT DE BAVIERE | *et* L'ARCHEV. DE SALTZBOURG | *Par le S.* ROBERT *Geog. ord du Roi* | *avec Privilege 1748*.».
Zusätze:	Re. o. neben Karteneck: «*103*», nicht selten «*13*» oder «*130*». Noch im Titelkästchen: «*Echelle* | *Lieues d'une heure*.» und Meilenleiste. – Himmelsrichtungen in Franz. in Mi. an jedem Seitenrand.
Maße:	Karte: 16,5 x 15,8 cm; Platte: 17,5 x 17,5 cm; Blatt: 33,6 x 23,2 cm. – Atlas: 35 x 24,5 cm.
Maßstab:	1:2,304.000; 1" = 32.000 Kl. = 8 M. = 10 Lieues.
Graduierung:	Im Rahmen s/w 10'-Skala, volle Grade beziffert. L von Salzburg: 30° 40' E.
Druckart:	Kupferstich, Kreisgrenzen deutlich koloriert.
Publ.-Art:	Atlasblatt (Nr. 103) aus: **«ATLAS PORTATIF,** | **UNIVERSEL ET MILITAIRE,** | *Composé d'après les meilleures Cartes, tant gravées que manuscrites* | *des plus célébres Géographes et Ingénieurs.* | *Par M.* ROBERT, *Geographe ordinaire du Roi.* | A PARIS || Chez … (drei Verkaufsadressen) | *Avec Privilege du Roi.* | 1748». – Unter den Ecken: li.: «*Maison-neuve sculpsit*», – re.: «*Guil' Delahaje scripsit*.».
	Der Titel im Stil des späten Louis-quinze steht unter einem ornamentalen Lilienwappen mit schrägen Flügeln in einem prächtigen, fast übergroßen Rocaillenrahmen, der reich mit Fahnen, Standarten, Trompeten, Kanonen, Trommeln und anderem Kriegsgerät geschmückt ist. Auf der nächsten, der ersten Textseite, wird der Titel fast zur Gänze wiederholt, aber mit der Einfügung «GEOGRAPHIQUE» zwischen «UNIVERSEL» und «MILITAIRE». Es folgt ein drei Seiten langes Verzeichnis der 209 Karten sowie eine Musterkarte als Zeichen- und Gebrauchserklärung.
Standort:	BSM: 4 Mapp. 92–103. – NLC: Greenlee 4891 R65 1784. – SBB Haus 2: quer 8° Kart. B 714–103. – SLA: Graphik XIV.100. – SWS.

1754/74

Publ.-Art:	Atlasblatt aus: «ATLAS PORTATIF, | UNIVERSEL. | *Composé d'après les meilleures Cartes, tant gravées que* | *manuscrites des plus célébres Géographes et Ingénieurs.* | *Par* ROBERT, *Géographe ordinaire du Roi.* | A FALAISE Chez … et A PARIS | … (Verkaufsadressen)». – Der Stil des Titelkup-

fers hat sich radikal zum Frühklassizismus (Zopfstil) des Louis-seize geändert. Die wuchtige Schriftplatte überragt ein strenges Lilienwappen mit der Königskrone und symmetrischen Adlerschwingen, von denen zwei Lorbeer-Girlanden ausgehen. U. im Feld greift ein kleiner Putto zwischen einem Atlas, Karten und Vermessungsgerät mit dem Zirkel Distanzen auf der Erdkugel ab. Neben seinem Köpfchen hat sich der Stecher «*Baisiez Scri*» verewigt, von dem nur zwei Dutzend Werke, aber keine Daten bekannt sind. – Die um 1769 und 1774 erschienenen Ausgaben enthalten über 200 von 1748 bis 1774 datierte Karten, darunter auch die des Bayer. Kreises mit unverändertem Inhalt. Außerdem ist die Karte in einer historischen Länderkunde enthalten, die 1755 von fünf Pariser Verlegern publiziert wurde: „Geographie historique, ecclesiastique et civile, ou Description de toutes les Parties du Globe Terrestre…" (NSUG: 4 GEOGR 456:2).

Standort: SBB Haus 2: qu.8° Kart. B 715–28.

nach 1789

Die späten Nachdrucke DELAMARCHEs führen den werbewirksamen Namen ROBERTs immer noch im Atlastitel. Die Kupferplatten erlaubten ohnedies eine radikale und billige „Säuberung" im Geist der Revolution. Die Königskrone wurde mit grober Schraffur getilgt. Der etwas ramponierte Wappenschild trägt statt der Lilien ein Monogramm ROBERTs, sodaß die beiden verbliebenen Adlerflügel sinnlos wirken. Selbstverständlich fehlt beim Namen der Ehrentitel des königlichen Geographen. Die Szene mit Putto und Globus blieb unverändert.

Publ.-Art: Atlasblatt aus:
«ATLAS PORTATIF, | UNIVERSEL. | *Composé d'après les meilleures Cartes, tant gravées que | manuscrites des plus célèbres Géographes et Ingénieurs.* | *PAR ROBERT DE VAUGONDY.* ‖ (Querstrich) Au Dépôt de Géographie, Rue Geoffroy Langevin, N° 328.». – Im Unterrand werden weitere Bezugsquellen angeführt.

Standort: ÖNB: Alb. geb. 52.

4.18.2
„Le Cercle de Bavière" – Folio
1751

Die Folio-Karte der ROBERTs zeigt die Situation unvergleichlich richtiger als das Oktav-Blatt – besonders was Salzburg betrifft. Dieses ist allerdings nur bis knapp südlich des Salzach-Längstales dargestellt, wobei schon der Rahmen überschritten wird. (Dasselbe geschieht auch in kleinerem Ausmaß am Oberrand bezüglich der Oberpfalz.) Trotzdem scheint die Registrierung als Landeskarte vertretbar.

Insgesamt hat das Blatt eine gute Wirkung – sachlich informativ und rechts oben im Eck mit einer schönen, keineswegs pompösen Kartusche passend geschmückt. Deren Rocaillenrahmen ist mit Lorbeer, Akanthus und Kriegstrophäen verziert. Infolge des Hochformats der Karte sollten die Blätter rechts und links über 10 cm breite Ränder aufweisen. Bei den gehandelten Stücken sind sie häufig beschnitten.

Titel: **«LE CERCLE DE BAVIERE** | *qui comprend* | **LE HAUT PALATINAT, LES DUCHÉS DE** | **HAUTE ET BASSE BAVIERE ET DE** | **NEUBURG,** | **L'ARCHEVÉCHÉ DE SALZBURG** | **LES EVÉCHÉS DE RATISBONNE, DE FREISINGEN,** | **DE PASSAU et la Prevôté de BERCHTOLSGADEN,** ‖ *Par le S^r. ROBERT Géog. ord. du Roy* | *Avec Privilege. 1751.*».

Zusätze: Li. o. im Eck in einfachem Doppelstrichrahmen: «ECHELLE» mit vier Maßstäben für 1.000 geom. Schritte, franz., dt. und bayer. M. – Himmelsrichtungen in Latein an jedem Seitenrand.

Maße: Karte: 44,8 x 47,8–48,7 cm; Platte: 49,5 x 51 cm; Blatt: 67 x 51,5 cm. – Atlas: ca 37 x 52 cm.

Maßstab: 1:648.000; 4" = 9 M.

Graduierung: Im Rahmen s/w 5'-Skala, alle 10' und volle Grade beziffert.
L von Salzburg: ca. 30° 40' E.

Druckart: Kupferstich, Kartuschrahmen kräftig, Länder und Grenzen zart koloriert.

Rückseite: (a) häufig re. o. im Eck hs. oder gestempelt: «BAVIERE» ohne Pag., sonst leer.

Publ.-Art: Atlasblatt aus:
«**ATLAS** | **UNIVERSEL** | Par M. ROBERT Geographe ordinaire du Roy | ET | Par M. ROBERT DE VAUGONDY son fils Geographe ord. du Roy, et de | S. M. Polonaise Duc de Lorraine et de Bar, et Associé de | l'Academie Royale de Sciences et belles Lettres de Nancy. | AVEC PRIVILEGE DU ROY. | 1757».
Impressum: «A PARIS | Chez (dann zweizeilig:) Les AUTEURS (Adresse) | BOUDET Libraire Imprimeur du Roi (Adresse).».
Großes, dekoratives Titelkupfer, 35,5 x 48 cm: Zuoberst HELIOS-Quadriga, li. und re. Allegorien der vier Erdteile mit ihren Attributen, in der Mi. der Titel, darunter Globus mit sechs Putti, darunter Impressum in Rocaillenkartusche. – Im Unterrand ganz re.: «Gravé par Ch. Baquoy | J. Oger Scripsit.».

Standort: BSM: Mapp. XI, 30x; 2 Mapp. 153–65. – NLC: Ayer 135 R6 1757. – SBB Haus 1: gr. 2° Kart. B 710/3–68, 710/4–68, 710–65. – SLA: Graphik XIV.100. – SUBE: Ryh 4701:26, 501/29. – SWS. – SWW: K-V: WE 174 (Ausgabe 1757).

4.18.3
Paolo Santini (ca. 1729–1793)
1778

Für die italienische Ausgabe von ROBERT DE VAUGONDYs Weltatlas, die SANTINI mit dem venezianischen Verleger Giuseppe Antonio REMONDINI (1747–1811) von 1776 bis 1778 publizierte, wurde die Karte von Bayern zur Gänze neu gestochen und dabei um fast 9 cm(!) nach Osten erweitert. Statt Eferding und Wels markiert nunmehr Grein ihre rechte Begrenzung. Der Titel erhielt vielfach etwas größere Buchstaben, seine schöne Kartusche blieb aber unverändert. Die Nennungen von Bearbeiter und Verleger wechseln, sodaß drei Varianten zu unterscheiden sind. An der Darstellung von Salzburg und den Feldgrenzen im Norden, Westen und Süden hat sich nichts geändert. Insgesamt wirkt die Karte bei gleichem Maßstab und gleichem graphischen Schmuck wesentlich „leerer", da sich bedeutend weniger Berge in Maulwurfshügel-Ketten finden.

4   Salzburg im Bayerischen Reichskreis

Titel:	Wie 4.20.2: «**LE CERCLE DE BAVIERE** | *qui comprend* | ...» bis zur Autoren-Nennung. Diese Zeile nun mit kleinem Abstand höher gestellt und bisherige letzte Zeile ersetzt durch: «À VENISE | *Par P. Santini 1778.*».
	2. Version: Eingezwängt darunter: «Chez MR (emondi) *ni.*».
	3. Version: Jahreszahl unsauber gelöscht.
Zusätze:	Im Rahmen li. o. im Eck: «*P. I. 33*».
Maße:	Karte: 53,2 x 47,7 cm; Platte: 54,3 x 48,9 cm; Blatt: ca. 60 x 51,5 cm. – Atlas: ca. 39 x 53 cm.
Druckart:	Kupferstich, Grenzen mehrfarbig handkoloriert.
Publ.-Art:	Atlasblatt (Nr. 33?) aus: «**ATLAS** | UNIVERSEL | DRESSÉ | SUR LES MEILLEURES CARTES | MODERNES | *1776* || À VENISE | *Chez P. Santini rue Ste Justine.*». – Der Atlas enthält 136 Karten. Das prächtige Titelkupfer entspricht jenem der Pariser Ausgabe.
Standort:	ÖNB: 763.679-E.K (1. Version); FKB 274–36 (2. Version); FKB 1516 (3. Version). – SBB Haus 1: Kart. M 5820/1 und 5820 <a>. Haus 2: 4° Kart. B 716–25 und M 5820. – SUBE: Ryh 4701 : 27.
Literatur:	Zu REMONDINI: ENI Bd. 29, S. 46.

4.18.4
„Cercles de Bavière et d'Autriche"

Die im Atlas des jüngeren ROBERT bzw. seines Nachfolgers Charles François de LAMARCHE (DELAMARCHE, 1740–1817) erschienene Karte des Bayerischen und Österreichischen Kreises macht beispielhaft die Auswirkungen politischer Umwälzungen und von Änderungen des Kunststils auf die Kartographie sichtbar. Dies und die Situierung des Erzstiftes in der Mitte des dargestellten Raumes zwischen Prag und Vicenza bzw. zwischen dem Bodensee und Preßburg dürfte trotz des kleinen Maßstabs die Registrierung als Landeskarte rechtfertigen. Das Gewässernetz ist ziemlich richtig wiedergegeben, das Gelände in eher willkürlich verteilten Ketten von Maulwurfshügeln angedeutet.

Ihren exemplarischen Rang erhält die Karte durch den Wechsel der rechts oben im Feld stehenden Kartuschen. Auf dem Druck aus dem Ancien régime vermittelt diese den Geist des Rokoko: Die von fünf „Nägeln" gehaltene Schrifttafel ist von zierlich ausgearbeiteten Rocaillen mit Bandelwerk umrahmt und durch Blattwerk, Früchte und Wasserkaskaden geschmückt. In berechtigtem Stolz hat der Zeichner und Stecher des kleinen Kunstwerks dieses signiert. Auf dem Stich aus dem dritten Jahr der Republik herrscht hingegen rationale Nüchternheit – die spielerischen, phantasievollen Elemente der Kartusche sind verschwunden. Der Titel steht vielmehr in einem harten Strichrahmen aus Bögen und Ecken. In den Texten wurden naturgemäß alle Hinweise auf frühere Positionen im Königreich getilgt.

4.18.4.1
1778/84

Titel:	«*CERCLES DE* | *BAVIERE* | *ET D'AUTRICHE* || *Par le S.* Robert de Vaugondy *&c.* | *1778.*».
Zusätze:	Bogenförmig re. unter der Kartusche: «*Arrivet inv. & Sculp.*». – Re. in der unteren Hälfte des Kartenfeldes zwei senkrecht stehende Linearmaßstäbe für 1.000 Schritte und dt. M. – Unter der Rahmenecke re. u.: «*Gravé par E. Dussy.*». – Himmelsrichtungen in Franz. an jedem Seitenrand.
Maße:	Karte: 27,8 x 23,9 cm; Platte: 29,5 x 26 cm; Blatt: 41,5 x 29 cm. – Atlas: ca. 24,5 x 29,5 cm.
Maßstab:	1 : 2.304.000; 1" = 32.000 Kl. = 8 M. = 10 Lieues.
Graduierung:	Im Rahmen s/w 10'-Skala, volle Grade beziffert und Netz durchgezogen. L von Salzburg: 30° 40' E.
Druckart:	Kupferstich.
Rückseite:	(a): Häufig re. o. im Eck hs. oder gestempelte Pag. «25».
Publ.-Art:	Atlasblatt Nr. 25 aus: «NOUVEL ATLAS | PORTATIF | *destiné principalement pour L'instruction* | *DE LA JEUNESSE* | *d'après La Géographie Moderne* | *de feu l'Abbé Delacroix* | *Par Le S.* ROBERT DE VAUGONDY *Géographe ord. du Roi* | ... || (drei Putti mit Weltkarte) A PARIS | *Chéz le S^r. Fortin Ing.^{r} Mécanicien du Roy* | (Adresse) ... | *1778.*». Den gestochenen Titel umgibt ein reicher Zierrahmen mit Girlanden, Globen, Früchten und wieder dem Motiv der drei Putti. – Die um einige Blätter vermehrte Atlasausgabe von 1784 enthält dieselbe Karte.
Standort:	NLC: Greenlee 4891 R64 1778. – NSUG: 4 GEOGR 216. – SBB Haus 2: 4° Kart. B 716–25 (1784). – SWS.
Literatur:	Zu FORTIN: MdW S. 334.

4.18.4.2
1795/96

Titel:	«*CERCLES DE* | BAVIERE | *ET D' AUTRICHE* || *Par* Robert de Vaugondy | *Corrigés par* Lamarche *son successeur* | An. IIIe. *de la* Republique Française».
Maße:	Karte: 28,2 x 24,1 cm; Platte: 29,8 x 26 cm; Blatt: 45 x 31,5 cm. – Atlas: ca. 24,5 x 33 cm.
Druckart:	Kupferstich, Grenzen zart handkoloriert.
Publ.-Art:	Atlasblatt aus: Titel unverändert bis zum Namen „Delacroix", dann: «*Par ROBERT DE VAUGONDY Géographe;* | *Revu, Corrigé et augmenté avec la division de la France en* | *Départemens par F. DELAMARCHE Géographe successeur* | *de J. FORTIN ingénieur mécanicien pour les Globes et Sphères.* || (gleiche Puttenszene) *A PARIS* | *Chez Delamarche, Géographe,* | (Adresse) ... | *L'AN III de la République Francaise.* | *1795.*». – Weitere Aufl. erschienen bis 1806.
Standort:	SUBE: Geogr. IX.101. – SWS.

4.18.4.3
(1817)

Während der Restauration erschien der populäre Atlas in einer von den Zeugnissen der Revolution und des Ersten Kaiserreichs gereinigten Auflage, deren Karten zwar die Grenzen nach den Beschlüssen des Wiener Kongresses zeigen, sonst aber ihr Bild behielten. Sogar der Kartentitel „Cercles de Bavière et d'Autriche" blieb unverändert – nur die Datierung nach dem Revolutionskalender wurde getilgt. Der bis zum Namen DELAMARCHES übernommene Atlastitel erhielt den Zusatz „Et adopté pour l'usage de l'Ecole Royale Militaire".

Standort: SBB Haus 2: 4° Kart. B 718–25.

4.19
Andreas Silbereisen (1673–1766)
„Circulus Bavariæ"
1757

Die hochformatige Rahmenkarte zeigt Nieder- und Oberbayern mit der Oberpfalz und dem Erzstift Salzburg. Von diesem fehlt nur das östliche Drittel des Lungaus mit Tamsweg. Das Blatt ziert im Eck rechts oben eine hübsche, aus Rocaillen und Palmblättern geformte und vom bayerischen Wappen gekrönte Titelkartusche mit dem Namen des schlecht dokumentierten Autors (auch SILBEREYSEN und SILBERSTEIN) der – wie später sein Sohn – in Augsburg u. a. für SEUTTER und LOTTER tätig war. Die Karte wurde mehrfach von dem Augsburger Verleger und Kupferstecher Georg Christoph KILIAN (1709–1781) in seinem „Kleinen Atlas" und im „Kriegsatlas" („Theatre de Guerre en Allemagne ...") publiziert. Sie ähnelt einer Kreiskarte von Gabriel BODENEHR („Circulus Bavariae oder das Churfürstenthum Bayern ...", 19 x 30 cm, ca. 1:1,200.000), die in mehreren Auflagen von KILIANs „Compendioeser Atlas von fünfzig General- und Special-Land-Charten ..." um 1730 bis 1760 enthalten ist (BSM: Mapp. XI,32; Mapp. 22 h-23). – Vor dieser Karte hat SILBEREISEN dem Bayerischen Kreis bereits eine etwas größere Darstellung gewidmet, die in dem von Samuel FABER (1657–1716) bzw. „vom Neuen ausgefertigt" von Christoph WEIGEL d. Ä. (1654–1725) zwischen 1716 und 1720 verlegten „Atlas Scholastichodoeporicvs oder immer stärcker anwachsender Schvl- und Reisen-Atlas" erschienen ist (BSM: 2 Mapp. 65–28). Das Blatt zeigt ca. 1:790.000 Teile des Flachgaus und den Salzachlauf ab Werfen. Ebenso enthält das Blatt „Principali Dignitate Comitatus Tirolis" (BSM: 2 Mapp. 65–27) die an Tirol grenzenden Teile Salzburgs. Beide Blätter werden nicht als Landeskarten erfaßt.

Titel: «CIRCULUS | BAVARIÆ | accurata delineat | cura et impensis | **Andr. Silbereisen** | Aug. Vindel.».
Zusätze: Unter der Kartusche Linearmaßstab für 6 dt. M. – Im Feld li. o. einfacher Kompaß. – Himmelsrichtungen in Latein in der Mi. an jedem Seitenrand.
Maße: Karte: 20,5 x 26 cm; Platte: ca. 21 x 27 cm; Blatt: ca. 23 x 30 cm. – Atlas: ca. 16 x 27 cm.
Maßstab: 1:1,296.000; 1" = 18.000 Kl. = 4½ M.
Graduierung: Im schlichten, doppelten Strichrahmen s/w 5'-Skala, alle 10' und volle Grade beziffert.
L von Salzburg: 30° 46' E.
Druckart: Kupferstich, Kartusche mit zartem Handkolorit.
Publ.-Art: Atlasblatt aus:
(1) „Kleiner Atlas von 30 general charten ... Augsburg, (1757). – Alle Karten wurden in den „Kriegsatlas" übernommen.
(2) „Kriegs Atlas, in welchem nicht allein General-Land-Charten, sondern auch special Charten ... zu finden seyn ... heraus gegeben und verlegt von Georg Christoph Kilian, Augsburg, 1758."
Standort: LCW.
Literatur: Zu SILBEREISEN: THB Bd. 31, S. 21.
Zu KILIAN: ADB Bd. 15, S. 736f. – ADE Bd. 3, Sp. 332f. – THB Bd. 20, S. 293, 306. – ZED Bd. 15, S. 523.

4.20
Johann Michael Franz (1700–1761)
Vier Toponyme

Der „Reichsatlas" des Göttinger Geographieprofessors FRANZ enthält unter 21 auf Bünden zwischen dem Text eingeklebten Kupfern ohne Geländedarstellung als Nr. 13 auch eine kleine, nicht signierte und höchst sparsam beschriftete Karte des Bayerischen Kreises. Im Erzstift finden sich außer dem Landesnamen «AR CHI | EPISC. | SALIS BVRG.» ganze vier Toponyme: «Salzburg», «St. Michael», «Salza fl.» und «Muhr fl.». Das Gewässernetz ist auf die Salzach mit einem See als Quelle und den Oberlauf der Mur reduziert. Alle Schriften sind mangelhaft gestochen und die Grenzen grob gezeichnet, das Gradnetz aber fein und exakt. – Als Blatt Nr. 5 enthält der Atlas eine 16,4 x 18,3 cm kleine Kreiskarte „Circvli Avstriaci ...", die den Raum zwischen Budweis und Pola bzw. Lienz und Ödenburg zeigt und nicht als Landeskarte gelten kann. Von Salzburg ist der östliche Teil ähnlich mangelhaft wie auf Nr. 13 dargestellt.

Neben der vollständigen Ausgabe erschien noch im gleichen Jahr als „Atlas Imperii, oder Einleitungskarten zur deutschen Staats- und Erdbeschreibung ..." eine billige Fassung, die nur die 21 Karten und drei gestochene Registerseiten, nicht aber 78 Textseiten umfaßte. Als Begleitbuch zu FRANZ' Vorlesungen war sie daher weniger geeignet.

Literatur: ADE Bd. 2, Sp. 1216. – BBB S. 217. – LGK S. 237. – MdW S. 263.

4 Salzburg im Bayerischen Reichskreis

1758

Titel:	Re. o. im Eck mit Strichrahmen: «CIRCVLVS	BAVARIAE	Compositus ex Du-	catu BAVARIAE, Pa-	latinatu superiore	ceteris que Territoriis	immediatis ecclesiasti-	cis et Secularibus.». Eng darunter: «Milliaria Germanica» mit Linearmaßstab.
Zusätze:	Ganz re. o. über dem Karteneck: «*13*».
Maße:	Karte: 15,6 x 17,2 cm; Platte: 16,7 x 18,2 cm; Blatt: 18,6 x 23,3 cm. – Atlas: 19,5 x 23,7 cm.
Maßstab:	1 : 2.016.000; 1" = 7 M.
Graduierung:	Im einfachen Strichrahmen ohne Minuten-Skala volle Grade beziffert und durchgezogen. L von Salzburg: 30° 41' E.
Druckart:	Kupferstich, Grenzen und Flächen handkoloriert.
Publ.-Art:	Atlasblatt aus: Lat. Titelkupfer mit prächtigem Rocaillenrahmen, o. doppelköpfiger Reichsadler zwischen Buch und Helm als Symbole der Wissenschaft und des Krieges: «IOHANNIS MICHAELIS FRANZII	**ATLAS IMPE-RII**	seu	Systema introductorium mapparum	Geographiae absolutae Germanicae … ‖ *Cura et impensis auctoris et Coheredis Homanniani.*	**Goettingae A. MDCCLVIII.**». Dt. Titelblatt in Buchdruck: «Johann Michael Franz,	(akadem. Titel und Mitgliedschaften des Autors) …	**Abriß**	des	**Reichsatlas,**	oder	Einladungskarten	zur deutschen Staatserdbeschreibung,	zum Gebrauche	der göttingischen geographischen Vorlesungen	eingerichtet … ‖ Leipzig, gedruckt bey Johann Gottlob Immanuel Breitkopf.	1758.».
Standort:	BSM: 4 Germ.g.53. – UBAu: 4 S 191. – UBM: 0014/W 4 H.aux.

1780/81

Eine dritte Auflage mit unveränderten Karten aber neuem Text brachten die HOMÄNNISCHEN ERBEN noch 20 Jahre nach FRANZ' Tod in Nürnberg heraus. Die Zweisprachigkeit der Atlas-Titelblätter mit geändertem Text und verschiedenen Jahreszahlen wurde beibehalten. Als Verfasser des Atlastextes gewannen sie den deutschen Geschichtsschreiber Johann Paul SATTLER (1747–1804), Professor in Altdorf und Nürnberg, der auch die neue Einleitung zum großen HOMANNschen Atlas von 1789 lieferte.

Publ.-Art:	Atlasblatt Nr. 13 aus: Dt. Titelblatt in Buchdruck: «Johann Michael Franz,	… (akadem. Titel und Mitgliedschaften des Autors)	**Reichsatlas**	oder	Vorstellung	des	**deutschen Reichs**	auf	ein und zwanzig illuminirten Kärtchen	nebst einer neu hinzugekommenen	**geographischen Erklärung derselbigen**	zum Gebrauch	für Anfänger in der Erdbeschreibung. ‖ (Verlagssignet, starker Querstrich) Nürnberg,	auf Kosten der Homännischen Erben. **1781**.». Lat. Titelblatt in Kupferstich: «IOHANNIS MICHAELIS FRANZII	**ATLAS IMPERII**	… ‖ (Querstrich) *Cura et impensis Coheredum Homannianiorum*	**Norimbergae A. MDCCLXXX.**». – Rokokorahmen des Titelkupfers wie 1758.
Standort:	BSM: Hbks F 4 d-13. – SWW: K-II: DE 205. – UBAu: Gs K 443.

4.21
Tobias Lobeck (Daten unbekannt)
Tobias Conrad Lotter (1717–1777)

Fortsetzung von 3.4

„Bavariæ Circulus"
1762

Der Augsburger Verleger und Kupferstecher LOBECK entwarf die Miniaturblätter für seine preiswerten und auf Reisen bequem mitnehmbaren „Sackatlanten" entweder selbst oder bezog sie von LOTTER (→ 3.4). Laut STOPP (LGK) ist ein kleiner Atlas LOBECKs bereits 1747 als Almanach erschienen. Seine Hauptwerke sind der „Atlas geographicus portatilis" und eine „Kurzgefasste Geographie", vermutlich beide aus dem Jahre 1762, doch existieren auch Karten mit den Jahreszahlen 1740, 1750 und 1780. Die Publikationsart der gleich datierten Karte des Bayerischen Kreises, die den Raum zwischen Bamberg und Innsbruck bzw. zwischen Augsburg und Gmunden zeigt, war nicht eindeutig zu klären. Sie dürfte zuerst in der „Geographie" erschienen sein und wurde dem „Atlas", dessen gedrucktes Inhaltsverzeichnis nur Übersichtskarten anderer vier Kreise nennt, nachträglich mit Handeintragung angefügt. Wie alle Stiche LOBECKs weist auch dieser trotz des kleinen Formats eine Überfülle schwer lesbarer Toponyme auf. Der von einer etwa dreieckigen Rocaillenkartusche gerahmte Titel steht rechts oben im Kartenfeld. Die Zusätze sind in die Blattränder abgeschoben.

Titel:	«**BAVARIÆ**	CIRCULUS ET	ELECTORATUS	IN SUAS QUASQUE	DITIONES	tam cum	ADIACENTIBUS	QUAM INSERTIS	REGIONIBUS	accuratis=	sime	divisus.».
Zusätze:	Im Oberrand durch «Septentrio.» geteilt: «B A Y E R — L A N D». – Im Unterrand: li.: Linearmaßstab für 6 bayer. M.; re.: «*Tobias Lobeck deli:sculp:et excud.A.V.*	*Anno 1762.*». – Himmelsrichtungen in Latein in der Mi. an allen Seiten außerhalb des Rahmens.
Maße:	Karte (mit Zusätzen): 10 x 12,8 cm; Platte: ca. 10,3 x 13,1 cm; Blatt: 10,5 x 13,5. – Atlas in Schuber: 8 x 11 cm.
Maßstab:	1 : 2.880.000; 1" = 10 M.
Graduierung:	Außerhalb des einfach gerahmten Kartenfeldes volle Grade markiert und beziffert. L von Salzburg: 35° 20' E.
Druckart:	Kupferstich, Grenzen und Flächen zart handkoloriert.
Publ.-Art:	Atlasblatt aus: «ATLAS	GEOGRAPHICUS	portatilis	XXIX mappis	orbis habitabilis regna	exhibens.	Cælo accurate expressit	TOBIAS CONRADUS	LOTTERUS,	*delineavit et excudit*	TOBIAS LOBECK,	*chalcograph:* Augustan.	*Vendit:* …». – Der Titel steht in einem großen Rocaillenrahmen vor einer üppig dekorierten Säulenfassade mit zwei Nischen, Allegorien und Putti. Im Unterrand: li.: «*G. Eichler jun: inv: et de-*

57

lin:»; re.: «*Tobias Lobeck, Sculps et exc. A. V.*».

Der Atlas erschien sowohl selbständig als auch mit dem beigebundenen Lehrbuch „Kurzgefaßte Geographie, in sich haltend einen aneinanderhangenden Entwurf aller Theile des bewohnten Erdbodens, nebst compendiensen Land-Charten, welche einen kleinen Sack-Atlas ausmachen."

Standort: SB Bamberg: Mapp. 25–18. – SSAu: 2128–1773 (Beibd.). – SWS.
Literatur: LGK S. 458, 805.

4.21

Abb. 57: Tobias Lobeck und Tobias Conrad Lotter: Kreiskarte im Taschenatlas, 1762.

4.22
Jean C. Courtalon-Delaistre (1735–1786)
„Cercle de Bavière"
1774

Als Erzieher der Pagen der französischen Königin, der sich kurz „Abbé COURTALON" nannte, hinterließ dieser erfahrene Geograph mit seinem „Elementar-Atlas" eine wertvolle Quelle zur Zeitgeschichte. Obwohl diese Kreiskarte das gesamte Gebiet zwischen Straßburg und Wels bzw. zwischen Eger und dem Brenner abdeckt, wird sie wegen eer sorgfältigen Bearbeitung des Erzstifts und seinen auswärtigen Besitzungen hier aufgenommen. In der Länder-Rangfolge (Tab. III) rangiert das Erzbistum gemäß dem Reichstagsbeschluß von 1682 an der ersten Stelle der „Banc ecclésiastique". Die Grenzen der Territorien sind mit eigens ausgewiesenen Farben deutlich markiert, wogegen die Situation mit ihrer fragmentarischen Geländedarstellung in Maulwurfshügelmanier und das Gewässernetz zurücktreten. Die Hauptstraßen werden durch Eintragung der Postrouten mit Distanzangaben hervorgehoben.

Titel:	Querovale von Akanthus, Muscheln und Blattwerk gerahmte Kartusche im li. o. Eck: «CARTE / *où l'on voit la situation* / *et l'étendüe respective de* / *tous les Etats Immédiats* / du Cercle de / BAVIERE. / 1774.».
Zusätze:	Re. o. über Karteneck Blatt Nr. «III.». – Re. o. im Eck: Erklärungen der Farben und der Besitz-Signaturen. – Li. u. im Eck mit eigenem Rahmen: Linearmaßstäbe für dt. und franz. M. – Li. u. im Unterrand: «*Desbruslins fils, Sculpsit.*».
Maße:	Karte: 26,2 x 19,1 cm; Platte: 28,2 x 20,2 cm; Blatt: ca. 40 x 28,5 cm. Buchblock: 21,5 x 29 cm. – Atlas: ca. 22,5 x 29,5 cm.
Maßstab:	1 : 2,016.000; 1" = 7 M.
Graduierung:	Im einfachen Strichrahmen s/w 10'-Skala, volle Grade beziffert und als Netz durchgezogen. L von Salzburg: 10° 30' E von Paris.
Druckart:	Kupferstich, handkoloriert entsprechend der Farbenskala.
Publ.-Art:	Atlasblatt aus: «ATLAS ELEMENTAIRE / *OU L'ON VOIT SUR DES CARTES ET DES TABLEAUX RELATIFS A L'OBJET* / L'ETAT ACTUEL DE LA CONSTITUTION POLITIQUE / **DE L'EMPIRE D'ALEMAGNE.** / ... (Inhaltsangabe für sieben Abschnitte) / Le tout composé et vérifié d'après les meilleures Cartes Nationales, le Géographie de M^r. Busching, / ... ‖ DEDIE ET PRESENTE AU ROI. / Par l'Abbé Courtalon, Précepteur des Pages / DE MADAME, / et cydevant de — ceux de Feü Madame / LA DAUPHINE — Mere du Roi. ‖ AVEC APPROBATION ET — PRIVILEGE DU ROY. 1774.». Das Titelkupfer nimmt in einem reichgezierten Rokokorahmen mit den Wappen des Königspaares beide Innenseiten des ersten Bogens ein (26,8 x 21,2 cm, mit Text im Unterrand 22,7 cm hoch). – Im Unterrand li. am Strichrahmen: «*Arrivet Fecit.*»; re. ebenso: «*Desbruslins Fils, scripsit.*»; darunter durchlaufend kursiv Erklärung des Bildes, das mit den Allegorien von Weisheit und Treue die Vermählung des Dauphins mit MARIE-ANTOINETTE verherrlicht und Bezugsquellen-Nachweis.
Standort:	BSM: 4 Mapp. 185 b; ESlg/4 Germ.g. 26 m. – ZBLU: F1 10 fol.
Literatur:	IBN vol. 41, Sectio C, S. 844.

4   Salzburg im Bayerischen Reichskreis

Edme Mentelle (1730–1815)
Pierre-Gabriel Chanlaire (1758–1817)
1798

Der „Elementar-Atlas" bewies seine Qualität mit einer überraschenden Auferstehung nach 24 Jahren in einer republikanisch „gereinigten" zweiten Auflage, für die bläulich getöntes Papier verwendet wurde. Die Überarbeitung besorgten mit großer Rücksichtnahme auf den von ihnen respektierten und genannten Verfasser der Historiker und Geograph MENTELLE, Mitglied der Akademie der Wissenschaften, und der junge Statistiker und Verleger CHANLAIRE (oft mit falschem Vornamen Pierre-Grégoire). Die Karte des Bayerischen Kreises unterscheidet sich von der Originalausgabe im wesentlichen nur durch die Darstellung der aktuellen territorialen und politischen Verhältnisse.

Titel: Zuerst unverändert mit «1774», später in «1798» aktualisiert.
Publ.-Art: Atlasblatt aus:
«**ATLAS ELEMENTAIRE** | *DE* | **L'EMPIRE D'ALLEMAGNE**, | COMPOSE DE CARTES ET DE TABLEAUX, | (Inhaltsverzeichnis wie vorher und Absicht der Neuaufl.) | *Mis au jour par COURTALON, en 1774.* | SECONDE EDITION, avec des changemens, publiée an VIe. (1798 vieux style), ‖ *Par E. MENTELLE, membre de l'Institut national des Sciences … | Et P. G. CHANLAIRE, l'un des auteurs de l'Atlas national.* ‖ (Querstrich) A PARIS, | Chez les éditeurs … (Namen und Adressen).». – Der Text nimmt mit 32 schmucklosen Buchdruck-Zeilen eine ganze Seite ein, auf Frontispiz oder Titelkupfer wird puritanisch verzichtet.
Standort: SSAu: 4° HV 287.
Literatur: BNP Cat. Général, Tome 33, S. 430. – BSM-44: S. 212/213 Abb. 147, S. 417 K.10.1.
Zu CHANLAIRE: LAR 3. Bd., S. 921. – Zu MENTELLE: LAR 11. Bd., S. 39. – MdW S. 288.

4.23
Antonio Zatta (1722–1804)
„Elettorato della Baviera"

Dem venezianischen Drucker, Verleger und Buchhändler ZATTA ist als „Stampatore municipale" (Dekret noch von 1797!) in der Produktion fein gestochener Karten überregionale Bedeutung zuzubilligen (WAWRIK). Er wußte immer überraschend schnell auf die politischen Veränderungen im späten 18. Jh. zu reagieren und er gehörte zu den ersten Verlegern, die COOKs Entdeckungen publizierten. Sein „Neuester Atlas" mit 218 Karten enthält in mehreren Auflagen schöne Stiche des Bayerischen Kreises, die selten eindeutig zuschreibbar sind. Außer der hier registrierten Bayern-Karte hatte ZATTA 1776 eine Karte des Österreichischen und des Bayerischen Kreises (1:1,728.000; 1" = 6 Meilen) geliefert, die nicht als Landeskarte eingestuft wird (SUBE: Ryh 4602:18).

Literatur: ENI Bd. 35, S. 902. – LGK S. 902. – WAW S. 162, 250 ff.

4.23.1
Mit Senats-Privileg
1779

In dem von 1779 bis 1785 erschienenen vierbändigen Atlas ist die mit 1779 datierte Karte im 2. Band von 1784 enthalten. Ihre Zierde bildet im rechten oberen Eck eine idyllische, häufig zart kolorierte italienische Ortsansicht. Die Häusergruppe mit einem Rundturm liegt zu Füßen von zwei Bergen an einem See oder Meeresarm. Seine felsigen Ufer und zwei hohe, dekorativ verschlungene Bäume trennen den freistehenden Titel vom Karteninhalt und heben ihn hervor.

Das Land Salzburg ist zur Gänze mit starken Verzerrungen und höchst willkürlichen Situierungen der Orte dargestellt. Beispielsweise bilden im Pinzgau «Utendorf» und «Nid Sill» mit «Zell» einen Viertelkreis nahe dem West- und Nordufer des Zeller Sees. Im Gasteiner Tal kommt man nacheinander durch «Embach», «Rauris», «Hoff» und «Pod» bis «Gastein». Im Lungau liegt «Jamningstein» nördlicher als Hofgastein auf 47° 10' und «Teutzweg» (= Tamsweg) auf 47° 15' (statt 47° 7'). Dem Gewässernetz ist u. a. zu entnehmen, daß die Salzach mit zahlreichen Quellbächen im Zillertal entspringt und die Gerlos nicht existiert.

Titel: «*ELETTORATO* | della | **BAVIERA** | divisa | *NE SUOI STATI* | *Di nuova Projezione* ‖ (Zwei Querstriche) *VENEZIA 1779* | Presso Antonio Zatta | *Con Privilegio dell' Ecc.^{mo} Senato*.».
Zusätze: BN im Oberrand re. über Karteneck: «*F.(olio) III*». – O. Mi. im Kartenfeld freistehend zwei Linearmaßstäbe für gem. dt. und ital. M. – In Seitenmitte: o.: «*Nord, o Tramontana*»; li.: «*Owest, o Ponente*»; re.: «*Est, o Levante*»; u.: «*Sud, o Mezzodi*». – Stechernamen unter den Kartenecken: li.: «*G. Zuliani inc.*»; re.: «*G. Pitteri scr.*».
Maße: Karte: 30,5–30,7 x 39,6–40 cm; Platte: 32,5 x 42 cm; Blatt: 37,8 x 49 cm. – Atlas: ca. 25 x 35 cm.
Maßstab: 1:960.000; 3" = 10 M.
Graduierung: Im Rahmen s/w 10'-Skala, volle Grade beziffert, als Netz durchgezogen. L von Salzburg: 30° 42' E.
Druckart: Kupferstich auf Qualitätspapier mit verschiedenen Wasserzeichen: Lilie über einzeiligen Buchstaben «SL – FM» oder «RS» (?) mit drei einander folgenden, von 4 bis 3 cm kleiner werdenden Halbmonden. Auch Drucke auf Postkarten-Kartonpapier ohne Wasserzeichen. – Grenzen meist handkoloriert.
Publ.-Art: Atlasblatt aus:
Haupttitel in Bd. 1: «**A T L A N T E** | NOVISSIMO | TOMO I. ‖ (kurze waagrechte Striche) *VENEZIA. MDCCLXXIX* | Presso Antonio Zatta | *Con Privilegio dell' Ecc^{mo} Senato*». – Das ungewöhnlich prächtige Titelkupfer füllt mit ca. 43 x 32,5 cm Größe zwei Seiten. Über dem Text thront auf einer mächtigen Estrade Venezia begleitet vom MARKUS-Löwen.

4.23.1

Abb. 58: Antonia Zatta:
Elettorato della Baviera, 1779.

4   Salzburg im Bayerischen Reichskreis

Li. steigt strahlend der Sonnenwagen des HELIOS empor, re. o. liegen ein Obelisk und ein Rundtempel noch im Dunkel. Im Vordergrund präsentiert die GEOGRAPHIA der Stadtgöttin den Atlas und neun Putti (der Zahl der Musen entsprechend) hantieren mit Meßinstrumenten.
Titel von Bd. 2: «**A T L A N T E** | NOVISSIMO, | *ILLUSTRATO ED ACCRESCIUTO* | SULLE OSSERVAZ. | IONI, E SCOPERTE | Fatte | DAI PIU' CELEBRI E PIU' RECENTI | **G E O G R A F I** | TOMO II ‖ (Verlagssignet: zweistöckige Fontäne) IN VENEZIA MDCCLXXXIV | PRESSO ANTONIO ZATTA | CON PRIVILEGIO DELL' ECCELL#MO SENATO:». Im Unterrand gebogen an der Zierranke: li.: «*G. Zuliani s.*»; re.: «*P. A. Novelli in.*». – In der mit 1785 datierten Aufl. sind „Novissimo", „Venezia" und die Jahreszahl fett gedruckt, „ILLUSTRATO ED ACCRESCIUTO" nicht kursiv. – Der Bandtitel ist weniger anspruchsvoll, aber sehr malerisch gestaltet: Im allegorischen Oberteil schwebt VENEZIA über Wolken mit Putti, die Globen, Fernrohre, Astrolabien usw. tragen. Den unteren Teil nimmt eine lebhaft bewegte Hafenszene ein.

Standort: BSM: Mapp. XI, 37 pt. – NLC: Ayer 135 Z3 1779. – ÖNB: FKB 273/51 (2. Bd.). – SLA: Graphik XIV.31. – SUBE: Ryh 4701:39, Titelblatt: Ryh 8801:30. – SWS.
Literatur: SLA S. 13, L.33.

Ohne Senatsprivileg
1800

Die im Karteninhalt unveränderte Neuauflage dokumentiert in einem Detail des Titels und mit schlechterer Papierqualität, daß NAPOLEON 1797 der Selbständigkeit der Serenissima ein Ende gemacht und Venetien bis zur Etsch an Österreich übergeben hatte. Daher wird das so rasch obsolet gewordene Senats-Privilegium aus demselben Jahr in der letzten Zeile des Titels „rasiert", wie auch die Berge im Hintergrund des Landschaftsbildes.

Titel: «… ‖ (zwei waagrechte Striche) *VENEZIA 1800* | Presso Antonio Zatta».
Maße: Karte: 30,8 x 40,4 cm; Blatt: ca. 32,5 bzw. 34,5 x 44 cm, als Buchbeilage 3 x 3 gefaltet auf ca. 13,5 x 18,5 cm.
Druckart: Kupferstich auf dünnem Papier, kaum erkennbares Wasserzeichen mit „M 9" oder „6 N"(?).
Publ.-Art: Atlasblatt wie vorher.
Standort: SWS.

4.23.2
Bayern nach dem Frieden von Teschen
1779

Unter Wahrung der Blatt- und Atlas-Maße zeigt die Karte in kleinerem Maßstab die territorialen Veränderungen auf Grund des Friedens von Teschen. Im Westen ist Schwaben mit dem Bodensee und Franken am Unterlauf des Main bei Wertheim erfaßt, im Norden die im Titel erwähnten Markgrafschaften Ansbach und Bayreuth. Zwangsläufig mußte daher Salzburg in die Ecke rechts unten abgedrängt werden, sodaß es mit kleinen Teilen des Lungaus und Pinzgaus den Rahmen überschreitet. Der Kartentitel steht rechts oben im Eck auf einer großen, schmucklosen Steinplatte. Links hinter ihr illustriert ein Feldlager mit drei Zelten, gesenkten Fahnen, zwei Kanonen mit Geschoßen und Trommel die kriegerischen Zeitläufe.

Titel: «*I MARGRAVIATI* | di | **ANSPACH, e BAYREUTH** | NELLA FRANCONIA | *Con* | *I BAILAGGI SITUATI FRA L'INN,* | *LA SALZA,* *ED IL DANUBIO* | NELLA BAVIERA | *Di nuova Projezione* ‖ (Querstriche) *VENEZIA 1779* | *PRESSO ANTONIO ZATTA* | *Con Privilegio dell'Ecc.ᵐᵒ Senato.*».
Zusätze: Im Oberrand fast über ganze Breite: «*CARTA RELATIVA ALLE DISPOSIZIONI DEL TRATTATO DI PACE SOTTOSCRITTO A TESCHEN IL DI 13 MAGGIO 1779.*». Darüber Mi. bzw. an den Seiten wie vorher die Himmelsrichtungen und Namen der Winde. – Die beiden freistehenden Linearmaßstäbe nun li. u. im Kartenfeld.
Im Unterrand wie vorher: «*G. Zuliani inc.*» und «*G. Pitteri scr.*».
Maße: Karte: 30,5 x 39,4 cm; Platte: 32,5 x 42 cm; Blatt: 38,5 x 49,3 cm.
Maßstab: 1:1,240.000; 1" = 4 M.
Graduierung: Unverändert bis auf die Erweiterung im W und N.
Druckart: Kupferstich auf dem gleichen Papier mit Wasserzeichen. Grenzen und Kartusche handkoloriert.
Publ.-Art: Atlasblatt (fing. Nr. 20) aus:
«**A T L A N T E** | NOVISSIMO…». – Der Titel des erst 1785 erschienenen Bds. wurde gegenüber den Ausgaben von 1784/85 etc. kaum verändert.
Standort: BLL: BM Maps C.21.c.3. – BSM: Mapp. XI,284 mi (Karte). – LCW. – SBB Haus 2: 2° Kart. B 774,2-20 (Atlas) – SWS.

4.24
Rigobert Bonne (1727–1795)
„Cercle de Bavière"
1787

Der Mathematiker und Kartograph BONNE, Schöpfer einer nach ihm benannten Kegelprojektion, erwarb sich als „Ingénieur-Hydrographe" der französischen Marine mit seinem Kartenwerk der Küsten Frankreichs hohes Ansehen. Zu seinen vielfachen Arbeiten gehören ferner die meisten Karten im „Atlas portatif" des als Professor in dem Wallfahrtsort Lisieux tätigen Abbé GRENET (1750–?). Der Atlas erschien erstmalig 1779 bis 1782 und wurde später in zahlreichen Auflagen mit neuen Karten aktualisiert. Eine italienische Ausgabe brachte SANTINI 1794 heraus. – Alle Entwürfe BONNES sind von nüchterner Sachlichkeit geprägt und weisen keinerlei Schmuck auf. Sie besitzen fast immer mehrere Linearmaßstäbe und doppelte Zählung der Längengrade für die Null-Meridiane von Ferro und von Paris mit einer Differenz von 20°.

Titel: «*CERCLE* | **DE BAVIÈRE**. | Par *M. BONNE*, Ingʳ. Hydrographe | de la Marine. | (im Ex. der ÖNB eingeschoben: «Avec Privil. du Roi.») ‖ 1787.».

Zusätze:	Im Kartenfeld: re. o. drei Linearmaßstäbe; darunter ganz re. Insert 50 x 32 mm: Sbg. Exklaven in Kärnten; ganz li. zwei je 15 x 25 mm kleine „Supplemente" von „Suabe" und „Styrie"; ganz u. li. zwei weitere Linearmaßstäbe. – Im Oberrand: li.: «N°. 49 G. N°. 49 M.» (fehlt im Ex. der ÖNB); Mi.: «Longitude du Méridien de l'Isle de Fer.». – Im Unterrand: ganz li. im Rahmen und darunter: «Bonne fil. del.	Perrier sculp.»; Mi.: «Longitude du Méridien de Paris.»; ganz re.: «Macquet scrip.».
Maße:	Karte: 21,5 x 31,8 cm; Platte: ca. 24,5 x 35 cm; Blatt: 27 x 40 cm. – Atlas: 21 x 28 cm.
Maßstab:	1 : 1.344.000; 3" = 14 M.
Graduierung:	Innen im Strichrahmen schmale s/w 5'-Skala, volle Grade beziffert und feines Netz durchgezogen. L von Salzburg: 30° 40' E von Ferro; 10° 40' E von Paris.
Druckart:	Kupferstich, Kreisgrenze meist blau, gelb und wenig rot koloriert.
Publ.-Art:	Atlasblatt Nr. 49 aus: «ATLAS PORTATIF	A L'USAGE DES COLLEGES,	POUR SERVIR A L'INTELLIGENCE DES AUTEURS CLASSIQUES	Par M. L'Abbé GRENET ...	DÉDIÉ	A L'UNIVERSITÉ DE PARIS ...» (darunter Mi. Bezugsnachweis für Paris, der im Ex. der ÖNB fehlt). – Das ca. 31 x 20 cm große Titelkupfer trägt den Text auf einer großen Draperie entsprechend deren Fall nach u. geschwungen. Davor liegen zahlreiche Gerätschaften eines Kartographen.
Standort:	ÖNB/K: Alb. geb. 60. – SBB Haus 2: 4° Kart. B 780–49. – SUBE: Kart II 32.
Literatur:	DBF 6. Bd., Sp. 990. – LAR 2. Bd., S. 975. – LGK S. 101 et pass. – WAW S. 256 ff. – Zu GRENET: LGK S. 266.

4.25
Johann Wilhelm Abraham Jaeger (1718–1790)
Großer Atlas von Deutschland
1789

Ab 1768 hat der Verlagsbuchhändler und Kartograph J. W. A. JAEGER nach jahrzehntelanger Vorarbeit mit Hilfe von acht Stechern eine aus 81 Sektionen bestehende große Deutschlandkarte unter dem Titel „Grand Atlas d'Allemagne" mit französischem Text in Lieferungen publiziert. Die kurz vor seinem Tode mit dem Titelblatt abgeschlossene Karte zeigt erstmalig ganz Mitteleuropa zwischen Brüssel und Preßburg bzw. zwischen Rostock und Trient, wobei JAEGER – ebenfalls erstmalig und zukunftweisend – die Gradabteilung der Blätter praktizierte. Sie wurden u. a. von BACLER D'ALBE als Vorlage für das „italienische Kriegstheater" benützt (→ 3.13). Die Blätter 69 und 70 decken fast das ganze Land Salzburg, lediglich der Rupertiwinkel und der Flachgau ragen in Blatt 60 und die südlichsten Landesteile in die Blätter 78 und 79. Wegen der Geringfügigkeit der Salzburger Anteile werden sie im folgenden nicht registriert.

Die Karte bildet mit ihren teils verschlechterten Übernahmen von APIAN und FINCKH einen Anachronismus. Der relativ große Maßstab wird nicht präzise eingehalten und schwankt zwischen 1 : 200.000 und 1 : 230.000, wie überhaupt die kartographische Exaktheit zu wünschen übrig läßt. Das zeigt sich z. B. bei der erstaunlich ungenauen Graduierung bzw. der Minuten-Skala im schlichten Doppelstrichrahmen. Der kräftige Stich betont die Gewässer mit waagrecht eng schraffierten Seen und das Gelände. Die Berge in Maulwurfshügelmanier mit zusätzlichen Schattenschraffen bei angenommener Beleuchtung aus Westen haben kaum Bezüge zur Realität. Reichliche Baum- und Buschsignaturen markieren die Waldgebiete. Städte werden im Grundriß mit Mauer und Graben gezeichnet, Märkte und Dörfer als Türmchen mit Fahnenmast oder als kleine Trapeze und Rechtecke. An den ordentlich eingezeichneten Hauptstraßen stehen Posthörnchen bei den Poststationen. Jedes Blatt trägt im Oberrand einen eigenen zwei- bis dreizeiligen Titel mit ausführlicher Inhaltsangabe.

Literatur:	GROSSE-STOLTENBERG, Robert: Der „Große Atlas von Deutschland" von J. W. A. Jaeger, Frankfurt 1789. Deutsche Geodätische Kommission bei der Bayerischen Akademie der Wissenschaften, Reihe E, Heft 10. Institut für Angewandte Geodäsie, Frankfurt/M. 1969. SATZINGER, Walter: „Grand Atlas d'Allemagne", edited by Johann Wilhelm Jaeger, Frankfurt am Main, 1789. In: Imago Mundi, 28, Lympne Castle, Kent, England 1976, S. 94–104, 5 Abb. ADB Bd. 50, S. 625. – BSM-44 S. 70. – BSM-50 S. 108, 227, K 6.26. – KRE S. 173 ff. – LGK S. 353.

Blatt LXIX

Das Blatt umfaßt die westlichen Gebiete Salzburgs bis zur Linie Kuchl–Gasteiner Tal im Osten, Michaelbeuern im Norden und dem Tauernhauptkamm im Süden.

Titel:	«CARTE TOPOGRAPHIQUE D'ALLEMAGNE	Contenant une Partie de la BAVIERE, de l'EVECHÉ de SALZBURG, de TIROL, et la PREVOTÉ de BERCHTOLSGADEN, fait par I.W. Iaeger à Francfort sur le Mein	se vend chez l'Auteur avec P.d.S.M.I. Feuille LXIX.». – Darüber ganz re. Maßstab für dt. M.

Blatt LXX

Das Blatt zeigt den östlichen Teil des Landes, im Westen begrenzt durch die etwas zu stark nach Osten ausgebogene Salzach zwischen Golling und St. Johann im Pongau, im Süden vom Radstädter Tauern.

Titel:	«CARTE TOPOGRAPHIQUE D'ALLEMAGNE	Contenant une Partie de l'AUTRICHE superieur & du DUCHE du STIRIE &	avec Privilege de S. M I fait par I.W.A. Iaeger à Francfort sur le Mein. Feuille LXX.». – Darüber ganz re. Maßstab.

Kennzeichen beider Blätter:

Zusätze:	Im Rahmen Angabe der Anschlußblätter in Franz. – Himmelsrichtungen fehlen.
Maße:	Einzelblätter nicht exakt gleich, im Durchschnitt: Karte: 64,5 x 47 cm; Platte: 65,5 x 51 cm. – Atlas: 68 x 53,5 cm.
Maßstab:	1 : 216.000; 1" = 3.000 Kl., 4" = 3 M.
Graduierung:	Im Rahmen sehr ungenaue s/w Minuten-Skala, alle 5' und volle Grade beziffert. – Der 48. Breitengrad ist zweimal falsch mit «40» angeschrie-

4   Salzburg im Bayerischen Reichskreis

Abb. 59: Johann W. A. Jaeger: Grand Atlas d'Allemagne, 1789.

	ben und um 22,5 mm länger als der 47. L von Salzburg: 30° 51' E.
Druckart:	Kupferstich, tlw. koloriert.
Publ.-Art:	Einzelblätter aus dem Kartenwerk: Titelkartusche auf Bl. LXXIII: «GRAND ATLAS D'ALLEMAGNE EN LXXXI FEUILLES DEDIÉ A SA MAJESTÉ JOSEPH II, EMPEREUR DES ROMAINS PAR | *Son tres humble, très-obeißant et très-soumis Serviteur J. G.* (für *Guillaume*) *A. JAEGER Capitaine Lieutenant d'Artillerie & Inspecteur des Arsenaux de la Ville libre & impériale de Francfort sur le Mayn, 1789.*». Das tatsächliche Titelblatt bildet eine Übersicht des Blattschnitts: «PLAN | DE LA NOUVELLE CARTE GEOGRAPHIQUE SPECIALE D'ALLEMAGNE | Consistant en 81. grandes feuilles représentantes l'Allemagne divisée en ses Cercles & Seigneuries, …». – Blatt I enthält die Widmung in einer großen Kartusche, Blatt LXXXI die Erläuterungen und ein Porträt JAEGERS.
Standort:	BSM: 2 Mapp. 254n. – ÖNB: FKB 273–11; Alb. 167. – SBB Haus 1: gr. 2° Kart. L 550–61. – SLA: Graphik XIV.97 (LXIX) – SMCA: SL 26, L 01. – SMS. – SUBE: Ryh 4702:69, 70.

4.26
Jean Bapt. Hippolyte Chauchard (Daten unbekannt)
Generalkarte von Deutschland

Der produktive Pariser Verleger und Kupferstecher DEZAUCHE, bei dem auch die amtlichen französischen Seekarten erschienen sind, gab gegen Ende des 18. Jhs. die große „Carte générale d'Allemagne" des französischen Militärgeographen Hauptmann CHAUCHARD heraus, dessen Arbeiten sich durch die gute Geländedarstellung mit weitgehend lagerichtiger Zeichnung der fließenden Gewässer (aber nicht der Seen) auszeichnen. Bei den Ortsnamen fällt ihre überwiegend korrekte Schreibweise angenehm auf. Die Karte wurde etwa ein Jahrzehnt später von STOCKDALE in einer englischen Version publiziert.

4.26.1
J. A. Dezauche (Daten unbekannt, tätig 1780 bis 1831)
Französische Ausgabe
[1790]

CHAUCHARDS Deutschlandkarte besteht aus neun Blättern (3 x 3), einem Supplementblatt und der reduzierten Übersicht. Der Titel des Kartenwerks steht frei auf dem rechten unteren Eckblatt (Nr. IX). Das Eckblatt links unten (Nr. VII) enthält die Zeichen- und Farbenerklärung. Das Salzburger Landesgebiet ist fast zur Gänze auf dem unteren mittleren Blatt VIII dargestellt, das den Raum zwischen Esslingen und Linz bzw. zwischen Pilsen und den Hohen Tauern umfaßt. Am Unterrand ist der Rahmen mit der Längengraduierung vorhanden. Oben, links und rechts sind die Kleberänder leer gelassen oder für die Maßstäbe und den Firmennamen genutzt. Fast überreich an Toponymen wirkt die schmucklose Karte sehr nüchtern, doch entspricht die Lagetreue (abgesehen von dem falschen Größenverhältnis zwischen Atter- und Traunsee) überraschend gut der Wirklichkeit – auch bei dem sonst meist nach Norden verschobenen Lungau.

Zusätze:	Im oberen Kleberand li. Maßstab für franz., re. für dt. M. – In der Mi. mit leicht variierendem Wortlaut: «*Se trouve A PARIS chez Dezauche Géographe, Rue des Noyers.*». – In Seitenmitte die Himmelsrichtungen in Franz. u. «MIDI». – Blattnummern jeweils li. im Ober- oder Unterrand.
Maße:	Jede Teilkarte ca. 69,5 x 60 cm; Platten je 73 x 63 cm. – Gesamtgröße: ca. 210 x 180 cm. – Kaschierte Ex. auf ca. 15 x 21 cm gefaltet (5 x 3).
Maßstab:	1:540.000; 1" = 7.500 Kl.
Graduierung:	Im kräftigen, fast 2 cm breiten Strichrahmen s/w 5'-Skala, volle Grade beziffert und als Netz durchgezogen. L von Salzburg: 10° 38' E von Paris.
Druckart:	Kupferstich auf starkem Papier, meist mit Grenz- und Flächenkolorit.
Publ.-Art:	Blatt VIII des Kartenwerkes: «CARTE GÉNÉRALE | DE L'EMPIRE | D'ALLEMAGNE, | *Par* | M^R. CHAUCHARD, | *Capitaine d'Infanterie et Ingénieur Militaire* | *de Monseigneur* | COMTE D'ARTOIS. | A PARIS, | *Chez le Sr Dezauche Géographe, Rue des Noyers …*» darunter Linearmaßstäbe. – Übersichtsblatt mit eigenem Titel: «CARTE RÉDUITE | *DE LA CARTE GÉNERALE* | D'ALLEMAGNE, | *Pour servir à rassembler les neuf Feuilles* | *dont cette Carte est Composee.* | PAR M. CHAUCHARD, | … | | *A PARIS, Chez Dezauche Géographe…*».
Standort:	ÖNB: 3 Ex.: Alb. Port. 170/10; Alb. Port. 721,722; FKB B 5/1–11. – SWS. – ZBLU: F1 25 ck.
Literatur:	MCS Bd. 4, 1967, Tooley Nr. 33. – MdW S. 257.

4.26.2
John Stockdale (1739–1814)
Englische Ausgabe
1800

Die bei dem angesehenen Londoner Buchhändler und Verleger STOCKDALE in englischer Sprache erschienene Deutschlandkarte CHAUCHARDS unterscheidet sich im kartographischen Inhalt der neu gestochenen Platten kaum von dem französischen Original, weist jedoch eine andere Blattzählung mit geänderten Maßen und abweichende Zusätze auf. Zu der Karte gehörte ein geographisches Lexikon, das weitgehend Wolfgang JÄGERs „Geographisch-historisch-statistisches Zeitungs-Lexicon" und die Übersetzung des Königsberger Professors J. G. BOETTICHER auswertete (NSUG: 4 GEOGR 546a. – SBB Haus 1: 4° Kart. F 6045).

Zusätze:	Im oberen Kleberand zwei Linearmaßstäbe: li. für 70 «British Miles 69½ to a Degree.», re. für 15 «German Miles 15 to a Degree.»; dazwischen: «Published 4.*th* June 1800 by I. Stockdale Piccadilly.». Ganz re. über dem Karteneck Blatt-Nr. «*IX*» (statt VIII). – Li. und re. Kleberand unbedruckt. – U. Abschnitt des Gesamtrahmens ohne Angabe der Himmelsrichtung.
Maße:	Jede Teilkarte ca. 67 x 58,5 cm; Platten je ca. 72 x 62,5 cm; Blätter ca. 83 x 64 cm. – Atlas: ca. 43,5 x 65,5 cm.
Publ.-Art:	Teilblatt IX des Kartenwerkes: «A	General Map	OF	THE EMPIRE OF GERMANY,	HOLLAND, … ‖ (zwei Querstriche) By Captain Chauchard, &c. (zwei Querstriche) ‖ DEDICATED BY PERMISSION TO	HIS MAJESTY: (Querstrich)	LONDON:	PRINTED FOR JOHN STOCKDALE, PICCADILLY.	4th JUNE, 1800.	…T. GILLET, PRINTER, SALISBURY SQARE.». Der große Buchdrucktitel nimmt das ganze Blatt ein. Übersichtsblatt mit eigenem Titel: «A	*REDUCED MAP*	OF THE	**EMPIRE OF GERMANY,** …	BY *CAPTAIN CHAUCHARD &C.* (Querstrich) ‖ *LONDON:*	Published by John Stockdale Piccadilly.	12 March 1800.», darunter drei Linearmaßstäbe. – Im Unterrand re.: «*S. I. Neele Sculpt.*».
Standort:	BLL: Maps 149.d.18, 150.e.15 und 26905.(63); Maps 25.b.33 (Übersicht). – BSM: 2 Mapp. 286 k. – NSUG: 4 GEOGR 546a 1 und 2. – SBB Haus 2: 2° Kart. 8827 (Atlasblätter nicht gebd.); 2° Kart. 10 843; Kart F 6045–1/3 (Übersicht). – SWS.
Graduierung:	Im Doppelstrichrahmen s/w 10'-Skala, volle Grade beziffert und feines Netz durchgezogen. L von Salzburg: 30° 43' E.
Druckart:	Kupferstich auf weichem, empfindlichem Papier, Wasserzeichen «B».
Publ.-Art:	Atlasblatt aus: „Atlante geografico" (Titelblatt unbekannt), enthält 102 von 1788 bis 1800 datierte Karten zahlreicher Stecher.
Standort:	LCW: 669. – SLA: Graphik XIV.102. – SWS.

4.27
(Vincenzo) Pazzini Carli (Daten unbekannt)
„Circolo di Baviera"
1790

Die an ZATTA erinnernde, in kleinerem Maßstab gehaltene Karte des Sieneser Verlegers CARLI zeigt den Bayerischen Kreis in leicht gemilderter Inseldarstellung zwischen Bayreuth und Tamsweg bzw. Augsburg und Passau. Bei recht guter Übersichtlichkeit und ungewöhnlich klarer Beschriftung läßt die Lagerichtigkeit sehr zu wünschen übrig, speziell im alpinen Bereich. Die Zeichnung des Geländes hat mit etlichen Ketten von Maulwurfshügeln höchstens symbolischen Charakter. Die Hauptstraßen bzw. Postrouten sind als Doppellinien hervorgehoben. Den Schmuck des Blattes bildet rechts oben eine freistehende Szene in antikem Stil: Die gewappnete ATHENE – oder ist es eine BAVARIA? – blickt über ihren Schild auf eine Schrifttafel mit dem Titel. Bartolomeo BORGHI hat den Stich für seine historische Kreiskarte von 1817 weiterverwendet (→ 4.38).

Titel:	«CIRCOLO DI	**BAVIERA**	DIVISO SECONDO LO	STATO PRESENTE	*Siena Presso Pazzini Carli* ‖ 1790».
Zusätze:	Li. u. im Eck zwei Maßstäbe für ital. und dt. M. – Himmelsrichtungen fehlen.
Maße:	Karte: 23 x 31 cm; Platte: 24,7 x 32,8 cm; Blatt: 28,6 x 39,3 cm.
Maßstab:	1:440.000; 1" = 5 dt. = 20 ital. M.

Abb. 60: Pazzini Carli: Circolo die Baviera, 1790.

4.28
Jan Barent Elwe (Daten unbekannt)
Dirk M. Langeveld (Daten unbekannt)
„Kaartje van Beyerland"
1791

ELWEs „Reis-Atlas" enthält nach der Karte des Erzstiftes (→ 3.7) eine Darstellung des ganzen Bayerischen Kreises, deren südöstlicher Teil mit den ärgsten Verzerrungen überrascht. Der Lungau ist kaum vorhanden, die Grenze zu Kärnten verläuft durch Hofgastein und Ramingstein. Wenig besser sind die Salzkammergut-Seen eingezeichnet, obwohl nur eine Seite vorher die tatsächlichen Verhältnisse recht gut wiedergegeben werden.

Titel: Li. o. im Eck mit mehrfach geknicktem Bandrahmen: «KAARTJE VAN | BEYERLAND | en den | OPPER PALTZ | *Gelegen na de Stelling van* | *de Heer G. DE L'ISLE*, | te | A M S T E R D A M, | by | I.B. ELWE & D.M. LANGEVELD | * * * ».

Zusätze: Re. o. im Eck großes Insert: «DE STAD DONEWERT» mit Plan und Zeichenerklärung. – Li. u. im Eck Zeichenerklärung, re. u. im Eck Linearmaßstab für 10 dt. M.

Maße: Karte: 17,4 x 23,9 cm; Platte: ca. 18 x 24,5 cm; Blatt: ca. 21 x 30 cm. – Atlas: ca. 9 x 19,5 cm.

Maßstab: 1 : 1.440.000; 1" = 5 M.

Graduierung: Im einfachen Strichrahmen s/w 10'-Skala, alle 10' und volle Grade beziffert.
L von Salzburg: 30° 35' E.

Druckart: Kupferstich.

Publ.-Art: Atlasblatt (Karte Nr. 19) aus: «VOLKOMEN REIS-ATLAS ... ‖ te Amsterdam bij | I. B. ELWE, | MDCCXCI.» (Vollständiger Titel → 3.7).

Standort: SBB Haus 2: 8° Kart. L 2516–19. – UBA: 200 F 20.

Literatur: KOE II S. 104 ff.: El 1 (19), S. 261.

4.29
Franz Johann Joseph von Reilly (1766–1820)

Fortsetzung von 3.10

„Der Bayerische Kreis"
[1792]

Die schon bei 3.10 erwähnte Karte des Bayerischen Kreises in REILLYs „Schauplatz der Welt" und im „Atlas von Deutschland" zeigt das Erzstift Salzburg zur Gänze, aber wieder mit völlig verzerrter, kahnförmiger Südgrenze, sodaß «Mauterdorf» nördlicher als «Bischofshof» und «Teutschweg» (= Tamsweg) auf dessen geographischer Breite liegen. Das Gewässernetz läßt viel zu wünschen übrig, als Geländedarstellung finden sich nur verstreute Maulwurfshügel. Die Titelkartusche rechts oben im Eck besteht aus einem einfachen, geschwungenen Blattwerkrahmen, der unten einen Löwenkopf trägt. Am Oberrand ragt die Oberpfalz etwas über den Kartenrahmen und ebenso am Unterrand die südlichen Teile der Tauerntäler.

Eine 34,5 x 24 cm große „Karte von dem Bayerischen und Schwaebischen Kreise" gab REILLY 1791 als „Vierundzwanzigste Schulkarte zu des vierten Hauptstückes erstem und zweytem Paragraphe der Erdbeschreibung zum Gebrauche der lateinischen Schulen in den Kaiserlichen Königlichen Staaten" heraus. Im Maßstab ca. 1:1.370.000 deckt sie den Raum zwischen Karlsruhe und der Wachau bzw. zwischen der Oberpfalz und Gastein. Das Erzstift ist zur Gänze erfaßt, doch kann das Blatt nicht als Landeskarte gelten.

Titel: «*Der* | **BAYERISCHE** | **KREIS.** | *Nro. 155.*».

Zusätze: Li. o. im Eck: «*Die Posten der Länder dieser generalen* | *Karte erscheinen auf den folgenden* | *Spezialkarten*». Darunter Linearmaßstab für 12 dt. (geogr.) M. (68,6 mm).

Maße: Karte: 25,2 x 24,3 cm; Platte: 27 x 26,2 cm.

Maßstab: 1 : 1.296.000; 1" = 18.000 Kl. = 4½ M.

Graduierung: Im schlichten Doppelstrichrahmen volle Grade markiert und beziffert, keine Angabe von Minuten. Die um das Kartenfeld laufende, schmale s/w Leiste hat nichts mit der Graduierung zu tun.

Publ.-Art: Diese und weitere Daten: → 3.10.

Standort: SLA: Graphik XIV.106.

4.30
Johann Michael Probst d. J. (1757–1809)
Johann Konrad Probst (Daten unbekannt)

Fortsetzung von 3.9

Außer der Spezialkarte von Salzburg (3.9) lieferte das Haus PROBST unter seinen zahlreichen Blättern auch eine Oktav-Karte des Bayerischen Kreises nach dem Muster von SCHREIBERs Karte im „Atlas selectus" (4.19). Eine zweite, große „Charte des bayrischen Kreises" aus der Zeit des Kurfürstentums Salzburg kann hingegen als eigenständige Arbeit gelten.

4.30.1
„Der Bayerische Creis"
(1794)

Die Kreiskarte unterscheidet sich von der Vorlage – abgesehen von den Namensnennungen – vor allem durch die nun 32-strahlige Kompaßrose und die vereinfachte quergestrichelte Umrahmung der Maßstäbe. Aufmachung und Inhalt entsprechen hingegen weitgehend dem nicht genannten

4 Salzburg im Bayerischen Reichskreis

Muster, und ebenso zeigt die Kreiskarte – in auffallendem Gegensatz zur Landeskarte (3.9) – die „chronische" kahnförmige Verzerrung der Südgrenze und die entsprechende Verschiebung des Lungaus nach Norden. Eine Jahreszahl fehlt gerade auf diesem Blatt, während fast alle anderen Atlaskarten mit 1794 oder 1795 datiert sind.

Titel:	«Der | BAYERISCHE | CREIS | *zu finden* | *bey Ioh. Mich. Probst* | *Augsburg.*».
Zusätze:	Re. u. in der Graduierung: «*Iohañ Conrad Probst. Sculp.*». – Li. u. im Eck gerahmt zwei Maßstabsleisten für dt. und franz. M. – Re. u. freistehend große 32-strahlige Kompaßrose. – Re. neben der Karte in Doppelstrichrahmen über die ganze Höhe «*Erklærung*» der Zahlen und Buchstaben. – Oft hs. paginiert.
Maße:	Karte: 20,8 x 15,6 cm; «*Erklærung*» 3,7 x 15,6 cm; gesamt: 24,5 x 15,6 cm; Platte: ca. 25,5 x 16,5 cm. – Atlas: ca. 27 x 19,5 cm.
Maßstab:	1 : 2,280.000; 1" = 31.666 $^{2}/_{3}$ Kl.
Graduierung:	In einfachem Strichrahmen s/w 4'-Skala, alle 20', 40' und volle Grade beziffert. L von Salzburg: 35° 18' E.
Druckart:	Kupferstich, mit Zier- und Grenzkolorit.
Publ.-Art:	Atlasblatt Nr. 18 aus: Atlastitel bisher unbekannt; → 3.9.
Standort:	BSM: 4 Mapp. 82 t-18 (Titelblatt fehlt).

4.30.2
„Charte des Bayrischen Kreises"
1805

Bei dieser Karte dürfte es sich um eine der letzten handeln, die noch die Kreisverfassung des alten Reiches wiedergibt. Ihr Stich erfolgte zwischen der Annahme des Titels eines Kaisers von Österreich durch FRANZ II. (I.) 1804 und dessen Verzicht auf die Reichskrone (1806), womit auch de jure die Reichsverfassung erledigt war. Die Karte zeigt mit Grenz- und Flächenkolorit das Gebiet des Kreises bzw. seiner Mitglieder, doch leidet die Deutlichkeit der Darstellung unter der großen Zahl der Toponyme. Unbefriedigend und irreführend sind die Seen gezeichnet. Das Salzburger Gebiet wird mit seinen Grenzen relativ lagerichtig abgebildet. Wegen seiner Größe wurde das Blatt häufig seitlich bis zu den Rändern, oben und unten bis zu den Texten beschnitten und auf grobes Leinen kaschiert.

Titel:	Im Oberrand über die ganze Breite in unterschiedlichen Typen: «CHARTE des **BAYRISCHEN** KREISES **CARTE** *DU CERCLE DE LA* **BAVIERE** *à Augsbourg chez Jean Michel Probst. 1805*».
Zusätze:	Im Unterrand li.: Zeichenerklärung für elf Signaturen; Mi.: vier Farbsignaturen; re.: Linearmaßstab für gem. geogr. dt. M. – Im li. Seitenrahmen ein Toponym-Anfang, im re. Seitenrahmen zwei Endungen.
Maße:	Karte: Plano ca. 70,5 x 62 cm; Platte: 72 x 63,5 cm; Blatt: ca. 76 x 66 cm. – Aufgezogen in bis zu 24 Teilen (6 x 4) je 11,8 x 15,5 cm mit Klebefugen, beschnitten auf 72 x 63 cm.
Maßstab:	1 : 576.000; 1" = 8.000 Kl. = 2 M.
Graduierung:	Im einfachen, kräftigen Strichrahmen s/w 5'-Skala durchgehend beziffert, volle Grade in größeren Typen und bei diesem Netz durchgezogen. L von Salzburg: 30° 38' E.
Druckart:	Kupferstich, Rahmen und Grenzen fast immer mit Handkolorit, teils auch zartes Flächenkolorit.
Publ.-Art:	Separatdruck.
Standort:	SLA: Graphik XIV.110.
Literatur:	→ 3.9.

4.31
Robert Wilkinson (tätig 1785–1825)
„The Circle of Bavaria"
1794

Um die Wende vom 18. zum 19. Jh. war WILKINSON als Nachfolger des bedeutenden John BOWLES (1701–1779) einer der produktivsten Verleger und Kartenmacher Londons. Er veröffentlichte zahlreiche Karten und Atlanten, darunter in mehreren Auflagen „A General Atlas of the World", der eine Karte des Bayerischen Kreises enthält, die in verschiedenen Formaten von zwei Stechern in zwei Versionen hergestellt wurde. Der völlig schmucklose und immer kolorierte Stich von 1794 gibt eine gute, sachliche Information über die Gliedstaaten des Bayerischen Kreises im letzten Jahrzehnt des Bestehens der geistlichen Fürstentümer. Die Geländedarstellung durch Ketten von Maulwurfshügeln im Bereich der Gebirge kann man bestenfalls als primitiv bezeichnen. Die Südgrenze Salzburgs ist im Raum Gastein–Großarl stark nach Norden verschoben. Der Flächenanteil des Landes am Kartenfeld beläuft sich auf ca. 9 %.

Titel:	Freistehend li. o. im Eck des Kartenfeldes: «*The* CIRCLE *of* | **BAVARIA**. | *Drawn from the* | *BEST AUTHORITIES.*».
Zusätze:	Re. o. Kompaßrose mit Nordpfeil und Kreuz im E. – Li. u. Linearmaßstab für 60 brit. „Statute Miles". – Im Unterrand: Mi.: «*London, Published Jan.^{ry} 1.st 1794 by R. Wilkinson, N.º 58, Cornhill.*»; re. u. Kartenecke: «*T. Conder Sculp.^{t}*». Himmelsrichtungen fehlen.
Maße:	Karte: 21,3 x 26,4 cm; Platte: 22,7 x 27,7 cm; Blatt: ca. 27 x 33,3 cm. – Atlas: ca. 30 x 35 cm.
Maßstab:	ca. 1 : 1,400.000.
Graduierung:	Im einfachen Strichrahmen s/w 5'-Skala, alle 30' und volle Grade beziffert, Hinweis re. u. im Rahmen: *Longitude East from London.*». L von Salzburg: 13° 8' E.
Druckart:	Kupferstich, zartes Grenz- und Flächenkolorit.
Publ.-Art:	Atlasblatt (Nr. 20) aus: „A General Atlas, being a Collection of Maps of the World ... correctly delineated. London, R. Wilkinson, 1800."
Standort:	BLL: MAPS 45. d. 12 (1794); d. 23 (1809) und andere (7 Ex.). – LCW: 3532a. – SWS.

Fortsetzung: 5.4

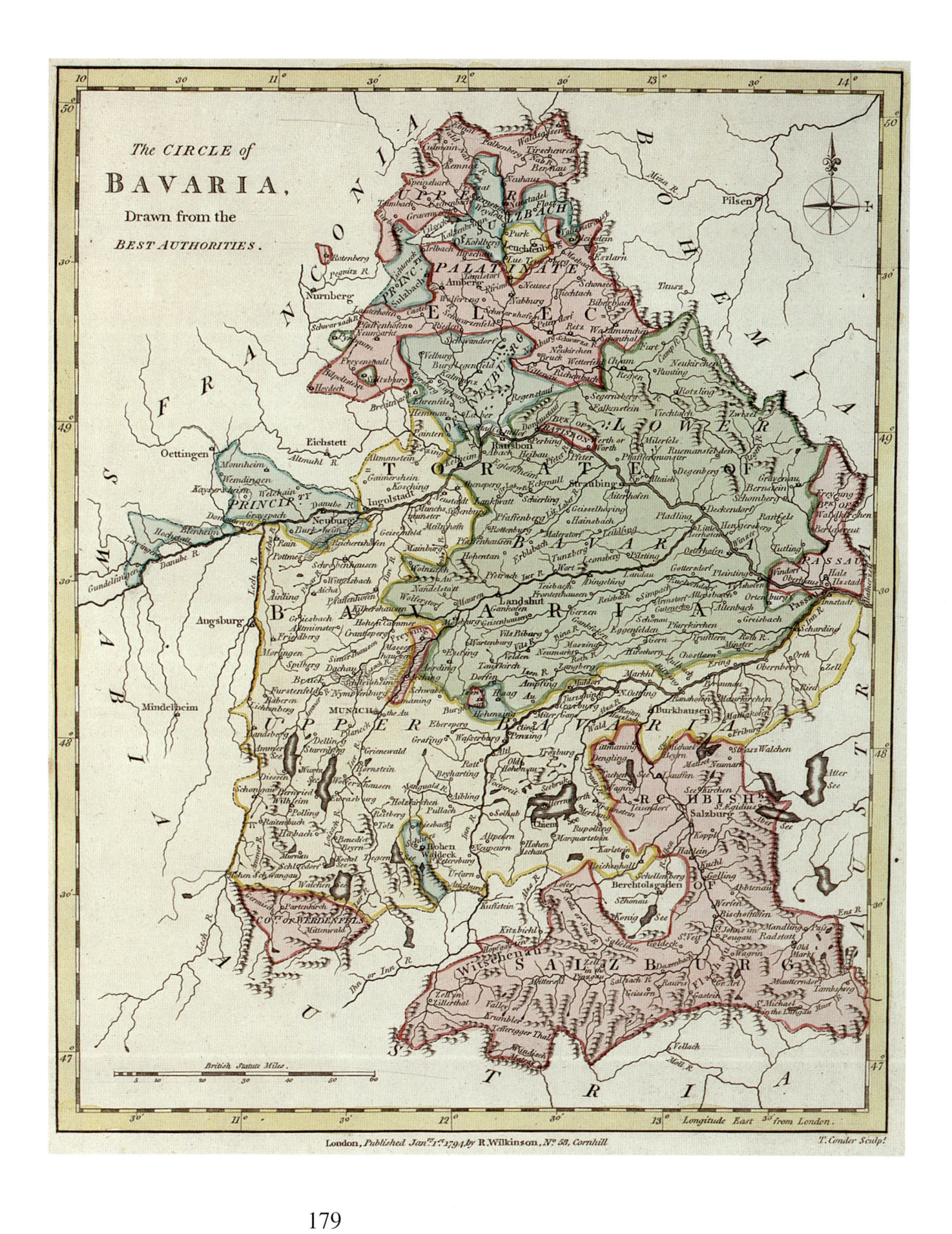

4.31

Abb. 61: Robert Wilkinson:
The Circle of Bavaria, 1794.

4.32
Johannes Walch (1757–1816)
„Der ganze Bayrische Kreis"
1796

Der Augsburger Verleger WALCH hatte sich gegen die mächtige Konkurrenz von SEUTTER/LOTTER und zwei weiteren Verlagen durchzusetzen. Daher war er sehr um Aktualität bemüht. So ist in seinem 1803 publizierten kleinen Atlas (ca. 27,5 x 22 cm) Salzburg auf der Karte des Österreichischen Kreises im Maßstab 1:2,880.000, die nicht als Landeskarte registriert wird, bereits als «K U R | SALZBURG» mit dem neuen, erst am 11. Februar 1803 proklamierten Rang verzeichnet. Man kann annehmen, daß WALCH das Primat der kartographischen Dokumentation der politischen Umwälzungen zukommt, auf die er ausdrücklich im Atlastitel hinweist.

Die sachlich und nüchtern gestaltete große Kreiskarte zeigt keinen graphischen Schmuck. Ihre Übersichtlichkeit leidet etwas unter der Menge der angeführten Toponyme. Salzburg ist zur Gänze und auch in seinen südlichen Teilen ziemlich lagerichtig dargestellt. Damit bildet die Karte WALCHs eine weitere Ausnahme in dieser Gruppe. Die Geländeaufnahme überschreitet den Rahmen geringfügig an allen Seiten.

Titel:	Re. o: «BAVARIAE CIRCULUS | (Querstrich) der ganze | **Bayrische Kreis** | nach den | neuesten u: bewährtesten | Hülfs Mitteln || (kräftiger Querstrich) Augsburg | *im Kunst u: Landkarten Verlag* | *des Joh. Walchs.* | *1796.*».
Zusätze:	Unter dem Titel dünner Linearmaßstab für 5 geogr. M.
Maße:	Karte: 48,1 x 60,5 cm; Platte: 48,5 x 62,5 cm; Blatt: 54 x 68 cm.
Maßstab:	1:540.000; 1" = 7.500 Kl.
Graduierung:	Im Rahmen s/w 5'-Skala, volle Grade beziffert, als feines Netz durchgezogen. L von Salzburg: 10° 40' E von Paris.
Druckart:	Kupferstich mit Grenzkolorit.
Publ.-Art:	Separatdruck.
Standort:	BSM: Mapp. XI, 41, 41 ab, 41 b, 41 bb, 41 bc; 2 Mapp. 110 d-20 (6 Ex.). – ÖNB: Alb. 835-4. – SUBE: Ryh 4701:38. – SWS.
Literatur:	BBB S. 818. – BSM-44 S. 142, 212. – THB Bd. 35, S. 66.

Fortsetzung: 5.9.

4.33
Landes-Industrie-Comptoir
Geographisches Institut Weimar

Der Großherzoglich Weimarische Legationsrat Friedrich Johann Justin BERTUCH (1747–1822) entwickelte eine verblüffende literarische Betriebsamkeit. Er machte die Deutschen mit der spanischen und portugiesischen Literatur bekannt, er schuf das erste deutsche Modejournal, er lieferte die erste Übersetzung des „Don Quichotte", er publizierte über 30 Jahre ein weit verbreitetes „Bilderbuch für Kinder" und er gründete 1791 (ESP: 1789) für Druck und Vertrieb seiner „Blauen Bibliothek aller Nationen" das eigene „Landes-Industrie-Comptoir". Bei dessen Gliederung in mehrere „Anstalten" entstand 1804 (ESP: 1802) das „Geographische Institut". Zwei seiner maßgeblichen Mitarbeiter in den ersten Jahren waren F. L. GÜSSEFELD (GÜSSEFELDT) und G. F. v. SCHMI(E)DBURG.

Das Institut entwickelte sich zum bedeutendsten deutschen geographisch-kartographischen Verlag am Beginn des 19. Jhs. (LGK S. 259), das eine kaum übersehbare Folge von Karten und Atlanten produzierte, von denen der „Allgemeine Hand-Atlas" als „Der Weimarer Atlas" internationales Ansehen erlangte. Die Zuschreibung der Karten des Bayerischen Kreises zu bestimmten der bis zur Einstellung im Jahre 1882 erreichten 49 Atlas-Auflagen ist aber nur selten möglich.

Außer auf die Karten-, Atlanten- und Globenproduktion stützte sich der Ruf des Comptoirs bzw. des Instituts schon seit 1798 auf die berühmten „Geographischen Ephemeriden" (Titel mehrmals leicht verändert), die erste geographisch-kartographische Zeitschrift Deutschlands. Ihre zahllosen Rezensionen bilden die wichtigste Quelle für die Erforschung der zeitgenössischen Kartenproduktion.

Literatur:	ARNHOLD, Helmut: Das Geographische Institut zu Weimar. Wissenschaft und Industrie. Tradition und Gegenwart. Weimarer Schriften, Heft 11. Rat der Stadt Weimar 1984.
	KETTLER, Julius Iwan: Über die Arbeiten des Geographischen Instituts zu Weimar, 1791–1891. Ein Beitrag zur Geschichte der Geographie. In: Zeitschrift für wissenschaftliche Geographie, Bd. 8/1891, S. 316–328, 382–391, 405–440.
	ADB Bd. 2, S. 552. – BSM-44 S. 212, 214 Abb. 148, S. 417 K 10.5. – ESP S. 12–43. – LGK S. 259ff. – MdW S. 245, 266. – NDB Bd. 2, S. 171. – WAW S. 284ff.

4.33.1
Franz Ludwig Güssefeld (1744–1808)
„Charte den Bayerischen Kreis vorstellend"
1796

GÜSSEFELDs bedeutender Einfluß auf die Kartographie des ausgehenden 18. und frühen 19. Jhs. wurde schon bei der Erfassung der HOMANN-Karten des Bayerischen Kreises erwähnt (→ 4.6.3). Die fast ein Jahrzehnt ältere Grundkarte jener Bearbeitung präsentiert sich bereits in der nüchternen Form, die für die Blätter aus dem Industrie-Comptoir charakteristisch ist. Schmucklos steht der Titel mit wenigen Schwungstrichen rechts oben in einem großen, einfachen, unten verstärkten Hochoval. Zur reichhaltigen, aber ziemlich ungenauen Darstellung des Geländes dienen nicht mehr Maulwurfshügel, sondern Bergstriche. Vermutlich zum ersten Mal findet sich bei den Linearmaßstäben ein solcher für „Miliairès von 1000 Métres oder 513 Toisen". Das zur Gänze erfaßte Land Salzburg weist die übliche starke Verzerrung seiner Südgrenze auf.

Titel:	«CHARTE	den **BAYERISCHEN**	**KREIS**	vorstellend. Nach astrono=	mischen und andern bewähr=	ten Hülfsmitteln neu ent=	worfen von F. L. Güssefeld.	(Querstrich) Weimar im Verlage	des Industrie Comptoirs	1796.».
Zusätze:	Im Eck li. o. freistehend Zeichenerklärung. – Kräftig abgestrichen im Eck li. u. vier Linearmaßstäbe und Hinweis: «Der erste Mittagskreis ist von Paris 20° westwärts angenomen.».
Maße:	Karte: 45,8 x 56,7 cm; Platte: 46,3 x 58 cm; Blatt: ca. 56 x 68 cm. – Atlas: Plano-Blätter in Imperial-Folio, 78 x 58 cm.
Maßstab:	1 : 648.000; 1" = 9.000 Kl., 4" = 9 M.
Graduierung:	Im einfachen Strichrahmen s/w 5'-Skala, alle 20' und volle Grade beziffert, diese als Netz durchgezogen. L von Salzburg: 30° 40' E von Ferro.
Druckart:	Kupferstich mit Grenz- und tlw. Flächenkolorit.
Publ.-Art:	Separatdruck und Atlasblatt Nr. VI aus: «*ALLGEMEINER*	**HAND-ATLAS**	*der*	GANZEN ERDE	*nach den besten astronomischen Bestimmungen,*	*neuesten Entdeckungen und kritischen Untersuchungen entworfen*	*und zu*	**A. C. GASPARI**	*vollständigem Handbuche der*	*neuesten Erdbeschreibung*	*bestimmt.* ‖ (Querstriche mit Stern) WEIMAR	*Im Verlage des Geographischen Instituts.*» (Titelblatt des SWW-Ex.). – Dieser „Weimarer Atlas" enthält als Blatt Nr. V eine Karte des Österreichischen Kreises. Die ersten Lieferungen der ursprünglich 60 Atlasblätter erfolgten zwischen 1797 und 1804, doch scheint der Atlas erst 1818 komplett vorgelegen zu haben. – Adam Christian GASPARI (1752–1830) war ein bedeutender Geograph in Hamburg, dessen „Vollständiges Handbuch der Erdbeschreibung" in sechs Bänden zu den wichtigsten Lehrmitteln seiner Zeit zählte.
Faksimile:	F. L. GÜSSEFELD: Handatlas. Archiv Verlag, Braunschweig 1991.
Standort:	SBB Haus 2: Kart M 5860, 5860<a> und 5861. 2° Kart. B 1130–6 (Ausgabe 1804). – SWW: K-V: WE 224; (→ 5.5.3). – UBAu: MAPP 6327.

4.33.2
Georg F. von Schmi(e)dburg (Daten unbekannt)
„Charte des Bayrischen Kreises"

Der k.k. Offizier Georg von SCHMI(E)DBURG, der etwa von 1800 bis 1817 für das Weimarer Institut gearbeitet hat, hielt sich formal zwar eng an das Muster GÜSSEFELDs, bereicherte seine neu entworfene Karte in etwas kleinerem Maßstab aber durch die wesentlich verbesserte Geländedarstellung. Der saubere Stich macht auch kleine Toponyme noch gut lesbar. Der Titel steht wieder rechts oben im Eck in einem einfachen, nun an den Seiten verstärkten Hochoval. Von Lokalinteresse ist die neue, in die Zeichenerklärung offensichtlich erst später eingefügte Signatur für «Eisfelder, od. Firner, | Glacieres, im Salz, | burgischen Käse | genannt.» Der Weimarer Hand-Atlas erschien später noch in mehreren Auflagen bis 1821.

Der topographische Karteninhalt bleibt bei den verschiedenen Ausgaben des ebenfalls nüchtern und schmucklos gehaltenen Blattes der gleiche. Mit bemerkenswerter Schnelligkeit werden aber die raschen politischen Veränderungen berücksichtigt und die Bezeichnungen der betroffenen Gebiete bzw. ihre (verzerrten) Grenzen aktualisiert. Daher erscheint es unverständlich, daß noch in den jüngsten Ausgaben Windisch-Matrei und Mühldorf als salzburgischer Besitz ausgewiesen werden.

1802

Das Landesgebiet ist in Hinblick auf die bevorstehende Säkularisation nur mehr groß mit «S A L Z B U R G» beschriftet. Alle Grenzen werden durch Handkolorit hervorgehoben.

Titel:	«CHARTE	des	**BAYRISCHEN KREISES**	*Nach den astronomischen Bestimmungen der*	*Hrn.* Cassini, Amman, David, von Humboldt *und den*	*Berichtigungen des Hrn. O. L. Frhr. von Zach, neu entworfen*	*von* G. F. Frhr. von Schmidburg *K.K. Hauptmann.* ‖ (Querstrich) WEIMAR	*Im Verlage des privil. Landes Industrie Comptg.*	*1802*».
Zusätze:	Über dem re. o. Eck: «VI.». – Li. o. im Eck freistehend zwei Linearmaßstäbe für M. und Stunden. – Li. u. im Eck Zeichenerklärung in rechteckigem Strichrahmen.
Maße:	Karte: 45,6 x 56,4 cm; Platte: 47,5 x 58,3 cm; Blatt: 54,5 x 65 cm.
Maßstab:	1 : 676.800; 1" = 9.400 Kl.
Graduierung:	Die s/w Skala im einfachen Strichrahmen ist unterschiedlich geteilt: Für die L in 10', diese und volle Grade beziffert; für die B in 5', diese und volle Grade beziffert, 30'-Netz durchgezogen. L von Salzburg: ca. 30° 37' E von Ferro.
Druckart:	Kupferstich mit Grenz- und tlw. Flächenkolorit. – Die Karte der RYHINER-Sammlung in Bern ist auf dünnem, aber gutem hellblauen Papier gedruckt.
Publ.-Art:	Separatdruck und Atlasblatt aus: «*ALLGEMEINER*	**HAND-ATLAS**	*der*	GANZEN ERDE...».
Standort:	KAW: B IV a 406. – NSUG: MAPP 6341. – SBB Haus 2: Kart. M 5880; 2° Kart. B 865–13. – SUBE: Ryh 4701 : 40. – ZBLU: F1 16fol. max.

1804

Die Neuauflage zeigt – wahrscheinlich als erste in einem Atlas – die politischen Umwälzungen: Der unverändert stehengebliebene Landesname erhielt den Vorsatz «C H U R», das Gebiet von Passau ist mit «**CHUR** | **SALZBURG**» überschrieben und Berchtesgaden liegt nun innerhalb der Grenzen des Kurfürstentums. Hingegen wird Eichstädt nicht als salzburgischer Besitz ausgewiesen. Ferner unterscheidet sich diese Auflage von der vorigen durch Kleinigkeiten in der Zeichenerklärung und die Änderung der Verlagsbezeichnung.

Titel:	Wie vorher bis einschließlich «WEIMAR», dann: «*Im Verlage des Geograph. Instituts*	*Revidirt im August*	*1804.*».
Standort:	NSUG: MAPP 6342. – SBB Haus 1: Kart. M 5882; 2 Kart. B 1130–6.

4   Salzburg im Bayerischen Reichskreis

1806

Welche Leistungen während dieser Jahre von den Kartographen, Stechern und Verlegern vollbracht werden mußten, zeigen besonders die Ausgaben der SCHMIDBURG-Karte von 1806 und 1807. Die Erhebung des bisherigen Kurfürstentums Bayern zum Königreich mit 1. Jänner 1806 hatte in diese gerade Aufnahme gefunden, als schon die territorialen Folgen der Niederlage der Dritten Koalition gegen NAPOLEON zu verarbeiten waren.

Titel:	Wie vorher bis einschließlich «... Schmidburg», dann: «*und nach dem Presburger Frieden berichtigt.* ‖ Weimar	*im Verlage des Geogr. Instituts*	*1806.*».
Standort:	BSM: Mapp. XI,45 f. – SBB Haus 1: M Kart 5884.

Fortsetzung: 5.5

4.34
Johann Wolfgang Melchinger (Daten unbekannt)
„Der Bayersche Kreis"
(1797)

Die Inselkarte wird der Ankündigung des Buchtitels gerecht: Die im Kreis liegenden „Städte, Klöster, Schlösser, Dörfer, Flecken, Höfe, Berge, Thäler, Flüsse, Seen usw." sind weitgehend lagerichtig erfaßt. Das Gelände ist mit Bergstrichen recht zurückhaltend dargestellt. Der Stich erfüllt durchaus die Anforderungen, die man in eine derartige Lexikon-Beilage stellen kann. Sie wurde dem nicht selten zu einem einzigen Band vereinigten dreiteiligen Werk als letzte Seite eingebunden. Der Name des Verfassers Johann Wolfgang MELCHINGER steht nur auf dem Buchrücken, nicht aber auf einer der drei Titelseiten oder im Text. 1802 erschien noch ein Band „Zusätze und Berichtigungen" zu dem Werk.

Titel:	«DER	BAYERSCHE KREIS».
Zusätze:	Im Kasten des Titels unter diesem: «*Erklärung der Zeichen und Abreviaturen*», darunter Linearmaßstab für dt. M. – Li. u. im Eck mit Strichrahmen zwei Insertkärtchen der Sbg. Exklaven in Kärnten, zusammen 11,3 x 3,6 cm groß. – Im Unterrand Mi.: «*Zu finden in der Stettinischen Buchhandlung in Ulm.*»; ganz re.: «*J. Georg Probst, sculps.*».
Maße:	Karte: 25 x 29,3 cm; Plattenrand nicht zu erkennen; Blatt (für Faltung im Buch beschnitten): ca. 26 x 34,2 cm, Faltgröße: 11,7 x 19,5 cm.
Maßstab:	1 : 1.152.000; 1" = 16.000 Kl. = 4 M.
Graduierung:	Im Strichrahmen schmale s/w 10'-Skala, volle Grade beziffert und als Netz durchgezogen. L von Salzburg: 30° 40' E.
Druckart:	Kupferstich auf stärkerem Papier, Grenzen, einzelne Herrschaften, Seen und Rahmen handkoloriert.
Publ.-Art:	Buchbeilage in: «Geographisches	Statistisch = Topographisches	**Lexikon** von **Baiern**	oder	vollständige alphabetische Beschreibung	aller im	ganzen Baiernschen Kreis	liegenden Städte,	... (Verlagssignet) Dritter und lezter Band.	Nebst einer Karte von Baiern. ‖ (Querstrich) Ulm, 1797	im Verlag der Stettinischen Buchhandlung.». – Im Nachdruck von 1994 (Schmidt, Neustadt a. d. A.) ist die Karte nicht enthalten.
Standort:	BSM: Bavar. 1661-3. – SBB Haus 1: Sf 2615. – UBAu: 02/IV.15.8.468–0 und 20/AE 62100–0.
Literatur:	GV Bd. 88, S. 70.

4.35
Giovanni Maria Cassini (1745–ca. 1824)
„L'Elettorato di Baviera"
1797

Das umfangreichste Werk des italienischen Malers und Kupferstechers CASSINI bilden 182 Karten, die er für den dreibändigen „Neuen Universal-Atlas" des römischen Kartenverlags „Calcografia Camerale" gestochen hat. Die Inselkarte des Kurfürstentums Bayern schmückt rechts oben eine allegorische Szene: BAVARIA mit Helm und Harnisch, zu deren Füßen türkische Spieße und eine Fahne liegen, deutet im Sitzen vor einem Adler mit Szepter in den Fängen auf eine liebliche, voralpine Seenlandschaft. Zwei sich verjüngende Sträucher krönen und begrenzen wie ein zierlicher Torbogen dieses Bild und den Titel.

Titel:	«L'	ELETTORATO	DI	**BAVIERA**	D*i*VISO	NE' SUOI STATI	E	Delineato.	*Sulle ultime Osservazioni.*	(Doppel-Querstrich) **ROMA**	Presso la Calcografia Cam^le	*1797*».
Zusätze:	Freistehend li. o. zwei Linearmaßstäbe für dt. und ital. M. – Im Unterrand ganz re.: «*Gio. M. Caßini Som. inc.*». – An den Seiten Himmelsrichtungen und ital. Namen von vier Winden.
Maße:	Karte: 34,3 x 47,3 cm; Platte: 35,5 x 49 cm; Blatt: 41,2 x 52,5 cm.
Maßstab:	1 : 1.008.000; 1" = 14.000 Kl., 4" = 14 M.
Graduierung:	Im kräftigen Strichrahmen mit breiter Schraffenleiste s/w 10'-Skala, volle Grade beziffert. L von Salzburg: 30° 43' E.
Druckart:	Kupferstich, Allegorie und Kartenrand meist koloriert; Bayern mit grünem Grenzkolorit, Salzburg in diesem noch rosa eingefaßt.
Publ.-Art:	Atlasblatt Nr. 32 im 2. Bd. von: „Nuovo Atlante geografico universale delineato sulle ultime osservazioni. – Calcografia Camerale, Roma 1792–1801.".
Standort:	BSM: Mapp. XI,41 d. – LCW: 670.
Literatur:	LGK S. 129 ff. – MdW S. 251, 252. – THB Bd. 6, S. 130.

4.36
John Cary sen. (ca. 1754–1835)
„A New Map of … Bavaria"

Der als „repräsentativster, fähigster und produktivster englischer Kartograph und Kupferstecher" gerühmte CARY schuf mit seinen drei Brüdern und später mit seinen beiden Söhnen ein gigantisches Lebenswerk, das rund 1.000 Titel umfaßt. Außer Karten aller Art (darunter rollbare Straßenkarten für Reisende), die sich durch ihren exakten, besonders sauberen Stich auszeichnen, lieferte er Atlanten und Globen sowie astronomische und geologische Literatur. Seine Arbeiten fanden in England weite Verbreitung und höchste Anerkennung, sodaß ihm 1794 der Auftrag zur Vermessung der Hauptstraßen des Königreichs erteilt wurde.

CARY hat zwei Karten von Bayern entworfen: Eine Kreiskarte in Doppel-Folio, die hier erfaßt wird, und eine etwa halb so große des Königreichs von 1813 (→ 5.15). Beide zeichnen sich durch ihre Übersichtlichkeit aus. Der Kreis tritt mit zahllosen Ortsnamen deutlich hervor, während in den nicht zum Kreis gehörenden Gebieten ungleich weniger Toponyme locker eingetragen sind. Der Flächenanteil Salzburgs am großzügig bemessenen Kartenfeld beträgt nur 5,3 %. Wie alle Karten CARYs weisen auch diese keinerlei Schmuck auf.

Literatur: LGK S. 128. – MCS vol. V, 47, S. 30. – MdW S. 252. – THB Bd. 6, S. 98.

1799

Titel: «A | NEW MAP | OF THE | CIRCLE OF BAVARIA, | FROM THE LATEST AUTHORITIES, | By *JOHN CARY, Engraver.* | 1799.». Der Titel steht re. o. im Eck in einem einfachen Oval (92 x 78 mm).

Zusätze: Unter dem Titel Linearmaßstäbe für 4 verschiedene M. – Im Unterrand Mi.: «London: *Printed for J. Cary, Engraver & Mapseller. N°. 181 Strand, Aug.1.1799.*».

Maße: Karte: 51,5 x 46 cm; Platte: 54,3 x 49 cm; Blatt: 64,3 x 54,8 cm. – Atlas: ca. 37,5 x 56 cm.

Maßstab: 1 : 844.800, 3" (engl.) = 40 Statute Miles.

Graduierung: Im Strichrahmen s/w 5'-Skala, volle Grade beziffert und Netz fein durchgezogen. – U. Mi. Zusatz bei «12»: «East Longitude from Greenwich». L von Salzburg: 13° E.

Druckart: Kupferstich mit zartem Flächen- und kräftigerem Grenzkolorit.

Publ.-Art: Atlasblatt (Karte Nr. 29) aus:
«CARY's | *NEW* | **UNIVERSAL ATLAS** | CONTAINING | **DISTINCT MAPS** | OF ALL THE | Principal States and Kingdoms | THROUGHOUT THE | **WORLD.** | FROM THE LATEST AND BEST AUTHORITIES EXTANT. | (Querstrich) LONDON: | Printed for J. CARY, Engraver and Mapseller. N°. 181 near Norfolk Street, Strand. 1808.». – Der Titel nimmt einen ganzen Bogen (Doppel-Querfolio) in der Größe der Karten ein.

Standort: NLC: oG 1019. C3 1808. – SWS.

1811

Die Karte ist aktualisiert in jeder der zahlreichen Ausgaben von CARYs Universalatlas in Querfolio mit 53 bis 61 Karten erschienen. Eine exakte Zuschreibung ist aber nur dann möglich, wenn die Jahreszahl korrigiert wurde, wie in diesem Beispiel. Im Atlastitel finden sich später Hinweise auf die Nachführung der Karten, wie z. B. in der Ausgabe von 1819 auf die Beschlüsse des Wiener Kongresses.

Titel: Unverändert bis zur letzten Zeile: Neue Jahreszahl «1811.».

Zusätze: Unverändert bis zum Datum des Druckvermerks im Unterrand Mi.: «*April 28. 1811.*».

Publ.-Art: Atlasblatt (wieder Karte Nr. 29) wie bisher aus:
«CARY's | *NEW* | **UNIVERSAL ATLAS** …» mit unverändertem Titel bis zur Jahreszahl «1811».

Standort: NLC: Ayer 135 C3 1811.

Fortsetzung: 5.15

4.37
Daniel Friedrich Sotzmann (1754–1840)
„Der Bayersche Kreis"

[1800]

Die nüchtern gestaltete und ohne graphischen Schmuck außerordentlich fein und leserlich gestochene Inselkarte ist charakteristisch für den Arbeitsstil des bedeutenden und produktiven Berliner Kartographen. Seine Kreis- und Provinzkarten mittlerer Maßstäbe werden als „richtungsweisend für die Gestaltung späterer Karten" bewertet (LGK S. 753). Das Land Salzburg ist zur Gänze und Mühldorf noch als salzburgischer Besitz dargestellt. Überdies befinden sich links unten nebeneinander zwei Inserts mit den Salzburger Exklaven in Kärnten, was einen unsicheren terminus ante quem von 1803 für das Entstehungsjahr des Blattes liefert. Der Lungau liegt ziemlich richtig, wenn auch seine Grenzen – ebenso wie jene am Tauernhauptkamm – stark „ausgebeult" sind.

Der im Atlastitel genannte Wilhelm (eigentlich William) GUTHRIE (1708–1770) war ein schottischer Geograph und Historiker, der zahlreiche Karten und Atlanten sowie das erwähnte Lehrbuch veröffentlicht hat. Dessen ungeachtet gab SOTZMANN noch einen eigenen Leitfaden heraus: «Repertorium | zur | Karte von Deutschland | in | XVI. Blättern. | (Querstrich) Zum bessern Gebrauch und Verständniß dieser Karte | herausgegeben | von | D. F. Sotzmann, | … » (hübscher ovaler Stich: Dame betrachtet Globus, darunter:) «H. J. Penningh inv. delin. et sculpsit Berolini 1791 ‖ (Querstrich) Berlin, 1793. … » (SSAu: S 1546. – SUBE: Geogr. IV. 22. – UBAu: 02/IV.3.8.10).

4   Salzburg im Bayerischen Reichskreis

Titel:	Re. o. in einem einfachen Strichrahmen: «DER | **BAYERSCHE KREIS** ‖ Erklärung der Zeichen und Abreviaturen ‖ …».
Zusätze:	Re. o. über Kartenecke: «Nº VII.». – Unter dem Titel Linearmaßstab für 10 geogr. M. – Li. u. Insertkarten von Friesach und «St. Andree» bzw. Rottenstein, Sachsenburg, Möllbrücke und Stall (südl. von Villach). – Unter den Kartenecken: li.: «D. F. Sotzmann del.». – Re.: «A. F. Schmidt sculp.».
Maße:	Karte: 25,4 x 29,4 cm; Platte: 27,3 x 32,3 cm; Blatt: ca. 35,5 x 44 cm. – Atlas: Titelseite im Querformat ca 44,5 x 37,5 cm.
Maßstab:	1 : 1,152.000; 1" = 16.000 Kl. = 4 M.
Graduierung:	Im einfachen Strichrahmen s/w 10'-Skala, volle Grade beziffert und als Netz durchgezogen. L von Salzburg: 30° 31' E.
Druckart:	Kupferstich meist auf starkem Qualitätspapier mit schönem, zartem, verschiedenfarbigem Grenz- und Flächenkolorit.
Publ.-Art:	Atlasblatt Nr. 7 aus: «*D. F. SOTZMANN'S* | *geh. Sekr. beym Ober=Kriegescoll. und Geograph. d. Königl. Akad. d. Wissensch.* | **ERSTE SAMMLUNG** | **VON** | **LANDKARTEN** | **FÜR** | **SCHULEN.** | (Querstrich) *Inhalt: … 2. Oestreichische Kreis.* | *3. Bayersche Kreis. …* | (Querstrich) *BERLIN,* IM VERLAGE DER KÖNIGL. PR. AKADEM. KUNST- UND BUCHHANDLUNG. ‖ (Re. u.:) [*Zu Wilh. Guthrie's geograph. Lehrbuche gehörig.*]». Der großformatige „Neue Schul-Atlas von SOTZMANN, MANNERT und anderen berühmten Geographen" enthält nur eine Karte des Österreichischen Kreises, die nicht als Landeskarte anzusehen ist.
Standort:	SBB Haus 1: 4 Kart. B 860–7 und B 857–4. Haus 2: Kart. M 5850 (ohne SOTZMANNs Namen). – SUBE: Ryh 4701 : 37, Titelblatt: Ryh 8801 : 32.
Literatur:	ADB Bd. 36, S. 784. – ESP S. 304 f., 308 f. – LGK S. 753 f. – MdW S. 308. – THB Bd. 31, S. 306.

4.38
A. Bartolomeo Borghi (1750–1821)
Rückblick auf 1790
1817

Die sehr schön auf hartes und schweres Papier gedruckte Karte zeigt den Zustand von 1790, als der Bayerische Kreis und das «ARCIVESCOVADO DI SALISBURGO» noch existierten. Diesen historischen Rückblick erreichte der geschäftstüchtige Florentiner Kartograph und Atlasbearbeiter BORGHI für seinen „Atlante Generale" von 1819 durch die Übernahme von vorhandenem Material. Er druckte einfach mit der alten Platte CARLIs von 1790 weiter (→ 4.27), nachdem lediglich die hübsche ATHENE-Kartusche durch den freistehenden und bis auf Schwungstriche schmucklosen Titel ersetzt worden war. Daher stimmen die Merkmale der beiden Ausgaben – vom Druckträger und der Publikationsart abgesehen – überein und werden nicht wiederholt.

62

Titel:	«CIRCOLO DI | **BAVIERA** | *come era nel 1790* | (zwei Querstriche) *dell' A. B. Borghi* | *FIRENZE* | *1817*».
Publ.-Art:	Atlasblatt aus: „Atlante Generale … | Corredato di prospetti istorici-politici-civili-naturali di ciascheduno stato … ‖ Firenze, nella stamperia granducale, 1819."
Standort:	SWS.

4.38

Abb. 62: Bartolomeo Borghi:
Rückblick auf 1790, 1817.

5 Die Jahre des Wechsels: 1803–1816

Die Karten dieser Gruppe sind Zeugnisse der turbulenten Ereignisse am Beginn des 19. Jahrhunderts, als Salzburg in wenig mehr als einem Jahrzehnt sechs verschiedene Herrschaftsformen erlebte, mehr als jedes andere Land des alten Reiches: Die Ablösung der 1200-jährigen geistlichen Herrschaft durch den kurzen Glanz des neu kreierten Kurfürstentums, die erste Zugehörigkeit zu Österreich, die französische Militärverwaltung, die „Auslieferung" Salzburgs an das Königreich Bayern und schließlich der endgültige Anschluß an Österreich im Jahre 1816. Trotz des verwirrenden Länderschachers ist Salzburg als einziges ehemals geistliches Fürstentum des Reiches weitgehend in seinen alten Grenzen erhalten geblieben. Die Schlüsselrolle für diese einzigartige historisch-politische Kontinuität der einmal zweitgrößten Diözese der Weltkirche spielte das kurzlebige und oft vergessene Kurfürstentum, dessen Fürstenhut das heutige Landeswappen krönt. Die Entschädigung FERDINANDs III. für die verlorene Toskana durch Salzburg bewirkte, daß das frühere Erzstift statt eingezogen oder aufgelöst zu werden, aus der Säkularisation sogar als vergrößerter und ranghöherer Staat hervorging.

Neben der entscheidenden staatsrechtlichen Bedeutung der Jahre des Wechsels kommt ihnen überdies eine außergewöhnliche Rolle in der Kartographiegeschichte Salzburgs zu. Abgesehen von den durchwegs nicht gedruckten Karten des ehemals erzbischöflichen „Mappirungs Bureaus" war das Kurfürstentum ungeachtet seines nur knapp dreijährigen Bestehens dank der Arbeit von drei produktiven Kartographen das am gründlichsten erfaßte und dargestellte Gebiet des Reiches. Schließlich wurde die auf moderner Triangulierung basierende Zweite Landesaufnahme, die „Franziszeische", in dem wenig später als Herzogtum an Österreich gefallenen Fürstentum (und in Tirol) begonnen und die Karte von Salzburg als erste publiziert. Der erste Absolvent der „Feldmesser- und Zeichnungs-Anstalt" im „Mappierzimmer", der spätere Oberförster Franz Anton LANGLECHNER (1759–1817), der über 20 Pläne und Karten einzelner Salzburger Täler und Gerichte gezeichnet hat, war auf Befehl von Erzherzog KARL dem Generalquartiermeisterstab als Mitarbeiter an der Landesaufnahme zugeteilt worden (→ 5.13). Als solcher konnte er schon 1804 dem Kurfürsten eine handschriftliche Voraus-Kopie der neuen „Specialkarte" überreichen. Von den zahlreichen anderen Manuskriptkarten aus dem „Mappirungs Bureau" kamen die meisten nach München und wurden nicht selten kopiert, wie z. B.: Gesüdete „Dioecesan Charte vom Herzogthum Salzburg und Fürstenthum Berchtesgaden …", 1808 (BSM: Mapp IX, 154 f). – „Maut- und Zoll-Karte des Herzogthums Salzburg und Fürstenthums Berchtesgaden …", Kopie von 1816 (BSM: Mapp. IX, 154 e). – „S.R.I. Principatus et Archiepiscopatus Salisburgensis …" Kopie von 1816 (BSM: Mapp. IX, 154 dg).

Im allgemeinen muß man Kartographen und Verlegern nachrühmen, daß sie mit den dramatischen Umwälzungen dank bewundernswertem Fleiß und Mut zur Improvisation Schritt halten konnten. Eine Voraussetzung für die in rascher Folge geforderten Neuauflagen war, daß die aktualisierenden Bearbeiter die vorhandene topographische Situation möglichst unverändert übernahmen. Das Kartenbild blieb daher sehr oft in späteren Auflagen erhalten. Einen kartographiehistorischen Sonderfall bilden englische Karten, die unverändert die Situation vor 1803 zeigen, weil England (und auch Schweden) die Auflösung des Reiches und die Säkularisationen nicht anerkannte.

Grundsätzlich wirkte sich das Napoleonische Zeitalter auf das Kartenwesen in zweifacher Hinsicht nachhaltig aus: Entsprechend dem Lebensstil des Empire und des frühen Biedermeier befleißigten sich die Kartenmacher eines nüchternen Klassizismus und stellten ihre Blätter zumeist in strenge, einfache Rahmen. Rationalität trat an die Stelle des ornamentalen Schmucks und gewährte ihm höchstens noch in den schwungvoll kalligraphierten Titeln bescheidene Existenzrechte. Mit dieser stilistischen Versachlichung war das Aufblühen der Kartographie in ungeahnter und wechselhafter Weise eng verbunden. Als Musterbeispiel „modern" angewandter Wissenschaft kann die 1806 begonnene Zweite Landesaufnahme Österreichs hervorgehoben werden. Im übrigen steigerten die beinahe pausenlosen Kriegszüge den Kartenbedarf des Militärs, das diesen nicht zuletzt durch rigorose Konfiskationen zu decken suchte. Ebenso hatten die rapiden Veränderungen der politischen Landschaft eine massive Steigerung der allgemeinen Nachfrage zur Folge. Genau zur rechten Zeit gab Alois SENEFELDERs Erfindung des Steindrucks (1797/99) den Kartenmachern das technische Mittel in die Hand, diesen Wünschen des Publikums entsprechen zu können.

Literatur: PUTZER, Peter: Der Weg nach Österreich. Salzburg zwischen 1797 und 1816. In: Wissenschaft und Weltbild, H. 3, Wien 1965, S. 225 ff.
– ders.: Kursalzburg. Ein Beitrag zur territorialen Verfassungs- und Verwaltungsgeschichte zu Ende des alten Reiches. Ungedr. jur. Habilschr., Salzburg 1969.
– ders.: Vom Reichsstand zum Bundesland. In: 175 Jahre Salzburg bei Österreich. Schriftenreihe des Landespressebüros, Serie „Salzburg Dokumentationen" Nr. 105. Salzburg 1991, S. 17–27.
– ders.: Preßburg und die Folgen. Anmerkungen zu einer wenig beachteten Zäsur in der Salzburger Verfassungsgeschichte. In: Salzburg Archiv 20, Schriften des Vereines Freunde der Salzburger Geschichte, Salzburg 1995, S. 209–232.
Zu LANGLECHNER: HOLUB, Hermann: Die Karte von Franz Anton Langlechner. Kartographische Aussagen und ein kulturgeographischer Vergleich mit der ÖK 1:50.000. Ungedr. phil. Hausarbeit, Salzburg 1973.
– PIL S. 121. – WUR 14. T., S. 124.

5.1.1

Abb. 63: Johann Nepomuk Diewald:
Das Chur=Fürstenthum Salzburg, 1803.

Das Chur-Fürstenthum Salzburg

Samt den dazu gehörigen Fürstenthümern Passau, Aichstädt und Berchtesgaden, dann den ausländischen Herrschaften.

Entworfen von I. N. Diewald.

Nürnberg bey den Homänischen Erben
1805.

Mit Röm. Kaiserl. Freyheit.

5.1
Homännische Erben
Johann Nepomuk Diewald (1774–1842)

Den gebürtigen Salzburger DIEWALD begleitete schon in jungen Jahren ein guter Ruf als Kalligraph, Radierer und Kartenzeichner. Er entwickelte sich zu einem höchst produktiven Geodäten und Kartographen für die Verlage HOMÄNNISCHE ERBEN, FEMBO, CAMPE und SCHNEIDER & WEIGEL in Nürnberg sowie später für die Offizin Joseph HAFNER in Linz. PILLWEIN nennt 32 eigene Karten DIEWALDs und dazu etwa 30 Blätter, die er ab 1818 für die Nürnberger Häuser revidiert oder überarbeitet habe – alles neben seinem Beruf als Kanzlist in der Geheimen Hofkanzlei bzw. dann im bayerischen Generalkommissariat in Salzburg und dazwischen als „Innkreisamts-Protokollist" in Ried. Die für Salzburg bedeutendste Leistung DIEWALDs stellt seine Karte des Kurfürstentums dar, die sogar noch 1819 eine dritte Auflage erlebte. Bei seiner Zitierung ist Vorsicht geboten, da DIEWALD nicht selten mit seinem Zeitgenossen und Fachkollegen Joseph DIRWALD(T) verwechselt oder gar „vereinigt" wird (→ 5.10.2).

Literatur: BSM-44 S. 212 (mit falschem Geburtsjahr 1744), S. 262. – GIO S. 48, 90f. – OBÖ 1, S. 271. – PIL S. 24f. – TOO S. 164 (mit falschem Todesjahr 1830). – WUR 3. T., S. 305f.

5.1.1
„Das Chur=Fürstenthum Salzburg"
1803

Die Umwandlung des um Berchtesgaden, Eichstätt und Teile von Passau vergrößerten Fürsterzbistums in ein weltliches Herzogtum mit Kurwürde veranlaßte Kartenmacher und Verleger, so rasch wie möglich aktualisierte Landkarten herauszubringen. DIEWALD griff bei diesem Blatt, das als erstes seiner zahlreichen Werke gilt, auf HOMANN als Vorlage zurück. Er verzichtete aber auf jeden graphischen Zierat, abgesehen von einem bescheidenen Lorbeerzweig, der den links oben im Eck stehenden Titel oben und rechts gegen das Kartenfeld abgrenzt. Unter Ausnützung jedes freien Raumes sind nicht weniger als sieben Inserts an den Kartenrändern plaziert.

Titel: «Das | CHUR=FÜRSTENTHUM | SALZBURG | Samt den dazu gehörigen Fürsten- | thümern Passau, Aichstaedt und | Berchtesgaden, | dañ den ausländischen Herrschaften. | Entworfen von | I. N. Diewald. ‖ Nürnberg bey den Homänischen Erben | 1803. | Mit Röm. Kaiserl. Freyheit.».

Zusätze: Vier Insertkarten, drei Zeichenerklärungen: li. u. dem Titel: «PASSAU», darunter: «Im Lande unter der Ens». – Re. o. im Eck: «DAS ehemalige | BISTHUM | AICHSTÆDT». – U. re. der Mi.: «SALZBURGS | Besitzungen im Herzogth. Kærnthen». – Li. u. im Eck und re. daneben in zwei Inserts: «Erklærung der Zeichen». – Re. u. im Eck: «Posten Wechsel» und «Meilen Maass» für eine dt. oder geogr. M.

Maße: Karte: 49,6 x 51 cm; Platte: 50,7 x 57 cm; Blatt: ca. 56 x 59 cm.
Maßstab: 1:360.000; 4" = 5 M.
Graduierung: Im einfachen Strichrahmen s/w 2'-Skala, alle 10' und volle Grade beziffert, diese als Netz tlw. durchgezogen, li. u. Hinweis: *Länge von Ferro*. L von Salzburg: 30° 41' E.
Druckart: Kupferstich, zartes Flächenkolorit des Sbg. Besitzes, Haupt-Postkurse rot, Grenzen grün oder rot.
Publ.-Art: Separatdruck.
Standort: KAW: B IXa 265. – SBB Haus 1: Kart. 0 8940 <a>; Haus 2: Kart. O 8940. – SMCA: SL 35, L 02 (drei Ex.). – SMS. – SSAu: Mapp. 6025. – SWS. – UBS: 7.028 IV.
Literatur: SLA S. 14, L.36.

5.1.2
„Herzogthum Salzburg"
1806

Wegen der raschen politischen Veränderungen mit dem ersten Anschluß Salzburgs an Österreich legte DIEWALD schon 1806 eine zweite Auflage seiner Karte vor. Diese ist nicht nur entsprechend berichtigt, sondern vor allem von dem Nürnberger Stecher STADELMANN gründlich überarbeitet worden. Sie zeichnet sich durch kräftigere Plastik in der Geländedarstellung und ihren größeren Detailreichtum bei präziserer Linienführung aus. Auf den Lorbeer um den im linken oberen Eck freistehenden Titel wird verzichtet.

Titel: «Charte | vom | Herzogthum | **SALZBURG** | *nebst dem dazu gehörigen* | Fürstenthum | **BERCHTESGADEN** | *und den übrigen auswärtigen Besitzungen.* | *Entworfen und gezeichnet* | *von* | I. N. Diewald. | *Nürnberg; bey Homanns Erben, 1806.* | *zweite Ausgabe.* | *Mit Röm: Kaiserl: Allergn. Freyheit.*».
Zusätze: Vier Insertkarten, drei Zeichenerklärungen: li. u. dem Titel: «DAS | FÜRSTEN= | THUM | PASSAU», darunter: «Im Lande unter der Ens». – Re. o. im Eck: «DAS | FÜRSTENTHUM | EICHSTÆDT.». – U. re. der Mi. in zwei Teilen: «SALZBURGS | Besitzungen im Herzogth. Kærnthen». – Li. u. im Eck und re. daneben in zwei Inserts: «Erklærung der Zeichen». – Re. u. im Eck: «Posten Wechsel» und «Meilen Maass». – Im Unterrand ganz re.: «*J. W. Stadelmann sculp. Nürnberg.*».
Publ.-Art: Separatdruck.
Standort: BSM: Mapp. IX, 151. – SBB Haus 2: Kart. 0 8943.
Literatur: BIG S. 885.

Fortsetzung: 6.8

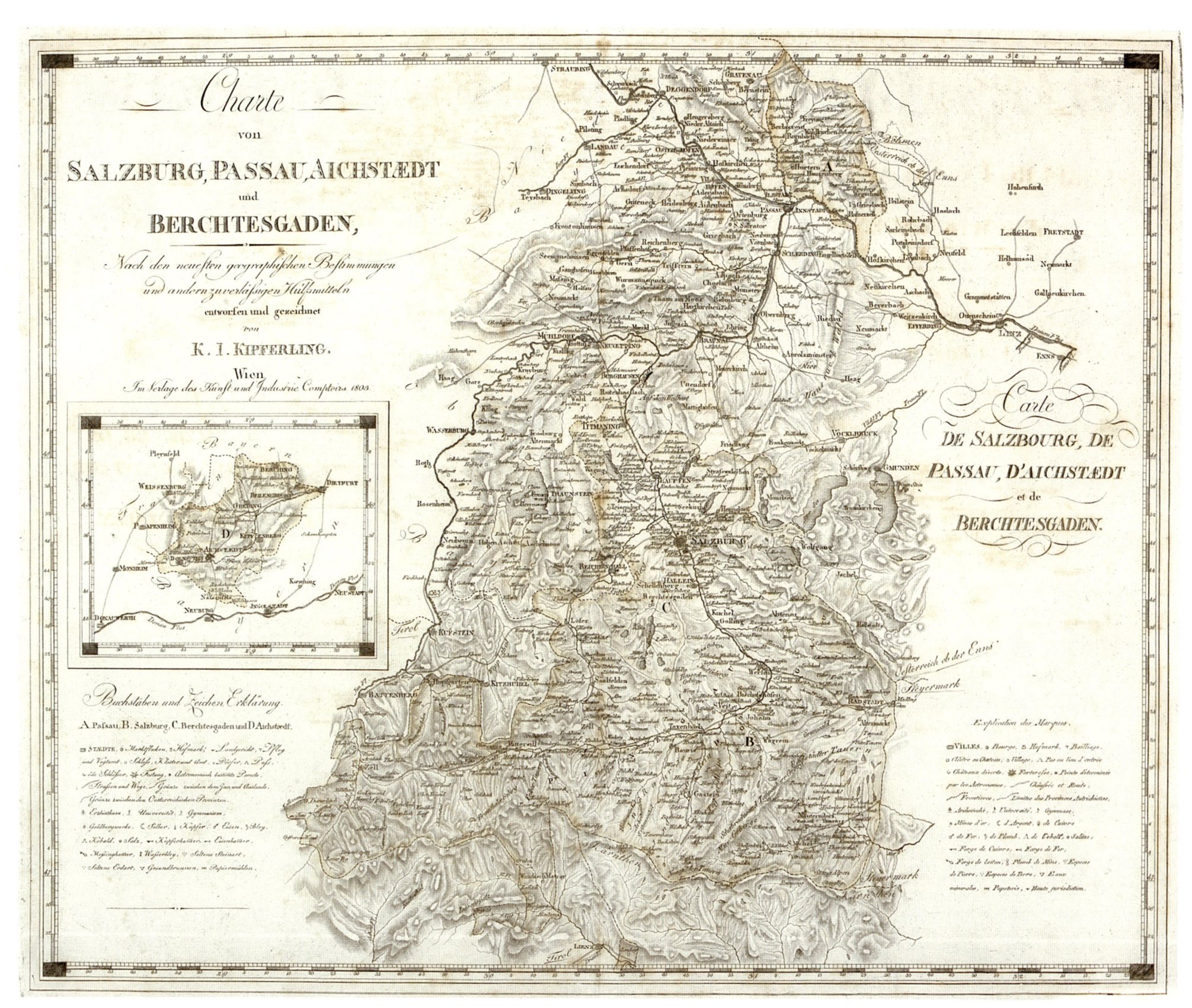

Abb. 64: Karl Joseph Kipferling: Charte von Salzburg ..., 1803.

5 Die Jahre des Wechsels: 1803–1816

5.2
Kunst- und Industrie-Comptoir
Karl Joseph Kipferling (ca. 1770–1810?)

Der Aufsehen erregende große „Atlas des Oesterreichischen Kaiserthums" (1802/05) war der erste seit den Österreich-Karten des Wolfgang LAZIUS von 1561 und das „Startsignal" des 1801 gegründeten „Kunst- und Industrie-Comptoirs". Joseph Karl KINDERMANN (1744–1801), „zweifelsohne der bedeutendste österreichische Kartograph" der Jahrhundertwende (DÖR S. 514), hatte dafür noch die Grundlagen geschaffen. „Als erstes Supplementblatt" ist laut Anzeige in der „Wiener Zeitung" vom 19. Oktober 1803 KIPFERLINGS Karte des im Februar 1803 proklamierten Kurfürstentums Salzburg erschienen. Obwohl er Chefkartograph des „Comptoirs" und ein Schwiegersohn KINDERMANNs war, sind über ihn so gut wie keine Lebensdaten bekannt. Zahlreiche seiner qualitätsvollen Stiche lieferte er für den „Allgemeinen Handatlas der ganzen Erde" des „Comptoirs". Noch vor Vollendung des Österreich-Atlasses begonnen und als Weltatlas mit 120 bis 130 Karten geplant, wurde dieser unter größten Schwierigkeiten mit 44 Karten als Torso abgeschlossen. Das Salzburger Blatt von 1803 hat KINDERMANNs Nachfolger Joseph RIEDL noch 1817 und 1819 in seinen „Handatlas" aufgenommen.

Literatur: DES S. 194, Tafel 65. – DÖR S. 508–646. – ESP S. 304f., 311. – LGK S. 410. – MdW S. 316 (RIEDL). – WAW S. 290ff.

5.2.1
„Charte" des Kurfürstentums
1803

In großzügig praktizierter Inseldarstellung wird das Gebiet zwischen Straubing und Lienz bzw. zwischen Rattenberg und Gmunden abgedeckt. Die Geländedarstellung mit Schwungstrichen läßt zwar das Hochgebirge zu wenig plastisch hervortreten, die Gesamtwirkung des Stichs ist aber sehr befriedigend. Dies gilt auch für die Eintragung der Siedlungen und der Hauptstraßen. Das Gewässernetz leidet unter etlichen Verzerrungen. Im besonderen befremdet die Eintragung der Salzach, die im Pinzgau nach Ostnordosten fließt und sich bei Werfen in einer Spitzkurve von ca. 60° nach Nordwesten wendet. Die empirische Ermittlung des tatsächlichen Maßstabs – eine Meilenleiste fehlt – ergibt einen Mittelwert von 1:538.120, was auf einen beabsichtigten Maßstab von 1:540.000 oder 1" = 7.500 Klafter schließen läßt. Die offenbar viel gebrauchte Karte kommt nicht selten auf Leinwand kaschiert vor (12 Teile, Gesamtgröße 58,5 x 48,5 cm). Eines dieser Exemplare trägt auf der Rückseite die Manuskript-Skizze einer Straßenkarte von Salzburg mit französischer Beschriftung.

Titel: Li. o. im Eck freistehend: «*Charte* | von | **SALZBURG, PASSAU, AICHSTÆDT** | und | **BERCHTESGADEN,** ‖ *Nach den neuesten geographischen Bestimmungen* | *und anderen zuverlässigen Hülfsmitteln* | *entworfen und gezeichnet* | *von* | K. I. KIPFERLING. | **Wien** ‖ *Im Verlage des Kunst und Industrie Comptoirs. 1803.*». – Re. Mi. freistehend und mit Schwungstrichen: «*Carte* | *DE SALZBOURG, DE* | *PASSAU,* *D'AICHSTÆDT* | *et de* | *BERCHTESGADEN.*».

Zusätze: Im doppelten Strichrahmen sind die Ecken mit schraffierten Rechtecken hervorgehoben. In analoger Weise ist Mi. li. eine Insertkarte von «AICHSTÆDT» mit dem Donaulauf sehr markant abgegrenzt. – Li. u. freistehend: Ausführliche Buchstaben- und Zeichenerklärung in Dt.; ähnlich re. u. in Franz. Kein Nordpfeil und keine Himmelsrichtungen.

Maße: Karte: 57,5 x 47,2 cm; Platte: 59 x 48 cm; Blatt: 74 x 59,5 cm.

Maßstab: 1:540.000; 1" = 7.500 Kl.

Graduierung: Auffallend exakter Strichrahmen: Innen nicht bezifferte Minuten-Skala, außen für die L s/w 5'-Skala, alle 5' beziffert, für die B s/w 4'-Skala, alle 4' beziffert. Insertkarte mit eigener Graduierung in gleicher Ausführung. L von Salzburg: 30° 40' E von Ferro.

Druckart: Kupferstich, Ortssiglen und diverse andere Zeichen von Punzen, Rahmen und Grenzen meist handkoloriert.

Publ.-Art: Separatdruck und Atlasblatt Nr. 14 aus: «**A T L A S** | DES | ÖSTERREICHISCHEN KAISERTHUMS. ‖ (Querstrich) **A T L A S** | DE L' EMPIRE AUTRICHIEN. ‖ (Querstrich, dazu u. ornamentale Trennlinie) **W I E N** | im Verlage des Kunst- und Industrie-Comptoirs. | (Querstrich) 1805.». – Die nur fünf Zeilen des Titels sind in bis zu 19 mm hohem, schmucklosem Typendruck plakatartig auf das ca. 42 x 60 cm große Blatt gesetzt. – Eine undatierte Ausgabe mit geändertem Grenzkolorit entsprechend den Bestimmungen des Münchner Vertrages vom 14. 4. 1816 ist nach der Übergabe Salzburgs an Österreich „Im Verlage von J. Riedl's Kunsthandlung" erschienen (→ 6.5).

Standort: KAW: B IX a 5. – ÖNB: 394.048-E.K.; FKB 282/16 und C 48, E 5; Alb. 553–559 und 600–1. – SBB Haus 1: gr. 2° Kart. 0 135–14; Kart. O 8930 ‹a›. Haus 2: Kart. 0 8930; – SLA: Graphik XIV.74.2. – SMCA: SL 34, L 02 (zwei Ex.). – StSP: Kart.Slg. 311. – SUBE: Ryh 4706:18. – SWS. – SWW: K-V: OE 364. – UBS: 7.027 IV. – UBW: IV 157.203.

Literatur: AA S. 43ff.: KIC A, Nr. 14. – BIG S. 886. – DÖR S. 518: KIC 1; S. 524: KIC 1/14.

5.2.2
„Post-Karte" zu Krusius' Lexikon

Die originelle Inselkarte zeigt außerhalb der fast immer durch grünes Grenzkolorit hervorgehobenen Gebiete von Salzburg, Passau und Berchtesgaden nur die Namen der angrenzenden Länder mit Angabe der „Posten", die „Chauséen" von Salzburg nach Passau, Linz, Berchtesgaden und Innsbruck, die Poststraße über den Radstädter Tauern sowie den Inn ca. ab Innsbruck und die Donau bis östlich von Linz. Auf die Wiedergabe von Seen hat Kipferling in der ersten Ausgabe vollständig verzichtet; in der Ausgabe 1804 sind nur Mondsee, Wolfgangsee und Königssee eingezeichnet. Ebenso fehlen viele nicht unwichtige Ortsnamen, darunter sogar Gastein. Die Geländedarstellung mittels Schwungstrichen ist recht unbefriedigend, und die Verzerrungen sind beträchtlich. Für die Distanz Rattenberg–

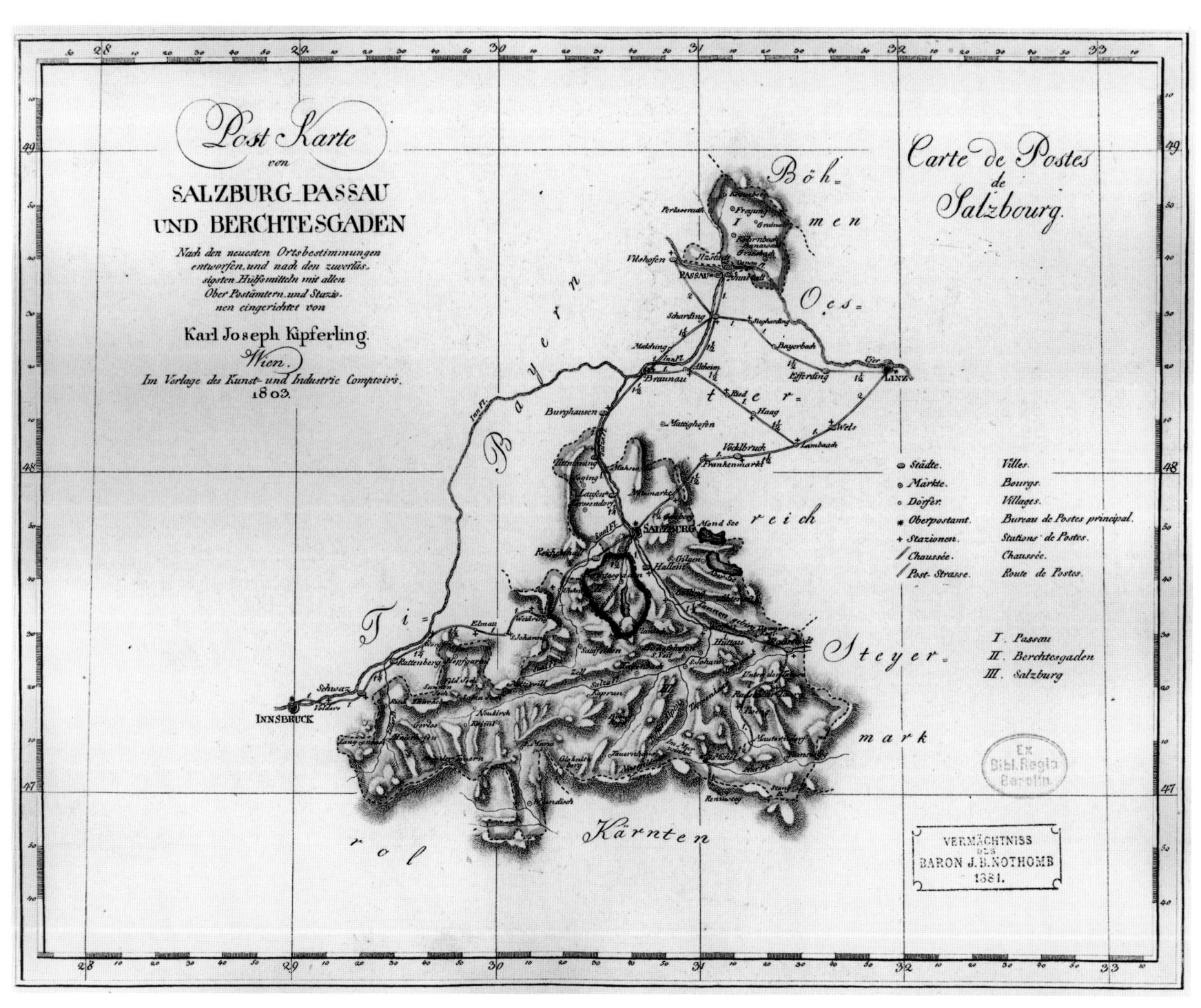

Abb. 65: Karl Joseph Kipferling: Post-Karte zu Krusius' Lexikon.

5   *Die Jahre des Wechsels: 1803–1816*

Radstadt erreichen sie 25,4% (160 statt 117,5 km). Der beabsichtigte Maßstab ist mit 1:1,344.000 anzunehmen, was jenem der „Post Charte der kaiserl. königl. Erblanden" von Georg Ignaz von ME(T)ZBURG aus dem Jahre 1782 entspräche (DÖR S. 82f.). Um die einheitliche Darbietung aller Blätter zu wahren, verzichtete KIPFERLING auf eine größere Wiedergabe einzelner Gebiete, so auch von Salzburg, wie es das Atlasformat erlaubt hätte.

Das im Atlastitel genannte „Postlexikon" war das umfangreichste Verlagsobjekt des renommierten Wiener Hofbuchdruckers und Universitäts-Buchhändlers Carl GEROLD (1783–1854), der wesentlichen Anteil an der Einführung der Lithographie in Österreich hatte. 1816 publizierte er VIERTHALERs „Wanderungen durch Salzburg, Berchtesgaden und Österreich" als erstes Wiener Verlagswerk mit Lithographien nach Vorlagen von Carl L. VIEHBECK (1769–1827). Das „Topographische Postlexikon aller Ortschaften der k. k. Erbländer" von Christian KRUSIUS (CRUSIUS, CHRUSIUS, 1758–1831) erschien von 1798 bis 1828 mit 21 Teilen in sechs Bänden und weiteren drei Supplementen. Das „Erste Supplement, welches das Herzogthum Salzburg in sich enthält" (Teil 22), kam 1819 heraus, als er bereits Ehrenbürger von Wien und Mitglied mehrerer wissenschaftlicher Gesellschaften war.

Standort: Postlexikon: BSM: Austr. 1065 Bd. I Suppl. Hbks B 81 und Austr. 5460 c = II, Suppl. 1. – SLA: HB 50116 (Teil 22). – Wr. Stadtbibliothek: 24312 A.

Literatur: LOTSCHAK, Johanna: Geschichte des österreichischen Buchhandels. (Ungedr. phil. Diss.) Graz 1973.
SCHWARZ, Heinrich: Die Anfänge der Lithographie in Wien. (Ungedr. phil. Diss.) Wien 1921.
BER-68 S. 187. – GV Bd. 26, S. 253. – WUR 3. T., S. 34.

1803

Titel: Li. o. freistehend: «*Post Karte | von | SALZBURG_PASSAU | UND BERCHTESGADEN* ‖ *Nach den neuesten Ortsbestimmungen | entworfen, und nach den zuverläs= | sigsten Hülfsmitteln mit allen | Ober Postämtern und Stazio= | nen eingerichtet von | Karl Joseph Kipferling.* ‖ *Wien.* ‖ *Im Verlage des Kunst- und Industrie Comptoirs. | 1803.*». – Re. o. freistehend: «*Carte de Postes | de | Salzbourg.*».

Zusätze: Re. Mi. Zeichenerklärung in Dt. und Franz. Darunter untereinander: «*I. Passau | II. Berchtesgaden | III. Salzburg*».

Maße: Karte: 31,8–32,2 x 24,8–25 cm; Platte: 35,2 x 27,6 cm.

Maßstab: 1:1,344.000; 3" = 14 österr. Post-Meilen.

Graduierung: Im breiten Strichrahmen s/w 10'-Skala, diese und die vollen Grade beziffert. Gradnetz nur außerhalb der kolorierten Landesflächen durchgezogen. L von Salzburg: 30° 41'.

Druckart: Kupferstich, Grenzen grün, Poststraßen und Oberpostämter rot koloriert. – Wasserzeichen: «D C C B L A U W». Die ersten fünf sehr großen Buchstaben fraglich, die letzten drei deutlich lesbar.

Publ.-Art: Die im Titel genannte Jahreszahl 1803 scheint nicht das Jahr der Erstaufl. eines Atlasses anzugeben – jedenfalls ist kein Ex. aus diesem Jahr bekannt. Zeitungsanzeigen belegen aber, daß mit der Auslieferung der ersten sechs Karten schon 1802 begonnen wurde, und daß das Blatt Salzburg Ende Feb. 1803 als eines der ersten erschienen ist (DÖR S. 539). Der Atlas selbst ist mit 1804, dem Erscheinungsjahr der letzten Karten, datiert.

Standort: SBB Haus 2: Kart. O 9140. – SWS.

1804

Titel: Wie 1803 bis zur Jahreszahl: «… | 1804».

Publ.-Art: Atlasblatt aus:
«*Oesterreichischer | Post u. Reise-Atlas | worin | alle Ober- und Absatz-Postämter, Haupt- u. Unterlegs-Post-Stationen … angezeigt sind. | Nach den neusten … Bestimmungen | entworfen von | K. I. KIPFERLING, | und revidirt von den k. k. Ober-Postämtern.* ‖ (Querstrich) Ein nothwendiger Anhang zu Hrn. KRUSIUS' Oesterreichischem Postlexikon. (doppelter Querstrich) ‖ *ATLAS ITINÉRAIRE | de la | MONARCHIE AUTRICHIENNE.* (Querstrich) ‖ *WIEN | im Verlage des Kunst- u. Industrie-Comptoirs 1804.* ‖ *gez. u. gest. v. Stöber.*».
Der Atlas enthält 14 Karten, zu deren Jahreszahl DÖRFLINGER (S. 539) vermerkt: „Sämtliche Platten waren zumindest hinsichtlich der Datierung 'auf Stand' gebracht worden, so daß alle Karten die Jahreszahl 1804 aufweisen." Lt. ergänzender Mitt. sei auf dem Blatt Salzburg deutlich zu erkennen, daß an der Stelle der „4" früher eine andere Ziffer graviert war.

Standort: KAW: B IX c 38. – ÖGG: K 55. – ÖNB: FKB 274/136; Alb. 552a. – Postmuseum Wien: B 5703.

Literatur: AA S. 54f. und Abb. 8: KIC / Kipf A (1804), Nr. 5. – DÖR S. 538ff.: KIC 2, KIC 2/5.

1808

Die durch KRUSIUS veranlaßte Neuauflage hatte den postalischen und besonders den politischen Veränderungen durch den Frieden von Preßburg Rechnung zu tragen. Auf dem Salzburger Blatt wurde der Titel berichtigt, das Gebiet von Passau rasiert und der Name „Tirol" durch das Wort „Königreich" zum vorhandenen „Bayern" ersetzt.

Titel: «*Post Karte | von | SALZBURG | UND | BERCHTESGADEN* ‖ *Nach den neuesten …* ‖ *1808.*».

Zusätze: Zeichenerklärung wie 1803 und 1804, darunter untereinander nur: «*I. Berchtesgaden | II. Salzburg*».

Druckart: Kupferstich, teils koloriert wie 1803. Wasserzeichen: (a): Franz. Lilie; (d): Unter Fürstenhut Wappen mit undeutlichen Initialen «S R S».

Standort: ÖNB: Alb. 570. – SBB Haus 2: Kart. O 820–5. – SLA: Graphik XIV.69.

Literatur: AA S. 55: KIC / Kipf A (1808), Nr. 5. – DÖR S. 544. – LGK S. 632.

5.2.3
„Charte von dem Königreiche Bayern"

1807

Laut Zeitungsanzeigen erschien die Karte als erstes Ergänzungsblatt zum „Allgemeinen Handatlas". Sie deckt den Raum Heidelberg–Eferding bzw. Plauen–Gardasee und zeigt die Situation nach dem ersten Anschluß Salzburgs an Österreich. Das Land wird in vollem Umfang dargestellt, doch hat KIPFERLING die Topographie aller nicht-bayerischen Gebiete stark vereinfacht und vor allem die Ortsnamen radikal verringert.

Titel:	«*Charte*	**von dem**	*Königreiche*	**B A Y E R N**	*Mit Benützung der neuern astronomischen Bestimmungen*	*und der besten Special Charten nach den lezten*	*Friedens Schlüssen und Conventionen*	*entworfen und gezeichnet von*	**K. J. KIPFERLING**	(Querstrich) WIEN	*Im Verlage des Kunst und Industrie Comptoirs 1807.*».
Zusätze:	Li. u. im Eck kräftig abgestrichen: «*Mass Stäbe und Zeichen Erklärung*» mit zwei Meilenleisten und neun Signaturen.
Maße:	Karte: 48,3 x 63,7 cm; Platte: 52,3 x 67,9 cm; Blatt: 55 x 69 cm.
Maßstab:	ca. 1:910.000.
Graduierung:	Im schmalen Strichrahmen s/w 10'-Skala für die L und 5'-Skala für die B; volle Grade beziffert und Netz durchgezogen. L von Salzburg: 30° 40' E.
Druckart:	Kupferstich, Grenzen kräftig von Hand koloriert.
Publ.-Art:	Supplementkarte Nr. 29. Die insgesamt 18 Ergänzungskarten sind offenbar ohne eigenes Titelblatt bis 1814 erschienen. – Titel des Atlasbandes: «ALLGEMEINER	HAND-ATLAS	DER	GANZEN ERDE,	NACH DEN BESTEN ASTRONOMISCHEN BESTIMMUNGEN UND	GEOGRAPHISCHEN HÜLFSMITTELN ENTWORFEN. ‖ WIEN UND PESTH,	im Verlage des Kunst- und Industrie Comptoirs.	1807.».
Standort:	KAW: B IV a 409. – SWW: K-V: WE 220 (Sammelatlas ohne Titel)
Literatur:	AA S. 50/51: KIC C (Suppl.). – DÖR S. 564: KIC 4/26.

1809, 1813

Nach der Annexion Salzburgs durch Bayern wurde die Karte stark überarbeitet und der neue Salzachkreis mit zahlreichen Ortsnamen der topographischen Dichte von Alt-Bayern angeglichen. Die Jahreszahl blieb zunächst unverändert. Die von derselben Platte gedruckte Ausgabe von 1813 zeigt das gleiche Kartenbild, doch ist die Grenze zwischen dem bayerischen und dem italienischen Südtirol nördlich von Bozen kräftig markiert und die Jahreszahl korrigiert.

Fortsetzung: 6.5

5.3
August Winkelhofer (1771–1832)

Der aus Hallwang bei Salzburg stammende Vikar bzw. Pfarrer WINKELHOFER (WINKLHOFER, WINCKELHOFER) war als Kartograph ein Autodidakt – sieht man von einer dreiwöchigen „Lehre" bei dem erzbischöflichen Ingenieur-Leutnant und „Kabinetts-Zeichenmeister" August Franz Heinrich von NAUMANN (1749–1795) ab. Mit bewundernswertem Fleiß widmete er sich neben historischen und archäologischen Studien dem Zeichnen von Landkarten, die durchwegs außer der hier registrierten ungedruckt blieben. Sein erster Entwurf einer Landeskarte im Maßstab von ca. 1:750.000 stammt vermutlich aus dem Jahre 1800. Die Manuskriptkarte trägt den Titel «Charte des Fürstenthums Salzburg | ausser der Stadt Müldorf von Bayern | und dem Pfleggerichte Lengberg, von | Tyrol umgeben.» (SMCA: HL 2 1/3, L 13). Sie bildete WINKELHOFERs Vorstudie für die große Karte des Kurfürstentums. – Außer den Karten verdanken wir WINKELHOFER noch eine Landesbeschreibung, die 1813 bei MAYR in Salzburg erschienen ist: „Der Salzach-Kreis. Geographisch, historisch und statistisch beschrieben."

Literatur:	GS S. 178. – LGK S. 698. – PIL S. 260ff. – WUR 55. T., S. 263f. Zu SCHNEIDER und WEIGEL: ADB Bd. 41, S. 464ff. – ESP S. 304f., 308f. – THB Bd. 35, S. 277ff. – ZED Bd. 54, Sp. 292.

5.3.1
„Das Kurfürstenthum Salzburg"
1805

Von allen Karten des Kurfürstentums ist allein diese mit dessen Wappen geschmückt, das außer auf Münzen nur mehr in drei oder vier Originalen existiert. Es krönt 25 x 34 mm groß den Stich in der Mitte des oberen Rahmens und überragt diesen um 25 mm, wodurch WINKELHOFER eine sehr repräsentative Wirkung erreicht. Das Wappen besteht aus drei übereinander liegenden Schilden: Als Herzschild macht der Bindenschild mit dem Erzherzogshut die Zugehörigkeit des Kurfürsten zum Haus Österreich sichtbar. Der in sechs Felder gespaltene Mittelschild zeigt mit den Wappen von Ungarn, Böhmen, Tirol, Toskana, Lothringen und Habsburg unter der Königskrone FERDINANDs III. Rang als königlicher Prinz bzw. Erzherzog. Der Haupt- oder Rückenschild stellt hingegen unter dem Kurhut in vier Feldern die aktuelle staatsrechtliche Situation nach der Vereinigung von Salzburg, Eichstätt, Passau und Berchtesgaden dar. Das Wappen kommt in zwei heraldischen Fassungen vor, die im Zuge dieser Katalogisierung von dem Salzburger Rechtshistoriker Peter PUTZER erkannt wurden, und überdies gibt es zwei Versionen der zweiten Fassung.

Der Titel steht unter dem Wappen etwas nach rechts verschoben frei im Kartenfeld. Dadurch erscheint zwischen dem links anschließenden Insert und dem Rahmen unmotiviert ein Stückchen Donau mit acht Orten über einem leeren Feld. Sonst füllt die Karte weitgehend das ganze Hochformat bis zum Rahmen. Die Geländedarstellung erfolgt teils in primitiver Maulwurfshügelmanier, teils bilden Bergstriche würstchenförmige Plateaus. Im Hochgebirge wird zwischen „Rasengebürge", „Felsengebürge" (oder „…gebirge") und Gletschern unterschieden. Das Gewässernetz und die Siedlungen sind reichhaltig und ziemlich korrekt eingezeichnet. An den Haupt- bzw. Poststraßen markieren Querstriche die Zahl der Posten. Zeittypisch ist das fünffache Angebot von Linearmaßstäben.

Literatur:	PUTZER, Peter: Das kurfürstlich-salzburgische Wappen (1803–1805). Kniepaß-Schriften, NF 23/24, Unken 1996. – ders.: Das kurfürstlich-salzburgische Wappen „beim Höllrigl". In: Salzburg Archiv 23, Schriften des Vereines Freunde der Salzburger Geschichte, 1997, S. 133–138.

ZAISBERGER, Friederike: Das Salzburger Landeswappen. Vom geistlichen Fürstentum zum österreichischen Bundesland. In: Veröffentlichungen des Innsbrucker Stadtarchivs, NF, Bd. 18, Innsbruck 1988, S. 511–537.

5.3.1.1
Wappen ohne Kurmantel

In der ersten Auflage steht das Wappen schmucklos im unterbrochenen oberen Kartenrahmen auf der Gradskala. Diese Version dürfte rasch berichtigt und nur in wenigen Stücken gedruckt worden sein, da sie sehr selten ist. So besitzt die BSM zwar sieben Exemplare der Karte WINKELHOFERs, darunter aber kein einziges aus dieser Auflage.

Titel:	«DAS | **KURFÜRSTENTHUM** | **SALZBURG** | mit den Fürstenthümern Passau, Eichstætt und | Berchtesgaden, ein Theil von Baiern und den angraenzenden | Ländern, nach astronomischen Bestimmungen, den besten Ori= | ginalcharten, vielen noch unbenützten Handzeichnungen, u: andern | Hilfsmitteln ganz neu entworfen von August Winklhofer, Coadj. | **Nürnberg** | in der Kaiserl: privil. Kunsthandlung Adam Gottlieb Schneider u: | Weigels. 1805.».
Zusätze:	Mi. o. unter dem Titel freistehend: «Meilenmaas» mit fünf linksbündigen Maßstäben. – Li. o. fast im Eck Insertkarte, 14,3 x 12 cm: «FÜRSTENTH. EICHSTÆTT», Rahmen mit s/w 2'-Skala, 10' und volle Grade beziffert, diese durchgezogen. – Am li. Rand u. der Mi. gerahmte Zeichenerklärung, re. u. im Eck weitere Zeichenerklärung mit je zwei kegelförmigen «Felsengebürge» und «Rasengebürge»; «Gletscher, in Tyrol Ferner in Salzburg Kees genannt.».
Maße:	Karte: 46,4 x 64,3 cm; Platte: 49,5 x 69,8 cm (Ränder oft beschnitten und schwer erkennbar); Blatt: ca. 51 x 73 cm.
Maßstab:	1:396.000; 1" = 5.500 Kl.
Graduierung:	Im einfachen Strichrahmen s/w 2'-Skala, alle 10' und volle Grade beziffert, diese als Netz durchgezogen. L von Salzburg: 30° 40' E von Ferro.
Druckart:	Kupferstich, Rahmen, Grenzen, Seen, Gletscher und Territorien tlw. handkoloriert.
Publ.-Art:	Separatdruck.
Faksimilie:	WINKELHOFER, August: Das Kurfürstenthum Salzburg ... Salzburg-Edition 6.024. Archiv Verlag, Wien 1999. Mit einem Begleittext von Friederike ZAISBERGER.
Standort:	SMCA: SL 36.1 und 36.3, L 02. – SUBE: Ryh 4706:16.
Literatur:	BER-68 S. 182. – BSM-44 S. 424, 12.8. – SLA S. 14, L.37.

5.3.1.2
Wappen mit Kurmantel

Weil die einfache Präsentation des Wappens der ausführlichen Beschreibung und der Zeichnung im Kur-Salzburgischen Landesgesetzblatt, 1. Heft, No. 20, nicht entsprach, mußte sehr bald eine neue Auflage gedruckt werden. Seltsamerweise erfolgte aber nur eine Teilkorrektur: Das Wappen wurde zwar mit dem Kurmantel unter dem Kurhut hinterlegt, jedoch nicht, wie im Gesetz erläutert, mit dem Großkreuz des St. Stephans-Ordens und mit dem Goldenen Vlies ausgezeichnet. Der kurze Kurmantel reicht nur bis an den unterbrochenen Kartenrahmen und nicht an die Graduierung, die beide zwangsläufig von den Orden an ihren Kollanen überlagert worden wären. Auf diesen komplizierten Stich hat man offensichtlich aus Kostengründen verzichtet, was sich bei der Neuauflage von 1811 bezahlt machen sollte. Das Kartenbild und die Zusätze blieben in der korrigierten Auflage unverändert.

Standort:	BSM: Mapp. IX,150, c, d. – KAW: B IX a 266. – ÖGG: II. A.a.165. – ÖNB: FKB C.35.2. – SBB Haus 1: Kart. 0 8956 <a>. Haus 2: Kart. 0 8956. – SLA: Graphik XIV.33.2. – StSP: Kart. Slg. 312.2. – SWS.

5.3.1.3
Wappen mit Kurmantel; Signatur: Diözesangrenzen

Noch im gleichen Jahr 1805 erschien die dritte und auch recht seltene Version der Karte: Sie weist in der kleinen Zeichenerklärung im rechten unteren Eck als nunmehr letzte Zeile eine neue Signatur für «Diöcesangränzen» auf, die zwischen der Anmerkung über die salzburgische Bezeichnung „Kees" und der Graduierung eingefügt wurde. Von dieser Beifügung und der Änderung des Wappens abgesehen, sind das Kartenbild und die bibliographischen Daten aller drei Versionen identisch.

Standort:	BSM: Mapp. IX,150 a, b, e, aa. – SMCA: SL 36.2, L 02. – StSP: Kart. Slg. 312.1.

5.3.2
„Das ehemal. Fürstenthum Salzburg"
1811

Zu den von Bayern requirierten Manuskriptkarten gehört auch „Der Salzachkreis ganz neu entworfen, gezeichnet und nach der politischen und kirchlichen Eintheilung illuminiert von August Winklhofer, Vicar in Tengling, 1811." (BSM: Mapp. IX, 154 b). Man darf wohl annehmen, daß diese Arbeit als Vorstudie für die gedruckte Neuauflage der Folio-Karte gedient hat. Trotzdem wurde die alte Platte soweit wie möglich benützt, wobei man sich teilweise mit unschönen Korrekturen begnügte. Natürlich mußte das kurfürstliche Wappen verschwinden, was durch dessen Rasur und Durchziehen der obersten Rahmenlinie leicht geschehen konnte. Bei der Aktualisierung des Titels ersetzte man einfach die Silbe „Kur" durch „ehemal." und preßte die Worte „das Innviertel" handschriftlich oder gestochen knapp zwischen die Zeilen. Die Verbesserungen in jenen Teilen Oberösterreichs, die auf Grund des Schönbrunner Friedens von 1809 an

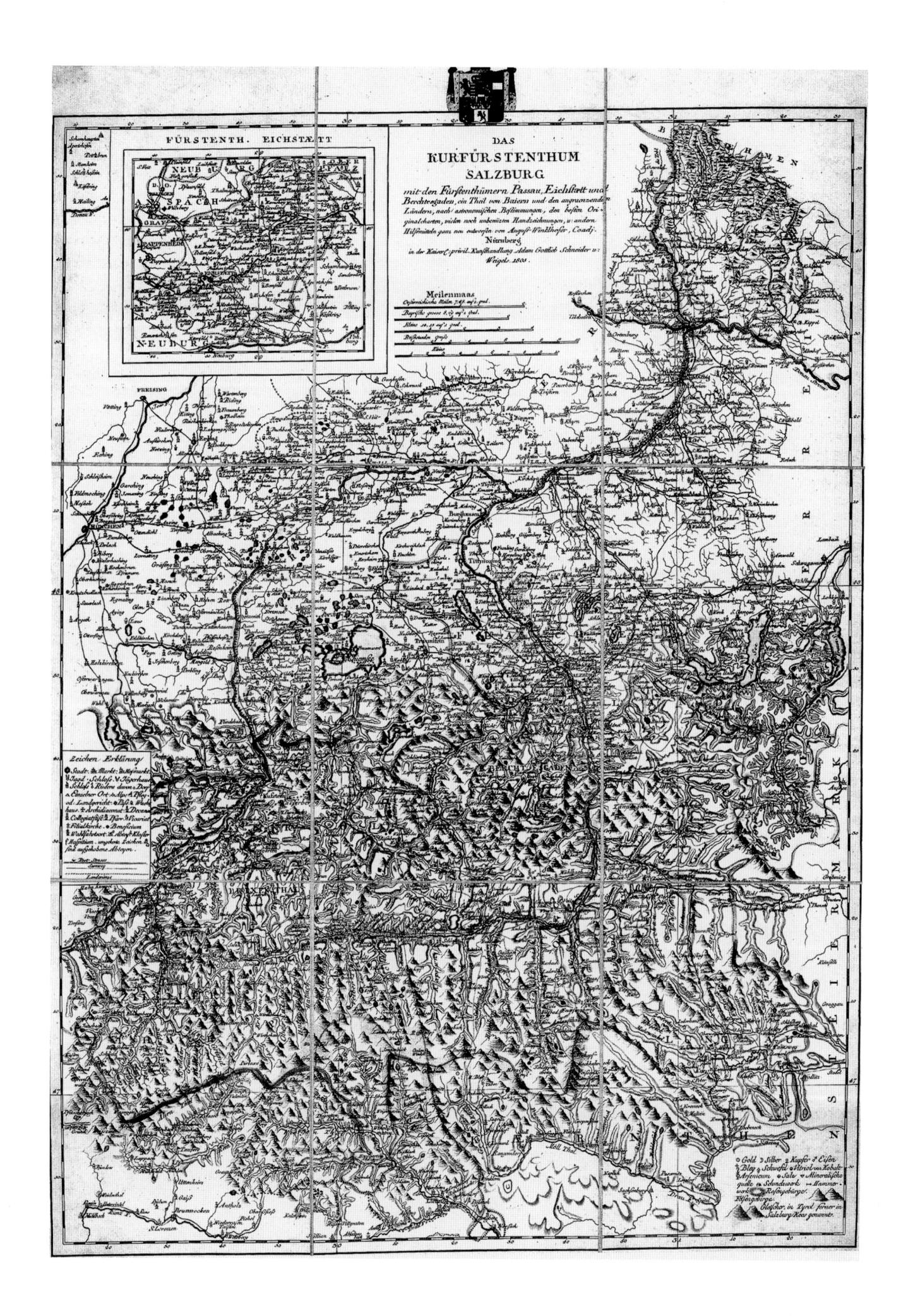

5.3.1.2

*Abb. 66: August Winkelhofer:
Das Kurfürstenthum Salzburg.*

5   Die Jahre des Wechsels: 1803–1816

Bayern gekommen waren, sind hingegen analog zu der Manuskriptkarte sorgfältig und überraschend umfangreich ausgeführt. Der früher leere Raum östlich von Ried zwischen Schwanenstadt und der Donau enthält nun alle wünschbaren Details der Situation, samt dem Hausruck als Namensgeber des Viertels. So wie hier findet man auch im Innviertel zahlreiche zusätzliche Ortsnamen und Straßen. Die durch Grenzkolorit hervorgehobenen neuen Kreise werden mit Farbsignaturen ausgewiesen. In seiner 1813 gedruckten Beschreibung „Der Salzach-Kreis" bemerkt WINKELHOFER zum Stichwort „Karten" (S. 1, Pkt. 2): „Seitdem der fehlende Theil vom abgetretenen Hausruck-Viertel eingetragen worden ist, dient meine Karte vom ehemaligen Kurfürstenthume Salzburg zugleich als vollständige Karte des Salzach-Kreises."

Titel:	«DAS | ehemal. FÜRSTENTHUM | SALZBURG, | *das Innviertel* | *mit den Fürstenthümern Passau, Eichstætt und* | *Berchtesgaden,* … (weiter wie vorher bis:) **Nürnberg** | *in der Königl: privil. Kunsthandlung Adam Gottlieb Schneider u:* | *Weigels. 1811.*».
Zusätze:	Kleine Zeichenerklärung wie vorher mit der Kreuzchen-Signatur für «*Diöcesangränzen*»; zusätzlich li. im Unterrand fünf Farbsignaturen für das Grenzkolorit der Kreise und ein neues Grenzsymbol für den Bereich der Landgerichte und Rentämter.
Druckart:	Kupferstich, Grenzen meist handkoloriert. Häufig in verschiedenen Teilungen auf Leinwand kaschiert.
Publ.-Art:	Separatdruck.
Standort:	BSM: Mapp. IX, 154. – SBB Haus 2: Kart 0 8959. – SLA: Graphik XIV.33.1. – SMCA: SL 40, L 03 (zwei Ex.). – SMS. – UBS: 7.030 IV. – USBB: Mapp. IX,154.

Fortsetzung: 6.2

5.4
Robert Wilkinson (tätig 1785–1825)
Englische Karte „Bavaria"

Fortsetzung von 4.31

67   Der Neustich der Bayern-Karte WILKINSONs illustriert den Protest Englands gegen die Säkularisierungen und gegen die Auflösung des Reiches: Er zeigt unverändert die politische Situation vor 1803. Salzburg rangiert weiterhin als «Archbishoprik» unter den „souveränen Staaten" und sogar die salzburgischen Exklaven in Kärnten sind noch als solche beschrieben. – Das Kartenbild ist wesentlich inhaltsreicher als sein Vorgänger. Auch im Grenzbereich der nicht zu Bayern gehörenden Gebiete finden sich zahlreiche Toponyme, und rechts oben wird der Eckraum von der detaillierten Tabelle der Länder eingenommen, sodaß die Kompaßrose fehlt. Die Geländedarstellung erfolgt durch zahlreiche Gebirgsketten, die jedoch weniger an solche, als an Wurmgänge erinnern.

1806, 1812

Titel:	Freistehend li. o. im Eck: «**B A V A R I A** | *divided into it's* | *respective* | *SOVEREIGN STATES*». – Darunter Linearmaßstab für 40 «*British Statute Miles*». – Darunter: «*Published Jan:ʸ 1.ˢᵗ 1806, by* | *Robert Wilkinson.* | *Nᵒ. 58. Cornhill.* | *LONDON.*».
Zusätze:	Re. o. tlw. fein abgestrichen: «*BAVARIA CONTAINS…*» (Liste der souveränen Staaten und der abhängigen Gebiete mit Erklärung der Rangfolge auf der Fürstenbank des Reichstages mit Salzburg als Nr. 1 und der traditionellen Besitzverhältnisse der geistlichen Fürstentümer). – Im Unterrand ganz re.: «*B. Smith sc.*».
Maße:	Karte: 22,1 x 28,2 cm, Platte: 23,4 x 30 cm, Bogen: ca. 25,5 x 33,4 cm.
Maßstab:	ca. 1 : 1.400.000.
Graduierung:	Im einfachen Strichrahmen s/w 5'-Skala, alle 30' und volle Grade beziffert, Gradnetz durchgezogen. Hinweis Mi. u. im Rahmen: «*Longitude East from Greenwich.*». L von Salzburg: ca. 13° E.
Druckart:	Kupferstich, meist nur bescheidenes Grenzkolorit.
Publ.-Art:	Atlasblatt aus: „A General Atlas, being a Collection of Maps of the World", London 1806. – Die anachronistische Darstellung wird für die Atlas-Aufl. von 1812 beibehalten, die sich nur durch die Datierung («*Published May 1.ˢᵗ 1812 …*») und ihr häufig lebhaftes Flächenkolorit von der vorigen unterscheidet.
Standort:	SWS (beide).

5.5
Geographisches Institut Weimar

Fortsetzung von 4.33

Unter den etwa 500 Titeln, die der Verlag in fünf deutschen Filialen und in einer Wiener Niederlage anzubieten hatte, und die von den größten Kartographen ihrer Zeit stammten, finden sich neben Karten des Bayerischen Kreises auch mehrere Einzelblätter, die nur Salzburg (mit angrenzenden Gebieten) zeigen. Die Zuschreibung ist manchmal problematisch, da BERTUCH bereits die später von vielen Verlegern nachgeahmte Methode praktizierte, Auszüge aus einer großen Grundkarte als regionale Kartenwerke unter eigenem Titel zu vertreiben. Daraus resultiert eine verwirrende Zählweise mit verschiedenen Nummern für dieselbe Karte. Der Name des Blattes bleibt zwar immer gleich, er wird aber nur in den Übersichten («Netze» oder «Assemblagen») angeführt, nicht jedoch auf der Karte selbst. Alle Auszüge stammen aus der großartigen „Charte von Teutschland" in 204 Blättern, die unter der Leitung von Friedrich Wilhelm STREIT (gest. 1839) ab 1807 entstanden ist.

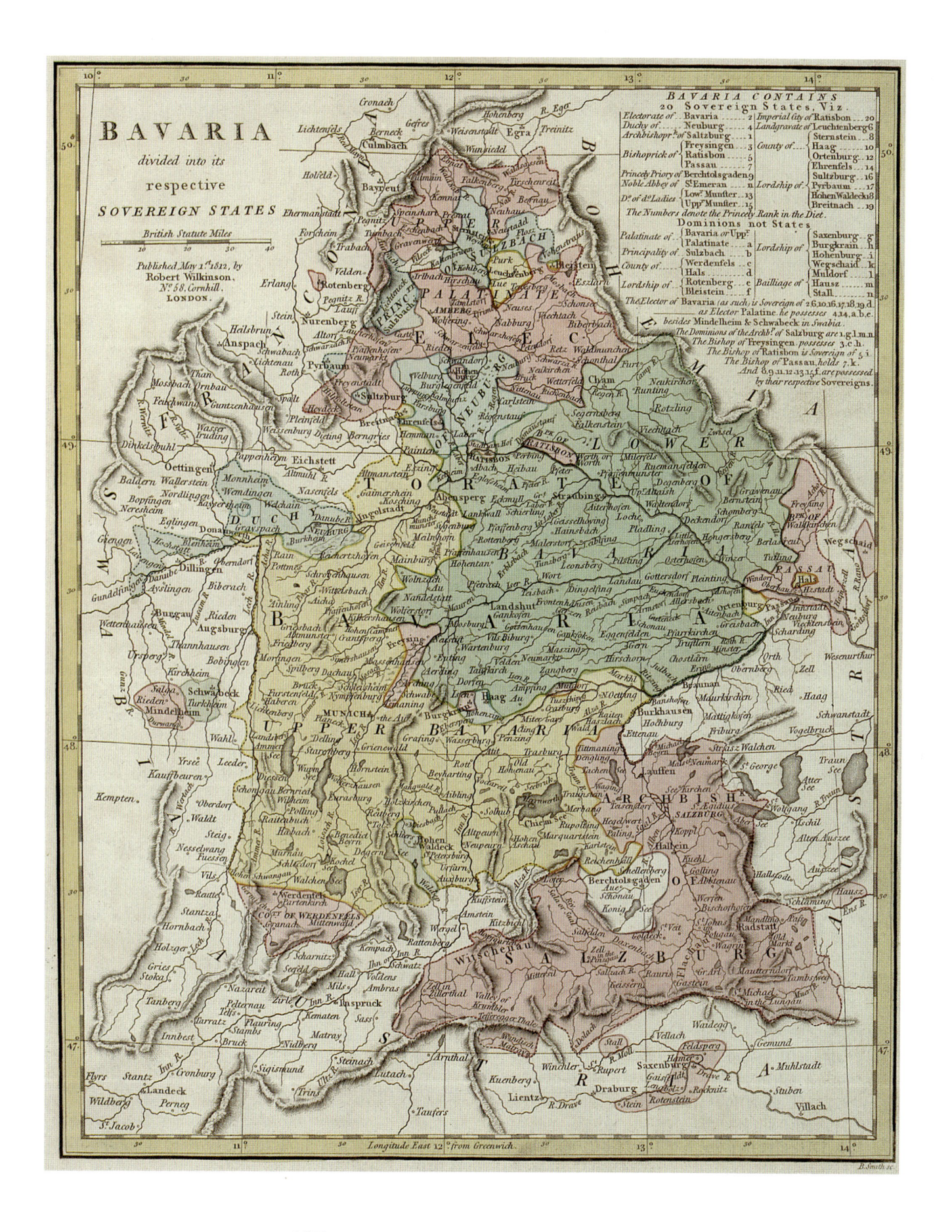

5.4

Abb. 67: Robert Wilkinson: „Bavaria", vor 1803.

5 Die Jahre des Wechsels: 1803–1816

5.5.1
„Topographisch-militairische Charte von Teutschland"
1807/13

Gestützt auf seine Erfahrungen als Karten- und Atlanten-Verleger befaßte sich BERTUCH vermutlich ab der Jahrhundertwende mit dem Projekt der ersten flächendeckenden Kartierung Mitteleuropas in einem größeren Maßstab. Während später Bartholomä HERDER ein ähnliches, aber zu ambitiös angelegtes Vorhaben nicht wie angekündigt realisieren konnte, erwies sich das Konzept aus Weimar als so erfolgreich, daß es nicht nur 1813 im geplanten Umfang abgeschlossen, sondern bis 1820 noch um mehr als 70 Blätter (besonders von Frankreich und der Schweiz) erweitert werden konnte.

Der Titel des Kartenwerkes steht auf Blatt 10 nördlich von Usedom und Wollin in der Pommerschen Bucht der Ostsee. Der generellen Orientierung dienen eine „Uebersicht" und ein „Netz" bzw. „Tableau d'Assemblage", die sowohl den Blattschnitt ohne Grenzen, als auch die «Special Atlanten einzelner Reiche und Länder mit ihren Gränzen» und die Zeichenerklärung enthalten. In dieser fällt die Signatur für «Galgen, Potence» auf. Überdies gehört eine „Orographische Uebersicht von Teutschland..." (ca. 40,5 x 42,5 cm) im Maßstab 1:2,592.000 (1" = 9 Meilen) zu dem anspruchsvollen Werk.

Die «Sectionen» weisen kein Gradnetz auf, sondern ein Findegitter (oben und unten Buchstaben, links und rechts Zahlen). Den Rahmen bildet eine Kombination einer 3 mm breiten Querschraffur und eines Perlstabes mit jeweils drei runden Perlen zwischen langen Ovalen. Die Geländedarstellung mit Bergstrichen erfolgt in Raupen-, Flecken- oder Tannenzweigmanier und erinnert teilweise an Gänge des Borkenkäfers. Bei der Wiedergabe des Straßennetzes wird zwischen Chausseen, Poststraßen und Landstraßen unterschieden.

Das Land Salzburg ist zum weitaus größten Teil auf den «Sectionen» «Salzburg» (Nr. 169 der Deutschland-Karte), «Mittersill» (Nr. 176) und «S. Joh. im Bongau» (Nr. 177) erfaßt. Kleine Abschnitte ragen in die Blätter «Braunau» (Nr. 158), «Judenburg» (Nr. 178), «Lienz» (Nr. 184), «Gmünd» (Nr. 185) und «Klagenfurt» (Nr. 186). Wegen deren Geringfügigkeit werden hier nur die Sectionen» 169, 176 und 177 dokumentiert.

Zusätze: **Salzburg, 169:** Im Oberrand: (li.:) «THEIL von BAYERN. (Mi. negativ auf schwarzem Grund:) SECT. 169. (darunter li. und re.:) Jung. — Sect. 158. (re.:) PARTIE de la BAVIERE.». — Im Seitenrand (li.:) «Jung. Sect. 168.» (re.:) «Jung. Sect. 170.». — Im Unterrand (Mi.:) «Weimar, | im Verlage des Geograph. Instituts. (re.:) Jung. Sect. 177.».
Mittersill, 176: Im Oberrand: (li.:) «THEIL von SALZBURG. (Mi. negativ auf schwarzem Grund:) SECT. 176. (darunter li. und re.:) Jung. — Sect. 168. (re.:) PARTIE de SALZBOURG.». — Im Seitenrand (li.:) «Jung. Sect. 175.» (re.:) «Jung. Sect. 177.». — Im Unterrand (Mi.:) «Weimar, | im Verlage des Geograph. Instituts. (re.:) Jung. Sect. 184.».
St. Johann i. Pg., 177: Im Oberrand (li.:) «THEIL von SALZBURG. (Mi. negativ auf schwarzem Grund:) SECT. 177. (darunter li. und re.:) Jung. — Sect. 169. (re.:) PARTIE de SALZBOURG.». — Im Seitenrand (li.:) «Jung. Sect. 176.» (re.:) «Jung. Sect. 178.». — Im Unterrand (Mi.:) «Weimar, | im Verlage des Geograph. Instituts. (re.:) Jung. Sect. 185.».

Maße: Karte: 40,5 x 31 cm; Platte: 42 x 33,5 cm; Blatt: 45 x 36 cm.
Maßstab: 1:180.000; 1" = 2.500 Kl.
Druckart: Kupferstich, fallweise mit Grenz- und/oder Flächenkolorit. Jede Sektion auch in vier Teilen auf Leinwand kaschiert.
Publ.-Art: Sektionen der: «Topographisch=militairische | **CHARTE** VON **TEUTSCHLAND** | *in 204 Sectionen | unternommen | von dem | GEOGRAPHISCHEN INSTITUTE | zu | WEIMAR | 1807*».
Standort: BSM: Mapp. VIII, 157; «Sectionen»: Mapp. XI, 51, d-169, d-176, d-177. – ÖNB: FKB B.14 (Sect 169, 176, 177).
Literatur: BSM-44 S. 213 f., 417, K 10.5

Auszüge aus der „Charte von Teutschland"
1813

Nachdem schon zahlreiche Regionalatlanten von Deutschland zwischen Pommern und Baden erschienen waren, konnten die „Allgemeinen Geographischen Ephemeriden" 1813 (41. Bd., S. 211 ff.) melden, daß das Geographische Institut „unausgesetzt in der Formirung der, aus einzelnen Sectionen der großen Topograph. milit. Charte von Teutschland in 204 Blättern zusammen gesetzten Special-Atlanten" fortfahre. Nunmehr sei über vier neue Atlanten zu berichten, bei denen „die mit der größten Oekonomie verbundene, ebenso schön, als zweckmäßig ausgeführte Bearbeitung" gerühmt wird. Von diesen interessieren uns die beiden Atlanten von Nieder- und Inner-Österreich und von Bayern.

Atlas von Nieder- und Innerösterreich

Der Atlas umfaßt 27 «Sectionen» aus dem südöstlichen Teil der Deutschland-Karte. Die westlichste Kolonne bilden die Blätter «Braunau» (nunmehr Nr. 7), «Salzburg» (Nr. 12), «S. Joh. im Bongau» (Nr. 16) und «Gmünd» (Nr. 20). Vom Lande Salzburg fehlt also mit dem Blatt «Mittersill» (und dem Überlauf auf «Lienz») der gesamte Pinzgau. Da die «Sectionen» in diesem Atlas keine Landeskarte bilden, erübrigt sich die Angabe weiterer Daten. Jene der vorhandenen «Sectionen» stimmen mit der früheren Registrierung überein.

Atlas von Bayern

Der aus 41 «Sectionen» der Deutschland-Karte bestehende Atlas verdient besondere Beachtung als erste Darstellung des Königreichs in größerem Maßstab. Um deswegen Ressentiments des erst 1801 gegründeten Münchner topographischen Bureaus zu vermeiden, das selbst einen großen Atlas vorbereitete, erhielt das Werk zwei Titel: Die allgemeine Ausgabe hieß „Topographisch-militairischer Atlas von dem Königreiche Baiern, nebst dem Fürstenthume Lichtenstein", wogegen die nach Bayern gelieferten Exemplare nur „Special-Charte von dem Königreiche Bayern ..." benannt wurden. Ungeachtet dieser Bescheidenheit stellte die „Karte" während einiger Jahre den weitaus besten Atlas Bayerns dar, um dessen Verläßlichkeit sich das Institut mit wiederholten Revisionen bzw. Nachstichen sehr bemühte. Dafür verwendete es die jeweils jüngsten Materialien, wie z.B. die Karte von Salzburg des österreichischen Generalquartiermeisterstabes (→ 5.13). Detailvergleiche zwischen deren 15 Blättern und den «Sectionen» sind wegen der Nähe der beiden Maßstäbe höchst informativ und bestätigen die Qualität der Zweiten Landesaufnahme.

Der Atlas enthält alle acht Blätter, die das Land Salzburg mit den angrenzenden Gebieten wiedergeben. Sie werden wie folgt gezählt: «Braunau» (Nr. 158) ist jetzt «Section» Nr. 21; «Salzburg» (Nr. 169) ist Nr. 27; «Mittersill» (Nr. 176) ist Nr. 31; «Radstadt» (statt «S. Johann» Nr. 177) ist Nr. 32; «Judenburg» (Nr. 178) ist Nr. 33; «Lienz» (Nr. 184) ist Nr. 37; «St. Michael» (statt «Gmünd» Nr. 185) ist Nr. 38; «Klagenfurt» (Nr. 186) ist Nr. 39.

Zusätze: Wie auf den Blättern der Deutschlandkarte mit den erforderlichen Anpassungen und Korrekturen der Nummern.
Publ.-Art: Atlasblätter aus (Ausgabe für Bayern):
«Topographisch-militairische | SPECIAL-CHARTE | von dem | Koenigreiche | **BAYERN** | *und dem Fürstenthume* LICHTENSTEIN | *in 41 Blättern herausgegeben* | *von dem* | GEOGRAPHISCHEN INSTITUTE | (Querstriche mit Stern) WEIMAR | *1813*». – Der reich mit Schwungstrichen verzierte Titel steht auf Blatt 23 «Lindau» (Nr. 165) im Bodensee. Dazu li. o. abgestrichen Farben- und Zeichenerklärung, Linearmaßstab für 2 M.; darunter Blattübersicht mit eigener Numerierung. – Re. o. abgestrichen weitere Erklärung der Signaturen.
Standort: BSM: Mapp. XI,55 L. – DMM: 25 157–22.
Literatur: BSM-44 S. 213f., Abb. 148. S. 260. S. 417 K 10.5. – LIN S. 82f., Abb. 49, 50. S. 191, Dok. 52, 53.

5.5.2
Georg F. von Schmi(e)dburg (Daten unbekannt)
August Ferdinand Götze (Daten unbekannt)
„Interims-Charte"
1807

Die neuerlichen territorialen Veränderungen und den ersten Anschluß Salzburgs an Österreich dokumentierte das Institut auf zwei „Interims-Charten". Eine Überarbeitung von SCHMI(E)DBURGS „Charte des Bayrischen Kreises" von 1802 (4.34.2) umfaßt den Raum zwischen Eger und Lienz bzw. zwischen Ulm und Wels. Das Land Salzburg bedeckt einen Großteil des rechten unteren Viertels des Feldes. Der mit wenigen Schwungstrichen verzierte Titel steht wieder rechts oben im Eck in einem seitlich verstärkten Hochoval. – Als Pendant zu dieser Karte lieferte GÖTZE noch im gleichen Jahr eine auch auf hellblauem Papier gedruckte, größere „Interims-Charte" des Österreichischen Kreises von Südböhmen bis zur Adria und vom Bodensee bis Preßburg mit dem Untertitel „Die untere Donau" (62 x 50 cm, ca. 1:960.000). Salzburg kommt mit übel verzerrter Südgrenze zwar genau in die Mitte des Stichs zu liegen, doch ist sein Flächenanteil zu klein für eine Wertung als Landeskarte.

Titel: «**CHARTE** | *von den* | **KÖNIGLICH BAYERISCHEN** | *ältern Staaten* | *und den grössten Theile der in Franken, Schwaben und am Inn acquirirten Länder,* | *oder* | **Die Obere Donau** | *entworfen von* **G. F. Frhrn. v. Schmiedburg** | *und nach dem Presburger Frieden* | *und nachherigen Tractaten* | *berichtiget.* || (Querstrich mit Stern) **Weimar** | *im Verlage des Geogr. Instituts* | *1807.*».
Zusätze: Im Oberrand: «INTERIMS-CHARTE *vom* Frieden *zu* Tilsit *am 9 July 1807, bis zum allgemeinen Frieden von Europa.*». – Li. u. im Eck kräftig abgestrichen: «ERKLAERUNG | *der Zeichen und Buchstaben*» mit eigener Signatur für Gletscher, „im Salzburgischen Käse genannt" und Farbsignaturen für die Kolorierung der neu erworbenen Gebiete.
Im Unterrand über die ganze Breite: «*Die acquirirten Königl. Bayer⁹ Länder in Franken und Schwaben sind auf den Charten vom* **Mayn**, *vom* **Ober-Rhein** *und* **Tyrol** *u. auf der von der* **Untern Donau** *ausführlicher zu sehen.*»
Maße: Karte: 46 x 57,5 cm (ohne Zusätze im Ober- und Unterrand); Platte: ca. 47 x 60 cm (mit Zusätzen); Blatt: ca. 50 x 64 cm, häufig knapp beschnitten auf Leinwand, 3 x 3 Teile, je ca. 15,5 x 19,5 cm.
Maßstab: 1:676.800; 1" = 9.400 Kl.
Graduierung: Im kolorierten Strichrahmen für die B s/w 5'-Skala, für die L s/w 10'-Skala, beide beziffert, 30' und volle Grade als Netz durchgezogen. L von Salzburg: 30° 40' E.
Druckart: Kupferstich, Grenzen meist handkoloriert.
Publ.-Art: Bisher nicht feststellbar, möglicherweise im „Großen Hand-Atlas" des Instituts von 1807 oder als Separatdruck bzw. Auszug der „Topographisch-militarischen Charte von Teutschland". Von diesem Kartenwerk wurden mehrere Blätter der preußischen Provinzen und Westfalens ebenfalls mit dem Zusatz „Interims-Charte ..." durch Franz L. GÜSSEFELD und Karl F. WEILAND publiziert.
Standort: KAW: B IV a 410.

5.5.3
Franz Ludwig Güssefeld (1744–1808)
„Charte vom Königreiche Bayern"

Die von Forstrat GÜSSEFELD entworfene Karte war vermutlich die populärste und meistverkaufte Bayerns aus den Jahren seiner größten Ausdehnung. Sie deckt den Raum von Konstanz bis Linz bzw. vom Vogtland bis zum Gardasee. Das zur Gänze erfaßte ehemalige Erzstift nimmt zwar nur wenig mehr als 5% des Kartenfeldes ein, doch wird sein wechselhaftes Schicksal während dieser Jahre in den verschiedenen Ausgaben der Karte gut dokumentiert. In bemerkenswertem Gegensatz zu der antiquierten Geländedarstellung mit Bergzügen, die wie Wurmgänge wirken, brachte es

5 Die Jahre des Wechsels: 1803–1816

das Geographische Institut zuwege, die Ergebnisse der Feldzüge und der Friedensverträge unglaublich schnell in kartographische Aussagen umzusetzen. Diese werden durch ausführliche statistische Übersichten ergänzt. Der mit Schwungstrichen verzierte Titel nimmt in einem oben und unten verstärkten Oval das rechte untere Eck des Feldes ein. – GÜSSEFELD hatte schon 1803 eine aktuelle „Charte über die Entschädigungen ... der beschädigten deutschen Erbfürsten ...", 1:1,296.000 (1" = 18.000 Kl.) für die HOMÄNNISCHEN ERBEN entworfen, der 1806 die Karte „Der Oesterreichische Kreis ... nach den Entschädigungen 1803 und dem Presburger Frieden 1805 ...", 1:1,440.000 (1" = 20.000 Kl.) folgte. Beide Blätter werden nicht als Landeskarten registriert.

1808

Titel: 1. Ausgabe: «*CHARTE* | vom | **KÖNIGREICHE BAYERN** | nach seinen dermaligen Bestandtheilen, | *aus den bewährtesten Charten, Nachrichten und* | *den vorzüglichsten Ortsbestimmungen* | *entworfen* | *von* **F. L. Güssefeld.** | (Starker Querstrich) **Weimar,** | *im Verlage des Geographischen Instituts.* | *1808.*».
2. Ausgabe: «*CHARTE* | vom | **KÖNIGREICHE BAYERN** | nach seinen dermaligen Bestandtheilen, | *und der neuesten Eintheilung in XV Kreise berichtigt* | *im August 1808.* | *entworfen,* | *von* **F. L. Güssefeld.** | (Starker Querstrich) **Weimar,** | *im Verlage des Geograph. Instituts.* | *1808.*».

Zusätze: Am re. Rand große Tabelle (7,3 x 30,8 cm): «*Eintheilung des Königreichs Baiern nach der neuesten Organisation von 1808*» mit Aufzählung der 15 Kreise Bayerns und kleine Zeichenerklärung für zwölf Signaturen (6,3 x 4,7 cm). – Im Unterrand zwei Linearmaßstäbe für geogr. und franz. M.; ganz re.: «*I. F. C. Ehnlich, Sculp. 1808.*».

Maße: Karte: 47 x 54,5 cm; Platte: 49 x 57,7 cm; Blatt: ca. 55 x 66 cm. – Atlas: ca. 36 x 56,5 cm.

Maßstab: ca. 1:1,030.000.

Graduierung: Als innere Begrenzung des relativ breiten Rahmens s/w 10'-Skala, volle Grade beziffert und durchgezogen, li. u. Hinweis: „Länge von Ferro". L von Salzburg: 30° 42' E.

Druckart: Kupferstich, Flächen- und Grenzkolorit jeweils entsprechend der politischen Zugehörigkeit.

Publ.-Art: Atlasblatt Nr. VI aus: «**ALLGEMEINER** | **HAND-ATLAS** *der* | **GANZEN ERDE** *nach den besten astronomischen Bestimmungen,* | *neuesten Entdeckungen und kritischen Untersuchungen entworfen* | *und zu* | **A. C. GASPARI** *vollständigem Handbuche der* | *neuesten Erdbeschreibung* | *bestimmt.* ‖ (Querstrich mit Stern) WEIMAR | Im Verlage des Geographischen Instituts.». Der Titel steht frei auf der 66 x 55 cm großen Doppelseite; Schwungstriche sind frei und zwischen den Zeilen, besonders um das in Zierfraktur gesetzte Wort „Weimar".

Standort: SBB Haus 1: Kart. M 5868 und M 5870 <a>. SBB Haus 2: Kart. 5870. – SWW: K-V: WE 224 (→ 4.33.1).

1811

Auf Grund der politischen Veränderungen und der Neugliederung Bayerns mit Einbeziehung Salzburgs in den Salzachkreis mußte die Karte 1810 neuerlich berichtigt werden. Abgesehen von der territorialen Aktualisierung blieb ihr graphisches Bild erhalten.

Titel: Gleich bis: «... *und der neuesten Eintheilung in IX Kreise berichtigt* | *im Dec. 1810.* | *entworfen* | *von* **F. L. Güssefeld.** | (Starker Querstrich) **Weimar,** | *im Verlage des Geograph. Instituts.* | *1811.*».

Standort: SBB Haus 2: Kart. M 5872.

5.5.4
Anonym
„Charte vom Königreiche Bayern ... 1810"

Für die ursprünglich 22 Bände umfassende „Länder- und Völkerkunde" des Instituts lieferte der Historiker Philipp Ludwig Hermann RÖDER (Daten unbekannt) die „neueste Kunde" von Bayern. Er pflegte seine Autorenschaft zu verschleiern und signierte daher den Band lediglich mit «C. R.». Dem Titelblatt steht eine anonyme und schmucklose Karte von Bayern gegenüber, in dessen Salzachkreis Salzburg aufgegangen war. Da sie nur als Textillustration dienen sollte, genügte eine recht primitive Darstellung. Wäre nicht das Gewässernetz eingezeichnet, hätte man häufig Zweifel, ob die strichlierten wurmförmigen Gebilde Bergzüge oder Täler wiedergeben sollen. Außerdem verzichtete der unbekannte Autor auf die Eintragung eines Maßstabs.

Literatur: GV Bd. 82, S. 236.
HOLZMANN, Michael und Hanns BOHATTA: Deutsches Anonymen-Lexikon 1501–1850, Bd. II. Gesellschaft der Bibliophilen, Weimar 1903. –
KAYSER, Christian Gottlob: Vollständiges Bücherlexikon, 3. T., 1835, S. 531.

1811

Titel: Re. u. im Eck in liegendem, o. und u. verstärktem Oval: «*CHARTE* | (zwischen zwei Schwungstrichen) vom | **KÖNIGREICHE BAYERN** | *nach seiner* | *neuesten Eintheilung vom Jahre 1810.* ‖ **Weimar** | *im Verlage des Geograph. Instituts.* | *1811.*».

Zusätze: Über dem Titel ganz re. Kästchen mit: «Erklärung der Zeichen» für neun Signaturen. – Re. o. im Eck abgestrichen: «*Eintheilung* | *des* | KÖNIGREICHS BAIERN. | *nach* | *der neuesten Organisation von 1810.*» mit Farbsignaturen für das Grenzkolorit der neun mit röm. Zahlen markierten Kreise, dabei «VIII *DER SALZACH KREIS*».

Maße: Karte: 30,1 x 41,3 cm; Plattenrand nur u. zu erkennen; Blatt: 39 x 50,5 cm; Faltgröße: 10 x 17,7 cm.

Maßstab: 1:1,344.000; 3" = 14 M.

Graduierung: Im Rahmen s/w 10'-Skala, volle Grade beziffert, als Netz durchgezogen. L von Salzburg: 30° 42' E.

Druckart: Kupferstich auf stärkerem Papier, Grenzen und Rahmen handkoloriert.

Publ.-Art: Separatdruck und Kartenbeilage in: Haupttitel des Gesamtwerkes: «Neueste | **Länder= und Völkerkunde.** | Ein geographisches Lesebuch | für alle Stände. | (Hochovale Vignette:

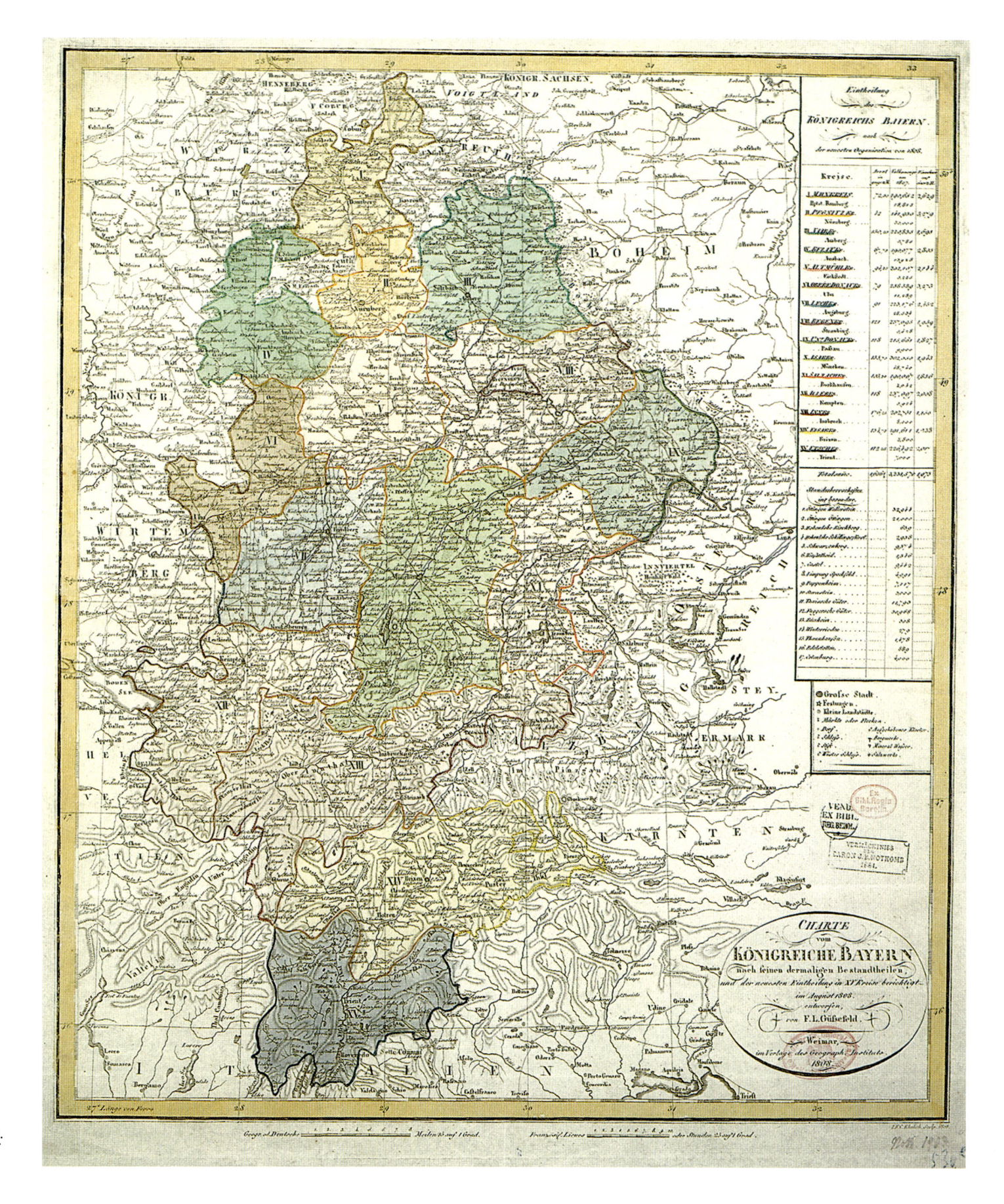

5.5.3

Abb. 68: Franz L. Güssefeld:
Königreich Bayern, 1808.

ATLAS trägt die Himmelskugel) Erster Bd. ... ‖ (Querstrich) Weimar, | im Verlage des geographischen Instituts. | 1806.». – Titel von Bd. 13 zuerst gleich bis «... Lesebuch», dann: «D r e i z e h n t e r B a n d. | Baiern und Würtemberg. ‖ (Verlagsvignette) Mit Charten und Kupfern | (Querstrich) W e i m a r, | im Verlage des geographischen Instituts. | 1812.».

Bayernteil mit eigener Titelseite: «Neueste | K u n d e | von dem | **Königreiche Baiern** | aus | guten Quellen bearbeitet | von | C. R. | Mit Charten und Kupfern. | (Querstrich) Weimar, | im Verlage des Landes = Industrie = Comptoirs. | 1812.».

Standort: BSM: Karte: Mapp. XI, 53d. Buch: Geogr. Un. 208–13.
Literatur: BSM-44 S. 418, 10.10.

1812

Die schon im nächsten Jahr erschienene Neuauflage der Länderkunde wurde auf 23 Bände erweitert, doch behielt der Band «Baiern und Würtemberg» die Nr. 13. – Eine weitere „Neue Ausgabe", die von 1820 bis 1827 herauskam, zeigt die Grenzen Bayerns von 1816, also ohne Salzburg.

Titel: Geänderte Jahreszahl in der letzten Zeile: «*1812.*».
Standort: ÖNB: 11.U.1. – SBB Haus 1: 7 P 214.

1813

Für eine in Prag von 1807 bis 1832 bei DIESBACH erschienene Ausgabe der Länderkunde in 18 Haupt- und drei Ergänzungsbänden wurden 1813 alle Karten neu gestochen, die fast gleichen Texte neu gesetzt und eine Europa-Karte sowie mehrere Stadtansichten eingefügt. Im allgemeinen ist die überarbeitete Kopie nicht nur aktueller, sondern auch exakter gestochen und sorgfältiger gedruckt als die Vorlage. Die stets gefaltete Karte dürfte nur als Buchbeilage verwendet und kaum als Einzelblatt verkauft worden sein. Der Bayern-Band blieb zunächst Nr. 13, bis er in der neuen, auf 15 Bände und einen Ergänzungsband komprimierten Ausgabe von 1820 die Nr. 12 erhielt.

Titel: Wie vorher aber «vom» ohne begleitende Schwungstriche, dann: «... | *neuesten Eintheilung v: Jahre 1810.* ‖ (Querstrich) *Prag* | *1813.*».
Zusätze: In der «*Eintheilung*» re. o. «*BAYERN*» mit Y und ohne Punkt.
Maße: Karte: 29,4 x 40 cm; Blatt: 33,5 x 51,5 cm.
Publ.-Art: Kartenbeilage in:
Haupttitel wie vorher bis zu Ort und Jahr: «Neueste | **Länder= und Völkerkunde.** | ... | Dreizehnter Band. | Baiern und Würtemberg. | (Querstrich) Mit Charten und Kupfern. | (Querstrich) DIESBACH | Prag, 1813.». – Titel von Bd. 13 wie vorher bis zu «C. R.», dann: «(Querstrich) Mit Charten und Kupfern. | (Querstrich) Prag 1813.». – Auf S. 278: «Inhalt. | Charten und Kupfer.». Als Nr. 1: «1. Charte vom Königreiche Baiern, zu Anfang.».
Standort: BSM: Buch: Geogr. Un. 208 b-12. – ÖNB: 214.884-B. – SBB Haus 2: 8° Kart. Z 3104-13, Beil. 1. – SMS. – SWW: K-V(Bl): DE/Bai.

Fortsetzung: 6.7

5.6
Cosmographisches Bureau
Joseph Marx von Liechtenstern (1765–1828)

In der Geschichte der österreichischen Kartographie kommt dem aus kurbayerischer Offiziersfamilie stammenden Freiherrn von LIECHTENSTERN (etwa bis 1800: LICHTENSTERN) außerordentliche Bedeutung zu: „Das Kartenschaffen L.s, eines der produktivsten Kartographen Mitteleuropas an der Wende vom 18. zum 19. Jh., spiegelt den Übergang von traditionellen zu modernen Darstellungsmethoden sehr gut wider." (LGK S. 447). Dank seiner mathematischen, naturwissenschaftlichen und juristischen Ausbildung sowie seiner langen Praxis als weitgereister Gutsverwalter spielte er „eine ganz hervorragende Rolle im Rahmen der Privatkartographie Österreichs und trug entscheidend dazu bei, daß das österreichische Kartenwesen nicht nur quantitativ, sondern vor allem auch in wissenschaftlicher Hinsicht einen so steilen Aufschwung nahm." (DÖR S. 709).

LIECHTENSTERN trat auch als Gründer der „Cosmographischen Gesellschaft" und des „Cosmographischen Instituts" (1790) sowie als fruchtbarer Fachpublizist an die Öffentlichkeit. In den fast drei Jahrzehnten seines Schaffens brachte er über 120 von ihm selbst oder unter seiner Leitung entworfene Kartenblätter heraus, die wegen ihres neuen Stils stets große Beachtung und manchmal deutliche Kritik fanden. Diese bezog sich meist auf die Geländedarstellung mit Hilfe von dichten Bergstrichen, wodurch zwar die Plastik erhöht, die Lesbarkeit der Namen in Berggebieten aber stark beeinträchtigt wurde.

Literatur: ADB Bd. 18, S. 625. – DES S. 33, 196f., 202f. – DÖR S. 647–711, Lie 27 bis 39. – ESP S. 304f., 311. – KRE S. 173f. – LGK S. 447f. – ÖNB S. 334f. – WAW S. 290ff. – WUR 15. T., S. 171–176.

„Salzburg und Theile von Baiern und Östreich"

1807

Im umfangreichen Lebenswerk LIECHTENSTERNs kommt seiner großen „Charte von Mitteleuropa" besondere Bedeutung zu. Von den geplanten 64 Sektionen wurden 47 gestochene Blätter von 1807 bis 1812 durch das „Cosmographische Bureau" publiziert, darunter Blatt 43, das das ganze Land Salzburg mit beträchtlichen Teilen der angrenzenden Gebiete umfaßt. Alle Kartenfelder sind von einem kräftigen, aus einer Eierstableiste und eng gesetzten Querstrichen kombinierten Rahmen mit 2 cm Breite begrenzt. Sie können als Einzelblätter gebraucht, wie auch nach Beschnitt zu Übersichtskarten vereinigt werden.

Um diesen Wünschen entgegenzukommen, legte LIECHTENSTERN auch das Blatt 43 in fünf Publikationsarten vor. Die erwähnten Kritiken bezogen sich speziell auf diese Karte, da deren dichte Bergstriche und Schattenschraffuren kaum eine Unterscheidung zwischen Hügelland, Mittel- und Hochgebirge ermöglichen. Außerdem weist die Numerierung der Längengrade im oberen Kartenrahmen einen Stichfehler auf: Statt «31» steht die Zahl «13» (im unteren Rahmen ist die Angabe korrekt).

Titel:	Kopfleiste über die ganze Breite: **«SALZBURG UND THEILE VON BAIERN UND ÖSTREICH** | *Nach des Herrn J. M. Freiherrn von Liechtenstern Entwurfe und Angabe bearbeitet u. gezeichnet von Edmund v. Zuccheri.* | (sehr klein) *gestoch. v. J. List Wien 1807.».*
Zusätze:	Über re. o. Karteneck: Pag. «*XLIII*».
Maße:	Karte: 36,6 × 30,3 cm, mit Kopfleiste 32,8 cm; Platte: 41,4 × 36,6 cm; Blatt: ca. 43 × 38 cm. Häufig in vier Teilen, je ca. 19 × 17,5 cm, auf Leinwand kaschiert. „Übersichtstableau": 17,7 × 14,7 cm.
Maßstab:	1 : 648.000; 1" = 9000 Kl.; 4" = 9 M.
Graduierung:	Im dekorativen Eierstabrahmen s/w Minuten-Skala, alle 5' beziffert, bei den vollen Graden Netz durchgezogen. L von Salzburg: 30° 41' E.
Druckart:	Kupferstich, Grenzen mit mehrfarbigem Handkolorit.
Publ.-Art:	Einzelblatt aus dem unvollendeten Kartenwerk, dessen Titel fehlt. Titel der Übersichtskarte: **«ÜBERSICHTSTABLEAU DER CHARTE VON MITTELEUROPA** | *in 64 Sectionen entworfen von Jos. M. Freyherrn v. Liechtenstern.».* Auch mit Punkt nach „Mitteleuropa", Komma nach „entworfen", Vornamen „Joseph Marx" und „von" ausgeschrieben. – Im Unterrand wird der Titel in Franz. in zwei Kursiv-Zeilen wiederholt.
Standort:	BSM: Mapp. IX.150 f. – KAW: B II a 7. – ÖNB: K I 111.203/Bl. 43; Alb. 282–284. – SBB Haus 1: 2° Kart. F 6280–24. – SLA: Graphik XIV.68. – UBW: III 25.808.
Literatur:	BIG S. 886. – DÖR S. 690: Lie 61/43.

«Section XLIII» in Sonderausgaben

Eine Verlagsanzeige wies schon 1806 darauf hin, daß das Werk „sehr thunlich in mehrere kleine Charten zerlegt werden kann, im Falle, dass man einen gewissen Theil derselben ausschliessend zu übersehen wünscht."

Diese Möglichkeit überließ LIECHTENSTERN nicht allein den Kunden, sondern bot so rasch wie möglich derartige Sonderausgaben an, um – wie DÖRFLINGER (S. 696) sicher zu Recht vermutet – den Absatz einzelner Sektionen zu erhöhen. Im folgenden werden nur jene Sonderausgaben angeführt, die das Salzburger Blatt enthalten.

„Charte von Innerösterreich…"

Diese erste Sonderausgabe umfaßt sechs Sektionen der „Charte von Mitteleuropa" in drei Reihen zu je zwei Karten. Nr. 43 nimmt links oben die erste Stelle ein, sodaß der ausführliche Titel im Oberrand dieser und der Nachbarsektion 44 verläuft. Sind die Sektionen zusammengesetzt, so fehlt rechts und unten der Rahmen mit der Graduierung bzw. ist dieser überklebt.

Titel:	**«CHARTE VON INNERÖSTREICH OD: DEN HERZOGTHÜMERN STEYERMARK, KAERNTEN U: KRAIN, MIT DEN GEBIETHEN V: GÖRZ U: TRIEST** | *DANN DEN ANGRÆNZENDEN PROVINZEN KROAZIEN u. SALZBURG, DEM GRÖSTEN THEIL v. NIEDERÖSTREICH u. THEILEN V UNGARN …* | *Nach dem Entwurfe u: der Angabe des Hr: Joseph Marx Freiherrn von Liechtenstern, bearbeitet und gezeichnet von F: W: v: Streit, Edmund v: Zuccheri u: Franz Schloif. Gestochen v: Joseph List u: Anton Witthalm Wien 1807.».*
Standort:	KAW: B IX a 36–2. – ÖNB: FKB C 37 A 14 (= 2374).
Literatur:	DÖR S. 697: Lie 61a, Sect. 43.

„Charte von dem Erzherzogthume…"

Diese Sonderausgabe besteht nur aus den vier Sektionen (2 × 2), die das österreichische Kernland zeigen. Der Titel verläuft im Oberrand der beiden oberen Karten. Blatt 43 bildet das südwestliche Viertel, sodaß bei zusammengesetzten Sektionen oben und rechts der Rahmen mit der Graduierung fehlt.

Titel:	**«CHARTE VON DEM ERZHERZOGTHUME NIEDEROESTERREICH UNTER U: OB DER ENNS, UND DEM HERZOGTHUME SALZBURG** | *Nach dem Entwurfe u: der Angabe des Hr: Joseph Marx Freiherrn von Liechtenstern, bearbeitet und gezeichnet von Joseph von Schorrer u: Fried: W: von Streit, Oberlieutenant. Gestochen von Joseph List u: Ant. Witthalm Wien 1808.».*
Standort:	KAW: B IX a 183–10. – ÖNB: FKB C 5/3 (= 2364).
Literatur:	DÖR S. 697: Lie 61b, Sect. 43. – ULB S. 477 f., Nr. 946.

„Charte des westlichen Oestreichs…"

Die aus 15 Sektionen in fünf Reihen zu je drei Karten zusammengesetzte Sonderausgabe wird nur durch eine Verlagsanzeige aus dem Sommer 1808 und eine Rezension belegt. Im Original konnte sie bisher nicht nachgewiesen werden, sodaß der aus diesen Quellen zitierte Titel auf dem untersten linken Blatt als unsicher gelten muß. Die Karte nimmt die erste Stelle der dritten Reihe ein. Rahmen und Gradangaben wären daher nur links erhalten geblieben.

Titel:	„Charte des westlichen Oestreichs nemlich der böhmischen Länder und der Nieder- und innerösteichischen Provinzen mit Salzburg; mit Benutzung der zuverlaessigsten astronomisch- und geographischen Beobachtungen und Nachrichten | … | entworfen von Joseph Marx Freiherrn von Liechtenstern."
Literatur:	DÖR S. 698: Lie 61d, Sect. 43.

CHARTE VON INNERÖSTREICH OD. DEN HERZOGTHÜMERN STEYER, DANN DEN ANGRÆNZENDEN PROVINZEN KROAZIEN u. SALZBURG, DEM GRÖSTEN THEIL v. N[...]
Nach dem Entwurfe u. der Angabe des Hr. Joseph Marx Freyherrn von Liechtenstern, bearbeitet und gezeichnet von

Abb. 69: Joseph Marx von Liechtenstern.: Innerösterreich. 5.6

5 *Die Jahre des Wechsels: 1803–1816*

„Der Oestreichische Kaiserstaat..."

In den schwersten Kriegsjahren legte LIECHTENSTERN die ersten Blätter einer Sonderausgabe vor, die das ganze Kaiserreich wiedergeben sollte. Wegen der 1809 erzwungenen Gebietsverluste mußte das auf 36 Karten angelegte Konzept auf 30 Sektionen (fünf Reihen zu je sechs Karten) reduziert werden. Das Blatt 43 nimmt das erste (westlichste) Feld der dritten Reihe ein, da Salzburg im Frieden von Schönbrunn dem Königreich Bayern zugeschlagen worden war und seine Ostgrenze nun die Reichsgrenze bildete. Die Sektion besitzt daher nur links ihr Teilstück des Rahmens und der Graduierung. Der Titel steht mit Zeichenerklärung und Maßstab auf dem obersten Blatt rechts.

Titel: «**DER** | *OESTREICHISCHE* | **KAISERSTAAT** | *nach seinem gegenwärtigen Zustande mit Benützung der zuverlässigsten astronomischen und geogra=* | *phischen Beobachtungen, ... entworfen* | *von* | JOSEPH MARX FREIHERRN von LIECHTENSTERN | *und* | *nach dessen Angabe bearbeitet und gezeichnet* | *von* | ... | **WIEN** 1810. | *gestochen von* | *Jos. List, Ign. Kühn u. Ant. Witthalm.*».
Standort: KAW: B IX a 7–1.
Literatur: DÖR S. 698f.: Lie 61f, Sect. 43.

Private Zusammenstellungen einzelner Sektionen

Angesichts des Umfangs der „Charte von Mitteleuropa" kann es nicht überraschen, daß manche Käufer entsprechend ihren eigenen Sonderinteressen einzelne Sektionen zu regionalen Kartenwerken vereinigen ließen. Zumeist sind diese in handlichen Teilungen auf Leinwand kaschiert und mit dem am besten passenden Titel einer Sektion versehen.

Unter den vielen Ausfertigungen dieser Art verdient eine Version des Salzburger Blattes besondere Beachtung, da man nicht die Ausgabe von 1807 dafür verwendet hat, sondern die erste Sektion der „Charte von Innerösterreich", auf der Salzburg 25% des Kartenfeldes einnimmt. Der durchlaufende dreizeilige Titel wurde über dem Innenrand des Rahmens dort abgebrochen, wo die Fortsetzung beim Zusammenfügen der Sektionen angeklebt worden wäre. Alle sonstigen Details (auch die falsche Länge im oberen Rand) stimmen mit jenen der Erstausgabe überein. Wegen des großen Titels beträgt die Gesamthöhe der auf starke hellgraue Leinwand aufgezogenen Karte aber 35,3 cm.

Titel: «**CHARTE VON INNERÖSTREICH OD: DEN HERZOGTHÜMERN STEYER** | ... *DANN DEN ANGRENZENDEN PROVINZEN KROAZIEN u. SALZBURG, DEM GRÖSTEN THEIL* | ... *Nach dem Entwurfe u: der Angabe des Hr. Joseph Marx Freiherrn von Liechtenstern, bearbeitet und gezeichnet von* | ... ».
Zusätze: Keine. Pag. «XLIII» fehlt.
Standort: SWS.

5.7 Anonym und Artaria
„Post-Karte von Salzburg"
1807

Zwischen Juni und Oktober 1806 gab eine nicht näher bezeichnete „Gesellschaft" 17 kleinformatige Postkarten der Monarchie in drei Lieferungen heraus, die zu einem Taschenatlas mit der Jahreszahl 1807 vereinigt wurden. Salzburg ist auf dem fünften Blatt in einer etwas erweiterten Inselkarte dargestellt, deren Genauigkeit sehr zu wünschen übrig läßt. Die Druckplatten kamen sehr bald an ARTARIA, der den kleinen Atlas mit derselben Jahreszahl und mit seiner Verlagsbezeichnung auf dem sonst unveränderten Titelblatt weiter publizierte.

Titel: Li. o. im Eck freistehend: «*Post=Karte* | *von* | SALZBURG».
Zusätze: Li. u. im Eck freistehend: «*Deutsche Meilen.*» darunter Meilenleiste. – Re. o. im Eck mit Strich abgeteilt: «*Zeichen Erklä.*».
Maße: Karte: 14,4 x 10,4 cm; Platte: ca. 16 x 12 cm; Blatt: ca. 19 x 13 cm. – Atlas: ca. 19,5 x 13,5 cm.
Maßstab: 1 : 1.584.000; 1" = 5½ M.
Graduierung: Im doppelten Strichrahmen der innere mit s/w 10'-Skala, volle Grade beziffert. L von Salzburg: 30° 42' E.
Druckart: Kupferstich, Grenzen von Hand koloriert.
Publ.-Art: Atlasblatt aus: «*Taschen = Atlas* | *des* | OESTERREICHISCHEN | *Erb= Kaiserthums* ‖ *Herausgegeben von einer Gesellschaft.* | *Wien.* | 1807. ‖ *Langer scr.*». Der Text ist reich mit Schwungstrichen verziert. – In der ARTARIA-Ausgabe zusätzlicher Vermerk: «*Im Verlag und zu haben bey* ARTARIA *et Compagni.*».
Standort: ÖNB: KB 108.190. – WSLB: K 86.800 (ARTARIA-Ausgabe).
Literatur: AA S. 7f.: Anon B; S. 9: Art A. – DÖR S. 385f.: Art 71; S. 767f. Zu ARTARIA: → 6.10.

Fortsetzung: 6.10

5.8 Conrad Mannert (1756–1834)
„Charte vom Erzherzogthum Oesterreich"
1807

1803, im Herbst des Verlages HOMÄNNISCHE ERBEN, übernahm der Historiker und Geograph Professor MANNERT dessen wissenschaftliche Leitung. Als erstes und aktuellstes Kartenwerk schuf er den „Entschädigungsatlas", der auf 25 Tafeln die territorialen Veränderungen durch den

205

5 Die Jahre des Wechsels: 1803–1816

70 „Reichsdeputations-Hauptschluß" dokumentiert. 1804 lieferte er SCHNEIDER UND WEIGEL für deren „Atlas der neuen Geographie" die Karte „Der Oesterreichische Kreis ohne die Vorlande", 1:1,000.000, die 1809 in einer überarbeiteten Neuauflage als „Das Oesterreichische Kaiserthum" erschien. Beide Karten werden nicht erfaßt, da der Flächenanteil Salzburgs nur bei 4% liegt. Unter MANNERTs weiteren Arbeiten erreichte die zweiblättrige Karte von Bayern mit bisher 15 vom Bibliotheks-Verbund Bayern katalogisierten Ausgaben besondere Popularität. Wegen der vollständigen Wiedergabe Salzburgs wird sie in der Gruppe 9 registriert (→ 9.15).

Die kurze Friedensperiode nach dem Vertrag von Tilsit nützte der Verlag zur Herausgabe mehrerer Karten mit den neu festgelegten Grenzen im mitteleuropäischen Raum. Das vorliegende Blatt gibt ein instruktives Bild Österreichs nach dem Verlust von Tirol und der ersten Angliederung Salzburgs. Es deckt den Raum zwischen dem Zillertal und dem Neusiedler See bzw. zwischen dem Böhmerwald und der Po-Mündung.

Titel:	Freistehend re. u. im Eck: «CHARTE | vom | ERZHERZOGTHUM | **OESTERREICH,** | den | Herzogthümern | STEYERMARK, SALZBURG, | KÄRNTHEN UND KRAIN. | *Nach den vorzüglichsten Hülfsmitteln* | *entworfen und gezeichnet* | *von* | *C. Mannert* (Querstrich) Nürnberg, bey Homanns Erben. 1807. | Mit Königl. Bayer. allergn. Freyheit.».
Zusätze:	Über dem Titel zwei Maßstäbe für geogr. und ital. M. – Li. u. im Rahmen: «Östliche Länge von Ferro». – Im Unterrand ganz re.: «C. Trummer sc.».
Maße:	Karte: 48,5 x 54 cm.
Maßstab:	ca. 1:840.000.
Graduierung:	Im einfachen Strichrahmen s/w 5'-Skala, 30' und volle Grade beziffert, diese als Netz durchgezogen. L von Salzburg: 30° 42' E von Ferro.
Druckart:	Kupferstich, Grenzen meist handkoloriert.
Publ.-Art:	Separatdruck.
Standort:	BSM: Mapp. IX,3 i. – SBB Haus 1: Kart. O 3493 <a>. Haus 2: Kart. O 3493. – SLA: Graphik XIV.84.
Literatur:	→ 3.2. – ADB Bd. 20, S. 199. – BBB S. 504. – ESP S. 304f., 308f. – LGK S. 318.

Fortsetzung: 6.17

5.9
Johannes Walch (1757–1816)
„Karte vom Koenigreich Baiern"

Fortsetzung von 4.32

Wie schnell der „Kunst- und Landkarten-Verleger" WALCH auf politische Veränderungen reagierte, bewies er neuerlich mit der großen Karte des Königreichs Bayern von 1808, die er schon nach zwei Jahren durch einen kleineren und handlicheren Neustich ersetzte. Die Verordnung über die Bildung des neuen „Salzachkreises" erging am 23. September 1810. Wenige Wochen später erschien bereits WALCHs revidierte Karte.

5.9.1
1808

Titel:	«*KARTE* | vom | **KÖNIGREICH** | **B a i e r n** (in Schwungstrichen) | *nach den bewährtesten astronomischen* | *Ortsbestim̃ungen* | *und den* | *neuesten und zuverlässigsten* | *Hilfsmitteln entworfen.* | *1808.* ‖ (Querstriche) *Herausgegeben von* | *Johannes Walch* | *zu* | **Augsburg**».
Zusätze:	Li. u. freistehend Zeichenerklärung (Kreise mit Großbuchstaben markiert) und Linearmaßstäbe für geogr. M. und „Gemeine Reise-Stunden".
Maße:	Karte: 58 x 76,5 cm; Platte: ca. 59 x 78 cm; Bogen: 63 x 80 cm. – Häufig auf Leinen kaschiert und in Taschenformat 19,5 x 25,5 cm (3 x 3) gefaltet.
Maßstab:	ca. 1:750.000.
Graduierung:	Im Doppelstrichrahmen s/w 10'-Skala, nur volle Grade beziffert und als Netz durchgezogen. L von Salzburg: 30° 42' E.
Druckart:	Kupferstich, Grenzen häufig farbig markiert.
Publ.-Art:	Separatdruck, vermutl. auch in Atlanten.
Standort:	BSM: Mapp. XI, 48 dw.

5.9.2
1810

Titel:	«*KARTE* | vom | **KÖNIGREICH** | **B a i e r n** (in reichen Schwungstrichen) | *in Kreise eingetheilt.* | *Nach den bewährtesten* | *astronomischen Ortsbestim̃ungen* | *und den zuverlässigsten Hilfsmitteln entworfen.* ‖ (Querstrich) *Augsburg, im Kunstverlag bei Joh. Walch* | *1810.*».
Zusätze:	Li. u. freistehend Zeichenerklärung und zwei Linearmaßstäbe.
Maße:	Karte: 45,8 x 55 cm; Platte: 47,5 x 65,3 cm; Blatt: 51,5 x 67 cm.
Maßstab:	ca. 1:1.000.000.
Graduierung:	Im Doppelstrichrahmen unbeschriftete s/w 10'-Skala, volle Grade beziffert. L von Salzburg: 30° 42' E.
Druckart:	Kupferstich auf dünnem Papier. Wasserzeichen: Gegabeltes Rankenwerk mit Initialen «CS»(?). Grenzen und Territorien tlw. handkoloriert.
Publ.-Art:	Unbekannt. Mittelfalz und Stegspuren deuten auf ein Atlasblatt.
Standort:	KONS (1812). – SBB Haus 2: Kart. M 5912. – SMCA: SL 312 und 313 (drei Ex.).

5.10
Tranquillo Mollo (1767–1837)

Als „Ableger und Konkurrent von ARTARIA & Co." (DÖRFLINGER) spielte der aus Bellinzona stammende vielseitige Verleger, Kupferstecher, Drucker, Karten-, Kunst- und Musikalienhändler MOLLO seit seiner Fir-

Abb. 70: Conrad Mannert: Erzherzogthum Oesterreich, 1807.

5   *Die Jahre des Wechsels: 1803–1816*

mengründung im Jahre 1798 eine hervorragende Rolle in der österreichischen Kartenproduktion. Während fast drei Jahrzehnten trug er wesentlich dazu bei, daß „die österreichische Privatkartographie endgültig ihre internationale Geltung" erringen konnte (DES). In seinen zahlreichen Publikationen finden sich mehrere Aufnahmen Salzburgs, nämlich Landeskarten, wie Karten des Königreichs Bayern mit dem erweiterten „Salzach-Kreis" und des Erzherzogtums Österreich ob der Enns mit dem Salzburger Kreis.

Literatur: DES S. 33. – DÖR S. 419 ff. – MdW S. 289.

5.10.1
„Herzogthum Salzburg"

71   Die von einem noch nicht identifizierten „F. S." entworfene erste Karte MOLLOs von Salzburg beeindruckt weniger durch die Qualität der Darstellung, als vielmehr durch ihr Format. Dieses kann vermutlich als Reaktion auf den großformatigen „Allgemeinen Hand-Atlas" des konkurrierenden Wiener „Kunst- und Industrie Comptoirs" von 1805/06 gesehen werden. Das Jahr ihres ersten Erscheinens war bisher unsicher: Zeitgenössische Quellen gaben zwar 1808 an, doch konnte kein Stück mit dieser Jahreszahl gefunden werden, sodaß die Erfassung nach der Ausgabe von 1809 erfolgen mußte (DÖR S. 441, Anm. 112, 113). Erst 1997 fand sich im Angebot eines Berliner Antiquars ein Exemplar mit der gestochenen Jahreszahl „1808", das überdies durch Mittelfalz und Klebespuren die Herkunft aus einem Atlas verrät. – Vermutlich war die Auflage der Erstausgabe zu klein bemessen gewesen, sodaß sich schon im nächsten Jahr ein Nachdruck als nötig erwies.

Die Wiedergabe des Geländes in Bergstrichmanier beschränkt sich auf das Gebiet des Landes. Außerhalb seiner Grenzen werden die Siedlungen, das Gewässernetz und die Hauptstraßen vergleichsweise detailliert, aber ohne Gelände verzeichnet. Als seltsamste Eintragung fällt jene von Hellbrunn auf: Zwischen der Straße nach Hallein und einer Biegung der stark nach Osten verschobenen Salzach bedeckt es eine Fläche von ca. 3 x 2 km mit dem Ringlein der Signatur für Dörfer in der Mitte und 19 Kästchen zu je 1 mm², womit wohl eine Fontäne und der Park (Tiergarten?) angedeutet werden sollen. In dem links oben freistehenden Titel weist nur der Landesname Schwungstriche als Zierde auf, die Zeilen darüber und darunter umgreifen ihn bogenförmig.

1808

Titel: «HERZOGTHUM | Salzburg | nach den neuesten astronomischen | Orts-Bestim̅ungen und aufnahmen entworffen von F. S. | 1808 | WIEN, | bey T. Mollo. ‖ Reisser sc.».

Zusätze: Re. u. im Eck freistehend: «Erklærung der Zeichen» mit sechs allgemeinen Signaturen und sechs für verschiedene Bergbaue. Darunter Linearmaßstab für dt. oder geogr. M.

Maße: Karte: 75,3 x 52,3 cm; Plattenrand nicht erkennbar; Blatt: ca. 78 x 54 cm. – Atlas vermutl. ca. 40 x 55 cm.

Maßstab: ca. 1 : 345.000.

Graduierung: Im kräftigen Strichrahmen s/w 5'-Skala, diese und die vollen Grade beziffert, feines 30'-Netz durchgezogen.
L von Salzburg: 30° 41' E von Ferro.

Druckart: Kupferstich, Grenzen kräftig handkoloriert.

Publ.-Art: Atlasblatt aus:
[„Neuester allgemeiner Atlas über alle Teile der Erde zum Unterricht für die Jugend in höhern und niedern Schulen, nach den besten Karten und den neuesten Beobachtungen zusammen getragen. | Atlas pour servir a l'Instruction de la jeunesse redigée d'après les meilleures cartes et nouv. divisions des Etats."] – Titelseite nicht bekannt, Angabe lt. DÖRFLINGER nach E. G. WOLTERSDORFS „Repertorium der Land- und Seekarten", Wien 1813.

Standort: SWS.

Literatur: AA S. 65: Mol A. – BIG S. 886 – DÖR S. 434, 441: Mol 13/30.

1809

Die Neuauflage blieb – von der aktualisierten Jahreszahl abgesehen – in ihrem Inhalt unverändert.

Standort: BSM: Mapp. IX,152 und 152 a. – KAW: B IX a 267–100. – SMCA: SL 39½.

5.10.2
Joseph Dirwald(t) (Daten unbekannt)
Großformat: „Das Königreich Baiern"
1813

Der häufig mit seinem Berufskollegen DIEWALD verwechselte DIRWALD(T) hat laut DÖRFLINGER zwischen 1809 und 1820 für MOLLO neun Karten und zwei Atlanten geschaffen. Obwohl er einer der produktivsten mitteleuropäischen Kartographen im ersten Viertel des 19. Jhs. war, ist er biographisch bisher nicht nachzuweisen. Sein zwölf Blätter (3 x 4) umfassendes Kartenwerk von Bayern erschien im Oktober 1813. Es zeigt die Grenzen nach dem Frieden von Schönbrunn (also Salzburg als Teil des Bayerischen Salzachkreises auf den Blättern VIII, IX, XI und XII), aber vor der Teilung von Tirol südlich des Brenners. Die Geländedarstellung erfolgt mit Bergstrichen, die Orte sind teilweise als Aufrißsignaturen eingetragen. Der Titel steht links oben auf dem ersten Blatt.

Titel: «DAS | **Königreich Baiern** (in Schwungstrichen) | nebst den angrenzenden Ländern | *nach Finck und Riedl mit fernerer Benützung der besten astronomi=* | *schen Ortsbestim̅ungen u: der vorzüglichsten geographischen Hülfsmitteln.* | entworfen von | *Joseph Dirwald.* | 1813. ‖ Verlegt in Wien bey Tranquillo Mollo.».

5   Die Jahre des Wechsels: 1803–1816

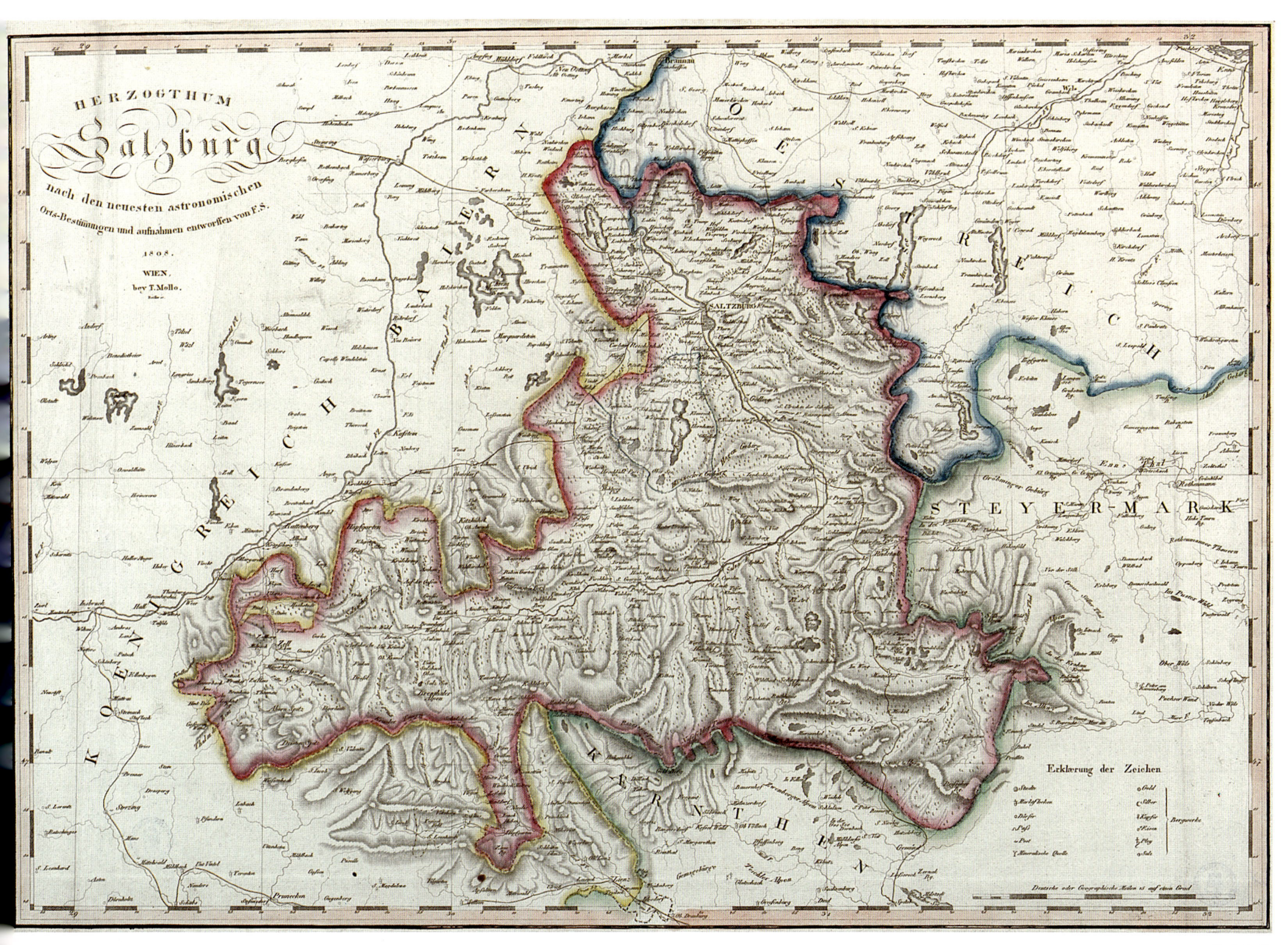

Abb. 71: Tranquillo Mollo: Herzogthum Salzburg, 1808/09.

5.10.1

5   Die Jahre des Wechsels: 1803–1816

Zusätze:	Unter dem Titel Linearmaßstab für geogr. M. – Li. u. «ERKLÆRUNG | der Zeichen» / «EXPLICATION | des Signes» in dt. und franz. Sprache, darunter Transversalmaßstab für geogr. M., ebenfalls zweisprachig.
Maße:	Einzelblatt ohne Rahmen: 34 x 26 cm; Gesamtkarte montiert: ca. 107 x 108 cm. Plattenränder nicht erkennbar. – Zum handlichen Gebrauch auf Leinwand aufgezogen: 54 Teile (6 x 9) je 12,2 x 19 cm, in Futteral 14 x 20 cm.
Maßstab:	1:436.000.
Graduierung:	Im Strichrahmen s/w 10'-Skala, alle 30' und volle Grade beziffert, 30'-Netz durchgezogen. L von Salzburg: 30° 42' E von Ferro.
Druckart:	Kupferstich, Grenzen meist mit Handkolorit.
Publ.-Art:	Separatdruck.
Standort:	KAW: B IV a 426. – SBB Haus 2: 8° Kart. M 5970.
Literatur:	DÖR S. 465, Mol 42; S. 490. – LGK S. 540, 934. – ULB S. 26, Nr. 29; S. 158, Nr. 181.

5.10.3
„Das Königreich Bayern" im Handatlas
(1813)

DIRWALD(T)s „Allgemeiner Hand-Atlas" wurde 1816 von MOLLO mit 27 Karten herausgegeben (→ 6.4) und so datiert. Einzelne Blätter sind aber schon vor dem Wiener Kongreß während der Zugehörigkeit Salzburgs (und Tirols) zu Bayern erschienen. Diese Ausgabe zeigt das Königreich noch in seiner größten Ausdehnung. Auf der im Atlas von 1816 enthaltenen Version steht an der Stelle des rasierten Teils von Tirol ein Kärtchen der Rheinpfalz. Angesichts der rapiden Veränderungen der politischen Landschaft waren Zeichner und Stecher manchmal überfordert, den Grenzverlauf à jour zu halten, sodaß nach dem Stich der neuen Grenzen die alten oft nicht beseitigt wurden. Dies erlaubt fallweise eine annähernde Datierung der Karten ohne Jahreszahl.

Titel:	Freistehend li. u. im Eck: «*Königreich* | ***B A Y E R N*** | *nach der letzten Grenz-Berichtigung* | *bearbeitet.* | (Querstrich) *in Wien bey Tranquillo Mollo.*».
Zusätze:	Im Oberrand ganz re. über dem Karteneck: «XI.». – Freistehend re. u. im Eck: «Erklärung der Zeichen» mit nur drei Signaturen für Städte, Märkte und Dörfer. Darunter drei Maßstäbe für geogr., «Baierische» und «Schwäbische» Meile. – In der Ausgabe von 1816: Mi. u. kräftig gerahmtes Insert der Rheinpfalz, 9 x 9,3 cm, mit eigenem durchgezogenem 30'-Gradnetz.
Maße:	Karte: 32,5 x 45,1 cm; Platte: 38,9 x ca. 52 cm; Blatt: 39,5 x 51 cm. Die Blätter sind an der li. (bzw. oberen!) Seite „flach" gebd., sodaß die Karte quer steht. – Atlas: ca. 51,5 x 40 cm.
Maßstab:	1:1.296.000; 1" = 18.000 Kl. = 4½ M.
Graduierung:	Im einfachen Strichrahmen s/w 10'-Skala, volle Grade beziffert, 30'-Gradnetz durchgezogen. L von Salzburg: 30° 40' E von Ferro.
Druckart:	Kupferstich, neue Landesgrenzen häufig handkoloriert.
Publ.-Art:	Separatdruck, später Atlasblatt aus: «Allgemeiner | **H a n d = A t l a s** | *zum Gebrauch für die Jugend in höhern und niedern Schulen,* | *für Kaufleute und Zeitungsleser.* | NACH DEN **letzten Friedenschlüssen** BERICHTIGET, | *von **JOSEPH DIR-WALDT**.* | 1816 ‖ *verlegt in Wien bey Tranquillo Mollo.*» (letzte Zeile nach li. geneigt). – Der manieristisch in zumindest sechs Typen gedruckte Titel ist überreich mit Schwungstrichen verziert, an deren Krümmungen sich die erste und die letzte Zeile anschmiegen.
Standort:	SNB: TA 4456.
Literatur:	AA S. 68f.: Mol / Dir B (1816/1817, Var.), Nr. XI; Titel: Abb. 10. – DÖR S. 469, 472f.: Mol 47/11. – ESP S. 312. – IBN vol. 56, S. 101.

Fortsetzung: 6.4

5.11
Daniel Friedrich Sotzmann (1754–1840)
„Die Baierische Monarchie"

Dem als Ingenieur ausgebildeten Potsdamer, der 1819 erblindete, verdankt Berlin seine führende Rolle im Kartenwesen des frühen 19. Jhs. SOTZMANN schuf neben Globen und Atlanten über 200 Kartenblätter, die sich besonders durch ihre Aktualität auszeichneten. Dies gilt speziell für die aus seiner Deutschland-Karte abgeleitete große Karte des neu kreierten Königreichs Bayern, dem Salzburg als 8. oder „Salzachkreis" angeschlossen worden war. Bei unveränderter Situation illustrieren die innerhalb Jahresfrist erschienenen ersten beiden Auflagen und die dritte von 1816 sehr augenfällig die raschen politischen Veränderungen in den turbulenten Jahren der Napoleonischen Kriege und als Folge des Wiener Kongresses. Die Geländedarstellung, die Lagerichtigkeit der Orte und das Gewässernetz lassen dagegen zu wünschen übrig, wie beispielhaft der verzerrte, weit nach Osten ausbiegende Salzach-Lauf zeigt. Die Karten wurden häufig auf Leinwand kaschiert, wobei die Teilung in 20 Stücke (5 x 4) überwiegt.

Literatur:	→ 4.37.

1810

Titel:	Freistehend li. u. im Eck: «Die | **BAIERISCHE MONARCHIE** | *nebst Bayreuth, Salzburg und dem Innviertel* | *nach dem Pariser Vertrage von 1810* | *aus* | ***D.F. Sotzmanns neuer Charte von Deutschland*** | *besonders herausgegeben,* | *Nürnberg bey A.G. Schneider und Weigel* | *Kön. Baier. priv. Kunst und Landkartenhandlung*».
Zusätze:	Unmittelbar unter dem Titel: «*Maastab von 15 deutsche Meilen od. ein Grad des Aequators*» und Linearmaßstab. – Re. daneben freistehend Liste der neun Kreise und ihrer Kreisstädte. – Im Unterrand: «*D.F. Sotzmañs Charte des Rhein-Bundes ganz neu entworfen in 4 grossen blättern die zusam̃ gesetzt werden können, ist in eben dieser Landkartenhandlung zu haben.*».
Maße:	Karte: 58,5 x 70 cm; Blatt: 60,5 x 74,5 cm.
Maßstab:	1:864.000; 1" = 3 M.

Graduierung:	Im einfachen Strichrahmen s/w 5'-Skala, volle Grade beziffert und Netz durchgezogen. L von Salzburg: 30° 41' E.
Druckart:	Kupferstich, Grenzen mehrfarbig handkoloriert.
Publ.-Art:	Separatdruck.
Standort:	SMCA: SL 315, L 12.

1811

Titel:	Freistehend li. u. im Eck: «Die	**BAIERISCHE MONARCHIE**	*nebst dem Kön. Würtemb. Grossherz. Baaden, Würzb.*	*Hohenzollern, Ysenburg, Lichtenstein und Layen*	*mit den Veränderungen nach dem Wiener Frieden*	*aus*	**D.F. Sotzmanns neuer Charte von Deutschland**	*besonders herausgegeben,*	*Nürnberg bey A.G. Schneider und Weigel*	*Kön. Baier. priv. Kunst und Landkartenhandlung 1811».*
Zusätze:	Wie vorher, aber zwischen dem Linearmaßstab und dem Rahmen zusätzlich acht Farbsignaturen mit den Namen der grenzkolorierten Gebiete. Re. daneben statt der Liste der Kreise: «Eintheilung von Baiern».
Standort:	SMCA: SL 316, L 12.

Fortsetzung: 6.3

5.12
Alois von Coulon (1779–1855)

Der aus Landsberg am Lech stammende und an der Pariser Militär-Akademie zum Ingenieur-Geographen ausgebildete COULON war als Ingenieur-Hauptmann im „Ingénieurbureau der Reservearmée" in München und Direktor der Topographischen Sektion ein überaus produktiver Kartograph. Im besonderen machte er sich um die Entwicklung der Geländedarstellung verdient, wie schon 1806 seine Aufnahme der Grafschaft Werdenfels mit dem Wettersteingebirge im Maßstab 1:28.000 beweist – ein frühes Beispiel starker Plastizität durch Bergstriche und Schattierung. Neben zahlreichen Karten von Bayern legte er 1814 als sein wichtigstes Werk die ca. 160 x 125 cm große „Militairkarte von Süd-Deutschland" vor (SLA: Graphik XIV.96. – BSM mehrfach). Sie besteht aus 20 Sektionen (40,7 x 25,3 cm) im Maßstab von ca. 1:400.000. Sektion 15 enthält das östliche Oberbayern mit dem Salzach-Kreis zwischen München und Mondsee, im Süden bis Rattenberg–St. Johann im Pongau und Sektion 20 den Lungau, die Zeichenerklärung und die Maßstäbe. Beide bilden keine Landeskarte.

Literatur:	KATZENBERGER, Ludwig: Historische Karten von Baiern 1808 und 1810. In: Deutscher Verein für Vermessungswesen, Mitteilungsblatt des Landesvereins Bayern, München 1980, Heft 3, S. 223 f. – ders.: Zur Neuherausgabe der Karten „Das Königreich Baiern 1808" und der „Post Karte von Baiern 1810". In: Kartenhistorisches Colloquium Bayreuth 1982. Vorträge und Berichte. Berlin 1983, S. 169–171. BSM-44 passim, u. a. S. 191, S. 215, Abb. 149, S. 260, Abb. 223, S. 282 ff., S. 417 K 10.6. – DMA-2 S. 19.

5.12.1
„Post-Karte von Baiern"

Die „Post-Karte" entstand auf königlichen Befehl, da die junge Monarchie gerade die THURN- UND TAXIsche Generalpostmeisterschaft an sich gezogen hatte. Das beeindruckende Blatt des Raumes zwischen Konstanz und Graz bzw. Jena und Venedig ist rechts oben mit einer Kartusche geziert, die Rang und Macht des Königreichs verdeutlichen will. Eine große Draperie mit dem Titel wird von dem königlichen Wappen gekrönt, das zwei Löwen unter einem zeltartigen, mit zwei Fahnen und einer Krone geschmückten Mantel über drei Kollanen mit deren Kleinodien halten. Ährenbund und Lorbeerzweig symbolisieren die Taten von MAXIMILIAN I. JOSEPH in Krieg und Frieden.

In kartographischer Hinsicht ist COULON dank der Kunst der Stecher (Johann) Carl SCHLEICH jun. (1788–1840) und Johann Baptist SEITZ (1786–1850) ein Meisterwerk gelungen, das „die beste Übersichtskarte Bayerns zu Beginn des 19. Jhs." darstellt (BSM-44). Deshalb wird die Karte hier verzeichnet und trotz ihres Titels nicht als thematische Karte registriert. Ihr topographischer Informationswert mit zusätzlichen 22 auf das Postwesen abgestimmten Signaturen ist außerordentlich groß, da viele Details aus der seit 1801 laufenden Landesaufnahme 1:28.000 übernommen wurden, an der COULON mitgearbeitet hatte. Mit der Geländedarstellung in Schraffenmanier unter Schrägbeleuchtung aus Nordwest erzielte er besonders gute plastische Wirkungen.

1810

Titel:	«*Post – Karte*	*von*	**BAIERN**	*entworfen*	*auf Befehl Seiner Majestät des Königs*	VON	*dem Königl. Baierischen Ingénieur Géographe*	*des statistisch-topographischen Bureau*	*A: von* COULON.	*(zwischen zwei Querstrichen) 1810.».*
Zusätze:	Gerahmt re. u.: *ZEICHEN ERKLÆRUNG,»* mit 22 Signaturen, darunter zwei Linearmaßstäbe für Stunden und M. – Im Unterrand Mi.: «Diese Karte nachzustechen ist bey 100 Ducaten Strafe verboten.»; ganz re.: *«Gestochen in München von Carl Schleich jun. und Johann Baptist Seitz 1810.»*
Maße:	Karte: 59,8 x 72,5 cm; Blatt: ca. 65 x 80 cm. Häufig auf Leinwand (3 x 6 oder ähnlich), Teile 21 x 13 cm oder 15,5 x 19 cm.
Maßstab:	1:864.000; 1" = 12.000 Kl. = 3 M.
Graduierung:	Im Strichrahmen zarte s/w 5'-Skala, volle Grade beziffert und Netz fein durchgezogen. Li. u. im Eck zwei Hinweise: «*Breiten Grade*» und «*Laengen Grade*». L von Salzburg: 30° 41' E von Ferro.
Druckart:	Kupferstich, Grenzen meist mehrfarbig handkoloriert.
Publ.-Art:	Separatdruck.
Faksimile:	Bayer. Landesvermessungsamt, München 1980.
Standort:	BSM: Mapp. XI, 51. – DMM: Archiv, KT2 00189. – KAW: B IV c 61/1810. – SBB Haus 1: Kart. M 6590/1 und 6590 ‹a›. Haus 2: Kart. M 6590. – SLA: Graphik XIV.35.

Literatur:	DMA-2 S. 17, Abb. 9; S. 117, K 9. – BSM-44 S. 218, Abb. 152; S. 339, Abb. 273; S. 418, K 10.11. Zu SCHLEICH: ADB Bd. 31, S. 396. – BSM-44 S. 217, Abb. 151. – DMA-2 S. 19, Abb. 21, S. 119f., K 21. – FUH S. 361. – THB Bd. 30, S. 100f. Zu SEITZ: ADB Bd. 33, S. 663. – GV Bd. 133, S. 232. – THB Bd. 30, S. 471.

1812

Die Neuauflage unterscheidet sich von der vorigen lediglich durch die geänderte Jahreszahl im Titel und durch die Aktualisierung einiger Postkurse, der eigentliche Karteninhalt blieb unverändert. Neben der Plano-Normalausgabe wurde das Blatt auch auf Leinwand kaschiert in einem Futteral angeboten.

Standort:	BSM: Mapp. XI, 54 m. – KAW: B IV c 61/1812. – SBB Haus 1: 8° Kart. M 6592. – SMCA: SL 314, L 12.

5.12.2
„Baiern 1812"

COULONs kleine und schöne gemilderte Inselkarte des Königreichs Bayern ist überraschenderweise 1812 in zwei Ausgaben erschienen: als Kupferstich und als „moderne" Lithographie. Sie unterscheiden sich stark in ihrer graphischen Aufmachung, kaum aber in ihrem Inhalt. In einem einfachen, kräftigen Strichrahmen zeigen sie Bayern samt den Grenzbereichen der Nachbarländer von Schleitz (Sachsen) bis Bergamo (Version ohne Landschaft) bzw. bis Bozen (Version mit Landschaft) und von Konstanz bis Linz. In kartographischer Hinsicht überzeugt die Arbeit COULONs wiederum durch ihre ausgewogene Übersichtlichkeit und die plastische Geländedarstellung mit Schattenschraffen bei Nord-West-Beleuchtung.

5.12.2.1
Mit Münchner Landschaft

Als Kupfer gehört das Blatt zu den reizvollsten der ganzen Gruppe. Der unterste Teil des Kartenfeldes wird nämlich von einer ungewöhnlich hübschen, bis zu 40 mm hohen Isar-Landschaft eingenommen. Links vorne steht über dem Steilufer des Flusses ein Kirchdorf, vermutlich Haidhausen, und den Fernblick beherrscht die Stadtsilhouette von München mit den Türmen der Frauenkirche.

Titel:	Re. o. im Eck in zartem Oval zwischen Zierstrichen: «**Baiern.**	*1812*» und: «10 Geographische Meilen» über Maßstabsleiste, darunter im Oval gebogen: «*Entworfen von dem K. Jng^r Géographe*» und negativ im verbreiterten Ovalrahmen: «A. v. COULON.».
Zusätze:	Li. o. im Eck freistehend: «EINTHEILUNG	des Königreichs Baiern», neun Kreise mit röm. Zahlen wie auf der Karte. – Im Unterrand Mi.: «*München bey Jos. Lindauer*»; ganz re. u. dem Karteneck: «*Gestochen durch Seitz und Schleich*».
Maße:	Karte: 25,8 x 35 cm; Platte: Rand nicht erkennbar; Blatt: ca. 30 x 39 cm.
Maßstab:	1 : 1.584.000; 1" = 22.000 Kl = 5½ M.
Graduierung:	Im kräftigen Strichrahmen schmale s/w 10'-Skala, volle Grade beziffert und als feines Netz durchgezogen. Im Rahmen nahe dem re. o. Eck zwei Hinweise: «*Längen Grade*» und «*Breiten Grade*». L von Salzburg: 30° 42' E.
Druckart:	Kupferstich und Radierung kombiniert: Schrift, Gewässer, Grenzen, Geländeschraffen, feine Linien der Ansicht gestochen. Ortssigeln und Zeichen punziert. Stärkere Schraffen, kräftige Konturen der Landschaft und Baumgruppen radiert.
Publ.-Art:	Separatdruck.
Standort:	BSM: 2 Ex.: Mapp. XI,55h und 55ha. – SWS.

5.12.2.2
Ohne Landschaft

Die in der neuen Steindruck-Technik hergestellte Karte zählt zu den frühesten ihrer Art. Statt des Landschaftsbildes finden sich im unteren Teil des Feldes ca. 20 zusätzliche Ortseintragungen und rechts freistehend der Linearmaßstab.

Titel:	Re. o. im Eck zwischen Zierstrichen ohne Oval und in breiteren Typen: «**Baiern.**	*1812*».
Zusätze:	Li. o. im Eck freistehend: «EINTHEILUNG	des Königreichs Baiern …» wie zuvor. – Im Unterrand knapp am Rahmen: ganz li.: «*A. von Coulon*»; ganz re.: «*Gest. v. C. Schleich jun. u. I. G. Loeffler*».
Maße:	Karte: 25,2 x 34,2 cm; Stein: 27,4 x 36 cm; Blatt: 35,5 x 45,2 cm.
Graduierung:	Schmale s/w 10'-Skala wie vorher, aber 30' und volle Grade beziffert, diese als feines Netz durchgezogen.
Druckart:	Lithographie auf Qualitätspapier mit Wasserzeichen: «V R F». Grenzen selten mehrfarbig handkoloriert.
Publ.-Art:	Separatdruck und Kartenbeilage in: Handbuch der Staatsverfassung und Staatsverwaltung des Königreiches Baiern. V. Bd., München, 1812.
Standort:	BSM: 3 Ex.: Mapp. XI, 55d, 55db und 55dc. – DMM: Archiv, KT2 00310. – SLA: Graphik XIV.34.
Literatur:	BSM-44 S. 219, Abb. 153; S. 418, K 10.12. – DMA-2 S. 19, Abb. 22; S. 120, K 22. – LIN S. 79, Abb. 46; S. 190, Dok. 46. – SLA S. 15, L.39.

5.13
Generalquartiermeisterstab
Zweite Landesaufnahme

Die verlorenen Koalitions-Kriege hatten die Mängel des Kartenmaterials der Theresianisch-Josephinischen Ersten Landesaufnahme nur allzu deutlich gezeigt. Diese Erfahrung veranlaßte den Kriegsminister, Feldmarschall Erzherzog KARL, eine zeitgemäße Kartierung des Staates zu beantragen, die von Kaiser FRANZ I. 1806 befohlen und noch im gleichen Jahr

5.12.2.1

Abb. 72: Alois von Coulon: Baiern 1812.

in dem soeben an Österreich gefallenen Herzogtum Salzburg und in Tirol begonnen wurde. Die Durchführung oblag der eigens dafür errichteten topographischen Abteilung des Generalquartiermeisterstabes, aus der sich nach der Erweiterung um eine Lithographie (1818) und der Vereinigung mit dem nach Wien verlegten Mailänder militärgeographischen Institut (1839) eine der hervorragendsten kartographischen Einrichtungen Europas entwickelte, das „Militärgeographische Institut in Wien".

Die Aufnahme litt allerdings darunter, daß das in der Feldarbeit eingesetzte Personal, das häufig aus nicht deutschsprachigen Kronländern kam, der korrekten Transkription von im Dialekt genannten Ortsbezeichnungen oft nicht gewachsen war. Daran konnte auch der zur Mitarbeit befohlene Salzburger Kartograph LANGLECHNER wenig ändern (→ 5). Daher finden sich viele falsche Toponyme, wie z.B. „Feuererhof" für den Vollererhof bei Puch oder „Großeck" für das Grasegg im Lungau. Die meist auf den Blättern genannten Zeichner und Stecher sind biographisch fast durchwegs nicht faßbar und in der Fachliteratur kaum dokumentiert.

Gestützt auf die erste Triangulierung der Monarchie erbrachte die Zweite Landesaufnahme die Mappierung im Maßstab 1:28.800 auf 3.333 Blättern. Die nicht mehr als geheim klassifizierten „Special- oder Kronlands-Karten" im Folgemaßstab 1:144.000 wurden ab 1811 als Kupferstiche allgemein vertrieben. Noch im gleichen Jahr folgte die abgeleitete, durch RADETZKY veranlaßte „Generalkarte" im halben Maßstab 1:288.000. Dank ihrer verbesserten Lagerichtigkeit, dem hervorragenden Stich und der Plastik der Geländedarstellung mit Böschungsschraffen unter Senkrechtbeleuchtung ohne Höhenlinien fanden die Blätter zunächst allgemeine Zustimmung. Die „Generalkarte" diente überdies beim Wiener Kongreß als repräsentatives Gastgeschenk.

Die günstige Beurteilung änderte sich allerdings relativ rasch. Die mangelnde Kongruenz zwischen den Kartenwerken der Aufnahmeprovinzen, die oft falschen oder fehlenden, wegen der zunehmenden Schwärzung in den Bergregionen häufig kaum lesbaren Toponyme und die langsame Erscheinungsweise lösten wachsende Kritik aus, die Anton STEINHAUSER, einer der herausragenden Geographen Österreichs, besonders klar und einsichtig formuliert hat. Daher wurde 1869 die Zweite Landesaufnahme unvollendet abgebrochen und noch im gleichen Jahr mit der Dritten oder Francisko-Josephinischen Aufnahme begonnen. Die neuen Gradabteilungskarten im „Schritt-Maßstab" 1:75.000 waren dann für viele Jahrzehnte als sog. „Generalstabskarten" die Standardblätter Österreichs. Die fertiggestellten Franziszeischen Karten druckte man allerdings noch bis 1872 und zeigte sie als beispielhafte Leistungen ihrer Zeit sogar auf der Wiener Weltausstellung von 1873 (Katalog in: Mittheilungen der kais. und königl. geographischen Gesellschaft in Wien, 16/1873, S. 355–372).

Literatur: AMMERER, Gerhard und Manfred ZOLLINGER: Des Kaisers neues Land – Militärgeographische Landesbeschreibung von Salzburg durch den k.k. Oberst Philipp de Lopez nach einer Reise im Jahre 1807. MGSL, 138. Jg., 1998, S. 443–466.

DÖRFLINGER, Johannes: Die Landesaufnahmen des österreichischen Generalquartiermeisterstabes 1749–1854. Karlsruher geowissenschaftliche Schriften, Reihe C: Alte Karten, Bd. 2. Karlsruhe 1989.
STEINHAUSER, Anton: Allgemeine Bemerkungen über topographische Karten mit besonderer Rücksicht auf die vom k. k. österreichischen Generalquartiermeisterstabe herausgegebenen General- und Spezialkarten der österreichischen Provinzen. In: Oesterreichische Blätter für Literatur und Kunst, Geschichte, Geografie und Naturkunde. Hg. von A. Adolf SCHMIDL. Beginn der „Bemerkungen" in Literaturblatt Nr. 5, 24. Jänner 1844. – Forts. mit gekürztem Titel; zur Karte von Salzburg: Wien 1844, S. 454f.
BSM-44 S. 213, 260ff. – DÖR S. 752ff. – GS S. 180. – KRE S. 180ff. – LGK S. 435ff., 492ff., 567ff., 571ff. – NIS S. 128ff. – ÖNB S. 119ff.

5.13.1
Spezialkarte 1:144.000

Die Neuaufnahme Salzburgs benötigte lediglich zwei Jahre, der Kartenstich dauerte bis 1810 und die Veröffentlichung der Sektionen erfolgte ab Sommer 1811 bis zum März 1813. Der Charakter einer strengen Inselkarte wird vermieden, obwohl nur das Herzogtum auf insgesamt 15, in der ersten Auflage nicht numerierten Blättern (3 × 5) dargestellt ist, die plano oder aufgezogen geliefert wurden. Der Kartentitel auf dem ersten Blatt steht in einem Rahmen, der dem der Sektionen stark ähnelt. Die zwölf Zeilen des Textes sind in ebenso vielen verschiedenen Typen und Größen manieristisch gestochen und reichlich mit Schwungstrichen verziert, in die ganz unten die Namen der Karten- und Schrift-Stecher einbezogen werden.

Die nicht kaschierte Normalausgabe trägt ab der zweiten Auflage ganz links kleine Blattnummern. Die in klarer Kursive gestochenen Blatt-Titel auf dem Titelblatt und auf der Zeichenerklärung im 3 cm breiten Oberrand weichen mehrfach von den Titeln auf der Übersicht ab. Im Unterrand stehen die Namen der Zeichner und Stecher. Bei der Ausgabe auf Leinwand sind die Einzelkarten in vier (2 × 2) oder in acht (4 × 2) Stücke geteilt und am Außenrand des Rahmens so knapp beschnitten, daß Titel, Nummern und alle Namen fehlen. Die Blätter stecken in einem dunkelgrünen Leinwandschuber mit Rückentitel: «Carte | von | Salzburg» oder – billiger – in einem braunen Kartondeckel. Außerdem gibt es für Geschenkzwecke oder für den Hof gebundene Exemplare der Plano-Ausgabe mit übergroßen Blättern (48 × 36 cm) in repräsentativem Lederband (49 × 36,5 cm), mit goldgeprägtem Rückentitel „Carte von Salzburg" unter dem Reichswappen des neuen Kaisertums, samt einer beigebundenen oder losen Blattübersicht.

Die bei der ersten Ausgabe «Squellete des Herzogthums Salzburg» genannte Übersicht gibt die Kartentitel nur mit dem Hauptort an, während diese auf den Karten selbst immer den Vorsatz «Umgebungen von (bzw. «des») …» erhalten. Blatt Nr. 11 wird in der Übersicht zuerst nur mit «Zell im Pinzgau» bezeichnet und erst später zur Angleichung an den Blattitel zusätzlich mit «oder Umgeb: des Gross-Glockners». Ebenso heißt Nr. 12 zunächst nur «St. Michael» und erhält erst später den Zusatz «oder Umgeb.

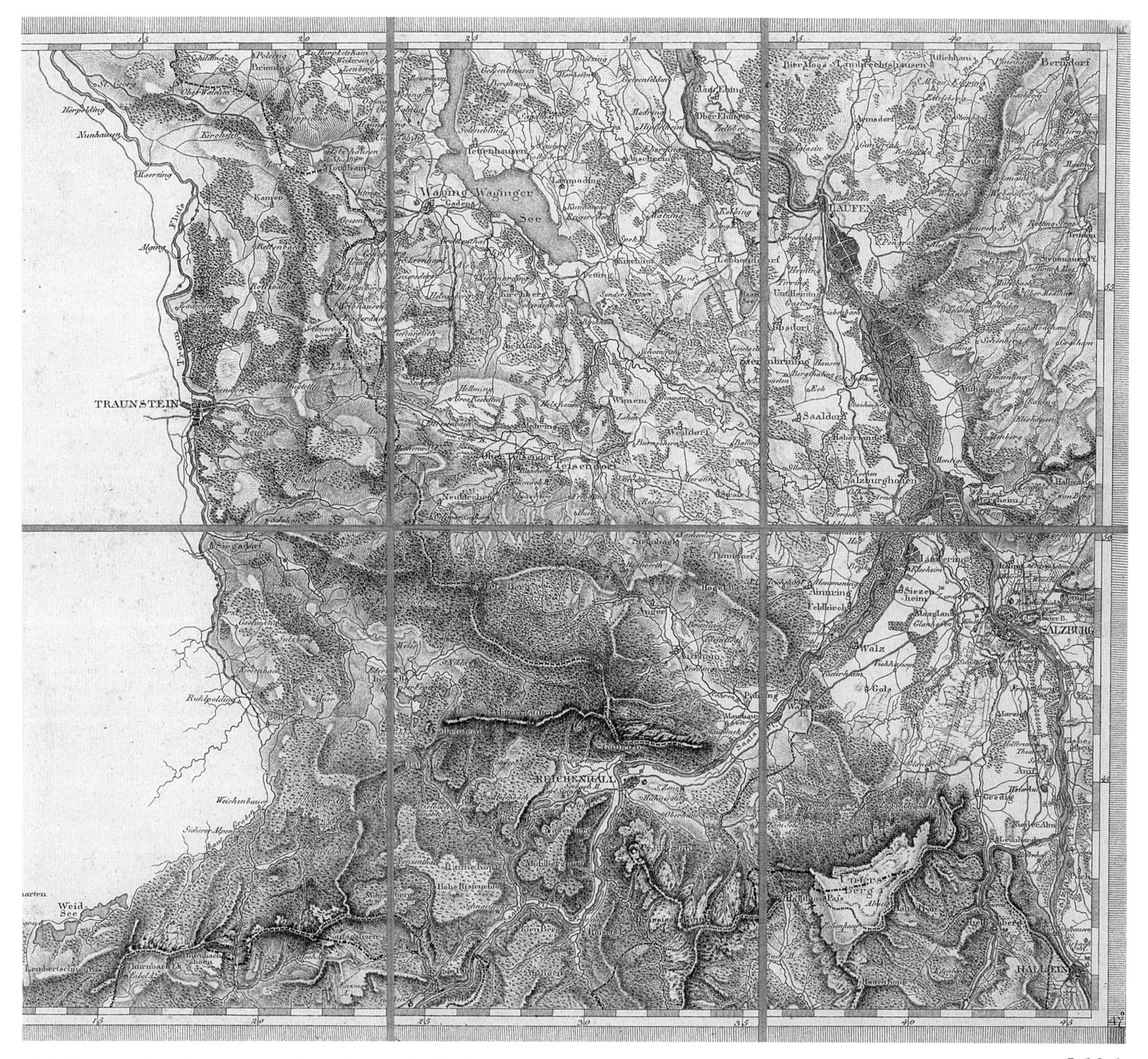

Abb. 73: Generalquartiermeisterstab: Spezialkarte 1 : 144.000.

5.13.1

5 Die Jahre des Wechsels: 1803–1816

des Radstädter Tauern». Bei Blatt Nr. 14 steht auf der Karte «Umgebungen von Teffereken», in der Übersicht aber «... Tefferecken». Der Kartentitel von Blatt Nr. 15 ist «Umgebungen von Gmünd in Kaernthen», während in der Übersicht nur «Gmünd» steht. – Den jüngeren Ausgaben lag dieselbe Gliederung mit vereinfachter Schrift als „Uibersichts=Blatt der Special-Karte von Salzburg" bei.

Von der ersten Ausgabe unterscheiden sich die späteren vor allem durch zusätzliche Signaturen in der Zeichenerklärung und durch die Nachführung der statistischen Daten auf Blatt Nr. 15. Obwohl die Erstauflage nach dem Frieden von Schönbrunn erschienen ist, listet sie in der Statistik noch die alten zwölf Bezirke des Kurfürstentums auf, wie sie 1806 an Österreich gekommen waren (darunter Berchtesgaden, Tefferecker Tal, Zillertal, Brixener Tal usw.) und über 170 Quadratmeilen (ca. 10.000 km²) mit 181.428 Einwohnern umfaßten. Die späteren Ausgaben führen den ehemaligen Besitzstand nicht mehr an, sondern Fläche und Einwohnerzahl des klein gewordenen Kreises.

1810

Titel: «1 Tittel Blatt»: «*CARTE | DES | **Herzogthums Salzburg** | von dem kaiserlich königlich=oesterreichischen | GENERAL QUARTIERMEISTER STABE | in den Jahren 1806 und 1807. | in Verbindung mit dem oesterreichischen Kaiserreiche | astronomisch trigonometrisch vermessen, topographisch aufgenommen, und | JM JAHRE 1810. REDUCIRT UND GEZEICHNET. ‖ gestochen von K. Ponheimer, academ.ⁿ Kupferstecher, | und beschrieben von Andreas Müller.*».

Zusätze: Der Titel, die Zusätze und die weiteren Daten der Erstaufl. bzw. der Übersicht zu dieser werden in die folgenden übernommen. Der Zeichner steht (außer auf Nr. 2 und 5) li., der Stecher immer re. im Unterrand.

Nr. 2,	Dittmoning	Li. ohne Namen «Ponheimer sc.».
Nr. 3,	Ried	»Gezeich. von Hptm. v. Stuttula». «J. Zutz sc.».
Nr. 5,	Salzburg	Li. ohne Namen «Ponheimer sc.».
Nr. 6,	Thalgau	«Gezeich. von Hptm. v. Mederer». «J. Z. sc.».
Nr. 7,	Hopfgarten	«Gezeichnet v. Oberlieut. Manetinski». «Gestochen v. Jos. Zutz».
Nr. 8,	Saalfelden	«Gezeich. von Hptn.(!) Vihbek». «J. Zutz sc.».
Nr. 9,	Radstadt	«Gezeich. v. Oberl. Weingarten». «Gestoch. v. J. Zutz».
Nr. 10,	Zell/Zillertal	«gezeich. v. Hauptm. Bergman». «gestoch. v. J. Zutz».
Nr. 11,	Zell/Pinzgau	«Gezeichnet von Hauptm. v. Balz». «gestoch. v. J. Zutz».
Nr. 12,	St. Michael	«Gezeich. von Oblieut. Baron Born». «Gestoch. von Jos. Zutz».
Nr. 13,	St. Leonhard	«Gezeich. v. Bar. Born Oberl.». «Gestoch. v. Jos. Zutz».
Nr. 14,	Tefferecken	«Gezeich. von Hauptm. v. Baumgarten». «Gestoch. von Jo. Zutz».
Nr. 15,	Gmünd	«Gezeich. von Hauptm. v. Weiss». «Gestoch. von Jos. Zutz».

Auf Nr. 4: «ERKLÆRUNG DER ZEICHEN», umfangreiche Liste der Signaturen mit Beispielen, darunter drei Transversalmaßstäbe für geogr. M., österr. Post-Meilen und Myriameter.

Auf Nr. 13: «*Trigonometrisch bestimmte Erhöhung einiger merkwürdigen Dreyecks Spitzen über die Meeres Fläche, in Wiener Klaftern.*» (17 Berggipfel und Schloß Mirabell).

Auf Nr. 14: «*Geographische Längen (nach Ferro) und Breiten | der Haupt-Dreyecks Stationen ...*» (32 Berggipfel und Orte).

Auf Nr. 15: «*Flächen Inhalt und Bevölkerung des Herzogthums Salzburg, und Fürstenthums Berchtesgaden.*» Tabelle der Bezirke mit Statistik der Bodenarten und der Einwohner im Jahre 1807.

Maße: Kartenfelder: je 37,5 x 25 cm (ohne Trennfugen); gesamt: ca. 113 x 126 cm. Einzelblatt: ca. 39,5 x 27 cm; gesamt mit Rahmen: ca. 120 x 135 cm. Nr. 10 und 12: li. bzw. re. Überschreitungen des Rahmens; bei kaschierter Ausgabe eingeklappt.

Maßstab: 1 : 144.000; 1" = 2.000 Kl.; 2" = 1 M.

Graduierung: Im Rahmen s/w Minuten-Skala, alle 5' und volle Grade beziffert.
L von Salzburg, Schloß Mirabell: Karte 30° 43' E; Tabellenangabe (berechnet) 30° 42' 20,9" E; nach Prof. BÜRG (astronomisch bestimmt) 30° 41' 35,3" E.

Druckart: Kupferstich, keine Kolorierung vorgesehen bzw. bekannt.

Publ.-Art: Separatdruck.

Standort: BSM: Mapp. IX, 153 (aufgezogen). – KAW: K VIIf, Nr. 5; B IXa 271/1810 (5. Ex.). – ÖNB: FKB C.35.a/3a-3p; Alb. Port. 598. – SBB Haus 1: Kart. O 8980/1 und 8980 <a>. Haus 2: Kart. O 8980; 2° Kart. O 8981. – SLA: Graphik XIV.41, K.u.R.C.1.50. – SMCA: SL 37 (4 Ex., eines auf Leinwand). – SMS. – SWS.

Literatur: BIG S. 886. – KAWK S. 19 (ohne Erwähnung des Kurfürstentums). – SLA S. 20, L.56.
Zu PONHEIMER: THB Bd. 27, S. 243.

(1813)

Die Neuauflage ist nach den Akten des militärgeographischen Instituts und nach Zeitungsmeldungen zu datieren. Inhaltliche Änderungen stellen die neuen Herrschaftsbereiche und die Berichtigung der statistischen Angaben dar. Die letzten Zeilen des Titels lauten nunmehr: «GESTOCHEN VON | JOS. ZUTZ | und beschrieben von Andreas Müller.». – Die späteren Auflagen werden nicht mehr einzeln registriert. Teilweise steht in der Zeichenerklärung der gestochene (früher handschriftliche) Vermerk: „Berichtigte Gränz-Strecken mit Bayern in Folge des Vertrags vom Jahre 1818." Die schraffierten Kartenrahmen weisen in den Ecken charakteristische, kleine weiße Rechtecke mit Preisangabe und Jahreszahl auf.

Standort: ÖNB: K B 117.228; 392.843-D.K (Lederband); Alb. 363; Alb. 599 (a); FKB 273–128 und FKB S.54 (Ausgabe 1872). – OÖLA: I 45c.

Abb. 74: General-Quartiermeisterstab: General-Carte 1 : 288.000.

5 *Die Jahre des Wechsels: 1803–1816*

5.13.2
Generalkarte 1:288.000

Während sechs Jahrzehnten stellte die Verkleinerung der Spezialkarte des Generalquartiermeisterstabes (bzw. ab der 2. Hälfte des Jahrhunderts „Generalstabes") DIE Landeskarte schlechthin dar. Sie wurde laut Zeitungsanzeigen wahrscheinlich ab März 1813 bis 1873 gedruckt, also noch ein Jahr länger als die Spezialkarte, wobei der Bezug plano oder auf Leinwand kaschiert mit verschiedenen Teilungen (3 x 3, 3 x 5, 4 x 3) möglich war. Auch für diese Version hat wie schon für die Spezialkarte der Generalquartiermeisterstab bzw. das Militär-Geographische Institut den Vertrieb Privatfirmen, wie z. B. ARTARIA & Co., überlassen.

Die folgende chronologische Reihung ist als Versuch zu werten, der im wesentlichen auf den Ansätzen von Johannes DÖRFLINGER und auf den unsicheren Datierungen durch einzelne Bibliotheken beruht, da die meisten Ausgaben bis 1870 nicht datiert sind. Neben den Änderungen der Signaturen und des Kartentitels sind auch kleine Grenzkorrekturen festzustellen, die bei der Konkretisierung des Vertrag von 1818 nachträglich vereinbart wurden.

Die Wiedergabe des Landes folgt in einem einfachen schwarzen Strichrahmen dem bewährten Prinzip der gemilderten Inselkarte mit Berücksichtigung der grenznahen Räume der Nachbarn. Im wesentlichen ist aber der bayerische Raum links oben dem Titel vorbehalten und der Kärntner Bereich südlich der Landesgrenzen den Erläuterungen und den Maßstäben. Diese stehen frei im Kartenfeld. Bei der Darstellung der Gebirge fällt die merkwürdige Schlangenform der Grate besonders auf. Der tatsächliche Maßstab der Karte ist mit 1:294.690 im Mittelwert um maximal bis zu 3% kleiner als beabsichtigt; z.B. mißt die Strecke Gmunden–Tamsweg 86,1 statt 88,9 km.

(1813)

Titel:	«GENERAL CARTE | vom | HERZOGTHUM | SALZBURG | *Nach der* | *von dem K: K:* General=Quartiermeister=Staab *herausgegebenen* | SPECIAL CARTE DIESES LANDES | *von demselben entworfen und gezeichnet.* ‖ gestochen von Andreas | WITHALM».
Zusätze:	Li. u.: «ZEICHEN-ERKLÄRUNG». – Mi. u.: «*Maasstab von 4 Öst. P. Meilen oder 16000 Klaft:*». – Re. u.: Forts. der Zeichenerklärung.
Maße:	Karte: 57,5 x 64 cm; Platte: ca. 62 x 67 cm; Blatt: 62,5 x 74,5 cm. – Kaschierte Faltkarte ohne Rahmen: 56 x 62 cm; gefaltet (4 x 4) ca. 15,5 x 16,5 cm in Schuber (ca. 16 x 17 cm).
Maßstab:	1:288.000; 1" = 4.000 Kl. = 1 M.
Graduierung:	Im einfachen Strichrahmen s/w Minuten-Skala, alle 10' und volle Grade beziffert, diese tlw. durchgezogen. L von Salzburg: 30° 42' E.
Druckart:	Kupferstich, häufig auf Leinwand kaschiert und in Pappe-Schuber mit Rückenvergoldung.
Publ.-Art:	Separatdruck.
Standort:	KAW: B IX a 268/1813/ (3 Ex.). – ÖNB: FKB C.35.a.1 und K II 95.459. – SBB Haus 1: Kart. O 8985/1, Kart. O 8987 <a>, Kart. O 8990 <a>. Haus 2: Kart. O 8985, Kart. O 8987, Kart. O 8990. – SMCA: SL 39 (vier Ex., teils hs. korrigierte Grenzen).
Literatur:	DÖR S. 752, Anm. 173. Zu WITHALM (1777–1835): THB Bd. 36, S. 115.

Sonderdruck mit Widmung
1814

Der Wiener Kongreß bot den angereisten Delegationen neben der sprichwörtlich gewordenen Unterhaltung auch ein anspruchsvolles Kulturprogramm, um den Gästen die technischen und wissenschaftlichen Errungenschaften Österreichs vorzustellen. Unter diesen spielten seit der Zweiten Landesaufnahme Geodäsie, Kartographie und der Landkartenstich eine hervorragende Rolle. Daher standen Besuche des „geographisch-topographischen Fachs" des Generalquartiermeisterstabs obenan im Angebot und

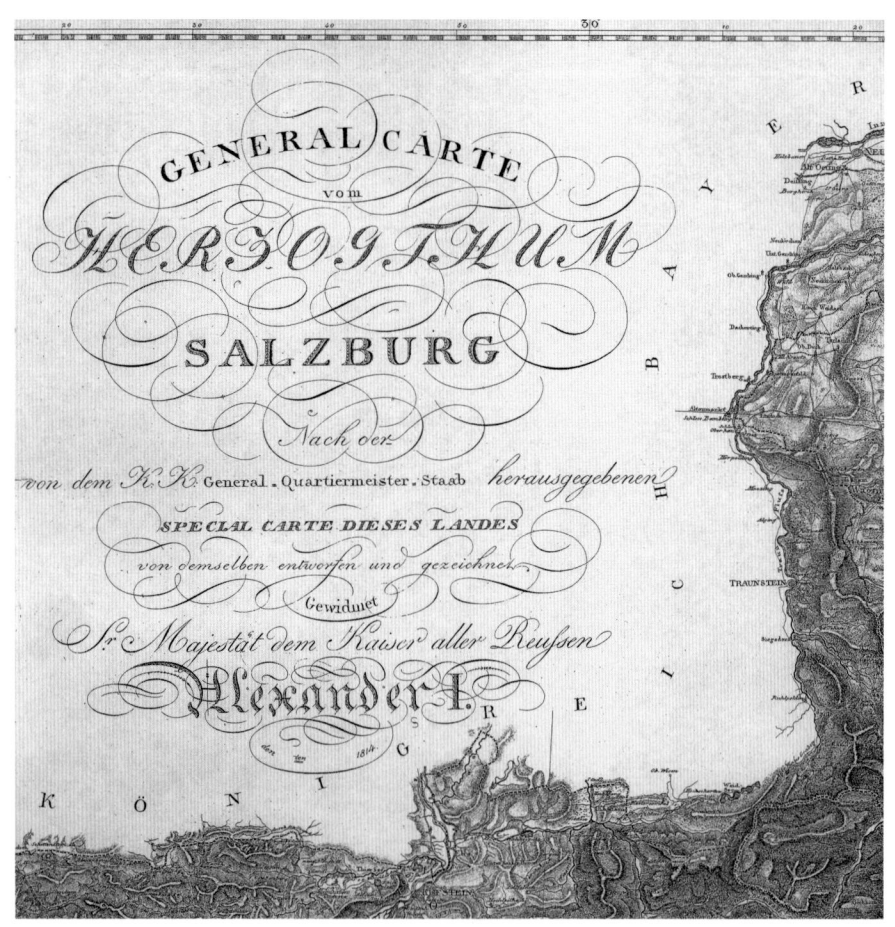

Abb. 75: Widmung der Karte an Zar Alexander I.

15.13.2

die Zeitungen berichteten ausführlich, als sich z. B. FRIEDRICH VI. von Dänemark die neuen Karten von Salzburg zeigen und erläutern ließ (u. a. „Wiener Zeitung", 4. November 1814, S. 1).

Für den höchsten Gast, Zar ALEXANDER I., hatte der Quartiermeisterstab sogar eine Sonderausgabe der Generalkarte mit gestochener Widmung unter dem Titel vorbereitet. Es ist aber fraglich, ob der Zar diese überhaupt in Empfang genommen hat. Dagegen spricht, daß die Zeitungen nichts davon melden und auf vier konsultierten Exemplaren die gestochene Jahreszahl des Datums nicht – wie vorgesehen – mit Tag und Monat ergänzt wurde. In der Literatur scheint dieser Sonderdruck nicht auf, während eine schon 1807 ALEXANDER I. gewidmete Wiener Umgebungskarte von Ludwig SCHMIDT dokumentiert ist (DÖR S. 501).

Titel: «... *gezeichnet.* | *Gewidmet* | *Sr. Majestät dem Kaiser aller Reussen* | *Alexander I.* | *den* <u>ten</u> *1814.*».
Zusätze: Unterrand re.: «*Gestochen v: Andr: Withalm*».
Maße: Unverändert. – Ein Berliner Ex. als Faltkarte auf Leinen kaschiert, Faltgröße 21 x 22,5 cm.
Standort: SBB Haus 1: Kart. O 8988 <a>. Haus 2: Kart. O 8988. – SMCA: SL 38. – SWS.

[1814]

Für die zweite (allgemeine) Auflage wurde die Widmung an den Zaren gelöscht und der Raum mit verschnörkelten Schwungstrichen gefüllt. Der durch die Widmung in den Unterrand verdrängte Name des Stechers verblieb dort.

Standort: ÖNB: a.B. 192(17).

Fortsetzung: 6.6

5.14
Franz Anton Jirasek (1781–1840)
„Salzburg und Berchtesgaden"
(1812)

Die nicht signierte Karte des salzburgischen „Salinen-Forstinspectors" und Direktors des „Mappirungsbureaus" JIRASEK (JRASEK, IRASECK) zeigt das Land in den alten Grenzen des Erzstiftes, jedoch ohne jene Osttiroler Gebiete, die auf Grund des Friedens von Schönbrunn an das Königreich Illyrien gekommen waren. Im Westen begrenzen der Inn zwischen Hall und Kufstein, das Westufer des Chiemsees und die Alz die Darstellung, um den großen Eckraum für den freistehenden Titel und die Zusätze verfügbar zu haben. Diese Anordnung erweckt den Eindruck, das während der Zugehörigkeit Salzburgs zu Bayern entstandene Blatt wolle deutlich die Distanzierung von dem Königreich betonen.

Die Karte ist sauber und ansprechend gestochen, stellt aber gegenüber der Zweiten Landesaufnahme zeichnerisch wie topographisch einen Rückschritt dar. Dieser zeigt sich vor allem in der Wiedergabe der Seen und der fließenden Gewässer sowie in der veralteten, teils nur schematischen Geländedarstellung. Nach der Originalausgabe wurde noch eine verbesserte Lithographie in kleinerem Format als Buchbeilage hergestellt (→ 6.12).

Titel: «*Salzburg* | *und* | *Berchtesgaden*». – Dem mit Schwungstrichen verzierten Titel ist nicht selten der hs. Vermerk «*von Jrasek*» und «*um 1812*» beigefügt.
Zusätze: Unter dem Titel: «*Maasstab von 2 Meilen*» und Meilenleiste. – Darunter: «*Erklärung* | *der Zeichen*». – Unter dem re. u. Eck: »*CS*».
Maße: Karte: 38,9 x 31 cm; Platte: 42,8 x 34,7 cm; Blatt: 47,5 x 39,3 cm.
Maßstab: 1 : 480.000; 1" = 6.666 $^{2}/_{3}$ Kl.; 3" = 5 M.
Graduierung: Im einfachen Doppelstrichrahmen s/w Minuten-Skala, alle 5' und volle Grade beziffert, diese fein durchgezogen.
L von Salzburg: 30° 42' E von Ferro.
Druckart: Kupferstich, meist mit Grenzkolorit. Auch in 6 oder 8 Teilen (3 x 2 bzw. 4 x 2) auf Leinwand aufgezogen.
Publ.-Art: Separatdruck.
Standort: BSM: Mapp. IX, 155 (kaschiert), 155 a (plano). – SBB Haus 2: Kart. O 9000. – SMCA: SL 41.5, L 03.
Literatur: SLA S. 15, L.38.

Fortsetzung: 6.12

5.15
John Cary sen. (ca. 1754–1835)
„BAVARIA"
1813, 1819

Fortsetzung von 4.36

Die Verkleinerung der Karte mit dem auf den Landesnamen verkürzten Titel hat ihr keineswegs geschadet. Die Darstellung ist vielmehr deutlicher und die Übersichtlichkeit besser geworden, wozu die sorgfältige Kolorierung beiträgt. Obwohl die Ausgabe mit 1813 datiert ist, als Salzburg schon drei Jahre in bayerischem Besitz war, scheint das Land mit seinen alten Grenzen als „Archbishopric" auf, da England die Säkularisationen und die Reichsauflösung nicht anerkannt hat.

Titel: «**BAVARIA**» in einem re. o. im Eck stehendem Oval (44 x 32 mm); knapp an dessen Unterrand in kleinen Typen: «BY JOHN CARY.».

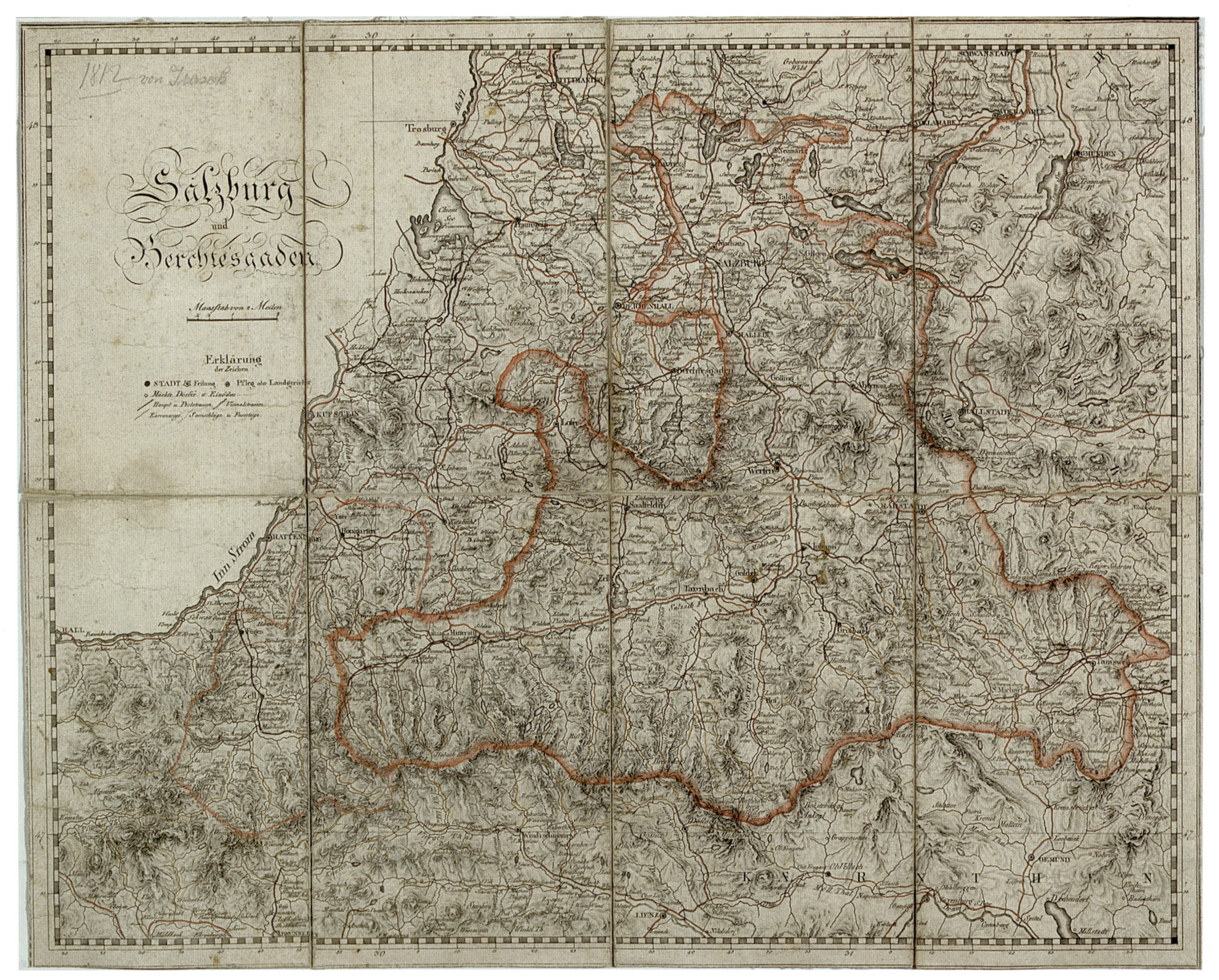

Abb. 76: Franz A. Jirasek: Salzburg und Berchtesgaden. 5.14

Zusätze:	Unter dem Titel Linearmaßstäbe für bayer., dt. und brit. „Statute" M. – Im Unterrand Mi.: «London: *Published by* J. Cary, *Engraver & Mapseller. Nº. 181 Strand, June 1.1813.*».
Maße:	Karte: 22,9 x 28,2 cm; Platte: 25 cm breit, höher als Blattgröße; Blatt: ca. 27 x 32 cm. – Atlas: ca. 29 x 33 cm.
Maßstab:	ca. 1:1,315.000. – 1" (inch) = 20 Statute Miles.
Graduierung:	Im Strichrahmen s/w 5'-Skala, volle Grade beziffert und diese durchgezogen. U. Mi. Zusatz bei «12»: «Longitude East from Greenwich». L von Salzburg: 12° 58' E.
Druckart:	Kupferstich mit zartem Flächen- und kräftigerem Grenzkolorit.
Publ.-Art:	Atlasblatt (mit aufgeklebter Nr. 26) aus: «CARY's | *NEW* | **UNIVERSAL ATLAS** | CONTAINING | **DISTINCT MAPS** | OF ALL THE | Principal States and Kingdoms | THROUGHOUT THE | **WORLD**...» wie 4.36 bis zur Jahreszahl «1813». – 1819 ist der Atlas in einer Neuausgabe mit 61 Karten erschienen, von denen etwa die Hälfte neu gestochen wurden. Sie zeigen die vom Wiener Kongreß beschlossenen Grenzen, und der Atlastitel enthält den Hinweis: „and shewing the whole of the new divisions according to the congress of Vienna."
Standort:	LCW: 736 (1819). – SWS.

5.16
K. k. Schulbücher-Verschleiss
„Baiern"
(1813)

Der halbamtliche „k. k. Schulbücher-Verschleiss" (später mit „Administration" ergänzt und dann auf „Verlag" gekürzt) nahm 1811 in Wien die Produktion preiswerter Schulatlanten auf, von denen nur wenige (fast immer unvollständig) erhalten blieben. Der erste Schulatlas erschien in Lieferungen ab Oktober 1811 und lag 1813 mit 67 Kartenblättern komplett vor.

5 Die Jahre des Wechsels: 1803–1816

In diesen Jahren war Salzburg noch ein Teil des Bayerischen Salzachkreises und fehlt auf der Inselkarte von Österreich ebenso wie das Innviertel und Nordtirol. Für die späteren Ausgaben wurden die Karten nach den Beschlüssen des Wiener Kongresses berichtigt. Bei der ziemlich groben Wiedergabe Salzburgs vermißt man u. a. den Zeller- und den Wallersee. Die stark verzerrte Südgrenze des Kreises bildet zwischen Ankogel und Murtörl einen großen, den Tauernhauptkamm nach Norden verlassenden Bogen, durch den u. a. das obere Großarltal bis Hüttschlag „Illyrien" (= Kärnten) zugeteilt wird.

Titel:	«**BAIERN**» re. o. freistehend im Eck, umrahmt von einfachen Schwungstrichen.
Zusätze:	Im Kartenfeld re. u. im Eck freistehend zwei Linearmaßstäbe für „geographische Stunden" und dt. oder geogr. M. – Im u. Kartenrand li.: «*S. B. V. Adm. – 12 Kr. W.W.*», – re. Privilegshinweis: «*C.P.S.C.R.A.M.*».
Maße:	Karte: 29,3 x 40,5 cm; Platte: 31 x 42,5 cm; Blatt: ca. 36 x 44 cm. – Atlas ca. 38 x 46 cm.
Maßstab:	ca. 1:1,300.000.
Graduierung:	Im einfachen Strichrahmen s/w 10'-Skala, alle 30' und volle Grade beziffert, diese als Netz durchgezogen. L von Salzburg: 30° 44' E.
Druckart:	Kupferstich, Landes- und Kreisgrenzen handkoloriert.
Publ.-Art:	Atlasblatt aus: «**ATLAS** | *DER NEUEN GEOGRAPHIE* | *zum Gebrauche der Schulen* | *in den österreichisch kaiserl. königl.* | *DEUTSCHEN ERBSTAATEN* | *Wien* | *Im Verlage des k. k. Schulbücher=Verschleisses bey St. Anna* | *in der Johañis Gasse*». Darunter in reichen Schwungstrichen, die einen stilisierten Doppeladler bilden, «*1813*» und «*Gestochen vom Fr. Reisser*». Ganz u. «*Verzeichniss der Karten*» in sieben Kolonnen und u. dem verstärkten Schlußstrich Hinweis auf das kaiserl. Privilegium «*C.P.S.C.R.A.M.*»; ganz li.: «*Preis 16f. 45 kr. W.W.*».
Standort:	StBM: 28.803. – BTh: III 29.360.
Literatur:	AA S. 141 f.; SBV A (1813), 13. – DÖR S. 743–749. Zu REISSER: THB Bd. 28, S. 141.

Fortsetzung: 6.1

6 Salzburg als Kreis Oberösterreichs 1816–1849

Die zwischen dem Wiener Kongreß und der Revolution von 1848 liegenden drei Jahrzehnte, die man als idyllisches Biedermeier zu verklären pflegt, waren nach dem Zerbrechen der alten Ständegesellschaft im Gefolge der Napoleonischen Kriege in Wahrheit von der sozialen Katastrophe des frühkapitalistischen Pauperismus geprägt.

Der Janus-Kopf dieser Epoche vordergründiger Harmonie bestimmte auch den Stil der zeitgenössischen Landkarten, die teilweise noch dem Klassizismus des Empire, teils aber schon dem heraufdämmernden technischen Zeitalter zuzuordnen sind. Auf topographischen Karten finden sich nunmehr als neues Element neben den gewohnten Inserts „moderne" Geländeprofile oder Panoramen und thematische Zusätze, wie statistische Tabellen oder Übersichten zur Verwaltungs- und Gerichts-Gliederung. Die Nordorientierung der Karten ist so allgemein üblich geworden, daß fast immer auf Kompaßrosen, Nordpfeile oder die Angabe der Himmelsrichtungen verzichtet wird. Der Anteil der Privatkartographie aus neugegründeten kartographischen Instituten und den aufblühenden lithographischen Anstalten nimmt unerwartet rasch zu. Die Karten dieser Gruppe zeigen Salzburg als „Salzachkreis" Oberösterreichs von der Übergabe an die habsburgische Monarchie im Jahre 1816 bis Ende 1849 allein oder in einem größeren Verband. Der 1. Jänner 1850 bildet durch die Erhebung Salzburgs zum Kronland eine so wichtige und überdies mit einer runden Jahreszahl ausgezeichnete Zäsur, daß die Teilung inhaltlich und graphisch zusammengehöriger Kartenstämme – die sich überdies wegen der Zahl der Ausgaben empfiehlt – gerechtfertigt erscheint.

6.1 K. k. Schulbücher-Verschleiss-Administration

Fortsetzung von 5.16

Im Sinne der Beschlüsse des Wiener Kongresses wurden sieben Karten der Erstauflage des „Atlas der neuen Geographie" von 1813 korrigiert oder neu gestochen, darunter auch jene, die unter verschiedenen Blattnummern zusätzlich zu Oberösterreich nun dessen neuen Kreis, das Herzogtum Salzburg, umfassen. In Anbetracht der Aktualisierung der Karten erstaunt es, daß man für die neue Auflage das alte Titelblatt von 1813 beibehalten und auf die kleine Korrektur der Jahreszahl verzichtet hat.

Literatur: DÖR S. 743–749.

6.1.1 Oesterreich

[nach 1815]

Der westlichste Abschnitt des Oberpinzgaus überragt links den Kartenrahmen der Inselkarte um ca. 2 cm, und die Südgrenze Salzburgs ist ebenso fehlerhaft eingetragen wie auf dem Bayern-Blatt.

Titel: «**OESTERREICH.**» li. o. freistehend im Eck mit Schwungstrichen.
Zusätze: Ganz re. im o. Kartenrand: «*5.*». – Im Kartenfeld Mi. u. Liste der «*Viertel*» der Länder unter und ob der Enns, an letzter Stelle als «IX. *Salzburgerviertel*». – Re. u. im Eck freistehend: «*Massstab | von 6 Strassenmeilen.*» – Im u. Kartenrand li.: «*20 Kr.*», re.: Verlagssignatur: «*S. B. V. A.*».
Maße: Karte: 39 x 28,5 cm; Platte: 41 x 29,5 cm. – Atlas: 46 x 38 cm.
Maßstab: ca. 1 : 1,000.000.
Graduierung: Im einfachen Strichrahmen s/w 10'-Skala, alle 30' und volle Grade beziffert, diese als Netz durchgezogen. L von Salzburg: 30° 40' E.
Druckart: Kupferstich.
Publ.-Art: Atlasblatt aus: «**ATLAS** | ***DER NEUEN GEOGRAPHIE*** ...» weiter wie in der Erstaufl. (5.16).
Standort: StBM: 28.803. – BTh: III 29.360.
Literatur: AA S. 142 f.: SBV A (nach 1815), Nr. 5.

6.1.2 Bernhard Biller d. Ä. (1778–1855) Erzherzogthum Österreich

(1828)

Das Erscheinungsjahr von Karte und Atlas wird in einem „Circulare" des Verlags mit 1828 angegeben. Die Blätter sind nach dem Inhaltsverzeichnis beziffert, auf der Karte fehlt aber die Nummer.

Titel: «**ERZHERZOGTHUM** | **ÖSTERREICH**».
Zusätze: Den li. o. freistehenden Titel umgeben zwei Schwungstriche, an die sich der Stechername anschmiegt: «*Bernhard Biller sc:*». – Freistehend re. u. «**POLITISCHE EINTHEILUNG**»: Vier Viertel des Landes unter und fünf Kreise des Landes ob der Enns.

Maße:	Karte: 38,6 x 28,7 cm. – Atlas: 47 x 37,5 cm.
Maßstab:	ca. 1 : 1,000.000.
Graduierung:	Im schmalen Strichrahmen s/w 10'-Skala, alle 30' und volle Grade beziffert, diese als Netz durchgezogen. L von Salzburg: 33° 44' E.
Druckart:	Kupferstich, Grenzen handkoloriert.
Publ.-Art:	Atlasblatt (lt. Inhaltsverzeichnis Nr. 10) aus: «**ATLAS** | DER | **NEUESTEN GEOGRAPHIE** | ZU DEN | GEOGRAPHISCHEN LEHRBÜCHERN | FÜR DIE | **K. K. GYMNASIEN.** | *Preis 6fl. Conv. Münze.* | (Zier-Querstrich mit Blättern und Blüten) WIEN, | im Verlage der k. k. Schulbücher-Verschleiss-Administration bey St. Anna in der Johannis-Gasse.». – Auf der Rs. des Titelblatts: »Verzeichniss der Landkarten.« mit 36 Nummern in fünf Gruppen.
Standort:	UBW: III 60.763.
Literatur:	AA S. 144f.: SBV C (1828), Nr. 10. – MdW S. 246.

6.1.3
Erzherzogthum Österreich

1840

Wie im Inhaltsverzeichnis der vorigen Auflage trägt nun die neu und feiner gestochene Karte die Nr. 10. Sie ist sowohl im Atlas als auch im „Lehrbuch" enthalten.

Titel:	«ERZHERZOGTHUM | **ÖSTERREICH**» li. o. in einem dreifachen Strichrahmen mit eingezogenen Viertelkreisecken, der an ein städtisches Straßenschild erinnert.
Zusätze:	«POLITISCHE EINTHEILUNG» freistehend re. u. im Kartenfeld wie vorher, aber zusätzlich durch vier zugespitzte Querstriche gegliedert. – Im Oberrand ganz li.: «*10.*».
Publ.-Art:	Kartenbeilage in: «Lehrbuch | der | **neuesten Geographie** | für die | k. k. Gymnasien. | (Querstrich) Erster Theil. | **Das österreichische Kaiserthum.** | (Perlen-Querstrich) Mit drey Landkarten. | (Zwischen zwei Strichen:) Kostet ungebunden 58 Kr. C. M. | Gebunden in steifen Deckel 1 Fl. 4 Kr. C. M. || Wien, | im Verlage der k. k. Schulbücher=Verschleiß=Administration | bey St. Anna in der Johannis=Gasse. | 1840.». – Auf der li. Innenseite gegenüber dem Titel ein großes, nicht signiertes Wappen von Kaiser FERDINAND I.
Standort:	UBW: I 199.977/I, 1840.

(1843)

Die Karte ist identisch mit der vorigen, sodaß lose Stücke aus beiden Auflagen stammen können. Auf dem Titelblatt des Lehrbuches wurden die Jahreszahl auf 1843 und die Preisangabe um 2 Kreuzer korrigiert: «Kostet ungebunden 1 Fl. C. M. \| Gebunden in steifen Deckel 1 Fl. 6 Kr. C. M.» Unter dem weiterhin links stehenden Wappen nun: «*Gezeichnet und Gestochen von Bernhard Biller 1843.*»

Standort:	UBW: I 199.977/I, 1843.

(1845)

Laut einer Rezension der Ausgabe von 1863 in der „Zeitschrift für die österreichischen Gymnasien" ist schon 1845 eine weitere, revidierte Ausgabe erschienen, von der aber noch kein Exemplar gefunden wurde.

Literatur:	AA S. 145: SBV C (1845).

6.1.4
Giovanni Marieni (1783–1867)
„Arciducato d'Austria"

(1833)

Außer den Atlanten in deutscher Sprache erschien auch eine italienische Ausgabe, die nach Entwürfen von Generalmajor MARIENI und zumindest teilweise nach Vorlagen der Schulbücher-Verschleiß-Administration im militärgeographischen Institut bzw. in der k. k. Hofdruckerei in Mailand hergestellt wurde. Der als Ingenieur und Kartograph ausgebildete MARIENI konnte offenbar mit seinem Atlas die Nachfolge Carlo ROSSARIs antreten (→ 6.9). Er besorgte auch 1841/43 die Nachprüfung der Triangulation des Lombardo-Venezianischen Königreichs und der Toskana.

In der Österreich-Karte fehlt die Pferdeeisenbahn Linz–Budweis, mit deren Bau 1825 begonnen worden war und die 1832 den Betrieb aufnahm. Wie alle Schulatlanten fand auch dieser kaum Beachtung durch die Bibliotheken, sodaß kein kompletter Atlas gefunden werden konnte. Sein Titel wird nach dem Exemplar zitiert, das 1997 ein Salzburger Antiquariat im Angebot hatte.

Titel:	«ARCIDUCATO | **D'AUSTRIA**» li. o. freistehend im Eck mit wenigen Schwungstrichen.
Zusätze:	Im Oberrand ganz re.: «**Tav. 10**». – Freistehend re. u.: «DIVISIONE POLITICA» mit je vier «Quartiere» unter und ober der Enns, dazu «**IX** *Circolo di Salisburgo (Salzburg)*». – Darunter Linearmaßstab für ital. M.
Maße:	Karte: 38,7 x 28,6 cm; Blatt: 45 x 38 cm. – Atlas: ca. 55 x 42 cm.
Maßstab	ca. 1 : 1,125.000
Graduierung:	Im einfachen Strichrahmen s/w 10'-Skala, alle 30' und volle Grade beziffert, diese als feines Netz durchgezogen. L von Salzburg: 30° 42' E.
Druckart:	Lithographie, Grenzen handkoloriert.
Publ.-Art:	Atlasblatt Nr. 10 aus: «**ATLANTE DI GEOGRAFIA MODERNA** | PER USO | DEI GINNASI DEL REGNO LOMBARDO-VENETO | RICAVATO E TRADOTTO IN ITALIANO DALL' ORIGINALE DI VIENNA | DALL' INGEGNERE GIOVANNI MARIENI | ... | (Querstriche, Inhaltsverzeichnis) MILANO, | DALL' IMPERIALE REGIA STAMPERIA | 1833.».
Standort:	ÖNB: K I 104.028 (Atlasfragment; Karte fehlt). – SWS (Karte).

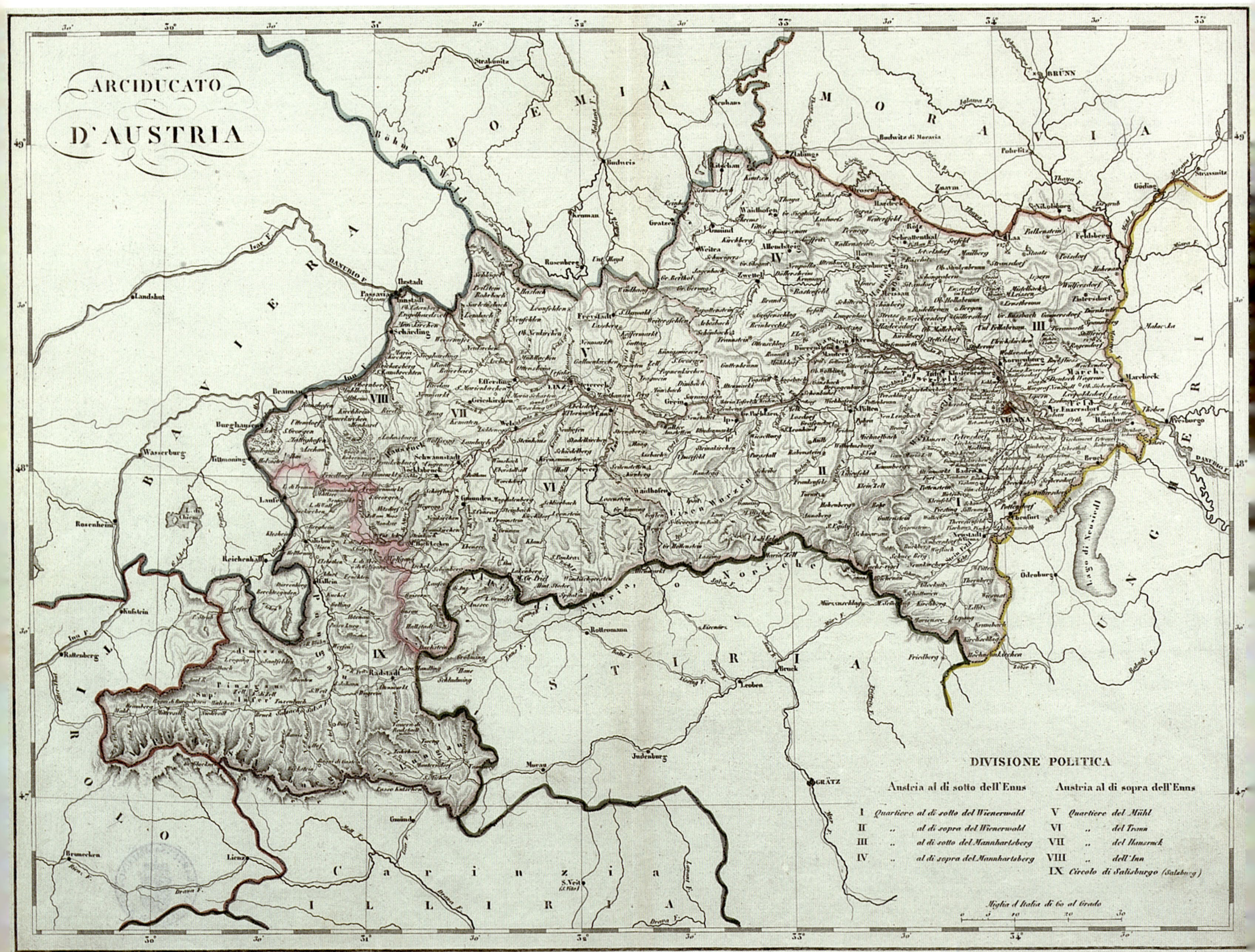

Abb. 77: Giovanni Marieni: Arciducato d'Austria, 1833.

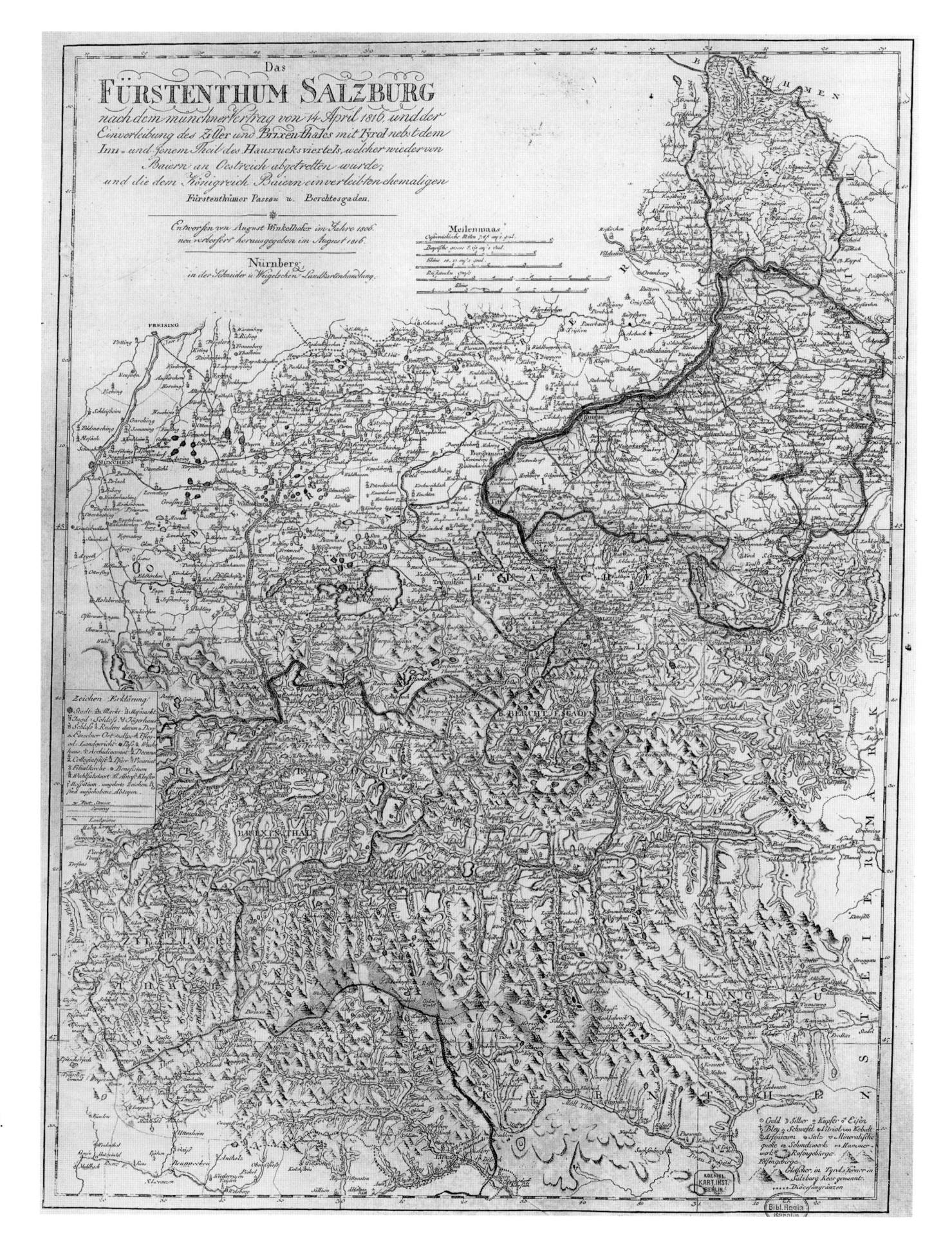

6.2.

Abb. 78: August Winkelhofer:
Das Fürstenthum Salzburg, 1816.

Literatur: MESSNER, Robert: Das kaiserlich-königliche militärgeographische Institut zu Mailand. L'imperiale regio istituto geografico militare a Milano. 1814–1839, 25 Jahre österreichische Militärgeographie in Italien. Bundesamt für Eich- und Vermessungswesen, Wien 1986.
Zu MARIENI: LGK S. 411, 817.

Fortsetzung: 7.16

6.2
August Winkelhofer (1771–1832)
„Das Fürstenthum Salzburg"

Fortsetzung von 5.3

Nach der Übergabe Salzburgs an Österreich beeilte sich der rührige Autor, seine populäre Karte der neuen Situation anzupassen. Wie früher wählte er (oder der Verleger?) dafür den einfachsten Weg: Die relativ große Insertkarte von Eichstädt links oben und das Stückchen Donaugegend links davon wurden beseitigt und auf ihren Platz der neue, wieder rahmenlose Titel gestellt. Die Maßstäbe beließ man aber an ihrem alten Platz, sodaß sich über diesen neben dem Titel ein großer leerer Fleck ausdehnt. Diese Anordnung wurde auch für die letzte Auflage beibehalten, 25 Jahre nach dem ersten Erscheinen von WINKELHOFERs Werk.

1816

Titel: Freistehend li. o.: «Das | **FÜRSTENTHUM SALZBURG** | *nach dem münchner Vertrag vom 14. April 1816, und der* | *Einverleibung des Ziller und Brixenthales mit Tyrol nebst dem* | *Inn= und jenem Theil des Hausruckviertels, welcher wieder von* | *Baiern an Oestreich abgetreten wurde;* | *und die dem Königreich Baiern einverleibten ehemaligen* | *Fürstenthümer Passau u. Berchtesgaden.* ‖ (Querstriche mit Stern) *Entworfen von August Winkelhofer im Jahre 1806.* | *neu verbessert herausgegeben im August 1816.* ‖ (Querstrich) **Nürnberg,** | *in der Schneider u. Weigelschen Landkartenhandlung.*». Der Landesname ist von zarten Schwungstrichen umgeben.
Zusätze: Re. neben dem Titel freistehend die bisherigen Maßstäbe, die Zeichenerklärungen wie vorher, aber ohne Farbsignaturen der Kreisgrenzen und Signatur der Gerichtsgrenzen im Unterrand.
Druckart: Kupferstich, Rahmen und Grenzen handkoloriert.
Publ.-Art: Separatdruck.
Standort: SBB Haus 2: Kart. 0 8963. – SMCA: SL 44, L 03.

1824

Der Generalquartiermeisterstab hatte schon 1818 auf seinen Karten den Grenzverlauf entsprechend dem neuen Vertrag von München korrigiert (→ 6.6). Für die Karte von WINKELHOFER erfolgte die Revision erst 1824 durch J. N. DIEWALD.

Titel: «Das | **FÜRSTENTHUM SALZBURG** | *nach dem münchner Vertrag vom 14. April 1816, ...* (weiter wie vorher bis Querstriche mit Stern) *Entworfen von August Winkelhofer, revidirt,* | *vermehrt u. verbessert von J. N. Diewald.* ‖ (Querstrich) **Nürnberg** | *in der Schneider u. Weigelschen Landkartenhandlung.* | *1824.*».
Zusätze: Unverändert wie vorher, mit Zeichenerklärung für Bodenschätze und Gletscher im re. u. Eck.
Standort: SMCA: SL 45, L 03.
Literatur: BIG S. 886.

1828

Die späte Neuauflage unterscheidet sich von der vorigen nur durch die geänderte Jahreszahl «*1828*» in der letzten Zeile des Titels.

Standort: SBB Haus 1: Kart. O 8965 <a>. Haus 2: Kart. 0 8965. – SMCA: SL 46, L 03. – UBS: 7.031 IV.
Literatur: BIG S. 886.

6.3
Daniel Friedrich Sotzmann (1754–1840)
„Die Baierische Monarchie"

Fortsetzung von 5.11

1816

In topographischer Hinsicht blieb die Karte unverändert. Die Neuauflage dokumentiert aber noch im gleichen Jahr die territorialen Folgen des Münchner Vertrages zwischen Österreich und Bayern mit der Übergabe des Rupertiwinkels an Bayern und dem Anschluß Salzburgs an das Kaiserreich.

Titel: Freistehend li. u. im Eck: «*Die* | **BAIERISCHE MONARCHIE** | *nebst dem Kön. Würtemberg, Grossherzt. Baaden,* | *Fürstenthum Hohenzollern, Lichtenstein* | *und angränzenden Ländern* | *aus* | **D. F. Sotzmanns neuer Charte von Deutschland** | *besonders herausgegeben und neu begränzt nach dem Münchner Vertrag von 14. April 1816.* | *Nürnberg bey A.G. Schneider und Weigel* | *Kön. Baier. priv. Kunst und Landkartenhandlung 1816*».
Zusätze: Wie vorher, aber nur mehr sieben Farbsignaturen.
Standort: DMM: XXV E 4c Sotzmann.
Literatur: LIN S. 77, Abb. 44; S. 190, D 44.

6.4
Tranquillo Mollo (1767–1837)
Dirwaldt'scher Atlas

Fortsetzung von 5.10

Der „Allgemeine Hand-Atlas" von Joseph DIRWALDT ist erstmalig 1816 mit 27 Blättern und teilweiser Verwendung früherer Karten bei MOLLO erschienen (→ 5.10.3). Viele Blätter wurden vom Herausgeber auch in dessen „Lehrbuch der Geographie" aufgenommen. Mehrfach überarbeitet und bis auf 64 Kartenblätter erweitert, blieb der Atlas für fast zwei Jahrzehnte ein verläßlicher „Renner" im Verlagsprogramm. Er enthält zwei Salzburg betreffende Karten: eine des Herzogthums und eine von „Österreich ob und unter der Enns" mit dem Salzburger Kreis in zwei Versionen.

6.4.1
„Herzogthum Salzburg"
(1813), 1816

Die undatierte Karte scheint schon 1813 vorgelegen zu haben, doch wurde sie erst in den Atlas von 1816 aufgenommen. Die Zuordnung loser Blätter ist mittels der über dem rechten oberen Karteneck stehenden arabischen Blattnummer nur begrenzt möglich: Nr. «*29*» war in den Ausgaben 1816 und 1818 enthalten und Nr. «*16*» in der Ausgabe 1820. In den Ausgaben 1824, 1831 und 1835 hat die Karte immer Nr. «*18*». Das vermutete Entstehungsjahr erklärt, wieso noch in den Ausgaben von 1816 und später Windisch-Matrei und der Rupertiwinkel mit Signatur und Kolorit als salzburgische Gebiete ausgewiesen werden. Die Geländedarstellung der Plattkarte mit rechtwinkeligem Gradnetz erfolgt in zarter Schwungstrichmanier, die Seen sind eng horizontal schraffiert.

Titel:	Freistehend li. o. im Eck, kaum verziert: «Herzogthum | SALZBURG | *nach den besten und zuverlässig-* | *sten Hülfsmitteln verfasst.* ‖ (Querstrich) in Wien bey Tranquillo Mollo.».
Zusätze:	Über dem re. o. Karteneck je nach Ausgabe ohne oder mit Blattnummer. – Li. u. im Eck freistehend: Linearmaßstab für dt. oder geogr. M. – Re. u. im Eck freistehend: Zeichenerklärung.
Maße:	Karte: 44,8 x 32,6 cm; Blatt: 48 x 37 cm. – Atlas: ca. 51 x 39 cm.
Maßstab:	1 : 480.000; 1" = 6.666 $^2/_3$ Kl., 3" = 5 M.
Graduierung:	Im schlichten Strichrahmen s/w 2'-Skala, alle 10' und volle Grade beziffert, 30'-Netz durchgezogen. L von Salzburg: 30° 40' E.
Druckart:	Kupferstich und Radierung kombiniert: Geländeschraffen geätzt, alles andere gestochen, Ortssiglen punziert. Rahmen und Grenzen mehrfarbig handkoloriert. Auch auf kräftigem, hellblau getöntem Papier.

Publ.-Art:	Atlasblatt aus: Titel wie 5.10.3: «Allgemeiner | **H a n d = A t l a s** | *zum Gebrauch für die Jugend in höhern und niedern Schulen …*».
Standort:	KAW: B IX c 267 (ohne Blatt-Nr.). – ÖNB: 757.609-E.K (ohne Blatt-Nr.). – SMCA: SL 47, L 03. – SMS. – SWS.
Literatur:	AA S. 68f.: Mol / Dir B (1816/1817), Nr. 29. – DÖR S. 469ff.: Mol 47/29. – ESP S. 312. – FBA S. 37f. – SLA S. 15, L.40.

1818

Die inhaltlich unveränderte Karte zeichnet sich wie jene der ersten Auflage durch ihren kräftigen Druck aus. Der Atlas besteht zunächst aus 33 und später aus 53 Karten. In seinem Titel wurde nur die Jahreszahl geändert. – ESPENHORST nennt (S. 312) mit unsicheren Jahreszahlen von 1820 und 1824 weitere Auflagen als Auszüge aus dem „Allgemeinen Hand-Atlas", die bisher nicht gefunden werden konnten.

Standort:	ÖNB: FKB 273/48 (33 Blätter).
Literatur:	AA S. 69 und Abb. 10: Mol / Dir B (1818/20, 53 Blätter). – ULB S. 26, Nr. 29.

6.4.2
„Oesterreich ob und unter der Enns"
1824

Die in allen Atlasausgaben und in dem Geographie-Lehrbuch enthaltene Karte zeigt das Erzherzogtum mit dem verkleinerten und Oberösterreich als Kreis zugeteilten Land Salzburg. In politischer und territorialer Hinsicht gibt sie einen guten Überblick, doch sind die Geländedarstellung in Schwungstrichmanier und die Zeichnung des Gewässernetzes weniger gelungen als auf der Karte von Salzburg. Beispielsweise geht die ohnedies stark verzerrte Salzach bruchlos in die Gerlos über, und der Wallersee ist als „Mattig See" beschriftet, wogegen dieser und die anderen Trumer Seen fehlen. Andererseits verdient die Wiedergabe des Verkehrsnetzes mit Unterscheidung von Haupt- (Post-) und Nebenstraßen Anerkennung. Die graphische Aufmachung der Karte erinnert durch den Klaviertastenrahmen mit eng gesetzten Querstrichen an die Stiche von ARTARIA, bei dem MOLLO gearbeitet hatte, bevor er sich selbständig machte.

Titel:	Freistehend li. o. im Eck, mit Schwungstrichen verziert, Landesname waagrecht schraffiert: «**OESTERREICH** | *OB- UND UNTER DER ENNS* | *nach den neusten und besten* | *Hülfsquellen.* | *1824.* | Wien bey Tranquillo Mollo.».
Zusätze:	Über dem re. o. Karteneck: BN «*12*». – Re. u. im Eck freistehend Liste der Viertel der beiden Länder mit den in der Karte verwendeten Abkürzungen («**S.K.** das ist Salzburger Kreis»), Zeichenerklärung und Linearmaßstab für geogr. M. – Unter dem re. u. Karteneck: «*Lehrbuch der Geographie I. Theil*», wenn in diesem enthalten. Bei Separatdrucken trotz Rasur noch lesbar.

6 *Salzburg als Kreis Oberösterreichs 1816–1849*

Abb. 79: *Tranquillo Mollo: Herzogthum Salzburg, 1816.*

6.4.1

Maße:	Karte: 45,3 x 32,2 cm; Platte: 50,3 x 38,9 cm; Blatt: 53 x 43 cm.
Maßstab:	ca. 1:930.000, kein glattes Verhältnis Zoll = M. feststellbar.
Graduierung:	Innen durchlaufende s/w 5'-Skala, im Strichrahmen mit kräftigen Querstrichen alle 30' und volle Grade in kleinen Kreisen beziffert und Netz durchgezogen.
Druckart:	Kupferstich, Grenzen handkoloriert.
1. Publ.-Art:	Wie 6.4.1 Atlasblatt aus: «Allgemeiner	**H a n d = A t l a s** …».
2. Publ.-Art:	Buchbeilage in: „Lehrbuch der Geographie, I.te Abtheilung."
Standort:	ÖNB: 303.743-F.Kar (Atlas). – SMCA: SL 328, L 12.
Literatur:	AA S. 71: Mol/Dir B (1824/1829), Nr. 14. – DÖR S. 471 ff., Mol 47/5. – ULB S. 478, Nr. 949.

[1835]

In einer späteren, noch nicht genauer erfaßten Atlasausgabe ist eine undatierte Version der Karte erschienen, die sich in ihrem Inhalt kaum von der vorigen unterscheidet, doch wird der Verlag mit „vorm." bezeichnet. Dies hat nichts mit dem Todesjahr MOLLOs zu tun, da dieser schon 1831 die Firma seinen Söhnen übertragen hatte.

Titel:	Wie 1824, ohne Jahreszahl und letzte Zeile: «Wien, vorm: T. Mollo.».
Zusätze:	Re. o. über dem Karteneck: «*14.*». – Re. u. unter dem Karteneck: «*Lehrbuch der Geographie I. Theil*», bei Separatdrucken rasiert, aber erkennbar.
Graduierung:	Innen durchlaufende s/w 5'-Skala, im Strichrahmen mit kräftigen Querstrichen alle 30' und volle Grade in kleinen Kreisen beziffert und Netz durchgezogen.
Standort:	ÖNB: KB 99.088.
Literatur:	ULB S. 479, Nr. 950 (mit Datierung „um 1840").

6.4.3
„Karte von Oesterreich"
1832

MOLLOs Söhne brachten eine mit 1832 datierte „Nachfolgekarte" im DIRWALDT-Handatlas von 1831 heraus. Bei etwas kleinerem Maßstab deckt sie ein größeres Gebiet ab, sodaß im Westen noch München und Innsbruck erfaßt werden. Ein neues Element (auf das schon bei der undatierten Neuauflage der Karte von 1824 hingewiesen wurde) bildet die Betonung des Rahmens durch Querstriche, in die in kleinen Kreisen die Gradzahlen eingesetzt sind. Die Viertel der Kronländer weisen römische Zahlen auf, die in einer Übersicht rechts unten im Kartenfeld erläutert werden.

Titel:	Freistehend li. o. im Eck (ohne Schwungstriche): «*Karte	von |* **OESTERREICH**	*OB- UND UNTER DER ENNS*	*nach den neusten und besten	Hülfsquellen	1832	Wien bey Tranquillo Mollo's Söhne*».
Zusätze:	Re. u. freistehend Tabelle der Kronländer und ihrer Viertel, Zeichenerklärung und Linearmaßstab.

Maße:	Karte: 43,4 x 32,8 cm; Platte: Ränder nicht erkennbar. Blatt: 47,5 x 37 cm. – Atlas. ca. 50 x 38 cm.
Maßstab:	1:1,080.000; 1" = 15.000 Kl., 4" = 15 M.
Graduierung:	Strichrahmen mit weniger eng gesetzten längeren Querstrichen, innen s/w 10'-Skala. Volle Grade in Kreisen beziffert und Netz durchgezogen, 30' sehr klein und ohne Kreise beziffert.
Druckart:	Kupferstich, Grenzen handkoloriert.
Publ.-Art:	Atlasblatt aus: «Allgemeiner	**H a n d = A t l a s**	…	von	*JOSEPH DIRWALDT.*	1831	… *Wien, Tranquillo Mollo's Söhne.*».
Standort:	ÖNB: K I 119.411.
Literatur:	AA S. 73, Mol/Dir B (1831/1833).

6.4.4
J. Georg Schmidtfeldt (Daten unbekannt)

Der biographisch bisher nicht faßbare Kartograph lieferte der Firma MOLLO zumindest zwei Karten, die Salzburg als Kreis Oberösterreichs darstellen. Seine Karte des „Österreichischen Kaiserstaates mit Angabe aller Poststraßen", 1830 von MOLLO in Wien publiziert, kann nicht als Landeskarte betrachtet werden.

6.4.4.1
Taschenatlas
(1831)

Laut einer Firmenanzeige erschien 1831 der Taschenatlas von SCHMIDTFELD (SCHMITFELD) mit 31 kleinen Karten, dessen Blatt Nr. VIII Oberösterreich mit dem Salzburger Kreis zeigt. Die Karten können kaum als Aushängeschild des renommierten Verlages gelten Insbesondere läßt sich die Geländedarstellung nicht durch den kleinen Maßstab entschuldigen. Beispielsweise werden Hohe und Niedere Tauern, Tennengebirge, Dachstein und Totes Gebirge unter der Bezeichnung «Norische Alpen» zu einer schmalen, wurmförmigen Kette von Rattenberg bis zum Gesäuse verbunden. Orte fehlen auch dort, wo Platz für Eintragungen wäre. Im Salzburger Kreis findet man außer der „Kreisstadt" nur die Namen Werfen, Radstadt und Mittersill sowie «Salza F». Die Zeichenerklärung weist ebenso wie die ARTARIA-Karte von FRIED (→ 6.10.1) den beharrlichen Druckfehler „Hauptsadt" auf.

Titel:	«Erzherzogthum	**OESTERREICH**	Ob- und unt: der Enns	*nebst dem*	Salzburger Kreis	Wien bey T. Mollo».
Zusätze:	Re. o. im Kartenrand: «Nº VIII.». – Re. u. im Eck Liste der Landesviertel unter und ober der Enns sowie des Salzburger Kreises. Die neun Nummern der Liste korrespondieren mit jenen der Karte. – U. Mi. Maßstabsleiste für 20 dt. M.

Maße:	Karte: 12,6 x 10,3 cm; Blatt: ca. 19,5 x 16 cm.
Maßstab:	1:3,456.000; 1" = 48.000 Kl. = 6 M.
Graduierung:	Im einfachen Strichrahmen s/w 10'-Skala, volle Grade beziffert und Netz durchgezogen. L von Salzburg: 30° 40' E.
Druckart:	Kupferstich mit Hand-Grenzkolorit.
Publ.-Art:	Atlasblatt aus: «TASCHEN ATLAS | ÜBER | ALLE THEILE DER ERDE | *für den ersten geographischen Unterricht für* | *Knaben und Mädchen* | VON | J. G. Schmidtfeldt | *Wien bey T. Mollo*».
Standort:	UBW: I 260.242.
Literatur:	AA S. 75: Mol / Schm A, VIII.

6.4.4.2
Karte von Oesterreich

1834

Wenige Jahre später lieferte SCHMIDTFELD eine Karte von Österreich in größerem Maßstab, die sich in überraschendem Gegensatz zu dem kleinen Atlasblatt durch ihre topographischen Qualitäten bei großer Lagerichtigkeit und deutlichem Stich auszeichnet. Sie steht in einem kräftigen Klaviertastenrahmen des Typs ARTARIA. Die „Viertel" der beiden Kronländer sind mit großen Buchstaben markiert (nur Salzburg als „Kreis"), die in der „Eintheilung" erklärt werden. In der Geländedarstellung stößt man relativ oft auf „Vulkane": weiße Kreise inmitten strahlenförmiger Bergstriche, wie z.B. eine Gruppe von sechs zwischen Passau und Budweis, vier zwischen Murau und Rottenmann und einer sogar östlich vom Neusiedlersee.

Titel:	«KARTE | von | **OESTERREICH** | OB- UND UNTER DER ENNS | *nach den neuesten und besten* | *Hülfsmitteln verfasst* | von | **Georg Schmitfeldt** ‖ *Verlegt bey Florian Mollo in Wien* | 1834». – Erste und letzte Zeilen mit Schwungstrichen verziert.
Zusätze:	Im re. o. Eck freistehend Zeichenerklärung mit 26 Signaturen. – Im li. u. Eck freistehend: «EINTHEILUNG...» der Länder, darunter Linearmaßstab für geogr. M. – Im re. u. Eck als Pendant zum Titel abgestrichen vierspaltige Tabelle mit 184 europäischen Städten und deren Entfernung von Wien. – Im Unterrand re.: «*B: Biller sc:*».
Maße:	Karte: 68,5 x 49 cm; Platte: 74,5 x ?, wegen Beschnitt nicht feststellbar; Blatt: 76 x 54 cm.
Maßstab:	ca. 1:655.000.
Graduierung:	Schmale s/w 2'-Skala als Feldbegrenzung, im Klaviertastenrahmen volle Grade in kleinen Kreisen beziffert, außen kräftiger Doppelstrich. 30' und Grade als Netz durchgezogen. L von Salzburg: 30° 42' E.
Druckart:	Kupferstich, selten mit Grenzkolorit.
Publ.-Art:	Separatdruck.
Standort:	ÖNB: a.B. 2.C.7.
Literatur:	OBÖ 1, S. 271.

6.5
Karl Joseph Kipferling (ca. 1770–1810?)

Fortsetzung von 5.2

„Charte von Salzburg…"

(1816), 1817

Die Karte erlebte nach dem definitiven Anschluß Salzburgs an Österreich eine Renaissance, da sie Joseph RIEDL, Verlagsnachfolger des „Wiener Kunst- und Industrie-Comptoirs", in seinen Handatlas aufnahm und nur mit kräftigem Grenzkolorit im Sinne des Münchner Vertrages von 1816 aktualisierte. Diese erste Atlas-Auflage wurde erst 1994 bekannt, als ein Exemplar von einem Salzburger Antiquar erworben und für den blattweisen Verkauf zerlegt wurde. Etwa ein Drittel der Karten – ohne die bereits verkaufte von Salzburg – und das Titelblatt konnte sich noch die ÖNB sichern (K I 122.775).

Titel:	Wie 5.2.1 bis «... **Wien**», dann neue Zeile: «*Im Verlage von J. Riedl's Kunsthandlung.*». – Zuerst undatiert, dann: «*berichtigt 1817*».
Maße:	Atlas: 36,5 x 55 cm.
Publ.-Art:	Atlasblatt aus: «ALLGEMEINER | **HANDATLAS** | DER GANZEN ERDE | (Geteilter Querstrich mit Kreuz) WIEN UND PESTH | IN J. RIEDL'S KUNSTHANDLUNG | MDCCCXVII.». – Der Titel ist in bis zu 33 mm großen schattierten Typen formatfüllend auf sechs Zeilen verteilt und ähnelt in seinen Maßverhältnissen und seiner Schmucklosigkeit stark dem Vorläufer. Eine zu Beginn des Jahres 1819 erschienene und erweiterte Atlas-Aufl. enthält unter ihren 85 Tafeln wieder KIPFERLINGS Salzburg-Karte von 1817.
Standort:	KAW: A III 21-1. – ÖGG: L 58, 1. Bd. – SLA: Graphik XIV.74.1.
Literatur:	AA S. 119: Rie C (1817); S. 120: Rie C (1819), [9]; S, 122, Nr. [48]. – DÖR S. 524, KIC 1/14; S. 638f., Rie 54 b).

6.6
Generalquartiermeisterstab

Fortsetzung von 5.13.2

Generalkarte 1:288.000

(1818)

Auf Verlangen des Kronprinzen LUDWIG von Bayern (ab 1825 König LUDWIG I.) kam es 1818 zu einer Korrektur der 1816 vereinbarten Grenzen, da er mit einem auf 1813 vordatierten Kaufvertrag den größten Teil des Untersberges erworben hatte. Diese Veränderungen zeigt die Ausgabe mit der gestochenen Jahreszahl 1818. Der Name des Stechers verbleibt unter dem rechten unteren Karteneck.

Titel: Endet mit «… *gezeichnet.*» sonst wie 5.13.2 (1813).
Zusätze: Im li. Teil der Zeichenerklärung Grenzsignatur ergänzt und erläutert: «*Berichtigte Gränz-Strecken mit Bayern, | in Folge des Vertrags vom Jahre 1818.*».
Standort: BSM: Mapp. IX.155 af („um 1820"). – KAW: B IX a 268/1818. – SBB Haus 1: Kart. O 8985/1, O 8985. – SWS.

[1820]

Der Prager Verleger, Buch- und Landkartenhändler Marco BERRA übernahm die Ausgabe von 1818 und versah sie mit einem auffallenden Stempel oder Überdruck. Der Karteninhalt blieb unverändert.

Zusätze: U. dem Titel: «**Prag,** | **bei Marco Berra**».
Standort: SBB Haus 2: 8° Kart. O 8990 (Faltkarte auf Leinwand).

(1835)

Aus unbekannten Gründen wurde im Titel das Wort „Herzogthum" gestrichen. Im Kartenbild sind einige Ortsnamen in stärkerer Schrift aufgestochen und die alten Landesgrenzen beseitigt. Trotz der vorgesehenen Signatur fehlt die Eintragung der Pferdeeisenbahn Linz–Budweis.

Titel: «**GENERAL CARTE** | von | **SALZBURG** | *Nach der* | *von dem K:K: General=Quartiermeister=Staab herausgegebenen* | *SPECIAL CARTE DIESES LANDES* …» wie 5.13.2.
Zusätze: In der Zeichenerklärung li. u. unter «*Länder Grenzen*» nun auch: «*Kreis Grenzen*», in der li. Spalte ganz u. zusätzliche Signatur: «*Eisenbahn Station*», in der re. Spalte ganz u. zusätzliche Signatur: «*Dampfschiff Station*». – Im re. Teil zuoberst neue Signatur: «*Eisenbahn mit Pferdekraft*».
Standort: KAW: B IX a 268/(1835). – OÖLA: I 50c (hs. „1843" datiert).

[1853]

Neuerliche Verschiebungen der Grenze nach Osten zu Gunsten Bayerns (und damit in die heutige Lage), erfolgten 1823 und 1852. Dadurch kam es zur Bildung von Bayerisch Gmain, und zudem brauchte die Straße Reichenhall–Berchtesgaden österreichisches (salzburgisches) Gebiet nicht mehr zu durchqueren. Die korrigierte, nicht datierte Karte dürfte 1853 erschienen sein. Auf ihr sind zwei Stückchen der Pferdeeisenbahn Linz–Gmunden knapp innerhalb des Rahmens neben der Gradzahl „48" und einige Millimeter von Gmunden bis zum Bildrand eingetragen. Außerdem wurden diverse Ortsnamen, wie z. B. Mauterndorf, aufgestochen. In einem nur in der Signatur mit 1850 datierten Exemplar des KAW ist die Westbahn handschriftlich vom rechten Kartenrand bei Schwanenstadt bis Traunstein mit Stationen eingezeichnet. Deren Lage und der Streckenverlauf stimmen mit der tatsächlich gebauten Linie aber nicht überein.

Auf die Katalogisierung der späteren Ausgaben wird angesichts ihrer Gleichartigkeit verzichtet. Die ab 1870 datierten Karten unterscheiden sich von den undatierten nicht nur durch die Jahreszahl rechts und die Preisangabe links im unteren Bildrahmen, sondern auch durch Signaturen für die Grenzen der Bezirkshauptmannschaften und für Eisenbahnen mit Pferdezug oder mit Dampfkraft.

Standort: KAW: B IX a 268/4. Ex. und B IX a 268/(1850). – ÖNB: KB 95.372. – StSP: Kart.Slg. 317 (vermutl. nach 1865). – UBW: III 250.970.
Literatur: GS S. 78 ff. (mit eingehender Schilderung der Grenzänderungen).

6.7
Geographisches Institut Weimar

Fortsetzung von 5.5

Carl Ferdinand Weiland (1782–1847)

„Erzherzogthum Oesterreich"

Hauptmann WEILANDs Karte der beiden Kronländer aus dem sog. „Großen Weimar'schen Atlas" ist ein gutes Beispiel für die Leistungsfähigkeit des Instituts und seine wichtige Rolle im deutschen Kartenwesen des Biedermeier. Ganz in dessen Stil und ohne auf Eleganz zu verzichten, gibt der schlichte Rahmen dem Blatt durch seine Klaviertastenschraffur, die an ARTARIA-Karten erinnert, optische Geschlossenheit. Im Kartenfeld steht der durch Schwungstriche gezierte Titel frei links oben im Eck, zu dem zwei Inserts im rechten unteren Eck ein Pendant bilden. Von diesen verdient die Karte der Stadt Wien Beachtung wegen ihrer Wiedergabe der Befestigungen und der unregulierten Donau. Die Zeichenerklärung enthält zu der Liste der Länder, Kreise und Viertel Angaben über deren Einwohnerzahl und Fläche. Der Salzburger Kreis ist mit 136.371 Einwohnern und 123,3 Quadratmeilen (nach der österr. bzw. Wiener Meile) ausgewiesen.

Links unten im Eck sind durch einem zarten Strich drei «Maasstaebe» vom Kartenfeld getrennt. Sie entsprechen dem beabsichtigten Maßstab von 1" = 9.000 Klafter (1:648.000) weniger genau als das Gradnetz (geogr. Meilen 1:639.693, österr. Meilen 1:637.473, franz. Lieues 1:559.521). Was die Situation betrifft, sind Gewässernetz, Siedlungen und Straßen lagerichtig wiedergegeben. Die Geländedarstellung mit Bergstrichen, teils in Raupenmanier, kann dagegen kaum befriedigen. Sie ist auf das im Titel genannte Gebiet beschränkt. Alle Auflagen der Karte kommen häufig auf Leinwand aufgezogen und in Taschenformat gefaltet vor. Die Datierung der Karten und die Erscheinungsjahre der Atlanten stimmen nicht überein.

Literatur: → 4.33. – LGK S. 39, 259f. – ULB S. 478, Nr. 947. – WAW S. 284ff. – Zu WEILAND: ESP S. 15, 27ff., 33ff., 234.

6   Salzburg als Kreis Oberösterreichs 1816–1849

1818, 1820, 1822, 1825

Titel:	«Charte von dem ERZHERZOGTHUME OESTERREICH ob- und unter der Ens(!) nach den besten vorhandenen Materialien *entworfen von C. F. WEILAND*. ‖ Weimar, *im Verlage des Geographischen Instituts 18..*».
Zusätze:	Re. u. im Eck nebeneinander zwei fast quadratische Felder (10,8 bzw. 10 x 10,9 cm) mit Strichrahmen: li.: Wien und Umgebung, 1 : 144.000 (1" = 2.000 Kl.); Re.: «Erklaerung der Zeichen, Schrift und Farben». – Li. u. im Eck Linearmaßstäbe für geogr., österr. und franz. M.
Maße:	Karte: 62,8 x 46,3 cm; Platte: 64,8 x 48,3 cm; Blatt: ca. 70 x 57,5 cm. – Atlas: ca. 35 x 59 cm.
Maßstab:	1 : 648.000; 1" = 9.000 Kl., 4" = 9 M.
Graduierung:	Im Rahmen s/w 5'-Skala, alle 30' und volle Grade beziffert, 30'-Netz fein durchgezogen. L von Salzburg: 30° 42' E.
Druckart:	Kupferstich, Ländergrenzen und Rahmen handkoloriert.
Publ.-Art:	Separatdruck und Atlasblatt aus: «**ALLGEMEINER** | **HANDATLAS** | *der* | **GANZEN ERDE** ... zu **A. C. GASPARI** | vollständigem Handbuche der | neuesten Erdbeschreibung ...» (→ 4.33.1, 5.5.3, ohne Jahreszahl).
Standort:	BSM: 2 Mapp. 70 o-6 (1818); Hbks E 34 p-13 = 2 Geo. u. 96 n (1820); Mapp. IX,117 (1825). – SSAu: GR 2 GEOGR 211 f (1822).

1831, 1843, 1844, 1848, 1850

Die neu gestochene Ausgabe von 1831 und die folgenden Auflagen bis zum Jahr 1850 unterscheiden sich von den früheren durch das kleinere Format, den leicht geänderten Titel und die Jahreszahl. Zusätzlich weisen die Karten die Blattnummer „8" auf, die der Reihung im Atlas entspricht. Die Aktualisierung wird mit minimalen Verbesserungen vor allem bei den Bahnlinien erreicht. In der Ausgabe 1831 fehlt aber die Pferdeeisenbahn Linz–Budweis, die seit 1825 gebaut worden war und im Jahr 1832 in Betrieb ging.

Titel:	«Das | **ERZHERZOGTHUM** | **OESTERREICH** | ob- und unter der Enns | entworfen und gezeichnet | von | *C. F. WEILAND*. (Querstrich) ‖ Weimar, | im Verlage des Geographischen Instituts | 18..».
Maße:	Karte: ca. 57 x 38 cm; Atlas: ca. 59 x 40 cm.
Publ.-Art:	Separatdruck und Atlasblatt Nr. 8 aus: «Allgemeiner | **HAND-ATLAS** | **DER** | **GANZEN ERDE** | nach den besten | astronomischen Bestimmungen, | neuesten Entdeckungen und kritischen Untersuchungen | entworfen. ‖ WEIMAR, | Im Verlage des geographischen Instituts.» Titel gekürzt und ohne Jahreszahl.
Standort:	KAW: B IX a 187 (1844). – SBB Haus 1: Kart. O 7955<a> (1831); Haus 2: Kart. O 7955 (1831), Kart. O 7953 (1831), Kart. B 1132-7 (Atlas, 1831), Kart. O 7958 (1850). – SWS. – SWW: K-V: WE 304 (vermutl. 1844).

Fortsetzung: 7.15

6.8
Johann Nepomuk Diewald (1774–1842)

Fortsetzung von 5.1

Die Karte erfreute sich genügender Beliebtheit und Nachfrage, um Georg Christoph Franz FEMBO, den späten Nachfolger HOMANNs bzw. Käufer der Firma HOMÄNNISCHE ERBEN zu veranlassen, noch 1819 eine Neuauflage zu publizieren, die DIEWALD selbst überarbeitet hat.

6.8.1
„Herzogthum Salzburg – Neue Ausgabe"

1819

Zugunsten einer rationellen Herstellung beschränkte man die Aktualisierung der „Neuen Ausgabe" im wesentlichen auf den Neustich des freistehenden und jedes Schmucks baren Titels. Als Anachronismus werden die Inserts mit den schon 1805 verlorenen Salzburger Besitzungen in Niederösterreich und Kärnten unverändert beibehalten.

Titel:	«Charte | vom | **HERZOGTHUM** | **SALZBURG** | und dem | Fürstenthum **BERCHTESGADEN**. | (Querstrich) | *Entworfen und gezeichnet* | *von* | *I. N. Diewald*. | *Nürnberg, bey Christoph Fembo 1819.* | *Neue Ausgabe.* | *Mit Königl. Baier. allergn. Freyheit*».
Zusätze:	Vier Insertkarten, drei Zeichenerklärungen (wie Ausgabe 1806).
Publ.-Art:	Separatdruck. Häufig auf Leinwand (4 x 3), Teile ca. 12 x 17 cm.
Standort:	SMCA: SL 43, L 03.

Karten aus der Offizin Hafner

Der als Zeichner, Kupferstecher, Radierer, Lithograph und überdies als Unternehmer ungewöhnlich vielseitige Oberösterreicher Joseph HAFNER (1799–1891) gründete 1827 in Linz seine Druckerei, in der er mit fast zwei Jahrzehnten Verspätung gegenüber Wien den Steindruck im Lande einführte. „Den ersten Höhepunkt dürfte die Offizin im Jahre 1832 erreicht haben, als HAFNER sich mit der besondere technische Präzision erfordernden Herstellung von Landkarten und Plänen zu beschäftigen begann ..." (GIORDANI). Sein produktivster Kartograph bei diesem Unternehmen war DIEWALD, der neue Karten von Oberösterreich mit dem Salzburger Kreis oder von diesem allein lieferte, die der jüngsten politischen Entwicklung gerecht wurden.

Literatur:	→ 5.1. – GIO.

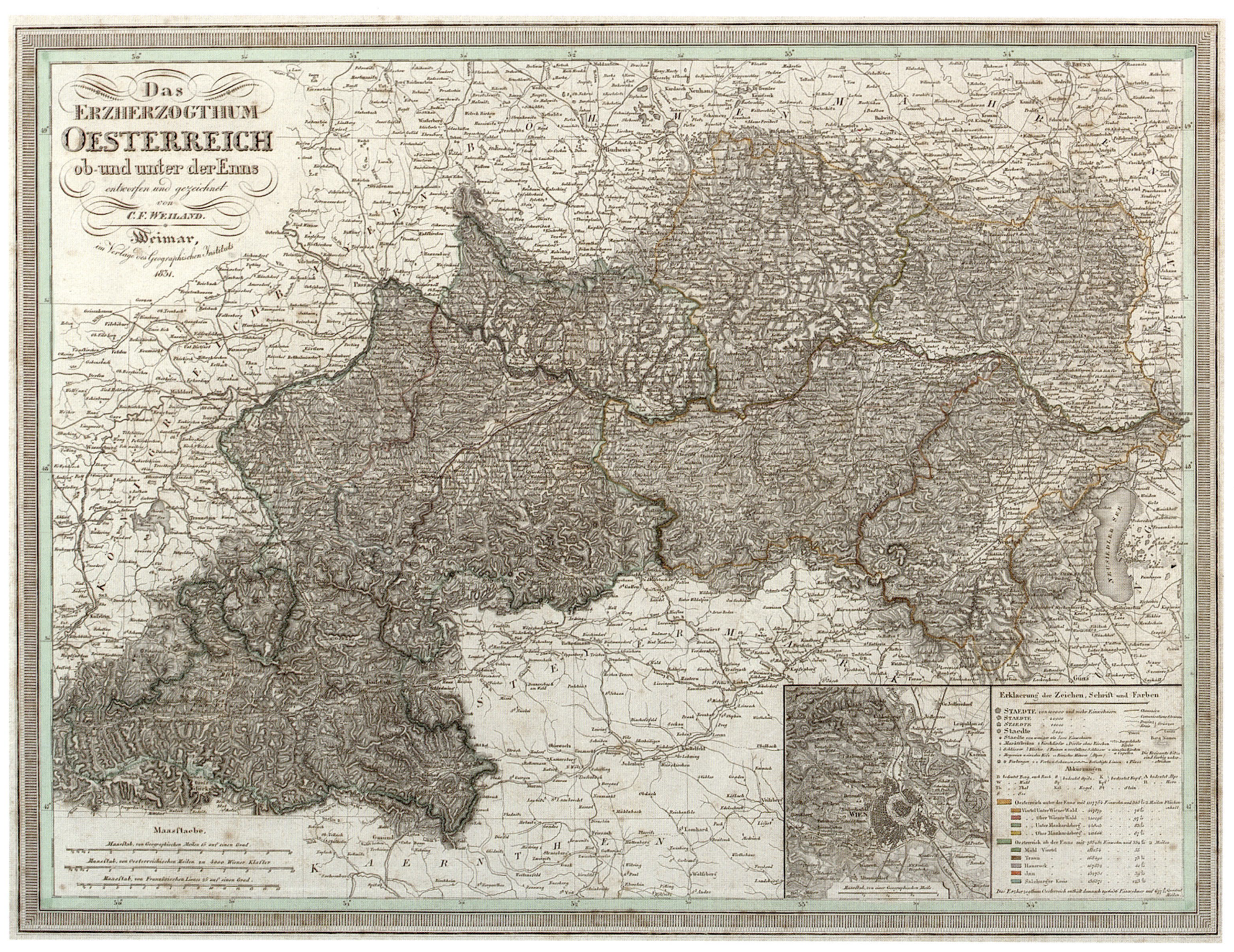

6 *Salzburg als Kreis Oberösterreichs 1816–1849*

Abb. 80: Carl F. Weiland: Das Erzherzogthum Oesterreich.

6 Salzburg als Kreis Oberösterreichs 1816–1849

6.8.2
„Der Salzburger Kreis"
1832

Die offenbar erste Karte DIEWALDs für HAFNER ist so stark von dem Bemühen um größte Vollständigkeit und Informationsfülle geprägt, daß sie mit zahllosen, teils übergroßen Toponymen und zu dichter Bergstrichschraffur überladen und verwirrend wirkt. In Anbetracht der langjährigen Erfahrungen des Autors muß man wohl annehmen, daß sein Entwurf dem Wunsch des Verlegers entsprach und nicht eigenen Vorstellungen. Dafür spricht auch die nur zwei Jahre später erschienene Neufassung.

Titel:	Freistehend re. o. im Eck: «*General-Charte*	*des*	**Salzburger Kreises**	*nach*	*seiner politischen- Militair- und Diœcesan-Einteilung entworfen*	*und gezeichnet*	*von*	JOH. NEP. DIEWALD	*k.k. Innkreisamts Protocollisten in Ried.*	*1832*	*Linz bey Joseph Hafner.*». Darunter mit 15 mm Abstand: «<u>WerbbezirksEintheilung</u>	<u>Gr Herzog Baden Inf: Rgt. No 59.</u>». – Der „Assentierungsbezirk" des Salzburger „Hausregiments", das nacheinander die Namen „Jordis", „Baden" und „Rainer" trug, umfaßte zu dieser Zeit außer Salzburg das Inn-, Hausruck- und Traunviertel.
Zusätze:	Freistehend am re. Rand in 21 engen Zeilen: «<u>Farben und Zeichen Erklae-</u>	<u>rungen.</u>» mit Signaturen und acht Farbsignaturen, neben den vier ersten: «*von*	*OberOester=*	*reich.*». – Li. freistehende Randtabelle, ca. 11 cm breit und 21,5 cm hoch: «<u>Politische Eintheilung des Kreises</u>» und «<u>Dioecesan Eintheilung des Kreises</u>» mit detaillierter Angabe aller Gerichte, Dekanate, Pfarreien, Vikariate und Expositionen. – Li. u.: «<u>Meilenmaase</u>» mit drei Linearmaßstäben für dt. M., österr. Post-Meilen und „Große Reisestunden", re. daneben Linearmaßstab für „Kleine Reisestunden".
Maße:	Karte: 43,4 x 34,8 cm; Blatt: ca. 46 x 37,5 cm.
Maßstab:	1 : 345.000; 1" = 4.800 Kl., 5" = 6 M.
Graduierung:	Im einfachen Strichrahmen s/w Minuten-Skala, alle 5' und volle Grade beziffert. L von Salzburg: 30° 43' E.
Druckart:	Lithographie, meist mit kräftigem, vielfarbigem Grenzkolorit.
Publ.-Art:	Separatdruck.
Standort:	OÖLA: I 45b.

6.8.3
1834

Das rasche Erscheinen einer neu gezeichneten und erstaunlich „entrümpelten" Auflage der „General-Charte" dürfte auf die Kritik an der überladenen ersten Version zurückzuführen sein. Bei genauer Bewahrung der Landestopographie wurde die Geländedarstellung auf die – allerdings recht schematische – Wiedergabe der markantesten Gebirge reduziert. Dank dem Fortfall der dichten Schraffen sind die teils passend verkleinerten Ortsnamen nun durchwegs gut lesbar. Weitere Unterscheidungsmerkmale sind der typographisch veränderte, kräftigere Titel mit Nennung des Lithographen und der etwas kleinere Maßstab.

Titel:	Stellung und Wortlaut zunächst gleich, aber Punkt nach «**Kreises.**» und halbfette Jahreszahl «**1834**». Nach «*... bey Joseph Hafner.*» zusätzliche Zeile: «*Lith. von Ios. Waizmann.*». Der Abstand zur Zeile «<u>Werbbezirks Eintheilung</u>» beträgt daher nur mehr 8 mm; diese beiden Wörter sind deutlich getrennt.
Zusätze:	Verbesserter Zeilenfall der Randtabelle re.: «<u>Farben und Zeichen=</u>	<u>Erklärung.</u>» und «<u>von Ober=</u>	<u>österreich.</u>». Weitere Zusätze, Linearmaßstäbe und Gradnetz wie vorher.
Maße:	Karte: 43 x 34,6 cm; Blatt: ca. 47 x 38 cm.
Maßstab:	1 : 360.000; 1" = 5.000 Kl., 4" = 5 M.
Standort:	OÖLA: I 45a.

6.8.4
Oberösterreich und Salzburg
1834

Im gleichen Jahr wie die verbesserte Karte des Salzburger Kreises brachte HAFNER auch eine Übersichtskarte von Oberösterreich und Salzburg heraus. In welchem zeitlichen oder organisatorischen Zusammenhang beide Blätter stehen, ist bisher nicht bekannt.

Der generelle Eindruck der Übersichtskarte läßt aber vermuten, daß sie nach der Kreiskarte entworfen wurde. Die Geländedarstellung ist zeichnerisch und lagemäßig gut gelungen. Der Titel und die Zusätze sind im bayerischen, die Maßstäbe im steirischen Bereich geschickt plaziert. Das Format wird optimal genutzt, nur der nördliche Teil des Mühlviertels ragt 25 mm in den Oberrand.

Titel:	Freistehend li. o.: «*Uibersichtscharte*	*des*	*Erzherzogthums Oesterreich*	*ob der Enns*	*und des Herzogthums*	*Salzburg*	*von*	*Johann Nep. Diewald*	*k.k. Innkreisamts Protocollisten*	*1834*	(liegende Klammer) *Linz bey Joseph Hafner Lithograph.*»
Zusätze:	Randtabelle li. u. dem Titel: «<u>Zeichen und Farben Erklärung</u>» mit Signaturen und sechs Farbkästchen für das zarte Handkolorit der Grenzen. Darunter: «<u>Buchstaben Erklärung</u>» mit «**E** Salzburgerkreis». Darunter: «W.H. einzelnes Wirthshaus auf Samwegen über die Tauerngebirge». – Freistehend re. u. im Eck: «<u>Meilenmaase</u>» mit Transversalmaßstäben für geogr. M., österr. Post-Meilen und oö.-bayer. Reisestunden.
Maße:	Karte: 39,1 x 31,7 cm; Blatt: ca. 47,5 x 41,5 cm.
Maßstab:	1 : 600.000.
Graduierung:	Im einfachen Strichrahmen s/w 5'-Skala, 30' und volle Grade beziffert, diese dünn durchgezogen. L von Salzburg: 30° 42' E.
Druckart:	Lithographie, häufig ohne Grenzkolorit.
Publ.-Art:	Separatdruck.
Standort:	OÖLA: I 53.

6.9
Carlo Rossari (Daten unbekannt)
„Arciducato d'Austria"

Der Mailänder Verleger ROSSARI, der in der Literatur kaum Erwähnung findet, publizierte 1822 einen außerordentlich selten gewordenen Weltatlas, von dessen 34 Karten nicht weniger als 13 der Monarchie und den Kronländern gewidmet waren. Schon 1824 erfolgte eine Neuauflage. In Übereinstimmung mit den „vorgeschriebenen Lehrbüchern" beruhen die Karten laut ROSSARI auf Arbeiten der „berühmtesten modernen Geographen" und sind vom „vortrefflichen k. k. Militär-Geographischen Institut" revidiert worden. Dazu nennt er im Vorwort als Quellen u. a. FALLONs Karte der Monarchie sowie diverse Blätter aus dem Geographischen Institut zu Weimar. Vielfach dürften Atlasblätter aus dem nicht genannten „Schulbücher-Verschleiss" als Vorlagen gedient haben: Die Anordnung von Titel und Zusätzen, die primitive Art der Geländedarstellung und die Platzverschwendung bei der Rahmung der Inselkarten erinnern deutlich an diese.

1822

Titel:	«ARCIDUCATO | D'AUSTRIA». – Der Titel steht in einem einfachen Strichrahmen li. o. im Kartenfeld.
Zusätze:	Re. u. im Eck freistehend: Zwei Linearmaßstäbe für dt. und ital. M.
Maße:	Karte: 31,8 x 20,2 cm; Platte: 34,4 x 27,9 cm; Blatt: ca. 40,5 x 28 cm. – Atlas: ca. 29 x 41 cm.
Maßstab:	1 : 1,800.000. 1" = 25.000 Kl., 4" = 25 M.
Graduierung:	Im kräftigen Strichrahmen s/w 10'-Skala, volle Grade beziffert und als deutliches Netz durchgezogen. L von Salzburg: 30° 42' E von Ferro.
Druckart:	Kupferstich, Grenzkolorit von Hand aufgetragen.
Publ.-Art:	Atlasblatt Nr. 5 aus: «**Nuovo Atlante** | DI | **GEOGRAFIA MODERNA** | compilato | da | **Carlo Rossari** | *ad uso delle Scuole Ginnasiali* | sulle tracce de piu celebri ed accreditati Geografi moderni | *dietro Revisione* | NELL'INCLITO I.R. ISTITUTO GEOGRAFICO MILITARE | *secondo le norme dei relativi libri di Testo* | superiormente prescritti. || Milano | 1822». – Mehrere Zeilen sind mit Schwungstrichen geziert, besonders die erste und der Ortsname.
Standort:	UBW: III 842.594 (mit nur elf Karten, darunter dieser).

1824

Der Atlas fand offenbar nicht nur guten Absatz, sondern vor allem den Beifall der österreichischen Behörden. Daher wurde ROSSARI die Auszeichnung zuteil, sein Werk dem Regierungspräsidenten für die Lombardei, Julius Joseph Graf STRASSOLDO (1773–1830) widmen zu dürfen. Die Neuauflage gleicht in ihrem Inhalt völlig der ersten, sodaß lose Karten nicht einer der beiden Ausgaben zugeschrieben werden können und sich eine Wiederholung der bibliographischen Daten erübrigt. Die Titelseite des Bandes wurde um die Widmung bereichert und der Text etwas korrigiert.

Publ.-Art:	Atlasblatt Nr. 5 aus: «**Nuovo Atlante** | DI | **GEOGRAFIA MODERNA** | dedicato | *A Sua Eccellenza il Signor Conte* | GIULIO DI STRASSOLDO | (drei Kursiv-Zeilen mit Aufzählung seiner höchsten Orden) … *Presidente del Governo della Lombardia* | compilato | **da Carlo Rossari** | *ad uso delle Scuole Ginnasiali* | sulle tracce de migliori Geografi moderni | e riveduto | NELL'INCLITO I.R. ISTITUTO GEOGRAFICO MILITARE | *secondo le norme dei relativi libri di Testo* | superiormente prescritti. || Milano | 1824». – Die Verzierung des Textes mit Schwungstrichen wurde beibehalten.
Standort:	ÖNB: FKB 274/89 (mit zwei Seiten „Prefazione"), MGI 2117 (ohne).
Literatur:	Zu STRASSOLDO: ENI Bd. 32, S. 822. – WUR 39. T., S. 291.

6.10
Artaria & Co. (gegr. 1770)

Fortsetzung von 5.7

Der Kunstverlag ARTARIA & Co., den die aus Como stammenden Vettern Francesco (1744–1808) und Carlo (1747–1808) gegründet hatten, stieg rasch zur bedeutendsten Wiener Firma der Branche auf. 1786 begann man mit der Produktion von Landkarten und Stadtplänen, die auch nach der Erfindung der Lithographie bis über die Mitte des 19. Jhs. in Kupferstich erfolgte. Obwohl die meist in Schraffenmanier gezeichneten Gebirge stark an Würste oder Wurmgänge erinnern, verdienen der saubere Stich, die gute Übersichtlichkeit und die klare graphische Aufmachung aller ARTARIA-Blätter volle Anerkennung. Verantwortlich dafür war während ca. zwei Jahrzehnten als führender Kartograph des Hauses der biographisch nicht näher faßbare Franz FRIED, dessen Entwürfe immer seine Urheberschaft und sein graphisches Konzept erkennen lassen. Sie zeigen die gewählte Region in gemilderter Inseldarstellung in einem soliden Rahmen mit Querstrichen. Diese Klaviertastenmanier bildet ein Kennzeichen für FRIED und den Verlag. Eine weitere jahrzehntelang publizierte und anerkannte Kartenserie ARTARIAS stammt von dem Kartographen R. A. SCHULZ, dessen Lebensdaten ebenfalls unbekannt sind.

Literatur:	FBA: (SLEZAK, Friedrich): Geschichte der Firmen ARTARIA & COMPAGNIE und FREYTAG-BERNDT und ARTARIA. Ein Rückblick auf 200 Jahre Wiener Privatkartographie 1770–1970. Im Selbstverlag Wien – Innsbruck (1970). – WSLB: ARTARIA-Nachlaß. ADB Bd. 46, S. 59. – DBI Bd. 4, S. 348. – DES S. 33. – DÖR S. 270–418. – ESP S. 333 (Atlanten nach 1865). – LGK S. 27f. – MdW S. 263. – NDB Bd. 1, S. 400. – WUR 31. T., S. 72. Zu FRIED: IBN vol. 77, S. 457.

6.10.1
Franz Fried (Daten unbekannt, tätig ca. 1811–1840)
Kleine Fried-Karte: Oesterreich mit Salzburg

Die sog. „kleine FRIED-Karte" gehört als Blatt Nr. 9 zum „Atlas der neuesten Geographie…", doch wurde sie laut Verlagsanzeigen auch separat verkauft. Dank der ausgewogenen Anordnung des freistehenden, geschmackvoll mit Schwungstrichen verzierten Titels links oben und der Erläuterungen samt Maßstab halbrechts unten vermittelt sie einen ungewöhnlich harmonischen graphischen Eindruck. Dazu schreibt WAWRIK (S. 305): „FRIEDs Karten wirken sehr elegant und gefällig, wozu auch der hervorragende Stich entscheidend beiträgt; es fehlt ihnen allerdings jeglicher Schmuck. Die neuartigen Ortssignaturen in Gestalt einfacher oder doppelter Ringe finden bis in die Gegenwart Verwendung."

Ein ärgerliches Merkmal der Karte bildet der Druckfehler „Hauptsädte" in der ersten Zeile der Zeichenerklärung, der durch alle Auflagen mitgeschleppt wird und den auch die SCHMIDTFELDT-Karte aufweist (→ 6.4.4.1).

1824

Titel:	«KARTE | des | ERZHERZOGTHUMS | OESTERREICH | OB UND UNTER DER ENNS | mit | SALZBURG | *gezeichnet von* | F: Fried. ‖ Wien | *bey* ARTARIA *und* COMP. | *1824*».
Zusätze:	Über dem re. o. Karteneck: «9», auch hs. statt gedruckt. – Halbre. u. in ovalem Strichrahmen mit Schwungstrichen: «EINTHEILUNG» der je vier Landesviertel von Nieder- und Oberösterreich sowie «IX. Salzburger Kreis.» mit gleichen Zahlen wie auf der Karte. Daneben: «ZEICHEN ERKLÄRUNG». Unter beiden Transversalmaßstab für 10 österr. Post-Meilen oder 40.000 Wr. Kl.
Maße:	Karte: 49,3 x 35,8; Blatt: 56 x 42 cm; – Atlas: ca. 60 x 46 cm.
Maßstab:	ca. 1 : 750.000.
Graduierung:	Im Klaviertastenrahmen 5'-Skala, volle Grade in runden Aussparungen beziffert und Netz durchgezogen. L von Salzburg: 30° 42' E.
Druckart:	Kupferstich, Grenzen meist mit Handkolorit.
Publ.-Art:	Atlasblatt Nr. 9 aus: «ATLAS | der neuesten | **GEOGRAPHIE** | FÜR JEDERMANN UND JEDE SCHULANSTALT | nach | den neuesten und vorzüglichsten Geographen. (Querstrich) ‖ Bearbeitet | von | *Franz Fried.* | *Herausgegeben und zu haben:* | **In Wien bey Artaria und Compagnie** | 1825. | Eigenthum der Verleger.». – Für das Titelblatt werden zwar sechs verschiedene Schrifttypen verwendet, es weist jedoch keinerlei graphischen Schmuck auf. – Die mit 1824 datierte Karte ist unverändert in den weiteren Atlasausgaben von 1826, 1828 und 1830 erschienen, für die das Titelblatt von 1825 beibehalten wurde.
Standort:	KUP: 8621/869/70 (Atlas). – ÖNB: Alb. 61a und 763.737-D.K (Atlas). – SBB Haus 2: 4° Kart. 1728–9. – SNB: TA 7103 (Atlas). – SWS. – UBW: III 191.801 (Atlas, Nr. 9 hs.). – WSLB: K 86.686.
Literatur:	AA S. 10ff.: Art / Frie A (1825), (1825/1826), (1825/1828), (1825/1828/1830). – ESP S. 402f., Nachtr. S. 472. – WAW S. 301ff.

1832

Für diese Ausgabe wurden die beiden letzten Ziffern der Jahreszahl kräftiger und etwas größer als die verbliebene «18» auf «32» korrigiert. Im übrigen sind keine Veränderungen festzustellen. Die im gleichen Jahr eröffnete Pferdeeisenbahn Linz–Budweis ist nicht verzeichnet. – Der Atlas erhielt ein neues Titelblatt mit fast gleichem Text (die Zeile «für Jedermann und jede Schulanstalt» nun kursiv) in üppigen Schwungstrichen mit verspielten typographischen Manierismen.

Standort:	KONS. – ÖGG: II.A.a. 172 (1832). – OÖLA: I 50a. – SMCA: SL 329, 330, L 12. – SWW: K-V: WE 271 (Atlas 1834).
Literatur:	AA S. 12f.: Art / Frie A (1832/1833), (1834), (1834/1842). – ESP S. 402f. – SLA S. 15, L.41. – ULB S. 478, Nr. 947 a.

1839

Das Kartenbild dieser Ausgabe ist identisch mit jenem von 1832, doch wurden die letzten Ziffern der Jahreszahl mit kleiner «3» und großer «9» neu gestochen.

Standort:	ÖNB: 25.A.8 (Atlas 1839). – SMCA: SL 331 (zwei Ex.).
Literatur:	AA S. 13, Art / Frie A (1839/1840).

1848

Die vier Ziffern der Jahreszahl des Kartentitels wurden für diese Auflage zur Gänze neu und gleichmäßig gestochen. Der Karteninhalt ist durch die Eintragung der neuen Bahnstrecken aktualisiert. – Die Karte dürfte überwiegend in der mit 1845 datierten Atlasausgabe erschienen sein.

Zusätze:	In der «ZEICHEN ERKLÄRUNG» letzte Zeile ergänzt: «*Pferd*(!)-*Eisenbahn*» und «*Dampf-Eisenbahn*» mit Signaturen.
Standort:	ÖNB: K I 112.853. – StSP: Kart.Slg. 140. – UBW: III 259.643.
Literatur:	AA S. 13f.: Art/Frie A (1845/1848).

Fortsetzung: 7.5.

6.10.2
Große Fried-Karte

Der „großen FRIED-Karte" im mehr als doppelten Format der „kleinen" mangelt deren graphische Eleganz. Die typographische Vielfalt der Texte und die Klaviertastenmanier des breiten Rahmens bestimmen ihren optischen Eindruck. Die Eintragung von Toponymen ist innerhalb des im Titel genannten Gebiets außerordentlich reichhaltig. Dabei finden verschiedene Schriften durchaus angemessene Verwendung. Der reich mit Schwungstrichen gezierte und in sechs Typen gestochene Titel, in dem Salzburg nicht genannt wird, steht weiterhin frei links oben im Eck über Nieder-

6   *Salzburg als Kreis Oberösterreichs 1816–1849*

Abb. 81: Franz Fried, Artaria: Oesterreich mit Salzburg.

bayern. Zeichenerklärung und politische Einteilung sind zu einem ungerahmten viereckigen Block rechts unten im Eck zusammengefaßt. Im Unterschied zur kleinen Fassung gehörte die große Karte zu keinem Atlas. Daher blieben mehr auf Leinen kaschierte Exemplare erhalten als Plano-Blätter.

(1832)
„General-Karte"

Die Karte ist undatiert, doch geht aus Verlagsanzeigen in der „Wiener Zeitung" 1832 als Jahr der Erstauflage hervor. Diese hat laut ARTARIA-Nachlaß (WSLB) der erst später genannte Bernhard BILLER vom 22. Febr. bis 12. Nov. 1831 für ein Honorar von 233 fl. in Kupfer gestochen.

Titel:	«General-Karte | des | Erzherzogthums | OESTERREICH | nebst einem grossen Theile | VON | STEYERMARK ‖ Gezeichnet von F. Fried. | Wien BEI | Artaria & Comp. | *Eigenthum der Verleger.*». Darunter am Schwungstrich klein: «*Kurka sc.*» als Stecher des Titels.
Zusätze:	«ZEICHEN u. SCHRIFT ERKLÄRUNG» mit 20 Signaturen; «POLITISCHE EINTHEILUNG»: die Viertel und der «IX Salzburger Kreis» von «OESTERREICH | Unter…» bzw. «Ob der Enns» mit röm. Zahlen, jene der «STEYERMARK» mit arab. wie auf der Karte. – Darunter Transversalmaßstab für 5 österr. Post-Meilen oder 20.000 Wr. Kl.
Maße:	Karte plano: 75,8 x 53,3 cm; Platte: 77 x 55,7 cm; Blatt: 79,1 x 57,6 cm. – Auf Leinen: ca. 77 x 54 cm, meist 18 Teile (6 x 3), je 13 x 18 cm.
Maßstab:	1 : 540.000; 1" = 7.500 Wr. Kl.
Graduierung:	Im insgesamt 28 mm breiten Rahmen des für ARTARIA charakteristischen Klaviertastentypus ganz innen s/w 5'-Skala, volle Grade beziffert und als Netz durchgezogen. L von Salzburg: 30° 42' E.
Druckart:	Kupferstich, Grenzen fast immer handkoloriert.
Publ.-Art:	Separatdruck.
Standort:	ÖNB: a.B. 2 C 6.
Literatur:	OBÖ 1, S. 271.

[vor 1837?]
„General-Post und Strassen-Karte"

Für die neue Auflage der inhaltlich nahezu identischen Karte wurde lediglich die erste Zeile des Titels geändert. Ihre Datierung ist unsicher, da zwar die 1832 eröffnete Pferdeeisenbahn Budweis–Linz mit der Erläuterung „Eisenbahn" entlang der Trasse in Südböhmen eingezeichnet wurde, jedoch nicht die 1832 bis 1834 erbaute „Salzbahn" Linz–Gmunden. Ferner fehlt die Eintragung der Kaiser-Ferdinand-Nordbahn, deren erstes Teilstück im November 1837 in Betrieb ging. Andererseits hat ARTARIA das Erscheinen der Karte am 8. Juni 1837 in der „Wiener Zeitung" annonciert (wobei ausdrücklich auf die erstmalige Angabe von Höhen hingewiesen wird). Daher dürfte 1836 oder die erste Hälfte von 1837 als Erscheinungsjahr anzunehmen sein.

Titel:	«General-Post und Strassen-Karte | des | Erzherzogthums | OESTERREICH | nebst einem grossen Theile | VON | STEYERMARK ‖ Gezeichnet von F. Fried. | Wien BEI | Artaria & Comp. | *Eigenthum der Verleger.*», darunter: «*Kurka sc.*».
Zusätze:	In der «ZEICHEN u. SCHRIFT ERKLÄRUNG» bei «Chausséen» zusätzliche Signatur: «*Post*». – Zwischen «STEYERMARK» und Transversalmaßstab Hinweis: «*Die Orts und Berghöhen über der Meeresfläche sind | im Wiener Fussmaasse angegeben.*». – Im Unterrand li. u. dem Karteneck: «*Bernh: Biller gestochen*».
Standort:	KAW: B IX a 186–1. – SBB Haus 2: Kart. O 8191 und 8192.

1848

Im Katalog der UBW wird noch eine Ausgabe von 1848 angeführt, die aber in Verlust geraten ist. Ein weiteres Exemplar konnte bisher nicht gefunden werden.

6.10.3
R. A. Schulz (Vornamen und Daten unbekannt)
„Straßen- und Gebirgskarte"
1842

Für die inneren Bereiche der österreichischen Alpen mit dem Salzkammergut und des bayerischen Hochgebirges legte ARTARIA & CO. unter der Kurzbezeichnung „Die Oesterr. Alpen und das Bayer. Hochgebirg" diese ungewöhnlich qualitätsvolle Karte von R. A. SCHULZ vor, von dem trotz seiner zahlreichen Arbeiten keine Daten bekannt sind. Die „Straßen- und Gebirgskarte" dieses bedeutenden Kartographen fand jahrelang als Separatdruck und als Buchbeilage Verwendung. Sie zeichnet sich durch plastische Geländedarstellung mit Bergstrichen und große Genauigkeit aus: Die Lage- und Strecken-Abweichungen sind nie größer als 2,4 % und belaufen sich im MW auf -1,1 %. Das Blatt diente auch als Grundlage für die Karte „Salzburg und das Salzkammergut" (→ 7.5.3), für die „Hypsometrische Alpenkarte" im gleichen Maßstab (→ 7.5.4) und für die „Geologische Uibersichtskarte" von MORLOT (→ 8.4.3).

Titel:	Im Oberrand über die ganze Breite mit wenigen Schwungstrichen: «**Strassen und Gebirgs-Karte** | *zur Reise von* Wien *durch Oesterreich, Salzburg, Kärnthen, Steyermark und Tyrol bis* München | *mit Berücksichtigung der* **OESTERREICHISCHEN – ALPEN** *und des Bayer: Hochgebirgs.* | Guide du Voyageur dans les Alpes en Autriche, Salzbourg, Styrie, Carinthie et Tyrol. | 1842 ‖ (daneben: ganz li.:) *Entworfen & bearbeitet | von R. A. Schulz, Geogr:* | (ganz re.:) *Verlag & Eigenthum | von ARTARIA & Cº in Wien.*».
Zusätze:	Im Kartenfeld große röm. Zahlen mit Namensbanderolen: «Oesterreich», «Steyermark», «Jllyrien», «Tyrol» und «Bayern». – Freistehend li. o. im Eck: «Zeichen und Schrift Erklärung». – U. im Kartenfeld bis an den äußeren Rand des Rahmens sechsfarbiger «Höhen-Prospect» der kulissenar-

6   *Salzburg als Kreis Oberösterreichs 1816–1849*

Abb. 82: R. A. Schulz, Artaria: Strassen- und Gebirgskarte.   6.10.3

tig hinter- und übereinander gezeichneten rhätischen, karnischen, bayer., norischen, steirischen und Sbg. Alpen vom Schlern bis Wien mit Höhen in Wr. Fuß. – U. in Rahmenmitte: «Maaßstab von 8 Oesterreichischen Post-Meilen gleich 1/576.000 der Natur» und Linearmaßstab.

Maße:	Karte: 71,4 x 41,3 cm (mit Rahmen, ohne Titel und ohne „Höhenprospect", dieser 70,8 x 9 cm). Auf Leinen in Schuber: 18 Teile (6 x 3) ca. 12 x 19 cm, mit Klebefugen ca. 72 x 58 cm Gesamtgröße.
Maßstab:	1:576.000.
Graduierung:	Im kräftigen Strichrahmen einfache 5'-Skala, volle Grade in der schraffierten Mittelleiste des Rahmens beziffert. L von Salzburg: 30° 42' E von Ferro.
Druckart:	Kupferstich und Radierung, ohne oder mit Tonüberdruck, Grenzen, Seen und Höhenprofil handkoloriert.
Rückseite:	Bei kaschierten Stücken Zeichenerklärung und Maßstäbe aufgeklebt.
Publ.-Art:	Separatdruck.
Standort:	KAW: B IX c 28-10. – ÖNB: KB 97.647. – SBB Haus 2: Kart. 0 3690 <1848>.
Literatur:	Zu SCHULZ: BER-68 S. 187.

Dominik Biller (1812–1884)

1845

Die mittels Steindruck hergestellte Neuauflage unterscheidet sich nur durch einige kleine Ergänzungen bzw. Änderungen vom Kupferstich, auf dem sich der viel beschäftigte Stecher Dominik BILLER (Sohn von Bernhard) nicht eingetragen hatte. Veranlaßte ihn nun die modernere Drucktechnik zur Signierung?

Titel:	Zusätzlich zur Nennung von SCHULZ: «*Gest. von Dominik Biller*». – Nach dem Verlagsnamen Jahreszahl «1845».
Zusätze:	Benennung der Höhenprofile als «Höhentableau».
Druckart:	Lithographie, Grenzen, Seen und Höhenprofile handkoloriert.
Standort:	SLA: Graphik XIV.54.

6.10.4
„Karte zur Reise durch Salzburg"

[1845], 1846

Die in ihrem Inhalt unveränderte Karte erlangte weite Verbreitung in der Ausgabe für Reisende. Dazu wurde sie bis an den äußeren schwarzen Rahmen beschnitten, sodaß der Titel im Oberrand fehlt, und in einen blauen Pappumschlag mit ausführlichem Titel und einer Zeichenerklärung in Englisch geklebt. Die untere Hälfte der Rückseite weist links einen Plan der Stadt Salzburg (1:21.600 bzw. 1" = 300 Klafter) und rechts einen „Plan der Umgebungen von Ischl" (1:14.400 bzw. 1" = 200 Klafter) auf. Beide sind exakt gestochen, sehr schön mehrfarbig koloriert und tragen im Unterrand den Vermerk «Wien bei Artaria & Comp.». Der Salzburger Plan ist einer der besten aus der Mitte des 19. Jhs. und eine Fundgrube für den Stadthistoriker.

Titel:	Auf dem Umschlag in verschiedenen Typen: Im Oberrand zwischen Strichen: «Verlag von **ARTARIA & C.** in Wien». – Mit Doppellinien gerahmt: «Ausführliche	KARTE ZUR REISE	durch	**Salzburg,**	**das Salzkammergut**	und **Berchtesgaden.**	Nebst	einem Theile von **Tyrol** bis Innsbruck	*und des Bayrischen Hochgebirgs;*	**bis München.**	(Zwischen Querstrichen:) Mit Plänen von Salzburg und Ischl.	**Wien, bei** *Artaria & Comp.* (zuerst o. J., dann:) 1846.	Kohlmarkt No. 1151.	*Eigenthum der Verleger.*	(Doppel-Querstrich:) **TO ENGLISH TOURISTS:»**	(Hinweis auf MURRAY's Führer durch Süddeutschland). – Im Unterrand zwischen Strichen: «Salzburg, bei Gregor Baldi.».
Zusätze:	Im Kartenfeld li. o. freistehend: «Zeichen- und Schrift-Erklärung», kein Maßstab. – Im Rahmen u. Mi.: «Verlag von **Artaria & Cº** in Wien.». – Auf der Rs. des Umschlags Liste weiterer «Post- und Reise-Karten» des Verlags. – Auf der Innenseite des Umschlagkartons: «Explanation of the Signs.».
Maße:	Karte 46,6 x 35 cm; Blatt: 47,8 x 36 cm.; gefaltet 4 x 2 auf ca. 11,5 x 17,5 cm; Pläne: ca. 22 x 16 cm; Umschlag: 12,2 x 18,4 cm.
Publ.-Art:	Separatdruck.
Standort:	SBB Haus 1: Kart. 0 9150 (ohne Umschlag). – SLA: Graphik XIV.161.

Fortsetzung: 7.5

6.11
Wilhelm E. A. von Schlieben (1781–1839)
Salzachkreis und Kreis Judenburg

1828

Vergleichsweise frühe Beispiele für den Siegeszug der gegenüber dem Kupferstich wesentlich billigeren Lithographie bilden die Karten bzw. der Atlas des sächsischen „Ober-Landfeldmessers" Wilhelm Ernst August SCHLIEBEN. Sein in 15 Lieferungen von 1825 bis 1830 bei dem angesehenen Leipziger Verleger Georg Joachim GÖSCHEN (1752–1828) erschienener umfangreicher Europa-Atlas enthält in vier Bänden weit über 200 Karten, von denen über zwei Dutzend Österreich gewidmet sind. Ein geschäftlicher Erfolg scheint dem Atlas nicht beschieden gewesen zu sein. Seine Auflage blieb jedenfalls so klein, daß er heute zu den kartographischen Raritäten zählt. In Wien ist nur ein Exemplar des Schottenstiftes bekannt.

Das Bemühen des Verlegers um Senkung der Kosten zeigt sich in der schmucklosen Nüchternheit der undatierten Karten und besonders im fast völligen Verzicht auf eine Geländedarstellung. Das Blatt mit Salzburg und dem Judenburger Kreis kann dafür als Muster gelten. Im Salzburger Bereich finden sich lediglich fünf kleine, an Vulkane erinnernde Strahlenkreise, die das «Sulzbacher Kees», den Großglockner, einen fraglichen «*Tauern Kogl*», den nicht genannten Hochkönig und das als «*Tauern Geb.*» bezeichnete Tennengebirge darstellen sollen. Auffallend sind ferner die über

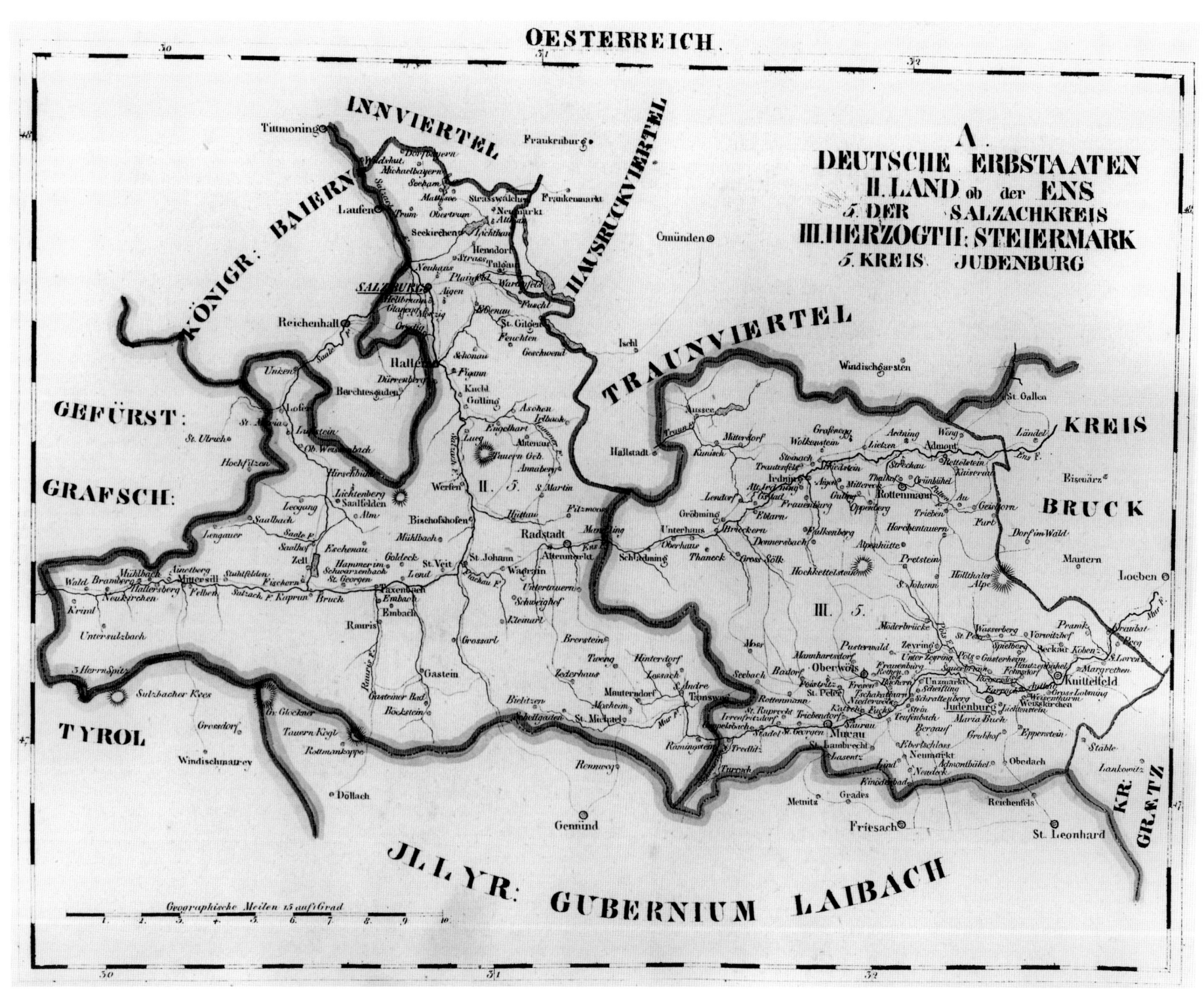

6   *Salzburg als Kreis Oberösterreichs 1816–1849*

Abb. 83: Wilhelm von Schlieben: Der Salzachkreis, 1828.

Salzburg als Kreis Oberösterreichs 1816–1849

großen Beschriftungen der nicht zu Salzburg und dem Kreis Judenburg gehörenden Gebiete, darunter für Kärnten „Jllyr. Gubernium Laibach". Die Feststellung des Maßstabs ist unsicher. Es dürfte das Verhältnis 1" = 3 Meilen beabsichtigt gewesen sein.

Titel:	Kopftitel im Oberrand Mi.: «OESTERREICH.». – Haupttitel re. o. im Eck freistehend: «A.	DEUTSCHE ERBSTAATEN	II. LAND ob der ENS	5. DER SALZACHKREIS	III. HERZOGTH: STEIERMARK	5. KREIS JUDENBURG».
Zusätze:	Li. u. im Eck freistehend: Linearmaßstab für 10 geogr. M.
Maße:	Karte: 26,1 x 19,6 cm; Blatt: ca. 35 x 28 cm. – Atlas: ca. 36 x 29 cm.
Maßstab:	1 : 864.000; 1" = 3 M.
Graduierung:	Im schmalen, einfachen Strichrahmen s/w 6'-Skala, volle Grade beziffert. L von Salzburg: 30° 41' E.
Druckart:	Lithographie.
Publ.-Art:	Atlasblatt aus: Gesamttitel: «**Atlas von Europa**	nebst den Kolonien	für Geschäftsmänner, Zeitungsleser und Besitzer des Conversations-Lexicons in einer Folge von	Charten und einem alphabetisch eingerichteten Texte	bearbeitet	von	**W. E. A. v. Schlieben**	Königl. Sächs. Cammerrath etc. auch mehrerer gelehrten Gesellschaften Mitglied. || (Querstrich) Leipzig	bei Georg Joachim Göschen 1825.». Lieferungs-Titel: «**Atlas von Europa,**	nebst den Kolonien.	(Querstrich) Elfte Lieferung.	Der österreichische Staat	oder	das Kaiserthum Oesterreich.	Erste Abtheilung. || (Querstrich) Leipzig,	bei Georg Joachim Göschen, 1828.». Auf der Rückseite: «Inhalt.	Kaiserthum Oesterreich.	Erste Abtheilung.	I. Allgemeine Uebersicht	…	A. Deutsche Erbstaaten	…	4) II. Land ob der Ens, 5. der Salzachkreis. III. Herzogthum Steiermark Kreis 5. Judenburg.	…».
Standort:	SBB Haus 1: 4° Kart. F 941/1–11,27. – SStW (ohne Sign.).
Literatur:	ADB Bd. 31, S. 510. – LGK S. 453.

6.12
„Kreiskarte nach F. A. Jirasek"
[1830]

Fortsetzung von 5.14

Die Kreiskarte mit dem neuen Titel ist nicht einfach ein verkleinerter Nachstich der Originalausgabe in der jungen Technik des Steindrucks. Der ungenannte Bearbeiter, der korrekt auf JIRASEK verweist, hat vielmehr unter dem Eindruck der Karten der Zweiten Landesaufnahme dessen veraltete Geländedarstellung auf den jüngsten Stand der Schraffentechnik gebracht und überdies den Stich der Toponyme wesentlich verbessert. Der Informationswert der kleineren Karte ist infolgedessen größer als jener der Vorlage. Sie bildet eine sehr wertvolle Bereicherung der hervorragenden Landesbeschreibung von Benedikt PILLWEIN (1779–1847). Wegen dieser Verwendung als Buchbeilage kommt das Blatt nur gefaltet vor. Seine Entstehung ist lediglich nach 1816 (Bezeichnung Salzburgs als Kreis) und vor 1834 (Bau der noch nicht eingetragenen „Salzbahn") zu datieren.

Titel:	Li. o. freistehend mit zarten Schwungstrichen: «*Kreiskarte*	*des*	**Herzogthums**	**SALZBURG**	*nach jener*	von	F. A. JIRASEK».
Zusätze:	Unter dem Titel ebenfalls freistehend kleine Zeichenerklärung für neun Signaturen und «*Maasstab von 2 Meilen*».
Maße:	Karte: 24,8 x 18,4 cm; Blatt: 30,7 x 20,5 cm; mehrf. gefaltet auf ca. 10,5 x 15,5 cm, Buchformat: 12,5 x 20 cm.
Maßstab:	ca. 1 : 800.000, kein glattes Verhältnis Zoll = M. feststellbar.
Graduierung:	Im kräftigen Strichrahmen volle Grade beziffert. Die dazugehörende Minuten-Skala ist mit meist nur 58 oder 59 ungleich breiten s/w Kästchen statt 60 pro Grad wenig exakt ausgeführt. L von Salzburg daher 30° 40' oder 41' E.
Druckart:	Lithographie.
Publ.-Art:	Buchbeilage in: «Das	**Herzogthum Salzburg**	oder der	**Salzburger Kreis.**	(Querstrich) Ein Originalwerk.	Historisch = geographisch = statistisch beschrieben, und	… von	**Benedikt Pillwein,**	Offizial der kaiserl. königl. Staatsbuchhaltung	in Linz. || (Doppel-Querstrich) Linz, 1839.». Erschienen in der Reihe: «**Geschichte,**	**Geographie und Statistik**	des	Erzherzogthums	Oesterreich ob der Enns	und des	Herzogthums Salzburg.	(Wellenlinie) Fünfter Theil: Der Salzburgerkreis. (Wellenlinie)	**Mit einem Register,**	…	und der	**Kreiskarte versehen.** || Herausgegeben von	Benedikt Pillwein,	Offizial der kaiserl. königl. Staatsbuchhaltung	in Linz.	(Querstrich) … (HORAZ-Zitat) (Querstrich) Linz, 1839.	Bey Joh. Christ. Quandt, Kastner's seel. Eidam.».
Faksimilie:	Benedikt PILLWEIN: Das Herzogthum Salzburg … Reprint, Salzburg 1983.
Standort:	SMCA: Buch: 26329; Karte: SL 51, L 03. – SWS.
Literatur:	Zu PILLWEIN: WUR 22. T., S. 304ff.

6.13
Herdersche Verlagshandlung
Joseph Edmund Woerl (1803–1865)

Bartholomä HERDER (1774–1839) gründete 1801 einen Verlag in Meersburg und verlegte ihn 1808 nach Freiburg im Breisgau, das noch heute Sitz des Unternehmens ist. 1820/21 erweiterte er das „Kunstinstitut" um eine geographisch-topographische und lithographische Abteilung, die zunächst Obstlt. i. P. Johann Heinrich WEISS und ab 1827 HERDERs Schwiegersohn Joseph Edmund WOERL leitete. Dieser erwies sich als einer der produktivsten Kartographen des 19. Jhs., dem die ersten und bereits perfekten zweifarbigen Steindrucke von Karten gelangen: Das in Bergstrichmanier plastisch herausgearbeitete Gelände, die Gewässer und die Schriften wurden schwarz, Verkehrswege, Ortssignaturen, Städte samt Wällen und die Grenzen von einer zweiten Platte rot gedruckt.

War HERDER schon dank der neuen Drucktechnik anderen Anstalten um Jahrzehnte voraus, so nehmen seine „General-Karten" 1 : 500.000 und

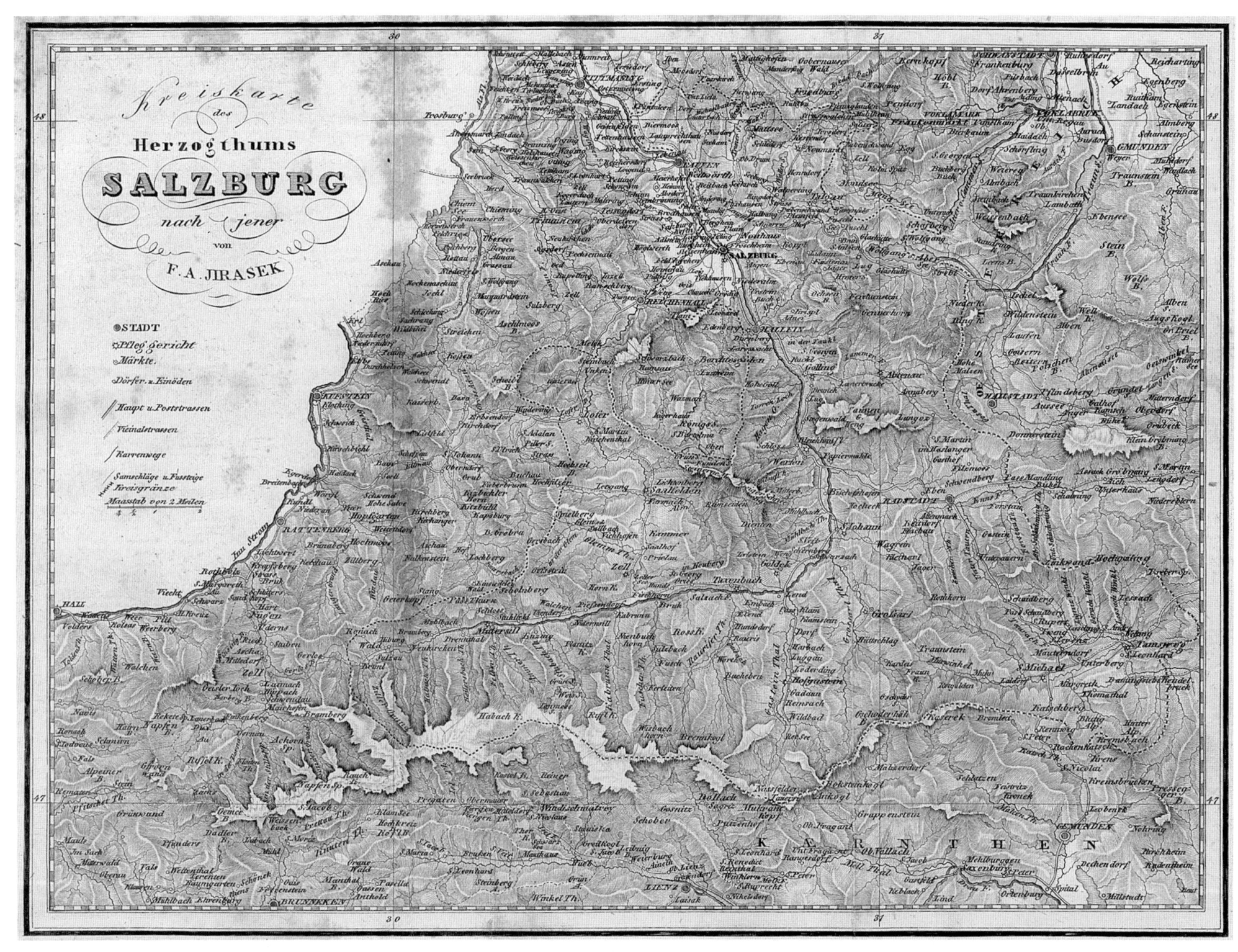

Abb. 84: Kreiskarte nach jener von F. A. Jirasek.

1:200.000 überdies eine Sonderstellung ein, da WOERL für beide Kartenwerke in der Projektion nach John FLAMSTEED (1646–1719) mit dem Null-Meridian von Paris zwei Graduierungen verwendete: Außer der Gradangabe nach der gewohnten sexagesimalen Teilung des Kreises in 360 „Altgrade" zu 60 Minuten (rechter Winkel: 90 Grad), findet sich zusätzlich die Angabe nach der centesimalen Teilung des Kreises in 400 „Neugrade" zu 100 Minuten (rechter Winkel: 100 „Gon"). Die zwei Systeme sind auf beiden Karten graphisch nicht gleich behandelt: Auf den Blättern 1:500.000 werden im Kartenrahmen die Neugrade deutlich hervorgehoben, während auf den Blättern 1:200.000 an diesen bevorzugten Stellen die Altgrade angeschrieben sind. Damit dürfte man Wünschen der Armee entsprochen haben, in der sich die einfache Rechnung mit Gon und mit dessen Sechzehntel, dem sog. „artilleristischen Strich" (6.400 für den Kreis), rasch durchsetzte. KRETSCHMER hält WOERLs Form der doppelten Gradzählung für einmalig, da sich sonst doppelte Netze auf verschiedene Null-Meridiane beziehen. Unter allen Karten Salzburgs sind diese die einzigen mit zwei Grad-Systemen.

Kommerziell und organisatorisch standen HERDERs größte Verlagsobjekte unter keinem guten Stern. Er hatte schon 1821 einen Atlas von Europa im Einheits-Maßstab 1:500.000 mit 220 Blättern(!) geplant, dessen Lieferungen jedoch erst Ende 1829 beginnen konnten. Nach größeren Unterbrechungen lagen 1838 endlich jene 60 Blätter des „Atlas von Central-Europa" vor, auf welche das utopische Vorhaben hatte reduziert werden müssen. Obwohl schon dieses die Mittel des Privatunternehmens überbeanspruchte, begann HERDER gleichzeitig einen Atlas von Süddeutschland 1:200.000, der ebenfalls nur verkleinert mit 48 Karten von Südwest-Deutschland realisiert werden konnte. Um die trotz Subventionen kritische Lage zu konsolidieren, stellte man aus beiden Kartenwerken zahlreiche Sonderausgaben für einzelne Länder zusammen, wie z. B. 1834/35 eine „Karte der Schweiz" mit 19 Tafeln. Daraus resultiert die Vielfalt fingierter Zählungen, da WOERL leider auf eine systematische Numerierung seiner Karten verzichtete.

Ungeachtet aller Schwierigkeiten gebührt HERDERs und WOERLs „National-Werk" höchste Anerkennung. Der Europa-Atlas zählt zu den frühesten, die große Teile des Kontinents einheitlich abdecken, und der Deutschland-Atlas lieferte für viele Länder die ersten Regional-Atlanten. Unter den Signaturen fallen gekreuzte Säbel mit Jahreszahlen auf, die Schlachtenorte markieren, sodaß die Karten ohne weiteres für einen „Atlas der Schlachten" verwendbar waren.

Literatur: WAGNER, Carl: Die Bedeutung Bartholomä Herders für die Kartographie. Blätter der deutschen kartographischen Gesellschaft, Heft 3. Zum 100. Todestag überreicht vom Verlag Herder in Freiburg im Breisgau 1939.
WEISS, Albert M. und Engelbert KREBS: Im Dienst am Buch. Bartholomä Herder, Benjamin Herder, Hermann Herder. Verlag Herder, Freiburg 1951.
ESP Nachtr. 1995 S. 468f. – KRE S. 175ff. (mit pers. Ergänzungen). – LGK S. 453, 787.

6.13.1
Salzburg 1:500.000
1830–1839

Der Kartenrahmen wirkt verwirrend, bis man sich an die doppelte Graduierung gewöhnt hat, bei der die Längen 9° und 10ᵍ am linken Kartenrand zusammenfallen. Die äußerste Begrenzung bilden zwei kräftige Linien mit einem 5 mm breiten s/w Sägeschnitt-Streifen, der dem Klaviertastenmuster der FRIED-Karten ähnelt. In dem Streifen sind alle 50' Ovale für die Zahlen des Neugrad-Netzes ausgespart. Es folgt die dazugehörige, kaum millimeterbreite 5'-Skala. Parallel läuft die ebenso schmale 5'-Skala der Altgrade, die mit jeweils 30' im Streifen zwischen Kartenfläche und Skala stehen. Da dieser auch zahlreiche Namen der angrenzenden oder angeschnittenen Länder, Kreise usw. enthält, treten die Altgrad-Zahlen ziemlich zurück. Das entlang des Salzach-Längstals als „Salzach Kreis" beschriftete Land ist fast zur Gänze auf einem Blatt erfaßt, nur der nördlichste Teil des Flachgaus mit Lamprechtshausen und Dorfbeuern greift auf das Anschlußblatt „Passau" über. Die Karte fand in mehreren Atlanten Verwendung, sodaß lose Blätter nicht eindeutig zuzuschreiben sind.

Titel:	Im Oberrand Mi.: «SALZBURG».
Zusätze:	Namen der Anschlußblätter: O.: «Passau», li.: «Constanz», re.: «Grätz» (fehlt oft), Mi. Unterrand: «Venezia». – Li. u.: «*Entworfen und bearbeitet von Woerl, gestochen unter seiner Leitung.*». – Re. u.: «*Lithographie von B. Herder in Freiburg im Breisgau.*». – Im Unterrand vier Linearmaßstäbe nebeneinander: Post- und Wegestunden, österr. Post-Meilen, dt. M. und bayer. M. Diese mit Druckfehler: «= 75.406 bayr. Fuss» statt 25.406 Fuß.
Maße:	Karte: 48 x 40,2 cm; Blatt: ca. 53 x 45,5 cm.
Maßstab:	1:500.000 (auf dem Blatt nicht verzeichnet).
Graduierung:	Netz der Neugrade bei je 50' sehr fein durchgezogen. Lage von Salzburg: Im Altgradnetz 47° 48' N, 10° 42' E; im Neugradnetz 53ᵍ 11' N, 11ᵍ 90' E.
Druckart:	Lithographie von einer Schwarz- und einer Rot-Platte, meist schönes Grenzkolorit, häufig in vier Teilen auf Leinen.
Rückseite:	Kaschierte Stücke meist mit rückseitig aufgeklebtem Titel und Nennung der Anschlußblätter. Mi.: «SALZBURG	KLAGENFURT», o., li. und u. wie auf der Karte «PASSAU», «CONSTANZ» und «VENEZIA»; re.: «GRÆTZ». Nicht selten hs. oder gestempelt die fing. Blattnummer «XL» oder «40».
1. Publ.-Art:	Atlasblatt (fing. Nr. 40) aus: «ATLAS	VON	**CENTRAL EUROPA**	enthaltend:	... die zu Deutschland gezählten Staaten der oestreichischen	Monarchie (als: das Erzherzogthum Oesterreich ...). ‖ Entworfen im Massstab 1:500.000	von	**Dr. J. E. WOERL.**	Mitglied der königl. Schwedischen Akademie ... (drei Zeilen weitere Gesellschaften).». Im Unterrand: ganz re. klein: «*Lithographie von B. Herder 1838.*»; groß in der Mi.: «Karlsruhe und Freiburg im Verlage der Herder'schen Kunst- und Buchhandlung.». – Die Lieferungen wurden ursprünglich als Beginn des „Atlas von Europa in 220 Blättern" bezeichnet. Der endgültige Titel nimmt das Mittelfeld einer von 27 Kreuzblumen gekrönten neogotischen Fassade ein, in deren schmalen Lanzettfenstern die Staaten Europas mit Größe und Einwohner-

6 *Salzburg als Kreis Oberösterreichs 1816–1849*

Abb. 85: *Joseph E. Woerl: 1 : 500.000 mit zwei Graduierungen.*

6.13.1

zahl aufgelistet werden. Darunter in rechteckigen Feldern: li.: zwölf Meilenleisten; Mi.: die Zeichenerklärung; re.: der Blattschnitt (dieser auch auf einer separaten Übersicht «Assemblage zur Karte von Central-Europa»).

2. Publ.-Art: Atlasblatt (fing. Nr. 27) aus:
«Karte | von | **DEUTSCHLAND** | (li.:) Mit roth eingedruckten Strassen- (re.:) -Ortspositionen und Grenzen (Mi.:) nebst angrenzenden Ländertheilen | MIT | Einschluss der Niederlande, Belgiens, der Schweiz | des Lombardisch=Venetianischen Königreichs. | *IN 32 BLÄTTERN.* | Entworfen und bearbeitet im Maßstab 1/500.000 | von | D^r. J. E. WOERL. | Mitglied der ... (drei Zeilen w. o.) ‖ (in den Schwungstrichen:) *Gest. Fr. Bohnert* ‖ Freiburg im Breisgau | Herder'sche Kunst und Buchhandlung.». – Der in ca. zehn verschiedenen Typen gedruckte Titel ist reichlich mit Schwungstrichen verziert bzw. gegliedert, speziell die bogenförmigen Hinweise auf den Farbdruck und die angrenzenden Länder. Die 1. Aufl. erschien bereits 1830, die zweite 1840.

3. Publ.-Art: Atlasblatt (fing. Nr. 3) aus:
„Karte vom Erzherzogthum Oesterreich in 4 Blättern." Unter diesem Titel scheint im Verlagskatalog aller Publikationen von 1801 bis 1912 (Sp. 581/582) eine kleine Sonderausgabe auf, deren Nachweis im Original nicht gelungen ist. Lt. Anzeige müßte sie die Blätter „Passau", „Wien", „Salzburg" und „Gratz" umfassen.

Standort: BSM: Mapp. VIII,24 b-23. – Herder-Archiv, Freiburg. – SLA: Graphik XIV.104,1-31. – SWS.

6.13.2
Salzburg 1:200.000

1831–1838

Die 48 Blätter 1:200.000 der „Karte von Südwest-Deutschland und dem Alpenlande" decken den Raum zwischen Koblenz, Eger, Genf und Padua. Sie entsprechen drucktechnisch völlig jenen des Europa-Atlas, doch weist der wieder zweifarbige Stich weitere Verbesserungen auf. Die unterschiedlichen Vorlagen mußten für diesen Atlas von WOERL viel mühsamer koordiniert und überarbeitet werden, sodaß die erzielten Ergebnisse und speziell die Lagetreue der Orte volle Anerkennung verdienen. Die Verzerrungen sind – wie ein Vergleich mit der modernen Karte 1:200.000 beweist – minimal und meist der noch nicht ganz geglückten Generalisierung zuzuschreiben. Vorbildlich abgestimmt ist die Zeichnung der Schraffen mit der ebenfalls schwarz gedruckten und doch gut leserlich gebliebenen Schrift. Der Aufbau des Rahmens und dessen doppelte Graduierung wirken zwar wie Kopien der Tafeln 1:500.000, doch sind – wie erwähnt – die Eintragungen der beiden Systeme vertauscht.

Den weitaus größten Teil des Landes zeigen die Blätter „Salzburg" und „Hallein" in der östlichsten Kolonne des Kartenwerkes, auf deren Erfassung wir uns hier beschränken. Der östliche Teil des Lungaus ab Mauterndorf ragt über die Begrenzung hinaus. Die südlichsten und westlichsten Teile des Pongaus bzw. Pinzgaus liegen auf den Blättern „Innsbruck", „Brixen" und „Lienz". Eine komplette Landeskarte (ohne östlichen Lungau) besteht also aus fünf Teilen mit den fingierten Nr. 23, 28, 29, 35 und 36 der Karte von Südwest-Deutschland. Die Karte von Bayern enthält nur die Nr. 23 als Nr. 20, die Nr. 28 als Nr. 23 und die Nr. 29 als Nr. 24. Die beiden südlichsten Blätter Nr. 35 („Brixen") und 36 („Lienz") fehlen, da sie Bayern nicht mehr betreffen. Daher endet die Wiedergabe des Landes Salzburg südlich von Rauris. Das Blatt „Hallein" ist im übrigen unverändert auch noch mit der fingierten Nr. 4 für die „Karte von Tyrol mit den Grenzlanden in zwölf Blättern", 1831/34, verwendet worden, doch erübrigt sich dessen separate Registrierung.

1) Titel: Im Oberrand Mi.: «SALZBURG» (Nr. 23 bzw. 20).

Zusätze: Im Oberrand ganz li.: «1:200.000»; daneben: «*NIEDER BAYERN.*»; Mi.: «Passau.». – Li. Seitenrand: Mi.: «München.»; darunter: «*OBER BAYERN.*». – Re. Seitenrand leer. – Im Unterrand ganz li.: «*Entworfen und bearbeitet von Woerl, in Stein gestochen unter seiner Leitung.*»; Mi.: «Hallein.»; ganz re.: «Im Herder'schen Kunst Institut in Freiburg im Breisgau.». – Darunter über die ganze Breite drei Linearmaßstäbe für österr. Post-Meilen, dt. M. und bayer. M.

2) Titel: Im Oberrand, Mi.: «HALLEIN» (Nr. 29 bzw. 24).

Zusätze: Im Oberrand: ganz li.: «1:200.000»; re. daneben: «*OBER BAYERN.*»; Mi.: «Salzburg.». – Li. Seitenrand Mi.: «Innsbruck.». – Re. Seitenrand: «Murau» (Dieser hier sinnlose Name beweist, daß das Blatt auch für den Atlas von Österreich verwendet wurde, in dem das Anschlußblatt existiert.). – Im Unterrand: ganz li.: «*Entworfen und bearbeitet von Woerl, gestochen unter seiner Leitung.*»; Mi.: «Lienz.»; ganz re.: «Lithographie von B. Herder zu Freiburg im Breisgau.». – Darunter über die ganze Breite drei Linearmaßstäbe für dt. M., natürliche Wegestunden und österr. Post-Meilen.

Maße: Karte: 44 x 38,5 cm; Blatt: ca. 53 x 45,5 cm.

Maßstab: 1:200.000 (nur in Zahlen angegeben).

Graduierung: Netz der Altgrade bei je 15' sehr fein durchgezogen.
Lage von Salzburg: Im Altgradnetz 47° 48' N, 10° 42' E; im Neugradnetz 53^g 11' N, 11^g 90' E.

Druckart: Lithographie von einer Schwarz- und einer Rot-Platte, häufig in vier Teilen auf Leinen kaschiert.

1. Publ.-Art: Einzelblätter (fing. Nr. 23, 28, 29, 35, 36) aus:
«**ATLAS** | von | **SÜDWEST-DEUTSCHLAND** | und dem | **Alpenlande** | in 48 Blättern und 6 statistischen Tabellen, | mit roth eingedruckten Strassen, Ortspositionen(!) und Grenzen, | entworfen u. bearbeitet im Massstab 1/200.000 der natürlichen Grösse | von | **J. E. WOERL**, Mitglied der ... (drei Zeilen w. o.) ‖ (In den Schwungstrichen:) *gest. v. F. Bohnert* | Freiburg im Breisgau | Herder'sche Verlagshandlung.». – Auf der letzten Seite befindet sich ein „Netz" von 7 x 8 Feldern. Die (fing.) Nr. 1 und 7 sind leer. In der li. Kolonne nennen die Nr. 8, 15, 22 und 29 die Titel der diversen Sonderausgaben, z. B. der Karte von Bayern oder der Schweiz nebst statistischer Tabelle. In den letzten Feldern der re. Kolonne stehen (abgesehen von der kleinen statistischen Tabelle Tirols auf Nr. 42) auf Nr. 49 der Gesamttitel und auf Nr. 56 diese «Assemblage» neben 15 graphischen Maßstäben und einer großen Zeichenerklärung mit Gebirgs-Darstellung. Daher verbleiben die genannten 48 echten Kartenblätter mit einer eigenen (fing.) Zählung ohne Einbeziehung der Titel-Seiten.

2. Publ.-Art: Einzelblätter (fing. Nr. 20, 23, 24) aus:
«Karte | von dem | **Königreich Bayern** | nebst angrenzenden Ländertheilen | **IN 24 COLORIRTEN BLÄTTERN** | mit roth einge-

druckten Strassen, Eisenbahnen, Ortspositionen und Grenzen | Entworfen und bearbeitet im Maassstabe 1/200.000 | der natürlichen Grösse | von | **J. E. WOERL.** ‖ (In zwei Blöcken li. und re.:) Zeichen Erklärung» mit je drei Linearmaßstäben, (Mi.:) «UEBERSICHTSKARTE» | (unter dieser:) «FREIBURG im BREISGAU | Herder'sche Verlagshandlung.». – Entsprechend der wechselnden Zusammenstellung gleicher Karten in verschiedenen Regional-Atlanten ändern sich die fing. Zählungen in jeder Ausgabe.

Standort: BSM: Mapp. XI, 10 of-23. – SLA: Graphik XIV.64.3. – StSP: Kart. Slg. 52/IV/6, 52/0/5.

6.13.3
Salzburg als Teil Österreichs
1:1,500.000
(1837)

Zu den erfolgreichsten Publikationen HERDERs zählte sein „Neuer allgemeiner Hand- und Schul-Atlas", der ab 1826 in zahlreichen jeweils erweiterten und verbesserten Auflagen erschienen ist. Er enthielt eine Karte des „Oesterreichischen Kaiserstaates" im Maßstab 1:5,000.000, jedoch kein Blatt, das als Landeskarte anzusprechen wäre. Dies änderte sich erst mit der Vorlage eines „Supplements", dessen sechs Karten die österreichischen Länder in verschiedenen Maßstäben wiedergeben. Außerdem brachte HERDER den „Atlas über alle Theile der Erde von Professor Dr. J. E. Wörl" von 1837 als eigene „Ausgabe für Oesterreich in 33 Blättern" mit derselben Karte heraus, der 1850 die sechste Auflage erreichte.

Die Tafel «b)» des „Supplements" umfaßt den Raum zwischen Rattenberg und der Großen Schütt-Insel bzw. zwischen Agram und Budweis. Obwohl der Anteil Salzburgs also nur minimal ist, sollte das Blatt als Landeskarte akzeptiert werden. Es vermittelt trotz des kleinen Maßstabs eine Fülle geographischer Informationen und sticht durch die Lagetreue der Siedlungen, der Gewässer und der Grenzen manche Karte derselben Jahre mit größerem Maßstab aus. Besonderen Wert für den Historiker haben auf allen Karten die statistischen Angaben über die politische Gliederung des Kaiserstaates. Neben dem Flächenausmaß der Länder, Viertel, Comitate usw. sind deren Einwohnerzahlen angeführt – für den «*Salzburger Kreis oder das Herzogthum Salzburg … 138.611*» Personen.

Titel: Im Oberrand, Mi.: «ERZHERZOGTHUM OESTERREICH | UND DAS HERZOGTHUM STEYERMARK.».
Zusätze: Im re. u. Eck mit Strichrahmen statistische Tabelle des Erzherzogtums. Bei **A. Oesterreich ob der Enns**» zuletzt «*5. Salzburger Kreis oder das | Herzogthum Salzburg*». – Im Unterrand: li.: «*Nota. Die eingetragenen Zahlen bezeichnen die Höhe des Ortes über dem adriat. Meer in Pariser Fuss*»; Mi.: «*Massstab 1/1,500.000*» über Linearmaßstab für 15 geogr. M.; ganz re.: «*Lithographie von B. Herder in Freiburg im Breisgau.*».
Maße: Karte: 30,2 x 25 cm; Blatt und Atlas: ca. 42 x 29 cm.
Maßstab: 1:1,500.000.

Graduierung: Im kräftigen Strichrahmen s/w 5'-Skala, volle Grade beziffert und als Gradnetz durchgezogen.
L von Salzburg: 30° 42' E von Ferro.
Druckart: Lithographie, meist mit Hand-Grenzkolorit.
Publ.-Art: Atlasblatt «b)» aus:
«Das | **Kaiserthum Oesterreich** | in 6 Karten | von | **Dr. J. E. Woerl,** | Professor an der Universität zu Freiburg … (über drei Zeilen Mitgliedschaften usw.) ‖ **Supplement zu dessen Hand= und Schul=Atlas.** | a) Das Kaiserthum Oesterreich. | b) Erzherzogthum Oesterreich und Herzogthum Steyermark. | c) Böhmen, Mähren …».
Standort: UBW: II 151.255 (6. 1850).

6.14
Adolph von Schaden (1791–1840)
Reisekarten

Der als Dramatiker zwar fruchtbare, aber wenig erfolgreiche Adolph von SCHADEN veröffentlichte in seinen späteren Jahren etliche Reiseführer. Ungeachtet ihrer romantischen Titel, die von der dichterischen Ader des Autors künden, lassen die umfassenden und genauen Texte mit präzisen „reisetechnischen" Informationen SCHADENs solide Ausbildung bzw. seine frühere Laufbahn als Inspektions- und Stabsoffizier erkennen. Zu einem wesentlichen Teil hatte er seinen Erfolg dem angesehenen Verlag zu verdanken, der als eine der ältesten Buchhandlungen Münchens schon 1625 von Kornelius LEYSZER gegründet worden war. 1786 ging die Firma in den Besitz von Joseph LINDAUER sen. über und kam schließlich durch Heirat an Christian Theodor Friedrich SAUER (1795–1852) und 1862 an Karl SCHÖPPING, die den renommierten Namen beibehielten.

Die „Handbuch", „Taschenbuch" oder „Führer" genannten Reisebegleiter sind – wie die etwa gleichzeitig erstmals erscheinenden „Baedeker" – Zeugen des Zeitgeistes: Sie entsprechen dem Informationsbedürfnis und dem Geschmack des Biedermeier. Typische Beispiele für diese Reiseliteratur sind u. a. „Der kleine Führer durch die Stadt Salzburg und ihre Umgebungen, zu den besuchenswertesten Luftorten und Naturschönheiten …" (anonym, Salzburg 1838) und SCHADENs „Alpenröslein; oder: 24 malerische Ansichten verschiedener Burgen, Gegenden, Seen etc. im Salzkammergute, dann in den Salzburger … Gebirgen etc." mit deutschem und französischem Text (München 1836). Als Beilagen gehören zu den Führern fast immer auf deren Format gefaltete und häufig auf Leinen kaschierte „Reisekarten", die meist lose in einer Lasche des Umschlags steckten.

Die Karten bieten viele nützliche Informationen mit Signaturen für Hauptstraßen und Saumwege, für Poststationen und deren Distanzen, für Festungen, Bergwerke etc. Eine bemerkenswerte Bereicherung zweier Ausgaben bildet in deren Unterrand das große Alpenpanorama vom Gaisberg bei Salzburg bis Füssen. Bei den über 130 Namen von Gebirgen, Gipfeln, Tälern, Seen und Orten werden in rund 55 Fällen auch die Höhen nach Pariser Fuß (89.847 = 100.000 bayer. Fuß) angegeben; die Karten selbst enthalten keine Höhen. Sie zeichnen sich durch allgemeine Lagerichtigkeit der topographischen Objekte und die plastische Geländedarstellung in Bergstrichmethode unter Nord-West-Beleuchtung aus. Stellenweise erinnern die Gebirge allerdings an die alte Raupenmanier, zudem verfälschen große Plateaugletscher den Alpenhauptkamm.

Literatur:	NEB III, 616, 616a, 617; S. 125 ff. Zu LINDAUER: TRAUTMANN, Karl: Zum dreihundertjährigen Geschäftsjubiläum der Universitätsbuchhandlung J. Lindauer (Schöpping) München. In: Börsenblatt für den deutschen Buchhandel. Nr. 276, 26. Nov. 1925, S. 18830 ff.

6.14.1
„Reisekarte" ohne Ansichten
1833

Das Blatt trägt den zu groß geratenen Titel im Oberrand über die ganze Breite des Kartenfeldes. Die gleiche Länge weist das Panorama auf. Die Karte bietet keinerlei graphischen Aufputz und ist nicht wie die folgende Ausgabe mit Ansichten umrahmt. Diese stehen vielmehr bei den entsprechenden Kapiteln. Daher scheint diese größere, einfache und wohl erste Version der Reisekarte in der Bibliographie NEBEHAYs als solche nicht auf.

Titel:	Im Oberrand: «**REISE=KARTE** | DURCH | SÜD=BAYERN, TYROL, SALZBURG UND DAS SALZKAMMERGUT.».
Zusätze:	Stecherzeichen li. u. im nur 2 mm schmalen Kartenrahmen: Zwei Andreaskreuze und «*Wilh. Mayr.*». – Im Unterrand Mi.: Linearmaßstab für 10 geogr. M.; darunter das zart gerahmte Panorama darunter freistehend in Randmitte: «*Verlag der Joseph Lindauer'schen Buchhandlung in München. | (C. T. Fr. SAUER.)*».
Maße:	Karte: 43,3 x 24 cm; Panorama: 43,5 x 3,8 cm; Blatt ca. 51 x 36 cm; gefaltet 5 x 2 auf ca. 10 x 18 cm. Bd.: ca. 13 x 20 cm.
Maßstab:	1 : 576.000; 1" = 8.000 Kl. = 2 M.
Graduierung:	Im schmalen Strichrahmen s/w 5'-Skala, alle 30' und volle Grade beziffert, 30'-Netz durchgezogen. L von Salzburg: 30° 42' E.
Druckart:	Kombinierte Technik: Kupferstich für Schriften, Gewässer, Grenzen und feinere Schraffuren; Radierung für stärkere Geländeschraffen; Ortssignaturen, Posthörnchen und Saumwege punziert.
Publ.-Art:	Kartenbeilage in: «Neuestes | Taschenbuch für Reisende | durch **Bayerns und Tyrols Hochlande,** | dann durch Berchtesgadens und Salzburgs | romantische Gefilde, nebst ausführlicher | Beschreibung der Gastuna (Gasteins) | und des Salzkammerguts; | Als Fortsetzung … ‖ Humoristisch, topographisch und statistisch bearbeitet | von | Adolph von Schaden. | Mit einer präzissen Karte und fünf und zwanzig malerischen Ansichten. ‖ München, 1833. | Joseph Lindauer'sche Buchhandlung. | (C. T. Fr. Sauer.)». – Entgegen dieser Angabe enthält der Bd. 27 Ansichten: Neun in Seitengröße, ca. 12 x 19 cm, und 18 im Kleinformat 8,5 x 5,7 cm.
Faksimile:	Adolph von SCHADEN: Neuestes Taschenbuch für Reisende… Bavarica-Reprint, Süddeutscher Verlag, München 1985. – Druckhaus Nonntal, Salzburg, 1985.
Standort:	BSM: Res/Bavar. 2332 e (ohne Karte). – ÖNB: 1,237.349-B.K. – SLA: AB B11 B 81494.

Kleine „Reisekarte"
1846

Offenbar ließ der Absatz des „Handbuches" zu wünschen übrig, sodaß der Verlag eine verkleinerte und wesentlich billigere Version des „Führers" herausbrachte. Sowohl der Text wie vor allem die Stiche wurden drastisch reduziert. Der Band enthält gegenüber dem Titel wieder die Ansicht von Berchtesgaden und als eingeklebte Beilage die Karte des „Neuesten Taschenbuches" von 1833 ohne den Rahmen mit Ansichten (links gegenüber Liste weiterer Verlagsobjekte). Maßstab, Graduierung und Druckart blieben unverändert. – Obwohl der „Führer" reüssierte und 1860 die 4. Auflage erreichte, sind nur wenige Exemplare erhalten geblieben. Diese Erfassung der allein bekannten 3. Auflage ist einem Salzburger Antiquariat zu verdanken, von dem die ÖNB das inkomplette Exemplar erworben hat.

Titel:	Im Oberrand: «**REISE – KARTE DURCH SÜD – BAYERN, SALZBURG UND DAS SALZKAMMERGUT,** | nebst dem angrenzenden Tyrol.». – Die erste Zeile in fetter Antiqua läuft mit 28,6 cm fast über die ganze Breite der Karte, die zweite Zeile in kleinen Typen ist nur 5,5 cm lang.
Zusätze:	Im Unterrand Mi.: Linearmaßstab für 10 geogr. M.; darunter: «*Verlag der Joseph Lindauer'schen Buchhandlung in München. | (C. T. Fr. SAUER.)*».
Maße:	Karte: 30,5 x 17,2 cm; Platte mit den Texten im Ober- und Unterrand: ca. 31,5 x 20 cm; gefaltet auf ca. 9 x 13 cm. Bd.: ca. 11 x 14 cm.
Publ.-Art:	Kartenbeilage in: «**Führer** | durch die | **Südbayerischen Hochlande,** | Innsbruck und Salzburg. | Nach den besten Hülfsmitteln und eigener Anschauung | bearbeitet | von | **Th. Hartwig.** | Dritte vermehrte Auflage. | Mit einer Ansicht von Berchtesgaden und einer Reisekarte. ‖ (Querstrich) **München 1846.** | Jos. Lindauer'sche Buchhandlung. | (Ch. Th. Fr. Sauer.)».
Standort:	ÖNB: 303.994-A.Kar.

6.14.2
„Reisekarte" mit 18 Ansichten
1833

Das Taschenbuch erschien noch im gleichen Jahr in einer Neuauflage mit zwei Versionen des Titels, in dem der Name des Autors aus unbekannten Gründen öfters fehlt. Die inhaltlich in beiden Ausgaben fast gleiche Reisekarte wurde auf das kleinere Format umgestochen und mit einem breiten Kranz von 18 Orts- und Landschaftsbildchen gerahmt. Bei diesen handelt es sich um den Großteil der Ansichten der vorigen Auflage in entsprechender Verkleinerung. Sie zeigen oben Andechs, Seefeld, Tegernsee,

REISE-KARTE
DURCH SÜD-BAYERN, TYROL, SALZBURG UND DAS SALZKAMMERGUT.

Abb. 86: Adolph von Schaden: Reisekarte mit 18 Ansichten.

6 Salzburg als Kreis Oberösterreichs 1816–1849

Schliersee und Chiemsee, links Staffelsee, Schleifmühle bei Ohlstadt, Kochelsee und Eibsee, rechts Brannenburg, Hohenaschau, Königssee und Achensee, unten Partenkirchen, Walchensee, Rosenheim, Berchtesgaden und Salzburg. Dieser Galerie von Veduten ist die ungewöhnlich dekorative Wirkung des Blattes zu verdanken, das auch auf Leinen kaschiert und in Schuber zu haben war. Überdies wurden die hübschen Ansichten einzeln auf Karton mit Goldrahmen angeboten.

Titel: Im Oberrand: Unveränderter Wortlaut, aber wesentlich kleinere Schrift und nur 23 cm breit.

Zusätze: Wie vorher mit gleichen Stecher-, Maßstab- und Verleger-Angaben.

Maße: Karte: 30,3 x 17,3 cm; Blatt: ca. 49 x 37 cm. – Ansichten: Je fünf o. und u. 8,2 x 5,4 cm, je vier re. und li. 6 x 4 cm; gesamt mit Kopfleiste, Ansichten, Panorama und Verlagsnamen: ca. 43,3 x 36,6 cm; Platte (nicht zusammengesetzt!) ca. 45,5 x 38 cm. Meist 5 x 2 auf ca. 11 x 19 cm Taschenformat gefaltet.

Maßstab: 1 : 792.000; 1" = 11.000 Kl. = 2 ¾ M.

Graduierung: Im Kartenrahmen s/w 5'-Skala, alle 30' und volle Grade beziffert, 30'-Netz sehr fein durchgezogen.
L von Salzburg: 30° 42' E von Ferro.

Druckart: Kupferstich und Radierung kombiniert wie vorher, Karte und Ansichten von nur einer Platte (keine Trennfugen). S/w und zart koloriert.

Publ.-Art: Kartenbeilage in:
Variante 1:
«Neuestes | Taschenbuch für Reisende | durch | **Bayerns und Tyrols** | romantische Gefilde, nebst ausführlicher | Beschreibung der Gastuna (Gasteins) | und des Salzkammerguts; | als Fortsetzung … ‖ Humoristisch, topographisch und statistisch bearbeitet | von | Adolph von Schaden. ‖ München, | Joseph Lindauer'sche Buchhandlung. | (C. T. Fr. Sauer), 1833.». – Zwei Tafeln in Stahlstich und neun Lithographien. – In kartoniertem Umschlag.
Variante 2:
«Neuestes | Taschenbuch für Reisende | durch | **Bayerns und Tyrols** | **Hochlande,** | dann | durch Berchtesgadens und Salzburgs romantische Gefilde …» weiter wie Titel von 6.14.1.

Standort: BSM: Bavar. 1199 fa (beschnittene Karte, Aufl. fraglich). Ex. Var. 2: Res/Bavar. 2332 e (ohne Karte). – DMM 11137–97. – SBB Haus 2: Kart. M 6610 und 6610 <a>. – SWS. – UBS: 3.379 I.

Literatur: LIN S. 74, Abb. 42, S. 190, Nr. 41.

1836

Der gute Absatz des Buches veranlaßte den Verlag, nach drei Jahren eine neue Auflage mit etwas verändertem Titel und geringfügig erweitertem Text herauszubringen. Die Bilder wurden um zwei Stahlstiche vermehrt. Die „Reisekarte" mit 18 Ansichten blieb aber unverändert, sodaß lose Blätter aus beiden Auflagen stammen können. Im gleichen Jahr erschien auch SCHADENs sehr erfolgreiches „Alpenröslein oder: 24 malerische Ansichten… im Salzkammergute, dann in den Salzburger, Berchtesgadener u. Tyroler Gebirgen …".

Publ.-Art: Kartenbeilage in:
«Taschenbuch für Reisende | durch | **Bayerns und Tyrols** | **Hochlande,** | dann | durch Berchtesgadens und Salzburgs Gefilde, | nebst | Beschreibungen Hohenschwangaus, Gasteins, des | Salzkammergutes und Bodensees. | Herausgegeben | durch | Adolph von Schaden. | Zweite umgearbeitete Auflage. | Mit 2 Karten, 2 neuen Stahlstichen und 27 malerischen Ansichten. ‖ (Querstrich) München, 1836. | Joseph Lindauer'sche Buchhandlung. | (C. T. Fr. Sauer.)».

Standort: BSM: Res. Bavar. 2332 I (ohne Karte). – ÖNB: 180164-B. – UBE: GS(5) 4.5.1. – UBS: 141.128 I (ohne Karte).

6.14.3
Theodor Hartwig (Daten unbekannt)
Große „Reisekarte"

1842/46

Noch im Todesjahr SCHADENs (1840) war in München ein „Taschenbuch für Reisende in die südbayerischen Hochlande. Ein treuer und zuverlässiger Führer; nach den besten Hülfsmitteln und eigener Anschauung bearbeitet von Th. HARTWIG." mit dem kurzen Umschlagtitel „Führer durch's Gebirg" erschienen (BSM: 2 Ex.: Bavar. 1199 f und fc. – SMCA: Bibl. 4567). Der Band, der keine Karte und nur eine Ansicht von Berchtesgaden enthielt, stützte sich in zahlreichen Passagen auf „Anleihen" des bisher unbekannten Autors bei SCHADEN. Die Herausgabe besorgte neben HARTWIG selbst nicht SCHADENs Verleger SAUER, sondern die „E. A. FLEISCHMANN'sche Buchhandlung."

Zwei Jahre später konnte HARTWIG die 2. Auflage des „Taschenbuchs" von SCHADEN nun wieder bei SAUER als „gänzlich neubearbeitet" deklarieren. Er verzichtete auf die Nennung des ursprünglichen Autors, obwohl SCHADENs Konzept und dessen Karte übernommen und nur die Reiseziele durch Einbeziehung der Lombardei und Venetiens weiter gesteckt waren. Für die 3. Auflage wurde die Karte neu gestochen und bis Mailand–Venedig bzw. im Westen bis Winterthur erweitert. Das Land Salzburg wird mit dem Salzkammergut im rechten oberen Eck des Blattes noch zur Gänze dargestellt. Kartographisch ist die Situation so detailliert erfaßt, daß zur Wahrung der Lesbarkeit auf die Geländedarstellung verzichtet werden mußte. Berge und Täler scheinen lediglich mit ihren Toponymen auf. Um diesen Mangel auszugleichen, finden sich statt des Alpen-Panoramas links und rechts neben der Karte zwei Listen von fast 200 wichtigen Bergen und Pässen mit ihren Höhen. Mit der neuen Signatur für Eisenbahnen sind die Linien München–Augsburg und Mailand–Verona–Vicenza eingetragen, jedoch fehlt die schon seit 1836 fertiggestellte „Salzbahn" Gmunden–Linz.

Titel: Im Oberrand: «**REISEKARTE** | durch Südbayern, Tyrol, das lombardisch-venetianische Königreich, Salzburg, und das Salzkammergut.».

Zusätze:	Li. und re. über die ganze Höhe der Karte: «Die bedeut. Höhen	in paris. Fuss. ‖ üb. d. Meerfläche	alphab. geord.». – Im Unterrand: li. u. der Kartenecke: «*Gedr. bei Joh. Minsinger in München.*»; Mi.: «*Verlag der Jos. Lindauer'schen Buchhandlung in München.*»; re. u. der Kartenecke: «*gest. v. Joh. Bapt. Seitz*». – Fast über die ganze Breite: li. Zeichenerklärung in zwei Zeilen; Mi.: Maßstabsleiste für 10 dt. M.; re. Hinweis auf die Entfernungsangaben der Poststationen in zwei Zeilen.
Maße:	Karte: 48 x 42,2 cm; mit Randtexten: 51,5 x 45,6 cm. Bd.: ca. 13 x 20 cm. – Auch auf Leinen kaschiert und lt. Anzeige «Cart. in Etui.», ca. 10,8 x 13,5 cm.
Maßstab:	1:864.000; 1" = 12.000 Kl. = 3 M.
Graduierung:	Im einfachen Strichrahmen s/w 5'-Skala, volle Grade beziffert und als feines Netz durchgezogen. L von Salzburg: 30° 42' E.
Druckart:	Lithographie; Grenzkolorit, Teilkolorierung der punktierten Reiserouten.
Publ.-Art:	Kartenbeilage in: 2. Aufl.: «**Taschenbuch**	für	Reisende in die südbayerischen	**Hochlande**. ‖ Ein treuer und zuverläßiger Führer; …	bearbeitet	von	**Th. Hartwig**. ‖ Zweite, mit den Beschreibungen von Innsbruck und	Salzburg vermehrte, Ausgabe.	… ‖ (Querstrich) **München 1842**.	Verlag der J. Lindauer'schen Buchhandlung.	(Ch. Th. Fr. Sauer.)». – Dem Titel gegenüber steht li. mit dem Bund ein Stahlstich von Berchtesgaden. – Schmuckloser Umschlagtitel von der Ausgabe 1833: «Führer	durch's	Gebirg». 3. Aufl.: «Handbuch für Reisende	durch	**Südbayern, Tyrol,**	*Vorarlberg,* ***Salzburg und das***	***Salzkammergut***.	Nebst Rundreise an den Bodensee und Reiserouten nach	*Mailand und Venedig.*	Von THEODOR HARTWIG. ‖ **Dritte**, gänzlich neu bearbeitete, **Auflage**	des Taschenbuches für Reisende durch Bayern's und Tyrol's Hochlande.	*Mit 5 Stahlstichen und einer Reisekarte*. ‖ (Querstrich) München, 1846.	Joseph Lindauer'sche Buchhandlung.	*(C. T. Fr. Sauer.)*». – Dem Titel gegenüber mit dem Unterrand im Bund steht ein Stahlstich der Stadt Salzburg von «*Alt pinx.*» und «*H. Winkler sc.*». – Umschlagtitel: «Taschenbuch für Reisende	durch	Südbayern, Tyrol	und das	Salzburgische,	von	Theodor Hartwig.» in einem 20 bis 80 mm breiten Rahmen mit folkloristischen Szenen.
Standort:	2. Aufl.: BSM: Bavar. 1199 fa (Karte in Schuber). – UBM: 8 Itin. 1359 (Karte in Schuber). – 3. Aufl.: BSM: Bavar. 1199 fb (ohne Karte). – ÖNB: 479.665-B und 303.994-A.K. – UBM: 8 Itin. 1361 (ohne Karte). – UBS: 104.394 I (ohne Karte).
Literatur:	NEB Nachtr., 965, 968, S. 95 f.

6.15
Friedrich Wilhelm von Streit (geb. ? – gest. 1839)
„Das Erzherzogthum Oestreich"
1834

Der vermutlich aus Wien stammende Dr. Friedrich Wilhelm von STREIT war preußischer Militärkartograph, Mathematiker und Artillerie-Ingenieur, bis sich der pensionierte Major als ständiger Mitarbeiter des Geographischen Instituts in Weimar niederließ. Das bekannteste Beispiel seines reichen Schaffens ist der von NATORFF & COMP. in Berlin verlegte Europa-Atlas, dessen Blätter sich trotz des kleinen DIN A4-Querformats und des kleinen Maßstabs mit einer Fülle von Signaturen durch besonderen Detailreichtum auszeichnen. Einzelne Ländergruppen sind offensichtlich für die Publikation als separate Atlanten vorgesehen gewesen, wie die Österreich-Blätter Nr. 38–53 oder die Preußen-Blätter 26–37, die dafür im Oberrand die zusätzlichen Zählungen I-XVI bzw. I–XII aufweisen (daher die Pag. III auf unserem Blatt).

Die Geländedarstellung mittels Bergstrichen beschränkt sich jeweils auf das Gebiet der namengebenden Staaten oder Kronländer. In den anstoßenden Bereichen bis zum Kartenrand sind nur das Gewässernetz und die größeren Orte verzeichnet. Bei einzelnen Karten, wie gerade bei jener von Salzburg, wird der gute Gesamteindruck durch die ungleich hohen Inserts für den Titel und die Erläuterungen beeinträchtigt.

Titel:	«DAS ERZHERZOGTHUM	OESTREICH	entworfen u. gezeichnet	von	Dr: F. W. Streit	*Königl: Preuss: Major a. D. etc.*	BERLIN	*Im Verlag von Natorff et Comp. 1834.*». – Die erste Zeile steht als leichter Bogen über der zweiten. Vom Kartenfeld ist der Titel im li. o. Eck durch eine Doppellinie getrennt.
Zusätze:	Im Oberrand: Mi.: «*III*»; ganz re.: «*N<u>o</u> 40*» analog zu «Nro. 40. Erzherzogthum Oestreich» im «**VERZEICHNISS DER KARTEN.**». – Re. an das Titel-Feld anschließend: Liste der Kreise und Hinweis auf die Angabe der Höhen in Wr. Fuß. – Daneben bis an die Graduierung: Linearmaßstab für geogr. M. und numerisches Verhältnis. Im Eck re. u.: Zeichenerklärung und «*Anmerkung	Die Eisenbahn ist genau, so weit solche in Böhmen liegt, in Östreich aber nur gerade von Leopoldschlag nach Linz gezogen,	da hiezu noch die Materialien fehlen.*».
Maße:	Karte: 29,5 x 21,2 cm; Blatt: 31 x 25 cm. – Atlas: 31,5 x 26 cm.
Maßstab:	1:1.250.000.
Graduierung:	Im einfachen Strichrahmen s/w 5'-Skala, volle Grade beziffert und als Netz durchgezogen. «Pressburg» und der südlichste Teil des Lungaus reichen über die Skala bis an den Rahmen. L von Salzburg: 30° 41' E.
Druckart:	Kupferstich mit Hand-Grenzkolorit der einzelnen Kreise bzw. Viertel (Sbg. Kreis: Dunkelgrün).
Publ.-Art:	Atlasblatt No. 40 aus: «**A T L A S**	*von*	**E U R O P A**	in	zwei und achtzig Blättern	*herausgegeben*	*von*	D<u>r</u> **F. W. STREIT**	*Königl. Preuss. Major a. D.*	*Mitglied der Academie nützlicher Wissenschaften zu*	*Erfurt und der Gesellschaft für Erdkunde in Berlin.*	**VERLAG von W. NATORFF &** **COMP.**	Berlin 1837.». – Der gestochene Titel ist überreich mit Schwungstrichen verziert und umrahmt. Stechername sehr klein im untersten Bogen: «*A. Schmidt sc. Königsstr 14.*». Der Verlagsname NATORFF scheint der kartographischen Literatur fast unbekannt zu sein. Nur Raymond LISTER (S. 205) und Ronald Vere TOOLEY (S. 460) nennen die Berliner Firma – allerdings irrig als „NATOROFF". Zweifel an der Identität sind jedoch auszuschließen.
Standort:	ÖNB: 247.528-E.K.
Literatur:	ESP S. 360 ff. – NND 17. Jg. S. 1157 f.

6   Salzburg als Kreis Oberösterreichs 1816–1849

6.16
Johann Schönberg (Daten unbekannt)
„Generalcharte …"
1834

Der Wiener Verleger SCHÖNBERG publizierte 1833 einen außerordentlich selten gewordenen „Handatlas", dessen Blatt 12 mit Nieder- und Oberösterreich auch Salzburg in eigenartig „zerquetschter" Gestalt mit Überschreitung des Bildrahmens zeigt. Dies ist auf die mehrfache Verwendung der Platte zurückzuführen. Beim Großteil der Atlasblätter handelt es sich nämlich um Neuauflagen von Karten aus „Kleiner Atlas der neuen Geographie zum Gebrauche der österreichischen Schulen. Wien und Pest. Im Verlage des Kunst und Industrie Comptoirs, 1807." (ÖNB: FKB 282/23). Salzburg – zu dieser Zeit Teil des Bayerischen Salzachkreises – ist auf der Inselkarte des Erzherzogtums Österreich nicht dargestellt. Dasselbe trifft für den weiteren Gebrauch der Karte in der „Im Verlage von J. RIEDLs Kunsthandlung" 1815 erschienenen Atlas-Auflage zu, die RIEDL als Nachfolger des „Comptoirs" herausbrachte (ÖNB: K I 105.340. – SWW: K IV; WE 234). Von ihm übernahm SCHÖNBERG die alten Platten, die er kräftig überarbeiten und in Klaviertastenmanier rahmen ließ. Die Geländedarstellung unserer „Generalcharte" wurde stark verbessert und Oberösterreich trotz des begrenzten Platzes mit Salzburg ergänzt, wofür die bisherige Zeichenerklärung wegfiel.

Titel: Freistehend u. Mi. in wenigen Schwungstrichen (gleiche Platte für alle Aufl.): «*Generalcharte | des | ERZHERZOGTHUMS | NIEDERÖSTREICH | Nach | dem Entwurfe | des | HERRN JOSEPH MARX FREIHERRN VON | LIECHTENSTERN | gezeichnet von | Ludwig Grafen von Hohlgartt*» | Wappen.

Zusätze: Re. o. im Rand: «*12.*». – Re. u. wie früher Transversalmaßstab. – Im Klaviertastenrahmen u. Mi.: «*Wien | bey Joh. Schönberg 1834.*».

Maße: Karte: 38,2 (plus 17 mm) x 28,9 cm; Platte: 42,1 x 32,5 cm; Blatt: 52 x 39,5 cm.

Maßstab: 1:960.000; 3" = 10 M.

Graduierung: In zwei Systemen: Innen s/w 5'-Skala, volle Grade und 30' beziffert, dazu Hinweis o. li.: «*Östliche Länge von Ferro in Gradtheilen.*». – Zusätzlich außen mit Hinweis u. li.: «*Westliche Länge von Wien in Zeittheilen.*». L von Salzburg: 30° 43' E.

Druckart: Kupferstich mit rotem Hand-Grenzkolorit.

Publ.-Art: Atlasblatt in: «Hand | **ATLAS** | Zum Gebrauche | für die | Jugend für Kaufleute | und Zeitungsleser nach den letzten Friedenschlüssen. | **INHALT**. (dreispaltige Liste von 37 Karten) ‖ WIEN bey **JOH. SCHÖNBERG**.». U. aus Schwungstrichen abstrakt gebildeter ATLAS als Träger des Titelovals, ganz u. «*1833*». – Trotz wesentlicher Änderungen benützte man auch hier die alte Platte.

Standort: ÖNB – K: K I 125.900.

Literatur: AA S. 53 KIC D (Suppl.); S. 117ff. Rie A, C. – DÖR S. 571 ff., 587: KIC 5/35; S. 594: KIC 21; S. 660: Lie 21.

6.17
Conrad Mannert (1756–1834)
Fortsetzung von 5.8
„Erzherzogthum Oesterreich"
1835

Die fast zwei Jahrzehnte nach der Rückgabe Salzburgs erschienene Karte stammt von der überarbeiteten Platte der Ausgabe 1807 (5.8), die FEMBO mit dem ganzen Fundus übernommen hatte. Der Titel und die Grenzen wurden entsprechend berichtigt sowie die Geländedarstellung durch Bergstriche verbessert. Alle anderen Daten stimmen mit jenen der Ausgabe 1807 überein.

Titel: «CHARTE | vom | ERZHERZOGTHUM | **OESTERREICH,** | *von Innerösterreich und dem Königreich Illyrien.* | *Nach den vorzüglichsten Hülfsmitteln* | *entworfen und gezeichnet* | *von* | C. Mannert | (Querstrich) Nürnberg, bey Christoph Fembo. 1835. | *Mit Königl. Bayer. allergn. Freyheit.*».

Standort: UBEi: 196/149.6.

6.18
Franz Orlitsek (1796–nach 1862)
Spezial-Karte
1836

Der Artillerie-Offizier Oberstleutnant ORLITSEK (auch ORLITSCHEK) bewährte sich sowohl als Geschütztechniker als auch als verläßlicher Kartenzeichner und Lithograph. Durch die Verwendung von Schraffen (Bergstrichen) für die Geländedarstellung erreichte er bei guter Übersichtlichkeit ansprechende plastische Wirkungen. Die Siedlungen, das Gewässernetz und die in vier Kategorien eingestuften Straßen sind lagerichtig dargestellt. Die großzügige Anordnung des Titels und der Zusätze, für die fast das ganze linke obere Viertel des Kartenfeldes freigelassen ist, unterstreicht die graphische Qualität der Lithographie. Die beiden, im gleichen Jahr erschienenen Ausgaben der Karte unterscheiden sich lediglich durch die Namensänderung der bekannten Salzburger Kunsthandlung und die Angabe eines Druckers in Wien. Daher könnte man vermuten, daß die Karte vorher von der 1831 gegründeten ersten Salzburger Steindruckerei des Josef OBERER hergestellt worden war. Im übrigen liefert auch diese Karte einen weiteren Hinweis auf die zunehmende Touristik, die sechs Jahre später bei der Enthüllung des MOZART-Denkmals ihren ersten internationalen Höhepunkt erreichen sollte.

Literatur: GIO S. 16, 54. – LGK S. 698. – Zu OBERER: FUH S. 359.

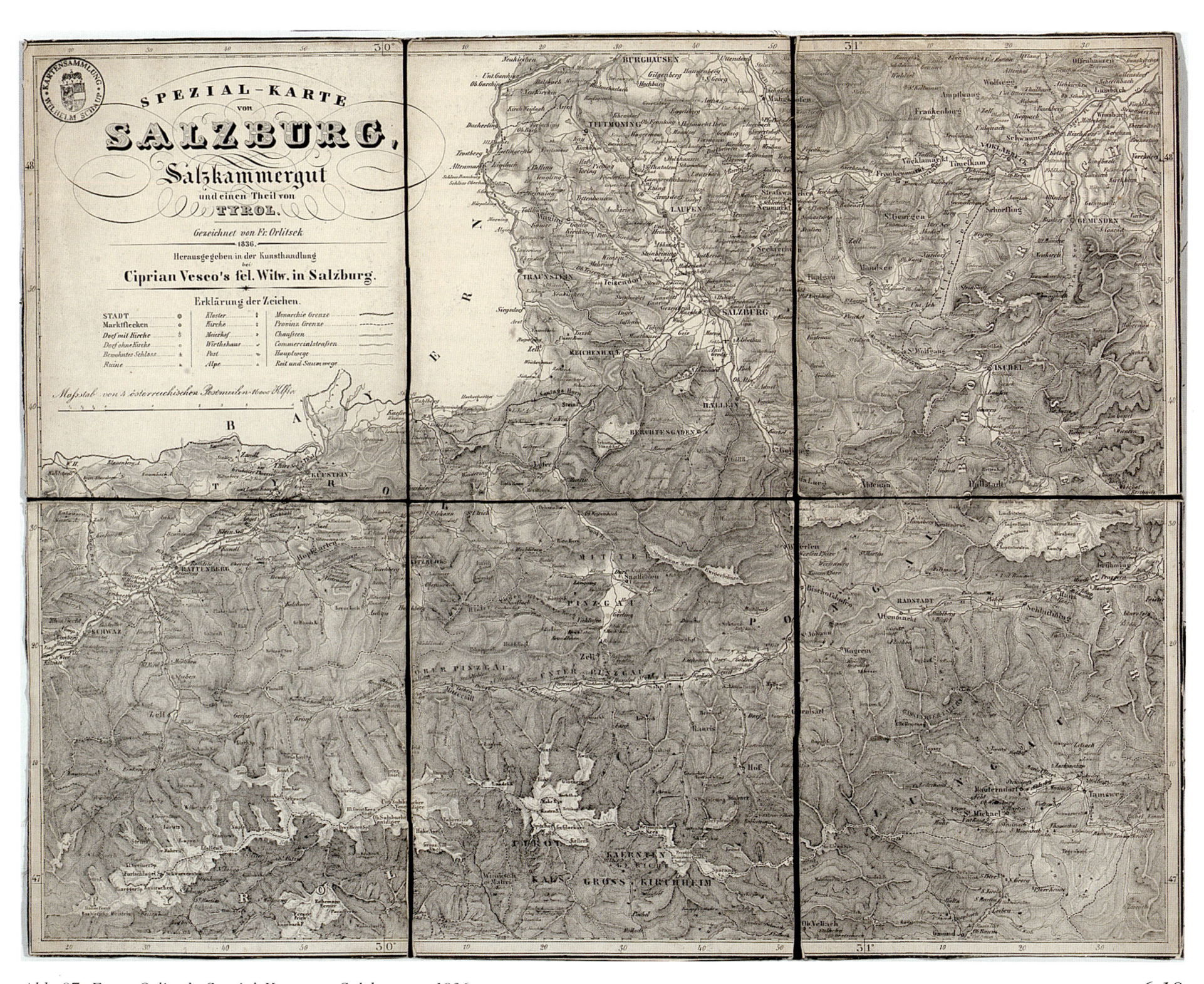

6   *Salzburg als Kreis Oberösterreichs 1816–1849*

Abb. 87: Franz Orlitsek: Spezial-Karte von Salzburg …, 1836.

6.18

6.18.1

Titel:	«SPEZIAL-KARTE	von	SALZBURG,	Salzkammergut	und einen Theil von	TYROL.	*Gezeichnet von Fr. Orlitsek*	(In der Mi. eines geteilten Querstrichs:) **1836**.	Herausgegeben in der Kunsthandlung	*bei*	**Ciprian Vesco's sel. Witw. in Salzburg.**».
Zusätze:	Unter dem Titel nach einem Querstrich: «Erklärung der Zeichen» mit 18 Signaturen in drei Spalten, darunter nach li. verschoben Linearmaßstab für österr. Post-Meilen.
Maße:	Karte: 46,5–47,5 x 36,1–37,3 cm; Blatt: ca. 58 x 46 cm; Teile der kaschierten Karten verschieden, bei 3 x 2 je 15,5 x 18 cm.
Maßstab:	ca. 1:400.000 (kein glattes Verhältnis Zoll = M. feststellbar).
Graduierung:	Im Doppelstrichrahmen sehr feine s/w Minuten-Skala, alle 10' und volle Grade beziffert. L von Salzburg: 30° 42' E von Ferro.
Druckart:	Lithographie, häufig (4 x 2) auf Leinwand aufgezogen.
Publ.-Art:	Separatdruck.
Standort:	SBB Haus 2: Kart. 0 9012. – SLA: Graphik XIV.40. – SMCA: SL 50, L 03 (zwei Ex.). – StSP: Kart.Slg. 318. – SWS.
Literatur:	SLA S. 18, L.49.

6.18.2

Titel:	Der Titel blieb unverändert, erhielt aber nach «*bei*» die neue Verlagsbezeichnung: «**J. Schön q^{m.} Vesco in Salzburg.**». Mit oder ohne dem Zusatz «*gest. von J.* (= Johann) *Tritschler*». Bei BER-65, S. 44, wird der Name des Zeichners mit „Orlitschek" angegeben und die Firma als „J. Schön u. M. Vesco" bezeichnet – infolge falscher Deutung des abgekürzten „quondam" (vormals, früher) zwischen den Verleger-Namen.
Zusätze:	Unter dem re. u. Karteneck: «L. Förster's art. Anstalt in Wien.».
Standort:	ÖNB: a.B. 192.(1.), 192.(6. Ex. ohne Zusatz). – SBB Haus 2: Kart. 0 9010. – SMCA: SL 49, L 03 (drei Ex.).

6.19
Pr(emier)-Lieutenant Renner (Daten unbekannt)
„Charte des Salzburger Viertels"
1836

Der offenbar als Oberleutnant aus dem Dienst geschiedene RENNER, der nie seinen Vornamen angibt, wurde neben Hauptmann RADEFELD (1788–1874) der wichtigste und produktivste Kartenmacher in MEYERS „Bibliographischem Institut". Umso erstaunlicher ist es, daß ihn die Fachliteratur kaum kennt. Lediglich LISTER und TOOLEY sowie die Firmengeschichte (→ 6.20) nennen kurz seine Tätigkeit ohne weitere Daten. Ebenso fehlen Angaben über den Lithographen Carl PÖHLMANN, wogegen der Magdeburger Steindrucker, Kartograph und Verleger Albrecht PLATT (1794–1862) ausreichend dokumentiert ist.

Die Inselkarte des „Salzburger Viertels" erschien im „Atlas von den Deutschen Bundes-Staaten" aus dem „Verlag der MÜLLERschen Buchhandlung" in Erfurt im Jahre 1836. Vermutlich handelt es sich um eine von RENNERs frühesten Arbeiten. Wegen der dicht und an den Talböden zu hart angesetzten Schraffen und der zu dunklen Waldsignatur hat man Mühe die Toponyme zu entziffern, sodaß die häufig an RENNERs Entwürfen geübte Kritik berechtigt erscheint.

Die Geländedarstellung beschränkt sich auf das Viertel; in den angrenzenden Bereichen der Nachbarländer sind nur das Gewässernetz, die Siedlungen und die Straßen eingezeichnet. Der Chiemsee und die Salzkammergutseen treten wegen ihrer engen Schraffur unerwartet kräftig hervor. Exzentrisch wirkt die Beschriftung der anderen Viertel Oberösterreichs: Die größeren Anfangsbuchstaben überragen die kleinen nicht wie üblich nach oben, sondern nach unten – die Oberkanten aller Lettern stehen in einer Linie.

Titel:	Li. o. im Eck freistehend, erste Zeile bogenförmig: «Erz-Herzogthum Oesterreich, Land ob der Enns.	**CHARTE**	des	**Salzburger Viertels.**».
Zusätze:	Unter dem Titel: «Erklärung der Zeichen.» mit 14 Signaturen (noch keine Eisenbahn). – Im Unterrand knapp am Rahmen: li.: «*Gez. v. Pr. Lieut. Renner*»; Mi.: «*Lith v. C. Pöhlmann*», darunter Maßstab für geogr. M.; re.: «*Steindr. v. A. Platt in Magdeburg*». – Häufig in den Rändern hs. Paginierung «*XXXI*» lt. Inhaltsverzeichnis.
Maße:	Karte: 38,4 x 34,2 cm; Blatt: 44,5 x 37 cm. – Atlas: 37,5 x 43,5 cm.
Maßstab:	1:432.000; 2" = 3 M.
Graduierung:	Im einfachen Strichrahmen s/w 2'-Skala, alle 30' und volle Grade am durchgezogenen Netz beziffert. L von Salzburg: 30° 43' E von Ferro.
Druckart:	Lithographie, Landesgrenzen handkoloriert.
Publ.-Art:	Atlasblatt aus: «**A T L A S**	von den	**DEUTSCHEN**	Bundes=Staaten	in 55 Blättern ‖ (Zierrahmen mit Akanthus-Blattwerk) *Statistische Uebersicht der deutschen Bundes-Staaten.* ‖ **E R F U R T**	Verlag der **MÜLLERSCHEN** Buchhandlung.	1836. ‖ (in Nonpareille) *Steindruck von Aug. Kneisel in Leipzig.*». – Der in sechs Typen manieristisch gedruckte Titel wird von reichen Schwungstrichen umrahmt. Die statistische Übersicht enthält in zwei Spalten die Liste der 38 „Bundesglieder", beginnend mit Österreich, dem größten und bevölkerungsreichsten Staat. Angegeben werden das «*Areal*», die «*Volksmenge*», die Größe des zu stellenden «*Bundes-Contingents*» und die «*Einkünfte in Convent.-Gulden*». – Im Titel der ÖNB- und SWW-Atlanten werden bei unveränderter Jahreszahl «in 74 Blättern» angegeben. Ob es sich um eine erweiterte Ausgabe aus demselben Jahr oder um eine spätere Erweiterung mit früherem Erscheinungsjahr handelt, war nicht festzustellen.
Standort:	ÖNB: 303.986-D.K. – SBB Haus 1: 2° Kart. L 1115/1–31. Haus 2: 2° Kart. L 1115–1,6 <a> und 1115–44. – SLA: Graphik XIV.71. – SWW: K-V: DE 478.

6.20
Bibliographisches Institut

Im Verlagsprogramm des 1826 von Joseph MEYER (1796–1856) in Gotha gegründeten und Ende 1828 nach Hildburghausen (und 1874 nach Leipzig) übersiedelten „Bibliographischen Instituts" spielten Landkarten eine wichtige Rolle. Schon 1828 entstand eine eigene „Artistisch-geographische Anstalt", deren wissenschaftliche Leitung der Verleger selbst übernahm und in der Hauptmann (Major) Carl C. RADEFELD und (Premier-) Leutnant RENNER als Kartographen tätig waren. Das Institut beschäftigte bis zu drei Zeichner und 16 Stecher, da die Entwürfe in der eigenen Gravieranstalt unter Direktor L. V.(?) KLEINKNECHT (Daten unbekannt) in Stahl gestochen wurden. Ihre bis dahin unerreichte Qualität trug wesentlich zum einzigartigen Erfolg des Instituts bei.

Die Karten erschienen im Rahmen von Atlas-Lieferungen, fanden aber ebenso als Beilagen in dem seit 1839 publizierten «Conversations-Lexicon» Verwendung und wurden auch als Einzelblätter abgegeben. Dank der außerordentlichen Produktivität des Instituts, das im Durchschnitt jährlich zehn Karten und etwa alle zwei Jahre einen revidierten Atlas – beides in hohen Auflagen – herausbrachte, sind viele Karten im Handel. Ihre genaue Zuschreibung ist schwierig, obwohl die Karten zumeist eine Jahreszahl und überdies im Oberrand fast immer einen Vermerk mit einer Nummer (oft sogar mit zwei) aufweisen. Diese bezeichnet jedoch die Abfolge der Blätter einer Lieferung und nicht deren Einordnung im Atlas, für die das Inhaltsverzeichnis maßgebend war. Dessen Nummern wurden fallweise ergänzt bzw. nachgestochen. Überdies tragen die Titelseiten der Atlanten niemals eine Jahreszahl. Daher warnt die Verlagsgeschichte (S. 50): „Dem Sammler und Antiquar bereiten diese nebeneinander herausgegebenen Kartenwerke oft Kopfzerbrechen." Dieses wird noch dadurch verstärkt, daß z. B. die Karte von 1838 laut Druckvermerk aus einem Atlas mit 90 Karten stammt, ein solcher in der Verlagsbibliographie aber nicht verzeichnet ist.

Ebenso wie die FRIED-Karten von ARTARIA zeigen die Blätter von RADEFELD und RENNER unverkennbar die Handschrift ihrer Schöpfer. Stets handelt es sich um gemilderte Inselkarten, bei denen nur das im Titel genannte Gebiet eine Geländedarstellung durch Bergstriche und eine Fülle von Ortsnamen aufweist. Außerdem ist dieser Bereich immer koloriert. Die Bedeutung der Farben wird mit Farbkästchen erklärt. Hingegen sind in den Randgebieten nur das Gewässernetz, die Poststraßen und die Ortsnamen schwarz gedruckt. Bei einem Vergleich schneiden RENNERs Karten schlechter ab, da sie überladen wirken und das Relief zu schwach gezeichnet ist, während die Entwürfe RADEFELDs diesen als besten Kartographen des Instituts ausweisen.

Literatur: BEHRMANN, Walter: Die Entwicklung der kartographischen Anstalt des Bibliographischen Instituts. In: Jahrbuch der Kartographie, Hg: Deutsche kartographische Gesellschaft, Bibliographisches Institut, Leipzig Jg. 1942, 2, S. 124–208. – Reprint mit Ergänzungen: Bibliographisches Institut, Mannheim 1963.
SARKOWSKI, Heinz: Das Bibliographische Institut. Verlagsgeschichte und Bibliographie. 1826–1976. Bibliographisches Institut, Mannheim 1976.
ADB Bd. 21, S. 602. – ESP S. 158–205, Nachtr. 1995 S. 450. – LGK S. 90f.

6.20.1
Pr(emier)-Lieutenant Renner (Daten unbekannt)
Oktav-Karte im „Pfennig-Atlas"
1838

Ab 1834 brachte MEYER sein erfolgreichstes Kartenwerk auf den Markt, das bis 1858 die Rekordauflage von 30.000 Exemplaren erreicht haben soll (und trotzdem heute kaum zu finden ist), den „Atlas zum Handgebrauche für die gesamte Erdbeschreibung". Werbewirksam nannte er die 29 Lieferungen zu je vier Karten auf den gestochenen Umschlägen „Meyer's Pfennig-Atlas" und gab erst 1841 dem abgeschlossenen Werk den Gesamttitel, der aber auf einer eigenen Seite bisher nicht gefunden wurde. Unsere kleine Karte erhält ihren besonderen Reiz durch den kreisförmigen Plan der Stadt Salzburg mit den alten Befestigungen. Die ausgewogene Anordnung der gemilderten Inselkarte von Oberösterreich und dem Salzburger Kreis mit Reliefdarstellung in Schwungstrichen, der Schriften und des Inserts wird durch den präzisen Stahlstich hervorgehoben. Es überrascht, daß die „Salzbahn" Gmunden–Linz von 1834/36 eingezeichnet ist, die schon 1832 eröffnete Pferdeeisenbahn Linz–Budweis aber nicht.

Titel: «Erz-Herzogthum | **ÖSTERREICH:** | OB DER ENNS | 1838. | Entw. u. gez. v. Pr. Ltn. Renner.».

Zusätze: Lieferungs-Nummer im Oberrand li.: «*Lief. CII*». Re. o. hs. im Blatteck: «363», letzte Ziffer fraglich. – Beherrschend re. u. im Kreis: Stadtplan von Salzburg mit bezifferten Sehenswürdigkeiten und Stadtwällen. – Li. o. im Eck freistehend: Maßstäbe für die Karte in geogr. M. und für das Insert in Rheinland. Ruthen. Darunter Querstrich, Kreiseinteilung mit Nummern, Querstrich. – Im Unterrand: «Stahlstich (Direct. von Kleinknecht) aus der Schweinfurter Geographischen Graviranstalt des Bibliographischen Instituts zu Hildburghaus. Amsterdam und Philadelphia.».

Maße: Karte: 13,9 x 9,3 cm; Platte: ca. 14,5 x 10 cm; Blatt: 16,3 x 11 cm. – Atlas: 17,8 x 11 cm.

Maßstab: 1:2.520.000; 1" = 35.000 Kl. – Insert: 1:72.000.

Graduierung: Im Rahmen s/w 10'-Skala, volle Grade beziffert und Netz durchgezogen. L von Salzburg: 30° 42' E.

Druckart: Stahlstich.

Publ.-Art: Atlasblatt aus:
Titel der Lieferungen: «**MEYER'S PFENNIG-ATLAS**». – In der Mi. Nummer der Lieferung und Namen der dargestellten Länder. – «HILDBURGHAUSEN und NEW YORK. | STICH, DRUCK UND VERLAG DER | *GEOGRAPH. ANSTALT DES BIBLIOGRAPHISCHEN INSTI-*

6 Salzburg als Kreis Oberösterreichs 1816–1849

            TUTS.». – Li. senkrecht gestellt: Preise der Lieferung und der einzelnen Karten.
            Spätere Ausgaben: „Carl C. Radefeld: Atlas zum Handgebrauche für die gesamte Erdbeschreibung in 116 Karten, gezeichnet von Hauptmann Radefeld und Prem. Lieut. Renner, in Stahl gestochen für den Verlag des Bibliographischen Instituts, Hildburghausen."

Standort: SBB Haus 1: 2° Kart. B 1233–102 <a>. Haus 2: 8° Kart. B 1233–102, 8 Kart. 8741–29. – SLA: Atlas XXII.5 (unvollst.).

6.20.2
Pr(emier)-Lieutenant Renner (Daten unbekannt)
Karte im Lexikon-Format

88   Den Blickfang des qualitätsvollen Blattes von Oberösterreich mit dem „Salzachkreis" bilden zwei Inserts: Links oben im Kreis ein Stadtplan von Salzburg mit seinen Befestigungen, rechts unten im Eck eine kleine viereckige Karte der Linzer Umgebung. Der Titel links Mitte und alle anderen Zusätze sind freistehend sehr ausgewogen im Kartenfeld angeordnet.

Karte im „Neuesten Universal-Atlas"
1838

Titel: «ERZ-HERZOGTHUM | OESTERREICH: | **OB DER ENNS** | 1838. ‖ Entw. u. gez. v. Pr. Ltn. Renner.».

Zusätze: Pag. im Oberrand re. über Karteneck: «*Meyer's Universal Atlas in 90 Karten N⁰. 83*» (Provisorische Nummer der Lieferung). – Re. o. im Eck: «Maasstäbe:» für die Karte und für beide Inserts. – Im Insert „Linz" sind die Bahnstrecken nach Gmunden und Budweis eingezeichnet, in der Karte aber nur die Pferdeeisenbahn Linz–Gmunden. – Mi. o.: Schrift- und Zeichenerklärung. – Re. Mi.: «Statistische Notizen:» der fünf Kreise (Nummern entsprechend der Karte) mit Farbkästchen. – Im Unterrand: «Stahlstich (Direction v. Kleinknecht) aus der Schweinfurter Geograph. Graviranstalt des Bibliographischen Instituts zu Hildburghausen, Amsterdam, Paris u. Philadelphia.».

Maße: Karte: 24,7 x 18,5 cm; Platte: 28,7 x 23,2 cm; Blatt: ca. 32 x 26 cm. – Atlas: 32,5 x 26,5 cm.

Maßstab: ca. 1 : 1,210.000 (kein glattes Verhältnis Zoll = M. feststellbar). Insert Salzburg: 1:54.000; 1" = 750 Kl. – Insert Linz: 1:144.000; 1" = 2.000 Kl., 2" = 1 M.

Graduierung: Im Rahmen zarte s/w 5'-Skala, volle Grade beziffert, Netz tlw. fein angedeutet.
              L von Salzburg: 30° 42' E von Ferro.

Druckart: Stahlstich, Grenzen mit Wasserfarben handkoloriert.

Publ.-Art: Atlasblatt Nr. 49 aus:
              «NEUESTER | **UNIVERSAL-ATLAS** | für | **Alte & Neue Erdkunde** | *HERAUSGEGEBEN VON* | J. Meyer | Chef des Bibliographischen Instituts | in | Hildburghausen, Amsterdam, Paris & Philadelphia: ‖ STAHLSTICH, DRUCK & VERLAG | des | BIBLIOGRAPHISCHEN INSTITUTS.». – Geprägter Rückentitel: „Meyer's Universal Atlas."

Standort: BSM: 4° Mapp. 73 fz. – SWS.

Karte im „Conversations-Lexikon"
1848

     Die Krönung von MEYERs Schaffen und einen Markstein für das deutsche Verlagswesen bildete das „Große Conversations-Lexicon", das den Namen des Verlegers zu einem bibliographischen Begriff machte. Der erste der insgesamt 52 starken Oktavbände des „Meyers" erschien 1840, der letzte dieser ersten Auflage 1852. Die aktualisierte Ausgabe unserer Karte gehört zu dem Lexikon-Artikel „Oesterreich (Erzherzogsthum)" im 1. Band der 2. Abteilung, der 1848 herauskam. Diese Auflage für das „Jahrhundert-Lexikon" entspricht bis auf wenige, aber sorgsame Überarbeitungen der vorigen. Bei den Zeichenerklärungen findet sich eine verbesserte Signatur für Bahnlinien, die auf der Karte sowohl den Streckenabschnitt der Pferdeeisenbahn Gmunden–Linz als auch Linz–Budweis deutlich hervorhebt.

Titel: Unverändert bis zur Jahreszahl «1848.».

Zusätze: Paginierung im Oberrand li. sehr fein: «M's C. L. N⁰ 779».

Maße: Karte: Unverändert; Blatt: 28,9 x 23,3. Bd.: 16,5 x 23,6 cm.

Publ.-Art: Kartenbeilage in:
              «Das große | **Conversations-Lexicon** | für die | gebildeten Stände. | In Verbindung mit | **Staatsmännern, Gelehrten, Künstlern** | und Technikern | herausgegeben | von | **J. Meyer**. | (Zier-Querstrich) Dieser Encyclopädie des menschlichen Wissens | sind beigegeben: | die Bildnisse der bedeutendsten Menschen aller Zeiten | … | einhundert Karten für alte und neue Erdbeschreibung, | … ‖ **Zweite Abtheilung: O bis Z. – Erster Band.** | O – Ouwerkerk. ‖ (Starker Querstrich) Hildburghausen, | Amsterdam, Paris und Philadelphia: | Druck und Verlag des Bibliographischen Instituts. | **1848**.».

Standort: ÖNB: 668.904-C.K (dieses Ex. enthält die Karten, Pläne und Abb. nicht in den Textbänden, sondern separat in einem fünfbändigen „Bilder-Atlas".); Karte: K I 106.044. – SLA: Graphik XIV.72.

Karte im „Zeitungs-Atlas"
1849

     Nach dem Erfolg mit dem Schlagwort „Pfennig-Atlas" hatte MEYER keine Bedenken, den „wohlfeilsten Atlas in der Welt" anzukündigen und auch tatsächlich zum Subskriptionspreis von nur einem Silbergroschen (oder 3½ Kreuzer) je Karte zu liefern. Die Möglichkeit dazu schuf sich der tüchtige Verleger durch laufende Modernisierung und Rationalisierung des Großbetriebs in Hildburghausen.

     Unsere Karte wurde von der nur wenig überarbeiteten Platte von 1848 gedruckt. Ihre Aktualisierung beschränkt sich auf neu errichtete oder neu aufgenommene Bahnlinien. Die Zuschreibung zu bestimmten Ausgaben des Zeitungs-Atlasses ist schwierig oder unmöglich, da die Jahreszahlen auf der Karte und deren Nummern nicht mit jenen der Lieferungen, der Atlasausgabe und den Inhaltsverzeichnissen übereinstimmen. Außerdem wurde die Zahl der Lieferungen mehrfach geändert.

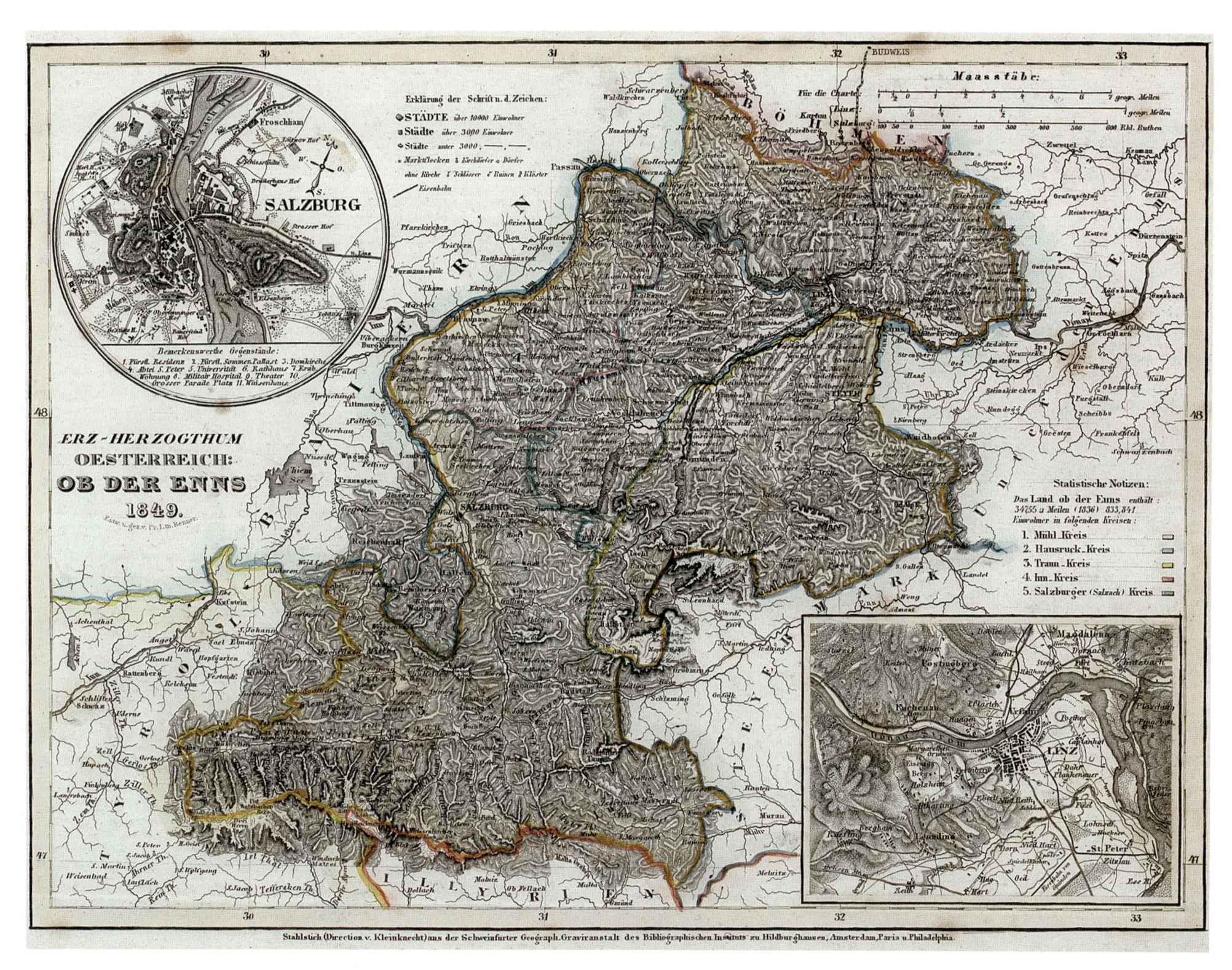

6 *Salzburg als Kreis Oberösterreichs 1816–1849*

Abb. 88: Pr(emier)-Lieutenant Renner: Erz-Herzogthum Oesterreich: Ob der Enns, 1849.

6.20.2

Titel:	Unverändert bis zur Jahreszahl «1849.».
Zusätze:	Im Oberrand: li.: «Meyer's Zeitungs-Atlas»; re. «№ 47».
Maße:	Karte: 24,7 x 18,5 cm; Platte: 25,3 x 19 cm; Blatt: 29,5 x 25,5 bis 33 x 27,5 cm. – Atlas: ca. 27,5 x 33 cm.
Publ.-Art:	Atlasblatt aus: Titel der Lieferungen: Plakatmäßige Aufmachung mit Zeigefinger-Hinweisen im Ober- und Unterrand: «Der wohlfeilste Atlas in der Welt!» und «Jede Karte nur 1 Sgr. oder 3½ Kr.». Der 27 Zeilen lange Werbetext steht in einem breiten Akanthusrahmen: «MEYER'S	ZEI-TUNGS-ATLAS	für	KRIEG UND FRIEDEN	... (Querstrich) HILDBURGHAUSEN und AMSTERDAM.	... 1849–1850.». Gesamttitel: «NEUESTER	ZEITUNGS-ATLAS	für	**Alte & Neue Erdkunde**	*HERAUSGEGEBEN VON*	**J. Meyer**	Chef des Bibliographischen Instituts	in	Hildburghausen, Amsterdam, und New-York:	STAHLSTICH, DRUCK & VERLAG	des	BIBLIOGRAPHISCHEN INSTITUTS. ‖ Preis: ...	In 31 Lieferungen ...». Fast jede Zeile dieses gestochenen Titels zeigt eine andere Schrifttype und wechselnde Anordnung. Er nimmt die ganze Seite ein und ist mit dekorativen Ornamenten in den Ecken breit gerahmt. – Im «**Verzeichnis und Reihenfolge**	der	HUNDERT UND DREI UND ZWANZIG KARTEN	in	**MEYER'S ZEITUNGS-ATLAS.**» hat «Oesterreich ob der Enns» Nr. «44.».
Standort:	KONS. – SLA: Graphik XIV.73. – ZBLU: F1 42v. – SWW: K-IV: WE 317.

6.20.3
Carl C. F. Radefeld (1788–1874)
„Neueste Karte von Salzburg"
1843

Carl Christian Franz RADEFELD lieferte als Chefkartograph des „Bibliographischen Instituts" mit der in zahlreichen Auflagen gedruckten Karte von Salzburg ein Musterbeispiel für den schwierigen Stahlstich – insbesondere wenn man sie mit der Karte von RENNER vergleicht. Bei etwas kleineren Abmessungen macht das Blatt einen vorzüglichen und ausgesprochen harmonischen Eindruck. Die Ortsnamen bleiben auch im Gebirge einwandfrei lesbar, die Zeichnung der Situation und die Kolorierung sind gut aufeinander abgestimmt, Titel, Zeichenerklärung und Maßstäbe bilden freistehend links oben einen eleganten graphischen Block. Die erste Zeile des Titels spannt sich bogenförmig über den darunter stehenden Text.

Titel:	«NEUESTE KARTE	VON	SALZBURG	Entw. u. gez. v. Hauptm. Radefeld.	1843. ‖ Zeichen und Schrift-Erklärung (24 Signaturen und elf Abkürzungen) ‖ **MAASSTAEBE** ...» (für österr. Post-Meilen, geogr., engl., franz., ital. und schwed. M.).
Zusätze:	Im Oberrand: li. über dem Karteneck: «MEYER'S HAND-ATLAS»; re. über dem Karteneck: «№ 6» oder «MEYER'S GROSSER ZEITUNGS-ATLAS», « № 35» (1850). – Im Unterrand Mi.: «Stahlstich (Direction v. Kleinknecht) aus der Schweinfurter Geographischen Graviranstalt des Bibliographischen Instituts zu Hildburghausen, Amsterdam, Paris und Philadelphia.».
Maße:	Karte: 35,6 x 29,6 cm; Platte: 36,8 x 30,7 cm; Blatt: 48,6 x 38,3 cm. – Atlas: ca. 49 x 40 cm.
Maßstab:	1:468.000; 1" = 6.500 Kl.
Graduierung:	Im einfachen Strichrahmen s/w 2'-Skala, alle 10' und volle Grade beziffert, o. «Oestl. v. Paris», u. «Oestl. v. Ferro» – daher 20° Differenz zwischen den Längenangaben. L von Salzburg: 10° 42' bzw. 30° 42' E.
Druckart:	Stahlstich, Grenzen zart handkoloriert.
Publ.-Art:	Atlasblatt aus: «**GROSSER**	**HAND-ATLAS**	ÜBER ALLE THEILE DER ERDE	IN 170 KARTEN	Herausgegeben	von	**J. Meyer**.	HILDBURGHAUSEN	Verlag des Bibliographischen Instituts.». – Auch „Grosser und vollstaendiger Hand-Atlas der neuesten Erdbeschreibung." und „Grosser Zeitungs-Atlas" (1850).
Standort:	SLA: Graphik XIV.92. – SWS. – SWW: K-IV: WE 299. – ZBLU: F1 39 fol. max.

Fortsetzung: 7.6

6.21
Georg Mayr (1800–1864)

Unter den besonders von der Privatkartographie publizierten Reisekarten für den aufblühenden Tourismus nehmen diejenigen MAYRs einen hervorragenden Platz ein. Der aus Brixlegg stammende Kartograph, der in München als Inspektor im topographischen Bureau des königlich bayerischen Generalquartiermeisterstabes arbeitete, hatte schon 1833 eine Reisekarte von Tirol und Vorarlberg entworfen, der nach zahlreichen anderen Arbeiten die hier sowie unter 7.7 und 9.17 registrierten Blätter folgten. Sie zeigen die Tendenz, die Landkarte durch zusätzliche Informationen zu bereichern. Der für Reisekarten kompetente Karl BAEDEKER würdigte MAYRs Arbeit wie folgt: «Die zuverlässigste (Karte) kleineren Maasstabs, stets nachgetragen und verbessert, ist die von Mayr ...» („Deutschland", 1. Teil: Österreich, 11. Auflage 1864, S. 85).

Als Krönung von MAYRs Lebenswerk darf sein berühmter, 80 x 60 cm großer „Atlas der Alpenländer" (Karten: 64 x 43 cm) nicht unerwähnt bleiben (BSM: Mapp. II.72 la. – ÖNB: FKB 282–15). Die ursprünglich neun Blätter im Maßstab 1:450.000 decken den Raum von Grenoble bis Wien bzw. von Landshut bis Florenz und enthalten somit den ganzen Alpenbogen samt Vorland. Salzburg ist auf den Sektionen II und III dargestellt, doch können diese nicht als selbständige Landeskarten eingestuft werden. Der Atlas erschien ab 1858 bei Justus PERTHES in Gotha und wurde später mit zwei Karten von Mittel-Italien nach Süden bis Salerno erweitert.

Literatur:	FUH S. 358. – GV Bd. 93, S. 588. – MDD Bd. 8, S. 26. – PGM Bd. 4, 1858.

Abb. 89: Georg Mayr: Specielle Reise=Karte, 1839.

Spezielle Reisekarte

1839

Die gesamte „Specielle Reise- und Gebirgs-Karte" besteht aus zwei überbreiten, jeweils aus zwei Folio-Blättern gebildeten Querformaten, deren Hälften „auch a parte unter speciellen Titeln" angeboten wurden. Die beiden nördlichen Teile umfassen das Gebiet zwischen Aussee und Konstanz bzw. zwischen Augsburg und Bad Gastein, während die südlichen Teile vor allem Südtirol gewidmet sind. Infolge dieses Schnitts fehlen auf dem oberen Blatt vom Salzburger Landesgebiet der östlichste Teil des Lungaus und die Gipfelregion der Hohen Tauern. An Besonderheiten sind die „moderne" numerische Maßstabsangabe neben einer Entfernungs-Übersicht in alten Poststunden und ein ungewöhnlich detailliertes Höhenprofil von den Schweizer Voralpen bis zum Dachstein mit über 200 Berg-, Tal-, See- und Ortsnamen hervorzuheben. Diese und die meisten anderen Karten MAYRs wurden auch aufgezogen in geprägten Leinenumschlägen und in Etui angeboten.

Titel: Im Oberrand fast über die ganze Breite der Karte: «Specielle Reise=Karte vom **BAYERISCHEN HOCHLAND, NORD-TYROL, SALZBURG,** und Salzkammergut. ‖ Mit einer Vergleichenden Höhendarstellung nach den neuesten amtlichen Vermessungen entworfen, gezeichnet, gestochen, und herausgegeben von Gg. Mayr (in 2 Blätter) 1839.».

Zusätze: Im Oberrand: ganz li.: *«Westliches Blatt.»*; ganz re.: *«Östliches Blatt.».* – Im Kartenfeld li. o. im Eck zart abgestrichen: «Zeichen=Erklärung» mit 35 Signaturen, Querstrich, darunter: «Abreviaturen» mit 25 Abkürzungen und deren Bedeutung. – Re. o. im Eck zart abgestrichen: «Entfernungs Übersicht | *(Die zwischen den Orten angebrachten Zahlen bedeuten Stunden, deren 30 = 1°)*», Distanz-Kärtchen 8,7 x 3,8 cm, darunter: «Maass-

6 *Salzburg als Kreis Oberösterreichs 1816–1849*

Abb. 90: *Marco Berra: Herzogthum Salzburg, 1840.*

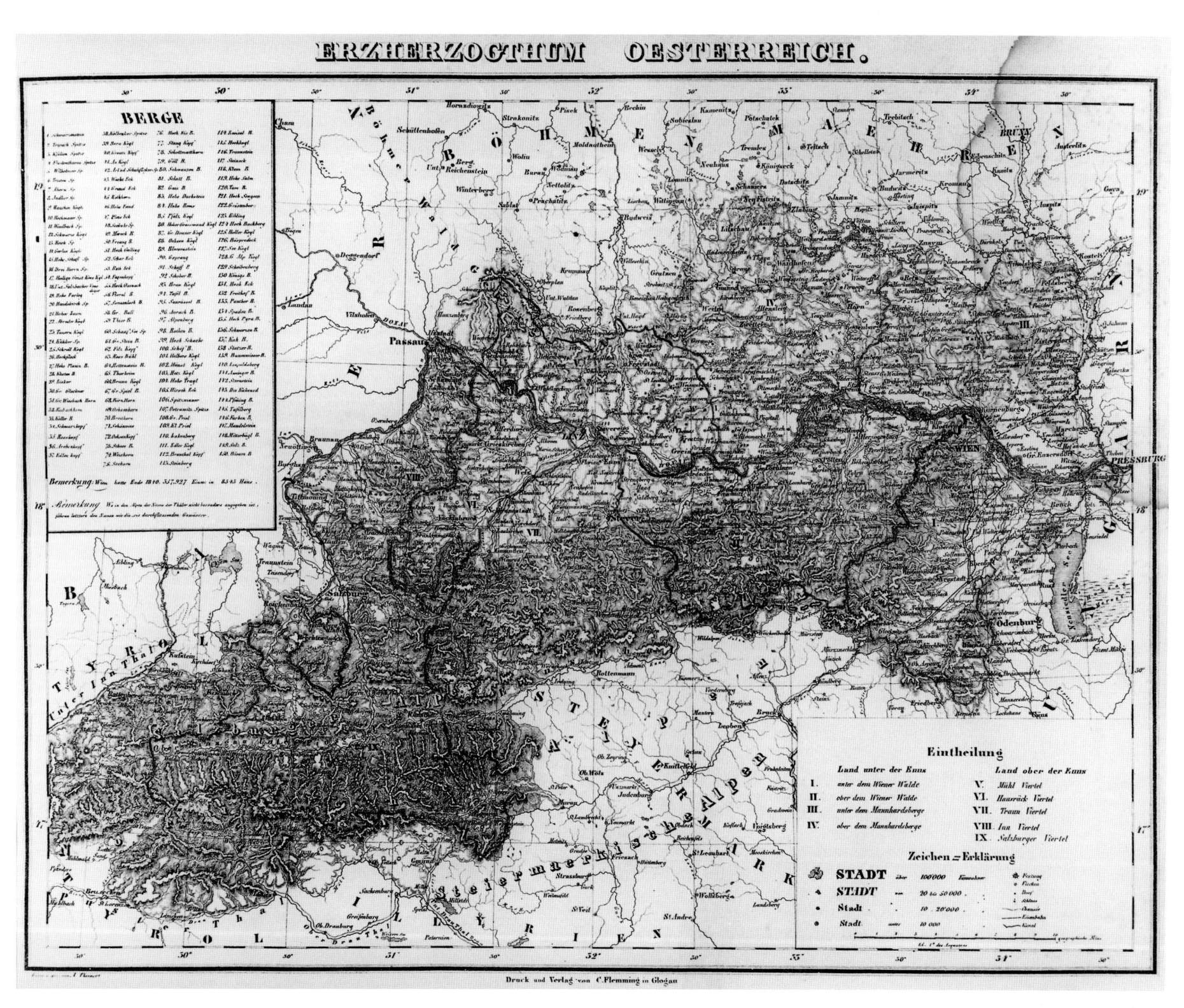

Abb. 91: Carl Flemming: „Dr. Karl Sohrs" Handatlas.

	Verhältniss der Karte 1:500.000», Linearmaßstab für geogr. M. und Hinweis: «*Die Höhen sind im 3fach grössern Maasse angegeben.*». – Im Unterrand über die ganze Breite, ca. 4 cm hoch: «Vergleichende Darstellung vorzüglicher Höhen über der Meeresfläche nach Bayerischen Fussen, deren 1000 = 917 Wiener, und = 887 Pariser Fuss sind.».
Maße:	Plano: Karte: 69,5 x 27,8 cm; Blatt: 72,5 x 35,3 cm. – Auf Leinwand kaschiert: 8 x 2 Teile zu je 9,1 x 17,6 cm, Fugen ca. 1,5 mm; Karte: 71 x 28 cm; Blatt: ca. 75 x 35,5 cm.
Maßstab:	1:500.000.
Graduierung:	Im ungewöhnlich schmalen Strichrahmen s/w 5'-Skala, alle 30' und volle Grade beziffert. L von Salzburg: 30° 43' E.
Druckart:	Lithographie.
Rückseite:	Leer. – Wenn auf Leinwand kaschiert: Verlagsankündigungen für Karten von MAYR, darunter auch für einen Plan der Stadt Salzburg.
Publ.-Art:	Separatdruck.
Standort:	BSM: Mapp. XI,154.

1847

Titel:	Wie vorher bis «… von Gg. Mayr (in 2 Blätter)», dann Einfügung: «*Verlag der Johann Palm'schen Hofbuchhandlung in München 1847.*».
Zusätze:	Im allgemeinen wie vorher, mit neuem Hinweis bei der «Entfernungs Übersicht»: «*für den nördlichen Theil der Karte nach geographischen oder Post Stunden. 30 = 1°* | *(ältere Berechnung)*». Distanz-Kärtchen und Maßstabsangaben wie vorher, ebenso das Höhenprofil im Unterrand. Umrechnungswerte berichtigt: «… nach Bayerischen Fussen, deren 1000 = 923 Wiener, und = 898 Pariser Fuss sind. | *(Die Höhen in der Karte sind nach Pariser Fuss.)*».
Standort:	SMCA: SL 56, L 03.
Literatur:	Zu PALM: BBB S. 573.

Fortsetzung: 7.7

6.22
Marco Berra (1784–1853)
Herzogthum Salzburg
1840

In der ersten Hälfte des 19. Jhs. nahm die „Kunst- und Landkarten-Handlung" BERRAs eine bedeutende nationale Stellung unter den Prager Verlagen ein. U. a. publizierte sie schon 1848 die erste Wandkarte Böhmens in tschechischer Sprache. Der Hand-Atlas von 1839/40 enthält 55 Kartenblätter, darunter „Nr. 9. Oesterreich ob und unter der Enns" (einschließlich Salzburg) mit dem Kartentitel „Das Erzherzogthum Oesterreich" (Maßstab ca. 1:960.000) und „Nr. 15. Salzburg". Die Karte, die selbst nicht numeriert ist und keinen Maßstab aufweist, überrascht mit anachronistischen Grenzen unter Einbeziehung des Rupertiwinkels, des Zillertals und des „Anhängsels" von Windisch-Matrei–Hopfgarten. Kärnten ist noch als „Illyrien" beschriftet.

Titel:	Li. o. im Eck mit Strichrahmen: «*Herzogthum* | **SALZBURG** | (Schwungstriche) **PRAG**, | **bei Marco Berra.** | **1840**.».
Zusätze:	Re. o. im Eck mit Strichrahmen: «Erklärung.» mit nur acht Signaturen.
Maße:	Karte: 37,8 x 30,1 cm; Blatt: 45,7 x 35 cm. – Atlas: ca. 48 x 38 cm.
Maßstab:	1:504.000; 1" = 7.000 Kl.; 4" = 7 M.
Graduierung:	Im doppelten Strichrahmen s/w 2'-Skala, alle 10' und volle Grade beziffert und feines 10'-Netz durchgezogen. L von Salzburg: 30° 40' E.
Druckart:	Lithographie, vermutl. von der ursprünglichen Steingravur für die Aufl. nicht sehr sorgfältig umgedruckt („angefressene" Striche am Rand und im Titel). Rahmen hellrosa, Landesgrenze kräftig rot handkoloriert.
Publ.-Art:	Atlasblatt aus: Manieristischer, von Schwungstrichen umgebener Haupttitel in sechs verschiedenen (teils Zier-) Schriften: «Neuer allgemeiner Hand-Atlaß | der | **GANZEN ERDE** | nach den besten und neuesten Bestimmungen für | Zeitungsleser, Kauf- und Geschäftsleute aller Art && | und für die studierende Jugend. | **PRAG** | bei | MARCO BERRA | 1840». Nüchterner Umschlagtitel in breiter Blätterbordüre mit kräftigem Strichrahmen: «**Neuer Atlas** | der | **ganzen Erde** | *nach den neuesten Bestimmungen* | für | *Zeitungsleser, Kauf- und Geschäftsleute jeder Art,* | *und für die* | *studierende Jugend.* | **1839.** | PRAG, bei MARCO BERRA.».
Standort:	KUP: 10.285/264. – SMCA: SL 48, L 03. – SWS.
Literatur:	AA S. 18 f.: Berr A (1839). – DÖR S. 725, 731. – LGK S. 100. – MdW S. 245.

Fortsetzung: 7.9

6.23
Carl Flemming (1806–1878)
Ingenieurleutnant A. Theinert (Daten unbekannt)
Dr. Karl Sohrs Handatlas

Im Alter von nur 27 Jahren erwarb der Buchhändler FLEMMING den seit 1790 in Glogau bestehenden Verlag GÜNTHER mit Druckerei und baute diesen zu einer der maßgebenden kartographischen Anstalten Deutschlands aus, die bis 1932 existierte. Als seine größten Erfolge bewährten sich der seit 1839 in über 30 Auflagen erschienene Schulatlas, die ebenso verbreitete „REYMANNsche Karte der Preußischen und Österreichischen Monarchien" bzw. „Geographische Special-Charte von Deutschland" und der berühmte Handatlas von „Dr. K. SOHR", der von 1840 bis 1888 acht Auflagen erreichte und eine Karte von Österreich enthielt. Mit diesem populären Atlas verbindet sich die seltsamste Mystifikation der Kartographiegeschichte: Der Name „Dr. Karl SOHR" war frei erfunden, obwohl sogar

"KAYSER's Bücherlexikon" diesem fingierten Autor zehn Ausgaben zuschreibt. Der Qualität der fast durchwegs von dem früheren Militärkartographen Friedrich HANDTKE (1815–1879) und von Heinrich BERGHAUS (1797–1884) geschaffenen Karten tut dies gewiß keinen Abbruch. ESPENHORST meint, HANDTKE habe als Nicht-Akademiker mit dem Pseudonym ein „wissenschaftliches Manko" überspielen wollen (S. 209).

Auf der Karte des Erzherzogtums Österreich werden die Kronländer unter und ob der Enns mit Salzburg als „Salzburger Viertel (Salzach Kreis)" und später als Herzogtum in gemäßigter Inseldarstellung wiedergegeben. Zusammen nehmen die drei Länder fast ein Drittel (32,5 %) des Kartenfeldes ein; Salzburgs Anteil beträgt aber nur 5,8 %. Das Relief in Bergschraffenmanier geht wenig über die Ländergrenzen hinaus. In den außerhalb liegenden Gebieten sind nur Gewässernetz, Ländernamen, wichtigere Orte und Hauptverkehrswege eingetragen. Unter diesen bieten die Bahnlinien ein überraschendes Bild: Manche erst projektierte Trassen sind verzeichnet, während ältere und schon betriebene Strecken nicht selten fehlen. Die Karte ist in weitgehend gleicher Form mit aktualisierter Jahreszahl und neuen statistischen „Bemerkungen" in allen SOHR-Atlanten erschienen, sodaß sich die Katalogisierung auf ein Beispiel beschränkt.

Literatur: BONACKER, Wilhelm: Streiflichter auf wenig bekannte Kartenschaffende und ihre Arbeiten. In: Berichte zur deutschen Landeskunde, Bd. 30, Trier 1963, S. 321–341.
ESP S. 206ff. – GV pass. – Zu FLEMMING: ADB Bd. 48, S. 594. – KRE S. 182. – LGK S. 226. – Zu HANDTKE: ADB Bd. 10, S. 501.

1840/44

Die erste Auflage von SOHRs „Vollständigem Atlas von Deutschland zum Schul= und Handgebrauch" erschien 1840 mit zunächst 28 Lithographien, die bis 1844 auf 80 Karten vermehrt wurden. Das Blatt des Erzherzogtums Österreich mit dem Salzburger Viertel war bereits in der Erstausgabe enthalten und blieb in der 2. und 3. Auflage unverändert. Auch der Wortlaut der Titelseiten erfuhr nur geringe Korrekturen, die meist die Auflage- und Jahreszahl betreffen.

Standort: SBB Haus 1: 2° Kart. B 1400–9 <1846>, B 1400–9 <1847>, B 1400–12 <3,a>, B 1400/2–9 <a>. Haus 2: 2° Kart. B 1400–10, B 1400–12 <3>, B 1400–12 <4>. – SWW: K-IV: WE 303.

1849

Das «Salzburger Viertel» wird zwar in der „Einteilung" als IX. Viertel des Erzherzogtums Österreich verzeichnet, infolge Kürzung der Unterlängen steht aber auf der Karte die falsche Zahl «IV». An Bahnlinien sind eingetragen: Die Pferdeeisenbahn Gmunden–Linz–Budweis, die Kaiser-Ferdinand-Nordbahn, die Strecke Wien–Stockerau und der erste Teil der Südbahn bis Gloggnitz.

Titel:	Im Oberrand: «**ERZHERZOGTHUM OESTERREICH.**».
Zusätze:	Li. o. im Eck mit kräftigem Strichrahmen Liste von 150 auf der Karte eingetragenen Bergen ohne Höhenangaben. Darunter: «*Bemerkung: Wien hatte Ende 1840 357.927 Einw: in 8343 Häus.*». – Weitere «*Bemerkung*» über die Benennung der Alpentäler nach ihren Flüssen. – Re. u. im Eck: «Einteilung» mit eng eingeschobener Zeile: «**IX.** *Salzburger Viertel*». Darunter Zeichenerklärung und Linearmaßstab. – Unterrand: Mi.: «*Druck und Verlag von C. Flemming in Glogau*»; ganz li.: «*Entw. u. gez: von A. Theinert*».
Maße:	Karte: 40,4 x 30 cm; Blatt: 43,5 x 36,5 cm. – Atlas: 44 x 37 cm.
Maßstab:	1 : 1.080.000; 1" = 15.000 Kl., 4" = 15 M.
Graduierung:	Im kräftigen Strichrahmen schmale s/w 6'-Skala, alle 30' und volle Grade beziffert und 30'-Netz fein durchgezogen. L von Salzburg: 30° 43' E von Ferro.
Druckart:	Lithographie, Grenzen handkoloriert.
Publ.-Art:	Atlasblatt aus: «Vollständiger | **HAND-ATLAS** | der neueren | **ERDBESCHREIBUNG** | über alle Theile der Erde | **in 82 Blättern** | herausgegeben von | Dr. K. SOHR. | **4t. Auflage** | vermehrt und verbessert durch | **Dr. Heinrich Berghaus** ... ‖ (Querstrich) Glogau und Leipzig 1849. | **Druck u. Verlag von C. FLEMMING.**». – Der gestochene Innentitel nimmt mit manieristisch kalligraphierten Schriften in sechs verschiedenen, überreich mit Schwungstrichen verzierten Typen einen vollen Bogen ein. Der Außentitel mit gleichem Wortlaut steht zwischen Rankenwerk über einem Globus auf einer Säule. Nach 1853 erhielt der Atlas einen vereinfachten Buchdruck-Titel.
Standort:	SUBE: Kart II. 527. – SWW: K-IV: WE 312.

Fortsetzung: 7.1

6.24
Heinrich Friedrich Müller (1779–1848)
„Das pittoreske Österreich"
1841

Die Publikationen des aus Hannover stammenden Kunsthändlers und Verlegers MÜLLER zeichnen sich durch besonders geschmackvolle und sorgfältige Gestaltung aus. Speziell seine illustrierten Jugendbücher übertrafen die bisher bekannten Werke. Weiteste Verbreitung und hohe Anerkennung fand das sechsbändige „pittoreske Österreich", ein 1840 bis 1846 in 31 Lieferungen erschienenes Gesamtporträt der Monarchie, das als Vorgänger des berühmten „Kronprinzenwerkes" („Die österreichisch-ungarische Monarchie in Wort und Bild", 24 Bd., Wien 1887–99) gelten kann. Die Bände in Lexikon-Oktav enthalten 32 Karten und 155 weitere chromolithographische Tafeln, mit denen diese Drucktechnik ihren ersten Höhepunkt in Wien erreichte. Die von Alois LEYKUM gedruckten Karten sind durchwegs farbig: Landesfläche sepia mit Gebirgsdarstellung in braunen Schraffen, Gewässer blau, Seen mit symbolischen Tiefenlinien, Straßen

6   *Salzburg als Kreis Oberösterreichs 1816–1849*

Abb. 92: Franz Raffelsperger: Erzherzogthum Österreich mit Salzburg.   6.25.1

als einfache oder doppelte rote Linien, Poststationen mit roten Posthörnern. Der Titel steht frei links oben im Kartenfeld.

Titel: Im Oberrand Mi.: «*Erzherzogthum Oesterreich.*».
Haupttitel: «DER | SALZBURGER | Kreis. | *Herzogthum Salzburg.* | Wien bei H. F. Müller.».

Maße: Karte: 19,5 x 14 cm; Blatt: ca. 21 x 31,5 cm.

Maßstab: ca. 1:880.000.

Graduierung: Im Rahmen aus sechs zarten Strichen klare s/w 2'-Skala, 20', 40' und volle Grade beziffert, diese fein durchgezogen.
L von Salzburg: 30° 40' E von Ferro.

Druckart: Chromolithographie.

Publ.-Art: Kartenbeilage in:
Gesamttitel: «Das | pittoreske Oesterreich | oder | Album der österreichischen Monarchie. | Mit | Karten, Ansichten der Städte, Gegenden, Denkmale und Trachten | in Farbenbildern, und | Beschreibung der Provinzen… ‖ *Von einer Gesellschaft Gelehrter und Künstler.*».
Lieferungstitel: «No. 16. ‖ Der Salzburger Kreis | oder das Herzogthum Salzburg im Lande ob der Enns. | Dargestellt von | F. C. Weidmann. | Mit einer topographischen Karte und fünf Chromolithographien nach Originalzeichnungen von J. Fischbach. ‖ **WIEN, 1841.**».

Standort: ÖNB: 34.601-C.K. – SWS. – UBW: II 268.379/16.

Literatur: LGK S. 667. – NEB II/509, S. 439 f. – NND Bd. 26, S. 613 ff. – WUR 19. T., S. 355 ff.

6.25
Franz Raffelsperger (1793–1861)

Sowohl als Beamter der „k.k. Hauptdirection der fahrenden Posten" als auch als selbständiger Drucker und Verleger hatte RAFFELSPERGER (RAFFELSBERGER), der sich einfach „Geograph" nannte, wesentlichen Anteil an der herausragenden Rolle Wiens in der Kartographie des 19. Jhs. Sein umfangreiches Werk teilt sein tschechischer Biograph HURSKY in zwei etwa gleichlange Perioden. In der ersten schuf er 20 vorwiegend thematische Karten, wie Verkehrskarten der Postkutschen-Kurse in Österreich, Deutschland und Europa, von denen die „Influenzkarte der Eilpost-Diligenze und Packwagens-Course" (ab 1826) hervorzuheben ist (→ 8.2.7).

RAFFELSPERGERs zweite Schaffenszeit stand ganz im Dienst der von ihm in Österreich eingeführten Typometrie, der Anwendung des Buchdrucks für die Kartenproduktion mit Hilfe geographischer Typen (Lettern). In dieser Technik produzierte er 1837/38 eine mehrfarbige „General-Postkarte des Kaiserthumes Oesterreich und der nächsten Grenzländer", 1:1.450.000, in vier Blättern und fünf Sprachen, die größte Beachtung fand. Weiters erarbeitete er noch 38 topographische Karten, die speziell für den Geographie-Unterricht bestimmt und ungewöhnlich billig waren. Ab 1840 ließ er – unter Verkennung der Zukunftsaussichten der Lithographie – sein Hauptwerk „Austria. Erster typometr. Atlas" mit 15 Blättern aus der eigenen Druckerei, deren Firmenname mehrfach wechselte, erscheinen.

Literatur: HORN, Friedrich H. W.: Die Typometrie, ein vergessenes Verfahren der Kartenherstellung. PGM, Gotha 1948. Hg. Deutsche Gesellschaft für Kartographie, Arbeitskreis Praktische Kartographie (Sonderheft Arbeitskurs Niederdollendorf 1960), o. O. 1961.
HURSKY, Josef: Kartografické dílo Františka Raffelspergra (1793–1861), (= Das kartographische Werk von …, mit Karten-Bibliographie). In: Geograficky Casopis 33/3, Prag 1981, S. 288–303.
LGK S. 655, 830. – ÖNB S. 169 ff., 348, 364 f. – WUR 24. T., S. 225 ff.

6.25.1
Österreich mit Salzburg

RAFFELSPERGERs bekannteste, vielfach neu aufgelegte Österreich-Karte in fünf Farben zeichnet sich durch Übersichtlichkeit trotz Informationsfülle und klare Graphik in einem kräftigen, sechsfachen Strichrahmen aus. Schriften und Verkehrswege sind schwarz gedruckt, die Gewässer lichtblau, die Schwungstriche der zarten Geländedarstellung zurückhaltend grün (was der Lesbarkeit der Toponyme zugute kommt), die Orte mit roten Punkten und die Grenzen je nach Kategorie rot oder orange. Die Lagetreue läßt zu wünschen übrig, besonders was die Wiedergabe der Tauerntäler und des Lungaus betrifft. Den Karteninhalt bereichern zunehmend statistische und politische Angaben, Tabellen der Verwaltungs- und Gerichtsgliederung, Einwohnerzahlen der Städte, Höhen von Bergen, Straßen und Orten in Wiener Klaftern oder ab der 5. Auflage die Markierung der Poststationen durch einen größeren Anfangsbuchstaben.

Die Karte erschien im erwähnten Atlas und als Separatdruck immer mit eigener Auflagen-Zählung. Daher stimmen Auflage- und Jahreszahlen von Karte und Atlas meist nicht überein, sodaß Zuordnungen oft unmöglich sind. DÖRFLINGER ist der Ansicht, daß RAFFELSPERGER entsprechend der jeweiligen Nachfrage die Neuauflagen der Atlaskarten als Separatdrucke auf den Markt brachte und die Atlasausgaben aus vorhandenen Drucken der Einzelkarten zusammenstellte. Beispielsweise enthalten von fünf erfaßten Exemplaren der mit 1843 datierten dritten Auflage des „Austria"-Atlasses drei Bände durchwegs Karten der ersten Auflagen von 1841, während sich in den zwei anderen Exemplaren unterschiedlich datierte Karten von 1841 bis 1844 finden.

1841
(Erste Auflage) mit Joseph Bermann (1810–1886)

Titel: Freistehend li. o. in 15 Zeilen: «**KARTE** | des | ERZHERZOGTHUMES | **ÖSTERREICH** | mit | **SALZBURG.** | (Querstrich mit Spiral-Mittelornament) Herausgegeben vom Geographen | FRANZ RAFFELSPERGER. | (Doppelter Querstrich) Typographisch ausgeführt in der ersten k. k. a. p. | Kunstdruckerei. | IM TYPOGRAPHISCHEN LAND-KARTEN-VERLAGE | und bei | *J. Bermann und Sohn am Graben.* | **WIEN | 1841.**».

6   Salzburg als Kreis Oberösterreichs 1816–1849

Zusätze:	Freistehend re. u. im Eck: li. Kolonne: «Zeichen-Erklärung» und re. Kolonne: «Landes-Eintheilung». In dieser: «9. Salzburger Kreis.». – Darunter Linearmaßstab für 36.000 Kl. = 9 M. – Darunter ganz re.: «Geographischer Satz von F. Rumpold.».
Maße:	Karte: 46,5 x 35,8 cm; Blatt: ca. 53 x 41 cm; Auf Leinwand kaschiert (4 x 2) je 12,4 x 20 cm. – Atlas: ca. 55 x 41 cm.
Maßstab:	1 : 864.000; 1" = 12.000 Kl. = 3 M.
Graduierung:	Im breiten Strichrahmen vollständig bezifferte s/w 5'-Skala. L von Salzburg: 30° 42' E von Ferro.
Druckart:	Mehrfarbige Typometrie, Landesgrenzen handkoloriert.
Publ.-Art:	Separatdruck und Atlasblatt, doch ist bisher kein Titelblatt bekannt. Falls es gedruckt wurde, dürfte es in Wortlaut und Gestaltung bereits den Titel der 3. Aufl. vorweggenommen haben.
Standort:	ÖNB: KS 396.578-D.K. – SBB Haus 2: Kart. 0 7980. – SSM: 13936/403. – UBS: 16.465 III.
Literatur:	AA S. 80: Raff B 1, 2. – Zu BERMANN: WUR 1. T., S. 321 f.

Französische Ausgabe

Von der nahezu unveränderten Situation abgesehen, wurde die Platte für diese Ausgabe gründlich überarbeitet. Texte und Toponyme sind soweit wie möglich auf den französischen Kunden abgestimmt. Nachstehend nicht angeführte Daten entsprechen jenen der deutschen Ausgabe.

Titel:	Freistehend li. o. in 16 Zeilen: «**CARTE** | de | **L'ARCHIDUCHÉ D'AUTRICHE** | avec | **SALZBOURG.** | (Querstrich mit Spiral-Mittelornament) Dressée et publiée par | FRANÇOIS RAFFELSPERGER. | Géographe | (Doppelter Querstrich) Executée par la première Typographie géographique, | privilégiée de Sa Majesté l'Empereur. | Au Dépot des cartes typographiées | et chez | *J. Bermann et fils au Graben* | **VIENNE** | **1841.**».
Zusätze:	Freistehend re. u. im Eck in zwei Kolonnen: «Explication des Signes.» und «Nomenclature des Départements.». In dieser: «9. do. (Cercle) de Salzbourg.». – Darunter Linearmaßstab für 36.000 «toises» = 9 «lieues». – Darunter ganz re.: «Composition géographique de F. Rumpold.».
Standort:	NMP: 93 g A 5/5.

(Erste Auflage) ohne Bermann

Ergänzt wurden z. B. eine Zweigstrecke von der Nordbahn in die Slowakei oder die neue Signatur für «Dampfschiff-Fahrten». Der geänderte Titel und der Ersatz des Setzernamens durch die Jahreszahl zeugen aber nun von RAFFELSPERGERs Rolle als Alleinunternehmer.

Titel:	Freistehend li. o. in 13 Zeilen: «**KARTE** | des | **ERZHERZOGTHUMES ÖSTERREICH** | mit | **SALZBURG.** | (Querstrich mit Mittelperle) Herausgegeben vom Geographen | FRANZ RAFFELSPERGER. | (Einfacher Querstrich) Typographisch ausgeführt in der ersten k. k. a. p. | Kunstdruckerei. | **IM TYPOGRAPHISCHEN LANDKARTEN VERLAGE** | in | **WIEN.**».
Zusätze:	Beide Kolonnen re. u. im Eck bis auf die Ergänzung unverändert, ebenso der Linearmaßstab. – Darunter ganz re.: «*1841.*».
Standort:	Nicht feststellbar.

Italienische Ausgabe

Für diese Version gilt das gleiche, wie für die französische Fassung. Dabei schreckte der Verfasser auch nicht davor zurück, seinen für Italiener schwierigen Namen auf „Raffaele" zu verkürzen. Nachstehend nicht angeführte Daten entsprechen jenen der deutschen Ausgabe.

Titel:	Freistehend li. o. in 13 Zeilen: «**CARTA** | dell' | **ARCIDUCATO D'AUSTRIA** | con | **SALISBURGO.** | (Querstrich mit Stern-Mittelornament) Delineata e pubblicata | dal Geografo RAFFAELE. | (Einfacher Querstrich) Eseguita sotto la direzione dell' Editore nella prima | J. R. Tipografia privilegiata. | Nel Magazzino delle Carte tipografiate | in | **VIENNA.**».
Zusätze:	Beide Kolonnen re. u. im Eck bis auf die Ergänzung der Signatur «Corse dei vapori» unverändert, ebenso der Linearmaßstab für «tese» und «leghe». – Darunter ganz re.: «*1841.*».
Standort:	NMP: 93 g A 5/5.

1842
(Zweite Auflage)

Titel:	Freistehend li. o. in 13 Zeilen: Wie vorher bis Querstrich: Dieser zarter mit Kugel in der Mitte. Weiter gleich bis: «… RAFFELSPERGER. | (Querstrich) Typographisch ausgeführt in der ersten k. k. a. p. | Kunstdruckerei. | **IM TYPOGRAPHISCHEN LANDKARTEN VERLAGE** | in | **WIEN.**».
Zusätze:	«Zeichen-Erklärung.», «Landes-Eintheilung.» und Maßstab unverändert, aber letzte Zeile «Geographischer Satz von F. Rumpold.» getilgt und durch Jahreszahl «*1842.*» ersetzt.
Publ.-Art:	Möglicherweise ist diese Aufl. nur als Separatdruck erschienen, da kein Atlas-Ex. und kein Titelblatt bekannt sind.
Standort:	ÖNB: KS K.I. 104.016 (Ex. 1842). – SSM: 7241/827.
Literatur:	AA S. 80: Raff B 2.

1843
Dritte Auflage

Für diese Auflage verwendete RAFFELSPERGER erstmalig die Landeswappen als graphischen Schmuck. Sie stehen zunächst nebeneinander über dem Titel, verschwinden dann aber und rücken schließlich in den Oberrand.

Titel:	Freistehend li. o. wieder in 15 Zeilen, bekrönt von den Wappen von Niederösterreich, Österreich und Oberösterreich. Wortlaut gleich wie 1842 bis: «… **VERLAGE** | Leopoldstadt Herrengasse, Institutsgebäude, No. 237 | in | **WIEN.** | Dritte Auflage.».
Zusätze:	Wie in der 2. Aufl. aber Jahreszahl «*1843.*».
Publ.-Art:	Separatdruck und Atlasblatt aus: «**AUSTRIA** | **ERSTER TYPOMETRISCHER ATLAS** | für | Geschäftsleute jeder Art, Gymnasien, Schulen und Zeitungsleser, | von | **FRANZ RAFFELSPERGER,** | Geograph und Mitglied mehrerer gelehrten Gesellschaften, … (drei Zeilen Aufzählung von Orden und Ehrungen) | *15 Karten in Farbendruck,* nämlich: | (Inhaltsverzeichnis,

dabei:) 2. Erzherzogthum Österreich mit Salzburg. | Nach den k. k. Landes-Vermessungen. | **(Preis 2 fl. 30 kr. C. M.)** | Dritte Auflage. | (Querstrich mit Oval-Ornament) **WIEN 1843**. | *Verlag der ersten k. k. a. p. typo-geographischen Kunst-Anstalt, Leopoldstadt Herrengasse, Institutsgebäude No. 237.*». – Der Titel steht auf farbigem Hintergrund mit einem üppigen Neo-Rokokorahmen, „AUSTRIA" negativ weiß ausgespart.

Standort: ÖNB: KS K.I. 104.016 (Ex. 1843) und 396.365-D.K. – SSM: 6897/397. – SStW: 36.a.9.

Literatur: AA S. 81: Raff B 3 (1842), (1843). – ULB S. 478, Nr. 948.

(1844 oder 1845)
Vierte Auflage

Bisher konnte noch kein Exemplar der vierten Auflage der Karte gefunden werden. Ihr Erscheinen ist aber durch die weitere Zählung bewiesen. In der vierten Atlas-Auflage fand laut AA die dritte Auflage der Karte von 1843 Verwendung. Der Titel dieser Atlas-Auflage wurde leicht verändert:

Publ.-Art: Separatdruck und Atlasblatt aus:
«**ERSTER TYPOMETRISCHER ATLAS,** | oder | **AUSTRIA** | *15 Karten in Farbendruck, nämlich:* | (Inhaltsverzeichnis, dabei:) 2. Erzherzogthum Österreich mit Salzburg. | Nach den k. k. Landes-Vermessungen, | **für** | **Geschäftsleute jeder Art, Gymnasien, Schulen und Zeitungsleser,** | Von | FRANZ RAFFELSPERGER, Geograph ... (drei Zeilen Aufzählung von Orden und Ehrungen) | **Vierte Auflage.** | **(Preis 2 fl. 30 kr. C. M.)** | (Querstrich mit Oval-Ornament) **WIEN 1843**. | *Verlag der Ersten k. k. a. p. typo-geographischen Kunst-Anstalt, Leopoldstadt Herrengasse, Institutsgebäude No. 237.*».

Standort: ÖNB: K I 104.016/4.A.

Literatur: AA S. 82: Raff B 4 (1843), Anm.

1846
Fünfte Auflage

Der Titel zeigt nicht mehr die drei Wappen, bleibt aber an seinem Platz, sodaß oben ein breiter Freiraum entsteht.

Titel: Wie vorher bis «... WIEN. | Fünfte Auflage. | **1846**.».

Zusätze: Unter der «Zeichen-Erklärung» ist eine Skala für Post-Längen eingefügt. In der Kolonne «Landes-Eintheilung» stehen bei den Vierteln bzw. Kreisen nun auch deren Hauptorte: «9. Salzburger Kreis. Salzburg.». Die Jahreszahl re. u. im Eck ist getilgt.

BERNLEITHNER nennt (68, S. 186) ohne Standortangabe eine „Geognostische Karte von Salzburg" aus demselben Jahr mit identischem Titel und gleicher Auflagezahl, was sehr unwahrscheinlich anmutet. Nach DÖRFLINGER dürfte es sich um eine einzelne, eventuell private Sonderanfertigung handeln, bei der das Wort „Geognostische" von Hand eingefügt und die geologischen Formationen handkoloriert wurden.

Publ.-Art: Vermutl. Separatdruck. Eine Atlasausgabe mit dieser 5. Aufl. der Karte ist nicht bekannt.

Standort: ÖNB: K I 117.017. – SBB Haus 2: Kart. 0 7982.

(1847 bis 1849)
Sechste Auflage

Von dieser Auflage der Karte war nur ein Exemplar in Prag bekannt (NMP: 93 g A 5), das aber in Verlust geraten ist. Die Erscheinungsweise konnte wie für die meisten folgenden Auflagen nicht festgestellt werden. In AA S. 756 f. wird als nächste Auflage bereits die neunte von 1854 verzeichnet. Falls im Titel der Karte noch die Bezeichnung „KREIS ... usw." stehen sollte, kann sie nicht später als 1849 erschienen sein.

Fortsetzung: 7.2

6.25.2
„Übersichtskarte ... mit Salzburg"
1842

Der Reiseführer von Joseph Franz Emil TRIMMEL, der sich mit dem halben Anonym „Emil **" begnügte, war mit für das Biedermeier charakteristischen Vignetten und einer Übersichtskarte von RAFFELSPERGER ausgestattet. Unter Verzicht auf jede Geländedarstellung und auf eine Graduierung zeigt diese Salzburg und Oberösterreich mit dem südlichsten Gebiet Böhmens bis Wittingau. Das Gewässernetz, die Grenzen, die Post- und Verbindungsstraßen sowie die wichtigeren Orte sind im allgemeinen lagetreu erfaßt, nur der verkleinerte Lungau ist stark nach Norden verschoben. – TRIMMEL hatte schon 1827 ein „Reise-Handbuch für Kranke oder Naturfreunde, die das Thal und Wildbad Gastein ... zu besuchen wünschen" herausgegeben, das keine Landeskarte enthielt.

Titel: Freistehend li. o.: «ÜBERSICHTS-KARTE | vom | **LANDE OB DER ENNS** | mit | **SALZBURG.** | Gezeichnet von | *Franz Raffelsperger.*».

Zusätze: Freistehend re. u.: «Zeichen-Erklärung.», re. daneben: «Eintheilung.» (In dieser «5. Salzburger Viertel.»), darunter Linearmaßstab für 6 M. – Im Unterrand am doppelten Strichrahmen: «Aus der k. k. a. p. ersten typographischen Kunstdruckerei in Wien 1842.».

Maße: Karte: 23,5 x 22,9 cm; Blatt: ca. 25 x 27 cm; Gefaltet auf das Buchformat, ca. 12,5 x 18,5 cm.

Maßstab: 1 : 1,008.000; 1" = 14.000 Kl. = 3½ M.

Druckart: Typometrie, Grenzen handkoloriert.

Publ.-Art: Kartenbeilage in:
Erste Titelseite: «**See und Alpenbesuche** | in den | *Umgebungen* | **I S C H E L ' S.** | Von | *Emil **.* | (Geteilter Querstrich) Mit geographischen Vignetten und einer Übersichtskarte vom | **Lande ob der Enns,** | von | *F. Raffelsperger.* ‖ (Ornamentaler Querstrich) **WIEN, 1842.** | Ausführung, Druck und Verlag der k. k. a. p. ersten | typographischen Kunstdruckerei. | In Commission ...».
Weiterer Innentitel in doppeltem Strichrahmen: «**See= und Alpenbesuche** | in den | *Umgebungen* | von» darunter ca. 6,5 x 7 cm große Karte der Umgebung von «ISCHEL» mit Gelände in Schwungstrichmanier.

Standort: SBB Haus 2: Kart. 0 8720. – SSM: 14581/609. – UBW: I 149.965.

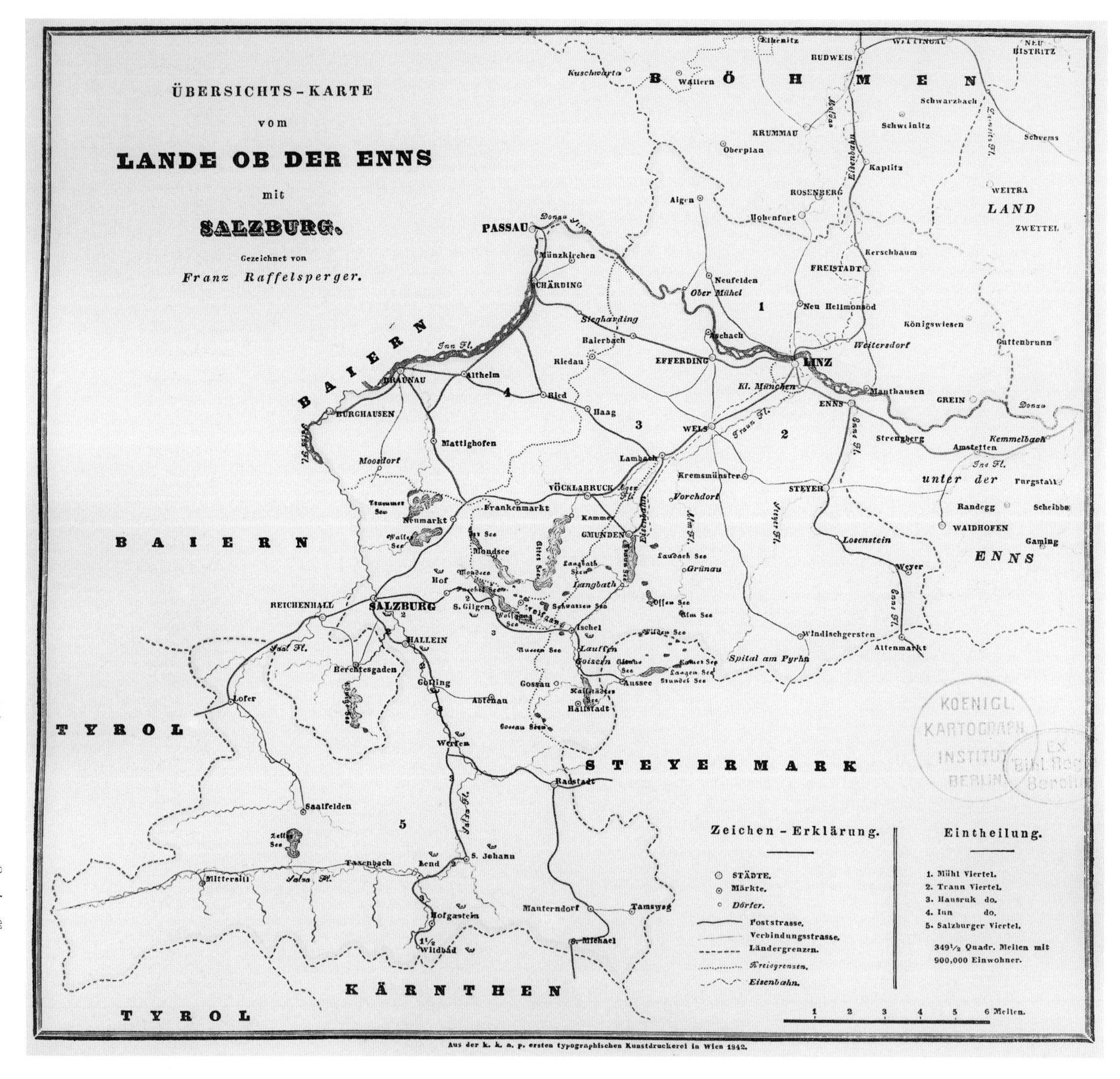

Abb. 93: Franz Raffelsperger: Übersichts-Karte, 1842. 6.25.

6.26
Ignaz Haller (Daten unbekannt*)

Von dem biographisch bisher nicht faßbaren Kartenzeichner HALLER stammt eine nahezu quadratische Landeskarte im Netzentwurf der oblongen Plattkarte. Allerdings weisen die rechten Winkel der Meridiane und Parallelkreise trotz des kleinen Formats Abweichungen von mehr als einem Grad auf. Optisch macht die Karte mit ihrer sauberen Zeichnung der Situation und zahlreicher Details der Kulturlandschaft einen vorzüglichen Eindruck, der auch dem Lithographen zu danken ist. Die Darstellung erfolgt in gemäßigter Inselmanier: Das Gewässernetz, die Hauptstraßen und die größeren Orte sind ohne Relief bis zum Rahmen eingezeichnet und überschreiten diesen sogar an wichtigen Punkten, wie z.B. beim Traunstein oder bei Rosenheim. Wegen ihrer graphischen Qualität fand die Karte in Reiseführern und sogar als Mittelstück eines Widmungsblattes Verwendung. Ihren einzigen Mangel bildet der fehlende Maßstab, dessen empirische Ermittlung kein praktikables Zoll-Meilen-Verhältnis ergibt.

*) Möglicherweise könnte es sich um den 1805 in Grödig geborenen und 1871 dort gestorbenen Ignaz HALLER handeln, der „Gehilfe" an der Stadtschule Hallein und später Lehrer am Dürrnberg war. Er wurde als Naturaliensammler und Krippenschnitzer sowie als Autor einer Schulchronik bekannt, doch gibt es keine Hinweise auf eine kartographische Tätigkeit. In: Halleiner Geschichtsblätter, Nr. 4, Halleiner Biographien, Hallein 1985, S. 50. – Es war auch nicht festzustellen, ob zwischen Ignaz HALLER und den zu 7.4 genannten Steindruckern Johann und Georg HALLER eine Verbindung besteht.

6.26.1
Herzogthum Salzburg
[1845]

Der Titel der in Prag gedruckten Karte steht – etwas ungewohnt – in einem Kästchen auf dem unteren Rahmen in der Mitte der Kartenbreite. Ein weiteres auffälliges Detail bildet ein Insert über der Mitte des linken Rahmens, das die Umgebung der Stadt Salzburg im doppelten Maßstab der Hauptkarte zeigt.

Titel: «Herzogthum Salzburg», einfacher Strichrahmen 7,3 x 1,8 cm.
Zusätze: Im Titelkästchen am Unterrand: «C. Hennigs, Steindruck in Prag.». – Im Rahmen li. u. am Eck der Skala: «Ign. Haller p.», ebenso re. als Pendant: «G. Graf lith.». – Insertkärtchen, 4,5 x 5,3 cm, in kräftigem Strichrahmen mit eigener Graduierung.
Maße: Karte: 17,5 x 19,3 cm; Blatt: ca. 20–22 x 23–27 cm, auf Buchgröße 9,5 x 16,5 cm gefaltet.
Maßstab: ca. 1:815.000.
Graduierung: Im Strichrahmen s/w 2'-Skala, alle 10' und volle Grade beziffert. L von Salzburg: 30° 41' E von Ferro.
Druckart: Lithographie.

Publ.-Art: Kartenbeilage in:
1) «Das | **Herzogthum Salzburg** | oder der | **Salzburger Kreis.** | … von | **Benedikt Pillwein** | … Linz, 1839.». → 6.12.
2) «Der | **Fremde in Salzburg.** | (kurzer Querstrich) Neuester und vollständiger | **W e g w e i s e r** | in der | **Stadt Salzburg** | und in | **ihren Umgebungen.** | (kurzer Doppel-Querstrich) N e b s t e i n e m A n h a n g e | verschiedener Notizen… | **Dritte, verbesserte und vermehrte Auflage,** | redigirt von | Franz Anton Alexander von Braune, | k. k. österr. Regier. Secretäre … (vier Zeilen Titel und Mitgliedschaften) | (zwischen Querstrichen) Mit einer Ansicht der Stadt Salzburg. || **Salzburg, 1843.** | Verlag der Mayr'schen Buchhandlung. | Wien … | Leipzig … ». – Die Karte wird im Buchtitel nicht erwähnt. Diesem gegenüber ist eine Ansicht der Stadt Salzburg eingebunden (ca. 16,5 x 12 cm), die am li. Flußufer noch die „Türnitz" (Zeughaus und Kaserne), die „Sternschanze" und die „Ursulinermauer" erkennen läßt, die ab 1851 geschleift wurden. – BRAUNE hatte schon 1821 unter dem Titel „Salzburg und Berchtesgaden … ein Taschenbuch für Reisende und Naturfreunde" publiziert, das ein Panorama, aber keine Karte enthält.
Standort: SMCA: SL 52, L 03 (zwei Ex.). – SMS.

6.26.2
„Das pitoreske Herzogthum"
[1848]

Der erste Lithograph in Salzburg, Josef OBERER, übernahm die Karte HALLERS und ließ sie neu stechen. Dabei wurde die Situation weitgehend exakt kopiert (unter Verzicht auf den Traunstein im Rahmen oben rechts) und nur die Aufmachung im Sinne des Auftraggebers verändert. Im Titel-Kästchen fand die bisher fehlende Zeichenerklärung Platz. An die Stelle des Inserts und des Chiemsees rückte der ausführliche Titel samt Impressum, der Landesname „Baiern" wurde nach Nordost verschoben, und ein Maßstab fehlt nach wie vor.

Obwohl als „Post- und Reise-Karte" deklariert, bildet sie zwischen dekorativen Beschriftungen das von einer breiten Bilderleiste gerahmte Mittelstück eines prächtigen Schmuckblattes. Unter der großen Überschrift krönt den Rahmen eine Ansicht der Stadt Salzburg mit dem Landeswappen im Lorbeerkranz. Im linken Rand stehen untereinander Ansichten des oberen Gollinger Wasserfalls, der Festung Werfen, von Hofgastein und von Schloß Taxenbach. Rechts sind als Gegenstücke der untere Gollinger Wasserfall, Schwarzach, Wildbad Gastein und das Schloß Mittersill abgebildet. Zwei größere Ansichten von Hallein und Radstadt schließen den Rahmen.

Titel: «**Post=** | und | Reise-Karte | durch das | **Herzogthum Salzburg** | mit | *besonderer Berücksichtigung* | *der Bergbaue, Salinen=Hüt=* | *ten und Hammerwerke,* | *Bäder und Fabriken.* || (Querstrich mit Stern) **SALZBURG.** | *Druck und Verlag der Oberer=* | *schen lithographischen Anstalt,* | *Hanibal Platz No 532.*».
Zusätze: Im Kartenfeld am Unterrand Mi. abgestrichen: «Zeichen Erklärung.» mit 13 Signaturen. – Li. unter den Ansichten: «Lith. B. Weinmann». – Auf dem Widmungsblatt bogenförmige Überschrift: «**DAS PITORESKE HERZOGTHUM SALZBURG.**». Im Unterrand bogenförmig und mit

Schwungstrichen geziert: «SEINER HOCHGEBORN | DEM | Herrn (Wappen mit neunzackiger Grafenkrone) Herrn | **Gustav Grafen v. Chorinsky.** | k.k. wirklichen Regierungs-Rathe und Kreishauptmanne | *ehrfurchtsvoll gewidmet von der* | *Lithographischen Anstalt.*».

Gustav Ignaz CHORINSKY (1806–1873) war von 1840 bis 1849 k.k. Kreishauptmann von Salzburg. Er wirkte verdienstvoll als Präsident des Festkomitees für die Feier zur Weihe des MOZART-Denkmals. Vor seiner Versetzung nach Niederösterreich als Chef der Landesregierung wählte ihn der Salzburger Gemeinderat zum Ehrenbürger. Bei Bad Ischl erinnert die „CHORINSKY-Klause" an ihn.

Maße:	Karte: 17,2 x 19 cm; Bild mit Rahmen, Überschrift und Widmung: 27,8 x 40,6 cm; Blatt: 38,2 x 53,9 cm.
Maßstab:	ca. 1:815.000.
Graduierung:	Im Strichrahmen s/w 2'-Skala, alle 10' und volle Grade beziffert. L von Salzburg: 30° 41' E von Ferro.
Druckart:	Lithographie.
Publ.-Art:	Separatdruck.
Standort:	SMCA: SL 53, L 03.
Literatur:	Zu OBERER: GIO S. 16, 54.

Fortsetzung: 7.13

6.26.2

Abb. 94: Ignaz Haller:
Das pitoreske Herzogthum Salzburg.

7 Salzburg als eigenes Kronland 1850–1866/67

Die Karten dieser Gruppe begleiten den Weg Salzburgs vom Ende des immer als beschämend empfundenen Kreis-Daseins und seiner Erhebung zum selbständigen Kronland bis zur großen Umgestaltung des Habsburgerreiches in eine Doppel-Monarchie im Zuge des Ausgleichs von 1867 als Folge der Niederlage von 1866 und dem Ausscheiden aus dem Deutschen Bund. Wie für ganz Österreich bedeuteten die beiden Jahrzehnte auch für Salzburg eine tiefgreifende Übergangsperiode – allerdings mit grundlegend unterschiedlichen Auswirkungen. Während die Monarchie im politischen, militärischen und wirtschaftlichen Bereich eine negative Bilanz ziehen und schwere Verluste hinnehmen mußte, gestaltete sich die Situation des Herzogtums durchaus erfreulich. Ab dem 1. Jänner 1850 konnte es sowohl dem Wiedererstehen als Land wie neuen wirtschaftlichen Impulsen entgegensehen – besonders nach 1860 dank der Einbindung Salzburgs in das europäische Eisenbahnnetz durch den endlich verwirklichten Bau der Strecke Wien–Salzburg–München.

Die bereits in der vorigen Gruppe festgestellte Vielfalt des Beiwerks der Darstellungen wird noch reichhaltiger und bezieht Statistiken, Gebirgsprofile, Stadtpläne etc. ein. Zu einem sehr wesentlichen Teil war dies der Privatkartographie zuzuschreiben, die in der Periode des Nach-Biedermeier und des Neo-Absolutismus bedeutende verlegerische Erfolge erzielen konnte. Die kartographischen oder bibliographischen Institute revolutionierten mit ihrer semi-industriellen Produktion den Kartendruck. Die ganze Entwicklung, der Anbruch des technischen Zeitalters mit seinen modernen Methoden und die allgemeine Verbreitung von Schulatlanten machten die Landkarte nunmehr rasch zu einem alltäglichen Massen- und Verbrauchsartikel, auf dessen Katalogisierung verzichtet wird.

7.1
Dr. Karl Sohrs Handatlas

Fortsetzung von 6.23

„Erzherzogthum Oesterreich"
1850

Die Neuauflage nach nur einem Jahr sieht der Ausgabe 1849 sehr ähnlich. Sie weist aber etliche Korrekturen und Verbesserungen auf, wie z. B. die Berichtigung der falschen Zahl «IV» für das Salzburger Viertel beim Salzach-Knie in «IX». Die Bahnlinien im Osten wurden durch die Strecken nach Bruck/Leitha und Ödenburg ergänzt. Der Titel und die Angaben im Unterrand blieben unverändert.

Zusätze: Die Tabelle «BERGE» li. o. im Eck ist mit nun 151 Namen etwas anders umbrochen. Darunter neu die vier «Haupt-Alpenpässe», von denen der Radstädter Tauern und der «Semring» die beiden einzigen Höhenangaben der Karte in Fuß aufweisen. Darunter wieder «*Bemerkung*» über die Namen der Alpentäler. – Re. u. im Eck in der «Eintheilung» eingeschobene Zeile: «**IX.** *Salzburger Viertel*» ergänzt mit «*(Salzach Kreis)*». – Re. neben der engeren Zeichenerklärung: «*Wien, die einzige Stadt | dieser Klasse innerhalb des | Rahmen dieser Karte hatte | im Jahre 1840 | 357927 Einwohner | in 8345 Wohnhäusern.*». Weitere Zusätze wie vorher.

Publ.-Art: Atlasblatt aus:
«Vollständiger | **HAND-ATLAS** | …». Titel fast unverändert, auch «**4t. Auflage**», nur Jahreszahl «**1850**» statt 1849. – Im Inhaltsverzeichnis Komma statt Punkt bei: «12, Erzherzogthum Oesterreich.».

Standort: SUBE: Kp. VI 323. – ZBLU: F1 97.

„Die Kronländer … und Salzburg"
1853, 1856

Die beiden Neuauflagen mit dem geänderten Titel unterscheiden sich nur durch die verschiedenen Jahreszahlen. Sie berücksichtigen in der Zeichnung und in der Beschriftung die politischen Veränderungen der letzten Jahre: Salzburg ist nicht mehr der „Salzach-Kreis" Oberösterreichs, sondern ein selbständiges Kronland und Herzogtum.

Titel: Im Oberrand: «DIE KRONLÄNDER OESTERREICH UNTER UND OB DER ENNS UND SALZBURG.».

Zusätze: Tabelle «BERGE», Nennung des Verlags im Unterrand und des Zeichners «*A. Theinert*» wie 1850. – Re. u. im Eck mit magerem Strichrahmen drei statistische Übersichten mit Farbkästchen, getrennt für Nieder-, Oberösterreich und «Herzogthum Salzburg», darunter Zeichenerklärung mit den Einwohnerzahlen von Wien für 1840.

Publ.-Art: Atlasblatt aus:
«Vollständiger | **Universal-Handatlas** | der | neueren Erdbeschreibung | **ÜBER ALLE THEILE DER ERDE** | **in 114 Blättern** | herausgegeben von Dr. K. Sohr und F. Handtke. | (Querstrich mit Perlen) Fünfte

7   Salzburg als eigenes Kronland 1850–1866/67

	Auflage	vermehrt und verbessert durch	**Dr. Heinrich Berghaus**,	Professor und Director der Geographischen Kunstschule zu Potsdam. ‖ (Doppel-Querstrich) Verlag von C. Flemming in Glogau	1853. (bzw. 1856.)». – Titel in breitem Strichrahmen mit floraler Eckzier.
Standort:	1853: SLA: Graphik XIV.70. – SWW: K-IV: WE 336. 1856: ÖNB: 146.838-D. – StSP: Kart.Slg. 321.
Literatur:	ULB S. 32, Nr. 37, 37,2.

1857, 1859

Noch immer in der „fünften Auflage" aber mit geänderter Jahreszahl liegt eine zweite Version dieser Karte vor, die sich durch die aktualisierte Einwohnerzahl von Wien und durch den Namen des Stechers von der vorigen unterscheidet. Eine weitere Auflage mit gleichem Titel ist im Handatlas von 1859 erschienen.

Zusätze:	Tabelle der «BERGE» wie vorher. – Im Oberrand re. häufig hs. Pag. «12» entsprechend dem Inhaltsverzeichnis. – Re. u. im Eck die drei statistischen Übersichten mit Farbkästchen wie vorher, für Wien aber ergänzt mit «*i. J. 1853	408000 Einwohner.*». – Zusätzlich im Unterrand re. sehr fein: «*Gest. v. F. Eitner.*».
Publ.-Art:	Atlasblatt aus: «Vollständiger	**Universal-Handatlas**	…». Titel weiter wie vorher, aber zuletzt «1857.» bzw. «1859».
Standort:	SWS. – SWW: K-IV: WE 361. – UBW: III 520.988.
Literatur:	ULB S. 32, Nr. 37, 37,2.

1859, 1860

„Für die Schulen des österreichischen Kaiserstaates" – wie es im Titel heißt – sind 1859 und 1860 zwei Ausgaben von FLEMMINGs „Elementar Schulatlas" erschienen. Zu deren elf kolorierten Steindrucken zählt auch die Karte der Kronländer „Österreich unter und ob der Enns und Salzburg".

Literatur:	ESP S. 232.

7.2
Franz Raffelsperger (1793–1861)
Österreich mit Salzburg

Fortsetzung von 6.25

1850
Siebente Auflage

Über dem Titel stehen wieder drei Wappen, jetzt aber jene von Niederösterreich, Österreich und Salzburg, das mit 1. Jänner zum eigenen Kronland erhoben worden war. Dementsprechend sind auch die Zusätze der neuen politischen Situation angepaßt.

Titel:	In der Stellung unverändert mit nun 17 Zeilen und neuer Überzeile: «Kreis-, Gerichts-, Völker-, Telegrafen-, Eisenbahn- und Post-	**KARTE**	des	**ERZHERZOGTHUMES**	**ÖSTERREICH**	und Herzogthumes	**SALZBURG.**	(Querstrich als langes und breites Ornament) Herausgegeben vom Geographen	**FRANZ RAFFELSPERGER.**	(Einfacher Querstrich) Typographisch ausgeführt in der ersten k. k. a. p.	Kunstdruckerei.	Leopoldstadt Herrengasse, Institutsgebäude, No. 237.	**VERLAG, Graben, Nr. 617.**	in	**WIEN**	Siebente Auflage.	**1850.**».
Zusätze:	Freistehend re. neben dem Titel am Oberrand: Liste der sechs neuen Signaturen für Gerichte und Bezirkshauptmannschaften. – Re. u. im Eck: «Zeichen-Erklärung» ergänzt mit den neuen Signaturen. Die re. Kolonne «Landes-Eintheilung» nennt nur mehr die drei Länder mit Größe und Einwohnerzahlen. Hinweis auf die Einwohnerzahlen der Städte und die Höhenangaben usw. unverändert. Darunter neu: «Die grün angedeuteten Theile bezeichnen die Wohnsitze der Slaven (Kroaten), das weiss gelassene Gebieth ist von Deutschen bewohnt.».
Standort:	NMP: 93 g A 5/2. – ÖGG: II. A.a. 173. – SMCA: SL 335, L 12.

1850
Achte Auflage

Die mit 1. Jänner 1850 eingetretenen Veränderungen durch die Einführung der „Versuchs-Bezirkshauptmannschaften" (bzw. 1854 der „gemischten Bezirksämter") berücksichtigte RAFFELSPERGER noch im gleichen Jahr mit einer Neuauflage der Karte, die sich vor allem durch eine große Tabelle aller Gerichte wesentlich von der vorigen unterscheidet. Auch der Maßstab, die Zeichenerklärung und die diversen Hinweise sind (teils in anderer Schrift) umgestellt oder ergänzt. Der eigentliche Karteninhalt wurde durch Eintragung der Gerichts- und Bezirksgrenzen aktualisiert.

Titel:	Unverändert bis zur vorletzten Zeile: «… **WIEN**	Achte Auflage.	**1850.**».
Zusätze:	Re. neben dem Titel der Linearmaßstab (bisher re. u.). – Mi. u. am Rand aufsitzend in zwei Spalten detaillierte Gerichtstabelle. – Re. u. in der «**ZEICHENERKLÄRUNG.**» auch die Signaturen der Gerichts- und Bezirksgrenzen bzw. für die Gerichtsorte. In der «**EINTHEILUNG.**» auch die Sitze der Landesgerichte. Der Hinweis auf die Farbmarkierung der „slavischen Wohnbereiche" steht nun über den Erläuterungen zu den Einwohnerzahlen und Höhenangaben.
Standort:	SMCA: SL 335, L 12.

1851
Neunte Auflage

Die Neuauflage unterscheidet sich kartographisch nicht von der vorigen, sie zeigt aber besonders klar die Problematik der Auflagen-Koordinierung: Der Atlas trägt weiterhin den Titel der 4. Auflage mit der einzigen Korrektur der Jahreszahl.

Titel:	Stellung, Wappen und Text unverändert bis «Kunstdruckerei», Zeile mit der Adresse «Leopoldstadt …» ist gelöscht, «**VERLAG** …» bis «**WIEN.**» unverändert, dann «Neunte Auflage.	**1851.**».
Zusätze:	Wie vorher, aber Titel der Tabelle ganz re. u. ergänzt: «**EINTHEILUNG**

| der 3 Kronländer.». – In den Erläuterungen neues Zeichen für den Sitz einer Bezirkshauptmannschaft.

Publ.-Art: Separatdruck und Atlasblatt aus: «**ERSTER TYPOMETRISCHER ATLAS,** | oder | AUSTRIA … (weiter wie im Titel der 4. Atlas-Aufl.) … **Vierte Auflage.** | (Querstrich mit Oval-Ornament) **WIEN 1854.** | …». – Der Titel steht auf farbigem Hintergrund in dem seit der 1. Aufl. verwendetem üppigen Rokokorahmen, «AUSTRIA» ist nun in 43 mm hohen Zierlettern als Blickfang gedruckt.
Standort: SWW: K-IV: OE 1356. – PMP 1317.
Literatur: AA S. 756f.: Raff B 4 (1854), 2.

1851
Zehnte Auflage

Noch im gleichen Jahr wie die 9. Auflage brachte RAFFELSPERGER schon die 10. heraus, die durch ihre grundsätzlich veränderte graphische Aufmachung überrascht. Der völlig umgestaltete Titel steht nun im Oberrand des Blattes, wobei der Text durch die vier Wappen von Österreich, Oberösterreich, Niederösterreich und Salzburg begrenzt und geteilt wird – mit (—) markiert. Am oberen Rand des Kartenfeldes sind drei Inserts angeordnet. Die Gerichtstabelle und die Erläuterungen im rechten unteren Teil blieben unverändert, der Linearmaßstab steht wieder an seinem alten Platz rechts unten im Eck.

Titel: Im Oberrand drei Zeilen über die ganze Breite, alle Zeilen begrenzt und unterbrochen durch Landeswappen: «K A R (—) T E | des **ERZ-HERZOGTHUMES ÖSTERREICH** (—) und (—) **HERZOG-THUMES SALZBURG.** | Herausgegeben vom Geografen F r a n z R a f f e l s p e r g e r. Ausgeführt (—) in der k. k. a. p. typo-geogra (—) fischen Anstalt in WIEN, Rossau Nr. 129. (—) Zehnte Auflage. (—) **1851.**».
Zusätze: Inserts am Oberrand ohne eigenen Maßstab und ohne Graduierung, mit Doppelstrichen gerahmt: li. im Eck: Umgebung von Wien mit dem Wiener Wald, 12,4 x 12,5 cm; re. anschließend: Umgebung von Linz, 12,7 x 8,1 cm. – Mit 3 cm Abstand im re. o. Eck: Umgebung von Salzburg bis zum Wolfgangsee mit Druckfehler: «St. Pilgen», 16,7 x 5,8 cm.
Maße: Karte unverändert, Gesamthöhe mit Titel 37,5 cm.
Standort: SLA: Graphik XIV.61.

1852
Elfte Auflage

Das Kartenbild ist unverändert, der Druckfehler von St. Gilgen wurde berichtigt.

Titel: Zuerst gleich wie 10. Aufl., dann um eine Zeile verlängert: «… **SALZ-BURG** mit | den Umgebungen von **WIEN** (—) **LINZ** (—) und **SALZ-BURG.** | Herausgegeben vom Geografen … (—) Ellfte(!) Auflage. (—) **1852.**».
Maße: Karte unverändert, Gesamthöhe mit Titel 37,8 cm.
Standort: SMCA: SL 336, L 12.

1852
Zwölfte Auflage

Die graphisch nicht befriedigende Unterbrechung der Titelzeilen durch die Landeswappen bewog RAFFELSPERGER sehr bald, den Text in einer Neuauflage zwischen je zwei Wappen (links Österreich und Oberösterreich, rechts Niederösterreich und Salzburg) zu gruppieren. Der seit der 11. Auflage um eine Zeile verlängerte Titel wirkt dadurch ruhiger und geschlossener.

Titel: Wie vorher bis zum Ende der vierten Zeile: «– Zwölfte Auflage. – **1852.**».
Standort: StBK: LKS 69.

[1855]
Dreizehnte Auflage

Die Karte ist nicht datiert, doch dürfte sie nach dem Stand der Bahnbauten aus dem Jahr 1855 stammen: Die 1854 eröffnete Semmering-Strecke ist eingezeichnet, hingegen fehlt der 1858 eröffnete erste Abschnitt der Westbahn. Nicht auf dem neuesten Stand gebracht ist die Übersicht der Kronländer: Salzburg steht zwar als «III.» graphisch gleichrangig neben Nieder- und Oberösterreich, wird aber noch als «Kreis» bezeichnet.

Titel: Wie vorher bis zum Ende der vierten Zeile, aber: «Herausgegeben vom Geografen …» (statt „Geographen"), «– Dreizehnte Auflage. – **WIEN & LONDON.**».
Standort: ÖNB: 229.188-E.K (beigebunden in: „Neuer Atlas der ganzen Erde …" von Friedrich Wilhelm STREIT, → 6.15).

[1856?]
Vierzehnte Auflage

Das Gesamtbild der beiden ebenfalls undatierten letzten Auflagen der Karte wirkt – von der Aktualisierung der Bahnbauten abgesehen – unverändert. Dies trifft auch auf die „Eintheilung der 3 Kronländer" rechts unten im Eck zu, in der Salzburg trotz dieses Titels und der Trennung von Oberösterreich weiterhin als «Salzburger Kreis» geführt wird. Die vierte Titelzeile des Blattes wurde um die Adresse der Londoner Vertretung erweitert.

Titel: Drei Zeilen gleich wie vorher. Vierte Zeile: «… Ausgeführt und zu haben in dem k. k. a. p. Civil-Geografischen Institute, Rossau Nr. 129, in **WIEN**, und Nr. 7, Tavistock Row, Coventgarden in Dr. Zimmermanns Office in **London**. – Vierzehnte Auflage.».
Standort: NÖLB: E 14. – StBK: LKS 69.

[1858?]
Fünfzehnte Auflage

Diese vermutlich letzte Auflage der Karte ist nachgewiesen, nicht aber die letzte Atlas-Auflage. DÖRFLINGER nennt als solche jene von 1854 (AA

S. 756 f.), deren einziges bekanntes Exemplar sich in der Sammlung WOLDAN (SWW: K-IV: OE 1356) befindet. Es enthält Karten, die – soweit datiert – aus den Jahren 1843 bis 1857 stammen, obwohl das Titelblatt die Jahreszahl 1854 aufweist (schriftl. Mitt.).

Titel: Unverändert wie vorher bis zum Ende der vierten Zeile: «... **LONDON.** – Fünfzehnte Auflage.».

Standort: NÖLB: A V 209. – StBK: LKS 69.

7.3
Justus Perthes' Geographische Anstalt
Stieler-Handatlas

Der 1785 von Johann Georg Justus PERTHES (1749–1816) in Gotha gegründete Verlag widmete sich ab 1816 unter Wilhelm PERTHES (1793–1853) zunehmend der Geographie und Kartographie. Dank der Verpflichtung hervorragender Wissenschafter wie Adolf STIELER, Heinrich Carl Wilhelm und Hermann BERGHAUS, Karl von SPRUNER, Emil von SYDOW, Christian G. T. und Heinrich A. O. REICHARD und anderen erreichte der Verlag Weltruf. Die von Bernhardt Wilhelm PERTHES (1821–1857) eingerichtete „Geographische Anstalt" publizierte außer Karten und Atlanten auch maßgebliche Fachliteratur. Der 1854 zum Leiter der Anstalt berufene Kartograph August Hermann PETERMANN (1822–1878), der selbst Forschungsreisen finanzierte, schuf ab 1855 mit den von ihm redigierten „Mitteilungen" das maßgebende deutsche geographische Fachblatt, das noch heute unter seinem Namen erscheint.

Das bekannteste Verlagsprodukt und STIELERs Hauptwerk war „der ‚Hand-Atlas', der durch sein neuartiges, wohldurchdachtes Konzept die gesamte weitere Atlasherstellung revolutionierte" (WAWRIK). Er genoß höchstes Ansehen und erreichte bei 121 Jahresausgaben eine Gesamtauflage von über 450.000 Exemplaren (ESP S. 57 f.). Der berühmte Atlas enthält eine sehr informative und sauber gestochene Karte der Monarchie, die aber zu jenen Übersichtskarten gehört, die generell von der Katalogisierung ausgegrenzt bleiben (→ Einführung S. 15).

Für bescheidenere Ansprüche gab es auch kleinere Versionen des „Stieler". Überdies publizierte der Verlag Länder- und Schul-Atlanten mit speziellen Ausgaben für Österreich. In diesen sind drei von STIELER bzw. BERGHAUS entworfene Karten erschienen, die Salzburg enthalten.

Literatur: Bericht über Stieler's Hand-Atlas... nebst ausführlichen Erläuterungen einzelner Karten... für die Besitzer der... 1817 bis 1834 erschienenen Ausgaben. Justus Perthes, Gotha 1834. – Die „Berichte" sind bis 1886 erschienen.
HORN, Werner: Die Geschichte der Gothaer Geographischen Anstalt im Spiegel des Schrifttums. In: PMG 1960, S. 271–287.
– ders.: Das kartographische Gesamtwerk Adolf Stielers. In: PMG 4/1967, S. 312–326.
KÖHLER, Franz: Gothaer Wege in Geographie und Kartographie. Gotha 1987, S. 58 ff.
ADB Bd. 25, S. 400. – ESP S. 44–157, Nachtr. 1995 S. 437. – LGK S. 595 f. – MdW S. 296. – WAW S. 314 ff.
Zu beiden BERGHAUS: ADB Bd. 4, S. 374 ff. – LGK S. 80 f. – Zu PETERMANN: LGK S. 598. – ADB Bd. 26, S. 795. – Zu beiden REICHARD: ADB Bd. 27, S. 618. – Zu SPRUNER: ADB Bd. 35, S. 325. – Zu STIELER: ADB Bd. 36, S. 185. – LGK S. 782 f. – MdW S. 309. – Zu STÜLPNAGEL: ADB Bd. 54, S. 630. – Zu SYDOW: ADB Bd. 37, S. 279.

7.3.1
„Erzherzogthum Oesterreich ... und Salzburg"
1850

Die Rahmenkarte in Großoktav umfaßt die Kronländer Niederösterreich, Oberösterreich und Salzburg. In ihrer Graphik und mit der Beschränkung der Geländedarstellung auf die drei Länder entspricht sie dem allgemeinen Bild der Karten im STIELER-Atlas.

Titel: Abgestrichen li. o. im Eck: «ERZHERZOGTHUM | **OESTERREICH** | unter und ob der Enns | und | HERZOGTHUM SALZBURG.».

Zusätze: Großes, abgestrichenes Insert re. u. im Eck mit der politischen und gerichtlichen Einteilung der Länder (Salzburg getrennt von Oberösterreich) und Zeichenerklärung, darunter Linearmaßstab. – Im Oberrand: ganz li.: «*Stieler's Atl. d. D. Bundes-St.*»; in der Mi.: «**XXIV.**»; ganz re.: «Oesterr. Staat N° 1.». – Im Unterrand: li.: Signatur für Eisenbahnen; Mi.: «**Gotha, bei Justus Perthes.**».

Maße: Karte: 21,7 x 17,9 cm; Platte: 24,5 x 21 cm; Blatt: 30 x 23,5 cm. – Atlas: ca. 31 x 24 cm.

Maßstab: 1 : 1,850.000.

Graduierung: Im einfachen Strichrahmen s/w 10'-Skala, volle Grade beziffert und als Netz durchgezogen.
L von Salzburg: 30° 42' E.

Druckart: Kupferstich und Radierung, Ländergrenzen handkoloriert.

1. Publ.-Art: Atlasblatt Nr. 24 aus:
„Kleiner Atlas des Deutschen Bundes=Staates für Schulen und zum häuslichen Gebrauche, besorgt von Adolf Stieler, 29 illuminierte Karten." – Im Inhaltsverzeichnis: «24. *Erzherzogth. Oesterreich ob u. unter | d. Enns; Salzburg.*».

2. Publ.-Art: Atlasblatt aus:
«ATLAS | DER | **OESTERREICHISCHEN MONARCHIE** | nach der neuesten politischen und gerichtlichen Eintheilung, | mit Bezeichnung der Eisenbahnen, Angabe der Berghöhen &c. | (Querstrich) Deutsche Kronländer. | (zwischen Strichen:) Auszug aus STIELER'S KLEINEM ATLAS von Deutschland. | (Inhalt der sechs Karten, dieses Blatt als Nr. 1.) | ... | **GOTHA: JUSTUS PERTHES. 1850.** (ganz re.:) Preis 12 SGr.». – U. dem Namen noch Verlags-Mitteilungen über die Gratis-Abgabe bei Kauf des Schul-Atlasses mit 28 Karten und über das Erscheinen der Karten der übrigen Kronländer.

Standort: SBB Haus 2: quer-8° Kart. O 3548-1. – UBW: II 331.548.

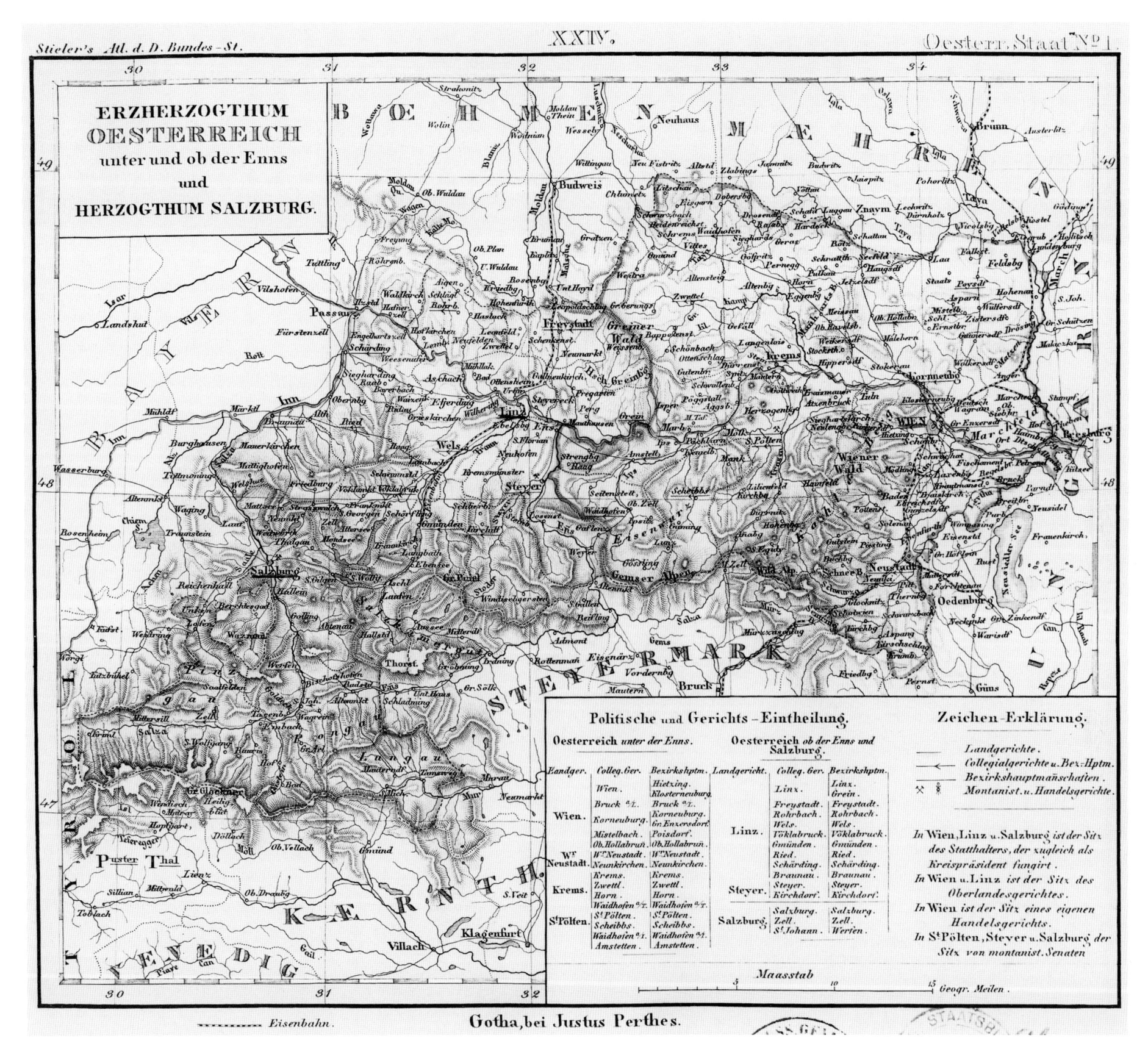

Abb. 95: Justus Perthes: Karte im „Stieler".

7.3.1

7.3.2
Heinrich Berghaus (1797–1884)
„Erzherzogthum Oberösterreich und ... Salzburg"

Als einer der größten deutschen Kartographen des 19. Jhs. wurde BERGHAUS, der schon mit 24 Jahren eine Professur an der Berliner Bauakademie erhalten hatte, wohl der maßgeblichste Mitarbeiter der Geographischen Anstalt. Für diese und andere Verleger, aber auch im Eigenverlag schuf er mehrere hundert Karten und beeinflußte nachhaltig als Praktiker und Lehrer die kartographische Entwicklung seiner Zeit. Außer den Karten hinterließ er ein noch umfangreicheres literarisches Lebenswerk, zu dessen 281 Titeln mehrbändige Werke und einige Zeitschriften zählen. Sein Neffe und Schüler Hermann BERGHAUS (1828–1890) erwies sich während vier Jahrzehnten als verläßliche Stütze des Hauses PERTHES und als gewissenhafter Bearbeiter zahlreicher Auflagen von STIELERs Handatlas.

Die vorliegende Karte von Oberösterreich und Salzburg mit einem Insertkärtchen von Gastein umfaßt das Gebiet von München bis Ybbs bzw. von Deggendorf bis Gmünd. In den außerhalb der Landesgrenzen der beiden Kronländer liegenden Flächen fehlt die kräftige und plastische Geländedarstellung mit Bergstrichen. Die Situation wird korrekt und besonders das Gewässernetz sehr detailliert wiedergegeben. Der Titel im linken oberen Eck ist mit zahlreichen Schwungstrichen verziert.

Literatur: LGK S. 80f., 595f. – ESP S. 73ff., 95f.

1855

Titel: «**Karte** | vom | Erzherzogthum | **OBER ÖSTERREICH** | und dem | Herzogthum Salzburg. ‖ Entwurf von | Dr. HEINRICH BERGHAUS, | Zeichnung von Theodor Schilling. | (Querstrich) *Erklärung* | ... | (Farbkästchen für Grenzen, Hinweis auf Kreise bzw. Gerichtsbezirke)».

Zusätze: Im Oberrand ganz re.: «Österreich № II.». – Li. u. im Eck gerahmt: «Massstab im Verhältnis v. 1:750.000.» (zwei Linearmaßstäbe für dt. M. und österr. Post-Meilen, darunter Hinweis auf die Höhenangaben in Wr. Kl.). – Re. u. im Eck gerahmt: «Das Gasteiner Bad.». Karte: 7,8 x 7,2 cm. Darunter: «Massstab = 1/288.000», re. daneben Linearmaßstab. – Im Unterrand Mi.: «GOTHA: JUSTUS PERTHES. 1855.».

Maße: Karte: 35,7 x 30,6 cm; Platte: 36,2 x 31,3 cm; Blatt: ca. 40 x 35,3 cm. – Atlas: ca. 42,5 x 36 cm.

Maßstab: 1:750.000.

Graduierung: Schmale s/w 2'-Skala als Begrenzung des Kartenfeldes, anschließend breite, eng schraffierte Rahmenleiste, alle 30' und volle Grade in weißen Kreisen, beide als Netz durchgezogen.
L von Salzburg: 30° 42' E.

Druckart: Kupferstich, Ländergrenzen handkoloriert.

Publ.-Art: Atlasblatt aus:
«ADOLF STIELER'S | **HAND – ATLAS** | ÜBER | ALLE THEILE DER ERDE NACH DEM NEUESTEN ZUSTANDE UND ÜBER DAS WELTGEBÄUDE. | Bearbeitet | von | Fr. v. Stülpnagel, Heinr. Berghaus, Herm. Berghaus und Aug. Petermann. | Zur vollständigen Ausgabe in 83 Karten. | Neue Bearbeitung aus dem Jahre 1854. | INHALT: ... ‖ (Querstrich mit Mittelperlen) GOTHA: JUSTUS PERTHES. 1854.».

Standort: ÖNB: 392.844-D.K. – SWS. – SWW: K-IV: WE 321 (Karten: 1850); K-IV: WE 322 (1853).

1864

Die vermutlich letzte und revidierte Auflage dieser Karte wurde vor allem durch die Eintragung der neuen Bahntrassen aktualisiert. Abgesehen von kleinen Korrekturen des Titels hat sich ihr Aussehen kaum verändert. Auf Leinwand kaschiert war sie als Taschenausgabe besonders beliebt.

Titel: Gleich bis „ ... Schilling", dann: „Rev. von C. Vogel." Gotha 1864, J. Perthes.

Standort: SBB Haus 2: Kart. O 8736.

7.3.3
Hermann Berghaus (1828–1890)
„Oesterreich ..."

1867

Unter Beibehaltung des bewährten graphischen Konzepts zeigt die Rahmenkarte in Großoktav die Kernländer des deutschsprachigen Teils der Monarchie zwischen Wörgl und Preßburg bzw. dem Großen Arber und Agram, sodaß Salzburg kaum 5% des Kartenfeldes einnimmt. Rechts und links um zwei prächtige Profile erweitert, bietet das Blatt ein Musterbeispiel aller STIELER-Karten. Die für Österreich bestimmte Ausgabe ist ab 1860 als 40. Auflage des Schulatlases erschienen (ESP S. 120). Dieser erfreute sich weiterhin so reger Nachfrage, daß er 1873 schon die 53. Auflage erreichte und weiterhin stets aktualisiert im Verlagsprogramm blieb.

Titel: Freistehend li. o. im Eck: «**OESTERREICH** | OB und UNTER der ENNS, | SALZBURG, STEIERMARK | und | KÄRNTHEN. | Gez. von Herm. Berghaus. | Maassstab = 1/1850000» (als Bruchzahl) | darunter Linearmaßstab.

Zusätze: Im Oberrand ganz re.: «Stieler's Schul-Atlas | Oesterreich. Staat № 2.». – Im Kartenfeld freistehend: li. u. im Eck Einteilung der fünf Länder in Kreise und Bezirke; re. u. im Eck Zeichenerklärung. – Im Unterrand Mi.: «GOTHA: JUSTUS PERTHES»; ganz re.: *Gest. v. W. Alt, A. Müller. Terrain v. C. Jungmann.*. – Li. und re. am Rahmen zwei Alpen-Profile zwischen Budweis und Görz bzw. etwa zwischen Hardegg und Cilli.

Maße: Karte: 21,7 x 20,6 cm; Profile: je 20,6 x 2,5 cm; gesamt mit Rahmen: 27,4 x 20,8 cm; Platte: ca. 28 x 22,5 cm; Blatt: ca. 31,5 x 25 cm. – Atlas: ca. 32,5 x 27 cm.

Maßstab: 1:1,850.000.

Graduierung: Innen s/w 10'-Skala, im verstärkten Rahmen mit Querschraffur Zahlen der Grade (ohne Kreise), diese als Netz durchgezogen.
L von Salzburg: 30° 43' E.

Abb. 96: Heinrich Berghaus: Oberösterreich und Salzburg. 7.3.2

7   Salzburg als eigenes Kronland 1850–1866/67

Druckart: Kupferstich mit Handkolorit.
Publ.-Art: Atlasblatt aus:
«**AD. STIELER'S** | SCHUL-ATLAS ÜBER ALLE THEILE DER ERDE | und | **ÜBER DAS WELTGEBÄUDE.** | Siebenundvierzigste Auflage, verbessert und vermehrt von Herm. Berghaus. | Ausgabe für die **Österreichische Monarchie** in neununddreissig illuminirten Karten in Kupferstich. | (Querstrich) **Stieler's Schul-Atlas** (Inhaltsverzeichnis für 32 Karten) | **Atlas der Österreichischen Monarchie von Herm. Berghaus.** (Inhaltsverzeichnis für sieben Karten) | (Wellenlinie) GOTHA UND WIEN. 1867. | JUSTUS PERTHES.».
Standort: SWW: K-IV: WE 406.

7.4
Joseph Bermann (1810–1886)

Der Wiener Kunst- und Musikalienhändler BERMANN war schon ab 1841 an der typometrischen Karten- und Atlanten-Produktion des Geographen RAFFELSPERGER beteiligt (→ 6.25). 1848 hatte er überdies, gestützt auf die 1847 erstmalig veröffentlichten „Statistischen Tafeln" der Monarchie, neuartige Flächenkartogramme zur Bevölkerungs- und Wirtschaftsstatistik in Farbendruck vorgelegt.

Dank dieser Erfahrungen zeichnen sich seine „Kronländer-Karte" und die „Spezial- und Postkarte" von Oberösterreich und Salzburg durch die qualitätsvolle Wiedergabe des Gewässernetzes und die zurückhaltende Geländedarstellung mit zarten Bergstrichen aus. Die Toponyme sind daher immer gut lesbar und die Grenzen auch im Gebirge deutlich zu erkennen. Die leeren Räume der Inselkarten werden geschickt mit den Titeln, der Zeichenerklärung und großen Tabellen über die politische Gliederung der Länder bzw. mit statistischen Angaben besetzt. Der schmale doppelte Strichrahmen beider Karten weist keine Graduierung auf. Die Qualität der Blätter ist nicht zuletzt der sorgfältigen Arbeit der 1836 von Johann HÖFELICH (1797–1849) gegründeten lithographischen Anstalt zuzuschreiben, die mit sechs Steindruck-Pressen zunächst von der Witwe weitergeführt wurde, bis 1856 Johann und 1865 Georg HALLER die Firma übernahmen.

7.4.1
„Die Kronländer Oesterreich ... und Salzburg"
1850

Titel: «Die | Kronländer | **OESTERREICH** | unter und ob der Enns | und | **Salzburg** | nach | *ihrer neuesten* politischen & gerichtlichen *Eintheilung*. | (Querstrich) **WIEN**, | Verlags-Eigenthum von Joseph Bermann | **1850**. ‖ *Lith. v. C. Ed. Grundig.*». – Der li. o. frei im bayerischen Raum stehende Titel ist bis auf die letzten fünf Zeilen mit Schwungstrichen verziert.

Zusätze: Li. u.: «Zeichen-Erklärung.» mit zwölf Signaturen für die politische und Gerichts-Einteilung; Sitze der Statthalter und der Obergerichte. – Re. u. zwei umfangreiche Tabellen: «*Politische* | und *Gerichts-Eintheilung.* | *Oesterreich.* | *unter der* | *Enns.*» und «Politische u: Gerichts-Einth: Oesterreich ob der Enns u: Salzburg:». – Im Unterrand am re. Karteneck: «Gedr. b. J. Höfelich.».
Maße: Karte: 60 x 45 cm; Blatt: ca. 69 x 55 cm.
Maßstab: ca. 1 : 500.000.
Druckart: Lithographie, Grenzen meist kräftig handkoloriert.
Publ.-Art: Separatdruck im Rahmen eines Kartenwerks der Monarchie, das keinen übergeordneten Gesamttitel aufweist, obwohl es auch gebunden erschienen ist.
Standort: BSM: Mapp. IX,118. – KAW: B IX a 187–05. – ÖNB: KD 97.608 (gebd., unvollst.); KB 110.436 (Karten in Schuber); KI 104.850; KI 112.874.

7.4.2
„Spezial- und Post-Karte"
1854

Titel: Freistehend re. u. im Eck: «Topographische Spezial & Post-Karte | der Kronländer | **OESTERREICH** | **ober der Enns** | und | **SALZBURG** | nach ihrer neuesten **politischen & gerichtlichen** Eintheilung. | (Querstrich) Wien. | Verlags-Eigenthum von Joseph Bermann | 1854.».
Zusätze: Li. Randtabelle, 11,7 x 33 cm: «Politische u. Gerichts-Eintheilung» von Oberösterreich und Salzburg mit Angabe der Quadratmeilen und Einwohnerzahlen, darunter 14 Zeilen Erläuterungen. Re. daneben am Oberrand: «Zeichen Erklärung» mit 13 Signaturen und kleinem Linearmaßstab für «*1 Post oder 2 Meilen*». – Im Unterrand Mi.: Linearmaßstab für Wr. Kl. und österr. M.
Maße: Karte: 59,8 x 47,6 cm; Blatt: ca. 66,5 x 54,5 cm.
Maßstab: 1 : 432.000; 1" = 6.000 Kl. = 1½ M.
Druckart: Lithographie.
Publ.-Art: Separatdruck.
Standort: ÖNB: a.B. 2.D.5. – OÖLA: I 35 rot.
Literatur: LGK S. 698. – OBÖ 1, S. 272.

7.5
Artaria & Co. (gegr. 1770)

Fortsetzung von 6.10

Die neuen Auflagen der „kleinen" und der „großen FRIED-Karte" durch ARTARIA dokumentieren den politischen Umbruch zur Mitte des 19. Jhs.: Die Erhebung Salzburgs zum selbständigen Kronland mit 1. Jänner 1850 und seine spätere Entwicklung. Mit den nötigen Nachführungen blieben die Karten über den Zeitrahmen dieses Katalogs hinaus im Verlagsprogramm von ARTARIA.

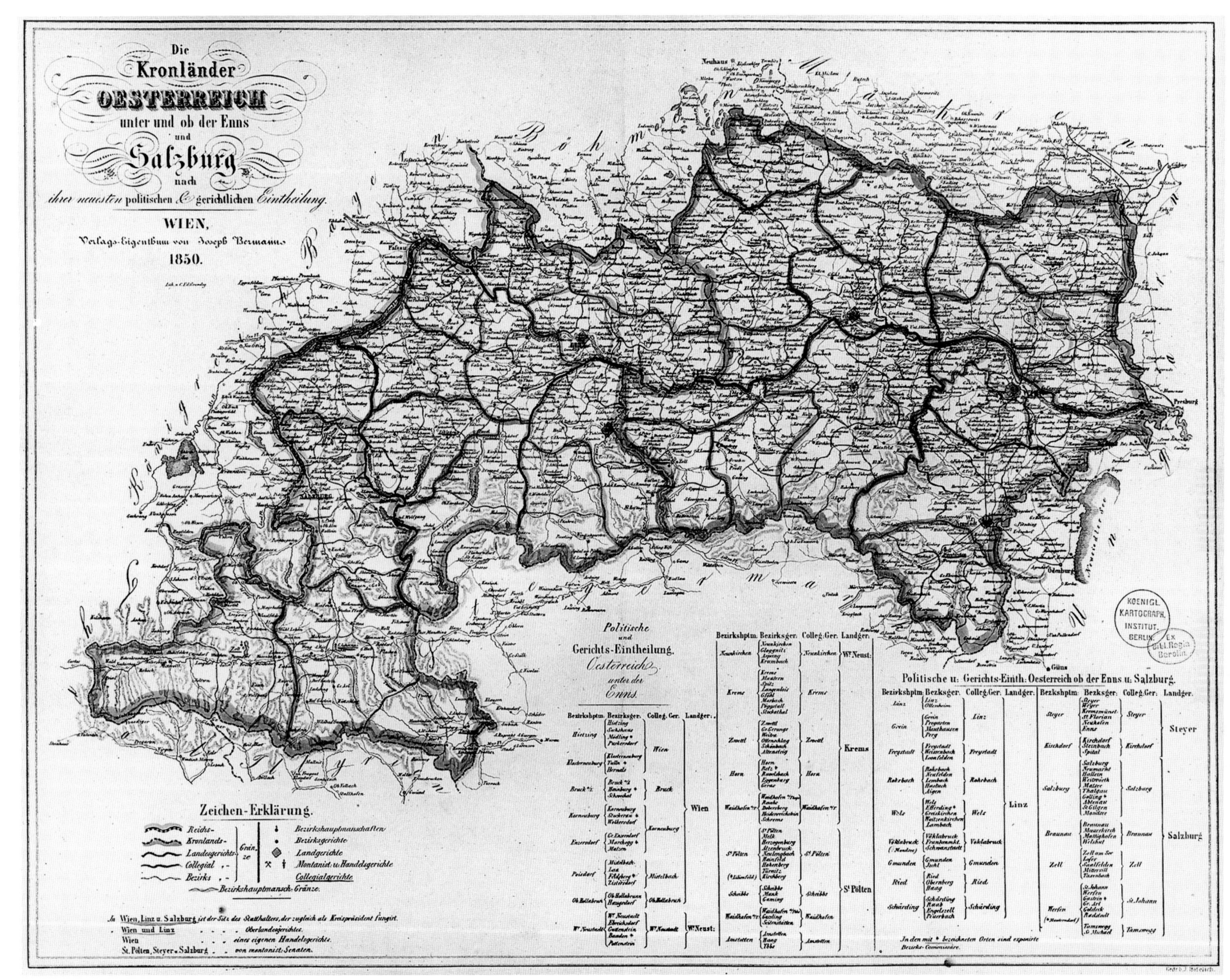

Abb. 97: Joseph Bermann: Die Kronländer ... und Salzburg.

7.5.1
Kleine Fried-Karte:
Oesterreich und Salzburg

Zur Aktualisierung der Karte wurde in der sechsten Zeile des Titels das Wort „mit" recht unschön unter Kürzung der Schwungstriche durch „und des Herzogthums" ersetzt. Außerdem erfuhren die Tabellen rechts unten eine völlige Umgestaltung – ohne daß man „HAUPTSÄDTE" korrigiert hätte.

1851

Titel:	«KARTE | des | ERZHERZOGTHUMS | **OESTERREICH** | OB UND UNTER DER ENNS | und des Herzogthums | **SALZBURG** | gezeichnet von | F: FRIED. | Wien | bey ARTARIA und COMP. | *1851.*».
Zusätze:	Re. u. auf dem Rahmen stehend: «POLITISCHE EINTHEILUNG». Statt Vierteln und Kreisen werden die neu eingerichteten Bezirkshauptmannschaften der drei Kronländer angeführt, in Salzburg außer der Landeshauptstadt Zell am See und Werfen. – Re. daneben: «ZEICHEN ERKLÄRUNG» mit einer neuen Signatur: «*Bezirks-Hauptmannschafts-Grenzen*». – Darunter der bisherige Transversalmaßstab, Erklärung aber nur mehr re.
Publ.-Art:	Atlasblatt Nr. 9 aus: «**ATLAS** | *der neuesten* | **G E O G R A P H I E** | *für Jedermann und jede Schulanstalt ...* | *1850.*». – Bis auf das geänderte Jahr gleicht der Titel textlich und graphisch völlig jenem von 1845.
Standort:	KAW: B IX a 187–1/1. Ex. – SMCA: SL 333, L 12. – SNB: TA 5155 (Atlas). – StBM: 30.403 (Atlas).
Literatur:	AA S. 159f.: Art / Frie A (1850/1852). – ULB S. 478.

1855

Die Neuauflage unterscheidet sich von der vorigen – abgesehen von der Jahreszahl – durch das Schema der „Politischen Eintheilung": Statt der soeben erst eingeführten Bezirkshauptmannschaften werden unter Verzicht auf die historischen Viertel die acht Kreise von Nieder- und Oberösterreich sowie das Land Salzburg ausgewiesen.

Zusätze:	Re. u. in gleicher Anordnung wie bei der vorigen Auflage: «POLITISCHE EINTHEILUNG» in zwei Spalten, darunter Mi.: «**Salzburg** | Landesregierungs-Gebiet *Salzburg*». – Re. daneben: «ZEICHEN ERKLÄRUNG» mit «*Kreis Grenzen*».
Standort:	KAW: B IX a 187–1/(1855). – StBM: 30.403.

1859

Die Karte enthält bereits die gesamte Bahnstrecke Wien–Salzburg–München, obwohl der Bau erst im Juli 1860 vollendet wurde. Ab dieser Ausgabe steht die Jahreszahl nicht mehr als letzte Zeile im Titel, sondern unter dem linken unteren Karteneck.

Zusätze:	In der «ZEICHEN ERKLÄRUNG» ist als letzte Zeile die Signatur: «*Eisenbahnen*» (ohne noch die Pferdeeisenbahnen anzuführen) eingefügt. – Im Unterrand ganz li. knapp am Rahmen: «*No 9 (Atlas von Fr. Fried) 1859.*».
Druckart:	Lithographie.
Standort:	KAW: A III 36–0.5 (Atlas).
Literatur:	AA S. 161: Art/Frie A (1860).

1864

Zusätze:	In «POLITISCHE EINTHEILUNG» eng unter dem Titel eingefügt: «(1859)». – Im Unterrand li.: «*No 9 (Atlas von Fr. Fried) 1864.*»; Mi.: «*Druck v. Reiffenstein & Rösch in Wien.*».
Standort:	SWW: K-V: WE 391 (Atlas).
Literatur:	AA S. 161: Art/Frie A (1864).

7.5.2
Große Fried-Karte:
General-Post und Strassen-Karte

Die große Generalkarte FRIEDs (→ 6.10.2) mußte entsprechend den politischen Veränderungen ebenso überarbeitet werden wie die kleine Karte. Diese Notwendigkeit bewog den Verleger, vom veralteten Kupferstich auf den Steindruck überzugehen. Er verwendete als Grundlage jene Auflage (von vor 1837, siehe S. 238) die bereits die Bezeichnung General-Post und Strassen-Karte trug. Im reich mit Schwungstrichen verzierten Titel der neuen Auflage ersetzte man lediglich die 5. und 6. Zeile durch die Nennung des Herzogtums Salzburg. An der Größe des Kartenblatts oder am Karteninhalt wurde im wesentlichen nichts geändert. Alle Auflagen gab es auch auf Leinwand kaschiert im Taschenformat.

1851

Titel:	«General-Post und Strassen-Karte | des | Erzherzogthums | **OESTERREICH,** | des Herzogthums | **SALZBURG** | und eines grossen Theiles von | **STEYERMARK** ‖ Gezeichnet von F. Fried. | Wien | BEI | Artaria & Comp. | *Eigenthum der Verleger.* | *1851.*» (Jahreszahl ohne Schwungstriche).
Zusätze:	Hinweis auf die Höhenangaben in Wr. Fuß nun knapp unter der Jahreszahl («*Orts-*» mit Bindestrich). – Re. u. im Eck in abgestrichenen Rechtecken: «ZEICHEN u. SCHRIFT ERKLÄRUNG» mit 21 Signaturen, darunter neu Längen der Posten, Eisenbahnstrecken und Grenzen; «POLITISCHE EINTHEILUNG» analog zur kleinen Karte mit den nicht numerierten Bezirkshauptmannschaften der drei Kronländer. – Darunter: Transversalmaßstab mit Überschrift: «*5 Oester: Post Meilen oder 20000 Wiener Klafter*».
Druckart:	Lithographie, Grenzen handkoloriert.
Publ.-Art:	Separatdruck.

7   Salzburg als eigenes Kronland 1850–1866/67

Abb. 98: R. A. Schulz, Artaria: Hypsometrische Alpenkarte, 1865.   7.5.4

7   Salzburg als eigenes Kronland 1850–1866/67

Standort: KAW: B IX a 187-08. – ÖNB: KA 97.640. – OÖLA: I 51. – SBB Haus 2: Kart. 0 8193. – SLA: Graphik XIV.50. – StSP: Kart. Slg. 170.
Literatur: BER-68 S. 187. – OBÖ 1, S. 271.

1855/1859/1864

Titel: Unverändert bis zur Jahreszahl: «*1855.*» bzw. «*1859*» bzw. «*1864*», darunter Hinweis auf die Höhenangaben. – Ohne Nennung des Stechers B. BILLER.
Zusätze: Durch senkrechte und waagrechte Striche deutlicher als Tabellen gegliedert: «ZEICHEN u. SCHRIFT ERKLÄRUNG» mit 22 Signaturen, wieder «Grenzen der Kreise» statt der Bezirkshauptmannschaften. – «POLITISCHE EINTHEILUNG»: wieder je vier Kreise von Nieder- und Oberösterreich statt Bezirkshauptmannschaften, aber ohne Nummern. Darunter über beide Spalten: «**SALZBURG** | Landesregierungs-Gebiet *Salzburg*». – Darunter Transversalmaßstab wie vorher.
Standort: SBB Haus 2: Kart. 0 8194 (1864). – UBW: I 309.254 (1855).

7.5.3
„Salzburg und das Salzkammergut"
1851

Zu den im Kapitel 6.10.3 erwähnten Bearbeitungen oder ausschnittweisen Verwendungen der großen Karte von R. A. SCHULZ zählt u. a. das Blatt „Salzburg und das Salzkammergut" (auch ohne Titel erschienen). Das Kartenbild deckt den Raum zwischen Ammersee und der Enns bzw. zwischen Passau und Gmünd ab. An Bahnlinien ist die „Salzbahn" Gmunden–Linz und deren weiterer Verlauf Richtung Budweis korrekt eingetragen.

Titel: Im Oberrand Mi.: «**SALZBURG, und das SALZKAMMERGUT. 1851.**».
Zusätze: Li. o. im Eck freistehende Zeichen- und Schrifterklärung. – Im Unterrand Mi.: «Verlag von **Artaria & Co.** in Wien.».
Maße: Karte: 47,3 x 35,4 cm; Blatt: ca. 54 x 43 cm. – Als Buchbeilage 4 x 2 auf ca. 15,5 x 21,5 cm gefaltet, Buchformat ca. 16,5 x 24 cm.
Maßstab: 1:576.000; 1" = 8.000 Kl. = 2 M.
Graduierung: S/w 5'-Skala als Begrenzung des Kartenfeldes, volle Grade zwischen zwei kräftigen schwarzen Randlinien in einer breiten, schraffierten Leiste markiert und beziffert.
               L von Salzburg: 30° 42' E.
Druckart: Lithographie, Ursprünglich Steingravur und für den Auflagedruck in der Schnellpresse umgedruckt.
Publ.-Art: Separatdruck und Kartenbeilage in:
               «Das | **Kronland Salzburg** | vom | geschichtlichen, topographisch-statistischen | und **landwirthschaftlichen Standpunkte** | dargestellt, zur | **Feier der XIV. Versammlung** | deutscher Land= und Forstwirthe. ‖ Verlag und Eigenthum der k. k. Landwirthschafts-Gesellschaft zu Salzburg. ‖ (Zier-Querstrich) **Salzburg, 1851.** | Zaunrith'sche Buchdruckerei.». – Text in feinem Doppelstrichrahmen mit floraler Eckzier.

               Neuauflage um 1855: Separatdruck mit unverändertem Kartenbild, aber ohne Titel.
Standort: ÖNB: K I 96.815. – SMCA: Karte: SL 58, L 03; Buch: 9036. – SWS. – UBS: 110.255 I.
Literatur: → 6.10. – BIG S. 885. – NEB 321.

„Herzogthum Salzburg"
1853

Wie zwei Jahre zuvor dem „Kronland Salzburg" wurde 1853 die inhaltlich unveränderte Karte mit neuem Titel und neuer Jahreszahl in der Mitte des Oberrandes SCHALLHAMMERs Geschichte der Kämpfe von 1800 bis 1809 beigelegt. Außerdem enthält das Buch u. a. einen „Plan der am 14ten December 1800 … nächst Salzburg … vorgefallenen Bataille, nebst dem Übergang der Franzosen über die Salza …" und eine Skizze der Umgebung von Lofer als Schauplatz der Kämpfe von 1809.

Titel: «**HERZOGTHUM SALZBURG. 1853.**».
Publ.-Art: Kartenbeilage nach S. 128 in:
               «**Kriegerische** | **E r e i g n i s s e** | im | Herzogthume Salzburg | **in den Jahren 1800, 1805 und 1809.** | Bearbeitet | von | **Anton Ritter von Schallhammer,** | k. k. Hauptmann. ‖ (Querstrich) Mit einem Schlacht= Plane, einer Karte des Herzogthums Salzburg … ‖ (Zierquerstrich) **Salzburg, 1853.** | In Commission der Mayr'schen Buchhandlung.». – Unveränderter Nachdruck: Burgfried-Verlag, H. Nowak, Hallein 1979.
Standort: ÖNB: 7120-B. – SLA: B 03248. – SMCA: 25900. – UBS: 110.735 I. – UBW: I 102.467 (Karte hinten eingebunden).

7.5.4
R. A. Schulz
Hypsometrische Alpenkarte
1865

Das auf der Grundlage der „Straßen- und Gebirgskarte" von R. A. SCHULZ (6.10.3) entworfene Blatt bietet ein schönes Beispiel für die Entwicklung der Höhenschichten- oder „Hypsometrischen Karten" nach dem System des Feldzeugmeisters Franz von HAUSLAB (1798–1883): „Je höher, desto dunkler."

In diesem Zusammenhang ist die „Hypsometrische Wandkarte von Mitteleuropa" im Maßstab 1:1,500.000, eine bedeutende Arbeit von Anton STEINHAUSER (1802–1890), zu erwähnen, die aber nicht als Landeskarte registriert wird. Dank der HAUSLABschen Farbenskala mit bis zu 15 Schichtenstufen von Weiß über Gelb und Orange bis Olivgrün zeichnen sich diese Karten durch ihre bisher unerreichte Plastizität aus.

Die Karte weist die gleichen Merkmale und denselben Maßstab wie die Lithographie von Dominik BILLER von 1845 auf. Bei plano Lieferung im Großbogen stehen Titel und Zusätze im ca. 8 cm breiten Oberrand. Die Karte kommt aber häufiger in 18 Teilen (6 x 3) auf Leinwand kaschiert vor, wobei der Titel auf die Rückseite des Mittelstreifens geklebt ist.

Titel:	«Hypsometrische Übersichtskarte der | NORISCHEN ALPEN | Niveau-Curven und Farbenscala | nach dem Principe S. E. des Herrn F.Z.M. Ritter von Hauslab | 1865.».
Zusätze:	Li. vom Titel: «*Entworfen & bearbeitet | von R. A. SCHULZ. Geogr:*». – Re. vom Titel: «*Verlag & Eigenthum | von ARTARIA & C<u>o</u> in Wien.*». – Im Kartenfeld li. o. freistehend: «Zeichen und Schrift-Erklärung» für 32 Signaturen. – Unter der Karte: «Höhen-Prospect» und Maßstab. – Im Unterrand: ganz li.: «*Gedruckt von F. Köke, Wien.*»; ganz re.: «*Gestochen von Domik Biller*».
Maße:	Plano gesamt ca. 80 x 65 cm. – Aufgezogen: gesamt mit Trennfugen und Rand 74 x 53,5 cm; Kartenfeld: 69,8 x 40 cm; Profile: 71,5 x 9,5 cm. – Umschlag: 12,8 x 18,6 cm.
Maßstab:	1 : 576.000.
Druckart:	Farblithographie.
Publ.-Art:	Separatdruck plano oder in dunkelgrünem Ganzleinen-Umschlag mit Zierprägung. Goldgeprägter Titel: «Hypsometrische Karte | der | NORISCHEN ALPEN. ‖ WIEN. | ARTARIA & COMP.». – Goldgeprägter Rückentitel: «HYPSOMETRISCHE ALPENKARTE». – Auf der vorderen Innenseite des Umschlags: «Auswahl empfehlenswerther Landkarten» ARTARIAS, darunter auch diese und die „Straßen und Gebirgskarte".
Standort:	KAW: B IX b 26. – ÖNB: KB 106.379. – SWS.
Literatur:	FBA S. 53 ff. – LGK S. 289 (HAUSLAB), 306 ff. Zu STEINHAUSER: DÖRFLINGER, Johannes: Anton Steinhauser (1802–1890). In: KN 6/90. Kirschbaum, Bonn 1990, S. 233 f. AA passim. – ADB Bd. 35, S. 712. – LGK passim.

7.5.5
Anton Steinhauser (1802–1890)
Karte im Schulatlas

1865/69

Der von ARTARIA in sechs Heften von 1864 (1865) bis 1868 (1869) gelieferte Schulatlas war laut DÖRFLINGER der erste aus Österreich, der dank seiner neuartigen Ausstattung mit stummen, mehrfarbigen Höhenschichtenkarten und mit thematischen Karten internationale Anerkennung fand (KN, 40. Jg., 1990, Heft 6, S. 234). Unter den 47 Blättern zeigen neun „hypsometrische" die Anwendung des HAUSLABschen Prinzips „je höher, desto dunkler". Diese ist aber eine „normale" topographische Karte.

Titel:	Re. u. im Eck fein abgestrichen: «Karte | des Erzherzogthums | **ÖSTERREICH** | ob und unter der Enns | und des | Herzogthums Salzburg.».
Zusätze:	In weiteren vier abgestrichenen Inserts: re. u. neben dem Titel: Abkürzungen, Schriftgrößen und Einwohnerzahl. – Li. o.: Abkürzungen im Raum Wien, Zeichenerklärung. – Re. o. über dem Karteneck: «IX.». – Im Unterrand: ganz li.: «*Entworfen u. beschrieben v. A. Steinhauser.*»; Mi.: «*Eigenthum u. Verlag von Artaria & Comp.^{ie} in Wien.*»; ganz re.: «*Lith. Anst. v. F. Köke in Wien.*».
Maße:	Karte: 29,8 x 18,9 cm; Blatt: ca. 32 x 25,5 cm. – Atlas: ca. 32,5 x 26 cm.
Maßstab:	ca. 1 : 1,296.000; 1" = 18.000 Kl.
Graduierung:	Im Strichrahmen innen feine s/w 5'-Skala, volle Grade kursiv beziffert und Netz durchgezogen. L von Salzburg: 30° 43' E.
Druckart:	Farblithographie, Gelände braun, Seen und Gletscher blau, Straßen, Orte etc. schwarz, Grenzen handkoloriert.
Publ.-Art:	Atlasblatt Nr. 9 in: «**ATLAS** | für die | erste Stufe des geographischen Unterrichts | an den | österreichisch-deutschen Schulen | e n t w o r f e n , b e a r b e i t e t und mit Text versehen | von | **Anton Steinhauser,** | k. k. Rath. ‖ 2. Heft. | Karten zur Vaterlandskunde. (Liste von neun Karten) ‖ (Querstrich) Wien 1865. | Verlag und Eigentum der Kunsthandlung | **Artaria & Comp.**». – Dieser Außentitel wird mit etwas geänderten Typen als Innentitel wiederholt. Nach Abschluß der Lieferungen nennt bei fast gleichem Titel die Kartenliste als «**Inhalt:**» heftweise alle 47 Karten mit 1869.
Standort:	Bibl. Unterrichts-Min. Wien: 1833/IX. – UBW: II 19.663.
Literatur:	AA S. 186 ff. Art / Stein A 1 (1865–1869).

7.5.6
Anton Steinhauser
Schulwandkarte

Die Größe der Schriften und Signaturen sowie der kräftige schwarze Rahmen lassen die Herkunft der Karte des Herzogtums erkennen: Es handelt sich um die erweiterte linke untere Sektion Nr. 4 der aus sechs Teilen (3 x 2) bestehenden Wandkarte von Nieder- und Oberösterreich. Auf dieser wurde Salzburg im Süden nur bis St. Johann und im Westen bis Lofer erfaßt. Zur Herstellung einer Landeskarte hat man daher diese Sektion mit drei Zusatzblättern ergänzt: Im Westen mit 4a (Rosenheim–Kitzbühel), im Südwesten mit 4b (Gerlos–Mittersill–Großglockner) und im Süden mit 4c (Zell am See–Mauterndorf). Der Titel kam oben auf 4a zu stehen.

7.5.6.1
Druck in Einzelblättern

1866

Die Lieferung der Karte erfolgte zunächst in den genannten vier Einzelblättern. Die Alpenprofile und andere Zusätze blieben tiefergesetzt im unteren Rand von 4b und 4c erhalten.

Titel:	«Herzogthum	**SALZBURG.**	Verlag und Eigenthum von	Artaria & Comp:	in Wien.	**1866.**	(Li.:) Entworfen und bearbeitet von A. Steinhauser k. k. Rath. (Re.:) Lithografische Anstalt von Friedrich Köke in Wien.».
Zusätze:	Drei detailreiche Profile der Alpen auf der Höhe von Kaisergebirge–Untersberg–Höllengebirge, Gerlos–Hochkönig–Dachstein und Großvenediger–Großglockner–Tamsweg. – Darunter über die gesamte Breite umfangreiche Abkürzungs-, Schrift- und Zeichenerklärung. – Darunter: «Reduction: 1=200,000 der Natur.» und Linearmaßstäbe für österr. und dt. M.
Maße:	Kartenfeld ohne Rahmen: Sektion 4: 54,5 x 44,5 ccm; Montiert mit 4a, 4b und 4c: 81,5 x 67 cm; mit 6-fachem Strichrahmen: 88,3 x 73,1 cm; Blatt: ca 92 x 75 cm.
Maßstab:	1:200.000.
Graduierung:	S/w 5'-Skala, in abgestuften Größen vollständig beziffert, durchgezogenes 15'-Netz. L von Salzburg: 30° 42' E.
Druckart:	Mehrfarben-Lithographie: Gewässer, Verkehrswege und alle Toponyme schwarz, Gelände braun, Wälder grün, Gletscher hellblau.
Rückseite:	In der untersten Reihe aufgeklebt: Schrift- und Zeichenerklärung, Maßstäbe für österr. und dt. M.
Standort:	KAW: B IX a 193–20. – ÖNB: K III 95.094.

7.5.6.2
Zusammendruck in Einband
1866, 1867

Da sich die Zusammensetzung plano bezogener Karten als schwierig erwies, legte ARTARIA noch im gleichen Jahr einen regulär auf weißes Leinen aufgezogenen Zusammendruck vor, der auch plano zu haben war. Bei dieser handlichen Ausgabe fehlen die Gebirgsprofile zur Gänze und die Erklärungen wurden wesentlich gekürzt. Der nun mit Blattwerk und Schwungstrichen verzierte und verlängerte Titel blieb am gleichen Platz. Die Karte wurde so gut aufgenommen, daß schon 1867 eine Neuauflage erschien, der noch mehrere aktualisierte Auflagen folgten.

Titel:	«KARTE DES HERZOGTHUMS	**SALZBURG**	und des österr. steirischen Salzkammergutes	nebst Theilen der angrenzenden Länder	Eigenthum u. Verlag von Artaria & Comp: in Wien.	**1866.**	(Li.:) Entworfen u. bearb. v. A. Steinhauser k. k. Rath. (Re.:) Lithogr. Anstalt von F. Köke in Wien.».
Zusätze:	Auf die Rs. in der untersten Reihe geklebt: Schrift- und Zeichenerklärung, Maßstäbe für österr. und dt. M.
Maße:	Kartenfeld mit 5'-Skala als innerem Rahmen und Gesamtmaße unverändert; – Kaschiert: 8 x 4 Teile zu 11,2 x 18,5 cm, auf 11,5 x 18,8 cm gefaltet. – Umschlag: 12,5 x 19,3 cm.
Publ.-Art:	Separatdruck. Plano oder in rotem Leineneinband mit dekorativer Prägung. Titel in Gold auf der Vorderseite: «Karte des Herzogthums ‖ **SALZBURG.** ‖ (Querstrich) WIEN.	Artaria & Comp.». – Rückentitel: «Karte des Herzogthums Salzburg.». – Innen: Verlagsankündigungen mit «Auswahl empfehlenswerther Landkarten».

Druckart:	Lithographie. Ausgabe 1866: Schwarz-weiß. Ausgabe 1867 und spätere: Mehrfarbendruck.
Standort:	KAW: B IX a 267–70 (1867). – ÖNB: K II 95.731 (Ausgabe 1867). – SBB Haus 2: Kart. O 9030 (Ausgabe 1867). – SLA: Graphik XIV.160. – SMCA: SL 64, L 03. – SWW: Nr. 24, K-I: OE/Sal 1694 (1867).

7.6
Bibliographisches Institut
Fortsetzung von 6.20

7.6.1
Karte im Zeitungs-Atlas
1853

Die Karte aus MEYERs «Conversations Lexicon» von 1848 fand mit der Jahreszahl 1853 weitere Verwendung in (zumindest) zwei Atlasausgaben. Lose Blätter aus diesen können nicht unterschieden werden.

Titel:	Unverändert bis zur Jahreszahl «…	1853.	…».
Zusätze:	Pag. im Oberrand: «47».
1. Publ.-Art:	Atlasblatt aus: «NEUESTER	**ZEITUNGS-ATLAS**	…» (Unverändert in Text und Auszier, ebenso das Inhaltsverzeichnis).
Standort:	ÖBUB: E w 2. – SWW: K-IV: WE 317.
2. Publ.-Art:	Atlasblatt aus: «NEUESTER	**ZEITUNGS-ATLAS**	… ‖ (Unverändert bis:) Preis:	In 36 Lieferungen …». Im «**Verzeichnis und Reihenfolge**	der hundert und fünfzig Karten in	**MEYER'S ZEITUNGS-ATLAS.**» steht «Oesterreich ob der Enns (47)» als Nummer «50.».
Standort:	ÖBUB: E w 709.

1859

Diese Ausgabe der RENNER-Karte trägt ausnahmsweise keinerlei Hinweis auf ihr Erscheinen in einem Atlas oder im Lexikon. Inhaltlich unterscheidet sie sich wenig von dem vorigen Blatt. Die Revision zeigt sich am deutlichsten in der Eintragung der durchgehend noch gar nicht vollendeten Bahnlinie Wien–Linz–Salzburg–München. Im Insert-Kärtchen von Salzburg fehlt diese vorgreifende Aktualisierung. Es ist das gleiche wie schon 1838. Die politischen Veränderungen haben noch keinen Niederschlag gefunden. Das gilt sowohl für die überholte Bezeichnung «Salzburger (*Salzach*) Kreis» wie für die Ortssignaturen: Die Sitze der 1854 errichteten „gemischten Bezirksämter" sind nicht gekennzeichnet.

Titel:	Unverändert bis: «…	1853.	…	Revidirt 1859.».
Publ.-Art:	Nicht feststellbar.

7 *Salzburg als eigenes Kronland 1850–1866/67*

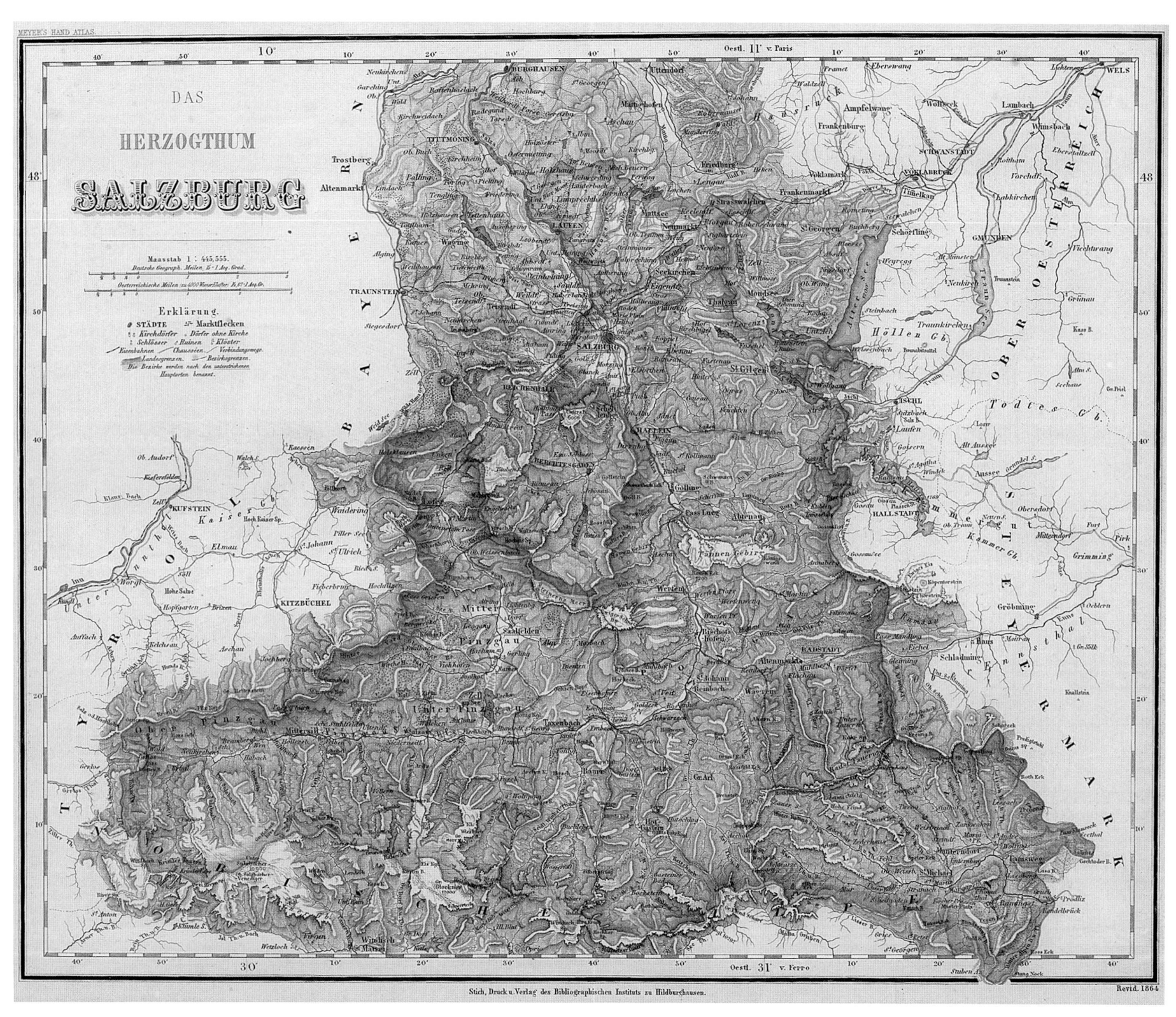

Abb. 99: Anonym (Radefeld): Das Herzogthum Salzburg, 1864.

7.6.2

7.6.2
„Das Herzogthum Salzburg"
1864

99   Die revidierte und für die Atlasausgabe 1866 neu gestochene Karte, die der Rangerhöhung Salzburgs Rechnung trägt, kann eindeutig RADEFELD zugeschrieben werden, obwohl der Name des Autors fehlt. Dem kleiner gewordenen Schriftblock im linken oberen Eck mangelt allerdings die graphische Geschlossenheit des Vorgängers (→ 6.20.3). Der ungewöhnliche Maßstab wird in moderner Form angegeben, der Karteninhalt um etliche Toponyme und um die Bahnlinien bereichert.

Wieweit der im Atlas-Titel genannte Redakteur Ludwig RAVENSTEIN (1838–1915) auf die Bearbeitung einzelner Blätter Einfluß genommen hat, ist nicht festzustellen. Er übernahm im gleichen Jahr 1866 die Leitung des Familien-Verlags in Frankfurt a. M. und arbeitete weiterhin mit dem Bibliographischen Institut zusammen.

Titel:	«DAS	HERZOGTHUM	**SALZBURG** ‖ (Querstrich) Maasstab 1:445.555	(zwei Linearmaßstäbe für dt. und österr. M.) ‖ Erklärung (zwölf Signaturen und Hinweis:) *Die Bezirke werden nach den <u>unterstrichenen</u> Hauptorten benannt.*».
Zusätze:	Im Oberrand: li. über dem Karteneck wie vorher: «MEYER'S HAND-ATLAS»; re. fehlt eine Nummer. – Im Unterrand Mi.: «Stich, Druck u. Verlag des Bibliographischen Instituts zu Hildburghausen.»; ganz re. u. dem Karteneck: «Revid. 1864».
Maße:	Karte: 36 x 29,2 cm; Platte: 37 x 30,5 cm; Blatt: 47,6 x 36,9 cm. – Atlas: ca. 25 x 37,5 cm. Häufig auf Leinwand kaschiert und in Taschenformat gefaltet.
Maßstab:	1:445.555.
Graduierung:	Unverändert wie in 6.20.3.
Druckart:	Farblithographie oder Umdruck auf Stein, Grenzen grün überdruckt.
Publ.-Art:	Atlasblatt aus: «MEYER'S	**HAND-ATLAS**	DER NEUESTEN ERDBESCHREIBUNG	IN 100 KARTEN.	(zwischen zwei Wellenlinien:) REDIGIRT VON L. RAVENSTEIN.	HILDBURGHAUSEN.	VERLAG DES BIBLIOGRAPHISCHEN INSTITUTS	1866.». – Im Inhaltsverzeichnis hat die Karte Nr. 61; diese Zahl findet sich auch oft hs. auf dem Blatt.
Standort:	ÖNB: 597.859-D.K. – SBB Haus 2: Kart. O 9025. – SWS.
Literatur:	→ 6.20. – Zu RAVENSTEIN: LGK S. 656.

7.7
Georg Mayr (1800–1864)

Fortsetzung von 6.21

Die weiteren Auflagen der zweiblättrigen „speciellen Reisekarte" unterscheiden sich von den vorigen durch Umstellungen im Titel, geänderte Jahreszahlen und den mehrmaligen Wechsel des Verlegers. Außer auf den Karten als Kopfleiste steht der Titel auch innen aufgeklebt oder geprägt im Umschlag des auf Leinwand in zwölf oder 16 Teilen kaschierten Blattes.

7.7.1
„Specielle Reise=Karte …"
1853

Titel:	Wie 6.20, 1839: «Specielle Reise=Karte vom **BAYERISCHEN HOCHLAND, NORD-TYROL, SALZBURG,** und Salzkammergut …» zur Gänze unverändert übernommen bis «1853.». – Innentitel: «Georg Mayr's	specielle **Reise- und Gebirgs-Karte**	vom	**Bayerischen Hochland,**	**Nordtyrol,**	**Salzburg und Salzkammergut.**	Neue, vielfach verbesserte Ausgabe. ‖ (Zierquerstrich) **München,**	*Verlag von Jul. Grubert.*	*Zu haben in*	**Joh. Palm's Hofbuchhandlung.**». Darunter Hinweis auf Anschlußblätter mit Preisen.
Zusätze:	Wie 6.20.
Druckart:	Farblithographie mit Grenzkolorit, Gewässer blau.
Standort:	BSM: Mapp. XI,157.

[1862]

Die wieder von Johann Philipp PALM verlegte Auflage ist nicht datiert, kann aber nach dem Stand des Bahnnetzes für 1862 angesetzt werden.

Titel:	Wie vorher bis zum Verlag. Ohne Jahreszahl. „ … Verlag des Johann Palm in München."
Standort:	BSM: Mapp. XI,159.

„Specielle Reise= und Gebirgs=Karte …"
1863

Die inhaltlich gleich gebliebene Karte mit leicht verändertem Titel wurde auch in einer Leinenmappe (10 x 18 cm) mit geprägtem Titel geliefert.

Titel:	Kopftitel wie vorher bis: „Verlag des J. Palm", als Jahreszahl nur „18..". Innentitel: «Specielle	**Reise- und Gebirgs-Karte**	vom	**BAYERISCHEN HOCHLAND,**	**Nordtyrol,**	Salzburg und Salzkammergut	von	**Georg Mayr,** qu. Inspector … Neue vielfach verbesserte Ausgabe.	München, 1863.	Verlag von Jul. Grubert.	Zu haben in	**Joh. Palm's Hofbuchhandlung.**». Darunter Hinweis auf Anschlußblätter mit Preisen. – Goldgeprägter Außentitel: «Karte	vom	(bogenförmig) **Bayer. Hochlande**	(Zierlinien)	(als Gegenbogen) Nord-Tyrol u. Salzburg	von	**G. MAYR.**».
Standort:	BSM: Mapp. XI,160.

Nach der Zeitgrenze der Katalogisierung sind bei dem schlecht dokumentierten Münchner Verlag MEY & WIDMAYER – später FINSTERLIN – von 1868 bis 1881 noch vier weitere, von Ch. MICHEL (Schweizer Kupferstecher in Paris, Daten unbekannt) im Maßstab 1:600.000 überarbeitete Ausgaben mit etwas verändertem Titel erschienen: „Spezielle Reise- und

Gebirgs-Karte vom bayerischen Hochland, Salzburg, Nord-Tyrol nebst Theilen der angrenzenden Länder" (BSM: Mapp. XI,161, mehrf.). Die ca. 72 x 26 cm große Lithographie zeigt den Nordalpenraum von Zürich bis Kremsmünster bzw. von Burghausen bis Lienz und somit auch das ganze Land Salzburg. – 1873, (also ebenfalls außerhalb der Zeitgrenze) brachte der Verlag überdies eine Serie von acht, nur 29 x 26 cm großen Lithographien des gleichen Raumes heraus. Das von Gustav GLAS bearbeitete Blatt mit dem Titel „Karte vom Salzkammergut, Salzburg & Berchtesgaden im Maass 1:280.000" enthält den nördlichen Teil des Landes bis zur Linie Bischofshofen–Saalfelden.

7.7.2
„Reise- und Gebirgskarte …"
1854

Die Karte zeigt das Gebiet zwischen Rattenberg und Liezen bzw. zwischen Braunau und Obervellach. Sie wirkt in ihrer Geländedarstellung plastisch und speziell im Hochgebirge gut ausgewogen. Das Gewässernetz ist exakt gezeichnet, die Lage der Siedlungen entspricht der Wirklichkeit. Für Touristen interessante Objekte sind hervorgehoben und die Kaiserin-Elisabeth-Bahn bereits eingetragen. An den Straßen stehen die Entfernungen in Post-Meilen und bei Bergen und Orten ihre Höhen in Pariser Fuß. Überdies ergänzt MAYR auch diese Karte mit einer 4:1 überhöhten und sehr detailreichen „Höhen-Darstellung". Das Leinenbändchen, in dem die Karte wahlweise bezogen werden konnte, bietet im vorderen Einbanddeckel eine «Entfernungs-Übersicht» für den Raum Innsbruck–München–Regensburg–Linz–Villach (8,3 x 11,4 cm).

Titel: Im Oberrand: «Reise- und Gebirgs-Karte | vom **LANDE SALZBURG** mit | Berchtesgaden und dem Salzkammergut, | *nebst den andern angränzenden österreichisch – und bayerischen Ländertheilen; bearbeitet gezeichnet und herausgegeben von Gg. Mayr. 1854.* ‖ Maassverhältniss 1:500.000», re. daneben Linearmaßstab für 3 M.

Zusätze: Re. u. im Eck freistehend: Zeichenerklärung mit 21 Signaturen und Hinweisen auf die Höhen- und Entfernungsangaben. – U. der Karte über die ganze Breite auf deren Meridiane ausgerichtete «Vergleichende Höhen Darstellung besonders des **Salzburger-Tauern-Gebirgs** nach Paris. Fuss über der Meeresfläche geordnet.». – Im Unterrand li.: «Gestochen unter Mitwirkung des Verfassers von C. Schleich.». – Mi.: «München in Commission bei A. Brugger.»; re.: «Gedruckt bei J. B. Seel in München.». – Neuaufl. ohne Jahreszahl im Titel; im Unterrand li.: «Berichtigt u. ergänzt v. Robert Bauer.»; Mi.: Linearmaßstab für M. und Kilometer. – Re.: «Verlag von Alfred Coppenrath in Regensburg | (H. Pawelek)».

Maße: Plano: Karte: 34,7 x 31,3 cm; Höhendarstellung: 36 x 5 cm. – Gesamtgröße mit Titel und Randtext: 36 x 42,8 cm; Blatt ca. 38,5 x 45 cm. – Auf Leinwand kaschiert in zwölf Teilen (4 x 3), je ca. 11,5 x 15,5 cm mit bis zu 4 mm breiten Fugen.

Maßstab: 1:500.000.

Graduierung: Im sehr schmalen Strichrahmen nur alle 30' und volle Grade angerissen und beziffert.
L von Salzburg: 30° 43' E.

Druckart: Lithographie, meist mit Grenz- und/oder Flächenkolorit.
Publ.-Art: Separatdruck.
Standort: ÖNB: K I 113.561. – SMCA: SL 60, L 03. – SWW: K-I: OE/Sal 1353.
Literatur: → 6.21. – LGK S. 189, 787. – Zu SCHLEICH: 5.12.1.

7.8
Johann Baptist Pfeiffer (Unsicher: 1832–1882)
„Karte zur Reise durch Salzburg …"

Der Autor der weitverbreiteten und mehrfach neu aufgelegten „Reisekarte durch Salzburg" war während vier Jahrzehnten einer der produktivsten Kartographen unseres Raumes. Von einer Karte der Bayerischen Alpen (1841) über Landes- und Eisenbahnkarten Bayerns bis zu Plänen von München (1869) und Regensburg (1878) spannt sich sein reiches Lebenswerk. Trotzdem sind von ihm keine verläßlichen Daten bekannt. Vielleicht war ein Augsburger Entomologe PFEIFFER mit gleichem Vornamen sein Vater. Dieser hat die Illustrationen zum Verzeichnis seiner Schmetterlingssammlung selbst gezeichnet und gestochen, sodaß er als Lehrmeister seines Sohnes in Betracht käme. Möglicherweise ist aber PFEIFFER mit einem gleichnamigen Wiener Graveur identisch, der von 1832 bis 1882 lebte. Die von PFEIFFER entworfene Karte hat der vielbeschäftigte Carl SCHLEICH jun. (→ 5.12.1) exakt gestochen und der Salzburger „Kupferdrucker" August WETTEROTH (Daten unbekannt) so qualitätsvoll gedruckt, wie es seine „belobigte Betheiligung" an der „Allgemeinen Deutschen Industrie-Ausstellung" 1854 in München erwarten ließ. Das schmucklose Blatt beherrscht der umfangreiche, 7 cm hohe Titel im Oberrand. Besondere Beachtung wird den Bahnlinien zuteil, deren Eintragung aber mehrfache Datierungsprobleme aufwirft.

Literatur: GV Bd. 108, S. 177. – Zu WETTEROTH: Salzburger Landeszeitung, 7. April und 21. Juni 1854.

1855

Ihrem Zweck entsprechend wurde die Karte auf starkes Papier gedruckt, doch offenbar ohne Umschlag geliefert. Häufig werden die Straßen rot, die Seen blau und die bayerisch-österreichische Grenze ebenfalls farbig hervorgehoben. Von den Bahnlinien sind die Strecken München–Salzburg und die „Salzbahn" Gmunden–Linz–Budweis als bestehend eingezeichnet, die Trasse zwischen Wels und Salzburg sowie die Linie Salzburg–Hallein–Werfen mit der nie verwirklichten Weiterführung über Radstadt in die Steiermark hingegen als projektiert bzw. im Bau und die Verbindung bis Linz aus Richtung Wien fehlt überhaupt.

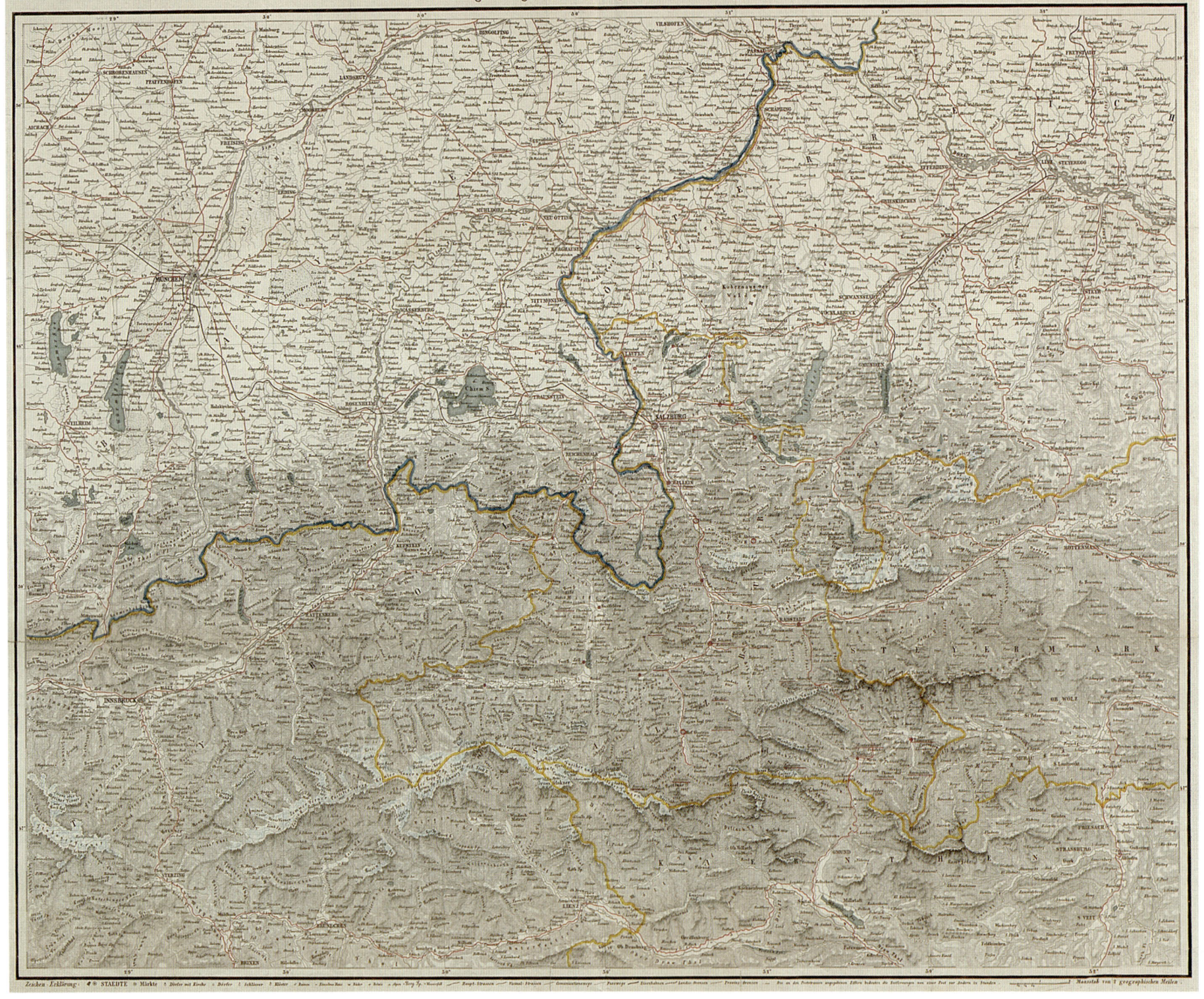

Abb. 100: Joh. Bapt. Pfeiffer: Karte zur Reise durch Salzburg. 7.8

Titel:	«Karte zur Reise | durch | **SALZBURG** | das Salzkammergut und Berchtesgaden nebst einem Theile von Tyrol bis Brixen und des Bayerischen Hochgebirges bis München. | Bearbeitet und gezeichnet von J. Baptist Pfeiffer gestochen von Carl Schleich in München 1855. | Verlag und Eigenthum von Gregor Baldi in Salzburg.».
Zusätze:	Im Unterrand einzeilig über die ganze Breite: «*Zeichen-Erklärung*» mit 20 Signaturen, Hinweis: «*Die an den Poststrassen angegebenen Ziffern bedeuten die Entfernungen von einer Post zur Andern in Stunden.*», Linearmaßstab: «*Maasstab von 2 geographischen Meilen.*». – Darunter Mi.: «*Druck von A. Wetteroth in Salzburg.*».
Maße:	Karte: 54,8 x 43,7 cm; Blatt: ca. 59 x 55 cm. – Ausgabe auf Leinwand kaschiert, 6 x 3 Teile, je ca. 10 x 18,5 cm.
Maßstab:	ca. 1:515.000.
Graduierung:	Im kräftigen Strichrahmen sehr schmale s/w 5'-Skala, alle 30' und volle Grade beziffert. 30'-Netz fein durchgezogen. L von Salzburg: 30° 40' E.
Druckart:	Lithographie, Grenze zu Bayern häufig blau handkoloriert.
Publ.-Art:	Separatdruck.
Standort:	ÖNB: a.B. 192.(2.); K I 120.311 (auf Leinwand kaschiert). – SMCA: SL 62, L 03 (zwei Ex., eines in Schuber). – SMS. – StSP: Kart.Slg. 319. – UBS: 7.108 IV.
Literatur:	BER-68 S. 187. – LGK S. 698. – SLA S. 18, L.50.

[1860], 1861, 1862

Nachdem BALDI offenbar noch vor 1860 eine undatierte Auflage publiziert hatte, erschien nach der Eröffnung neuer und der Verlängerung bestehender Bahnstrecken 1861 eine datierte Neuauflage, die plano und als kaschierte, gefaltete Taschenausgabe in Kartonumschlag (10,2 x 17,8 cm) mit eigenem Titel geliefert wurde. Die Karte selbst blieb unverändert. 1862 erhielten Karte und Umschlag diese Jahreszahl.

Publ.-Art:	Separatdruck. Titel auf dem Umschlag: «Specielle | Reise- und Gebirgs-Karte | von | Salzburg, Salzkammergut, | Nordtirol | und dem bayer. Hochgebirge | bis München. | von | J. B. Pfeiffer. | 1861.» bzw. «1862.».
Standort:	SBB Haus 1: 8° Kart. O 9022 (Ausgabe 1861). – UBS: 100.645 I.

[1866]

Auf der vermutlich jüngsten Ausgabe der Karte fehlt die Jahreszahl und ihre Datierung ist problematisch: Einerseits sind die PARIS LODRONschen Wälle der Stadt Salzburg eingezeichnet, die ab 1866 geschleift wurden. Andererseits findet man ein Netz von Bahnen, die zu dieser Zeit noch nicht gebaut waren, wie z.B. die Linie Neumarkt–Braunau (erbaut 1868/70) oder den ersten Teil der Tauernstrecke bis Hallein (erbaut 1870/71). Man muß daher annehmen, daß PFEIFFER einfach alle ihm bekannten Bahnprojekte verzeichnet hat. Im übrigen blieb das bisherige Bild der Karte erhalten, und auch der Kartonschuber mit der Jahreszahl 1861 oder 1862 wurde weiter verwendet.

Titel:	Unverändert bis auf die getilgte Jahreszahl in der 5. Zeile.
Publ.-Art:	Separatdruck. Auch auf Leinwand kaschiert und in Pappe-Schuber.
Standort:	SMCA: SL 62.1, L 03 (in Schuber).

7.9
Marco Berra (1784–1853)

Fortsetzung von 6.22

„Die Kronländer Oesterreich … und Salzburg"
1855

Die handliche Karte bietet eine Fülle von Informationen, wie man sie oft auf wesentlich größeren Blättern nicht findet. Außer den üblichen kartographischen Aussagen trägt dazu eine Tabelle der Verwaltungs- und Gerichtseinteilung bei, die bei der Datierung der Karte von Bedeutung ist. Für Salzburg blieb vorerst das Oberlandesgericht in Wien zuständig und weiter werden nur sechs Untersuchungsgerichtsbezirke und 20 „gemischte Bezirksämter", aber keine Bezirksgerichte angegeben. Damit entspricht die Tabelle den Bestimmungen des „Silvester-Patents" von 1851. Andererseits kann man leicht feststellen, daß die letzte Ziffer der Jahreszahl 1855 mit Tinte und Feder eingetragen wurde. Es kann also angenommen werden, daß die Karte aus den Jahren 1852/54 stammt. Sie enthält keine Angaben zum Maßstab, doch ist dieser dank exaktem Gitternetz und lagetreuer Zeichnung einwandfrei zu ermitteln.

Titel:	«Die | **Kronländer** | **OESTERREICH** | unter und ob der Enns | und | Salzburg | *nach* | *ihrer neuesten politischen und gericht-* | *lichen Eintheilung.* | (Querstrich) **PRAG**, | *bei Marco Berra.* | **1855.**». Der Titel steht frei ganz re. u. im Eck; der Name „Salzburg" ist mit Schwungstrichen verziert.
Zusätze:	Freistehend li. o. im Eck: Zeichenerklärung mit 24 Signaturen und Vermerk: „Die unterstrichenen Orte beziehen sich auf die Geographie." – Forts. li. u. im Eck mit Angaben über die Sitze der Statthalter. – Auf dem u. Rahmen steht halbre. die erwähnte «*Politisch gerichtliche Eintheilung.*».
Maße:	Karte: 40,4 x 29,5 cm; Blatt: 42,8 x 31,6 cm.
Maßstab:	1:960.000; 3" = 10 M.
Graduierung:	In dem Doppelstrichrahmen bildet eine s/w 5'-Skala den inneren Kartenrahmen. Im Zwischenraum zum äußeren sind alle 30' und vollen Grade beziffert. Das 30'-Netz ist durchgezogen. L von Salzburg: 30° 43' E.
Druckart:	Lithographie mit Hand-Grenzkolorit: NÖ.: gelb; OÖ.: grün; Sbg.: rot.
Publ.-Art:	Das eingesehene Exemplar weist keine Büge auf, sodaß ein Separatdruck anzunehmen ist. Die Verwendung der Karte als Beilage in einem Lehrbuch der Geographie ist hingegen lt. DÖRFLINGER aus dem Vermerk „… beziehen sich auf die Geographie" zu erschließen.
Standort:	KAW: B IX a 187-2.

7.10
Otto Müller (Daten unbekannt)
„Reise- und Gebirgskarte"
[1855]

Die Karte ist als Beilage zu einem Fremdenführer für die Stadt Salzburg und ihre Umgebung erschienen, die aber im Süden bis an die Linie Niedernsill–Lender Klamm–Seekar Spitz reicht. Obwohl die Tauerntäler und der Lungau nicht wiedergegeben sind, darf sie als Landeskarte nicht fehlen, da sie trotz des kleinen Formats eine überraschende Fülle präziser Informationen und zusätzlich zwei bemerkenswerte Panoramen vom Mönchsberg und vom Gaisberg bietet. Außerdem enthält der Führer eine „Entfernungs-Übersicht der wichtigsten Hauptstrassen-Punkte von Salzburg aus nach Post-Stunden" und einen primitiven, stark verzerrten Plan der Stadt Salzburg.

Das Blatt wirft hinsichtlich seiner Datierung bisher ungelöste Fragen auf: Die „Bibliotheca Geographica" gibt das erste Erscheinen der Karte mit 1854 an, ein Beleg dafür ist aber noch nicht bekannt geworden. Der Textband soll nach derselben Quelle 1857 schon in der 16. Auflage erschienen sein, wogegen die Karte mit dieser Jahreszahl als „8. Auflage" bezeichnet ist. Beide Angaben muten unwahrscheinlich an und waren nicht zu verifizieren.

Titel:	Im Oberrand einzeilig: «**Müller's Reise und Gebirgs=Karte von Salzburg und seiner Umgegend.**».
Zusätze:	Im Unterrand: u. li. Karteneck: «Gezeichnet von O. Müller.», dann Signatur für «Hauptpoststrassen»; Mi.: «Verlag von M. Glonner in Salzburg.», dann Signatur für «Postverbindungswege»; u. re. Karteneck: «Lith. Anst. von J. Stiefsberger.». – Darunter über die ganze Breite Erläuterung zum «HÖHEN-PROSPECT». Dieser in zwei Teilen im li. Seitenrand, je ca. 25 cm lang und 3 cm hoch: «vom Gaisberg aus gesehen» und «vom Mönchsberg aus gesehen». – Ganz re. Hinweis: «8. Auflage pag. 78 u. 48.».
Maße:	Karte: 28,5 x 22,9 cm; Blatt mit Randtexten und Panoramen: 36,2 x 28,2 cm; gefaltet 5 x 3 auf das Buchformat: ca. 10 x 13,3 cm.
Maßstab:	1:432.000; 2" = 3 M.
Druckart:	Lithographie auf starkem Leinenpapier, Poststraßen rot, Gewässer grünblau, Landesgrenzen hellblau koloriert.
Publ.-Art:	Kartenbeilage (im Anhang) zu: (C. E. KAUTEZKY): «SALZBURG. | Neuester | kurzgefasster und praktischer | **Fremdenführer.** | Ein zuverlässiges Reisetaschenbuch | **für die Stadt und ihre Umgebung.** | Mit einer Reisekarte, Plan, Strassen- und Distanzkarte, | Höhenprospect... || SALZBURG 1857. | Verlag von M. Glonner. | Mozartplatz.». – Der auf dem Titelblatt fehlende Name des Autors wird im Vorwort genannt.
Standort:	ÖNB: 47.617-A. – SMCA: SL 61, L 03. – SWS. – UBS: 2.056 I. – UBW: I 20.257.
Literatur:	BIG S. 886, 887.

7.11
Josef von Scheda (1815–1888)
„General-Karte"
1856

Als Berufsoffizier und ausgebildeter Lithograph machte der aus Padua stammende SCHEDA seit 1842 im k.k. Generalquartiermeisterstab Karriere und brachte es zum Vorstand der 1. Gruppe des „Militär-geographischen Institus" mit den Abteilungen Topographie, Kupferstich und Lithographie. In dieser neuen Technik führte er den Linienfarbendruck ein. Die unter seiner Leitung entstandenen Karten fanden dank ihrer „außerordentlichen Klarheit und Schärfe" (LGK) sowie der Plastik der Geländedarstellung internationale Anerkennung. Daneben gab er selbständig mehrere bedeutende Kartenwerke heraus, wie vor allem die „Generalkarte" der Monarchie, die sich durch die Genauigkeit des nicht kolorierten Kupferstichs auszeichnet. Ab 1868 wurde die Karte zu einer „Generalkarte von Central-Europa" erweitert und 1873/76 auf 1:300.000 vergrößert. Auch als repräsentative „Widmungs-Karte" fand sie Verwendung, und ab 1869 erschien überdies bei ARTARIA ein von SCHEDA gemeinsam mit STEINHAUSER geschaffener Handatlas.

Die ca. 5 m² große Karte zeigt auf 20 Blättern das Gebiet zwischen Breslau und Rom bzw. zwischen Straßburg und Bukarest. Sie greift also beträchtlich über die Staatsgrenzen hinaus. Die Blätter sind in 3 x 2 Teilen auf weiße Leinwand kaschiert. Auf der Rückseite trägt jedes Blatt eine 50 x 45 mm große, überraschend detailreiche Skizze seines Inhalts mit der römischen Blattnummer. Zusätzlich enthalten zwei gestochene und gefaltete, ca. 27,5 x 22,5 cm bzw. 45 x 29 cm große Tafeln eine „Übersicht zur Zusammenstellung der Blaetter ...". Die knapp beschnittenen Einzelblätter tragen keine Titel und keine Hinweise auf die Anschlußblätter. Alle sind einheitlich von einer 21 mm breiten Akanthus-Wellenranke gerahmt, in der oben die Blattnummern und unten der Maßstab eingetragen sind. Der anspruchsvoll gestochene Titel steht auf Blatt XX südlich der Donau. Blatt XIX enthält eine „Politische Einteilung", die Zeichenerklärung und sechs verschiedene Linearmaßstäbe. Das ganze Werk ist in einem sorgfältig ausgeführten, buchförmigen, roten Kaliko-Schuber von ca. 21 x 26 x 5,8 cm untergebracht, dessen massiven Lederrücken Ornamente mit einem Globus und dem Titel „General-Karte der Oesterreichischen Monarchie von J. Scheda" in Goldprägung zieren.

Außer im kompletten Kartenwerk waren die Sektionen auch einzeln plano mit breiten Rändern zu beziehen. Dank dem günstigen Blattschnitt kann die Sektion VII als Landeskarte gelten. Dies dürfte rechtfertigen, daß das Kartenwerk trotz des generellen Verzichts auf Monarchiekarten registriert wird. Blatt VII zeigt den Raum von München bis Pöchlarn bzw. von Krumau bis Villach, also ein Gebiet mit fast 73.000 km², von dem Salzburg

b. 101: Otto Müller: Müller's Reise und Gebirgs=Karte.

Abb. 102: Josef von Scheda: Blatt 7 der Generalkarte.

7.10

rund 10 % einnimmt. Die Grenzen sind zurückhaltend, aber deutlich eingetragen, wogegen die Lesbarkeit der Toponyme im Gebirge unter der zunehmenden Schwärzung durch Schraffen leidet.

Zusätze: In weißem Oval o. in Rahmenmitte: «VII», u. «Massstab | 1:576.000 der natürlichen Grösse. | (Linearmaßstab) 24.000 Wiener Kl. = 6 Österr. M.

Maße: Kartenfelder: je 50,3 x 43,8 cm (ohne Klebefugen); Blätter mit Zierrahmen: ca. 56,5 x 49,5 cm; gefaltet (3 x 2): ca. 19 x 25 cm. – Gesamtgröße mit Rändern: ca. 278 x 195 cm.

Maßstab: 1:576.000; 1" = 8.000 Kl. = 2 M.

Graduierung: Im inneren Kartenrahmen s/w 3'-Skala, alle 30' und volle Grade beziffert. L von Salzburg: 10° 38' E von Paris.

Druckart: Kupferstich.

Publ.-Art: Blatt VII des Kartenwerks:
«GENERAL-KARTE | DES | OESTERREICHISCHEN KAISERSTAATES | MIT EINEM GROSSEN THEILE | – DER ANGRENZENDEN LÄNDER | (ca. 26 x 16 cm große Allegorie) SEINER KAISERL. KÖNIGL. — APOSTOLISCHEN MAJESTÄT | (zwischen Schwungstrichen) FRANZ JOSEF DEM ERSTEN | KAISER VON OESTERREICH, &.&.&. | IN ALLERTIEFSTER EHRFURCHT GEWIDMET. | IM K.K. MILITÄRISCH-GEOGRAFISCHEN INSTITUTE | durch **Hauptmann Josef Scheda** des k.k. Ingenieur-Geografen-Corps, Abtheilungs-Chef im obigen Institut, Ritter mehrerer hohen Orden ... (zwei Zeilen Auszeichnungen und Mitgliedschaften) ... **1856**.». – Die allegorische Szene zeigt die zu der Büste des jugendlichen Kaisers aufblickende gekrönte AUSTRIA mit Schwert und Landkarte (Titel: «(Kai)SERSTAAT | (Oes)TERREICH | 1853»), umgeben von Theodolit, Globus, Meßgeräten und einer Druckerpresse.

Standort: ÖNB/K: K C 95.413. – SLA: Graphik XIV.93 und 159. – SMCA: Gr Ö 1–6, L 52 (nur 6 Blätter). – SStW: 110.b.12. – StSP: Kart.Slg. 58/7. – SWS. – UBS: 16.743 II.

Literatur: ADB Bd. 53, S. 737. – ESP S. 333. – KRE S. 181. – LGK S. 703. – ÖNB S. 347, Kat. 44.1. – ULB-70 S. 175, Nr. 236. – WUR 29. T., S. 146.

7.12
Hugo von Bose (?–1856)
„Herzogthum Salzburg"
1856

Der sächsische Oberleutnant Hugo von BOSE, Ehrenmitglied der „Ökonomischen Gesellschaft in Sachsen", schuf zahlreiche Karten und mehrere Atlanten, die er mit ausführlichen Statistiken bereicherte. Sein Atlas der österreichischen Monarchie umfaßt 20 Karten und 22 Blätter des Ortsverzeichnisses. Außer dem Gradnetz weisen alle Karten ein davon unabhängiges Findegitter auf, das die Übersicht beeinträchtigt. Ebenso wie die Geländedarstellung mittels Bergstrichen ist das Findegitter jeweils auf das im Titel genannte Gebiet beschränkt, schließt aber auf dem Salzburger Blatt das bayerische Berchtesgaden ein.

Titel: «**KARTE** | des | **HERZOGTHUMS** | **SALZBURG** | (doppelter Querstrich) *Druck u. Verlag* | *von* | *Ernst Schaefer in Leipzig*». – Jede Zeile des li. o. freistehenden Titels ist in einer anderen Type gestochen.

Zusätze: In allen Rändern kursiv: Zahlen der vollen Grade, dazu für das Findegitter o. und u.: «*1*» bis «*13*»; li. und re.: «*a*» bis «*l*», außerdem im Oberrand ganz re.: «*VI*». – Im Unterrand: li.: «*Gez. v. Hugo v. Bose. Lithogr. v. M. Prescher.*»; Mi.: Linearmaßstab für 5 geogr. M.; re.: «*Verlag v. E. Schäfer in Leipzig.*».

Maße: Karte: 30,2 x 25,9 cm; Platte: ca. 31,5 x 27; Blatt: 46 x 37 cm. – Atlas: 50 x 39,5 cm.

Maßstab: 1:648.000; 1" = 9.000 Kl., 4" = 9 M.

Graduierung: Im sehr schmalen Strichrahmen s/w 10'-Skala, volle Grade außen beziffert und fein durchgezogen. L von Salzburg: 30° 42' E.

Druckart: Lithographie, mehrfarbig handkoloriert.

Publ.-Art: Atlasblatt Nr.«*VI*» aus:
«Vollständiger | **S p e c i a l = A t l a s** | der | **O e s t e r r e i c h i s c h e n   M o n a r c h i e** | in zwanzig lithographirten und sauber illuminirten Karten. | Nebst | s t a t i s t i s c h e n   A n g a b e n   ü b e r | d i e   n e u e s t e   p o l i t i s c h e   E i n t h e i l u n g | jedes | **K r o n l a n d e s** | und kartographischen | Orientirungs = Ortsverzeichnissen. || Bearbeitet | von | **Hugo von Bose,** | (Offz.-Rang, Mitgliedschaften, Querstrich) Leipzig, Heinrich Hunger. | 1856.». – Titel in Buchdruck.

Standort: KAW: B IXa 15-2. – OÖLA: I 17a.

Literatur: MDD 4. Lief. 1866 S. 112. – ULB-70 S. 33, Nr. 38.

7.13
Dr. Franz de Paula Storch (1812–1897)

Fortsetzung von 6.26

„Post- und Reise-Karte ..."
1857

Der als Sohn eines Gasteiner Badearztes geborene STORCH widmete sich neben seinem ärztlichen Beruf unermüdlich und erfolgreich der naturkundlichen Erforschung Salzburgs. Er war Gründungsmitglied der Gesellschaft für Salzburger Landeskunde und ein tatkräftiger Förderer des Salzburger Museums C. A. Von seinen zahlreichen Publikationen sind die „Betrachtung über die Vögel Salzburgs", ein „Katalog der Salzburger Tierwelt" und die „Naturhistorische Topographie von Salzburg" besonders hervorzuheben. In diese übernahm STORCH den Nachstich der Karte HALLERs, der für das Widmungsblatt 6.26.2 verwendet worden war, ohne dessen graphischen Schmuck und mit Beschnitt auf die passende Größe.

Titel: «**Post=** | und | Reise-Karte | durch das | **Herzogthum Salzburg** | *mit* | *besonderer Berücksichtigung ...*» wie auf 6.26.2, ebenso die Zeichenerklärung.

Maße:	Karte: 17,1 x 18,8 cm; Blatt: 20,8 x 19,7 cm, auf die Größe des Buchblocks 13,5 x 20 cm gefaltet.
Publ.-Art:	Kartenbeilage in: «**Skizzen** | zu einer | **naturhistorischen Topographie** | des | **Herzogthumes Salzburg.** | (Querstrich) Herausgegeben | von | Med. Dr. Franz Storch | (Querstrich) Erster Band. (nicht mehr erschienen) | Flora von Salzburg. | Mit vier Porträten und einer Landkarte. | (Verzierter Querstrich) **Salzburg, 1857.** | Mayr'sche Buchhandlung. | Verlagseigenthum des Leopold Zaunrith.». – Li. vor dem Titelblatt: Porträt von Franz Anton von BRAUNE (1766–1853), bedeutender Sbg. Botaniker und Topograph, verfaßte u. a. „Salzburgische Flora" (3 Bde., 1797), „Salzburg und Berchtesgaden, Taschenbuch für Reisende" (1821, 2. Aufl. 1829).
Standort:	SLA: HB VA 358. – SMCA: SL 55, L 03. – SMS.
Literatur:	GV Bd. 140, S. 323. – MGSL 37. Jg., 1897, S. 298 ff. – SLA S. 18, L.51. – WUR 39. T., S. 192 f. Zu BRAUNE: ÖBL Bd. 1, S. 109. – WUR 2. T., S. 124 f.

7.14
Ferdinand Schubert (Daten unbekannt)

Schulatlas

1857

Der Wiener Realschuldirektor SCHUBERT veröffentlichte 1857 im Verlag DIRNBÖCK einen Schulatlas mit 14 Karten und einem ziemlich ausführlichen Textteil mit Landesbeschreibungen, der positive Aufnahme gefunden haben muß. Er ist nämlich in (zumindest) sechs beispielsweise durch Annoncen nachgewiesenen Auflagen erschienen, die bei einem Schulatlas nicht allzu klein gewesen sein können. Trotzdem gehört das Werk zu den kartographischen Raritäten. Von der Erstauflage, die hier zitiert wird, kennt DÖRFLINGER nur dieses einzige Exemplar. Von der 2. Auflage (spätestens 1867) und von der 3. (1870) ist kein Stück überliefert. Die 4. Auflage (1872) belegt ein nicht komplettes Exemplar in der Bibliothek des österreichischen Unterrichtsministeriums. Von der 5. Auflage (1874) und von der 6. (1877 im Verlag Moritz PERLES) sind keine Exemplare bekannt geworden.

Abgesehen von der sauberen Graphik des Steindrucks macht die Karte einen überraschend antiquierten Eindruck, den man bei einem Schulatlas am wenigsten erwarten möchte. Vor allem entsprechen die an Wurmgänge erinnernden Gebirgszüge längst nicht mehr dem allgemeinen Stand der Geländedarstellung.

Titel:	Li. o. im Eck zart abgestrichen: «Erzherzogthum | **OESTERREICH** | Ob- und Unter der Enns, | und | Herzogthum | **SALZBURG.**». Darunter im Titelkästchen Linearmaßstab für geogr. M.
Zusätze:	Im Oberrand: Mi.: «Schubert's Schul-Atlas»; ganz re.: «9.». – Re. u. im Eck zart abgestrichen: «Politische Eintheilung» mit drei Farbkästchen für das Grenzkolorit der Länder.

Maße:	Karte: 19,7 x 14,6 cm, mit Oberrand-Text 15 cm; Blatt: 26,5 x 19 cm. – Atlas: ca. 28 x 20 cm.
Maßstab:	Ca. 1 : 2,380.000.
Graduierung:	Im Strichrahmen s/w 5'-Skala, volle Grade beziffert, Netz durchgezogen. L von Salzburg: 30° 41' E.
Druckart:	Lithographie, Ländergrenzen handkoloriert.
Publ.-Art:	Atlasblatt Nr. 9 aus: «**Schul-Atlas** | für die | Unterrichts-Anstalten des österreichischen Kaiserstaates | mit erklärendem Text | von | Ferd. Schubert, k. k. Unter=Real= und Normal=Hauptschul= Direktor in Wien. | Inhalt (Kartenliste in zwei Spalten) | (Querstrich) **Wien 1857.** | J. Dirnböck's Verlag.».
Standort:	PZB: SC 177.400.
Literatur:	AA S. 222, Dirn/Schub A 1.

7.15
Geographisches Institut Weimar

Fortsetzung von 6.7

Carl Gräf (1822–1897/98)
Nieder- und Ober-Österreich mit Salzburg

(1857)

Die große Karte wirkt dank dem mächtigen Titel, dem detailreichen Insert von Wien und dem kräftigen Druck recht eindrucksvoll. Ein näherer Vergleich dieser Neubearbeitung der WEILAND-Karte von 1831 mit der etwas kleineren Vorlage fällt aber nicht zu Gunsten des jüngeren Blattes aus. Obwohl das Gewässernetz mit den Ortsnamen bis an den Rahmen reicht, wird der Eindruck einer Inselkarte durch die Verringerung der Toponyme außerhalb der drei Kronländer und durch die Reduzierung der Bergstriche entlang der Grenzen verstärkt. Damit geht z. B. die Geländedarstellung der älteren Karte am Katschberg bis Gmünd und im Kitzbühler Raum bis St. Johann in Tirol verloren.

Die Datierung der Erstausgabe ist unsicher. Wien wird mit Wällen und Glacis im Zustand vor dem 29. März 1858 gezeigt, an dem die Demolierung der Basteien begann. Von der Westbahn-Strecke fehlt noch das 1859/60 errichtete Stück Lambach–Salzburg, das nicht einmal als „im Bau" eingetragen ist. Die Bahnen Rosenheim–Kufstein (1858) und Rosenheim–Freilassing (1859) sind hingegen als „in Betrieb" verzeichnet. Die ÖNB datiert die Karte mit 1858, das SMCA mit 1857. Die jüngsten politischen Veränderungen sind in der Tabelle der Viertel mit dem Vermerk: „Die Eintheilung berichtigt 1857" angegeben.

Titel:	«**NIEDER UND OBER-OESTERREICH** | oder | **DAS ERZHERZOGTHUM OESTERREICH** | UNTER & OB DER ENNS | und das | **HERZOGTHUM SALZBURG** | (Fetter Schlußstrich)».

Zusätze:	Li. freistehend im Eck beginnend und untereinander: «Maassstäbe in 1/600000» für geogr. und österr. Post-Meilen. – «ERKLÄRUNG» der Farben mit Farbkästchen. – Signaturen. – Einzeiliger Hinweis auf die Markierung von Landeshauptstädten als gleichzeitige Kreishauptorte. – Fetter Schlußstrich. – «Bearbeitet von C. Gräf.». – Feiner Schlußstrich. – Re. u. im Eck, 20,2 x 12,9 bzw. 17 cm groß: Insertkarte von «**WIEN und UMGEGEND**». – Im Unterrand zart gedruckt: ganz li.: «Schrift von W. Kretz.»; Mi.: «WEIMAR, GEOGRAPHISCHES INSTITUT.»; ganz re.: «Terrain v. V. Geyer.».
Maße:	Karte: 65,8 x 48,5 cm; Blatt: 70,9 x 56,8 cm. – Atlas: 72 x 58 cm.
Maßstab:	1 : 600.000.
Graduierung:	Im Strichrahmen innen schmale s/w 5'-Skala, alle 30' und volle Grade beziffert, 30'-Netz sehr fein durchgezogen. Im Rahmen ganz re. o.: «Östliche L. v. Ferro», u.: «Östliche L. von Paris.»; daher o. um 20° höhere Werte als u. L von Salzburg: 10° 42' bzw. 30° 42' E.
Druckart:	Lithographie, Grenzkolorit gemäß der Farbenerklärung.
Publ.-Art:	Atlasblatt aus: «**HAND-ATLAS** | DER | **ERDE UND DES HIMMELS** | IN SIEBZIG BLÄTTERN. | ZWEIUNDVIERZIGSTE AUFLAGE. | BEARBEITET | VON | Dr. H. KIEPERT, C. GRÄF, A. GRÄF UND Dr. C. BRUHNS. || WEIMAR, | GEOGRAPHISCHES INSTITUT.». Der völlig schmucklose Buchdruck-Titel steht in zehn Zeilen plakatartig auf dem Blatt.
Standort:	KONS. – ÖNB: 394.170-E.K. – SMCA: SL 334, L 12. – SWS.
Literatur:	Zu Carl Christian BRUHNS (1830–1881): ADB Bd. 47, S. 293. – ESP S. 26 ff. Zu Adolf und Carl GRÄF: ESP S. 26 ff., 28 ff., 33 ff. – LGK S. 260. Zu Heinrich und Richard KIEPERT: ADB Bd. 51, S. 133. – ESP S. 25 ff., 41 ff., 324 ff. – LGK S. 409 ff. – MdW S. 279.

1861

Das graphische Bild der neuen Auflage dieser Karte entspricht bis auf die Ergänzungen des Bahnnetzes der Erstausgabe. Im Titel wurde unter dem Namen GRÄFs eine feine Zeile «Revidirt 1861.» eingefügt. Die Karte ist in derselben 42. Atlas-Auflage (ohne Jahr) enthalten wie ihre Vorläuferin.

Standort:	SWW: K-V: WE 352 (Karten: 1856/61).

Österreichische Schulausgabe

Im gleichen Jahr erschien diese Karte auch in einer Ausgabe von KIEPERTs „Atlas der Erde und des Himmels" mit 26 kolorierten Kupferstich-Blättern, die speziell für die österreichischen Schulen bestimmt waren.

Titel:	Wie im „Hand-Atlas" mit der Ergänzung: „… für den Gebrauch in den Schulen der k.k. österreichischen Staaten neu bearb. von Wilh. VOGEL u. Ad. GRÄF. – Weimar, Geographisches Institut, 1861.".
Standort:	Nicht feststellbar.

1864

Die Auflage zeigt bei gleichbleibendem graphischen Bild einige weitere Aktualisierungen. Unter dem Namen des Bearbeiters steht die Zeile: «Revidirt 1864.» Auf der Karte und im Insertkärtchen von Wien betrifft die Überarbeitung vor allem die inzwischen fertiggestellten oder neu begonnenen Bahnstrecken. In der Zeichenerklärung werden die jüngsten politischen Veränderungen mit eingefügten Texten verzeichnet. Der Titel und das Gebirgsprofil blieben unverändert.

Zusätze:	Li. neben den Farbkästchen jeweils in sechs Zeilen: «Diese Kreise sind mit Januar 1860 eingezogen» bzw. «… ebenfalls 1860 eingezogen». – U. der Eintragung von Salzburg: «Das Herzogth. Salzburg steht seit Januar 1860 administrativ unter der Statthalterei zu Linz.». – Der Hinweis auf die Markierung von Landeshauptstädten ist getilgt.
Standort:	KAW: B IX a 187–8.

7.16
K. k. Schulbücher-Verlag

Fortsetzung von 6.1

7.16.1
Valentin von Streffleur (1808–1870)
Anton Steinhauser (1802–1890)

„Hypsometrische Übersichts-Karte …"

1859

Bei den hypsometrischen Karten von STREFFLEUR und STEINHAUSER fällt neben der plastischen Wirkung des Reliefs die rationale Ausnützung des Feldes auf. Sowohl die freistehenden Titel wie auch die Erklärungen werden möglichst platzsparend angeordnet. Außerdem kommt das bescheidene Format der Übersichts-Karte dem schönen Alpenprofil im Unterrand zugute. Ihre Aktualität beweisen die Eintragungen der Bahnlinien: Nicht nur die 1858 eröffnete Strecke Rosenheim–Kufstein–Innsbruck ist verzeichnet, sondern auch die „Kaiserin-Elisabeth-Westbahn", die erst 1860 in Betrieb ging.

Titel:	Re. u. im Eck mit wenigen Schwungstrichen verziert: «Hypsometrische Übersichts-Karte | DES | **ERZHERZOGTHUMES ŒSTERREICH** | unter der Enns und ob der Enns | und des | HERZOGTHUMES SALZBURG.». Knapp darunter **MASSSTÆBE** für geogr., österr. und ital. oder Seemeilen.
Zusätze:	Im Oberrand: ganz li.: «*K. k. Schulbücher Verlag*»; ganz re.: «Preis: 15 Kr. öst. W.». – Über dem Titel ganz re.: Erklärung der «Abkürzungen» und einiger Kartenzeichen. – Li. o. im Eck: «Zeichen-Erklärung» für die

7   Salzburg als eigenes Kronland 1850–1866/67

	«*Schichten	Skala*» und für die Schriftgrößen. – Re. u. dem Karteneck: «*J. Adam sc. 1859*». – Im Unterrand großes Alpenprofil von der Dreiherren-Spitze bis zum Bisamberg, Höhen in Wr. Fuß und Kl. – Darunter Mi.: «*Entworfen: das Terrain von Streffleur, k.k. Gen.Kr.C.* (= General-Kriegs-Commissär) – *das Geripp von Steinhauser, kais. Rath.*	*Lith. Anst. v. F. Köke in Wien.*».
Maße:	Karte: 44 x 27,2 cm; Profil: 45 x 3,3 cm; Steingröße mit Ober- und Unterrand-Texten und Profil: ca. 47 x 32 cm; Blatt: 49,9 x 35,5 cm.
Maßstab:	1:864.000; 1" = 3 M.
Graduierung:	Im einfachen Strichrahmen s/w 2'-Skala, alle 30' und volle Grade beziffert, 30'-Netz durchgezogen. L von Salzburg: 30° 42' E.
Druckart:	Farblithographie.
Publ.-Art:	Separatdruck.
Standort:	ÖNB: FKB 0.22. – SWW: K-V (Bl): OE 1505.
Literatur:	LGK S. 307.

7.16.2
„Erzherzogthum Österreich … und Herzogthum Salzburg"
(1863)

Für die undatierte Atlas-Neuauflage von 1863 (oder vielleicht noch 1862) wurden die Kupferplatten von 1840 mit einigen nicht recht geglückten Aktualisierungen wieder verwendet. Auf das Erscheinungsjahr kann nach dem Verlags-Katalog und Rezensionen geschlossen werden. Der verlängerte Kartentitel läuft in graphisch ungünstiger Verteilung über und durch die beiden rahmenden Schwungstriche. Einen krassen Fehler weist die Angabe der Längengrade auf: Der knapp westlich des Chiemsees verlaufende Meridian ist mit «33» statt mit «30» beziffert – daher die falsche Länge von Salzburg.

Titel:	«ERZHERZOGTHUM	**ÖSTERREICH**	unter und ob der Enns	und	Herzogthum Salzburg.».
Zusätze:	Im Kartenfeld re. u.: «POLITISCHE EINTHEILUNG», in dieser als letztes und nunmehr ohne Nummer: «Herzogthum Salzburg». – Im Oberrand ganz re.: «9.». – Im Unterrand ganz li.: «*K. K. Schulb: Verlag.*»; ganz re.: «*Pr. 10 Kr.Oester.Währ.*».
Maße:	Karte: 38,9 x 28,2 cm; Platte: ca. 43 x 31 cm; Blatt: ca. 53 x 40 cm. – Atlas: 55,5 x 41 cm.
Graduierung:	Wie bei den früheren Aufl., volle Grade als Netz durchgezogen. L von Salzburg: 33° (nach falscher Gradzahl) 42' E.
Druckart:	Kupferstich, meist mit Hand-Grenzkolorit.
Publ.-Art:	Atlasblatt (Karte Nr. 9) aus: «**Geografischer Atlas**	zum	**Gebrauche der Schulen im Kaiserthum Österreich.** ‖ Inhalt. (Dreispaltige Liste von 33 Karten) ‖ **Preis**: (verschieden je nach Ausführung) ‖ (Wappen) ‖ WIEN.	K. k. Schulbücher-Verlag.».
Standort:	ÖGG: K 47. – ÖNB: K I 119.216.
Literatur:	AA S. 761 f.: SBV C (1863), Nr. 9.

7.17
Rudolf Maschek sen. (1815–?)
„Topografischer Führer in den Alpen"
1860

Die große, kräftig gedruckte und nicht gerahmte Inselkarte des Wiener Kartographen und Stechers MASCHEK, der im militär-geographischen Institut diente, aber auch für ARTARIA, SCHEDA und STEINHAUSER arbeitete, umfaßt in sehr gelungener Darstellung (wenn auch ohne Gradnetz) den östlichen Alpenraum zwischen Innsbruck und Wien bzw. Passau und Marburg.

Gezielt für Reisende bestimmt, ist sie fast immer auf Leinwand kaschiert und gefaltet in einen braunen, taschenbuchgroßen Einband mit Golddruck-Titel geklebt. Die damit zur Titelseite gewordene 7. Sektion trägt häufig einen weiteren Buchdruck-Titel. Auf der gegenüber stehenden Innenseite des Einbands findet sich oft eine Liste der „Reise-Literatur für die von dieser Karte berührten Länder." Sie fand so gute Aufnahme, daß sie 1861, 1865, 1870 und 1875 in nahezu unveränderten Neuauflagen (mit korrigierter Jahreszahl) nachgedruckt werden konnte.

Titel:	Freistehend li. o.: «*Topografischer Führer*	**IN DEN ALPEN**	*von Oesterreich, Ober-Steiermark, Salzburg*	*eines Theiles von Kärnten und Tirol.*	*Mit Angabe aller Orte im Gebirge, den zerstreuten Gemeinden*	…	*und jenen Objecten, welche zur Orientirung genau dienen.*	*entworfen, gravirt und herausgegeben*	*von Rudolf Maschek*	*technischer Official I. Classe im k.k. milit:geograf: Institut zu Wien. 1860*». – Die Zeile „eines Theiles von Kärnten und Tirol" ist als einzige mit Schwungstrichen verziert. Einband-Titel: «TOPOGRAFISCHER	FÜRER(!)	IN DEN	**ALPEN**». Die erste Zeile bildet einen Bogen über „FÜRER".
Zusätze:	Freistehend re. u.: Erklärung der Kartenzeichen mit 36 Signaturen und der Abkürzungen. – Freistehend Mi. u.: «*Mass Stab 1 Wr. Zoll – 6000 Klafter.*» und Linearmaßstab.
Maße:	Blatt: 80,3 x 48,5 cm. Gefaltet (7 x 3) auf ca. 11,5 x 16,2 cm. Einband: ca. 12 x 17 cm.
Maßstab:	1:432.000; 1" = 6000 Kl. = 1½ M.
Druckart:	Lithographie mit leichtem, breitem Grenz-Kolorit.
Rückseite:	Aufgeklebter Buchdruck-Titel (wenn vorhanden): «RUDOLF MASCHEK'S	(techn. Official 1. Klasse im k. k. geogr. Institute in Wien)	topografischer Führer	in den	**Alpen**	von Oesterreich, Ober-Steiermark, Salzburg,	eines Theiles von Kärnthen und Tirol.	Redukzion: 1 Wiener Zoll = 6000 Klafter.	(zwischen zwei Wellenlinien:)	Preis: 1 fl. 80 kr., auf Leinwand 2 fl. 50 kr. Oe. W.	(Querstrich) WIEN	Verlag von Rudolf Lechner's	k. k. Universitäts-Buchhandlung.	1860.». – LECHNER war u. a. der Kommissionsverlag des Militärgeographischen Institutes in Wien.
Publ.-Art:	Separatdruck.
Standort:	ÖNB: a.B. 103 (3). – SWS. – UBW: I 162.546 (Karte ohne Jahr, im Buchdruck-Titel: 1861).
Literatur:	GV Bd. 93, S. 228.

Abb. 103: Rudolf Maschek: Topographischer Führer in den Alpen, 1860.

7.18
(Simon) Traugott Bromme (1802–1866)
„Ober= und Nieder=Oesterreich u. Salzburg"
1862

Der aus Leipzig stammende BROMME war als Mediziner und als Buchhändler in Stuttgart tätig, wobei er im zweiten Beruf erfolgreicher gewesen sein dürfte. Vorher hatte ihn sein abenteuerliches Leben nach Amerika und auf die Barrikaden des Dresdner Maiaufstandes geführt. Sein „Hand- und Reisebuch für Auswanderer", seine Atlanten von Deutschland und zu HUMBOLDTs „Kosmos" (1851), ein „Volksatlas" und besonders der „Illustrirte Hand-Atlas" erreichten in der zweiten Hälfte des 19. Jhs. beachtliche Verbreitung auch in Österreich. Der Monarchie sind im „Hand-Atlas" immerhin acht von 48 Karten mit ausführlichen Texten gewidmet. Unser Blatt ist zwar eine Rahmenkarte, doch fehlt außerhalb der Grenzen der drei Kronländer die Geländedarstellung.

7   Salzburg als eigenes Kronland 1850–1866/67

Titel:	Im Oberrand Mi.: «**OBER= und NIEDER=OESTERREICH u. SALZBURG.**».
Zusätze:	Im Oberrand ganz re.: «**Tr. Bromme's Hand-Atlas_21.**». – Im Kartenfeld ganz li. o. abgestrichen: Farben- und Zeichenerklärung. – Im Unterrand: ganz li.: «*Entworfen v. Tr. Bromme, gez. v. C.Baur*»; re. daneben Linearmaßstab für 10 dt. M.; Mi.: «**Stuttgart: Verlag von Krais & Hoffmann.**»; re. daneben: «Verhältniss = 1 : 1,000,000.»; ganz re.: «*Lith. Anst. v. E. Serth, Darmstadt.*».
Maße:	Karte: 38,5 x 29,1; Blatt: 44 x 33,6 cm. – Atlas: ca. 23,5 x 34,5 cm.
Maßstab:	1 : 1.000.000.
Graduierung:	Im kräftigen Strichrahmen innen s/w 4'-Skala, die vollen Grade in kleinen Kreisen im Rahmen beziffert. L von Salzburg: 30° 47' E.
Druckart:	Farb-Lithographie: Geländeschraffen braun; mit zusätzlichem Handkolorit: Seen blau, Grenzen in verschiedenen Farben.
Publ.-Art:	Atlasblatt Nr. 21 aus: «Illustrirter | **HAND-ATLAS** | der | **Geographie und Statistik** | in 48 colorirten Karten | mit 112 Bogen erläuterndem Texte, 218 Holzschnitten, … || Herausgegeben | von | Traugott Bromme. || (Querwellenlinie) **Stuttgart.** | Verlag von Krais & Hoffmann. | 1862.». – Das Titelblatt in Buchdruck weist keinerlei Verzierungen auf.
Standort:	UBS: R 17.808 II (Text), IV (Atlas). – SWS. – SWW: K-IV: WE 385.
Literatur:	ADB Bd. 3, S. 352. – ESP S. 330, 377. – LGK S. 40.

7.19
Mey & Widmayer
„Routenkärtchen"
1864

Im Zuge der Katalogisierung fand Marie-Theres DELONGE in einer Miscelania-Schachtel der BSM das „Routenkärtchen", das wegen seiner Datierung nach 1850 bei der Altkarten-Aufnahme nicht erfaßt worden war. Ohne Nennung des Kartographen zeigt es in übersichtlicher und informativer Darstellung den Nordalpenraum und das Alpenvorland von Friedrichshafen bis Linz bzw. von Landshut bis zum Tauernhauptkamm. Vom Land Salzburg fehlt der größere südliche Teil des Lungaus.

Titel:	Im Oberrand Mi.: «**Routenkärtchen von Südbayern, Nord-Tyrol u. Salzburg.**».
Zusätze:	Im Unterrand Mi.: «München: 1864. Verlag von Mey u. Widmayer.»; ganz re.: «*S. Münsingers lith. Anst.*».
Maße:	Karte: 33,5 x 17 cm; Blatt: 37 x 23 cm. – Gefaltet: 4 x 2 auf ca. 9 x 14 cm.
Maßstab:	1 : 1.152.000; 1" = 16.000 Kl. = 4 M.
Graduierung:	Im kräftigen Doppelstrichrahmen s/w 10'-Skala, volle Grade und alle 30' beziffert. L von Salzburg: 30° 43' E.
Druckart:	Lithographie, Mehrfarbendruck.
Publ.-Art:	Separatdruck in Kartonumschlag, Titel schwarz wiederholt, Preisangabe und u.: «München. | Verlag von Mey & Widmayer | Kunst= u. Landkartenhandlung.».
Standort:	BSM: Mapp. XI,161.

7.20
Hermann Stein (Daten unbekannt)
„Österreich … u. Salzburg"
1865

Der Prager Schuldirektor STEIN brachte im Selbstverlag einen Schulatlas mit etwas ungewohnten Merkmalen heraus. Seine neun, nicht numerierten Karten sind jeweils doppelt mit den gleichen mathematischen Grundlagen vorhanden: laut Inhaltsverzeichnis als „physikalische" und als „politische" Karten, die aber auf den Blättern selbst in umgekehrter Abfolge als „topographische" bzw. „orohydrographische" bezeichnet werden. Sie sind paarweise hintereinander auf die Vorder- und Rückseiten der Blätter gedruckt, wobei es sich durchwegs um Inselkarten mit dem gleichen Titel für beide Ausführungen handelt, die nur minimale Eintragungen außerhalb der Landesgrenzen zeigen. Orts- und Ländernamen stehen nur auf der topographischen Karte a), Gewässer- und Geländenamen nur auf der physikalischen b). Das Gradnetz weist eine unübliche 7½'-Skala auf. Die ersten Lieferungen sind laut AA schon 1864 erschienen, unser Blatt aber erst 1865.

Titel:	«**ÖSTERREICH OB u. UNTER DER ENS u. SALZBURG**».
Zusätze:	Im Oberrand ganz li. zwischen Titel und Karte: **a)** «H. Stein's k. k. topographische Schulkarte» (der Hinweis „priv." fehlt); **b)** «H. Stein's k. k. priv. orohydrographische Schulkarte». – Im Unterrand ganz re. **a)** und **b)**: «Lith. Anst. v. F. Köke in Wien.».
Maße:	Beide Karten: 20,6 x 16 cm; Blatt: ca. 30,5 x 24 cm. Bd.: ca. 16 x 25 cm.
Maßstab:	1 : 1.920.000; 1" = 26.666 ²/₃ Kl.
Graduierung:	Im Strichrahmen innen s/w 7½'-Skala, volle Grade beziffert und Netz durchgezogen. L von Salzburg: 30° 41' E.
Druckart:	Lithographie, Gebiet außerhalb der im Titel genannten Länder in beiger Flächenfarbe bedruckt, die drei Länder weiß, Situation, Schrift und Gelände schwarz. Grenzen der drei Länder handkoloriert: NÖ.: rot; OÖ.: blau; Sbg.: grün.
Publ.-Art:	Atlasblatt (Nr. 7) aus: Außentitel auf den Einband geklebt: «**SCHUL – ATLAS** | der | Oesterreichischen Monarchie | von | **H. Stein.**». – Beigebunden: «**PROSPECT** | über den k. k. priv. | **SCHUL – ATLAS** | von | **H. Stein.** || (Querstrich) PRAG. | Selbstverlag. – Druck von Senders & Brandeis | 1865.».
Standort:	Bibl. Unterrichts-Min. Wien: 1832/IX.
Literatur:	AA S. 770, Stei A 1.

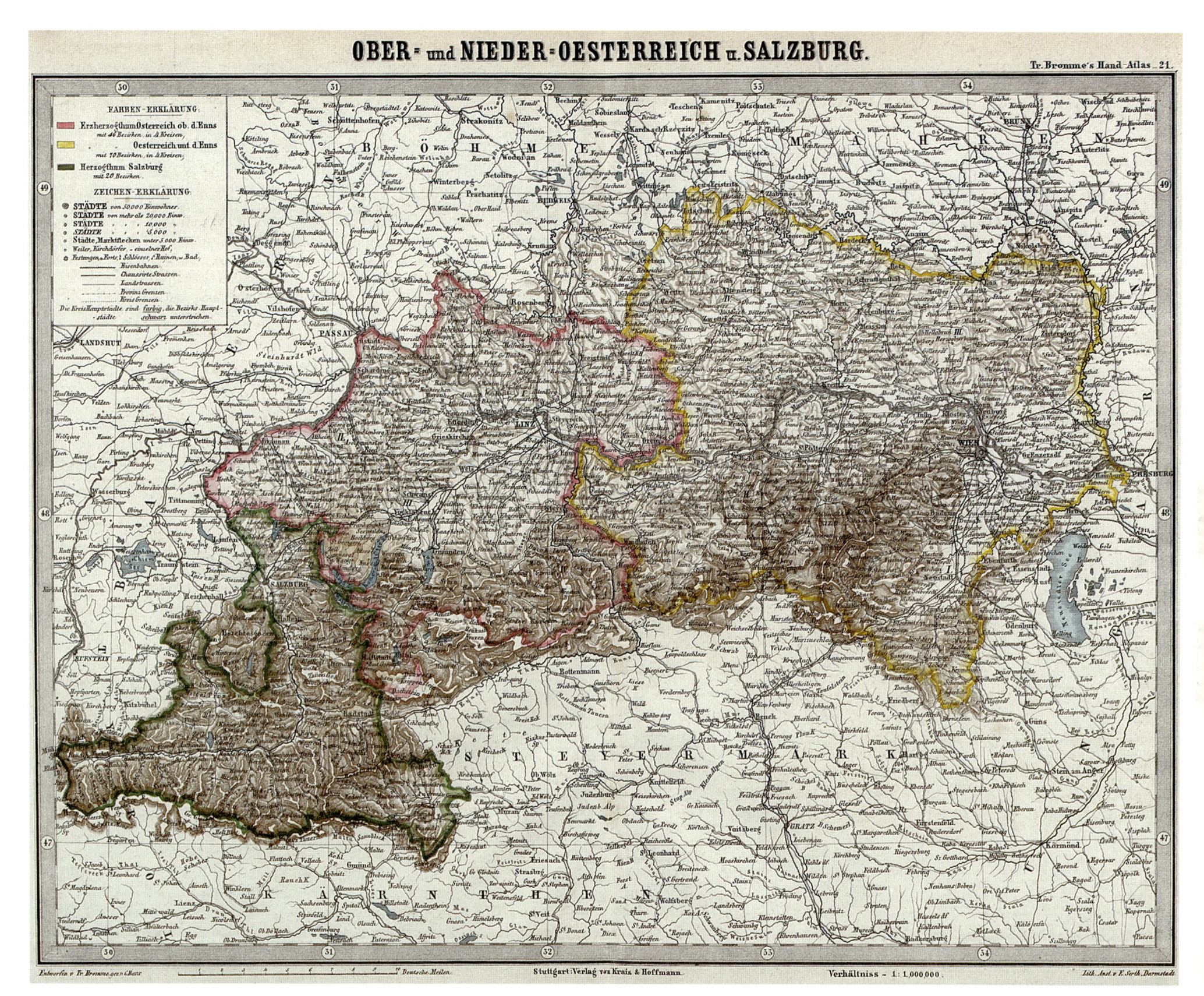

Abb. 104: Traugott Bromme: Ober= und Nieder=Oesterreich u. Salzburg.

8 Thematische Karten

Die Trennung der thematischen (oder angewandten) von den topographischen Karten ist in vielen Fällen problematisch. Der Wortlaut des Titels kann dafür nicht maßgebend sein, da häufig topographische Karten z. B. als „spezielle Reise-" oder „Post-Karten" bezeichnet werden, nur weil auf ihnen zusätzlich Poststationen oder die Längen der „Posten" mit eigenen Signaturen ausgewiesen sind. Als Aufgabe thematischer Karten ist aber vor allem die graphische Vermittlung genau umschriebener Arbeitsthemen, Sachverhalte und wissenschaftlicher Erkenntnisse anzusehen. Die folgende Zusammenstellung thematischer Karten Salzburgs orientiert sich daher restriktiv an der Art der Geländedarstellung: Der topographisch reduzierte Karteninhalt muß die vorrangige Absicht des Autors zur Behandlung spezieller Themen genügend deutlich erkennen lassen. Ist dies der Fall, so wird die Karte hier angeführt, wenn nicht, ist sie in der betreffenden Gruppe registriert, auch wenn sie einen thematischen Titel trägt.

Angesichts der fast unübersehbaren Fülle thematischer Karten-Bezeichnungen, wie sie u. a. der Katalog des Deutschen Museums zur Ausstellung solcher Karten auflistet, dürfte sich für unsere Zwecke eine Zusammenfassung in nur vier übergeordnete Kategorien empfehlen. Für sie alle (mit einer Ausnahme) gilt, daß im Kartenbild außer auf das Gewässernetz weitgehend auf die Wiedergabe der Geländeformen und häufig auf die Angabe der Längen und Breiten verzichtet wird. Als Sonderfälle werden wegen ihrer historischen Bedeutung einige Topogramme und ähnliche Graphiken erfaßt, die bestimmte Sachverhalte bildhaft darstellen.

Zu diesen zählen jedoch nicht einfache Kartogramme, wie sie z. B. der Arzt, Historiker und Volkskundler Franz Valentin ZILLNER in seiner Studie „Über Idiotie mit besonderer Rücksicht auf das Stadtgebiet Salzburg" (1857) verwendete. Unberücksichtigt bleibt ferner der umfangreiche Komplex der Ordenskartographie, wie die „Kapuziner-Atlanten", der „Atlas der deutschen Augustiner-Konvente" oder die „Religions- und Missions-Karten" der Jesuiten, auf denen die betreffenden geistlichen Einrichtungen im Erzstift eingezeichnet sind, die aber nicht als thematische Landeskarten gewertet werden können.

Literatur: LGK: Einschlägige Stichworte (jeweils mit zahlreichen weiterführenden Lit.-Nachweisen).
DMA-2 (KUPČIK, Ivan: Mappae Bavariae. Thematische Karten von Bayern bis zum Jahre 1900).
KUPČIK, Ivan: The Development of Thematic Maps in Bavaria up to the Year 1900. In: Acta Universitatis Carolinae, Geographica, No. 1. Prag 1996, S. 113–137.

8.1 Geschichtskarten

„Als Geschichtskarten (Historische Karten) bezeichnet man" (nach DÖRFLINGER, BSM-65, S. 179) „kartographische Darstellungen, auf denen – mit Absicht – Sachverhalte (Zustände, Ereignisse, Entwicklungen) der Vergangenheit in kritischer Bearbeitung wiedergegeben sind." Diese thematischen Karten machen also ein historisches Geschehen sichtbar, wie die römische Besiedlung, die Emigration der Salzburger Protestanten, die Streitigkeiten mit Bayern wegen des Salzhandels, die Ergebnisse archäologischer Forschung, den Verlauf militärischer Aktionen etc., sodaß sie wegen ihrer Informationsfülle besonderes Interesse verdienen.

8.1.1 Peter Conrad Monath (1695–1748)
„Marsch Carten der Saltzburgischen Emigranten"
1732

105 Der Nürnberger Verleger MONATH schuf mit diesem Blatt die informativste und ergreifendste Karte, die der Vertreibung der Salzburger Protestanten gewidmet wurde. Vor allem beeindrucken die historischen Aussagen des graphischen Beiwerks: Die von zwei Engeln getragene und vom Auge Gottes überstrahlte Titeldraperie im linken oberen Eckraum wird von einer siebenköpfigen Pongauer Bauernfamilie begleitet. Deren Kleidung, zahlreiche Arbeitsgeräte und die Rückentrage für einen Säugling sind authentische Zeugnisse des ländlichen Kulturguts ihrer Zeit. Die untere rechte Hälfte der Karte nimmt unter einem Band mit der Inschrift: «*Vorstellung eines Marsches | Saltzburgischer Emigranten.*» ein Zug von etwa 50 Auswanderern in Trachten ein, der aus dem Hochgebirge kommt und den ein Reiter anführt, vermutlich im Auftrag von König FRIEDRICH WILHELM I.

In kartographischer Hinsicht leidet die Darstellung unter ihrer unkorrekten Projektion. Zwar sind die Wege der Emigranten sehr übersichtlich – wenn auch nicht ganz verläßlich und teilweise mit falschen Zielorten – eingezeichnet, der Norden Deutschlands und besonders Ostpreußen werden aber in vergrößertem Maßstab hervorgehoben, wogegen Mittel-Deutschland und der völlig verzerrte Süden stark zurücktreten. Da eine Wiedergabe Salzburgs im Maßstab der Hauptkarte nicht möglich war, wird dem Erzstift ein großes Insert gewidmet. Es ist von der GUETRATHER-HOMANN-Karte abgeleitet und entspricht deren Detailreichtum mit einer Fülle von Ortsnamen.

Titel: «*Richtige | Marsch Carten | der Saltzburgischen | EMIGRANTEN | oder deren Zug aus | **SALTZBURG** | durch das | **REICH** | in die | Königl. Preusisch. | Lande. ‖ Nürnberg | bey | Peter Conrad Monath | 1732.*».

8 Thematische Karten

Abb. 105: Peter Monath: Marsch-Carten der Saltzburgischen Emigranten.

8.1.1

8 Thematische Karten

Zusätze:	Mi. re.: Insertkarte 22,2 x 12,5–18,8 cm: Titeldraperie mit Bischofsstab: «Das	FURSTEN	und	ERTZ=BISTHUM	SALTZBURG», Maßstabsleiste und eigene Kompaßrose. – Li. u. im Eck sockelartige Platte mit Zeichenerklärung und Maßstab für 20 dt. M. – Re. o. in der «OOST SEE» eine Kompaßrose.
Maße:	Karte: 49–49,2 x 40,7–41 cm; Platte: 49,6 x 41,1 cm; Blatt ca. 63 x 47 cm. Fast immer auf Buchformat gefaltet.
Maßstab:	Im Mittel: 1 : 2,304.000; 1" = 8 M. – Insertkarte: 1 : 864.000; 1" = 3 M.
Graduierung:	Im einfachen Strichrahmen s/w 10'-Skala, volle Grade beziffert. L von Salzburg: 35° 20' E.
Druckart:	Kupferstich, Marschrouten farbig markiert. Kleidung, Titel-Draperie und Insertkarte meist mit mehrfarbigem Handkolorit.
Publ.-Art:	Kartenbeilage in: (BAUM, Johann Heinrich:) «Der	Saltzburgischen	**Emigranten**	Freuden=müthige und höchst gesegnete	**Wanderschafft**, in die Königlich Preussische	Lande,	... Nebst einer Land-Charten und anderen Kupfern. ‖ Nürnberg/	In Verlegung Peter Conrad Monaths.	An. 1732.».
Standort:	BSM: 4 H.ref. 739; 4 H.ref. 740; Res/H.ref. 746 u (3 Ex.). – SLA: Graphik XIV.29. – SWS. – UBS: 1.774 I; 138.467 I.
Literatur:	BSM-44 S. 376, Abb. 305. – MAR S. 147 f., Farbt. 7, Abb. 150, S. 257: Bu 3. – SLA S. 12, L.30.

8.1.2
(Georg) Matthäus Seutter (1678–1756/57)
Geschichtskarte des Bayerischen Kreises
[nach 1745]

Das große Blatt lädt mit zahlreichen Soldatengruppen, Reitern, Fahrzeugen und Zeltlagern zum Schauen ein. Ungeachtet der Fülle seiner 208(!) Hinweise auf historische Ereignisse im Bayerischen Kreis zwischen 424 und 1745, die viele verschiedene und numerierte Zeichen am jeweiligen Ort des Geschehens symbolisieren, wirkt die Karte selbst merkwürdig leer, da die Situation auf die benötigten Namen, wenige Flüsse und einzelne, willkürlich gesetzte, schematisierte Berggruppen reduziert ist. Die mächtige Titelkartusche steht unter drei Wolken, aus denen das Auge Gottes und Kometen strahlen. Der Doppeladler trägt die Rudolfinische Kaiserkrone über allegorischen Figuren, einem Friedensengel und der JUSTITIA, zwei bayerische Löwen halten Kronen in den Pranken, unten liegt diverses Kriegsgerät, ein Ritter mit Schwert triumphiert über einen gestürzten Türken.

Im Raum des Erzstiftes Salzburg, das zur Gänze und wieder mit der „üblichen" Verschiebung des Lungaus nach Norden dargestellt ist, werden mit Nummern und Symbolen folgende historische Ereignisse verzeichnet:

Nr. 7, Mitra: Das Bistum Salzburg wird 798 zum Erzbistum erhoben.

Nr. 36, Personengruppe: Wegen großer Hungersnot zogen ca. 2.000 Menschen 1142 auf Pilgerfahrt ins Hl. Land.

Nr. 103, Reitergruppe: Herzog LUDWIG von Bayern „succuriert" 1526 mit 10.000 Mann dem belagerten Erzbischof MATTHÄUS Lang.

Nr. 145, Brief: Androhung der militärischen Exekution gegen Salzburg wegen Verweigerung der Verpflegungshilfe an die bayerische Armee 1649.

Nr. 185, Personengruppe: Exodus der 1731/33 aus Salzburg vertriebenen über 20.000 Protestanten.

Die Erläuterungen zu den Nummern stehen auf einem eigenen, gleichgroßen Atlasblatt mit dem Titel: «Erklärung der auff der Land Charten verzeichneten Zahlen.».

Titel:	«HISTORIA	CIRCULI	**BAVARICI**,	NEC NON FINITIMARUM,	AC INSERTARUM	REGIONUM	In Mappa exhibita,	et æri incisa	â	MATTHÆO SEUTTER	S. C. M. GEOGR. AUG. VIND.	*Cum Grat. et Priv. S. R. I.*	*Vicar. in part: Rheni,*	*Svev: et Juris	Francon.*».
Zusätze:	Kompaßrose re. u., Himmelsrichtungen in Latein in der Mi. an allen Seiten.
Maße:	Karte: 48,5 x 55,7 cm; Platte: 50,6 x 58,3 cm; Blatt: 52 x 63 cm.
Maßstab:	1 : 576.000; 1" = 8.000 Kl. = 2 M.
Graduierung:	Im Rahmen s/w 4'-Skala, alle 20', 40' und volle Grade beziffert. Eigenes Suchgitter (8 x 8): Findebuchstaben für die L A–H, für die B a–h. L von Salzburg: 32° 35' E.
Druckart:	Kupferstich mit Handkolorit.
Publ.-Art:	Atlasblatt in verschiedenen Ausgaben der SEUTTER- und LOTTER-Atlanten sowie Separatdruck.
Standort:	BSM: 2 Mapp. 8, III, 1–49. – ÖNB: 393.431-E.K (Prunkatlas, hs. pag. 281, 282). – SLA: Graphik XIV.118.1, 2.
Literatur:	→ 3.3. – BSM-44 S. 376, Abb. 306, S. 437 f., K 17.7. – DMA-2 S. 18.

Tobias Conrad Lotter (1717–1777)
Neuauflage
[um 1760]

Der Inhalt der neu gestochenen Karte und ihr Erläuterungsblatt (50 x 58,5 cm mit Bordüre) blieben fast unverändert, im Titel steht aber der neue Herausgeber.

Titel:	«HISTORIA	CIRCULI	**BAVARICI**,	...	et æri incisa	â	TOB. CONRADO LOTTER,	GEOGRAPHO AUG. VIND.	*Cum Grat: et Priv: S.R.I.*	*Vicar. in part: Rheni,*	*Svev: et Juris Francon.*».
Standort:	DMM: Archiv, KT 01038. – SUBE: Ryh 4701 : 29.
Literatur:	→ 3.4. – DMA-2 S. 18, Abb. 15, S. 118 f., K 15.

8.1.3
Anonym, Glaser (Stecher, Daten unbekannt)
Halleiner Salzhandel
1761

Der latente Konflikt zwischen Bayern und Salzburg wegen des Salzhandels, für den bis 1612 nur die Salzach als Exportweg zur Verfügung stand, hatte 1611 mit dem mißlungenen Handstreich WOLF DIETRICHS gegen Bayern eine entscheidende Wende genommen. Salzburg mußte Bayern 1628 das alleinige Vertriebsrecht für das Halleiner Salz gegen eine gewisse Beteiligung am Ertrag einräumen. Den Prozeßakten und „Salz-Kompromiß-Schriften" an das Reichskammergericht in Wetzlar war die originale Holzschnittkarte von Hans FAISTENAUER oder deren stark vereinfachte Kupferstich-Kopie beigelegt (→ 9.4).

107 Den Salzburger Standpunkt illustrierten zusätzlich zwei anonyme Übersichtskarten von 1761, die durch die klare Darstellung der aktuellen Marktsituation mit zahlreichen farbigen Signaturen beeindrucken. Auf die Wiedergabe des Geländes wird mit Ausnahme der größeren Gewässer ebenso verzichtet wie auf eine Graduierung. Den einzigen Schmuck beider Karten bilden im linken oberen Eck die ovalen, aus Rocaillen mit Blattwerk hübsch geformten Rokokorahmen der Titel, die sich weitgehend ähneln. – In dem Rechtsstreit kam es 1766 zu einem „Eventualvertrag", der nach bayerischen Boykottdrohungen 1781 durch den „Salinen-Hauptvertrag" (oder „Haupt-Salzvertrag") ersetzt wurde, bis endlich 1829 die „Salinen-Konvention" zustande kam, die als Europas ältester bestehender Staatsvertrag noch heute die gegenseitigen Salzabbau- und Holzbezugsrechte regelt.

8.1.3.1

Die Darstellung beider Karten stimmt inhaltlich zwar im wesentlichen überein, doch zeigt das kleinere Blatt einen größeren Nord-Süd-Geländeausschnitt von Magdeburg bis Venedig. Die Ost-West-Ausdehnung von Straßburg bis Olmütz ist bei beiden Karten gleich. Im allgemeinen weist diese vermutlich frühere Version einen gröberen Stich durch den Augsburger Stecher GLASER oder GRASER auf. Dieser ist weder in einer Liste von Kupferstechern der Staats- und Stadtbibliothek Augsburg, noch in den Registern der Augsburger Kunstsammlungen verzeichnet.

Titel: «**TABULA GEOGRAPHICA** | Vorstellend | den Hallein#r Salz=Handl | Zum Unterricht | in der | Stritt Sache | zwischen dem Chur Hause Bayern | und | dem Erz Stifft Salzburg | A°. 1761.».

Zusätze: Freistehend re. u.: «*Explicatio | Signorum | sequitur sub | Lit: A.*». – Darunter ein Grashügel, auf diesem schräg der Linearmaßstab für 15 M., li. zwischen Grasbüscheln klein und schwer leserlich die Stechersignatur: «*Glaser (?) Sc. — Aug. V.*».

Maße: Karte: 37,5 x 29,8 cm; Blatt: ca. 38 x 30 cm. – Wegen des Beschnitts der als Aktenbeilage stets gefalteten Karte keine weiteren Maße feststellbar.

Maßstab: 1 : 2.160.000; 1" = 30.000 Kl. = 7½ M., 4" = 30 M.

Publ.-Art: Kartenbeilage in:
«Kurz gefaßt = doch gründlich: | und Acten=mäßige | **Geschichtserzehlung** | Von der ursprünglichen Beschaffenheit | des alt=befreyten | **Halleinischen Salz=Weesens** | Im hohem **Erz=Stift Salzburg:** | … | Hochfürstlich = Salzburgische erste, und respective | **Klag=Schrift.** ‖ (Querstrich) SALZBURG, Gedruckt bey Johann Joseph Mayr, Hof= und Akademischen Buch= | drucker und Buchhändlers sel. Erbin, im Jahr 1761.». – Mit drei Bänden „Widerlegung" und „Fortsetzung".

Druckart: Kupferstich. – Die „Haupt-Legstätten" des Salzhandels sind rot hervorgehoben, der „goldene Steig", der alte Handelsweg von Passau nach Böhmen, ist mit Gold gehöht. Die Absatzgebiete sind mehrfarbig verschieden koloriert: N der Donau: Bayern grün, Österreich gelb. S der Donau: Bayern rosa und lila, Österreich orange.

Standort: SLA: HB C 10.915 (eingebunden). – SMCA: SL 23.1–23.2, L 01. – Zahlr. Exemplare der „Klag-Schrift" ohne Karten (z. B. drei bei BSM: 2 Bavar. 359.1; 2 Bavar. 359 a.1; Bibl. Mont. 2828).

Literatur: St. Peter in Salzburg, das älteste Kloster im deutschen Sprachraum. Begleitband zur 3. Landesausstellung. Amt der Salzburger Landesregierung, Kulturabteilung, Salzburg 1982. Katalog Nr. 228, S. 297, Farbabb. S. 298. Salz, Macht, Geschichte. Hg. Manfred TREML u. a., Katalog zur Landesausstellung 1995. Bayerische Staatskanzlei, Haus der Bayerischen Geschichte, Augsburg 1995. S. 284ff.

8.1.3.2

Das Kartenfeld des größeren und eleganter wirkenden Blattes reicht im Norden nur bis Meissen und im Süden bis Chur. Der Golf von Triest wird nicht mehr erfaßt. Unmittelbar unter der Karte steht die mit fünf Rocaillen und einem Ornament hübsch verzierte, große Zeichenerklärung. Das bisher einzige eingesehene Exemplar ist nicht koloriert, ebenso fehlt die Eintragung des „goldenen Steigs", obwohl diesem eine eigene Signatur zugeteilt wird. Man könnte vermuten, daß diese repräsentativere Variante der „Salzkarte" nicht fertiggestellt und nicht verwendet wurde, da Nennungen in der Literatur zu fehlen scheinen.

Titel: «**TABULA GEOGRAPHICA** | vorstellend | den Hallein#r Salz Handl | zum Unterricht in den | Stritt Sache9 | zwischen | dem Chur Hause Bayern | und | dem ErzStifft Salzburg | A#o: (Rocaille) *1761.*».

Zusätze: U. der Karte und in deren Breite 10,5 cm hohe, fein gerahmte Zeichen- und Farbenerklärung, zweispaltig mit je zwölf Zeilen, für die Farben Kreise statt Kästchen.

Maße: Karte: 41,5 x 32,5 cm; Platte: 42,5 x 33,5 cm; Blatt: 48,5 x 39 cm.

Maßstab: 1 : 2.160.000 wie 8.1.3.1.

Publ.-Art: Kartenbeilage in einer der Klagsschriften.

Druckart: Kupferstich, ohne vorgesehene Kolorierung.

Standort: BSM: Mapp. IX,149 k.

8.1.4
Johann (III.) Bernoulli (1744–1807)
„Das alte Salzburg"
1783

Wenn auch die Mitglieder der aus den Niederlanden eingewanderten bedeutenden Schweizer Gelehrtenfamilie BERNOULLI vor allem als Mathematiker, Astronomen und Naturwissenschafter hervorgetreten sind, dürfen ihre historischen, länder- und völkerkundlichen Arbeiten nicht über-

Abb. 106: Matthäus Seutter: Geschichtskarte des bayerischen Kreises.

8   Thematische Karten

Abb. 107: Anonym: Tabula Geographica zum Halleiner Salzhandel.

8.1.3

sehen werden. So gab Johann III., Mitglied der Berliner Akademie und Direktor der dortigen Sternwarte, eine 18-bändige Reisebeschreibung heraus (1781–1787), die u. a. Karl Ehrenbert von MOLLs „Briefe über eine Reise von Kremsmünster nach Moßheim im Salzburgischen im Herbste 1780" an Prof. Heinrich SANDER in Karlsruhe enthält. In der „Beschreibung von Salzburg und der Alterthümer dieser Gegend" schildert MOLL die römische Besiedlung des Landes. Die dazugehörige westorientierte Karte wirkt im Vergleich mit jener von Andreas BUCHNER (8.1.7) außerordentlich primitiv: Sie enthält nur das Gewässernetz in Anlehnung an ORTELIUS oder DE JODE und die Namen von rund einem Dutzend Ortschaften, aber keine Straßen und keine Geländedarstellung.

Titel:	Im Unterrand Mi.: «*Das alte Salzburg*».
Zusätze:	Im Oberrand ganz re.: «*Bernoulli's Saml. XII. B. 3. Taf.*». – Re. u. im Kartenfeld: Geviertelter Kreis mit Nordpfeil und Himmelsrichtungen in Latein.
Maße:	Karte: 30 x 17,8 cm; Platte: 30,5 x 19,8 cm; Blatt: 32 x 20,5 cm; als Beilage gefaltet, Buchformat: ca. 11,5 x 17,5 cm.
Maßstab:	ca. 1:400.000.
Graduierung:	Außen an dem nur aus einem Strich bestehenden Rahmen alle 10' markiert und beziffert. L von Salzburg: ca. 30° 37' E.
Druckart:	Kupferstich.
Publ.-Art:	Kartenbeilage in: «Johann Bernoulli's | Sammlung | kurzer | **Reisebeschreibungen** | und anderer | zur Erweiterung der Länder= und Menschenkenntniß | dienender Nachrichten. | (zwischen zwei Querstrichen) J a h r g a n g 1 7 8 3. | (Titelkupfer 5,5 x 3,8 cm, Überschrift und Bild:) *Pfarr-Haus und Garten zu Spydeberg.* | Zwölfter Band. | (Querstrich) Mit drey Kupfertafeln. | (Querstrich) Mit gnädigster Freyheit des Hochlöbl. Standes Bern. | (Doppel-Querstrich) Berlin, bey dem Herausgeber. | Leipzig, in der Buchhandlung der Gelehrten. | Preis 1 Rthlr. Sächs. Conv. Geld.».
Standort:	BSM: It. col. 17–12. – ÖNB: 252.458-A. Fid. 12 (=71–273). – SLA: Graphik XIV.105. – SMS. – ZBLU: Fl.27.
Literatur:	BERNOULLI-SUTER, René: Die Familie Bernoulli. Unter Mitarbeit von Lion Bernoulli. Helbling & Lichtenhahn, Basel 1972. – MdW S. 245.

8.1.5
Florian Dalham (1713–1795)
Salzburger Kirchenprovinz
1788

Der frühere Professor für Philosophie, Mathematik und Geschichte am Wiener Theresianum und Rektor eines Konvikts Florian DALHAM folgte 1777 einer Berufung nach Salzburg, wo er zum geistlichen Rat und Präfekt der Hofbibliothek ernannt wurde. Er publizierte 1788 eine große Konzilsgeschichte Salzburgs, die als Fundgrube zur deutschen Kirchengeschichte gelten kann. Ihr historischer Wert liegt vor allem in der eingehenden Schilderung der Kirchenverfassung während der letzten Jahre vor der Säkularisation. DALHAM bereicherte das Werk mit zwei bemerkenswerten Karten: Einer Teilreproduktion der „Tabula Peutingeriana" (→ 8.2.2) und einer Karte der Kirchenprovinz Salzburg. Diese höchst großzügig konzipierte Darstellung umfaßt das südliche Mitteleuropa zwischen Ulm und der Nord-Süd-Strecke der Donau in Ungarn bzw. zwischen Prag und Triest mit den frei markierten Grenzen der Kirchenprovinz, die im Text ausführlich und mit großen Gebietsansprüchen erläutert werden. Die topographischen Informationen sind hingegen auf die wichtigsten Flüsse und Seen sowie die nördlichste Adria reduziert. Dazu kommen die lateinischen Bezeichnungen der Regionen und dreitürmige Kirchenfassaden als Siglen für die namentlich angegebenen Bischofssitze. Die «*Metropolis Salisburgens. Iuvavium*» wird zusätzlich mit Mitra, Bischofsstab und Schwert hervorgehoben.

In eigenartigem Kontrast zu den Mängeln und zur Leere der von dem Augsburger Kupferstecher KLAUBER gestochenen Karte steht ihr graphischer Schmuck: Das Eck oben links ziert das Wappen des regierenden Erzbischofs HIERONYMUS Colloredo, und oben rechts nimmt er selbst auf einem Podium mit den Wappen der Suffragan-Bistümer vor vier stehenden Bischöfen erhöht sitzend das Buch entgegen, dessen Verfasser vier Kleriker begleiten. Im Hintergrund hält ein geharnischter Genius auf einem Polster vorne den Fürstenhut und dahinter die Mitra. Eine Nonne mit Kreuz deutet auf die Chroniken der Konzile, und als Symbol für die auf den Felsen Petrus gegründete Ecclesia überragt auf einem Berg eine strahlende Rundkirche die Szene.

Titel:	O. Mi. freistehend: «PROVINCIA ECCLESIASTICA SALISBVRGENSIS ANTIQVIS LIMITIBVS DIMENSA.».
Zusätze:	In Schriftband u. dem Wappen: «ARCHIEPISCOPATVS | SALISBVRGENSIS.». – Im Oberrand ganz re.: «*ad Concil. Salisburg. pag. 28.*». – Im Kartenrand in der Mi. an jeder Seite Himmelsrichtungen in Latein.
Maße:	Karte: 57,5 x 36,9 cm; Platte: 60,3 x 38,6 cm; Blatt: ca. 73 x 48 cm, als Buchbeilage stets gefaltet. – Bd.: 24 x 36 cm.
Maßstab:	Empirischer MW: 1:1.626.000; 1" = 5 oder 6 M.
Graduierung:	Im einfachen Doppelstrichrahmen s/w 10'-Skala, volle Grade beziffert. Die Meridiane sind um ca. 7° nach W geneigt, sodaß die Markierungsstriche schräg stehen. L von Salzburg: ca. 35° 22'.
Publ.-Art:	Kartenbeilage in: «CONCILIA | SALISBURGENSIA | PROVINCIALIA ET DIOECESANA | … || FLORIANUS DALHAM, | Presbyter e Scholis Piis, SS. Theologiæ Doctor, Archiepiscopalis Salisburgensis | Consiliarius Ecclesiasticus, & Bibliothecæ Præfectus. | ANNO ÆRÆ Vulgaris MDCCLXXXVIII. || AUGUSTÆ APUD VINDELICOS. | SUMPTIBUS MATTHÆI RIEGER P. M. FILIORUM.». – Dem sonst schmucklosen Lederband ist in der Mi. der Vorderseite das Wappen HIERONYMUS' mit 1772, dem Jahr seines Regierungsantritts, eingeprägt.
Druckart:	Kupferstich.
Standort:	BSM: 2 Conc. 75d. – KONS: 59/19. – ÖNB: 24.G.23. – SLA: HB XI A 14. – SMCA: SL 27, L 01. – SWS. – UBAu: BO 1170 D 143. – UBEi: 197/360.1. – UBM: 2 J.can. 581. – UBS: 1.488 III.

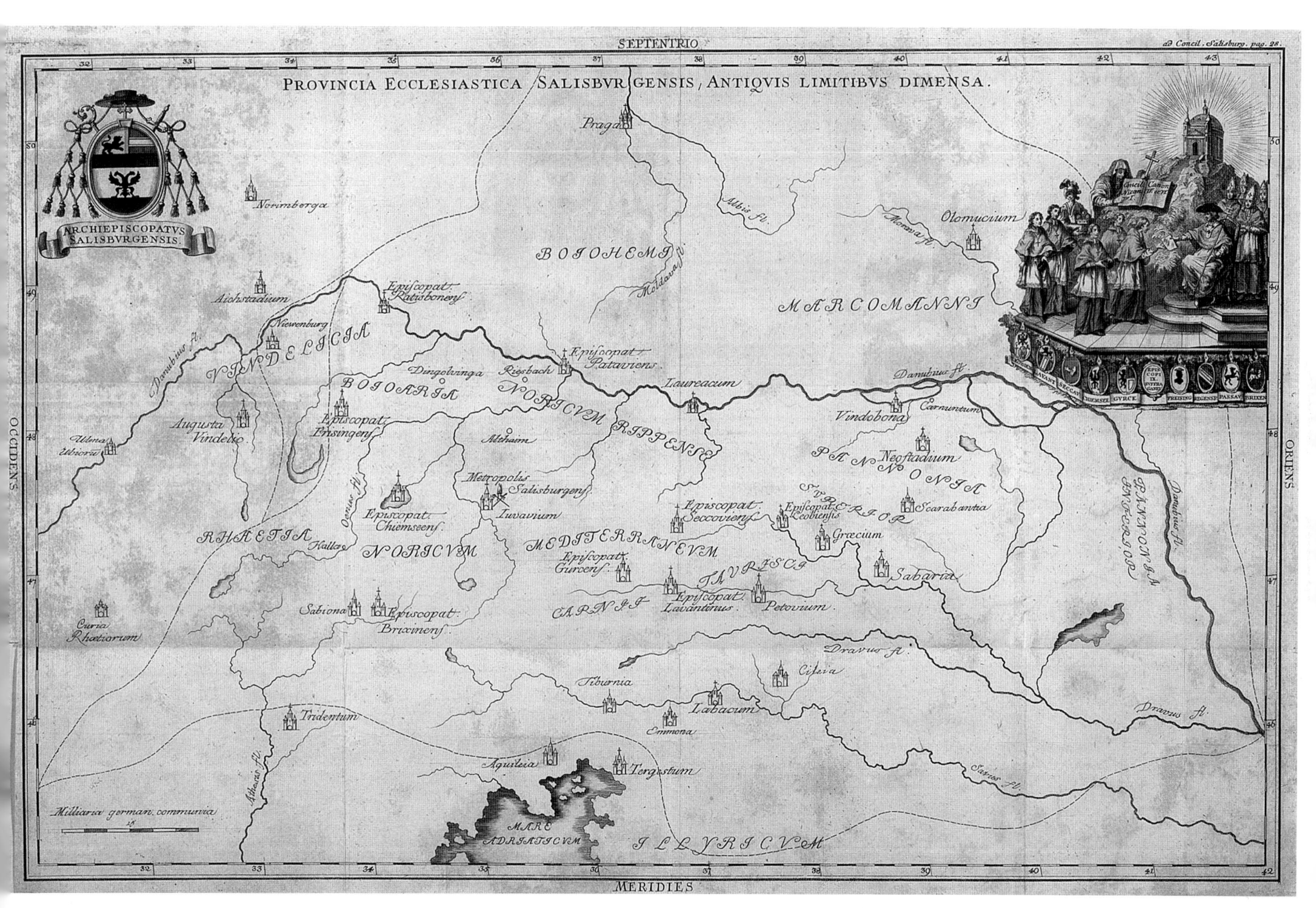

Abb. 108: Florian Dalham: Die Salzburger Kirchenprovinz, 1788.

8   Thematische Karten

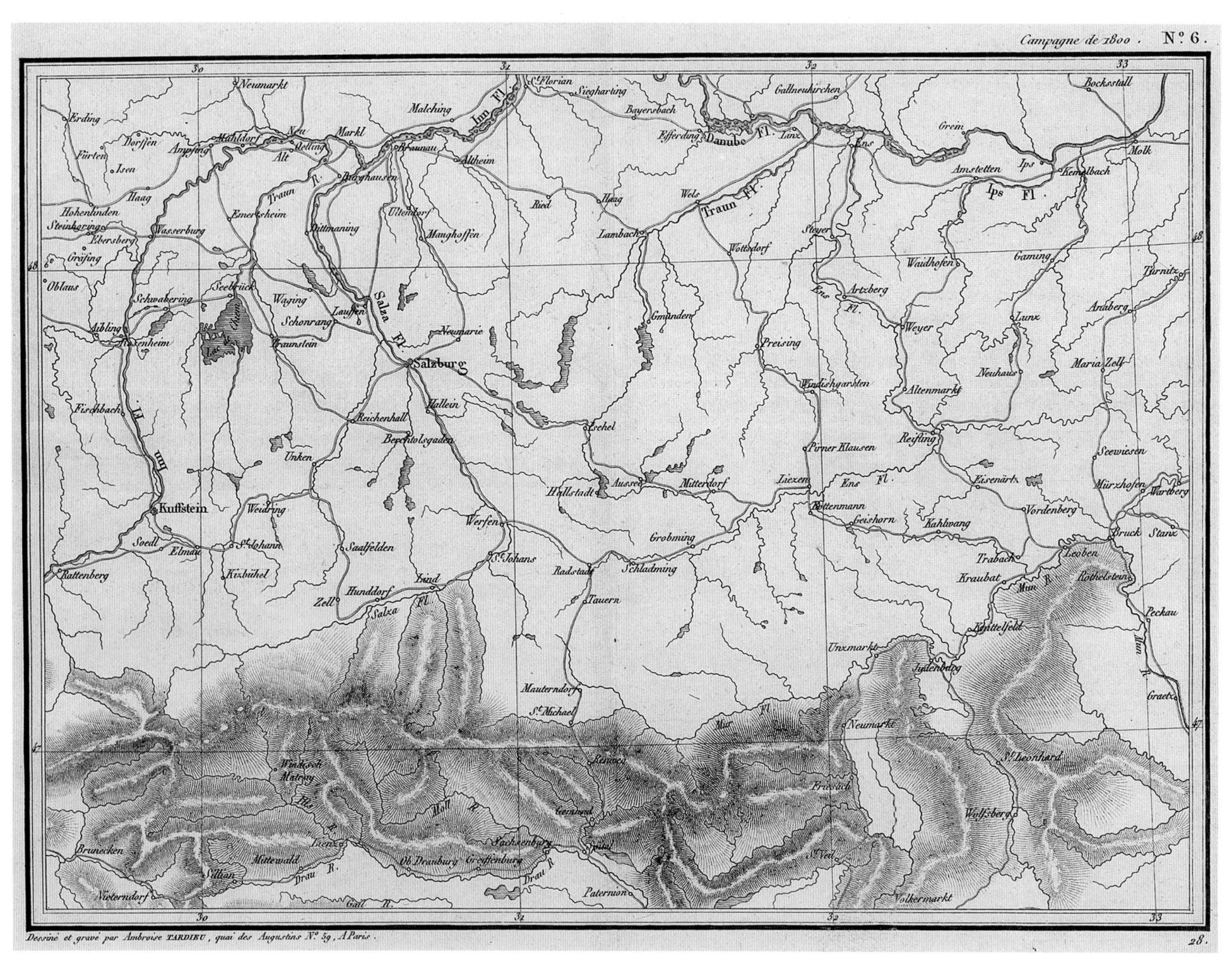

Abb. 109: Ambroise Tardieu: Campagne de 1800.

8.1.6

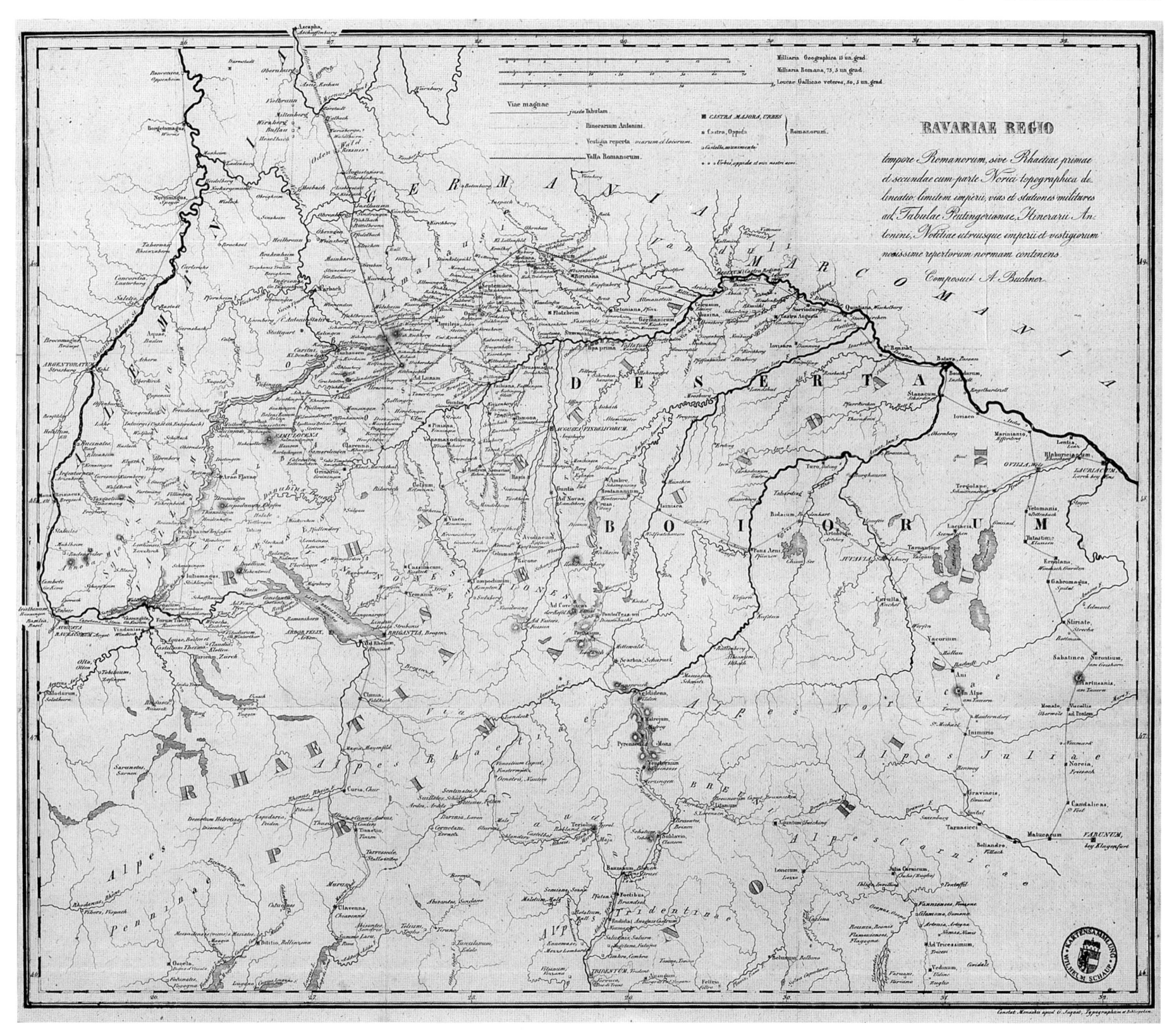

Abb. 110: Andreas Buchner: Bayern zur Römerzeit, 1831.

Literatur: FOLTZ, Karl: Geschichte der Salzburger Bibliotheken. Hof- und Staatsdruckerei, Wien 1877, S. 68.
MEUSEL, Johann Georg: Teutsches Künstlerlexicon oder Verzeichniss der jetzlebenden teutschen Künstler nebst einem Verzeichnis sehenswürdiger Bibliotheken, Kunst-Münz und Naturalienkabinette in Teutschland und in der Schweiz. 2 Bd., Meyer, Lemgo 1778/89; Bd. 1, S. 310.
GV Bd. 27, S. 57. – POR. – WUR 31. T., S. 130.

8.1.6
Ambroise Tardieu (1788–1841)
„Campagne de 1800"
(1822)

Gegen Ende des 18. Jhs. entwickelte sich ein neuer Typ von Kriegskarten, der für Eintragungen des militärischen Geschehens durch den Besitzer bestimmt war. Daher wurden die Karten relativ wenig beschriftet und kaum Grenzen eingezeichnet. Die Situation beschränkte man auf die Wiedergabe des Gewässernetzes, der wichtigen Poststraßen, der größeren Orte und der bedeutendsten Gebirge. Die Rückseiten blieben immer unbedruckt um Platz für Notizen, eingeklebte Zeitungsausschnitte und ähnliches zu bieten.

Von diesem Karten- und Atlanten-Typ fanden jene der französischen Kupferstecher-Familie TARDIEU besonders gute Aufnahme und wurden auch von dem Militär-Historiker DUMAS verwendet. Daß unter dem Bemühen um rasche Lieferung die Genauigkeit der Karten zu leiden hatte, läßt das Blatt mit Salzburg – das wie alle Atlaskarten keinen Titel trägt und den Raum Rattenberg–Melk bzw. Linz–Völkermarkt abdeckt – deutlich erkennen. Beispielsweise verläuft das Längstal der Salzach um gut 20° zu schräg nach Norden und die Schreibung mancher Toponyme wirkt ärgerlich (z. B. „Neumarie" statt Neumarkt oder „Maughoffen" statt Mattighofen).

Zusätze: Im Oberrand re. über dem Karteneck: «*Campagne de 1800 . N°. 6.*».
Im Unterrand li. u. dem Karteneck: «*Dessiné et gravé par Ambroise TARDIEU, quai des Augustins N°. 59, A Paris.*»; ganz re. u. dem Karteneck: «*28.*».

Maße: Karte: 25,1 x 18,1 cm; Platte: 28,5 x 22 cm; Blatt: 41,5 x 26,8 cm. – Atlas: ca. 22 x 28 cm. – Karten in Schachteln, 43 x 27 cm.

Maßstab: 1:1.152.000; 1" = 16.000 Kl. = 4 M.

Graduierung: Im schmalen Rahmen nur volle Grade beziffert und durchgezogen.
L von Salzburg: ca. 30° 41' E von Ferro.

Druckart: Kupferstich und Radierung, nur s/w geliefert, oft privat koloriert.

Publ.-Art: Atlasblatt Nr. 6 aus:
„Précis des événements militaires ou Essais historiques sur les campagnes de 1799 à 1814, avec plans et cartes; Par M. le Comte Mathieu Dumas, lieutenant-général des armées du roi. Campagne de 1799 (–1807). A Paris, chez Treuttel et Würtz ... 1817 (–1826)." – Das unvollendete Werk schildert in 19 Bänden die Feldzüge nur bis 1807 und nicht wie geplant bis 1814. Zu den Textbänden gehören zwei Kartensammlungen in Kartonschachteln mit aufgeklebten Titeln.

Standort: BNP: 8° Lh³ 22 B, Fol. Lh³ 22 B (Karten). – SLA: Graphik XIV.90. – SWS.
Literatur: LAR Bd. 6, S. 596. – THB Bd. 32, S. 443.

8.1.7
Andreas (Joseph) Buchner (1776–1854)
Bayern zur Römerzeit
1831

Der Historiker Andreas BUCHNER, der nach 1848 noch maßgeblich an der liberalen Kulturpolitik von MAXIMILIAN II. JOSEPH beteiligt war, hatte schon 1820 in Regensburg den ersten Band seiner berühmt gewordenen „Geschichte von Baiern" veröffentlicht. Er enthielt zwei handgezeichnete Karten: „Baiern unter den Römern" und „Baiern zur Zeit der Agilolfinger" (BSM: Bavar. 509–1), in denen die römischen bzw. bajuwarischen Toponyme eingetragen waren. Nachdem er 1826 zum ersten Professor für bayerische Geschichte an die in die Hauptstadt verlegte Landesuniversität berufen worden war, publizierte er das Werk ab dem vierten Band in München. Es wuchs bis 1855 auf zehn Textbände und zwei Bände „Documente" an. In deren erstem Band war die verbesserte Römerkarte BUCHNERs gedruckt enthalten. Sie wird hier als zu ihrer Zeit beste Darstellung von Rätien, Norikum und den angrenzenden Provinzen registriert, obwohl das Salzburger Gebiet nur 5,5 % des Kartenfeldes einnimmt.

Die Karte zeigt im Raum zwischen Oberrhein und Enns bzw. Main und Comer See sehr detailliert das Gewässernetz, die Straßen, die Siedlungen auch mit ihren modernen Namen und den Limes von Aschaffenburg (links über dem Rahmen im Oberrand) bis Lorch bei Enns. Auf ein Relief wird weitgehend verzichtet, nur einige seltsame „Vulkane", darunter einer „In Alpe" auf dem Radstädter Tauern, symbolisieren die Gebirge. Die wichtigste Eintragung in Salzburg bildet die Tauernstraße mit ihren Stationen.

Titel: Freistehend re. o. im Kartenfeld: «**BAVARIAE REGIO** | *tempore Romanorum, sive Rhaetiae primae* | *et secundae cum parte Norici topographica de-* | *lineatio, limitem imperii, vias et stationes militares* | *ad Tabulae Peutingerianae, Itinerarii An-* | *tonini, Notitiae utriusque imperii et vestigiorum* | *novissime repertorum normam continens.* ‖ *Composuit A. Buchner.*».

Zusätze: Li. neben dem Titel drei Linearmaßstäbe, darunter Zeichenerklärung für acht Signaturen. – Im Unterrand klein ganz re.: «*Constat Monachii apud G. Jaquet, Typographum et Bibliopolam.*».

Maße: Karte: 53,6 x 45,2 cm; Blatt: ca. 55,5 x 47,5 cm. Als Buchbeilage und für Futteral 6 x 3 auf ca. 10,5 x 16,5 cm gefaltet.

Maßstab: ca. 1:950.000.

Graduierung: Im kräftigen Strichrahmen feine s/w 5'-Skala, volle Grade beziffert, nicht durchgezogen.
L von Salzburg: 30° 42' E von Ferro.

Druckart: Lithographie.

Publ.-Art:	Buchbeilage in: «Documente | zu | **Buchners Geschichte** | von | **B a y e r n.** | Erster Band (zwischen Strichen) | Documente des ersten Buches | mit 1 Karte Bayerns unter den Römern | München, 1831. | Gedruckt bei George Jaquet.». Futteraltitel: «**C h a r t e** | von | **B a y e r n** | zur Zeit der Römer. ‖ **Bavariae Regio** | tempore Romanorum | (sieben Zeilen Erläuterung) | Composuit ***And. Buchner.*** | (Querstrich) München 1831. | Mich. Lindauer'sche Verlagsbuchhandlung.».
Standort:	BSM: Mapp. XI,595 fh; Bavar 509–13 (in Futteral). – NSUG: GR 2 H BAV I, 674. – Prov. Bibl. Neuburg: 8 Bavar. 6–10,1. – SBB Haus 2: Kart. U 15 890. – UBAu: Gs. 133 Dok. 1.
Literatur:	BBB Erg. Bd., Pustet, Regensburg 1988, S. 19. – GV Bd. 21, S. 307.

8.1.8
Joseph Franz Kaiser (1786–1859)

Kriegsschauplätze

[1850]

Die Karte des Grazer Lithographen und Verlegers zeigt das Erzherzogtum Österreich mit Salzburg als Viertel des „Landes ob der Enns". Die topographische Situation ist mit Gewässernetz, Gelände und Hauptverkehrswegen recht gut dargestellt. Die Beschriftungen wirken allerdings häufig überladen, da bei manchen Orten oft so viele Daten kriegerischer Ereignisse angegeben werden müssen, daß die Lesbarkeit beeinträchtigt wird. Alle Blätter sind graduiert, weisen aber keinen Maßstab auf. Dessen empirische Ermittlung und das graphische Bild deuten darauf hin, daß der nicht genannte Zeichner die RAFFELSPERGER-Karte der Monarchie von 1837 (6.24) als Vorlage verwendet hat.

Titel:	Li. o. freistehend: «ERZHERZOGTHUM | **OESTERREICH** | mit | Uebersicht aller Schlachten u. | Gefechte seid d. Jahre 113 v. Ch. | bis 1832 n. Ch.».
Zusätze:	Re. o. freistehend nebeneinander die Wappen von Österreich und der nö. Stände. – Re. u. Übersicht: «Politische Eintheilung» der Länder mit Angabe der Viertel.
Maße:	Karte: 29,6 x 21,9 cm; Blatt: ca. 34 x 25,3 cm. Atlas: ca. 35 x 26 cm.
Maßstab:	1 : 1.440.000; 1" = 20.000 Kl. = 5 M.
Graduierung:	Im zarten Strichrahmen s/w 10'-Skala, volle Grade beziffert und als Netz durchgezogen. L von Salzburg: 30° 42' E von Ferro.
Druckart:	Lithographie mit Handkolorit.
Publ.-Art:	Atlasblatt aus: «HAND-ATLAS | der Kriegsschauplätze in Europa | im Jahre 1849 bestehend aus | *Karte von Frankreich, Italien ... | Erzh. Oesterreich.* | Lithographirt u. verlegt bei J.F. Kaiser in Gratz.». Der Atlas enthält nur die im Außentitel genannten 15 Karten, aber weder einen Innentitel, noch irgendwelche Erklärungen oder einen Hinweis auf einen gesonderten Textteil.
Standort:	ÖNB: 229.186-D.K.

8.2
Verkehrskarten

Verständlicherweise zählen kartographische Darstellungen der Verkehrswege und der Distanzen, die zur Erreichung bestimmter Ziele zurückzulegen waren, zu den überhaupt ältesten thematischen Karten. Schon die Antike verfügte über ein reiches Angebot an Straßenkarten bzw. Itinerarien, von denen bekanntlich nur eine einzige in einer Kopie auf uns gekommen ist. Abgesehen von einer Nachblüte der Straßenkarten in der Renaissance, die sie vor allem als Wegweiser für die Pilgerstraßen kannte, erhielt die Kartenart ihre entscheidenden Impulse durch die Entwicklung des neuzeitlichen Post- und Verkehrswesens. Musterbeispiele dafür sind der „Allgemeine Post-Atlas von der ganzen Welt" mit 40 Blättern von REILLY (1799), der „Oesterreichische Post- und Reiseatlas" von KIPFERLING (1804) und eine meist gebundene 16blättrige „Postkarte Mitteleuropas" von den HOMÄNNISCHEN ERBEN (1764), die alle keine Landeskarten enthalten. Im folgenden werden einige thematische Karten des Landes verzeichnet, die mit der Verkehrsabwicklung in weitestem Sinn zu tun haben. Dabei kann es sich um Straßen-, Postrouten- und Marschkarten handeln, um Reisekarten, Zoll- und Mautkarten, Eisenbahn- und Telegraphenkarten usw.

8.2.1
Johann Franz Seraph von Kohlbrenner (1728–1783)

Zoll- und Mautkarten haben in Bayern eine beachtliche Tradition, die der Nürnberger Stadtgerichtsaktuar Matthäus Ferdinand CNOPF (1715–1771) kurz nach 1730 mit einer Zollkarte von Mittelfranken begründet haben dürfte (BSM-44, S. 432, K 14.12). Zu der von Franz Xaver Anton von STUBENRAUCH (1719–1793) entworfenen und ab 1765 geltenden „Mauth- und Accis-Ordnung" für Bayern schuf der Registraturbeamte „Kameralsekretär" KOHLBRENNER (KOLLBRENNER) nach der Landtafel APIANs zwei schöne und informative Karten, denen 1769 noch eine Karte der Oberpfalz folgte. Da die Verordnung in zwei verschieden großen Ausgaben publiziert wurde, zeichnete er die Karte ebenfalls in zwei Formaten. Seine Erfahrungen als Sammler von Kirchenliedern, als Herausgeber des „Churbaierischen Intelligenzblattes", als Schriftsteller und als Kartograph befähigten ihn, die Mautkarten als allgemeine Informationsträger so zu entwerfen, wie STUBENRAUCH es als „Kurfürstl. Bayer. wirklicher geheimer Hof- Kammer- Mauth- und Kommerzienrath", Finanzreferendar und Mitbegründer der Bayerischen Akademie der Wissenschaften geplant hatte: „Wir belehren solchergestalt jedermänniglich mit einem einzigen Blatte von dem, was sich kaum auf zehn Bögen begreiflich und klar genug darstellen lassen würde" (Systematischer Plan, S. 121 f.). Die erfolgreiche Realisierung dieses Konzepts hält SCHLÖGL für einzigartig.

8 Thematische Karten

Literatur: SCHLÖGL, Daniel: Die kurbayerische Mautkarte von 1764: Kartographie im Dienst spätabsolutistischer Reformpolitik. Magisterarbeit, Inst. für bayer. Geschichte, Univ. München 1995.
– ders.: Die bayerischen Mautkarten, 1764–1769. In: 8. kartographiehistorisches Colloquium, Bern 1996. Hg. Wolfgang SCHARFE, Reimer Verlag, Berlin (verzögert).
– ders.: Cartography in the Service of Reform Policy in late absolutist Bavaria, c. 1750–1777. In: Imago Mundi, vol. 49, 1997, S. 116–128.
ADB Bd. 16, S. 431. – ADE Bd. 3, Sp. 694. – BBB S. 437, 763. – BSM-44 S. 337, 432, K 14.13. – DMA-2 S. 17f., Abb. 12, S. 118, K 12. – LGK S. 458f. – LIN: Farbt. 7, S. 189, Dok. 39. – THB 21. Bd., S. 205.

8.2.1.1
Große „Mauth=Charte von Bayern"
1764

111 Die Übersichtskarte enthält die größeren Orte, vor allem jene mit bayerischen Mautstellen und deren zugeordnete „Beymauthen", die Handelsstraßen mit Kennzeichnung der „erhobenen", d. h. zur Chaussee ausgebauten und damit wegegeldpflichtigen Straßenabschnitte und das Gewässernetz ohne Relief und Graduierung. Die reizvolle Auszier bietet ein Musterbeispiel der Graphik des Rokoko, die auch noch das Verkehrswesen der Zeit dokumentiert. Dazu stellt das LGK (S. 458) fest, daß LOTTER einige seiner schönsten Karten nach Entwürfen von KOHLBRENNER gestochen habe. Der Titel steht links oben in einer überreich verzierten, vom Fürstenhut gekrönten Rocaille mit den bayerischen Rauten. Salzburg ist sehr vereinfacht zur Gänze mit nach Norden verschobenem Lungau erfaßt.

Titel: «Geographische | Mauth=Charte | von **Bayern.** | Vorstellend: alle zu Wasser und | zu Land hergebrachte Mauth= | Stationen u: Accis=Aemter, | samt denen dahin=führenden Com= | mercial= u: Land=Strassen | entworfen | Anno 1764.».

Zusätze: Li. u. dem Titel Tabelle mit den alphabetisch geordneten Namen und Nummern von 59 Mautstationen, u. im Eck Stadtansicht von Salzburg mit Pferdekolonne, die drei Kähne treidelt und u. einem Baum Flußgott mit Ruder und Amphore. – Re. o. vom Kartenfeld durch ein großes, konsolenartiges Rokoko-Ornament abgegrenzt zwei Erläuterungstafeln über die Tragfähigkeit der Flüsse «bey gutem Waßer» (für die Salzach «Ein Schif mit 1000. Centen») und Zeichenerklärung. Darunter zwei Linearmaßstäbe für gem. dt. und große bayer. M. – Im re. u. Eck Stadtansicht von München, mit drei Pferden bespanntes Fuhrwerk, großer Baum, davor kugelgekrönter Obelisk mit Wappen und durch Querstriche geteilter Inschrift: «MAXI- | MILIA- | NUS III. ‖ U. Bavar. | & P. S. Dux | C. P. Rh. S. R. I. ‖ A. & Elect. | L.L. &tc.». – Im Unterrand: ganz li.: *«Johann Franz Kohlbrenner, S. Elect: Bav: Cam: Secretarius delin9.»*; ganz re.: *«Tobias Conrad Lotter, Geogr: Sculps: Aug: Vind:»*.

Maße: Karte: 65,7 x 55 cm; Platte: 66,5 x 56 cm; Blatt: ca. 73 x 61,5 cm. – Bd.: 22 x 35 cm, Karte daher auf 19 x 33 cm gefaltet.

Maßstab: 1:648.000; 1" = 9.000 Kl., 4" = 9 M.

Druckart: Kupferstich. Wasserzeichen: Granatapfel auf Sockel mit «M». Zumindest die Grenzen meist vielfarbig handkoloriert.

Publ.-Art: Separatdruck und Buchbeilage in: «Churbaierische | **Mauth=** und **Accis=** | **Ordnung.** | Zur | allgemeinen Beobachtung | vorgeschrieben im Jahre | 1765.». Darunter großes, reich mit Rocaillen, Blüten und Laubwerk verziertes Landeswappen vor der Stadtansicht von München.

Standort: BHSTA: Kart. Slg. 226. – BSM: Mapp. XI, 580. – DMM: 11137-16; Archiv KT 01039. – ÖNB: Alb. 835-1. – SLA: Graphik XIV.10. – SUBE: Ryh 4701:31. – SWS.

1768

Umfangreiche Straßenbauten und die Errichtung eines neuen Mautamtes machten wenige Jahre nach Erscheinen der Karte deren Revision nötig. Überdies dürfte die Erstauflage relativ rasch aufgebraucht worden sein, da man sie außer als Buchbeilage auch für den öffentlichen Aushang in Amtsstuben benötigte. Die Neuauflage erschien 1768 unter Verwendung der alten Kupferplatte. Unterschiede zur Erstausgabe bilden der Zusatz im Titel, die Kennzeichnung der seit 1764 zu Chausseen ausgebauten Straßenabschnitte sowie die Aufnahme von Donaustauf in die Liste der nunmehr 60 Mautstationen.

Titel: U. der letzten Zeile: «Anno 1764», re. neben die Rahmenrocaille gezwängt: «renovirt | 1768».

Zusätze: Am Ende der Tabelle eng eingefügt: *«60 Thonaustauf»*.

Publ.-Art: Wie Erstaufl.

Standort: BSM: Mapp. XI, 580a.

8.2.1.2
Kleine „Mauth=Charte von Bayern"
1764

Diese handliche Version der Karte im halben Maßstab des großen Blattes weist trotzdem dessen graphische Vorzüge auf und wirkt sogar übersichtlicher. Den Platz der Erläuterungstafeln nimmt rechts oben im Eck unter dem Landeswappen mit dem Kurhut der durch Rocaillen und Blattwerk gegen das Kartenfeld abgegrenzte Titel ein.

Titel: «Geographische Mauth=Charte | von | **Bayern.** | Vorstellend: alle zu Wasser und zu Land | hergebrachte Mauth=Stationen | u: Accis=Aemter, samt denen dahin führenden | Commercial= und Land=Strassen. | entworfen Anno 1764.». – Darunter Erläuterung der Signaturen, ganz u. Landschaftsszene.

Zusätze: Li. abgestrichen über die ganze Höhe: Liste der Mautämter. – Li. u. am Strichrahmen kleiner Linearmaßstab für 10 M., re. im Eck Kompaßrose. – Im Unterrand: ganz li.: *«Johann Franz Kohlbrenner, S Elect: Bav: Cam: Secretarius delin9.»*; re.: *«Tobias Conrad Lotter: Geogr: Sculps: Aug: Vind:»*.

Maße: Karte: 25,2 x 28,8 cm; Platte: 27 x 30,5 cm; Blatt: ca. 36 x 41 cm. – Bd.: ca. 12 x 18,5 cm, Karte daher auf 11 x 18 cm gefaltet.

Maßstab: 1:1,296.000; 1" = 16.000 Kl. = 4 M.

Abb. 111: Johann Franz Kohlbrenner: Mautkarte von Bayern.

Publ.-Art:	Separatdruck und Buchbeilage in: «Chur = Baierische | **Mauth=** | und | **Accis = Ordnung,** | (Querstrich) Zur allgemeinen Beobachtung | vorgeschrieben | (Reich geschmückte BAVARIA mit Kurhut und Codices vor Münchner Landschaft, signiert «*Klauber Sc.*») im Jahre 1765.».
Standort:	BSM: Bavar. 1777 und 1777a.,

1768

Wie die große Karte erschien auch die kleine Ausgabe aus den gleichen Gründen 1768 in einer Neuauflage. Die Unterscheidungsmerkmale sind dieselben.

Titel:	Re. neben der letzten Zeile «entworfen Anno 1764.» eng eingefügt: «renov. *1768.*».
Zusätze:	Am Ende der Tabelle der Mautstationen eng eingefügt: «60 Thonaustauf».
Publ.-Art:	Wie Erstaufl.
Standort:	Bayer. Hpt. St. Archiv: Kart. Slg. 1070.

8.2.2
Florian Dalham (1713–1795)
Tabula Peutingeriana

1788

DALHAM hat von seinem „Kopisten" Joseph Michael KNOSP jene Teile der Segmente IV und V der berühmten Straßenkarte abzeichnen lassen, die den Bereich der alten Kirchenprovinz enthalten. Im Unterschied zur Vorlage wählte er als untere Grenze die Westküste Italiens und verzichtete auf die Wiedergabe des afrikanischen Ufers des Mittelmeeres. Vermutlich wurde die etwas verkleinerte Kopie nicht nach dem Original (ÖNB: HSS Cod. 324) hergestellt, sondern nach dem weit verbreiteten Faksimile, das 1753 Franz Christoph von SCHEYB (1704–1777) publiziert hatte. Dessen viele Fehler (MILLER schreibt von über 800) finden sich nämlich auch bei DALHAM. Um nur ein Beispiel zu nennen: Der Name „Tagliamento" steht zwar korrekt am Alpenrand, den Fluß selbst einzutragen hat aber SCHEYB übersehen, ebenso fehlt er in KNOSPs Kopie.

Titel:	Im Oberrand 35 mm hoch: «**FRAGMENTVM VETERIS TABULÆ THEODOSIANÆ** | *Exhibens eam partem Romani Imperii* | *Qua Juvavium continetur.*».
Zusätze:	Im Oberrand re. über Karteneck: «ad Concil. Salisburg. pag. 2.». – Im Unterrand u. den Kartenecken: li.: «*Copirt Jos. Michael Knosp.*»; re.: «*Klauber Sculps. Aug. Vind.*».
Maße:	Karte: 57,9 x 22,9 cm; Blatt: ca. 67 x 35 cm, als Buchbeilage stets gefaltet. – Bd.: 24 x 36 cm.
Druckart:	Kupferstich.
Publ.-Art:	Kartenbeilage wie 8.1.5 in: «CONCILIA | SALISBURGENSIA | PROVINCIALIA ET DIOECESANA ...». – Der Karte zwischen S. XLII der Vorrede mit Listen der Päpste und Kaiser und S. 1 des Textes folgt auf S. 2 eine fast seitenfüllende Erklärung der «*Theodosiana Tabula ...*».
Standort:	Wie 8.1.5.
Literatur:	MILLER, Konrad: Die Peutingersche Tafel. Neudruck der letzten von K. M. bearbeiteten Auflage. F. A. Brockhaus, Stuttgart 1962. - ders.: Itineraria Romana. Römische Reisewege an der Hand der Tabula Peutingeriana dargestellt. Stuttgart 1916. – Unveränderter Nachdruck: Bregenz 1988. WEBER, Ekkehard (Hg.): Tabula Peutingeriana, Codex Vindobonensis 324. Faksimile-Ausgabe mit Kommentar. Akadem. Druck- und Verlagsanstalt, Graz 1976. LGK S. 802. – Zu DALHAM: → 8.1.5. – Zu SCHEYB: MDD Bd. 5, S. 24.

8.2.3
Johann Mayr (Daten unbekannt)
„Neue Postkarte vom Bayerischen Kreise ..."

1796

Während der „großen Jahre" der Postkutschen-Ära, die um die Mitte des 19. Jhs. zu Ende ging, sind eine Unmenge großformatiger „Post-" oder „Postrouten-Karten" und ebenso zahlreiche „Reisekarten" in Taschenatlanten erschienen. Unter diesen findet sich ein nur ca. 9,5 x 16,5 cm kleiner „Neuer Post- und Reise-Atlas" von C. WEIGEL, Nürnberg um 1785. Er enthält eine von P. KUFFNER gestochene Karte „Post-Route von Linz und Passau nach Salzburg und Inspruck" (SLA: Graphik XIV.89), die zwar Einblick in den damaligen Regionalverkehr gewährt, aber nicht als Landeskarte zu registrieren ist.

Eine gute Darstellung der Reisewege des Landes weist hingegen die Postkarte von Johann MAYR, dem Vater von Georg MAYR (1800–1864), auf. Sie deckt den Raum Memmingen–Altaussee bzw. Fichtelgebirge–Windisch-Matrei und schließt an MAYRs „Postkarte vom Schwaebischen Kreise" an (BSM: Mapp. XII,169 c). Auf eine Geländedarstellung wird weitgehend verzichtet, lediglich vereinzelte, schematische Hügel in Seitenansicht symbolisieren die Bergregionen. Das Gewässernetz ist hingegen recht detailliert wiedergegeben – wenn auch mit vielen Fehlern. So entspringt z. B. die Salzach am Krimmler Tauern und der Traunsee ist ca. doppelt so groß wie der Attersee. Zu den Postlinien heißt es in einer „Nota": „Um Verwirrung zu vermeiden habe ich die Linien der Postrouten gerade und directe blos auf diejenigen Orte zugezogen worinnen sich Poststationen befinden ...". Daher fehlen alle Nebenstraßen, sodaß z. B. der Pinzgau nur in Unken von der Postlinie Salzburg–Tirol berührt wird, sonst aber keine Straße aufweist, während eine Häufung von Ortsnamen die Übersicht erschwert.

Titel:	Re. o. in einspringendem Eck des Rahmens: «Neue Postkarte vom | **BAYERISCHEN KREISE** | *nach der Diezisch9 Postkarte von Deutsch=* | *land, jedoch geographisch, bearbeitet, von Ioh. Mayr,* | *Schriftstecher und Kupferdrucker in Regensburg.* | *Iul9 1796. Preis 30 xr.*».

Zusätze:	Im Feld u. dem Titel: Erklärung der Zeichen und Farben in drei Kolonnen, „Nota" zur Linienführung, Bedeutung der Kennbuchstaben und Maßstab für 5 geogr. M. – Im Unterrand über die ganze Breite vier Kursiv-Zeilen: „Erinnerung" (Erläuterungen zur Grenzziehung und Bitte um Fehlermeldung).
Maße:	Karte: 35 x 39,4 cm bzw. mit „Erinnerung" 41,5 cm hoch. Platte: ca. 37 x 43 cm. – Auf Leinwand (3 x 2) ca. 35,5 x 42 cm inkl. Trennfugen.
Maßstab:	ca. 1:960.000; 3" = 1 M.
Graduierung:	Im Rahmen innen s/w 5'-Skala, alle 20', 40' und volle Grade mit Querstrichen und beziffert. L von Salzburg: 35° 15' E.
Druckart:	Kupferstich, Kreisgrenze farbig nachgezogen, meist ohne Flächenkolorit.
Publ.-Art:	Separatdruck.
Standort:	ÖNB: Alb. 835–2. Kein Standort in Bayern gefunden.

8.2.4
Johann Michael Probst d. J. (1757–1809)
„Neue Post Karte von Bayern …"
1797

Offenbar in Konkurrenz zu MAYR brachte PROBST schon im nächsten Jahr eine dank dem wesentlich größeren Maßstab weniger durch Ortsnamen beladene Übersichtskarte heraus, die ebenfalls nur zweckbestimmte Eintragungen enthält: Die Poststationen und Haltestellen mit den Entfernungen in Posten bzw. Stunden, das Gewässernetz und die Grenzen. Auf die Angabe von Längen- und Breitengraden im einfachen Doppelstrichrahmen wird wie bei der vergleichbaren Mautkarte von KOHLBRENNER (→ 8.2.1) verzichtet. Der Titel steht rechts oben im Eck in einer hübschen Empire-Umrahmung aus viertel- und halbkreisförmigen Bogenleisten mit Einlegearbeit. Auf dem zur Gänze dargestellten Territorium des Erzbistums sind – abgesehen von der Umgebung der Hauptstadt bzw. dem Flachgau – wie bei MAYR nur die Linien über Lofer nach Tirol und über den Radstädter Tauern nach Kärnten eingetragen.

Titel:	«Neue	Post Karte	von **BAYERN.**	*in welcher die Post=	stations Oerter, Stras=	sen und Weiten, nach	den allerbesten Nach=	richten entworfen, und	herausgegeben, von Joh: Michael Probst. in	Augsburg.	1797.*».
Zusätze:	U. dem Titel: «Maas	Stab	von 2. Stunden», Meilenleiste (76 mm): li. «14 Stund», re. «7. Meilen», darunter: «Eine Post Station wird auf Zwey Teutsche Meilen gerechnet». – U. re. im Eck: «Erklærung	Eine Post 4 Stund	Halbe Post 2. Stund	Viertels Post 1. Stund	3/4tels 3. Stund	2. Posten 8. Stund» mit Strichsignaturen. – Li. daneben Kompaßrose mit Angabe der Himmelsrichtungen.
Maße:	Karte: 49 x 54,3 cm; Platte: 50,5 x 58,2 cm; Blatt: 51,5 x 64,5 cm.
Maßstab:	1:576.000; 1" = 8.000 Kl. = 2 M.
Druckart:	Kupferstich.
Publ.-Art:	Separatdruck.
Standort:	SUBE: Ryh 4701:39.
Literatur:	→ 3.9.

8.2.5
Generalquartiermeisterstab
„Straßen=Karte"
(1827)

Veranlaßt durch die Hofkammer und gestützt auf das Material der Franziszeischen Landesaufnahme publizierte der Generalquartiermeisterstab ab 1826 die „Straßenkarten der Kronländer der oesterreichischen Monarchie" (mit 39 Heften „Ergänzungs-Tabellen"). Von diesen enthalten zwei häufig zusammengeklebte Blätter Oberösterreich mit dem Salzburger Kreis. Unter Verzicht auf eine Geländedarstellung werden das Gewässernetz, die Siedlungen, die Straßenverbindungen und die Grenzen sehr übersichtlich und mit großer Genauigkeit wiedergegeben. Hervorzuheben ist die deutliche Unterscheidung der Kategorien der Verkehrswege, die z. B. bis zur Markierung der flöß- oder schiffbaren Flußstrecken geht.

Titel:	«**STRASSEN=KARTE**	des	*Erzherzogthums*	ÖSTERREICH	*ob und unter der Enns*».
Zusätze:	Mi. u. freistehend: Numerierte Liste der neun Kreise, entsprechend deren Nummern auf der Karte. – Re. u. im Eck freistehend: «*Zeichen Erklärung*» mit 22 Signaturen. – Zwischen diesen beiden Zusätzen: Linearmaßstab für 36.000 Kl. oder 9 M. – Ganz li. u. außerhalb des Strichrahmens: «*Gestochen von den Gebrüdern Stucchi.*». Diese, Adone und Stanislav STUCCHI (Daten unbekannt) waren vielbeschäftigte Kartenzeichner und Stecher in Mailand.
Maße:	Karte: 88 x 55 cm (feiner Strich als Rahmen); Blatt: 92,5 x 58 cm.
Maßstab:	1:432.000; 1" = 6.000 Kl., 2" = 3 M.
Druckart:	Lithographie, nicht koloriert.
Publ.-Art:	Separatdruck. Zu Karte gehören fünf großformatige Textbände, die ersten beiden mit Beschreibungen aller Gewässer und Straßen unter dem Titel „Ergänzungs= Tabelle zur Land= und Wasser=Straßenkarte von Oesterreich ob der Enns. (Hydrographische Abtheilung.)" bzw. „(Chorographischer Theil.)" mit 78 und 189 Seiten „Tabellen". Die weiteren drei Bände enthalten die bis 1842 fortgesetzte „Haupt=Uebersicht" über die seit dem Erscheinen der „Ergänzungs-Tabellen" eingetretenen Veränderungen der Straßen und Gewässer.
Standort:	ÖNB: Karte: a. B. 2.C.5. Tabellen: FKB 279–35 und 279–36.
Literatur:	LGK S. 453, 787. – OBÖ 1, S. 271.

8.2.6
Josef Weniger (Daten unbekannt)
Westbahnkarte
[1858]

Unter Verzicht auf jede Geländedarstellung beschränkt WENIGER die topographische Orientierung auf das Gewässernetz, die wichtigeren Siedlungen und die Ländergrenzen. Seine Absicht, den Reisenden über den Ver-

8   Thematische Karten

lauf der „Kaiserin-Elisabeth-Westbahn" zu informieren, erfüllt er nur in begrenztem Maße. Die Datierung des Blattes wird durch fehlende Eintragungen bestehender Strecken erschwert. Die Westbahn ist teilweise als «Projectirt» gezeichnet, obwohl sie bei Erscheinen der Karte schon zur Gänze im Bau war. Sie führt etwa fünf km nördlich an Lambach und an Vöcklabruck vorbei und trennt sich in Wels von der kräftig eingezeichneten alten „Salzbahn" nach Gmunden. Überdies endet das strichlierte Projekt in Salzburg ohne Hinweis auf die weitere Verbindung nach München, die man schon 1841 als Bauziel proklamiert hatte.

Titel: Mit Schwungstrichen geziert freistehend li. o. im Eck: «**KARTE** | des | Erzherzogthums Oesterreich | mit Rücksicht auf die Umgebungen der | KAISERIN-ELISABETH-BAHN. | Entworfen u. gezeichnet von | J. WENIGER, | Redacteur des Eisenbahn-Courier. (Querstrich)».

Zusätze: Im Oberrand Mi.: «Prämie zum Eisenbahn-Courier.». – Re. u. freistehend im Kartenfeld: «Zeichen-Erklärung» mit 18 Signaturen, darunter Maßstab mit Hinweis: «*Maastab von 8 geographischen Post-Meilen*». – Im Unterrand: li.: «Verlag u. Eigenthum v. Leopold Sommer in Wien, Stadt, Dorotheergasse № 1108.»; Mi.: «Vervielfältigung und Nachdruck vorbehalten.», darunter freistehend: «Preis der Karte allein, 40 kr. Ö. W.»; re.: «Artist. Anst. v. Reiffenstein & Rösch in Wien.».

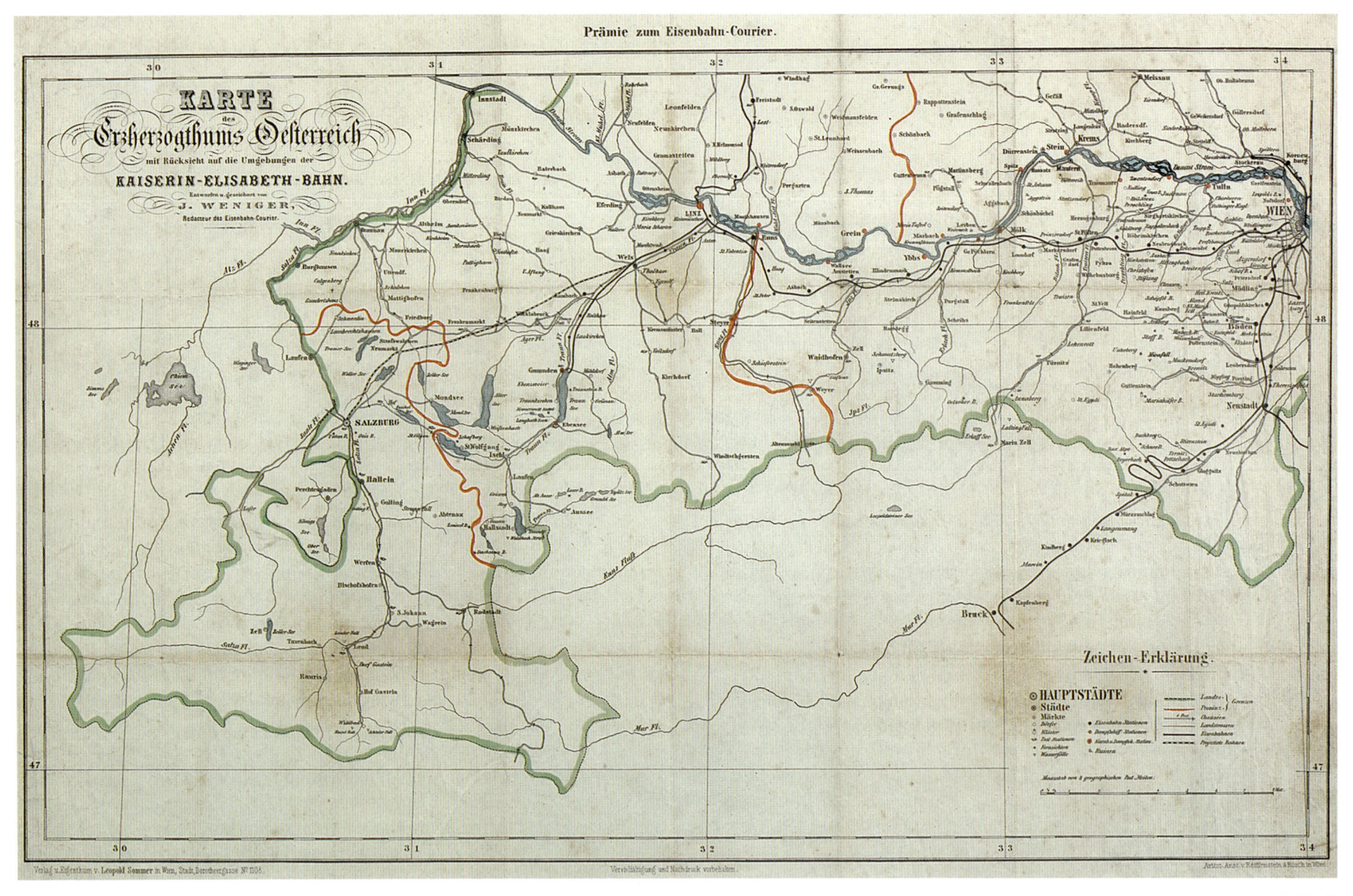

Abb. 112: Josef Weniger: Umgebungen der Kaiserin-Elisabeth-Bahn.

8.2.6

8   Thematische Karten

Maße:	57,3 x 34,8 cm; Blatt: ca. 63 x 47 cm. Fast immer auf das Zeitschriften-Format ca. 16 x 24 cm gefaltet.
Maßstab:	1:576.000; 1" = 2 M.
Graduierung:	Im einfachen Strichrahmen dünne, s/w 5'-Skala, volle Grade beziffert und als Netz durchgezogen. L von Salzburg: 30° 43' E von Ferro.
Druckart:	Lithographie, tlw. mit Grenzkolorit.
Publ.-Art:	Beilage in: «**COURIER** | aller | **Eisenbahn- und Dampfschiff-Fahrten** | in der österreichischen Monarchie | nebst einem | Intelligenzblatte.». Erschien monatlich, das erste Heft im Jan. 1854.
Standort:	SMCA: SL 337, L 12.

8.2.7
Post-Direktion Linz
„Cours-Karten"
1862/63

Unter den Verkehrskarten nehmen die „Topogramme" eine Sonderstellung ein. Diese graphischen Fahrpläne zeigen die öffentlichen Verbindungen mit Art, Frequenz und Fahrpreis als mehr oder weniger breite Bänder zwischen den durch Kreise symbolisierten Orten. Mit Karten im herkömmlichen Sinn haben sie nichts zu tun, obwohl sie um Lagerichtigkeit bemüht sind. Naturgemäß fehlt eine Graduierung ebenso wie ein Maßstab. Die in vielen Auflagen und Sprachen erschienenen Schemata können auch eine Kartensammlung bereichern, da sie das Verkehrsangebot zu einem bestimmten Zeitpunkt und für exakt umschriebene Bereiche mit großer historischer Aussagekraft dokumentieren.

Von der bisher üblichen Form der „Post- oder Postrouten-Karten" auf topographischer Basis radikal abgehend, entwickelte der Geograph Franz RAFFELSPERGER (→ 6.25), damals „Official der k. k. Post-Hofbuchhaltung in Wien" ab 1826 die neuartige „Influenz-Karte der Eilpost-Diligenze- und Packwagen-Course". Sie erregte zunächst in Fachkreisen Aufsehen, da sie den Reisenden „auf einen Blick" nicht nur über alle Verbindungen innerhalb der Monarchie, sondern nahezu in ganz Europa bis Paris, Hamburg, Petersburg, Konstantinopel usw. informierte. Die Verbindungsbänder mußten bei stark befahrenen Strecken allerdings so eng beschriftet werden, daß man sie bald durch vielfältig kombinierbare Linien-Signaturen ersetzte. Der Erfolg dieser ab 1833 in Wien veröffentlichten praktischen Übersichten war durchschlagend und beständig – in modernisierter Form existieren sie noch heute.

Die Postdirektion in Linz, an deren Zuständigkeit für Salzburg sich seit Errichtung der Kreisverwaltung 1816 nichts geändert hat, dürfte „Cours-Karten" nach dem Muster RAFFELSPERGERs schon um 1835 aufgelegt und jährlich nach dem aktuellen Stand der Verkehrsentwicklung weitergeführt haben. Den beiden erfaßten Beispielen kommt verkehrsgeschichtliche Bedeutung zu, da sie knapp nach Eröffnung der „Kaiserin-Elisabeth-Westbahn" gerade noch die letzte Blüte der Postkutschen-Ära illustrieren.

Titel:	Die Titel stehen in einfachsten Strichrahmen in der li. Hälfte knapp am Oberrand des ungerahmten, schmucklosen Blattes: 1.) «**Karte** | der Postverbindungen von Oberösterreich und Salzburg | nach dem Stande vom 1. Juli 1862. | Herausgegeben von der k. k. oberösterreichisch-salzburgischen | Post-Direction in Linz.». 2.) «<u>**Cours-Karte**</u> | des oberösterreichisch-salzburgischen | Post-directions-Bezirkes | nach dem Stande vom 15. Juli 1863.».
Zusätze:	Beide Blätter weisen im re. u. Eckraum umfangreiche Erläuterungen auf. In einem über 9 cm großen Kreis: «<u>Zeichen und Farben Erklärung</u>». Außer den Strichsignaturen für die diversen Verkehrsmittel, den Farben für Sommer (rot) oder Winter (blau) und den Uhrzeiten, wird der Buchstaben-Code der Verkehrstage erläutert. Darunter steht in einem hohen Rechteck eine Tabelle der «<u>Dauer der Sommer-Course</u>», beispielsweise von Salzburg nach Bad Bastein.
Maße:	ca. 85 x 67 cm.
Druckart:	Lithographie, einzelne Strecken handkoloriert.
Publ.-Art:	Separatdrucke. In Bahn- und Poststationen affichiert.
Standort:	OÖLA: I 36 rot und I 37a rot.
Literatur:	DÖRFLINGER, Johannes: Österreichische Eisenbahnkarten bis zum Ersten Weltkrieg. In: Kartographiehistorisches Colloquium Wien '86, Vorträge und Berichte. Hg. von Wolfgang SCHARFE, Ingrid KRETSCHMER und Franz WAWRIK. Dietrich Reimer Verlag, Berlin 1987, S. 157–174. LGK S. 631 ff. (Abb. 115). – ÖNB S. 170 f., Abb. 82; S. 365, 57.2.

8.2.8
Generalstabs-Bureau
„Marschrouten=Karte"
1868

Die vor allem für den militärischen Gebrauch bestimmte – aber ebensogut für „Wandervögel" verwendbare – übergroße Karte enthält das Gewässernetz, die Landesgrenzen, die Verkehrswege von der Eisenbahn bis zum Fußsteig und die an Verkehrswegen gelegenen Orte. Auf eine Geländedarstellung wird gänzlich verzichtet. Mit Hilfe der 27 Signaturen, der auf Achtel-Meilen genauen Entfernungsangaben und ca. 100 detaillierten Anmerkungen kann dem Blatt jede Information entnommen werden, die für die Verlegung von Truppen von Bedeutung ist. Das Kartenwerk besteht aus vier Sektionen, die nach Bedarf zu vereinigen sind. Die Sektionen 1 und 3 enthalten Salzburg und Teile von Oberösterreich, freistehend links oben den Titel mit Zusätzen und drei bis zu 28,5 x 22,5 cm große „Anmerkungs-Tabellen". Das durchgezogene Findegitter, das keinen Bezug auf die fehlende Graduierung hat, weist an den Außen- und Innenrändern der Sektionen große bzw. kleine Buchstaben auf.

Die Karte wird noch registriert, obwohl ihr Erscheinungsjahr außerhalb des Zeithorizonts liegt, auf den der Katalog beschränkt ist. Diese Ausnahme scheint gerechtfertigt, weil es sich um ein Musterbeispiel einer thematischen Karte von Salzburg handelt und weil ihre topographischen Grundlagen auf der „General-Karte" des Quartiermeister-Stabes im gleichen Maßstab beruhen (→ 5.13.2).

8 Thematische Karten

Titel:	«Marschrouten = Karte | des Erzherzogthum's Oesterreich und Herzogthum's Salzburg | *nach den neuesten Materialien zusammengestellt vom k. k. Generalstabs=Bureau für militärische Beschreibung des Inlandes* | *nach dem Bestande vom 31. Juli 1868, ausgeführt im k. k. militärischen geografischen Institute in Wien.* | 1868.».
Zusätze:	U. dem Titel Linearmaßstab und Zeichenerklärung. (Ausgabe 1869: Darunter Preisangabe und Jahreszahl «1869»). – Am li. Rand abgestrichene Anmerkungs-Tabellen.
Maße:	Kartenwerk: ca. 144 x 88 cm, Sektion: ca. 72 x 44 cm, Blätter verschieden groß mit meist ca. 3 cm breiten Rändern.
Maßstab:	1:288.000; 1" = 4.000 Kl.
Druckart:	Lithographie.
Publ.-Art:	Separatdruck.
Standort:	ÖNB: FKB O 43 = 3704 und KB 97.552 (1869). – UBW: II 267.299.
Literatur:	BER-68 S. 187f.

8.3
Verwaltungs- und Gerichtskarten

Als früher Vorläufer der Verwaltungskarten des 18. und 19. Jhs. wurde in Salzburg schon 1675 eine Karte publiziert, die erstmalig die ganze Kirchenprovinz mit allen Suffraganen zeigt. Trotz der Geländedarstellung ist sie zu den administrativen Karten zu rechnen, die mehr als ein Jahrhundert später im Gefolge der Napoleonischen Kriege die verstärkte Nachfrage des breiten Publikums fanden. Diese war nicht allein auf die Veränderungen der politischen Landschaft zurückzuführen, sondern auf den tiefgreifenden Wandel aller Bereiche der Gesellschaft als Auswirkung der Industrialisierung und der rasant zunehmenden Mobilität als Folge des Bahnbaues.

In der Kartographie bewirkte diese Entwicklung das Aufkommen neuer Kartentypen und die Bereicherung des Kartenbildes mit informativen Texten, Tabellen und statistischen Übersichten, nachdem 1847 zum ersten Mal „Statistische Tafeln des Kaiserstaates Österreich" veröffentlicht worden waren. Zu den neuen Kartentypen zählen Karten der Verwaltungsstrukturen, Diözesan-, Konfessions- und Religionskarten, Finanz- oder Kameral- und Gefällenkarten, Gerichts- und Katasterkarten, Postbezirkskarten und statistische Karten bzw. Kartogramme dieser Art.

8.3.1
Rupert Marith (ca. 1639–1709?)
Karte der Kirchenprovinz
1675

113 Wie vorausgeschickt, wird diese Karte trotz ihrer topographischen Qualitäten als thematische katalogisiert, da sie als erste sehr repräsentativ die Kirchenprovinz darstellt. Damit kommt ihr kartographiegeschichtliche Bedeutung zu, obwohl das Erzstift nur 7% des Nettokartenfeldes (ohne Titel und Zierat) einnimmt. Überdies stellt sie keine reduzierte Bearbeitung der Landtafel von SETZNAGEL dar, wie alle anderen Karten ihrer Zeit, sondern beruht auf einem eigenen Entwurf des in der 2. Hälfte des 17. Jhs. führenden Salzburger Geometers und Landschaftsmalers Rupert MARITH (Ruepprecht MARIT, MARYT), den der aus Burghausen stammende Christoph SELHAMER (SELHAMMER, ca. 1650–1709) als „Thesenblatt" für seine „Disputation" in Salzburg am 9. Nov. 1675 stechen ließ. Diese bestand er so erfolgreich, daß er 1676 zum Dom- und Stadtpfarrer berufen wurde. Als solcher gab er schon 1678 bei dem Salzburger Drucker Melchior HAAN (und später in Augsburg und Nürnberg) eine voluminöse Sammlung seiner Sonntagspredigten unter dem Titel „Tuba Analogica sive Conciones in Dominicas" heraus, der noch vier weitere „Tubae" folgten. Den Band eröffnet ein aufwendiges, von Wolfgang HOFFLER gezeichnetes und von Melchior KÜSELL (KÜSEL, 1626–ca. 1683) gestochenes Widmungsblatt an Erzbischof MAX GANDOLPH von Kuenburg (1668–1687) mit dessen lorbeerumkränztem Porträt (SLA: Kapuzinerbibl. Nr. 5.301 B). Ab 1684 wirkte SELHAMER zwei Jahre als Stadtpfarrer in Weilheim und kehrte dann nach Salzburg zurück, wo er 1699 das „Dimissoriale" erhielt und wohl 1709 gestorben ist (schriftl. Mitt. von Dr. Elisabeth ZACHERL, SLA).

Zu seiner „Disputation" widmete er dem Erzbischof statt eines nüchternen „Thesenblattes" das außergewöhnliche allegorisch-kartographische Huldigungskupfer in zwei Teilen. Die obere allegorische Hälfte entwarf der angesehene Maler Johann Friedrich PERETH (PERRET, 1643–1772), den Stich besorgte in gewohnter Qualität Melchior KÜSELL. Thema der phantastischen Inszenierung in und über einer hochbarocken Gartenszenerie ist die überschwengliche Panegyrik auf den Landesherren. Den beherrschenden Blickpunkt bildet dessen Porträt in einer Glorie, von der beschriftete Strahlen zu den mit Wappen, Bischofsmütze und Bistumsnamen markierten acht Suffraganen, zu den bedeutendsten Kirchen und Klöstern sowie zu anderen Wirkungsstätten MAX GANDOLPHs führen, die auf der darunter stehenden Karte eingezeichnet sind. Das Porträt unter dem leuchtenden Namen „Jahwe" (in hebräischer Schrift) schmücken überreich allegorische Figuren, zahlreiche Ansichten von Bauten des Fürsten und viele rühmende Parolen. Im Vordergrund trägt HERKULES, der Sieges- und Tugendheld der Antike, gestützt auf Gott und die Kirche einen „Salzburg-Globus", dessen Oberfläche zur Gänze vom Erzstift bedeckt wird.

Die Texte stehen auf zwei von Engeln gehaltenen Draperien im obersten Teil des Bildes und unten auf zwei Schrifttafeln links und rechts von HERKULES. Auf dem Velum links oben mit dem Titel „Theses Theologicæ" wird die vom Erzbischof patronisierte Prüfungskommission genannt. Die Draperie rechts bietet kaum genug Platz, die Widmung an den Erzbischof aufzunehmen. Die beiden unteren Tafeln enthalten 80 Thesen SELHAMERs, die er in der „Disputation" zu verteidigen hatte. Diese und die Deutung der Allegorien bringt im Detail Susanne ROTT, deren Arbeit hier mehrfach verkürzt zitiert wird.

8.3.1

Abb. 113: Rupert Marith: Karte der Kirchenprovinz.

Die untere Hälfte des Doppelblattes, das ein gebundener Lorbeerrahmen zusammenfaßt, enthält die Karte, deren ursprüngliche Bestimmung in der Literatur kaum erwähnt wird. Erst als Beilage zu der „MEZGER-Chronik" von 1692 fand die Karte nach 17 Jahren gebührende Beachtung und löste bis in die Gegenwart andauernde Debatten aus. Sie drehten sich vor allem um die konvergenten punktierten Linien, deren Bedeutung ohne Kenntnis des allegorischen Oberteils rätselhaft bleiben mußte, obwohl schon FLESCH der richtigen Deutung auf der Spur war (S. 95). Daneben führte auch der schlecht gestochene Name des Autors, den PILLWEIN als erster falsch mit „MARCTH" publiziert hatte (PIL S. 139), zu langen Kontroversen. FLESCH überprüfte ihn nach über hundert Jahren am Original und las ihn als „MARTTH". Erst BERNLEITHNER fand im Bayerischen Hauptstaatsarchiv die richtige Schreibung (BER-68 S. 178), die ZAISBERGER u. a. mit der Würdigung von MARITHs maßgeblicher Beteiligung an der Vermessung der Landesgrenzen im Pinzgau endgültig verifiziert hat.

Verglichen mit dem theatralischen Geschehen über ihr wirkt die Karte, die den Raum vom Ammersee bis Tulln und vom Gebiet nördlich des Böhmerwaldes bis zu den Karawanken deckt, sehr sachlich. Sie bietet Ersatz dafür, daß in Salzburg im 17. Jh. keine Neuaufnahme des Landes wie in Österreich durch Georg Matthias VISCHER (1628–1696) stattgefunden hat. Ihren Schmuck bildet rechts oben die große, von den Allegorien der Religion und des Glaubens flankierte Titelkartusche, die das Wappen MAX GANDOLPHs überragt. Im linken unteren Eck sitzt ein Flußgott mit Zirkel und Steinbock, den ROTT als Personifikation der Salzach deutet. Darunter stehen der Name des Autors, Herstellungsort und -jahr sowie die Meilenleiste. Die kartographischen Qualitäten der detailreichen Rahmenkarte werden mit Recht seit PILLWEIN gerühmt. Dieser geht allerdings zu weit, wenn er MARITH zuschreibt, viele Orte in ihre richtige Position gerückt zu haben, wie z.B. Mittersill und Niedernsill. Dies hat bereits DÜCKHER 1666 besorgt. Ebenso irrig ist die Bemerkung, MARITH sei der Erste gewesen, «welcher die Quellen der Salza, gegen SETZNAGEL's Ansehen, nach dem Krümler=Tauern verlegte.». Der Fehler geht auch auf DÜCKHER zurück. Im Vergleich mit diesem sind aber trotz des kleineren Maßstabs starke Verbesserungen der Situation und des Gewässernetzes fest-zustellen. Das Ausmaß der Verzerrungen und speziell die Verschiebung des Lungaus nach Norden zeigt wieder das von MÜLLER konstruierte Verzerrungsgitter (MÜL Abb. 5).

Titel: «ARCHIEPISCOPATVS SALIS= | BVRGENSIS CVM OCTONIS EPISCO= | PATIBVS METROPOLITANO | SALISBVRGENSI | SVBIECTIS.».

Maße: Gesamtgröße mit Rahmen: ca. 58 x 82,5 cm; ohne Rahmen: 52,9–54,4 x 81,5–82,2 cm. – Bildgröße des Oberteils: 49,6 x

8   Thematische Karten

37,5 cm; Platte: 54,5 x 40,5. – Größe der Karte: 49,7 x 39,5 cm; Platte: 54,6 x 42,7 cm. – Lorbeerrahmen: Allseitig 22 mm, o. und u. mit 4 mm breiten Leerstreifen.

Die vielen Falschmeldungen über die Karte zeichnen sich besonders durch teils absurde Größenmaße aus. Bei BER-65 wird die Breite oben mit 483 mm und unten mit 383 mm angegeben – eine Differenz von 10 cm! – sowie die „Länge" wieder mit 383 mm. Daß es sich dabei nicht einfach um Druckfehler handelt, beweist BER-68 mit der Bestätigung der unerklärlichen Formate. Überdies wird als Druckjahr 1677 genannt.

Zusätze: Himmelsrichtungen in Latein an den vier Seitenrändern.
Maßstab: 1:864.000; 1" = 12.000 Kl. = 3 M.
Graduierung: Schmale s/w Skala um den Kartenteil: L mit 10'-, B mit 4'-Teilung, volle Grade beziffert. Im li. Rand steht die Zahl «48» mit Markierung falsch um eine Skalen-Einheit (4') zu weit nördlich.
L von Salzburg: 35° 27' E.

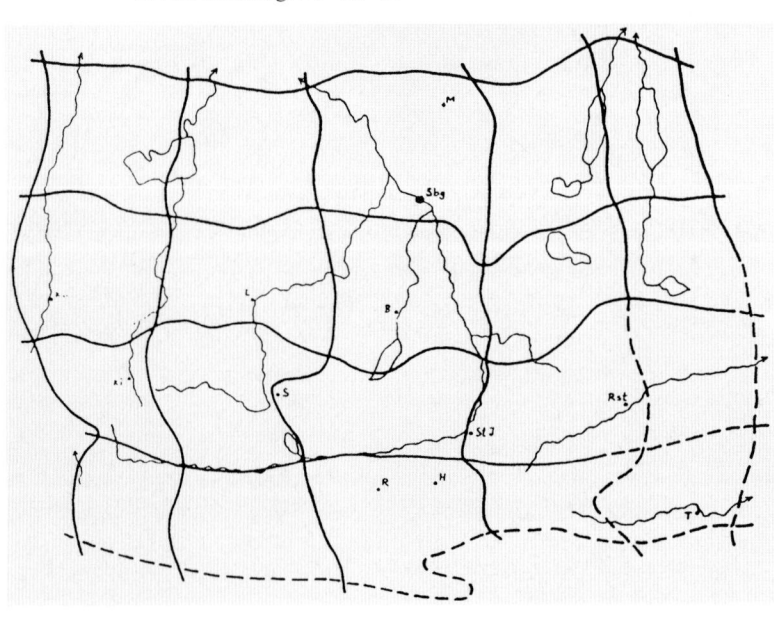

Abb. 114: Verzerrungsgitter der Karte von Marith, 1675.   **8.3.1**

Druckart: Kupferstich. – Wasserzeichen: Anker und fragliches Ornament.
Publ.-Art: Einblattdruck von 1675 in zwei Teilen.
Nur die Karte als mehrfach gefaltete Beilage in:
«HISTORIA | SALISBURGENSIS. | Hoc est, | **VITÆ** | EPISCOPORUM, ET AR- | CHIEPISCOPORUM | SALISBURGENSIUM; | Nec non | **Abbatum Monasterij S. Petri** ... | AUTHORE ... | P. JOSEPHO MEZGER, | ... Admodum RR. RR. & Clarissimi | PP. FRANCISCUS & PAULUS | MEZGERI ... || (Querstrich) SALISBURGI, | Ex Typographéo JOANNIS BAPTISTÆ MAYR, Typographi Aulico-Academici. | ANNO M. DC. XCII.». – Die Chronik umfaßt über 1.300 Textseiten, ca. 19 x 30 cm, mit 25 Kupferstichtafeln.
Standort: Komplett äußerst selten: SLA: Graphik XIV.26.1, 26.2. – Diözesan-Archiv Freising (München). – 1983: bei Zisska & Kistner, 1. Auktion, Los 1292.
Karte allein: BSM: Mapp. IX, 148i. – ÖNB: 39. Q. 10. – SMCA: SL 18, L 01. – SUBE: Mülinen A#143. – SWS.

Literatur: BER-65 S. 28f., BER-68 S. 178, 188. – BSM-44 S. 120, S. 409, K 5.8. – BSM-50 S. 226, K 6.18. – DES S. 119. – FLE S. 92ff. – GS S. 178. – LGK S. 698. – MÜL S. 371, Abb. 5. – NEB II, 414, S. 254f. – PIL S. 139. – SLA S. 11, L.25.
ZAISBERGER, Friederike: Historische Grenzsteine zwischen Bayern, Salzburg und Tirol. Kniepaß-Schriften, NF 14, Unken 1984.
Zu KÜSEL(L): ROTT, Susanne: Zur Ikonographie und Ikonologie barocker Thesenblätter des Augsburger Kupferstechers Melchior Küsel (1626–ca. 1683). 9. Erzbischof Max Gandolph von Khünburg mit der Kirchenprovinzkarte Salzburgs. In: Zeitschrift des Histor. Vereins für Schwaben, 83, Augsburg 1990, S. 89–95. – FUH S. 357.
Zu SELHAMER: BAADER, Clemens Alois: Lexikon verstorbener baierischer Schriftsteller des 18. und 19. Jahrhunderts. Jenisch und Stage, Augsburg-Leipzig 1824, S. 235. – BBB S. 721. – FÜRST, Max: Biographisches Lexikon für das Gebiet zwischen Inn und Salzach. Lentner'sche Buchhandlung, München 1901, S. 82. – Von Werner TELESKO in: Thesenblätter österreichischer Universitäten (Sbg. Barockmuseum 21, Salzburg 1996) nicht erwähnt.

8.3.2
Anonym
„Kreise und Landgerichte"
1812

Die schmucklose Inselkarte ist eine der zahlreichen anonymen und topographisch stark vereinfachten Kopien der Karte COULONs von 1812 (→ 5.12.2.2). Der Anlaß für das Erscheinen dieser neuen Verwaltungskarte war die Reduzierung der Zahl der Verwaltungskreise und Landgerichte von 15 auf nur mehr neun. Sie zeigt sachlich und informativ die Verwaltungsgliederung des Königreichs Bayern zu seiner Glanzzeit (→ 9.16). Seine wesentlich größere Nord-Süd-Ausdehnung läßt im Querformat des Rahmens links und rechts breite Freiräume, die nur teilweise vom Titel (rechts oben im unten verstärkten Oval) und der Liste der neuen neun Kreise (links oben) eingenommen werden. Auffallend ist das Fehlen einer Graduierung oder einer anderen Orientierung und eines Maßstabs.

Titel: «**KARTE** | vom | **KÖNIGREICH BAIERN** | mit den | *Kreisen und Landge=* | *richten.* | *1812.*».
Zusätze: Verzeichnis der Kreise, deren röm. Nummern auf der Karte eingetragen sind.
Maße: Karte: 21,8 x 18 cm.
Maßstab: 1:2.448.000; 1" = 8½ M.
Druckart: Kupferstich, Kreisgrenzen von Hand koloriert.
Publ.-Art: Unbekannt.
Im Zuge der Katalogisierung fand Marie-Theres DELONGE das lose Einzelstück in einer Sammelmappe der BSM. Mittelfalz und Klebespuren beweisen seine Herkunft aus einem Atlas oder – wahrscheinlicher – aus einem „Handbuch der Staatsverfassung und Staatsverwaltung des Königreiches Bayern" (ebenfalls von 1812, BSM: AB III/7) oder einem „Bayerischen Staatskalender". Auch in Kreis- und Gerichtsakten finden sich diese Verwaltungsübersichten.
Standort: BSM: Mapp. XI, 55.

8.3.3
Wenzl Schielhabl (Daten unbekannt)
„Kammeral-Gefällen-Karte"
1837

Die in vier Blättern gedruckte Karte ohne Graduierung ist fast immer zu einem übergroßen, rahmenlosen Blatt zusammengeklebt. Es zeigt Oberösterreich und Salzburg im Stil einer gemilderten Inselkarte, bei der die grenznahen Räume der Nachbarländer insbesondere in Hinblick auf die Verkehrswege geschickt berücksichtigt werden. Entsprechend der Zielsetzung der Karte sind die Zollstraßen und die Zoll-Grenzbezirke mit eigenen Signaturen gekennzeichnet. Die Darstellung der Situation beschränkt sich auf die Wiedergabe der Gewässer. Eine weitere „Kammeral-Gefällenkarte" von Johann Nepomuk DIEWALD soll laut GIORDANI ebenfalls bei HAFNER erschienen sein, doch blieb die Suche nach dieser bisher ergebnislos.

Titel:	Freistehend li. o. in mehreren Schrifttypen, mit Schwungstrichen verziert: **«Kammeral-Gefällen-Karte | von | OESTERREICH |** *ob der Enns und* **| SALZBURG |** *entworfen und gezeichnet nach der neuesten Eintheilung im Jahre 1837. | von | Wenzl Schielhabl, ehemaligen k. k. Mappen= Geometer und | gegenwärtig Amtsschreiber bey dem k. k. Hauptzollamte | in Linz | Lithographirt und gedruckt bey Joseph Hafner in Linz | Revidirt vom Herrn F.W. Hermañ, k.k. Kameralrathe | und Gränzwach=Landes=Ko͞mandanten.».*
Zusätze:	Li. u. dem Titel senkrecht stehender Transversalmaßstab für 5 dt. Post-Meilen. – Re. u. ebenfalls freistehend: *«Erklärung der Zeichen»* mit über 30 Signaturen.
Maße:	Gesamtgröße ca. 95 x 80 cm.
Maßstab:	1 : 260.000.
Druckart:	Lithographie.
Publ.-Art:	Separatdruck.
Standort:	ÖNB: a.B. 2.D.21. – SMCA: SL 54, L 03.
Literatur:	GIO S. 192. – LGK S. 559. – OBÖ 1, S. 271. – Zu HAFNER: → 6.8.1.

8.3.4
Joseph Waitzmann (1814? –?)
Postbezirks-Karte
[1845]

In ihrer Monographie über die Linzer Offizin HAFNER verzeichnet Else GIORDANI eine lithographierte Postbezirks-Karte von WAITZMANN (WAIZMANN) im Oberösterreichischen Landesmuseum (Signatur fehlt) mit nachstehendem Titel und Zusatz, ohne weitere Einzelheiten wie Größe, Maßstab usw. anzugeben. In dem Museum ist die Karte aber nicht (mehr?) vorhanden. Erfolglos blieben auch Nachforschungen im Oberösterreichischen Landesarchiv, in allen besuchten Bibliotheken sowie Anfragen bei E. GIORDANI und bei Kartenhistorikern.

Titel:	„Bezirkskarte der k.k. Ober-Post-Verwaltung für Oesterreich ob der Enns und Salzburg.".
Zusätze:	„Lithographie von Jos. Waitzmann bey Jos. Hafner in Linz.".
Literatur:	GIO S. 210, 212, Nr. 8.

8.3.5
Johann Jakob Herz von Rodenau (1809–1873)
„Finanzkarte"
(1845)

Auf dem übergroßen Blatt sind die beiden Kronländer und der „Salzburgerkreis" in der Manier einer Inselkarte unter Verzicht auf jede Geländedarstellung mit Ausnahme des Gewässernetzes und ohne Graduierung nach rein kameralistischen Gesichtspunkten wiedergegeben. Neben üblichen Kartenzeichen finden sich daher zahlreiche einschlägige Bezeichnungen, wie etwa „Finanzwache", „Bergregale" usw. Damit liefert die Karte vorzügliche Informationen über die Finanzverwaltung Salzburgs. Charakteristische Details sind ferner der s/w Klaviertastenrahmen und die ausführlichen Angaben über den Widmungsempfänger, wie auch über den Verfasser. Dieser hat sich als Postexperte u. a. um die Einführung der Briefmarken in Österreich verdient gemacht und wurde als Generaldirektor der „Karl-Ludwig-Bahn" 1864 nobilitiert.

Die Datierung der Karte mit 1845 dürfte sicher sein, da in diesem Jahr bei Carl GEROLD, Wien, als Begleitheft „Tabellarische Übersichten der verschiedenen Gefälls-Zweige …" erschienen sind. Im Vorwort erklärt HERZ, daß er, „ermuthigt" durch „vielfältige Auszeichnungen und die lebhafte Theilnahme" für seine statistisch-topographische Finanz-Karte von Böhmen, nunmehr diese weitere Finanz-Karte der Öffentlichkeit übergebe.

Titel:	Freistehend li. o. in 12(!) verschiedenen Schriften und mit Schwungstrichen verziert: **«FINANZ KARTE |** *des |* **Erzherzogthumes Oesterreich** *ob und unter der Enns | und des |* **HERZOGTHUMES SALZBURG |** *Verfasst und | S͟r Excellenz dem Herrn Herrn |* **Franz Anton Grafen v. Kolowrat Liebsteinsky |** *k. k. oesterreichischen Staats- und Conferenz Minister, Herrn der Herrschaften … (gesamt vier Zeilen) | ehrfurchtsvoll zugeeignet | von |* **JOHANN HERZ |** D͟r. *der sämt. Rechte und der politischen Wissenschaften …, D͟nd der Weltweisheit (= Doktorand der Philosophie), k. k. Cameral-Secre= | tär, Mitglied mehrerer gelehrter Gesellschaften | etc. etc.».*
Zusätze:	Alle freistehend. U. Mi.: **«Erklärung der finanziellen Bezeichnungen.».** 41 Signaturen in neun Kategorien. Darunter: *«Der Grenzbezirk ist durch Schraffirung bezeichnet.».* – Re. daneben: **«Cameral-Bezirke»**, in der letzten Zeile: *«VIII. (Bezirk) Salzburg (für den) Salzburgerkreis.».* – Darunter Linearmaßstab. – Nahe dem re. Rand: **«ERKLÄRUNG | der topographischen Zeichen.».**
Maße:	Karte: 86,5 x 64 cm; Blatt: 98 x 73 cm.
Maßstab:	1 : 446.000.
Druckart:	Lithographie.

Publ.-Art:	Separatdruck. Auf Leinwand kaschiert.
Standort:	ÖNB: a.B. 2.C.8; Begleitheft: FKB 282/110.
Literatur:	BER-68 S. 187. – GV Bd. 60, S. 362. – ÖBL 2. Bd., S. 296. – ÖNB: S. 370.

8.3.6
Alois Johann Baptist Souvent (1794–1864)

Der als „Triangulator" verunglückte und aus dem Vermessungsdienst geschiedene Oberleutnant SOUVENT wurde in seiner späteren Funktion des Linzer Katastralmappen-Archivars zum „bedeutendsten unter den in Oberösterreich wirkenden Kartographen" (DÖRFLINGER). Nach einigen kleineren Karten (u. a. des Salzkammerguts) schuf er seine wichtigsten und größten Blätter: Die „Uibersichtskarte der Gerichts- und Verwaltungs-Bezirke" von 1850 und sein Hauptwerk, die „Administrativ-Karte" von 1857, die beide in mehreren Auflagen jahrzehntelang Verwendung fanden.

Die „Administrativ-Karte des Erzherzogthums Oesterreich ob der Enns nach den neuesten und besten Materialien der Kataster-Aufnahme zusammengestellt, gezeichnet und herausgegeben im Jahre 1857, von Alois SOUVENT k. k. Mappen-Archivar." umfaßt 21 Blätter im Maßstab 1:72.000, die bei F. PISCHEL in Urfahr gedruckt wurden. In den Grenzgebieten Salzburgs sind außer dem Gewässernetz auch größere Orte und einzelne Berggipfel dargestellt. Ebenso reicht in den hochalpinen Räumen die Terrainzeichnung über die Grenzen des Kronlandes auf Salzburger Gebiet, doch kann deswegen nicht von einer Landeskarte gesprochen werden.

Literatur:	BER-68 S. 187. – LGK S. 559 (mit irriger Datierung „1854"), 860. – OBÖ 1, S. 272. – REG S. 47.

8.3.6.1
Übersichtskarte zum Kataster
1839

Um die Gesamtergebnisse der seit 1817 laufenden Kataster-Aufnahme übersichtlich darzubieten, schuf vermutlich SOUVENT persönlich eine höchst informative Übersichtskarte. Auf ihr fehlt zwar der Name des Autors, doch liegt im Linzer Landesarchiv ein von SOUVENT signiertes Exemplar. Das mit dem Klaviertastenmuster gerahmte Blatt enthält links eine Inselkarte von Oberösterreich mit Salzburg ohne Graduierung, in der stark generalisiert die Gewässer, die Hauptstraßen, die wichtigen Orte und die Kreisgrenzen eingetragen sind. Die rechte Hälfte des Blattes nehmen die nach den fünf Kreisen aufgeschlüsselten Tabellen ein.

Titel:	«Uibersichts Karte	der	**PROVINZ OESTERREICH OB DER ENNS	UND	SALZBURG**».
Zusätze:	Re. o.: «Resultate	der	**KATASTRAL=VERMESSUNG**», darunter: «Ergebnisse	der	**Katastral Grund Schätzung**». – Im Unterrand ganz li.: «*K: k: Mappe̱n Archiv Linz den 14ten Juni 1839.*».
Maße:	Karte: 41,4 x 28,4 cm; Platte: 42 x 29 cm.
Maßstab:	1:1,008.000; 1" = 14.000 Kl. = 3½ M.
Druckart:	Lithographie.
Publ.-Art:	Separatdruck als Ergänzung zu den Katasterplänen.
Standort:	OÖLA: I 53 a. – SLA: Katasterarchiv.

8.3.6.2
Karte der Gerichts- und Verwaltungsbezirke
1850

Die großformatige Verwaltungskarte liegt in zwei verschiedenen Ausgaben vor. Sie zeichnet sich durch die Aktualität der ersten Auflage aus und stellt als Zinkdruck eine Rarität dar, da bisher nur zwei Salzburger Karten in dieser Drucktechnik bekannt sind. Überdies gebührt ihr ein Ehrenplatz in der Galerie kartographischer Irrtümer: Die Breite wird im Rahmen um einen Grad zu niedrig angegeben!

Die beiden Kronländer sind als große, von den Namen der Nachbarn umgebene Insel ohne Geländedarstellung gezeichnet. Das Gewässernetz wird sehr detailliert und genau wiedergegeben. Deutliche Grenzsignaturen markieren die administrativen Bereiche von den Kronländern über die Bezirke bis zu den Katastralgemeinden. Für gute Übersicht sorgt die Numerierung der Gerichts- und Steueramtsbezirke entsprechend der neuen Gliederung von Oberösterreich und Salzburg, das den Status eines Kronlandes gerade zu Beginn des Erscheinungsjahres erreicht hatte. Die Aktualität der kartographischen Informationen wird durch eine große Randtabelle ergänzt, die für alle 70 Bezirke der beiden Länder u. a. die Fläche, die Bevölkerung und die administrative Zuteilung ausweist.

Titel:	«UIBERSICHTS=KARTE	*der neu organisirten*	**GERICHTS UND VERWALTUNGS BEZIRKE**	der Kronländer	ERZHERZOGTHUM ÖSTERREICH OB DER ENNS	UND	HERZOGTHUM SALZBURG	verfasst im Jahre 1850	*von Alois Souvent k. k. Catastral Mappen Archivar zu Linz.*». – Dem Zeitgeschmack entsprechend ist jede der neun Zeilen des großen, li. o. freistehenden Titels in einer anderen Schrift gesetzt, tlw. ornamental unterlegt und mit Schwungstrichen geziert.
Zusätze:	Am li. Rand: «Statistische Übersicht …», ca. 31 cm hoch, 8,5 cm breit, dazu eine «Anmerkung» über die Bezirksgliederung und den Bereich des Oberlandesgerichts. – Re. u. freistehend: «ZEICHEN ERKLAERUNG», «GRAENZEN» und drei «Maasstaebe» für Wr. Kl., geogr. M. und «Miriamètres». – Li. daneben senkrecht stehende Zeile zum Meridian Gusterberg bei Kremsmünster mit Pfeilen. – Im Unterrand Mi.: «*Zinkdruck von Wernigk in Wien.*».
Maße:	Karte: 84–84,8 x 71,2–72 cm; Blatt ca. 92 x 78 cm.
Maßstab:	1:288.000; 1" = 4.000 Kl. = 1 M.
Graduierung:	Der Rahmen ist doppelt s/w skaliert: Innen läuft eine schmale Skala für 1.000 Wr. Kl., mit der Zoll-Striche im Rahmen nach je vier Feldern übereinstimmen. Dieses gleichmäßige Meilen-Netz war offenbar als Findegitter gedacht. Zwischen seinen beiden Markierungen liegt eine kaum 1 mm breite Minuten-Skala. Alle 5' sind nur mit dieser Zahl beziffert, alle

10' mit den vollen Zahlen und ebenso die Grade. Für die B stehen li. und re. «46» und «47» statt 47 und 48.
L von Salzburg: 30° 41' E von Ferro.

Druckart: Zinkdruck, Grenzen meist handkoloriert.
Publ.-Art: Separatdruck. Häufig auf Leinen kaschiert und in Pappe-Schuber, Teilung gewöhnlich 6 x 4 oder 8 x 4.
Standort: ÖNB: KC 96.345. – SLA: Graphik XIV.38. – SMCA: SL 57, L 03. – SWW: K-V (Bl) : OE 1281. – UBS: 17.913 II.
Literatur: SLA S. 16, L.43 (irrig als Lithographie bezeichnet).

8.3.6.3
1854

Die Neuauflage beruht zwar auf denselben kartographischen Grundlagen wie die Erstausgabe, doch sind der thematische Karteninhalt und speziell die Zusätze so stark reduziert, daß sie als eigener Typus registriert werden muß. Vor allem fehlt die große Randtabelle der „Statistischen Übersicht". Der Titel und die Grenzsignaturen wurden zwar übernommen, doch scheinen nur mehr die politischen Bezirke auf, deren Nummern wegen des Fortfalls der Tabelle getilgt sind. Über dem Pinzgau und Pongau steht als neue Beschriftung „Herzogthum Salzburg", und die vier oberösterreichischen Kreise tragen in fremd wirkenden Typen ihre Namen. Alle anderen Daten der Karte stimmen mit jenen der Erstauflage überein.

Titel: Wie vorher bis auf die geänderte Jahreszahl «1854».
Zusätze: Der vorher von der Randtabelle eingenommene bayer. Raum ist leer. Die freistehend re. u. im Eck verbliebene «ZEICHEN ERKLAERUNG» wurde geringfügig mit früheren Anmerkungen erweitert. «Maasstaebe» und Meridian-Hinweis unverändert.
Standort: OÖLA: I 54. – StSP: Kart. Slg. 191.

8.3.6.4
Kataster-Übersichtskarte
1856

Die Vermutung der Urheberschaft SOUVENTs an dieser nicht signierten Übersichtskarte mit der riesigen Gesamtfläche von rund 7,5 m² stützt sich auf die Art der Darstellung und seine Funktion: Dem fleißigen und initiativen Linzer Katastralmappen-Archivar wäre es zuzutrauen, den seit Ende 1817 geschaffenen Grundsteuer-Katasterämtern eine Unterlage zu liefern, die dank ihrer Größe und der sparsamen Beschriftung genügend Platz für eigene Vormerkungen bot. Im Unterschied zu den bisher registrierten Entwürfen enthält die Karte lediglich ein rudimentäres Gewässernetz, die Haupt-Poststraßen, alle Grenzen bis zur Katastralgemeinde und deren Namen sowie die Bezirks- und Kreisbezeichnungen. Auf andere Toponyme, eine Geländedarstellung und eine Graduierung wird verzichtet.

Die Ausgabe des Kartenwerks von 1830 (OÖLA: I 52 b) zeigt auf vier Teilen nur Oberösterreich ohne Salzburg, obwohl dieses dem Kronland 1816 als Kreis zugeschlagen worden war. Die überarbeitete Ausgabe von 1856 erfaßt auf neun Blättern (3 x 3) als 5. Kreis auch Salzburg. Dieses nimmt bei fingierter Zählung die Blätter 5, 7 und 8 ein und ragt mit Lofer etwas in Blatt 4 sowie mit einem kleinen Ausläufer des Lungaus in Blatt 9. Die Einzelblätter tragen keine Titel und keine Zusätze, außer den Zahlen des Findegitters. Der Gesamttitel mit Zeichenerklärung und Blatteinteilung steht frei links oben im Eck.

Zusätze: Findegitter an den Außenrändern angerissen (nicht auf dem mittleren Blatt 5), li. und re. mit arab., o. und u. mit röm. Zahlen.
Maße: Einzelblätter: ca. 100 x 83 cm; Kartenwerk: ca. 300 x 250 cm.
Maßstab: 1 : 115.200; 5" = 2 M.
Publ.-Art: Teilstücke aus: «Übersichts Karte | DER | **STEUER BEZIRKE** | UND | KATASTRAL GEMEINDEN | VON | **OESTERREICH OB DER ENNS** | UND | **SALZBURG**. | 1856. | (Querstrich) ZEICHEN ERKLAERUNG | (Querstrich) *STELLUNG DER BLÆTTER*: | (darunter) *Massstab | den Wiener Zoll zu 1600 Wiener Klafter*» und Linearmaßstab.
Standort: OÖLA: I 52 a. – SLA: K. u. R. C.1.44.

8.3.7
Rudolf Ziegler (Daten unbekannt)
Administrativ-Karte
1856

Die nicht gerahmte und meist auf braunes oder dunkelgrünes Leinen kaschierte Inselkarte des Herzogtums trägt links oben den freistehenden, großzügig konzipierten und mit dem Landeswappen im Eichenkranz gezierten Titel. Jede seiner von Schwungstrichen umfaßten und mit Blattwerk unterlegten zehn Zeilen ist in einer anderen Type gedruckt. Darunter steht der Maßstab: «Den Wiener Zoll zu 3000 Wiener Klafter gerechnet.». Rechts oben findet sich eine umfangreiche statistische Tabelle und darunter die Zeichenerklärung. Alle Angaben zur politischen, gerichtlichen und kirchlichen Verwaltung sind sehr übersichtlich eingetragen und entsprechen den Bestimmungen der kaiserlichen Verordnung Nr. 289 vom 26. Juni 1849. Auffallend gut ist die sparsame, aber plastisch wirkungsvolle Darstellung der wichtigsten Gebirge gelungen. Auf eine Graduierung wird verzichtet.

Titel: «**Administrativ-Karte** | des | HERZOGTHUMES SALZBURG | **nach der** | **neuesten politischen & gerichtlichen Eintheilung** | vom Jahre 1853. ‖ *Lith. von* | *Rudolf Ziegler* | *im Jahre 1856.*».
Zusätze: Rund um die Inselkarte Namen der angrenzenden Länder. – Li. Mi. Linearmaßstab. – Re. o.: «Zur Landeseintheilung»: Statistik der Flächenausmaße, deren Reinertrag, der Bevölkerung, der Katastral- und Ortsgemeinden sowie der Häuser. – Darunter eingehende Erklärung der Zeichen und der Grenzsignaturen.

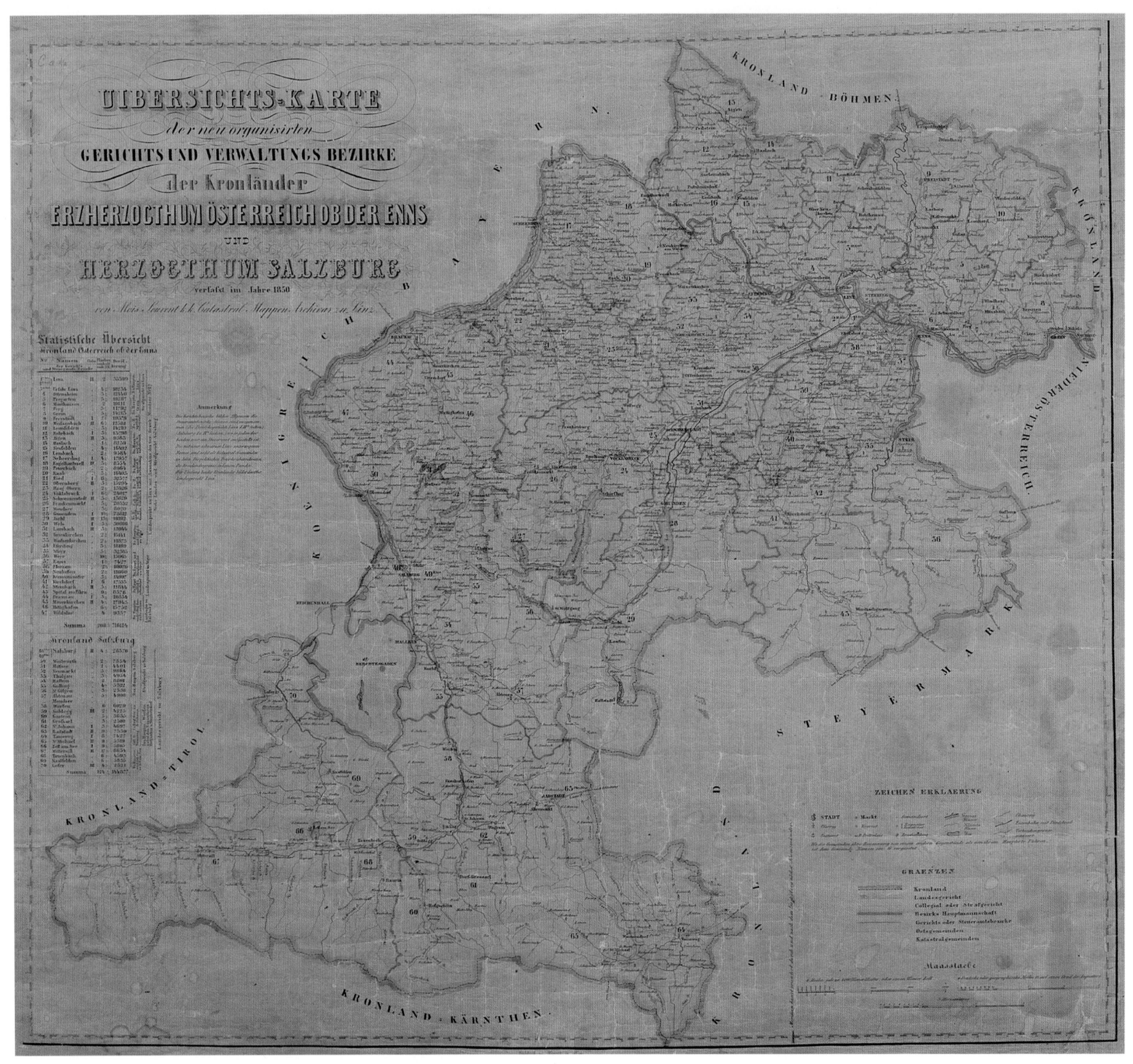

Abb. 115: Alois Souvent: Karte der Gerichts- und Verwaltungsbezirke.

8.3.6.2

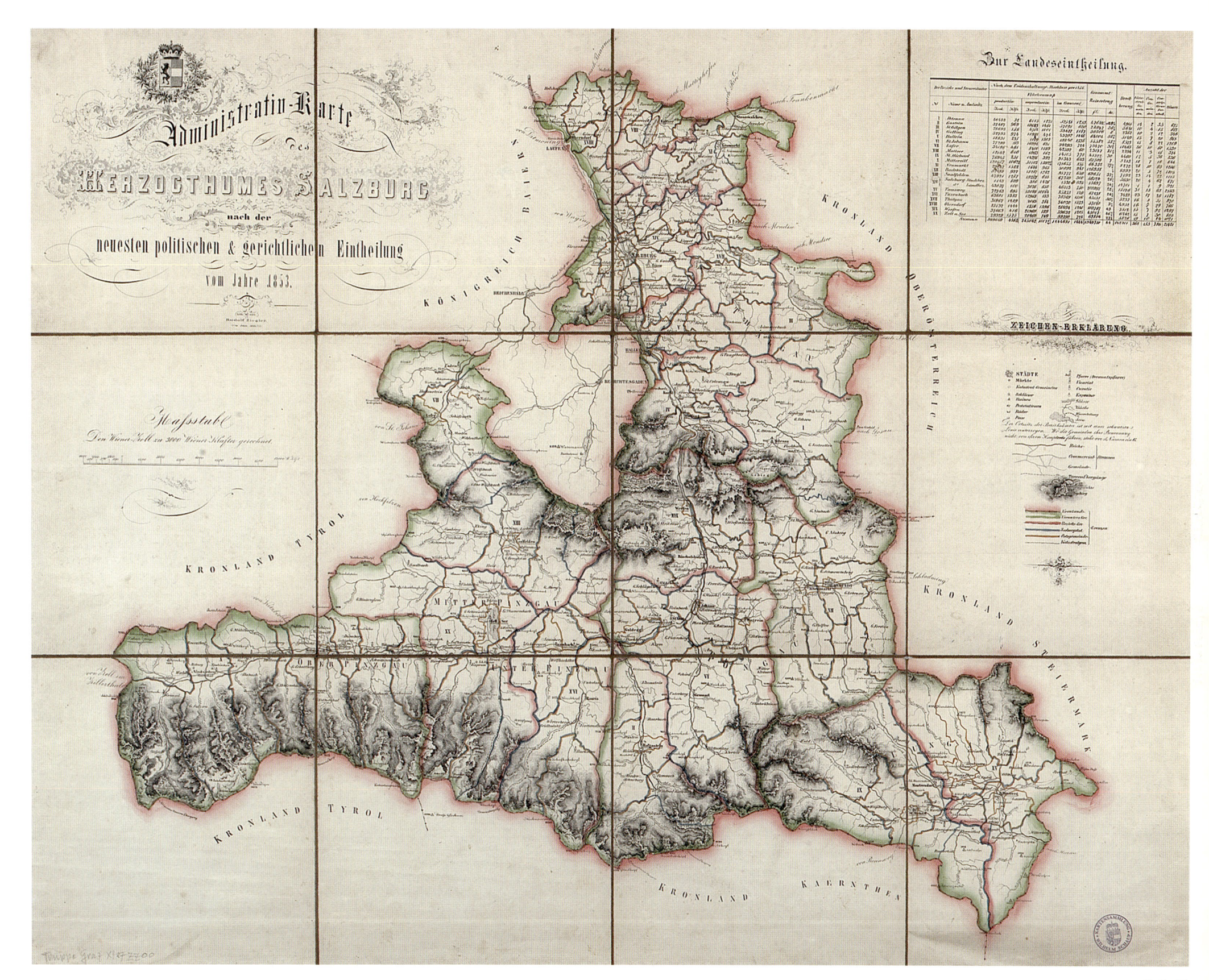

Abb. 116: Rudolf Ziegler: Administrativ-Karte von Salzburg, 1856.

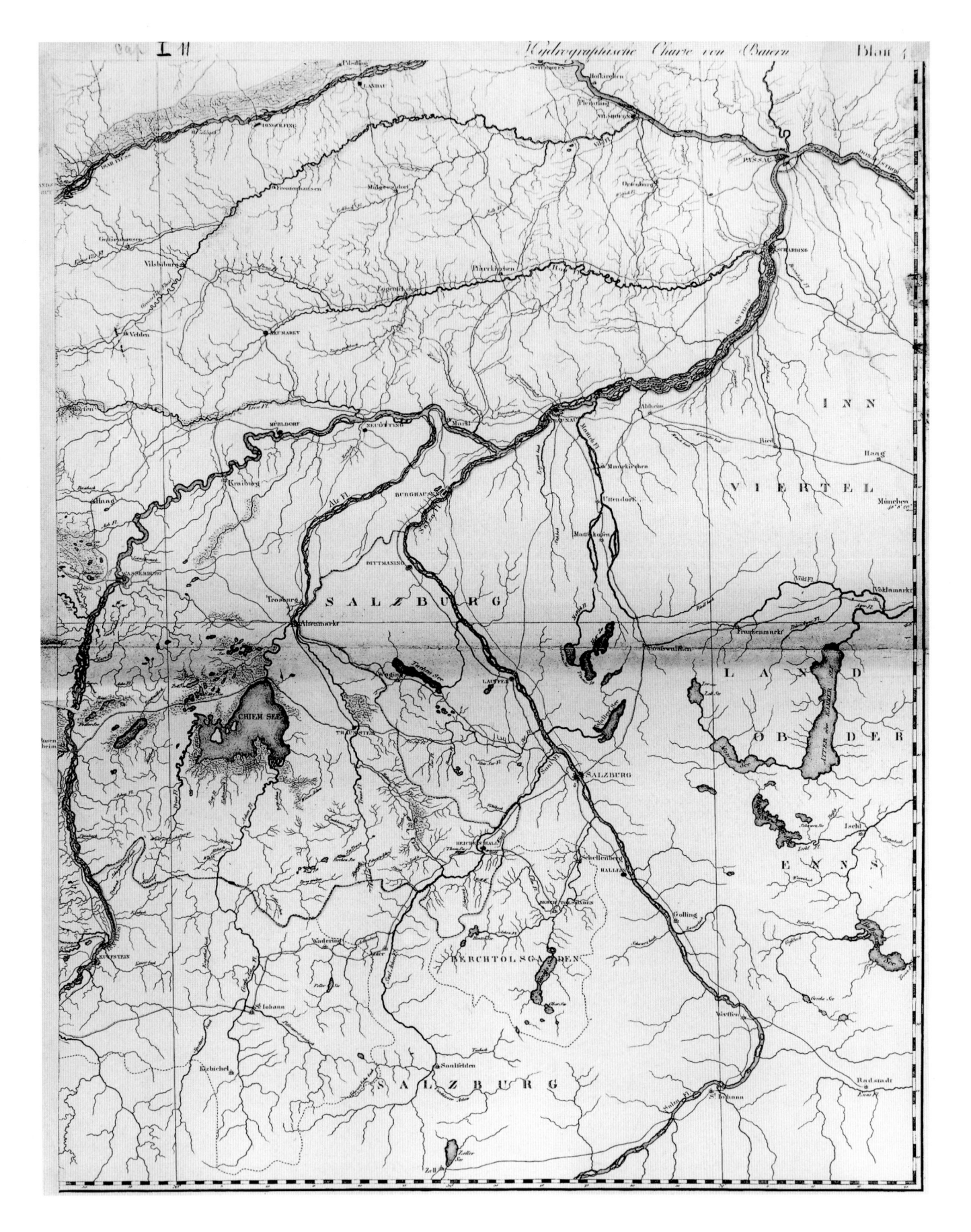

8.4.1

*Abb. 117: Adrian von Riedl:
Hydrographische Karte von Baiern.*

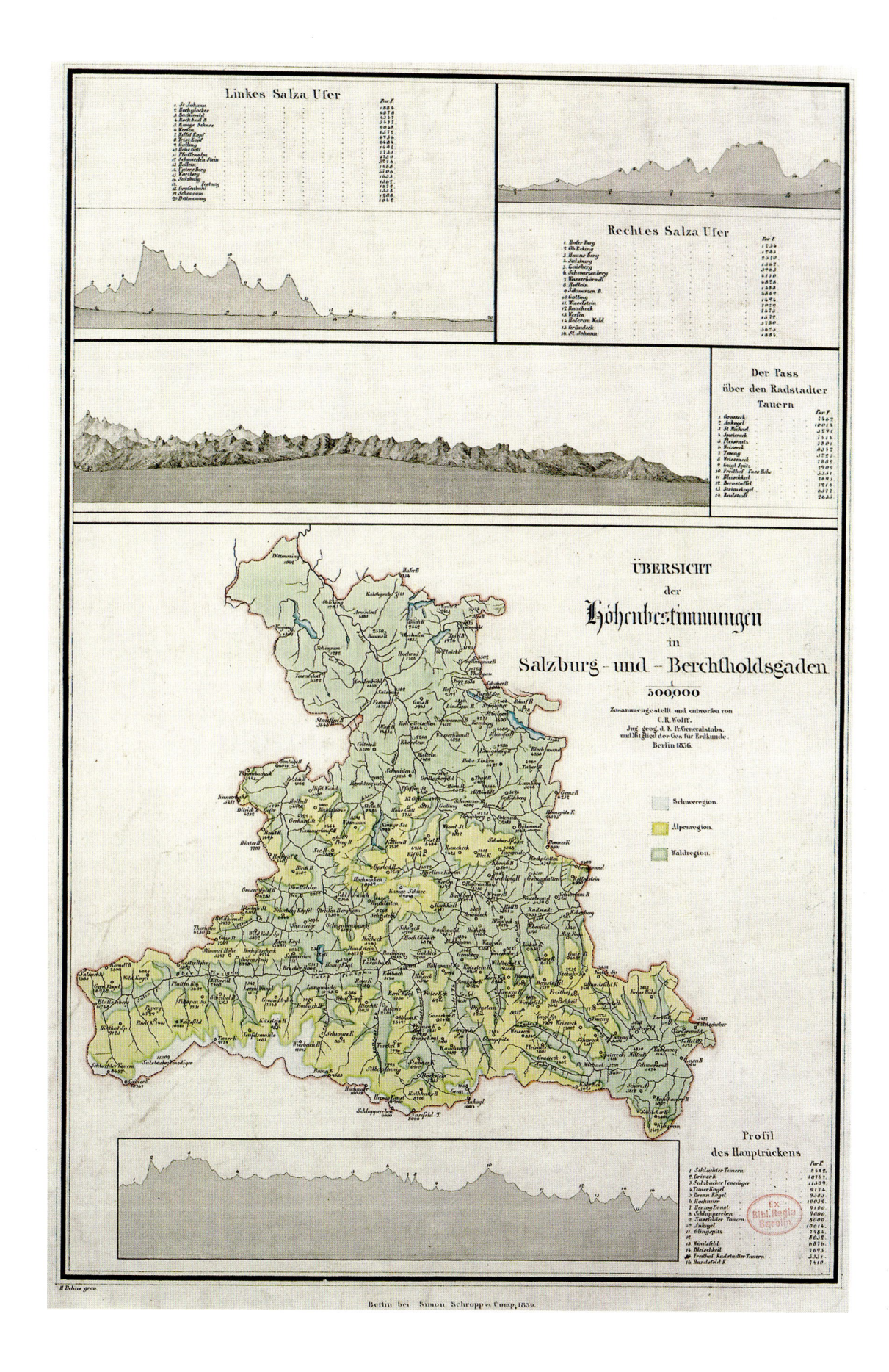

8.4.2

Abb. 118: Carl R. Wolff:
Übersicht der Höhenbestimmungen, 1836.

8 Thematische Karten

Maße:	Von 78 x 60 cm bis 88 x 68 cm; Teilung der kaschierten Exemplare variiert von 4 x 3 und 6 x 6 bis 9 x 4, die Größe der gefalteten Karte daher von 20 x 21 cm bis ca. 9 x 10 cm; auch in Pappe-Schuber.
Maßstab:	1 : 216.000; 1" = 3.000 Kl.
Druckart:	Lithographie, Grenzen rot und grün kräftig handkoloriert.
Publ.-Art:	Separatdruck.
Standort:	KAW: B IX c 355–20. – KONS. – OÖLA: I 24 a, b (rot). – SLA: Graphik XIV.36.1, 36.2, 36.3 (2 Ex.). – SMCA: SL 59 (2 Ex.). – StSP: Kart.Slg. 320. – SWS.
Literatur:	BER-68 S.187. – SLA S. 16, L.44.

8.4
Karten des Naturbereiches

Unter diesem Sammelbegriff werden hier einige Landeskarten vorgestellt, die das Werden und den Zustand der zur Biosphäre gerechneten Erdoberfläche zum Thema haben. Dafür kommen also nicht allein geologische und geophysikalische Karten in Betracht, die früher je nach ihrer Aussage „petrographische" oder „geognostische" genannt wurden, sondern auch hydrologische, pedologische und Höhenbestimmungskarten.

8.4.1
Adrian von Riedl (1746–1809)
„Hydrographische Karte von Baiern"
1807

Die Karte besteht aus vier Teil-Blättern, von denen das erste noch nicht in RIEDLs Meisterwerk, dem berühmten „Strom-Atlas von Bayern" (24 Blätter, 1806), enthalten ist. Das vierte Blatt (rechts unten) zeigt einen Teil des Flußgebiets der mittleren Salzach und der obersten Enns, im Osten inklusive Radstadt, im Süden bis Zell am See. Um das Gewässernetz möglichst detailliert wiedergeben zu können, verzichtete RIEDL auf jede Geländedarstellung und auf die meisten Toponyme. Nur wenige der wichtigsten Orts- und Gebietsnamen sind eingetragen. – Das populärste Werk des bayerischen Straßen- und Wasserbau-Direktors war sein „Reise Atlas von Bajern" von 1796, der auf 64 hervorragend gestochenen Tafeln in Leporello-Faltung die bayerischen Chausseen mit dem beidseitig angrenzenden Land in jeweils ca. zwei km Breite zeigt, aber keine Landeskarte bildet (Chaussee nach Salzburg: SLA: Graphik XIV.119).

Titel:	«*Hydrographische Karte* | von | **BAIERN** | DER OBERN PFALZ UND NEUBURG, | nach den neuesten Vermessungen entworfen vom Königl. Baierschen Obersten- | von RIEDL im JAHRE 1807. ‖ (Querstrich, dann in Zierfraktur) Carte Hydrographique | de Bavière du haut Palatinat et de Neubourg | *PROJETTEE d'apres les matériaux les plus récents par le Colonel de RIEDL AU SER-* | *vice de Sa Majesté le Roi de Bavière l'an 1807.* ‖ (Querstriche mit Stern) *Grave par J. George Loeffler à Munic.*».
Zusätze:	In den Oberrändern: «*Hydrographische Charte von Baiern* Blatt 1 (bzw. 2, 3, 4)». – Maßstabsleiste für 2 „Baierische" M.
Maße:	Je 51,5 x 67,5 cm; Gesamtgröße ca. 103 x 135 cm.
Maßstab:	ca. 1 : 230.000.
Graduierung:	Im kräftigen Strichrahmen s/w Minuten-Skala, alle 5' und volle Grade beziffert. Diese als Netz durchgezogen, ebenso der Meridian von München (29° 14' 35" E) mit Angabe der Himmelsrichtungen. L von Salzburg: 30° 45' E von Ferro.
Druckart:	Kupferstich.
Publ.-Art:	Separatdruck.
Standort:	BSM: Mapp. XI, 544 a. – SBB Haus 1: Kart. M 6380, M 6380/1.
Literatur:	ADB Bd. 28, S. 535. – ADE Bd. 6, Sp. 2121. – BBB S. 633. – BSM-44 S. 345ff., Abb. 279, S. 433, K 15.3. – DMA-2 S. 25 (zum „Strom-Atlas"). – Sp-S S. 1357f.

8.4.2
Carl R. Wolff (1795–nach 1860)
„Übersicht der Höhenbestimmungen"
1836

Der als Physiker und Kartograph ausgebildete WOLFF war Ingenieur-Geograph im Topographischen Bureau des preußischen Generalstabs. Sein durch HUMBOLDTs Forschungen über die Höhengliederung der Erde beeinflußtes Hauptinteresse galt den Höhenbestimmungen als Kartierung der „Massenerhebungen des Bodens" und für sog. „Niveaukarten". Sein Arbeitsgebiet beschränkte sich keineswegs auf Preußen oder Norddeutschland, sodaß er z.B. für die Länderkarten Österreichs in STIELERs Handatlas (1855/56) das Zahlenmaterial zur Konstruktion der Höhenlinien liefern konnte. Fast 20 Jahre früher hatte er eine hypsometrische Inselkarte über die Höhenbestimmungen in Salzburg ohne Graduierung vorgelegt, die durch vier Profile besondere Aussagekraft erhält. – Der 1742 gegründete Verlag SCHROPP war das renommierteste Berliner Haus für geographische Literatur und Karten, das ein eigenes Organ publizierte: „Kritischer Wegweiser im Gebiete der Landkarten-Kunde nebst andern Nachrichten zur Beförderung … der Geographie und Hydrographie".

Titel:	«ÜBERSICHT | der | Höhenbestimmungen | in | Salzburg – und – Berchtholdsgaden. | 1/500.000 (als Bruchzahl) ‖ Zusammengestellt und entworfen von | C. R. Wolff. | Ing. geog. d. K. Pr. Generalstabs, | und Mitglied der Ges. für Erdkunde. | Berlin 1836.».
Zusätze:	U. dem Titel: Drei Farbkästchen für Schnee-, Alpen- und Waldregion. – Profile: «Linkes Salza Ufer» (ohne Erläuterungen 18 x 5 cm); «Rechtes Salza Ufer» (15 x 5 cm); «Der Pass über den Radstädter Tauern» (27,5 x 7 cm); «Profil des Hauptrückens» (24,3 x 5 cm). – Im Unterrand: ganz li.: «H. (Hermann) *Delius grav*.»; Mi.: «Berlin bei Simon Schropp et Comp: 1836.».
Maße:	Inselkarte (ohne Zusätze): ca. 28 x 25,5 cm; Blatt: 43 x 61 cm.
Maßstab:	1 : 500.000.

Druckart:	Lithographie, Höhenregionen, Seen und Grenzen koloriert.
Publ.-Art:	Separatdruck.
Standort:	SBB Haus 1: Kart. O 9090 <a>; Haus 2: Kart. O 9090. – Manuskriptkarte mit gleichem Inhalt: SBB Haus 2: Kart O 9092.
Literatur:	ENGELMANN, Gerhard: Die Kartographen und Kartenarbeiter der Preußischen Urmeßtischblätter. In: Kartengeschichte und Kartenbearbeitung. Festschrift zum 80. Geburtstag von Wilhelm BONACKER, Geograph und wissenschaftlicher Kartograph in Berlin am 17. März 1968. Hg. Karl-Heinz MEINE. Kirschbaum Verlag, Bad Godesberg 1968, S. 230. BIG S. 886. – LGK S. 306. Zu SCHROPP: BONACKER, Wilhelm: Streiflichter auf wenig bekannte Kartenschaffende und ihre Arbeiten. In: Ber. zur dt. Landeskunde, 30. Bd., 2. H., Leipzig–Trier, März 1963, S. 321–341.

8.4.3
Karl Adolph von Morlot (1820–1867)
„Geologische Uibersichts-Karte"
1847

Die Grundlage der von dem großen Titel beherrschten Karte entstand durch Umdruck der Original-Kupferplatte der „Straßen- und Gebirgskarte" von R. A. SCHULZ des Verlags ARTARIA auf Stein (→ 6.10.3). Entsprechend der neuen Thematik ersetzte der Schweizer Geologe MORLOT das allgemeine Höhenprofil durch ein geologisches Profil von Mallnitz bis Traunstein. Die Faziesgrenzen wurden mit einem zweiten Stein aufgedruckt und die Abzüge mit 16 Farben von Hand koloriert. Kennzeichnend für die auch kaschiert und im Schuber gelieferte Karte als ARTARIA-Produkt ist der kräftige, 15 mm breite Strichrahmen mit Mittelband aus Querstrichen.

Titel:	Im Oberrand über die ganze Breite, sparsam mit Schwungstrichen verziert: «**Geologische Uibersichts=Karte**	*zur Reise von* **Wien** *durch Oesterreich, Salzburg, Kärnthen, Steyermark und Tyrol bis* **München**	*mit Berücksichtigung der* **OESTERREICHISCHEN=ALPEN** *und des Bayer. Hochgebirgs.*». ‖ Darunter ganz li.: «*Topographie*	*von R. A. SCHULZ, Geogr:*». – Mi.: «**von A. v. Morlot**	*nach den Arbeiten der Herren Boué, von Buch, Czjzek, Haidinger, Partsch, Unger etc.*». – Ganz re.: «*Verlag*	*von ARTARIA & Cº. in Wien.*».
Zusätze:	Freistehend li. o. im Eck: «Zeichen und Schrift-Erklärung». – U. der Karte im Rahmen über die ganze Breite ca. 10 cm hoch: 17 Kästchen für geologische Signaturen bzw. Farben, darunter das 70 cm lange und ca. 7 cm hohe Profil mit Hinweis auf die Überhöhung, auf die Quelle und mit eigenem Maßstab. – U. dem Profil in Rahmenmitte: «Karten-Massstab von 8 österr. Post-Meilen. = 1/576.000 der Natur-Grösse.».
Maße:	Karte plano: 71 x 51,5 cm; Titel: 5,4 cm; Gesamthöhe: ca. 57 cm; Blatt: ca. 78 x 62 cm. – Auf Leinwand kaschiert: 6 x 3 Teile, ca. 72,5 x 53 cm, Titel auf Rs. geklebt, Schuber ca. 12,5 x 18 cm, Rücken mit «**ALPENKARTE**» und floraler Goldprägung.
Maßstab:	1:576.000.
Graduierung:	s/w 5'-Skala, Grade im Strichband des Rahmens groß, am Unterrand freistehend klein beziffert. L von Salzburg: 30° 41' E von Ferro.

Druckart:	Lithographie, handkoloriert.
Publ.-Art:	Separatdruck und Kartenbeilage in: „Erläuterungen zur geologischen Übersichtskarte der nordöstlichen Alpen …" VIII und 208 S., 27 Holzschnitte, zusätzliches Höhenprofil. Verlag Wilhelm BRAUMÜLLER, Wien 1847.
Standort:	ÖNB: FKB W 31; KA 95.287. – SMCA: O.5, L 46. – SLA: Graphik XIV.162.
Literatur:	→ 6.10.3. – BER-68 S. 186 (1857 statt 1847, Profilhöhe 41 cm!). – GV Bd. 99, S. 172f. – WUR 19. T., S. 97ff.

8.4.4
Ludwig Ritter von Köchel (1800–1877)
„Geologische Übersichtskarte"
(1859)

Diese Karte verdient wegen ihres nicht genannten Autors besondere Beachtung: Es handelt sich um keinen Geringeren, als den Universal-Wissenschafter, Forschungsreisenden und Übersetzer antiker Literatur Dr. Ludwig KÖCHEL, der wohl in diesen Sparten in Vergessenheit geraten, durch sein „Chronologisch-thematisches Verzeichniss sämmtlicher Tonwerke Wolfgang Amade MOZARTs" (1862) ebenso unsterblich wie dieser geworden ist. Der frühere Erzieher der vier Söhne des Erzherzogs KARL, des Siegers von Aspern, war geadelt und so großzügig abgefunden worden, daß er sorgenfrei seinen gelehrten Neigungen nachgehen konnte, die vor allem während seines langjährigen Aufenthalts in Salzburg reiche Früchte trugen.

Im Jahre 1859 veröffentlichte KÖCHEL unter dem Titel „Die Mineralien des Herzogthums Salzburg" die erste zusammenfassende Landesgeologie, der er die nicht datierte Übersichtskarte beilegte. Seine auf Arbeiten aus der geologischen Reichsanstalt gestützte Urheberschaft ist aus dem Vorwort zu erschließen. Die gemäßigte Inselkarte beschränkt sich in der Darstellung der Situation auf die Wiedergabe des Gewässernetzes, wobei das ganze Salzkammergut einbezogen wird. Die Stadt Salzburg ist noch mit Mauern und Gräben befestigt, die erst ab 1866 geschleift wurden.

Titel:	Freistehend li. o. im Eck, der Landesname mit floralen Ornamenten verziert. «**GEOLOGISCHE ÜBERSICHTSKARTE**	des	Herzogthumes	**SALZBURG**	Mit Zugrundelegung der Aufnahmen der	k. k. geolog. Reichsanstalt.».
Zusätze:	Li. u. dem Titel in zwei Kolonnen: «Farbenschema» mit 13 Farbkästchen und Namen der geologischen Formationen. – Im Unterrand Mi.: «Artist. Anst. v. Reiffenstein & Rösch Wien.».
Maße:	Karte: 52,3 x 44,4 cm; Blatt: 58 x 48 cm. – Als Buchbeilage 7 x 3 auf ca. 10,5 x 17,5 cm gefaltet.
Maßstab:	1:576.000; 1" = 8.000 Kl. = 2 M.
Graduierung:	Im zarten Strichrahmen schmale s/w 5'-Skala, diese und volle Grade durchwegs beziffert. L von Salzburg: 30° 41' E von Ferro.
Druckart:	Chromolithographie.

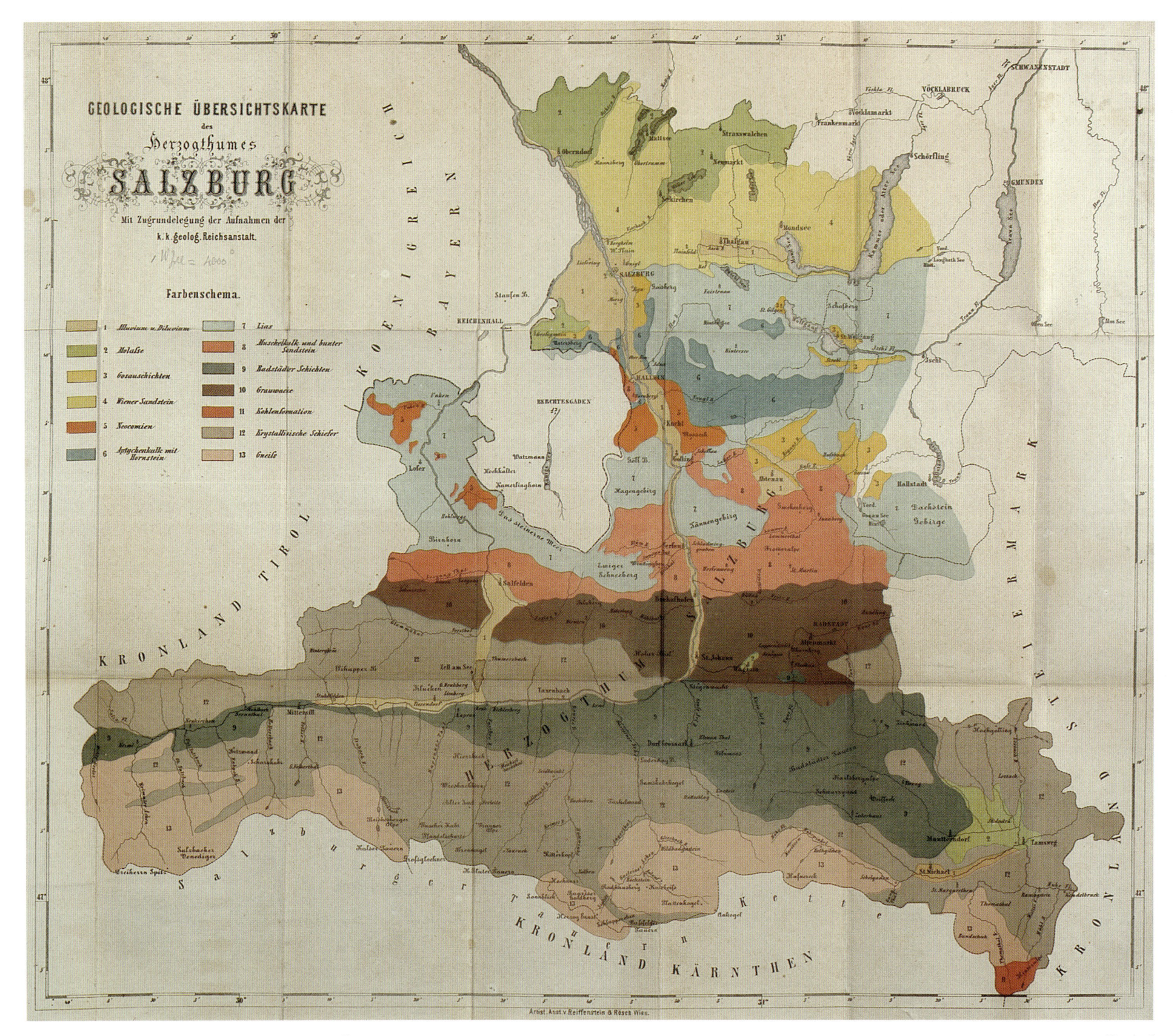

Abb. 119: Ludwig von Köchel: Geologische Übersichtskarte.

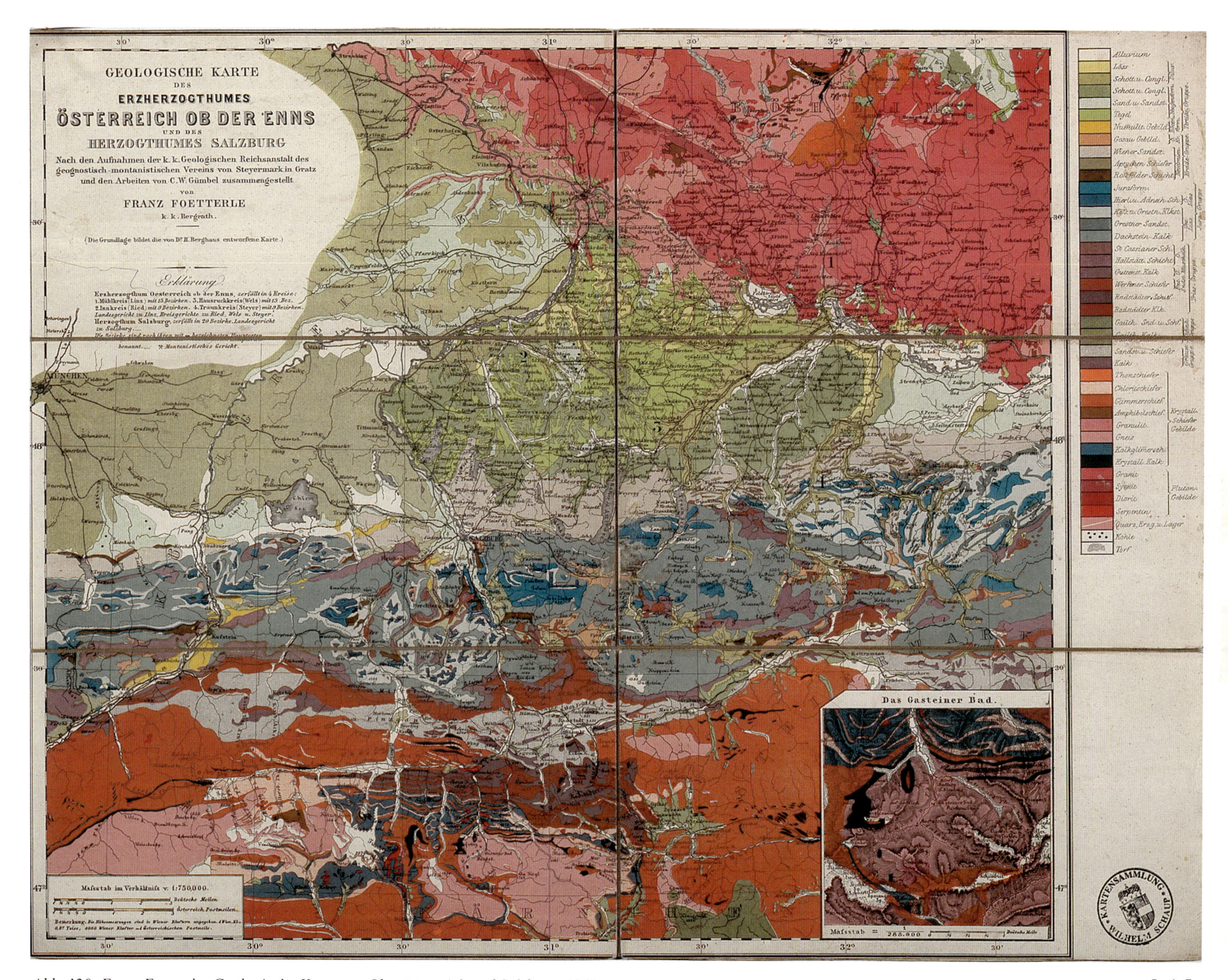

Abb. 120: Franz Foetterle: Geologische Karte von Oberösterreich und Salzburg, 1860.

8 Thematische Karten

Publ.-Art:	Separatdruck und Kartenbeilage in: «Die | **MINERALIEN** des **HERZOGTHUMES SALZBURG.** | Mit einer | Uebersicht der geologischen Verhältnisse und der Bergbaue | dieses Kronlandes | und mit einer | geologischen Karte von Salzburg. ‖ Von | Dr. **Ludwig** Ritter von **Köchel.** | k. k. Rath. ‖ Wien. | Druck und Verlag von Carl Gerold's Sohn. **1859.**».
Standort:	ÖNB: a.B. 192.(3.) und K I 110.878. – SLA: A 05568. – SMCA: 2439. – UBS: 106.541 I.
Literatur:	BER-68 S. 186. – WUR 12. T., S. 204.

8.4.5
Franz Foetterle (1823–1876)
„Geologische Karte"
1860

Für einen geplanten geologischen Atlas der Monarchie hat Bergrat FOETTERLE das beste verfügbare Material zusammengestellt. Als Grundlage benützte er die Karte von Heinrich BERGHAUS (→ 7.3.2), die er mit Aufnahmen der kompetenten Geologen ergänzte. Dank gut gewählter Farbstufen gelang ihm eine sehr übersichtliche Darstellung. Leider konnte er nur die erste Lieferung publizieren.

Titel:	Freistehend li. o. auf nicht koloriertem Grund: «GEOLOGISCHE KARTE | DES | **ERZHERZOGTHUMES** | **ÖSTERREICH OB DER ENNS** | UND DES | **HERZOGTHUMES SALZBURG** | Nach den Aufnahmen der k. k. Geologischen Reichsanstalt des | geognostisch-montanistischen Vereins von Steyermark in Gratz | und den Arbeiten von C. W. Gümbel zusammengestellt | von | FRANZ FOETTERLE | k. k. Bergrath. | (Grundlage bildet die von D^r· H. Berghaus entworfene Karte.)».
Zusätze:	U. dem Titel: (Querstrich) *Erklärung* zur Kreis- und Bezirksgliederung der beiden Kronländer. – Li. u. im Eck abgestrichen: «Massstab im Verhältnis v. 1:750.000» mit zwei Linearmaßstäben für dt. M. und österr. Post-Meilen, Hinweis auf die Höhenangaben in Wr. Kl. – Re. u. im Eck Insertkarte: «Das Gasteiner Bad» mit «Massstab = 1/288.000» (als Bruchzahl geschrieben) und Linearmaßstab für eine dt. M. – Im re. Seitenrand: 41 Farbkästchen mit Erklärungen. – Im Unterrand: Mi.: «GOTHA: JUSTUS PERTHES | 1860.»; ganz re.: «Druck v. C. Hellfahrth in Gotha.».
Maße:	Karte: 35,8 x 30,8 cm; Blatt: 48 x 39,6 cm.
Maßstab:	1 : 750.000.
Graduierung:	Im kräftigen Strichrahmen schmale s/w 2'-Skala, 30' und volle Grade beziffert und als Netz durchgezogen. L von Salzburg: 30° 42' E von Ferro.
Druckart:	Farblithographie mit zahlreichen Abstufungen.
Publ.-Art:	Atlasblatt aus: «FRANZ FŒTTERLE'S | **GEOLOGISCHER ATLAS** | DES | ÖSTERREICHISCHEN KAISERSTAATS. | (Querstrich) Die zum Deutschen Bunde gehörigen K. K. Kronländer. 8 Karten. | Erste Lieferung: | Erzherzogthum Österreich unter der Enns. | Erzherzogthum Österreich ob der Enns und Herzogthum Salzburg. | Böhmen ... | (Kräftiger Querstrich mit Perlen) GOTHA: JUSTUS PERTHES. | 1860. ‖ (Klein ganz re. u.:) Preis 4 Thlr.». – Der Buchdruck-Titel steht in einem Strichrahmen mit Wellenlinie, den Arabesken in den Ecken schmücken.
Standort:	SMCA: SL 339, L 12. – SWS. – UBW: III 19.126.
Literatur:	→ 7.3. – BSM-65 S. 267, Abb. 195 (S. 277), S. 369 f., K 11.4.

8.4.6
Johann Nepomuk Woldrich (1834–1906)
„Landwirthschaftliche Bodenkarte"
1867

Der Geologe und Anthropologe Dr. WOLDRICH veröffentlichte zahlreiche Beiträge in den „Mitteilungen der anthropologischen Gesellschaft" und in den „Jahrbüchern der geologischen Reichsanstalt". Er war u. a. Mitglied der Société d'Anthropologie de Paris und bewährte sich überdies als Kartograph. Seine nüchtern und schematisch gezeichnete Bodenkarte von Salzburg beschränkt sich bei der Wiedergabe der Topographie ausschließlich auf das Gewässernetz. Von den Nachbarländern werden grenznahe Bereiche soweit erfaßt, wie von ihnen auch für Salzburg relevante Klimadaten vorliegen. Der Informationswert der übersichtlichen Karte, die 1868 neu aufgelegt wurde, ist sehr beachtlich und wird durch die gelungene Abstufung der Farben gefördert.

Titel:	Freistehend li. o. in ca. sechs Schrifttypen und mit Schwungstrichen verziert: «Landwirthschaftliche | **BODENKARTE** | des | **HERZOGTHUMS SALZBURG** | Mit zu Grundelegung der Aufnahmen | der k. k. geologischen Reichsanstalt | entworfen u. gezeichnet | von | D^r· Joh. Nep. Woldřich | k. k. Professor.». – Oft mit hs. Zusatz «1867».
Zusätze:	U. dem Titel am li. Rand: «Zeichen Erklärung» mit elf Signatur-Kästchen, darunter Schema der klimatologischen Angaben. – Li. u. im Eck: «Massstab: 1 Wiener Zoll gleich 4000 Klafter.». – Im Unterrand Mi.: «Lith. Anst. v. N. Kränzl in Salzburg.».
Maße:	Karte: 51,1 x 43,6 cm; Blatt: 56,8 x 47,1 cm.
Maßstab:	1:288.000; 1" = 1 M.
Graduierung:	Der einfache Strichrahmen liegt direkt an der s/w 5'-Skala. Die Bezifferung aller 5' und der vollen Grade steht außerhalb des Rahmens im Kartenrand. L von Salzburg: 30° 41' E von Ferro.
Druckart:	Farblithographie.
Publ.-Art:	Beilage mit Text in: «Siebenzehntes Programm | des kaiserlich königlichen | **Staats-Gymnasiums in Salzburg** | am | Schlusse des Schuljahres 1867 ... | Zaunrith'sche Buchdruckerei in Salzburg.» unter eigenem Titel: «Landwirthschaftliche **Boden-Karte** | des | **Herzogtumes Salzburg.** Vom Herrn k. k. Gymnasial-Professor Dr. Johann N. Woldrich.» S. 28–40. – Außerdem als Separatdruck im Eigenverlag mit 16 Seiten Text.
Standort:	ÖNB: 390.314-B. Per. 17, 1867. – SBB Haus 2: 8° Kart. O 9190 (1868). – SLA: HB B 265 (1867, eingebunden). – SMCA: SL 65, L 03. – SMS.
Literatur:	GV Bd. 158, S. 5f. – WUR 57. T., S. 257.

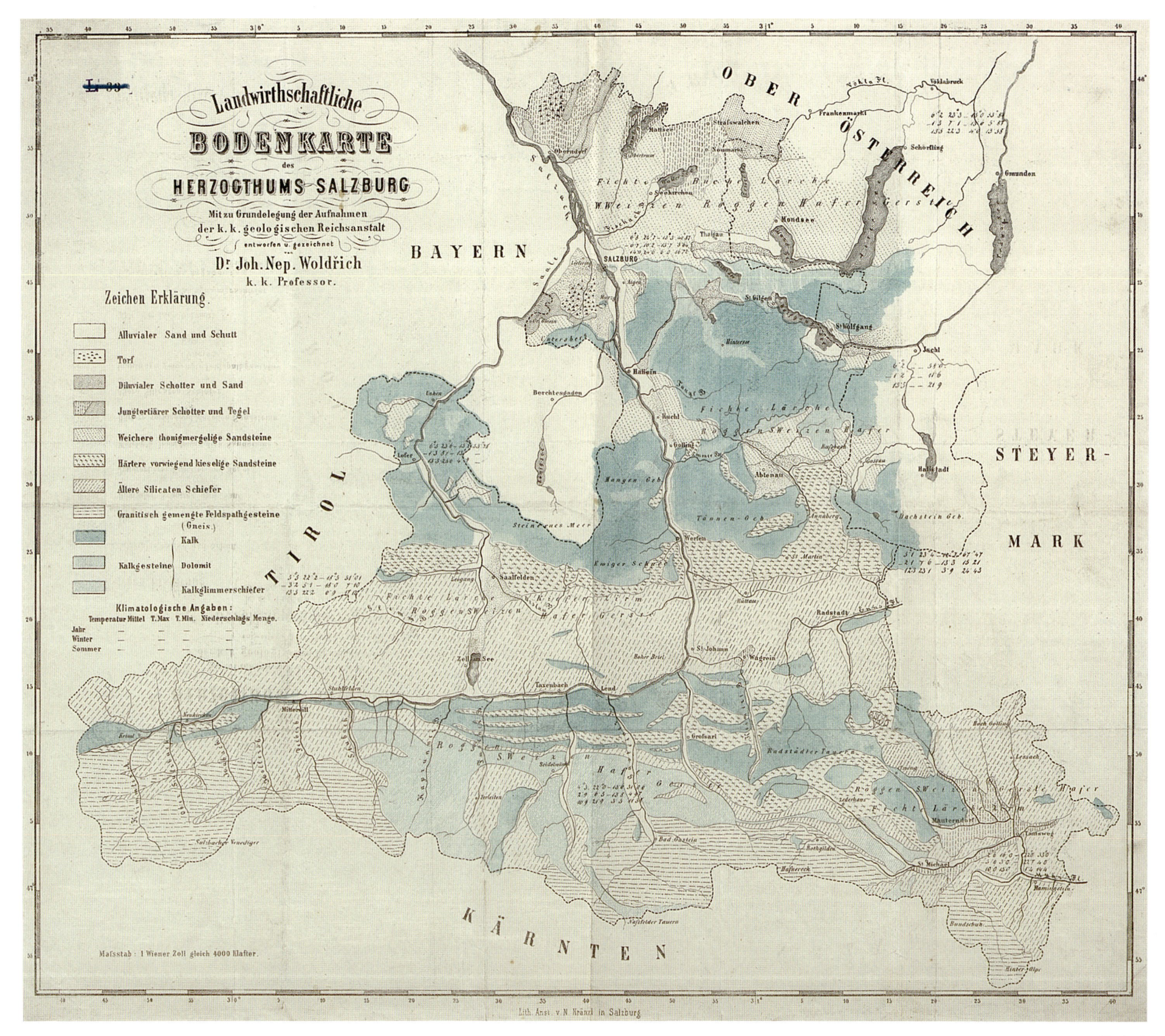

Abb. 121: Johann Nepomuk Woldrich: Landwirthschaftliche Bodenkarte.

8.4.6

9 Ausgewählte Karten mit Landesteilen

In diesem Kapitel werden in gekürzter Form eine Reihe ausgewählter Karten verzeichnet, die aus historischen, kartographischen oder künstlerischen Gründen zur Ergänzung einer Sammlung „echter" Landeskarten in Betracht kommen, aber nicht als solche katalogisiert werden können. Es handelt sich dabei überwiegend um Karten des Herzogtums bzw. Königreiches Bayern, die auch mehr oder weniger große Teile des Landes Salzburg enthalten – den Flachgau, das Salzachtal bis zum Paß Lueg und/oder das Saalachtal bei Unken.

9.1
Philipp Apian (1531–1589)
„Bairische Landtaflen"
1568

Die Darstellung von Teilen Salzburgs auf bayerischen Karten findet man schon auf der ersten Karte des Herzogtums von 1523, die der „Vater der bayerischen Geschichtsschreibung", Johannes AVENTIN(-US), (nach seinem Geburtsort Abensberg, eigentl. TURMAIR, 1477–1534) als Holzschnitt im Maßstab von ca. 1:720.000 für seine „Annales Boiorum" geschaffen hat. Auf ihr ist auch ein kleiner Teil des Salzachlaufs mit Hallein, Salzburg, Laufen und Tittmoning dargestellt.

Von Salzburger Warte aus gesehen verdient die Landtafel des größten bayerischen Kartographen und Mathematikers Philipp APIAN (BENNEWITZ, BIENEWITZ) stärkere Beachtung. Er übernahm 1552 von seinem Vater Peter dessen Lehrstuhl in Ingolstadt und begann zwei Jahre später die Arbeit an der ersten, auf exakten Messungen beruhenden Karte von Bayern im Maßstab 1:45.000. Durch Verkleinerung der etwa 25 m² großen Karte auf 1:144.000 entstanden die berühmten „Bairischen Landtaflen" [sic!] mit einer Titelseite und 24 Tafeln auf 22 Blättern. Von diesen enthalten Tafel XIX den nördlichsten Flachgau und den Rupertiwinkel, Tafel XX den salzburgischen Teil des nördlichen Salzkammerguts, Tafel XXIII das Saalachtal bei Lofer und Tafel XXIV das Salzburger Becken bis zum Paß Lueg mit einem Teil des südlichen Salzkammerguts. Die generalisierte Übersichtskarte der ganzen Landtafel auf dem Titelblatt (ca. 1:800.000) ist eines der frühesten Beispiele für derartige Orientierungen über ein Kartenwerk mit einheitlich konzipierten Tafeln. Diese „Key-map" spielte daher eine wegweisende Rolle in der Kartographiegeschichte. Hervorzuheben sind die Bemühungen APIANs um eine der Wirklichkeit entsprechende Geländedarstellung, mit der er die allgemein herrschende Maulwurfshügelmanier weit übertrifft. Als Beispiele werden oft die naturgetreuen Zeichnungen der Reiteralm und der Adneter Marmorbrüche genannt.

9.1.1

Titel:	«**Bairische** | Landtaflen, XXIIII. | Darinne9 das Hochloeblich Fürstenthumb | Obern vnnd Nidern Bayrn / sambt der | Oberen Pfalz / Ertz vnnd Stifft Saltz= | burg / Eichstet / vnnd andern mehrern anstossenden | Herschaffte9 / mit vleiß beschribe9 / und in druck gegebe9. | Durch Philippum Apianum. || (Großes Landeswappen mit Fürstenhut und zwei Löwen als Schildhalter) Zu Inngolstat MDCLXVIII.». Übersichtskarte: «BREVIS TOTI9 | BAVARIAE | DESCRIPTIO | AVTORE | PHIL. APIANO». Im Oberrand: «Ein kurtze Beschreibung des gantzen Fürstentumbs Obern vnd Nidern Bayrn / sambt den anstossenden Lendern.». – Li. und re. je 18 Wappen.
Zusätze:	Mehrere dekorative Inserts mit Widmung an Herzog ALBRECHT V., Wappen, Erläuterungen und Meilenleiste.
Maße:	Jede Tafel: ca. 40 x 33 cm; – Gesamtgröße: ca. 160 x 170 cm. Als Buch gebd.: ca. 28 x 36,5 cm.
Maßstab:	1:144.000; 2" = 1 M. – Übersicht: ca. 1:800.000.
Graduierung:	Im breiten Zierrahmen Minuten-Skala mit farbigen und weißen Kästchen. Alle 10' und volle Grade beziffert, dazu Tafelnummern und Findegitter (L mit röm. Zahlen, B mit Buchstaben).
Druckart:	Holzschnitt, meist vielfarbig handkoloriert.
Publ.-Art:	Separatdruck.
Faksimile:	Johannes AVENTIN: Ober- und Niederbayern 1523, Repro 1964 nach Faksimile 1899. – Philipp APIAN: Große Karte von Bayern, um 1560, zehn Blätter. – ders.: Bayerische Landtafeln 1568 mit Übersicht. Bayerisches Landesvermessungsamt, München, 1989. – ders.: Bayerische Landtafeln. Süddeutscher Verlag GmbH, München 1979. Nachdruck der Faksimile-Ausgabe von 1966.
Standort:	BSM: 2° Bavar. 50 und 52 (bzw. Hbks F15 und F15a). – SBB Haus 1: 2° Kart. M 5635. Haus 2: 2° Kart. M 5590, 5592, 5594. – SMCA: SL 200 1–2, L 09 (unvollst.). – SMS. – UBS: 7.103 IV.
Literatur:	WOLFF, Hans u. a.: Philipp Apian und die Kartographie der Renaissance. (→ BSM-50). Konrad Verlag, Weißenhorn 1989, S. 74–124, Abb. 22, S. 197, K 1.34; S. 198, K 2.2–2.5; S. 209, K 3.46. RÖTTEL, Karl (Hg.): Peter Apian. Astronomie, Kosmographie und Mathematik am Beginn der Neuzeit. Polygon, Buxheim 1995. ADB Bd. 46, S. 23. – ADE Bd. 1, Sp. 961. – BBB S. 22. – BSM-44 S. 40ff., Abb. 20, 21, 22, 23, 24, 25, S. 402, K 2.9 (mit vielen Literatur-Hinweisen). – KAR S. 65, 8/2a. – LGK S. 21f. – MdW S. 241. – NDB Bd. 1, S. 325. – Sp-S S. 1336f. – TBT S. 14f. – THB Bd. 2, S. 28. – ZED Bd. 2, Sp. 828. Zu AVENTIN: ADB Bd. 1, S. 700. – BBB S. 34. – BSM-44 S. 32f., Abb. 13, 142, 143, S. 202f., S. 402, K 2.4. – LGK S. 58f. – ZED Bd. 2, Sp. 2135.

9.1.2
Peter Weiner (? – gest. 1583)
Landtafeln in Kupferstich
(1578)

Die nach den Holzschnitten APIANs auf Befehl Herzog ALBRECHTs V. von dessen Münzwardein WEINER in Kupfer gestochenen Landtafeln bildeten für etwa zwei Jahrhunderte die Generalkarte Bayerns. Das in der Literatur angegebene Jahr 1579 hat ZAISBERGER als unrichtig nachgewiesen, da der Kauf von zwei Exemplaren der Landtafel im Salzburger Stadtratsprotokoll vom 5. Januar 1579 verzeichnet ist. Der Druck muß folglich schon 1578 erfolgt sein (ZAI S. 100).

Titel:	«CHOROGRA= | PHIA BAVARIÆ. ‖ Beschreibung. | Des Landts vnd loblichen Fürstenthumbs | Obern vnd Nidern Bayrn &c. sambt denn | vmbligenden anstössen anderer herrschaf= | ten DarInen die Stät … auf das | fleissigest verzaichnet seyen.». Titel der Übersichtskarte im Oberrand: „Kurtze Beschreibung des gantzen Fürstentumbs Obern und Nidern Bayrn/ [Philipp Apian]. [In Kupfer gestochen von Peter Weiner]." Seitenränder wieder mit Bildleisten, 28 x 28 cm, Maßstab ca. 1:850.000.
Zusätze:	Ausführliche Widmung an den Herzog. – Linearmaßstab für gem. dt. M. – Im 50 mm breiten Rahmen neben reicher Verzierung und Graduierung Namen der Winde und entfernter Städte.
Druckart:	Kupferstich, ohne und mit Handkolorit.
Publ.-Art:	Separatdruck.
Faksimile:	Peter WEINER: Landtafeln. Bayerisches Landesvermessungsamt. – Gebd.: Grafische Betriebe Carl Gerber, München 1962.
Standort:	BSM: Mapp. XI, 25 z (ohne Kolorit); Mapp. XI, 25 za (Wandkarte auf Leinen). – SBB Haus 1: 2° Kart. M 5630. Haus 2: 2° Kart. M 5636. – SMCA: SL 27 1/2, L 01. – Übersichtskarte: BSM: Mapp. XI, 26 ab.
Literatur:	BBB S. 829. – BSM-19 S. 32ff., Nr. 26, Abb. 20. – BSM-44 S. 69. – BSM-50 S. 104ff., Abb. 96; S. 217, K 3.125. – KAR S. 66/67, 8/2.6a, b. – Sp-S S. 1338. – THB Bd. 35, S. 295.

9.1.3
Zusammendruck von vier Ausschnitten

Das Salzburger Landesarchiv besitzt auf ca. 29 x 42 cm großen Blättern zwei Zusammendrucke (koloriert und nicht koloriert) von vier ca. 13,5 x 20 cm großen Ausschnitten der Tafeln 19, 20, 23 und 24, die den Rupertiwinkel, Teile Oberösterreichs und Salzburg bis zum Paß Lueg zeigen. Das Kartenfeld (27,4 x 37,3 cm) ist oben, rechts und links mit einem Strich begrenzt, unten blieb der Abschnitt des 3,4 cm breiten Zierrahmens erhalten. Die sonst unbekannten Nachdrucke auf Holzschliffpapier könnten nach ZAISBERGER im 19. Jh. als Lichtpausen hergestellt worden sein und vielleicht bei einem Kongreß als Gastgeschenk gedient haben.

Standort:	SLA: Graphik XIV.18.1 und 18.2.
Literatur:	SLA S. 7, L.11.

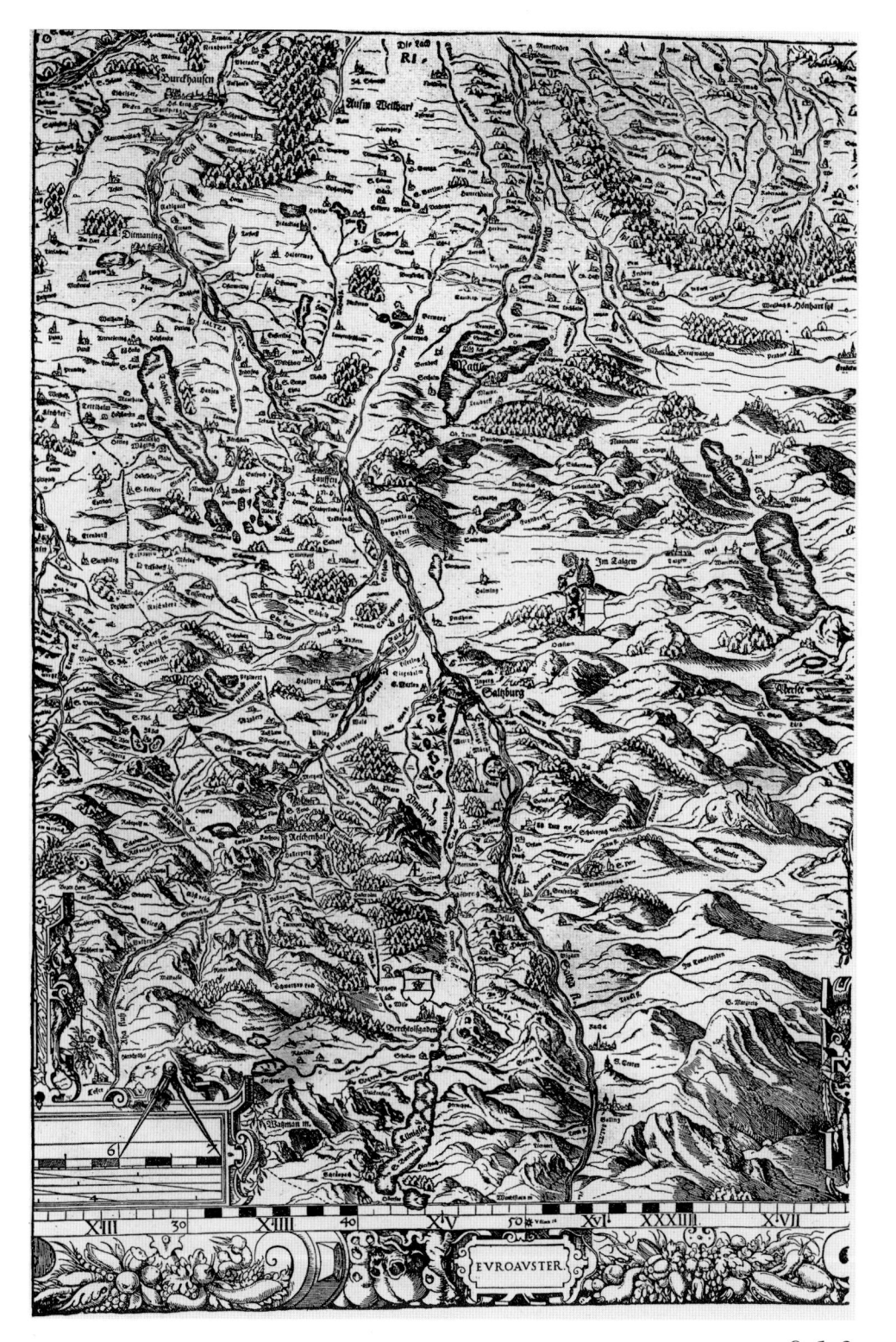

Abb. 122: Philipp Apian: Bairische Landtaflen, Zusammendruck.

9.2
Abraham Ortelius (1527–1598)

Für die ersten Auflagen des Theatrum verwendete ORTELIUS mit nur geringer Überarbeitung die AVENTIN-Karte von Bayern aus dem Jahre 1535 (auf der Karte irrtümlich: 1533). In seinem ständigen Bemühen um Aktualität ersetzte er diese Vorlage 1573 für alle weiteren Theatrum-Ausgaben durch die Landtafel APIANs, der ebenfalls im Kartentitel genannt wird.

9.2.1
„Tipus Vindeliciae …"
1570

Der Titel steht rechts unten in einer mächtigen, etwa rhombenförmigen Rollwerkkartusche, darüber ein wuchtiger Linearmaßstab und über diesem eine Rollwerk-Tafel mit einem Hinweis auf die alten Namen Noricums und der Noriker. Die Titelkartusche verdeckt den Osten Salzburgs und das Salzkammergut, sodaß nur die Salzach ab Hallein und der Norden des Pinzgaus erfaßt werden.

Titel:	«Tipus | **VINDELICIÆ** | SIVE VTRIVSQVE, | BAVARIAE, SE-CVNDVM | antiquum et recentiorem situm, ab Joanne Auen= | tino olim descriptus, Principibusque eiusdem | regionis dedicatus, atque Lands= | huti editus Anno à | Christo nato. 1533.»
Zusätze:	Tlw. röm. Provinznamen mit Erläuterung. – Im Kartenfeld an allen Seiten in Seitenmitte Himmelsrichtungen in Latein.
Maße:	Karte: 43,3 x 33 cm; Platte: 43,8 x 33,3 cm.; Blatt: 55,2 x 41,5 cm. Atlas: 30,3 x 42,3 cm.
Maßstab:	ca. 1 : 720.000.
Graduierung:	Im Strichrahmen s/w 10'-Skala, volle Grade beziffert. L von Salzburg: 34° 22' E.
Druckart:	Kupferstich, selten Kartusche oder Grenzen handkoloriert.
Publ.-Art:	Atlasblatt OAM 109 aus: «THEA | TRVM | ORBIS | TERRA | RVM» (→ 1.1).
Faksimile:	Abraham ORTELIUS: Theatrum…. Schuler Verlag, Stuttgart 1966.
Standort:	BSM: 2 Mapp. 133–29. – SBB Haus 1: 2° B 128–29, 129–29. Haus 2: 2° Kart. B 133–68.
Literatur:	→ 1.1. – BSM-44 S. 32 f., Abb. 14, S. 35, K 2.5. – BSM-50 S. 223, K 6.1.

9.2.2
„Bavariae, olim Vindeliciae …"
1573

Stark verkleinert und um zahlreiche Toponyme bereichert, erlaubt die „neue" Bayern-Karte kaum einen Vergleich mit ihrem Vorgänger. Der Titel steht nun in einer mächtigen Rollwerkkartusche mit Grotesken in der Mitte des rechten Randes, darüber in einem Kreis mit Rollwerk die bayerischen Rauten und zuoberst Schildchen «Cum Privilegio». Vom Land Salzburg sind die nördlichen Teile bis zur Linie Lofer–Golling erfaßt.

Titel:	«BAVARIAE, | OLIM VIN= | DELICIAE, | DELINEATI= | ONIS COM | PENDIVM. | *Ex tabula Philippi | Apiani Math.*».
Zusätze:	Re. u. im Eck vierfacher Transversalmaßstab. Über dem Maßstab Erläuterung der M. – Im Rahmen in der Mi. an allen Seiten Himmelsrichtungen in Latein.
Maße:	Karte: 48,7 x 38 cm; Platte: 49,1 x 38,2 cm; Bogen: 53 x 42,3 cm. Atlas: ca. 32 x 43,5 cm.
Maßstab:	1 : 620.000.
Graduierung:	Im Strichrahmen s/w Minuten-Skala, volle Grade beziffert. L von Salzburg: 33° 55' E.
Druckart:	Kupferstich, mehrfarbig handkoloriert.
Publ.-Art:	Atlasblatt OAM 110 aus: «THEA | TRVM | ORBIS | TERRA | RVM» (→ 1.1).
Standort:	BSM: 2 Mapp. 131 a–81. – SBB Haus 1: 2° Kart. 135–55<2>.
Literatur:	→ 1.1. – BSM-44 S. 33, 117 f., 119, Abb. 79, S. 403, K 2.11. – BSM-50 S. 223, K 6.2. – KAR S. 11, 1/86; S. 68, 8/2.8.

9.3
Mercator und Filiationen

Die erste Atlas-Lieferung MERACTORs enthielt schon eine Karte des Herzogtums Bayern im Stil des Blattes von Salzburg und Kärnten (2.1.1), die auch in allen weiteren Ausgaben erschienen ist. Sie umfaßt den Raum von Regensburg bis Innsbruck bzw. von Augsburg bis Wels. Vom Salzburger Gebiet zeigt sie ein Stück des Ober-Pinzgaus mit Neukirchen, den Zeller See, das Saalachtal, den Lauf der Salzach etwa ab Lend und den Flachgau. Wie die meisten Karten MERCATORs wurde auch diese für Filiationen verwendet. Ihre Rückseite ist immer unbedruckt.

9.3.1
Gerard Mercator (1512–1594)
„Bavaria Dvcatvs"
1585

Den einzigen Schmuck der meist etwas kräftig kolorierten Karte bildet rechts unten im Eck eine manieristische hochovale Rollwerkkartusche mit durchbrochenen „Ohren", an der eine kleine Rollwerktafel mit dem Linearmaßstab für zwei gemeine bayerische Meilen hängt.

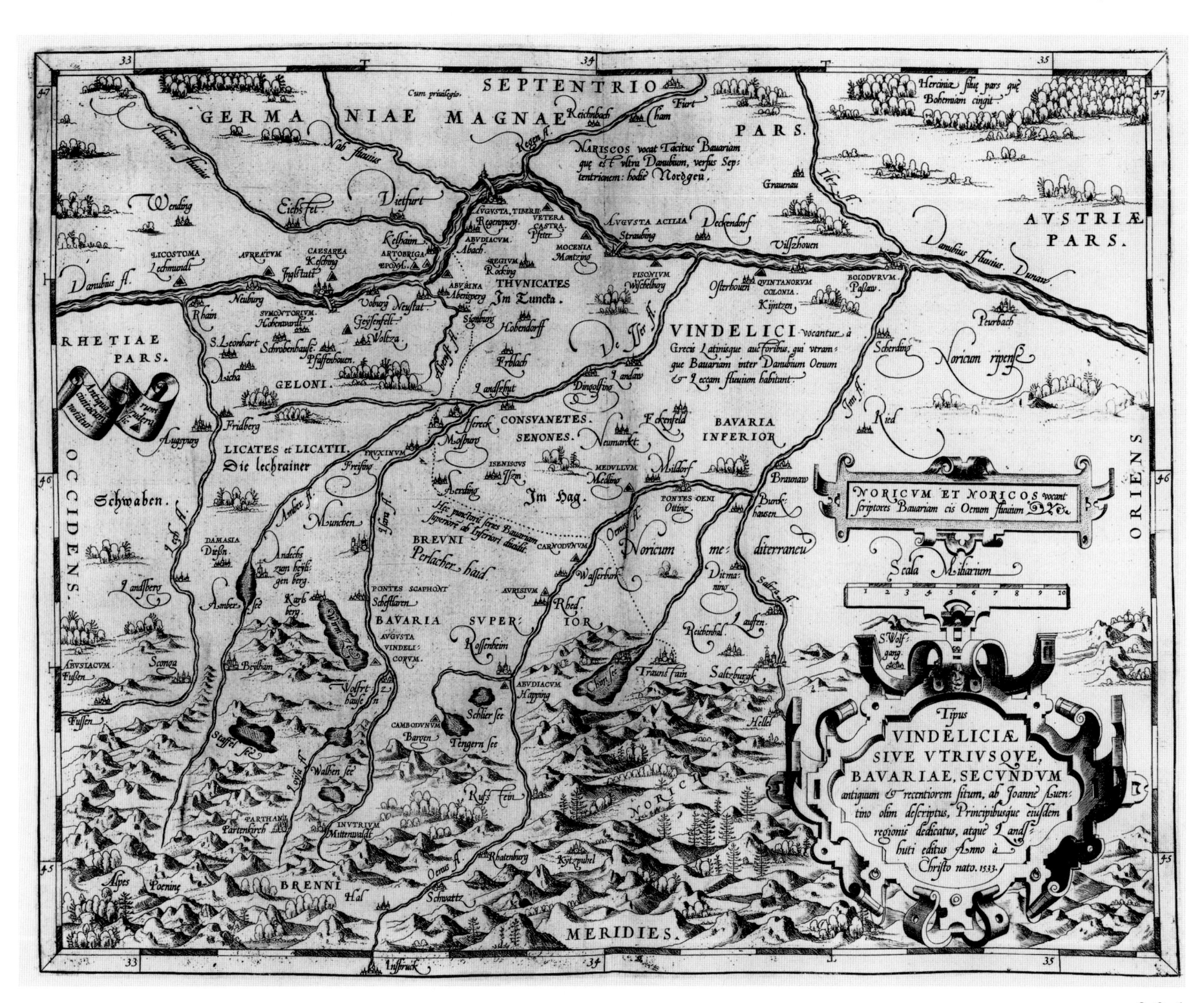

Abb. 123: Abraham Ortelius: Tipus Vindeliciae ..., 1570.

9   Ausgewählte Karten mit Landesteilen

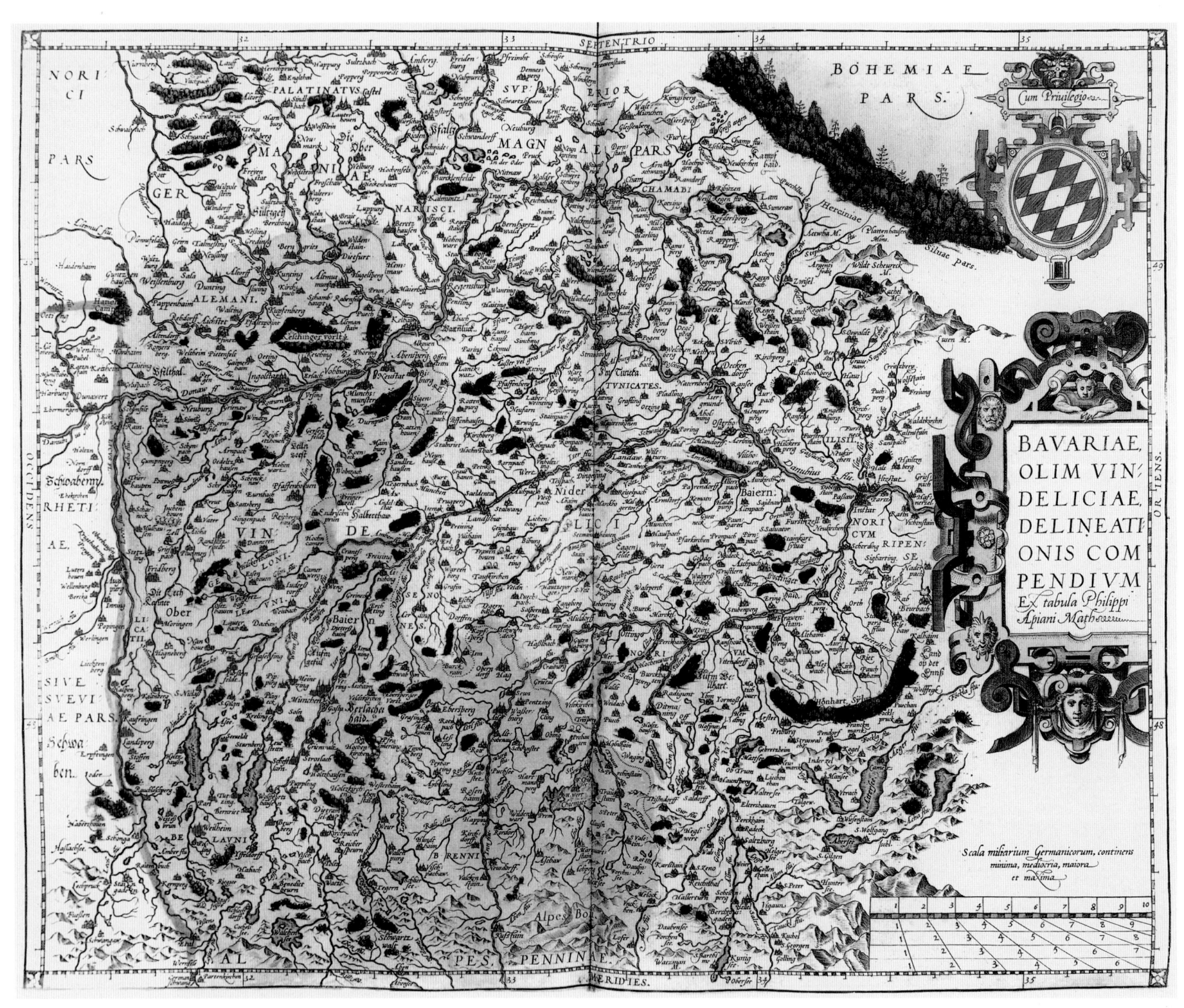

Abb. 124: Abraham Ortelius: Bavariae olim Vindeliciae ..., 1573.

9 Ausgewählte Karten mit Landesteilen

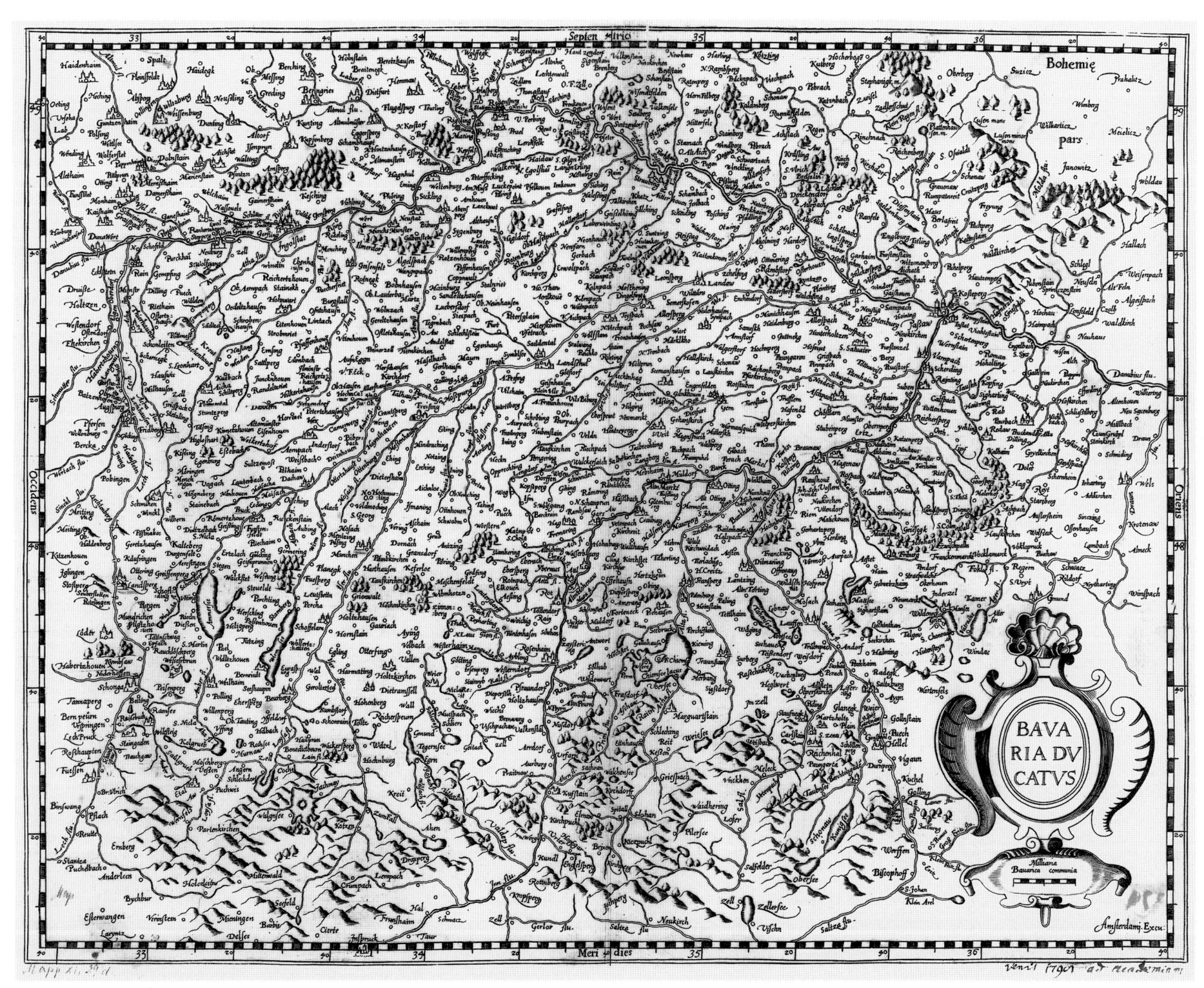

Abb. 125: Anonym: Bavaria Dvcatvs nach Mercator, ca. 1606.

9.3.2

9   *Ausgewählte Karten mit Landesteilen*

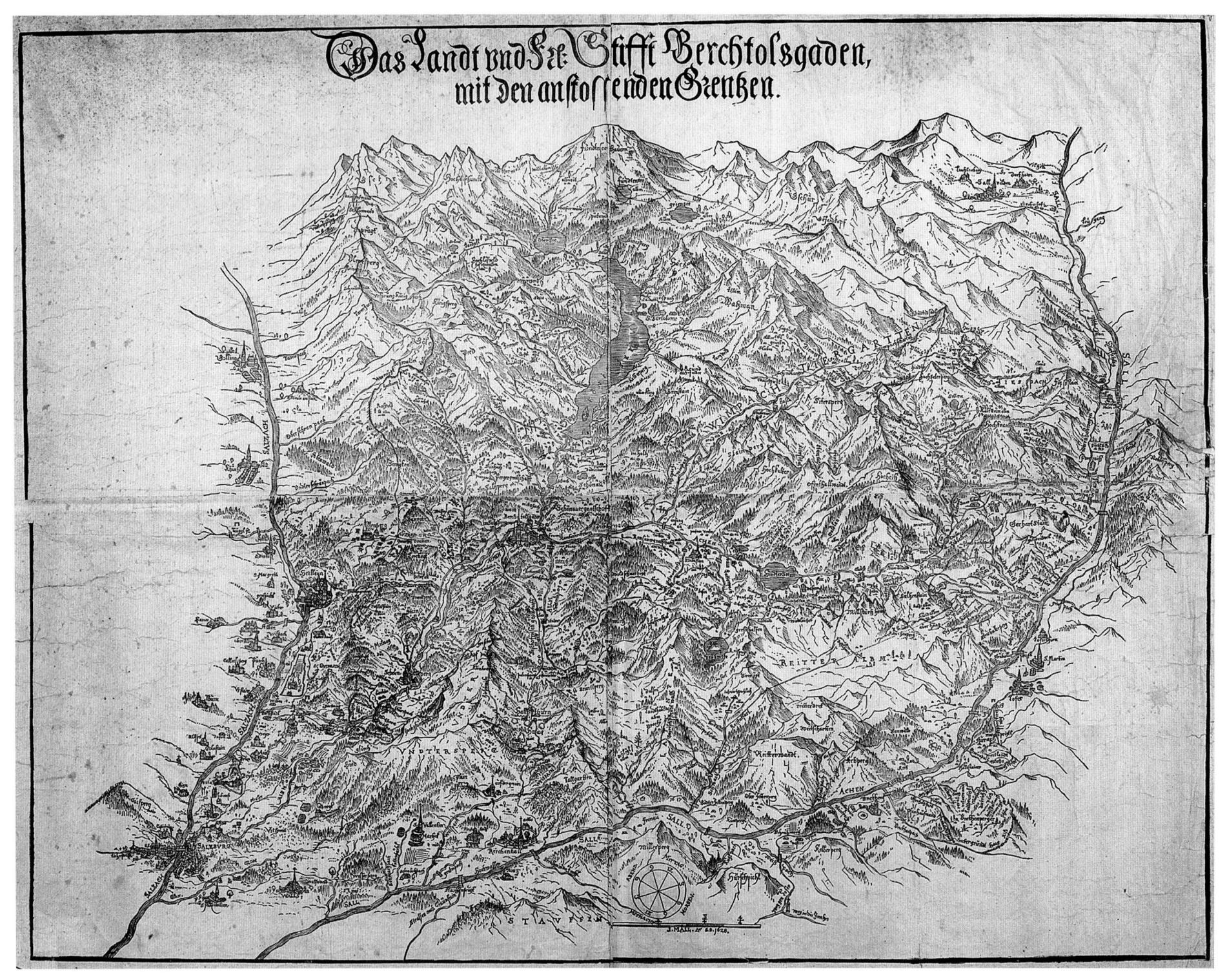

Abb. 126: Johann Faistenauer: Landt und Stifft Berchtolsgaden, 1628.

Titel:	«BAVA | RIA DV | CATVS».
Zusätze:	U. der Kartusche: «*Per Gerardum Mercatorem — Cum Priuilegio*». – Himmelsrichtungen in Latein in der Mi. der vier Seitenränder.
Maße:	Karte: 47,5 x 34 cm; Platte: 48 x 35 cm; Blatt: ca. 50 x 38 cm.
Maßstab:	ca. 1:670.000.
Graduierung:	Im Doppelstrichrahmen 2'-Skala, 20', 40' und volle Grade beziffert. L von Salzburg: 35° 40' E.
Druckart:	Kupferstich, mit Grenz- und Flächenkolorit.
Standort:	BSM: 2 Mapp. 115–90.
Literatur:	→ 2. – BSM-50 Abb. 103; S. 224, K 6.5. – KOE II S. 287ff.: Me 9, Q, Kartentyp [42].

9.3.2
Anonym
„Bavaria Dvcatvs"
(1606)

Die trotz des etwas gröberen Stichs ungewöhnlich getreue Kopie der MERCATOR-Karte hat Marie-Theres DELONGE im Zuge dieser Katalogisierung in der Bayerische Staatsbibliothek in München entdeckt. Entgegen ersten Erwartungen blieben alle Bemühungen erfolglos, ihre Herkunft oder weitere Exemplare festzustellen. Sie fehlt auch in der RYHINER-Sammlung (16.000 Karten) und in der Sammlung Frederik MULLERs an der „Universiteitsbibliotheek Amsterdam" (10.000 Karten). Vermutlich stammt sie aus einem der vielen Nachfolge-Atlanten von HONDIUS oder JANSSONIUS.

Wie in der Vorlage steht rechts unten wieder die scharf gestochene, etwas hochovale Titelkartusche, die sich aber von jener der MERCATOR-Karte deutlich durch die nicht durchbrochenen massigen „Henkelohren" und eine krönende Muschel unterscheidet. Überdies erhielt die an der Kartusche hängende Meilentafel einen anderen Rahmen.

Titel:	«**BAVA | RIA DV | CATVS**».
Zusätze:	Freistehend re. u. im Eck: «*Amsterdamj. Excu:*». – Himmelsrichtungen in Latein in der Mi. an allen Seiten.
Maße:	Karte: 45,5 x 35,4 cm; Platte: 46 x 36 cm; Blatt: 47,5 x 36,5 cm (beschnitten).
Maßstab:	1:648.000; 1" = 9.000 Kl., 4" = 9 M.
Graduierung:	Im Doppelstrichrahmen s/w 2'-Skala, sonst unverändert. L von Salzburg: 35° 36' E.
Druckart:	Kupferstich, Kartusche teils handkoloriert.
Publ.-Art:	Bisher unbekannt. Mittelfalz, Klebespuren eines Steges und die Angabe des Druckortes lassen das Erscheinen in einem ca. 25 x 38 cm großen Atlas vermuten.
Standort:	BSM: Mapp. XI,29 d.

9.3.3
Anton Walter (Daten unbekannt)
Willem Blaeu (1571–1638)
„Bavaria Dvcatvs"
[1634]

Den wesentlich repräsentativeren Nachstich in den BLAEUschen Maßen ziert rechts unten im Eck eine Titelkartusche, die wie auf den Vorlagen einem barocken Prunktisch nachempfunden ist. Sie trägt das Wappen des Kurfürsten MAXIMILIAN I. in Form einer großen Medaille. Nach einer Karte von Schwaben stellt dieses undatierte Blatt die zweite, durch den Handel bekannt gewordene Karte von WALTER dar. Er arbeitete in Augsburg, doch scheint sein Name in der Fachliteratur ebenso wenig auf, wie ein Hinweis auf seine Karten.

Titel:	«BAVARIA | DVCATVS | *Per Ger. Mercatorem.*».
Zusätze:	U. der Titelkartusche Linearmaßstab für bayer. M. – Freistehend li. daneben: «*Apud Antonium Walter.*» und «*Apud Guilhelmum Blaeu.*».
Maße:	Karte: 50 x 38,5 cm; Platte: 50,5 x 39 cm; Blatt: 53,5 x 40,5 cm.
Maßstab:	1:648.000 (?); 1" = 9.000 Kl., 4" = 9 M.
Graduierung:	Im einfachen Strichrahmen nur re. und li. s/w Minuten-Skala, alle 10' und volle Breitengrade beziffert. O. und u. fehlen die Längengrade.
Druckart:	Kupferstich, Kartusche teils handkoloriert.
Publ.-Art:	Bisher unbekannt. Erscheinungsjahr nach Antiquariats-Angaben.
Standort:	BSM: Mapp. XI,28 zfc.

9.4
Johann (Hans) Faistenauer (1577/78?–1643)
„Das Landt und Stifft Berchtolsgaden"
1628

Die von dem Berchtesgadner Hofmaler FAISTENAUER gezeichnete und von Simon STANGASTAGER (STANGASTINGER, 1588–1663) geschnittene vierteilige Karte ist ein Meisterwerk der Geländedarstellung in perspektivischer Schräg- und Seitenansicht. Sie fällt durch die naturgetreue Wiedergabe der Bergformen aus dem schematischen Rahmen ihrer Zeit. Diese erste Regionalkarte Berchtesgadens bildet daher „eine der eigenartigsten und faszinierendsten kartographischen Darstellungen des 17. Jhs." (DES S. 94). Die ohne Graduierung nach SSW orientierte, eindrucksvoll von Salzach, Saalach und dem Hochgebirge begrenzte Inselkarte diente nicht nur als Vorlage für die beiden Berchtesgadener Blätter in Matthäus MERIANs „Topographia Bavariae" von 1644. Man benützte sie vor allem im Original oder in zwei verkleinerten Kupferstichen als Beweismittel in den „Salzprozessen" zwischen Salzburg und Bayern (→ 8.1.3). Die gröberen und stark vereinfachten Stiche, die z.B. nur vier Orte am rechten Salzachufer von Golling bis Salzburg zeigen, erschienen in zwei Versionen. Die größere mißt ca. 60 x 39 cm (BSM: Hbks K 210 mo und 2 Ded. 269 a); die kleinere nur 33,8 x 28 cm; das Blatt ca. 38,5 x 32,2 cm (SLA: Graphik XIV.62). Diese um 1800 entstandene letzte Ausgabe wurde 1803 bei der Übergabe des säkularisierten Stiftes an das neue Kurfürstentum Salzburg als beste vorhandene Karte verwendet.

Titel:	«Das Landt und Frl: Stifft Berchtolsgaden, | mit den anstossenden Grentzen.».
Zusätze:	Mi. u.: Kompaßrose mit dt. Beschriftung, darunter Maßstab mit Text: «.I.MALL. *HF* S.S. 1628.». – Die Initialen «HF» stehen für Hans Faistenauer, «S.S.» für den Formschneider Simon Stangastager.
Maße:	Vier Stöcke je 42 x 31,5 cm; Gesamtgröße: 84 x 63 cm.
Maßstab:	Im Mittel ca. 1:70.000.
Druckart:	Holzschnitt, nicht koloriert.
Publ.-Art:	Separatdruck, Beilage zu den Prozeßakten.
Standort:	BSM: Mappe XI, 416. – ÖNB: Alb. 189-9. – SLA: Graphik XIV.25.1; XIV.25.2 (auf Leinwand). – SMCA: SL 200 (1-3), L 09.
Literatur:	Spiegel-Schmidt, Alfred: Johann Faistenauer (1577/78–1643). Der Kartograph des Berchtesgadener Landes. In: Schönere Heimat, Erbe und Auftrag. Hg.: Bayerischer Landesverein für Heimatpflege e. V., 83. Jg, Heft 1, München 1994, S. 13–18. BSM-19 S. 34f., Nr. 28, Abb. 21. – BSM-44 S. 250ff., Abb. 198, S. 423, K 12.1 – DES S. 94, Tafel 25. – GS S. 177. – THB Bd. 11, S. 200.

9.5
Georg Philipp Finckh (um 1608–1679)
Landtafel-Bearbeitungen
1663, 1671, 1684, 1766

Als schönstes Beispiel für die Nachwirkung Apians gelten die Bearbeitungen seiner Landtafel durch Vater und Sohn Finckh in 28 Sektionen aus den Jahren 1663, 1671 und 1684 („Revidit filius"). Außerdem wurde die Karte noch 1766 in Berlin nachgestochen. Ihre vier südöstlichen Sektionen zeigen beträchtliche Teile von Salzburg: „Tabula 23" enthält außer dem Pfleggericht Traunstein den Rupertiwinkel. Das rechte Randstück 24 trägt das Wappen Paris Lodrons und «Salz» des Landesnamens. Auf der besonders ansprechenden „Tabula 27" (unter 23) mit einem Teil Tirols und Berchtesgaden hantieren neun Putti mit Meßinstrumenten, Kompaß, Globen usw. über dem Maßstab und dem Impressum. Die Ecktafel 28 bringt den Rest des Landesnamens „=burg", die Salzach vom Paß Lueg bis Salzburg und das Geleitwort mit Würdigung Apians.

In den Rändern der Sektionen stehen Hinweise zu deren Montage. Unsere vier Sektionen werden rechts und unten von dem breiten Rahmen mit Blattwerk und Ornamenten begrenzt. Der Gesamttitel zieht sich oben über die ganze Breite der Karte. Links halten zwei Löwen das vom Kurhut gekrönte Landeswappen, rechts läuft der Titel freistehend auf Rauten weiter, flankiert von drei Genien mit heraldischem Zierat und einem gekrönten Schild mit «ME» (Maximilian II. Emanuel, 1662–1726, Kurfürst ab 1679).

Zusätze:	Autorenvermerk u. den Linearmaßstäben: «… *Georg Philipp Finckh, inuenit ac fecit Aº. 1663.* || *Reuidit Aº. 1671.*».
Maße:	Gesamtgröße 88,5 x 117 cm. Kartenfelder der Sektionen: je 20,5–22 x 14,5–15 cm.
Maßstab:	1:270.000.
Graduierung:	Innen im breiten Rahmen s/w Minuten-Skala, alle 10' arab., alle vollen Grade röm. beziffert. L von Salzburg: 33° 48' E.
Druckart:	Kupferstich, meist mit Grenz- und Teilkolorit.
Publ.-Art:	Einzelkarte und Kartenbuch mit Übersichtsblatt: «S. ROM. – (Kurhut) – IMPERII CIRCVLI ET ELECTORATVS – [Nordwind] – BAVARIÆ TABVLA CHOROGRAPHICA …» – Übersichtsblatt: li. Spalte: «Typvs | CIR | CVLI | BA | VARI | CI | In | *Sequentes* | XXVIII | *Tabulas* | *divisi* | …». – Mi. o. Titel: «ELECTORATVS BAVARIAE COMPENDIOSA DELINEATIO.». – Re. Spalte: «An= | weisung | über nach= | volgente | 28 | *Tabellen* | …».
Faksimile:	Georg Ph. Finckh: Der Bayerische Kreis. Bayerisches Landesvermessungsamt, München 1983.
Standort:	BSM: Mapp. XI, 27d; Berliner Stich: Mapp. XI, 37p (tlw. koloriert, auf Leinwand, gefaltet). – SBB Haus 2: Kart. M 5690; 8° Kart. M 5692. – SMS (unvollst.). – SUBE: Ryh 4702:1 und 8612:19.
Literatur:	BSM-44 S. 70, 73f., Abb. 138, S. 404, K 2.23. – BSM-50 S. 104ff., Abb. 97–99; S. 225f., K 6.15. – KAR S. 67, 8/2.7. – Sp-S S. 1338.

9.6
Giacomo Cantelli da Vignola (1643–1695)
„Circolo di Baviera …"
1687

Die prächtige Karte des Bayerischen Kreises, die Salzburg bis zur Linie Saalfelden–Bischofshofen zeigt, wird rechts oben von einer imposanten Kartusche beherrscht. Sie enthält im oberen Teil den Titel (ohne Nennung Salzburgs), im unteren Teil die Widmung an Kardinal Federico Colonna und dazwischen das Wappen der mächtigen römischen Adelsfamilie. Giacomo de Rossi (de Rubeis, tätig 1648–1690) war „der einzige Verleger, der neben Vincenzo Coronelli (1650–1718) in Italien bedeutende Barockatlanten auf den Markt brachte" (Wawrik). Rossis Hauptwerk ist der 1687 erschienene „Mercurio geografico", für den Cantelli, der Geograph

9 Ausgewählte Karten mit Landesteilen

Abb. 127: Nicolas de Fer: Cercle de Bavière, 1705.

9.8.1

9 Ausgewählte Karten mit Landesteilen

des Herzogs von Modena, 40 Karten lieferte und der bis 1741 fünf Auflagen erreichte.

Titel:	«**CIRCOLO DI BAVIERA** | *diuiso ne Stati, che lo compongono* | *particolarmente in quelli, che spettano* | all Elettore di Bauiera, | al Duca di Neoburg, ora Palatino del Reno, | et al Palatino di Sultzbach | *tutti d'una medesima Famiglia* | *da Giac°. Cantelli da Vignola suddito, e Geo-* | *grafo del Ser^mo. S. Duca di Mod^a. con la* | *dire^ze. delle Carte mig^ri; e delle piu recenti notizie* || *e dato in Luce da Gio. Giacomo de Rossi in* | *Roma alla Pace, con Priu. del S. P. 1687.*».
Zusätze:	Mi. u. abgestrichen: «SCALA» mit Linearmaßstäben für ital., dt. und franz. M. – Im re. u. Eck doppelt abgestrichen: «NOTE» mit sehr kurzer Zeichenerklärung. – Im Strichrahmen ganz li.: «*Gasparo Pietra Santa sculp.*». – Himmelsrichtungen in Ital. an den Seitenrändern.
Maße:	Karte: 43,4 x 55,5 cm; Platte: ca. 44,5 x 57 cm; Blatt: 49 x 62 cm. – Atlas: ca. 32 x 50 cm.
Maßstab	ca. 1:620.000
Graduierung:	Im einfachen Strichrahmen mit s/w 5'-Skala volle Grade markiert und beziffert. L von Salzburg: 35° 32' E.
Druckart:	Kupferstich, Titelkartusche und Wappen meist handkoloriert.
Publ.-Art:	Atlasblatt aus: «**MERCVRIO GEOGRAFICO** | OVERO | **GVIDA GEOGRAFICA** | IN TVTTE LE PARTE DEL MONDO | CONFORME LE TAVOLE GEOGRAFICHE DEL SANSONE, BAVDRAND E CANTELLI || *Data in luce con direttione, e cura di Gio: Giacomo de Rossi nella sua stamperia* | *in Roma alla Pace, all Insegna di Parigi con Priu: del S. Pont.*».
Standort:	BSM: Mapp. XI, 29 k.
Literatur:	TIRABOSCHI, Girolamo: Biblioteca Modenese …, Tom. I, S. 385ff. Società Tipografica, Modena 1781. DBI Bd. 18, S. 246f. – LGK S. 37, 349. – MdW S. 301 (ROSSI). – WAW S. 157ff., 164f.

9.7
Pieter Mortier (1661–1711)
„Le Comté de Tirol …"
1704

Das auch mit Landkarten gut ausgestattete, große italienische Städtebuch des bedeutenden Amsterdamer Verlegers enthält eine Karte von Tirol und seinen Nachbarn. Im rechten oberen Eck wird der größte Teil des Erzbistums erfaßt und zwar im Norden bis Kuchl und im Osten bis in den Raum Wagrain. Die Stadt Salzburg ist außerhalb des oberen Bildrahmens eingezeichnet. Damit erreicht der Flächenanteil des Landes am Kartenfeld beachtliche 8%. Graphisch beherrscht der im Oberrand durchlaufende Titel das ziemlich grob gestochene Blatt, auf dem wieder der Brenner als „Montagne Enflamée" angeschrieben ist.

Titel:	«LE COMTÉ DE TIROL, L'EVESCHÉ et COMTÉ DE TRENTE, L'EVESCHÉ DE BRIXEN, et Partie de L'ARCHEVECHÉ DE SALTZBOURG, &c. A AMSTERDAM PAR PIERRE MORTIER. AVEC PRIVILEGE.».
Zusätze:	Im Unterrand Zeichenerklärung und Maßstäbe. – Himmelsrichtungen in Franz. in der Mi. der Seitenränder.
Maße:	Karte: ca. 60 x 51 cm (inkl. Kopftitel und Stadt Salzburg).
Maßstab:	1:432.000; 2" = 3 M.
Graduierung:	Im kräftigen Strichrahmen s/w 2'-Skala, 10' und volle Grade beziffert. L von Salzburg: 35° 22' E.
Druckart:	Kupferstich, Grenzen stark handkoloriert.
Publ.-Art:	Atlasblatt aus: «NOUVEAU THEATRE | **D'ITALIE** | OU | **DESCRIPTION** | EXACTE | DE SES VILLES, … | Et les Cartes Geographiques de toutes ses Provinces. | TOME PREMIER. | CONTENANT … (Großes Verlagssignet) **A** AMSTERDAM, | (Querstrich) Par les soins de PIERRE MORTIER Libraire. | MDCCIV. | AVEC PRIVILEGE.»
Standort:	ÖNB: 55.A.4 und 47.Bb.24 (je vier Bände).
Literatur:	→ 4.1.2.4. – KOE I S. 355: Bl 87 (37).

9.8
Nicolas de Fer (1646–1720)

Der überaus fruchtbare französische Kupferstecher, Kartograph und Verleger DE FER veröffentlichte in seinen zwölf Atlanten und 26 Kartenwerken mehrere Aufnahmen, die zwar nicht als Landeskarten angesehen werden können, aber doch beträchtliche Teile des Erzstiftes wiedergeben. Sie zeichnen sich durch qualitätsvollen Stich und Aktualität aus, um die der 1690 zum Geographen des Grand Dauphin und 1701 zum Geographen des Königs von Spanien ernannte Autor sehr bemüht war. Er pflegte beste Verbindungen mit der Akademie der Wissenschaften, um deren neueste Forschungsberichte rasch verarbeiten zu können. In Anbetracht seiner kartographischen Leistungen muß es befremden, daß die Karten keine Graduierung aufweisen.

Literatur:	LAR Bd. 8, S. 243. – LGK S. 220f. – PAS S. 167–223.

9.8.1
„Cercle de Baviere"
1705

Das Blatt Nr. 36 aus DE FERS Atlas für die französischen Prinzen zeigt im Rahmen des Bayerischen Kreises Salzburg bis zum Paß Lueg. Die Verzerrungen entsprechen dem in der Gruppe 4 gewohnten Ausmaß. Die geschmackvolle Titelkartusche mit wenig Blattwerk steht links oben im Eck des Kartenfeldes, das ein schlichter Doppelstrich begrenzt.

9 *Ausgewählte Karten mit Landesteilen*

Titel:	«CERCLE	DE BAVIERE. ‖ Par N. de Fer». – Darunter zwei Linearmaßstäbe für dt. und franz. M., darunter: «A PARIS	Chez l'Auteur dans l'Isle du	Palais a la Sphere Royale avec	Privilege du Roy. 1705».
Zusätze:	Pag. re. o. im Eck des Rahmens: «36.». – Li. u. im Eck des Kartenfeldes abgestrichen: «*P. Starck-man sculps.*».
Maße:	Karte: 34 x 24,5 cm; Platte: ca. 35,5 x 25 cm. Bände: ca. 36,5 x 26,5 cm.
Maßstab:	1:1.080.000; 1" = 15.000 Kl., 4" = 15 M.
Druckart:	Kupferstich.
Publ.-Art:	Atlasblatt aus: «L'ATLAS CURIEUX	ou	**LE MONDE REPRESENTE**	DANS DES CARTES GENERALES ET PARTICULIERES DU CIEL ET DE LA TERRE	**DIVISE**	... ET **ORNE** ... ‖ *Par N. de Fer, Geografe de* MONSEIGNEUR LE DAUPHIN.». Diesen Haupttitel des fünfbändigen Werkes ziert ein prachtvoller Stich mit Allegorien der Geographie und der Geometrie. Der folgende Frontispiz-Titel steht zwischen zwei allegorischen Gruppen über einer Hafenszene mit einer Seeschlacht im Hintergrund. Die weiteren Bände besitzen eigene prächtige Titelkupfer, wie z. B. eine Szene mit MARS, der dem Dauphin den Bau der Küstenforts erläutert. Die späteren Aufl. sind mit 1714, 1717 und 1725 datiert.
Standort:	BNP: Cartes plans, Ge. DD. 1219. – BSM: 4 Mapp. 39–106. – FFH: III R. 61. – ÖNB: 231.481-D.K (2 Bd.). – SBB Haus 2: 2° Kart. B 495–157.
Literatur:	PAS S. 177: FER IA [174] = VI [13] [f.19] 36.

9.8.2
„Le Cercle de Baviere ..."
1734

Das große Blatt enthält den östlichen Teil Bayerns mit Böhmen, Mähren und fast ganz Österreich. Etwa in der Mitte des Unterrandes ist das Erzstift Salzburg bis zur Linie Saalfelden–Bischofshofen dargestellt. Mit dem gewaltig nach Norden verschobenen Lungau und dem übergroßen Traunsee erinnert die Karte an die MERCATOR-Epigonen. Ungewöhnlich ist ihre völlige Schmucklosigkeit.

Titel:	Im Rahmen o. über die ganze Breite: «LE CERCLE DE BAVIERE, et Partie de Celuy D'AUTRICHE les Confins du ROYAUME de BOHEME et du DUCHE de MORAVIE (In halber Schriftgröße zweizeilig:) *Par N. de Fer, Geographe de Sa Majesté	Catolique et de Monseig': le Dauphin.*».
Zusätze:	U. im Rahmen bzw. tlw. im Unterrand: li.: Maßstab für 15 Reisestunden; Mi.: Bezugsnachweis: «A Paris	Chez Danet sur le Pont N. Dame Sphere Royale. Avec Priv'.	du Roy. 1734.»; re.: Maßstab für 15 große franz. M. – Ganz re. im Rahmeneck: «*C. Inselin Sculps'.*».
Maße:	Karte: 60 x 46,7 cm; Platte: 60,5 x 48 cm; Blatt breitrandig, ca. 70 x 60 cm.
Maßstab:	1:576.000; 1" = 8.000 Kl. = 2 M.
Druckart:	Kupferstich, Grenzen mit Handkolorit.
Publ.-Art:	Separatdruck und Atlasblatt aus erweiterten Aufl. des „Atlas Curieux" bzw. aus dem „Atlas royal".
Standort:	BSM: Mapp. 68–39; Mapp. XI, 30 I. – Versailles, Bibliothèque municipale, Rés. F° I. 101 a.
Literatur:	PAS S. 179: IA [185]; S. 187: IIC [54].

9.9
Anonym
„Chur-Bai_ern ..."
[1710]

Auf der vom Nürnberger Buchdrucker, Buchhändler und Verleger Christoph RIEGEL (ca. 1670–1714) vertriebenen Bayern-Karte eines bisher nicht identifizierten Kartographen ist das Salzburger Gebiet bis Golling–Abtenau enthalten. Die von Rocaillen gezierte Titelkartusche mit dem bayerischen Wappen, das der Kurhut krönt, steht links oben im Kartenfeld.

Titel:	«Chur-Bai_ern	Samt demselben incorporirte und angrenzenden Landen	so accurat als jemals	mit Sondern Fleiß	auf jezige Läufften	gemacht. ‖ Zu finden bey Christoph Riegel».
Zusätze:	Re. u. im Eck mit Strichrahmen: Kleine Zeichenerklärung und zwei Linearmaßstäbe für dt. und franz. M. – Himmelsrichtungen in Latein an allen Seitenrändern.
Maße:	Karte: 56,5 x 47,5 cm; Platte: 57 x 47,9 cm; Blatt: 60 x 53 cm.
Maßstab:	1:720.000; 1" = 10.000 Kl., 4" = 10 M.
Graduierung:	Im Strichrahmen s/w 10'-Skala für die L und 5'-Skala für die B; bei beiden alle 10' und volle Grade beziffert, kein Netz. L von Salzburg: 35° 52' E.
Druckart:	Kupferstich, meist von Hand teilkoloriert.
Publ.-Art:	Nur Separatdrucke bekannt.
Standort:	BSM: Mapp. XI, 28 m (beschnitten); 28 mb (obige Maße). – SBB Haus 2: Kart. M 5698; M 5698<a>. – SUBE: Ryh 4701:11.

9.10
Johann David Köhler (1684–1755)
Christoph Weigel d. Ä. (1654–1725)

In der ersten Hälfte des 18. Jhs. veröffentlichte der Historiker und Kartograph J. D. KÖHLER, Professor in Altdorf und Göttingen, bei der Nürnberger Kunsthandlung Christoph WEIGEL mehrere Atlanten, deren Stich zumeist der viel beschäftigte Augsburger Kupferstecher Michael KAUFFER (1673–1756) besorgte. Vom Bayerischen Kreis liegen zwei Karten vor, die sich besonders in ihrer graphischen Auszier stark voneinander unterscheiden. Vermutlich nach 1720 ist außerdem KÖHLERs undatierter „Atlas Manualis Scholasticus et Itinerarius ..." bei WEIGEL erschienen – ein Auszug aus dem „Schul- und Reisen-Atlas" mit 20 Karten, unter denen sich keine des Bayerischen Kreises befindet.

Literatur:	Zu KAUFFER: THB Bd. 19, S. 600. Zu KÖHLER: ADB Bd. 16, S. 442. – ADE Bd. 3, Sp. 623.

9.10.1
"Circulus Bavariae accurate divisus"
1719 (1718)

Entgegen dem Titel wird auf die Wiedergabe wesentlicher Bereiche des Kreises nördlich der Donau und Niederbayerns sowie der ganzen Oberpfalz wegen des Querformats der Rahmenkarte ebenso verzichtet, wie auf die östlichen und südlichen Teile Salzburgs. Ungewöhnlich bescheiden ist die graphische Aufmachung: Rechts oben steht im Eck auf einer schlichten Steinplatte der kurze Titel ohne Namensnennung. Über der Platte schwebt ein bewaffneter Erzengel zu Häupten einer sitzenden BAVARIA, der links zwei Ritter mit einer Fahne vorauseilen.

Titel:	«CIRCULUS | BAVARIAE | accurate divisus.».
Zusätze:	Himmelsrichtungen in Latein in der Mi. an den Seitenrändern.
Maße:	Karte: 34,3 x 27,7 cm; Platte: ca. 35 x 28,5 cm. – Atlas: 26 x 41 cm.
Maßstab:	ca. 1:700.000.
Graduierung:	Im einfachen Strichrahmen s/w 2'-Skala, 10' und volle Grade beziffert. L von Salzburg: 31° 20' E.
Druckart:	Kupferstich, Grenzen kräftig von Hand koloriert.
Publ.-Art:	Atlasblatt aus: «Johann David Köhlers | … | Bequemer | **Schul= und Reisen=** | **ATLAS** | Aller | Zu Erlernung der Alten/ Mittlern und Neuen | **GEOGRAPHIE** | dienlichen | UNIVERSAL- und PARTICULAR-Charten/ von | Christoph Weigeln/ Kunsthändlern in Nürnberg … | (Doppelstrich) Gedruckt bey Johann Ernst Adelbulnern. | 1719.». Die SWW besitzt einen Atlas-Torso (K-V BL: WE 140,1–8, ohne Bayern-Karte), der als einziges bekanntes Exemplar mit 1718 datiert ist. – Außer dem Buchdruck-Titel enthalten die Atlanten in der Regel ein prächtiges Frontispiz mit gestochenem Titel: «*Atlas Scholasticus et Itinerarius …*».
Standort:	ÖNB: Prunksaal 47.P.31. – SStW: 111.a.16.

9.10.2
"Circvlvs Bavaricvs …" – Löwenkarte
[1718]

Die hochformatige Karte, die mit Ausnahme der östlichen und südlichen Teile Salzburgs den gesamten Kreis umfaßt, ist von barocker Pracht und einer Allegorie der Kurwürde geprägt. Deren Machtanspruch symbolisiert rechts unten am Platz des fehlenden Lungaus ein großer, aufgerichteter Löwe, der mit der linken Pranke das ovale Titelschild hält und mit der rechten den Reichsapfel. Hinter ihm tummeln sich weitere vier Löwen vor einer Berglandschaft.

Titel:	«CIRCVLVS | **BAVARI**= | **CVS** | delineatus | per | *Christophorum Weigelium* | *Norimberg.*».
Zusätze:	U. li. im Eck mit Strichrahmen: «*Erklærung der Zeichen.*», dabei eine Signatur für «*Wunderthætige Gnaden Bilder.*». – U. Mi. freistehender Linearmaßstab für gem. dt. M. – Im Unterrand re. u. dem Karteneck: «*Michael Kauffer Sculpsit Augustæ V.*». Häufig hs. Pag.: «*32.*».
Maße:	Karte: 32 x 39,9 cm; Platte: 32,8 x 41 cm; Blatt: 39 x 45 cm. – Atlas: ca. 26 x 41 cm (die Karte steht quer im Bd.).
Maßstab:	1:960.000; 3" = 10 M.
Graduierung:	Im Rahmen 4'-Skala, alle 20', 40' und volle Grade beziffert. L von Salzburg: 31° 16' E.
Druckart:	Kupferstich mit Handkolorit.
Publ.-Art:	Atlasblatt Nr. 32 oder 37 aus: Die weiter von ADELBULNER gedruckten Atlanten behielten ihren Titel und die Jahreszahl. In den Atlanten mit dem Impressum «Gedruckt bey Lorenz Bieling.» wurden bei fast gleichem Wortlaut des Titels die Drucktypen und tlw. der Zeilenfall geändert, sodaß z. B. das Privilegium nur eine Zeile erforderlich. Darunter keine Jahreszahl. Das Kupferstich-Frontispiz blieb erhalten.
Standort:	ADELBULNER-Drucke: ÖNB: FKB 273/58. – SBB Haus 2: 2° Kart. B 614/12–37; Kart. M 5730. – SStW: 99.b.4. – UBW: III 332.587. BIELING-Drucke: ÖNB: Prunksaal 48.C.8 und FKB 273/39. – SUBE: Ryh 4701:23 (ohne Titelblatt).

9.11
Wilhelm C. Buna (Daten unbekannt)
Oberbayern
1745

Mit der Bayerischen Landtafel APIANs hinsichtlich Größe und Maßstab vergleichbar, nicht aber hinsichtlich der detailreichen Geländedarstellung, ist die vereinfachte, aus neun Teilen (3 x 3) bestehende Wandkarte von Wilhelm BUNA. Ihr Gesamttitel steht zweizeilig im Oberrand über den oberen drei Teilen (die Blattübergänge sind mit | und ‖ markiert). Das Eckblatt rechts unten zeigt die nördlichen und östlichen Teile Salzburgs bis zur Linie Bischofshofen–Radstadt.

Titel:	«PARS IX. prodit Partem BAVARIÆ SUP: versus Orientem et Meridiem sitam ad SALAM, SALTZAM et Riv: MATTICH, | ARCHIEP: SALISBURG. cum Oris ARCHIDUCAT: AUSTRIÆ Super. A G: C: BUNA, V. D. M.».
Zusätze:	Li. und re. von der zweiten Titelzeile zwei Linearmaßstäbe. – Im Unterrand: li.: «*Frankfurt am Mayn bey Heinrich Ludwig Broenner auf dem Pfarreisen*»; ganz re.: «*I. C. Back sc.*». – Himmelsrichtungen in Latein in der Mi. an den Seitenrändern.
Maße:	Einzelkarten: je ca. 54 x 55,7 cm; Blätter mit Rand: ca. 57 x 60,5 cm. – Gesamtgröße: ca. 164 x 159 cm.
Maßstab:	1:150.000.

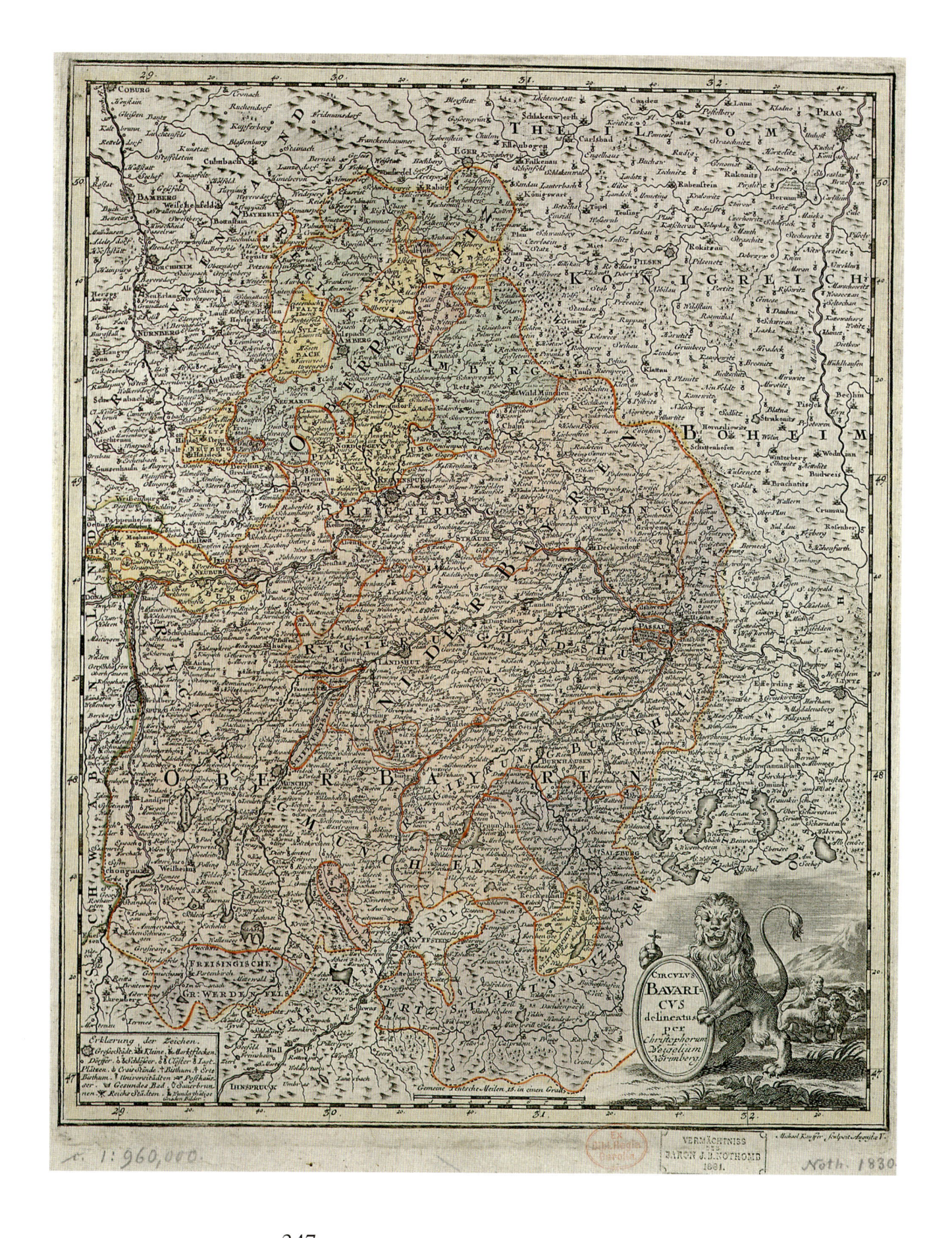

9.10.2

Abb. 128: Christoph Weigel:
Circvlvs Bavaricvs, Löwenkarte.

9　Ausgewählte Karten mit Landesteilen

9.11

Abb. 129: Wilhelm Buna:
Pars IX der Wandkarte
von Bayern, 1745.

Graduierung:	Im kräftigen Strichrahmen s/w Minuten-Skala, alle 5', 10' und volle Grade beziffert, diese mit Zusätzen «*Long. … Grad.*» bzw. «*Latit. … Grad.*». – Zusätzlich o. und u. lat. Ziffern bzw. li. und re. Buchstaben zur Auffindung von Orten, aber kein Findegitter. L von Salzburg: 33° 45' E.
Druckart:	Kupferstich, Grenzen handkoloriert.
Publ.-Art:	Einzelblatt Nr. 9 aus dem Kartenwerk: «EXACTISSIMA STATUUM TOTIUS DUCATUS BAVARIÆ TABULA SECUND | UM OMNES STATUS & PRÆFECTURAS, CUM INSERTIS ET FINITIMIS REGIONIBUS IN IX. MAPPIS GEOGRAPH: RECENS EL | UCUBRATA ET SINGULATIM DIVISA, PER G. C. BUNA. V. D. M. FREYBURGI. ‖ (Zweite Zeile) LE DUCHE DE BAVIERE …».
Standort:	BSM: Mapp. XI, 37h. – NSUG: MAPP 6296. – SBB Haus 1: Kart. M 5820<a>; Kart. M 5820/1; Haus 2: Kart. M 5820. – SLA: Graphik XIV.46. – SMS.
Literatur:	BSM-44 S. 70. – BSM-50 S. 108; S. 227, Abb. 100, K 6.24.

9.12
Covens & Mortier
„Le Cercle de Bavière"
Ohne Jahr

Die schöne Widmungskarte für den Herzog von Burgund in Querformat ist eine wesentlich vergrößerte Bearbeitung der Karte von Nicolas SANSON d'Abbeville (→ 4.1.1), die u. a. auch JAILLOT verwendete. Ihr sachliches Aussehen unterstreichen der zweizeilige Titel im Oberrand und das Fehlen einer Kartusche oder eines anderen Schmucks. Salzburg ist zum größten Teil abgebildet, nur das Landesgebiet östlich der Linie Trattberg–Wagrain fehlt.

Titel:	«LE CERCLE DE BAVIÈRE *Par M^R. SANSOM*(!) á l'Usage de MONSEIGNEUR le Duc de BOURGOGNE | *A Amsterdam Chez I. COVENS et C. MORTIER*».
Zusätze:	Re. in der zweiten Titelzeile Linearmaßstäbe für 5 verschiedene M.
Maße:	Karte: 57,8 x 48,2 cm; Platte: 60 x 50,2 cm; Blatt: 63 x 51,5 cm. – Atlas: ca. 35 x 55 cm.
Maßstab:	1:540.000; 1" = 7.500 Kl.
Graduierung:	Im einfachen Strichrahmen 5'-Skala, alle 10' und volle Grade beziffert. Netz alle 30' durchgezogen, 47. Breitenkreis fehlt. L von Salzburg: 35° 16' E.
Druckart:	Kupferstich.
Publ.-Art:	Atlasblatt aus: „Atlas Nouveau …" (→ 4.1.2.4).
Standort:	SUBE: Ryh 4701:15.
Literatur:	4.1.2.4.

9.13
Conrad Mannert (1756–1834)
„Die Baierische Monarchie in zwey Blättern …"

In imponierendem Format zeigt die Karte „Groß-Bayern" inklusive der neu erworbenen Gebiete bis zum Gardasee. Bei dieser kartographischen Darstellung bleibt es als politischer Anachronismus auch nach dem Rückzug des Königreichs auf seine alten Grenzen. Im übrigen enttäuscht die Arbeit MANNERTs und seines Stechers TRUMMER durch ihre primitive Zeichnung, die an die „Charte von Teutschland" von 1807 erinnert (→ 5.5.1). „Die Einfachheit drückt sich sowohl in der Legende, als auch in der unnatürlichen und sehr schematischen Geländedarstellung aus" (WOLFF).

Den optischen Eindruck des Doppelblattes bestimmen die über die ganze Breite des Oberrandes laufende Widmung und der große Titelblock im rechten oberen Eck. Diese Anordnung behält der Verlag in allen Auflagen bei, von denen nur jene registriert werden, die wesentliche Änderungen im Text und/oder Bild aufweisen. Salzburg ist zur Gänze auf der unteren Kartenhälfte wiedergegeben, nimmt aber nur 4,5 % des Feldes ein.

1808

Titel:	«DIE | **BAIERISCHE MONARCHIE,** | entworfen in zwey Blättern | von | CONRAD MANNERT. | (Querstrich) Nürnberg, bey Homanns Erben, 1808. ‖ Zur Ausfertigung wurden ausser den zuverlässigern astronomischen Bestimmungen benüzt: … (zehn Zeilen Quellenangaben).».
Zusätze:	Im Oberrand: «**SEINER KÖNIGLICHEN MAIESTÄT VON BAIERN MAXIMILIAN IOSEPH** | (ganz re. über dem Karteneck:) *ehrfurchtsvollest und allerunterthänigst gewidmet | von den Besitzern der Homännischen Landkarten-Verlagshandlung* | **G. C. Franz**, *senior, und* **G. C. F. Fembo**.». – U. dem Titel: Linearmaßstäbe für geogr., franz. und ital. M. – Li. freistehend: Zeichenerklärung. – Im Unterrand: Röm. numerierte Liste der 15 Kreise in drei Vierer- und einer Dreiergruppe mit Farbkästchen. – Ganz re.: «*C. M. Trummer sc:*»
Maße:	Karte: Gesamtgröße 56,5 x 102 cm; beide Teile je 56,5 x 51 cm.
Maßstab:	ca. 1:610.000.
Graduierung:	Im feinen Strichrahmen s/w 5'-Skala, alle 30' und volle Grade beziffert und Netz dünn durchgezogen. Li. u. im Rahmen Hinweis: «*Östliche Länge von Ferro*». L von Salzburg: 30° 42' E.
Druckart:	Kupferstich, entsprechend dem Farbschema koloriert, doch sind S/W-Drucke nicht ungewöhnlich.
Publ.-Art:	Separatdruck. Häufig auf Leinwand in Taschenformat kaschiert.
Standort:	BSM: Mapp. XI, 49; 49 a; 560 x; 598 dL. – ÖNB: FKB E.7.3; Alb. 843 und 843-1; Alb. 844-1. – SBB Haus 1: 8° Kart. M 5938<a>, Haus 2: 8° Kart. M 5938.
Literatur:	BSM-44 S. 217. – BSM-50 S. 113, Abb. 101, S. 228, K 6.31.

9   *Ausgewählte Karten mit Landesteilen*

1811, 1813

Die nach dem Frieden von Schönbrunn erschienenen Auflagen wurden wegen der großen territorialen Veränderungen gründlich überarbeitet. Abgesehen davon, daß der nun zur Gänze dargestellte Lungau rechts auf ca. 6 cm Höhe bis zu 2 cm weit in den Kartenrahmen ragt, hat man die Topographie Salzburgs durch die Eintragung zahlreicher Siedlungen und Verkehrswege stark „verdichtet". Damit verbunden war eine Erweiterung der Zeichenerklärung um Signaturen für «Sitz eines Rentamtes», «Chausséen», «Unvollendete Chausséen» und «Gemeine Landstrassen».

Titel:	Zwischen dem Verlagsnamen mit entsprechend berichtigter Jahreszahl und dem Block der Quellenangabe zwei Zeilen eingeschoben: «*Nach dem Wiener Frieden erweiterte und berichtigte Ausgabe.*» und «*Mit Königl: Baier: allergn: Privilegio.*».
Zusätze:	Die völlig umgestellte Liste im Unterrand weist nur mehr neun Kreise in drei Dreiergruppen mit Farbkästchen aus.
Standort:	Ausgabe 1810: BSM: Mapp. XI, 53 e. – Ausgabe 1811: BSM: Mapp. XI, 53 und 53 b. – SBB Haus 2: Kart. M 5940, 5941, 5941<a>. – SLA: Graphik XIV.156. – SWW: K-V (Bl): DE/Bav 352(1–2). – UBEi: 197/2.25 und 198/2.28. – UBM: 2 Mapp. 21#3. – Ausgabe 1813: BSM: Mapp. XI, 56.

1816

Die Darstellung des gesamten Raumes, den das größere Königreich eingenommen hatte, wurde von der Erstausgabe 1808 in den Neuauflagen beibehalten. Außer Berichtigungen der Verlegerfirma im Titel und der Aktualisierung der Grenzen blieben die Blätter unverändert. Die nach 1816 bei Christoph FEMBO, dem Nachfolger von HOMANNS ERBEN, 1817, 1819 und 1824 erschienenen Ausgaben werden nicht mehr registriert.

Titel:	«DIE BAIERISCHE MONARCHIE …» bis zum Querstrich, dann: «Vormals Homanns Erben. Nürnberg 1816.». – Später: «bey Christoph Fembo.». – Der eingeschobene Hinweis auf den «*Wiener Frieden*» korrigiert in: «*Nach dem Pariser Frieden erweiterte und berichtigte Ausgabe.*». – Nennung des Privilegs und der Quellen wie bisher.
Standort:	BSM: XI, 57. – DMM: 1931–90–6.
Literatur:	BSM-50 S. 113, Abb. 101; S. 228, K 6.31 (1816). – LIN S. 46, Abb. 17 (südl. Teil); S. 185, Dok. 12.

9.14
Alois (Johann Nepomuk) Senefelder (1771–1834)
Königreich Bayern

1808

Aus dem Jahr 1808 stammen zwei „Inkunabeln der Lithographie" (WOLFF in BSM-44), die wohl ältesten, selbständig erschienenen Steindruckkarten der Welt. Sie zeigen das gerade zwei Jahre alte Königreich in seiner größten Ausdehnung – von Lindau bis Passau und vom Vogtland bis zum Gardasee – mit der am 21. Juni 1808 „allerhöchst" verfügten Verwaltungs-Einteilung. Französischem Vorbild entsprechend, wurde das Land in 15 möglichst gleich große Kreise gegliedert, die nach dem jeweils wichtigsten Fluß benannt waren (ab 1812 nur mehr neun Kreise, → 8.3.2). Die Eintragung der Kreis- und der 196 Landgerichtsgrenzen, der Rentämter etc. erfolgte mit der Akribie einer Verwaltungskarte unter weitgehendem Verzicht auf eine Geländedarstellung. Die Blätter enthalten den größten Teil von Salzburg als österreichisches Territorium mit dem gesamten Salzachtal und den Zuflüssen, aber nur wenigen Toponymen.

Literatur:	→ 5.12: KATZENBERGER, Ludwig. ADB Bd. 34, S. 8. – BBB S. 721. – BSM-44 S. 216f, S 418, K 10.9 a) und b). – LGK S. 452. – THB Bd. 30, S. 494.

9.14.1
Johann Michael Schramm (1772–1835)

Die große Version der Karte begnügt sich mit einer streckenweisen Andeutung der Gebirge durch wenige Gruppen oder Ketten von Bergstrichen, die wohl eher die Grenzen hervorheben sollen. Obwohl als Inselkarte konzipiert, nutzte der Kartograph im Westen das Kartenfeld bis zur Linie Stuttgart–Mailand. Mit der Einführung der hochovalen Titelkartusche schuf SCHRAMM, der als Wegbereiter der Lithographie gelten kann, ein dauerhaftes Element für viele Karten des Königreichs.

Titel:	«Das | Königreich | **Baiern.** | 1808.». – Die mit Schwungstrichen verzierten Fraktur-Zeilen laufen über die durchgezogenen weiß-blauen Rauten des Landeswappens.
Zusätze:	Freistehend re. o. im Eck: «EINTHEILUNG | des | Königreichs Baiern.». – Doppelstrich: Liste der Kreise mit röm., auf der Karte wiederholten Zahlen (Zierstrich). Freistehend re. u. im Eck: «Zeichen Erklaerung.» mit elf Signaturen. Darunter: «Maasstab zu 20 geographischen Stunden.». Im Unterrand: ganz li.: «*In Stein gravirt von J. M. Schramm. München 1808.*»; in der Mi.: «Diese Karte nachzustechen ist bei 100 Ducaten Strafe verboten.»; ganz re.: «Abgedruckt in der Königlich Bairischen privilegirten Steindruckerei von Aloys Senefelder, Fr. Gleisner et Compagnie.».
Maße:	Karte: 45,3 x 68 cm; Blatt: ca. 52 x 75 cm.
Maßstab:	1:864.000; 1" = 12.000 Kl. = 3 M.
Graduierung:	Im zweifachen schraffierten Strichrahmen innen s/w 10'-Skala ohne Zahlen, außen volle Grade in der Schraffur beziffert, Gradnetz tlw. angerissen, Meridian von München durchgezogen. Nahe dem li. u. Eck waagrecht eingefügt: «*Laengen Grade*» und senkrecht: «*Breiten Grade*». L von Salzburg: 30° 43' E.
Druckart:	Lithographie, fallweise Grenzen farbig markiert.
Publ.-Art:	Separatdruck.
Faksimile:	SENEFELDER – SCHRAMM: Das Königreich Baiern. Bayerisches Landesvermessungsamt, München 1980.
Standort:	BSM: Mapp. XI, 50a. – ÖNB: FKB 4151.
Literatur:	BBB S. 699. – NKL Bd. 16 (1846). – NND Bd. 13, 1835 (1837). – THB Bd. 30, S. 277.

9.14.2
(Johann) Carl Schleich jun. (1788–1840)
Johann Baptist Seitz (1786–1850)

Die kleinere Karte bietet durchwegs weit weniger Informationen, als es allein durch das Format erzwungen wäre. Am stärksten trifft dies für die Gebiete zu, die außerhalb der bayerischen Landesgrenzen liegen. Beispielsweise sind im italienischen Raum von etwa 40 Ortsnamen nur mehr zehn erhalten geblieben, und in Salzburg wird als einziger Name jener der Hauptstadt verzeichnet.

Titel:	«Baiern	1808». Der auf den Landesnamen reduzierte Titel steht, reich mit Schwungstrichen verziert, im gleichen Hochoval wie auf der großen Karte, aber ohne Rauten-Hintergrund. U. der Jahreszahl ein Querstrich mit Stern.
Zusätze:	Freistehend re. o. im Eck wie auf der großen Karte: «EINTHEILUNG	Des	Königreichs Baiern.» mit gleicher Liste der 15 Kreise. – Freistehend re. u. im Eck: «Maasstab von 10 Geograph. Meilen». – Im Unterrand: ganz li.: «Abgedruckt in der Königl. Baier. allerg. privil. Steindrukkerey	von A. Senefelder, F. Gleisner und Comp.»; ganz re.: «In Stein gegraben von Schleich u. Seitz in München.». – Ohne Strafandrohung.
Maße:	Karte: 23 × 34 cm; Blatt: 25,6 × 37 cm.
Maßstab:	ca. 1:800.000.
Graduierung:	Wie auf dem großen Blatt, volle Grade aber als Netz zur Gänze durchgezogen. Die beiden Hinweise zur Graduierung fehlen.
Publ.-Art:	Separatdruck. Grenzen meist handkoloriert. Sonderausgabe: Neun Teile auf blauer Seide, gefaltet in Schuber aus rotem Maroquinleder mit Goldprägung.
Standort:	BSM: Mapp. XI, 48 a. – DMM: Archiv, KT 01169.
Literatur:	→ 5.12.1.

9.15
Georg Mayr (1800–1864)

Unter 6.21 (mit Literaturnachweis) und 7.7 wurden MAYRs Reise- und Gebirgskarten registriert, die BAEDEKER als besonders zuverlässig rühmte. Die gleiche Qualität weisen die folgenden beiden Blätter auf, die nicht als Landeskarten eingestuft werden. Ihre Verwandtschaft ist offensichtlich, eine genauere Untersuchung über die Verwendung der Platten für verschiedene Zusammendrucke liegt noch nicht vor. SCHROPPs „Kritischer Wegweiser …" (3. Bd., 1831/32, S. 9 f.) rühmt die „Brauchbarkeit" der Arbeit MAYRs für den Reisenden, die alle bisher vorliegenden Alpenkarten nicht geboten hätten. In deren Nachfolge erschien 1855 in München eine „Gebirgs-, Post- und Reise-Karte von Tyrol und Süd-Bayern …" (1:600.000, 57 × 32 cm), die Otto MESSERER, Gustav GLAS und Emil MARTINI nach den bayerischen und österreichischen Generalstabskarten entworfen hatten. Sie zeigt auch kleine Teile von Salzburg und erlebte noch 1891 eine Neuauflage (BSM: Mapp. IX,221; XI,161).

9.15.1
„Karte zur Reise von München …"
[1825/30]

Das östliche Blatt der zweiteiligen und wegen ihrer Größe immer gefalteten Reisekarte, die zwar anonym erschienen, aber eindeutig MAYR zuzuschreiben ist, deckt fast das ganze Landesgebiet bis zum Tauernhauptkamm und Radstädter Tauern. Der Lungau mit seiner südlichen Gebirgsumrahmung fehlt. Soweit das Gasteiner Tal auf der Karte nicht erfaßt ist, wird es in einem kleinen Insert dargestellt. Die Zählung der Meridiangrade weist eine grobe Verwechslung auf: Der westliche Meridian ist mit 31° beziffert, der östliche mit 30°.

Titel:	**«KARTE ZUR REISE VON MÜNCHEN IN DAS BAYER'SCHE UND SALZBURGER HOCHGEBIRGE».**
Zusätze:	Über dem Karteneck re. o.: «Östliches Blatt». – Insert abgestrichen im re. u. Eck des Kartenfeldes, 4,5 × 10,3 cm. – In der Mi. des Unterrandes: «In Commission der literarisch-artistischen Anstalt in München».
Maße:	Karte: 67,3 × 53,8 cm inkl. des 13 mm breiten Rahmens; Blatt: ca. 72,4 × 60 cm. Gesamtgröße beider Teile: 132 × 52 cm.
Maßstab:	1:200.000.
Graduierung:	Feine s/w Minuten-Skala, 20', 40' und volle Grade beziffert und als zartes Netz durchgezogen. L von Salzburg nach falscher Zählung: 31° (statt 30°) 42' E.
Druckart:	Lithographie.
Publ.-Art:	Separatdruck.
Standort:	BSM: Mapp. XI,155 a – UBM: 8 Mapp. 201.

9.15.2
„Spezielle Reise- und Gebirgs-Karte …"

Die unhandliche zweiteilige „Reisekarte" wurde von MAYR in ein Blatt umgearbeitet. Auf Leinen und im Taschenformat in einen Pappeumschlag geklebt, fand diese Karte so gute Aufnahme, daß sie von 1846 bis 1853 mindestens vier Auflagen erlebte, die sich weitgehend gleichen. Der deutsche Kartentitel wird auf der Rückseite des Umschlags fast wörtlich sowie in Französisch, Englisch und Italienisch wiederholt.

1846, 1847, 1850, 1853

Titel:	«Spezielle Reise- und Gebirgs-Karte vom **LANDE TYROL** mit den angrenzenden Theilen von	Süd=Bayern, Salzburg, der Schweiz, (Graubünden) und Ober=Italien.».
Zusätze:	Im Eck li. o. abgestrichen: Zeichen- und Abkürzungserklärung. Im Eck re. o. abgestrichen: Entfernungs-Übersicht (in verbesserter Form 1853 im

9   Ausgewählte Karten mit Landesteilen

Umschlag) und Maßstab mit Meilenleiste. – Im Unterrand li.: «Bearbeitet und gestochen von Gg. Mayr k. bayer. pens. topograph. Inspector»; re.: «Eigenthum und Verlag der J. Palm'schen Hofbuchhandlung in München».
Im Umschlag: «Spezielle Reise- und Gebirgskarte ... | von | Gg. Mayr, | Inspektor im topographischen Bureau des k. b. Generalquartiermeister-Stabs | in München. ‖ (Querstrich) Carte routière ... ‖ (Querstrich) TRAVELLING AND OROGRAPHIC MAP ... ‖ (Querstrich) CARTA SPECIALE DI VIAGGIO E DEI MONTI ... ‖ (Querstrich) München, 1846. | J. Palm's Hofbuchhandlung.».
Ausgabe 1853 im Oberrand: *«Neue vielfach verbesserte Ausgabe.».* Geänderte Jahreszahl.

Maße:	Karte: 72,5 x 70,1 cm (plano); gefaltet: 12,2 x 17,8 cm; Umschlag: 12,8 x 18,5 cm.
Maßstab:	1:500.000.
Graduierung:	Sehr feine grau-weiße 5'-Skala, alle 30' und volle Grade beziffert, diese als Netz durchgezogen. L von Salzburg: 30° 45' E.
Druckart:	Lithographie, Geländedarstellung durch Bergstriche; Grenzen, Seen, Gletscher und Hauptstraßen mit Handkolorit.
Publ.-Art:	Separatdruck in Pappumschlag mit goldgeprägtem Titel: «Karte von Tyrol	von	G. MAYR.». – Rückentitel zwischen Querstrichen: «Mayr	Karte	von	Tyrol	(Jahr)».
Standort:	SBB Haus 1: Kart. O 10635/1 (1846); O 10636/1 (1846); O 10640 (1853). – Haus 2: O 10635 (1847); O 10636 (1850). – SWW: K-III: OE/Tyr 1247 (1850).

9.16
Anonym

„Das Land ob der Enns"

[1840]

Die attraktive Karte von Oberösterreich ist beim Linzer Verleger Vinzenz FINK (Daten unbekannt) zwar anonym erschienen, doch kann man nach der „Handschrift" des Entwurfs und der Klaviertastenmanier des Rahmens die Urheberschaft von Franz FRIED vermuten. Über eine Verbindung zwischen diesem oder ARTARIA und FINK konnte allerdings bisher nichts in Erfahrung gebracht werden. Die Karte deckt den Raum zwischen Traunstein und Amstetten bzw. Passau und St. Johann im Pongau und umfaßt damit etwa ein Drittel der Salzburger Landesfläche. Ihren besonderen Schmuck bilden die Detailkarte und die Ansicht des Salzkammerguts.

Titel:	«**DAS LAND OB DER ENNS.**». – Der Titel mit Schattenschraffur steht sehr wuchtig im breiten Oberrand.
Zusätze:	Li.: «**SALZKAMMERGUT**», Detailkarte von Vöcklabruck bis zum Dachstein. Re.: «ANSICHT vom **SALZKAMMERGUT**», Panorama von Hallstadt bis Gmunden. – Im Unterrand: Zeichenerklärungen und Linearmaßstäbe für die beiden Karten. – Ganz u.: «Verlagseigenthum von Vinzenz Fink in Linz.». – Außerhalb des Kartenrahmens im re. u. Eck: «d. Kunst-Anstalt, G. Serz in Nürnberg.»
Maße:	Hauptkarte: 34,5 x 29,1 cm; Detailkarte und Ansicht je: 7,6 x 29,1 cm; gesamt: 49,8 x 29,1 cm; Blatt: 56,4 x 44 cm.
Maßstab:	Hauptkarte: ca. 1:510.000. – Detailkarte: ca. 1:220.000. – Ansicht: ca. 1:160.000.
Graduierung:	Sehr feine 5'-Skala, alle 30' und volle Grade in ausgesparten Kreisen im Klaviertastenrahmen, Gradnetz durchgezogen. L von Salzburg: 30° 40' E von Ferro.
Druckart:	Lithographie, stärkeres Papier mit Prägung: «Simon Schropp in Berlin, Jäger Str. No. 24».
Publ.-Art:	Separatdruck in Kartonumschlag, 11,7 x 17,5 cm, mit Innentitel: «**Post= und Reisekarte**	des Landes **OESTERREICH**	**ob der Enns,**	mit angehängter	Specialkarte und einer perspektivischen Ansicht	des	**Salzkammergutes** ... ‖ (Doppelquerstrich) **Linz.**	Verlag von Vinzenz Fink.». – Li. gegenüber eingeklebtes Verlagsprogramm.
Standort:	SBB Haus 1: Kart. O 8710<a>; Haus 2: Kart. O 8710.

9.17
Karl Baedeker (1801–1859)

Der von Essener Buchhändlern und Buchdruckern abstammende Karl BAEDEKER gründete mit 26 Jahren in Koblenz eine Verlagsbuchhandlung. Fünf Jahre später übernahm er den Verlag RÖHLING, dessen Titel er z. T. weiterführte. Er spezialisierte sich auf Reisehandbücher und wählte für die bisher senfgelben bis hellbraunen Bände ab 1846 als Markenzeichen den roten Leineneinband in stets gleichem Format. Der zum Begriff gewordene „Baedeker" erreichte schon 1900 mit 76 Titeln 654 Ausgaben.

Alle Bände enthielten von Anfang an aktuelle Stadtpläne und Landkarten, die erstrangige Quellen für die Siedlungs- und Verkehrsgeschichte bilden. Die sachliche Zweckmäßigkeit der Handbücher prägte auch die Karten. Nur die nordorientierten Übersichten besitzen eine Graduierung. Diese fehlt bei den „Specialkarten", die ohne Rücksicht auf Nord entsprechend der rationellsten Nutzung des kleinen Formats orientiert wurden. Die zuerst geringe Qualität der Lithographien verbesserte sich erstaunlich rasch, wofür gerade die Karte der vielbesuchten Reiseziele Salzburg und Salzkammergut ein vorzügliches Beispiel liefert. Lose Stücke können nicht verläßlich einer bestimmten Ausgabe zugeschrieben werden, da sie gleichbleibende Titel, keine Zusätze und keine Jahreszahl aufweisen und die Rückseiten immer unbedruckt blieben. Angesichts des großen Bestandes an „Baedekern" unterbleibt die Angabe von Standorten. Spezialsammlern sei die Bibliographie von HINRICHSEN empfohlen.

Literatur:	HINRICHSEN, Alex W.: Baedeker's Reisehandbücher 1832–1990. Bibliographie 1832–1944; Verzeichnis 1948–1990, Verlagsgeschichte mit Abbildungen und zusätzliche Übersichten. 2. Aufl. Ursula Hinrichsen Verlag, Bevern 1991.
	– ders.: Karten und Pläne in Baedekers Reisehandbüchern, 1832–1944. In: 6. kartographiehistorisches Colloquium Berlin 1992, Hg. W. SCHARFE. Dietrich Reimer Verlag, Berlin 1994, S. 179–181.
	NDB Bd. 1, S. 448.

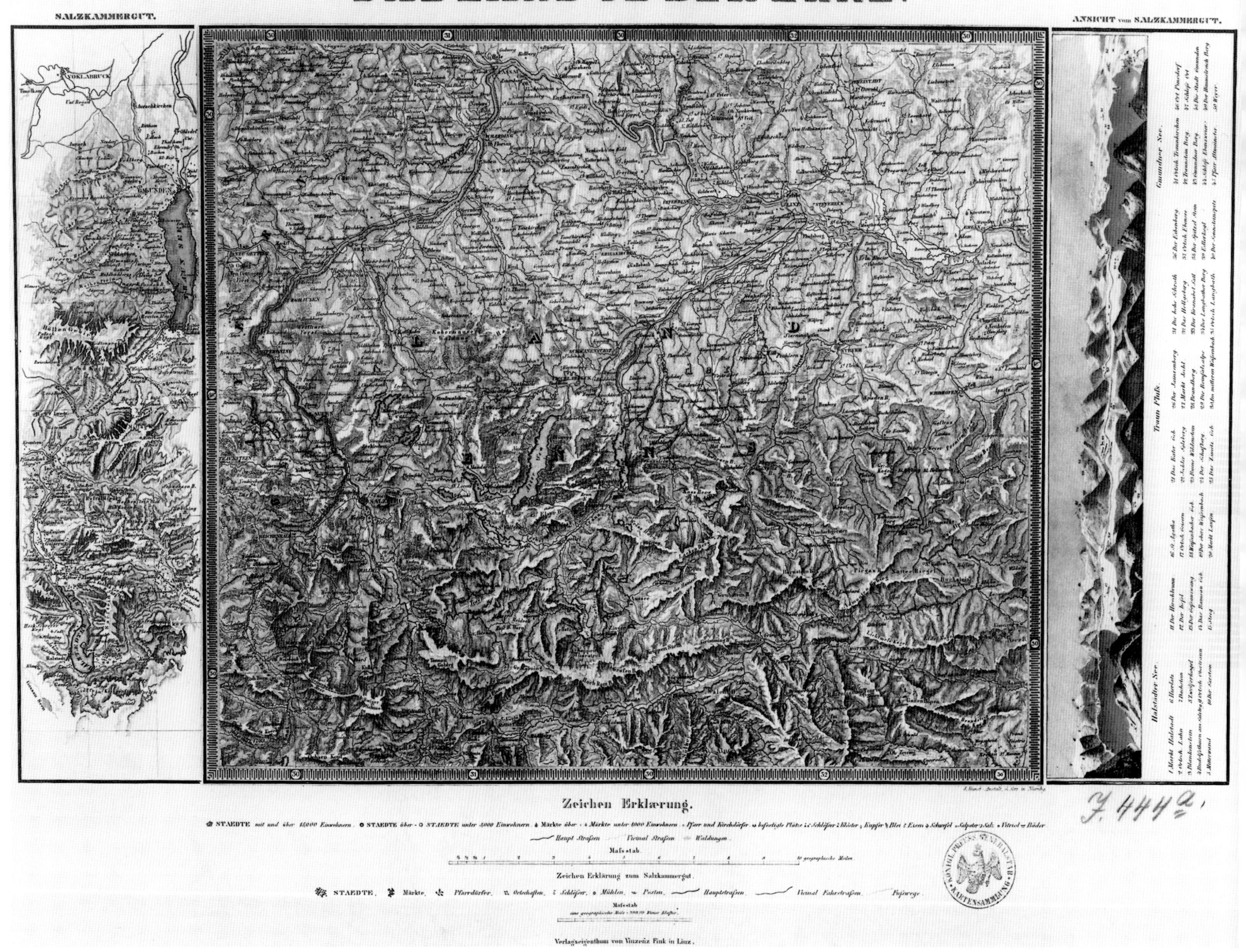

Abb. 130: Anonym: Das Land ob der Enns, ca. 1840.

9 Ausgewählte Karten mit Landesteilen

9.17.1
„Salzkammergut"
1847–1855

131   Die Karte war schon in einer Variante der berühmten ersten roten Ausgabe (insgesamt der 3.) des ersten „Baedekers" des süddeutschen Raums und Österreichs ab 1847 enthalten. Die ohne Hinweis auf die West-Nord-West-Orientierung um ca. 60° nach rechts gedrehte Karte deckt den Raum zwischen Friedburg, Gmunden, Bad Gastein und Weißbach bei Lofer. Die Geländedarstellung erfolgt ohne Höhen-Angaben mit zu kräftigen Schraffen, worunter die Lesbarkeit der Toponyme leidet. Im Buchblock steht die Karte rechts mit dem Titel im Bund.

Titel:	Im Oberrand Mi.: «SALZKAMMERGUT.».
Zusätze:	Im Unterrand: ganz li.: «*lith. u. gedr. bei Wagner u. Kohl, Darmstadt.*»; Mi.: «Maasstab.» über Linearmaßstab für 5 geogr. M.
Maße:	Karte: 14,4 x 8,1 cm; Blatt: 10,5 x 15,8 cm; Bd.: 11 x 16 cm.
Maßstab:	1 : 742.000.
Druckart:	Lithographie, nicht koloriert.
Publ.-Art:	Kartenbeilage in den Reisehandbüchern für Deutschland und Österreich ab 1847 bis 1855.

9.17.1

9.17.2
„Salzburg und Salzkammergut"
1855–1865

    Der rapid zunehmende Alpen-Tourismus veranlaßte den Verlag, neue Handbücher für dieses Gebiet vorzulegen. Die Rechts-Drehung der neu gestochenen Karte wurde zur besseren Nutzung des kleinen Formats auf ca. 70° verstärkt und der Maßstab verkleinert, sodaß wichtige Orte, wie z.B. Reichenhall, und der Dachstein noch in das Kartenfeld rücken. Bei verbesserter Geländedarstellung hat man die Zahl der Toponyme etwa verdoppelt, was allerdings die Übersichtlichkeit schmälert. Die Drehung der links mit dem Unterrand im Bund stehenden Karte ist um ca. 12° zu klein durch die Diagonale von links unten nach rechts oben mit einem Pfeil und „N" angegeben.

Titel:	Im Oberrand Mi. in lat. Schreibschrift: «*Salzburg und Salzkammergut.*».
Zusätze:	Im Unterrand: ganz li.: «*Lith. Anst. v. Ed. Wagner, Darmstadt.*»; Mi.: Linearmaßstab für 5 geogr. M.; re. daneben: «*Verjüngung = 1:800000 d. nat. Länge.*».
Maße:	Karte: 13,6 x 8,7 cm; Blatt = Buchblock: 10,5 x 15,8 cm; Bd.: 11 x 16 cm.
Maßstab:	1 : 800.000.
Druckart:	Lithographie, nicht koloriert.
Publ.-Art:	Kartenbeilage in zahlreichen Ausgaben verschiedener Reiseführer (auch in Franz.) für Deutschland, Bayern, Tirol, Salzburg, Oberitalien etc. ab 1855 bis 1865.

Abb. 131: Karl Baedeker: Salzkammergut, 1847/55.

9.17.3
„Salzburg und Salzkammergut" mit Nordpfeil
1863–1867

Obwohl der Titel, die Zusätze und der Geländeausschnitt unverändert blieben, bietet die neu gestochene Karte ein wesentlich qualitätsvolleres Bild als bisher. Dazu trägt neben der reduzierten und zarteren Beschriftung vor allem die gute Kolorierung bei. Statt der Angabe der Orientierung durch die Diagonale steht südlich von Radstadt im Kartenfeld ein großer und genauer Nordpfeil.

Druckart: Farb-Lithographie: Beschriftung und Verkehrswege schwarz, Gewässer blau, Gelände hellgelb bis braun.

Publ.-Art: Kartenbeilage in zahlreichen Ausgaben der Reisehandbücher, meist mit gleichem Titel aber berichtigter Auflagen- und Jahreszahl von 1863 bis 1867.

9.18
Adolphe Laurent Joanne (1823–1881)
„Le Tyrol et ... Salzburg"
(1855)

Die 1826 von Louis Christophe HACHETTE (1800–1864) gegründete Buchhandlung, die sich zu einem der größten Verlagsunternehmen Frankreichs entwickelte, führte unter ihren zahlreichen Serien auch die „Collections des guides itinéraires". Ihr fleißigster Autor war der Advokat und spätere Reiseschriftsteller A. L. JOANNE. Teils gemeinsam mit seinem Sohn Paul Benigne (1847–1922) lieferte er weit über hundert Bände und kann als „französischer BAEDEKER" gerühmt werden. Wie dieser widmete auch er der Ausstattung seiner Reiseführer mit Straßen- und Spezialkarten sowie Stadtplänen besondere Aufmerksamkeit und sorgte für deren qualitätsvollen Stich.

Ungeachtet ihres umfassenden Titels zeigt die Karte von „Tirol und Salzburg" nur einen sehr kleinen Teil des östlichen Tirol bis Wattens und einen wesentlich größeren Bereich von Oberbayern. Salzburg wird fast zur Gänze dargestellt: Es fehlen lediglich der Flachgau nördlich von Mattsee und der Lungau östlich von Tamsweg. Die Ortsnamen sind durchwegs korrekt geschrieben, die Maßstabsleiste lautet auf Kilometer, und die Situation ist trotz fehlender Graduierung lagerichtig wiedergegeben.

Titel: Im Oberrand Mi.: «LE TYROL ET LE PAYS DE SALZBURG.».

Zusätze: Im Oberrand: ganz li.: «Itinéraire de l'Allemagne du Sud par AD. JOANNE.»; ganz re.: «L. HACHETTE et Cie. Paris.».
Im Unterrand: ganz li.: «Dressé par A. H. Dufour.»; halbli. sehr zart und schwer leserlich: «Balle Imp. v. Poupée 7.(?) Paris.»; Mi.: Linearmaßstab für 60 km; ganz re.: «Gravé par Gérin. Ecrit par Langevin.».

Maße: Karte: 19,9 x 14,7 cm; Blatt: ca. 22 x 17,5 cm; Bd.: ca. 12 x 18 cm.
Maßstab: 1:875.000.
Druckart: Stahlstich, Gletscher blau koloriert.
Publ.-Art: Kartenbeilage in:
„Allemagne du Sud et Tyrol." Mit einer Straßenkarte, 10 Spezialkarten und 7 Plänen von Städten und Museen. Verlag Maison (Hachette), Paris 1855. – 2. Aufl. 1862.
Standort: BNP.

9.19
Franz Keil (1822–1876)

Obwohl er Pharmazie studiert hatte und in Apotheken arbeitete, widmete KEIL seine bewundernswerte Schöpferkraft, angeregt durch die erste von sieben(!) Glocknerbesteigungen, vor allem der geoplastischen Darstellung der Alpen und lieferte schon 1856 ein Relief des oberen Draugebiets. Überdies richtete er in acht Orten meteorologische Stationen ein. In Salzburg, wo er von 1860 bis 1865 lebte, gründete er ein „Geoplastisches Institut" und veröffentlichte einen Bericht „Ueber topographische Reliefkarten im Allgemeinen, und über einige Gebirgsformen, insbesondere der Salzburger Alpen" (mit zwei lithographischen Tafeln, Salzburg 1862). Es ist anzunehmen, daß der Salzburger Bildhauer Josef PÖRNBACHER, der 1904/14 das seinerzeit berühmte, 1.500 m² große Landesrelief in Hellbrunn errichtet hat, den Bericht und die „Reliefkarten" KEILs kannte.

Literatur: MÜLLER, Guido: Franz Keil. Ein Alpenforscher und Pionier der plastischen Gebirgsdarstellung. In: MGSL, 116. Jg., 1976, S. 287–310.
ZEMANN, Andreas: Reliefbau in Österreich. Ungedruckte Diplomarbeit, Wien 1985.
LGK S. 659, 698. – ÖBL III. Bd., S. 282.

9.19.1
„Begleitkarten" zu Reliefs
[1863]

Als „Begründer der Geoplastik in Österreich" (LGK S. 659) soll KEIL über 30 Reliefs geschaffen haben. Diese dreidimensionalen Objekte werden nicht registriert, obwohl seinerzeit für sie von ARTARIA & Co. enthusiastisch geworben wurde: „KEIL's Relief-Karten, rühmlichst bekannt durch ihre unübertroffene Naturtreue, gewähren vermöge des grossen Maasstabes (1 Meile = 6 Zoll) ein so anschauliches und lehrreiches Bild der Alpen, wie es keine andere Karte zu thun vermag. Sie zaubern gleichsam die hehre Gebirgswelt mit ihrer tausendfachen Schönheit vor unser Auge" und bilden „durch ihre elegante Durchführung eine Zierde jedes Salons." Was seinen Preis kostete, nämlich eine „Section sammt Begleitkarte 12 Thlr. oder 18 fl ö. W.".

9   Ausgewählte Karten mit Landesteilen

Abb. 132: Franz Keil: Begleitkarte zum Relief, ca. 1863.   9.19.1

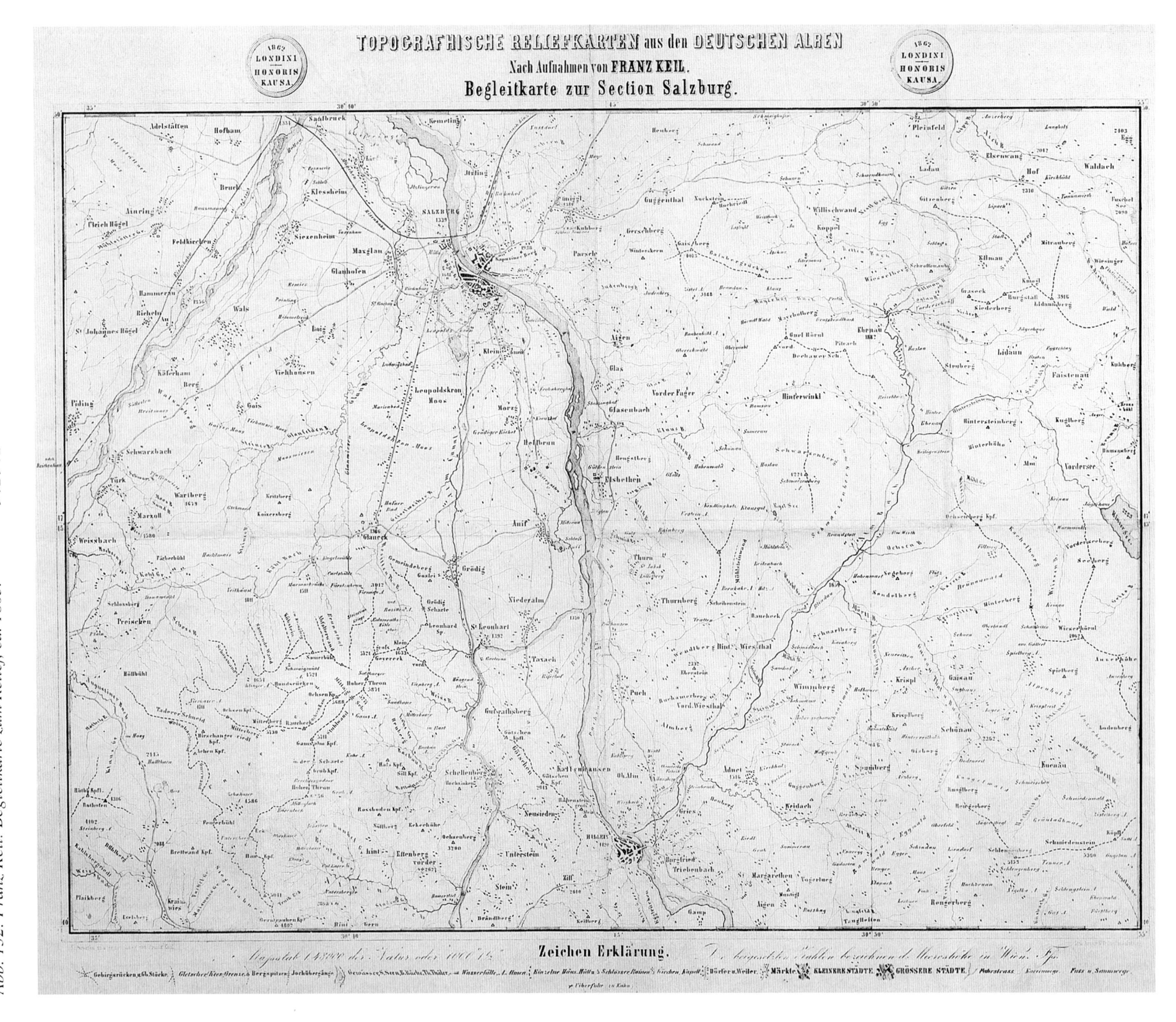

9   Ausgewählte Karten mit Landesteilen

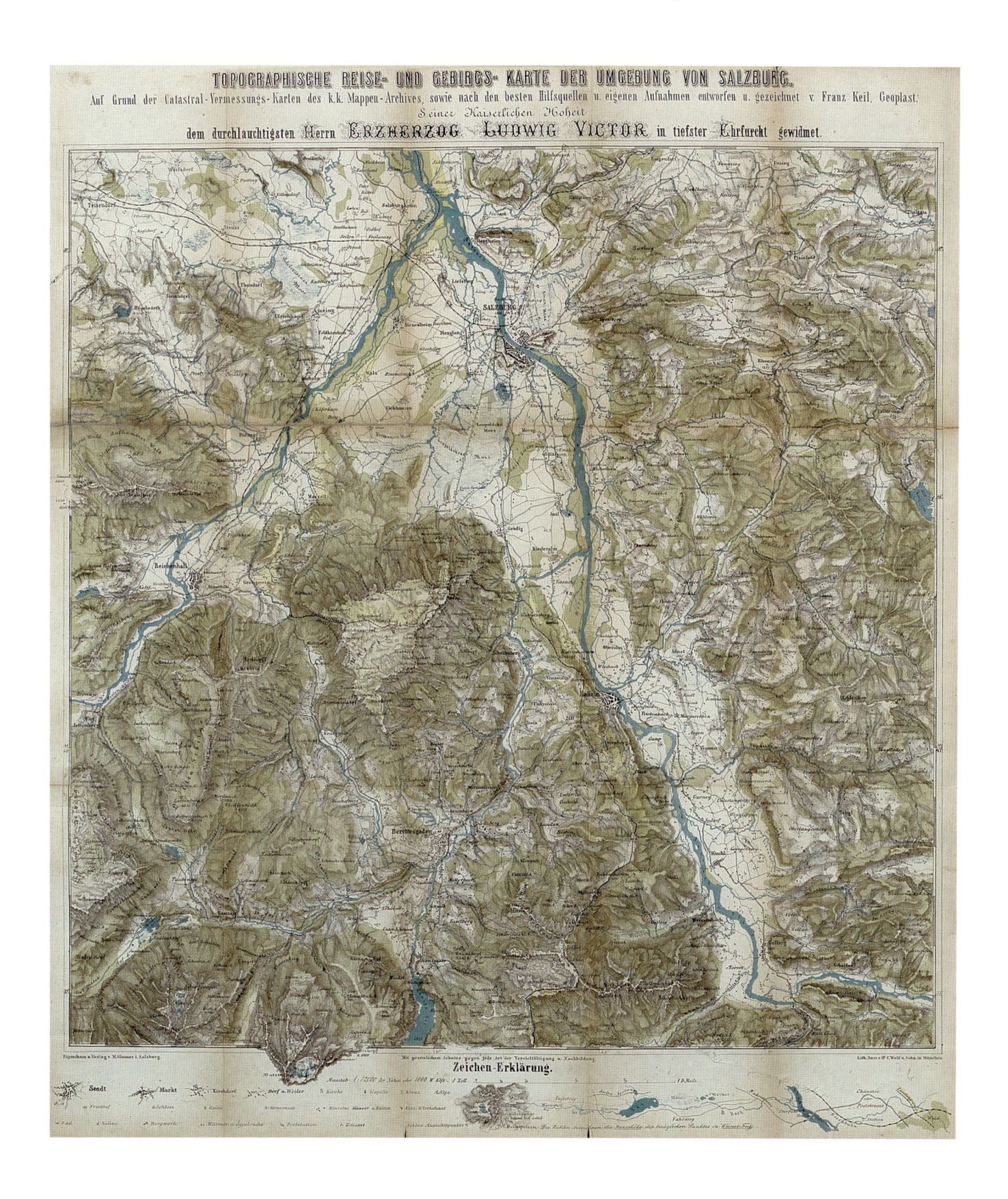

9.19.2

Abb. 133: Franz Keil:
Topographische Reise-
und Gebirgs-Karte.

9 *Ausgewählte Karten mit Landesteilen*

Laut Verlagswerbung und Titelverzeichnis hat KEIL zwölf von 35 geplanten Reliefs mit „Begleitkarten" fertigstellen können. Bei den Karten verzichtete er verständlicherweise auf jede Geländedarstellung, trug aber penibel alle Details der Situation mit zahlreichen Toponymen ein, da die Reliefs selbst keinerlei Beschriftung aufweisen.

Die „Begleitkarten" zu den „Sectionen" decken jeweils eine Fläche von 20 Längen- mal 10 Breiten-Minuten, d. h. rund 450 km². Der größte Teil des Landes, ohne nördlichen Flachgau, Oberpinzgau, östlichen Pongau und Lungau ist auf der Umgebungskarte der Stadt Salzburg (die hier als Beispiel für alle anderen erfaßt wird) und auf den Blättern Berchtesgaden, Heiligenblut, Lend, Lofer, Reichenhall, Saalfelden, Werfen, Wildbad Gastein und Zell am See dargestellt. Den Blattschnitt zeigt eine „Übersicht zu den Reliefkarten" im Maßstab 1:576.000. Die „Section Salzburg" dürfte um 1863 zu datieren sein, da die Westbahnstrecke und zahlreiche Gebäude im Bahnhofbereich schon eingetragen, die ab 1866 geschleiften Bastionen der Neustadt aber noch komplett dargestellt sind.

Titel: Im Oberrand über die ganze Breite: «TOPOGRAFHISCHE(!) RELIEF-KARTEN aus den DEUTSCHEN ALREN(!) | Nach Aufnahmen von FRANZ KEIL. | Begleitkarte zur Section Salzburg.». – Die beiden Satzfehler finden sich nur im Übertitel dieser „Section".

Zusätze: Re. und li. vom Titel Abb. der KEIL 1862 in London verliehenen Ehrenmedaille der Industrie-Ausstellung «HONORIS KAUSA(!).». – Im Unterrand: li.: «Entworfen und gezeichnet von Franz Keil.»; re.: «Lith. Anst. v. N. Kränzl in Salzburg.»; Mi.: Maßstabsangabe, «Zeichen Erklärung», Höhenhinweis. – Darunter zahlreiche Signaturen mit Erklärung.

Maße: Karte: 51,7 x 38,7 cm, mit Texten 44,3 cm hoch; Blatt: ca. 64,5 x 51,5 cm.

Maßstab: 1:48.000; 6" = 1 österr. M.

Graduierung: Im Rahmen s/w Minuten-Skala, außen am Rahmen alle 5' voll beziffert, feines 10'-Netz durchgezogen.

Druckart: Lithographie, nicht koloriert.

Publ.-Art: Separatdruck zur Reliefkarte.

Standort: ÖNB: K I 97.023. – SLA: K. u. R. Z 15.

9.19.2
Reise- und Gebirgskarten

[1865]

Außer den „Begleitkarten" entwarf KEIL noch eine Reihe von „Reise- und Gebirgskarten" in kleinerem Maßstab. Ihre vorzügliche Geländedarstellung mit starker plastischer Wirkung läßt die Hand des Reliefbauers erkennen. Der saubere Stich und die Lesbarkeit selbst kleiner Toponyme sind hervorzuheben. Im Sinne ihrer Bestimmung als Reisebegleiter wurden die Karten nur gefaltet in Kartonumschlägen geliefert, in die Verlagsanzeigen auf grünem Papier und/oder eine Übersicht eingeklebt sind. – Weder Karte noch Umschlag tragen eine Jahreszahl, doch muß sie um 1865 erschienen sein, als die Schleifung der Wälle bereits bevorstand, da eine weite leere Fläche deren Platz einnimmt.

Titel: «TOPOGRAPHISCHE REISE- UND GEBIRGS- KARTE DER UMGEBUNG VON SALZBURG. | Auf Grund der Catastral – Vermessungs – Karten des k.k. Mappen-Archives, sowie nach den besten Hilfsquellen u. eigenen Aufnahmen entworfen u. gezeichnet v. Franz Keil, Geoplast. | Seiner Kaiserlichen Hoheit | dem durchlauchtigsten Herrn ERZHERZOG LUDWIG VICTOR in tiefster Ehrfurcht gewidmet.» (Titel und Name in Zierversalien).

Zusätze: Im Unterrand: ganz li.: «Eigenthum u. Verlag v. M. Glonner i. Salzburg.»; Mi.: «Mit gesetzlichem Schutze …»; ganz re.: «Lith. Anst. v. Dr C. Wolf u. Sohn in München». – Darunter: «Zeichen-Erklärung.», Maßstab und drei Zeilen Signaturen.

Maße: Karte: 45,7 x 46 cm; mit Texten im Ober- und Unterrand (Blatt): 47,8 x 54,5 cm. – Gefaltet (5 x 3) in Umschlag: 10 x 18,5 cm. – Übersicht: 18,3 x 18 cm (mit Ober- und Unterrand).

Maßstab: 1:72.000, 1" = 1.000 Wr. Kl.

Graduierung: Im feinen Strichrahmen innen s/w Minuten-Skala, alle 5' an Querstrichen beziffert; fehlt o. – Auf der Übersicht Gradnetz ohne Randskala und ohne Bezifferung durchgezogen.
L von Salzburg: ca. 30° 42' E.

Druckart: Mehrfarben-Lithographie: Gewässer und Gletscher blau, Schummerung braun, Wald grün.

Publ.-Art: Auf Leinen kaschiert, 15 Segmente, in Umschlag: Vorderseite mit Zierprägung und goldenem Prägetitel: «F. Keil's | Karte | von Salzburg.». U. Blindprägung: «Buchb. A. Pustet Salzb.». – Eingeklebt mit Titel im Oberrand das qualitätsvolle: **Fr. Keil's Übersichts(!) Kärtchen von Salzburg und den angrenzenden Theilen v. Oberösterreich, Steiermark, Kärnthen, Tirol u. Bayern.**». Maßstab: 1:1,080.000, 4"= 15 M. Im Unterrand: ganz li.: «Salzburg Verlag v. M. Glonner»; ganz re.: «Lith. Anst. v. F. Köke, Wien»; Größe: 18,4 x 18 cm (mit Randschriften).

Standort: BSM: Mapp. IX,155 ap. – ÖNB: a.B. 192 (5). – SMCA: SL 205 (3 Ex.). – SWS. – UBS: 3.395 I.

9.20
Anonym

Umgebung von Salzburg, Ischl und Gastein

[1865/66]

Das vor allem für Touristen bestimmte Blatt eines nicht genannten Kartographen aus dem Verlag „LEYKUM's Witwe" zeichnet sich durch seinen klaren Stich, die plastische Wirkung der Geländedarstellung und die gute Lesbarkeit auch der kleinsten Toponyme aus. Es zeigt ohne Graduierung das Gebiet zwischen St. Martin bei Lofer und Mitterndorf bzw. zwischen Neumarkt und dem Tauernhauptkamm. Im Südwesten wird mit Überschreitung des Rahmens noch der Großglockner erfaßt. Von der Landesfläche fehlen nur das Trumer Seengebiet und der Oberpinzgau.

133

9 *Ausgewählte Karten mit Landesteilen*

Wegen ihrer Größe dürfte die von zwei Platten gedruckte Karte nur aufgezogen und auf Taschenformat gefaltet in einem Pappeumschlag geliefert worden sein, wobei man sowohl das ganze Blatt, wie auch den nördlichen und südlichen Teil einzeln haben konnte. Planodrucke sind nicht bekannt. Für die Datierung ist aufschlußreich, daß in der Karte noch die Bastionen der Stadt Salzburg zu erkennen sind, die ab 1866 demoliert wurden, wogegen der Stadtplan schon die projektierten Straßenzüge und Bauten des Andrä-Viertels ausweist. Die 1866 errichtete Bahnlinie Freilassing–Reichenhall ist eingetragen, die 1870 begonnene Strecke nach Hallein–Bischofshofen aber noch nicht.

Titel:	Im Oberrand: «**UMGEBUNG VON SALZBURG UND ISCHL.**». – Im Unterrand: «**UMGEBUNG VON GASTEIN.**». – Titel auf dem Umschlag, Goldprägung mit Blumenranke: «**UMGEBUNG** | von | **GASTEIN** | **SALZBURG** u. **ISCHL**».
Zusätze:	Auf dem u. Rahmen vier Inserts: Pläne von Salzburg, Ischl, Wildbad Gastein und Gmunden. Im u. Rahmen Mi.: «Massstab: 1 Wiener Zoll – 2000 Wiener Klafter», darunter Linearmaßstab für 6.000 Kl. – «Druck und Verlag v. A. Leykum's Ww., Wien, Kohlmarkt 11.».
Maße:	Karte (gesamt, aufgezogen mit Trennfugen, ohne die Titel): 69,5 x 82 cm; Blatt (mit Titeln): 73 x 87 cm. – Vier Inserts nebeneinander: je 15,5–16,5 cm breit, alle 7,5 cm hoch. – 35 Teile (7 x 5) je ca. 10,5 x 17 cm in Umschlag, ca. 11 x 17,5 cm.
Maßstab:	1 : 144.000; – Inserts: 1 : 14.400 bis 1 : 21.600.
Druckart:	Lithographie mit rotem Überdruck, tlw. handkoloriert.
Publ.-Art:	Separatdruck.
Standort:	ÖNB: FKB 281–130 (= 3977); C 37 A 14 (2374).

Anhang

Gedichte auf Salzburger Karten

Huldigungsgedicht auf Setznagel

Qui patriæ adfert ingenio suæ
Illustre nomen, Laudibus excolens
Dignus fauore est, præmioq(ue)
Quem(que) sequens veneretur ætas
Cum Marcus ergo fecerit hoc opus
Grato tuum te quæso, foue sinu
Salczburga ciuem, gestiensq(ue)
Posteritatis honore cinge.

Wer seiner Heimat einträgt durch Begabung
einen berühmten Namen, sie mit Lob schmückend,
wert ist er der Gunst und des Lohnes,
und daß ihn verehrt noch die folgende Zeit.
Wenn Markus also vollendet hat dieses Werk,
dann hege an dankbarem Herzen,
Salzburg, deinen Bürger und voll Freude
bekränze ihn mit der Ehre des Nachruhms.

Salzburgs alte Namen

Tunc Hadriana vetus, quæ post Iuvavia dicta.
Præsidialis erat Noricis, et Episcopo digna
Rudberti sedes, qui fidem contulit illis
Christi, quam retinet, Saltzburgum sero vocata.

Einst die alte Hadriana, die dann Juvavum genannt.
vorsitzende Stadt war sie den Norikern und eines Bischofs würdig,
Rudberts Sitz, der jenen den Glauben gebracht
an Christus, den sie festhält, die schließlich Salzburg heißt.

Konrad Celtis: Lib. Amorum II, Ode VI

Qui mihi de celsis nuper fuit Alpibus actus,
Oenus ubi atque Athesis murmura rauca facit.
Argenti æterno scaturit qua vena metallo,
Et ditat totam patriam Alemanicam.
Hic halant liquido, puro et de fonte Salinæ
Ditantes Bavaros, Austriacosque Duces.
Hic turba est terræ nigræque simillima morti,
Qui solvunt vastis ignibus æra suis.
Haud credas nostris decocta metalla per ignem,
Sed Phlegethontæis mundificata vadis.

Wo der Inn mir jüngst zuströmte aus den hochragenden Alpen
und wo die Etsch dumpf tosend dahinrauscht,
wo die Silberader überquillt mit ewigem Metalle
und reich macht die ganze deutsche Heimat:
Hier dampfen aus klarer und reiner Quelle die Salinen,
die reich machen die bayerischen und österreichischen Fürsten.
Hier gibt es eine Schar, sehr ähnlich der Erde und dem schwarzen Tode,
die mit ihren ungeheuren Feuern herauslösen das Erz.
Man möchte nicht glauben, bei uns sei das Metall geschmolzen aus Feuer,
sondern rein hervorgebracht durch die Glutströme der Unterwelt.

Alle Folio-Ausgaben der Karte von ORTELIUS und etliche Bearbeitungen ehren SETZNAGEL als Verfasser der Landtafel mit einem dichterischen Lobspruch. Auf den Rückseiten der Karte von MERCATOR und seiner Nachfolger stehen sehr häufig ein Distichon über die alten Namen der Landeshauptstadt und/oder eine Tirol gewidmete Ode des Humanisten Konrad CELTIS (1459–1508). ORTELIUS schreibt das zweifache Distichon dem Philologen und Historiker Stephan Vinandus PIGHIUS (1520–1604) zu, der es angeblich im „Stadttempel" gelesen habe.

Französischer Revolutionskalender

Durch ein Konventsdekret vom 5. Oktober 1793 wurde in Frankreich rückwirkend ab Herbstäquinoktium 1792 der Revolutionskalender eingeführt. Danach umfaßte das Jahr zwölf Monate zu drei Dekaden mit je zehn Tagen und fünf – in Schaltjahren sechs – Ergänzungstage, die revolutionären Feiern und Volksfesten gewidmet waren. Die Monate benannte man (ähnlich den sog. „deutschen Monatsnamen") zumeist nach Ereignissen im natürlichen Jahresablauf: Vendémiaire, Brumaire, Frimaire, Nivôse, Pluviôse, Ventôse, Germinal, Floréal, Prairial, Messidor, Thermidor und Fructidor. Die Dekadentage erhielten Namen nach meist landwirtschaftlichen Gegenständen und außerdem Zählnamen, wie Primidi, Duodi, Tridi usw. – Korrekt sollten französische Karten vom Ende des 18. und Anfang des 19. Jhs. nach diesem Kalender datiert sein, doch ist dies merkwürdig selten der Fall. NAPOLEON verfügte mit Dekret vom 9. September 1805 die Rückkehr zum gregorianischen Kalender ab 1. Jänner 1806.

Das Revolutionsjahr ... entspricht dem Zeitraum von ... bis ...

I	22. Sept. 1792 – 21. Sept. 1793
II	22. Sept. 1793 – 21. Sept. 1794
III	22. Sept. 1794 – 22. Sept. 1795
IV	23. Sept. 1795 – 21. Sept. 1796
V	22. Sept. 1796 – 21. Sept. 1797
VI	22. Sept. 1797 – 21. Sept. 1798
VII	22. Sept. 1798 – 22. Sept. 1799
VIII	23. Sept. 1799 – 22. Sept. 1800
IX	23. Sept. 1800 – 22. Sept. 1801
X	23. Sept. 1801 – 22. Sept. 1802
XI	23. Sept. 1802 – 23. Sept. 1803
XII	24. Sept. 1803 – 22. Sept. 1804
XIII	23. Sept. 1804 – 22. Sept. 1805
XIV	23. Sept. 1805 – 31. Dez. 1805

Daten zur Eisenbahngeschichte

Die Eintragungen der Trassen des neuen Verkehrsmittels oder deren Fehlen können hilfreich für die Datierung von Karten sein. Dabei ist allerdings Vorsicht geboten: Häufig werden bereits bestehende Trassen „übersehen" oder erst projektierte und oft gar nicht verwirklichte Bahnen als existent verzeichnet.

Literatur:

Geschichte der Eisenbahnen der österreichisch-ungarischen Monarchie. – Hg.: Österreichischer Eisenbahnbeamten-Verein. 7 Bde., Verlag Karl Prochaska, Wien, Teschen, Leipzig 1898–1908.

HEINERSDORFF, Richard: Die k. u. k. privilegierten Eisenbahnen 1828–1918 der Österreichisch-Ungarischen Monarchie. – Verlag Fritz Molden, Wien 1975. – Taschenbuchausgabe: Wilhelm Goldmann Verlag, (München) 1980.

MUELLER, Adalbert: Die Eisenbahnen in Salzburg. Geschichte der Schienen- und Seilbahnen. – Verlag der Salzburger Druckerei, Salzburg 1976.

Pferdeeisenbahn Linz–Budweis

Der Bau dieser ersten öffentlichen Bahnlinie auf dem Kontinent und mit 129 km damals längsten Strecke der Erde begann am 28. Juli 1825. Sie war als Verbindung zwischen Donau und Moldau und damit zwischen der Nordsee und dem Schwarzen Meer gedacht. Die Verkehrsübergabe erfolgte am 1. August 1832, nachdem das Kaiserpaar schon am 21. Juli 1832 mit einem pferdegezogenen Hofzug, der aus einem Wagen bestand, die Strecke „eröffnet" hatte. Am 11. Juni 1854 befuhr erstmalig eine Dampflokomitive die Trasse, die sich aber dafür als ungeeignet erwies. Der letzte Zug verkehrte zwischen Freistadt und Linz am 15. Dezember 1872.

Literatur:

FEILER, Karl: Die alte Schienenstraße Budweis–Gmunden. Ernstes und Heiteres aus dem Leben der einzigen großen Überlandbahn mit Perdebetrieb. – Scholle Verlag, Wien 1952.

Pferdeeisenbahn Linz–Lambach–Gmunden („Salzbahn")

Diese 68 km lange Bahnstrecke sollte u.a. der Lieferung von Salz aus der Ebenseer Saline dienen, das von dort mittels Salznauen auf dem Wasserweg bis Gmunden transportiert wurde. Das Privileg für den Bahnbau erhielt das gleiche Bankenkonsortium, das schon die Pferdeeisenbahn nach Budweis finanziert hatte. Im Sommer 1832 begannen die Vermessungsarbeiten, im Frühjahr 1834 der Bau, und bereits am 1. Mai 1836 konnte der Verkehr auf der gesamten Strecke aufgenommen werden. Nachdem die Budweiser Strecke als ungeeignet befunden worden war, wurde die die Strecke Linz–Lambach–Gmunden als erste Bahnlinie in Oberösterreich 1855/56 auf Dampfbetrieb umgestellt. Ab Herbst 1859 verkehrte sie nurmehr zwischen Gmunden und der Station Lambach der Westbahn.

Kaiser-Ferdinand-Nordbahn

Am 9. April 1836 erhielt der Bankier Salomon von ROTHSCHILD mit „Allerhöchster" Entschließung das Privileg, eine Bahnlinie nach Mähren bauen und „Kaiser-Ferdinand-Nordbahn" nennen zu dürfen. Die erste öffentliche Fahrt erfolgte am 19. November 1837 über 13 km von Floridsdorf nach Deutsch-Wagram – es war die erste Fahrt einer Dampfeisenbahn in Österreich und die dritte auf dem Kontinent. Nach Fertigstellung der Floridsdorfer Eisenbahnbrücke über die Donau konnte am 6. Jänner 1838 der erste Zug zwischen dem Wiener Nordbahnhof und Deutsch-Wagram verkehren. Ein Jahr später erfolgte die Betriebsaufnahme bis Brünn, 1841 bis Olmütz, und 1845 wurde mit der Herstellung des Staatsbahn-Anschlusses nach Prag die Linie vollendet.

Südbahn über den Semmering

Die berühmteste Bahnstrecke Österreichs und erste Gebirgsbahn der Welt wurde am 1. März 1839 zunächst als Verbindung zwischen Wien und Wiener Neustadt begonnen und unter der Bezeichnung „Wien–Raaber-Eisenbahn" am 20. Juni 1841 eröffnet. Mit dem Weiterbau der Strecke erfolgte am 17. Dezember 1842 die Umbenennung in „Wien–Gloggnitzer-Bahn". Der Bahnbau über den Semmering nach den Plänen des Ingenieurs Karl Ritter von GHEGA begann ausgerechnet im Revolutionsjahr 1848. Ungeachtet aller Schwierigkeiten konnte die Semmeringbahn mit ihren 16 Viadukten und 15 Tunnels bis 22. Oktober 1853 fertiggestellt und am 17. Juli 1854 feierlich eröffnet werden.

Kaiserin-Elisabeth-Bahn = Westbahn

Schon 1841 erging eine kaiserliche Kundmachung über den geplanten Bau einer Bahnverbindung zwischen Wien und München über Linz und Salzburg. Aber erst 10 Jahre später, am 21. Juni 1851, schlossen Österreich und Bayern einen Staatsvertrag über die Verbindung der in den beiden Staaten projektierten Eisenbahnen (siehe Maximilians-Bahn), wobei es außer um die spätere Westbahn auch um die Nordtiroler Bahn München–Kufstein–Innsbruck ging (siehe dort). Das am 10. November 1854 beschlossene staatliche Bauprogramm sah für die Salzburger Strecke private Kapitalgeber vor, denen am 8. März 1856 die Konzession erteilt wurde. Daraufhin konnte am 31. Juli 1856 bei Rekawinkel mit dem Bau begonnen werden, der rasche Fortschritte machte: 2. November 1858: Erste Probefahrt von Wien bis Linz. – 4. August 1859: Erste Probefahrt bis Lambach. – 25. Mai 1860: Einfahrt des ersten Zuges aus Wien in Salzburg. Der bayerische Gegenzug aus München lief am 16. Juli in Salzburg ein. Am 1. August 1860 markierte die Aufnahme des durchgehenden Bahnverkehrs von Wien bis München das Ende der Postkutschenära, und am 12. August trafen sich die beiden Monarchen, Kaiser FRANZ JOSEF und König MAXIMILIAN II., in

Salzburg zur offiziellen Eröffnung. Die Zweigstrecke von Wels nach Passau wurde ab 6. August 1860 gebaut und schon am 1. September 1861 dem Verkehr übergeben. Die Zweigstrecke von Neumarkt nach Braunau ist zwischen 1868 und 1870 errichtet worden, jene durch das Salzkammergut von Attnang-Puchheim nach Steinach-Irdning konnte 1877 fertiggestellt worden.

Maximilians-Bahn

Diesen Namen trug die Strecke Ulm–Augsburg–München–Holzkirchen–Rosenheim–Salzburg, samt dem ersten Teil der Nordtiroler Bahn von Rosenheim bis Kufstein, da die bayerische Staatsregierung unter König MAXIMILIAN II. am 20. Jänner 1849 das Projekt beschlossen hatte. Am 21. Juni 1851 unterzeichneten die Vertreter von Bayern und Österreich einen Staatsvertrag über den Bau der Linien nach Salzburg bzw. von Rosenheim nach Kufstein. Der Abschnitt Augsburg–Ulm ist noch 1851 begonnen und im Mai 1854 fertiggestellt worden. Die ebenfalls begonnenen Arbeiten an den Strecken nach Salzburg und Kufstein mußten 1854 eingestellt werden, da Österreich sich außerstande erklärte, den Staatsvertrag zu erfüllen. Nur der Abschnitt München–Großhesseloher Isar-Brücke wurde fertiggestellt. 1856 konnten die Bauarbeiten wieder aufgenommen und zügig beendet werden: 1858 die Strecke Rosenheim–Kufstein (siehe: Nordtiroler Bahn), 1860 die Strecke bis Salzburg (siehe: Kaiserin-Elisabeth-Bahn). Die über Holzkirchen führende Schleife bestand bis zur Begradigung im Jahre 1876. Die Zweiglinie von Freilassing nach Bad Reichenhall wurde am 1. Juli 1866 eröffnet, ihre schwierige Fortsetzung bis Berchtesgaden erst am 25. Oktober 1888. Die Linie Salzburg–Laufen–Mühldorf ging 1893 in Betrieb.

Nordtiroler Bahn

Der österreichische Professor Dr. Franz RIEPL schlug schon 1836 einen Schienenverkehrsplan für Österreich-Ungarn vor, der auch eine Linie Kufstein–Innsbruck–Brenner–Verona enthielt. Die Ingenieure QUALIZZA und NEGRELLI (der Planer des Suez-Kanals) lieferten 1838 ein konkretes Projekt für die Bahnlinie von Verona bis Kufstein. Der Erbauer der Semmeringbahn, Karl Ritter von GHEGA, übernahm 1847 die Bauleitung der Nordtiroler Bahn von Innsbruck bis Kufstein, die am 3. September 1849 vom Innsbrucker Bürgermeister energisch gefordert wurde. Am 24. Dezember 1849 machte König MAXIMILIAN II. von Bayern seine Zusage vom 20. Januar für den Bahnbau von Rosenheim bis Kufstein vom Bau der Strecke Innsbruck–Verona durch Österreich abhängig. Feldmarschall Graf RADETZKY forderte am 4. Februar 1850 eine Bahnverbindung zwischen Donau und Po. Am 30. Jänner 1851 wurde mit der kurzen Strecke vom Bahnhof Kufstein bis zur Landesgrenze der Bau begonnen, den der bayerisch-österreichische Staatsvertrag vom 21. Juni 1851 terminisierte: Bis 1. März 1856 sollten die Trassen von München bis Kufstein bzw. bis Salzburg fertiggestellt sein. Daraufhin legte GHEGA bis 1853 die Pläne für fünf Bauabschnitte vor: Innsbruck–Hall, Hall–Schwaz, Schwaz–Brixlegg, Brixlegg–Wörgl, Wörgl–Kufstein Grenze. Noch 1853 begannen die Arbeiten, wegen des Festungscharakters von Kufstein im fünften Abschnitt jedoch erst 1854. Da Österreich die gesetzten Termine nicht einhalten konnte, kam es am 21. Juni 1856 zu einem geänderten Staatsvertrag mit der Festlegung des 1. Oktober 1858 als Endtermin. Tatsächlich wurde die Nordtiroler Bahn Innsbruck–Kufstein am 24. November 1858 eröffnet. Den Bau der längst projektierten Brenner-Strecke bis Bozen, in deren Verlauf erstmalig in der Verkehrsgeschichte Kehrtunnels konstruiert wurden, konnte die Südbahn-Gesellschaft 1867 vollenden.

Gisela- oder Salzburg-Tiroler Bahn
Kronprinz-Rudolf-Bahn

Nach langwierigen Planungen wurde dem Salzburger Bauunternehmer Baron Karl von SCHWARZ im September 1869 die Konzession für den Bau einer normalspurigen Bahn von Salzburg nach Hallein erteilt. Ende April 1870, also fast zehn Jahre nach Eröffnung der Westbahn, begannen die Arbeiten, die bis 5. Juli 1871 dauerten. Offiziell ging die Strecke am 15. Juli 1871 in Betrieb. Ein Jahr später erhielt die Elisabeth-Bahngesellschaft die Konzession für die wichtige innerösterreichische Transversale der Kronprinz-Rudolf-Bahn Selzthal–Bischofshofen–Wörgl (Anschluß an die Tiroler Bahn) mit der Seitenstrecke Bischofshofen–Hallein als Verbindung zur Westbahn. Die im Februar 1873 begonnenen Arbeiten schritten trotz größter Geländeschwierigkeiten – im Salzachtal stürzte sogar ein gerade fertiggestellter Tunnel ein – recht zügig voran. Am 30. Juli 1875 konnte der „Eröffnungszug" von Salzburg aus die ganze Strecke befahren, nachdem schon acht Tage vorher der deutsche Kaiser WILHELM I. als erster Passagier mit einem Hofzug von Passau über Salzburg bis Lend und von dort per Extrapost nach Badgastein gereist war. Der fahrplanmäßige Verkehr wurde auf der neuen Strecke am 6. August 1875 aufgenommen. Die Nord-Süd-Achse Salzburg–Kärnten in Form der Tauernbahn entstand erst in den Jahren 1901 bis 1909.

Quellen- und Literaturverzeichnis

Die benützte Literatur ist nach Sachgruppen zusammengefaßt und in diesen alphabetisch gereiht. Nur Ausstellungskataloge sind nach Veranstaltern und Plätzen geordnet, da dies die Auffindbarkeit erleichtern dürfte. Lediglich ein- oder zweimal herangezogene Spezialliteratur scheint in diesem Verzeichnis nicht auf, sondern wird bei dem betreffenden Katalogisat genannt. Die einzelnen Autoren bzw. deren Beiträge in Sammelbänden werden im allgemeinen nicht separat ausgewiesen, speziell dann, wenn sie auch als Herausgeber oder Bearbeiter fungieren. Links ausgeworfen stehen die aus Buchstaben (und nötigenfalls dem Erscheinungsjahr ohne 19..) gebildeten Siglen, mit denen im Text auf die Titel verwiesen wird. Um jede Literaturangabe rasch finden zu können, steht am Ende der Einführung vor dem Katalogteil eine alphabetische Liste aller Siglen.

Ungedruckte Quellen

FRA FRANK, Adolf: Frank-Beamtenkartei im Salzburger Landesarchiv. Angaben zu den Lebensdaten und zur Dienstlaufbahn der Salzburger Beamten, vornehmlich vom 16. bis zum 19. Jh., 19 Karteikästen (Kasten der mit O beginnenden Namen fehlt).

GUG GUGITZ, Gustav: Auszüge über Persönlichkeiten des Wiener Kulturlebens A–Z. Manuskript, 2 Bde. Stadt- und Landesarchiv Wien.
– ders.: Auszüge aus den Konskriptionsbögen A–Z. Manuskript, 2 Bde. Stadt- und Landesarchiv Wien.

POR PORTHEIM, Max von: Portheim-Katalog des Stadt- und Landes-Archivs Wien.

RYH RYHINER, Johann Friedrich: Manuskriptbände zu seiner Kartensammlung in der Stadt- und Universitätsbibliothek Bern.

Adolf FRANK, geb. am 16. Juni 1855 in Mährisch-Schönberg, schlug die Offizierslaufbahn ein, quittierte aber nach dem tragischen Verlust seiner Familie wegen eines körperlichen Zusammenbruchs 1907 als Oberstleutnant den Dienst. Er widmete sich zunächst in Golling Archivarbeiten für verschiedene Pflegegerichte. 1909 übersiedelte er nach Salzburg und begann die Arbeit an seiner Beamtenkartei. In dieser wollte er die Beamten aller erzstiftlichen Behörden erfassen und zwar auch hinsichtlich ihrer Herkunft, Ausbildung, Familie usw. Daneben beschäftigte er sich mit der Geschichte der Baulichkeiten auf dem Mönchsberg, verfaßte eine Häuserchronik des Äußeren Stein und hielt Vorträge über alte Ansichten und Landkarten von Salzburg. Frank starb am 30. Sept. 1924 in Salzburg. Sein immens umfangreiches Sammlungsmaterial vermachte er dem Landesarchiv. Es gehört zu dessen wertvollsten und meistbenützten Quellen zur jüngeren Landesgeschichte.

Gustav GUGITZ, der das Pseudonym „Gustav Litschauer" gebrauchte, wurde als Sohn einer Kärntner Familie am 9. April 1874 in Wien geboren. Er befaßte sich – bis zum Vermögensverlust in der Inflation als Privatgelehrter, später als Verlagskorrektor und als Vertragsbediensteter der Wiener Stadtbibliothek, die ihm die Inventarisierung des Portheim-Katalogs verdankt – vor allem mit Fragen der Volkskunde, sowie mit Literatur-, Theater- und Wiener Stadtgeschichte. Er hinterließ ein fast unübersehbares Lebenswerk, aus dem nur die grundlegenden Arbeiten „Das Jahr und seine Feste im Volksbrauch Österreichs" (2 Bde., 1949/50), „Österreichs Gnadenstätten in Kult und Brauch" (5 Bde., 1955/58) und die „Bibliographie zur Geschichte und Stadtkunde von Wien" (5 Bde., 1947/58) hervorgehoben seien. Gugitz starb am 3. März 1964 in Rekawinkel.

Max VON PORTHEIM, am 12. Mai 1857 in Prag geboren und am 28. Jänner 1937 in Wien gestorben, war Privatgelehrter, Sammler und Bibliograph. Er stellte u. a. einen Zettelkatalog zur Kulturgeschichte Österreichs im 18. und 19. Jahrhundert mit der Nennung von ca. 350.000 Personen zusammen, der auf einer akribischen Auswertung von Periodika, bes. Zeitungen, biographischen Nachschlagewerken und zahllosen historischen Arbeiten (wie z. B. Regimentsgeschichten) basiert. Der Magistrat Wien hat das unersetzlich wertvolle Werk nach Portheims Tod aus der Verlassenschaft erworben und der Forschung zugänglich gemacht. Die Sammlungen Portheims wurden vom Historischen Museum der Stadt Wien angekauft.

Der dem Berner Großbürgertum entstammende Johann Friedrich RYHINER (1732–1803) war einer der bedeutendsten Kartensammler des 18. Jh. Umso erstaunlicher ist es, daß er bisher im internationalen Schrifttum noch kaum gewürdigt wurde, wie etwa seine längst weltbekannten „Kollegen" van der Hem, Stosch oder Moll. Dabei ist Ryhiners einzigartiger Rang nicht einmal so sehr durch den gewaltigen Umfang seiner Sammlung begründet, die noch heute mit rund 16.000 Blättern fast 500 Bände füllt, als vielmehr durch seine hinterlassenen wissenschaftlichen Schriften. Zur Kartensammlung gehören zusätzlich eine zweibändige Kosmographie, ein Verzeichnis aller ihm bekannt gewordenen, gedruckten Karten in 27 Bänden, ein Katalog seiner Sammlung in 24 Bänden, ein Verzeichnis der ihm noch fehlenden Karten in zwei Bänden und zwei Inventare. Erst dank der umfassenden Arbeit Thomas KLÖTIS ist zu hoffen, daß Ryhiners Lebenswerk die ihm gebührende Beachtung durch die Fachwelt findet.

Literatur:

MICHEL, Hans A.: Die Kartensammlung Ryhiner in der Stadt- und Universitätsbibliothek Bern. Eine bibliothekarische, technische und wissenschaftliche Erschliessungs- und Konservierungsaufgabe, in: Jahrbuch der Geographischen Gesellschaft von Bern, Bd. 55, 1983–1985, Bern 1986, S. 589–599.

KLÖTI, Thomas: Die Kartensammlung Ryhiner in der Stadt- und Universitätsbibliothek Bern. In: Speculum Orbis, 3. Jg., 1987, Heft 1, S. 33–56.
– ders.: Johann Friedrich von Ryhiner, 1732–1803. Berner Staatsmann, Geograph, Kartenbibliograph und Verkehrspolitiker. Jb. der Geographischen Ges. Bern, Bd. 58/1992–1993, Bern 1994, 395 S.
– ders. (Hg. mit Markus OEHRLI und Hans-Uli FELDMANN): Der Weltensammler. Eine aktuelle Sicht auf die 16000 Landkarten des Johann Friedrich von Ryhiner (1732-1803). Cartographica Helvetica, Sonderheft 15, Murten 1998..

Nachschlagewerke

AA Atlantes Austriaci. Kommentierter Katalog der österreichischen Atlanten von 1561 bis 1994. Hg. von Ingrid KRETSCHMER und Johannes DÖRFLINGER. 1. Band: Johannes DÖRFLINGER und Helga HÜHNEL: Österreichische Atlanten 1561–1918. Böhlau Verlag, Wien–Köln–Weimar 1995.

ADE ADELUNG, Johann Christoph: Fortsetzung und Ergänzungen zu Christian Gottlieb JÖCHERS allgemeinem Gelehrten-Lexicon worin die Schriftsteller aller Stände nach ihren vornehmsten Lebensumständen und Schriften beschrieben werden. Angefangen von Johann Christoph ADELUNG und vom Buchstaben K fortgesetzt von Heinrich Wilhelm ROTERMUND. 1. Bd. Leipzig 1784, 2. Bd. das. 1787, 3. Bd. Delmenhorst 1810, 4.-6. Bd. Bremen 1813–1819, 7. Bd. Leipzig 1897. Unveränderter Nachdruck: Georg Olms Verlag, Hildesheim 1960/61.

ADB Allgemeine Deutsche Biographie. Auf Veranlassung Seiner Majestät des Königs von Bayern herausgegeben durch die historische Commission bei der Königl. Akademie der Wissenschaften. 56 Bde. Verlag Duncker & Humblot, Leipzig 1875–1912. Neudruck: 2. unveränderte Auflage, Duncker & Humblot, Berlin 1967–1971.

AKL Allgemeines Künstler-Lexikon. Leben und Werke der berühmtesten bildenden Künstler. Vorbereitet von Hermann Alexander MÜLLER, hg. von Hans Wolfgang SINGER. 3. Aufl., 5 Bde. Lit. Anst. Rütten und Loening, Frankfurt a. M. 1895–1901.

BIG Bibliotheca Geographica. Verzeichnis der seit der Mitte des vorigen Jahrhunderts bis zu Ende der Jahres 1856 in Deutschland erschienenen Werke über Geographie und Reisen mit Einschluss der Landkarten, Pläne und Ansichten. Hg. von Wilhelm ENGELMANN. Verlag von Wilhelm Engelmann, Leipzig 1857. Reprint: Verlag TOT, Amsterdam 1965.

BON BONACKER, Wilhelm: Kartenmacher aller Länder und Zeiten. Anton Hiersemann, Stuttgart 1966.

BBB BOSL, Karl (Hg.): Bosls bayerische Biographie. 8000 Persönlichkeiten aus 15 Jahrhunderten. Friedrich Pustet, Regensburg 1983. Ergänzungsband: 1000 Persönlichkeiten aus 15 Jahrhunderten, 1988.

BLL British Library – British Museum. Catalogue of Printed Maps, Charts and Plans. Trustees of the British Museum, 15 Bände, London 1967.

DBF Dictionnaire de biographie française. 15 Bände. Librairie Letouzey et Ané, Paris 1933 lfd.

DBI Dizionario biografico degli Italiani. Istituto della Enciclopedia Italiana. Roma 1960 lfd. (1996 ca. 45 Bde.).

ENI Enciclopedia Italiana di scienze, lettere ed arti. 35 Bde. + Indices + (5) Ergänzungsbände, Reprint der Ausgabe 1935 (1929/39), Istituto della Encicl. Ital. Roma 1949.

ESP ESPENHORST, Jürgen: Andree, Stieler, Meyer & Co. Handatlanten des deutschen Sprachraums (1800–1945) nebst Vorläufern und Abkömmlingen im In- und Ausland. Bibliographisches Handbuch. Pangea Verlag, Schwerte 1994. Mit Nachträgen 1995, 1997.

GV Gesamtverzeichnis des deutschsprachigen Schrifttums (GV) 1700–1910. Bearb. Hilmar SCHMUCK und Willi GORZNY. 161 Bände. K. G. Saur, München, New York, London, Paris 1979–1987.

ÖNE GRÄFFER, Franz und Johann Jacob CZIKANN: Österreichische National-Enzyklopädie, oder alphabetische Darlegung der wissenswürdigsten Eigenthümlichkeiten des österreichischen Kaiserthumes. 6 Bde. Ohne Verlag, Wien 1835/37.

SKL HASLINGER, Adolf und Peter MITTERMAYR [Hg.]: Salzburger Kulturlexikon. Residenz Verlag, Salzburg–Wien 1987.

HRS HELLWIG, Fritz, Wolfgang REINIGER und Klaus STOPP: Landkarten der Pfalz am Rhein 1513–1803. Katalog der gedruckten Karten mit einer kartenhistorischen Einführung. Eigenverlag Dr. Wolfgang Reiniger, Bad Kreuznach 1984.

IBN Index bio-bibliographicus notorum hominum. Pars C, Corpus alphabeticum. Hg. Jean-Pierre LOBIES. Biblio Verlag, Osnabrück 1974.

JÖC JÖCHER, Christian Gottlieb: Allgemeines Gelehrten-Lexicon. 4 Teile. In Johann Friedrich Gleditschen's Buchhandlung, Leipzig 1750/51. Reprint: Georg Olms Verlag, Hildesheim 1960/61.

KAR KARROW, Robert W. Jr.: Mapmakers of the Sixteenth Century and Their Maps. Bio-Bibliographies of the Cartographers of Abraham Ortelius, 1570. Speculum Orbis Press, Winnetka, Ill. 1993.

KAY KAYSER, Christian Gottlob: Vollständiges Bücherlexicon, enthaltend alle von 1750 bis zu Ende des Jahres 1832 in Deutschland und in den angrenzenden Ländern gedruckten Bücher. 36 Bände. Leipzig 1834–1912.

KOE KOEMAN, C(ornelis): Atlantes Neerlandici. Bibliography of terrestrial, maritime and celestial atlases and pilot books, published in the Netherlands up to 1880. 5 Bde. Theatrum Orbis Terrarum Ltd., Amsterdam 1967/71. 6. Bd.: Mit H. J. A. HOMAN. Canaletto, Alphen aan den Rijn 1985. – New Edition: VAN DER KROGT.

LGK KRETSCHMER, Ingrid, Johannes DÖRFLINGER und Franz WAWRIK [Bearb.]: Lexikon zur Geschichte der Kartographie. Von den Anfängen bis zum ersten Weltkrieg. Franz Deuticke, Wien 1986.

LAR LAROUSSE, Pierre: Grand Dictionaire universel du XIXe siècle. 17 Bde. Paris 1864/90.

LEP LEPORINI, Heinrich: Der Kupferstichsammler. Ein Hand- und Nachschlagebuch samt Künstlerverzeichnis für den Sammler druckgraphischer Kunst. Verlag R. C. Schmidt & Co., Berlin 1924.

LCW Library of Congress: A List of Geographical Atlases in the Library of Congress with Bibliographic Notes. Dir. Philip Lee Phillips and Clara Egli LeGear. Government Printing Office, Washington 1909/1992.

LIS LISTER, Raymond: How to Identify Old Maps and Globes with a list of cartographers, engravers, publishers and printers concerned with printed maps and globes from c. 1500 to c. 1850. G. Bell and Sons Ltd., London 1965.

MIC MICHAUD, J(oseph) Fr(ancois) [Hg.]: Biographie Universelle ancienne et moderne. Abdruck: C. Desplaces und M. Michaud, Paris 1854. – Unveränderter Nachdruck: Akademische Druck- und Verlagsanstalt, Graz 1966.

NKL NAGLER, Georg: Neues allgemeines Künstler-Lexikon: oder Nachrichten von dem Leben und den Werken der Maler, Bildhauer, Baumeister, Kupferstecher, Formschneider, Lithographen, Zeichner, Medailleure, Elfenbeinarbeiter, etc. 3. Aufl. Unveränderter Abdruck der 1. Aufl 1835/52, Bd. 1–25. Schwarzenberg & Schumann, Leipzig [1924].

NEB NEBEHAY, Ingo und Robert WAGNER: Bibliographie altösterreichischer Ansichtswerke aus fünf Jahrhunderten. Die Monarchie in der topographischen Druckgraphik von der Schedelschen Weltchronik bis zum Aufkommen der Photographie. 5 Bde. Akademische Druck- und Verlagsanstalt, Graz 1981/84.

NDB Neue Deutsche Biographie. Herausgegeben von der historischen Kommission bei der Bayerischen Akademie der Wissenschaften. Duncker & Humblot, Berlin 1953 lfd.

NND Neuer Nekrolog der Deutschen. Hg. Friedrich August SCHMIDT. Bei Bernhard Friedrich Voigt, Ilmenau 1824–1834, Weimar 1835–1856.

ÖHS Österreichischer Hof- und Staatsschematismus (= allgemeiner Titel für): Schematismus von Wien und dem österr. Kaiserstaate, 1702–1776. K.k. Staats- und Standeskalender, 1777–1804. K.k. Staats- und Standeskalender des österr. Kaiserthumes, 1808–1843. Hof- und Staatsschematismus des österreichischen Kaiserthums, 1845–1866.

ÖBL Österreichisches Biographisches Lexikon 1815–1950. Hg. Österreichische Akademie der Wissenschaften, 1957 lfd.

MDD OETTINGER, Eduard Maria: Moniteur des dates, contenant un million de renseignements biographiques, généalogiques et historiques, publié par Edouard-Marie Oettinger. 9 Bde., Selbstverlag, Dresden 1866/82. 2. Ausgabe: 2 Bde., Ludwig Denicke, Leipzig 1869/73.

PAS PASTOUREAU, Mireille: Les Atlas français XVIe–XVIIe siècles. Répertoire bibliographique et étude. Bibiothèque nationale, Departement des cartes et plans. Paris 1984.

PIL PILLWEIN, Benedikt: Biographische Schilderungen oder Lexikon Salzburgischer theils verstorbener theils lebender Künstler, auch solcher, welche Kunstwerke für Salzburg lieferten. Mayr'sche Buchhandlung, Salzburg 1821.

ÖKL SCHMIDT, Rudolf: Österreichisches Künstlerlexikon von den Anfängen bis zur Gegenwart. Bd. I (nur dieser erschienen). Verlag Tusch, Wien 1980.

THB THIEME, Ulrich und Felix BECKER: Allgemeines Lexikon der bildenden Künstler von der Antike bis zur Gegenwart. 37 Bde. Ab Bd. 14 hg. v. Fred. C. WILLIS ab Bd. 16 hg. v. H. VOLLMER. Verlag Wilhelm Engelmann, ab 1911 Seemann, beide Leipzig 1907–1950. Taschenbuch-Reprint: dtv, München 1993.

TOO TOOLEY, Ronald Vere: Tooley's Dictionary of Mapmakers. Alan R. Liss, New York + Meridian Publishing Comp., Amsterdam 1979.

TOO-S ders.: Supplement. Gleiche Verleger, 1985.

ULB-70 ULBRICH, Karl: Karten und Pläne. Allgemeine Bibliographie des Burgenlandes, VIII. Teil, 1. Halbband: Karten. Abgeschlossen Ende 1967. Hg. Burgenländisches Landesarchiv und Burgenländische Landesbibliothek. Selbstverlag des Amtes der Burgenländischen Landesregierung, Eisenstadt 1970.

OAM VAN DEN BROECKE, Marcel P. R.: Ortelius Atlas Maps. An illustrated Guide. HES Publishers, 't Goy 1996.

KK VAN DER KROGT, Peter: Koeman's Atlantes Neerlandici. New Edition, Vol. I, The Folio Atlases Published by Gerard Mercator, Jodocus Hondius, Henricus Hondius, Johannes Janssonius and Their Successors. HES Publishers, 't Goy-Houten 1997.

WLG Westermann Lexikon der Geographie. Hg.: Wolf TIETZE. Georg Westermann Verlag, Braunschweig 1968–1972.

WUR WURZBACH, Constant von: Biographisches Lexikon des Kaiserthums Österreich (1750–1850), 60 Teile nebst Reg. Band. Bd. 1: Verlag der Universitäts-Druckerei von L. E. Zamarski. Bd. 2–5: Verlag der typographisch-literarisch-artistischen Anstalt des L. E. Zamarski. Bd. 6–60: k.k. Hof- und Staatsdruckerei, Wien 1856/91. Register zu den Nachträgen. Gilhofer & Ranschburg, Wien 1923.

ZED ZEDLER, Johann Heinrich: Großes vollständiges Universal Lexicon Aller Wissenschaften und Künste, welche bisher durch menschlichen Verstand und Witz erfunden worden. 64 Bde., 4 Suppl.-Bde., Leipzig und Halle 1732/54. 2. vollständiger photomechanischer Nachdruck: Akademische Druck- und Verlagsanstalt, Graz 1994.

Monographien und Aufsätze

BAG BAGROW, Leo und R(aleigh) A(shlin) SKELTON: Meister der Kartographie. Safari-Verlag, Berlin 1963. 5. Aufl. Propyläen Verlag, Berlin 1985.

BEN BENZING, Josef: Die Buchdrucker des 16. und 17. Jahrhunderts im deutschen Sprachgebiet. In: Beiträge zum Buch- und Bibliothekswesen, Bd. 12. Otto Harrassowitz, Wiesbaden 1963, 2. Auflage 1982.

BER-64 BERNLEITHNER, Ernst: Die ältesten Landkarten Salzburgs. In: Badgasteiner Badeblatt, 24. Jg., Nr. 17, Badgastein 1964, S. 197 ff.

BER-65 BERNLEITHNER, Ernst: Salzburg im Kartenbild der Zeiten. In: MGSL 105. Bd., Salzburg 1965, S. 1–46, 20 Kartenbeilagen.

BER-68 BERNLEITHNER, Ernst: Salzburg im Bilde alter Karten. In: MÖGG, Bd. 109, Festschrift Egon LENDL, Sonderabdruck Teil I: Beiträge zur Stadt- und Landeskunde von Salzburg, Wien 1968, S. 170–189, 17 Abb.

IGM BERTHAUT, Le Colonel (Henri): Les Ingénieurs Géographes militaires 1624–1831. Etude historique. Service Géographique de l'armée, Imprimerie du Service géographique, Paris 1902.

CAV CAVELTI-HAMMER, Madlena und Alfons CAVELTI: Die Schweizerkarte von J. H. Weiss, 1800, im Vergleich mit zeitgenössischem Kartenschaffen. In: Der Mensch in der Landschaft. Festschrift für Georges Grosjean. Jahrbuch der Geographischen Gesellschaft von Bern, Bd. 55/1983–1985, Bern 1986.

DES DÖRFLINGER, Johannes, Robert WAGNER und Franz WAWRIK: Descriptio Austriae. Österreich und seine Nachbarn im Kartenbild von der Spätantike bis ins 19. Jahrhundert. Edition Tusch, Wien 1977.

DÖR-83 DÖRFLINGER, Johannes: Oberösterreich im Kartenbild. In: OBÖ, Bd. 1, Linz 1983, S. 255–275.

DÖR DÖRFLINGER, Johannes: Die Österreichische Kartographie im 18. und zu Beginn des 19. Jahrhunderts unter besonderer Berücksichtigung der Privatkartographie zwischen 1780 und 1820. 1. Bd.: Österreichische Karten des 18. Jahrhunderts. Österreichische Akademie der Wissenschaften, Phil.-hist. Klasse, Sitz.-Ber. 427. Bd. Verlag der Österr. Akadademie der Wissenschaften, Wien 1984. 2. Bd.: Österreichische Karten des frühen 19. Jahrhunderts. Wie oben, 515. Bd. Verlag ders., Wien 1988.

Quellen- und Literaturverzeichnis

FLE   FLESCH, Karl: Geschichte der Kartographie. Entwicklung des Kartenbildes des Landes Salzburg. Ungedr. phil. Diss., Wien 1926.

FUH   FUHRMANN, Franz: Salzburg in alten Ansichten. Die Stadt. Residenz Verlag, Salzburg 1963. – Keine Nachweise für 2. Auflage und „Das Land".

GIO   GIORDANI, Else: Die Linzer Hafner Offizin. Josef Hafner und seine lithographische Anstalt. Kulturverwaltung der Stadt Linz (Hg.), Linz 1962.

HAA   HAAG, Heinrich: Die Geschichte des Nullmeridians. (Mit einer Karte). Diss. Phil. Fakultät der Großherzoglichen Hessischen Ludwigs-Universität zu Gießen, 1912. Otto Wigand, Leipzig 1913.

HAR   HARMS, Hans: Künstler des Kartenbildes. Biographien und Porträts. Verlag Ernst Völker, Oldenburg 1962.

KRE   KRETSCHMER, Ingrid: Die Rolle Österreichs bei der kartographischen Erschließung Mitteleuropas. In: MÖGG, 132. Jg., Wien 1990, S. 172–191, 8 Farbkarten.

LIN   LINDGREN, Uta: Alpenübergänge von Bayern nach Italien 1500–1850. Landkarten – Straßen – Verkehr, mit einem Beitrag von Ludwig PAULI. Hirmer Verlag und Deutsches Museum, München 1986.

MAR   MARSCH, Angelika: Die Salzburger Emigration in Bildern. Mit Beiträgen von Gerhard FLOREY und Hans WAGNER und einem Verzeichnis der zeitgenössischen Kupferstiche. Schriften des Nordostdeutschen Kulturwerkes, Lüneburg. Anton H. Konrad Verlag, Weißenhorn/Bayern 1986.

MdW   Modelle der Welt. Erd- und Himmelsgloben. Hg.: Peter E. ALLMAYER-BECK. Beiträge: Helga HÜHNEL, Jan MOKRE, Rudolf SCHMIDT, Franz WAWRIK, Heide WOHLSCHLÄGER, Elisabeth ZEILINGER. Brandstätter, Wien 1997.

MÜL   MÜLLER, Guido: Verzerrungsgitter alter Karten Salzburgs. Ein Nachtrag zu Ernst BERNLEITHNER: Salzburg im Kartenbild der Zeiten. In: MGSL 106, Salzburg 1966, S. 367–373, 6 Abb.

REG   REGELE, Oskar: Beiträge zur Geschichte der staatlichen Landesaufnahme und Kartographie in Österreich bis zum Jahre 1918. Verlag des Notrings der wissenschaftlichen Verbände Österreichs, Wien 1955.

FBA   (SLEZAK, Friedrich): Geschichte der Firmen Artaria & Compagnie und Freytag-Berndt und Artaria. Ein Rückblick auf 200 Jahre Wiener Privatkartographie 1770–1970. Im Selbstverlag Wien–Innsbruck (1970).

Sp-S   SPIEGEL-SCHMIDT, Alfred: Berchtesgaden in der historischen Kartographie und in alten Ansichten. In: Geschichte von Berchtesgaden. Stift – Markt – Land. Hg. Heinz DOPSCH, Walter BRUGGER, Peter F. KRAMML. Bd. II, Teil 2. Verlag Anton Plenk, Berchtesgaden 1995, S. 1335–1380.

ULB-56   ULBRICH, Karl: Der Kartenmaßstab und seine Bestimmung in österreichischen vormetrischen Kartenwerken. In: MÖGG, Bd. 98, Heft I, Wien 1956, S. 145–162, 1 Abb.

VIE-99   VIERTHALER, Franz Michael: Reisen durch Salzburg. (Mit einem Kupfer: Jüngling vom Magdalensberg). Mayr'sche Buchhandlung Salzburg 1799, Heinrich Gräff, Leipzig.

VIE-16   VIERTHALER, Franz Michael: Meine Wanderungen durch Salzburg, Berchtesgaden und Österreich. Erster und zweiter Theil. Carl Gerold, Wien 1816.

WAG   WAGNER, Carl: Die Bedeutung Bartholomä Herders für die Kartographie. 16 S., 8 Taf., Abb. Verlag Herder, Freiburg i. B. 1939.

WAW   WAWRIK, Franz: Berühmte Atlanten, Kartographische Kunst aus fünf Jahrhunderten. Die bibliophilen Taschenbücher Nr. 299, 2. Auflg., Harenberg Kommunikation, Dortmund 1982.

WUT   WUTTE, Martin: Kärnten im Kartenbild der Zeiten. Archiv für vaterländische Geschichte und Topographie. Hg. Geschichtsverein für Kärnten, 23. Jg. Selbstverlag, Klagenfurt 1931.

ZAI   ZAISBERGER, Friederike: Das Landt vnd Ertzstifft Saltzburg. Die erste gedruckte Landkarte Salzburgs. Ein Gemeinschaftswerk von Marx SETZNAGEL, Christoph JORDAN und Hans BAUMANN. MGSL 12. Ergänzungsband = Schriftenreihe des Salzburger Landesarchivs Nr. 5., Salzburg 1988.

GS   ZAISBERGER, Friederike: Geschichte Salzburgs. (Geschichte der österreichischen Bundesländer, Hg. Johann RAINER), Verlag für Geschichte und Politik, Wien; R. Oldenbourg Verlag, München, 1998.

ZIL   ZILLNER, Franz Valentin: Geschichte der Stadt Salzburg. I. Buch: Geschichtliche Stadtbeschreibung. Druck von Jos. Oellacher & Co., vorm. Jos. Oberer, Salzburg 1885. II. Buch: Zeitgeschichte bis zum Ausgang des 18. Jahrhunderts. Verlag wie vorher, Salzburg 1890. Faksimile-Ausgabe mit Personen-, Orts- und Sachregister, hg. von Heinz DOPSCH. Druckhaus-Nonntal-Bücherdienst, Salzburg 1985.

Ausstellungskataloge

OBÖ   Amt der oberösterreichischen Landesregierung: STRAUB, Dietmar [Schriftltg.]: Tausend Jahre Oberösterreich. Das Werden eines Landes. Ausstellung des Landes Oberösterreich, 29. April bis 26. Oktober 1983 in der Burg zu Wels. Hg. Land Oberösterreich, Amt der oö. Landesregierung, Abt. Kultur, Linz 1983.

BSM-19   Bayerische Staatsbibliothek: SEIFERT, Traudl: Die Karte als Kunstwerk. Dekorative Landkarten aus Mittelalter und Neuzeit. Ausstellung September–November 1979. Ausstellungskataloge, Nr. 19. Verlag Dr. Alfons Uhl, Unterschneidheim 1979.

BSM-44   Bayerische Staatsbibliothek: WOLFF, Hans: Cartographia Bavariae. Bayern im Bild der Karte. Mit Beiträgen von Gerfried APPELT, Rüdiger FINSTERWALDER, Ingrid KRETSCHMER, Uta LINDGREN und Hans-Joachim LOTZ-IWEN & Rudolf P. WINTER. Ausstellung 17. Mai bis 26. August 1988. Ausstellungskataloge, 44. 2. verb. u. verm. Auflage. Anton H. Konrad Verlag, Weißenhorn/Bayern 1991.

BSM-50   Bayerische Staatsbibliothek: WOLFF, Hans u. a.: Philipp Apian und die Kartographie der Renaissance. Ausstellung 15. Juni bis 30. Sept. 1989. Ausstellungskataloge, 50. Anton H. Konrad Verlag, Weißenhorn/Bayern 1989.

BSM-65   Bayerische Staatsbibliothek: WOLFF, Hans und andere: 400 Jahre Mercator, 400 Jahre Atlas: „Die ganze Welt zwischen zwei Buchdeckeln", eine Geschichte der Atlanten. Ausstellung 5. April bis 1. Juli 1995. Ausstellungskataloge, 65. Anton H. Konrad Verlag, Weißenhorn/Bayern 1995.

DMA-2   Deutsches Museum, Archiv, Veröffentlichungen Bd. 2: KUPCIK, Ivan: Mappæ Bavariæ. Thematische Karten von Bayern bis zum Jahre 1900. Sonderausstellung des Deutschen Museums München. Anton H. Konrad Verlag, Weißenhorn/Bayern 1995.

Quellen- und Literaturverzeichnis

KGS   Generallandesarchiv Karlsruhe, Karlsruher Geowissenschaftliche Schriften. Reihe A: Kartographie und Geographie: Landkarten aus vier Jahrhunderten. Ausstellung Mai 1986. Bearb. von Heinz MUSALL und anderen. Fachhochschule Karlsruhe, Fachbereich Vermessungswesen und Kartographie, Karlsruhe 1986.

KAWK   Kantonales Amt für Wirtschafts- und Kulturausstellungen, Kornhaus Bern: CAVELTI-HAMMER, Madlena: Der Weg zur modernen Landkarte 1750–1865. Die Schweiz und ihre Nachbarländer im Landkartenbild. Von Cassini bis Dufour. Ausstellungen: 18. April bis 4. Juni 1989: Kornhaus Bern; 20. Juni bis 21. Juli 1989: ETH Zürich. Edition Plepp, Köniz und Horw 1989.

LMK   Landesmuseum für Kärnten: HÖCK, Josef und Wilhelm LEITNER: Kärnten in alten Landkarten bis 1809. 100-Jahr-Feier des Landesmuseums für Kärnten 1884–1984. Landesmuseum für Kärnten, Klagenfurt (1984).

TBT   AKERMAN, James, Robert W. KARROW, Jr. and David BUISSERET: Two by Two: Twenty-two Pairs of Maps from the Newberry Library Illustrating 500 Years of Western Cartographic History: An Interpretive Guide to the Exhibition Mounted at the Newberry Library to Accompany the XVth International Conference on the History of Cartography, June 1993. Chicago: Newberry Library, Chicago 1993.

ÖMK   Österreichisches Museum für angewandte Kunst: EGGER, Gerhart [Hg.]: Theatrum Orbis Terrarum. Die Erfassung des Weltbildes zur Zeit der Renaisssance und des Barocks. Österreichisches Museum für angewandte Kunst, Wien 1970.

ÖNB   Österreichische Nationalbibliothek: WAWRIK, Franz und Elisabeth ZEILINGER [Hg.]: Austria Picta, Österreich auf alten Karten und Ansichten. Ausstellung der Kartensammlung der Österreichischen Nationalbibliothek, 11. Mai bis 8. Okt. 1989. Akademische Druck und Verlagsanstalt, Graz 1989.

SLA   Salzburger Landesarchiv: ZAISBERGER, Friederike [Red.]: Salzburg im Bild gedruckter Karten. Ausstellung 4. Okt.–28. Okt. 1988. Schriftenreihe des Salzburger Landesarchivs Nr. 6, 1988.

SStW   Schottenstift Wien: Maps, Atlases and Globes in the Oldest Monastery of Vienna. Exhibition in the Library of the „Schottenstift". Catalogue: Johannes DÖRFLINGER. 16th International Conference on the History of Cartography. Benediktinerabtei zu den Schotten, Wien 1995.

PRE-24   Staatsbibliothek Preußischer Kulturbesitz: ZÖGNER, Lothar (Red.) und andere: Von Ptolemaeus bis Humboldt. Kartenschätze der Staatsbibliothek Preußischer Kulturbesitz. Ausstellung zum 125jährigen Jubiläum der Kartenabteilung. Ausstellungskataloge 24. Staatsbibliothek Preußischer Kulturbesitz Berlin, Anton H. Konrad Verlag, Weißenhorn/Bayern 1985.

SBB-6   Staatsbibliothek zu Berlin, Preußischer Kulturbesitz: ZÖGNER, Lothar (Red.) und andere: Flüsse im Herzen Europas. Rhein, Elbe, Donau. Kartographische Mosaiksteine einer europäischen Flußlandschaft. Ausstellungskataloge Neue Folge 6. Staatsbibliothek zu Berlin, Dr. Ludwig Reichert Verlag, Wiesbaden 1993.

Ausgewählte Periodika

CH   Cartographica Helvetica, Fachzeitschrift für Kartengeschichte. Im Selbstverlag, Murten 1990 lfd.

DRG   Deutsche Rundschau für Geographie und Statistik. A. Hartlebens Verlag Wien, Pest, Leipzig, 1879 ff.

IJK   Internationales Jahrbuch für Kartographie. Kirschbaum Verlag, Bonn–Bad Godesberg 1960 lfd.

IM   IMAGO MVNDI. 1: Berlin 1935; 2, 3: London 1937/39; 4–7: Stockholm 1947/50; 8–12: Leiden 1951/55; 13–15: s'Gravenhage 1956/60; 16–26: Amsterdam 1962/72; 27–35: Lympne Castle / Kent (Second Series Vol. 1 ff.) 1975/83; ab 36: London c/o British Library, 1984 lfd. – Reprint Edition, N. Israel, Amsterdam 1970.

KN   Kartographische Nachrichten. Kirschbaum Verlag, Bonn 1950 lfd.

MCS   Map Collectors' Series. Map Collectors' Circle, London 1963–1975.

TMC   The Map Collector. Map Collector Publications Ltd., Tring, Herts., England, 1977–1996. Vereinigt mit Mercator's World.

MW   Mercator's World. Zweimonats-Magazin, Hg. Edward D. Aster. Aster Publishing Corp., Eugene, Oregon, USA, 1. Jg. 1996 lfd..

MGSL   Mitteilungen der Gesellschaft für Salzburger Landeskunde. Im Selbstverlag, 1. Jg. Salzburg 1861 lfd.

MÖGG   Mitteilungen der Österreichischen Geographischen Gesellschaft. Selbstverlag, Wien 1860 lfd.

PGM   Petermanns Geographische Mitteilungen. Justus-Perthes-Verlag, Gotha 1855 lfd.

SO   Speculum Orbis, Zeitschrift für alte Kartographie und Vedutenkunde. Verlag Dietrich Pfaehler, Bad Neustadt a. d. Saale, 1985–1993.

Kartenregister

Nr.	Ausgabe		Jahr	Seite*	Abb.
0	**Die Landtafel von SETZNAGEL**				
0.1	Erstauflage		1551 (1554)	27	
0.2	Nachdrucke	Salzburg	1640	27	*1*
		München	1650		*2*
		Göttingen	1654		
1	**ORTELIUS und die Folgekarten**				
1.1	Folio-Ausgaben			31	*3*
1.1.1	„Pergament" mit Stadtansicht			34	*4*
	Lateinisch		1570		
			1571		
			1573	35	
			1574		
			1575		
			1579		
			1584		
			1591/92		
			1595		
	Niederländisch		1571	36	
			(1573)		
	Deutsch				
		KOLER	1572		
			1572		
			1573		
			1580		
			(1589)		
	Französisch		1572	37	
			1581		
			1587		
	Spanisch		1588 (1589)		
1.1.2	Kartusche an Stelle der Stadtansicht			39	*5*
1.1.2.1	Ohne Graduierung			40	*6*
			1601		
			1603		
	Lateinisch		(1595)		
			1609		
			1612		
	Französisch		1598	41	
	Spanisch		1602	41	
			1612		
	Deutsch		1602, BN 66		
			1602, BN 67		
	Englisch		1606		
	Italienisch		1608		
			1612		
1.1.2.2	Mit Graduierung			42	*7*
	Spanisch		(1640)		
1.2	Epitome (Oktav-Atlanten)			43	
1.2.1	„Pergament" mit Stadtansicht			44	*8*
	Niederländisch		1577		
			1583		
	Französisch		1579	45	
			1583		
			1588		
			1590		
			[1598]		
	Lateinisch		1585	45	
			1589		
			1595		
	Italienisch		1593	46	
			1598		
			[1600]		
	Hochformat		1655	47	
			1667		
			1697		
			1724		
1.2.2	„Pergament" mit Kartusche			48	*9*
		LANGENES			
	Niederländisch		(1598)		
		BERTIUS			
	Lateinisch		1600		
			1602		
			1606		
	Französisch		1602	49	
			(1609)		
	Deutsch		1612		
1.2.3	Rollwerk-Kartusche			50	*10*
	Französisch		1598		
			1601	50	
			1602		

Kartenregister

Nr.	Ausgabe	Jahr	Seite	Abb.
	Lateinisch	1601	50	
	Italienisch	1602		
	Englisch	[1602]		
1.2.4	Nordorientierung und Graduierung		51	*11*
	Lateinisch	1601		
		1609 (Ort 67 A)		
		1609 (Ort 67 B)		
		1612		
	Französisch	1601/02	52	
	Englisch	1603	53	
	Deutsch	1604		
	Italienisch	1612		
	Ohne RS-Text	ohne Jahr		
1.3	Karten aus Kölner Atlanten		54	
1.3.1	EITZING, HOGENBERG: Gr. Itinerar-Karte			*12*
	Itinerarium Orbis Christiani	1579/80	55	
	Itinerarium Germaniae	1588		
	Itinerarium Europae	[1590]		
	METELLUS: Germania superior	1598		
	Itinerarium Europae	1600		
	Speculum orbis terrae	1602		
1.3.2	QUAD: Kleine Itinerar-Karte	1602	56	*13*
	EICHOVIUS	1604		
1.3.3	NAGEL, BUSSEMACHER: Salisburgensis Jurisdictionis			
	Europae Descriptio	1590	58	*14*
		1594		
		1596		
	Geographisch Handtbuch	1600		
	Fasciculus geographicus			
1.4	DE JODE		60	
1.4.1	Wappenschild leer	1578		*15*
1.4.2	Wappenschild ausgefüllt	1593		*16*
2	MERCATOR und die Karten des 17. Jhs.			
2.1	MERCATOR, HONDIUS, JANSSONIUS – Folio			*17*
	Kennzeichen der Folio-Ausgaben		65	
2.1.1	Rollwerkkartusche		69	*18*
2.1.1.1	MERCATOR			
	Lateinisch	1585		
		1595	69	
		1602		
2.1.1.2	HONDIUS		70	
	Lateinisch	1606		
		1607/08		
		1611/19		
		1612		
		1623		
		1630 (1627)		
		1632		
		1632		
	Französisch	1609	71	
		1613/16		
		1619		
		1627/28		
		1633		
	Deutsch	1633 (1627)	72	
		1636 (1627)		
	Englisch	1636 (1627)		
2.1.2	„Altarblock" mit zwei Wappen		74	
		1638 (1627)		*19*
2.1.3	Barockkartusche, zwei Genien		76	*20*
	Ohne RS-Text	ohne Jahr		
	Deutsch	1633		
		1638/42		
		1644/58		
	Niederländisch	1637	76	
		1638/44		
		1645/58		
	Lateinisch	1638	78	
	Französisch	1639/44		
		1644/47		
		1646/49		
2.1.4	Titelleiste, Wappen, drei Amoretten		79	*21*
2.1.4.1	JANSSONIUS, ohne Graduierung			
	Ohne RS-Text	ohne Jahr	79	
	Deutsch	1644/58		
		1649		
		1658		
	Niederländisch	1645/47	81	
		1652		
	Lateinisch	1647/58		

Nr.	Ausgabe	Jahr	Seite	Abb.
		1666	82	
		1675/81		
	Französisch	1652/53		
	Spanisch	1653/66		
2.1.4.2	JANSSONIUS, mit Graduierung		83	
	PITT: The English Atlas	1680/83		
2.2	BLAEU – Folio		83	22
	Titelleiste, Wappen, drei Amoretten			
	Ohne RS-Text	ohne Jahr	84	
	Deutsch	1634/35		
		1635		
		1641		
		1647		
		1649		
		1667		
	Niederländisch	1635	86	
		1642/47/49		
		(1664)		
	Lateinisch	1635	87	
		1640		
		1644		
		1645/46		
		1649		
		1662		
	Französisch	1638	88	
		1663		
		1667		
	Spanisch	1658/72		
2.3	VALK, SCHENK – Folio	[1697]	89	23
	Fortsetzung: 4.9			
2.4	Quart- und Oktav-Ausgaben		91	
2.4.1	Rollwerkkartusche			24
	Lateinisch			
	HONDIUS	1607	92	
		1610		
		1621		
	Französisch		93	
	HONDIUS	1608/13/14		
	Deutsch			
	HONDIUS	1609		
	Englisch			

Nr.	Ausgabe	Jahr	Seite	Abb.
	HONDIUS	1635	93	
2.4.2	Maskenkartusche		94	25
	Lateinisch	[1625]		
	JANSSONIUS	1628		
	Französisch		95	
	HONDIUS	1630		
	Niederländisch			
	JANSSONIUS	1630		
	Deutsch			
	HONDIUS	1631		
	JANSSONIUS	1648		
		1651		
2.4.3	Muschelkartusche		96	26
	Französisch			
	CLOPPENBURG	1630		
	SAUCET	1734		
	Lateinisch		98	
	CLOPPENBURG	1632		
	WAESBERGEN	1673		
	Niederländisch			
	WAESBERGEN	1676		
	Italienisch	LETI 1689		
2.4.4	Ohrenkartusche		99	27
	Lateinisch			
	BERTIUS	1616/18		
	Französisch			
	BERTIUS	1618		
2.4.5	Plattenkartusche		100	
	Französisch			
2.4.5.1	TASSIN	1633/44		28
2.4.5.2	VAN DER AA	[1710]		29
2.5	DÜCKHER		102	
	Karte zur Chronik	1666		30

3 GUETRATHER und die Karten des 18. Jhs.

Nr.	Ausgabe	Jahr	Seite	Abb.
3.1	GUETRATHER		106	31
	Das Hoch-Fürstl. Erzstifft (1707/08) 1713			32
3.2	HOMANN		107	
	HARRACH-Karte	(1710/12)		33

Kartenregister

Nr.	Ausgabe	Jahr	Seite	Abb.
	HOMÄNNISCHE ERBEN	1737	110	
	Fortsetzung: 4.6			
3.3	SEUTTER			
3.3.1	Salzburg-Globus		111	34
3.3.1.1		1725		
3.3.1.2		[nach 1741]		
3.3.2	Oktav, Landeskartusche		114	35
		(nach 1740, vor 1760)		
	Fortsetzung: 4.11			
3.4	LOTTER, WILL		114	
3.4.1	Salzburg-Globus	[1760/80]		
3.4.2	Oktav, Landeskartusche	[1760/80]		
	Fortsetzung: 4.21			
3.5	HANSIZ		115	
	Kirchenprovinz	1729		36
3.6	SCHREIBER		118	37
3.6.1	*DEUTSCH*	1732		
3.6.2	*NIEDERLÄNDISCH*	1732/33		
	Fortsetzung: 4.17			
3.7	KEIZER, T Aarts Bisdom mit Festung		119	38
	DE LAT	1741/42		
	ELWE, LANGEVELD	1791		
3.8	LE ROUGE, Lilienwappen	1743	121	39
	Fortsetzung: 4.14			
3.9	PROBST, nach SCHREIBER	1791	123	
	Fortsetzung: 4.30			
3.10	REILLY		124	
3.10.1	ohne Mühldorf	(1790)		40
3.10.2	mit Mühldorf	1799		41
	Fortsetzung: 4.29			
3.11	FABER		127	
	Straßenkarte zu HÜBNER	1796		42
3.12	SCHRÄMBL, Großfolio		130	43
3.12.1		1797		
3.12.2	ARTARIA-Neuauflagen			
		1806, 1807, [nach 1807]		
3.13	BACLER D'ALBE		131	
	Italienisches Kriegstheater	1798/99		44

Nr.	Ausgabe	Jahr	Seite	Abb.
4	**Salzburg im Bayerischen Reichskreis**			
4.1	SANSON, JAILLOT und Nachfolger		135	45
4.1.1	SANSON			
	Bayern/Bavière	1655/79		46
4.1.2	JAILLOT		135	
	Le Cercle de Bavière	1675		
		1685		
		1692		
		1696		
4.1.2.2	Nova Tabula	1696	138	
		(1696–1708)		
		1696		
	OTTENS	[1726–1745]		
4.1.2.3	CORDIER		139	
	Le Cercle de Bavière	1695		
		1698, 1700		
		1704		
4.1.2.4	COVENS & MORTIER			
	Theatre de la Guerre	[1711]		
4.1.2.4.1	Le Cercle de Bavière			47
4.1.2.4.2	Theatre …			
4.1.2.4.3	Theatre …			
4.1.2.5	DEZAUCHE			
	Le Cercle De Bavière	1783		
4.2	DE WIT		142	
4.2.1	Circulus Bavaricus	(1660–1706)		48
4.2.2	COVENS & MORTIER	[1740]		
4.3	VISSCHER		143	
4.3.1	Bavariæ Circulus	[1680]		
4.3.2	MERCATOR: Bavaria Ducatus	1689		
4.3.3	SCHENK	[1725]		
4.4	BODENEHR, MÜLLER		144	
	Miniaturkarte	1692		49
4.5	DANCKERTS		146	
	Circulus Bavaricus	[nach 1696]		
4.6	HOMANN und HOMÄNNISCHE ERBEN		146	
	Fortsetzung von 3.2			
4.6.1	Akanthus-Kartusche	(1702/07)		50
4.6.2.1	Rahmen-Kartusche	1728		

Nr.	Ausgabe		Jahr	Seite	Abb.
4.6.2.2	Teschener Friede		(1779)	148	
4.6.3	GÜSSEFELD		1803		
			1805		
4.7	REICHELT			149	
	Le Theatre de la Guerre		1703		
4.8	NOLIN			150	
	Cercle de Bavière		[1735]		
			(1742)		
4.9	VALK, SCHENK			152	
	Fortsetzung von 2.3				
4.9.1	Circulus Bavaricus		[1706/1714]		
4.9.2	Ober- und Niederbayern, 3 Putti		[1735]		
4.9.3	Imperii Circulus Bavaria, 2 Putti		[1740]		51
4.10	ZÜRNER			153	
	Teutschlandes bayerischer Creiss				
	WEIGEL		1723		
			1733		
			1780		
	NIDERNDORFF		1739		
4.11	SEUTTER			154	
	Fortsetzung von 3.3				
4.11.1	Kurfürstenkarte		[1726/30]		
	ROTH-Atlas		1730		
4.11.2	Kaiserkarte		(nach 1742)		
4.12	VAN DER AA			156	
	Cercle de Bavière		1729		
4.13	DESING			156	
	Hauptkarte Bavaria		1733		52
			1741, 1746		
4.14	LE ROUGE			158	53
	Fortsetzung von 3.8				
	Donaulauf mit Stadtplänen		1742		54
4.15	HAUPT			158	
	Großblatt Bavariæ Circulus		[1735]		55
			(1742)		
4.16	DELISLE			160	

Nr.	Ausgabe		Jahr	Seite	Abb.
	COVENS & MORTIER		1745	160	
	TIRION		[1740/1784]		
4.17	SCHREIBER			162	
	Fortsetzung von 3.6				
	Der Bayerische Creis		[1745]		
4.18	ROBERT, DE VAUGONDY			164	164
4.18.1	Groß-Oktav		1748		56
			1754/74		
			nach 1789		
4.18.2	Folio		1751		
4.18.3	SANTINI		1778		
4.18.4	Bavière et d'Autriche				
4.18.4.1			1778/84		
4.18.4.2			1795/96		
4.18.4.3			(1817)		
4.19	SILBEREISEN			167	
	Circulus Bavariæ		1757		
4.20	FRANZ			167	
	Vier Toponyme		1758		
			1780/81		
4.21	LOBECK, LOTTER			168	
	Fortsetzung von 3.4				
	Taschenatlas		1762		57
4.22	COURTALON-DELAISTRE			169	
	Carte du Cercle de Bavière		1774		
	MENTELLE, CHANLAIRE		1798		
4.23	ZATTA			170	
4.23.1	Mit Senats-Privileg		1779		58
	Ohne Senats-Privileg		1800		
4.23.2	Friede von Teschen		1779		
4.24	BONNE			172	
	Cercle de Bavière		1787		
4.25	JAEGER			173	
	Großer Atlas von Deutschland		1789		59
4.26	CHAUCHARD			175	
4.26.1	DEZAUCHE		[1790]		
4.26.2	STOCKDALE		1800		

Kartenregister

Nr.	Ausgabe	Jahr	Seite	Abb.
4.27	CARLI		176	
	Circolo di Baviera	1790		60
4.28	ELWE		177	
	Kaartje van Beyerland	1791		
4.29	REILLY		177	
	Fortsetzung von 3.10			
	Der Bayerische Kreis	[1792]		
4.30	PROBST		177	
	Fortsetzung von 3.9			
4.30.1	Der Bayerische Creis	(1794)		
4.30.2	Charte des Bayer. Kreises	1805		
4.31	WILKINSON		178	
	The Circle of Bavaria	1794		61
	Fortsetzung: 5.4			
4.32	WALCH		180	
	Der ganze Bayrische Kreis	1796		
	Fortsetzung: 5.9			
4.33	Landes-Industrie-Comptoir		180	
	Geographisches Institut Weimar			
4.33.1	GÜSSEFELD	1796		
4.33.2	SCHMIDBURG	1802		
		1804		
		1806		
	Fortsetzung: 5.5			
4.34	MELCHINGER		182	
	Der Bayersche Kreis	(1797)		
4.35	CASSINI, GIOVANNI		182	
	L'elettorato di Baviera	1797		
4.36	CARY		183	
	A New Map	1799		
		1811		
	Fortsetzung: 5.15			
4.37	SOTZMANN		183	
	Der Bayersche Kreis	[1800]		
4.38	BORGHI		184	
	Rückblick auf 1790	1817		62

5 Die Jahre des Wechsels: 1803–1816

Nr.	Ausgabe	Jahr	Seite	Abb.
5.1	HOMÄNNISCHE ERBEN, DIEWALD		188	
5.1.1	Churfürstentum	1803		63
5.1.2	Herzogthum	1806		
	Fortsetzung: 6.8			
5.2	Kunst- und Industrie-Comptoir, KIPFERLING			
5.2.1	Kurfürstentum	1803	190	64
5.2.2	Post-Karte zu KRUSIUS' Lexikon	1803		65
		1804	192	
		1808		
5.2.3	Königreich Bayern	1807		
		1809, 1813		
	Fortsetzung: 6.5			
5.3	WINKELHOFER		193	
5.3.1	Kurfürstentum	1805		
5.3.1.1	Ohne Kurmantel			
5.3.1.2	Mit Kurmantel			66
5.3.1.3	Mit Kurmantel und Diözesangrenzen			
5.3.2	Das ehemalige Fürstenthum	1811		
	Fortsetzung: 6.2			
5.4	WILKINSON		196	67
	Fortsetzung von 4.31			
	SMITH: Bavaria	1806		
	Neuauflage	1812		
5.5	Geographisches Institut Weimar		196	
	Fortsetzung von 4.33			
5.5.1	Charte von Teutschland	1807/13	198	
	Auszüge aus der	1813		
	Atlas von Niederösterreich			
	Atlas von Bayern			
5.5.2	SCHMIDBURG, GÖTZE:		199	
	Interims-Charte	1807		
5.5.3	GÜSSEFELD	1808	199	68
		1811		
5.5.4	ANONYM:		200	
	Bayern 1810	1811		
	Neuauflage	1812		
	Prager Ausgabe	1813		
	Fortsetzung: 6.7			

Nr.	Ausgabe	Jahr	Seite	Abb.
5.6	Cosmographisches Bureau		202	
	LIECHTENSTERN, ZUCCHERI			
	Salzburg mit Nachbarn	1807		
	Sect. 43 in Sonderausgaben	1808/10		69
	Private Zusammenstellungen			
5.7	ANONYM und ARTARIA		205	
	Post-Karte, Taschenatlas	1807		
	Fortsetzung: 6.10			
5.8	MANNERT		205	
	Österreich	1807		70
	Fortsetzung: 6.17			
5.9	WALCH		206	
	Fortsetzung von 4.32			
5.9.1	Königreich Baiern	1808		
5.9.2	Neuauflage	1810		
5.10	MOLLO		206	
5.10.1	Herzogthum Salzburg	1808		71
		1809		
5.10.2	DIRWALD(T): Baiern, Großformat			
		1813		
5.10.3	DIRWALD(T): Baiern, Handatlas			
		(1813)		
	Fortsetzung: 6.4			
5.11	SOTZMANN		210	
	Baierische Monarchie	1810		
	Wiener Friede	1811		
	Fortsetzung: 6.3			
5.12	COULON		211	
5.12.1	Post-Karte	1810		
		1812		
5.12.2	Baiern 1812			
5.12.2.1	mit Landschaft			72
5.12.2.2	ohne Landschaft			
5.13	General-Quartiermeister-Stab		212	
	Zweite Landesaufnahme			
5.13.1	Specialkarte 1:144.000	1810		73
		(1813)		
5.13.2	Generalkarte 1:288.000	(1813)	218	74

Nr.	Ausgabe	Jahr	Seite	Abb.
	Sonderdruck mit Widmung	1814	218	75
		[1814]		
	Fortsetzung: 6.6			
5.14	JIRASEK		219	
	Salzburg und Berchtesgaden	(1812)		76
	Fortsetzung: 6.12			
5.15	CARY		219	
	Fortsetzung von 4.36			
	Bavaria	1813, 1819		
5.16	Schulbücher-Verschleiß		221	
	Baiern	(1813)		
	Fortsetzung: 6.1			

6 Salzburg als Kreis Oberösterreichs

Nr.	Ausgabe	Jahr	Seite	Abb.
6.1	Schulbücher-Verschleiß-Administration		222	
	Fortsetzung von 5.16			
6.1.1	Österreich	[nach 1815]		
6.1.2	BILLER: Österreich	(1828)		
6.1.3	Erzherzogthum Österreich	1840		
		(1843)		
		(1845)		
6.1.4	MARIENI: Austria	(1833)	223	77
	Fortsetzung: 7.16			
6.2	WINKELHOFER		226	
	Fortsetzung von 5.3			
	Das Fürstenthum Salzburg	1816		78
	revid. von DIEWALD	1824		
		1828		
6.3	SOTZMANN		226	
	Fortsetzung von 5.11			
	Die Baierische Monarchie	1816		
6.4	MOLLO: DIRWALDTscher Atlas		227	
	Fortsetzung von 5.10			
6.4.1	Herzogtum Salzburg	(1813), 1816		79
		1818		
6.4.2	Österreich ob u. unter der Enns	1824		
		[1835]		

Kartenregister

Nr.	Ausgabe	Jahr	Seite	Abb.
6.4.3	Karte von Oesterreich	1832	229	
6.4.4	SCHMIDTFELDT			
6.4.4.1	Taschenatlas	(1831)		
6.4.4.2	Karte von Oesterreich	1834		
6.5	KIPFERLING		230	
	Fortsetzung von 5.2			
	Charte von Salzburg	(1816), 1817		
6.6	General-Quartiermeister-Stab		230	
	Fortsetzung von 5.13.2			
	General-Karte 1:288.000	(1818)		
		[1820]		
		(1835)		
		[1853]		
6.7	Geographisches Institut Weimar, WEILAND			
	Fortsetzung von 5.5			
	Erzherzogthum Oesterreich	1818, 1820, 1822, 1825	231	
		1831, 1843, 1844, 1848, 1850		80
	Fortsetzung: 7.15			
6.8	DIEWALD		232	
	Fortsetzung von 5.1			
6.8.1	Herzogtum Salzburg, Neue Ausgabe	1819		
	Offizin HAFNER			
6.8.2	Salzburger Kreis	1832	234	
6.8.3		1834		
6.8.4	Oberösterreich und Salzburg	1834		
6.9	ROSSARI		235	
	Arciducato d'Austria	1822		
		1824		
6.10	ARTARIA & CO.		235	
	Fortsetzung von 5.7			
6.10.1	Kleine FRIED-Karte	1824	236	81
		1832		
		1839		
		1848		
6.10.2	Große FRIED-Karte	(1832)	236	
		[vor 1837?]		
		1848		

Nr.	Ausgabe	Jahr	Seite	Abb.
6.10.3	SCHULZ: Straßen-Gebirgskarte	1842	238	
	BILLER	1845		82
6.10.4	Karte zur Reise durch Salzburg		240	
		[1845], 1846		
	Fortsetzung: 7.5			
6.11	SCHLIEBEN, GÖSCHEN		240	
	Salzachkreis und Judenburg	1828		83
6.12	Kreiskarte nach JIRASEK		242	
	Fortsetzung von 5.14			
	Kreiskarte	[1830]		84
6.13	HERDERsche Verlagshandlung, WOERL		242	
6.13.1	1:500.000	1830–1839		85
6.13.2	1:200.000	1831–1838		
6.13.3	1:1,500.000	(1837)		
6.14	SCHADEN, Reisekarten		247	
6.14.1	ohne Ansichten	1833		
	Kleine Reisekarte	1846		
6.14.2	mit 18 Ansichten	1833		86
		1836		
6.14.3	HARTWIG: Große Reisekarte		250	
		1842/46		
6.15	STREIT		251	
	NATORFF: Oestreich	1834		
6.16	SCHÖNBERG		252	
	LIECHTENSTERN; HOHLGARTT	1834		
6.17	MANNERT		252	
	Fortsetzung von 5.8			
	Erzherzogthum Oesterreich	1835		
6.18	ORLITSEK, Spezial-Karte		252	87
6.18.1	VESCO	1836		
6.18.2	SCHÖN vorm. VESCO	1836		
6.19	RENNER		254	
	Charte des Salzburger Viertels	1836		
6.20	Bibliographisches Institut, RENNER, RADEFELD			
6.20.1	Oktav-Karte im „Pfennig-Atlas"	1838	255	
6.20.2	Lexikon-Format	1838		88
	„Conversations-Lexikon"	1848		
	Karte im „Zeitungsatlas"	1849		

Nr.	Ausgabe	Jahr	Seite	Abb.
6.20.3	Neueste Karte	1843	258	
	Fortsetzung: 7.6			
6.21	MAYR		258	
	Spezielle Reisekarte	1839		89
	PALM	1847		
	Fortsetzung: 7.7			
6.22	BERRA		262	
	Herzogthum Salzburg	1840		90
	Fortsetzung: 7.9			
6.23	FLEMMING, THEINERT		262	
	Dr. Karl SOHRs Handatlas	1840/44		91
		1849		
	Fortsetzung: 7.1			
6.24	MÜLLER		263	
	Das pittoreske Österreich	1841		
6.25	RAFFELSPERGER		265	
6.25.1	Österreich mit Salzburg			
	1. mit BERMANN	1841		92
	Französische Ausgabe			
	1. ohne BERMANN			
	Italienische Ausgabe			
	2. Auflage	1842		
	3. Auflage	1843		
	4. Auflage	(1844/45)		
	5. Auflage	1846		
	6. Auflage	(1847/49)		
	Fortsetzung: 7.2			
6.25.2	Übersichtskarte … mit Salzburg		267	
		1842		93
6.26	HALLER		269	
6.26.1	Herzogthum Salzburg	[1845]		
6.26.2	Das pitoreske Herzogthum	[1848]		94
	Fortsetzung: 7.13			

7 Salzburg als eigenes Kronland

Nr.	Ausgabe	Jahr	Seite	Abb.
7.1	DR. KARL SOHRs Handatlas		271	
	Fortsetzung von 6.23			
	„Erzherzogthum Oesterreich"	1850	271	
	Die Kronländer… und Salzburg			
		1853, 1856		
		1857, 1859		
		1859, 1860		
7.2	RAFFELSPERGER		272	
	Fortsetzung von 6.25			
	7. Auflage	1850		
	8. Auflage	1850		
	9. Auflage	1851		
	10. Auflage	1851		
	11. Auflage	1852		
	12. Auflage	1852		
	13. Auflage	[1855]		
	14. Auflage	[1856?]		
	15. Auflage	[1858?]		
7.3.	PERTHES' geographische Anstalt,		274	
	STIELER: Handatlas			
7.3.1	Österreich … und Salzburg	1850		95
7.3.2	BERGHAUS	1855		
		1864		96
7.3.3	Österreich	1867		
7.4	BERMANN		278	
7.4.1	Kronländer-Karte	1850		97
7.4.2	Spezial- und Post-Karte	1854		
7.5	ARTARIA		278	
	Fortsetzung von 6.10			
7.5.1	Österreich und Salzburg	1851		
		1855		
		1859		
		1864		
7.5.2	FRIED: Generalkarte	1851	280	
		1855/1859/1864		
7.5.3	SCHULZ-Karten	1851	282	
	Herzogthum Salzburg	1853		
7.5.4	Hypsometrische Alpenkarte	1865		98
7.5.5	STEINHAUSER: Schulatlas	1865/69	283	
7.5.6	Wandkarte	1866		
7.5.6.1	Druck in Einzelblättern	1866		
7.5.6.2	Zusammendruck in Einband	1866/67		

Kartenregister

Nr.	Ausgabe	Jahr	Seite	Abb.
7.6	Bibliographisches Institut		284	
	Fortsetzung von 6.20			
7.6.1	Neuester Zeitungsatlas	1853		
		1859		
7.6.2	Herzogthum Salzburg			99
7.7	MAYR		286	
	Fortsetzung von 6.21			
7.7.1	Spezielle Reisekarte	1853		
		[1862]		
		1863		
7.7.2	Reise- und Gebirgskarte	1854		
7.8	PFEIFFER		287	
	„… zur Reise durch Salzburg"	1855		100
		[1860], 1861, 1862		
		[1866]		
7.9	BERRA		289	
	Fortsetzung von 6.22			
	Die Kronländer …	1855		
7.10	MÜLLER		290	
	Reise- und Gebirgskarte	[1855]		101
7.11	SCHEDA		290	
	General-Karte	1856		102
7.12	BOSE		293	
	Herzogthum Salzburg	1856		
7.13	STORCH		293	
	Fortsetzung von 6.26			
	Post- und Reisekarte	1857		
7.14	SCHUBERT		294	
	Schulatlas	1857		
7.15	Geographisches Institut Weimar		294	
	GRÄF, KIEPERT			
	Fortsetzung von 6.7			
	Nieder- und Ober-Österreich mit Salzburg			
		(1857)		
		1861 Revidirt		
	Österreichische Schulausgabe	1864		
7.16	K.k. Schulbücher-Verlag		295	
	Fortsetzung von 6.1			

Nr.	Ausgabe	Jahr	Seite	Abb.
7.16.1	Hypsometrische Karte	1859	295	
7.16.2	… und Herzogthum Salzburg	(1863)		
7.17	MASCHEK		296	
	Topographischer Alpen-Führer	1860		103
7.18	BROMME		297	
	Österreich und Salzburg	1862		104
7.19	MEY & WIDMAYER		298	
	Routen-Kärtchen	1864		
7.20	STEIN: Österreich …	1865	298	
	a) Topograph. Schulkarte			
	b) Orohydrograph. Schulkarte			
8	**Thematische Karten**			
8.1	Geschichtskarten		300	
8.1.1	MONATH			
	Emigrationskarte	1732		105
8.1.2	SEUTTER			
	Geschichtskarte	[nach 1745]		106
	LOTTER: Neuauflage	[um 1760]		
8.1.3	ANONYM, GRASER		302	107
8.1.3.1	Beilagen zum Prozeß	1761		
8.1.3.2	um Halleiner Salzhandel	1761		
8.1.4	BERNOULLI		303	
	Das alte Salzburg	1783		
8.1.5	DALHAM		306	
	Kirchenprovinz	1788		108
8.1.6	TARDIEU		310	
	Campagne de 1800	(1822)		109
8.1.7	BUCHNER			
	Bayern zur Römerzeit	1831		110
8.1.8	KAISER			
	Kriegsschauplätze	[1850]		
8.2	Verkehrskarten		311	
8.2.1	KOHLBRENNER			
8.2.1.1	Große Mautkarte	1764		111
	Neue Auflage	1768		
8.2.1.2	Kleine Mautkarte	1764		
	Neue Auflage	1768		

Nr.	Ausgabe	Jahr	Seite	Abb.
8.2.2	DALHAM		314	
	Tab. Peutingeriana	1788		
8.2.3	MAYR			
	Neue Postkarte	1796		
8.2.4	PROBST		315	
	Neue Post-Karte	1797		
8.2.5	Gen.-Quartiermeister-Stab			
	Straßenkarte	(1827)		
8.2.6	WENIGER			
	Westbahnkarte	[1858]		112
8.2.7	Post-Direktion Linz		317	
	Cours- oder Influenz-Karten	1862/63		
8.2.8	Gen.-Stabs Bureau			
	Marschroutenkarte	1868		
8.3	Verwaltungs- und Gerichtskarten		318	
8.3.1	MARITH			113
	Kirchenprovinz	1675		114
8.3.2	ANONYM		320	
	Kreise und Landgerichte	1812		
8.3.3	SCHIELHABL			
	Kammeral-Gefällenkarte	1837		
8.3.4	WAITZMANN (HAFNER)		321	
	Postbezirks-Karte	[1845]		
8.3.5	HERZ			
	Finanzkarte	(1845)		
8.3.6	SOUVENT		322	
8.3.6.1	Übersicht zum Kataster	1839		
8.3.6.2	Gerichts- und Verw.-Bez.	1850		115
8.3.6.3	Neuauflage	1854		
8.3.6.4	Kataster-Übersichtskarte	1856		
8.3.7	ZIEGLER		323	
	Administrativ-Karte	1856		116
8.4	Karten des Naturbereiches		328	
8.4.1	RIEDL			
	Hydrographische Karte	1807		117
8.4.2	WOLFF			
	Höhenbestimmungen	1836		118
8.4.3	MORLOT		329	
	Geologische Übersichtskarte	1847		
8.4.4	KÖCHEL			
	Geologische Übersichtskarte	(1859)		119

Nr.	Ausgabe	Jahr	Seite	Abb.
8.4.5	FOETTERLE		332	
	Geologische Karte	1860		120
8.4.6	WOLDRICH			
	Bodenkarte	1867		121

9 Ausgewählte Karten mit Landesteilen

Nr.	Ausgabe	Jahr	Seite	Abb.
9.1	APIAN		334	
	Bairische Landtaflen			
9.1.1		1568		
9.1.2	WEINER: Kupferstich	(1578)		
9.1.3	Zusammendruck	19. Jh.		122
9.2	ORTELIUS		336	
9.2.1	Tipus Vindeliciae ...	1570		123
9.2.2	Bavariae, olim Vineliciae	1573		124
9.3	MERCATOR		336	
9.3.1	Bavaria Dvcatvs	1585		
9.3.2	ANONYM	(1606)		125
9.3.3	WALTER, BLAEU	[1634]		
9.4	FAISTENAUER		341	
	„Berchtolsgaden"	1628		126
9.5	FINCKH			
	Landtafel-Bearbeitungen		342	
		1663, 1671, 1684, 1766		
9.6	CANTELLI DA VIGNOLA		342	
	Circolo di Baviera	1687		
9.7	MORTIER		344	
	Le Comté de Tirol	1704		
9.8	DE FER		344	
9.8.1	Cercle de Baviere	1705		127
9.8.2	Le Cercle de Baviere	1734		
9.9	ANONYM		345	
	Chur-Baiern	[1710]		
9.10	KÖHLER, WEIGEL		345	
9.10.1	Circulus Bavariae	1719 (1718)		
9.10.2	Circvlvs Bavaricvs, Löwenkarte			
		[1718]		128

Kartenregister

Nr.	Ausgabe	Jahr	Seite	Abb.
9.11	BUNA		346	
	Blatt 9: Oberbayern	1745		*129*
9.12	COVENS & MORTIER		349	
	Le Cercle de Bavière	ohne Jahr		
9.13	MANNERT		349	
	Baiern auf zwei Blättern	1808, 1811, 1813, 1816		
9.14	SENEFELDER		350	
	Das Königreich Baiern	1808		
9.14.1	SCHRAMM			
9.14.2	SCHLEICH, SEITZ			
9.15	MAYR		351	
9.15.1	Karte zur Reise ...	[1825]		
9.15.2	Reise- und Gebirgs-Karte	1846 1847, 1850, 1853		

Nr.	Ausgabe	Jahr	Seite	Abb.
9.16	ANONYM		352	
	Land ob der Enns	[1840]		*130*
9.17	BAEDEKER Reise-Handbücher		352	
9.17.1	Salzkammergut	1847–1855		*131*
9.17.2	Salzburg und das Salzkammergut	1855–1865	354	
9.17.3	Karte mit Nordpfeil	1863–1867		
9.18	JOANNE		355	
	Le Tyrol et Salzburg	(1855)		
9.19	KEIL		355	
9.19.1	„Begleitkarten" zu Reliefs	[1863]		*132*
9.19.2	Reise- und Gebirgskarten	[1865]		*133*
9.20	ANONYM		358	
	Umgebung von Salzburg, Ischl, Gastein	[1865/66]		

* Die Seitenangaben beziehen sich auf den Text.
Im Register wurde die Schreibweise der Kartenbezeichnungen zum Teil vereinfacht.

Kartenmacher und Verlage

Das nachfolgende Register weist nur jene Personen, Firmen und Institutionen aus, die in den zehn Gruppen des Kartenkatalogs als Kartenmacher oder Veranlasser für Karten genannt werden. Autoren der zitierten Literatur und Kommentatoren etc. bleiben ebenso unberücksichtigt wie die im Vorwort, in der Einführung, in den Notizen zur Eisenbahngeschichte, im Literaturnachweis und in der Danksagung angeführte Namen. Unterschiedliche Schreibweisen sind in runden Klammern und/oder mit Anführung der wechselnden Buchstaben vermerkt, sofern sie keiner separaten Einordnung bedürfen. Wenn Vornamen nicht feststellbar waren, werden zu Erleichterung der Identifizierung nach einem Semikolon soweit möglich Beruf, Titel, aktueller Dienstgrad und ähnliches angegeben. Für die alphabetische Reihung ist der Familienname ohne Präfixe, Artikel und nicht mit dem Namen verbundene Präpositionen maßgeblich und zwar auch dann, wenn diese in einem anderen Sprachraum zum Namen gehören. Auf mehrteilige Familiennamen wird aber zusätzlich unter dem Präfix, Artikel oder der Präposition verwiesen.

A

Aa, Pieter van der 101, 102, 156
Adam, J., Stecher 296
Adelbulner (Adelburger), Johann Ernst 108, 152, 348
Aertsen → Arsenius
Agilolfinger, bayerisches Herzoggeschlecht 310
Aitsing(er) (Aitzinger) → Eitzing
Albe → Bacler d'Albe
Albrecht V., bayerischer Herzog 335
Albrecht, Igan(t)z 124, 127
Alexander I., russischer Zar 218, 219
Alt, Rudolf 251
Alt, W., Stecher 276
Amman, Astronom und Kartograph 181
Andrea, Johann Philipp 145
Anich, Peter 105
Anonym 200, 205, 285, 302, 305, 320, 321, 340, 342, 346, 353, 354, 360
Apian, Peter 28, 335
Apian, Philipp 27, 102, 173, 311, 335, 336, 338, 343, 348
Arameis → Ortelius
Arrivet, Zeichner und Stecher 166, 169
Arsenius, Ambrose und Ferdinand 31, 44, 51
Artaria, Carlo (Karl) 131, 235
Artaria, Domenico 131
Artaria, Francesco 235
Artaria & Co 131, 205, 206, 218, 228–231, 235–240, 255, 278, 280–284, 290, 296, 330, 353, 357
Artistisch-geographische Anstalt → Bibliographisches Institut
Atlas (mythologischer Himmelsträger) 73, 82, 83, 91, 92, 95, 98, 110, 139, 143, 146, 148, 156, 162, 202, 252
Aventin(-us), Johannes 27, 335, 338

B

Bachi(e)ne, Willem A. 121
Bäck, Elias, gen. Heldenmuth 158
Back, J. C., Stecher 348
Bacler d'Albe, Louis-Albert-Ghislain 131–133, 173
Baedeker, Karl 247, 258, 352, 353, 355, 356
Baisiez, Kupferstecher 165
Baldi, Gregor 240, 289
Balz, von, Hauptmann 216
Banca, Scipion 47
Baquoy, Ch., Stecher 165
Bartolus → Ortelius
Bauer, Robert 287
Baum, Johann Heinrich 302
Baumann, Hans 27, 33
Baumgarten, von, Hauptmann 216
Baur, C., Zeichner 298
Beck → Bäck
Becker, Matthias 49
Belasi → Johann Jakob Khuen von Belasi
Bennewitz → Apian
Berey, Amadeus de 149
Berghaus, Heinrich 263, 272, 276, 277, 333
Berghaus, Heinrich Carl Wilhelm 274
Berghaus, Hermann 274, 276, 278
Bergman, Hauptmann 216
Bermann, Joseph & Sohn 264, 266, 278, 279
Bernoulli, Johann (III.) 304, 306
Berra, Marco 231, 260, 262, 289
Bertius (Berts), Peter 48, 49, 100
Bertuch, Friedrich Johann Justin 180, 196, 198
Bibliographisches Institut 254–256, 258, 284, 286
Bieling, Johann Heinrich Gottfried 110
Bieling, Loren(t)z 154, 348
Bill, John 42
Biller, Bernhard d. Ä. 222, 223, 230, 238, 280
Biller, Dominik 240, 281
Blaeu, Cornelis 83, 85–87
Blaeu, Joan 83–89
Blaeu, Willem 42, 64, 66, 67, 80, 82–89, 100, 102, 342
Blondeau, Alexandre 133
Bodenehr, Gabriel 144, 167
Bodenehr, Georg Conrad 144, 145

Kartenmacher und Verlage

Bohn, J. C, Verleger 124
Bohnert, Fr., Stecher 246
Bonne, Rigobert und Sohn 172, 173
Bordiga, Beriedetto und Gaudenzio 131,133
Borghi, A. Bartolomeo 176, 184, 185
Born, Baron von, Oberleutnant 216
Bose, Hugo von 293
Boué, Geologe 330
Bowles, John 178
Brahe, Tycho 83
Brandeis → Senders & Brandeis
Braumüller, Wilhelm 330
Braune, Franz Anton von 269, 294
Bregna, Verleger 47
Breitkopf, Johann Gottlob Immanuel und Franz 168
Bremden, D. van, Kupferstecher 81
Bresciana, Compagnia 46
Brinck, Ernestus 95
Broenner, Heinrich Ludwig 348
Bromme, (Sinion) Traugott 297–299
Browne, Christopher 143
Brugger, A., Buchhändler 287
Bruhns, Carl Christian 295
Buache, Philippe, 142
Buchhandlung der Gelehrten 306
Buchner, Andreas 306, 309–311
Buna, Wilhelm C. 348–350
Bureau topographique, → General-Quartiermeisterstab, königl. bayer.
Büsching, Anton Friedrich 124, 127, 130
Bussemacher (Buxemacher), Johan(n) 54, 58–60

C

C. R. → Röder
Caesius → Bleau
Calcografia Camerale 182
Campe, Verlag 188
Cantelli da Vignola, Giacomo 343, 344
Carbonarius → Koler
Carli, Pazzini 176, 184
Cartwright, Samuel 94
Cary, John sen. 183, 219, 221
Cassini de, Thury, Cécar-François 134, 181
Cassini, Giovanni Maria 182
Cellarius, Daniel 61, 62
Celtis, Conrad 56, 58, 60–62, 70–72, 75, 76, 81, 86, 92, 93, 95, 98
Chanlaire, Pierre-Gabriel 170
Charles II., englischer König 83
Chauchard, Jean Baptiste Hippolyte 130, 131, 175, 176

Chorinsky, Gustav Ignaz Graf von 270
Christophorus, Johannes 56
Chrusius → Krusius
Civil-geographisches Institut 273
Claesz(oon), Nicolas Corneille, (Cornelis) 48, 49
Cloppenburg(h), Joannes van 96–99
Cnopf, Matthäus Ferdinand, Stadtgerichtsaktuar 311
Coerius → Keere
Coignet(us), Mich(a)el 44, 52, 53
Colloredo → Hieronymus Graf Colloredo
Colonna, Kardinal Federico 343
Compagnia Bresciana → Bresciana, Compagnia
Conde → Conty
Conder, T., Kupferstecher 178
Coninx, Arnold 46, 62
Conty, Louis François de 123
Cook, James 170
Cootes, T., Buchdrucker 94
Copernicus → Kopernikus
Cordier, Louis und R. 136, 139, 142
Corneille (Cornelis) → Claesz
Coronelli, Vincenzo 343
Cosmographische(s) Bureau, Gesellschaft, Institut 202
Coulon, Alois von 211–213, 320
Courtalon-Delaistre, Jean C. 169, 170
Covens & Mortier, Verlag 89, 137, 140, 143, 151, 160, 162, 350
Covens, Johannes (Jean) 139, 143, 160
Cremere → Mercator
Crusius → Krusius
Curti, Verleger 47
Czjzek, Geologe 330

D

Dalbe → Bacler d'Albe,
Dalham, Florian 306, 307, 314
Danckerts, Justus (Justinus) 143, 146
David, Kartograph 181
De Fer → Fer
De Hondt → Hondius
De Jode → Jode
De Long → Long
De Vaugondy → Robert
De Wit → Wit
Delacroix, Abbé 166
Delahaje (Delahaye, de la Haye) → Haye
Delaistre → Courtalon-Delaistre
Delamarche, Charles-François 164–167
Delisle, Guillaume 119, 142, 160, 162

Delius, Hermann 327
Desbruslins fils 169
Desing, Anselin 156, 157
Deutecum, Joannes und Lucas 61
Dezauche, I. A., Verleger 142, 160, 175
Diesbach, Verleger 202
Diest, Gielis (Gillis) van 36, 37
Diesth, Ägidius Coppenius 33, 35
Diewald, Johann Nepomuk 186, 188, 208, 226, 232, 234, 322
Dirnböck, J., Verleger 294
Dirwald(t), Joseph 188, 208, 210, 228, 229
Doglioni, Giovanni Nicolo 47
Dro(o)genham, Gerrit 138
Dück(h)er von Has(s)lau, Franz 64, 102–104, 319
Dufour, A. H., Kartograph 356
Dumas, Mathieu 310
Dussy, E., Kupferstecher 166

E
Ebersberger, Johann Georg 110
Eichhof → Eichovius
Eichler jun., G, Zeichner 168
Eichovius (Eickhovius), Cyprianus 55–57
Eitner, F., Siecher 272
Eitzing, Michael von 54, 55
Elwe, Jan Barent 121, 177
Emil** → Trimmel
Ernst von Bayern, Erwählter (Erzbischof) 30, 33, 58
Etzlaub, Erhard 30
Eugen von Savoyen, Prinz 84, 88
Eytzing(er) → Eitzing

F
F. S. 208
Faber, Leopold 127, 128
Faber, Samuel 167
Faistenauer, Johann 304, 341–343
Fallon, Ludwig August 235
Favolius, Hugo 46
Fembo, Georg Christoph Franz 107, 110, 188, 232, 252, 350, 351
Fer, Antoine und Nicolas de 100, 101, 344–346
Ferdinand I., österreichischer Kaiser 223
Ferdinand I., römischer Kaiser 30
Ferdinand III., Kurfürst von Salzburg 186, 193
Finckh, Georg Philipp, Vater und Sohn 173, 343
Fink, Vinzenz 353
Finsterlin, Verlag 286
Firmian → Leopold Anton

Fischbach, Johann 264
Flamsteed, John 244
Fleischmann, E. A. 250
Flemming, Carl 261–263, 272
Foetterle, Franz 333
Fortin, Jean Baptiste 164-166
Franz Anton Fürst Harrach, Erzbischof 105, 108–111, 115, 146
Franz I., röm.-deutscher Kaiser 111
Franz II. (I.), röm.-deutscher (österreichischer) Kaiser 178, 212
Franz, G. C., Verleger 350
Franz, Johann Michael 110, 167, 168
Fried, Franz 229, 235–238, 244, 255, 278, 280, 353
Friedrich III. von Brandenburg, Kurfürst 99
Friedrich VI., dänischer König 219
Friedrich Wilhelm I., preußischer König 300
Fürstaller, Joseph Jakob 105

G
Galle(us), Philip(pe) 43–46, 50, 53
Gandensis → Radeus
Garnière, Pierre 137
Gaspari, Adam Christian 181
Gastel, Johann 157
General-Quartiermeisterstab, königl.-bayer. 258
General-Quartiermeisterstab, kaiserl.-österr., 186, 199, 212, 214–216, 218, 219, 226, 230, 231, 290, 315, 317
Generalstabs-Bureau 317, 318
Geographische (Gravir-) Anstalt → Bibliographisches Institut
Geographische Anstalt → Perthes, Justus, Verlag
Geographische Kunstschule Potsdam 272
Geographisches Institut Weimar 180, 181, 196, 198–200, 202, 231, 232, 235, 251, 294, 295
Geologische Reichsanstalt 330, 333
Gérin sen., Stecher 356
Gerold('s Sohn), Carl 192, 322, 333
Gesellschaft Gelehrter und Künstler 264
Gesellschaft, Hg. 205
Geyer, V., Stecher 295
Ghelen, Johann Peter von 155
Glas, Gustav 287, 352
Glaser (Graser?), Kupferstecher 302, 304
Gleisner, Fr., Steindrucker 351, 352
Glonner, Max, Verleger 290, 360
Gobert, Martin 100
Goos, Ahraham
Goring, Colonell 73
Göschen, Georg Joachim 240, 242
Götze, August Ferdinand 199

Kartenmacher und Verlage

Gräf, Carl und Adolf 294, 295
Gregorii, Johann Gottfried 152
Grenet, Abbé 172, 173
Grophius, Martin Gottfried 112
Grubert, Julius 286
Grundig, C. Ed., Lithograph 278
Guetrather, Odilo von 104–108, 115, 117, 158, 162, 300
Guidobald Graf von Thun und Hohenstein, Erzbischof 102
Gümbel, C. W., Geologe 333
Günther, Verlag 262
Güssefeld, Franz Ludwig 149, 180, 181, 199–201
Guthrie, Wilhelm (William) 183, 184
Gutwein, Johann Balthasar 115, 117
Guyot, Christoffle 49

H

Haan, Melchior 318
Hachette, Louis Christophe 356, 357
Hafner, Joseph 188, 232, 234, 322
Haidinger, Wilhelm 330
Haller, Ignaz 269, 270, 293
Haller, Johann und Georg 269, 278
Handtke, Friedrich 263, 271
Hansiz, Markus 115, 116
Happach, Martin 117
Harrach → Franz Anton
Hartwig, Theodor 248, 250, 251
Haupt, Gottfried Jacob 158, 160, 161
Hauslab, Franz von 281, 283
Haye, Jean de la 49
Heinrich III., französischer König 121
Heldenmuth → Bäck
Hellfahrth, C., Buchdrucker 333
Hem, Laurens van der 84, 88
Hennigs, C., Steindrucker 269
Hennin, Pietro, Conte di Povssvu 46
Herder, Bartholomä 198, 242, 244, 246, 247
Herdersche Verlagshandlung 242, 244, 246, 247
Herkules (Herakles), mythologischer Halbgott und Heros 146
Hermann, W., Grenzwachkommandant 327
Herz von Rodenau, Johann Jakob 322
Heuß, Philipp 30
Hexham, Henry 73
Heyns, M. Peter 43–45
Heyns, Zacharias 45
Hieronymus Graf Colloredo, Erzbischof 105, 127, 306
Höfelich, Johann 278
Hofdruckerei, k.k., Mailand → Militärgeographisches Institut

Hoffer, Andreas 148
Hoffler, Wolfgang 318
Hoffmann → Krais & Hoffmann
Hogenberg, Frans 31, 33, 36, 54, 55
Hohenheim → Paracelsus
Holst, Christian 157
Homann, Johann Baptist 105–112, 117, 123, 124, 134, 143, 146–149, 154, 158, 160, 162, 168, 180, 232, 300
Homännische, Erben 107, 110, 148, 149, 168, 188, 200, 205, 232, 311, 350
Hondius, Henricus 64, 70–73, 75, 78
Hondius, Jodocus 41, 51, 64, 65, 67, 68, 70–76, 78, 82, 83, 92, 93, 95, 96, 98, 342
Hondius Jodocus d. J. 64, 70
Horaz, Quintus H. Flaccus 242
Hortel → Ortelius
Hübner, Lorenz, 127, 130
Hübner, Johann(es) 107, 111
Hueber, Blasius 105
Hulsius, Levine (Levinus) 53
Humboldt, Alexander von 181, 297, 327
Hunger, Heinrich 293

I

Industrie(-) Comptoir → Geographisches Institut Weimar
Ianssonius → Janssonius
Ioannis, Joannes 49
Ionson (Iohn) → Janssonius
Irase(c)k → Jirasek
Isle → Delisle
Istituto geografico militare 235
Itinerarium Antonini → Tabula Peutingeriana

J

Jaeger, Johann Wilhelm Abraham 173–175
Jaillot, Alexis-Hubert 89, 136, 137, 138, 140, 145, 158, 160, 350
Janssen (Jansz.), Willem → Blaeu
Janssonius (Jansz., Janczoon), Joannes 64, 65, 67, 68, 71, 72, 76–84, 89, 91, 98, 100, 142, 143, 156, 342
Janssonius van Waesberg(h)en, Joannes 83, 98
Jaquet, George 310, 311
Jirasek, Franz Anton 105, 219, 220, 242, 243
Joanne, Adolphe Laurent, und Sohn 356
Jode, Cornelis de, 60-62
Jode, Gerard de 60–62, 102, 306
Johann Ernst Graf von Thun und Hohenstein, Erzbischof 105
Johann Jakob Khuen von Belasi, Erzbischof 61
Johnson → Janssonius

Jordan, Christoph 27, 28
Judaeis (Juddaeus) → Jode
Jungmann, C., Stecher 276

K
Kaerius → Keere
Kaiser, Joseph Franz 311
Kaliwoda, Leopold Johann 156
Kampensus, Godefridus 55
Karl Albrecht, bayerischer Kurfürst, Kaiser Karl VII. 154, 155, 160
Karl V., römisch-deutscher Kaiser 30
Karl VI., römisch-deutscher Kaiser 110, 111, 148
Karl, Landgraf von Hessen-Kassel 99
Karl, österreichischer Erzherzog 186, 212, 330
Karsch, Gerhard J. 144
Kastner, Druckerei 242
Katzenberger, Christoph 30
Kauffer, Michael 346, 348
Kautezky, C. E. 290
Keerbergen, Johannes 44, 51, 52
Keere, Pieter van den 64, 91, 96–99
Keil, Franz 357, 359, 360
Keizer (Keyser), Jakob 119, 121
Khuen von Belasi → Johann Jakob
Kiepert, Heinrich und Richard 295
Kilian, Georg Christoph 119, 167
Kindermann, Joseph Karl 10
Kipferling, Karl Joseph 131, 189–192, 230, 311
Klauber, Kupferstecher 306, 314
Kleinknecht, L. V. 255, 256, 258
Kleyer, Jacobus Christoph 154
Kneisel, August 254
Knosp, Jos. Michael 314
Köchel, Ludwig Ritter von 330, 331, 333
Kohl →Wagner & Kohl
Kohlbrenner, Johann Franz Seraph von 311–313, 315
Köhler, Johann David 152, 346, 348
Köke, Friedrich 281, 283, 284, 296, 298, 360
Koler (Köler), Johann 31, 36, 37
Köler → Koler
Kolowrat Liebsteinsky, Franz Anton Graf von 322
Krais & Hoffmann 298
Kränzl, N., lithographische Anstalt 333, 357
Kreiner → Mercator
Kretz, W., Schriftenstecher 295
Kronprinzenwerk 263
Krusius, Christian 190–192
Kuenburg → Max Gandolf

Kuffner, P., Kupferstecher 314
Kühn, Ignaz 205
Kühnen, Georg Wilhelm 145
Kunst- und Industrie-Comptoir 190, 192, 230
Kunstdruckerei, Erste k.k. a. p. → Raffelsperger
Kurka, Kupferstecher 238
Küsell, Melchior 318, 320

L
l'Isle → Delisle
Lamarche → Delamarche
Lambert, Andreas 60
Landes-Industrie-Comptoir → Geographisches Institut Weimar
Landwirthschafts-Gesellschaft zu Salzburg 281
Lang → Matthäus Lang
Langenes, Barent 48, 49
Langeveld, D. M. 121, 177
Langevin, Schriftenstecher 356
Langlechner, Franz Anton 186, 214
Lat, Jan de 119, 121
Lavrentz → Lorentz
Lazius, Wolfgang 36, 190
Le Rouge (Lerouge), George Louis 121–123, 158, 159
Lechner, Rudolf 296
Leon(h)ard, Jean 150
Leopold Anton Eleutherius von Firmian, Erzbischof 117
Leopold I., römisch-deutscher Kaiser 81
Leti, Gregorius 98, 99
Leykum, Alois (Leykum's Witwe) 263, 360
Leyszer, Kornelius 247
Liechtenstern, Joseph Marx von 202, 204, 205, 252
Lindauer(sche), Joseph, Buchhandlung 212, 247, 248, 250, 251
Lindauer(sche), Michael, Verlagsbuchhandlung 311
List, Joseph 204, 205
Literarisch-artistische Anstalt 352
Lobeck, Tobias 168, 169
Lochner & Mayer, Buchdrucker 154
Lodron → Paris
Loeffler, J. Georg 212, 327
Loew, Conrad 55, 56
Long, Isaac de 119
Lorentz (Lavrentz), Heinrich (Henry) 49
Lotter, Tobias Conrad 111, 112, 115, 123, 134, 167–169, 180, 302, 312
Lovisa, Domenico 47, 48
Ludwig I., bayerischer (Kronprinz) König 230
Ludwig Victor, österreichischer Erzherzog 360
Ludwig XI., französischer König 123
Ludwig XIV., französischer König 137

Ludwig XV., französischer König 121, 164
Ludwig, bayerischer Herzog 302

M

Macquet, Schriftenstecher 173
Maison-neuve 164
Manetinski, Oberleutnant 216
Mannert, Conrad 184, 205, 206, 252, 350
Mantelli, Girolamo 133
Mappierungszimmer, stube, -bureau 105, 186, 219
Marie-Antoinette, französische Königin 169
Marieni, Giovanni 223, 224, 226
Mariette, Pierre 136
Marith, Rupert 64, 104, 134, 318–320
Martini, Emil 352
Maschek, Rudolf sen. 296, 297
Matal(us), Jean → Metellus
Matthäus Lang von Wellenburg, Erzbischof 302
Max Gandolph von Kuenburg, Erzbischof 318–320
Max(imilian) II. Emanuel, bayerischer Kurfürst 343
Max(imilian) II. Joseph, bayerischer König 310
Max(imilian) III., bayerischer König
Max(imilian) IV. (I.) Joseph, bayerischer Kurfürst, König 105, 211, 350
Maximilian I., bayerischer Kurfürst 342
Mayr, Georg 258, 259, 262, 286, 287, 314, 352, 353
Mayr, Johann 314, 315
Mayr, Johann Baptist 104, 320
Mayr, Wilhelm 248
Mayr'sche Hof- und Universitäts-Buchhandlung, Johann Joseph 107, 130, 193, 269, 281, 294, 304
Mederer, von, Hauptmann 216
Melchinger, Johann Wolfgang 182
Melissantes → Gregorii
Mentelle, Edme 170
Mercator, Gerhard 31, 32, 35, 41, 42, 44, 51, 64, 65, 67–80, 82–85, 89–99, 102, 107, 134, 136, 144, 151, 156, 338, 340, 342, 346
Mercator, Rumold 64
Merian, Matthäus 27, 99, 142, 156, 342
Messerer, Otto 352
Metellus, Johannes 55, 56
Mey & Widmayer, Verlag 286, 298
Meyer, Joseph 254–256, 258, 284, 286
Mezger, Joseph, Franz und Paul 319, 320
Michel, Ch., Kartograph 286
Militärgeographisches Institut 214, 216, 223, 296
Minsinger, Johann 251
Moll, Karl Maria Ehrenbert von 105, 306
Mollo, Florian und Söhne 230

Mollo, Tranquillo 206, 208–210, 227–230
Monath, Georg Peter 110
Monath, Peter Conrad 300–302
Moret(us), Balthasar d. Ä. 42
Moret(us), Jo(h)annes (Jan) 40, 42, 61
Morlot, Karl Adolph von 238, 330
Mortier, Cornelis 143, 160, 162
Mortier, Pieter (Pierre) 137–140, 143, 344
Mortier, Verlag → Covens & Mortier
Moullart-Sanson, Pierre 136
Mozart, Wolfgang Amadeus 252, 270, 330
Müller, Andreas 216, 276
Müller, Heinrich Friedrich 263, 264
Müller, Johann Ulrich 144, 145
Müller, Guido 32, 67, 320
Müller, Otto 290, 291
Müllersche Buchhandlung 254
Münsingers lithographische Anstalt 298
Münster, Sebastian 69, 72
Murray, Reiseführerautor 240

N

Nagel, Heinrich 54, 58, 59
Napoleon I., (General Bonaparte) Kaiser der Franzosen 131, 133, 172, 182
Natorff, W. & Comp. 251
Naumann, Franz Heinrich von 193
Neele, Samuel J. 176
Nicolai (Nicolas) Corneille → Claesz
Nicolson, William 83
Niderndorff, Heinrich 154
Nolin, Jean-Baptiste und J.-B.-François 150
Norton, John 42, 51
Novelli, P. A., Stecher 172

O

Oberer, Josef 252, 269
Oertel (Örtel) → Ortelius
Oger, J., Schriftenstecher 165
Orlits(ch)ek, Franz 252–254
Ortelius, Abraham 27, 31–48, 50–53, 55, 58, 60, 64, 67, 306, 337–339
Ortels → Ortelius
Ortenburg, Sammlung Graf 30
Ottens, Josua und Reinier 110, 138, 139

P

Palm, Johann Philipp 262, 286, 353
Palm'sche Hofbuchhandlung → Palm
Paracelsus = Theophrastus Bombastus von Hohenheim 76, 86

Paris Graf von Lodron, Erzbischof 27, 28, 115, 289, 343
Partsch, Paul 330
Passe, Crispin de 56
Paulet, Giovanni 46
Penningh, H. J., Kartograph, Stecher 183
Pereth (Perret), Johann Friedrich 318, 320
Perles, Moritz 294
Perrier, Kupferstecher 173
Perthes' Geographische Anstalt (Verlag) → Perthes
Perthes, Johann Georg Justus, Wilhelm und Bernhardt Wilhelm 258, 274, 275, 276, 278, 333
Petermann, August 274, 276
Peutingersche Tafel → Tabula Peutingeriana
Pfeiffer, J. Baptist 287, 289
Pickel → Celtis
Pietra Santa, Gasparo 344
Pigafetta, Filippo 42
Pighius, Stephan Vinandus 31, 35, 40, 70, 72, 73, 75, 76, 78, 80–82, 84, 87, 88
Pillwein, Benedikt 106, 188, 242, 269, 319
Pischel, F., Buchdrucker 323
Pitt, Moses 80, 83, 91
Pitteri, G., Schriftenstecher 170, 172
Plantijn (Plantinus), Christopher (Christoffel) 32, 35, 37, 38, 42, 45, 46, 51, 52, 61
Plantiniana, Emprenta, Libraria, Officina, Iniprimerie Plantinienne 35, 40–42, 46, 50, 52, 53
Platt, Albrecht 254
Pöhlmann, Carl 254
Ponheimer, Kilian 130, 216
Popeliniere, de la 93, 95
Pörnbacher, Josef 357
Post-Direction in Linz 317
Poupée, Buchdrucker 356
Preisler, Iustin(us) 148
Prescher, M., Lithograph 293
Probst, Georg Balthasar 111, 112
Probst, Johann Balthasar 123
Probst, Johann Conrad 123, 162, 178
Probst, Johann Georg 123, 182
Probst, Johann Michael 117, 123, 155, 162, 178, 315
Ptolemäus, Claudius 28, 95
Pustet, Anton, Buchdruckerei 360

Q

Quad(t) von Kinckelbach, Matthias 55–58, 60
Quandt, Johann Christ. 242
Querini, Pietro 47

R

Radefeld, Carl Christian Franz 254–256, 258, 285, 286
Radetzky von Radetz, Johann Josef Wenzel 214
Radeus, Aegidius, Gandensis 35
Raffaele → Raffelsperger
Raffelsperger (Raffelsberger), Franz 264–267, 272, 273, 278, 311, 317
Raitenau → Wolf Dietrich
Ravenstein, Ludwig 286
Reichard, Christian G. T. und Heinrich A. O. 274
Reichelt, Julius 149, 150
Reiffenstein & Rösch 280, 316, 330
Reilly, Franz Johann Joseph von 105, 124–127, 177, 311
Reisser, Fr., Kupferstecher 208, 221
Remondini, Guiseppe Antonio 165
Renner, Kartograph 254–258, 284
Reych, Erhard 27, 30
Reymann, Kartograph 262
Riedl, Adrian von 327, 328
Riedl, Joseph 190, 208, 230, 252
Riegel, Christoph 146, 346
Rieger, Matthäus 306
Robert de Vaugondy, Didier 164–166
Robert, Gilles 164–166
Röder, Philipp Ludwig Hermann 200
Röhling, Verlag 353
Rösch → Reiffenstein & Rösch
Rossari, Carlo 223, 235
Rossi, Giovanni Giacomo (de Rossi) 343, 344
Roth, Matthäus 154–156
Rouge → Le Rouge
Rubeis de → Rossi
Rumpold, F. 266
Rupelmundanus → Mercator
Rupert, Heiliger, Salzburger Landespatron 69–72
Ryhiner, Johann Friedrich 136–139, 181, 342

S

S. B. V. A. → Schulbücher-Verschleiss-Administration 221, 222
Sander, Heinrich 306
Sanson d'Abbeville, Nicolas 89, 136–140, 158, 160, 164, 350
Santini, Paolo 165, 166, 172
Sarzina, G., Verleger 47
Sattler, Johann Paul 168
Saucet (Sauzet), Henri(cus) du 97, 98
Sauer, Chr. Th. Friedrich 247, 248, 250, 251
Scellekenz, Gheert → Mercator
Sceznagrus → Setznagel
Schaden, Adolph von 247, 248, 250

Kartenmacher und Verlage

Schaefer, Ernst 293
Schalbacher, Joseph Philipp 130, 131
Schallhammer, Anton R. v. 281
Scheda, Josef von 290, 292, 293, 296
Schen(c)k, Peter sen. und jun. 89–91, 144, 151–153
Scheyb, Franz Christoph von 314
Schielhabl, Wenzl 322
Schilling, Theodor 276
Schindelmayer, Carl Robert 130
Schleich, (Johann) Carl 211, 212, 287, 289, 352
Schlieben, Wilhelm Ernst August von 240–242
Schloif, Franz 204
Schlüter, Franz, Xaver 117
Schmi(d)tfeld, J. Georg 229, 230, 236
Schmi(e)dburg, Georg F. von 180–182, 199
Schmidt, A. F, Kupferstecher 184, 251
Schmidt, Ludwig 219
Schmitt, Johann Heinrich von 105
Schneider (Adam Gottlieb) & Weigel (Carl Ferdinand), Verlag 149, 188, 193, 194, 196, 206, 210, 211, 226
Schön, J, Verlag 254
Schönberg, Johann 252
Schöpping, Karl 247
Schorrer, Joseph von 204
Schram(m)an, Burckhart 104
Schrämbl (Schraembl), Franz Anton 124, 129–131
Schramm, Johann Michael 351
Schrattenbach → Sigismund
Schreiber, Johann Georg 117–119, 123, 162, 177
Schropp & Comp., Simon 327, 352, 353
Schubert, Ferdinand 294
Schulbücher Verschleiss, -Administration, Verlag 221–223, 235
Schulz, R. A., Kartograph 235, 238–240, 281, 282, 330
Schwarzenberg, Fürst Ernst 127
Sedelmayr, J. J., Kupferstecher 117
Seel, J. B., Buchdrucker 287
Seeznagel → Setznagel
Seitz, Johann Baptist 211, 212, 251, 352
Selham(m)er, Christoph 318
Senders & Brandeis, Druckerei 298
Senefelder, Alois (Johann Nepomuk) 186, 351, 352
Sequanus → Metellus
Setznagel, Markus 27–34, 39, 44, 46, 47, 54, 58, 60, 61, 67, 69, 102, 105, 318, 319
Seutter, Albrecht Karl 112, 115
Seutter, (Georg) Matthäus 106, 110–112, 114, 115, 117, 123, 134, 154–156, 158, 162, 167, 180, 302, 303
Severin, Heiliger, Missionar 115, 150

Shawe, I(e)ames 53
Sigismund, Graf von Schrattenbach, Erzbischof 105
Silbereisen (Silbereysen, Silberstein), Andreas und Sohn 167
Sohr, Dr. Karl (fiktiver Name) 261–263, 271
Sommer, Leopold 316
Sotzmann, Daniel Friedrich 149, 183, 184, 210, 211, 226
Souvent, Alois Johann Baptist 323–325
Sparke, Michael 93, 94
Spruner, Karl von 274
Stadelmann, J. W., Stecher 188
Stangastinger, Simon 342
Stein, Hermann 298
Steinhauser, Anton 214, 281, 283, 284, 290, 295, 296
Stettinische Buchhandlung 182
Stiefsberger, J., lithograph. Anstalt 290
Stieler, Adolf 274–276, 278, 327
Stöber, Zeichner und Stecher 192
Stockdale, John 175, 176
Storch, Franz de Paula 293, 294
Strassoldo, Julius Joseph Graf von 235
Streffleur, Valentin von 295, 296
Streit, Friedrich Wilhelm von 196, 204, 251, 273
Stubenrauch, Franz Xaver Anton von 311
Stucchi, Adone, und Stanislav 315
Stülpnagel, Friedrich von 276
Stuttula, von, Hauptmann 216
Sutorius, Cornelius 56, 57
Swart, Stephen 83
Swingenius, Heinrich 51
Sydow, Emil von 274

T

Tabula Peutingeriana 54, 100, 306, 310, 314
Tardieu, Ambroise 308, 310
Tassin, Nicolas 100
Teubner, Benedikt, Gotthelf 117
Theinert, A., Zeichner 262, 263, 271
Theodosiana, Tabula → Tabula Peutingeriana
Thun → Guidobald und Johann Ernst
Thurn und Taxis, Fürstengeschlecht 211
Thury → Cassini de Thury
Tirion, Isaac 160
Topographisches Bureau → General Quartiermeisterstab, königl.-bayer.
Treuttel &, Würtz 310
Trimmel, Joseph Franz Emil 267
Trummer, C. M., Stecher 206, 350
Tschudi, Ägidius 27
Turmair → Aventin

Turrini, Verleger und Drucker 47
Typo(geo)graphische Kunst-Anstalt, Kunstdruckerei → Raffelsperger

U
Unger, Geologe 330

V
Val(c)k, Gerard und Leonhard 89–91, 151, 152
Van den Keere → Keere
Van der Aa → Aa
Van der Hem → Hem
Van Diest → Diest
Van Waesberghen → Janssonius van Waesberghen
Vaugondy → Robert
Vesco(-s sel. Witwe), Ciprian 254
Viehbe(c)k, Carl L. 192
Vieroot, Hendrik
Vierthaler, Franz Michael 192
Vignola → Cantelli
Vihbek, Hauptmann 216
Vischer, Georg Matthäus 27, 105, 119, 319
Visscher, J., Stecher 82
Visscher, Nicolas, Vater und Sohn 89, 143, 144, 146, 160
Vogel, C., Kartograph 276
Vogel, Wilhelm 295
Vrients (Vrintius), Johann Baptist 41, 42, 50–52, 61

W
Waesberghen → Janssonius van Waesberghen
Wagner & Kohl 355
Wagner, Eduard, lithograph. Anstalt 355
Wagner, Robert 88
Wai(t)zmann, Joseph 234, 322
Walch, Johann(es) 115, 180, 206
Waldseemüller, Martin 31
Walter, Anton 342
Weidmann, F. C., Stecher 264
Weigel → Schneider & Weigel
Weigel, Christoph d. Ä. 152, 154, 167, 314, 346–348
Weiland, Carl Ferdinand 199, 231–233, 294
Weiner, Peter 336

Weingarten, Oberleutnant 216
Weinmann, B., Lithograph 269
Weiss, Johann Heinrich 242
Weiss, von, Hauptmann 216
Weniger, Josef 315, 316
Wernigk, Druckerei 323
Wetteroth, August 287, 289
Weyerman, Jacob Christoph 112
Widmayer → Mey & Widmayer
Wilkinson, Robert 178, 179, 196, 197
Will(e), Johann Martin 112, 115
Win(c)k(e)lhofer, August 193–196, 225, 226
Winkler, H., Kupferstecher 251
Wit, Frederik de und Sohn 141–143, 146, 160
Wit(t)halm, Anton 204, 205
Withalm, Andreas 218, 219
Woerl, Joseph Edmund 242, 244–247
Woldrich, Johann Nepomuk 333
Wolf Dietrich von Raitenau, Erzbischof 62, , 63, 302
Wolf, C. und Sohn 360
Wolff, Carl R. 327, 329
Wolff, Jeremias 123
Wolfgang, Gorg Andreas 104
Würtz → Treuttel & Würtz

X
Ximenius, Petrus 56

Z
Zach, O. L. von, Oberleutnant 181
Zatta, Antonio 170–172, 176
Zaunrith(sche), Leopold, Buchdruckerei 281, 294, 333
Zecsnagel → Setznagel
Zeiller, Martin 27
Ziegler, Rudolf 325, 326
Zillner, Franz Valentin 300
Zimmermann, Karten- und Buchhändler 273
Zuccheri, Edmund von 204
Zuliani, Giuliano 170, 172
Zürner, Adam Friedrich 152, 154
Zutz, Joseph 216

Abbildungsnachweis

Bayerische Staatsbibliothek, München
2, 55, 125

Salzburger Landesarchiv
1, 12, 31, 47, 52, 59, 82, 106, 113, 114, 115, 126, 129, 132, 133

Salzburger Museum Carolino Augusteum
42, 76, 89, 94, 100, 107, 112, 119, 121

Sammlung Peter Matern, Salzburg
36

Staatsbibliothek zu Berlin
13, 38, 51, 65, 68, 83, 91, 92, 93, 95, 110, 117, 118, 123, 124, 12, 128, 130

Zentralbibliothek Luzern
28

Alle anderen Abbildungen stammen aus der Sammlung des Verfassers.

Dank des Autors

Zum Erscheinen dieses Buches habe ich vielfach zu danken. Daß das Ergebnis jahrelanger Bemühungen, zu denen mir Alois „Gino" Gaeta in Genf den ersten Anstoß gegeben hatte, überhaupt in Druck gehen konnte, ist das Verdienst von drei Salzburger Institutionen und deren Leiter: dem Archiv der Stadt Salzburg mit Erich Marx, dem Salzburger Landesarchiv mit Fritz Koller und dem Verein Freunde der Salzburger Geschichte mit Peter F. Kramml. Sie haben gemeinsam die verlegerischen Voraussetzungen für die Herausgabe geschaffen. Zu großem Dank bin ich dem Ehepaar Gerda und Oskar Dohle im Salzburger Landesarchiv verpflichtet, die gemeinsam mit Peter F. Kramml die Endredaktion des gesamten Textes durchgeführt haben. Mit Freude und Anerkennung konnte ich die kompetenten Arbeiten des Reprofotografen Rupert Poschacher, des Grafikers Friedrich Pürstinger und der Salzburger Druckerei verfolgen.

Für umfangreiche kollegiale Hilfe und fachliche Beratung während mehr als einem Jahrzehnt danke ich in erster Linie Johannes Dörflinger, Institut für Geschichte der Universität Wien. Er stellte mir selbstlos unzählige wesentliche Beiträge zur Verfügung und hat mich bei der Endfassung des Katalogteiles maßgeblich unterstützt. Sehr herzlich danke ich auch Ingrid Kretschmer, Institut für Geographie der Universität Wien, für wertvolle Ratschläge und ihren einleitenden Beitrag über die Kartographiegeschichte Salzburgs. Bedeutend war ferner die Hilfe, die mir Friederike Zaisberger, ehemalige Direktorin des Salzburger Landesarchivs, unter Verzicht auf ein eigenes Vorhaben ähnlicher Art zuteil werden ließ.

Recherchen vor Ort, die mir nicht möglich waren, besorgten akribisch mit unermüdlichem Verständnis:

Marie-Theres Delonge, München
Else Giordani, Wien
Thomáš Havlíček, Salzburg/Prag
Jan Mokre, Wien
Martina Schulz, Berlin
Ilse Thorndike, Salzburg

Des weiteren danke ich für großzügige Hilfe und viele Auskünfte:

Arthur Dürst, Zürich
Hans-Uli Feldmann, Murten
Gustav Forstner, Kapfenberg
Gordian Gaeta, Hongkong
Peter Matern, Salzburg
Peter H. Meurer, Trier
Johannes Müller, Salzburg
Alfred Oberli, Bern/Wabern
Peter Putzer, Salzburg
Wolfgang Reiniger, Bad Kreuznach
Marcel P. R. van den Broecke, Bilthoven
Peter van der Krogt, Utrecht

Sowie für Übersetzungen:

Maximilian Fussl, Salzburg
Ivo Meyer, Luzern
Daniel Nerlich, Zürich

Archiven, Bibliotheken und Museen bzw. deren Leitern und Mitarbeitern danke ich für das große Verständnis und Entgegenkommen bei den Konsultationen sowie für die Anfertigung von Reproduktionen. Stellvertretend für alle seien hier dankbar genannt:

Bayerische Staatsbibliothek, Kartensammlung (Hans Wolff)
Bibliotheca Theresiana Wien (Rudolf Taschner)
Bibliothèque National de France (Mireille Pastoureau, Monique Pelletier)
Herzog August Bibliothek Wolfenbüttel (Hans Haase)
Museum Plantin Moretus Antwerpen (F. de Nave, Gerard van den Bosch)
National Maritime Museum Greenwich (Marx Shephard)
Newberry Library Chicago (Robert Karrow)
Oberösterreichisches Landesarchiv (Siegfried Haider)
Österr. Akad. d. Wissenschaften, Sammlung Woldan (Gerhard Holzer)
Österr. Nationalbibl., Kartensammlung (Franz Wawrik, Helga Hühnel)
Salzburger Museum Carolino Augusteum (Nikolaus Schaffer)
Staatsbibliothek zu Berlin, Kartensammlung (Egon Klemp, K. Lindner)
Stadt- und Universitätsbibliothek Bern (Thomas Klöti, Martin Kohler)
Steiermärkische Landesbibliothek (Gerhard Dirnberger)
Universitätsbibliothek Amsterdam, Kartensammlg. (Jan W. H. Werner)
Universitätsbibliothek Salzburg (Lotte Riedlsperger)
Zentralbibliothek Luzern (Paul Hess)
Zentralbibliothek Solothurn (Hans Rindlisbacher)
Zentralbibliothek Zürich (Hans-Peter Höhener)

Zu guter Letzt danke ich wiederum ganz besonders – wie bei allen früheren Publikationen – meiner Frau Else, die das lange Werden des Katalogs mit Zuspruch und Korrekturlesen verständnisvoll begleitet hat.

Dieser erste Versuch einer möglichst vollständigen Erfassung von Landeskarten Salzburgs wurde 1999 abgeschlossen. Es bleibt mir die Bitte an den wohlmeinenden Leser, als Kenner und Sammler von Salzburger Karten das Werk mit Kritik und Ergänzungen zu fördern. Vor allem wird jede Mitteilung über nicht registrierte, aber in den gegebenen regionalen und zeitlichen Rahmen fallende Karten dankbar angenommen.

Wilhelm Schaup

Die Grenzen des „Landt und Erzstifts" Salzburg in der Neuzeit

Entwurf: Friederike Zaisberger,
Grenzen nach Eduard Richter (Hist. Atlas der österr.
Alpenländer. Die Landgerichtskarte), Wien 1906.
Beilage zu: Landeshoheit (Studien zur bayr.
Verfassungs- und Sozialgeschichte 16), München 1994.
Zeichnung: Werner Hölzl

—— 1820 Salzburger Kreis/Kronland/Bundesland Salzburg

--- 1686 Historische Grenzen des geistlichen Fürstentums

...... 1487 Historische Grenzen mit Daten vorübergehender Zugehörigkeit zu Salzburg

▨ Enklaven fremder Gerichte

0 5 10 15 km